Breviaire Romain, Suivant La Réformation Du Saint Concile De Trente, ...: Partie D'automne, Volume 3...

Anonymous

Mehesadin 564

plus 41

43

El

BRÉVIAIRE
ROMAIN,

Suivant la réformation du ſaint Concile de Trente,

Imprimé par le commandement du B. Pape P I E V,

Revu & corrigé par **CLEMENT VIII**, & depuis par **URBAIN VIII.**

Dans lequel tous les Pſeaumes, les Répons & Antiennes ſont mis au long en leurs lieux : Enſemble les Offices de tous les Saints que les derniers Papes, juſqu'à N. S. P. **BENOÎT XIV**, à préſent ſéant, ont ajoutés au Bréviaire.

DIVISÉ EN QUATRE PARTIES.

PARTIE D'AUTOMNE.

A PARIS,

Chez P. G. LE MERCIER, Imprimeur - Libraire, rue Saint Jacques, au Livre d'or.

M. DCC. LVI.

AVEC PRIVILEGE DE SA MAJESTE'.

✠

SOMMAIRE DES BULLES DE TROIS PAPES
touchant l'Impreſſion du Breviaire Romain pur.

I.

LE B. Pape Pie V par ſa Bulle qui commence *Quod à nobis*, datée à Rome le ix Juillet 1568, declare que, ſuivant le Concile de Trente, il a par ſes ſoins, avec l'aide des perſonnes les plus capables en matieres Eccleſiaſtiques, vu & mis le preſent Breviaire Romain dans ſa perfection, & que comme tel, il a commandé qu'il ſoit imprimé & publié par toute l'étendue de l'Egliſe Romaine. Et pour ce ſujet il a caſſé & annullé le Breviaire que le Cardinal de Sainte Croix avoit fait imprimer; ſupprimant pareillement tous les autres anciens en quelque lieu qu'ils puiſſent être, excepté ceux dont l'inſtitution eſt deux cens ans auparavant ceux-là : Commandant enſuite que le preſent Breviaire ſoit obſervé par tous les Eccleſiaſtiques; & introduit par les Eveſques dans leurs Dioceſes avec defenſes qu'aucun n'ôte ni diminue, change ni ajoute aucune choſe à ce preſent Breviaire. Enfin il declare que le petit Office de la Vierge & celui des Morts, les ſept Pſeaumes Penitenciaux & les Graduels, ne ſont pas commandés ſous peine de peché mortel; mais il exhorte de les reciter aux jours marqués dans les Rubriques generales, accordant à chaque fois qu'on recitera le petit Office de la Vierge ou celui des Morts, cent jours d'Indulgence pour la penitence enjointe, & cinquante jours quand on recitera les ſept Pſeaumes Penitenciaux ou Graduels.

II.

CLEMENT VIII par ſa Bulle qui commence *Cùm in Eccleſia*, datée du x jour de Mai 1602, declare qu'avec l'aſſiſtance de pluſieurs perſonnes pieuſes & des plus habiles Eccleſiaſtiques il a examiné le Breviaire que le B. Pape Pie V avoit fait imprimer, & que l'ayant trouvé corrompu & beaucoup changé par la ſuite des temps, il l'a remis en ſon premier état, fait imprimer au Vatican, & ordonné qu'il fût entierement obſervé ſelon ſa forme & teneur; defendant de l'imprimer ailleurs que conformement à l'Impreſſion Vaticane, & ce avec la permiſſion par écrit des Ordinaires des lieux, ſous peine d'excommunication. Il defend aux mêmes Ordinaires de permettre qu'on y change ou ajoute quelque choſe, ſous peine de ſuſpenſion & interdiction. Toutefois en faveur des pauvres Eccleſiaſtiques & Imprimeurs, il leur permet de ſe ſervir, de retenir ou de vendre les Breviaires qui pourroient leur reſter.

III.

URBAIN VIII par ſa Bulle qui commence *Divinam Pſalmodiam*, datée à Rome le xxv Janvier 1631, declare qu'il a été très ſoigneux & diligent à revoir & examiner avec des perſonnes très ſçavantes & intelligentes le Breviaire imprimé par le commandement du B. Pie V, revu & corrigé par Clement VIII; & qu'après l'avoir purgé de quantité de defauts, il a mis les Hymnes ſelon la regle & la forme la mieux uſitée des vers & de la langue Latine, diſtingué ou diviſé les verſets des Pſeaumes & des Cantiques ſuivant l'Edition Vulgate, comme auſſi en quelques endroits changé, ajouté & corrigé les Sermons & Homelies des anciens Peres de l'Egliſe, & les Hiſtoires ou Vies des Saints, qu'il a conferées avec les anciens manuſcrits. C'eſt pourquoi il veut & entend qu'on imprime le Breviaire avec ces corrections tant à Rome qu'en d'autres lieux, & ſous les mêmes cenſures & conditions portées en la precedente Bulle de Clement VIII; ajoutant que tout ce qui a quelque dependance dudit Breviaire comme ſont les Miſſels, Diurnaux, le petit Office de la Vierge, celui des Morts, celui de la grande Semaine & autres, ne ſoient imprimés que conformement à ceux qu'il a fait ou fera imprimer en la ville de Rome.

DECRETS CONCERNANT LE BREVIAIRE ROMAIN,
extraits du Regiſtre des Decrets de la ſacrée Congregation des Rits, ou Coutumes de l'Egliſe Romaine.

I.

LA ſacrée Congregation des Rites a declaré & ordonné que depuis la Bulle du Bienheureux Pape Pie V touchant la recitation de l'Office du Breviaire Romain, on n'a pu, & que même tous les Ordinaires des lieux, tant Seculiers que Reguliers, ne peuvent ajouter aux Calendriers ni aux lieux propres d'autres Offices des Saints que ceux qui ſont permis, ſoit par les Rubriques du Breviaire Romain, ſoit par la même Congregation des Rites ou par le ſaint Siege Apoſtolique, non pas même de leur propre autorité ou par quelque pretexte que ce ſoit changer l'ordre qui eſt dreſſé dans le Calendrier ou dans les Rubriques du Breviaire Romain, en un autre qui ſoit plus grand & relevé, ni tranſporter d'un lieu à un autre les Offices qui ſont permis.

II. En outre elle a defendu & prohibé que deformais on folemnife dans toute une Ville ou un Dio-cèfe, par l'autorité de l'Ordinaire, une Fefte avec l'Office d'un Saint ou d'une Sainte, à caufe qu'il y en a en ce lieu une Eglife Paroiffiale, Réguliere ou Abbatiale, ou bien quelque Relique; mais on la folemnifera feulement dans l'Eglife Titulaire du Saint ou de la Sainte, ou dans le lieu où l'on conferve le corps ou quelque Relique confiderable, & non ailleurs.

III. Elle a pareillement declaré que les Reliques confiderables font le Chef, le Bras, la Cuiffe, ou la partie du Corps en laquelle le Saint ou la Sainte Martyr ont fouffert, pourvu qu'elle foit entiere & non petite, & legitimement approuvée de l'Ordinaire des lieux.

IV. On n'ordonnera rien d'autorité abfolue touchant les faints Evefques des lieux, Martyrs, Citoyens, & autres Feftes dont le Calendrier ni les Rubriques du Breviaire ne font aucune mention; ce qui s'entend auffi des beatifiés qui ne font pas canonifés; mais on fera tenu de confulter fur ce fujet la facrée Congregation des Rites.

V. On obfervera fidelement le Decret publié le 20 Mars 1632, touchant le choix qu'on doit faire des Saints, pour être Patrons des lieux.

VI. Toutes ces chofes ont été conclues, ordonnées & commandées par la même Congregation des Rites, avec renovation des peines portées par la Conftitution du B. Pie V. quant à cet egard. De toutes lefquelles chofes ayant été fait rapport au St Pere le Pape Urbain VIII, il les a lui-même lues & approuvées, & a commandé qu'elles fuffent obfervées en tout & par-tout fous les mêmes peines, & que deformais on les mît dans les Breviaires & Diurnaux Romains qu'on imprimera de nouveau.

La place † du Sceau.

T. TEGRIMIUS, Evêque d'Affife, Secretaire.

Les Offices des Saints que l'on peut réciter parce qu'on en a le Corps, ou quelque Relique infigne, fe doivent entendre felon le Décret de la Sacrée Congrégation des Rites du 11 Août 1691, des Saints feulement qui font marqués dans le Martyrologe Romain, & pourvu qu'il foit conftant que ce foit le véritable & même Corps, ou la véritable & même relique infigne du Saint qui fe trouvera dans le Martyrologe Romain: Quant aux autres Saints qui ne font pas marqués dans ledit Martyrologe, ou dont on n'a point obtenu du Saint Siége une Conceffion fpéciale de faire l'Office, les Peres de la même Congrégation ont défendu d'en réciter l'Office, & d'en célébrer la Meffe, quoiqu'on en garde dans les Eglifes, les Corps ou Reliques infignes, lefquelles néanmoins ils ont déclaré pouvoir être expofées à la vénération des Fidéles [comme il s'eft obfervé jufqu'à préfent] après qu'elles auront été approuvées par les Ordinaires des lieux; mais fans en faire l'Office, & fans en dire la Meffe, à peine de ne point fatisfaire au précepte de réciter l'Office, & fous les autres peines contenues dans la Conftitution du Bienheureux Pie V. le 11 d'Août 1691.

Et ce Décret a été approuvé par N. S. P. le Pape Innocent XII. le 19 Octobre de la même année 1691.

La place † du Sceau

J. Vallemanus, Secret. de la S. Congreg. des Rites.

DE L'ANNÉE ET DE SES PARTIES.

L'An est composé de douze mois, ou de cinquante deux semaines & un jour, qui font trois cens soixante cinq jours & environ six heures, qui est tout le temps que le Soleil met à faire le tour du Zodiaque. Or ces six heures ou environ sont de quatre en quatre ans un jour & une nuit, d'où vient que cette quatrieme année est appellée Bissextile, à cause d'un jour qu'elle a plus que les autres.

De la necessité de la correction de l'Année, & du Calendrier Gregorien.

Sur ce que nous avons dit que l'année a trois cens soixante cinq jours & environ six heures, il faut remarquer que ces six heures ne sont pas entieres, puisqu'il s'en faut quelques minutes. Or ces minutes aïant été negligées, & n'aïant pas été exactement comptées durant quelques siecles; en faisant l'année de trois cens soixante cinq jours & six heures entieres, il s'est ensuivi qu'avec le temps on decouvrit que ces minutes negligées avoient fait une augmentation de dix jours, outre le juste nombre, pour n'avoir pas été bien supputées, & avoir fait ces six heures là entieres, ce qui fut cause que l'Equinoxe du Printemps n'arrivoit plus dans son temps ni dans son lieu. Or, pour obvier à ce defaut, le Pape Gregoire XIII fit en sorte qu'il remit cet Equinoxe du Printemps en son propre lieu, qui avoit deja avancé de dix jours hors sa place depuis le Concile de Nicée jusqu'à l'année 1581 qui fut l'année de la correction du Calendrier; cet Equinoxe ayant été fixé par ce Concile au douzieme des Calendes d'Avril, c'est-à-dire au vingt-unieme de Mars. Il remit aussi le quatorzieme de la Lune Paschale en son propre lieu, & en la place qu'on lui avoit donnée, & trouva aussi le moyen de maintenir toujours à l'avenir cet Equinoxe & la Lune de Pasque chacun en son propre lieu, sans aucune erreur. Or, pour ce faire & pour remettre aussi l'Equinoxe au vingt-unieme de Mars, il ordonna qu'en l'année 1582 on ôteroit dix jours du mois d'Octobre; de maniere qu'après le quatrieme jour de ce même mois qui est dedié à saint François, le jour suivant fut le quinzieme du mois, en omettant les autres dix jours depuis le cinquieme jusqu'au quinzieme, & ainsi cette erreur qui s'étoit glissée en tant d'années precedentes, fut corrigée en moins d'un moment & sans aucune difficulté. Or afin que la même faute ne se commît à l'avenir, & que l'Equinoxe du Printemps demeurât toujours en son propre lieu, sçavoir dans le vingt-unieme de Mars, le même Pape Gregoire ordonna que de quatre en quatre ans on continueroit à bissexter (ainsi que nous voyons être observé) excepté les centiemes années, lesquelles, quoiqu'auparavant elles eussent été toutes Bissextiles, comme fut par son commandement l'année 1600, voisine de l'année de la correction, toutefois il ordonna qu'après cette année, toutes les autres centiemes ne seroient point Bissextiles, mais seulement de quatre cens en quatre cens ans; que l'année centieme auroit Bissexte, & non les autres trois; de façon que les années 1700, 1800, 1900, seront sans Bissexte, quoique selon l'ordre ordinaire du Bissexte, elles devroient être Bissextiles, & l'an 2000 aura Bissexte, le mois de Fevrier aïant 29 jours, & que tel ordre de passer trois centiemes années sans Bissexte, sera gardé à perpetuité.

Des Quatre-Temps.

Les jeûnes des Quatre-Temps sont observés aux Mercredi, Vendredi & Samedi des quatre saisons de l'année : sçavoir, après le troisieme Dimanche de l'Avent, après le premier Dimanche de Carême, après le Dimanche de la Pentecoste, & après la Feste de l'Exaltation de la sainte Croix.

Du temps auquel les Noces sont defendues, selon le St Concile de Trente.

Selon le Decret du sacré Concile de Trente, il est defendu de solemniser les Noces & Mariages depuis le premier Dimanche de l'Avent inclusivement, jusqu'au jour de l'Epiphanie aussi inclusivement; & depuis le jour des Cendres inclusivement jusqu'au Dimanche in Albis, qui est le dernier jour de l'Octave de Pasques, aussi inclusivement; aux autres temps il est permis de celebrer les Noces.

Du Cycle decennovennal du nombre d'Or.

Le Cycle decennovennal, c'est-à-dire, de dix-neuf ans, du nombre d'Or, n'est autre chose que le nombre de dix-neuf en commençant depuis un jusqu'à dix-neuf, & lorsqu'on est à dix-neuf, on recommence encore à un par une revolution perpetuelle; par exemple, l'année 1703 a pour nombre d'Or 13, l'an 1704 a pour nombre d'Or 14, l'an 1705, 15, l'an 1706, 16, & l'an suivant a pour nombre d'Or 17; & ainsi jusqu'à l'infini, en recommençant toujours ledit nombre de dix-neuf par un. Or, afin que le nombre d'Or puisse être trouvé chaque année, lorsqu'on en aura besoin, on metla Table fuivante, dont l'ufage a commencé l'année 1582 & dure à perpetuité : car par fon moyen, ce nombre d'Or fe trouve facilement chaque année, felon l'ordre de la Table qui fuit :

6.	7.	8.	9.	10.	11.	12.	13.	14.
15.	16.	17.	18.	19.	1.	2.	3.	5.

Or, donnant le premier nombre de cette Table qui eft 6 à l'an 1582, & le fecond qui eft 7 à l'an 1583, & ainfi à chacune des autres années fuivantes, jufqu'à ce que vous foyez parvenu à l'année propofée, recommençant toujours la fufdite Table, lorfqu'on eft à la fin, il faut qu'un de ces nombres échoient à l'an que vous vous êtes propofé de fçavoir. Par exemple, l'an 1710 à qui écherra le nombre 1.

Les Romains l'ont appellé nombre d'Or, foit à caufe de fon utilité pour trouver le renouveau de la Lune, ou à caufe qu'il étoit écrit en Lettres d'Or dans les Calendriers, & ce nom lui eft demeuré jufqu'à prefent.

Des Epactes & Nouvelles Lunes.

L'Epacte n'eft autre chofe que le nombre d'onze; car l'an Solaire, ou le cours que le Soleil fait dans un an, qui eft de 365 jours, furpaffe celui de la Lune de onze jours, laquelle fait fon cours annuel en 354 jours, de forte que pour le rendre égal à celui du Soleil on y ajoute onze jours tous les ans ; ce qui fait que l'Epacte de la premiere année eft onze, qui eft le nombre des jours que le Soleil a de plus que la Lune dans un an : & ainfi il arrive que les Nouvelles Lunes viennent à l'année fuivante onze jours plutôt qu'à la precedente. D'où il s'enfuit que l'Epacte de cette feconde année eft vingt-deux, puifque cette année le Soleil furpaffe la Lune d'onze jours, qui ajoutés aux onze jours de la premiere année font vingt-deux jours ; & ainfi cette feconde année finie, les Nouvelles Lunes arrivent vingt-deux jours plutôt qu'à la premiere année : par confequent l'Epacte de la troifieme année eft trois, parce que fi on ajoute encore onze jours aux vingt-deux, ils font trente-trois jours, defquels fi on en rejette trente, qui font une Lune ou Lunaifon, felon qu'on l'appelle, il refte trois, qu'on garde pour l'Epacte; & on continue tous les ans en cette maniere : car les Epactes vont en augmentant tous les ans de onze, rejettant toujours le nombre de trente lorfqu'il fe rencontre, & retenant le furplus de l'Epacte. Il faut pourtant remarquer que lorfqu'on rencontre la derniere Epacte qui eft vingt-neuf, & qui correfpond au nombre d'Or dix-neuf, à la Table fuivante, l'année d'après on ajoute douze à l'Epacte, afin que rejettant les trente on revienne à l'Epacte onze, comme au commen-

cement ; & cela fe fait afin de faire venir après dix-neuf ans Solaires les nouvelles Lunes aux mêmes jours qu'avant ces dix-neuf années, ce qui n'arriveroit pas autrement. Si on en veut fçavoir davantage, on lira les Livres qui traitent de la reformation du Calendrier. Or il y a dix-neuf Epactes qui correfpondent à autant de nombres d'Or, felon l'ordre qu'on gardoit avant la correction du Calendrier Romain, comme on peut voir par la Table fuivante.

Table des Epactes correfpondantes au nombre d'Or, avant la correction du Calendrier.

Nombre d'Or.	1.	2.	3.	4.	5.	6
Epactes.	xj.	xxij.	iij.	xiv.	xxv.	vj.
7.	8.	9.	10.	11.	12.	13.
xvij.	xxviij.	ix.	xx.	j.	xij.	xxiij
14.	15.	16.	17.	18.	19.	
iv.	xv.	xxvj.	vij.	xviij.	xxix.	

Et d'autant que ce nombre d'Or de dix-neuf eft imparfait, puifque les nouvelles Lunes après dix-neuf ans Solaires ne reviennent pas precifement dans le même temps & au même lieu, comme il a été dit, auffi ce nombre de dix-neuf Epactes demeure imparfait & inegal. C'eft pourquoi on a corrigé ce defaut, de façon qu'au lieu de ce nombre d'Or & de ces dix-neuf Epactes, on fe fert maintenant de trente nombres d'Epactes, en recommençant depuis un jufqu'à trente. Il eft vrai que la derniere Epacte, fçavoir la trentieme, n'eft pas marquée par un nombre dans le Calendrier ; mais par une étoile*, parce que ce nombre de trente ne peut pas fervir d'Epacte. Or en divers temps & en diverfes années de ces trente Epactes, il y en a dix-neuf qui correfpondent au 19 nombre d'Or, felon que requiert l'équation ou l'égalité qu'il faut faire des années du Soleil & de la Lune : & ces dix-neuf Epactes fe prendront en même ordre de onze qu'auparavant felon le nombre d'Or. De telle forte qu'à l'Epacte qui eft deffous le nombre d'Or 19 & qui lui correfpond, on y compte 12, afin que l'année fuivante on puiffe trouver l'Epacte correfpondante au nombre d'Or fuivant, qui eft 1, ainfi qu'il a été dit ci-deffus. Ce qui fera montré clairement par la Table fuivante, laquelle contient les Epactes correfpondantes au nombre d'Or, depuis l'an de la correction 1582 après avoir ôté dix jours, jufqu'à l'année 1700 exclufivement. Et encore que vulgairement & communement on ne compte que les Epactes des années, que depuis le mois de Mars : toutefois felon l'ufage de cette Table & du Calendrier, elles doivent changer au commencement de l'année avec le nombre d'Or, auquel ces Epactes fuivantes ont fuccedé.

Table des Epactes repondantes au nombre d'Or, depuis le 15 d'Octobre de l'année 1582, après avoir ôté dix jours jusqu'à l'année 1700 exclusivement.

Nombre d'Or.	6.	7.	8.	9.	10.
Epactes.	xxvj.	vij.	xviij.	xxix.	x.

11.	12.	13.	14.	15.	16.	17.
xxj.	ij.	xiij.	xxiiij.	v.	xvj.	xxviij.

18.	19.	1.	2.	3.	4.	5.
viij.	xix.	j.	xij.	xxiij.	iv.	xv

Table des Epactes repondantes au nombre d'Or, depuis l'année 1700 jusqu'à l'année 1800 exclusivement.

Nombre d'Or.	10.	11.	12.	13.	14.	15.	16.
Epactes.	ix.	xx.	j.	xij.	xxiij.	iv.	xv.

17.	18.	19.	1.	2.	3.
xxvj.	vij.	xviij.	*	xj.	xxij

4.	5.	6.	7.	8.	9.
iij.	xiv.	xxv.	vj.	xvij.	xxviij

Or, pour trouver l'Epacte de quelque année qu'on voudra, il faut premierement trouver le nombre d'Or de cette année-là en la Table mise ci-dessus, & l'ayant trouvé, il faut voir en cette même Table quelle Epacte se rencontre au-dessous de ce nombre d'Or, qui sera l'Epacte de cette année-là : & là où cette même marque ou étoile * se rencontrera au Calendrier, en même jour arrivera la nouvelle Lune. Or ce nombre d'Or se peut trouver, ou par la Table mise ci-dessus pour le nombre d'Or, ou bien par la presente Table des Epactes, en donnant le premier nombre d'Or de ladite Table à l'année en laquelle commence l'usage de la Table qui est 1581, & le second nombre d'Or à la seconde année 1583, &c. de même on pourra trouver l'Epacte sans le nombre d'Or, si on donne la premiere Epacte de la Table à l'année en laquelle l'usage en commence, qui est 1581, & la seconde Epacte à l'année suivante, 1583 & ainsi des autres, jusqu'à ce qu'on vienne à l'année dont on cherche l'Epacte.

Exemple. L'année de la correction 1581 le nombre d'Or est 6, qui est le premier de la premiere Table, dont l'usage commence le quinzieme d'Octobre de cette même année 1581 après avoir ôté dix jours : or l'Epacte de cette année-là sera xxvj, qui est l'Epacte mise sous le nombre d'Or 6, & la nouvelle Lune sera le 17 d'Octobre, auquel jour dans le Calendrier est marquée cette Epacte xxvj : de même le 26 Novembre & le 25 Decembre marqueront nouvelle Lune. Aussi en l'année 1583 le nombre d'Or est 7 sous lequel nombre est mise

l'Epacte vij qui doit servir toute cette année - l pour trouver la nouvelle Lune ; comme au mois de Janvier le 24 sera la nouvelle Lune, puisque cette Epacte vij est marquée vis-à-vis de ce jour au Calendrier, de même le vingt-deux de Fevrier sera la nouvelle Lune ; & au mois de Mars le vingt-quatre, d'autant que l'Epacte vij est vis-à-vis de ce vingt-deux Fevrier & du vingt-quatre Mars, & ainsi des autres.

Table des Lettres Dominicales, depuis le quinzieme d'Octobre de l'année de la correction 1581, après avoir ôté dix jours, jusqu'en l'année 1700 exclusivement.

c b	A	f e d	c	A g f	e	c b A
	g		b		d	

g	e d c	b	g f e	d	b A g	f	d
f		A		c			e

Voici l'usage de cette Table. Pour trouver la lettre Dominicale de quelque année que ce soit, il faudra commencer à compter depuis le 15 d'Octobre de l'année de la correction 1581, après avoir ôté dix jours : en donnant la premiere lettre c de cette Table, à cette même année la seconde b, à l'année 1583 & les deux suivantes A g à l'année 1584 & ainsi des autres jusqu'à ce que vous ayez atteint l'année de laquelle vous cherchez la lettre Dominicale, & recommençant toujours la Table lorsqu'on est à la fin : & ainsi telle lettre que vous rencontrerez avec cette année - là, telle sera la lettre Dominicale, pourvu que l'année ne soit au-delà de 1700. Et si telle lettre est seule, l'année sera commune & n'aura qu'une lettre Dominicale ; que s'il s'en rencontre deux, l'année sera Bissextile, & pour lors la plus haute lettre marquera le Dimanche au Calendrier depuis le commencement de l'année jusqu'à la Feste de saint Matthias Apôtre, & celle qui est au-dessous servira de lettre Dominicale depuis ladite Feste jusqu'à la fin de l'année.

Par exemple. Si on veut trouver la lettre Dominicale de l'année 1587, il faudra compter depuis l'année 1581 & lui donner la lettre c, à la suivante année 1583 la seconde lettre b, à l'année 1584 A g à cause du Bissexte, & ainsi des autres jusqu'à l'année 1587 qui aura d pour toute l'année. De plus, si on veut trouver la lettre Dominicale de l'année 1684, il faudra commencer à l'année 1581, en lui donnant la premiere lettre c, à l'année 1583 l'autre suivante b, à l'année 1584 les autres deux A g, qui ne sont comptées que pour une année, à l'année suivante 1585 la lettre f, & ainsi des autres, jusqu'à ce que vous soyez à l'année 1684, en laquelle vous rencontrerez ces deux lettres b A, mifes au dix-neuvieme lieu de la Table. Or cette année-là fera Biffextile & aura deux lettres Dominicales; la plus haute defquelles qui eft b marquera le Dimanche, & fervira de lettre Dominicale depuis le commencement de cettedite année jufqu'à la Fefte de St Matthias, & la plus baffe qui eft A fervira auffi de lettre Dominicale depuis ladite Fefte jufqu'à la fin de l'année.

Table des Lettres Dominicales depuis l'année 1700 incluſivement juſqu'à l'année 1800 excluſivement.

d c	b A	g	f e	d c b	A g	f e d	c b	A
g f	e d	c b	A	g f	e d c	b A	g f e	

L'ufage de cette Table eft de même que celui de la Table precedente, qui commence à l'année de la correction 1582, excepté que l'année 1700 n'étant point Biffextile, on ne doit pas mettre dans la premiere cellule les deux lettres d c, mais feulement c; car dans cette cellule on met ces deux lettres à caufe que les années fuivantes font Biffextiles; fçavoir, 1728, 1756, 1784.

De l'Indiction Romaine.

L'Indiction c'eft le cercle & la revolution de 15 années, en comptant depuis 1 jufqu'à 15, & ce nombre étant achevé on recommence à un, & a fon commencement au mois de Janvier de chaque année dans les Bulles des Souverains Pontifes. Or à caufe que dans les Lettres Patentes & autres Lettres publiques on ufe fouvent de cette Indiction, on pourra facilement trouver l'Indiction de l'année courante ou autres, quand il en fera befoin, par le moyen de la Table fuivante qui eft perpetuelle, & commence en l'année de la correction 1582.

Table de l'Indiction depuis l'année de la correction.

10.	11.	12.	13.	14.	15.	1.
2.	3.	4.	5.	6.	7. 8.	9.

Si vous voulez donc trouver l'Indiction de quelque année; par exemple, de l'année 1710, il faut commencer à l'année 1582 & lui donner le premier nombre qui eft 10, à l'année fuivante 1583 on donnera l'autre nombre 11, à l'année 1584, 12 & ainfi des autres années, en recommençant toujours la Table lorfque vous ferez à la fin. Et ainfi en l'année 1710 vous trouverez ce nombre 3, qui repondant à cette année-là fera fon Indiction.

Des Feftes Mobiles.

PUifque felon le Decret du Concile de Nicée on doit celebrer la Fefte de Pafque, de laquelle dependent toutes les autres Feftes Mobiles, le Dimanche d'après le quatorzieme de la Lune du premier mois (parmi les Hebreux ce premier mois n'eft autre que celui dont le quatorzieme de la Lune arrive ou dans le jour de l'Equinoxe du Printemps, fixé au vingt-un de Mars, ou dans un autre jour qui fuit après l'Equinoxe:) de-là il s'enfuit que fi on cherche dans le Calendrier l'Epacte de quelque année qu'on voudra, en commençant à chercher dans le mois de Mars; fçavoir depuis le 8 de ce mois incluſivement jufqu'au cinquieme du mois d'Avril auffi incluſivement (car il eft conftant que le quatorzieme de la Lune de telle Epacte arrive dans l'Equinoxe du Printemps ou en quelque autre jour après cet Equinoxe.) Ayant trouvé l'Epacte, fi depuis le jour vis-à-vis duquel elle eft marquée au Calendrier, on compte quatorze jours de haut en bas, ce Dimanche immediatement après le quatorzieme jour (afin de ne pas convenir avec les Juifs, fi le quatorzieme de la Lune arrivoit le Dimanche) fera le jour de Pafque. Par exemple, l'année 1683 l'Epacte eft ij & la lettre Dominicale eft C. Or, puifqu'entre le huitieme de Mars & le 5 d'Avril on trouve cette Epacte ij vis-à-vis du vingt-neuvieme jour de Mars, il eft certain que ce jour-là eft le premier jour de la Lune. Et fi de ce jour on compte quatorze jours après, on trouvera que le quatorzieme de cette Epacte arrive à l'onzieme jour du mois d'Avril qui eft un Dimanche; c'eft pourquoi afin de ne nous point conformer aux Juifs qui font leur Pafque le quatorzieme de la Lune, on prend le Dimanche d'après pour celebrer le jour de Pafque qui eft le dix-huitieme d'Avril. Autre exemple. L'année 1684 a pour Epacte xiij & les deux lettres Dominicales B & A, cette année étant Biffextile. Or on trouve entre le huitieme de Mars & le cinquieme d'Avril cette Epacte xiij vis-à-vis du dix-huitieme jour de Mars qui eft le premier jour de la Lune; & fi de ce dix-huitieme jour on compte quatorze jours de haut en bas, on trouvera que le quatorzieme de cette même Lune eft le trente-unieme de Mars: or ayant laiffé la lettre B & prenant A qui eft la lettre Dominicale, le deuxieme d'Avril, qui eft le premier Dimanche d'après le quatorzieme de la Lune, fera le Dimanche de Pafque.

Or afin qu'on puiffe deformais facilement trouver les Feftes Mobiles, on a compofé les deux Tables fuivantes, l'une ancienne & l'autre nouvelle. Par l'ancienne on trouvera les Feftes Mobiles en cette forte. Il faut prendre l'Epacte courante qui eft à côté gauche de ladite Table, & dans le rang des lettres Dominicales il faut auffi prendre la lettre Dominicale de l'année courante, c'eft-à-dire celle

celle qui est immediatement après ladite Epacte ; de sorte que si la lettre Dominicale se rencontroit en droite ligne avec l'Epacte, il ne faudra pas prendre cette lettre-là pour trouver les Festes ; mais bien celle qui suit immediatement après. Or ayant trouvé l'Epacte & la lettre Dominicale au-dessous, cette lettre marquera en droite ligne toutes les Festes Mobiles de cette année-là.

Par exemple, l'année 1685 a pour Epacte xxiv, & pour lettre Dominicale G : or si dans la Table ancienne on prend la lettre G, qui est après ladite Epacte xxiv, on trouvera en droite ligne de cette lettre G, le Dimanche de la Septuagesime au dix-huitieme de Fevrier, le jour des Cendres au septieme de Mars, Pasque au vingt-deuxieme d'Avril, l'Ascension le trente-unieme de Mai, la Pentecoste le dixieme de Juin, la Feste-Dieu le vingt-unieme de Juin. Il y aura entre la Pentecoste & l'Avent vingt-quatre Dimanches. Et le premier Dimanche de l'Avent arrivera le second de Decembre.

Il faut pourtant prendre garde que comme dans une année commune & qui n'est point Bissextile, lorsque la lettre Dominicale est vis-à-vis de l'Epacte, on prend l'autre lettre suivante pour marquer & trouver les Festes Mobiles, comme il a été dit ci-dessus ; de même aussi dans une année Bissextile, si l'une des deux lettres Dominicales arrive vis-à-vis & en droite ligne de l'Epacte, on prend les autres deux semblables lettres qui suivent pour trouver les Festes Mobiles.

Or en la nouvelle Table de Pasque on trouvera les Festes Mobiles en cette maniere. Dans la cellule de la lettre Dominicale courante, il faut aussi chercher l'Epacte courante de l'année : & vis-à-vis de cette Epacte on trouvera les Festes Mobiles de l'année. Exemple, l'année 1687 a pour lettre Dominicale E & l'Epacte xvj ; or si dans la cellule de cette lettre E on prend en droite ligne de l'Epacte xvj, on trouvera la Septuagesime au vingt-sixieme Janvier, le jour des Cendres au douzieme de Fevrier, Pasque au trentieme Mars, &c. & ainsi des autres années.

Mais soit qu'on se serve de l'ancienne ou de la nouvelle Table, il faut toujours trouver les Festes Mobiles aux années Bissextiles par la seconde lettre Dominicale, c'est-à-dire, par celle qui aura son cours après la Feste de saint Matthias, afin de ne se pas tromper dans le choix qu'on doit faire de l'une des deux lettres Dominicales pour trouver surement l'une ou l'autre Feste. De sorte qu'ayant rencontré la Septuagesime en Janvier, & le jour des Cendres en Fevrier, on ne fasse faute d'ajouter un jour. Ce qui se doit faire à cause que la premiere des deux lettres Dominicales, suivie de la seconde dans le Calendrier, a son cours avant que saint Matthias arrive. Mais saint Matthias arrive au mois de Fevrier, quoique la seconde ait son

cours, on ne laisse pas d'ajouter un jour nommé Bissexte ou intercalaire ; de maniere que le vingt-quatrieme de Fevrier se nomme vingt-cinq, & le vingt-cinquieme s'appelle vingt-six, & le vingt-six se nomme vingt-sept, & le vingt-sept s'appelle vingt-huit, & enfin le vingt-huit s'appelle vingt-neuvieme. Que si le jour des Cendres arrivoit au mois de Mars, pour lors il n'y faudra rien ajouter, parcequ'alors la seconde des deux lettres Dominicales a son cours, & chaque jour respond au propre nombre du mois de Mars. Exemple : l'année Bissextile 1696 qui aura pour Epacte v & les lettres Dominicales A G ; que si l'on cherche les Festes Mobiles par la seconde lettre G, on trouvera la Septuagesime au onzieme de Fevrier, & le jour des Cendres au vingt-huit du même mois ; que si on ajoute un jour, la Septuagesime tombera au douze de Fevrier qui est le Dimanche, & le jour des Cendres au vingt-neuf dudit mois qui est le Mercredi, le jour de Pasque & les autres Festes Mobiles arriveront aux jours marqués dans la Table.

Si dans la premiere Table de Pasque ancienne, on a mis au côté gauche avec les Epactes, les nombres d'Or au même ordre qu'ils étoient avant la correction du Calendrier, ce n'est qu'afin qu'on puisse trouver les Festes Mobiles aux jours qu'elles ont été celebrées, depuis le Concile de Nicée, jusqu'à l'année 1582. Or par ces nombres d'Or ainsi disposés, on observe les Festes de la même façon qu'on a fait avec les Epactes. Comme si, par exemple, on vouloit chercher en quels jours les Festes Mobiles ont été celebrées l'année 1450. si on prend le nombre d'Or de cette année-là qui est 7, & la lettre Dominicale suivante qui est D, on trouvera vis-à-vis de cette lettre, la Septuagesime au premier de Fevrier, le jour des Cendres au dix-huit dudit mois, Pasque au cinquieme d'Avril, &c.

Le premier Dimanche de l'Avent arrive toujours au Dimanche qui est le plus proche de saint André, soit devant ou après ; sçavoir, entre le vingt-sept de Novembre & le troisieme de Decembre inclusivement, si bien que la lettre Dominicale courante depuis le vingt-sept de Novembre jusqu'au troisieme de Decembre, marque le premier Dimanche de l'Avent : comme, par exemple, si la lettre Dominicale est B, le premier Dimanche de l'Avent sera le vingt-sept Novembre ; si la lettre Dominicale est A, le premier Dimanche de l'Avent sera le troisieme Decembre.

Finalement après les deux Tables de Pasque on a mis une Table temporaire ou du Temps, & des Festes Mobiles pour plusieurs années, vis-à-vis desquelles on trouve toutes les Festes Mobiles : cette Table a été tirée des deux autres Tables de Pasque, dont on en peut tirer une infinité d'autres pour quelque année que ce soit.

	Cycle des Epactes.	La Septua-gesime.	Le Jour des Cendres.	Le jour de Pasque.
D	23. 22. 21. 20. 19. 18. 17. 16. 15. 14. 13. 12. 11. 10. 9. 8. 7. 6. 5. 4. 3. 2. 1 1. * 29. 28. 27. 26. 25. 25. 24.	18 Janv. 25 Janv. 1 Fevr. 8 Fevr. 15 Fevr.	4 Fevr. 11 Fevr. 18 Fevr. 25 Fevr. 4 Mars.	22 Mars. 29 Mars. 5 Avril. 12 Avril. 19 Avril.
E	23. 22. 21. 20. 19. 18. 17. 16. 15. 14. 13. 12. 11. 10. 9. 8. 7. 6. 5. 4. 3. 2. 1. * 29. 28. 27. 26. 25. 25. 24.	19 Janv. 26 Janv. 2 Fevr. 9 Fevr. 16 Fevr.	5 Fevr. 12 Fevr. 19 Fevr. 26 Fevr. 5 Mars.	23 Mars. 30 Mars. 6 Avril. 13 Avril. 20 Avril.
F	23. 22. 21. 20. 19. 18. 17. 16. 15. 14. 13. 12. 11. 10. 9. 8. 7. 6. 5. 4. 3. 2. 1. * 29. 28. 27. 26. 25. 25. 24.	20 Janv. 27 Janv. 3 Fevr. 10 Fevr. 17 Fevr.	6 Fevr. 13 Fevr. 20 Fevr. 27 Fevr. 6 Mars.	24 Mars. 31 Mars. 7 Avril. 14 Avril. 21 Avril.
G	23. 22. 21. 20. 19. 18. 17. 16. 15. 14. 13. 12. 11. 10. 9. 8. 7. 6. 5. 4. 3. 2. 1. * 29. 28. 27. 26. 25. 25. 24.	21 Janv. 28 Janv. 4 Fevr. 11 Fevr. 18 Fevr.	7 Fevr. 14 Fevr. 21 Fevr. 28 Fevr. 7 Mars.	25 Mars. 1 Avril. 8 Avril. 15 Avril. 22 Avril.
A	23. 22. 21. 20. 19. 18. 17. 16. 15. 14. 13. 12. 11. 10. 9. 8. 7. 6. 5. 4. 3. 2. 1. * 29. 28. 27. 26. 25. 25. 24.	22 Janv. 29 Janv. 5 Fevr. 12 Fevr. 19 Fevr.	8 Fevr. 15 Fevr. 22 Fevr. 1 Mars. 8 Mars.	26 Mars. 2 Avril. 9 Avril. 16 Avril. 23 Avril.
B	23. 22. 21. 20. 19. 18. 17. 16. 15. 14. 13. 12. 11. 10 9. 8 7. 6. 5. 4. 3. 2. 1. * 29. 28. 27. 26. 25. 25. 24.	23 Janv. 30 Janv. 6 Fevr. 13 Fevr. 20 Fevr.	9 Fevr. 16 Fevr. 23 Fevr. 2 Mars. 9 Mars.	27 Mars. 3 Avril. 10 Avril. 17 Avril. 24 Avril.
C	23. 22. 21. 20. 19. 18. 17. 16. 15. 14. 13. 12. 11. 10. 9. 8. 7. 6. 5. 4. 3. 2. 1. * 29. 28. 27. 26. 25. 25. 24.	24 Janv. 31 Janv. 7 Fevr. 14 Fevr. 21 Fevr.	10 Fevr. 17 Fevr. 24 Fevr. 3 Mars. 17 Mars.	28 Mars. 4 Avril. 11 Avril. 18 Avril. 25 Avril.

L'Afcenfion.	La Pentecofte.	Le Saint Sacrement.	Les Dimanches apres la Pentecofte.	Le premier Dimanche de l'Avent.
30 Avril.	10 Mai.	21 Mai.	28	29 Novemb.
7 Mai.	17 Mai.	28 Mai.	27	29
14 Mai.	24 Mai.	4 Juin.	26	29
21 Mai.	31 Mai.	11 Juin.	25	29
28 Mai.	7 Juin.	18 Juin.	24	29
1 Mai.	11 Mai.	22 Mai.	28	30 Novemb.
8 Mai.	18 Mai.	29 Mai.	27	30
15 Mai.	25 Mai.	5 Juin.	26	30
22 Mai.	1 Juin.	12 Juin.	25	30
29 Mai.	8 Juin.	19 Juin.	24	30
2 Mai.	12 Mai.	23 Mai.	28	1 Decemb.
7 Mai.	19 Mai.	30 Mai.	27	1
16 Mai.	26 Mai.	6 Juin.	26	1
23 Mai.	2 Juin.	13 Juin.	25	1
30 Mai.	9 Juin.	20 Juin.	24	1
3 Mai.	13 Mai.	24 Mai.	28	2 Decemb.
10 Mai.	20 Mai.	31 Mai.	27	2
17 Mai.	27 Mai.	7 Juin.	26	2
24 Mai.	3 Juin.	14 Juin.	25	2
31 Mai.	10 Juin.	21 Juin.	24	2
4 Mai.	14 Mai.	25 Mai.	28	3 Decemb.
11 Mai.	21 Mai.	1 Juin.	27	3
18 Mai.	28 Mai.	8 Juin.	26	3
25 Mai.	4 Juin.	15 Juin.	25	3
1 Juin.	11 Juin.	22 Juin.	24	3
5 Mai.	15 Mai.	26 Mai.	27	27 Novemb.
12 Mai.	22 Mai.	2 Juin.	26	27
19 Mai.	29 Mai.	9 Juin.	25	27
26 Mai.	5 Juin.	16 Juin.	24	27
2 Juin.	2 Juin.	23 Juin.	23	27
6 Mai.	16 Mai.	27 Mai.	27	28 Novemb.
13 Mai.	23 Mai.	3 Juin.	26	28
20 Mai.	30 Mai.	10 Juin.	25	28
27 Mai.	6 Juin.	17 Juin.	24	28
3 Juin.	13 Juin.	24 Juin.	23	28

TABLE POUR TROUVER

Années de Notre Seigneur.	Lettre Dominicales	Nombre d'Or.	Les Epactes.	La Septuagesime.	Les Cendres.	Pasque.
1755	e	8	xvij	26 Janv.	12 Fevr.	30 Mars.
1756	d c	9	xxviij	15 Fevr.	3 Mars.	18 Avril.
1757	b	10	ix	6 Fevr.	23 Fevr.	10 Avril.
1758	A	11	xx	22 Janv.	8 Fevr.	26 Mars.
1759	g	12	j	11 Fevr.	28 Fevr.	15 Avril.
1760	f e	13	xij	3 Fevr.	20 Fevr.	6 Avril.
1761	d	14	xxiij	18 Janv.	4 Fevr.	22 Mars.
1762	c	15	iv	7 Fevr.	24 Fevr.	11 Avril.
1763	b	16	xv	30 Janv.	16 Fevr.	3 Avril.
1764	A g	17	xxvj	19 Fevr.	7 Mars.	22 Avril.
1765	f	18	vij	3 Fevr.	20 Fevr.	7 Avril.
1766	e	19	xviij	26 Janv.	12 Fevr.	30 Mars.
1767	d	1	*	15 Fevr.	4 Mars.	19 Avril.
1768	c b	2	xj	31 Janv.	17 Fevr.	3 Avril.
1769	A	3	xxij	22 Janv.	8 Fevr.	26 Mars.
1770	g	4	iij	11 Fevr.	28 Fevr.	15 Avril.
1771	f	5	xiv	27 Janv.	13 Fevr.	31 Mars.
1772	e d	6	xxv	16 Fevr.	5 Mars.	19 Avril.
1773	c	7	vj	7 Fevr.	24 Fevr.	11 Avril.
1774	b	8	xvij	30 Janv.	16 Fevr.	3 Avril.
1775	A	9	xxviij	12 Fevr.	1 Mars.	16 Avril.
1776	g f.	10	ix	4 Fevr.	21 Fevr.	7 Avril.
1777	e	11	xx	26 Janv.	12 Fevr.	30 Mars.
1778	d	12	j	15 Fevr.	4 Mars.	19 Avril.
1779	c	13	xij	31 Janv.	17 Fevr.	4 Avril.
1780	b A	14	xxiij	23 Janv.	9 Fevr.	26 Mars.
1781	g	15	iv	11 Fevr.	28 Fevr.	15 Avril.
1782	f.	16	xv	27 Janv.	13 Fevr.	31 Mars.
1783	e	17	xxvj	16 Fevr.	5 Mars.	20 Avril.
1784	d c	18	vij	8 Fevr.	25 Fevr.	11 Avril.
1785	b	19	xviij	23 Janv.	9 Fevr.	27 Mars.
1786	A	1	*	12 Fevr.	1 Mars.	16 Avril.
1787	g	2	xj	4 Fevr.	21 Fevr.	8 Avril.
1788	f e	3	xxij	20 Janv.	6 Fevr.	23 Mars.
1789	d	4	iij	8 Fevr.	25 Fevr.	12 Avril.
1790	c	5	xiv	31 Janv.	17 Fevr.	4 Avril.
1791	b	6	25	20 Fevr.	9 Mars.	24 Avril.
1792	A g	7	vj	5 Fevr.	22 Fevr.	8 Avril.
1793	f	8	xvij	27 Janv.	13 Fevr.	31 Mars.

LES FESTES MOBILES.

Années de Notre Seigneur.	L'Ascension.	La Pente-coste.	La Feste-Dieu.	Indic-tion.	Dim. après la Pentec.	Le I Dimanche de l'Avent.
1755	8 Mai.	18 Mai.	29 Mai.	3	27	30 Nov.
1756	27 Mai.	6 Juin.	17 Juin.	4	24	28 Nov.
1757	19 Mai.	29 Mai.	9 Juin.	5	25	27 Nov.
1758	4 Mai.	14 Mai.	25 Mai.	6	28	3 Dec.
1759	24 Mai.	3 Juin.	14 Juin.	7	25	2 Dec.
1760	15 Mai.	25 Mai.	5 Juin.	8	26	30 Nov.
1761	30 Mai.	10 Mai.	21 Mai.	9	28	29 Nov.
1762	20 Mai.	30 Mai.	10 Juin.	10	25	28 Nov.
1763	12 Mai.	22 Mai.	2 Juin.	11	26	27 Nov.
1764	31 Mai.	10 Juin.	21 Juin.	12	24	2 Dec.
1765	16 Mai.	26 Mai.	6 Juin.	13	26	1 Dec.
1766	8 Mai.	18 Mai.	29 Mai.	14	27	30 Nov.
1767	28 Mai.	7 Juin.	18 Juin.	15	24	29 Nov.
1768	12 Mai.	22 Mai.	2 Juin.	1	26	27 Nov.
1769	4 Mai.	14 Mai.	25 Mai.	2	28	3 Dec.
1770	24 Mai.	3 Juin.	14 Juin.	3	25	2 Dec.
1771	9 Mai.	19 Mai.	30 Mai.	4	27	1 Dec.
1772	28 Mai.	7 Juin.	18 Juin.	5	24	29 Nov.
1773	20 Mai.	30 Mai.	10 Juin.	6	25	28 Nov.
1774	12 Mai.	22 Mai.	2 Juin.	7	26	27 Nov.
1775	25 Mai.	4 Juin.	15 Juin.	8	25	3 Dec.
1776	16 Mai.	26 Mai.	6 Juin.	9	26	1 Dec.
1777	8 Mai.	18 Mai.	29 Mai.	10	27	30 Nov.
1778	28 Mai.	7 Juin.	18 Juin.	11	24	29 Nov.
1779	13 Mai.	23 Mai.	3 Juin.	12	26	28 Nov.
1780	4 Mai.	14 Mai.	25 Mai.	13	28	3 Dec.
1781	24 Mai.	3 Juin.	14 Juin.	14	25	2 Dec.
1782	9 Mai.	19 Mai.	30 Mai.	15	27	1 Dec.
1783	29 Mai.	8 Juin.	19 Juin.	1	24	30 Nov.
1784	20 Mai.	30 Mai.	10 Juin.	2	25	28 Nov.
1785	5 Mai.	15 Mai.	26 Mai.	3	27	27 Nov.
1786	25 Mai.	4 Juin.	15 Juin.	4	25	3 Dec.
1787	17 Mai.	27 Mai.	7 Juin.	5	26	2 Dec.
1788	1 Mai.	11 Mai.	22 Mai.	6	28	30 Nov.
1789	21 Mai.	31 Mai.	11 Juin.	7	25	29 Nov.
1790	13 Mai.	23 Mai.	3 Juin.	8	26	28 Nov.
1791	2 Juin.	12 Juin.	23 Juin.	9	23	27 Nov.
1792	17 Mai.	27 Mai.	7 Juin.	10	24	2 Dec.
1793	9 Mai.	19 Mai.	30 Mai.	11	27	1 Dec.

JANVIER

A trente & un jours, & la Lune trente.
Le jour a huit heures, & la nuit seize.

Le II Dimanche après l'Epiphanie, on fait l'Office du SAINT NOM DE JESUS. Double de ij classe.

Cycle des Epactes.	Let Dom	Jours du Mois	
* xxix	A B	Kal.	1	LA CIRCONCISION DE N. S. Double de ij classe.
xxix	B C	iv	2	Octave de saint Etienne. Double, avec mémoire des Octaves.
xxviij	C	iij	3	Octave de saint Jean Apostre. Double, avec mémoire de l'Octave des saints Innocens.
xxvij	D E	Prid	4	Octave des saints Innocens. Double.
xxvj	E	Non	5	Vigile de l'Epiphanie. Semidouble, avec mémoire de saint Telesphore, Pape & Martyr.
25 xxv	F	viij	6	EPIPHANIE DE N. S. Double de j classe, avec Octave.
xxiv	G	vij	7	De l'Octave. Semidouble.
xxiij	A B	vj	8	De l'Octave. Semidouble.
xxij	B	v	9	De l'Octave. Semidouble.
xxj	C	iv	10	De l'Octave. Semidouble.
xx	D	iij	11	De l'Octave, & mémoire de saint Hygin, Pape & Martyr.
xix	E	Prid	12	De l'Octave.
xviij	F	Idib.	13	Octave de l'Epiphanie. Double.
xvij	G	xix	14	Saint Hilaire, Evesque & Confesseur. Semidouble, & mémoire de saint Felix Prêtre & Martyr.
xvj	A	xviij	15	Saint Paul premier Hermite, Confesseur. Double, avec mémoire de saint Maur Abbé.
xv	B	xvij	16	Saint Marcel, Pape & Martyr. Semidouble.
xiv	C	xvj	17	Saint Antoine Abbé. Double.
xiij	D	xv	18	LA CHAIRE DE SAINT PIERRE A ROME. Double majeur, & mémoire de sainte Prisque, Vierge & Martyre.
xij	E	xiv	19	Saint Marius & ses Compagnons Martyrs: [ou saint Canut Roi & Martyr. Semid. à dévotion & mém. de St Marius & ses Comp.]
xj	F	xiij	20	Saint Fabien & Saint Sebastien Martyrs. Double.
x	G	xij	21	Sainte Agnès, Vierge & Martyre. Double.
ix	A	xj	22	Saint Vincent & saint Anastase Martyrs. Semidouble.
viij	A B	x	23	Saint Raymond de Pegnafort, Confesseur. Semidouble, & mémoire de sainte Emerentiane, Vierge & Martyre.
vij	C	ix	24	Saint Timothée, Evesque & Martyr. Semidouble.
vj	D	viij	25	CONVERSION DE SAINT PAUL Apostre. Double majeur, & mémoire de saint Pierre.
v	E	vij	26	Saint Polycarpe, Evesque & Martyr. Semidouble.
iv	F	vj	27	Saint Jean Chrysostôme, Evesque & Confesseur. Double.
iij	G	v	28	Sainte Agnès pour la seconde fois.
ij	A B	iv	29	Saint François de Sales, Evesque & Confesseur. Double.
j	A B	iij	30	Sainte Martine, Vierge & Martyre. Semidouble.
*	C	Prid.	31	Saint Pierre Nolasque, Confesseur. Double.

FEVRIER

A vingt-huit jours, & la Lune vingt-neuf.
Et quand l'année est Bissextile, il a vingt-neuf jours, & la Lune trente.
Le jour a neuf heures, & la nuit quinze.

Cycle des Epactes.	Let. Dom	Jours du Mois.	
xxix	D	Kal.	1	Saint Ignace, Evesque & Martyr. Semidouble.
xxviij	E	iv	2	LA PURIFICATION DE N. D. Double de ij classe.
xxvij	F	iij	3	Saint Blaise, Evesque & Martyr.
25 xxvj	G	Prid.	4	Saint André de Corsin, Evesque & Confesseur. Double.

FEVRIER.

xxv 24	A	Non.	5	Sainte Agathe, Vierge & Martyre. Double.
xxiij	B	viij	6	Sainte Dorothée, Vierge & Martyre.
xxij	C	vij	7	Saint Romuald Abbé. Double.
xxj	D	vj	8	Saint Jean de Matha, Confesseur. Double.
xx	E	v	9	Sainte Apolline, Vierge & Martyre.
xix	F	iv	10	Sainte Scholastique, Vierge. Double.
xviij	G	iij	11	
xvij	A	Prid.	12	
xvj	B	Idib.	13	
xv	C	xvj	14	Saint Valentin, Prêtre & Martyr.
xiv	D	xv	15	Saints Faustin & Jovite Martyrs.
xiij	E	xiv	16	
xij	F	xiij	17	
xj	G	xij	18	Saint Simeon, Evesque & Martyr.
x	A	xj	19	
ix	B	x	20	
viij	C	ix	21	
vij	D	viij	22	LA CHAIRE DE SAINT-PIERRE A ANTIOCHE. Double majeur.
vj	E	vij	23	Vigile.
v	F	vj	24	SAINT MATTHIAS Apostre. Double de ij classe.
iv	G	v	25	
iij	A	iv	26	
ij	B	iij	27	
j	C	Prid.	28	

En l'année Bissextile Fevrier a 29 jours, & la Feste de Saint Matthias est remise au 25 Fevrier, disant deux fois sexto Kalendas, sçavoir le 24 & le 25 ; & la lettre Dominicale qui aura servi jusqu'alors, sera changée en la precedente. Par exemple, si la lettre Dominicale étoit A, elle se changeroit en G qui est la precedente, & la lettre F serviroit au 24 & au 25.

MARS

Cycle des Epactes.	Let. Dom.	Jours du Mois.		A trente & un jours, & la Lune trente. Le jour a onze heures, & la nuit treize.
*	D	Kal.	1	
xxix	E	vj	2	
xxviij	F	v	3	
xxvij	G	iv	4	St Casimir, Confesseur. Semidouble, & mémoire de saint Lucius Pape & Martyr.
xxvj	A	iij	5	
25. xxv	B	Prid.	6	
xxiv	C	Non.	7	Saint Thomas d'Aquin, Confesseur & Docteur de l'Eglise. Double & mémoire des saintes Perpétue & Félicité Martyres.
xxiij	D	viij	8	Saint Jean de Dieu, Confesseur. Double.
xxij	E	vij	9	Sainte Françoise, Veuve. Double.
xxj	F	vj	10	Quarante Martyrs. Semidouble.
xx	G	v	11	
xix	A	iv	12	Saint Grégoire Pape, Conf. & Docteur de l'Eglise. Double.
xviij	B	iij	13	
xvij	C	Prid	14	
xvj	D	Idib.	15	
xv	E	xvij	16	
xiv	F	xvj	17	Saint Patrice, Evesque & Confesseur. Semidouble.
xiij	G	xv	18	

MARS

xij	A	xiv	19	SAINT JOSEPH, Confeffeur. Double de ij claffe.
xj	B	xiij	20	
x	C	xij	21	Saint Benoît Abbé, Double.
ix	D	xj	22	
viij	E	x	23	
vij	F	ix	24	
vj	G	viij	25	L'ANNONCIATION DE LA VIERGE MARIE. Double de ij claffe.
v	A	vij	26	
iv	B	vj	27	
iij	C	v	28	
ij	D	iv	29	
j	E	iij	30	
	F	Prid.	31	

Le Vendredi d'après le Dimanche de la Paffion, on fait l'Office de Notre-Dame de pitié. Double majeur.

AVRIL

Cycle des Epactes.	Let. Dom	Jours du Mois.	A trente jours, & la Lune vingt-neuf. Le jour a treize heures, & la nuit onze.
xxix	G	Kal. 1	
xxviij	A	iv 2	Saint François de Paule, Confeffeur. Double.
xxvij	B	iij 3	
25. xxvj	C	Prid. 4	Saint Ifidore, Evefque & Confeffeur. Double.
xxiv	D	Non. 5	Saint Vincent Ferrier, Confeffeur. Double.
xxiij	E	viij 6	
xxij	F	vij 7	
xxj	G	vj 8	
xx	A	v 9	
xix	B	iv 10	
xviij	C	iij 11	Saint Leon le Grand, Pape & Confeffeur. Double.
xvij	D	Prid. 12	
xvj	E	Idib. 13	Saint Hermenegilde Martyr. Semidouble.
xv	F	xviij 14	Saints Tiburce, Valerien & Maxime Martyrs.
xiv	G	xvij 15	
xiij	A	xvj 16	
xij	B	xv 17	Saint Anicet Pape & Martyr.
xj	C	xiv 18	
x	D	xiij 19	
ix	E	xij 20	
viij	F	xj 21	Saint Anfelme, Evefque & Confeffeur. Double.
vij	G	x 22	Saints Soter & Caïus, Papes & Martyrs. Semidouble.
vj	A	ix 23	Saint George Martyr. Semidouble.
v	B	viij 24	
iv	C	vij 25	SAINT MARC Evangelifte. Double de ij claffe.
iij	D	vj 26	Saints Clet & Marcellin, Papes & Martyrs. Semidouble.
ij	E	v 27	
j	F	iv 28	Saint Vital Martyr.
*	G	iij 29	Saint Pierre Martyr. Double.
xxix	A	Prid. 30	Sainte Catherine de Sienne, Vierge. Double.

Mai.

MAI

Cycle des Epactes.	Let. Dom.	Jours du Mois.		A trente & un jours, & la Lune trente. Le jour a quinze heures, & la nuit neuf.
xxviij	B	Kal.	1	SAINT PHILIPPE ET ST JACQUES Apoſtres. Double de ij claſſe.
xxvij	C	vj	2	Saint Athanaſe, Eveſque & Confeſſeur. Double.
xxvj	D	v	3	INVENTION DE SAINTE CROIX. Double de ij claſſe, & mémoire des Sts Alexandre, Evence & Theodule Martyrs, & de St Juvenal, Eveſque & Confeſſeur, aux Laudes ſeulement.
25. xxv	E	iv	4	Sainte Monique Veuve. Double.
xxiv	F	iij	5	Saint Pie V, Pape & Confeſſeur. Semidouble.
xxiij	F G	Prid.	6	SAINT JEAN DEVANT LA PORTE-LATINE. Double majeur.
xxij	A	Non.	7	Saint Staniſlas, Eveſque & Martyr. Double.
xxj	B	viij	8	L'APPARITION DE SAINT MICHEL Archange. Double majeur.
xx	C	vij	9	Saint Grégoire de Nazianze, Eveſque & Confeſſeur. Double.
xix	D	vj	10	Saint Antonin, Eveſque & Confeſſeur. Semidouble, & mémoire des Saints Gordien & Epimaque Martyrs.
xviij	E	v	11	
xvij	F	iv	12	Saints Nérée, Achillée, Domitille Vierge, & ſaint Pancrace Martyrs. Semidouble.
xvj	G	iij	13	
xv	A	Prid.	14	Saint Boniface Martyr.
xiv	B	Idib.	15	
xiij	C	xvij	16	Saint Ubald, Eveſque & Confeſſeur. Semidouble.
xij	D	xvj	17	
xj	E	xv	18	Saint Venant, Martyr. Semidouble.
x	F	xiv	19	Saint Pierre Celeſtin, Pape & Confeſſeur. Double, avec mém. de ſainte Pudentienne, Vierge.
ix	G	xiij	20	Saint Bernardin, Confeſſeur. Semidouble.
viij	A	xij	21	
vij	B	xj	22	
vj	C	x	23	
v	D	ix	24	
iv	E	viij	25	Sainte Marie-Magdelene de Pazzi, Vierge. Semidouble, avec mémoire de ſaint Urbain, Pape & Martyr.
iij	F	vij	26	Saint Philippe de Neri, Confeſſeur. Double, avec mémoire de ſaint Eleuthere, Pape & Martyr.
ij	G	vj	27	Saint Jean, Pape & Martyr.
j	A	v	28	
*	B	iv	29	
xxix	C	iij	30	Saint Félix, Pape & Martyr.
xxviij	D	Prid.	31	Sainte Petronille, Vierge.

JUIN

Cycle des Epactes.	Let. Dom.	Jours du Mois.		A trente jours, & la Lune vingt-neuf. Le jour a quinze heures, & la nuit neuf.
xxvij	E	Kal.	1	
25. xxvj	F	iv	2	Les ſaints Martyrs Marcellin, Pierre & Eraſme.
xxv. 24.	G	iij	3	
xxiij	A	Prid.	4	
xxij	B	Non.	5	
xxj	C	viij	6	Saint Norbert, Eveſque & Confeſſeur. Double.
xx	D	vij	7	
xix	E	vj	8	

JUIN.

	Let. Dom.	Jours		
xviij	F	v	9	Saint Prime & saint Félicien Martyrs.
xvij	G	iv	10	Sainte Marguerite Veuve, Reine d'Ecosse. Semidouble.
xvj	A	iij	11	SAINT BARNABÉ Apôtre. Double majeur.
xv	B	Prid.	12	Saint Jean de Saint Facond, Confesseur. Double, & mémoire des saints Basilide, Cyrin, Nabor & Nazaire Martyrs.
xiv	C	Idib.	13	Saint Antoine de Pade, Confesseur. Double.
xiij	D	xviij	14	Saint Basile le Grand, Evesque & Confesseur. Double.
xij	E	xvij	15	Les saints Gui, Modeste & Crescence Martyrs.
xj	F	xvj	16	
x	G	xv	17	
ix	A	xiv	18	Les Saints Marc & Marcellien Martyrs.
viij	B	xiij	19	Sainte Julienne de Falconiere, Vierge. Semidouble, avec mémoire des saints Gervais & Protais Martyrs.
vij	C	xij	20	Saint Silvere, Pape & Martyr.
vj	D	xj	21	
v	E	x	22	Saint Paulin, Evesque & Confesseur.
iv	F	ix	23	La Vigile de saint Jean-Baptiste.
iij	G	viij	24	NATIVITÉ DE SAINT JEAN-BAPTISTE. Double de j classe, avec Octave.
ij	A	vij	25	De l'Octave de la Nativité de saint Jean-Baptiste. Semidouble.
j	B	vj	26	Sts Jean & Paul Martyrs Double avec memoire de l'Octave.
*	C	v	27	De l'Octave de la Nativité de saint Jean-Baptiste. Semidouble.
xxix	D	iv	28	Saint Leon, Pape & Confesseur. Semidouble avec mémoire de l'Octave & de la Vigile.
xxviij	E	iij	29	SAINT PIERRE ET SAINT PAUL Apôtres. Double de j classe avec Octave.
xxvij	F	Prid.	30	COMMEMORATION DE SAINT PAUL Apôtre. Double, avec mémoire de saint Pierre, & de l'Octave de la Nativité de saint Jean-Baptiste.

JUILLET

Cycle des Epactes.	Let. Dom.	Jours du Mois		
				A trente & un jours ; & la Lune trente.
				Le jour a seize heures, & la nuit huit.
xxvj	G	Kal.	1	Octave de la Nativité de saint Jean-Baptiste. Double, & mémoire de l'Octave des Apôtres.
15. xxv	A	vj	2	VISITATION DE LA VIERGE MARIE. Double majeur, & mémoire de l'Octave des Apôtres, & des saints Processe & Martinien Martyrs.
xxiv	B	v	3	De l'Octave des Apôtres.
xxiij	C	iv	4	De l'Octave des Apôtres. } Semidouble.
xxij	D	iij	5	De l'Octave des Apôtres.
xxj	E	ij	6	Octave des Apôtres saint Pierre & saint Paul. Double.
xx	F	Prid.	7	
xix	G	Non.	8	Sainte Elizabeth, Reine de Portugal, Veuve. Semidouble.
xviij	A	vij	9	
xvij	B	vj	10	Les sept Freres Martyrs & les saintes Ruffine & Seconde Martyres. Semidouble.
xvj	C	v	11	Saint Pie, Pape & Martyr.
xv	D	iv	12	Saint Jean Gualbert Abbé. Double, & mémoire des saints Nabor & Félix Martyrs.
xiv	E	iij	13	Saint Anaclet, Pape & Martyr. Semidouble.
xiij	F	Prid.	14	Saint Bonaventure, Evesque, Confesseur & Docteur de l'Eglise. Double.

JUILLET.

Cycle	Let. Dom.	Jours		
xij	G	Idib.	15	Saint Henri, Empereur & Confesseur. Semidouble.
xj	A	xvij	16	NOTRE-DAME DU MONT-CARMEL. Double majeur.
x	B	xvj	17	Saint Alexis, Confesseur. Semidouble.
ix	C	xv	18	Saint Symphorose & ses sept fils Martyrs.
viij	D	xiv	19	Saint Vincent de Paule, Confesseur. Double.
vij	E	xiij	20	Sainte Marguerite, Vierge & Martyre.
vj	F	xij	21	Sainte Praxede Vierge.
v	G	xj	22	Sainte Marie Magdelene. Double.
iv	A	x	23	Saint Apollinaire, Evesque & Martyr. Double, avec mémoire de saint Liboire, Evesque & Confesseur.
iij	B	ix	24	Vigile de saint Jacques Apostre, & mémoire de sainte Christine Vierge & Martyre.
ij	C	viij	25	SAINT JACQUES Apostre. Double de ij classe, & mémoire de saint Christophe aux Laudes seulement.
j	D	vij	26	SAINTE ANNE mere de la Vierge Marie. Double majeur.
*	E	vj	27	Saint Pantaleon Martyr.
xxix	F	v	28	Les Saints Nazaire, Celse & Victor, Pape, Martyrs, & saint Innocent, Pape & Confesseur. Semidouble.
xxviij	G	iv	29	Sainte Marthe Vierge. Semidouble, avec mémoire des saints Felix Pape, Simplice, Faustin & Beatrix Martyrs.
xxvij	A	iij	30	Les saints Abdon & Sennen Martyrs.
25. xxvj	B	Prid.	31	Saint Ignace, Confesseur, Double.

AOUST

Cycle des Epactes.	Let. Dom.	Jours du Mois.		A trente & un jours, & la Lune trente. Le jour a quatorze heures, & la nuit dix.
XXV. 24.	C	Kal.	1	SAINT PIERRE AUX LIENS. Double majeur & mémoire de saint Paul, & des saints Machabées Martyrs.
xxiij	D	iv	2	Saint Etienne, Pape & Martyr.
xxij	E F	iij	3	Invention de saint Etienne premier Martyr. Semidouble.
xxj	F	Prid.	4	Saint Dominique, Confesseur. Double.
xx	G	Non.	5	Dédicace de l'Eglise de N. D. des Neiges. Double.
xix	A	viij	6	TRANSFIGURATION DE NOTRE-SEIGNEUR. Double majeur, & mémoire des saints Xyste Pape, Felicissime & Agapit, Martyrs.
xviij	B	vij	7	Saint Cajetan, Confesseur. Double, avec mémoire de saint Donat Martyr.
xvij	C	vj	8	Les Saints Cyriaque, Large & Smaragde Martyrs. Semidouble.
xvj	D	v	9	Vigile de Saint Laurent, & mémoire de saint Romain Martyr.
xv	E	iv	10	SAINT LAURENT Martyr. Double de ij classe, avec Octave.
xiv	F	iij	11	De l'Octave de St Laurent. Semidouble, & mémoire des saints Tiburce & Susanne Martyrs.
xiij	G	Prid.	12	Sainte Claire, Vierge. *Double*, & mémoire de l'Octave.
xij	A	Idib.	13	De l'Octave. Semidouble, avec mémoire des saints Hippolyte & Cassien, Martyrs.
xj	B	xix	14	De l'Octave. Semidouble, avec mémoire de la Vigile, & de saint Eusebe, Confesseur.
x	C	xviij	15	ASSOMPTION DE NOTRE-DAME. Double de j classe, avec Octave.
				Le Dimanche dans l'Octave de l'Assomption on fait la Feste de SAINT JOACHIM Confesseur. Double majeur, avec mémoire du Dimanche & de l'Octave.

j ij

A O U S T.

ix	D	xvij	16	Saint Hyacinthe, Confeſſeur. Double, & mémoire des Octaves de l'Aſſomption & de ſaint Laurent.
viij	E	xvj	17	Octave de ſaint Laurent. Double, & mémoire de celle de l'Aſſomption.
vij	F	xv	18	De l'Octave de l'Aſſomption. Semidouble, & mémoire de ſaint Agapit Martyr.
vj	G	xiv	19	De l'Octave. Semidouble.
v	A	xiij	20	St Bernard Abbé. Double & mém. de l'Octave de l'Aſſomption.
iv	B	xij	21	De l'Octave. Semidouble.
iij	C	xj	22	Octave de l'Aſſomption de la Vierge. Double & mémoire des ſaints Timothée, Hippolyte & Symphorien Martyrs.
ij	D	x	23	Saint Philippe Beniti, Confeſſeur. Double, avec mémoire de la Vigile de ſaint Barthelemi Apoſtre.
j	E	ix	24	SAINT BARTHELEMI Apoſtre. Double de ij claſſe.
*	F	viij	25	SAINT LOUIS Roi de France. Double en France; ailleurs, Semidouble.
xxix	G	vij	26	Saint Zephyrin, Pape & Martyr.
xxviij	A	vj	27	
xxvij	B	v	28	Saint Auguſtin, Eveſque, Confeſſeur & Docteur de l'Egliſe. Double, & mémoire de ſaint Hermés Martyr.
xxvj	C	iv	29	Décollation de Saint Jean-Baptiſte. Double, avec mémoire de Sainte Sabine Martyre.
25. xxv	D	iij	30	Sainte Roſe de Lima, Vierge. Double, avec mémoire des Saints Felix & Adaucte Martyrs.
xxiv	E	Prid.	31	Saint Raymond Nonnat, Confeſſeur. Double.

S E P T E M B R E

Cycle des Epactes.	Let. Dom.	Jours du Mois		A trente jours, & la Lune vingt-neuf. Le jour a douze heures, & la nuit douze.
xxiij	F	Kal.	1	Saint Gilles Abbé, & mémoire des ſaints 11 Freres Martyrs.
xxij	G	iv	2	Saint Etienne Roi d'Hongrie, Confeſſeur. Semidouble.
xxj	A	iij	3	
xx	B	Prid.	4	
xix	C	Non.	5	*Saint Laurent Juſtinien, Eveſque & Confeſſeur.* Semidouble, à dévotion.
xviij	D	viij	6	
xvij	E	vij	7	
xvj	F	vj	8	NATIVITÉ DE LA VIERGE MARIE. Double de ij claſſe, avec Octave, & mémoire de ſaint Adrien Martyr, aux Laudes ſeulement. Le Dimanche dans l'Oct. de la Nativité on fait la Feſte du SAINT NOM DE MARIE. Double majeur, avec mém. du Dimanche.
xv	G	v	9	De l'Octave de ſa Nativité. Semidouble, & mémoire de ſaint Gorgon Martyr.
xiv	A	iv	10	Saint Nicolas de Tolentin, Confeſſeur. Double, & mémoire de l'Octave.
xiij	B	iij	11	De l'Octave. Semidouble, avec mémoire des Saints Prote & Hyacinthe, Martyrs.
xij	C	Prid.	12	De l'Octave. Semidouble.
xj	D	Idib.	13	De l'Octave. Semidouble.
x	E	xviij	14	EXALTATION DE LA SAINTE CROIX. Double majeur, avec mémoire de l'Octave de la Nativité.

SEPTEMBRE

	F	xvij	15	Octave de la Nativité de la Vierge. Doub'e , & mémoire de Saint Nicomede Martyr.
viij	G	xvj	16	Saint Corneille Pape , & Saint Cyprien, Evesque & Martyrs. Semidouble , & mémoire des saints Euphemie , Lucie & Geminien Martyrs.
vij	A	xv	17	L'Impreſſion des Stigmates au corps de Saint François. Semi-double.
vj	B	xiv	18	Saint Thomas de Villeneuve , Evesque & Confeſſeur. Semi-double.
v	C	xiij	19	Saint Janvier , Evesque, & ses Compagnons Martyrs. Double.
iv	D	xij	20	Saint Euſtache & ses Compagnons Martyrs. Double , & mém. de la Vigile.
iij	E	xj	21	SAINT MATTHIEU Apoſtre & Evangeliſte. Double de ij cl.
ij	F	x	22	Saint Maurice & ses Compagnons Martyrs,
j	G	ix	23	Saint Lin , Pape & Martyr. Semidouble , & mémoire de sainte Thecle , Vierge & Martyre.
*	A	viij	24	Office de NOTRE-DAME DE LA MERCI. Double.
xxix	B	vij	25	
xxviij	C	vj	26	Les saints Cyprien & Juſtine Martyrs.
xxvij	D	v	27	Saint Coſme & saint Damien Martyrs. Semi double.
25. xxvj	E	iv	28	Saint Wenceſlas Martyr. Semidouble.
25 xxiv	F	iij	29	DÉDICACE DE SAINT MICHEL. Double de ij claſſe.
xxiij	G	Prid.	30	Saint Jerôme Prêtre, Confeſſeur & Docteur de l'Egliſe. Double.

OCTOBRE

Cycle des Épactes.	Let. Dom.	Jours du Mois.		A trente & un jours , & la Lune trente. Le jour a dix heures, & la nuit quatorze.
				Le I Dimanche d'Octobre on fait l'Office de SAINT ROSAIRE. Double majeur , avec mémoire du Dimanche.
xxij	A	Kal	1	Saint Remi , Evesque & Confeſſeur. Double en France ; ailleurs Simple de commandement , & Semidouble à devotion.
xxj	B	vj	2	Saints Anges Gardiens. Double.
xx	C	v	3	
xix	D	iv	4	Saint François , Confeſſeur. Double.
xviij	E	iij	5	Saint Placide & ses Compagnons Martyrs.
xvij	F	Prid	6	Saint Bruno , Confeſſeur. Double.
xvj	G	Non.	7	Saint Marc , Pape & Confeſſeur , & mémoire des saints Serge , Bache , Marcel & Apulée Martyrs.
xv	A	viij	8	Sainte Brigitte Veuve. Double.
xiv	B	vij	9	Les Saints Denys , Ruſtique & Éleuthere Martyrs. Semidouble. A Paris , Double.
xiij	C	vj	10	Saint François de Borgia , Confeſſeur. Semidouble.
xij	D	v	11	
xj	E	iv	12	
x	F	iij	13	Saint Edouard roi d'Angleterre , Confeſſeur. Semidouble.
ix	G	Prid.	14	Saint Calliſte , Pape & Martyr. Semidouble.
viij	A	Idib.	15	Sainte Thereſe , Vierge. Double.
vij	B	xvij	16	
vj	C	xvj	17	Sainte Hedwige , Veuve Ducheſſe de Pologne. Semidouble.
v	D	xv	18	SAINT LUC Evangeliſte. Double de ij claſſe.
iv	E	xiv	19	Saint Pierre d'Alcantara , Confeſſeur. Double.

OCTOBRE

	Let. Dom.	Jours		
iiij	F	xiiij	20	
ij	G	xij	21	Saint Hilarion Abbé , & mémoire de Sainte Urſule & ſes Compagnes , Vierges & Martyres.
j	A	xj	22	
*	B	x	23	
xxix	C	ix	24	
xxviij	D	viij	25	Les ſaints Chryſante & Darie Martyrs.
xxvij	E	vij	26	Saint Evariſte , Pape & Martyr.
xxvj	F	vj	27	Vigile.
24. xxv	G	v	28	SAINT SIMON & SAINT JUDE Apoſtres. Double de ij claſſe.
xxiv	A	iv	29	
xxiij	B	iij	30	
xxij	C	Prid.	31	Vigile de tous les Saints.

NOVEMBRE

Cycle des Epactes.	Let. Dom.	Jours du Mois.	A trente jours , & la Lune vingt-neuf. Le jour a huit heures , & la nuit ſeize.	
xxj	D	Kal.	1	LA FESTE DE TOUS LES SAINTS. Double de j claſſe , avec Octave.
xx	E	iv	2	LA COMMÉMORATION DE TOUS LES FIDELES TRÉPASSÉS. Double , & de l'Octave de tous les Saints. Semidouble.
xix	F	iij	3	De l'Octave. Semidouble. A Paris , ſaint Marcel , Eveſque & Confeſſeur. Double majeur , avec mémoire de l'Octave.
xviij	G	Prid.	4	Saint Charles , Eveſque & Confeſſeur. Double , & mémoire de l'Octave & des ſaints Vital & Agricole Martyrs.
xvij	A	Non.	5	De l'Octave. Semidouble.
xvj	B	viij	6	De l'Octave. Semidouble.
xv	C	vij	7	De l'Octave. Semidouble.
xiv	D	vj	8	Octave de la Feſte de tous les Saints. Double , & mémoire des quatre ſaints Couronnés Martyrs.
xiij	E	v	9	La Dédicace de l'Egliſe de ſaint Sauveur. Double , & mémoire de ſaint Théodore Martyr.
xij	F	iv	10	Saint André Avellin , Confeſſeur. Semidouble , avec mémoire des ſaints Triphon , Reſpice & Nymphe Martyrs.
xj	G	iij	11	SAINT MARTIN , Eveſque & Confeſſeur. Double , avec mém. de ſaint Menne Martyr.
x	A	Prid.	12	Saint Martin , Pape & Martyr. Semidouble.
ix	B	Idib.	13	Saint Didace , Confeſſeur. Semidouble.
viij	C	xviij	14	
vij	D	xvij	15	Sainte Gertrude , Vierge , Abbeſſe de l'Ordre de ſaint Benoît. Double.
vj	E	xvj	16	
v	F	xv	17	Saint Gregoire Thaumaturge , Eveſque & Confeſſeur. Semidouble.
iv	G	xiv	18	La Dédicace des Egliſes de ſaint Pierre & de ſaint Paul. Double.
iij	A	xiij	19	Sainte Elizabeth de Hongrie , Veuve. Double , avec mémoire de ſaint Pontien , Pape & Martyr.
ij	B	xij	20	Saint Félix de Valois , Confeſſeur. Double.

NOVEMBRE

	C	xj	21	PRÉSENTATION DE NOTRE-DAME. Double majeur.
	C D E	x	22	Sainte Cécile, Vierge & Martyre. Double.
xxix	C D E	ix	23	Saint Clément, Pape & Martyr. Semidouble, & mémoire de sainte Félicité Martyre.
xxviij	F	viij	24	Saint Jean de la Croix, Confesseur. Semidouble, & mémoire de saint Chrysogone Martyr.
xxvij	G	vij	25	Saint Pierre d'Alexandrie, Evesque & Martyr.
25. xxvj	A B	vj	26	
xxv 24	B	v	27	
xxiiij	C	iv	28	
xxij	D	iij	29	Vigile & mémoire de saint Saturnin Martyr.
xxj	E		30	SAINT ANDRÉ Apostre. Double de ij classe.

DECEMBRE

Cycle des Epactes.	Let. Dom	Jours du Mois.		A trente & un jours, & la Lune trente. Le jour a huit heures, & la nuit seize.
xx	F	Kal.	1	
xix	G	iv	2	Sainte Bibiane, Vierge & Martyre. Semidouble.
xviij	A	iij	3	Saint François Xavier, Confesseur. Double.
xvij	B	Prid.	4	Saint Pierre Chrysologue, Evesque & Confesseur. Double ; avec mémoire de sainte Barbe, Vierge & Martyre.
xvj	C	Non.	5	Saint Sabbas Abbé. Mémoire.
xv	D E	viij	6	Saint Nicolas, Evesque & Confesseur Double.
xiv	E	vij	7	Saint Ambroise, Evesque & Confesseur & Docteur de l'Eglise. Double.
xiij	F	vj	8	CONCEPTION DE LA VIERGE MARIE. Double. avec Octave.
xij	G	v	9	De l'Octave. Semidouble.
xj	A	iv	10	De l'Octave. Semidouble, & mémoire de saint Melchiade, Pape & Martyr.
x	B	iij	11	Saint Damase, Pape & Confesseur. Semidouble, avec mémoire de l'Octave de la Conception.
ix	C	Prid.	12	De l'Octave. Semidouble.
viij	D	Idib.	13	Sainte Luce, Vierge & Martyre. Double, & mémoire de l'Octave.
vij	E	xix	14	De l'Octave. Semidouble.
vj	F G	xviij	15	L'Octave de la Conception. Double.
v	G	xvij	16	Saint Eusebe de Verceil, Evesque & Martyr. Semidouble.
iv	A	xvj	17	Ici commencent les grandes Antiennes, ou les O, qui précedent les huit jours avant Noel.
iij	B	xv	18	La Feste de l'EXPECTATION DE LA SAINTE VIERGE. Double.
ij	C	xiv	19	
j	D	xiij	20	Vigile.
*	E	xij	21	SAINT THOMAS Apostre. Double de ij classe.
xxix	F	xj	22	
xxviij	G	x	23	
xxvij	A	ix	24	Vigile.
xxvj	B	viij	25	NATIVITÉ DE NOTRE SEIGNEUR. Double de j classe, avec Octave.

DECEMBRE.

25. **xxv**	C	vij	26	Saint Etienne I Martyr. Double de ij claffe , avec Octave, & mémoire de l'Octave de la Nativité.
xxiv	D	vj	27	Saint Jean Apoftre & Evangelifte. Double de ij claffe, avec Octave , & mémoire des Octaves.
xxiij	E	v	28	Les Saints Innocens Martyrs. Double de ij claffe , avec Octave , & mémoire des Octaves.
xxij	F	iv	29	Saint Thomas de Cantorberi Evefque & Martyr. Semidouble , & mémoire des Octaves.
xxj	G	iij	30	Le Dimanche dans l'Octave , ou de l'Octave de la Nativité , avec mémoire des autres Octaves.
19. **xx**	A	Prid.	31	Saint Sylveftre Pape & Confeffeur. Double , avec mémoire des Octaves.

Cette Epacte noire 19. ne fert que lorfqu'elle fe rencontre avec le nombre d'or **xix**.

PRIVILEGE.

PRIVILEGE DU ROI.

LOUIS PAR LA GRACE DE DIEU, ROI DE FRANCE ET DE NAVARRE : A nos amés & féaux Conseillers, les Gens tenans nos Cours de Parlement, Maîtres des Requêtes ordinaires de notre Hôtel, Grand-Conseil, Prevôt de Paris, Baillifs, Sénéchaux, leurs Lieutenans Civils, & autres nos Justiciers qu'il appartiendra SALUT : Notre bien-amé PIERRE-GILLES LE MERCIER, Imprimeur - Libraire à Paris, ancien Adjoint de sa Communauté, Nous a fait exposer qu'il désireroit faire imprimer & donner au Public des Livres qui ont pour titre *Usages Romains, Missels, Diurnaux, Breviaires, Graduels, Antiphoniers & Pseautiers*, s'il Nous plaisoit lui accorder nos Lettres de Permission pour ce nécessaires. A CES CAUSES, voulant favorablement traiter l'Exposant, Nous lui avons permis & permettons par ces Présentes de faire imprimer lesdits Livres en un ou plusieurs Volumes, & autant de fois que bon lui semblera ; & de les vendre, faire vendre & débiter par tout notre Royaume pendant le tems de *dix années* consécutives, à compter du jour de la date des Présentes. Faisons défenses à tous Imprimeurs, Libraires & autres personnes, de quelque qualité & condition qu'elles soient, d'en introduire d'impression étrangere dans aucun lieu de notre obéissance : A la charge que ces Présentes seront enregistrées tout au long sur le Registre de la Communauté des Libraires & Imprimeurs de Paris, dans trois mois de la date d'icelles ; que l'impression desdits Livres sera faite dans notre Royaume & non ailleurs ; en bon papier & beaux caracteres, conformément à la feuille imprimée & attachée pour modele sous le contrescel des Présentes ; que l'Impétrant se conformera en tout aux Réglemens de la Librairie, & notamment à celui du 10 Avril 1725, qu'avant de les exposer en vente, les Manuscrits ou Imprimés qui auront servi de Copie à l'impression desdits Livres, seront remis ès mains de notre très-cher & féal Chevalier le Sieur Daguesseau, Chancelier de France, Commandeur de nos Ordres ; & qu'il en sera ensuite remis deux exemplaires de chacun dans notre Bibliothéque publique, un dans celle de notre Château du Louvre, & un dans celle de notre très-cher & féal Chevalier le Sieur Daguesseau, Chancelier de France. Le tout à peine de nullité des Présentes : Du contenu desquelles vous mandons & enjoignons de faire jouir l'Exposant ou ses ayans cause, pleinement & paisiblement, sans souffrir qu'il leur soit fait aucun trouble ou empêchement. Voulons qu'à la Copie des Présentes, qui sera imprimée tout au long au commencement ou à la fin desdits Livres, foi soit ajoutée comme à l'Original. Commandons au premier notre Huissier ou Sergent sur ce requis, de faire pour l'exécution d'icelles, tous actes requis & nécessaires, sans demander autre permission, & nonobstant clameur de Haro, Chartre Normande & Lettres à ce contraires. CAR tel est notre plaisir. Donné à Paris le huitiéme jour du mois de Juillet, l'an de grace mil sept cent quarante-sept, & de notre regne le trente-deuxiéme. Par le Roi en son Conseil.

Signé, SAINSON.

Registré sur le Registre XI. de la Chambre Royale des Libraires & Imprimeurs de Paris, Nº. 812. fol. 15. conformément aux anciens Réglemens, confirmés par celui du 25 Fevrier 1723. A Paris le 14 Juillet 1747. *Signé*, CAVELIER, *Syndic*.

R. 4. Automne.

LES ABSOLŪTIONS
ET BENEDICTIONS

Qui se disent avant & après les Leçons à l'Office, tant de neuf Leçons que de trois.

A L'OFFICE DE NEUF LEÇONS, AU I NOCTURNE.

A L'OFFICE DE LA FERIE pour le Lundi & le Jeudi.

A L'OFFICE DE TROIS LEÇONS en ces mêmes jours.

Absolution.

EXáudi, Dómine Jesu Christe, preces servórum tuórum, & miserére nobis, qui cum Patre & Spíritu sancto vivis & regnas in sécula sæculórum. R̂. Amen.

Benedictions.

1. Benedictióne perpétuâ benedícat nos Pater ætérnus. R̂. Amen.

2. Unigénitus Dei Fílius nos benedícere & adjuváre dignétur.

3. Spíritûs sancti grátia illúminet sensus & corda nostra.

A L'OFFICE DE NEUF LEÇONS, AU II NOCTURNE.

A L'OFFICE DE LA FERIE pour le Mardi & le Vendredi.

A L'OFFICE DE TROIS LEÇONS en ces mêmes jours.

Absolution.

IPsíus píetas & misericórdia nos ádjuvet, qui cum Patre & Spí-ritu sancto vivit & regnat in sécula sæculórum. R̂. Amen.

Benedictions.

1. Deus Pater omnípotens sit nobis propítius & clemens. R̂. Amen.

2. Christus perpétuæ det nobis gáudia vitæ.

3. Ignem sui amóris accéndat Deus in córdibus nostris.

A L'OFFICE DE NEUF LEÇONS, AU III NOCTURNE.

A L'OFFICE DE LA FERIE pour le Mercredi & le Samedi.

A L'OFFICE DE TROIS LEÇONS en ces mêmes jours.

Absolution.

A Vínculis peccatórum nostrórum absólvat nos omnípotens & miséricors Dóminus.

Benedictions.

1. Evangélica Léctio sit nobis salus & protéctio. R̂. Amen.

2. Divínum auxílium máneat semper nobíscum.

3. Ad societátem cívium supernórum perdúcat nos Rex Angelórum.

Que si l'Office de neuf Leçons est

de quelque Saint , la huitieme Benediction ſera , Cujus feſtum cólimus ipſe (*ou* ipſa) intercédat pro nobis ad Dóminum.

Et quand ils ſont pluſieurs on dit, Quorum (*ou* Quarum) feſtum cólimus, ipſi (*ou* ipſæ) intercédant pro nobis ad Dóminum.

Quand on fait l'Office de la Ste Vierge , on dit toujours pour la huitieme Benediction celle qui ſuit , même quand on en fait l'Office les Samedis , Cujus feſtum cólimus, ipſa Virgo vírginum intercédat pro nobis ad Dóminum. *Par Decret du* 13 *Fevrier* 1666.

Si à la neuvieme Leçon il faut dire un autre Evangile avec ſon Homelie , on dira à la neuvieme Benediction , Per Evangélica dicta deleántur noſtra delicta.

A L'OFFICE DE TROIS LEÇONS,

Les Abſolutions & Benedictions ſe diſent dans le même ordre que nous venons de marquer ci-deſſus pour chaque jour de la ſemaine. Et lorſqu'en cet Office de trois Leçons il nefaut lire aucun Evangile , & que les Benedictions ſe doivent prendre du troiſieme Nocturne , comme le Mercredi, après *l'Abſolution* A vínculis *la premiere Benediction ſera*

1. Ille nos benedícat qui ſine fine vivit & regnat.

La ſeconde ,

2. Divínum auxílium máneat ſemper nobíſcum.

La troiſieme ,

3. Ad ſocietátem cívium ſupernórum perdúcat nos Rex Angelórum.

S'il faut lire un Evangile au dit Office de trois Leçons , comme en Careſme & aux autres Feries , les Abſolutions ſe prendront ſelon le jour en ſuivant l'ordre ci-deſſus ; mais les Benedictions ſeront toujours ,

1. Evangélica Léctio.
2. Divínum auxílium,
3. Ad ſocietátem , *comme ci-deſſus.*

Si l'Office de trois Leçons eſt de quelque Saint ſimple , l'Abſolution ſera ſelon le jour, ainſi que ci-deſſus , & les Benedictions

1. Ille nos benedícat qui ſine fine vivit & regnat.

2. Cujus *ou* Quorum *ou* Quarum.

3. Ad ſocietátem.

✠ PSEAUTIER

DISPOSÉ

POUR LA SEMAINE,

Avec l'ordre de l'Office du Temps.

LE DIMANCHE A MATINES.

Avant Matines & toutes les Heures, excepté Complies, on dit tout bas,

 Ater noster qui es in cœlis, sanctificétur nomen tuum : advéniat regnum tuum : fiat volúntas tua sicut in cœlo & in terra : panem nostrum quotidiánum da nobis hódiè : & dimítte nobis débita nostra, sicut & nos dimíttimus debitóribus nostris : & ne nos indúcas in tentatiónem ; sed líbera nos à malo. Amen.

AVe, María, grátiâ plena : Dñus tecum : benedícta tu in muliéribus ; & benedíctus fructus ventris tui Jesus. Sancta María Mater Dei, ora pro nobis peccatóribus nunc & in hora mortis nostræ. Amen.

Au commencement de Matines & de Prime, & à la fin de Complies, on dit le Symbole des Apôtres.

CRedo in Deum, Patrem omnipoténtem, creatórem cœli & terræ : Et in Jesum Christum Fílium ejus únicum, Dóminum nostrum ; qui concéptus est de Spíritu sancto, natus ex María Vírgine, passus sub Póntio Piláto, crucifíxus, mórtuus, & sepúltus ; descéndit ad ínferos ; tértiâ die resurréxit à mórtuis ; ascéndit ad cœlos ; sedet ad déxteram Dei Patris omnipoténtis ; indè ventúrus est judicáre vivos & mórtuos.

CRedo in Spíritum sanctum, sanctam Ecclésiam Cathólicam, Sanctórum communiónem, remissiónem peccatórum, carnis resurrectiónem, vitam ætérnam. Amen.

On dit ensuite à haute voix le ℣.

DÓmine, lábia mea apéries : ℟. Et os meum annuntiábit laudem tuam.

℣. Deus, in adjutórium meum inténde. ℟. Dómine, ad adjuvándum me festína. Glória Patri & Fílio & Spirítui sancto. Sicut erat in princípio, & nunc & semper, & in sécula seculórum. Amen. Allelúia.

Invitatoire. Adorémus Dóminum * Qui fecit nos.

On répete Adorémus Dóminum qui fecit nos.

R. 4. Automne.   A

Pſeaume 94.

VEnite, exultémus Dómino, jubilémus Deo ſalutári noſtro, præoccupémus fáciem ejus in confeſſióne, & in pſalmis jubilémus ei. Adorémus Dóminum qui fecit nos.

Quóniam Deus magnus Dóminus, & Rex magnus ſuper omnes deos : quóniam non repéllet Dóminus plebem ſuá, quia in manu ejus ſunt omnes fines terræ, & altitúdines móntium ipſe cónſpicit. Qui fecit nos.

Quóniam ipſius eſt mare, & ipſe fecit illud, & áridam fundavérunt manus ejus : Veníte, adorémus, & procidámus ante Deum : plorémus coram Dómino qui fecit nos, quia ipſe eſt Dóminus Deus noſter ; nos autem pópulus ejus & oves páſcuæ ejus. Adorémus Dóminum qui fecit nos.

Hódie ſi vocem ejus audiéritis, nolite obduráre corda veſtra, ſicut in exacerbatióne ſecúndùm diem tentatiónis in deſérto, ubi tentavérunt me patres veſtri, probavérunt, & vidérunt ópera mea. Qui fecit nos.

Quadragínta annis próximus fui generatióni huic, & dixi : Semper hi errant corde : ipſi verò non cognovérunt vias meas, quibus jurávi in ira mea, ſi introíbunt in réquiem meam. Adorémus Dóminum qui fecit nos.

Glória Patri & Fílio & Spirítui ſanchto. Sicut erat in princípio, & nunc & ſemper, & in ſécula ſeculórum. Amen. Qui fecit nos.

Adorémus Dóminum qui fecit nos.

On dit l'Hymne ſuivante depuis l'Octave de la Pentecôte juſqu'au Dimanche le plus proche du premier jour d'Octobre.

[Hymne ancienne.

NOcte ſurgéntes vigilémus omnes ;
Semper in pſalmis meditémur, atque
Víribus totis Dómino canámus
    Dúlciter hymnos.
Ut pio Regi páriter canéntes
Cum ſuis Sanctis mereámur aulam
Ingredi cœli, ſimul & beátam
    Dúcere vitam.
Præſtet hoc nobis Déitas beáta
Patris ac Nati paritérque ſancti
Spíritus, cujus réboat in omni
    Glória mundo. Amen.

Hymne nouvelle.

NOcte ſurgéntes vigilémus omnes ;
Séper in pſalmis meditémur, atque
Voce concórdi Dómino canámus
    Dúlciter hymnos ;
Ut pio Regi páriter canéntes,
Cum ſuis Sanctis mereámur aulam
Ingredi cœli, ſimul & perénnem
    Dúcere vitam.
Præſtet hoc nobis Déitas beáta
Patris ac Nati paritérque ſancti
Spíritus, cujus réſonat per omnem
    Glória mundum. Amen.]

On dit l'Hymne ſuivante depuis le Dimanche le plus proche du premier jour d'Octobre juſqu'à l'Avent.

[Hymne ancienne.

PRimo diérum ómnium
    Quo mundus extat cónditus,
Vel quo reſúrgens Cónditor
Nos, morte victâ, líberat ;

Pulfis procul torpóribus
Surgámus omnes ócyùs,
Et nocte quærámus pium
Sicut Prophétam nóvimus.
Noftras preces ut áudiat,
Suámque dextram pórrigat,
Et expiátos fórdibus
Reddat polórum fédibus.
Ut, quique facratíffimo
Hujus diéi témpore,
Horis quiétis pfállimus,
Donis beátis múneret.
Jam nunc, patérna cláritas,
Te poftulámus áffatim,
Abfit libído fórdidans
Et omnis actus nóxius.
Ne fœda fit vel lúbrica
Compágo noftri córporis,
Per quam Avérni ígnibus
Ipfi cremémur ácriùs.
Ob hoc, Redémptor, quæfumus
Ut probra noftra díluas,
Vitæ perénnis cómmoda
Nobis benígnè cónferas.
Quò carnis actu éxules,
Effécti ipfi cælibes,
Ut præftolámur cérnui,
Melos canámus glóriæ.
Præfta, Pater piíffime,
Patríque compar Unice,
Cum Spíritu Parácleto
Regnans per omne féculum. Amen.

Hymne nouvelle.

PRimo díe quo Trínitas
Beáta mundum cóndidit,
Vel quo refúrgens Cónditor
Nos, morte victa, líberat;
Pulfis procul torpóribus
Surgámus omnes ócyùs,
Et nocte quæramus Deum,
Prophéta ficut præcipit.

Noftras preces ut áudiat,
Suamque dextram pórrigat,
Et expiátos fórdibus
Reddat polórum fédibus.
Ut, quique facratíffimo
Hujus diéi témpore,
Horis quiétis pfállimus,
Donis beátis múneret.
Jam nunc, patérna cláritas,
Te poftulámus áffatim,
Abfint faces libídinis
Et omnis actus nóxius.
Ne fœda fit vel lúbrica
Compágo noftri córporis;
Ob cujus ignes ígnibus
Avérnus urat ácriùs.
Mundi Redémptor, quæfumus,
Tu probra noftra díluas,
Nobífque largus cómmoda
Vitæ perénnis cónferas.
Præfta, Pater piíffime,
Patríque compar Unice,
Cum Spíritu Parácleto
Regnans per omne féculum.
Amen.]

AU I. NOCTURNE.

Ant. Servíte Dómino.

Cette Etoile * marque la páufe du Chœur.

Pfeaume 1.

BEátus vir qui non ábiit in confílio impiórum, & in via peccatórum non ftetit, * & in cáthedra peftiléntiæ non fedit.
Sed in lege Dómini volúntas ejus,* & in lege ejus meditábitur die ac nocte.
Et erit tanquam lignum quod plátátum eft fecus decúrfus aquárum,* quod fructum fuum dabit in témpore fuo.

A ij

Et fólium ejus non défluet ; * & ómnia quæcúmque fáciet, prosperabúntur.

Non sic ímpii, non sic : * sed tanquam pulvis quem prójicit ventus à fácie terræ.

Ideò non resúrgent ímpii in judício, * neque peccatóres in concílio justórum.

Quóniam novit Dñus viam justórum, * & iter impiórum períbit.

Glória Patri & Fílio * & Spirítui sanéto.

Sicut erat in princípio, & nunc & semper * & in sécula seculórum. Amen.

Ce ℣. Glória Patri se dit toujours à la fin de tous les Pseaumes, s'il n'est autrement marqué.

Pseaume 2.

QUare fremuérunt Gentes, * & pópuli meditáti sunt inániä ?

Astitérunt reges terræ, & príncipes convenérunt in unum * advérsùs Dóminum & advérsùs Chrístum ejus.

Dirumpámus víncula eórum, * & projiciámus à nobis jugum ipsórum.

Qui hábitat in cœlis irridébit eos : * & Dóminus subsannábit eos.

Tunc loquétur ad eos in ira sua, * & in furóre suo conturbábit eos.

Ego autem constitútus sum Rex ab eo super Sion montem sanétú ejus, * prædicans præcéptum ejus.

Dóminus dixit ad me : * Fílius meus es tu ; ego hódie génui te.

Póstula à me, & dabo tibi Gentes hereditátem tuam, * & possessiónem tuam términos terræ.

Reges eos in virga férrea, * & tanquam vas figuli confrínges eos.

Et nunc, reges, intellígite : * erudímini, qui judicátis terram.

Servíte Dómino in timóre, * & exultáte ei cum tremóre.

Apprehéndite disciplínam, nequándo irascátur Dóminus ; * & pereátis de via justa.

Cùm exárserit in brevi ira ejus : * beáti omnes qui confídunt in eo.

Pseaume 3.

DOmine, quid multiplicáti sunt qui tríbulant me ? * multi insúrgunt advérsùm me :

Multi dicunt ánimæ meæ : * Non est salus ipsi in Deo ejus.

Tu autem, Dómine, suscéptor meus es, * glória mea, & exáltans caput meum.

Voce meâ ad Dóminú clamávi : * & exaudívit me de monte sanéto suo.

Ego dormívi & soporátus sum ; * & exurréxi, quia Dñus suscépit me.

Non timébo míllia pópuli circumdántis me : * exúrge, Dómine, salvum me fac, Deus meus.

Quóniam tu percussísti omnes adversántes mihi sine causa : * dentes peccatórum contrivísti.

Dómini est salus : * & super pópulum tuum benedíctio tua.

Pseaume 6.

DOmine, ne in furóre tuo árguas me, * neque in ira tua corrípias me.

Miserére meî, Dómine, quóniam infírmus sum : * sana me, Dómine, quóniam conturbáta sunt ossa mea.

Et ánima mea turbáta est valdè : * sed tu, Dómine, úsquequò ?

Convértere, Dómine, & éripe ánimam meam : * salvum me fac propter misericórdiam tuam.

Quóniam non est in morte qui memor sit tuî : * in inférno autem quis confitébitur tibi ?

Laborávi in gémitu meo ; lavábo per síngulas noctes lectum meum; * lácrymis meis stratû meum rigábo.

Turbátus est à furóre óculus meus: * inveterávi inter omnes inimícos meos.

Discédite à me, omnes qui operámini iniquitátem ; * quóniam exaudívit Dóminus vocem fletûs mei.

Exaudívit Dóminus deprecatiónem meam; * Dóminus oratiónem meam suscépit.

Erubéscant & conturbéntur veheménter omnes inimíci mei ; * convertántur & erubéscant valdè velóciter.

Ant. Servíte Dómino in timóre, & exultáte ei cum tremóre.

Ant. Deus judex justus.

Pseaume 7.

Domine Deus meus, in te sperávi : * salvum me fac ex ómnibus persequéntibus me, & líbera me.

Nequándo rápiat ut leo ánimam meam, * dum non est qui rédimat neque qui salvum fáciat.

Dómine Deus meus, si feci istud; * si est iníquitas in mánibus meis ;

Si réddidi retribuéntibus mihi mala ; * décidam méritò ab inimícis meis inánis ;

Persequátur inimícus ánimam meã, & comprehéndat, & concúlcet in terra vitam meam, * & glóriam meã in púlverem dedúcat.

Exúrge, Dómine, in ira tua ; * & exaltáre in fínibus inimicórum meórum.

Et exúrge, Dómine Deus meus, in præcépto quod mandásti ; * & synagóga populórum circúmdabit te.

Et propter hanc in altum regrédere : * Dóminus júdicat pópulos.

Júdica me, Dómine, secúndùm justítiam meam * & secúndùm innocéntiam meam super me.

Consumétur nequítia peccatórum, & díriges justum, * scrutans corda & renes Deus.

Justum adjutórium meum à Dño * qui salvos facit rectos corde.

Deus judex justus, fortis, & pátiens : * numquid iráscitur per síngulos dies ?

Nisi convérsi fuéritis, gládium suũ vibrábit : * arcum suum teténdit, & parávit illum ;

Et in eo parávit vasa mortis : * sagíttas suas ardéntibus effécit.

Ecce partúriit injustítiam, * concépit dolórem, & péperit iniquitátem.

Lacum apéruit, & effódit eum ; * & íncidit in fóveam quam fecit.

Convertétur dolor ejus in caput ejus ; * & in vérticem ipsíus iníquitas ejus descéndet.

Confitébor Dómino secúndùm justítiam ejus ; * & psallam nómini Dómini altíssimi.

Pseaume 8.

Domine Dóminus noster, * quàm admirábile est nomen tuum in univérsa terra !

Quóniam eleváta est magnificéntia tua * super cœlos.

Ex ore infántium & lacténtiũ perfecíſti laudé propter inimícos tuos,* ut déſtruas inimícum & ultórem.

Quóniam vidébo cœlos tuos, ópera digitórum tuórum, * lunam & ſtellas, quæ tu fundáſti.

Quid eſt homo, quòd memor es ejus ? * aut fílius hóminis, quóniá viſitas eum ?

Minuíſti eum paulò minùs ab Angelis, glóriâ & honóre coronáſti eum, * & conſtituíſti eum ſuper ópera mánuum tuárum.

Omnia ſubjecíſti ſub pédibus ejus : * oves & boves univérſas ínſuper & pécora campi.

Vólucres cœli, & piſces maris * qui perámbulant ſémitas maris.

Dómine Dóminus noſter, * quàm admirábile eſt nomen tuum in univérſa terra !

Pſeaume 9.

Confitébor tibi, Dómine, in toto corde meo : * narrábo ómnia mirabília tua :

Lætábor & exultábo in te : * pſallam nómini tuo, Altíſſime.

In converténdo inimícum meum retrórſum : * infirmabúntur & períbunt à fácie tua.

Quóniam fecíſti judícium meum & cauſam meam ; * ſedíſti ſuper thronum qui júdicas juſtítiam :

Increpáſti Gentes, & périit ímpius : * nomen eórum deléſti in ætérnum & in ſéculum ſéculi.

Inimíci defecérunt frámeæ in finem ; * & civitátes eórū deſtruxíſti.

Périit memória eórū cum ſónitu : * & Dóminus in æternum pérmanet.

Parávit in judício thronum ſuum ;* & ipſe judicábit orbem terræ in æ-

quitáte, judicábit pópulos in juſtítia.

Et factus eſt Dñus refúgium páuperi, * adjútor in opportunitátibus, in tribulatióne.

Et ſperent in te qui novérunt nomen tuum ; * quóniam non dereliquíſti quæréntes te, Dómine.

Pſállite Dño qui hábitat in Sion ; * annuntiáte inter Gentes ſtúdia ejus :

Quóniam requírens ſánguinem eórum recordátus eſt ; * non eſt oblítus clamórem páuperum.

Miſerére meî, Dómine : * vide humilitátem meam de inimícis meis.

Qui exáltas me de portis mortis ; * ut annúntiem omnes laudatiónes tuas in portis fíliæ Sion.

Exultábo in ſalutári tuo : * infixæ ſunt Gentes in intéritu qué fecérunt ;

In láqueo iſto quem abſcondérunt* comprehénſus eſt pes eórum.

Cognoſcétur Dóminus judícia fáciens : * in opéribus mánuum ſuárum comprehénſus eſt peccátor.

Convertántur peccatóres in inférnum, * omnes Gentes quæ obliviſcúntur Deum.

Quóniam non in finem oblívio erit páuperis ; *patiéntia páuperum non períbit in finem.

Exúrge, Dómine ; non confortétur homo : * judicéntur Gentes in conſpéctu tuo.

Conſtitue, Dómine, legiſlatórem ſuper eos : * ut ſciant Gentes quóniam hómines ſunt.

Ut quid, Dómine, receſſíſti longè, * déſpicis in opportunitátibus, in tribulatióne ?

Cùm ſupérbit ímpius, incénditur

pauper : * comprehendúntur in consíliis quibus cógitant :

Quóniam laudátur peccátor in desidériis ánimæ suæ , * & iníquus benedícitur.

Exacerbávit Dóminum peccátor; * secúndùm multitúdinem iræ suæ non quæret :

Non est Deus in conspéctu ejus : * inquinátæ sunt viæ illíus in omni témpore :

Auferúntur judícia tua à fácie ejus : * ómnium inimicórum suórum dominábitur :

Dixit enim in corde suo : * Non movébor à generatióne in generatiónem sine malo :

Cujus maledictióne os plenum est & amaritúdine & dolo ; * sub lingua ejus labor & dolor :

Sedet in insídiis cum divítibus in occúltis , * ut interfíciat innocénté :

Oculi ejus in páuperem respíciunt: * insidiátur in abscóndito quasi leo in spelúnca sua :

Insidiátur ut rápiat páuperem , * rápere páuperem , dum áttrahit eum ;

In láqueo suo humiliábit eum ; * inclinábit se , & cadet , cùm dominátus fúerit páuperum :

Dixit enim in corde suo : Oblítus est Deus ; * avértit fáciem suam ne vídeat in finem.

Exúrge, Dñe Deus, exaltétur manus tua : * ne oblivíscáris páuperú.

Propter quid irritávit ímpius Deú ? * dixit enim in corde suo, Non requíret.

Vides , quóniam tu labórem & dolórem consíderas , * ut tradas eos in manus tuas.

Tibi derelíctus est pauper ; * órphano tu eris adjútor.

Cóntere bráchium peccatóris & malígni : * quærétur peccátum illíus, & non inveniétur.

Dóminus regnábit in ætérnum & in séculum séculi : * períbitis , Gentes , de terra illíus.

Desidérium páuperú exaudívit Dóminus ; * præparatiónem cordis eórum audívit auris tua ;

Judicáre pupíllo & húmili , * ut non appónat ultrà magnificáre se homo super terram.

Pseaume 10.

IN Dómino confído ; quómodo dícitis ánimæ meæ , * Tránsmigra in montem sicut passer ?

Quóniam ecce peccatóres intendérunt arcum, paravérunt sagíttas suas in pháretra , * ut sagíttent in obscúro rectos corde ;

Quóniam quæ perfecísti destruxérunt ; * justus autem quid fecit ?

Dóminus in templo sancto suo : * Dóminus in cœlo sedes ejus.

Oculi ejus in páuperé respíciunt ; * pálpebræ ejus intérrogant fílios hóminum.

Dóminus intérrogat justum & ímpium : * qui autem díligit iniquitátem, odit ánimam suam.

Pluet super peccatóres láqueos ; * ignis & sulphur & spíritus procellárum , pars cálicis eórum :

Quóniam justus Dóminus & justítias diléxit ; * æquitátem vidit vultus ejus.

Ant. Deus judex justus, fortis & longánimis ; numquid irascétur per síngulos dies ?

Ant. Tu, Dómine.

Pſeaume 11.

SAlvum me fac, Dómine, quóniam defécit ſanctus, * quóniam diminútæ ſunt veritátes à filiis hóminum.

Vana locúti ſunt unuſquiſque ad próximum ſuum : * lábia dolóſa in corde & corde locúti ſunt.

Diſpérdat Dóminus univérſa lábia dolóſa * & linguam magníloquam,

Qui dixérunt, Linguam noſtram magnificábimus ; lábia noſtra à nobis ſunt ; * quis noſter Dóminus eſt ?

Propter miſériam ínopum & gémitum páuperum * nunc exúrgam, dicit Dóminus ;

Ponam in ſalutári ; * fiduciáliter agam in eo,

Elóquia Dómini, elóquia caſta ; * argéntum igne examinátum, probátum terræ, purgátum ſéptuplum.

Tu, Dñe, ſervábis nos & cuſtódies nos * à generatióne hac in ætérnú.

In circuitu ímpii ámbulant : * ſecúndùm altitúdinem tuam multiplicáſti filios hóminum.

Pſeaume 12.

USquequò, Dómine, obliviſcéris me in finem ? * úſquequò avértis fáciem tuam à me ?

Quámdiù ponam conſília in ánima mea, * dolórem in corde meo per diem ?

Uſquequò exaltábitur inimícus meus ſuper me ? * Réſpice, & exáudi me, Dómine Deus meus.

Illúmina óculos meos, ne unquam obdórmiam in morte ; * nequando dicat inimícus meus, Præválui advérsùs eum.

Qui tríbulant me, exultábunt ſi motus fúero : * ego autem in miſericórdia tua ſperávi.

Exultábit cor meum in ſalutári tuo ; cantábo Dño qui bona tríbuit mihi ; * & pſallá nómini Dñi Altíſſimi.

Pſeaume 13.

DIxit inſípiens in corde ſuo, * Non eſt Deus.

Corrúpti ſunt & abominábiles facti ſunt in ſtúdiis ſuis : * non eſt qui fáciat bonum, non eſt uſque ad unú.

Dóminus de cœlo proſpéxit ſuper filios hóminum, * ut vídeat ſi eſt intélligens aut requírens Deum.

Omnes declinavérunt ; ſimul inútiles facti ſunt : * non eſt qui fáciat bonum, non eſt uſque ad unum.

Sepúlchrum patens eſt guttur eórum ; linguis ſuis dolósè agébant : * venénum áſpidum ſub lábiis eórú :

Quorum os maledictióne & amaritúdine plenum eſt : * velóces pedes eórum ad effundéndum ſánguinem :

Contrítio & infelícitas in viis eórum, & viam pacis non cognovérunt : * non eſt timor Dei ante óculos eórum.

Nonne cognóſcent omnes qui operántur iniquitátem, * qui dévorant plebem meam ſicut eſcam panis ?

Dóminum non invocavérunt : * illic trepidavérunt timóre ubi non erat timor.

Quóniam Dñus in generatióne juſta eſt, conſílium ínopis confudíſtis : * quóniam Dóminus ſpes ejus eſt.

Quis dabit ex Sion ſalutáre Iſraël ? * Cùm avérterit Dóminus captivitátem plebis ſuæ, exultábit Jacob & lætábitur Iſraël.

Pseaume 14.

DOmine, quis habitábit in tabernáculo tuo ? * aut quis requiéscet in monte sancto tuo ?

Qui ingréditur sine mácula * & operátur justítiam ;

Qui lóquitur veritátem in corde suo ; * qui non egit dolum in lingua sua,

Nec fecit próximo suo malum, * & oppróbrium non accépit advérsùs próximos suos ;

Ad nihilum dedúctus est in conspéctu ejus malignus ; * timéntes autem Dóminum glorificat ;

Qui jurat próximo suo, & non décipit ; * qui pecúniam suam non dedit ad usúram, & múnera super innocéntem non accépit.

Qui facit hæc, * non movébitur in ætérnum.

Ant. Tu, Dómine, servábis nos & custódies nos.

℣. Memor fui nocte nóminis tui, Dñe ; ℟. Et custodívi legem tuam.

Après le ℣. de chaque Nocturne l'on dit tout bas Pater noster jusqu'au ℣. Et ne nos indúcas in tentatiónem ; ℟. Sed líbera nos à malo.

Absolution.

EXáudi, Dñe Jesu Christe, preces servórum tuórum, & miserére nobis, qui cum Patre & Spíritu sancto vivis & regnas in sécula seculórum. ℟. Amen.

℣. Jube, domne, bene dícere.

Ce ℣. se doit dire avant la Bénédiction de chaque Leçon.

Pour la j. Leçon, Bénédiction.

Benedictióne perpétuâ benedícat nos Pater ætérnus, ℟. Amen.

On dit ensuite les Leçons & les Répons marqués au Propre du temps.

Pour la ij. Leçon, Bénédiction.

Unigénitus Dei Fílius nos benedícere & adjuváre dignétur. ℟. Amen.

Pour la iij. Leçon, Bénédict.

Spíritûs sancti grátia illúminet sensus & corda nostra. ℟. Amen.

AU II. NOCTURNE.
Ant. Bonórum meórum.

Pseaume 15.

COnsérva me, Dómine, quóniã sperávi in te. * Dixi Dómino : Deus meus es tu, quóniam bonórum meórum non eges.

Sanctis qui sunt in terra ejus * mirificávit omnes volútátes meas in eis.

Multiplicátæ sunt infirmitátes eórum : * pósteà acceleravérunt.

Non congregábo conventícula eórum de sanguínibus, * nec memor ero nóminum eórum per lábia mea.

Dóminus pars hæreditátis meæ & cálicis mei. * Tu es qui restítues hæreditátem meam mihi.

Funes cecidérunt mihi in præcláris ; * étenim hæréditas mea præclára est mihi.

Benedícam Dóminum qui tríbuit mihi intelléctum : * ínsuper & usque ad nocte increpuérũt me renes mei.

Providébam Dóminum in conspéctu meo semper ; * quóniam à dextris est mihi, ne commóvear.

Propter hoc lætátum est cor meum & exultávit lingua mea ; * ínsuper & caro mea requiéscet in spe :

Quóniam non derelínques ánimam meam in inférno, * nec dabis sanctum tuum vidére corruptiónem,

Notas mihi fecísti vias vitæ : adimplébis me lætítiâ cum vultu tuo : *
delectatiónes in déxtera tua ufque
in finem.

Ant. Bonórum meórum non ín-
diges ; in te fperávi ; conférva me ,
Dómine.

Ant. Propter verba.

Pfeaume 16.

EXáudi, Dñe , juftítiam meã : *
inténde deprecatiónem meam:
Auribus pércipe oratiónem meã *
non in lábiis dolófis.

De vultu tuo judícium meum pródeat : * óculi tui vídeant æqui-
tátes.

Probáfti cor meum , & vifitáfti
nocte : * igne me examináfti , &
non eft invénta in me iníquitas.

Ut non loquátur os meum ópera
hóminum ; * propter verba labiórũ
tuórum ego cuftodívi vias duras.

Pérfice greffus meos in fémitis tuis, *
ut non moveántur veftigia mea.

Ego clamávi , quóniam exaudífti
me , Deus : * inclína aurem tuam
mihi , & exáudi verba mea :

Mirífica mifericórdias tuas , * qui
falvos facis fperántes in te :

A refifténtibus déxteræ tuæ cuftódi me * ut pupíllam óculi :

Sub umbra alárum tuárum prótege me * à fácie impiórum qui me
afflixérunt.

Inimíci mei ánimam meam circumdedérunt : ádipem fuum conclufé-
runt : * os eórum locútum eft fupérbiam :

Projiciéntes me nunc circumdedérunt me : * óculos fuos ftatuérunt
declináre in terram :

Sufcepérunt me ficut leo parátus
ad prædam , * & ficut cátulus leónis hábitans in ábditis.

Exúrge , Dómine , prǽveni eum ,
& fupplánta eum ; * éripe ánimam
meam ab ímpio , frámeam tuam
ab inimícis manus tuæ.

Dómine , à paucis de terra dívide
eos in vita eórum : * de abfcónditis
tuis adimplétus eft venter eórum ;

Saturáti funt filiis , * & dimiférunt
relíquias fuas párvulis fuis.

Ego autem in juftítia apparébo con-
fpéctui tuo : * fatiábor cùm apparúe-
rit glória tua.

Ant. Propter verba labiórum
tuórum ego cuftodívi vias duras.

Ant. Díligam te. Ces mots ne
fe répetent point en commençant
le Pfeaume , parce que lorfqu'une
Antienne eft le commencement du
Pfeaume qui fuit, on ne répete point
en commençant ce Pfeaume , ce qui
en a déja été dit à l'Antienne, pour-
vû cependant que ce foit les mêmes
paroles.

Pfeaume 17.

DIligam te , Dómine , fortitúdo mea. * Dóminus firma-
méntum meum & refúgium meum
& liberátor meus.

Deus meus adjútor meus ; * &
fperábo in eum.

Protéctor meus & cornu falútis
meæ * & fufcéptor meus.

Laudans invocábo Dñum ; * & ab
inimícis meis falvus ero.

Circumdedérunt me dolóres mortis, * & torréntes iniquitátis conturbavérunt me.

Dolóres inférni circumdedérunt.

me : * præoccupavérunt me láquei mortis.

In tribulatióne mea invocávi Dóminum , * & ad Deum meum clamávi :

Et exaudívit de templo sanéto suo vocé meá ; * & clamor meus in conspéétu ejus introívit in aures ejus.

Commóta est & contrémuit terra; * fundaménta móntium conturbáta sunt & commóta sunt, quóniam irátus est eis.

Afcéndit fumus in ira ejus , & ignis à fácie ejus exárfit ; * carbónes fuccénfi funt ab eo.

Inclinávit coelos, & defcéndit; * & calígo fub pédibus ejus.

Et afcéndit fuper Chérubim, & volávit ; * volávit fuper pennas ventórum.

Et pófuit ténebras latíbulum fuum; in circúitu ejus tabernáculum ejus, * tenebrófa aqua in núbibus áeris.

Præ fulgóre in confpéétu ejus nubes tranfiérunt ; * grando & carbónes ignis.

Et intónuit de coelo Dñus, & Altíffimus dedit vocem fuam ; * grando & carbónes ignis.

Et mifit fagíttas fuas , & diffipávit eos : * fúlgura multiplicávit, & conturbávit eos.

Et apparuérunt fontes aquárum , * & reveláta funt fundaménta orbis terrárum,

Ab increpatióne tua , Dñe , * ab infpiratióne fpíritus iræ tuæ.

Mifit de fummo, & accépit me , * & afsúmpfit me de aquis multis.

Erípuit me de inimícis meis fortíffimis & ab iis qui odérunt me , *

quóniam confortáti funt fuper me.

Prævenérunt me in die afflictiónis meæ ; * & factus eft Dóminus protéétor meus;

Et edúxit me in latitúdinem : * falvum me fecit, quóniam vóluit me.

Et retríbuet mihi Dóminus fecúndùm juftítiam meam , * & fecúndùm puritátem mánuum meárum retríbuet mihi ;

Quia cuftodívi vias Dómini , * nec ímpiè geffi à Deo meo ;

Quóniam ómnia judícia ejus in confpéétu meo , * & juftítias ejus non répuli à me.

Et ero immaculátus cum eo , * & obfervábo me ab iniquitáte mea.

Et retríbuet mihi Dóminus fecúndùm juftítiam meam * & fecúndùm puritátem mánuum meárum in confpéétu oculórum ejus.

Cum fanéto fanétus eris , * & cum viro innocénte ínnocens eris ,

Et cum elééto eléétus eris; * & cum pervérfo pervertéris :

Quóniam tu pópulum húmilem falvum fácies , * & óculos fuperbórum humiliábis :

Quóniam tu illúminas lucérnam meam , Dómine : * Deus meus , illúmina ténebras meas :

Quóniam in te erípiar à tentatióne , * & in Deo meo tranfgrédiar murum.

Deus meus , impollúta via ejus : elóquia Dómini igne examináta : * protéétor eft ómniú fperántiú in fe.

Quóniam quis Deus præter Dóminum ? * aut quis Deus præter Deú noftrum ?

Deus qui præcinxit me virtúte, * &

póſuit immaculátam viam meam ;
Qui perfécit pedes meos tamquam cervórum , * & ſuper excélſa ſtátuens me ;
Qui docet manus meas ad prælium , * & poſuíſti ut arcum æreum bráchia mea ;
Et dedíſti mihi protectiónem ſalútis tuæ ; * & déxtera tua ſuſcépit me ;
Et diſciplína tua corréxit me in finẽ, * & diſciplína tua ipſa me docébit.
Dilatáſti greſſus meos ſubtus me; * & non ſunt infirmáta veſtígia mea.
Pérſequar inimícos meos , & comprehéndam illos ; * & non convértar donec defíciant.
Confríngam illos, nec póterunt ſtare : * cadent ſubtus pedes meos.
Et præcinxíſti me virtúte ad bellum ; * & ſupplantáſti inſurgéntes in me ſubtus me ;
Et inimícos meos dedíſti mihi dorſum ; * & odiéntes me diſperdidíſti.
Clamavérunt, nec erat qui ſalvos fáceret ; * ad Dóminum, nec exaudívit eos.
Et commínuam eos ut púlverem ante fáciem venti ; * ut lutum plateárum delébo eos.
Erípies me de contradictiónibus pópuli : * conſtítues me in caput Géntium.
Pópulus quem non cognóvi , ſervívit mihi ; * in audítu auris obedívit mihi.
Fílii aliéni mentíti ſunt mihi : * fílii aliéni inveteráti ſunt , & claudicavérunt à ſémitis tuis.
Vivit Dñus ; & benedíctus Deus meus ; * & exaltétur Deus ſalútis meæ ;

Deus qui das vindíctas mihi & ſubdis pópulos ſub me ; * liberátor meus de inimícis meis iracúndis.
Et ab inſurgéntibus in me exaltábis me ; * à viro iníquo erípies me.
Proptéreà confitébor tibi in natiónibus , Dómine ; * & nómini tuo pſalmum dicam.
Magníficans ſalútes Regis ejus , & fáciens miſericórdiã Chriſto ſuo David * & ſémini ejus uſque in ſéculum.

Ant. Díligam te, Dñe, virtus mea.
℣. Quóniam tu illúminas lucérnam meam, Dñe. ℟. Deus meus, illúmina ténebras meas.
Pater noſter, tout bas, juſqu'au
℣. Et ne nos indúcas in tentatiónem ; ℟. Sed líbera nos à malo.

Abſolution.

IPſius píetas & miſericórdia nos ádjuvet, qui cum Patre & Spíritu ſancto vivit & regnat in ſécula ſeculórum. ℟. Amen.
℣. Jube, domne, bene dícere.
Pour la iv. Leçon. Bénédiction.
Deus Pater omnípotens ſit nobis propítius & clemens. ℟. Amen.
Pour la v. Leçon, Bénédiction.
Chriſtus perpétuæ det nobis gáudia vitæ. ℟. Amen.
Pour la vj. Leçon, Bénédiction.
Ignem ſui amóris accéndat Deus in córdibus noſtris. ℟. Amen.

AU III. NOCTURNE.
Ant. Non ſunt loquélæ.
Pſeaume 18.

CŒli enárrant glóriam Dei, * & ópera mánuum ejus annúntiat firmaméntum.
Dies diéi erúctat verbum, * & nox nocti índicat ſciéntiam.

Non sunt loquélæ néque sermónes, * quorum non audiántur voces eórum.

In omné terram exívit sonus eórum, * in fines orbis terræ verba eórum.

In sole pósuit tabernáculum suum; * & ipse tanquam sponsus procédens de thálamo suo.

Exultávit ut gigas ad curréndam viâ : * à summo cœlo egréssio ejus ;

Et occúrsus ejus usque ad summum ejus : * nec est qui se abscóndat à calóre ejus.

Lex Dómini immaculáta, convértens ánimas : * testimónium Dñi fidéle, sapiéntiâ præstans párvulis :

Justitiæ Dómini rectæ, lætificántes corda : * præcéptum Dómini lúcidum, illúminans óculos :

Timor Dómini sanctus, pérmanens in séculum séculi : * judícia Dómini vera, justificáta in semetípsa,

Desiderabília super aurum & lápidem pretiósum multum, * dulcióra super mel & favum.

Etenim servus tuus custódit ea ; * in custodiéndis illis retribútio multa.

Delícta quis intélligit ? ab occúltis meis munda me, * & ab aliénis parce servo tuo.

Si mei non fúerint domináti, tunc immaculátus ero, * & emundábor à delícto máximo ;

Et erunt ut compláceant elóquia oris mei ; * & meditátio cordis mei in conspéctu tuo semper,

Dómine adjútor meus * & redémptor meus.

Ant. Non sunt loquélæ neque sermónes, quorum non audiántur voces eórum.

Ant. Exáudiat.

Pseaume 19.

EXáudiat te Dóminus in die tribulatiónis : * prótegat te nomen Dei Jacob.

Mittat tibi auxílium de sancto, * & de Sion tueátur te :

Memor sit omnis sacrificii tui, * & holocáustum tuum pingue fiat :

Tríbuat tibi secúndum cor tuum, * & omne consílium tuum confírmet.

Lætábimur in salutári tuo, * & in nómine Dei nostri magnificábimur. Impleat Dóminus omnes petitiónes tuas. * Nunc cognóvi quóniam salvum fecit Dóminus Christum suum,

Exáudiet illum de cœlo sancto suo : * in potentátibus salus déxteræ ejus.

Hi in cúrribus, & hi in equis ; * nos autem in nómine Dómini Dei nostri invocábimus.

Ipsi obligáti sunt & cecidérunt ; * nos auté surréximus & erécti sumus.

Dómine, salvum fac regem ; * & exáudi nos in die quâ invocavérimus te.

Ant. Exáudiat te Dóminus in die tribulatiónis.

Ant. Dómine.

Pseaume 20.

DOmine, in virtúte tua lætábitur Rex, * & super salutáre tuum exultábit veheménter.

Desidérium cordis ejus tribuísti ei, * & voluntáte labióru ejus non fraudásti eum.

Quóniam prævenísti eum in benedictiónibus dulcédinis ; * posuísti in cápite ejus corónam de lápide pretióso.

Vitam pétiit à te ; * & tribuísti ei

longitúdinem diérum in féculum & in féculum féculi.

Magna eft glória ejus in falutári tuo : * glóriam & magnum decórem impónes fuper eum.

Quóniam dabis eum in benedictiónem in féculum féculi ; * lætificábis eum in gáudio cum vultu tuo.

Quóniam rex fperat in Dómino , * & in mifericórdia Altíffimi non commovébitur.

Inveniátur manus tua ómnibus inimícis tuis ; * déxtera tua invéniat omnes qui te odérunt.

Pones eos ut clíbanum ignis in témpore vultus tui. * Dóminus in ira fua conturbábit eos , & devorábit eos ignis.

Fructus eórum de terra perdes, * & femen eórum à filiis hóminum.

Quóniam declinavérunt in te mala ; * cogitavérunt consília quæ non potuérunt ftabilíre.

Quóniam pones eos dorfum ; * in relíquiis tuis præparábis vultum eórum.

Exaltáre, Dñe, in virtúte tua: * cantábimus & pfallémus virtútes tuas.

Ant. Dómine , in virtúte tua lætábitur rex.

℣. Exaltáre, Dómine , in virtúte tua. ℟. Cantábimus & pfallémus virtútes tuas.

Pater nofter , tout bas, jufqu'au ℣. Et ne nos indúcas in tentatiónem ; ℟. Sed líbera nos à malo.

Abfolution.

A Vínculis peccatórum noftrórum abfólvat nos omnípotens & miféricors Dóminus. ℟. Amen.

℣. Jube, domne , bene dícere.

Pour la vij. Leçon , Bénédiction.

Evangélica léctio fit nobis falus & protéctio. ℟. Amen.

Pour la viij. Leçon , Bénédiction.

Divínum auxílium máneat femper nobífcum. ℟. Amen.

Pour la ix. Leçon , Bénédiction.

Ad focietátem cívium fupernórum perdúcat nos Rex Angelórum. ℟. Amen.

Hymne de faint Ambroife & de faint Auguftin.

TE Deum laudámus: * te Dóminum confitémur.

Te ætérnum Patrem * omnis terra venerátur.

Tibi omnes Angeli, * tibi cœli & univérfæ poteftátes,

Tibi Chérubim & Séraphim * inceffabili voce proclámant ,

Sanctus, Sanctus, Sanctus, * Dóminus Deus Sábaoth.

Pleni funt cœli & terra * majeftátis glóriæ tuæ.

Te gloriófus * Apoftolórū chorus,

Te Prophetárum * laudábilis númerus,

Te Mártyrum candidátus * laudat exércitus.

Te per orbem terrárum * fancta confitétur Ecctéfia ;

Patrem * immenfæ majeftátis ;

Venerándum tuum verum * & únicum Fílium ;

Sanctum quoque * Paraclétum Spíritum.

Tu Rex glóriæ * Chrifte.

Tu Patris * fempitérnus es Fílius.

Tu ad liberándum fuceptúrus hóminem, * non horruífti Vírginis úterum.

T u, devícto mortis acúleo, * aperuísti credéntibus regna cœlórum.

T u ad déxteram Dei sedes * in glória Patris,

J udex créderis * esse ventúrus.

T e ergo, quæsumus, tuis fámulis súbveni, * quos pretióso sánguine redemísti.

Æ terna fac * cum Sanctis tuis in glória numerári.

S alvum fac pópulum tuum, Dñe; * & bénedic hæreditáti tuæ.

E t rege eos, * & extólle illos usque in ætérnum.

P er síngulos dies * benedícimus te.

E t laudámus nomen tuum in séculum * & in séculum séculi.

D ignáre, Dómine, die isto * sine peccáto nos custodíre.

M iserére nostrî, Dómine; * miserére nostrî.

F iat misericórdia tua, Dñe, super nos, * quemádmodum sperávimus in te.

I n te, Dómine, sperávi; * non confúndar in ætérnum.

A L A U D E S.

Cet Office est aussi pour les Fêtes, en prenant les Antiennes, le Chapitre, l'Hymne, le ℣. & l'Oraison marqués pour la Fête dont on fait l'Office.

℣. D Eus, in adjutórium meum inténde. ℟. Dómine, ad adjuvándum me festína. Glória Patri & Fílio & Spirítui sancto. Sicut erat in princípio, & nunc & semper, & in sécula seculórum. Amen. Allelúia.

Antienne. Allelúia.

Pseaume 92.

D Ominus regnávit, decórem indútus est; * indútus est Dóminus fortitúdinem, & præcinxit se.

E tenim firmávit orbem terræ * qui non commovébitur.

P aráta sedes tua ex tunc: * à século tu es.

E levavérunt flúmina, Dómine, * elevavérunt flúmina vocem suam:

E levavérunt flúmina fluctus suos * à vócibus aquárum multárum.

M irábiles elatiónes maris. * Mirábilis in altis Dóminus.

T estimónia tua credibília facta sunt nimis. * Domum tuam decet sanctitúdo, Dñe, in longitúdinem diérum.

Pseaume 99.

J Ubiláte Deo, omnis terra; * servíte Dómino in lætítia.

I ntroíte in conspéctu ejus * in exultatióne.

S citóte quóniam Dóminus ipse est Deus: * ipse fecit nos, & non ipsi nos.

P ópulus ejus, & oves páscuæ ejus. * Introíte portas ejus in confessióne; átria ejus in hymnis: confitémini illi.

L audáte nomen ejus, quóniam suávis est Dñus: in ætérnum misericórdia ejus; * & usque in generatiónem & generatiónem véritas ejus.

Pseaume 62.

D Eus Deus meus, * ad te de luce vígilo.

S itívit in te ánima mea: * quàm multiplíciter tibi caro mea!

I n terra desérta & ínvia & inaquósa, * sic in sancto appárui tibi, ut vidérem virtútem tuam & glóriam tuam.

Quóniam mélior eſt miſericórdia tua ſuper vitas, * lábia mea laudábunt te.

Sic benedícam te in vita mea, * & in nómine tuo levábo manus meas.

Sicut ádipe & pinguédine repleátur ánima mea, * & lábiis exultatiónis laudábit os meum.

Si memor fui tuî ſuper ſtratum meû, in matutínis meditábor in te ; * quia fuíſti adjútor meus.

Et in velaménto alárum tuárum exultábo : adhæſit ánima mea poſt te : * me ſuſcépit déxtera tua.

Ipſi verò in vanum quæſiérunt ánimam meam : introíbunt in inferióra terræ : * tradéntur in manus gládii : partes vúlpium erunt.

Rex verò lætábitur in Deo : laudabúntur omnes qui jurant in eo ; * quia obſtrúctum eſt os loquéntium iníqua.

On ne dit point ici **Glória Patri.**
Pſeaume 66.

Deus, miſereátur noſtrî, & benedícat nobis ; * illúminet vultum ſuum ſuper nos, & miſereátur noſtri :

Ut cognoſcámus in terra viã tuam, * in ómnibus Géntibus ſalutáre tuû.

Confiteántur tibi pópuli, Deus ; * confiteántur tibi pópuli omnes.

Læténtur & exúltent Gentes, * quóniam júdicas pópulos in æquitáte, & Gentes in terra dírigis.

Confiteántur tibi pópuli Deus, confiteántur tibi pópuli omnes : * terra dedit frúctum ſuum.

Benedícat nos Deus, Deus noſter, benedícat nos Deus : * & métuant eum omnes fines terræ.

Ant. Allelúia, allelúia.

Ant. Tres púeri.

Le Cantique des trois Enfants.
Daniel 3.

Benedícite, ómnia ópera Dómini, Dómino ; * laudáte, & ſuperexaltáte eum in ſécula.

Benedícite, Angeli Dómini, Dómino. * Benedícite, cœli, Dómino.

Benedícite, áquæ omnes quæ ſuper cœlos ſunt, Dómino. * Benedícite, omnes virtútes Dómini, Dómino.

Benedícite, ſol & luna, Dómino. * Benedícite, ſtellæ cœli, Dómino.

Benedícite, omnis imber & ros, Dómino. * Benedícite, omnes ſpíritus Dei, Dómino.

Benedícite, ignis & æſtus, Dómino. * Benedícite, frigus & æſtus, Dómino.

Benedícite, rores & pruína, Dómino. * Benedícite, gelu & frigus, Dómino.

Benedícite, glácies & nives, Dómino. * Benedícite, noctes & dies, Dómino.

Benedícite, lux & ténebræ, Dómino. * Benedícite, fúlgura & nubes, Dómino.

Benedícat terra Dóminum ; * laudet & ſuperexáltet eum in ſécula.

Benedícite, montes & colles, Dómino. * Benedícite, univérſa germinántia in terra, Dómino.

Benedícite, fontes, Dómino : * Benedícite, mária & flúmina, Dño.

Benedícite,

Benedícite, cete & ómnia quæ movéntur in aquis, Dómino. * Benedícite, omnes vólucres cœli, Dño.

Benedícite, omnes béstiæ & pécora, Dómino. * Benedícite, filii hóminum, Dómino.

Benedícat Israël Dóminum; * laudet & superexáltet eum in sécula.

Benedícite, sacerdótes Dómini, Dómino. * Benedícite, servi Dómini, Dómino.

Benedícite, spíritus & ánimæ justórum, Dómino. * Benedícite, sancti & húmiles corde, Dómino.

Benedícite, Ananía, Azaría, Mísaël, Dómino; * laudáte & superexaltáte eum in sécula.

Benedicámus Patrem & Fílium cū sancto Spíritu; * laudémus & superexaltémus eum in sécula.

Benedíctus es, Dómine, in firmaménto cœli, * & laudábilis & gloriósus & superexaltátus in sécula.

On ne dit point ici Glória Patri; mais il se dit aux autres Cantiques.

Ant. Tres púeri jussu regis in fornácem missi sunt, non timéntes flámá ignis, dicéntes, Benedíctus Deus.

Ant. Allelúia.

Pseaume 148.

Laudáte Dóminum de cœlis : * laudáte eum in excélsis.

Laudáte eum, omnes Angeli ejus. * Laudáte eum, omnes virtútes ejus.

Laudáte eum, sol & luna. * Laudáte eum, omnes stellæ & lumen.

Laudáte eum, cœli cœlórum : * & aquæ omnes quæ super cœlos sunt laudent nomen Dómini.

Quia ipse dixit, & facta sunt : * ipse mandávit, & creáta sunt.

Státuit ea in æternum & in séculum séculi : * præcéptum pósuit, & non præteríbit.

Laudáte Dóminum de terra, * dracónes & omnes abýssi,

Ignis, grando, nix, glácies, spíritus procellárum * quæ fáciunt verbum ejus,

Montes & omnes colles, * ligna fructífera & omnes cedri,

Béstiæ & univérsa pécora, * serpéntes & vólucres pennátæ,

Reges terræ & omnes pópuli, * príncipes & omnes júdices terræ,

Júvenes & vírgines, senes cum junióribus, laudent nomen Dómini, * quia exaltátū est nomen ejus solíus.

Conféssio ejus super cœlum & terram ; * & exaltávit cornu pópuli sui.

Hymnus ómnibus sanctis ejus, * filiis Israël, pópulo appropinquánti sibi.

On ne dit point ici Glória Patri.

Pseaume 149.

Cantáte Dómino cánticum novum : * laus ejus in Ecclésia Sanctórum.

Lætétur Israël in eo qui fecit eum, * & filii Sion exúltent in rege suo.

Laudent nomen ejus in choro ; * in tympano & psaltério psallant ei :

Quia beneplácitum est Dómino in pópulo suo, * & exaltábit mansuétos in salútem.

Exultábunt sancti in glória : * lætabúntur in cubílibus suis :

Exaltatiónes Dei in gútture eórum, * & gládii ancípites in mánibus eórum,

Ad faciéndam vindíctam in natió-

nibus, * increpatiónes in pópulis ;
Ad alligándos reges eórum in compédibus, * & nóbiles eórum in mánicis férreis ;
Ut fáciant in eis judicium conscríptum. * Glória hæc est ómnibus sanctis ejus.

On ne dit point ici Glória Patri.

Pseaume 150.

L Audáte Dóminum in sanctis ejus : * laudáte eum in firmaménto virtútis ejus.

Laudáte eum in virtútibus ejus ; * laudáte eum secúndùm multitúdinem magnitúdinis ejus.

Laudáte eum in sono tubæ : * laudáte eum in psaltério & cíthara :

Laudáte eum in tympano & choro : * laudáte eū in chordis & órgano :

Laudáte eum in cymbalis benesonántibus ; laudáte eum in cymbalis jubilatiónis. * Omnis spíritus laudet Dóminum.

Glória Patri & Fílio.

Ant. Allelúia, allelúia, allelúia.

Chapitre. *Apoc. 7.*

B Enedíctio & cláritas & sapiéntia & gratiárum áctio, honor, virtus & fortitúdo Deo nostro in sécula seculórum. Amen. ℞. Deo grátias.

On répond ainsi à la fin de tous les Chapitres.

On dit l'Hymne suivante depuis l'Octave de la Pentecôte jusqu'au Dimanche le plus proche du premier jour d'Octobre.

[Hymne ancienne.

E Cce jam noctis tenuátur ūbra ;
Lucis auróra rútilans corúscat ;

Nísibus totis rogitémus omnes
Cunctipoténtem :
Ut Deus nostri miserátus, omnem
Pellat languórem, tríbuat salútem,
Donet & nobis pietáte Patris
Regna polórum.
Præstet hoc nobis Déitas beáta
Patris ac Nati paritérque sancti
Spíritûs, cujus réboat in omni
Glória mundo. Amen.

Hymne nouvelle.

E Cce jam noctis tenuátur ūbra ;
Lux & auróra rútilás corúscat ;
Súpplices rerum Dóminum canóra
Voce precémur :
Ut reos culpæ miserátus ómnem
Pellat angórem, tríbuat salútem,
Donet & nobis bona sempitérnæ
Múnera pacis.
Præstet hoc nobis Déitas beáta
Patris ac Nati paritérque sancti
Spíritûs, cujus résonat per omnem
Glória mundum. Amen.]

On dit l'Hymne suivante depuis le Dimanche le plus proche du premier jour d'Octobre jusqu'à l'Avét.

[Hymne ancienne.

Æ Térne rerum cónditor
Noctem diémque qui regis
Et témporum das témpora,
Ut álleves fastídium ;
Præco diéi jam sonat,
Noctis profúndæ pérvigil,
Noctúrna lux viántibus,
A nocte noctem ségregans.
Hoc excitátus Lúcifer
Solvit polum caligine :
Hoc omnis errónum chorus
Viam nocéndi déserit :
Hoc nauta vires cólligit,
Pontíque mitéscunt freta ;

Hoc, ipsa petra Ecclésiæ,
Canénte, culpam díluit.
Surgámus ergo strénuè;
Gallus jacéntes éxcitat
Et somnoléntos íncrepat;
Gallus negántes árguit.
Gallo canénte, spes redit,
Ægris salus refúnditur,
Mucro latrónis cónditur,
Lapsis fides revértitur.
Jesu, labántes réspice,
Et nos vidéndo córrige:
Si réspicis, lapsi stabunt;
Fletúque culpa sólvitur.
Tu lux refúlge sénsibus,
Mentíque somnum díscute:
Te nostra vox primùm sonet,
Et vota solvámus tibi.
Deo Patri sit glória
Ejúsque soli Filio
Cum Spíritu Parácleto
Et nunc & in perpétuum. Amen.

Hymne nouvelle.

Æ Térne rerum Cónditor
Noctem diémque qui regis
Et témporum das témpora,
Ut álleves fastídium.
Noctúrna lux viántibus
A nocte noctem ségregans;
Præco diéi jam sonat,
Jubarque solis évocat.
Hoc excitátus Lúcifer
Solvit polum calígine:
Hoc omnis errónum cohors
Viam nocéndi déserit:
Hoc nauta vires cólligit,
Pontíque mitéscunt freta:
Hoc, ipsa petra Ecclésiæ,
Canénte, culpam díluit.
Surgámus ergo strénuè,
Gallus jacéntes éxcitat

Et somnoléntos íncrepat;
Gallus negántes árguit.
Gallo canénte spes redit,
Ægris salus refúnditur,
Mucro latrónis cónditur
Lapsis fides revértitur.
Jesu, labántes réspice,
Et nos vidéndo córrige:
Si réspicis, labes cadunt,
Fletúque culpa sólvitur.
Tu lux refúlge sénsibus,
Mentíque somnum díscute:
Te nostra vox primùm sonet,
Et vota sólvamus tibi.
Deo Patri sit glória
Ejúsque soli Filio
Cum Spíritu Parácleto
Nunc & per ómne séculum. Amen.

℣. Dóminus regnávit, decórem índuit: ℟. Induit Dóminus fortitúdinem, & præcínxit se virtúte.

Cant. de Zacharie. Luc. I.

B Enedíctus Dóminus Deus Is-raël, * quia visitávit, & fecit redemptiónem plebis suæ,
Et eréxit cornu salútis nobis * in domo David púeri sui.
Sicut locútus est per os sanctórum * qui à século sunt, prophétarum ejus;
Salútem ex inimícis nostris * & de manu ómnium qui odérunt nos:
Ad faciéndam misericórdiam cum pátribus nostris, * & memorári testaménti sui sancti:
Jusjurándum quod jurávit ad Abraham patrem nostrum, * datúrum se nobis
Ut sine timóre de manu inimicórũ nostrórum liberáti * serviámus illi
In sanctitáte & justítia coram ipso * ómnibus diébus nostris.

Et tu, puer, Prophéta Altíssimi vocáberis ; * præíbis enim ante fáciem Dómini paráre vias ejus,

Ad dandam sciéntiam salútis plebi ejus * in remissiónem peccatórum eórum,

per víscera misericórdiæ Dei nostri * in quibus visitávit nos óriens ex alto,

Illumináre his qui in ténebris & in umbra mortis sedent, * ad dirigéndos pedes nostros in viam pacis.

Glória Patri.

L'Antienne convenable.

℣. Dóminus vobíscum. ℟. Et cum spíritu tuo.

Au lieu de Dóminus vobíscum il faut dire ℣. Dómine, exáudi oratiónem meam ; ℟. Et clamor meus ad te véniat, lorsqu'on n'est ni Prêtre ni Diacre.

L'Oraison convenable.

S'il se rencontre en ce jour quelque Fête simple, on en fait mémoire ici, &, si le tems le demande, on y ajoute ce qui suit entre deux crochets [ ].

[Memoires communes ou suffrages des Saints.

De la sainte Vierge, lorsqu'on n'en dit point l'Office.

Ant. Sancta María, succúrre míseris, juva pusillánimes, réfove flébiles, ora pro pópulo, intérveni pro Clero, intercéde pro devóto fœmíneo sexu : séntiant omnes tuum juvámen, quicúmque célebrant tuá sanctam commemoratiónem.

℣. Ora pro nobis, sancta Dei Génitrix, ℟. Ut digni efficiámur promissiónibus Christi.

Orémus.

Concéde nos fámulos tuos, quæsumus, Dómine Deus, perpétuâ mentis & córporis sanitáte gaudére, & gloriósâ beátæ Maríæ semper Vírginis intercessióne, à præsénti liberári tristítia, & ætérnâ pérfrui lætítiâ.

Des Apôtres.

Ant. Gloriósi príncipes terræ quómodo in vita sua dilexérunt se, ita & in morte non sunt separáti.

℣. In omnem terram exívit sonus eórum, ℟. Et in fines orbis terræ verba eórum.

Orémus.

Deus cujus déxtera beátum Petrum ambulántem in flúctibus, ne mergerétur, eréxit, & coapóstolum ejus Paulum tertiò naufragántem de profúndo pélagi liberávit ; exáudi nos propítius, & concéde ut ambórum méritis æternitátis glóriam consequámur.

Du Patron ou Titulaire d'une Eglise.

On en fait la mémoire accoutumée, avant ou après les mémoires précédentes selon la dignité dont il est.

De la Paix.

Ant. Da pacem, Dñe, in diébus nostris ; quia non est álius qui pugnet pro nobis, nisi tu Deus noster.

℣. Fiat pax in virtúte tua, ℟. Et abundántia in túrribus tuis.

Orémus.

Deus à quo sancta desidéria, recta consilia & justa sunt ópera, dà servis tuis illam quam mundus dare non potest pacem ; ut & cor-

da noſtra mandátis tuis dédita, &
hóſtium ſublátâ formídine, témpora
ſint tuâ protectióne tranquilla ; Per
Dóminum, &c.]

℣. Dóminus vobíſcum. ℟. Et cum
ſpíritu tuo.

℣. Benedicámus Dómino. ℟. Deo
grátias.

℣ Fidélium ánimæ per miſericórdiã Dei requiéſcát in pace. ℟. Amé.

Pater noſter, tout bas.

Puis d'une voix un peu baſſe,

℣. Dóminus det nobis ſuam pacem, ℟. Et vitam ætérnam. Amen.

S'il ne doit point ſuivre d'autre
Office, on finit celui-ci par l'Antienne ſuivante à la ſainte Vierge,
qui ſe dit depuis le Dimanche de la
Trinité incluſivement : autrement,
cette Antienne ne ſe dira qu'à la
fin du dernier des Offices qui auront ſuivi ſans interruption.

Antienne.

SAlve, Regína, mater miſericórdiæ, vita, dulcédo, & ſpes
noſtra, ſalve. Ad te clamámus é-
xules fílii Hevæ. Ad te ſuſpirámus
geméntes & flentes in hac lacrymárum valle. Eia ergo, Advocáta
noſtra, illos tuos miſericórdes óculos ad nos convérte : Et Jeſum benedíctum fructum ventris tui nobis
poſt hoc exílium oſténde. O clemens, ô pia, ô dulcis Virgo María.

℣. Ora pro nobis, ſancta Dei
génitrix, ℟. Ut digni efficiámur
promiſſiónibus Chriſti.

Orémus.

OMnipotés, ſempitérne Deus,
qui glorióſæ Vírginis matris
Maríæ corpus & ánimam, ut di-

gnum Fílii tui habitáculum éffici
mererétur, Spíritu ſancto cooperánte, præparáſti, da ut cujus commemoratióne lætámur, ejus piâ interceſſióne ab inſtántibus malis &
à morte perpétuâ liberémur ; Per
eúmdem Chriſtum Dóminum noſtrum. ℟. Amen.

℣. Divínum auxíliũ máneat ſemper nobíſcum. ℟. Amen.

A PRIME
DU DIMANCHE.

Cet Office eſt auſſi pour les
Fêtes.

Pater. Ave. Credo.
Deus in adjutórium.

Hvmne.

JAm lucis orto ſidere
Deum precémur ſúpplices,
Ut in diúrnis áctibus
Nos ſervet à nocéntibus.

Linguam refrænans témperet,
Ne litis horror ínſonet,
Viſum fovéndo cóntegat,
Ne vanitátes háuriat.

Sint pura cordis íntima,
Abſíſtat & vecórdia :
Carnis terat ſupérbiam
Potus cibíque párcitas.

Ut cùm dies abſcéſſerit
Noctémque ſors redúxerit,
Mundi per abſtinéntiam
Ipſi canámus glóriam.

Deo Patri ſit glória
Ejúſque ſoli Fílio,
Cum Spíritu Parácleto,

A. Et nunc & in perpétuum.
Amen.
N. Nunc & per omne ſéculum.
Amen.

R. 4. Automne. B iij

Pour les Dimanches , Ant. **Alleluia.**

Pour les Fêtes , on prend la premiere Antienne des Laudes de la Fête dont on fait l'Office.

Pseaume 53.

Eus, in nómine tuo salvum me fac, * & in virtúte tua júdica me.

D eus, exáudi oratiónem meam ; * áuribus pércipe verba oris mei :

Q uóniam aliéni insurrexérunt adversùm me , & fortes quæsiérunt ánimam meam ; * & non proposuérunt Deum ante conspéctum suum.

E cce enim Deus ádjuvat me , * & Dóminus suscéptor est ánimæ meæ.

A vérte mala inimícis meis ; * & in veritáte tua dispérde illos.

V oluntárie sacrificábo tibi ; * & confitébor nómini tuo , Dómine , quóniam bonum est :

Q uóniam ex omni tribulatióne eripuísti me : * & super inimícos meos despéxit óculus meus.

Le Pseaume suivant se dit seulement les Dimanches , lorsqu'on en fait l'Office comme au Pseautier.

Pseaume 117.

Onfitémini Dómino quóniam bonus, * quóniam in séculum misericórdia ejus.

D icat nunc Israël quóniam bonus, * quóniam in séculũ misericórdia ejus.

D icat nunc domus Aaron * quóniam in séculum misericórdia ejus.

D icant nunc qui timent Dóminũ * quóniã in séculum misericórdia ejus.

D e tribulatióne invocávi Dóminum ; * & exaudívit me in latitúdine Dóminus.

D óminus mihi adjútor ; * non timébo quid fáciat mihi homo.

D óminus mihi adjútor ; * & ego despíciam inimícos meos.

B onum est confidere in Dómino * quàm confidere in hómine.

B onum est speráre in Dómino * quàm speráre in princípibus.

O mnes Gentes circuiérunt me ; * & in nómine Dómini quia ultus sum in eos.

C ircumdántes circumdedérunt me ; * & in nómine Dómini quia ultus sum in eos.

C ircumdedérunt me sicut apes , & exarsérunt sicut ignis in spinis ; * & in nómine Dómini quia ultus sum in eos.

I mpúlsus evérsus sum ut cáderem ; * & Dóminus suscépit me.

F ortitúdo mea & laus mea Dóminus ; * & factus est mihi in salútem.

V ox exultatiónis & salútis * in tabernáculis justórum.

D éxtera Dómini fecit virtútem ; déxtera Dómini exaltávit me ; * déxtera Dómini fecit virtútem.

N on móriar, sed vivam * & narrábo ópera Dómini.

C astigans castigávit me Dóminus ; * & morti non trádidit me.

A perite mihi portas justítiæ ; ingréssus in eas confitébor Dómino : * hæc porta Dómini ; justi intrábũt in eam.

C onfitébor tibi quóniam exaudísti me , * & factus es mihi in salútem.

L ápidem quẽ reprobavérunt ædificántes , * hic factus est in caput ánguli.

A Dómino factum est istud ; * & est mirábile in óculis nostris.

Hæc est dies quam fecit Dóminus ; * exultémus & lætémur in ea.

O Dómine, salvum me fac ; ô Dómine, bene prosperáre : * benedíctus qui venit in nómine Dómini.

Benedíximus vobis de domo Dómini : * Deus Dóminus, & illúxit nobis.

Constitúite diem solémnem in condénsis * usque ad cornu altáris.

Deus meus es tu, & confitébor tibi ; * Deus meus es tu, & exaltábo te.

Confitébor tibi quóniam exaudísti me, * & factus es mihi in salútem.

Confitémini Dño quóniam bonus, * quóniá in séculú misericórdia ejus.

Pseaume 118.

Beáti immaculáti in via, * qui ámbulant in lege Dómini.

Beáti qui scrutántur testimónia ejus, * in toto corde exquírunt eum.

Non enim qui operántur iniquitátem, * in viis ejus ambulavérunt.

Tu mandásti * mandáta tua custodíre nimis.

Utinam dirigántur viæ meæ * ad custodiéndas justificatiónes tuas !

Tunc non confúndar, * cùm perspéxero in ómnibus mandátis tuis.

Confitébor tibi in directióne cordis, * in eo quod dídici judícia justítiæ tuæ.

Justificatiónes tuas custódiam ; * non me derelínquas usquequáque.

In quo córrigit adolescéntior viam suam ? * in custodiéndo sermónes tuos.

In toto corde meo exquisívi te ; * ne repéllas me à mandátis tuis.

In corde meo abscóndi elóquia tua * ut non peccem tibi.

Benedíctus es, Dómine ; * doce me justificatiónes tuas.

In lábiis meis * pronuntiávi ómnia judícia oris tui.

In via testimonióru tuóru delectátus sum * sicut in ómnibus divítiis.

In mandátis tuis exercébor, * & considérabo vias tuas.

In justificatiónibus tuis meditábor, * non oblivíscar sermónes tuos.

Retríbue servo tuo, vivífica me ; * & custódiam sermónes tuos.

Revéla óculos meos ; * & considerábo mirabília de lege tua.

Incola ego sum in terra ; * non abscóndas à me mandáta tua.

Concupívit ánima mea desideráre justificatiónes tuas * in omni témpore.

Increpásti supérbos : * maledícti qui declínant à mandátis tuis.

Aufer à me oppróbrium & contémptum, * quia testimónia tua exquisívi.

Etenim sedérunt príncipes & advérsùm me loquebántur ; * servus autem tuus exercebátur in justificatiónibus tuis :

Nam & testimónia tua meditátio mea est, * & consílium meum justificatiónes tuæ.

Adhæsit pavimento ánima mea ; * vivífica me secúndùm verbum tuú.

Vias meas enuntiávi, & exaudísti me : * doce me justificatiónes tuas.

Viam justificatiónum tuáru ínstrue me ; * & exercébor in mirabílibus tuis.

Dormitávit ánima mea præ tædio ; * confirma me in verbis tuis.

Viam iniquitátis amóve à me, * & de lege tua miserére mei.

Viam veritátis elégi ; * judícia tua non sum oblítus ;

Adhæsi testimóniis tuis, Dómine ; * noli me confúndere.

Viam mandatórum tuórum cucúrri, * cùm dilatásti cor meum.

Le Symbole suivant ne se dit que les Dimanches, & seulement lorsqu'on en fait l'Office comme au Pseautier : il se dit aussi le jour de la sainte Trinité.

Symbole de S. Athanase.

QUicúmque vult salvus esse, * ante ómnia opus est ut téneat Cathólicam fidem,

Quam nisi quísque íntegram inviolatámque serváverit, * absque dúbio in ætérnum períbit.

Fides autem Cathólica hæc est ; * Ut unum Deum in Trinitáte & Trinitátem in Unitáte venerémur,

Neque confundéntes persónas, * neque substántiam separántes.

Alia est enim persóna Patris, ália Fílii, * ália Spíritûs sancti.

Sed Patris & Fílii & Spíritûs sancti una est divínitas, * æquális glória, coætérna majéstas.

Qualis Pater, talis Fílius, * talis Spíritus sanctus.

Increátus Pater, increátus Fílius, * increátus Spíritus sanctus.

Imménsus Pater, imménsus Fílius, * imménsus Spíritus sanctus.

Ætérnus Pater, ætérnus Fílius, * ætérnus Spíritus sanctus.

Et tamen non tres ætérni ; * sed unus ætérnus :

Sicut non tres increáti, nec tres

imménsi ; * sed unus increátus, & unus imménsus.

Simíliter omnípotens Pater, omnípotens Fílius, * omnípotens Spíritus sanctus :

Et tamen non tres omnipoténtes ; * sed unus omnípotens.

Ita Deus Pater, Deus Fílius, * Deus Spíritus sanctus :

Et tamen non tres Dii ; * sed unus est Deus.

Ita Dóminus Pater, Dóminus Fílius, * Dóminus Spíritus sanctus :

Et tamen non tres Dómini ; * sed unus est Dóminus.

Quia sicut singillátim unamquámque persónam Deum ac Dóminum confitéri Christiáná veritáte compéllimur, * ita tres Deos aut Dóminos dícere cathólicá religióne prohibémur.

Pater à nullo est factus * nec creátus nec génitus.

Fílius à Patre solo est, * non factus nec creátus, sed génitus.

Spíritus sanctus à Patre & Fílio, * non factus nec creátus nec génitus, sed procédens.

Unus ergo Pater, non tres Patres ; unus Fílius, non tres Fílii ; * unus Spíritus sanctus, non tres Spíritus sancti :

Et in hac Trinitáte nihil prius aut postérius, nihil majus aut minus ; * sed totæ tres persónæ coætérnæ sibi sunt & coæquáles ;

Ita ut per ómnia, sicut jam suprà dictum est, * & Unitas in Trinitáte & Trínitas in Unitáte veneránda sit.

Qui vult ergo salvus esse, * ita de Trinitáte séntiat.

Sed necessárium est ad ætérnam salútem, * ut incarnatiónem quoque Dómini nostri Jesu Christi fidéliter credat.

Est ergo fides recta ut credámus & confiteámur * quia Dóminus noster Jesus Christus Dei Fílius, Deus & homo est.

Deus est ex substántia Patris ante sécula génitus, * & homo est ex substántia matris in século natus.

Perféctus Deus, perféctus homo, * ex ánima rationáli & humána carne subsístens.

Æquális Patri secúndùm divinitátem, * minor Patre secúndùm humanitátem.

Qui licèt Deus sit & homo, * non duo tamen, sed unus est Christus;

Unus autem non conversióne divinitátis in carnem, * sed assumptióne humanitátis in Deum;

Unus omninò non confusióne substántiæ, * sed unitáte persónæ.

Nam sicut ánima rationális & caro unus est homo, * ita Deus & homo unus est Christus,

Qui passus est pro salúte nostra, descéndit ad ínferos, * tértiâ die resurréxit à mórtuis,

Ascéndit ad coelos, sedet ad déxteram Dei Patris omnipoténtis, * inde ventúrus est judicáre vivos & mórtuos.

Ad cujus advéntum omnes hómines resúrgere habent cum corpóribus suis, * & redditúri sunt de factis própriis ratiónem.

Et qui bona egérunt, ibunt in vitam ætérnam; * qui verò mala, in ignem ætérnum.

Hæc est fides Cathólica, * quam nisi quisque fidéliter firmitérque credíderit, salvus esse non póterit.

Glória Patri.

Ant. Allelúia, allelúia, allelúia.

Chapitre. *I. Tim.* 1.

Regi seculórum immortáli & invisíbili, soli Deo, honor & glória in sécula seculórum. Amen. R?. Deo grátias.

R?. br. Christe Fili Dei vivi, * Miserére nobis. On repete Christe Fili Dei vivi, miserére nobis.

V. Qui sedes ad déxteram Patris, R?. Miserére nobis.

V. Glória Patri & Fílio & Spirítui sancto. R?. Christe Fili Dei vivi, miserére nobis.

V. Exúrge, Christe, ádjuva nos, R?. Et libera nos propter nomen tuum.

Aux Fêtes doubles & pendant les Octaves on ne dit point ce qui est ci-dessous renfermé entre deux crochets [ ].

[Kyrie eléison. Christe eléison. Kyrie eléison.

Pater noster tout bas jusqu'à

V. Et ne nos indúcas in tentatiónem, R?. Sed líbera nos à malo.

Credo in Deum tout bas jusqu'à

V. Carnis resurrectiónem; R?. Vitam ætérnam. Amen.

V. Et ego ad te, Dómine, clamávi; R?. Et mane orátio mea prævéniet te.

V. Repleátur os meum laude, R?. Ut cantem glóriam tuam, totâ die magnitúdinem tuam.

V. Dómine, avérte fáciem tuam

à peccátis meis, ℟. Et omnes iniquitátes meas dele.

℣. Cor mundum crea in me, Deus, ℟. Et ſpíritum rectum innova in viſcéribus meis.

℣. Ne projícias me à fácie tua, ℟. Et Spíritum ſanctum tuum ne aúferas à me.

℣. Redde mihi lætítiam ſalutáris tui, ℟. Et ſpíritu principáli confirma me.

℣. Adjutórium noſtrum in nómine Dómini. ℟. Qui fecit cœlum & terram.

L'Officiant dit

COnfiteor Deo omnipoténti, beátæ Maríæ ſemper Vírgini, beáto Michaéli Archángelo, beáto Joanni Baptiſtæ, ſanctis Apóſtolis Petro & Paulo, ómnibus Sanctis, & vobis, fratres, quia peccávi nimis cogitatióne, verbo, & ópere; meâ culpâ, meâ culpâ, meâ máximâ culpâ. Ideò precor beátam Maríam ſemper Vírginem, beátum Michaélem Archángelum, beátû Joánnem Baptiſtam, ſanctos Apóſtolos Petrum & Paulum, omnes Sanctos, & vos, fratres, oráre pro me ad Dóminum Deum noſtrum.

Le Chœur répond

MIſereátur tui omnípotens Deus, & dimíſſis peccátis tuis, perdúcat te ad vítam ætérnam. ℟. Amen.

Le Chœur dit

COnfiteor Deo omnipoténti, beátæ Maríæ ſemper Vírgini, beáto Michaéli Archángelo, beáto Joánni Baptiſtæ, ſanctis Apóſtolis Petro & Paulo, ómnibus Sanctis,

& tibi, Pater, quia peccávi nimis cogitatióne, verbo, & ópere; meâ culpâ, meâ culpâ, meâ máximâ culpâ. Ideò precor beátam Maríam ſemper Vírginem, beátum Michaélem Archángelum, beátum Joánnem Baptiſtam, ſanctos Apóſtolos Petrum & Paulum, omnes Sanctos, & te, Pater, oráre pro me ad Dóminum Deum noſtrum.

L'Officiant,

MIſereátur veſtri omnípotens Deus, & dimíſſis peccátis veſtris, perdúcat vos ad vitam ætérnam. ℟. Amen.

INdulgéntiam, abſolutiónem & remiſſiónem peccatórum noſtrórum tríbuat nobis omnípotens & miſéricors Dóminus. ℟. Amen.

℣. Dignáre, Dómine, die iſto ℟. Sine peccáto nos cuſtodíre.

℣. Miſerére noſtri, Dómine; ℟. Miſerére noſtri.

℣. Fiat miſericórdia tua, Dómine, ſuper nos, ℟. Quemádmodùm ſperávimus in te.

℣. Dómine, exáudi oratiónem meam, ℟. Et clamor meus ad te véniat.

℣. Dóminus vobíſcum. ℟. Et cum ſpíritu tuo.

Oremus.

DOmine Deus omnípotens qui ad princípium hujus diéi nos perveníre feciſti, tuâ nos hódie ſalva virtúte, ut in hac die ad nullum declinémus peccátum, ſed ſemper ad tuam juſtitiam faciéndam noſtra procédant elóquia, dirigántur cogitatiónes & ópera; Per Dóminum noſtrum &c. ℟. Amen.

℣. Dóminus vobíscum. ℟. Et cum spíritu tuo.

℣. Benedicámus Dño. ℟. Deo grátias.

On fait ici la lecture du Martyrologe, après cependant avoir dit Prime de la sainte Vierge, s'il faut le dire.

℣. Pretiósa in conspéctu Dómini ℟. Mors Sanctórum ejus.

Sancta María & omnes Sancti intercédant pro nobis ad Dóminum, ut nos mereámur ab eo adjuvári & salvári, qui vivit & regnat in sécula seculórum. ℟. Amen.

On dit ensuite trois fois,

℣. Deus, in adjutórium meum inténde : ℟. Dómine, ad adjuvándum me festína.

Et à la troisième fois on ajoute Glória Patri. Sicut erat.

Kyrie eléison. Christe eléison. Kyrie eléison.

Pater noster tout bas jusqu'à

℣. Et ne nos indúcas in tentatiónem. ℟. Sed líbera nos à malo.

℣. Réspice in servos tuos, Dómine, & in ópera tua, & dirige filios eórum. ℟. Et sit splendor Dómini Dei nostri super nos, & ópera mánuum nostrárum dírige super nos, & opus mánuum nostrárum dírige. Glória Patri. Sicut erat.

Orémus.

Dirígere & sanctificáre, régere & gubernáre dignáre, Dómine Deus rex coeli & terræ, hódie corda & córpora nostra, sensus, sermónes & actus nostros in lege tua & in opéribus mandatórum tuórum ; ut hic & in ætérnum, te au-

xiliánte, salvi & líberi esse mereámur, Salvátor mundi Qui vivis & regnas in sécula seculórum. ℟. Amen.

℣. Jube, domne, bene dícere.

Bénédiction. Dies & actus nostros in sua pace dispónat Dóminus omnípotens. ℟. Amen.

Les Dimanches on dit la Leçon breve suivante.

Leçon breve. *II. Theſſ. 3.*

Dominus autem dirigat corda & córpora nostra in charitáte Dei & patiéntia Christi. Tu autem, Dómine, miserére nobis. ℟. Deo grátias.

Les Fêtes on dit pour Leçon breve le Chapitre de None.

℣. Adjutórium nostrum in nómine Dómini. ℟. Qui fecit cœlum & terram.

℣. Benedícite ℟. Deus.

Bénédiction. Dóminus nos † benedícat & ab omni malo deféndat & ad vitam perdúcat ætérnam ; & Fidélium ánimæ per misericórdiam Dei requiéscant in pace. ℟. Amen.

A PRIME
DE LA FERIE.

Pater. Ave. Credo.

Ils se disent lors même que Prime se dit à la suite des Laudes.

Deus, in adjutórium.

Hymne.

Jam lucis orto sídere
Deum precémur súpplices,
Ut in diúrnis áctibus
Nos servet à nocéntibus.

Linguam refrænans témperet,
Ne litis horror ínsonet ;
Visum fovéndo cóntegat,

Ne vanitátes háuriat.
Sint pura cordis íntima,
Absístat & vecórdia :
Carnis terat supérbiam
Potûs cibíque párcitas.
Ut cùm dies abscésserit
Noctémque sors redúxerit ;
Mundi per abstinéntiam
Ipsi canámus glóriam.
Deo Patri sit glória
Ejúsque soli Fílio,
Cum Spíritu Parácleto,
A. Et nunc & in perpétuum.
       Amen.
N. Nunc & per omne séculum.
       Amen.

Ant. Beáti.

Pseaume 53.

DEus, in nómine tuo salvum me fac, * & in virtúte tua júdica me.
Deus, exáudi oratiónem meam; * áuribus pércipe verba oris mei :
Quóniam aliéni insurrexérunt advérsùm me, & fortes quæsiérunt ánimam meam; * & non proposuérunt Deum ante conspéctum suum.
Ecce enim Deus ádjuvat me, * & Dóminus suscéptor est ánimæ méæ.
Avérte mala inimícis meis ; * & in veritáte tua dispérde illos.
Voluntárie sacrificábo tibi ; * & confitébor nómini tuo, Dómine, quóniam bonum est :
Quóniam ex omni tribulatióne eripuísti me : * & super inimícos meos despéxit óculus meus.

L'on dit ensuite avant le Pseaume Beáti immaculáti, un des Pseaumes suivans, selon la Férie.

[FERIE II.

Pseaume 23.

DOmini est terra & plenitúdo ejus, * orbis terrárum & univérsi qui hábitant in eo :
Quia ipse super mária fundávit eum, * & super flumina præparávit eum.
Quis ascéndet in montem Dómini? * aut quis stabit in loco sancto ejus ?
Innocens mánibus & mundo corde, * qui non accépit in vano ánimam suam, nec jurávit in dolo próximo suo.
Hic accípiet benedictiónem à Dómino, * & misericórdiam à Deo salutári suo.
Hæc est generátio quæréntiú eum, * quæréntium fáciem Dei Jacob.
Attóllite portas príncipes vestras ; & elevámini, portæ æternáles : * & introíbit Rex glóriæ.
Quis est iste Rex glóriæ ? * Dóminus fortis & potens, Dóminus potens in prælio.
Attóllite portas príncipes vestras ; & elevámini, portæ æternáles : * & introíbit Rex glóriæ.
Quis est iste Rex glóriæ ? * Dóminus virtútum ipse est Rex glóriæ.

FERIE III.

Pseaume 24.

AD te, Dómine, levávi ánimam meam ; * Deus meus, in te confído, non erubéscam.
Neque irrídeant me inimíci mei : * étenim univérsi qui sústinent te, non confundéntur.
Confundántur omnes iníqua agéntes * supervácue.
Vias tuas, Dómine, demónstra mihi, * & sémitas tuas édoce me.

Dirige me in veritáte tua, & doce me ; * quia tu es Deus salvátor meus, & te sustínui totá die.

Reminíscere miseratiónum tuárum, Dómine, * & misericordiárum tuárum quæ à século sunt.

Delícta juventútis meæ * & ignorántias meas ne memíneris.

Secúndùm misericórdiam tuam meménto mei tu * propter bonitátem tuam, Dómine.

Dulcis & rectus Dóminus ; * propter hoc legem dabit delinquéntibus in via ;

Díriget mansuétos in judício ; * docébit mites vias suas.

Univérsæ viæ Dómini misericórdia & véritas * requiréntibus testaméntum ejus & testimónia ejus.

Propter nomen tuum, Dómine, propitiáberis peccáto meo ; * multum est enim.

Quis est homo qui timet Dóminum ? * legem státuit ei in via quam elégit.

Anima ejus in bonis demorábitur,* & semen ejus hæreditábit terram.

Firmaméntum est Dóminus timéntibus eum ; * & testaméntum ipsíus ut manifestétur illis.

Oculi mei semper ad Dóminum, * quóniam ipse evéllet de láqueo pedes meos.

Réspice in me & miserére mei, * quia únicus & pauper sum ego.

Tribulatiónes cordis mei multiplicátæ sunt ; * de necessitátibus meis érue me.

Vide humilitátem meam & labórem meum ; * & dimítte univérsa delícta mea.

Réspice inimícos meos, quóniam multiplicáti sunt * & ódio iníquo odérunt me.

Custódi ánimam meam, & érue me. * Non erubéscam, quóniam sperávi in te.

Innocéntes & recti adhæsérunt mihi, * quia sustínui te.

Líbera, Deus, Israël *ex ómnibus tribulatiónibus suis.

FERIE IV.

Pseaume 25.

Judica me, Dómine, quóniam ego in innocéntia mea ingréssus sum ; * & in Dómino sperans non infirmábor.

Proba me, Dómine, & tenta me ; * ure renes meos & cor meum :

Quóniam misericórdia tua ante óculos meos est, * & complácui in veritáte tua :

Non sedi cum concílio vanitátis, * & cum iníqua geréntibus non introíbo ;

Odívi ecclésiam malignántium, * & cum ímpiis non sedébo :

Lavábo inter innocéntes manus meas, * & circúmdabo altáre tuum, Dómine ;

Ut áudiam vocem laudis, * & enárrem univérsa mirabília tua.

Dómine, diléxi decórem domûs tuæ * & locum habitatiónis glóriæ tuæ.

Ne perdas cum impiis, Deus, ánimam meam, * & cum viris sánguinum vitam meam,

In quorum mánibus iniquitátes sunt ; * déxtera eórum repléta est munéribus.

Ego autem in innocéntia mea ingréssus sum : * redíme me & miserére mei.

P es meus stetit in dirécto ; * in ecclésiis benedícam te, Dómine.

FERIE V.
Pseaume 22.

DOminus regit me, & nihil mihi déerit ; * in loco páscuæ ibi me collocávit ;

S uper aquam refectiónis educávit me ; * animam meam convértit ;

D edúxit me super sémitas justítiæ * propter nomen suum.

N am & si ambulávero in médio umbræ mortis, non timébo mala, * quóniam tu mecum es.

V irga tua & báculus tuus, * ipsa me consoláta sunt.

P arásti in conspéctu meo mensam * advérsùs eos qui tríbulant me ;

I mpinguásti in óleo caput meum ; * & calix meus inébrians quàm præclárus est !

E t misericórdia tua subsequétur me * ómnibus diébus vitæ meæ ;

E t ut inhábitem in domo Dómini * in longitúdinem diérum.

FERIE VI.
Pseaume 21.

DEus, Deus meus, réspice in me ; quare me dereliquísti ? * longe à salúte mea verba delictórum meórum.

D eus meus, clamábo per diem, & non exáudies ; * & nocte, & non ad insipiéntiam mihi.

T u autem in sancto hábitas, * laus Israël.

I n te speravérunt patres nostri ; * speravérunt, & liberásti eos :

A d te clamavérunt, & salvi facti

sunt ; * in te speravérunt & non sunt confúsi.

E go autem sum vermis & non homo, * oppróbrium hóminum & abjéctio plebis.

O mnes vidéntes me derisérunt me ; * locúti sunt lábiis & movérunt caput.

S perávit in Dómino, erípiat eum ; * salvum fáciat eum, quóniam vult eum.

Q uóniam tu es qui extraxísti me de ventre ; * spes mea ab ubéribus matris meæ ;

I n te projéctus sum ex útero ; * de ventre matris meæ Deus meus es tu. Ne discésseris à me,

Q uóniam tribulátio próxima est, * quóniam non est qui ádjuvet.

C ircumdedérunt me vítuli multi ; * tauri pingues obsedérunt me.

A peruérunt super me os suum, * sicut leo rápiens & rúgiens.

S icut aqua effúsus sum, * & dispérsa sunt ómnia ossa mea.

F actum est cor meum tanquam cera liquéscens * in médio ventris mei.

A ruit tanquam testa virtus mea, & lingua mea adhæsit fáucibus meis ; * & in púlvere mortis deduxísti me.

Q uóniam circumdedérunt me canes multi ; * concílium malignántium obsédit me.

F odérunt manus meas & pedes meos ; * dinumeravérunt ómnia ossa mea :

I psi verò consideravérunt & inspexérunt me ; * divisérunt sibi vestiménta mea, & super vestem meam misérunt sortem.

T u autem, Dómine ; ne elongáveris auxílium tuum à me ; * ad defensiónem meam cónspice.

E rue à frámea, Deus, ánimam meam, * & de manu canis únicam meam.

Salva me ex ore leónis, * & à córnibus unicórnium humilitátem meâ.

Narrábo nomen tuú frátribus meis ; * in médio ecclésiæ laudábo te.

Qui timétis Dóminum, laudáte eum ; * univérsum semen Jacob, glorificáte eum.

Tímeat eum omne semen Israël ; * quóniam non sprevit neque despéxit deprecatiónem páuperis,

Nec avertit fáciem suam à me ; * & cùm clamárem ad eum, exaudívit me.

Apud te laus mea in ecclésia magna ; * vota mea reddam in conspéctu timéntium eum.

Edent páuperes, & saturabúntur ; & laudábunt Dóminum qui requírunt eum ; * vivent corda eórum in séculum séculi.

Reminiscéntur & converténtur ad Dóminum * univérsi fines terræ ;

Et adorábunt in conspéctu ejus * univérsæ familiæ Géntium :

Quóniam Dómini est regnum, * & ipse dominábitur Géntium.

Manducavérunt & adoravérunt omnes pingues terræ ; * in conspéctu ejus cadent omnes qui descéndunt in terram.

Et ánima mea illi vivet, * & semen meum sérviet ipsi.

Annuntiábitur Dómino generátio ventúra ; * & annuntiábunt coeli justitiam ejus pópulo qui nascétur, quem fecit Dóminus.

SAMEDI.

Il n'y a point pour ce jour de Pseaume entre Deus, in nómine & Beáti immaculáti.]

Pseaume 118.

BEáti immaculáti in via, * qui ámbulant in lege Dómini.

Beáti qui scrutántur testimónia ejus, * in toto corde exquírunt eum.

Non enim qui operántur iniquitátem, * in viis ejus ambulavérunt.

Tu mandásti * mandáta tua custodíri nimis.

Utinam dirigántur viæ meæ * ad custodiéndas justificatiónes tuas !

Tunc non confúndar, * cùm perspéxero in ómnibus mandátis tuis.

Confitébor tibi in directióne cordis, * in eo quòd dídici judícia justítiæ tuæ.

Justificatiónes tuas custódiam ; * non me derelínquas usquequáque.

In quo córrigit adoléscéntior viam suam ? * in custodiéndo sermónes tuos.

In toto corde meo exquisívi te ; * ne repéllas me à mandátis tuis.

In corde meo abscóndi elóquia tua * ut non peccem tibi.

Benedíctus es, Dómine ; * doce me justificatiónes tuas.

In lábiis meis * pronuntiávi ómnia judícia oris tui.

In via testimoniórum tuórum delectátus sum * sicut in ómnibus divítiis.

In mandátis tuis exercébor, * & considerábo vias tuas.

In justificatiónibus tuis meditábor ; * non obliviscar sermónes tuos.

Etríbue servo tuo , vivífica me ; * & custódiam sermónes tuos.

Revéla óculos meos ; * & considerábo mirabília de lege tua.

Incola ego sum in terra ; * non abscóndas à me mandáta tua.

Concupívit ánima mea desideráre justificatiónes tuas * in omni témpore.

Increpásti supérbos : * maledícti qui declínant à mandátis tuis.

Aufer à me oppróbrium & contémptum , * quia testimónia tua exquisívi.

Etenim sedérunt príncipes & advérsùm me loquebántur ; * servus autem tuus exercebátur in justifitiónibus tuis :

Nam & testimónia tua meditátio mea est , * & consilium meum justificatiónes tuæ.

Adhæsit paviménto ánima mea ; * vivífica me secúndùm verbum tuú.

Vias meas enuntiávi , & exaudísti me : * doce me justificatiónes tuas.

Viam justificatiónum tuárum ínstrue me ; * & exercébor in mirabílibus tuis.

Dormitávit ánima mea præ tædio ; * confirma me in verbis tuis :

Viam iniquitátis ámove à me , * & de lege tua miserére mei.

Viam veritátis elégi ; * judícia tua non sum oblítus ;

Adhæsi testimóniis tuis , Dómine : * noli me confúndere.

Viam mandatórum tuórum cucúrri , * cùm dilatásti cor meum.

Ant. Beáti qui ámbulant in lege tua , Dómine.

Chapitre. Zach. 8.

PAcem & veritátem dilígite , ait Dóminus omnípotens.

R̶. Deo grátias.

R̶. br. Christe Fili Dei vivi , * Miserére nobis. On repete Christe Fili Dei vivi , miserére nobis.

V̶. Qui sedes ad déxteram Patris, R̶. Miserére nobis.

V̶. Glória Patri & Fílio & Spirítui sancto. R̶. Christe Fili Dei vivi , miserére nobis.

V̶. Exúrge, Christe, adjúva nos, R̶. Et líbera nos propter nomen tuum.

Lorsqu'à Laudes on a dit les Prieres de la Ferie , tout ce qui suit ici se dit à genoux.

KYrie eléison. Christe eléison. Kyrie eléison.

Pater noster tout bas jusqu'à

V̶. Et ne nos indúcas in tentatiónem , R̶. Sed líbera nos à malo.

Credo in Deũ tout bas jusqu'à

V̶. Carnis resurrectiónem ; R̶. Vitam ætérnam. Amen.

V̶. Et ego ad te , Dómine, clamávi ; R̶. Et manè orátio mea prævéniet te.

V̶. Repleátur os meum laude , R̶. Ut cantem glóriam tuam , totâ die magnitúdinem tuam.

V̶. Dómine , avérte fáciem tuam à peccátis meis , R̶. Et omnes iniquitátes meas dele.

V̶. Cor mundum crea in me , Deus , R̶. Et spíritum rectum innova in viscéribus meis.

V̶. Ne projícias me à fácie tua , R̶. Et Spíritum sanctum tuum ne aúferas à me.

V̶.

℣. Redde mihi lætítiam salutáris tui, ℟. Et spíritu principáli confírma me.

Lorsqu'à Laudes on n'a point dit les Prieres de la Ferie, on passe ce qui est ci-dessous renfermé entre deux crochets [ ].

[℣. Eripe me, Dómine, ab hómine malo ; ℟. A viro iníquo éripe me.

℣. Eripe me de inimícis meis, Deus meus, ℟. Et ab insurgéntibus in me libera me.

℣. Eripe me de operántibus iniquitátem, ℟. Et de viris sánguinum salva me.

℣. Sic psalmum dicam nómini tuo in séculum séculi, ℟. Ut reddam vota mea de die in diem.

℣. Exáudi nos, Deus salutáris noster, ℟. Spes ómnium finium terræ & in mari longè.

℣. Deus, in adjutórium meum inténde ; ℟. Dómine, ad adjuvándum me festína.

℣. Sanctus Deus, sanctus fortis, sanctus immortális, ℟. Miserére nobis.

℣. Bénedic, ánima mea, Dómino ; ℟. Et ómnia quæ intra me sunt, nómini sancto ejus.

℣. Bénedic, ánima mea, Dómino, ℟. Et noli oblivísci omnes retributiónes ejus ;

℣. Qui propitiátur ómnibus iniquitátibus tuis, ℟. Qui sanat omnes infirmitátes tuas,

℣. Qui rédimit de intéritu vitam tuam, ℟. Qui corónat te in misericórdia & miseratiónibus,

℣. Qui replet in bonis desidé-

rium tuum. ℟. Renovábitur ut áquilæ juvéntus tua.]

℣. Adjutóriú nostrum in nómine Dñi ℟. Qui fecit cœlum & terram.

L'Officiant dit

Confíteor Deo omnipoténti, beátæ Maríæ semper Vírgini, beáto Michaéli Archángelo, beáto Joánni Baptístæ, sanctis Apóstolis Petro & Paulo, ómnibus Sanctis, & vobis, fratres, quia peccávi nimis cogitatióne, verbo, & ópere ; meâ culpâ, meâ culpâ, meâ máximâ culpâ. Ideò precor beátam Maríam semper Vírginem, beátum Michaélem Archángelum, beátum Joánnem Baptístam, sanctos Apóstolos Petrum & Paulum, omnes Sanctos, & vos, fratres, oráre pro me ad Dóminum Deum nostrum.

Le Chœur répond,

Misereátur tuî omnípotens Deus, & dimíssis peccátis tuis, perdúcat te ad vitam ætérnam. ℟. Amen.

Le Chœur dit

Confíteor, Deo omnipoténti, beátæ Maríæ semper Vírgini, beáto Michaéli Archángelo, beáto Joánni Baptístæ, sanctis Apóstolis Petro & Paulo, ómnibus Sanctis, & tibi, Pater, quia peccávi nimis cogitatióne, verbo, & ópere ; meâ culpâ, meâ culpâ, meâ máximâ culpâ. Ideò precor beátam Maríam semper Vírginem, beátum Michaélem Archangélum, beátum Joánnem Baptístam, sanctos Apóstolos Petrum & Paulum, omnes Sanctos, & te, Pater, oráre pro me ad Dóminum Deum nostrum.

L'Officiant,

Misereátur vestri omnípotens Deus, & dimissis peccátis vestris, perdúcat vos ad vitam ætérnam. ℟. Amen.

Indulgéntiam, absolutiónem & remissiónem peccatórum nostrórum tríbuat nobis omnípotens & misericors Dóminus. ℟. Amen.

℣. Dignáre, Dómine, die isto ℟. Sine peccáto nos custodíre.

℣. Miserére nostri, Dómine ; ℟. Miserére nostri.

℣. Fiat misericórdia tua, Dómine, super nos, ℟. Quemádmodùm sperávimus in te.

℣. Dómine, exáudi oratiónem meam ; ℟. Et clamor meus ad te véniat.

℣. Dóminus vobíscum. ℟. Et cum spíritu tuo.

O rémus.

Domine Deus omnípotens qui ad princípium hujus diei nos perveníre fecísti tuâ nos hódie salvâ virtúte, ut in hac die ad nullum declinémus peccátum, sed semper ad tuam justítiam faciéndam nostra procédant elóquia, dirigántur cogitatiónes & ópera ; Per Dóminum nostrum &c. ℟. Amen.

℣. Dóminus vobíscum. ℟. Et cum spíritu tuo.

℣. Benedicámus Dño. ℟. Deo grátias.

On fait ici la lecture du Martyrologe, après cependant avoir dit Prime de la Sainte Vierge, s'il faut le dire.

℣. Pretiósa in conspéctu Dómini ℟. Mors Sanctórum ejus.

Sancta María & omnes Sancti intercédant pro nobis ad Dóminum, ut nos mereámur ab eo adjuvári & salvári qui vivit & regnat in sécula seculórum. ℟. Amen.

On dit ensuite trois fois,

℣. Deus, in adjutórium meum inténde : ℟. Dómine, ad adjuvándum me festína.

Et à la troisiéme fois on ajoute

Glória Patri. Sicut erat.

Kyrie eléison. Christe eléison. Kyrie eléison.

Pater noster tout bas jusqu'à

℣. Et ne nos indúcas in tentatiónem ; ℟. Sed líbera nos à malo.

℣. Réspice in servos tuos, Dómine, & in ópera tua, & dirige fílios eórum, ℟. Et sit splendor Dómini Dei nostri super nos, & ópera mánuú nostrárum dírige super nos, & opus mánuum nostrárum dírige. Glória Patri. Sicut erat.

O rémus.

Dirigere & sanctificáre, régere & gubernáre dignáre, Dómine Deus rex cœli & terræ, hódie corda & córpora nostra, sensus, sermónes & actus nostros in lege tua & in opéribus mandatórum tuórum ; ut hìc & in ætérnum, te auxiliánte, salvi & líberi esse mereámur, Salvátor mundi Qui vivis & regnas in sécula seculórú. ℟. Amen.

℣. Jube, domne, bene dícere.

Benedíction. Dies & actus nostros in sua pace dispónat Dóminus omnípotens. ℟. Amen.

Leçon breve.   II. Thess. 3.

Dominus autem dírigat córda & córpora nostra in charitáte

Dei & patiéntia Chrifti. Tu autem, Dómine, miferére nobis. ℟. Deo grátias.

℣. Adjutórium noftrum in nómine Dómini ℟. Qui fecit cœlum & terram.

℣. Benedícite. ℟. Deus.

Bénédict. Dóminus nos †benedícat & ab omni malo deféndat & ad vitam perdúcat ætérnam ; & Fidélium ánimæ per mifericórdiam Dei requiéfcant in pace.

℟. Amen.

A TIERCE
POUR TOUS LES JOURS.

Pater. Ave. Ils fe difent lors même que Tierce fe dit à la fuite de Prime.

Deus, in adjutórium.

Hymne.

Nunc, fanéte, nobis, Spíritus,
Unum Patri cum Fílio,
Dignáre promptus íngeri,
Noftro refúfus pectóri.
Os, lingua, mens, fenfus, vigor,
Confeffiónem pérfonent ;
Flamméfcat igne cháritas ;
Accéndat ardor próximos.
Præfta, Pater piíffime,
Patríque compar Unice,
Cum Spíritu Parácleto
Regnans per omne féculum.
Amen.

Pour les Dimanches, Ant. Allelúia.

Pour les Fêtes, l'Antienne convenable.

Pour l'Office de la Ferie, Ant. Deduc me.

Suite du Pfeaume 118.

Legem pone mihi, Dómine, viam juftificatiónũ tuárum, * & exquíram eam femper.

Da mihi intelléctum, & fcrutábor legem tuam, * & cuftódiam illam in toto corde meo.

Deduc me in fémitam mandatórum tuórum, * quia ipfam vólui.

Inclína cor meum in teftimónia tua * & non in avarítiam.

Avérte óculos meos ne vídeant vanitátem : * in via tua vivífica me.

Státue fervo tuo elóquium tuum * in timóre tuo.

Amputa oppróbrium meum quod fufpicátus fum ; * quia judícia tua jucúnda.

Ecce concupívi mandáta tua : * in æquitáte tua vivífica me.

Et véniat fuper me mifericórdia tua, Dómine ; * falutáre tuum fecúndùm elóquium tuum :

Et refpondébo exprobrántibus mihi verbum, * quia fperávi in fermónibus tuis.

Et ne áuferas de ore meo verbum veritátis ufquequáque, * quia in judíciis tuis fuperfperávi.

Et cuftódiam legem tuam femper, * in féculum & in féculum féculi.

Et ambulábam in latitúdine, * quia mandáta tua exquifívi :

Et loquébar de teftimóniis tuis in confpéctu Regum, * & non confundébar :

Et meditábar in mandátis tuis * quæ diléxi :

Et levávi manus meas ad mandáta tua quæ diléxi ; * & exercébar in juftificatiónibus tuis.

C ij

MEmor esto verbi tui servo tuo, * in quo mihi spem dedisti.

Hæc me consoláta est in humilitáte mea, * quia elóquium tuum vivificávit me.

Supérbi iníquè agébant usquequáque; * à lege autè tua non declinávi.

Memor fui judiciórum tuórum à século, Dñe ; * & consolátus sum.

Deféctio ténuit me * pro peccatóribus derelinquéntibus legem tuam.

Cantábiles mihi erant justificatiónes tuæ * in loco peregrinatiónis meæ.

Memor fui nocte nóminis tui, Dómine ; * & custodívi legem tuam.

Hæc facta est mihi, * quia justificatiónes tuas exquisivi.

Pórtio mea, Dómine, * dixi, custodíre legem tuam.

Deprecátus sum fáciem tuam in toto corde meo ; * miserére meî secúndùm elóquium tuum.

Cogitávi vias meas, * & convérti pedes meos in testimónia tua.

Parátus sum, & non sum turbátus, * ut custódiam mandáta tua.

Funes peccatórú circumpléxi sunt me ; * & legem tuam non sum oblítus.

Médiâ nocte surgébam ad confiténdum tibi * super judícia justificatiónis tuæ.

Párticeps ego sum ómnium timéntiú te * & custodiéntiú mandáta tua.

Misericórdia tua, Dñe, plena est terra : * justificatiónes tuas doce me.

BOnitátem fecísti cum servo tuo, Dómine, * secúndum verbum tuum.

Bonitátem & disciplínam & sciéntiam doce me, * quia mandátis tuis crédidi.

Priúsquam humiliárer ego delíqui; * proptéreà elóquiú tuum custodívi.

Bonus es tu ; * & in bonitáte tua doce me justificatiónes tuas.

Multiplicáta est super me iníquitas superbórum ; * ego autem in toto corde meo scrutábor mandáta tua.

Coagulátum est sicut lac cor eórum ; * ego verò legem tuam meditátus sum.

Bonum mihi quia humiliásti me ; * ut discam justificatiónes tuas.

Bonum mihi lex oris tui * super míllia auri & argénti.

Manus tuæ fecérunt me & plasmavérunt me ; * da mihi intelléctum, & discam mandáta tua.

Qui timent te vidébunt me & lætabúntur, * quia in verba tua supersperávi.

Cognóvi, Dómine, quia æquitas judícia tua, * & in veritáte tua humiliásti me.

Fiat misericórdia tua ut consolétur me * secúndùm elóquium tuum servo tuo.

Véniant mihi miseratiónes tuæ, & vivam ; * quia lex tua meditátio mea est.

Confundántur supérbi, quia injústè iniquitátem fecérunt in me ; * ego autem exercébor in mandátis tuis.

Convertántur mihi timéntes te * & qui novérunt testimónia tua.

Fiat cor meum immaculátum in justificatiónibus tuis, * ut non confúndar.

Pour les Dimanches.

Ant. Allelúia, Allelúia, Allelúia.

Chapitre. *I Jean.* 4.

Deus cháritas est ; & qui manet in charitáte, in Deo manet, & Deus in eo.

R̷. bref. Inclína cor meum, Deus, * In testimónia tua. Inclína.

℣. Avérte óculos meos, ne vídeant vanitátem : in via tua vivífica me. * In testimónia tua.

℣. Glória. R̷. Inclína cor.

℣. Ego dixi, Dómine, miserére meî : R̷. Sana ánimam meam, quia peccávi tibi.

℣. Dóminus vobíscum

L'Oraison du jour.

Pour les Festes.

L'Antienne, le Chapitre, le R̷ br. & l'Oraison convenables.

Pour l'Office de la Ferie

Ant. Deduc me, Dómine, in semitam mandatórum tuórum.

Chapitre. *Jerem.* 17.

Sana me, Dómine, & sanábor ; salvum me fac, & salvus ero quóniam laus mea tu es.

R̷. bref. Sana ánimam meam, * Quia peccávi tibi. On repete Sana.

℣. Ego dixi, Dómine, miserére meî, * Quia.

℣. Glória. R̷. Sana.

℣. Adjútor meus esto, ne derelínquas me : R̷. Neque despícias me, Deus salutáris meus.

Lorsqu'on a dit les Prieres à Laudes, on dit ici à genoux ce qui est ci-dessous renfermé entre deux parentheses ( ).

(Kyrie eléison. Christe eléison. Kyrie eléison.

Pater noster tout bas jusqu'au

℣. Et ne nos indúcas in tentatiónem, R̷. Sed líbera nos à malo.

℣. Dómine Deus virtútum, convérte nos, R̷. Et osténde fáciem tuam, & salvi érimus.

℣. Exsúrge, Christe, ádjuva nos, R̷. Et líbera nos propter nomen tuũ.

℣. Dñe, exáudi oratiónem meá, R̷. Et clamor meus ad te véniat.)

℣. Dóminus vobíscum.

L'Oraison du jour.

℣. Dóminus vobíscum.

℣. Benedicámus Dómino.

℣. Fidélium ánimæ.

Pater noster tout bas. Mais il ne se dit pas lorsqu'un autre Office doit suivre.

A SEXTE

POUR TOUS LES JOURS.

Pater. Ave. Ils se disent lors mesme que Sexte se dit à la suite de Tierce.

Deus, in adjutórium.

Hymne ancienne.

Rector potens, verax Deus
Qui témperas rerum vices,
Splendóre mane ínstruis
Et ígnibus merídiem.
Extíngue flammas lítium ;
Aufer calórem nóxium,
Confer salútem córporum
Verámque pacem córdium.
Præsta, Pater piíssime,
Patríque compar Unice,
Cum Spíritu Parácleto
Regnans per omne séculum. Amen.

Hymne nouvelle.

Rector potens, à la fin de ce Volume.

R. 4 *Automne.* C iij

Pour les Dimanches Ant. Allel.

Pour les Festes, l'Antienne convenable.

Pour l'Office de la Ferie, Ant. Adjuva me.

Suite du Pseaume 118.

DEfécit in salutáre tuum ánima mea ; * & in verbum tuum supersperávi.

D efecérunt óculi mei in elóquium tuum, * dicéntes, Quando consoláberis me ?

Q uia factus sum sicut uter in pruína: * justificatiónes tuas non sum oblítus.

Q uot sunt dies servi tui ? * quando facies de persequéntibus me judícium ?

N arravérunt mihi iníqui fabulatiónes ; * sed non ut lex tua.

O mnia mandáta tua véritas : * iníquè persecúti sunt me, ádjuva me.

P auló minùs consummavérunt me in terra ; * ego autem non derelíqui mandáta tua.

S ecúndùm misericórdiam tuam vivífica me ; * & custódiam testimónia oris tui.

I n ætérnum, Dómine, * verbum tuum pérmanet in cœlo ;

I n generatiónem & generatiónem véritas tua. * Fundásti terram & pérmanet ;

O rdinatióne tuâ persevérat dies, * quóniam ómnia sérviunt tibi.

N isi quòd lex tua meditátio mea est, * tunc fortè periíssem in humilitáte mea.

I n ætérnum non oblivíscar justificatiónes tuas, * quia in ipsis vivíficásti me.

T uus sum ego, salvum me fac, * quóniam justificatiónes tuas exquisívi.

M e expectavérunt peccatóres ut pérderent me ; * testimónia tua intelléxi.

O mnis consummatiónis vidi finem ; * latum mandátum tuum nimis.

Q Uómodò diléxi legem tuam, Dómine ! * totâ die meditátio mea est.

S uper inimícos meos prudéntem me fecísti mandáto tuo, * quia in ætérnum mihi est :

S uper omnes docéntes me intelléxi, * quia testimónia tua meditátio mea est :

S uper senes intelléxi, * quia mandáta tua quæsívi.

A b omni via mala prohíbui pedes meos, * ut custódiam verba tua.

A judíciis tuis non declinávi, * quia tu legem posuísti mihi.

Q uàm dúlcia fáucibus meis elóquia tua ! * super mel ori meo.

A mandátis tuis intelléxi ; * proptéreà odívi omnem viam iniquitátis.

Lucérna pédibus meis verbum tuũ, * & lumen sémitis meis.

J urávi & státui * custodíre judícia justítiæ tuæ.

H umiliátus sum usquequáque, Dómine ; * vivífica me secúndùm verbum tuum.

V oluntária oris mei beneplácita fac, Dñe, * & judícia tua doce me,

A nima mea in mánibus meis semper ; * & legem tuam non sum oblítus.

P osuérunt peccatóres láqueum mihi ; * & de mandátis tuis non errávi.

H ereditáte acquisívi testimónia tua in ætérnum, * quia exultátio cordis mei sunt.

I nclinávi cor meum ad faciéndas justificatiónes tuas in ætérnum * propter retributiónem.

I Níquos ódio hábui * & legem tuam diléxi.

A djútor & suscéptor meus es tu, * & in verbum tuum supersperávi.

D eclináte à me maligni, * & scrutábor mandáta Dei mei.

S úscipe me secúndùm elóquium tuum, & vivam ; * & non confúndas me ab expectatióne mea.

A djuva me, & salvus ero; * & meditábor in justificatiónibus tuis séper.

S prevísti omnes discedéntes à judíciis tuis, * quia injústa cogitátio eórum.

P rævaricántes reputávi omnes peccatóres terræ ; * ídeò diléxi testimónia tua.

C onfige timóre tuo carnes meas, * à judíciis enim tuis tímui.

F eci judícium & justítiam ; * non tradas me calumniántibus me.

S úscipe servum tuum in bonum ; * non calumniéntur me supérbi.

O culi mei defecérunt in salutáre tuum * & in elóquium justítiæ tuæ.

F ac cum servo tuo secúndùm misericórdiam tuá, * & justificatiónes tuas doce me.

S ervus tuus sum ego ; * da mihi intelléctum ut sciam testimónia tua.

T empus faciéndi, Dómine ; * dissipavérunt legem tuam :

I deò diléxi mandáta tua * super aurum & topázion :

P roptéreà ad ómnia mandáta tua dirigébar ; * omnem viam iníquam ódio hábui.

Pour les Dimanches.

[Ant. Allelúia, Allelúia, Allel, Chapitre. *Gal. 6.*

A Lter altérius ónera portáte, & sic adimplébitis legem Christi.

R. br. In ætérnum, Dómine, * Pérmanet verbum tuum. In ætérnum.

V. In séculum séculi véritas tua. R. Pérmanet.

V. Glória. R. In ætérnum.

V. Dóminus regit me, & nihil mihi déerit : R. In loco páscuæ ibi me collocávit.

V. Dóminus vobíscum.

L'Oraison du jour.]

Pour les Fêtes.

[L'Antienne, le Chapitre, le R. bref & l'Oraison convenables.]

Pour l'Office de la Ferie.

[Ant. Adjúva me, & salvus ero, Dómine.

Chapitre. Alter altérius ci-des,

R. bref. Benedícam Dóminum * In omni témpore. Benedícam.

V. Semper laus ejus in ore meo, R. In omni.

V. Glória. R. Benedícam.

V. Dóminus regit me, & nihil mihi déerit : R. In loco páscuæ ibi me collocávit.

Lorsqu'on a dit les Prieres à Laudes, on dit ici à genoux ce qui est ci-dessous renfermé entre deux parentheses ( ).

(Kyrie eléison. Christe eléison. Kyrie eléison.

P ater noster tout bas jusqu'à

C iv

℣. Et ne nos indúcas in tentatiónem , ℟. Sed líbera nos à malo.

℣. Dómine Deus virtútum , convérte nos , ℟. Et osténde fáciem tuam , & salvi érimus.

℣. Exúrge, Christe , ádjuva nos, ℟. Et líbera nos propter nomen tuum.

℣. Dómine, exáudi oratióné meá. ℟. Et clámor meus ad te véniat.)

℣. Dóminus vobíscum.

L'Oraison du jour.]

℣. Dóminus vobíscum.

℣. Benedicámus Dómino.

℣. Fidélium ánimæ.

Pater noster tout bas. Mais il ne se dit pas lorsqu'un autre Office doit suivre.

A NONE
POUR TOUS LES JOURS.

Pater. Ave. Ils se disent lors même que None se dit à la suite de Sexte.

Deus, in adjutórium.

Hymne.

Rerum Deus tenax vigor,
Immótus in te pérmanens ,
Lucis diúrnæ témpora
Succéssibus detérminans ;
Largíre clarum véspere
Quo vita nusquam décidat ;
Sed præmium mortis sacræ
Perénnis instet glória.
Præsta , Pater piíssime ,
Patríque compar Unice ,
Cum Spíritu Parácleto
Regnans per omne séculum. Amen.

Pour les Dimanches , Ant. Allelúia.

Pour les Fêtes , l'Ant. conven.

Pour l'Office de la Ferie , Ant. Aspice in me.

Suite du Pseaume 118.

Mirabília testimónia tua ; * ídeò scrutáta est ea ánima mea.

Declarátio sermónum tuórum illúminat, * & intelléctum dat párvulis.

Os meum apérui & attráxi spíritú , * quia mandáta tua desiderábá.

Aspice in me & miserére meî * secúndùm judícium diligéntium nomen tuum.

Gressus meos dírige secúndùm elóquium tuum ; * & non dominétur meî omnis injustítia.

Rédime me à calúmniis hóminum, * ut custódiam mandáta tua.

Fáciem tuam illúmina super servum tuum , * & doce me justificatiónes tuas.

Exitus aquárum deduxérunt óculi mei, * quia non custodiérunt legem tuam.

Justus es , Dómine , * & rectum judícium tuum.

Mandásti justítiam testimónia tua , * & veritátem tuam nimis.

Tabéscere me fecit zelus meus , * quia oblíti sunt verba tua inimíci mei.

Ignítum elóquium tuum veheménter; * & servus tuus diléxit illud.

Adolescéntulus sum ego & contémtus ; * justificatiónes tuas non sum oblítus.

Justítia tua justítia in ætérnum , * & lex tua véritas.

Tribulátio & angústia invenérunt me ; * mandáta tua meditátio mea est.

Æ quitas testimónia tua in ætérnum; * intelléctum da mihi, & vivam.

Clamávi in toto corde meo, exáudi me, Dómine; * justificatiónes tuas requíram.

Clamávi ad te, salvum me fac, * ut custódiam mandáta tua.

Prævéni in maturitáte & clamávi;* quia in verba tua supersperávi.

Prævenérunt óculi mei ad te dilúculo, * ut meditárer elóquia tua.

Vocem meam audi secúndùm misericórdiam tuam, Dómine; * & secúndùm judícium tuú vivífica me.

Appropinquavérunt persequéntes me iniquitáti; * à lege autem tua longè facti sunt.

Propè es tu, Dómine, * & omnes viæ tuæ véritas.

Inítio cognóvi de testimóniis tuis * quia in ætérnum fundasti ea.

Vide humilitátem meã & éripe me, * quia legem tuam non sum oblítus.

Júdica judícium meum & rédime me; * propter elóquium tuum vivífica me.

Longè à peccatóribus salus, * quia justificatiónes tuas non exquisiérunt.

Misericórdiæ tuæ multæ, Dñe; * secúndùm judíciú tuum vivífica me.

Multi qui persequúntur me & tríbulant me; * à testimóniis tuis non declinávi.

Vidi prævaricántes & tabescébã, * quia elóquia tua non custodiérunt.

Vide quóniam mandáta tua diléxi, Dómine; * in misericórdia tua vivífica me.

Principium verbórum tuórum véritas; * in ætérnum ómnia judícia justítiæ tuæ.

PRincipes persecúti sunt me gratis, * & à verbis tuis formidávit cor meum.

Lætábor ego super elóquia tua * sicut qui invénit spólia multa.

Iniquitátem ódio hábui & abominátus sum, * legem autem tuam diléxi.

Sépties in die laudem dixi tibi * super judícia justítiæ tuæ.

Pax multa diligéntibus legem tuam, * & non est illis scándalum.

Expectábam salutáre tuum, Dómine, * & mandáta tua diléxi.

Custodívit ánima mea testimónia tua, * & diléxit ea veheménter.

Servávi mandáta tua & testimónia tua, * quia omnes viæ meæ in conspéctu tuo.

Appropínquet deprecátio mea in conspéctu tuo, Dómine; * juxta elóquium tuum da mihi intelléctum.

Intret postulátio mea in conspéctu tuo; * secúndùm elóquium tuum éripe me.

Eructábunt lábia mea hymnum, * cùm docúeris me justificatiónes tuas.

Pronuntiábit lingua mea elóquium tuum, * quia ómnia mandáta tua æquitas.

Fiat manus tua ut salvet me, * quóniam mandáta tua elégi.

Concupívi salutáre tuum, Dómine; * & lex tua meditátio mea est.

Vivet ánima mea & laudábit te, * & judícia tua adjuvábunt me.

Errávi sicut ovis quæ périit; * quære servum tuum, quia mandáta tua non sum oblítus.

Pour les Dimanches.

[Ant. Allelúia, Allelúia, Allel.
Chapitre.   *I. Cor.* 6.

E Mpti enim estis prétio magno;
glorificáte & portáte Deum in
córpore vestro.

℟. br. Clamávi in toto corde
meo, * Exáudi me, Dñe. Clamávi.

℣. Justificatiónes tuas requíram.
℟. Exáudi.

℣. Glória. ℟. Clamávi.

℣. Ab occúltis meis munda me,
Dómine, ℟. Et ab aliénis parce
servo tuo.

℣. Dóminus vobíscum.

L'Oraison du jour.]

Pour les Fêtes.

[L'Antienne, le Chapitre, le ℟.
bref & l'Oraison convenables.]

Pour l'Office de la Ferie.

[Ant. Aspice in me & miserére
meî, Dómine.

Chapitre. E mpti enim estis.

℟. br. Rédime me, Dómine, *
Et miserére meî. Rédime.

℣. Pes enim meus stetit in via
recta. ℟. Et miserére.

℣. Glória. ℟. Rédime.

℣. Ab occúltis meis munda me,
Dómine, ℟. Et ab aliénis parce
servo tuo.

Lorsqu'on a dit les Prieres à Laudes, on dit ici à genoux ce qui est
ci-dessous renfermé entre deux pa-
renthèses ( ).

(Kyrie eléison. Christe eléison.
Kyrie eléison.

P ater noster, tout bas jusqu'à

℣. Et ne nos indúcas in tentatiónem, ℟. Sed líbera nos à malo.

℣. Dómine Deus virtútum, convérte nos, ℟. Et osténde fáciem
tuam, & salvi érimus.

℣. Exúrge, Christe, ádjuva nos,
℟. Et líbera nos propter nomen tuú.

℣. Dómine, exáudi oratiónem
meam, ℟. Et clamor meus ad te
véniat.)

℣. Dóminus vobíscum.

L'Oraison du jour.]

℣. Dóminus vobíscum.

℣. Benedicámus Dómino.

℣. Fidélium ánimæ.

P ater noster tout bas. Mais il ne
se dit pas lorsqu'un autre Office doit
suivre.

LA SECONDE FERIE A MATINES.

S'il arrive en cette Ferie une Fête de trois Leçons, les Matines se disent
comme ci-dessous en observant les différences qui sont marquées.

Pater. Ave. Credo.

℣. Dómine, lábia mea.

℣. Deus, in adjutórium.

Pour la Ferie.

[Invitatoire. Veníte, * Exultémus Dómino.

Le Ps. 94. Veníte, page 2. mais

on ne le commence qu'à ces mots
Jubilémus Deo.

Hymne.

S Omno reféctis ártubus,
Spréto cubíli súrgimus:
Nobis, Pater, canéntibus
Adésse te depóscimus.

Te lingua primùm cóncinat;
Te mentis ardor ámbiat;
Ut Sáctuum sequéntium
Tu, sancte, sis exórdium.
Cedunt ténebræ lúmini
Et nox diúrno síderi;
Ut culpa quam nox íntulit,
Lucis labáscat múnere.
Precámur iídem súpplices
Noxas ut omnes ámputes,
Et ore te canéntium
Laudéris in perpétuum.
Præsta, Pater piíssime,
Patríque compar Unice,
Cum Spíritu Parácleto
Regnans per omne sæculú. Amen.

Hymne nouvelle.

Somno reféctis à la fin de ce Vol.
Pour les Festes de trois Leçons.
L'Invit. & l'Hvm. convenables.
Ant. Dominus defénfor.

Pseaume 26.

Dominus illuminátio mea &
salus mea, * quem timébo?
Dóminus protéctor vitæ
meæ; * à quo trepidábo?
Dum apprópiant super me nocéntes * ut edant carnes meas;
Qui tríbulant me inimíci mei, *
ipsi infirmáti sunt & cecidérunt.
Si consístant advérsùm me castra,
* non timébit cor meum:
Si exsúrgat advérsùm me prælium,
* in hoc ego sperábo.
Unam pétii à Dómino, hanc requíram, * ut inhábitem in domo
Dómini ómnibus diébus vitæ meæ;
Ut vídeam voluptátem Dómini *
& vísitem templum ejus.
Quóniam abscóndit me in tabernáculo suo; * in die malórum

protéxit me in abscóndito tabern̄a
culi sui;
In petra exaltávit me; * & nunc
exaltávit caput meum super inimícos meos.
Circuívi, & immolávi in tabernáculo ejus hóstiam vociferatiónis:
* cantábo, & psalmum dicam Dómino.
Exáudi, Dómine, vocem meam
qui clamávi ad te: * miserére meî,
& exáudi me.
Tibi dixit cor meum, Exquisívit
te fácies mea; * fáciem tuam, Dómine, requíram.
Ne avértas fáciem tuam à me; *
ne declínes in ira à servo tuo.
Adjútor meus esto: * ne derelínquas me, neque despícias me, Deus
salutáris meus.
Quóniam pater meus & mater
mea dereliquérunt me; * Dóminus autem assúmpsit me.
Legem pone mihi, Dómine, in
via tua; * & dírige me in sémitam
rectam propter inimícos meos.
Ne tradíderis me in ánimas tribulántium me; * quóniam insurrexérunt in me testes iníqui, & mentíta est iníquitas sibi.
Credo vidére bona Dómini * in
terra vivéntium.
Expécta Dóminum, viríliter age, *
& confortétur cor tuum, & sústine Dóminum.

Pseaume 27.

AD te, Dómine, clamábo;
Deus meus, ne síleas à me, *
nequándo táceas à me, & assími-
lábor descendéntibus in lacum.
Exáudi, Dómine, vocem depre-

cationis meæ , dum oro ad te , *
dum extollo manus meas ad templum sanctum tuum.

Ne simul trahas me cum peccatoribus , * & cum operantibus iniquitatem ne perdas me ;

Qui loquuntur pacem cum proximo suo ; * mala autem in cordibus eorum.

Da illis secundùm opera eorum,*
& secundùm nequitiam adinventiónum ipsorum.

Secundùm opera manuum eorum tribue illis : * redde retributionem eorum ipsis.

Quóniam non intellexérunt opera Domini & in opera manuum ejus,*
déstrues illos & non ædificabis eos.

Benedictus Dñus,* quóniam exaudivit vocem deprecationis meæ.

Dominus adjutor meus & protector meus ; * in ipso speravit cor meum, & adjutus sum.

Et refloruit caro mea ; * & ex voluntate mea confitebor ei.

Dominus fortitudo plebis suæ ; *
& protector salvationum Christi sui est.

Salvum fac populum tuum, Domine , & benedic hæreditati tuæ ; *
& rege eos , & extolle illos usque in æternum.

Ant. Dñus defensor vitæ meæ.
Ant. Adoráte.

Pseaume 28.

AFférte Dómino , filii Dei , *
afferte Dómino filios arietum.
Afferte Dómino glóriam & honórem ; afférte Dómino glóriam nómini ejus : * adoráte Dóminum in átrio sancto ejus.

Vox Dómini super aquas : Deus majestatis intónuit ; * Dóminus super aquas multas.

Vox Dómini in virtúte : * vox Dómini in magnificéntia :

Vox Domini confringéntis cedros ; * & confringet Dóminus cedros Libani ;

Et comminuet eas tanquam vitulum Libani ; * & diléctus quemadmodum filius unicórnium.

Vox Dómini intercidéntis flammam ignis : * vox Dómini concutiéntis desértum ; & commovébit Dóminus desértum Cades.

Vox Dómini præparantis cervos,
& revelábit condénsa ; * & in témplo ejus omnes dicent glóriam,

Dóminus dilúvium inhabitáre facit ; * & sedébit Dóminus rex in æternum.

Dóminus virtútem pópulo suo dabit : * Dóminus benedícet pópulo suo in pace.

Pseaume 29.

EXaltábo te , Dómine , quóniam suscepisti me ; * nec delectásti inimícos meos super me.

Dómine Deus meus , clamávi ad te ; * & sanásti me.

Dómine , eduxísti ab inférno ánimam meam ; * salvásti me à descendéntibus in lacum.

Psállite Dñó , Sancti ejus,* & confitémini memóriæ sanctitátis ejus.

Quóniam ira in indignatióne ejus, * & vita in voluntáte ejus.

Ad vésperum demorábitur fletus, * & ad matutínum lætítia.

Ego autem dixi in abundántia mea, * Non movébor in æternum.

Dómine, in voluntáte tua * præstitísti decóri meo virtútem.

Avertísti fáciem tuam à me, * & factus sum conturbátus.

Ad te, Dómine, clamábo, * & ad Deum meum deprecábor.

Quæ utílitas in sánguine meo * dum descéndo in corruptiónem?

Numquid confitébitur tibi pulvis, * aut annuntiábit veritátem tuam?

Audívit Dóminus, & misértus est meî; * Dñus factus est adjútor meus.

Convertísti planctū meum in gáudium mihi ; * conscidísti saccum meum, & circumdedísti me lætítia :

Ut cantet tibi glória mea , & non compúngar : * Dómine Deus meus, in ætérnum confitébor tibi.

Ant. Adoráte Dóminum in aula sancta ejus.

Ant. In tua justítia.

Pseaume 30.

IN te, Dómine, sperávi; non confúndar in ætérnum. * In justítia tua líbera me.

Inclína ad me aurem tuam : * accélera ut éruas me :

Esto mihi in Deum protectórem & in domum refúgii, * ut salvum me facias ;

Quóniam fortitúdo mea & refúgium meum es tu, * & propter nomen tuū dedúces me & enútries me.

Edúces me de láqueo hoc quē abscondérunt mihi, * quóniam tu es protéctor meus.

In manus tuas comméndo spíritum meum : * redemísti me , Dómine , Deus veritátis.

Odísti observántes vanitátes * supervácuè.

Ego autem in Dómino sperávi ; * exultábo & lætábor in misericórdia tua :

Quóniam respexísti humilitátem meam ; * salvásti de necessitátibus ánimam meam ;

Nec conclusísti me in mánibus inimíci ; * statuísti in loco spatióso pedes meos.

Miserére meî, Dómine, quóniam tríbulor : * conturbátus est in ira óculus meus, ánima mea & venter meus.

Quóniam defécit in dolóre vita mea, * & anni mei in gemítibus.

Infirmáta est in paupertáte virtus mea ; * & ossa mea conturbáta sunt.

Super omnes inimícos meos factus sum oppróbrium & vicínis meis valdè, * & timor notis meis.

Qui vidébant me, foras fugérunt à me. * Oblivióni datus sum tanquam mórtuus à corde.

Factus sum tanquam vas pérditum : * quóniam audívi vituperatiónem multórum commorántium in circúitu.

In eo dum convenírent simul advérsùm me, * accípere ánimam meam consiliáti sunt.

Ego autem in te sperávi, Dómine ; * dixi, Deus meus es tu ; in mánibus tuis sortes meæ.

Eripe me de manu inimicórū meórum * & à persequéntibus me.

Illústra fáciem tuam super servum tuum ; salvum me fac in misericórdia tua ; * Dómine, non confúndar, quóniam invocávi te.

Erubéscant ímpii & deducántur in inférnum ; * muta fiant lábia dolósa.

Quæ loquúntur advérsùs justum iniquitátem * in supérbia & in abusióne.

Quàm magna multitúdo dulcédinis tuæ, Dómine, * quam abscondísti timéntibus te !

Perfecísti eis qui sperant in te, * in conspéctu filiórum hóminum.

Abscóndes eos in abscóndito faciéi tuæ * à conturbatióne hóminum.

Próteges eos in tabernáculo tuo * à contradictióne linguárum.

Benedíctus Dóminus, * quóniam mirificávit misericórdiam suam mihi in civitáte muníta.

Ego autem dixi in excéssu mentis meæ, * Projéctus sum à fácie oculórum tuórum.

Ideò exaudísti vocē oratiónis meæ, * dum clamárem ad te.

Dilígite Dóminum, omnes Sancti ejus, * quóniam veritátem requíret Dóminus, & retríbuet abundánter faciéntibus supérbiam.

Viríliter ágite, & confortétur cor vestrum, * omnes qui sperátis in Dómino.

Pseaume 31.

BEáti quorum remíssæ sunt iniquitátes * & quorum tecta sunt peccáta.

Beátus vir cui non imputávit Dóminus peccátum, * nec est in spíritu ejus dolus.

Quóniã tácui, inveteravérunt ossa mea, * dum clamárem tota die.

Quóniam die ac nocte graváta est super me manus tua: * convérsus sum in ærúmna mea, dum configitur spina.

Delíctum meú cógnitum tibi feci, *

& injustítiam meam non abscóndi : Dixi, Confitébor advérsùm me injustítiam meam Dómino ; * & tu remisísti impietátem peccáti mei.

Pro hac orábit ad te omnis sanctus * in témpore opportúno.

Verúmtamen in dilúvio aquárum multárum * ad eum non approximábunt.

Tu es refúgium meum à tribulatióne quæ circúmdedit me : * exultátio mea, érue me à circumdántibus me.

Intelléctum tibi dabo, & ínstruam te in via hac quâ gradiéris ; * firmábo super te óculos meos.

Nolíte fíeri sicut equus & mulus *, quibus non est intelléctus.

In camo & fræno maxíllas eórum constringe * qui non appróximant ad te.

Multa flagélla peccatóris ; * sperántem autem in Dómino misericórdia circúmdabit.

Lætámini in Dómino & exultáte, justi ; * & gloriámini, omnes recti corde.

Ant. In tua justítia líbera me, Dómine.

Ant. Rectos decet.

Pseaume 32.

EXultáte, justi, in Dómino : * rectos decet collaudátio.

Confitémini Dómino in cíthara ; * in psaltério decem chordárum psállite illi :

Cantáte ei cánticum novum : * benè psállite ei in vociferatióne :

Quia rectum est verbum Dómini, * & ómnia ópera ejus in fide.

Díligit misericórdiam & judícium: * misericórdiâ Dñi plena est terra.

Verbo Dómini cœli firmáti funt, * & fpíritu oris ejus omnis virtus eórum.

Cóngregans ficut in utre aquas maris; * ponens in thefauris abyffos.

Tímeat Dóminum omnis terra; * ab eo autem commoveántur omnes inhabitántes orbem:

Quóniam ipfe dixit, & facta funt; * ipfe mandávit, & creáta funt.

Dóminus díffipat consília Géntiũ; * réprobat autem cogitatiónes populórum, & réprobat consília príncipum.

Consílium autem Dómini in ætérnum manet; * cogitatiónes cordis ejus in generatiõe & generatiõe.

Beáta gens cujus eft Dóminus Deus ejus, * pópulus quem elégit in hæreditátem fibi.

De cœlo refpéxit Dóminus; * vidit omnes fílios hóminum;

De præparáto habitáculo fuo * refpéxit fuper omnes qui hábitant terram;

Qui finxit figillátim corda eórũ, * qui intélligit ómnia ópera eórum.

Non falvátur rex per multam virtútem, * & gigas non falvábitur in multitúdine virtútis fuæ.

Fallax equus ad falútem; * in abundántia autem virtútis fuæ non falvábitur.

Ecce óculi Dómini fuper metuéntes eum, * & in eis qui fperant fuper mifericórdia ejus;

Ut éruat à morte ánimas eórum, * & alat eos in fame.

Anima noftra fúftinet Dóminum, * quóniam adjútor & protéctor nofter eft:

Quia in eo lætábitur cor noftrum, * & in nómine fancto ejus fperávimus.

Fiat mifericórdia tua, Dómine, fuper nos, * quemádmodum fperávimus in te.

Pfeaume 33.

Benedícam Dóminum in omni témpore; * femper laus ejus in ore meo;

In Dño laudábitur ánima mea. * Audiant manfuéti, & læténtur.

Magnificáte Dóminum mecum; * & exaltémus nomen ejus in idipfũ.

Exquifívi Dóminum, & exaudívit me, * & ex ómnibus tribulatiónibus meis erípuit me.

Accédite ad eum, & illuminámini; * & fácies veftræ non confundéntur.

Ifte pauper clamávit, & Dóminus exaudívit eum, * & de ómnibus tribulatiónibus ejus falvávit eum.

Immíttet Angelus Dómini in circúitu timéntium eum, * & erípiet eos.

Guftáte & vidéte quóniam fuávis eft Dóminus. * Beátus vir qui fperat in eo.

Timéte Dóminum, omnes fancti ejus; * quóniam non eft inópia timéntibus eum.

Dívites eguérunt & efuriérunt; * inquiréntes autem Dóminum non minuéntur omni bono.

Veníte, fílii, audíte me; * timórem Dómini docébo vos.

Quis eft homo qui vult vitam, * díligit dies vidére bonos?

Próhibe linguam tuam à malo, * & lábia tua ne loquántur dolum.

Divérte à malo, & fac bonum; * inquíre pacem, & perséquere eam.
Oculi Dómini super justos, * & aures ejus in preces eórum :
Vultus autem Dómini super faciéntes mala, * ut perdat de terra memóriam eórum.
Clamavérunt justi, & Dóminus exaudívit eos, * & ex ómnibus tribulatiónibus eórum liberávit eos.
Juxta est Dóminus iis qui tribuláto sunt corde ; * & húmiles spíritu salvábit.
Multæ tribulatiónes justórum; * & de ómnibus his liberábit eos Dñus.
Custódit Dóminus ómnia ossa eórum; * unum ex his non conterétur.
Mors peccatórum péssima ; * & qui odérunt justum delínquent.
Rédimet Dóminus ánimas servórum suórum; * & non delínquent omnes qui sperant in eo.

Ant. Rectos decet collaudátio.
Ant. Expúgna.

Pseaume 34.

Judica, Dómine, nocéntes me : * expúgna impugnántes me.
Apprehénde arma & scutum, * & exúrge in adjutórium mihi.
Effúnde frámeam, & conclúde advérsùs eos qui persequúntur me ; * dic ánimæ meæ, Salus tua ego sum.
Confundántur & revereántur * quæréntes ánimam meam.
Avertántur retrórsùm & confundántur * cogitántes mihi mala.
Fiant tanquam pulvis ante fáciem venti ; * & Angelus Dómini coárctans eos.
Fiat via illórū ténebræ & lúbricū, * & Angelus Dñi pérsequens eos.

Quóniam gratis abscondérunt mihi intéritum láquei sui ; * supervácuè exprobravérunt ánimam meam.
Véniat illi láqueus quem ignórat, & cáptio quam abscóndit, apprehéndat eum ; * & in láqueum cadat in ipsum.
Anima autem mea exultábit in Dómino, * & delectábitur super salutári suo.
Omnia ossa mea dicent, * Dómine, quis símilis tibi ?
Erípiens ínopem de manu fortiórum ejus, * egénum & páuperem à diripiéntibus eum.
Surgéntes testes iníqui * quæ ignorábam interrogábant me :
Retribuébant mihi mala pro bonis, * sterilitátem ánimæ meæ.
Ego autem cùm mihi molésti essent, * induébar cilício ;
Humiliábam in jejúnio ánimam meam ; * & orátio mea in sinu meo convertétur ;
Quasi próximum & quasi fratrem nostrum, sic complacébam ; * quasi lugens & contristátus, sic humiliábar :
Et advérsùm me lætáti sunt & convenérunt. * Congregáta sunt super me flagélla, & ignorávi.
Dissipáti sunt, nec compúncti ; tentavérunt me ; subsannavérunt me subsannatióne ; * frenduérunt super me déntibus suis.
Dómine, quando respícies ? * Restítue ánimam meam à malignitáte eórum, à leónibus únicam meam.
Confitébor tibi in Ecclésia magna ; * in pópulo gravi laudábo te.

N on

Non supergáudeant mihi qui adversántur mihi iníquè, * qui odérunt me gratis, & ánnuunt oculis.

Quóniam mihi quidem pacíficè loquebántur ; * & in iracúndia terræ loquéntes dolos cogitábant.

Et dilatavérunt super me os suum ; * dixérunt, Euge, euge, vidérunt óculi nostri.

Vidísti, Dómine ; ne síleas : * Dómine, ne discédas à me.

Exúrge, & inténde judício meo ; * Deus meus & Dóminus meus, in causam meam.

Júdica me secúndùm justítiam tuá, Dómine Deus meus ; * & non supergáudeant mihi.

Non dicant in córdibus suis, Euge, euge ánimæ nostræ : * nec dicant, Devorávimus eum.

Erubéscant & revereántur simul * qui gratulántur malis meis.

Induántur confusióne & reveréntià * qui magna loquúntur super me.

Exúltent & læténtur qui volunt justítiam meam ; * & dicant semper, Magnificétur Dóminus, qui volunt pacem servi ejus.

Et lingua mea meditábitur justítiam tuam, * totà die laudem tuam.

Pseaume 35.

Dixit injústus ut delínquat in semetípso. * Non est timor Dei ante óculos ejus :

Quóniam dolósè egit in conspéctu ejus, * ut inveniátur iníquitas ejus ad ódium :

Verba oris ejus iníquitas & dolus : * nóluit intelligere, ut benè ágeret :

Iniquitátem meditatus est in cúbili suo ; * ástitit omni viæ non bo-

næ ; malítiam autem non odívit.

Dómine, in cœlo misericórdia tua, * & véritas tua usque ad nubes :

Justítia tua sicut montes Dei : * judícia tua abyssus multa.

Hómines & juménta salvábis, Dómine ; * quemádmodum multiplicásti misericórdiam tuam, Deus.

Fílii autem hóminum * in tégmine alárum tuárum sperábunt.

Inebriabúntur ab ubertáte domûs tuæ ; * & torrénte voluptátis tuæ pótabis eos :

Quóniam apud te est fons vitæ, * & in lúmine tuo vidébimus lumen.

Præténde misericórdiã tuam sciéntibus te, * & justítiam tuam his qui recto sunt corde.

Non véniat mihi pes supérbiæ ; * & manus peccatóris non móveat me.

Ibi cecidérunt qui operántur iniquitátem : * expúlsi sunt, nec potuérunt stare.

Ant. Expúgna impugnántes me.
Ant. Revéla.

Pseaume 36.

Noli æmulári in malignántibus, * neque zeláveris faciéntes iniquitátem ;

Quóniam tanquam fœnum velóciter aréscent, * & quemádmodum ólera herbárum citò décident.

Spera in Dómino, & fac bonitátem ; * & inhábita terram, & pascéris in divítiis ejus.

Delectáre in Dómino ; * & dabit tibi petitiónes cordis tui.

Revéla Dómino viam tuam & spera in eo ; * & ipse fáciet ;

Et edúcet quasi lumen justítiam

tuam, & judicium tuum tanquam merídiem. * Súbditus esto Dómino, & ora eum.

Noli æmulári in eo qui prosperátur in via sua, * in hómine faciénte injustítias.

Désine ab ira, & derelínque furórem; * noli æmulári ut malignéris.

Quóniam qui malignántur, exterminabúntur; * sustinéntes autem Dóminum, ipsi hereditábunt terrá.

Et adhuc pusíllum, & non erit peccátor; * & quæres locum ejus, & non invénies.

Mansuéti autem hereditábunt terram, * & delectabúntur in multitúdine pacis.

Obfervábit peccátor justum, * & stridébit super eum déntibus suis.

Dóminus autem irridébit eum, * quóniam próspicit quòd véniet dies ejus.

Gládium evaginavérunt peccatóres, * intendérunt arcum suum,

Ut dejíciant páuperem & ínopem, * ut trucídent rectos corde.

Gládius eórum intret in corda ipsórum, * & arcus eórum confringátur.

Mélius est módicum justo * super divítias peccatórum multas:

Quóniam bráchia peccatórú teréntur; * confírmat autem justos Dóminus.

Novit Dóminus dies immaculatórum; * & heréditas eórum in ætérnum erit.

Non confundéntur in témpore malo, & in diébus famis faturabúntur, * quia peccatóres períbunt.

Inimíci verò Dómini mox ut hono-

rificáti fúerint & exaltáti, * deficiéntes quemádmodum fumus deficient.

Mutuábitur peccátor, & non folvet; * justus autem miferétur & tríbuet.

Quia benedicéntes ei hereditábunt terram, * maledicéntes autem ei disperíbunt.

Apud Dóminum gressus hóminis dirigéntur, * & viam ejus volet.

Cùm cecíderit, non collidétur, * quia Dóminus suppónit manú suam.

Júnior fui, étenim sénui, * & non vidi justum derelíctum nec semen ejus quærens panem.

Totâ die miferétur & cómmodat, * & semen illíus in benedictióne erit.

Declína à malo, & fac bonum; * & inhábita in féculum féculi:

Quia Dóminus amat judícium, & non derelínquet sanctos suos; * in ætérnum confervabúntur.

Injusti puniéntur, * & semen impiórum períbit:

Justi autem hereditábunt terram, * & inhabitábunt in féculum féculi super eam.

Os justi meditábitur sapiéntiam, * & lingua ejus loquétur judícium:

Lex Dei ejus in corde ipsíus; * & non supplantabúntur gressus ejus.

Considerat peccátor justum, * & quærit mortificáre eum:

Dóminus autem non derelínquet eum in mánibus ejus, nec damnábit eum, cùm judicábitur illi.

Expécta Dóminum, & custódi viâ ejus; & exaltábit te ut hereditáte cápias terram: * cùm períerint peccatóres, vidébis.

Vidi impium superexaltátum * & elevátum sicut cedros Libáni :

Et transívi, & ecce non erat : * & quæsívi eum, & non est invéntus locus ejus.

Custódi innocéntiam, & vide æquitátem ; * quóniam sunt relíquiæ hómini pacífico.

Injústi autem dispéribunt simul ; * relíquiæ impiórum interíbunt.

Salus autem justórum à Dómino ; * & protéctor eórum in témpore tribulatiónis.

Et adjuvábit eos Dóminus, & liberábit eos, * & éruet eos à peccatóribus, & salvábit eos, quia speravérunt in eo.

Pseaume 37.

D Omine, ne in furóre tuo árguas me, * neque in ira tua corrípias me :

Quóniam sagíttæ tuæ infíxæ sunt mihi ; * & confirmásti super me manum tuam.

Non est sánitas in carne mea à fácie iræ tuæ ; * non est pax óssibus meis à fácie peccatórum meórum.

Quóniam iniquitátes meæ supergréssæ sunt caput meum, * & sicut onus grave gravátæ sunt super me.

Putruérunt & corrúptæ sunt cicatríces meæ * à fácie insipiéntiæ meæ.

Miser factus sum & curvátus sum usque in finem ; * totâ die contristátus ingrediébar.

Quóniam lumbi mei impléti sunt illusiónibus ; * & non est sánitas in carne mea.

Afflíctus sum & humiliátus sum nimis ; * rugiébam à gémitu cordis mei.

Dómine, ante te omne desidérium meum ; * & gémitus meus à te non est abscónditus.

Cor meum conturbátum est ; derelíquit me virtus mea ; * & lumen oculórum meórum, & ipsum non est mecum.

Amíci mei & próximi mei * advérsùm me appropinquavérunt & stetérunt.

Et qui juxta me erant, de longè stetérunt ; * & vim faciébant qui quærébant ánimam meam.

Et qui inquirébant mala mihi, locúti sunt vanitátes, * & dolos totâ die meditabántur.

Ego autem tanquam surdus non audiébam, * & sicut mutus non apériens os suum :

Et factus sum sicut homo non áudiens * & non habens in ore suo redargutiónes.

Quóniam in te, Dómine, sperávi : * tu exáudies me, Dómine Deus meus.

Quia dixi, Nequándo supergáudeant mihi inimíci mei : * & dum commovéntur pedes mei, super me magna locúti sunt.

Quóniam ego in flagélla parátus sum ; * & dolor meus in conspéctu meo semper.

Quóniam iniquitátem meam annuntiábo, * & cogitábo pro peccáto meo.

Inimíci autem mei vivunt, & confirmáti sunt super me ; * & multiplicáti sunt qui odérunt me iníquè.

Qui retríbuunt mala pro bonis, detrahébant mihi, * quóniam sequébar bonitátem.

D ij

Ne derelínquas me, Dómine Deus meus : * ne discésseris à me :

Inténde in adjutórium meum, * Dómine Deus salútis meæ.

Ant. Revéla Dómino viam tuã.

Pour la Ferie, ℣. Dómine, in cœlo misericórdia tua, ℟. Et véritas tua usque ad nubes.

Pour un Martyr, ℣. Glóriâ & honóre coronásti eum, Dómine : ℟. Et constituísti eum super ópera mánuum tuárum.

Pour plusieurs Martyrs, ℣. Lætámini in Dómino & exultáte, justi ; ℟. Et gloriámini, omnes recti corde.

Pour un Confesseur Pontife ou non Pontife, ℣. Amávit eum Dóminus & ornávit eum : ℟. Stolam glóriæ índuit eum.

Pour une Sainte, ℣. Spécie tuã & pulchritúdine tuã ℟. Inténde, próspere procéde & regna.

Absolution.

EXáudi, Dómine Jesu Christe, preces servórum tuórum & miserére nobis, qui cum Patre & Spíritu sancto vivis & regnas in sécula seculórum. ℟. Amen.

℣. Jube, Dómne, bene dícere.

[Pour la Ferie, Benedictions.

Lorsque les Leçons ne sont point de l'Evangile avec Homélie.

1. Benedictióne perpétua benedicat nos Pater ætérnus. ℟. Amen.

Les Leçons & les Répons au Propre du Temps.

2. Unigénitus Dei Fílius nos benedícere & adjuváre dignétur. ℟. Amen.

3. Spíritus sancti grátia illúminet sensus & corda nostra. ℟. Amen.

Lorsque les Leçons sont de l'Evangile avec Homelie.

1. Evangélica léctio sit nobis salus & protéctio. ℟. Amen.

2 Divínũ auxílium máneat semper nobíscum. ℟. Amen.

3. Ad societátem cívium supernórum perdúcat nos Rex Angelórum. ℟. Amen.

Après la troisiéme Leçon on dit un Répons au lieu de **Te Deum.**]

[Pour les Fêtes de trois Leçons, Benedictions.

1. Ille nos benedícat qui sine fine vivit & regnat. ℟. Amen.

Les Leçons & les Répons convenables à la Fête.

2. Cujus festum cólimus, ipse ou ipsa intercédat pro nobis ad Dóminum. ℟. Amen. Si l'Office se fait de plusieurs Saints, il faut dire **Quorum** ou **Quarum** festum cólimus, ipsi ou ipsæ intercédant pro nobis ad Dóminum. ℟. Amen.

3. Ad societátem cívium supernórum perdúcat nos Rex Angelórum. ℟. Amen.

Après la troisiéme Leçon au lieu de Répons on dit **Te Deum,** p. 14.]

A LAUDES.

℣. Deus, in adjutórium.
Ant. Miserére.

Pseaume 50.

MIserére mei, Deus, * secúndùm magnam misericórdiam tuam ;

Et secúndùm multitúdinem miseratiónum tuárum * dele iniquitátem meam.

Amplius lava me ab iniquitáte mea, * & à peccáto meo munda me ;

Quóniam iniquitátem meam ego cognósco , * & peccátum meum contra me est semper ;

Tibi soli peccávi & malum coram te feci : * ut justificéris in sermónibus tuis , & vincas cùm judicáris.

Ecce enim in iniquitátibus concéptus sum, * & in peccátis concépit me mater mea.

Ecce enim veritátem dilexísti ; * incérta & occúlta sapiéntiæ tuæ manifestásti mihi.

Aspérges me hyssópo , & mundábor ; * lavábis me , & super nivem dealbábor.

Audítui meo dabis gáudium & lætítiam ; * & exultábunt ossa humiliáta.

Avérte fáciem tuá à peccátis meis , * & omnes iniquitátes meas dele.

Cor mundum crea in me, Deus, & spíritum rectum innova in viscéribus meis.

Ne projícias me à fácie tua, * & Spíritum sanctú tuú ne áuferas à me.

Redde mihi lætítiam salutáris tui, * & spíritu principáli confirma me.

Docébo iníquos vias tuas ; * & ímpii ad te converténtur.

Líbera me de sanguínibus , Deus, Deus salútis meæ ; * & exultábit lingua mea justítiam tuam.

Dómine , lábia mea apéries ; * & os meum annuntiábit laudem tuam.

Quóniam si voluísses sacrifícium, dedíssem útique ; * holocáustis non delectáberis.

Sacrifícium Deo spíritus contribulátus ; * cor contrítum & humiliá-

tum , Deus, non despícies.

Benígnè fac, Dómine, in bona voluntáte tua Sion , * ut ædificéntur muri Jerúsalem.

Tunc acceptábis sacrifícium justítiæ, oblatiónes & holocáusta ; * tunc impónent super altáre tuum vítulos.

Ant. Miserére mei , Deus.

Ant. Intéllige.

Pseaume 5.

VErba mea áuribus pércipe , Dómine ; * intéllige clamórem meum ;

Inténde voci oratiónis meæ , * rex meus & Deus meus :

Quóniam ad te orábo ; * Dómine, manè exáudies vocem meam.

Manè astábo tibi & vidébo ; * quóniam non Deus volens iniquitátem tu es,

Neque habitábit juxta te malígnus , * neque permanébunt injústi ante óculos tuos.

Odísti omnes qui operántur iniquitátem ; * perdes omnes qui loquuntur mendácium.

Virum sánguinum & dolósum abominábitur Dóminus : * ego autem in multitúdine misericórdiæ tuæ

Introíbo in domum tuam ; * adorábo ad templum sanctum tuum in timóre tuo.

Dómine, deduc me in justítia tua : * propter inimícos meos dírige in conspéctu tuo viam meam ;

Quóniam non est in ore eórum véritas ; * cor eórum vanum est ;

Sepúlchrum patens est guttur eórum ; linguis suis dolósè agébant. * Júdica illos, Deus.

Décidant à cogitatiónibus suis. Secúndùm multitúdinem impietátum eórum expélle eos ; * quóniam irritavérunt te, Dómine.

Et læténtur omnes qui sperant in te ; * in ætérnum exultábunt, & habitábis in eis.

Et gloriabúntur in te omnes qui díligunt nomen tuum, * quóniam tu benedíces justo.

Dómine, ut scuto bonæ voluntátis tuæ * coronásti nos.

Ant. Intéllige clamórem meum, Dómine.

Ant. Deus.

Pseaume 62.

DEus Deus meus, * ad te de luce vígilo.

Sitívit in te ánima mea : * quàm multiplíciter tibi caro mea !

In terra desérta & ínvia & inaquósa, * sic in sancto appárui tibi, ut vidérem virtútem tuam & glóriam tuam.

Quóniam mélior est misericórdia tua super vitas, * lábia mea laudábunt te.

Sic benedícam te in vita mea, * & in nómine tuo levábo manus meas.

Sicut ádipe & pinguédine repleátur ánima mea, * & lábiis exultatiónis laudábit os meum.

Si memor fui tuî super stratum meum, in matutínis meditábor in te ; * quia fuísti adjútor meus.

Et in velaménto alárum tuárum exultábo : adhæsit ánima mea post te : * me suscépit déxtera tua.

Ipsi verò in vanum quæsiérunt ánimam meam : introíbunt in inferióra terræ : * tradéntur in manus gládü : partes vúlpium erunt.

Rex verò lætábitur in Deo : laudabúntur omnes qui jurant in eo ; * quia obstrúctum est os loquéntium iníqua.

On ne dit point ici Glória Patri.

Pseaume 66.

DEus misereátur nostrî, & benedícat nobis; * illúminet vultum suum super nos, & misereátur nostrî :

Ut cognoscámus in terra viam tuam, * in ómnibus Géntibus salutáre tuum.

Confiteántur tibi pópuli, Deus ; * confiteántur tibi pópuli omnes.

Læténtur & exúltent Gentes, * quóniam júdicas pópulos in æquitáte & Gentes in terra dírigis.

Confiteántur tibi pópuli, Deus, confiteántur tibi pópuli omnes : * terra dedit fructum suum.

Benedícat nos Deus, Deus noster, benedícat nos Deus : * & métuant eum omnes fines terræ.

Ant. Deus Deus meus, ad te de luce vígilo.

Ant. Convérsus est.

Le Cantique du Prophete Isaïe.

Isaïe 12.

COnfitébor tibi, Dómine, quóniã irátus es mihi ; * convérsus est furor tuus, & consolátus es me.

Ecce Deus salvátor meus ; * fiduciáliter agam, & non timébo,

Quia fortitúdo mea & laus mea Dóminus, * & factus est mihi in salútem.

Hauriétis aquas in gáudio de fóntibus salvatóris ; * & dicétis in illa die, Confitémini Dómino & invocáte nomen ejus:

Notas fácite in pópulis adinventiónes ejus: * mementóte quóniam excélsum est nomen ejus:

Cantáte Dómino, quóniam magnificè fecit; * annuntiáte hoc in univérsa terra.

Exúlta & lauda, habitátio Sion, * quia magnus in médio tuî sanctus Israël.

Ant. Convérsus est furor tuus, Dómine, & consolátus es me.

Ant. Laudáte.

Pseaume 148.

Laudáte Dóminum de cœlis: * laudáte eum in excélsis.

Laudáte eum, omnes Angeli ejus. * Laudáte eum, omnes Virtútes ejus.

Laudáte eum, sol & luna. * Laudáte eum, omnes stellæ & lumen.

Laudáte eum, cœli cœlórum: * & aquæ omnes quæ super cœlos sunt laudent nomen Dómini.

Quia ipse dixit, & facta sunt: * ipse mandávit, & creáta sunt.

Státuit ea in ætérnum & in seculum séculi: * præcéptum pósuit, & non præteríbit.

Laudáte Dóminum de terra, * dracónes & omnes abyssi,

Ignis, grando, nix, glácies, spíritus procellárum * quæ fáciunt verbum ejus,

Montes & omnes colles, * ligna fructífera & omnes cedri,

Béstiæ & univérsa pécora, * serpéntes & vólucres pennátæ,

Reges terræ & omnes pópuli, * principes & omnes júdices terræ,

Júvenes & vírgines, senes cum ju-

nióribus, laudent nomé Dñi, * quia exaltátum est nomen ejus solíus.

Conféssio ejus super cœlum & terram; * & exaltávit cornu pópuli suí.

Hymnus ómnibus sanctis ejus, * filiis Israël, pópulo appropinquánti sibi.

On ne dit point ici Glória Patri.

Pseaume 149.

Cantáte Dómino cánticum novum: * laus ejus in Ecclésia Sanctórum.

Lætétur Israël in eo qui fecit eum, * & filii Sion exúltent in rege suo.

Laudent nomen ejus in choro; * in tympano & psaltério psallant ei;

Quia beneplácitum est Dómino in pópulo suo, * & exaltábit mansuétos in salútem.

Exultábunt sancti in glória: * lætabúntur in cubílibus suis:

Exaltatiónes Dei in gútture eórum, * & gládii ancípites in mánibus eórum,

Ad faciéndam vindíctam in natiónibus, * increpatiónes in pópulis;

Ad alligándos reges eórum in compédibus, & nóbiles eórum in mánicis férreis;

Ut fáciant in eis judíciú conscríptú. * Glória hæc est ómnibus sáctis ejus.

On ne dit point ici Glória Patri.

Pseaume 150.

Laudáte Dóminum in sanctis ejus: * laudáte eum in firmaménto virtútis ejus.

Laudáte eum in virtútibus ejus: * laudáte eum secúndùm multitúdinem magnitúdinis ejus.

Laudáte eum in sono tubæ: * laudáte eum in psaltério & cíthara.

Laudáte eum in tympano & choro :* laudáte eum in chordis & órgano :

Laudáte eum in cymbalis bene fonántibus ; laudáte eum in cymbalis jubilatiónis. * Omnis spíritus laudet Dóminum.

Glória Patri.

Ant. Lau dáte Dñum de cœlis.

Chapitre.   *Rom.* 13.

NOx præcéffit, dies autem appropinquávit; abjiciámus ergo ópera tenebrárum & induámur arma lucis ; ficut in die honéftè ambulémus.

[Hymne ancienne.

Splendor Patérnæ glóriæ
De luce lucem próferens,
Lux lucis. & fons lúminis,
Diem dies illúminans,
Verúfque fol , illábere
Micans nitóre pérpeti ;
Jubárque fanɛti Spíritus
Infúnde noftris fénfibus.
Votis vocémus & Patrem,
Patrem perénnis glóriæ ;
Patrem poténtis grátiæ :
Culpam reléget lúbricam ;
Confirmet aɛtus ftrénuos ;
Dentes retúndat ínvidi ;
Cafus fecúndet áfperos ;
Donet geréndi grátiam ;
Mentem gubérnet & regat ;
Cafto fidéli córpore :
Fides calóre férveat,
Fraudis venéna néfciat.
Chriftúfque nobis fit cibus ,
Potúfque nofter fit fides ;
Læti bibámus fóbriam
Ebrietátem Spíritus.
Lætus dies hic tránfeat ;

Pudor fit ut dilúculum ,
Fides velut merídies:
Crepúfculum mens néfciat.
Auróra curfus próvehit ;
Auróra totus pródeat
In Patre totus Fílius,
Et totus in Verbo Pater.
Deo Patri fit glória
Ejúfque foli Fílio
Cum Spíritu Parácleto ,
Et nunc & in perpétuum. Amen.
Hymne nouvelle.

Splendor Patérnæ glóriæ
De luce lucem próferens ,
Lux lucis & fons lúminis ,
Diem dies illúminans ,
Verúfque fol , illábere
Micans nitóre pérpeti ;
Jubárque Sanɛti Spíritus
Infúnde noftris fénfibus.
Votis vocémus & Patrem ,
Patrem poténtis grátiæ ,
Patrem perénnis glóriæ :
Culpam reléget lúbricam ;
Confirmet aɛtus ftrénuos ;
Dentes retúndat ínvidi ;
Cafus fecúndet áfperos ;
Agénda reɛtè dírigat ;
Mentem gubérnet & regat :
Sit púra nobis cáftitas ;
Fides calóre férveat ,
Fraudis venéna néfciat.
Chriftúfque nobis fit cibus ,
Potúfque nofter fit fides ;
Læti bibámus fóbriam
Profufiónem Spíritus.
Lætus dies hic tránfeat ;
Pudor fit ut dilúculum ,
Fides velut merídies :
Crepúfculum mens néfciat.
Auróra lucem próvehit ;

Cum luce nobis pródeat
In Patre totus Fílius,
Et totus in Verbo Pater.
D eo Patri sit glória
Ejúsque soli Fílio
Cum Spíritu Parácleto,
Nunc & per omne féculú. Amen.]
℣. Repléti sumus manè miseri-
córdiâ tuâ : ℟. Exultávimus & de-
lectáti sumus.

Ant. Benedíctus.
Cant. de Zacharie. *Luc.* 1.

B Enedíctus Dóminus Deus Ifraël, * quia visitávit, & fecit
redemptiónem plebis suæ,
E t eréxit cornu salútis nobis * in
Domo David púeri sui,
S icut locútus est per os sanctórum *
qui à féculo funt, prophétarum ejus;
S alútem ex inimícis nostris * & de
manu ómnium qui odérunt nos :
A d faciéndam misericórdiam cum
pátribus nostris, * & memorári testaménti sui sancti :
J usjurándum quod jurávit ad A-
braham patrem nostrum, * datúrum se nobis
U t sine timóre de manu inimicórú
nostrórum liberáti * serviámus illi
I n sanctitáte & justítia coram ipso *
ómnibus diébus nostris.
E t tu, puer, Prophéta Altíssimi
vocáberis; * præíbis enim ante fáciem Dómini paráre vias ejus,
A d dandam sciéntiam salútis plebi
ejus * in remissiónem peccatórum
eórum,
P er víscera misericórdiæ Dei nostri * in quibus visitávit nos Oriens
ex alto,
I llumináre his qui in ténebris & in
umbra mortis sedent, * ad dirigéndos pedes nostros in viam pacis.
G lória Patri.

Ant. Benedíctus Dóminus Deus
Israël.

Ce qui suit entre deux crochets
n'est que pour les jours de jeune où
l'on fait de la Ferie ; & alors tout
le reste de cet Office se dit à genoux.

[K Yrie eléison. Christe eléison. Kyrie eléison.

P ater noster que le Celebrant
dit tout haut, & on lui répond
℟. Sed libera nos à malo.

℣. Ego dixi, Dómine, miserére
mei : ℟. Sana ánimam meam, quia
peccávi tibi.

℣. Convértere, Dómine ; úsquequo ? ℟. Et deprecábilis esto super
servos tuos.

℣. Fiat misericórdia tua, Dómine, super nos, ℟. Quemádmodum
sperávimus in te.

℣. Sacerdótes tui induántur justítiam ; ℟. Et sancti tui exúltent.

℣. Dómine, salvum fac Regem :
℟. Et exáudi nos in die quâ invo-
caverimus te.

℣. Salvum fac pópulum tuum,
Dómine; & bénedic hereditáti tuæ:
℟. Et rege eos, & extólle illos us-
que in ætérnum.

℣. Meménto congregatiónis tuæ
℟. Quam possedísti ab initio.

℣. Fiat pax in virtúte tua, ℟. Et
abundántia in túrribus tuis.

℣. Orémus pro Fidélibus défun-
ctis. ℟. Réquiem ætérnam dona
eis, Dómine, & lux perpétua lúceat eis.

℣. Requiéscant in pace. ℟. Amen.

℣. Pro frátribus nostris abséntibus. ℟. Salvos fac servos tuos, Deus meus, sperántes in te.

℣. Pro afflíctis & captívis. ℟. Líbera eos, Deus Israël, ex ómnibus tribulatiónibus suis.

℣. Mitte eis, Dómine, auxílium de sancto, ℟. Et de Sion tuére eos.

℣. Dómine, exáudi oratiónem meam. ℟. Et clamor meus ad te véniat.

Pseaume 129.

DE profúndis clamávi ad te, Dómine; * Dómine, exáudi vocem meam.

Fiant aures tuæ intendéntes * in vocem deprecatiónis meæ.

Si iniquitátes observáveris, Dómine, * Dómine, quis sustinébit ?

Quia apud te propitiátio est ; * & propter legem tuam sustínuite, Dómine.

Sustínuit ánima mea in verbo ejus, * sperávit ánima mea in Dómino.

A custódia matutína usque ad noctem * speret Israël in Dómino,

Quia apud Dóminum misericórdia * & copiósa apud eum redémptio:

Et ipse rédimet Israël * ex ómnibus iniquitátibus ejus.

Glória Patri.

℣. Dómine Deus virtútum, convérte nos; ℟. Et osténde fáciem tuam, & salvi érimus.

℣. Exúrge, Christe, ádjuva nos, ℟. Et libéra nos propter nomen tuum.

℣. Dómine exáudi oratiónem meam: ℟. Et clamor meus ad te véniat. ⟧

℣. Dóminus vobíscum, ℟. Et cum spíritu tuo.

L'Oraison convenable.

Ensuite on fait les Memoires suivantes.

Memoire de la Croix.

Ant. Per signum Crucis de inimicis nostris líbera nos, Deus noster.

℣. Omnis terra adóret te & psallat tibi ; ℟. Psalmum dicat nómini tuo, Dómine.

O rémus.

PErpétuâ nos, quæsumus Dómine, pace custódi, quos per lignum sanctæ Crucis redímere dignátus es.

Memoires communes ou suffrages des Saints.

De la Sainte Vierge

lorsqu'on n'en fait point l'Office.

Ant. Sancta María, succúrre míseris, juva pusillánimes, réfove flébiles, ora pro pópulo, intervéni pro Clero, intercéde pro devóto fœmíneo sexu ; séntiant omnes tuum juvámen quicúmque célebrant tuá sanctam commemoratiónem.

℣. Ora pro nobis, sancta Dei génitrix, ℟. Ut digni efficiámur promissiónibus Christi.

O rémus.

COncéde nos fámulos tuos, quæsumus, Dómine Deus, perpétuâ mentis & córporis sanitáte gaudére, & gloriósâ beátæ Maríæ semper Vírginis intercessióne, à præsénti liberári tristítiâ & ætérnâ pérfrui lætítiâ.

Des Apôtres.

Ant. Gloriósi príncipes terræ quómodò in vita sua dilexérunt se, ita & in morte non sunt separáti.

℣. In omnem terram exívit sonus eórum, ℟. Et in fines orbis terræ verba eórum.

O rémus.

DEus cujus déxtera beátum Petrum ambulántem in fluctibus ne mergerétur eréxit, & coapóstolum ejus Paulum tértiò naufragántem de profúndo pélagi liberávit, exáudi nos propítius, & concéde ut ambórum méritis æternitátis glóriam consequámur.

Du Patron ou Titulaire d'une Eglise.

On en fait la memoire accoutumée avant ou après les memoires precedentes, selon la dignité dont il est.

De la Paix.

Ant. Da pacem, Dómine, in diébus nostris, quia non est álius qui pugnet pro nobis, nisi tu Deus noster.

℣. Fiat pax in virtúte tua, ℟. Et abundántia in túrribus tuis.

O rémus.

DEus à quo sancta desidéria, recta consília & justa sunt ópera, da servis tuis illam quam mundus dare non potest pacem; ut & corda nostra mandátis tuis dédita, &, hóstium sublátâ formídine, témpora sint tuâ protectióne tranquílla; Per Dóminum &c.

℣. Dóminus vobíscum. ℟. Et cum spíritu tuo.

℣. Benedicámus Dño. ℟. Deo grátias.

℣. Fidéliũ ánimæ per misericórdiã Dei requiéscát in pace. ℟. Amen.

Pater noster tout bas.

Puis d'une voix un peu basse,

℣. Dóminus det nobis suam pacem, ℟. Et vitam æternam. Amen.

S'il ne doit point suivre d'autre Office, on finit celui-ci par l'Antienne suivante à la Sainte Vierge, qui se dit depuis le Dimanche de la Trinité inclusivement: autrement, cette Antienne ne se dira qu'à la fin du dernier des Offices qui auront suivi sans interruption.

Antienne.

SAlve, Regína, mater misericórdiæ, vita, dulcédo, & spes nostra, salve. Ad te clamámus exules fílii Hevæ. Ad te suspirámus geméntes & flentes in hac lacrymárum valle. Eia ergò, Advocáta nostra, illos tuos misericórdes óculos ad nos convérte: Et Jesum benedíctum fructum ventris tui nobis post hoc exílium osténde. O clemens, ô pia, ô dulcis virgo María.

℣. Ora pro nobis, sancta Dei génitrix, ℟. Ut digni efficiámur promissiónibus Christi.

O rémus.

OMnípotês, sempitérne Deus, qui gloriósæ Vírginis matris Maríæ corpus & ánimam, ut dignum Fílii tui habitáculum éffici mererétur, Spíritu sancto cooperánte, præparásti, da ut cujus commemoratióne lætámur, ejus piâ intercessióne ab instántibus malis & à morte perpétua liberémur; Per eúmdem Christum Dóminum nostrum. ℟. Amen.

℣. Divínum auxílium máneat semper nobíscum. ℟. Amen.

LA TROISIEME FERIE A MATINES.

S'il arrive en cette Ferie une Fête de trois Leçons, les Matines se disent comme ci-dessous en observant les differences qui sont marquées.

Pour la Ferie.

[Invitatoire. **Jubilémus Deo** * salutári nostro.

Le Pf. 94. **Veníte** page 2.

Hymne.

COnsors Patérni lúminis,
Lux ipse lucis & dies,
Noctem canéndo rúmpimus ;
Afsíste postulántibus.

Aufer tenébras méntium ;
Fuga catérvas dæmonum ;
Expélle somnoléntiam,
Ne pigritántes óbruat.

Sic, Christe, nobis ómnibus
Indúlgeas credéntibus,
Ut profit exorántibus
Quod præcinéntes psállimus.

Præsta, Pater piíssime,
Patríque compar Unice,
Cum Spíritu Parácleto,
Regnans per omne séculú, Amen.]

Pour les Fêtes de trois Leçons.

[L'Invitatoire & l'Hymne convenables.]

Ant. Ut non delínquam.

Pseaume 38.

DIxi, Custódiam vias meas
* ut non delínquam in lingua mea.

Pósui ori meo custódiam, * cùm consísteret peccátor advérsùm me :

Obmútui, & humiliátus sum, & sílui à bonis ;* & dolor meus renovátus est.

Concáluit cor meum intra me, *
& in meditatióne mea exardéscet ignis.

Locútus sum in lingua mea, * Notum fac mihi, Dómine, finem meum,

Et númerum diérum meórum quis est ; * ut sciam quid desit mihi.

Ecce mensurábiles posuísti dies meos ; * & substántia mea tamquam níhilum ante te,

Verúmtamen univérsa vánitas * omnis homo vivens.

Verúmtamen in imágine pertránsit homo; * sed & frustra conturbátur,

Thesaurízat ; * & ignórat cui congregábit ea.

Et nunc quæ est expectátio mea ?
nonne Dóminus ? * & substántia mea apud te est.

Ab ómnibus iniquitátibus meis érue me, * Oppróbrium insipiénti dedísti me.

Obmútui, & non apérui os meum, quóniam tu fecísti : * ámove à me plagas tuas :

A fortitúdine manus tuæ ego deféci in increpatiónibus. * Propter iniquitátem corripuísti hóminem,

Et tabescére fecísti sicut aráneam ánimam ejus ; * verúmtamen vanè conturbátur omnis homo.

Exáudi oratiónem meam, Dómine, & deprecatiónem meam; * áuribus pércipe lácrymas meas.

Ne síleas, quóniam ádvena ego

sum apud te & peregrínus , * sicut omnes patres mei.

Remítte mihi ut refrígerer priúsquàm ábeam * & ámpliùs non ero.

Pseaume 39.

Expéctans expectávi Dóminum , * & inténdit mihi ,

Et exaudívit preces meas ; * & edúxit me de lacu misériæ & de luto fæcis ;

Et státuit super petrã pedes meos, * & diréxit gressus meos ;

Et immísit in os meum cánticum novum , * carmen Deo nostro.

Vidébunt multi & timébunt , * & sperábunt in Dómino.

Beátus vir cujus est nomen Dómini spes ejus * & non respéxit in vanitátes & insánias falsas.

Multa fecísti tu , Dómine Deus meus , mirabília tua ; * & cogitatiónibus tuis non est qui símilis sit tibi.

Annuntiávi & locútus sum ; * multiplicáti sunt super númerum.

Sacrificium & oblatiónem noluísti ; * aures autem perfecísti mihi.

Holocáustum & pro peccáto non postulásti ; * tunc dixi, Ecce vénio.

In cápite libri scriptum est de me ut fácerem voluntátem tuam : * Deus meus , vólui , & legem tuam in médio cordis mei.

Annuntiávi justítiam tuam in ecclésia magna : * ecce lábia mea non prohibébo ; Dómine , tu scisti.

Justítiam tuam non abscóndi in corde meo ; * veritátem tuam & salutáre tuum dixi.

Non abscóndi misericórdiã tuã & veritátem tuam * à concílio multo.

Tu autem Dómine , ne longè fácias miseratiónes tuas à me : * misericórdia tua & véritas tua semper suscepérunt me.

Quóniam circumdedérunt me mala quorum non est númerus ; * comprehendérunt me iniquitátes meæ , & non pótui ut vidérem :

Multiplicátæ sunt super capíllos cápitis mei ; * & cor meum derelíquit me.

Compláceat tibi , Dómine,ut éruas me : * Dómine , ad adjuvándum me réspice.

Confundántur & revereántur simul qui quærunt ánimam meam * ut áuferant eam :

Convertántur retrórsùm & revereántur * qui volunt mihi mala :

Ferant conféstim confusiónem suã * qui dicunt mihi, Euge, euge.

Exúltent & læténtur super te omnes quæréntes te ; * & dicant semper , * Magnificétur Dóminus , qui díligunt salutáre tuum.

Ego autem mendícus sum & pauper ; * Dóminus sollícitus est meî.

Adjútor meus & protéctor meus tu es : * Deus meus , ne tardáveris.

Ant. Ut non delínquam in lingua mea.

Ant. Sana.

Pseaume 40.

Beátus qui intélligit super egénum & páuperem ; * in die mala liberábit eum Dóminus.

Dóminus consérvet eum & vivíficet eum & beátum fáciat eum in terra , * & non tradat eum in ánimam inimicórum ejus :

Dóminus opem ferat illi super lectú

dolóris ejus : * univérsum stratum ejus verfásti in infirmitáte ejus.

E go dixi, Dómine, miferére meî : * fana ánimam meam, quia peccávi tibi.

I nimíci mei dixérunt mala mihi ; * Quando moriétur, & perîbit nomen ejus ?

E t fi ingrediebátur ut vidéret, vana loquebátur ; * cor ejus congregávit iniquitátem fibi :

E grediebátur foras, * & loquebátur in idípfum.

A dvérsùm me fufurrábant omnes inimíci mei ; * advérsùm me cogitábant mala mihi :

V erbum iníquum conftituérunt advérsùm me ; * Numquid qui dormit non adjíciet ut refúrgat ?

E tenim homo pacis meæ in quo fperávi, * qui edébat panes meos, magnificávit fuper me fupplantatiónem.

T u autem, Dómine, miferére meî, & refúfcita me ; * & retríbuam eis.

I n hoc cognóvi quóniam voluífti me, * quóniam non gaudébit inimícus meus fuper me.

M e autem propter innocéntiam fufcepífti, * & confirmáfti me in confpéctu tuo in ætérnum.

B enedíctus Dóminus Deus Ifrael à féculo & ufque in féculum. * Fiat, fiat.

Pfeaume 41.

Q Uemádmodum desíderat cervus ad fontes aquárum, * ita desíderat ánima mea ad te, Deus.

S itívit ánima mea ad Deum fortem, vivum. * Quando véniam, & apparébo ante fáciem Dei ?

F uérunt mihi láchrymæ meæ panes die ac nocte, * dum dícitur mihi quotídie, Ubi eft Deus tuus ?

H æc recordátus fum, & effúdi in me ánimam meam, * quóniam tranfíbo in locum tabernáculi admirábilis, ufque ad domum Dei,

I n voce exultatiónis & confefliónis, * fonus epulántis.

Q uare tríftis es, ánima mea, * & quare contúrbas me ?

S pera in Deo, quóniam adhuc confitébor illi : * falutáre vultus mei & Deus meus.

A d meípfum ánima mea conturbáta eft : * proptéreà memor ero tui de terra Jordánis & Hermóniim à monte módico.

A byffus abyffum ínvocat * in voce cataractárum tuárum :

O mnia excélfa tua & fluctus tui * fuper me tranfiérunt.

I n die mandávit Dñus mifericórdiã fuam, * & nocte cánticum ejus.

A pud me orátio Deo vitæ meæ : * dicam Deo, Sufcéptor meus es.

Q uare oblítus es meî ? & quare contriftátus incédo * dum afflígit me inimícus ?

D um confringúntur offa mea, * exprobravérunt mihi qui tríbulant me inimíci mei ;

D um dicunt mihi per síngulos dies, Ubi eft Deus tuus ? * Quare tríftis es, ánima mea, & quare contúrbas me ?

S pera in Deo, quóniam adhuc confitébor illi ; * falutáre vultus mei & Deus meus.

Ant. Sana, Dómine, ánimam meam, quia peccávi tibi.

Ant. Eructávit.

Pseaume 43.

DEus, áuribus noftris audívimus, * patres noftri annuntiavérunt nobis

Opus quod operátus es in diébus eórum * & in diébus antíquis.

Manus tua Gentes difpérdidit, & plantáfti eos ; * afflixífti pópulos & expulífti eos.

Nec enim in gládio fuo poffedérunt terram, * & bráchium eórum non falvávit eos,

Sed déxtera tua & bráchium tuum & illuminátio vultus tui; * quóniam complacuífti in eis.

Tu es ipfe Rex meus & Deus meus, * qui mandas falútes Jacob.

In te inimícos noftros ventilábimus cornu, * & in nómine tuo fpernémus infurgéntes in nobis.

Non enim in arcu meo fperábo, * & gládius meus non falvábit me.

Salváfti enim nos de affligéntibus nos, * & odiéntes nos confudífti.

In Deo laudábimur totâ die, * & in nómine tuo confitébimur in féculum.

Nunc autem repulífti & confudífti nos, * & non egredíeris, Deus, in virtútibus noftris:

Avertífti nos retrórsùm poft inimícos noftros; * & qui odérunt nos diripiébant fibi:

Dedífti nos tanquam oves efcárum, * & in Géntibus difpersífti nos :

Vendidífti pópulum tuum fine prétio, * & non fuit multitúdo in commutatiónibus eórum:

Pofuífti nos oppróbrium vicínis noftris, * fubfannatiónem & derifum his qui funt in circúitu noftro :

Pofuífti nos in fimilitúdinem Géntibus, * commotiónem cápitis in pópulis.

Totâ die verecúndia mea contra me eft, * & confúfio faciéi meæ coopéruit me

A voce exprobrántis & obloquéntis, * à fácie inimíci & perfequéntis.

Hæc ómnia venérunt fuper nos, nec oblíti fumus te, * & iníquè non égimus in teftaménto tuo,

Et non recéffit retrô cor noftrum: * & declináfti fémitas noftras à via tua :

Quóniam humiliáfti nos in loco afflictiónis, * & coopéruit nos umbra mortis.

Si oblíti fumus nomen Dei noftri, * & fi expándimus manus noftras ad deum aliénum ;

Nonne Deus requíret ifta ? * ipfe enim novit abfcóndita cordis.

Quóniam propter te mortificámur totâ die ; * æftimáti fumus ficut oves occifiónis.

Exúrge; quare obdórmis, Dómine ? * exúrge, & ne repéllas in finem.

Quare fáciem tuam avértis, * oblivífceris inópiæ noftræ & tribulatiónis noftræ ?

Quóniam humiliáta eft in púlvere ánima noftra; * conglutinátus eft in terra venter nofter.

Exúrge, Dñe ; ádjuva nos ; * & rédime nos propter nomen tuum.

Pseaume 44.

ERuctávit cor meum verbum bonum; * dico ego ópera mea Regi.

Lingua mea cálamus fcribæ * velóciter fcribéntis.

Speciófus formâ præ filiis hóminum ; diffúfa eft grátia in lábiis tuis; * proptéreà benedíxit te Deus in æternum.

Accíngere gládio tuo fuper femur tuum, * potentíffime.

Spécie tuâ & pulchritúdine tuâ * inténde, prófperè procéde, & regna,

Propter veritátem & manfuetúdinem & juftítiam ; * & dedúcet te mirabíliter déxtera tua.

Sagíttæ tuæ acútæ, pópuli fub te cadent, * in corda inimicórum regis.

Sedes tua, Deus, in féculum féculi ; * virga directiónis, virga regni tui.

Dilexífti juftítiam, & odífti iniquitátem ; * proptéreà unxit te Deus, Deus tuus, óleo lætítiæ præ confórtibus tuis.

Myrrha & gutta & cáfia à veftiméntis tuis à dómibus ebúrneis, * ex quíbus delectavérunt te filiæ regum in honóre tuo.

Aftitit regína à dextris tuis in veftítu deauráto * circúmdata varietáte.

Audi, filia, & vide, & inclína aurem tuam ; * & oblivífcere pópulum tuum & domum patris tui:

Et concupífcet Rex decórem tuû, * quóniam ipfe eft Dóminus Deus tuus, & adorábunt eum.

Et filiæ Tyri in munéribus * vultum tuum deprecabúntur, omnes dívites plebis.

Omnis glória ejus filiæ Regis ab intùs, * in fimbriis áureis circumamícta varietátibus

Adducéntur Regi vírgines poft eam : * próximæ ejus afferéntur tibi ;

Afferéntur in lætítia & exultatióne ; * adducéntur in templum regis.

Pro pátribus tuis nati funt tibi filii; * conftitues eos príncipes fuper omnem terram.

Mémores erunt nóminis tui * in omni generatióne & generatióne.

Proptéreà pópuli confitebúntur tibi in æternum * & in féculum féculi.

Ant. Eructávit cor meum verbum bonum.

Ant. Adjútor.

Pfeaume 45.

Deus nofter refúgium & virtus ; * adjútor in tribulatiónibus quæ invenérunt nos nimis.

Proptéreà non timébimus dum turbábitur terra * & transferéntur montes in cor maris.

Sonuérunt & turbátæ funt aquæ eórum ; * conturbáti funt montes in fortitúdine ejus.

Flúminis ímpetus lætíficat civitátem Dei : * fanctificávit tabernáculum fuum Altíffimus :

Deus in médio ejus ; non commovébitur : * adjuvábit eam Deus manè dilúculo.

Conturbátæ funt Gentes, & inclináta funt regna : * dedit vocem fuam, mota eft terra.

Dóminus virtútum nobífcum ; * fufcéptor nofter Deus Jacob.

Veníte, & vidéte ópera Dñi, quæ pófuit prodígia fuper terram, * auferens bella ufque ad finem terræ.

Afcum

Arcum cónteret, & confringet arma, * & scuta combúret igni.

Vacáte, & vidéte quóniam ego sum Deus : * exaltábor in Géntibus & exaltábor in terra.

Dóminus virtútum nobíscum ; * suscéptor noster Deus Jacob.

Pseaume 46.

OMnes Gentes, pláudite mánibus ; * jubiláte Deo in voce exultatiónis :

Quóniam Dóminus excélsus, terríbilis, * Rex magnus super omnem terram.

Subjécit pópulos nobis * & Gentes sub pédibus nostris.

Elégit nobis hereditátem suam, * spéciem Jacob quam diléxit.

Ascéndit Deus in júbilo, * & Dóminus in voce tubæ.

Psállite Deo nostro, psállite, * psállite Regi nostro, psállite :

Quóniam Rex omnis terræ Deus ; * psállite sapiénter.

Regnábit Deus super Gentes ; * Deus sedet super sedem sanctam suam.

Príncipes populórum congregáti sunt cum Deo Abraham, * quóniam dii fortes terræ vehementer eleváti sunt.

Ant. Adjútor in tribulatiónibus.
Ant. Magnus Dóminus.

Pseaume 47.

MAgnus Dóminus & laudábilis nimis * in civitáte Dei nostri, in monte sancto ejus.

Fundátur exultatióne univérsæ terræ mons Sion, * látera Aquilónis, civitas Regis magni.

Deus in dómibus ejus cognoscétur * cùm suscípiet eam.

Quóniam ecce reges terræ congregáti sunt, * convenérunt in unú.

Ipsi vidéntes sic admiráti sunt, conturbáti sunt, commóti sunt, * tremor apprehéndit eos :

Ibi dolóres ut parturiéntis : * in spíritu veheménti cónteres naves Tharsis.

Sicut audívimus, sic vídimus in civitáte Dómini virtútum, in civitáte Dei nostri ; * Deus fundávit eam in ætérnum.

Suscépimus, Deus, misericórdiam tuam * in médio templi tui.

Secúndùm nomen tuum, Deus, sic & laus tua in fines terræ ; * justítiâ plena est déxtera tua.

Lætétur mons Sion & exúltent fíliæ Júdæ * propter judícia tua, Dómine.

Circúmdate Sion, & complectímini eam ; * narráte in túrribus ejus :

Pónite corda vestra in virtúte ejus ; * & distribúite domos ejus, ut enarrétis in progénie áltera :

Quóniam hic est Deus, Deus noster in ætérnum & in séculum séculi ; * ipse reget nos in sécula.

Pseaume 48.

AUdíte hæc, omnes Gentes ; * áuribus percípite, omnes qui habitátis orbem,

Quique terrígenæ & filii hóminum, * simul in únum dives & pauper.

Os meum loquétur sapiéntiam, * & meditátio cordis mei prudéntia.

Inclinábo in parábolá aurem meam ; * apériam in psaltério propositiónem meam,

Cur timébo in die mala ? * iníquitas calcánei mei circúmdabit me.

Qui confídunt in virtúte sua, * & in multitúdine divitiárum suárum gloriántur.

Frater non rédimit, rédimet homo : * non dabit Deo placatiónem suam

Et prétium redemptiónis ánimæ suæ : * & laborábit in ætérnum, & vivet adhúc in finem :

Non vidébit intéritum, cùm víderit sapiéntes moriéntes : * simul insípiens & stultus períbunt,

Et relínquent aliénis divitias suas ; * & sepúlchra eórum domus illórú in ætérnum,

Tabernácula eórum in progénie & progénie ; * vocavérunt nómina sua in terris suis.

Et homo, cùm in honóre esset, non intelléxit : * comparátus est juméntis insipiéntibus, & símilis factus est illis.

Hæc via illórum scándalum ipsis ; * & póstea in ore suo complacébunt.

Sicut oves in inférno pósiti sunt ; * mors depáscet eos.

Et dominabúntur eórum justi in matutíno : * & auxílium eórum veteráscet in inférno à glória eórum.

Verúmtamen Deus rédimet ánimam meam de manu ínferi, * cùm accéperit me.

Ne timúeris cùm dives factus fúerit homo, * & cùm multiplicáta fúerit glória domus ejus :

Quóniam cùm interíerit, non sumet ómnia ; * neque descéndet cum eo glória ejus.

Quia ánima ejus in vita ipsíus bene

dicétur ; * confitébitur tibi, cùm beneféceris ei.

Introíbit usque in progénies patrum suórum, * & usque in ætérnum non vidébit lumen.

Homo, cùm in honóre esset, non intelléxit : * comparátus est juméntis insipiéntibus, & símilis factus est illis.

Ant. Magnus Dóminus & laudábilis nimis.

Ant. Deus deórum.

Pseaume 49.

Deus deórum Dóminus locútus est, * & vocávit terram

A solis ortu usque ad occásum. *

Ex Sion spécies decóris ejus.

Deus manifésté véniet, * Deus noster, & non silébit.

Ignis in conspéctu ejus exardéscet, * & in circúitu ejus tempéstas válida.

Advocábit coelum desúrsum * & terram discérnere pópulum suum.

Congregáte illi sanctos ejus * qui órdinant testaméntum ejus super sacrifícia.

Et annuntiábunt coeli justítiam ejus, * quóniam Deus judex est.

Audi, pópulus meus, & loquar ; Israel, & testificábor tibi : * Deus, Deus tuus ego sum.

Non in sacrifíciis tuis árguam te ; * holocáusta autem tua in conspéctu meo sunt semper.

Non accípiam de domo tua vítulos * neque de grégibus tuis hircos,

Quóniam meæ sunt omnes feræ silvárum, * juménta in móntibus & boves.

Cognóvi ómnia volatília coeli, *

& pulchritúdo agri mecum est. Si esuriero, non dicam tibi; * meus est enim orbis terræ & plenitúdo ejus.

Numquid manducábo carnes taurórum ? * aut sánguinem hircórum potábo ?

Immola Deo sacrificium laudis, * & redde Altíssimo vota tua;

Et ínvoca me in die tribulatiónis: * éruam te, & honorificábis me.

Peccatóri autem dixit Deus, * Quare tu enárras justítias meas, & assúmis testaméntum meum per os tuú ?

Tu verò odísti disciplínam, * & projecísti sermónes meos retrórsum.

Si vidébas furem, currébas cum eo ; * & cum adúlteris portiónem tuam ponébas :

Os tuum abundávit malítiâ, * & lingua tua concinnábat dolos :

Sedens advérsùs fratrem tuum loquebáris, & advérsùs filium matris tuæ ponébas scándalum. * Hæc fecísti, & tácui.

Existimásti iníquè quòd ero tuí símilis : * árguam te, & státuam contra fáciem tuam.

Intellígite hæc, qui obliviscímini Deum ; * nequándo rápiat, & non sit qui erípiat.

Sacrifíciú laudis honorificábit me : * & illic iter quo osténdam illi salutáre Dei.

Pseaume 51.

Quid gloriáris in malítia, * qui potens es in iniquitáte ? Totâ die injustítiam cogitávit lingua tua ; * sicut novácula acúta fecísti dolum.

Dilexísti malítiam super benignitá-

tem ; * iniquitátem magis, quàm loqui æquitátem.

Dilexísti ómnia verba præcipitatiónis, * lingua dolósa.

Proptereà Deus déstruet te in finem ; * evéllet te, & emigrábit te de tabernáculo tuo, & radicem tuá de terra vivéntium.

Vidébunt justi, & timébunt, & super eum ridébunt, & dicent, * Ecce homo qui non pósuit Deum adjutórem suum ;

Sed sperávit in multitúdine divitiárum suárum, * & prævátuit in vanitáte sua.

Ego autem sicut olíva fructífera in domo Dei ; * sperávi in misericórdia Dei in ætérnum & in séculum séculi.

Confitébor tibi in séculum, quia fecísti ; * & expectábo nomen tuum, quóniam bonum est in conspéctu Sanctórum tuórum.

Ant. Deus deórum Dóminus locútus est.

Pour la Ferie, ℣. Immola Deo sacrificium laudis, ℟. Et redde Altíssimo vota tua.

Pour un Martyr, ℣. Posuísti, Dómine, super caput ejus ℟. Corónam de lápide pretióso.

Pour plusieurs Martyrs, ℣. Exúltent justi in conspéctu Dei, ℟. Et delecténtur in lætítia.

Pour un Confesseur Pontife, ℣. Elégit eum Dóminus sacerdótem sibi, ℟. Ad sacrificándum ei hóstiam laudis.

Pour un Confesseur non Pontife, ℣. Os justi meditábitur sapiéntiam, ℟. Et lingua ejus loquétur judícium.

E ij

Pour une Sainte, ℣. Adjuvábit eam Deus vultu suo. ℟. Deus in médio ejus, non commovébitur.

Pater noster.

Absolution.

Ipsíus píetas & misericórdia nos adjuvet qui cum Patre & Spíritu sancto vivit & regnat in sécula eculórum. ℟. Amen.

Jube, domne, bene dícere.

[Pour la Ferie, Benedictions. Lorsque les Leçons ne sont point de l'Evangile avec Homelie.

1. Deus Pater omnípotens sit nobis propítius & clemens. ℟. Amen.

2. Christus perpétuæ det nobis gáudia vitæ. ℟. Amen.

3. Ignem sui amóris accéndat Deus in córdibus nostris. ℟. Amen.

Lorsque les Leçons sont de l'Evangile avec Homelie.

1. Evangélica léctio sit nobis salus & protéctio. ℟. Amen.

2. Divínum auxílium máneat semper nobíscum. ℟. Amen.

3. Ad societátem cívium supernórum perdúcat nos Rex Angelórum. ℟. Amen.

Après la troisiéme Leçon on dit un Répons au lieu de Te Deum.]

[Pour les Fêtes de trois Leçons, Benedictions.

1. Ille nos benedícat qui sine fine vivit & regnat. ℟. Amen.

Les Leçons & les Répons convenables à la Fête.

2. Cujus festum cólimus, ipse ou ipsa intercédat pro nobis ad Dóminum. ℟. Amen. Si l'Office se fait de plusieurs Saints, il faut dire, Quorum ou Quarum festum cóli-

mus, ipsi ou ipsæ intercédant pro nobis ad Dóminum. ℟. Amen.

3. Ad societátem cívium supernórum perdúcat nos Rex Angelórum. ℟. Amen.

Après la troisieme Leçon au lieu de Répons on dit Te Deum, p. 14.]

A LAUDES.

Ant. Dele, Dómine.

Pseaume 50.

Miserére mei, Deus, * secúndùm magnam misericórdiam tuam;

Et secúndùm multitúdinem miserratiónum tuárum * dele iniquitátem meam.

Amplius lava me ab iníquitáte mea, * & à peccáto meo munda me;

Quóniam iniquitátem meam ego cognósco, * & peccátum meum contra me est semper;

Tibi soli peccávi & malum coram te feci: * ut justificéris in sermónibus tuis, & vincas cùm judicáris.

Ecce enim in iniquitátibus concéptus sum, * & in peccátis concépit me mater mea.

Ecce enim veritátem dilexísti; * incérta & occúlta sapiéntiæ tuæ manifestásti mihi.

Aspérges me hyssópo, & mundábor; * lavábis me, & super nivem dealbábor.

Audítui meo dabis gáudium & lætítiă; * & exultábunt ossa humiliáta.

Avérte fáciem tuă à peccátis meis, * & omnes iniquitátes meas dele.

Cor mundum crea in me, Deus, * & spíritum rectum innova in víscéribus meis.

Ne projícias me à fácie tua, * & Spíritum sanctum tuū ne áuferas à me.

Redde mihi lætítiam salutáris tui, * & spíritu principáli confirma me.

Docébo iníquos vias tuas; * & ímpii ad te converténtur.

Líbera me de sanguínibus, Deus, Deus salútis meæ; * & exultábit lingua mea justítiam tuam.

Dómine, lábia mea apéries; * & os meum annuntiábit laudem tuam.

Quóniam si voluísses sacrifícium, dedíssem útique; * holocáustis non delectáberis.

Sacrifícium Deo spíritus contribulátus; * cor contrítum & humiliátum, Deus, non despícies.

Benignè fac, Dómine, in bona voluntáte tua Sion, * ut ædificéntur muri Jerúsalem.

Tunc acceptábis sacrifíciū justítiæ, oblatiónes & holocáusta; * tunc impónent super altáre tuum vítulos.

Ant. Dele, Dómine, iniquitátem meam.

Ant. Salutáre.

Pseaume 42.

Júdica me, Deus, & discérne causam meam de gente non sancta; * ab hómine iníquo & dolóso érue me;

Quia tu es, Deus, fortitúdo mea. * Quare me repulísti? & quare tristis incédo, dum afflígit me inimícus?

Emítte lucem tuam & veritátem tuam: * ipsa me deduxérunt & adduxérunt in montem sanctum tuum & in tabernácula tua.

Et introíbo ad altáre Dei, * ad Deū qui lætíficat juventútem meam.

Confitébor tibi in cíthara, Deus, Deus meus. * Quare tristis es, ánima mea? & quare contúrbas me? Spera in Deo, quóniam adhuc confitébor illi; * salutáre vultûs mei & Deus meus.

Ant. Salutáre vultûs mei & Deus meus.

Ant. Ad te de luce.

Pseaume 62.

Deus Deus meus, * ad te de luce vígilo.

Sitívit in te ánima mea: * quàm multiplíciter tibi caro mea!

In terra desérta & ínvia & inaquósa, * sic in sancto appárui tibi, ut vidérem virtútem tuam & glóriam tuam.

Quóniam mélior est misericórdia tua super vitas, * lábia mea laudábunt te.

Sic benedícam te in vita mea, * & in nómine tuo levábo manus meas.

Sicut ádipe & pinguédine repleátur ánima mea, * & lábiis exultatiónis laudábit os meum.

Si memor fui tuī super stratum meū, in matutínis meditábor in te; * quia fuísti adjútor meus.

Et in velaménto alárum tuárum exultábo: adhæsit ánima mea post te: * me suscépit déxtera tua.

Ipsi verò in vanum quæsiérunt ánimam meam: introíbunt in inferióra terræ: * tradéntur in manus gládii: partes vúlpium erunt.

Rex verò lætábitur in Deo, laudabúntur omnes qui jurant in eo; * quia obstrúctum est os loquéntium iníqua.

On ne dit point ici Glória Patri.

R. 4. Automne. E iij

Pseaume 66.

Deus misereátur nostri, & benedícat nobis; * illúminet vultum suum super nos, & misereátur nostri;

Ut cognoscámus in terra viam tuá, * in ómnibus Géntibus salutáre tuú.

Confiteántur tibi pópuli, Deus; * confiteántur tibi pópuli omnes.

Læténtur & exúltent Gentes, * quóniam júdicas pópulos in æquitáte & Gentes in terra dírigis.

Confiteántur tibi pópuli, Deus, cófiteántur tibi pópuli omnes: * terra dedit fructum suum.

Benedícat nos Deus, Deus noster, benedícat nos Deus: * & métuant eum omnes fines terræ.

Ant. Ad te de luce vígilo, Deus.

Ant. Cunctis diébus.

Cantique d'Ezechias. *Is.* 38.

Ego dixi, In dimídio diérum meórum * vadam ad portas ínferi.

Quæsívi resíduum annórum meórum; * dixi, Non vidébo Dóminum Deum in terra vivéntium:

Non aspíciam hóminem ultrà * & habitatórem quiétis.

Generátio mea ablata est, & convolúta est à me * quasi tabernáculum pastórum.

Præcísa est velut à texénte vita mea: dum adhuc ordírer, succídit me : * de manè usque ad vésperam fínies me.

Sperábam usque ad manè; * quasi leo sic contrívit ómnia ossa mea.

De manè usque ad vésperam fínies me: * sicut pullus hirúndinis sic clámábo; meditábor ut colúmba.

Attenuáti sunt óculi mei, * suspiciéntes in excélsum.

Dómine, vim pátior; respónde pro me.* Quid dicam ? aut quid respondébit mihi, cùm ipse fécerit ?

Recogitábo tibi omnes annos meos * in amaritúdine ánimæ meæ.

Dómine, si sic vívitur, & in tálibus vita spíritus mei, corrípies me, & vivificábis me : * ecce in pace amaritúdo mea amaríssima.

Tu autem eruísti ánimam meam, ut non períret; * projecísti post tergum tuum ómnia peccáta mea.

Quia non inférnus confitébitur tibi neque mors laudábit te ; * non expectábunt qui descéndunt in lacum veritátem tuam.

Vivens vivens ipse confitébitur tibi, sicut & ego hódie ; * pater fíliis notam fáciet veritátem tuam.

Dómine , salvum me fac; * & psalmos nostros cantábimus cunctis diébus vitæ nostræ in domo Dómini.

Ant. Cunctis diébus vitæ nostræ salvos nos fac, Dómine.

Ant. Omnes Angeli.

Pseaume 148.

Laudáte Dóminum de coelis : * laudáte eum in excélsis.

Laudáte eum, omnes Angeli ejus. * Laudáte eum, omnes Virtútes ejus.

Laudáte eum, sol & luna. * Laudáte eum, omnes stellæ & lumen.

Laudáte eum, coeli coelórum : * & aquæ omnes quæ super coelos sunt laudent nomen Dómini.

Quia ipse dixit, & facta sunt : * ipse mandávit, & creáta sunt.

Státuit ea in ætérnum & in séculum seculi :* præceptum posuit , & non præteribit.

Laudáte Dóminum de terra ,* dracónes & omnes abyssi ,

Ignis, grando, nix, glácies, spíritus procellárum * quæ fáciunt verbum ejus ,

Montes & omnes colles , * ligna fructífera & omnes cedri ,

Béstiæ & univérsa pécora , * serpéntes & vólucres pennátæ ,

Reges terræ & omnes pópuli , * principes & omnes júdices terræ ,

Júvenes & vírgines , senes cum junióribus, laudent nomen Dómini,* quia exaltátu est nomen ejus solíus.

Conféssio ejus super cœlum & terram;* & exaltávit cornu pópuli sui.

Hymnus ómnibus sanctis ejus , * filiis Israel, pópulo appropinquánti sibi.

On ne dit point ici Glória Patri.

Pseaume 149.

CAntáte Dómino cánticum novum : * laus ejus in Ecclésia Sanctórum.

Lætétur Israel in eo qui fecit eum,* & filii Sion exúltent in rege suo,

Laudent nomen ejus in choro ; * in tympano & psaltério psallant ei :

Quia beneplácitum est Dómino in pópulo suo , * & exaltábit mansuétos in salútem.

Exultábunt sancti in glória : * lætabúntur in cubílibus suis :

Exaltatiónes Dei in gútture eórum , * & gládii ancípites in mánibus eórum

Ad faciéndam vindíctam in natiónibus , * increpatiónes in pópulis ;

Ad alligándos reges eórum in com-

pédibus , * & nóbiles eórum in mánicis férreis ;

Ut fáciant in eis judícium conscriptum. * Glória hæc est ómnibus sanctis ejus.

On ne dit point ici Glória Patri.

Pseaume 150.

LAudáte Dóminum in sanctis ejus : * laudáte eum in firmaménto virtútis ejus.

Laudáte eum in virtútibus ejus : * laudáte eum secúndum multitúdinem magnitúdinis ejus.

Laudáte eum in sono tubæ : * laudáte eum in psaltério & cíthara :

Laudáte eu in tympano & choro:* laudáte eum in chordis & órgano :

Laudáte eum in cymbalis bene sonántibus ; laudáte eum in cymbalis jubilatiónis. * Omnis spíritus laudet Dóminum.

Glória Patri.

Ant. Omnes Angeli ejus , laudáte Dóminum de cœlis.

Chapitre. Rom. 13.

NOx præcéssit , dies autem appropinquávit ; abjiciámus ergo ópera tenebrárum , & induámur arma lucis ; sicut in die honéstè ambulémus. R. Deo grátias.

Hymne.

ALes diéi núntius Lucem propínquam præcinit;
Nos excitátor méntium
Jam Christus ad vitam vocat.

Auférte, clamat, léctulos
Ægro sopóre désides ;
Castíque, recti ac sóbrii
Vigiláte ; jam sum próximus.

Jesum ciámus vócibus,
Flentes, precántes, sóbrii ;

Inténta supplicátio
Dormíre cor mundum vetat.
Tu, Chriſte, somnum díſcute ;
Tu rumpe noĉtis víncula ;
Tu ſolve peccátum vetus,
Novúmque lumen íngere.
Deo Patri ſit glória
Ejúſque ſoli Fílio,
Cum Spíritu Parácleto,
{ A. Et nunc & in perpétuum.
{ N. Nunc & per omne ſéculum.
     Amen.
     ℣. Repléti ſumus manè miſericórdiâ tuâ : ℞. Exultávimus & delectáti ſumus.
     Ant. Erexit.
     Cantique de Zacharie. *Luc.* 1.

Benedíĉtus Dóminus Deus Iſrael, * quia viſitávit, & fecit redemtiónem plebis ſuæ,
Et eréxit cornu ſalútis nobis * in domo David púeri ſui,
Sicut locútus eſt per os ſanĉtórum* qui à ſéculo ſunt, prophétarum ejus;
Salútem ex inimicis noſtris * & de manu ómnium qui odérunt nos :
Ad faciéndam miſericórdiam cum pátribus noſtris ; * & memorári teſtaménti ſui ſanĉti :
Jusjurándum quod jurávit ad Abraham patrem noſtrum, * datúrum ſe nobis
Ut ſine timóre de manu inimicórū noſtrórum liberáti * ſerviámus illi
In ſanĉtitáte & juſtítia coram ipſo * ómnibus diébus noſtris.
Et tu, puer, Prophéta Altíſſimi vocáberis ; * præíbis enim ante fáciem Dómini paráre vias ejus,
Ad dandam ſciéntiam ſalútis plebi ejus * in remiſſiónem peccatórum eórum,
Per víſcera miſericórdiæ Dei noſtri * in quibus viſitávit nos Oriens ex alto,
Illumináre his qui in ténebris & in umbra mortis ſedent, * ad dirigéndos pedes noſtros in viam pacis.
Glória Patri.
     Ant. Eréxit nobis Dóminus cornu ſalútis in domo David púeri ſui.

     Tout le reſte comme il eſt marqué après l'Antienne de Benedíctus de la ſeconde Ferie, page 57.

LA QUATRIEME FERIE A MATINES.

S'il arrive en cette Ferie une Fête de trois Leçons, les Matines ſe diſent comme ci-deſſous, en obſervant les differences qui ſont marquées.

     Pour la Ferie.
[Invitatoire. In manu tua, Dómine, * Omnes fines terræ.
     Le Pſ. 94. Veníte, page 2.
         Hymne.

Rerum Creátor óptime
Reĉtórque noſter, áſpice ;
Nos à quiéte nóxia
Merſos ſopóre líbera.

Te, ſanĉte Chriſte, póſcimus,
Ignóſce culpis ómnibus :
Ad confiténdum ſúrgimus
Moráſque noĉtis rúmpimus.
Mentes manúſque tóllimus,
Prophéta ſicut nóĉtibus
Nobis geréndum præcipit
Paulúſque geſtis cénſuit.
Vides malum quod fécimus ;

Occúlta noftra pándimus ;
Preces geméntes fúndimus ,
Dimítte quod peccávimus.
Præfta, Pater piíffime
Patríque compar Unice ,
Cum fpíritu Parácleto
Regnans per omne féculum.
    Amen.]

Pour les Fêtes de trois Leçons.
[L'Invitatoire & l'Hymne convenables.]
    Ant. Avértit Dóminus.

Pfeaume 52.

Ixit infípiens in corde fuo,
* Non eft Deus.
    Corrúpti funt & abomi-
nábiles facti funt in iniquitátibus ; *
non eft qui fáciat bonum.

Deus de cœlo profpéxit fuper fílios hóminum * ut vídeat fi eft intélligens aut requírens Deum.

Omnes declinavérunt ; fimul inútiles facti funt ; * non eft qui fáciat
bonum , non eft ufque ad unum.

Nonne fcient omnes qui operántur iniquitátem , * qui dévorant
plebem meam ut cibum panis ;

Deum non invocavérunt ; * illic
trepidavérunt timóre ubi non erat
timor.

Quóniam Deus diffipávit offa eórum qui homínibus placent ; * con-
fúfi funt , quóniam Deus fprevit
eos.

Quis dabit ex Sion falutáre Ifrael ?*
Cum convérterit Deus captivitátem plebis fuæ , exultábit Jacob &
lætábitur Ifraël.

Pfeaume 54.

Xáudí , Deus , oratiónem
meam , & ne defpéxeris deprecatiónem meam ; * inténde mihi , & exáudi me.

Contriftátus fum in exercitatióne
mea , * & conturbátus fum à voce
inimíci & à tribulatióne peccatóris :

Quóniam declinavérunt in me iniquitátes ; * & in ira moléfti erant
mihi.

Cor meum conturbátum eft in
me , * & formído mortis cécidit fuper me :

Timor & tremor venérunt fuper
me ; * & contexérunt me ténebræ.

Et dixi , Quis dabit mihi pennas
ficut colúmbæ ? * & volábo , &
requiéfcam.

Ecce elongávi fúgiens , * & manfi
in folitúdine.

Expectábam eum qui falvum me
fecit * à pufillanimitáte fpíritus &
tempeftáte.

Præcípita , Dómine , dívide linguas eórum ; * quóniam vidi iniquitátem & contradictiónem in civitáte.

Die ac nocte circúmdabit eam fuper muros ejus iníquitas ; * & labor in médio ejus & injuftítia ;

Et non defécit de platéis ejus *
ufúra & dolus.

Quóniam fi inimícus meus male-
díxiffet mihi , * fuftinuiffem útique ;

Et fi is qui óderat me , fuper me
magna locútus fuiffet , * abfcondíf-
fem me fórfitan ab eo.

Tu verò , homo unánimis , * dux
meus & notus meus ,

Qui fimul mecum dulces capiébas
cibos ; * in domo Dei ambulávimus cum confénfu.

Véniat mors super illos ; * & descéndant in inférnum vivéntes,

Quóniam nequítiæ in habitáculis eórum, * in médio eórum.

Ego autem ad Deum clamávi ; * & Dóminus salvábit me.

Véspere & mane & merídie narrábo & annuntiábo ; * & exáudiet vocem meam.

Rédimet in pace ánimam meam ab his qui appropínquant mihi , * quóniam inter multos erant mecum.

Exáudiet Deus , & humiliábit illos * qui est ante sécula.

Non enim est illis commutátio , & non timuérunt Deum. * Exténdit manum suam in retribuéndo.

Contaminavérunt testaméntum ejus ; divísi sunt ab ira vultus ejus ; * & appropinquávit cor illíus.

Mollíti sunt sermónes ejus super óleum ; * & ipsi sunt jácula.

Jacta super Dóminum curam tuam, & ipse te enútriet : * non dabit in ætérnum fluctuatiónem justo.

Tu verò , Deus, dedúces eos * in púteum intéritûs.

Viri sánguinum & dolósi non dimidiábunt dies suos : * ego autem sperábo in te , Dómine.

Ant. Avértit Dóminus captivitátem plebis suæ,

Ant. Quóniam,

Pseaume 55.

MIserére meî , Deus , quóniam conculcávit me homo; * totâ die impúgnans tribulávit me.

Conculcavérunt me inimíci mei totâ die ; * quóniam multi bellántes advérsùm me.

Ab altitúdine diéi timébo : * ego verò in te sperábo.

In Deo laudábo sermónes meos ; in Deo sperávi ; * non timébo quid fáciat mihi caro.

Totâ die verba mea execrabántur ; * advérsùm me omnes cogitatiónes eórum in malum.

Inhabitábunt & abscóndent : * ipsi calcáneum meum observábunt.

Sicut sustinuérunt ánimam meam, pro níhilo salvos fácies illos : * in ira pópulos confrínges.

Deus , vitam meam annuntiávi tibi : * posuísti lácrymas meas in conspéctu tuo.

Sicut & in promissióne tua , * tunc converténtur inimíci mei retrórsùm.

In quacúmque die invocávero te , * ecce cognóvi quóniam Deus meus es.

In Deo laudábo verbum , in Dómino laudábo sermónem ; * in Deo sperávi ; non timébo quid fáciat mihi homo.

In me sunt , Deus, vota tua * quæ reddam, laudatiónes tibi ;

Quóniam eripuísti ánimam meam de morte & pedes meos de lapsu, * ut pláceam coram Deo in lúmine vivéntium,

Pseaume 56.

MIserére meî , Deus, miserére meî , * quóniam in te confídit ánima mea,

Et in umbra alárum tuárum sperábo, * donec tránseat iníquitas.

Clamábo ad Deum altíssimum , * Deum qui benefécit mihi.

Misit de cœlo & liberávit me ; * dedit in oppróbrium conculcántes me,

Misit Deus misericórdiam suam & veritátem suam, * & erípuit ánimam meam de médio catulórum leónum; dormívi conturbátus.

Fílii hóminum, dentes eórum arma & sagíttæ, * & lingua eórum gládius acútus.

Exaltáre super cœlos, Deus; * & in omnem terram glória tua.

Láqueum paravérunt pédibus meis, * & incurvavérunt ánimam meam.

Fodérunt ante fáciem meam fóveam, * & incidérunt in eam.

Parátum cor meum, Deus, parátum cor meum ; * cantábo & psalmum dicam.

Exúrge, glória mea ; exúrge, psaltérium & cíthara : * exúrgam dilúculo.

Confitébor tibi in pópulis, Dómine, * & psalmum dicam tibi in Géntibus:

Quóniam magnificáta est usque ad cœlos misericórdia tua, * & usque ad nubes véritas tua.

Exaltáre super cœlos, Deus, * & super omnem terram glória tua.

Ant. Quóniam in te confídit ánima mea.

Ant. Justa judicáte.

Pseaume 57.

SI verè útique justítiam loquímini, * recta judicáte, fílii hóminum :

Etenim in corde iniquitátes operámini ; * in terra injustítias manus vestræ concínnant.

Alienáti sunt peccatóres à vulva, erravérunt ab útero ; * locúti sunt falsa.

Furor illis secúndùm similitúdinem serpéntis, * sicut áspidis surdæ & obturántis aures suas,

Quæ non exáudiet vocem incantántium * & venéfici incantántis sapiénter.

Deus cónteret dentes eórum in ore ipsórum ; * molas leónum confrínget Dóminus.

Ad níhilum devénient tanquam aqua decúrrens: * inténdit arcum suum, donec infirméntur.

Sicut cera quæ fluit auferéntur : * supercécidit ignis, & non vidérunt solem.

Priúsquam intellígerent spinæ vestræ rhamnum, * sicut vivéntes sic in ira absórbet eos.

Lætábitur justus cùm víderit vindíctam ; * manus suas lavábit in sánguine peccatóris.

Et dicet homo, Si útique est fructus justo, * útique est Deus júdicans eos in terra.

Pseaume 58.

ERipe me de inimícis meis, Deus meus, * & ab insurgéntibus in me líbera me.

Eripe me de operántibus iniquitátem, * & de viris sánguinum salva me :

Quia ecce cepérunt ánimam meá; * irruérunt in me fortes.

Neque iníquitas mea neque peccátum meum, Dómine : * sine iniquitáte cucúrri & diréxi.

Exúrge in occúrsum meum, & vide : * & tu, Dómine Deus virtútum, Deus Ísrael.

Inténde ad visitándas omnes Gentes ; * non misereáris ómnibus qui operántur iniquitátem.

Converténtur ad vésperam & famem patiéntur ut canes, * & circuíbunt civitátem.

Ecce loquéntur in ore suo, & gládius in lábiis eórum; * quóniam quis audívit?

Et tu, Dómine, deridébis eos; * ad nihilum dedúces omnes gentes.

Fortitúdinem meam ad te custódiam, quia Deus suscéptor meus es: * Deus meus, misericórdia ejus prævéniet me.

Deus osténdet mihi super inimícos meos. Ne occídas eos, * nequándo obliviscántur pópuli mei.

Dispérge illos in virtúte tua, * & depóne eos, protéctor meus Dómine.

Delíctum oris eórum, sermónem labiórum ipsórum; * & comprehendántur in supérbia sua.

Et de execratióne & mendácio annuntiabúntur in consummatióne, * in ira consumatiónis, & non erunt.

Et scient quia Deus dominábitur Jacob * & finium terræ.

Converténtur ad vésperam & famem patiéntur ut canes, * & circuíbunt civitátem.

Ipsi dispergéntur ad manducándum; * si verò non fúerint saturáti, & murmurábunt.

Ego autem cantábo fortitúdinem tuam, * & exaltábo manè misericórdiam tuam;

Quia factus es suscéptor meus & refúgium meum * in die tribulatiónis meæ.

Adjútor meus, tibi psallam, quia Deus suscéptor meus es; * Deus meus misericórdia mea.

Ant. Justa judicáte, filii hóminũ.
Ant. Da nobis.

Pseaume 59.

DEus, repulísti nos & destruxísti nos; * irátus es, & misertus es nobis.

Commovísti terram & conturbásti eam; * sana contritiónes ejus, quia commóta est.

Ostendísti pópulo tuo dura; * potásti nos vino compunctiónis.

Dedísti metuéntibus te significatiónem * ut fúgiant à facie arcus.

Ut liberéntur dilécti tui, * salvum fac déxtera tua, & exáudi me.

Deus locútus est in sancto suo, * Lætábor, & partíbor Síchimam, & convállem tabernaculórum metíbor:

Meus est Gálaad, & meus est Manásses; * & Ephraim fortitúdo cápitis mei:

Juda rex meus: * Moab olla spei meæ:

In Idumæam exténdam calceaméntum meum: * mihi alienígenæ súbditi sunt.

Quis dedúcet me in civitátem munítam? * quis dedúcet me usque in Idumæam?

Nonne tu, Deus, qui repulísti nos * & non egrediéris, Deus, in virtútibus nostris?

Da nobis auxílium de tribulatióne, * quia vana salus hóminis.

In Deo faciémus virtútẽ; * & ipse ad nihilum dedúcet tribulántes nos.

Pseaume 60.

EXáudi, Deus, deprecatiónem meam; * inténde oratióni meæ.

A finibus terræ ad te clamávi , * dum anxiarétur cor meum. In petra exaltásti me ;

Deduxísti me , quia factus es spes mea , * turris fortitúdinis à fácie inimíci.

Inhabitábo in tabernáculo tuo in sécula ; * prótegar in velaménto alárum tuárum.

Quóniam tu, Deus meus, exaudísti oratiónem meam ; * dedísti hereditátem timéntibus nomen tuum.

Dies super dies regis adjícies ; * annos ejus usque in diem generatiónis & generatiónis.

Pérmanet in ætérnum in conspéctu Dei : * misericórdiam & veritátem ejus quis requíret ?

Sic psalmum dicam nómini tuo in séculum séculi , * ut reddam vota mea de die in diem.

Ant. Da nobis , Dómine , auxílium de tribulatióne.

Ant. Nonne Deo.

Pseaume 61.

NOnne Deo subjécta erit ánima mea ? * ab ipso enim salutáre meum :

Nam & ipse Deus meus & salutáris meus ; * suscéptor meus, non movébor ámplius.

Quoúsque irruítis in hóminē, * interficitis univérsi vos, tanquā parieti inclináto & macériæ depúlsæ ?

Verúmtamen prétium meum cogitavérunt repéllere, cucúrri in siti : * ore suo benedicébant, & corde suo maledicébant.

Verúmtamen Deo subjécta esto, ánima mea, * quóniam ab ipso patiéntia mea ;

Quia ipse Deus meus & Salvátor meus ; * adjútor meus, non emigrábo.

In Deo salutáre meum & glória mea ; * Deus auxílii mei, & spes mea in Deo est.

Speráte in eo, omnis congregátio pópuli ; effúndite coram illo corda vestra : * Deus adjútor noster in ætérnum.

Verúmtamen vani filii hóminum , mendáces filii hóminum in statéris ; * ut decípiant ipsi de vanitáte in idípsum.

Nolíte speráre in iniquitáte , & rapínas nolíte concupíscere : * divítiæ si áffluant, nolíte cor appónere.

Semel locútus est Deus, duo hæc audívi quia potéstas Dei est, & tibi, Dómine, misericórdia ; * quia tú reddes unicuíque juxta ópera sua.

Pseaume 63.

EXáudi, Deus, oratióné meam cùm déprecor. * A timóre inimíci éripe ánimam meam.

Protexísti me à convéntu malignántium ; * à multitúdine operántium iniquitátem :

Quia exacuérunt ut gládium linguas suas ; * intendérunt arcum rem amáram, ut sagíttent in occúltis immaculátum.

Súbito sagittábunt eum , & non timébunt : * firmavérunt sibi sermónem nequam :

Narravérunt ut abscónderent láqueos ; * dixérunt, Quis vidébit eos ?

Scrutáti sunt iniquitátes ; * defecérunt scrutántes scrutínio.

Accédet homo ad cor altum : * & exaltábitur Deus.

S agittæ parvulórum factæ funt plagæ eórum, * & infirmátæ funt contra eos linguæ eórum.

C onturbáti funt omnes qui vidébant eos ; * & tímuit omnis homo.

E t annuntiavérunt ópera Dei , * & facta ejus intellexérunt.

L ætábitur juftus in Dómino & fperábit in eo; * & laudabúntur omnes recti corde.

Ant. Nonne Deo fubjécta erit ánima mea.

Ant. Benedícite.

Pfeaume 65.

J Ubiláte Deo , omnis terra; pfalmum dícite nómini ejus; * date glóriam laudi ejus ;

D ícite Deo , Quàm terribília funt ópera tua, Dómine ! * in multitúdine virtútis tuæ mentiéntur tibi inimíci tui.

Omnis terra adóret te & pfallat tibi ; * pfalmum dicat nómini tuo,

V eníte , & vidéte ópera Dei : * terríbilis in confíliis fuper filios hóminum ,

Qui convértit mare in áridam ; in flúmine pertransíbunt pede ; * ibi lætábimur in ipfo.

Qui dominátur in virtúte fua in ætérnum ; óculi ejus fuper Gentes refpíciunt : * qui exáfperant non exalténtur in femetipfis.

B enedícite , Gentes, Deum noftrum , * & audítam fácite vocem laudis ejus ;

Qui pófuit ánimam meam ad vitá , * & non dedit in commotiónem pedes meos.

Quóniam probáfti nos , Deus ; *

igne nos examináfti ficut examinátur argéntum.

I nduxífti nos in láqueum; pofuífti tribulatiónes in dorfo noftro ; * impofuífti hómines fuper cápita noftra.

T ransívimus per ignem & aquam ; * & eduxífti nos in refrigérium.

I ntroíbo in domum tuam in holocáuftis; * reddam tibi vota mea quæ diftinxérunt lábia mea

E t locútum eft os meum * in tribulatióne mea.

H olocáufta medulláta ófferam tibi cum incénfo aríetum ; * ófferam tibi boves cum hircis.

V eníte , audíte , & narrábo , omnes qui timétis Deum , * quanta fecit ánimæ meæ.

A d ipfum ore meo clamávi * & exaltávi fub lingua mea.

I niquitátem fi afpéxi in corde meo, * non exáudiet Dóminus.

P roptéreà exaudívit Deus , * & atténdit voci deprecatiónis meæ.

B enedíctus Deus * qui non amóvit oratiónem meam & mifericórdiam fuam à me,

Pfeaume 67.

E Xúrgat Deus , & diffipéntur inimíci ejus , * & fúgiant qui odérunt eum , à fácie ejus :

S icut déficit fumus deficiant: * ficut fluit cera à facie ignis , fic péreant peccatóres à fácie Dei.

E t jufti epuléntur & exúltent in confpéctu Dei , * & delecténtur in lætítia.

C antáte Deo , pfalmum dícite nómini ejus. * Iter fácite ei qui afcéndit fuper occáfum : Dóminus nomen illi.

Exultáte in conspéctu ejus. * Turbabúntur à fácie ejus, patris orphanórum & júdicis viduárum.

Deus in loco sancto suo, * Deus qui inhabitáre facit uníus moris in domo, Qui edúcit vinctos in fortitúdine; * simíliter eos qui exásperant, qui hábitant in sepúlchris.

Deus, cùm egrederéris in conspéctu pópuli tui, * cùm pertransíres in deserto,

Terra mota est, étenim coeli distillavérunt à fácie Dei Sínai, * à fácie Dei Israel.

Plúviam voluntáriam segregábis, Deus, hæreditáti tuæ; * & infirmáta est, tu verò perfecísti eam.

Animália tua habitábunt in ea: * parásti in dulcédine tua páuperi, Deus.

Dóminus dabit verbum evangelizántibus * virtúte multa.

Rex virtútum dilécti dilécti; * & speciéi domus divídere spólia.

Si dormiátis inter médios cleros, pennæ colúmbæ deargentátæ, * & posterióra dorsi ejus in pallóre auri.

Dum discérnit Cœléstis reges super eam, nive dealbabúntur in Selmon. * Mons Dei, mons pinguis;

Mons coagulátus, mons pinguis. * Ut quid suspicámini montes coagulátos?

Mons in quo beneplácitum est Deo habitáre in eo; * étenim Dóminus habitábit in finem.

Currus Dei decem míllibus múltiplex, míllia lætántium; * Dóminus in eis in Sina in sancto.

Ascendísti in altum, cepísti captivitátem, * accepísti dona in homínibus: Etenim non credéntes * inhabitáre Dóminum Deum.

Benedíctus Dóminus die quotídie: * prósperum iter fáciet nobis Deus salutárium nostrórum.

Deus noster, Deus salvos faciéndi; * & Dómini Dómini éxitus mortis.

Verúmtamen Deus confringet cápita inimicórum suórum, * vérticem capílli perambulántiú in delíctis suis.

Dixit Dóminus, Ex Basan convértam, * convértam in profúndú maris,

Ut intingátur pes tuus in sánguine; * lingua canum tuórum ex inimícis ab ipso.

Vidérunt ingréssus tuos, Deus, * ingréssus Dei mei, Regis mei qui est in Sancto.

Prævenérunt príncipes conjúncti psalléntibus, * in médio juvenculárum tympanistriárum.

In ecclésiis benedícite Deo Dómino * de fóntibus Israël.

Ibi Bénjamin adolescéntulus * in mentis excéssu;

Príncipes Juda, duces eórum; príncipes Zábulon; príncipes Néphthali.

Manda, Deus, virtúti tuæ: * confirma hoc, Deus, quod operátus es in nobis.

A templo tuo in Jerúsalem * tibi ófferent reges múnera.

Increpa feras arúndinis, congregátio taurórum in vaccis populórum; * ut exclúdant eos qui probáti sunt argénto.

Díssipa Gentes quæ bella volunt. Vénient legáti ex Ægypto; * Æthiópia prævéniet manus ejus Deo.

Regna terræ, cantáte Deo, * psállite Dómino,

Psállite Deo qui ascendit super cœlum cœli * ad Oriéntem.

Ecce dabit voci suæ vocem virtútis; date glóriam Deo super Israel : * magnificentia ejus & virtus ejus in núbibus.

Mirábilis Deus in sanctis suis; Deus Israël ipse dabit virtútem & fortitúdinem plebi suæ : * benedíctus Deus.

Ant. Benedícite, Gentes, Deum nostrum.

Pour la Ferie, ℣. Deus, vitam meam annuntiávi tibi ; ℟. Posuísti lácrymas meas in conspéctu tuo.

Pour un Martyr, ℣. Magna est glória ejus in salutári tuo ; ℟. Glóriam & magnum decórem impónes super eum.

Pour plusieurs Martyrs, ℣. Justi autem in perpétuum vívent; ℟. Et apud Dóminum est merces eórum.

Pour un Confesseur Pontife, ℣. Tu es sacérdos in ætérnum, ℟. Secúndùm órdinem Melchísedech.

Pour un Confesseur non Pont. ℣. Lex Dei ejus in corde ipsíus ; ℟. Et non supplantabúntur gressus ejus.

Pour une Sainte, ℣. Elégit eam Deus & præelégit eam ; ℟. In tabernáculo suo habitáre facit eam.

Pater noster.

Absolution.

AVínculis peccatórum nostrórum absólvat nos omnípotens & miséricors Dóminus. ℟. Amen.

Jube, Domne, bene dícere.

[Pour la Ferie, Benedictions. Lorsque les Leçons ne sont point de l'Evangile avec Homélie.

1. Ille nos benedícat qui sine fine vivit & regnat. ℟. Amen.

2. Divínum auxílium máneat semper nobíscum. ℟. Amen.

3. Ad societátem cívium supernórum perdúcat nos Rex Angelórum. ℟. Amen.

　Lorsque les Leçons sont de l'Evangile avec Homélie.

1. Evangélica léctio sit nobis salus & protéctio. ℟. Amen.

2. Divínum auxílium máneat semper nobíscum. ℟. Amen.

3. Ad societátem cívium supernórum perdúcat nos Rex Angelórum. ℟. Amen.

Après la troisiéme Leçon on dit un Répons au lieu de Te Deum.]
[Pour les Fêtes de trois Leçons, Benedictions.

1. Ille nos benedícat qui sine fine vivit & regnat. ℟. Amen.

Les Leçons & les Répons convenables à la Fête.

2. Cújus festum cólimus, ipse ou ipsa intercédat pro nobis ad Dóminum. ℟. Amen. Si l'Office se fait de plusieurs Saints, il faut dire Quorum ou Quarum festum cólimus, ipsi ou ipsæ intercédant pro nobis ad Dóminum. ℟. Amen.

3. Ad societátem cívium supernórum perdúcat nos Rex Angelórum. ℟. Amen.

Après la troisieme Leçon au lieu de Répons on dit Te Deum, p. 14.]

A LAUDES,

Ant. Amplius lava.
　Pseaume 50.

Miserére meî, Deus, * secúndùm magnam misericórdiam tuam.

Et secúndùm multitúdinem miseratiónum

tiónū tuárū * dele iniquitátem meã.

Amplius lava me ab iniquitáte mea, * & à peccáto meo munda me ;

Quóniam iniquitátem meam ego cognófco , * & peccátum meum contra me eft femper ;

Tibi foli peccávi & malum coram te feci : * ut juftificéris in fermónibus tuis, & vincas cùm judicáris.

Ecce enim in iniquitátibus concéptus fum , * & in peccátis concépit me mater mea.

Ecce enim veritátem dilexífti ; * incérta & occúlta fapiéntiæ tuæ manifeftáfti mihi.

Afpérges me hyfsópo , & mundábor ; * lavábis me, & fuper nivem dealbábor.

Audítui meo dabis gáudium & lætítiam ; * & exultábunt offa humiliáta.

Avérte fáciem tuam à peccátis meis , * & omnes iniquitátes meas dele.

Cor mundum crea in me , Deus , * & fpiritum rectum ínnova in vifcéribus meis.

Ne projícias me à fácie tua , * & Spíritū fanctū tuum ne áuferas à me.

Redde mihi lætítiam falutáris tui , * & fpíritu principáli confirma me.

Docébo iníquos vias tuas ; * & ímpii ad te converténtur.

Líbera me de fanguínibus , Deus , Deus falútis meæ ; * & exultábit lingua mea juftítiam tuam.

Dómine , lábia mea apéries ; * & os meum annuntiábit laudem tuam.

Quóniam fi voluíffes facrifícium , dediffem útique ; * holocáuftis non deleEtáberis.

Sacrifícium Deo fpíritus contribulátus ; * cor contritum & humiliátum , Deus , non defpícies.

Benignè fac , Dómine , in bona voluntáte tua Sion , * ut ædificéntur muri Jerúfalem.

Tunc acceptábis facrifícium juftítiæ , oblatiónes & holocáufta ; * tunc impónent fuper altáre tuum vítulos.

Ant. Ampliùs lava me , Dómine , ab injuftítia mea.

Ant. Te decet.

Pfeaume 64.

TE decet hymnus , Deus , in Sion , * & tibi reddétur votum in Jerúfalem.

Exáudi oratiónem meam : * ad te omnis caro véniet.

Verba iniquórum prævaluérunt fuper nos ; * & impietátibus noftris tu propitiáberis.

Beátus quem elegífti & affumpfífti ; * inhabitábit in átriis tuis.

Replébimur in bonis domûs tuæ ; * fanctum eft templum tuum , mirábile in æquitáte.

Exáudi nos , Deus falutáris nofter , * fpes ómnium finium terræ & in mari longè ;

Præparans montes in virtúte tua , accinctus poténtiâ ; * qui contúrbas profúndum maris , fonum flúctuum ejus.

Turbabúntur Gentes , & timébunt qui hábitant términos à fignis tuis. * Exitus matutíni & véfperè delectábis.

Vifitáfti terram & inebriáfti eam ; * multiplicáfti locupletáre eam.

Flumen Dei replétum eft aquis ;

ça aſti cibum illórum, * quóniam ita eſt præparátio ejus.

R ivos ejus inébria ; multíplica genímina ejus : * in ſtillicídiis ejus lætábitur gérminans.

B enedíces corónæ anni benignitátis tuæ, * & campi tui replebúntur ubertáte :

P inguéſcent ſpecióſa deſerti ; * & exultatióne colles accingéntur :

I ndúti ſunt aríetes óvium, & valles abundábunt fruménto. * Clamábunt, étenim hymnum dicent.

Ant. Te decet hymnus, Deus, in Sion.

Ant. Lábia mea.

Pſeaume 62.

D Eus Deus meus, * ad te de luce vigilo.

S itívit in te ánima mea : * quàm multiplíciter tibi caro mea !

I n terra deſérta & ínvia & inaquóſa, * ſic in ſanſto appárui tibi, ut vidérem virtútem tuam & glóriam tuam.

Q uóniam mélior eſt miſericórdia tua ſuper vitas, * lábia mea laudábunt te.

S ic benedícam te in vita mea, * & in nómine tuo levábo manus meas.

S icut ádipe & pinguédine repleátur ánima mea, * & lábiis exultatiónis laudábit os meum.

S i memor fui tuí ſuper ſtratum meum, in matutínis meditábor in te ; * quia fuíſti adjútor meus.

E t in velaménto alárum tuárum exultábo : adhæſit ánima mea poſt te : * me ſuſcépit déxtera tua.

I pſi verò in vanum quæſiérunt ánimam meam : introíbunt in inferióra

terræ : * tradéntur in manus gládiû : partes vúlpium erunt.

R ex verò lætábitur in Deo : laudabúntur omnes qui jurant in eo ; * quia obſtrúſtum eſt os loquéntium iníqua.

On ne dit point ici Glória Patri.

Pſeaume 66.

D Eus miſereátur noſtrí, & benedícat nobis, * illúminet vultum ſuum ſuper nos, & miſereátur noſtrí :

U t cognoſcámus in terra viam tuam, * in ómnibus Géntibus ſalutáre tuum.

C onfiteántur tibi pópuli, Deus ; * confiteántur tibi pópuli omnes.

L æténtur & exúltent Gentes, * quóniam júdicas pópulos in æquitáte & Gentes in terra dírigis.

C onfiteántur tibi pópuli, Deus, confiteántur tibi pópuli omnes : * terra dedit fruſtum ſuum.

B enedícat nos Deus, Deus noſter, benedícat nos Deus : * & métuant eum omnes fines terræ.

Ant. Lábia mea laudábunt te in vita mea, Deus, meus.

Ant. Dóminus judicábit.

Cantique d'Anne. *1. Rois, 2.*

E Xultávit cor meum in Dómino, * & exaltátum eſt cornu meum in Deo meo :

Dilatátum eſt os meum ſuper inimícos meos, * quia lætáta ſum in ſalutári tuo.

N on eſt ſanſtus ut eſt Dóminus ; neque enim eſt álius extra te : * & non eſt fortis ſicut Deus noſter.

N olíte multiplicáre loqui ſublímia * gloriántes.

Recédant vétera de ore veftro, quia Deus fcientiárum Dóminus eft, * & ipfi præparántur cogitatiónes.

Arcus fórtium fuperátus eft, * & infírmi accíncti funt róbore.

Repléti priùs pro pánibus fe locavérunt; * & famélici faturáti funt;

Donec ftérilis péperit plúrimos; * & quæ multos habébat filios infirmáta eft.

Dóminus mortíficat & vivíficat; * dedúcit ad ínferos & redúcit:

Dóminus páuperem facit & ditat, * humíliat & fublevat:

Súfcitat de púlvere egénum, * & de ftércore élevat páuperem,

Ut fédeat cum princípibus * & sólium glóriæ téneat.

Dómini enim funt cárdines terræ, * & pófuit fuper eos orbem.

Pedes Sanctórum fuórum fervábit, & ímpii in ténebris conticéfcent, * quia non in fortitúdine fua roborábitur vir.

Dóminum formidábunt adverfárii ejus, * & fuper ipfos in cœlis tonábit.

Dóminus judicábit fines terræ, & dabit impérium regi fuo, * & fublimábit cornu Chrifti fui.

Ant. Dñus judicábit fines terræ.

Ant. Cœli cœlórum.

Pfeaume 148.

Laudáte Dóminum de cœlis: laudáte eum in excélfis.

Laudáte eum, omnes Angeli ejus. * Laudáte eum, omnes Virtútes ejus.

Laudáte eum, fol & lùna. * Laudáte eum, omnes ftellæ & lumen.

Laudáte eum, cœli cœlórum: * &

aquæ omnes quæ fuper cœlos funt laudent nomen Dómini.

Quia ipfe dixit, & facta funt: * ipfe mandávit, & creáta funt.

Státuit ea in ætérnum & in féculum féculi: * præcéptum pófuit, & non præteríbit.

Laudáte Dóminum de terra, * dracónes & omnes abyffi,

Ignis, grando, nix, glácies, fpíritus procellárum * quæ fáciunt verbum ejus:

Montes & omnes colles, * ligna fructífera & omnes cedri,

Béftiæ & univérfa pécora, * ferpéntes & vólucres pennátæ,

Reges terræ & omnes pópuli, * príncipes & omnes júdices terræ,

Júvenes & vírgines, fenes cum junióribus, laudent nomen Dómini, * quia exaltátum eft nomen ejus folíus.

Conféffio ejus fuper cœlum & terram; * & exaltávit cornu pópuli fui.

Hymnus ómnibus fanctis ejus, * filiis Ifrael, pópulo appropinquánti fibi.

On ne dit point ici **Glória Patri.**

Pfeaume 149.

Cantáte Dómino cánticum novum: * laus ejus in Ecclésia Sanctórum.

Lætétur Ifrael in eo qui fecit eum, * & filii Sion exfúltent in rege fuo.

Laudent nomen ejus in choro; * in tympano & pfaltério pfallant ei;

Quia beneplácitum eft Dómino in pópulo fuo, * & exaltábit mansuétos in falútem.

Exfultábunt fancti in glória: * lætábúntur in cubílibus fuis.

Exaltatiónes Dei in gútture eórum, * & gládii ancípites in mánibus eórum,

Ad faciéndam vindíctam in natiónibus, * increpatiónes in pópulis ;

Ad alligándos reges eórum in compédibus, * & nóbiles eórum in mánicis férreis ;

Ut fáciant in eis judícium conscríptum. * Glória hæc est ómnibus sanctis ejus.

On ne dit point ici Glória Patri.

Pseaume 150.

Laudáte Dóminum in sanctis ejus : * laudáte eum in firmaménto virtútis ejus.

Laudáte eum in virtútibus ejus : * laudáte eum secúndùm multitúdinem magnitúdinis ejus.

Laudáte eum in sono tubæ : * laudáte eum in psaltério & cíthara.

Laudáte eum in tympano & choro : * laudáte eum in chordis & órgano :

Laudáte eum in cymbalis bene sonántibus ; laudáte eum in cymbalis jubilatiónis. * Omnis spíritus laudet Dóminum.

Glória Patri.

Ant. Cœli cœlórum, laudáte Deú.

Chapitre.　　*Rom.* 13.

Nox præcéssit, dies autem appropinquávit ; abjiciámus ergo ópera tenebrárum, & induámur arma lucis : sicut in die honéstè ambulémus. R. Deo grátias.

Hymne ancienne.

Nox & ténebræ & núbila
Confúsa mundi & túrbida,
(Lux intrat, albéscit polus,
Christus venit,) discédite.
Calígo terræ scínditur

Percússa solis spículo,
Rebúsque jam color redit
Vultu niténtis síderis.

Te, Christe, solum nóvimus ;
Te mente purâ & símplici
Flendo & canéndo quæsumus ;
Inténde nostris sénsibus.

Sunt multa fucis íllita,
Quæ luce purgéntur tuâ :
Tu lux eói síderis,
Vultu seréno illúmina.

Deo Patri sit glória
Ejúsque soli Fílio,
Cum Spíritu Parácleto,
Et nunc & in perpétuúm. **Amen.**

Hymne nouvelle.

Nox & ténebræ, à la fin de ce Volume.

V. Repléti sumus manè misericórdiâ tuâ ; R. Exsultávimus & delectáti sumus.

Ant. De manu.

Cantique de Zacharie. *Luc.* 1.

Benedíctus Dóminus Deus Israel, * quia visitávit, & fecit redemptiónem plebis suæ,

Et eréxit cornu salútis nobis * in domo David púeri sui,

Sicut locútus est per os sanctórum * qui à século sunt, prophetárú ejus ;

Salútem ex inimícis nostris * & de manu ómnium qui odérunt nos :

Ad faciéndam misericórdiam cum pátribus nostris, * & memorári testaménti sui sancti :

Jusjurándum quod jurávit ad Abraham patrem nostrum, * datúrum se nobis

Ut sine timóre de manu inimicórú nostrórú liberáti * serviámus illi

In sanctitáte & justítia coram ipso

* ómnibus diébus noſtris.
Et tu, puer, Prophéta Altíſſimi vocáberis ; * præíbis enim ante fáciem Dómini paráre vias ejus,
Ad dandã ſciéntiã ſalútis plebi ejus * in remiſſiónem peccatórum eórũ,
Per víſcera miſericórdiæ Dei noſtri * in quibus viſitávit nos Oriens ex alto,

I llumináre his qui in ténebris & in umbra mortis ſedent, * ad dirigéndos pedes noſtros in viam pacis. Glória Patri.

Ant. De manu ómnium qui odérunt nos líbera nos, Dómine.

Tout le reſte comme il eſt marqué après l'Antienne de Benedictus de la ſeconde Ferie page 57.

LA CINQUIEME FERIE A MATINES.

S'il arrive en cette Ferie une Fête de trois Leçons, les Matines ſe diſent comme ci-deſſous, en obſervant les différences qui ſont marquées.

Pour la Ferie.

[Invitatoire. Dóminum qui fecit nos * Veníte, adorémus.
Le Pſ. 94. Veníte, pag. 2.

Hymne.

Nox atra rerum cóntegit
Terræ colóres ómnium ;
Nos confiténtes póſcimus
Te, juſte Judex córdium,
Ut áuferas piácula
Sordéſque mentis ábluas,
Donéſque, Chriſte, grátiam
Ut arceántur crímina.
Mens ecce torpet ímpia
Quam culpa mordet nóxia ;
Obſcúra geſtit tóllere
Et te, Redémptor, quærere.
Repélle tu calíginem
Intrínſecus quàm máximè,
Ut in beáto gáudeat
Se collocári lúmine.
Præſta, Pater piíſſime,
Patríque compar Unice,
Cum Spíritu Parácleto
Regnans per omne ſéculum. Amen.

Pour les Fêtes de trois Leçons.
[L'Invitat. & l'Hymne conv.]

Ant. Dómine Deus.

Pſeaume 68.

Salvum me fac, Deus, * quóniam intravérunt aquæ uſque ad ánimam meam.
Infíxus ſum in limo profúndi, * & non eſt ſubſtántia :
Veni in altitúdinem maris, * & tempéſtas demérſit me :
Laborávi clamans ; raucæ factæ ſunt fauces meæ : * defecérunt óculi mei, dum ſpero in Deum meum.
Multiplicáti ſunt ſuper capíllos cápitis mei * qui odérunt me gratis :
Confortáti ſunt qui perſecúti ſunt me inimíci mei injúſtè ; * quæ non rápui tunc exſolvébam.
Deus, tu ſcis inſipiéntiam meam, * & delícta mea à te non ſunt abſcóndita.
Non erubéſcant in me qui expéctant te, Dómine, * Dñe virtútum :
Non confundántur ſuper me * qui quærunt te, Deus Iſraël ;
Quóniam propter te ſuſtinui opróbrium, * opéruit confúſio fáciem meam.

R. 4. Automne. F iij

Extráneus factus sum frátribus meis, * & peregrínus fíliis matris meæ;

Quóniam zelus domûs tuæ comédit me, * & oppróbria exprobrántium tibi cecidérunt super me.

Et opérui in jejúnio ánimam meam; * & factum est in oppróbrium mihi.

Et pósui vestiméntum meum cilíciú; * & factus sum illis in parábolá.

Advérsùm me loquebántur qui sedébant in porta, * & in me psallébant qui bibébant vinum.

Ego verò oratiónem meam ad te, Dómine; * tempus beneplácit i, Deus.

In multitúdine misericórdiæ tuæ exáudi me; * in veritáte salútis tuæ

Eripe me de luto, ut non infígar; * libera me ab iis qui odérunt me & de profúndis aquárum.

Non me demérgat tempéstas aquæ, neque absórbeat me profúndum, * neque úrgeat super me púteus os suum.

Exáudi me, Dómine, quóniam benígna est misericórdia tua; * secúndùm multitúdinem miseratiónum tuárum réspice in me;

Et ne avértas fáciem tuam à púero tuo; * quóniam tríbulor, velóciter exáudi me.

Inténde ánimæ meæ, & líbera eam; * propter inimícos meos éripe me.

Tu scis impropérium meum & confusiónem meam * & reveréntiam meam.

In conspéctu tuo sunt omnes qui tríbulant me. * Impropérium expectávit cor meum & mi);

Et sustínui qui simul contristarétur, & non fuit; * & qui consolarétur, & non invéni.

Et dedérunt in escam meam fel, * & in siti mea potavérunt me acéto.

Fiat mensa eórum coram ipsis in láqueum * & in retributiónes & in scándalum:

Obscuréntur óculi eórum ne vídeant, * & dorsum eórum semper incúrva:

Effúnde super eos iram tuam, * & furor iræ tuæ comprehéndat eos:

Fiat habitátio eórum desérta, * & in tabernáculis eórum non sit qui inhábitet;

Quóniam quem tu percussísti persecúti sunt, * & super dolórem vúlnerum meórum addidérunt.

Appóne iniquitátem super iniquitátem eórum, * & non intrent in justítiam tuam:

Deleántur de libro vivéntium, * & cum justis non scribántur.

Ego sum pauper & dolens; * salus tua, Deus, suscépit me.

Laudábo nomen Dei cum cántico, * & magnificábo eum in laude;

Et placébit Deo super vítulum novéllum * córnua producéntem & úngulas.

Vídeant páuperes, & læténtur. * Quærite Deum, & vivet ánima vestra;

Quóniam exaudívit páuperes Dóminus, * & vínctos suos non despéxit.

Laudent illum cœli & terra, * mare, & ómnia reptília in eis:

Quóniam Deus salvam fáciet Sion, * & ædificabúntur civitátes Juda;

Et inhabitábunt ibi, * & hæreditáte acquírent eam ;

Et semen servórum ejus possidébit eam ; * & qui díligunt nomen ejus habitábunt in ea.

Pseaume 69.

DEus, in adjutórium meum inténde ; * Dómine, ad adjuvándum me festína.

Confundántur & revereántur * qui quærunt ánimam meam.

Avertántur retrórsùm & erubéscant * qui volunt mihi mala.

Avertántur statim erubescéntes * qui dicunt mihi, Euge, euge.

Exúltent & læténtur in te omnes qui quærunt te ; * & dicant semper, Magnificétur Dóminus, * qui díligunt salutáre tuum.

Ego verò egénus & pauper sum ; * Deus, ádjuva me.

Adjútor meus & liberátor meus es tu ; * Dómine, ne moréris.

Ant. Dómine Deus, in adjutórium meum inténde.

Ant. Esto mihi.

Pseaume 70.

IN te, Dómine, sperávi ; non confúndar in ætérnum. * In justítia tua líbera me & éripe me.

Inclína ad me aurem tuam, * & salva me.

Esto mihi in Deum protectórem & in locum munítum, * ut salvum me fácias ;

Quóniam firmaméntum meum * & refúgium meum es tu.

Deus meus, éripe me de manu peccatóris * & de manu contra legem agéntis & iníqui ;

Quóniam tu es patiéntia mea, Dó-

mine ; * Dómine, spes mea à juventúte mea.

In te confirmátus sum ex útero ;* de ventre matris meæ tu es protéctor meus ;

In te cantátio mea semper. * Tanquam prodígium factus sum multis ; & tu adjútor fortis.

Repleátur os meum laude, ut cantem glóriam tuam, * totâ die magnitúdinem tuam.

Ne projícias me in témpore senectútis ; * cùm defécerit virtus mea, ne derelínquas me :

Quia dixérunt inimíci mei mihi, * & qui custodiébant ánimam meam consílium fecérunt in unum,

Dicéntes, Deus derelíquit eum ; persequímini & cóprehéndite eum, * quia non est qui erípiat.

Deus, ne elongéris à me ; * Deus meus, in auxílium meum réspice.

Confundántur & defíciant detrahéntes ánimæ meæ : * operiántur confusióne & pudóre qui quærunt mala mihi.

Ego autem semper sperábo ; * & adjíciam super omnem laudem tuá.

Os meum annuntiábit justítiam tuam, * totâ die salutáre tuum.

Quóniam non cognóvi litteratúram, introíbo in poténtias Dómini ; * Dómine, memorábor justítiæ tuæ solíus.

Deus, docuísti me à juventúte mea ; * & usque nunc pronuntiábo mirabília tua.

Et usque in senéctam & sénium, * Deus, ne derelínquas me,

Donec annúntiem bráchium tuú * generatióni omni quæ ventúra est,

Poténtiam tuam & juſtitiam tuam.
Deus, uſque in altíſſima, quæ fecíſti magnália : * Deus, quis símilis tibi ?

Quantas oſtendíſti mihi tribulatiónes multas & malas ; & convérſus vivificáſti me, * & de abyſſis terræ íterum reduxíſti me !

Multiplicáſti magnificéntiam tuã ; * & convérſus conſolátus es me.

Nam & ego confitébor tibi in vaſis pſalmi veritátem tuam ; * Deus, pſallam tibi in cíthara, ſanĉtus Iſrael.

Exultábunt lábia mea cùm cantávero tibi, * & ánima mea quam redemíſti.

Sed & lingua mea totâ díe meditábitur juſtitiam tuam, * cùm confúſi & revériti fúerint qui quærunt mala mihi.

Pſeaume 71.

Deus, judícium tuum Regi da, * & juſtitiam tuâ filio Regis,
Judicáre pópulum tuum in juſtítia * & páuperes tuos in judício.

Suſcípiant montes pacem pópulo, * & colles juſtitiam.

Judicábit páuperes pópuli & ſalvos faciet fílios páuperum, * & humiliábit calumniatórem ;

Et permanébit cum ſole & ante lunam * in generatióne & generatiónem :

Deſcéndet ſicut plúvia in vellus, * & ſicut ſtillicídia ſtillántia ſuper terram.

Oriétur in diébus ejus juſtítia & abundántia pacis, * donec auferátur luna.

Et dominábitur à mari uſque ad mare, * & à flúmine uſque ad términos orbis terrárum.

Coram illo prócident Æthíopes, * & inimíci ejus terram lingent.

Reges Tharſis & ínſulæ múnera ófferent ; * Reges Arabum & Saba dona addúcent.

Et adorábunt eum omnes reges terræ ; * omnes gentes ſérvient ei :

Quia liberábit páuperem à poténte * & páuperem cui non erat adjútor.

Parcet páuperi & ínopi, * & ánimas páuperum ſalvas fáciet.

Ex uſúris & iniquitáte rédimet ánimas eórum ; * & honorábile nomen eórum coram illo.

Et vivet, & dábitur ei de auro Arábiæ ; & adorábunt de ipſo ſemper ; * totâ díe benedícent ei.

Et erit firmaméntum in terra ; in ſummis móntium ſuperextollétur ſuper Líbanum fruĉtus ejus ; * & florébunt de civitáte ſicut fœnú terræ.

Sit nomen ejus benedíĉtum in ſécula : * ante ſolem pérmanet nomé ejus.

Et benedicéntur in ipſo omnes tribus terræ ; * omnes Gentes magnificábunt eum.

Benedíĉtus Dóminus Deus Iſrael * qui facit mirabília ſolus ;

Et benedíĉtum nomen majeſtátis ejus in ætérnum ; * & replébitur majeſtáte ejus omnis terra. Fiat, fiat.

Ant. Eſto mihi, Dómine, in Deum protectórem.

Ant. Liberáſti virgam.

Pſeaume 72.

Quàm bonus Iſrael Deus, * his qui reĉto ſunt corde !
Mei autem penè moti ſunt pedes ; * penè effúſi ſunt greſſus mei ;

Quia zelávi super iníquos, * pacem peccatórum videns ;

Quia non respéctus est morti eórum * & firmaméntum in plaga eórum :

In labóre hóminum non sunt, * & cum homínibus non flagellabúntur.

Ideò ténuit eos supérbia ; * opérti sunt iniquitáte & impietáte suâ :

Pródiit quasi ex ádipe iníquitas eórum : * transiérunt in afféctu cordis :

Cogitavérunt & locúti sunt nequítiam ; * iniquitátem in excélso locúti sunt :

Posuérunt in cœlum os suum, * & lingua eórum transívit in terra.

Ideò convertétur pópulus meus hic ; * & dies pleni inveniéntur in eis.

Et dixérunt, Quómodo scit Deus ? * & si est sciéntia in Excélso ?

Ecce ipsi peccatóres, & abundántes in século * obtinuérunt divítias.

Et dixi, Ergo sine causa justificávi cor meum, * & lavi inter innocéntes manus meas,

Et fui flagellátus totâ die, * & castigátio mea in matutínis.

Si dicébam, Narrábo sic, * ecce natiónem filiórum tuórum reprobávi.

Existimábam ut cognóscerem hoc ; * labor est ante me,

Donec intrem in sanctuárium Dei, * & intélligam in novíssimis eórum.

Verúmtamen propter dolos posuísti eis : * dejecísti eos, dum allevaréntur.

Quómodo facti sunt in desolatiónem ! súbitò defecérunt ; * periérunt propter iniquitátem suam.

Velut sómnium surgéntium, Dó-

mine, * in civitáte tua imáginem ipsórum ad nihilum rédiges.

Quia inflammátum est cor meum & renes mei commutáti sunt ; * & ego ad nihilum redáctus sum, & nescívi ;

Ut juméntum factus sum apud te ; * & ego semper tecum.

Tenuísti manum déxteram meam, & in voluntáte tua deduxísti me, * & cum glória suscepísti me.

Quid enim mihi est in cœlo ? * & à te quid vólui super terram ?

Defécit caro mea & cor meum ; * Deus cordis mei & pars mea Deus in ætérnum.

Quia ecce qui elóngant se à te, peribunt ; * perdidísti omnes qui fornicántur abs te.

Mihi autem adhærére Deo bonum est, * pónere in Dómino Deo spem meam ;

Ut annúntiem omnes prædicatiónes tuas * in portis fíliæ Sion.

Pseaume 73.

UT quid, Deus, repulísti in finem ; * irátus est furor tuus super oves páscuæ tuæ ?

Memor esto congregatiónis tuæ, quam possedísti ab inítio.

Redemísti virgam hæreditátis tuæ, * mons Sion in quo habitásti in eo.

Leva manus tuas in supérbias eórum in finem ; * quanta malignátus est inimícus in sancto.

Et gloriáti sunt qui odérunt te * in médio solemnitátis tuæ.

Posuérunt signa sua, signa ; * & non cognovérunt sicut in éxitu super summum.

Quasi in silva lignórum secúribus

excidérunt jánuas ejus in idípfum ; * in fecúri & áfcia dejecérunt eam.
Incendérunt igni Sanctuárium tuú ; * in terra polluérunt tabernáculum nóminis tui.

Dixérunt in corde fuo, cognátio eórum fimul, * Quiéfcere faciámus omnes dies feftos Dei à terra.

Signa noftra non vídimus ; jam non eft prophéta ; * & nos non cognófcet ámpliùs.

Ufquequò, Deus, improperábit inimícus ; * irrítat adverfárius nomen tuum in finem.

Ut quid avértis manum tuam & déxteram tuam * de médio finu tuo in finem ?

Deus autem rex nofter ante fécula * operátus eft falútem in médio terræ.

Tu confirmáfti in virtúte tua maré ; * contribuláfti cápita dracónum in aquis :

Tu confregífti cápita dracónis ; * dedífti eum efcam pópulis Æthiópum :

Tu dirupífti fontes & torréntes ; * tu ficcáfti flúvios Ethan.

Tuus eft dies & tua eft nox ; * tu fabricátus es auróram & folem :

Tu fecífti omnes términos terræ : * æftátem & ver tu plafmáfti ea.

Memor efto hujus : Inimícus improperávit Dómino, * & pópulus infipiens incitávit nomen tuum.

Ne tradas béftiis ánimas confiténtes tibi, * & ánimas páuperum tuórum ne oblivifcáris in finem.

Réfpice in teftaméntum tuum, * quia repléti funt qui obfcuráti funt terræ dómibus iniquitátum.

Ne avertátur húmilis factus confúfus ; * pauper & inops laudábunt nomen tuum.

Exúrge, Deus ; júdica caufam tuã ; * memor efto improperiórum tuórum, eórum quæ ab infipiénte funt totâ die ;

Ne oblivifcáris voces inimicórum tuórum : * fupérbia eórum qui te odérunt, afcéndit femper.

Ant. Liberáfti virgam hæreditátis tuæ.

Ant. Et invocábimus.

Pfeaume 74.

COnfitébimur tibi, Deus ; * confitébimur & invocábimus nomen tuum :

Narrábimus mirabília tua. * Cùm accépero tempus, ego juftítias judicábo.

Liquefáčta eft terra, & omnes qui hábitant in ea ; * ego confirmávi colúmnas ejus.

Dixi iníquis, Nolíte iníquè ágere ; * & delinquéntibus, Nolíte exaltáre cornu ;

Nolíte extóllere in altum cornu veftrum ; * nolíte loqui advérsùs Deum iniquitátem :

Quia neque ab Oriénte neque ab Occidénte neque à defértis móntibus : * quóniam Deus judex eft,

Hunc humíliat & hunc exáltat, * quia calix in manu Dómini vini meri plenus mixto,

Et inclinávit ex hoc in hoc, verúmtamen fæx ejus non eft exinaníta ; * bibent omnes peccatóres terræ.

Ego autem annuntiábo in féculum ; * cantábo Deo Jacob ;

E t ómnia córnua peccatórum confríngam ; * & exaltabúntur córnua jufti.

Pfeaume 75.

NOtus in Judæa Deus ; * in Ifrael magnum nomen ejus :

E t factus eft in Pace locus ejus, * & habitátio ejus in Sion.

I bi confrégit poténtias árcuum, * fcutum, gladium & bellum.

I llúminans tu mirabíliter à móntibus ætérnis. * Turbáti funt omnes infipiéntes corde :

D ormiérunt fomnum fuum ; * & nihil invenérunt omnes viri diviárum in mánibus fuis.

A b increpatióne tua, Deus Jacob, * dormitavérunt qui afcendérunt equos.

T u terríbilis es ; & quis refíftet tibi ? * ex tunc ira tua.

D e cœlo auditum fecífti judícium: * terra trémuit & quiévit,

C ùm exúrgeret in judícium Deus, * ut falvos fáceret omnes manfuétos terræ.

Q uóniam cogitátio hóminis confitébitur tibi : * & relíquiæ cogitatiónis diem feftum agent tibi.

V ovéte, & réddite Dómino Deo veftro, * omnes qui in circúitu ejus affértis múnera,

T erríbili & ei qui aufert fpíritú príncipum ; * terríbili apud reges terræ.

A nt. Et invocábimus nomen tuum, Dómine.

A nt. Tu es Deus.

Pfeaume 76.

VOce meâ ad Dóminum clamávi ; * voce meâ ad Deum, & inténdit mihi.

I n die tribulatiónis meæ Deum exquisívi, mánibus meis nocte contra eum ; * & non fum decéptus ;

R énuit confolári ánima mea ; * memor fui Dei, & delectátus fum & exercitátus fum ; & defécit fpíritus meus.

A nticipavérunt vigílias óculi mei : * turbátus fum, & non fum locútus.

C ogitávi dies antíquos, * & annos ætérnos in mente hábui :

E t meditátus fum nocte cum corde meo ; * & exercitábar, & fcopébam fpíritum meum.

N umquid in ætérnum projíciet Deus ? * aut non appónet ut complacítior fit adhuc ?

A ut in finem mifericórdiam fuam abfcindet * à generatióne in generatiónem ?

A ut obliviícétur miferéri Deus ? * aut continébit in ira fua mifericórdias fuas ?

E t dixi, Nunc cœpi : * hæc mutátio déxteræ Excélfi.

M emor fui óperum Dómini, * quia memor ero ab inítio mirabílium tuórum :

E t meditábor in ómnibus opéribus tuis ; * & in adinventiónibus tuis exercébor.

D eus, in fancto via tua. Quis Deus magnus ficut Deus nofter ? * Tu es Deus qui facis mirabília.

N otam fecífti in pópulis virtútem tuam : * redemífti in bráchio tuó pópulum tuum, fílios Jacob & Jofeph.

V idérunt te aquæ, Deus, vidérunt te aquæ ; * & timuérunt & turbátæ funt abyffi.

Multitúdo fónitus aquárum ; * vocem dedérunt nubes :

Etenim fagíttæ tuæ tránfeunt : * vox tonítrui tui in rota :

Illuxérunt corufcatiónes tuæ orbi terræ : * commóta eft & contrémuit terra.

In mari via tua & fémitæ tuæ in aquis multis ; * & veftígia tua non cognofcéntur.

Deduxífti ficut oves pópulum tuú * in manu Moyfi & Aaron.

Pfeaume 77.

ATténdite , pópule meus , legem meam; * inclináte aurem veftram in verba oris mei.

Apériam in parábolis os meum; * loquar propofitiónes ab inítio,

Quanta audívimus & cognóvimus ea * & patres noftri narravérunt nobis.

Non funt occultáta à filiis eórum * in generatióne áltera ;

Narrántes laudes Dómini & virtútes ejus * & mirabília ejus quæ fecit.

Et fufcitávit teftimónium in Jacob, * & legem pófuit in Ifrael ;

Quanta mandávit pátribus noftris nota fácere ea filiis fuis, ut cognófcat generátio áltera,

Fílii qui nafcéntur & exúrgent, * & narrábunt filiis fuis ;

Ut ponant in Deo fpem fuam, & non oblivifcántur óperum Dei, * & mandáta ejus exquírant ;

Ne fiant ficut patres eórum * generátio prava & exáfperans,

Generátio quæ non diréxit cor fuú, * & non eft créditus cum Deo fpiritus ejus.

Fílii Ephrem intendéntes & mit-

téntes arcum , * convérfifunt in die belli.

Non cuftodiérunt teftaméntú Dei, * & in lege ejus noluérunt ambuláre :

Et oblíti funt benefactórum ejus * & mirabílium ejus quæ ofténdit eis.

Coram pátribus eórum fecit mirabília in terra Ægypti , * in campo Táneos.

Interrúpit mare , & perdúxit eos ; & ftátuit aquas quafi in utre :

Et edúxit eos in nube diéi , * & totâ nocte in illuminatióne ignis :

Interrúpit petram in erémo , * & adaquávit eos velut in abyffo multa ;

Et edúxit aquam de petra, * & dedúxit tamquam flúmina aquas.

Et appofuérunt adhuc peccáre ei ; * in iram excitavérunt Excélfum in inaquófo :

Et tentavérunt Deum in córdibus fuis , * ut péterent efcas animábus fuis :

Et manè locúti funt de Deo : * dixérunt, Numquid póterit Deus paráre menfam in deférto ?

Quóniam percúffit petram , & fluxérunt aquæ * & torréntes inundavérunt,

Numquid & panem póterit dare , * aut paráre menfam pópulo fuo ?

Ideò audívit Dóminus , & diftulit ; * & ignis accénfus eft in Jacob , & ira afcéndit in Ifrael,

Quia non credidérunt in Deo ; * nec fperavérunt in falutári ejus.

Et mandávit núbibus défuper , * & jánuas coeli apéruit ;

Et pluit illis manna ad manducándum, & panem cœli dedit eis :

Panem Angelórum manducávit homo : * cibária mifit eis in abundántia.

Tránftulit Auftrum de cœlo, * & indúxit in virtúte fua Africum :

Et pluit fuper eos ficut púlverem carnes, * & ficut arénam maris volatília pennáta :

Et cecidérunt in médio caftrórum eórum * circa tabernácula eórum.

Et manducavérunt, & faturáti funt nimis, & defidérium eórum áttulit eis ; * non funt fraudáti à defidério fuo.

Adhuc efcæ eórum erant in ore ipfórum, * & ira Dei afcéndit fuper eos :

Et occídit pingues eórum, * & eléctos Ifrael impedívit.

In ómnibus his peccavérunt adhuc, * & non credidérunt in mirabílibus ejus.

Et defecérunt in vanitáte dies eórum, * & anni eórum cum feftinatióne.

Cùm occíderet eos, quærébant eum, * & revertebántur & dilúculò veniébant ad eum ;

Et rememoráti funt quia Deus adjútor eft eórum * & Deus excélfus redémptor eórum eft ;

Et dilexérunt eum in ore fuo * & lingua fua mentíti funt ei,

Cor autem eórum non erat rectum cum eo, * nec fidéles hábiti funt in teftaménto ejus.

Ipfe autem eft mifèricors, & propitius fiet peccátis eórum, * & non difpérdet eos ;

Et abundávit ut avérteret iram fuam, * & non accéndit omnem iram fuam ;

Et recordátus eft quia caro funt, * fpíritus vadens & non rédiens.

Quóties exacerbavérunt eum in deférto, * in iram concitavérunt eum in inaquófo !

Et convérfi funt, & tentavérunt Deum, * & fanctum Ifrael exacerbavérunt.

Non funt recordáti manus ejus * die quâ redémit eos de manu tribulántis ;

Sicut pófuit in Ægypto figna fua * & prodígia fua in campo Táneos ;

Et convértit in fánguinem flúmina eórum * & imbres eórum ne bíberent ;

Mifit in eos cœnomyíam, & comédit eos ; * & ranam, & difpérdidit eos ;

Et dedit ærúgini fructus eórum * & labóres eórum locúftæ ;

Et occídit in grándine víneas eórum * & moros eórum in pruína ;

Et trádidit grándini juménta eórum * & poffeffiónem eórum igni ;

Mifit in eos iram indignatiónis fuæ, * indignatiónem & iram & tribulatiónem, immiffiónes per ángelos malos ;

Viam fecit fémitæ iræ fuæ ; non pepércit à morte animábus eórum ; * & juménta eórum in morte conclúfit ;

Et percúffit omne primogénitū in terra Ægypti, * primítias omnis labóris eórum in tabernáculis Cham ;

Et ábftulit ficut oves pópulum fuū; * & perdúxit eos tamquam gregem in deférto ;

Et dedúxit eos in spe, & non timuérunt ; * & inimícos eórum opéruit mare ;

Et indúxit eos in montem sanctificatiónis suæ, * montem quem acquisívit déxtera ejus ;

Et ejécit à fácie eórum Gentes, * & sorte divísit eis terram in funículo distributiónis,

Et habitáre fecit in tabernáculis eórum * tribus Israel.

Et tentavérunt & exacerbavérunt Deum excélsum, * & testimónia ejus non custodiérunt ;

Et avertérunt se, & non servavérunt pactum ; * quemádmodum patres eórum convérsi sunt in arcum pravum :

In iram concitavérunt eum in cóllibus suis, * & in sculptílibus suis ad æmulatiónem eum provocavérunt.

Audívit Deus, & sprevit, * & ad níhilum redégit valdè Israel ;

Et répulit tabernáculum Silo, * tabernáculum suum ubi habitávit in homínibus ;

Et trádidit in captivitátem virtútem eórum * & pulchritúdinem eórum in manus inimíci ;

Et conclúsit in gládio pópulum suum ; * & hæreditátem suá sprevit.

Júvenes eórum comédit ignis, * & vírgines eórum non sunt lamentátæ ;

Sacerdótes eórum in gládio cecidérunt, * & víduæ eórum non plorabántur,

Et excitátus est tamquam dórmiens Dóminus, * tamquam potens crapulátus à vino.

Et percússit inimícos suos in poste-

rióra ; * oppróbrium sempitérnum dedit illis :

Et répulit tabernáculum Joseph, * & tribum Ephraim non elégit ;

Sed elégit tribum Juda, * montem Sion quem diléxit :

Et ædificávit sicut unicórnium sanctifícium suum in terra * quam fundávit in sæcula :

Et elégit David servum suum, & sústulit eum de grégibus óvium, * de post fœtántes accépit eum

Páscere Jacob servum suum * & Israel hæreditátem suam.

Et pavit eos in innocéntia cordis sui, * & in intelléctibus mánuum suárum dedúxit eos.

Ant. Tu es Deus qui facis mirabília.

Ant. Propítius esto.

Pseaume 78.

Deus, venérunt Gentes in hæreditátem tuam ; polluérunt templum sanctum tuum : * posuérunt Jerúsalem in pomórum custódiam :

Posuérunt morticína servórum tuórum escas volatílibus cœli, * carnes Sanctórum tuórú béstiis terræ ;

Effudérunt sánguinem eórum tamquam aquam in circúitu Jerúsalem ; * & non erat qui sepelíret.

Facti sumus oppróbriú vicínis nostris, * subsannátio & illúsio his qui in circúitu nostro sunt.

Usquequò, Dñe irascéris in finem ? * accendétur velut ignis zelus tuus ?

Effúnde iram tuam in Gentes quæ te non novérunt, * & in regna quæ nomen tuum non invocavérunt ;

Quia comedérunt Jacob * & locum ejus desolavérunt.

Ne memíneris iniquitátum nostrárum antiquárum ; citò antícipent nos misericórdiæ tuæ , * quia páuperes facti sumus nimis.

Adjuva nos , Deus salutáris noster, & propter glóriam nóminis tui, Dómine , líbera nos , * & propítius esto peccátis nostris propter nomen tuum :

Ne fortè dicant in Géntibus , Ubi est Deus eórum ? * Et innotéscat in natiónibus coram óculis nostris

Ultio sánguinis servórum tuórum qui effúsus est. * Intróeat in conspéctu tuo gémitus compeditórum.

Secúndùm magnitúdinem bráchii tui * pósside fílios mortificatórum.

Et redde vicínis nostris séptuplum in sinu eórum * impropérium ipsórum quod exprobravérunt tibi, Dómine.

Nos autem , pópulus tuus & oves páscuæ tuæ , * confitébimur tibi in sæculum :

In generatiónem & generatiónem * annuntiábimus laudem tuam.

Pseaume 79.

QUi regis Israel, inténde ; * qui dedúcis velut ovem Joseph.

Qui sedes super Chérubim , * manifestáre coram Ephraïm, Bénjamin & Manásse.

Excita poténtiam tuam , & veni * ut salvos fácias nos.

Deus , convérte nos ; * & osténde fáciem tuam , & salvi érimus.

Dómine Deus virtútū , * quoúsque irascéris super oratiónem servi tui ?

Cibábis nos pane lacrymárum ; * & potum dabis nobis in lácrymis in mensúra.

Posuísti nos in contradictiónem vícinis nostris ; * & inimíci nostri subsannavérunt nos.

Deus virtútum , convérte nos ; * & osténde fáciem tuam , & salvi érimus.

Víneam de Ægypto transtulísti ; * ejecísti Gentes , & plantásti eam ;

Dux itíneris fuísti in conspéctu ejus ; * plantásti radíces ejus , & implévit terram :

Opéruit montes umbra ejus , * & arbústa ejus cedros Dei :

Exténdit pálmites suos usque ad mare , * & usque ad flumen propágines ejus.

Ut quid destruxísti macériam ejus ? * & vindémiant eam omnes qui prætergrediúntur viam ?

Exterminávit eam aper de silva , * & singuláris ferus depástus est eam.

Deus virtútum , convértere ; * réspice de cœlo & vide , & vísita víneam istam ,

Et pérfice eam quam plantávit déxtera tua ; * & super filium hóminis quem confirmásti tibi.

Incénsa igni & suffóssa , * ab increpatióne vultûs tui períbunt.

Fiat manus tua super virum déxteræ tuæ , * & super filium hóminis quem confirmásti tibi.

Et non discédimus à te : * vivificábis nos , & nomen tuum invocábimus.

Dómine Deus virtútum , convérte nos ; * & osténde fáciem tuam , & salvi érimus.

Ant. Propítius esto peccátis nostris , Dómine.

Pour la Ferie ℣. Gaudébunt

lábia mea cùm cantávero tibi, ℟. Et ánima mea quam redemísti.

Pour un Martyr, ℣. Glóriâ & honóre coronásti eum, Dómine, ℟. Et constituísti eum super ópera mánuum tuárum.

Pour plusieurs Martyrs, ℣. Lætámini in Dómino & exultáte, justi ; ℟. Et gloriámini, omnes recti corde.

Pour un Confesseur Pontife & un Confesseur non Pontife, ℣. Amávit eum Dóminus & ornávit eū ; ℟. Stolam glóriæ índuit eum.

Pour une Sainte, ℣. Spécie tuâ & pulchritúdine tuâ ℟. Inténde, prósperè procéde, & regna.

Pater noster.

Absolution.

EXáudi, Dómine Jesu Christe, preces servórum tuórum & miserére nobis, qui cum Patre & Spíritu sanċto vivis & regnas in sécula seculórum. ℟. Amen.

℣. Jube, Dómne, bene dícere.

[Pour la Ferie, Benedictions. Lorsque les Leçons ne sont point de l'Evangile avec Homélie.

1. Benedictióne perpétuâ benedícat nos Pater ætérnus. ℟. Amen.

Les Leçons & les Répons au Propre du Temps.

2. Unigénitus Dei Fílius nos benedícere & adjuváre dignetur. ℟. Amen.

3. Spíritûs sanċti grátia illúminet sensus & corda nostra. ℟. Amen.

Lorsque les Leçons sont de l'Evangile avec Homelie.

1. Evangélica léċtio sit nobis salus & protéċtio. ℟. Amen.

2.℈ Divínum auxílium máneat semper nobíscum. ℟. Amen.

3. Ad societátem cívium supernórum perdúcat nos Rex Angelórum. ℟. Amen.

Après la troisieme Leçon on dit un Répons au lieu de Te Deum.]

[Pour les Fêtes de trois Leçons, Benedictions.

1. Ille nos benedícat qui sine fine vivit & regnat. ℟. Amen.

Les Leçons & les Répons convenables à la Fête.

2. Cujus festum cólimus, ipse ou ipsa intercédat pro nobis ad Dóminum. ℟. Amen. Si l'Office se fait de plusieurs Saints, il faut dire Quorum ou Quarum festum cólimus, ipsi ou ipsæ intercédant pro nobis ad Dóminum. ℟. Amen.

3. Ad societátem cívium supernórum perdúcat nos Rex Angelórum. ℟. Amen.

Après la troisieme Leçon au lieu de Répons on dit Te Deum, p. 14.]

A LAUDES.

℣. Deus, in adjutórium.

Ant. Tibi soli.

Pseaume 50.

MIserére mei, Deus, * secúndùm magnam misericórdiam tuam ;

Et secúndùm multitúdinem miseratiónum tuárum * dele iniquitátem meam.

Amplius lava me ab iniquitáte mea, * & à peccáto meo munda me ;

Quóniam iniquitátem meam ego cognósco, * & peccátum meum contra me est semper,

Tibi

Tibi foli peccávi & malum coram te feci : * ut juftificéris in fermónibus tuis, & vincas cùm judicáris.

Ecce enim in iniquitátibus concéptus fum, * & in peccátis concépit me mater mea.

Ecce enim veritátem dilexífti ; * incérta & occúlta fapiéntiæ tuæ manifeftáfti mihi.

A fpérges me hyfsópo, & mundábor ; * lavábis me, & fuper nivem dealbábor.

Audítui meo dabis gáudium & lætítiá ; * & exultábunt offa humiliáta.

A vérte fáciem tuá à peccátis meis, * & omnes iniquitátes meas dele.

Cor mundum crea in me, Deus, * & fpíritum rectum ínnova in vifcéribus meis.

Ne projícias me à fácie tua, * & Spíritum fanctum tuú ne áuferas à me.

Redde mihi lætitiam falutáris tui, * & fpíritu principáli confirma me.

Docébo iníquos vias tuas ; * & ímpii ad te converténtur.

Líbera me de fanguínibus, Deus, Deus falútis meæ ; * & exultábit lingua mea juftítiam tuam.

Dómine, lábia mea apéries ; * & os meum annuntiábit laudem tuam.

Quóniam fi voluíffes facrificium, dedíffem útique ; * holocáuftis non delectáberis.

Sacrificium Deo fpíritus contribulátus ; * cor contritum & humiliátum ,Deus, non defpícies.

Benígnè fac, Dómine, in bona voluntáte tua Sion, * ut ædificéntur muri Jerúfalem.

Tunc acceptábis facrifíciú juftítiæ, oblatiónes & holocáufta ; * tunc

impónent fuper altáre tuum vítulos.

Ant. Tibi foli peccávi, Dómine ; miferére meî.

Ant. Dómine.

Pfeaume 89.

DOmine, refúgium factus es nobis * à generatióne in generatiónem.

Priúfquam montes fíerent aut formarétur terra & orbis, * à fæculo & ufque in féculum tu es, Deus.

Ne avértas hóminem in humilitátem ; * & dixífti, Convertímini, fílii hóminum.

Quóniam mille anni ante óculos tuos * tamquam dies heftérna quæ prætériit

Et cuftódia in nocte. * Quæ pro nihílo habéntur, eórum anni erunt.

Manè ficut herba tránfeat, manè flóreat & tránfeat ; * véfperè décidat, indúret & aréfcat.

Quia defécimus in ira tua, * & in furóre tuo turbáti fumus.

Pofuífti iniquitátes noftras in confpéctu tuo, * féculum noftrum in illuminatióne vultûs tui.

Quóniam omnes dies noftri defecérunt ; * & in ira tua defécimus.

Anni noftri ficut aránea meditabúntur : * dies annórum noftrórum in ipfis feptuagínta anni ;

Si autem in potentátibus octogínta anni ; * & ámplius eórum labor & dolor.

Quóniam fupervénit manfuetúdo ; * & corripiémur,

Quis novit poteftátem iræ tuæ, * & præ timóre tuo iram tuam dinumeráre ?

Déxteram tuam fic notam fac, *

R. 4. Automne.   **G**

& erudítos corde in sapiéntia.

Convértere, Dómine ; úsquequò? * & deprecábilis esto super servos tuos.

Repléti sumus manè misericórdiâ tuâ ; * & exultávimus & delectáti sumus ómnibus diébus nostris.

Lætáti sumus pro diébus quibus nos humiliásti , * annis quibus vídimus mala.

Réspice in servos tuos & in ópera tua , * & dírige fílios eórum.

Et sit splendor Dómini Dei nostri super nos ; & ópera mánuum nostrárum dírige super nos , * & opus mánuum nostrárum dírige.

Ant. Dómine , refúgium factus es nobis.

Ant. In matutínis.

Pseaume 62.

Deus , Deus meus , * ad te de luce vígilo.

Sitívit in te ánima mea : * quàm multiplíciter tibi caro mea !

In terra desérta & ínvia & inaquósa , * sic in sancto appárui tibi , ut vidérem virtútem tuam & glóriam tuam.

Quóniam mélior est misericórdia tua super vitas , * lábia mea laudábunt te.

Sic benedícam te in vita mea , * & in nómine tuo levábo manus meas.

Sicut ádipe & pinguédine repleátur ánima mea , * & lábiis exultatiónis laudábit os meum.

Si memor fui tuî super stratum meum , in matutínis meditábor in te ; * quia fuísti adjútor meus.

Et in velaménto alárum tuárum exultábo : adhæsit ánima mea post

te : * me suscépit déxtera tua.

Ipsi verò in vanum quæsiérunt ánimam meam : introíbunt in inferióra terræ : * tradéntur in manus gládii : partes vúlpium erunt.

Rex verò lætábitur in Deo : laudabúntur omnes qui jurant in eo ; * quia obstrúctum est os loquéntium iníqua.

On ne dit point ici Glória Patri.

Pseaume 66.

Deus misereátur nostrî , & benedícat nobis; * illúminet vultum suum super nos , & misereátur nostrî :

Ut cognoscámus in terra viam tuam , * in ómnibus Géntibus salutáre tuum.

Confiteántur tibi pópuli , Deus ; * confiteántur tibi pópuli omnes.

Læténtur & exúltent Gentes , * quóniam júdicas pópulos in æquitáte & gentes in terra dírigis.

Confiteántur tibi pópuli , Deus , confiteántur tibi pópuli omnes : * terra dedit frúctum suum.

Benedícat nos Deus, Deus noster, benedícat nos Deus : * & métuant eum omnes fines terræ.

Ant. In matutínis meditábor in te.

Ant. Cantémus.

Cantique de Moyse. *Exode* 15.

Cantémus Dómino , gloriósè enim magnificátus est ; * equú & ascensórem dejécit in mare.

Fortitúdo mea & laus mea Dóminus ; * & factus est mihi in salútem.

Iste Deus meus , & glorificábo eum ; * Deus patris mei , & exaltábo eum.

Dóminus quasi vir pugnátor ; Omnípotens nomen ejus. * Currus Pharaónis & exércitum ejus projécit in mare.

Elécti príncipes ejus submérsi sunt in Mari Rubro ; abyssi operuérunt eos ; * descendérunt in profúndum quasi lapis.

Déxtera tua, Dómine, magnificáta est in fortitúdine ; déxtera tua, Dómine, percússit inimícum ; * & in multitúdine glóriæ tuæ deposuísti adversários tuos.

Misísti iram tuam quæ devorávit eos sicut stípulam ; * & in spíritu furóris tui congregátæ sunt aquæ : Stetit unda fluens ; * congregátæ sunt abyssi in médio mari.

Dixit inimícus, Pérsequar & comprehéndam ; * dívidam spólia ; implébitur ánima mea ;

Evaginábo gládium meum ; * interficiet eos manus mea.

Flavit spíritus tuus, & opéruit eos mare ; * submérsi sunt quasi plumbum in aquis veheméntibus.

Quis símilis tuî in fórtibus, Dómine ? * quis símilis tuî, magníficus in sanctitáte, terríbilis atque laudábilis, fáciens mirabília ?

Extendísti manum tuam, & devorávit eos terra. * Dux fuísti in misericórdia tua pópulo quem redemísti,

Et portásti eum in fortitúdine tua * ad habitáculum sanctum tuum.

Ascendérunt pópuli & iráti sunt ; * dolóres obtinuérunt habitatóres Philísthiim :

Tunc conturbáti sunt príncipes Edom ; robústos Moab obtínuit tremor ; * obriguérunt omnes habitatóres Chánaan.

Irruat super eos formído & pavor * in magnitúdine bráchii tui.

Fiant immóbiles quasi lapis, donec pertránseat pópulus tuus, Dómine ; * donec pertránseat pópulus tuus iste quem possedísti.

Introdúces eos & plantábis in monte hæreditátis tuæ, * firmíssimo habitáculo tuo quod operátus es, Dñe, Sanctuárium tuum, Dómine, quod firmavérunt manus tuæ. * Dóminus regnábit in ætérnum & ultrà.

Ingréssus est enim eques Phárao cum cúrribus & equítibus ejus in mare , * & redúxit super eos Dóminus aquas maris.

Fílii autē Ísrael ambulavérunt per siccum * in médio ejus.

Ant. Cantémus Dño gloriósè.
Ant. In sanctis.

Pseaume 148.

Laudáte Dóminum de cœlis : * laudáte eum in excélsis.

Laudáte eum, omnes Angeli ejus. * Laudáte eū, omnes Virtútes ejus.

Laudáte eum, sol & luna. * Laudáte eum, omnes stellæ & lumen.

Laudáte eum, cœli cœlórum : * & aquæ omnes quæ super cœlos sunt laudent nomen Dómini.

Quia ipse dixit, & facta sunt : * ipse mandávit, & creáta sunt.

Státuit ea in ætérnum & in séculum séculi : * præcéptum pósuit, & non præteríbit.

Laudáte Dóminum de terra, * dracónes & omnes abyssi,

Ignis, grando, nix, glácies, spíritus procellárum * quæ fáciunt verbum ejus,

Montes & omnes colles , * ligna

fructifera & omnes cedri,

Bestiæ & univérsa pécora, * serpéntes & vólucres pennátæ,

Reges terræ & omnes pópuli, *
príncipes & omnes júdices terræ,

Júvenes & vírgines, senes cum
junióribus, laudent nomē Dómini,
* quia exaltátum est nomen ejus
solíus.

Conféssio ejus super cœlum &
terram ; * & exaltávit cornu pópuli sui.

Hymnus ómnibus sanctis ejus, *
filiis Israel, pópulo appropinquánti sibi.

On ne dit point ici Glória Patri.

Pseaume 149.

CAntáte Dómino cánticum novum : * laus ejus in Ecclésia
Sanctórum.

Lætétur Israel in eo qui fecit eum, *
& filii Sion exúltent in rege suo.

Laudent nomen ejus in choro ; * in
týmpano & psaltério psallant ei ;

Quia beneplácitum est Dómino in
pópulo suo, * & exaltábit mansuétos in salútem.

Exultábunt sancti in glória : * lætabúntur in cubílibus suis :

Exaltatiónes Dei in gútture eórum, * & gládii ancípites in mánibus eórum,

Ad faciéndam vindíctam in natiónibus, * increpatiónes in pópulis ;

Ad alligándos reges eórum in compédibus, * & nóbiles eórum in mánicis férreis ;

Ut fáciant in eis judíciũ conscríptum. * Glória hæc est ómnibus sanctis ejus.

On ne dit point ici Glória Patri.

Pseaume 150.

LAudáte Dóminum in sanctis
ejus : * laudáte eum in firmaménto virtútis ejus.

Laudáte eum in virtútibus ejus : *
laudáte eum secúndùm multitúdinem magnitúdinis ejus.

Laudáte eum in sono tubæ : * laudáte eum in psaltério & cíthara.

Laudáte eum in tympano & choro : * laudáte eum in chordis & órgano :

Laudáte eum in cymbalis bene sonántibus ; laudáte eum in cymbalis jubilatiónis. * Omnis spíritus laudet Dóminum.

Glória Patri.

Ant. In sanctis ejus laudáte Deũ.

Chapitre.   *Rom.* 13.

NOx præcéssit, dies autem appropinquávit ; abjiciámus ergo ópera tenebrárum & induámur
arma lucis ; sicut in die honéstè
ambulémus. ℟. Deo grátias.

Hymne.

LUx ecce surgit áurea,
Pallens facéssat cæcitas
Quæ nosmet in præceps diu
Erróre traxit dévio.

Hæc lux serénum cónferat,
Purósque nos præstet sibi :
Nihil loquámur súbdolum ;
Volvámus obscúrum nihil.

Sic tota decúrrat dies,
Ne lingua mendax, ne manus,
Oculíve peccent lúbrici,
Ne noxa corpus ínquinet.

Speculátor adstat désuper
Qui nos diébus ómnibus
Actúsque nostros próspicit
A luce prima in vésperum.

Deo Patri sit glória
Ejúsque soli Fílio,
Cum Spíritu Paracleto
Et nunc & in perpétuum.

Pour l'Hymne nouvelle.

Nunc & per omne séculum. Amen.

℣. Repléti sumus manè misericórdiâ tuâ ; ℞. Exultávimus & delectáti sumus.

Ant. In sanctitáte.

Cantique de Zacharie. *Luc.* 1.

Benedíctus Dóminus Deus Israel, * quia visitávit, & fecit redemtiónem plebis suæ,

Et eréxit cornu salútis nobis * in domo David púeri sui,

Sicut locútus est per os sanctórū * qui à século sunt, prophetárum ejus:

Salútem ex inimícis nostris * & de manu ómnium qui odérunt nos :

Ad faciéndam misericórdiam cum pátribus nostris, * & memorári testaménti sui sancti :

Jusjurándum quod jurávit ad Abraham patrem nostrum, * datúrum se nobis

Ut sinetimóre de manu inimicórū nostrórum liberáti * serviámus illi

In sanctitáte & justítia coram ipso * ómnibus diébus nostris.

Et tu, puer, Prophéta Altíssimi vocáberis ; * præibis enim ante fáciem Dómini paráre vias ejus,

Ad dandam sciéntiam salútis plebi ejus * in remissiónem peccatórum eórum,

Per víscera misericórdiæ Dei nostri * in quibus visitávit nos Oriens ex alto,

Illumináre his qui in ténebris & in umbra mortis sedent, * ad dirigéndos pedes nostros in viam pacis.

Glória Patri.

Ant. In sanctitáte serviámus Dómino, & liberábit nos ab inimícis nostris.

Tout le reste comme aprés l'Antienne de la seconde Ferie, p. 56.

LA SIXIEME FERIE A MATINES.

S'il arrive en cette Ferie une Feste de trois Leçons, les Matines se disent comme ci dessous en observant les differences qui sont marquées.

Pater. Ave. Credo.

℣. Dómine, lábia mea.

℣. Deus, in adjutórium.

Pour la Ferie.

Invitatoire. Adorémus Dóminum, * Quóniam ipse fecit nos.

Le Ps. 94 Venite page 2.

Hymne ancienne.

Tu Trinitátis Unitas
Orbem poténter quæ regis,
Atténde laudum cántica
Quæ excubántes psállimus ;

Nam léctulo consúrgimus
Noctis quieto témpore,
Ut flagitémus vúlnerum
A te medélam ómnium.

Quo fraude quidquid dæmonum
In nóctibus delíquimus,
Abstérgat illud cœlitus
Tuæ potéstas glóriæ.

Ne corpus adstet sórdidum,
Nec torpor instet córdium,
Nec críminis contágio
Tepéscat ardor spíritûs.

R. 4. *Automne.* G iij

Ob hoc, Redémtor, quæfumus,
Reple tuo nos lúmine,
Per quod diérum círculis
Nullis ruámus áctibus.
Præfta, Pater piíffime,
Patríque compar Unice,
Cum Spíritu Parácleto,
Regnans per omne féculum.
     Amen.

     Hymne nouvelle.

Tu Trinitátis Unitas, à la fin de ce Volume.

Pour les Festes de trois Leçons, l'Invit. & l'Hymne convenable.

Ant. Exfultáte.

     Pfeaume 80.

EXfultáte Deo adjutóri noftro; * jubiláte Deo Jacob.
Súmite pfalmum, & date tympanum, * pfaltérium jucúndum cum cíthara.
Buccináte in Neoménia tuba * in infígni die folemnitátis veftræ;
Quia præcéptum in Ifrael eft, * & judícium Deo Jacob.
Teftimónium in Jofeph pófuit illud, cùm exíret de terra Ægypti; * linguam quam non nóverat, audívit.
Divértit ab onéribus dorfum ejus; * manus ejus in cóphino fervíerunt.
In tribulatióne invocáfti me & liberávi te; * exaudívi te in abfcóndito tempeftátis; probávi te apud aquam contradictiónis.
Audi, pópulus meus, & conteftábor te: * Ifrael, fi audieris me, non erit in te Deus recens, neque adorábis Deum aliénum.
Ego enim fum Dóminus Deus tuus qui edúxi te de terra Ægypti: * diláta os tuum, & implébo illud.

Et non audívit pópulus meus vocé meá, * & Ifrael non inténdit mihi.
Et dimífi eos fecúndùm defidéria cordis eórum; * ibunt in adinventiónibus fuis.
Si pópulus meus audíffet me, * Ifrael fi in viis meis ambuláffet,
Pro nihilo fórfitan inimícos eórum humiliáffem, * & fuper tribulántes eos mifíffem manum meam.
Inimíci Dómini mentíti funt ei; * & erit tempus eórum in fécula.
Et cibávit eos ex ádipe fruménti, * & de petra melle faturávit eos.

     Pfeaume 81.

DEus ftetit in fynagóga deórum; * in médio autem deos dijúdicat.
Ufquequò judicátis iniquitátem, * & fácies peccatórum fúmitis?
Judicáte egéno & pupíllo; * húmilem & páuperem juftificáte;
Erípite páuperem, * & egénum de manu peccatóris liberáte.
Nefciérunt neque intellexérunt, in ténebris ámbulant: * movebúntur ómnia fundaménta terræ.
Ego dixi, Dii eftis * fílii Excélfi omnes:
Vos autem ficut hómines moriémini, * & ficut unus de princípibus cadétis.
Surge, Deus; júdica terram; * quóniam tu hæreditábis in ómnibus Géntibus.
Ant. Exfultáte Deo adjutóri noftro.
Ant. Tu folus.

     Pfeaume 82.

DEus, quis símilis erit tibi? * Ne táceas neque compefcáris, Deus;

Quóniam ecce inimíci tui sonuérunt, * & qui odérunt te , extulé-
runt caput :

Super pópulum tuum malignavé-
runt consilium , * & cogitavérunt
advérsùs sanctos tuos :

Dixérunt, Veníte , & disperdámus
eos de gente ; * & non memorétur
nomen Israel ultrà.

Quóniam cogitavérunt unanímiter ; * simul advérsùm te testaméntum disposuérunt tabernácula Idu-
mæórum & Ismaelítæ ,

Moab & Agaréni, Gebal & Ammon & Amalec , * alienígenæ cum
habitántibus Tyrum :

E tenim Assur venit cum illis , *
facti sunt in adjutórium fíliis Lot.

Fac illis sicut Mádian & Sísaræ , *
sicut Jabin in torrénte Cisson.

Disperiérunt in Endor ; * facti sunt
ut stercus terræ.

Pone príncipes eórum sicut Oreb
* & Zeb & Zébee & Sálmana ;

Omnes príncipes eórum qui dixérunt, * Hæreditáte possideámus sanctuárium Dei.

Deus meus , pone illos ut rotam , *
& sicut stípulam ante fáciem venti.

Sicut ignis qui combúrit silvam , *
& sicut flamma combúrens montes,

Ita perséqueris illos in tempestáte
tua , * & in ira tua turbábis eos.

Imple fácies eórum ignomíniâ ; *
& quærent nomen tuum, Dómine.

E rubéscant & conturbéntur in séculum séculi , * & confundántur &
péreant ,

E t cognóscant quia nomen tibi Dóminus, * tu solus Altíssimus in omni terra.

Pseaume 83.

QUàm dilécta tabernácula tua ,
Dómine virtútum ! * Con-
cupíscit & déficit ánima mea in á-
tria Dómini.

Cor meum & caro mea * exultavérunt in Deum vivum.

E tenim passer invénit sibi domum ,
* & turtur nidum sibi ubi ponat
pullos suos:

Altária tua , Dómine virtútum , *
rex meus & Deus meus.

Beáti qui hábitant in domo tua ,
Dómine; * in sécula seculórum laudábunt te.

Beátus vir cujus est auxílium abs
te ; * ascensiónes in corde suo dispósuit in valle lachrymárum in loco quem pósuit.

E tenim benedictiónem dabit legislátor ; ibunt de virtúte in virtútem ; * vidébitur Deus deórum in
Sion.

Dómine Deus virtútum , exáudi
oratiónem meam ; * áuribus pércipe , Deus Jacob.

Protéctor noster áspice , Deus , *
& réspice in fáciem Christi tui.

Quia mélior est dies una in átriis
tuis * super míllia ,

Elégi abjéctus esse in domo Dei
mei , * magis quàm habitáre in tabernáculis peccatórum.

Quia misericórdiam & veritátem
díligit Deus , * grátiam & glóriam
dabit Dóminus ;

Non privábit bonis eos qui ámbulant in innocéntia. * Dñe virtútum,
beátus homo qui sperat in te.

Ant. Tu solus Altíssimus super
omnem terram.

Ant. Benedixísti.

Pseaume 84.

BEnedixísti, Dómine, terram tuam ; * avertísti captivitátem Jacob ;

Remisísti iniquitátem plebis tuæ ; * operuísti ómnia peccáta eórum ;

Mitigásti omnem iram tuam ; * avertísti ab ira indignatiónis tuæ.

Convérte nos, Deus salutáris noster, * & avérte iram tuam à nobis.

Numquid in ætérnum irascéris nobis ? * aut exténdes iram tuam à generatióne in generatiónem ?

Deus, tu convérsus vivificábis nos, * & plebs tua lætábitur in te.

Osténde nobis, Dómine, misericórdiam tuam, * & salutáre tuum da nobis.

Audiam quid loquátur in me Dóminus Deus, * quóniam loquétur pacem in plebem suam

Et super Sanctos suos * & in eos qui convertúntur ad cor.

Verúmtamen propè timéntes eum salutáre ipsíus, * ut inhábitet glória in terra nostra.

Misericórdia & véritas obviavérunt sibi ; * justítia & pax osculátæ sunt ;

Véritas de terra orta est, * & justítia de cœlo prospéxit.

Etenim Dóminus dabit benignitátem ; * & terra nostra dabit fructum suum.

Justítia ante eum ambulábit, * & ponet in via gressus suos.

Pseaume 85.

INclína, Dómine, aurem tuam & exáudi me, * quóniam inops & pauper sum ego.

Custódi ánimam meam, quóniam sanctus sum. * Salvum fac servum tuum, Deus meus, sperántem in te.

Miserére meî, Dómine, quóniam ad te clamávi totâ die. * Lætífica ánimam servi tui, quóniam ad te, Dómine, ánimam meam levávi ;

Quóniam tu, Dómine, suávis & mitis, * & multæ misericórdiæ ómnibus invocántibus te.

Auribus pércipe, Dómine, oratiónem meam, * & inténde voci deprecatiónis meæ.

In die tribulatiónis meæ clamávi ad te, * quia exaudísti me.

Non est símilis tuî in diis, Dómine, * & non est secúndùm ópera tua.

Omnes gentes quascúmque fecísti vénient & adorábunt coram te, Dómine, * & glorificábunt nomen tuum ;

Quóniam magnus es tu & fáciens mirabília : * tu es Deus solus.

Deduc me, Dómine, in via tua, & ingrédiar in veritáte tua. * Lætétur cor meum, ut tímeat nomen tuum.

Confitébor tibi, Dómine Deus meus, in toto corde meo, * & glorificábo nomen tuum in ætérnum ;

Quia misericórdia tua magna est super me, * & eruísti ánimam meá ex inférno inferióri.

Deus, iníqui insurrexérunt super me, & synagóga poténtium quæsiérunt ánimam meam ; * & non proposuérunt te in conspéctu suo.

Et tu, Dómine Deus, miserátor & miséricors, * pátiens & multæ misericórdiæ & verax.

Réfpice in me & miferére meì.* Da impérium tuum púero tuo, & falvum fac fílium ancíllæ tuæ.

Fac mecum fignum in bonum, ut vídeant qui odérunt me, & confundántur ; * quóniam tu, Dómine, adjuvífti me, & confolátus es me.

Ant. Benedixífti, Dómine, terram tuam.

Ant. Fundaménta ejus.

Pfeaume 86.

FUndaménta ejus in móntibus fanctis. * Díligit Dóminus portas Sion fuper ómnia tabernácula Jacob.

Gloriófa dicta funt de te, * cívitas Dei.

Memor ero Rahab & Babylónis * fciéntium me.

Ecce alienígenæ & Tyrus & pópulus Æthíopum, * hi fuérunt illic.

Numquid Sion dicet, Homo & homo natus eft in ea ; * & ipfe fundávit eam Altíffimus ?

Dóminus narrábit in fcriptúris populórum & príncipum , * horum qui fuérunt in ea.

Sicut lætántium ómnium * habitátio eft in te.

Pfeaume 87.

DOmine Deus falútis meæ, * in die clamávi & nocte coram te.

Intret in confpéctu tuo orátio mea, * inclína aurem tuam ad precem meam,

Quia repléta eft malis ánima mea, * & vita mea inférno appropinquávit.

Æftimátus fum cum defcendéntibus in lacum : * factus fum ficut homo fine adjutório, inter mórtuos liber,

Sicut vulneráti dormiéntes in fepúlchris, quorum non es memor amplius , * & ipfi de manu tua repúlfi funt.

Pofuérunt me in lacu inferióri, * in tenebrófis & in umbra mortis.

Super me confirmátus eft furor tuus, * & omnes fluctus tuos induxífti fuper me.

Longè fecífti notos meos à me ; * pofuérunt me abominatiónem fibi.

Tráditus fum, & non egrediébar. * Oculi mei languérunt præ inópia.

Clamávi ad te, Dómine, totâ die, * expándi ad te manus meas.

Numquid mórtuis fácies mirabília ? * aut médici fufcitábunt & confitebúntur tibi ?

Numquid narrábit áliquis in fepúlchro mifericórdiam tuam , * & veritátem tuam in perditióne ?

Numquid cognofcéntur in ténebris mirabília tua , * & juftitia tua in terra obliviónis ?

Et ego ad te, Dómine, clamávi ; * & manè orátio mea prævéniet te.

Ut quid, Dñe, repéllis oratiónem meam ; * avértis fáciem tuam à me ?

Pauper fum ego & in labóribus à juventúte mea ; * exaltátus autem, humiliátus fum & conturbátus.

In me tranfiérunt iræ tuæ , * & terróres tui conturbavérunt me.

Circumdedérunt me ficut aqua totâ die ; * circumdedérunt me fimul.

Elongáfti à me amícum & próximum, * & notos meos à miféria.

Ant. Fundaménta ejus in móntibus fanctis.

Ant. **Benedictus.**

Pfeaume 88.

M Ifericórdias Dómini * in ætérnum cantábo.

In generatiónem & generatiónem * annuntiábo veritátem tuam in ore meo ;

Quóniam dixífti, In ætérnum mifericórdia ædificábitur in cœlis ; * præparábitur véritas tua in eis :

Difpófui teftaméntum eléctis meis : jurávi David fervo meo, * Ufque in ætérnum præparábo femen tuũ,

Et ædificábo in generatiónem & generatiónem * fedem tuam.

Confitebúntur cœli mirabília tua, Dómine ; * étenim veritátem tuam in eccléfia Sanctórum.

Quóniam quis in núbibus æquábitur Dómino, * fimilis erit Deo in fíliis Dei?

Deus qui glorificátur in concílio Sanctórum, * magnus & terríbilis fuper omnes qui in circúitu ejus funt.

Dómine Deus virtútum, quis fímilis tibi? * Potens es, Dómine, & véritas tua in circúitu tuo.

Tu domináris poteftáti maris, * motum autem fluctuum ejus tu mítigas.

Tu humiliáfti ficut vulnerátum fupérbum : * in bráchio virtútis tuæ difperfífti inimícos tuos.

Tui funt cœli, & tua eft terra : orbem terræ & plenitúdinem ejus tu fundáfti : * Aquilónem & mare tu creáfti :

Thabor & Hermon in nómine tuo exultábunt. * Tuum bráchium cum poténtia.

Firmétur manus tua & exaltétur déxtera tua. * Juftítia & judícium præparátio fedis tuæ.

Mifericórdia & véritas præcédent fáciem tuam. * Beátus pópulus qui fcit jubilatiónem.

Dómine, in lúmine vultûs tui ambulábunt, & in nómine tuo exultábunt totâ die, * & in juftítia tua exaltabúntur ;

Quóniam glória virtútis eórum tu es, * & in beneplácito tuo exultábitur cornu noftrum :

Quia Dómini eft affúmtio noftra, * & fancti Ifrael Regis noftri.

Tunc locútus es in vifióne Sanctis tuis & dixífti, * Pófui adjutórium in poténte, & exaltávi eléctum de plebe mea :

Invéni David fervum meum ; * óleo fancto meo unxi eum ;

Manus enim mea auxiliábitur ei, * & bráchium meum confortábit eum :

Nihil profíciet inimícus in eo, * & fílius iniquitátis non appónet nocére ei :

Et concídam à fácie ipfius inimícos ejus, * & odiéntes eum in fugam convértam :

Et véritas mea & mifericórdia mea cum ipfo, * & in nómine meo exaltábitur cornu ejus :

Et ponam in mari manum ejus, * & in flumínibus déxteram ejus :

Ipfe invocábit me, Pater meus es tu, * Deus meus & fufcéptor falútis meæ :

Et ego primogénitum ponam illum, * excélfum præ régibus terræ :

In ætérnum fervábo illi mifericór-

diam meam, * & testaméntum meū
fidéle ipsi :

E t ponam in séculum séculi semen
ejus, * & thronum ejus sicut dies
coeli :

S i autem derelíquerint filii ejus legem meam * & in judiciis meis non
ambuláverint,

S i justitias meas profanáverint * &
mandáta mea non custodíerint,

V isitábo in virga iniquitátes eórum * & in verbéribus peccáta eórum ;

M isericórdiam autem meam non
dispérgam ab eo, * neque nocébo
in veritáte mea,

N eque profanábo testaméntum
meum, * & quæ procédunt de lábiis meis non fáciam írrita :

S emel jurávi in sancto meo, si David méntiar : * semen ejus in ætérnum manébit,

E t thronus ejus sicut sol in conspéctu meo * & sicut luna perfécta
in æternum, & testis in coelo fidélis.

T u verò repulísti & despexísti ; *
distulísti Christum tuum :

E vertísti testaméntum servi tui : *
profanásti in terra sanctuárium ejus :

D estruxísti omnes sepes ejus : * posuísti firmaméntum ejus formídinem.

D iripuérunt eum omnes transeúntes viam. * Factus est oppróbrium
vicínis suis.

E xaltásti déxteram depriméntium
eum : * lætificásti omnes inimícos
ejus :

A vertísti adjutórium gládii ejus, *
& non es auxiliátus ei in bello :

D estruxísti eum ab emundatióne, *
& sedem ejus in terram collisísti :

M inorásti dies témporis ejus : * per-
fudísti eum confusióne.

U squequò, Dómine, avértis in finem ? * exardéscet sicut ignis ira
tua ?

M emoráre quæ mea substántia. *
Numquid enim vanè constituísti
omnes filios hóminum ?

Q uis est homo qui vivet, & non
vidébit mortem ? * éruet ánimam
suam de manu ínferi ?

U bi sunt misericórdiæ tuæ antí-
quæ, Dómine, * sicut jurásti David in veritáte tua ?

M emor esto, Dómine, oppróbrii
servórum tuórum * (quod contí-
nui in sinu meo) multárum Géntium,

Q uod exprobravérunt inimíci tui,
Dómine, * quod exprobravérunt
commutatiónem Christi tui.

B enedíctus Dóminus in ætérnum.
* Fiat, fiat.

Pseaume 93.

D Eus ultiónum Dóminus, *
Deus ultiónum liberè egit.

E xaltáre, qui júdicas terram ; *
redde retributiónem supérbis.

U squequò peccatóres, Dómine, *
úsquequò peccatóres gloriabúntur ?

E ffabúntur & loquéntur iniquitátem ? * loquéntur omnes qui operántur injustítiam ?

P ópulum tuum, Dómine, humiliavérunt, * & hæreditátem tuam
vexavérunt :

V íduam & ádvenam interfecérunt,
* & pupíllos occidérunt :

E t dixérunt, Non vidébit Dóminus, * nec intélliget Deus Jacob.

Intelligite, insipiéntes in pópuló, *
&, stulti, aliquándo sápite.

Qui plantávit aurem non áudiet ?
* aut qui finxit óculum non considerat ?

Qui córripit Gentes non árguet ?
* qui docet hóminem sciéntiam.

Dóminus scit cogitatiónes hóminum, * quóniam vanæ sunt.

Beátus homo quem tu erudíeris,
Dómine, * & de lege tua docúeris eum ;

Ut mítiges ei à diébus malis , * donec fodiátur peccatóri fóvea.

Quia non repéllet Dóminus plebem suam, * & hæreditátem suam
non derelínquet,

Quoadúsque justítia convertátur in
judícium ; * & qui juxta illam, omnes qui recto sunt corde.

Quis consúrget mihi advérsùs malignántes ? * aut quis stabit mecum
advérsùs operántes iniquitátem ?

Nisi quia Dóminus adjúvit me , *
pauló minus habitásset in inférno
ánima mea.

Si dicébam, Motus est pes meus ;*
misericórdia tua , Dómine, adjuvábat me.

Secúndùm multitúdinem dolórum
meórum in corde meo * consolatiónes tuæ lætificavérunt ánimá meā.

Numquid adhæret tibi sedes iniquitátis ; * qui fingis labórem in
præcépto.

Captábunt in ánimam justi , * &
sánguinem innocéntem condemnábunt.

Et factus est mihi Dóminus in refúgium, * & Deus meus in adjutórium spei meæ :

Et reddet illis iniquitátem ipsórum, & in malítia eórum dispérdet
eos ; * dispérdet illos Dóminus
Deus noster.

Ant. Benedíctus Dóminus in ætérnum.

Ant. Cantáte.

Pseaume 95.

CAntáte Dómino cánticum novum. * Cantáte Dómino ,
omnis terra.

Cantáte Dómino , & benedícite
nómini ejus. * Annuntiáte de die
in diem salutáre ejus.

Annuntiáte inter gentes glóriam
ejus , * in ómnibus pópulis mirabília ejus ;

Quóniam magnus Dóminus &
laudábilis nimis ;* terríbilis est super omnes deos ;

Quóniam omnes dii Géntium dæmónia ; * Dóminus autem cœlos
fecit.

Conféssio & pulchritúdo in conspéctu ejus ;* sanctimónia & magnificéntia in sanctificatióne ejus.

Afférte Dómino, pátriæ Géntium ,
afférte Dómino glóriam & honórem ; * afférte Dómino glóriam
nómini ejus.

Tóllite hóstias, & introíte in átria
ejus ; * adoráte Dóminum in átrio
sancto ejus.

Commoveátur à fácie ejus univérsa terra. * Dícite in Géntibus quia
Dóminus regnávit.

Etenim corréxit orbem terræ qui
non commovébitur ; * judicábit
pópulos in æquitáte.

Læténtur cœli & exúltet terra ,
commoveátur mare & plenitúdo

ejus ; * gaudébunt campi & ómnia quæ in eis sunt.

Tunc exultábunt ómnia ligna silvárum à fácie Dómini quia venit, * quóniam venit judicáre terram.

Judicábit orbem terræ in æquitáte, * & pópulos in veritáte sua.

Pseaume 96.

Dominus regnávit ; exúltet terra, * læténtur ínsulæ multæ.

Nubes & calígo in circúitu ejus. * Justítia & judicium corréctio sedis ejus.

Ignis ante ipsum præcédet, * & inflammábit in circúitu inimícos ejus.

Illuxérunt fúlgura ejus orbi terræ ; * vidit & commóta est terra.

Montes sicut cera fluxérunt à fácie Dómini, * à fácie Dómini omnis terra.

Annuntiavérunt cœli justítiam ejus ; * & vidérunt omnes pópuli glóriam ejus.

Confundántur omnes qui adórant sculptília, * & qui gloriántur in simuláchris suis.

Adoráte eum, omnes Angeli ejus. * Audívit & lætáta est Sion,

Et exultavérunt fíliæ Judæ * propter judícia tua, Dómine :

Quóniam tu Dóminus altíssimus super omnem terram ; * nimis exaltátus es super omnes deos.

Qui dilígitis Dóminum, odíte malum : custódit Dóminus ánimas sanctórum suórum, * de manu peccatóris liberábit eos.

Lux orta est justo, * & rectis corde lætítia.

Lætámini, justi, in Dño, * & confitémini memóriæ sáctificatiónis ejus,

Ant. Cantáte Dómino, & benedícite nómini ejus.

Pour la Ferie, ℣. Intret orátio mea in conspéctu tuo, Dómine. ℟. Inclína aurem tuam ad precem meam.

Pour un Martyr, ℣. Posuísti, Dómine, super caput ejus ℟. Corónam de lápide pretióso.

Pour plusieurs Martyrs, ℣. Exúltent justi in conspéctu Dei, ℟. Et delecténtur in lætítia.

Pour un Confesseur Pontife, ℣. Elégit eum Dóminus sacerdótem sibi ℟. Ad sacrificándum ei hóstiam laudis.

Pour un Confesseur non Pontife, ℣. Os justi meditábitur sapiéntiam, ℟. Et lingua ejus loquétur judícium.

Pour une Sainte, ℣. Adjuvábit eam Deus vultu suo : ℟. Deus in médio ejus ; non commovébitur.

Pater noster.

Absolution.

Ipsíus píetas & misericórdia nos ádjuvet qui cum Patre & Spíritu sancto vivit & regnat in sécula seculórum. ℟. Amen.

℣. Jube, Domne, bene dícere.

[Pour la Ferie, Benedíctions. Lorsque les Leçons ne font point de l'Evangile avec Homelie.

1. Deus Pater omnípotens sit nobis propítius & clemens. ℟. Amen.

2. Christus perpétuæ dat nobis gáudia vitæ. ℟. Amen.

3. Ignem sui amóris accéndat Deus in córdibus nostris. ℟. Amen.

Lorsque les Leçons font de l'Evangile avec Homelie.

1. Evangélica léctio sit nobis

salus & protéctio. ℞. Amen.

2. Divinū auxilium máneat semper nobiscum. ℞. Amen.

3. Ad societátem cívium supernórum perdúcat nos Rex Angelórum. ℞. Amen.

Après la troisieme Leçon on dit un Répons au lieu de **Te Deum.**]

[Pour les Fêtes de trois Leçons, Benedictions.

1. Ille nos benedícat qui sine fine vivit & regnat. ℞. Amen.

Les Leçons & les Répons convenables à la Fête.

2. Cujus festum cólimus, ipse ou ipsa intercédat pro nobis ad Dóminum. ℞. Amen. Si l'Office se fait de plusieurs Saints, il faut dire Quorum ou Quarum festum cólimus, ipsi ou ipsæ intercédant pro nobis ad Dóminum. ℞. Amen.

3. Ad societátem cívium supernórum perdúcat nos Rex Angelórum. ℞. Amen.

Après la troisieme Leçon au lieu de Répons on dit **Te Deum,** p. 14.]

A LAUDES.

℣. Deus, in adjutórium.
Ant. Spíritu principáli.

Pseaume 50.

Iserére mei, Deus, * secúndùm magnam misericórdiam tuam;
Et secúndùm multitúdinem miseratiónum tuárum * dele iniquitátem meam.

Amplius lava me ab iniquitáte mea, * & à peccáto meo munda me;

Quóniam iniquitátem meam ego cognósco, * & peccátum meum contra me est semper;

Tibi soli peccávi & malum coram te feci: * ut justificéris in sermónibus tuis, & vincas cùm judicáris.

Ecce enim in iniquitátibus concéptus sum, * & in peccátis concépit me mater mea.

Ecce enim veritátem dilexísti; * incérta & occúlta sapiéntiæ tuæ manifestásti mihi.

Aspérges me hyssópo, & mundábor; * lavábis me, & super nivem dealbábor.

Audítui meo dabis gáudiū & lætítiā; * & exultábunt ossa humiliáta.

Avérte fáciem tuā à peccátis meis, * & omnes iniquitátes meas dele.

Cor mundum crea in me, Deus, * & spíritum rectum innova in viscéribus meis.

Ne projícias me à fácie tua, * & Spíritum sanctum tuum ne áuferas à me.

Redde mihi lætítiam salutáris tui, * & spíritu principáli confirma me.

Docébo iníquos vias tuas; * & ímpii ad te converténtur.

Líbera me de sanguínibus, Deus, Deus salútis meæ; * & exultábit lingua mea justítiam tuam.

Dómine, lábia mea apéries; * & os meum annuntiábit laudem tuam,

Quóniam si voluísses sacrifícium, dedíssem útique; * holocáustis non delectáberis.

Sacrifícium Deo spíritus contribulátus; * cor contritum & humiliátum, Deus, non despícies.

Benígnè fac, Dómine, in bona voluntáte tua Sion , * ut ædificéntur muri Jerúfalem.

Tunc acceptábis facrifíciũ juftítiæ, oblatiónes & holocáufta ; * tunc impónent fuper altáre tuum vítulos.

Ant. Spíritu principáli confírma cor meum , Deus.

Ant. In veritáte.

Pfeaume 142.

DOmine , exáudi oratiónem meam ; áuribus pércipe obfecratiónem meam in veritáte tua ; * exáudi me in tua juftítia ,

Et non intres in judícium cum fervo tuo , * quia non juftificábitur in confpéctu tuo omnis vivens ;

Quia perfecútus eft inimícus ánimam meam ; * humiliávit in terra vitam meam ;

Collocávit me in obfcúris ficut mórtuos féculi ; * & anxiátus eft fuper me fpíritus meus, in me turbátum eft cor meum.

Memor fui diérum antiquórum ; meditátus fum in ómnibus opéribus tuis , * in factis mánuum tuárum meditábar.

Expándi manus meas ad te ; * ánima mea ficut terra fine aqua tibi.

Velóciter exáudi me , Dómine ; * defécit fpíritus meus.

Non avértas fáciem tuam à me , * & fimilis ero defcendéntibus in lacum.

Audítam fac mihi manè mifericórdiam tuam , * quia in te fperávi.

Notam fac mihi viam in qua ámbulem , * quia ad te levávi ánimam meam.

Eripe me de inimícis meis , Dómine ; ad te confúgi. * Doce me

fácere voluntátem tuam, quia Deus meus es tu.

Spíritus tuus bonus dedúcet me in terram rectam. * Propter nomen tuum , Dómine , vivificábis me in æquitáte tua.

Edúces de tribulatióne ánimam meam , * & in mifericórdia tua difpérdes inimícos meos ,

Et perdes omnes qui tríbulant ánimam meam , * quóniam ego fervus tuus fum.

Ant. In veritáte tua exáudi me , Dómine.

Ant. Illúmina.

Pfeaume 62.

DEus Deus meus , * ad te de luce vígilo.

Sitívit in te ánima mea : * quàm multiplíciter tibi caro mea !

In terra deférta & ínvia & inaquófa, * fic in fancto appárui tibi, ut víderem virtútem tuã & glóriam tuã.

Quóniam mélior eft mifericórdia tua fuper vitas, * lábia mea laudábunt te.

Sic benedícam te in vita mea , * & in nómine tuo levábo manus meas.

Sicut ádipe & pinguédine repleátur ánima mea , * & lábiis exultatiónis laudábit os meum.

Si memor fui tuî fuper ftratum meum , in matutínis meditábor in te ; * quia fuífti adjútor meus.

Et in velaménto alárum tuárum exultábo : adhæfit ánima mea poft te : * me fufcépit déxtera tua.

Ipfi verò in vanum quæfiérunt ánimam meam : introíbunt in inferióra terræ : * tradéntur in manus gládii : partes vúlpium erunt.

Rex verò lætábitur in Deo : laudabúntur omnes qui jurant in eo ; * quia obstrúctum est os loquéntium iníqua.

On ne dit point ici **Glória Patri.**
Pseaume 66.

DEus misereátur nostri, & benedícat nobis ; * illúminet vultum suum super nos, & misereátur nostri :

Ut cognoscámus in terra viam tuam, * in ómnibus Géntibus salutáre tuum.

Confiteántur tibi pópuli, Deus ; * confiteántur tibi pópuli omnes.

Læténtur & exúltent Gentes, * quóniam júdicas pópulos in æquitáte & Gentes in terra dírigis.

Confiteántur tibi pópuli, Deus, confiteántur tibi pópuli omnes : * terra dedit fructum suum.

Benedícat nos Deus, Deus noster, benedícat nos Deus : * & métuant eum omnes fines terræ.

Ant. Illúmina, Dómine, vultum tuum super nos.

Ant. Dómine.
Cantique d'Habacuc. *Chap. 3.*

DOmïne, áudivi auditiónem tuam, * & tímui.

Dómine, opus tuum * in médio annórum vivífica illud ;

In médio annórum notum fácies. * Cùm irátus fúeris, misericórdiæ recordáberis.

Deus ab Austro véniet, * & Sanctus de monte Pharan.

Opéruit cœlos glória ejus, * & laudis ejus plena est terra.

Splendor ejus ut lux erit ; * córnua in mánibus ejus.

Ibi abscóndita est fortitúdo ejus. * Ante fáciem ejus ibit mors,

Et egrediétur diábolus ante pedes ejus. * Stetit, & mensus est terram : Aspéxit, & dissólvit Gentes, * & contríti sunt montes séculi :

Incurváti sunt colles mundi * ab itinéribus æternitátis ejus.

Pro iniquitáte vidi tentória Æthiópiæ : * turbabúntur pelles terræ Mádian.

Numquid in flumínibus irátus es, Dómine ? * aut in flumínibus furor tuus ? vel in mári indignátio tua ?

Qui ascéndes super equos tuos, * & quadrígæ tuæ salvátio.

Súscitans suscitábis arcum tuum ; * juraménta tribubus quæ locútus es.

Flúvios scindes terræ : vidérunt te, & doluérunt montes : * gurges aquárum tránsiit :

Dedit abyssus vocem suam ; * altitúdo manus suas levávit:

Sol & luna stetérunt in habitáculo suo ; * in luce sagittárum tuárum ibunt, in splendóre fulgurántis hastæ tuæ.

In frémitu conculcábis terram, * & in furóre obstupefácies Gentes :

Egréssus es in salútem pópuli tui, * in salútem cum Christo tuo.

Percussísti caput de domo ímpii ; * denudásti fundaméntum ejus usque ad collum ;

Maledixísti sceptris ejus, cápiti bellatórum ejus, * veniéntibus ut turbo ad dispergéndum me :

Exultátio eórum * sicut ejus qui dévorat páuperem in abscóndito.

Viam fecísti in mari equis tuis * in luto aquárum multárum.

Audívi

Audivi, & conturbátus est venter meus ; * à voce contremuérunt lábia mea.

Ingrediátur putrédo in óssibus meis, * & subter me scáteat,

Ut requiéscam in die tribulatiónis, * ut ascéndam ad pópulum accínctum nostrum.

Ficus enim non florébit, * & non erit germen in víneis ;

Mentiétur opus olívæ, * & arva non áfferent cibum ;

Abscindétur de ovili pecus, * & non erit arméntum in præsépibus.

Ego autem in Dómino gaudébo, * & exultábo in Deo Jesu meo.

Deus Dóminus fortitúdo mea, * & ponet pedes meos quasi cervórum ;

Et super excélsa mea dedúcet me victor * in psalmis canéntem.

Ant. Dómine, audivi audítum tuum, & tímui.

Ant. In tympano.

Pseaume 148.

Laudáte Dóminum de cœlis :* laudáte eum in excélsis.

Laudáte eum, omnes Angeli ejus. * Laudáte eum, omnes Virtútes ejus.

Laudáte eum, sol & luna. * Laudáte eum, omnes stellæ & lumen.

Laudáte eum, cœli cœlórum : * & aquæ omnes quæ super cœlos sunt laudent nomen Dómini.

Quia ipse dixit, & facta sunt : * ipse mandávit, & creáta sunt.

Státuit ea in ætérnum & in séculum séculi : * præcéptum pósuit, & non præteríbit.

Laudáte Dóminum de terra, * dracónes & omnes abyssi,

Ignis, grando, nix, glácies, spíritus procellárum * quæ fáciunt verbum ejus,

Montes & omnes colles, * ligna fructífera & omnes cedri,

Béstiæ & univérsa pécora, * serpéntes & vólucres pennátæ,

Reges terræ & omnes pópuli, * príncipes & omnes júdices terræ,

Júvenes & vírgines, senes cum junióribus, laudent nomen Dómini, * quia exaltátu est nomen ejus solíus.

Conféssio ejus super cœlum & terram ; * & exaltávit cornu pópuli sui.

Hymnus ómnibus sanctis ejus, * filiis Israel, pópulo appropinquánti sibi.

On ne dit point ici Glória Patri.

Pseaume 149.

Cantáte Dómino cánticum novum : * laus ejus in Ecclésia Sanctórum.

Lætétur Israel in eo qui fecit eum, * & filii Sion exúltent in rege suo.

Laudent nomen ejus in choro ; * in tympano & psaltério psallant ei :

Quia beneplácitum est Dómino in pópulo suo, * & exaltábit mansuétos in salútem.

Exultábunt sancti in glória : * lætabúntur in cubílibus suis :

Exaltatiónes Dei in gútture eórum, * & gládii ancípites in mánibus eórum

Ad faciéndam vindíctam in natiónibus, * increpatiónes in pópulis ;

Ad alligándos reges eórum in com-

R. 4. *Automne.* H

pédibus, * & nóbiles eórum in mánicis férreis ;

Ut fáciant in eis judícium conscríptum. * Glória hæc est ómnibus sanctis ejus.

On ne dit point ici Glória Patri.

Pseaume 150.

Laudáte Dóminum in sanctis
ejus : * laudáte eum in firmaménto virtútis ejus.

Laudáte eum in virtútibus ejus : *
laudáte eum secúndùm multitúdinem magnitúdinis ejus.

Laudáte eum in sono tubæ : * laudáte eum in psaltério & cíthara :

Laudáte eum in tympano & choro : * laudáte eum in chordis & órgano :

Laudáte eum in cymbalis bene sonántibus ; laudáte eum in cymbalis
jubilatiónis. * Omnis spíritus laudet Dóminum.

Glória Patri.

Ant. In tympano & choro, in
chordis & órgano laudáte Deum.

Chapitre.　　　Rom. 13.

Nox præcéssit, dies autem appropinquávit ; abjiciámus ergo ópera tenebrárum & induámur
arma lucis ; sicut in die honéstè ambulémus. ℟. Deo grátias.

[Hymne ancienne.

Æterna cœli glória,
Beáta spes mortálium,
Celsi-Tonántis Uníce
Castæque Proles Vírginis ;
Da déxteram surgéntibus ;
Exsurgat & mens sóbria,
Flagrans & in laudem Dei
Grates repéndat débitas.
Ortus refúlget lúcifer

Sparsámque lucem núntiat ;
Cadit caligo nóctium ;
Lux sancta nos illúminet,
Manénsque nostris sénsibus
Noctem repéllat sæculi,
Omníque fine diéi
Purgáta servet péctora.
Quæsíta jam primùm Fides
Radícet altis sénsibus ;
Secúnda Spes congáudeat,
Quâ major exstat Cháritas.
Deo Patri sit glória
Ejúsque soli Fílio,
Cum Spíritu Parácleto,
Et nunc & in perpétuum. Amen.

Hymne nouvelle.

Æterna cœli glória,
Beáta spes mortálium,
Summi Tonántis Unice
Castæque proles Vírginis ;
Da déxteram surgéntibus ;
Exsúrgat & mens sóbria,
Flagrans & in laudem Dei
Grates repéndat débitas.
Ortus refúlget lúcifer
Præítque solem núncius ;
Cadunt ténebræ nóctium ;
Lux sancta nos illúminet,
Manénsque nostris sénsibus
Noctem repéllat séculi,
Omníque fine témporis
Purgáta servet péctora.
Quæsíta jam primum Fides
In corde radíces agat ;
Secúnda Spes congáudeat,
Qua major exstat Cháritas.
Deo Patri sit glória
Ejúsque soli Fílio,
Cum Spíritu Parácleto,
Nunc & per omne séculû. Amen.]

℣. Repléti sumus manè misericórdiâ tuâ ; ℟. Et exultávimus & delectáti sumus.

Ant. Per víscera.

Cantique de Zacharie. *Luc.* 1.

BEnedíctus Dóminus Deus Israel, * quia visitávit, & fecit redemtiónem plebis suæ,

Et eréxit cornu salútis nobis * in domo David púeri sui,

Sicut locútus est per os sanctórum * qui à século sunt, prophetárũ ejus ;

Salútem ex inimícis nostris * & de manu ómnium qui odérunt nos :

Ad faciéndam misericórdiam cum pátribus nostris, * & memorári testaménti sui sancti :

Jusjurándum quod jurávit ad Abraham patrem nostrum, * datúrum se nobis

Ut sine timóre de manu inimicórum nostrórum liberáti * serviámus illi

In sanctitáte & justítia coram ipso * ómnibus diébus nostris.

Et tu, puer, Prophéta Altíssimi vocáberis ; * præíbis enim ante fáciem Dómini paráre vias ejus,

Ad dandam sciéntiam salútis plebi ejus * in remissiónem peccatórum eórum,

Per víscera misericórdiæ Dei nostri * in quibus visitávit nos Oriens ex alto,

Illumináre his qui in ténebris & in umbra mortis sedent, * ad dirigéndos pedes nostros in viam pacis.

Glória Patri.

Ant. Per víscera misericórdiæ Dei nostri visitávit nos Oriens ex alto.

Tout le reste comme il est marqué après l'Antienne de Benedíctus de la seconde Ferie, page 57.

LE SAMEDI A MATINES.

L'on fait ordinairement tous les Samedis l'Office de la Sainte Vierge. Les Matines se disent comme pour la Ferie, en observant les differençes qui sont marquées.

Pater. Ave. Credo.

℣. Dómine, lábia mea.

℣. Deus, in adjutórium.

Pour la Ferie.

[Invitatoire. Dóminum Deum nostrum * Veníte adorémus.

Le Ps. 94. Veníte page 2.

(Hymne ancienne.

SUmmæ Deus cleméntiæ,
Mundíque Factor máchinæ,
Unus potentiáliter
Trinúsque personáliter ;

Nostros pius cum cánticis
Fletus benígnè súscipe,
Quò corde puro sórdibus
Te perfruámur lárgiùs.

Lumbos jecúrque mórbidum
Adúre igni cóngruo,
Accíncti ut sint pérpetim
Luxu remóto péssimo ;

Ut quique horas nóctium
Nunc concinéndo rúmpimus,
Ditémur omnes áffatim
Donis beátæ Pátriæ.

H ij

Præfta, Pater piiffime,
Patríque compar Unice,
Cum Spíritu Parácleto
Regnans per omne féculum. Amen.

Hymne nouvelle.

SUmmæ Parens cleméntiæ
Mundi regis qui máchinam,
Uníus & fubftántiæ
Trinúfque perfónis Deus;
Noftros pius cum cánticis
Fletus benígne fúfcipe,
Ut corde puro fórdium
Te perfruámur lárgiùs.
Lumbos jecúrque mórbidum
Flammis adúre cóngruis,
Accínéti ut artus éxcubent
Luxu remóto péffimo;
Quicúmque ut horas nóétium
Nunc concinéndo rúmpimus,
Ditémur omnes áffatim
Donis beátæ Pátriæ.
Præfta, Pater piiffime,
Patríque compar Unice,
Cum Spíritu Parácleto
Regnans per omne féculû. Amé.)]

Pour l'Office de la fainte Vierge.
[Invitatoire , Ave , María, grátiâ
plena ; * Dóminus tecum.

Le Pf. 94. Veníte page 2.
(Hymne ancienne.

QUem terra , pontus, æthera
Colunt , adórant, prædicant
Trínam regéntem máchinam,
Clauftrum Mariæ bájulat.
Cui luna, fol & ómnia
Deférviunt per témpora ,
Perfúfa cœli grátiâ
Geftant puéllæ víícera.
Beáta Mater múnere,
Cujus fupérnus Artifex
Mundum pugillo cóntinens

Ventris fub arca claufus eft.
Beáta cœli núntio ,
Fœcúnda fanéto Spíritu ,
Defiderátus géntibus,
Cujus per alvum fufus eft.
Glória tibi , Dómine ,
Qui natus es de Vírgine ,
Cum Patre & fanéto Spíritu
In fempitérna fécula. Amen.

Hymne nouvelle.

QUem terra , pontus, sídera
Colunt , adórant, prædicant
Trínam regéntem máchinam,
Clauftrum Mariæ bájulat.
Cui luna , fol & ómnia
Deférviunt per témpora ,
Perfúfa cœli grátiâ
Geftant puéllæ víícera.
Beáta mater múnere,
Cujus fupérnus Artifex,
Mundum pugillo cóntinens
Ventris fub arca claufus eft.
Beáta cœli núntio ,
Fœcúnda fanéto Spíritu ,
Defiderátus géntibus
Cujus per alvum fufus eft.
Jefu , tibi fit glória
Qui natus es de Vírgine ,
Cum Patre & almo Spíritu ,
In fempitérna fécula. Amen.)]

Ant. Quia mirabília.

Pfeaume 97.

CAntáte Dómino cánticum novum, * quia mirabília fécit.
Salvávit fibi déxtera ejus * &
bráchium fanétum ejus.
Notum fecit Dóminus falutáre
fuum ; * in confpéétu Géntium revelávit juftitiam fuam.
Recordátus eft mifericórdiæ fuæ *
& veritátis fuæ dómui Ifrael.

Vidérunt omnes términi terræ *
salutáre Dei noſtri.

Jubiláte Deo, omnis terra; * cán-
táte & exultáte & pſállite.

Pſállite Dómino in cíthara, in cíthara & voce pſalmi, * in tubis du-
ctilibus & voce tubæ córneæ.

Jubiláte in conſpéctu Regis Dómini. Moveátur mare & plenitúdo
ejus, * orbis terrárum & qui hábitant in eo.

Flúmina plaudent manu ; ſimul
montes exultábunt à conſpéctu Dómini, * quóniam venit judicáre
terram.

Judicábit orbem terrárum in juſtitia, * & pópulos in æquitáte.

Pſeaume 98.

DOminus regnávit, iraſcántur
pópuli : * qui ſedet ſuper Chérubim, moveátur terra.

Dóminus in Sion magnus, * &
excélſus ſuper omnes pópulos.

Confiteántur nómini tuo magno,
quóniam terríbile & ſanctum eſt ;
* & honor regis judícium díligit.

Tu paráſti directiónes ; * judícium
& juſtítiam in Jacob tu feciſti.

Exaltáte Dóminum Deum noſtrú,
& adoráte ſcabéllum pedum ejus,
* quóniam ſanctum eſt.

Móyſes & Aaron in ſacerdótibus
ejus, * & Sámuel inter eos qui ínvocant nomen ejus

Invocábant Dóminum, & ipſe
exaudiébat eos ; * in colúmna nubis loquebátur ad eos.

Cuſtodiébant teſtimónia ejus * &
præcéptum quod dedit illis.

Dómine Deus noſter, tu exaudiébas eos ; * Deus, tu propítius fuíſti

eis, & ulcíſcens in omnes adinventiónes eórum.

Exaltáte Dóminum Deum no-
ſtrum, & adoráte in monte ſancto
ejus, * quóniam ſanctus Dóminus
Deus noſter.

Ant. Quia mirabília fecit Dñus.

Si le Pſeaume Jubiláte doit ſe
dire à Laudes, il faut dire ici à ſa
place le Pſ. 91. Bonum eſt qui eſt
après.

[Ant. Jubiláte.

Pſeaume 99.

JUbiláte Deo, omnis terra ; *
ſervíte Dómino in lætítia.

Introíte in conſpéctu ejus * in exultatióne.

Scitóte quóniam Dóminus ipſe eſt
Deus : * ipſe fecit nos, & non ipſi
nos :

Pópulus ejus & oves páſcuæ ejus.
* Introíte portas ejus in confeſſióne, átria ejus in hymnis ; confitémini illi.

Laudáte nomen ejus, quóniam ſuávis eſt Dóminus. In ætérnum miſericórdia ejus, * & uſque in generatiónem & generatiónem véritas
ejus.]

[Ant. Bonum eſt.

BOnum eſt confitéri Dómino,
* & pſállere nómini tuo, Altíſſime :

Ad annuntiándum manè miſericórdiam tuam, * & veritátem tuam
per noctem

In decachórdo pſaltério * cum
cántico in cíthara ;

Quia delectáſti me, Dómine, in
factúra tua ; * & in opéribus manuum tuárum exultábo.

Quàm magnificáta funt ópera tua, Dómine ! * Nimis profúndæ fáctæ funt cogitatiónes tuæ.

Vir infipiens non cognófcet, * & ftultus non intélliget hæc :

Cùm exórti fúerint peccatóres ficut fœnum, * & apparúerint omnes qui operántur iniquitátem ;

Ut intéreant in féculum féculi : * tu autem Altíffimus in ætérnum, Dómine.

Quóniam ecce inimíci tui, Dómine, quóniam ecce inimíci tui períbunt, * & difpergéntur omnes qui operántur iniquitátem.

Et exaltábitur ficut unicórnis cornu meum, * & fenéctus mea in mifericórdia úberi.

Et defpéxit óculus meus inimícos meos, * & in infurgéntibus in me malignántibus áudiet auris mea.

Juftus ut palma florébit ; * ficut cedrus Líbani multiplicábitur.

Plantáti in domo Dómini, * in átriis domûs Dei noftri florébunt :

Adhuc multiplicabúntur in fenécta úberi, * & benè patiéntes erunt ; ut annúntient

Quóniam rectus Dóminus Deus nofter, * & non eft iniquitas in eo.]

Pfeaume 100.

Mifericórdiam & judícium * cantábo tibi, Dómine.

Pfállam & intélligam in via immaculáta, * quando vénies ad me.

Perambulábam in innocéntia cordis mei * in médio domûs meæ.

Non proponébá ante óculos meos rem injúftam. * Faciéntes prævaricatiónes odívi.

Non adhæfit mihi cor pravum. *

Declinántem à me malígnum non cognofcébam.

Detrahéntem fecrétò próximo fuo, * hunc perfequébar.

Supérbo óculo & infatiábili corde, * cum hoc non edébam.

Óculi mei ad fidéles terræ, ut fédeant mecum ; * ámbulans in via immaculáta, hic mihi miniftrábat ; Non habitábit in médio domûs meæ qui facit fupérbiam ; * qui lóquitur iníqua non diréxit in confpéctu oculórum meórum.

In matutíno interficiébam omnes peccatóres terræ, * ut difpérderem de civitáte Dómini omnes operántes iniquitátem.

Si l'on a dit le Pf. Jubiláte, il faut dire pour Ant. Jubiláte Deo, omnis terra.

Si l'on a dit le Pf. Bonum eft, il faut dire pour Ant. Bonum eft confitéri Dómino.

Ant. Clamor meus.

Pfeaume 101.

Dómine, exáudi oratiónem meam, * & clamor meus ad véniat.

Non avértas fáciem tuam à me ; * in quacúmque die tríbulor inclína ad me aurem tuam ;

In quacúmque die invocávero te * velóciter exáudi me :

Quia defecérunt ficut fumus dies mei, * & offa mea ficut crémium aruérunt.

Percúffus fum ut fœnum & áruit cor meum, * quia oblítus fum comédere panem meum.

A voce gémitûs mei * adhæfit os meum carni meæ.

Similis factus sum pellicáno solitúdinis ; * factus sum sicut nycticorax in domicílio.

Vigilávi, * & factus sum sicut passer solitárius in tecto.

Totâ die exprobrábant mihi inimíci mei, * & qui laudábant me advérsùm me jurábant,

Quia cínerem tamquam pané manducábam * & potum meum cum fletu miscébam

A fácie iræ & indignatiónis tuæ, * quia élevans allisísti me.

Dies mei sicut umbra declinavérunt, * & ego sicut fœnum árui.

Tu autem, Dómine, in ætérnum pérmanes, * & memoriále tuum in generatiónem & generatiónem.

Tu exúrgens miseréberis Sion, * quia tempus miseréndi ejus, quia venit tempus ;

Quóniam placuérunt servis tuis lápides ejus, * & terræ ejus miserebúntur.

Et timébunt gentes nomen tuum, Dómine, * & omnes reges terræ glóriam tuam ;

Quia ædificávit Dóminus Sion, * & vidébitur in glória sua :

Respéxit in oratiónem humílium, * & non sprevit precem eórum.

Scribántur hæc in generatióne áltera ; * & pópulus qui creábitur laudábit Dóminum,

Quia prospéxit de excélso sancto suo, * Dóminus de cœlo in terram aspéxit,

Ut audíret gémitus compeditórum, * ut sólveret fílios interemtórum ;

Ut annúntient in Sion nomen Dómini * & laudem ejus in Jerúsalem

In conveniéndo pópulos in unum * & reges ut sérviant Dómino.

Respóndit ei in via virtútis suæ, * Paucitátem diérum meórum núntia mihi.

Ne révoces me in dimídio diérum meórum. * In generatiónem & generatiónem anni tui.

Inítio tu, Dómine, terram fundásti, * & ópera mánuum tuárum sunt cœli.

Ipsi períbunt, tu autem pérmanes ; * & omnes sicut vestiméntum veteráscent ;

Et sicut opertórium mutábis eos, & mutabúntur : * tu autem idem ipse es, & anni tui non defícient.

Fílii servórum tuórum habitábunt, * & semen eórum in séculum dirigétur.

Pseaume 102.

Benedic, ánima mea, Dómino, * & ómnia quæ intra me sunt nómini sancto ejus.

Bénedic, ánima mea, Dómino, * & noli oblivísci omnes retributiónes ejus,

Qui propitiátur ómnibus iniquitátibus tuis, * qui sanat omnes infirmitátes tuas,

Qui rédimit de intéritu vitam tuá, * qui corónat te in misericórdia & miseratiónibus,

Qui replet in bonis desidérium tuum : * renovábitur ut áquilæ juvéntus tua.

Fáciens misericórdias Dóminus, * & judícium ómnibus injúriam patiéntibus.

Notas fecit vias suas Móysi, *

fíliis Israel voluntátes suas.

Miserátor & miséricors Dóminus, * longánimis & multùm miséricors.

Non in perpétuum irascétur, * neque in ætérnum comminábitur.

Non secúndùm peccáta nostra fecit nobis, * neque secúndùm iniquitátes nostras retríbuit nobis ;

Quóniam secúndùm altitúdinem cœli à terra * corroborávit misericórdiam suam super timéntes se :

Quantùm distat ortus ab occidénte, * longè fecit à nobis iniquitátes nostras :

Quómodò miserétur pater filiórū, misértus est Dóminus timéntibus se, * quóniam ipse cognóvit figméntum nostrum,

Recordátus est quóniam pulvis súmus ; * homo sicut fœnum dies ejus, tanquam flos agri sic efflorébit.

Quóniam spíritus pertransíbit in illo, & non subsístet ; * & non cognóscet ámplius locum suum.

Misericórdia autem Dómini ab ætérno * & usque in ætérnum super timéntes eum,

Et justítia illíus in fílios filiórum * his qui servant testaméntum ejus

Et mémores sunt mandatórum ipsíus * ad faciéndum ea.

Dóminus in cœlo parávit sedem suam, * & regnum ipsíus ómnibus dominábitur.

Benedícite Dómino, omnes Angeli ejus, * poténtes virtúte, faciéntes verbum illíus, ad audiéndam vocem sermónum ejus.

Benedícite Dómino, omnes virtútes ejus, * minístri ejus qui fácitis voluntátem ejus.

Benedícite Dómino, ómnia ópera ejus. * In omni loco dominatiónis ejus bénedic, ánima mea, Dómino.

Ant. Clamor meus ad te véniat, Deus.

Ant. Bénedic.

Pseaume 103.

Bénedic, ánima mea, Dómino * Dómine Deus meus, magnificátus es veheménter.

Confessiónem & decórem induísti, * amíctus lúmine sicut vestiménto,

Exténdens cœlum sicut pellem, * qui tegis aquis superióra ejus,

Qui ponis nubem ascénsum tuum, * qui ámbulas super pennas ventórum,

Qui facis ángelos tuos spíritus, * & minístros tuos ignem uréntem,

Qui fundásti terram super stabilitátem suam ; * non inclinábitur in séculum séculi ;

Abyssus sicut vestiméntum amíctus ejus ; * super montes stabunt aquæ ;

Ab increpatióne tua fúgient, * à voce tonítrui tui formidábunt.

Ascéndunt montes, & descéndunt campi * in locum quē fundásti eis ;

Términum posuísti quem non transgrediéntur, * neque converténtur operíre terram :

Qui emíttis fontes in convállibus ; * inter médium móntium pertransíbunt aquæ ;

Potábunt omnes béstiæ agri, * expectábunt ónagri in siti sua ;

Super ea vólucres cœli habitábunt, * de médio petrárum dabunt voces :

Rigans montes de superióribus suis ; * de fructu óperum tuórum satiábitur terra :

Prodúces foenum juméntis * & herbam servitúti hóminum,

Ut edúcas panem de terra * & vinum lætíficet cor hóminis,

Ut exhiláret fáciem in óleo * & panis cor hóminis confírmet ;

Saturabúntur ligna campi & cedri Líbani quas plantávit ; * illic pásseres nidificábunt ;

Heródii domus dux est eórum ; * montes excélsi cervis, petra refúgium herináciis.

Fecit lunam in témpora ; * sol cognóvit occásum suum.

Posuísti ténebras, & facta est nox ; * in ipsa pertransíbunt omnes béstiæ silvæ ;

Cátuli leónum rugiéntes ut rápiant * & quærant à Deo escam sibi.

Ortus est sol, & congregáti sunt, * & in cubílibus suis collocabúntur :

Exíbit homo ad opus suum * & ad operatiónem suam usque ad vésperam.

Quàm magnificáta sunt ópera tua, Dómine ! Omnia in sapiéntia fecísti ; * impléta est terra possessióne tuâ.

Hoc mare magnum & spatiósum mánibus, * illic reptília quórum non est númerus,

Animália pusilla cum magnis ; * illic naves pertransíbunt ;

Draco iste quem formásti ad illudéndum ei. * Omnia à te expéctant ut des illis escam in témpore.

Dante te illis, cólligent ; * aperiénte te manum tuam, ómnia implebúntur bonitáte.

Avertente autem te fáciem, turbabúntur ; * áuferes spíritum eórum, & defícient & in púlverem suum reverténtur.

Emíttes spíritum tuum, & creabúntur, * & renovábis fáciem terræ.

Sit glória Dómini in séculum. * Lætábitur Dñus in opéribus suis,

Qui réspicit terram & facit eam trémere, * qui tangit montes, & fúmigant.

Cantábo Dómino in vita mea ; * psallam Deo meo quámdiu sum.

Jucúndum sit ei elóquium meum ; * ego verò delectábor in Dómino.

Defíciant peccatóres à terra & iníqui ita ut non sint.* Bénedic, ánima mea, Dómino.

Pseaume 104.

COnfitémini Dómino & invocáte nomen ejus ; * annuntiáre inter Gentes ópera ejus.

Cantáte ei & psállite ei ; * narráte ómnia mirabília ejus.

Laudámini in nómine sancto ejus.* Lætétur cor quæréntium Dóminũ.

Quærite Dóminum, & confirmámini ; * quærite fáciem ejus semper.

Mementóte mirabílium ejus quæ fecit, * prodígia ejus & judícia oris ejus.

Semen Abraham, servi ejus ; * fílii Jacob, elécti ejus.

Ipse Dóminus Deus noster. * In univérsa terra judícia ejus.

Memor fuit in séculum testaménti sui, * verbi quod mandávit in mille generatiónes,

Quod dispósuit ad Abraham, * & juraménti sui ad Isaac;

Et státuit illud Jacob in præcéptum, * & Israel in testaméntum ætérnum,

Dicens, Tibi dabo terram Chánaan * funículum hæreditátis vestræ.

Cùm essent número brevi, * paucíssimi, & íncolæ ejus,

Et pertransiérunt de gente in gentem * & de regno ad pópulum álterum;

Non relíquit hóminem nocére eis, * & corrípuit pro eis reges:

Nolíte tángere Christos meos, * & in prophétis meis nolíte malignári.

Et vocávit famem super terram, * & omne firmaméntum panis contrívit.

Misit ante eos virum; * in servum venúmdatus est Joseph.

Humiliavérunt in compédibus pedes ejus; ferrum pertránsiit ánimam ejus, * donec veníret verbum ejus.

Elóquium Dómini inflammávit eū. * Misit rex, & solvit eum, princeps populórum, & dimísit eum.

Constituit eum dóminum domus suæ * & príncipem omnis possessiónis suæ,

Ut erudíret príncipes ejus sicut semetípsum, * & senes ejus prudéntiam docéret.

Et intrávit Israel in Ægyptum, * & Jacob áccola fuit in terra Cham.

Et auxit pópulum suum veheménter, * & firmávit eum super inimícos ejus.

Convértit cor eórum ut odírent pópulum ejus * & dolum fácient in servos ejus.

Misit Móysen servum suum, * Aaron quem elégit ipsum.

Pósuit in eis verba signórum suórum * & prodigiórum in terra Cham.

Misit ténebras, & obscurávit; * & non exacerbávit sermónes suos.

Convértit aquas eórum in sánguinem, * & occídit písces eórum.

Edídit terra eórum ranas * in penetrálibus regum ipsórum.

Dixit, & venit coenomyía & cínifes * in ómnibus fínibus eórum.

Pósuit plúvias eórum grándinem, * ignem comburéntem in terra ipsórum.

Et percússit víneas eórum & fículneas eórum, * & contrívit lignum fínium eórum.

Dixit, & venit locústa & bruchus * cujus non erat númerus;

Et comédit omne foenum in terra eórum, * & comédit omnem fructum terræ eórum.

Et percússit omne primogénitum in terra eórum, * primítias omnis labóris eórum.

Et edúxit eos cum argénto & auro; * & non erat in tríbubus eórum infírmus:

Lætáta est Ægyptus in profectióne eórum, * quia incúbuit timor eórum super eos.

Expándit nubem in protectiónem eórum, * & ignem ut lucéret eis per noctem.

Petiérunt, & venit cotúrnix; * & pane coeli saturávit eos.

Dirúpit petram, & fluxérunt a-

quæ ; * abiérunt in sicco flúmina.
Quóniam memor fuit verbi sancti
sui * quod hábuit ad Abraham púerum suum.

Et edúxit pópulum suum in exultatióne * & eléctos suos in lætítia ;
Et dedit illis regiónes Géntium, *
& labóres populórum possedérunt;
Ut custódiant justificatiónes ejus *
& legem ejus requírant.

Ant. Bénedic, ánima mea, Dómino.

Ant. Vísita nos.

Pseaume 105.

COnfitémini Dómino, quó-
niam bonus, * quóniam in séculum misericórdia ejus.

Quis loquétur poténtias Dómini,
* audítas fáciet omnes laudes ejus ?
Beáti qui custódiunt judícium * &
fáciunt justítiam in omni témpore.
Meménto nostri, Dómine, in beneplácito pópuli tui ; * vísita nos in
salutári tuo,

Ad vidéndum in bonitáte electórum tuórum, ad lætándum in lætítia gentis tuæ ; * ut laudéris cum
hæreditáte tua.

Peccávimus cum pátribus nostris ;
* injústè égimus ; iniquitátem fécimus.

Patres nostri in Ægypto non intellexérunt mirabília tua ; * non fuérunt mémores multitúdinis misericórdiæ tuæ ;

Et irritavérunt ascendéntes in mare, * Mare rubrum.

Et salvávit eos propter nomen
suum, * ut notam fáceret poténtiam suam :

Et incrépuit Mare rubrum, & ex-

siccátum est ; * & dedúxit eos in
abyssis sicut in desérto :

Et salvávit eos de manu odién-
tium, * & redémit eos de manu inimíci :
Et opéruit aqua tribulántes eos ; *
unus ex eis non remánsit.

Et credidérunt verbis ejus, * &
laudavérunt laudem ejus.

Citò fecérunt : oblíti sunt óperum
ejus ; * non sustinuérunt consílium
ejus ;

Et concupiérunt concupiscéntiam
in desérto ; * & tentavérunt Deum
in inaquóso :

Et dedit eis petitiónem ipsórum, *
& misit saturitáte in ánimas eórum.

Et irritavérunt Móysen in castris,
* Aaron sanctum Dómini :

Apérta est terra & deglutívit Da-
than, * & opéruit super congregatiónem Abiron ;

Et exársit ignis in synagóga eórū ;
* flamma combússit peccatóres.

Et fecérunt vítulum in Horeb, *
& adoravérunt scúlptile,

Et mutavérunt glóriam suam * in
similitúdinem vítuli comedéntis foenum ;

Oblíti sunt Deum qui salvávit eos,
* qui fecit magnália in Ægypto,
mirabília in terra Cham, terribília
in Mari rubro :

Et dixit ut dispérderet eos, * si non
Móyses eléctus ejus stetísset in con-
fractióne in conspéctu ejus,

Ut avérteret iram ejus ne dispérderet eos. * Et pro níhilo habuérunt terram desiderábilem ;

Non credidérunt verbo ejus, &
murmuravérūt in tabernáculis suis ;
* non exaudiérunt vocem Dómini :

Et elevávit manum suàm super eos * ut prostérneret eos in desérto,

Et ut dejíceret semen eórum in natiónibus, * & dispérgeret eos in regiónibus.

Et initiáti sunt Beélphegor, * & cómedérunt sacrificia mortuórum ;

Et irritavérunt eum in adinventiónibus suis : * & multiplicáta est in eis ruína :

Et stetit Phínees, & placávit ; * & cessávit quassátio ;

Et reputátum est ei in justitiam * in generatiónem & generatiónem usque in sempitérnum.

Et irritavérunt eum ad aquas contradictiónis, * & vexátus est Móyses propter eos, quia exacerbavérunt spíritum ejus ;

Et distinxit in lábiis suis. * Non disperdidérunt Gentes quas dixit Dóminus illis,

Et commíxti sunt inter Gentes, & didicérunt ópera eórum, & serviérunt sculptílibus eórum, * & factum est illis in scándalum :

Et immolavérunt fílios suos * & fílias suas dæmóniis,

Et effudérunt sánguinem innocéntem, * sánguinem filiórum suórum & filiárum suárum quas sacrificavérunt sculptílibus Chánaan :

Et infécta est terra in sanguínibus, & contamináta est in opéribus eórum ; * & fornicáti sunt in adinventiónibus suis.

Et irátus est furóre Dóminus in pópulum suum, * & abominátus est hæreditátem suam.

Et trádidit eos in manu Géntium ; * & domináti sunt eórum

qui odérunt eos,

Et tribulavérunt eos inimíci eórum ; & humiliáti sunt sub mánibus eórum. * Sæpe liberávit eos ;

Ipsi autem exacerbavérunt eum in consílio suo ; * & humiliáti sunt in iniquitátibus suis.

Et vidit cùm tribularéntur, * & audívit oratiónem eórum,

Et memor fuit testaménti sui, * & pœnítuit eum secúndùm multitúdinem misericórdiæ suæ,

Et dedit eos in misericórdias * in conspéctu ómnium qui céperant eos.

Salvos nos fac, Dómine Deus noster, * & congréga nos de natiónibus,

Ut confiteámur nómini sancto tuo, * & gloriémur in laude tua.

Benedíctus Dóminus Deus Israel à século & usque in séculum ; * & dicet omnis pópulus, Fiat, fiat.

Pseaume 106.

Onfitémini Dómino, quóniã bonus, * quóniam in séculum misericórdia ejus.

Dicant qui redémti sunt à Dómino, quos redémit de manu inimíci * & de regiónibus congregávit eos,

A solis ortu & occásu, * ab Aquilóne & mari.

Erravérunt in solitúdine, in inaquóso ; * viam civitátis habitáculi non invenérunt ;

Esuriéntes & sitiéntes ; * ánima eórum in ipsis defécit :

Et clamavérunt ad Dóminum cùm tribularéntur ; * & de necessitátibus eórum erípuit eos,

Et dedúxit eos in viam rectam *
ut irent in civitátem habitatiónis.

Confiteántur Dómino misericórdiæ ejus, * & mirabília ejus fíliis hóminum,

Quia satiávit ánimam inánem *
& ánimam esuriénte satiávit bonis.

Sedéntes in ténebris & umbra
mortis, * vinctos in mendicitáte
& ferro,

Quia exacerbavérunt elóquia Dei
* & consíliū Altíssimi irritavérunt;

Et humiliátum est in labóribus cor
eórum; * infirmáti sunt, nec fuit
qui adjuváret :

Et clamavérunt ad Dóminum cùm
tribularéntur; * & de necessitátibus eórum liberávit eos,

Et edúxit eos de ténebris & umbra mortis, * & víncula eórum dis-
rúpit.

Confiteántur Dómino misericórdiæ ejus, * & mirabília ejus fíliis
hóminum,

Quia contrívit portas æreas * &
vectes férreos confrégit.

Suscépit eos de via iniquitátis eórum; * propter injustítias enim suas
humiliáti sunt;

Omnem escam abomináta est ánima eórum, * & appropinquavérunt
usque ad portas mortis :

Et clamavérunt ad Dóminum cùm
tribularéntur; * & de necessitátibus eórum liberávit eos ;

Misit verbum suum, & sanávit
eos, * & erípuit eos de interitióni-
bus eórum.

Confiteántur Dómino misericórdiæ ejus, & mirabília ejus fíliis hóminum;

Et sacríficent sacrifícium laudis, *
& annúntient ópera ejus in exultatióne.

Qui descéndunt mare in návibus
* faciéntes operatiónem in aquis
multis,

Ipsi vidérunt ópera Dómini * &
mirabília ejus in profúndo;

Dixit, & stetit spíritus procéllæ,
* & exaltáti sunt fluctus ejus;

Ascéndunt usque ad cœlos & descéndunt usque ad abyssos; * ánima
eórum in malis tabescébat;

Turbáti sunt & moti sunt sicut é-
brius, * & omnis sapiéntia eórum
devoráta est :

Et clamavérunt ad Dóminum cùm
tribularéntur; * & de necessitátibus eórum edúxit eos,

Et státuit procéllam ejus in auram,
* & siluérunt fluctus ejus;

Et lætáti sunt quia siluérunt; * &
dedúxit eos in portum voluntátis
eórum.

Confiteántur Dómino misericórdiæ ejus, * & mirabília ejus fíliis
hóminum;

Et exáltent eum in ecclésia plebis,
* & in cáthedra senniórum laudent
eum.

Pósuit flúmina in desértum, * &
exitus aquárum in sitim,

Terram fructíferam in salsúginem,
* à malítia inhabitántium in ea.

Pósuit desértum in stagna aquárū,
* & terram sine aqua in éxitus a-
quárum;

Et collocávit illic esuriéntes ; *
& constituérunt civitátem habitatiónis,

Et seminavérunt agros & plantavérunt víneas , * & fecérunt fructum nativitátis :

Et benedíxit eis , & multiplicáti funt nimis ; * & juménta eórum non minorávit.

Et pauci facti funt , * & vexáti funt à tribulatióne malórum & dolóre :

Effúfa eft contémptio fuper príncipes , * & erráre fecit eos in invió & non in via.

Et adjúvit páuperem de inópia , * & pófuit ficut oves famílias.

Vidébunt recti & lætabúntur ; * & omnis iníquitas oppilábit os fuú.

Quis fápiens & cuftódiet hæc , * & intélliget mifericórdias Dómini ?

Ant. Vífita nos , Dómine , in falutári tuo.

Ant. Confitébor Dómino.

Pfeaume 107.

P Arátum cor meum , Deus , parátum cor meum ; * cantábo & pfallam in glória mea.

Exúrge , glória mea ; exúrge, pfaltérium & cíthara. * Exfúrgam dilúculo.

Confitébor tibi in pópulis , Dómine , * & pfallam tibi in natiónibus ,

Quia magna eft fuper cœlos mifericórdia tua * & ufque ad nubes véritas tua.

Exaltáre fuper cœlos, Deus, & fuper omnem terram glória tua. * Ut liberéntur dilécti tui ,

Salvum fac déxtera tua , & exáudi me. * Deus locútus eft in fancto fuo ;

Exultábo , & dívidam Síchimam , * & Convállem tabernaculórum dimétiar ;

Meus eft Gálaad , & meus eft Manáffes , * & Ephraim fufcéptio cápitis mei ;

Juda rex meus; * Moab lebes fpei meæ ;

In Idumæam exténdam calceaméntum meum ; * mihi Alienígenæ amíci facti funt.

Quis dedúcet me in civitátem munitam ? * quis dedúcet me ufque in Idumæam ?

Nonne tu , Deus, qui repulífti nos * & non exíbis , Deus, in virtútibus noftris ?

Da nobis auxílium de tribulatióne, * quia vana falus hóminis.

In Deo faciémus virtútem ; * & ipfe ad níhilum dedúcet inimícos noftros.

Pfeaume 108.

D Eus, laudem meam ne tacúeris, * quia os peccatóris & os dolófi fuper me apértum eft.

Locúti funt advérfùm me linguâ dolófâ & fermónibus ódii circumdedérunt me , * & expugnavérunt me gratis.

Pro eo ut me dilígerent , detrahébant mihi ; * ego autem orábam.

Et pofuérunt advérfùm me mala pro bonis * & ódium pro dilectióne mea.

Conftitue fuper eum peccatórem, * & diábolus ftet à dextris ejus.

Cùm judicátur , éxeat condemnátus ; * & orátio ejus fiat in peccátum.

Fiant dies ejus pauci , * & epifcopátum ejus accipiat alter.

Fiant fílii ejus órphani , * & uxor ejus vídua.

Nutántes transferántur filii ejus, * & mendícent, * & ejiciántur de habitatiónibus suis.

Scrutétur fœnerátor omnem substántiam ejus, * & dirípiant aliéni labóres ejus.

Non sit illi adjútor, * nec sit qui misereátur pupíllis ejus.

Fiant nati ejus in intéritum ; * in generatióne una deleátur nomen ejus.

In memóriam rédeat iníquitas patrum ejus in conspéctu Dómini, * & peccátum matris ejus non deleátur.

Fiant contra Dóminum semper, & dispéreat de terra memória eórum, * pro eo quòd non est recordátus fácere misericórdiam

Et persecútus est hóminem ínopem & mendícum, * & compúnctum corde mortificáre.

Et diléxit maledictiónem, & véniet ei ; * & nóluit benedictiónem, & elongábitur ab eo.

Et índuit maledictiónem sicut vestiméntum, * & intrávit sicut aqua in interióra ejus, & sicut óleum in óssibus ejus.

Fiat ei sicut vestiméntum quo operítur, * & sicut zona quâ semper præcíngitur.

Hoc opus eórum qui détrahunt mihi apud Dóminum * & qui loquúntur mala advérsùs ánimam meam.

Et tu, Dómine, Dómine, fac mecum propter nomen tuum, * quia suávis est misericórdia tua.

Líbera me, quia egénus & pauper ego sum, * & cor meum conturbátum est intra me.

Sicut umbra cùm declínat, ablátus sum, * & excússus sum sicut locústæ.

Génua mea infirmáta sunt à jejúnio, * & caro mea immutáta est propter óleum.

Et ego factus sum oppróbrium illis, * vidérunt me & movérút cápita sua.

Ádjuva me, Dómine Deus meus ; * salvum me fac secúndùm misericórdiam tuam.

Et sciant quia manus tua hæc, * & tu, Dómine, fecísti eam.

Maledícent illi, & tu benedíces. * Qui insúrgunt in me confundántur, servus autem tuus lætábitur.

Induántur qui détrahunt mihi, pudóre, * & operiántur sicut diplóide confusióne suâ.

Confitébor Dómino nimis in ore meo, * & in médio multórum laudábo eum,

Quia ástitit à dextris páuperis * ut salvam fáceret à persequéntibus ánimam meam.

Ant. Confitébor Dómino nimis in ore meo.

[Pour la Ferie, ℣. Dómine, exáudi oratiónem meam, ℟. Et clámor meus ad te véniat.

Pater noster.

Absolution.

A Vínculis peccatórum nostrórum absolvat nos omnípotens & miséricors Dóminus. ℟. Amen.

℣. Jube, domne, bene dícere.

Benedictions.

Lorsque les Leçons ne sont point de l'Evangile avec Homelie.

1. Ille nos benedícat qui sine

fine vivit & regnat. ℟. Amen.

2. Divínum auxílium máneat semper nobíscum. ℟. Amen.

3. Ad societátem cívium supernórum perdúcat nos Rex Angelórum. ℟. Amen.

Lorsque les Leçons sont de l'Evangile avec Homelie.

1. Evangélica léctio sit nobis sálus & protéctio. ℟. Amen.

2. Divínum auxílium máneat semper nobíscum. ℟. Amen.

3. Ad societátem cívium supernórum perdúcat nos Rex Angelórum. ℟. Amen.

Après la troisieme Leçon on dit un Repons au lieu de **Te Deum.**]

[Pour la sainte Vierge, ℣. Diffúsa est grátia in lábiis tuis; ℟. Proptéreà benedíxit te Deus in æternum.

Pater noster.

Absolution.

Récibus & méritis beátæ Maríæ Vírginis & ómnium sanctórum perdúcat nos Dóminus ad regna cœlórum. ℟. Amen.

℣. Jube, domne, bene dícere.

Benedictions.

1. Nos cum prole pia benedícat Virgo María. ℟. Amen.

2. Ipsa Virgo vírginum intercédat pro nobis ad Dñum. ℟. Amen.

3. Per Vírginem Matrem concédat nobis Dóminus salútem & pacem. ℟. Amen.

Te Deum.]

A LAUDES.

℣. Deus in adjutórium.

Ant. Benígne fac.

Pseaume 50.

MIserére mei, Deus, * secúndùm magnam misericórdiam tuam;

Et secúndùm multitúdinem miseratiónum tuárum * dele iniquitátem meam.

Amplius lava me ab iniquitáte mea, * & à peccáto meo munda me;

Quóniam iniquitátem meam ego cognósco, * & peccátum meum contra me est semper;

Tibi soli peccávi & malum coram te feci: * ut justificéris in sermónibus tuis, & vincas cùm judicáris.

Ecce enim in iniquitátibus concéptus sum, * & in peccátis concépit me mater mea.

Ecce enim veritátem dilexísti; * incérta & occúlta sapiéntiæ tuæ manifestásti mihi.

Aspérges me hyssópo, & mundábor; * lavábis me, & super nivem dealbábor.

Audítui meo dabis gáudium & lætítiã; * & exultábunt ossa humiliáta.

Avérte fáciem tuã à peccátis meis, * & omnes iniquitátes meas dele.

Cor mundum crea in me, Deus, * & spíritum rectum ínnova in viscéribus meis.

Ne projícias me à fácie tua, * & Spíritum sanctú tuum ne áuferas à me.

Redde mihi lætítiam salutáris tui, * & spíritu principáli confírma me.

Docébo iníquos vias tuas; * & ímpii ad te converténtur.

Líbera me de sanguínibus, Deus, Deus salútis meæ; * & exultábit lingua mea justítiam tuam.

Dómine, lábia mea apéries; * &

os meum annuntiábit laudem tuam.

Quóniam si voluísses sacrifícium, dedíssem útique ; * holocáustis non delectáberis.

Sacrifícium Deo spíritus contribulátus ; * cor contrítum & humiliátum, Deus, non despícies.

Benígnè fac, Dómine, in bona voluntáte tua Sion, * ut ædificéntur muri Jerúsalem.

Tunc acceptábis sacrifíciū justítiæ, oblatiónes & holocáusta ; * tunc impónent super altáre tuum vítulos.

Ant. Benígnè fac in bona voluntáte tua, Dómine.

Ant. Bonum est.

Pseaume 91.

BOnum est confitéri Dómino, * & psállere nómini tuo, Altíssime,

Ad annuntiándum manè misericórdiam tuam * & veritátem tuam per noctem

In decachórdo psaltério, * cum cántico in cithára,

Quia delectásti me, Dómine, in factúra tua, * & in opéribus mánuum tuárum exultábo.

Quàm magnificáta sunt ópera tua, Dómine ! * Nimis profúndæ factæ sunt cogitatiónes tuæ.

Vir insípiens non cognóscet, * & stultus non intélliget hæc ;

Cùm exórti fúerint peccatóres sicut fœnum, * & apparúerint omnes qui operántur iniquitátem ;

Ut intéreant in séculum séculi, * tu autem Altíssimus in ætérnum, Dómine :

Quóniam ecce inimíci tui, Dómine, quóniam ecce inimíci tui períbunt, * & dispergéntur omnes qui operántur iniquitátem.

Et exaltábitur sicut unicórnis cornu meum, * & senéctus mea in misericórdia úberi.

Et despéxit óculus meus inimícos meos, * & in insurgéntibus in me malignántibus áudiet auris mea.

Justus ut palma florébit, * sicut cedrus Líbani multiplicábitur.

Plantáti in domo Dómini * in átriis domûs Dei nostri florébunt.

Adhuc multiplicabúntur in senécta úberi, * & benè patiéntes erunt ; ut annúntient

Quóniam rectus Dóminus Deus noster, * & non est iníquitas in eo.

Ant. Bonum est confitéri Dómino.

Ant. Métuant.

Pseaume 62.

DEus Deus meus, * ad te de luce vígilo.

Sitívit in te ánima mea : * quàm multiplíciter tibi caro mea !

In terra desérta & ínvia & inaquósa, * sic in sancto appárui tibi, ut vidérem virtútem tuā & glóriam tuā.

Quóniam mélior est misericórdia tua super vitas, * lábia mea laudábunt te.

Sic benedícam te in vita mea, * & in nómine tuo levábo manus meas.

Sicut ádipe & pinguédine repleátur ánima mea, * & lábiis exultatiónis laudábit os meum.

Si memor fui tuî super stratum meum, in matutínis meditábor in te ; * quia fuísti adjútor meus.

Et in velaménto alárum tuárum exultábo : adhæsit ánima mea post te : * me fuscépit déxtera tua.

Ipfi verò in vanum quæfiérunt ánimam meam : introíbunt in inferióra terræ : * tradéntur in manus gládii : partes vúlpium erunt.

Rex verò lætábitur in Deo : laudabúntur omnes qui jurant in eo ; * quia obftrúctum eft os loquéntium iníqua.

On ne dit point ici Glória Patri.

Pfeaume 66.

DEus mifereátur noftri, & benedícat nobis; * illúminet vultum fuum fuper nos, & mifereátur noftri :

Ut cognofcámus in terra viam tuam, * in ómnibus Géntibus falutáre tuum.

Confiteántur tibi pópuli, Deus ; * confiteántur tibi pópuli omnes.

Læténtur & exultent Gentes, * quóniam júdicas pópulos in æquitáte & Gentes in terra dírigis.

Confiteántur tibi pópuli, Deus, confiteántur tibi pópuli omnes : * terra dedit fructum fuum.

Benedícat nos Deus, Deus nofter, benedícat nos Deus : * & métuant eum omnes fines terræ.

Ant. Métuant Dóminum omnes fines terræ.

Ant. Date magnitúdinem.

Cantique de Moyfe. *Deut.* 32.

AUdíte, cœli, quæ loquor ; * áudiat terra verba oris mei.

Concréfcat ut plúvia doctrína mea; * fluat ut ros elóquium meum,

Quafi imber fuper herbam & quafi ftillæ fuper gramina. * Quia nomen Dómini invocábo,

Date magnificéntiam Deo noftro.

* Dei perfécta funt ópera, & omnes viæ ejus judícia ;

Deus fidélis & abfque ulla iniquitáte, juftus & rectus. * Peccavérunt ei, & non fílii ejus in fórdibus, Generátio prava atque pervérfa.

* Hæccine reddis Dómino, pópule ftulte & infípiens ?

Numquid non ipfe eft pater tuus * qui poffédit te, & fecit & creávit te ?

Memento diérum antiquórum ; * cógita generatiónes síngulas ;

Intérroga patrem tuum, & annuntiábit tibi, * majóres tuos, & dicent tibi.

Quando dividébat Altíffimus Gentes, * quando feparábat fílios Adam,

Conftítuit términos populórum, * juxta númerum filiórum Ifrael ;

Pars autem Dómini pópulus ejus, * Jacob funículus hæreditátis ejus.

Invénit eum in terra deférta, * in loco horróris & vaftæ folitúdinis.

Circumdúxit eum & dócuit, * & cuftodívit quafi pupíllam óculi fui.

Sicut áquila próvocans ad volándum pullos fuos * & fuper eos vólitans,

Expándit alas fuas & affúmpfit eū * atque portávit in húmeris fuis.

Dóminus folus dux ejus fuit, * & non erat cum eo deus aliénus.

Conftítuit eum fuper excélfam terram, * ut coméderet fructus agrórum,

Ut fúgeret mel de petra * oleúmque de faxo duríffimo,

Bútyrum de arménto & lac de óvibus , * cùm ádipe agnórum & aríetum filiórum Basan ,

Et hircos cum medúlla trítici , * & sánguinem uvæ bíberet meracíssimum.

Incrassátus est diléctus & recalcitrávit , * incrassátus, impinguátus, dilatátus.

Derelíquit Deum factórem suum , * & recéssit à Deo salutári suo.

Provocavérunt eum in diis aliénis, * & in abominatiónibus ad iracúndiam concitavérunt.

Immolavérunt dæmóniis & non Deo, * diis quos ignorábant ;

Novi recentésque venérunt * quos non coluérunt patres eórum.

Deum qui te génuit dereliquísti , * & oblítus es Dómini Creatóris tui. Vidit Dóminus & ad iracúndiam concitátus est , * quia provocavérunt eum fílii sui & fíliæ ;

Et ait, Abscóndam fáciem meam ab eis , * & considerábo novíssima eórum ;

Generátio enim pervérsa est * & infidéles fílii.

Ipsi me provocavérunt in eo qui non erat Deus, * & irritavérunt in vanitátibus suis ;

Et ego provocábo eos in eo qui non est pópulus , * & in gente stulta irritábo illos.

Ignis succénsus est in furóre meo , * & ardébit usque ad inférni novíssima ,

Devorabítque terram cum gérmine suo * & móntium fundaménta combúret.

Congregábo super eos mala , * & sagíttas meas complébo in eis.

Consuméntur fame , * & devorábunt eos aves morsu amaríssimo.

Dentes bestiárum immíttam in eos * cum furóre trahéntium super terram atque serpéntium.

Foris vastábit eos gládius , & intus pavor , * júvenem simul ac vírginem, lacténtem cum hómine sene.

Dixi , Ubinam sunt ? * cessáre fáciam ex homínibus memóriam eórum :

Sed propter iram inimicórum dístuli , * ne forté superbírent hostes eórum ,

Et dicerent, Manus nostra excélsa & non Dóminus * fecit hæc ómnia.

Gens absque consílio est & sine prudéntia ; * útinam sáperent & intellígerent, ac novíssima providérent.

Quómodò persequátur unus mille, * & duo fugent decem míllia ?

Nonne ídeò quia Deus suus véndidit eos * & Dóminus conclúsit illos ?

Non enim est Deus noster ut dii eórum : * & inimíci nostri sunt júdices.

De vínea Sodomórum vínea eórum * & de suburbánis Gomórrhæ ;

Uva eórum uva fellis , * & botri amaríssimi :

Fel dracónum vinum eórum * & venénum áspidum insanábile.

Nonne hæc cóndita sunt apud me* & signáta in thesáuris meis ?

Mea est últio , & ego retríbuam in témpore , * ut labátur pes eórum.

Juxtà est dies perditiónis, * & adésse festínant témpora.

Judicábit Dóminus pópulum suú :

* & in servis suis miserébitur ;
Vidébit quòd infirmáta sit manus ;
* & clausi quoque defecérunt, residúique consúmpti sunt :

Et dicet, Ubi sunt dii eórum * in quibus habébant fidúciam ?

De quorum víctimis comedébant ádipes * & bibébant vinú libáminú.

Surgant & opituléntur vobis * & in necessitáte vos prótegant.

Vidéte quòd ego sim solus, * & non sit álius Deus præter me.

Ego occídam & ego vívere fáciam, percútiam & ego sanábo ; * & non est qui de manu mea possit erúere.

Levábo ad cœlum manum meam & dicam, * Vivo ego in ætérnum.

Si acúero ut fulgur gládium meum * & arripúerit judícium manus mea,

Reddam ultiónem hóstibus meis, * & his qui odérunt me retríbuam :

Inebriábo sagíttas meas sánguine, * & gládius meus devorábit carnes,

De cruóre occisórum, * & de captivitáte, nudáti inimicórum cápitis.

Laudáte, gentes, pópulum ejus, * quia sánguinem servórum suórum ulciscétur,

Et vindíctam retríbuet in hostes eórum, * & propítius erit terræ pópuli sui.

Ant. Date magnitúdinem Deo nostro.

Ant. In cymbalis.

Pseaume 148.

Laudáte Dóminum de cœlis : * laudáte eum in excélsis.

Laudáte eum, omnes Angeli ejus. *

Laudáte eum, omnes Virtútes ejus. *

Laudáte eum, sol & luna. * Lau-

dáte eum, omnes stellæ & lumen.

Laudáte eum, cœli cœlórum : * & aquæ omnes quæ super cœlos sunt laudent nomen Dómini.

Quia ipse dixit, & facta sunt : * ipse mandávit, & creáta sunt.

Státuit ea in ætérnum & in séculum séculi : * præcéptum pósuit, & non præteríbit.

Laudáte Dóminum de terra, * dracónes & omnes abyssi,

Ignis, grando, nix, glácies, spíritus procellárum * quæ fáciunt verbum ejus.

Montes & omnes colles, * ligna fructífera & omnes cedri,

Béstiæ & univérsa pécora, * serpéntes & vólucres pennátæ,

Reges terræ & omnes pópuli, * príncipes & omnes júdices terræ,

Júvenes & vírgines, senes cum junióribus, laudent nomen Dómini, * quia exaltátum est nomen ejus solíus.

Conféssio ejus super cœlum & terram ; * & exaltávit cornu pópuli sui.

Hymnus ómnibus sanctis ejus, * fíliis Israel, pópulo appropínquánti sibi.

On ne dit point ici Glória Patri.

Pseaume 149.

Cantáte Dómino cánticum novum : * laus ejus in Ecclésia Sanctórum.

Lætétur Israel in eo qui fecit eum, * & fílii Sion exúltent in rege suo.

Laudent nomen ejus in choro ; * in tympano & psaltério psallant ei ;

Quia beneplácitum est Dómino in

pópulo ſuo, * & exaltábit manſuétos in ſalútem.

Exultábunt ſanĉti in glória: * lætabúntur in cubílibus ſuis.

Exaltatiónes Dei in gútture eórum, * & gládii ancípites in mánibus eórum,

Ad faciéndam vindíĉtam in natiónibus, * increpatiónes in pópulis;

Ad alligándos reges eórum in compédibus, * & nóbiles eórum in mánicis férreis;

Ut fáciant in eis judícium conſcríptum. * Glória hæc eſt ómnibus ſanĉtis ejus.

On ne dit point ici Glória Patri.

Pſeaume 150.

Laudáte Dóminum in ſanĉtis
ejus: * laudáte eum in firmaménto virtútis ejus.

Laudáte eum in virtútibus ejus: *
laudáte eum ſecúndùm multitúdinem magnitúdinis ejus.

Laudáte eum in ſono tubæ: * laudáte eum in pſaltério & cithara.

Laudáte eum in tympano & choro: * laudáte eum in chordis & órgano:

Laudáte eum in cymbalis bene ſonántibus; laudáte eum in cymbalis jubilatiónis. * Omnis ſpíritus laudet Dóminum.

Glória Patri.

Ant. In cymbalis bene ſonántibus
laudáte Deum.

Chapitre   Rom. 13.

Nox præcéſſit, dies autem appropinquávit; abjiciámus ergo ópera tenebrárum & induámur
arma lucis; ſicut in die honéſtè
ambulémus. ℟. Deo grátias.

[Hymne ancienne.

Auróra jam ſpárgit polum,
Terris dies illábitur,
Lucis reſúltat ſpículum;
Diſcédat omne lúbricum,
Phantáſma noĉtis décidat,
Mentis reátus ſúbruat,
Quidquid tenébris hórridum
Nox áttulit culpæ cadat,
Et mane illud último
Quod præſtolámur cérnui,
In lucem nobis éffluat,
Dum hoc canóre cóncrepat.
Deo Patri ſit glória
Ejúſque ſoli Filio,
Cum Spíritu Parácleto,
Et nunc & in perpétuum. Amen.

Hymne nouvelle.

Auróra jam ſpargit polum,
Terris dies illábitur,
Lucis reſúltat ſpículum;
Diſcédat omne lúbricum,
Phantáſma noĉtis éxulet,
Mentis reátus córruat,
Quidquid tenébris hórridum
Nox áttulit culpæ, cadat;
Ut mane quod nos último
Hic deprecámur cérnui,
Cum luce nobis éffluat,
Hoc dum canóre cóncrepat.
Deo Patri ſit glória
Ejúſque ſoli Filio,
Cum Spíritu Parácleto,
Nunc & per omne ſéculum. Amé.]

℣. Repléti ſumus manè miſericórdiâ tuâ; ℟. Exultávimus & de-
leĉtáti ſumus.

Ant. Illumináre.

Cant. de Zacharie.   Luc. 1.

Benedíĉtus Dóminus Deus Iſrael, * quia viſitávit, & fecit

redemtiónem plebis suæ,

Et eréxit cornu salútis nobis * in domo David púeri sui,

Sicut locútus est per os sanctórum * qui à féculo funt, prophetáru ejus;

Salútem ex inimícis nostris * & de manu ómnium qui odérunt nos:

Ad faciéndam misericórdiam cum pátribus nostris, * & memorári testaménti sui sancti:

Jusjurándum quod jurávit ad Abraham patrem nostrum, * datúrum se nobis

Ut sine timóre de manu inimicóru nostróru liberáti * serviámus illi

In sanctitáte & justítia coram ipso * ómnibus diébus nostris.

Et tu, puer, Prophéta Altíssimi

vocáberis; * præíbis enim ante fáciem Dómini paráre vias ejus,

Ad dandā sciéntiā salútis plebi ejus * in remissiónem peccatórum eórum,

Per víscera misericórdiæ Dei nostri * in quibus visitávit nos Oriens ex alto,

Illumináre his qui in ténebris & in umbra mortis sedent, * ad dirigéndos pedes nostros in viam pacis.

Glória Patri.

Ant. Illumináre, Dómine, his qui in ténebris sedent; & dirige pedes nostros in viam pacis, Deus Israel.

Tout le reste comme il est marqué après l'Antienne de Benedictus de la seconde Ferie, page 57.

LE DIMANCHE A VESPRES.

Pater noster. Ave María.

℣. Deus, in adjutórium.

Ant. Dixit Dóminus.

Pseaume 109.

Dixit Dóminus Dño meo, * Sede à dextris meis,

Donec ponā inimícos tuos scabéllum pedum tuórum.

Virgam virtútis tuæ emíttet Dóminus ex Sion; * domináre in médio inimicórum tuórum.

Tecum princípium in die virtútis tuæ in splendóribus Sanctórum; * ex útero ante lucíferum génui te.

Jurávit Dóminus & non pœnitébit eum, * Tu es Sacérdos in ætérnum secúndum órdinem Melchísedech.

Dóminus à dextris tuis * confrégit in die iræ suæ reges.

Judicábit in natiónibus; implébit

ruínas; * conquassábit cápita in terra multórum.

De torrénte in via bibet, * proptéreà exaltábit caput.

Ant. Dixit Dóminus Dómino meo, Sede à dextris meis.

Ant. Fidélia.

Pseaume 110.

Confitébor tibi, Dómine, in toto corde meo * in consílio justórum & congregatióne.

Magna ópera Dómini, * exquísita in omnes voluntátes ejus;

Conféssio & magnificéntia opus ejus, * & justítia ejus manet in séculum séculi.

Memóriam fecit mirabílium suórum; miséricors & miserátor Dóminus; * escam dedit timéntibus se;

Memor erit in féculum testaménti

sui ; * virtútem óperum suórum annuntiábit pópulo suo,

U t det illis hæreditátem Géntium.
* Opera mánuum ejus véritas & judícium ;

F idélia ómnia mandáta ejus, confirmáta in séculum séculi, * facta in veritáte & æquitáte.

R edemtiónem misit pópulo suo ; * mandávit in ætérnum testaméntum suum.

S anctum & terríbile nomen ejus ; * inítium sapiéntiæ timor Dómini.

I ntelléctus bonus ómnibus faciéntibus eum ; * laudátio ejus manet in séculum séculi.

Ant. Fidélia ómnia mandáta ejus, confirmáta in séculum séculi.

Ant. In mandátis.

Pseaume 111.

B Eátus vir qui timet Dóminum, * in mandátis ejus volet nimis.

P otens in terra erit semen ejus ; * generátio rectórum benedicétur.

G lória & divítiæ in domo ejus, * & justítia ejus manet in séculum séculi.

E xórtum est in ténebris lumen rectis ; * miséricors & miserátor & justus.

J ucúndus homo qui miserétur & cómmodat, dispónet sermónes suos in judício, * quia in ætérnum non commovébitur.

I n memória ætérna erit justus ; * ab auditióne mala non timébit ;

P arátum cor ejus speráre in Dómino ; confirmátum est cor ejus, * non commovébitur donec despíciat inimícos suos.

D ispérsit, dedit pauvéribus. Justítia ejus manet in séculum séculi ; *

cornu ejus exaltábitur in glória.

P eccátor vidébit & irascétur, déntibus suis fremet & tabéscet ; * desidérium peccatórum períbit.

Ant. In mandátis ejus cupit nimis.
Ant. Sit nomen Dómini.

Pseaume 112.

L Audáte, púeri, Dóminum, * laudáte nomen Dómini.

S it nomen Dómini benedíctum * ex hoc nunc & usque in séculum.

A solis ortu usque ad occásum * laudábile nomen Dómini.

E xcélsus super omnes Gentes Dóminus, * & super cœlos glória ejus.

Q uis sicut Dóminus Deus noster, qui in altis hábitat * & humília réspicit in cœlo & in terra ;

S úscitans à terra ínopem * & de stércore érigens páuperem,

U t collócet eum cum princípibus, * cum princípibus pópuli sui,

Q ui habitáre facit stérilem in domo, * matrem filiórum lætántem.

Ant. Sit nomen Dómini benedíctum in secula.

Ant. Nos qui vívimus.

Pseaume 113.

I N éxitu Israel de Ægypto, * domûs Jacob de pópulo bárbaro,

F acta est Judæa sanctificátio ejus, * Israel potéstas ejus.

M are vidit & fugit, * Jordánis convérsus est retrórsum,

Montes exultavérunt ut árietes, * & colles sicut agni óvium.

Q uid est tibi, mare, quòd fugísti ? * & tu, Jordánis, quia convérsus es retrórsum ?

Montes exultástis sicut árietes ? *

& colles ficut agni óvium ?

A fácie Dómini mota eft terra , *
à fácie Dei Jacob.

Qui convértit petram in ftagna a-
quárum * & rupem in fontes a-
quárum.

Non nobis , Dómine , non nobis ,
* fed nómini tuo da glóriam

Super mifericórdia tua & veritáte
tua ; * nequándo dicant Gentes,
Ubi eft Deus eórum ?

Deus autem nofter in coelo ; *
ómnia quæcúmque vóluit fecit.

Simulácra Géntium argéntum &
aurum, * ópera mánuum hóminum.

Os habent & non loquéntur , *
óculos habent & non vidébunt,

A ures habent & non áudient ,
nares habent & non odorábunt,

Manus habent & non palpábunt,
pedes habent & non ambulábunt, *
non clamábunt in gútture fuo.

Símiles illis fiant qui fáciunt ea ,
& omnes qui confídunt in eis.

Domus Ifrael fperávit in Dño; * adjútor eórum & protéctor eórum eft.

Domus Aaron fperávit in Dómino ; * adjútor eórum & protéctor
eórum eft.

Qui timent Dóminum fperavérunt
in Dómino ; * adjútor eórum &
protéctor eórum eft.

Dóminus memor fuit noftri , * &
benedíxit nobis ,

Benedíxit dómui Ifrael , * benedíxit dómui Aaron.

Benedíxit ómnibus qui timent Dóminum , * pufíllis cum majóribus.

Adjíciat Dóminus fuper vos , * fuper vos & fuper fílios veftros.

Benedícti vos à Dómino * qui

fecit coelum & terram.

Coelum coeli Dómino , * terram
autem dedit fíliis hóminum.

Non mórtui laudábunt te , Dómine , * neque omnes qui defcén-
dunt in inférnum ,

Sed nos qui vívimus benedícimus
Dómino, * ex hoc nunc & ufque in
féculum.

Ant. Nos qui vívimus benedícimus Dómino.

Chapitre.   II Cor. I.

Benedíctus Deus & Pater Dñi
noftri Jefu Chrifti, Pater mifericordiárum & Deus totíus confolatiónis , qui confolátur nos in omni
tribulatióne noftra. ℞. Deo grátias.

Hymne ancienne.

Lucis Créator óptime
Lucem diérum próferens ,
Primórdiis lucis novæ
Mundi parans oríginem ,
Qui manè junctum véfperi
Diem vocári præcipis ;
Tetrum cahos illábitur ,
Audi preces cum flétibus.
Ne mens graváta crímine
Vitæ fit exul múnere ,
Dum nil perénne cógitat
Seféque culpis ílligat.
Coelórum pulfet íntimum ,
Vitále tollat præmium ;
Vitémus omne nóxium ,
Purgémus omne péffimum.
Præfta , Pater piíffime ,
Patríque compar Unice
Cum Spíritu Parácleto
Regnans per omne féculum. Amen.

Hymne nouvelle.

Lucis créator à la fin de ce Vol.
℣. Dirigátur, Dómine, orátio mea

℟. Sicut incénsum in conspéctu tuo.

Cantique de la Vierge. *Luc.* 1.

Magnificat * ánima mea Dóminum ;

Et exultávit spíritus meus * in Deo salutári meo,

Quia respéxit humilitátem ancíllæ suæ ;* ecce enim ex hoc beátam me dicent omnes generatiónes ,

Quia fecit mihi magna qui potens est ; * & sanctum nomen ejus,

Et misericórdia ejus à progénie in progénies * timéntibus eum.

Fecit poténtiam in bráchio suo ; * dispérsit supérbos mente cordis sui ;

Depósuit poténtes de sede * & exaltávit húmiles ,

Esuriéntes implévit bonis * & dívites dimísit inánes ,

Suscépit Israel púerum suum * recordátus misericórdiæ suæ,

Sicut locútus est ad patres nostros, * Abraham & sémini ejus in sécula.

L'Antienne convenable.

℣. Dóminus vobíscum.

L'Oraison convenable.

Ensuite les Memoires, s'il y en a à faire.

℣. Dóminus vobíscum.

℣. Benedicámus.

℣. Fidélium ánimæ.

Pater noster , tout bas.

LA SECONDE FERIE A VESPRES.

℣. Deus, in adjutórium.

Ant. Inclinávit.

Pseaume 114.

Diléxi , quóniam exáudiet Dóminus * vocem oratiónis meæ.

Quia inclinávit aurem suam mihi , * & in diébus meis invocábo.

Circumdedérunt me dolóres mortis , * & perícula inférni invenérunt me ,

Tribulatiónem & dolórem invéni ; * & nomen Dómini invocávi.

O Dómine , libera ánimam meam. * Misericors Dóminus & justus ; & Deus noster miserétur.

Custódiens párvulos Dóminus ; * humiliátus sum , & liberávit me.

Convértere , ánima mea , in réquiem tuam , * quia Dóminus benefécit tibi ,

Quia erípuit ánimam meam de morte , * óculos meos à láchrymis , pedes meos à lapsu.

Placébo Dómino * in regióne vivórum.

Ant. Inclinávit Dóminus aurem suam mihi.

Ant. Crédidi.

Pseaume 115.

Crédidi , propter quod locútus sum ; * ego autem humiliátus sum nimis.

Ego dixi in excéssu meo , * Omnis homo mendax.

Quid retríbuam Dómino * pro ómnibus quæ retríbuit mihi ?

Cálicem salutáris accípiam , * & nomen Dómini invocábo :

Vota mea Dómino reddam coram omni pópulo ejus.*Pretiósa in conspéctu Dómini mors sanctórū ejus.

O Dómine, quia ego servus tuus, * ego servus tuus & filius ancíllæ tuæ.

D irupísti víncula mea; * tibi sacrificábo hóstiam laudis, & nomen Dómini invocábo:

V ota mea Dómino reddam in conspéctu omnis pópuli ejus * in átriis domûs Dómini, in médio tui, Jerúsalem.

Ant. Crédidi, propter quod locútus sum.

Ant. Laudáte.

Pseaume 116.

L Audáte Dóminum, omnes Gentes; * laudáte eum, omnes pópuli,

Quóniam confirmáta est super nos misericórdia ejus; * & véritas Dómini manet in ætérnum.

Ant. Laudáte Dóminum, omnes Gentes.

Ant. Clamávi.

Pseaume 119.

A D Dóminum cùm tribulárer clamávi, * & exaudívit me.

D ómine, libera ánimam meam à lábiis iníquis * & à lingua dolósa.

Q uid détur tibi aut quid apponátur tibi * ad linguam dolósam?

S agittæ poténtis acútæ * cum carbónibus desolatóriis.

H eu mihi, quia incolátus meus prolongátus est, habitávi cum habitántibus Cedar, * multùm íncola fuit ánima mea!

C um his qui odérunt pacem eram pacíficus; * cùm loquébar illis, impugnábant me gratis.

Ant. Clamávi, & exaudívit me.

Ant. Unde véniet.

Pseaume 120.

L Evávi óculos meos in montes * unde véniet auxílium mihi.

A uxílium meum à Dómino * qui fecit cœlum & terram.

N on det in commotiónem pedem tuum, * neque dormítet qui custódit te.

E cce non dormitábit neque dormiet * qui custódit Israel.

D óminus custódit te, Dóminus protéctio tua * super manum déxteram tuam.

P er diem sol non uret te, * neque luna per noctem.

D óminus custódit te ab omni malo; * custódiat ánimam tuam Dóminus;

D óminus custódiat introítum tuum & éxitum tuum * ex hoc nunc & usque in séculum.

Ant. Unde véniet auxílium mihi.

Chapitre. II. Cor. I.

B Enedíctus Deus & Pater Dómini nostri Jesu Christi, Pater misericordiárū & Deus totíus consolatiónis, qui consolátur nos in omni tribulatióne nostra. ℟. Deo grátias.

Hymne.

I Mménse cœli Cónditor
Qui, mixta ne confúnderent,
Aquæ fluénta dívidens
Cœlum dedísti límitem,
F irmans locum cœléstibus
Simúlque terræ rívulis,
Ut unda flammas témperet,
Terræ solum ne dissípent;
Infúnde nunc, Piíssime,
Donum perénnis grátiæ,

Fraudis novæ ne cásibus
Nos error átterat vetus.
Lucem fides invéniat;
Sic lúminis jubar ferat,
Ut vana cuncta térreat,
Hunc falsa nulla cómprimant.
Præsta, Pater piíssime,
Patríque compar Unice
Cum Spíritu Parácleto
Regnans per omne séculum.
Amen.

Hymne nouvelle.

Imménse coeli, à la fin de ce Volume.

℣. Dirigátur, Dómine, orátio mea ℟. Sicut incénsum in conspéctu tuo.

Ant. Magníficat.

Cantique de la Vierge. Luc. 1.

Magníficat * ánima mea Dóminum,
Et exsultávit spíritus meus * in Deo salutári meo,
Quia respéxit humilitátem ancíllæ suæ; * ecce enim ex hoc beátam me dicent omnes generatiónes,
Quia fecit mihi magna qui potens est; * & sanctum nomen ejus,
Et misericórdia ejus à progénie in progénies * timéntibus eum.
Fecit poténtiam in bráchio suo; * dispérsit supérbos mente cordis sui;
Depósuit poténtes de sede * & exaltávit húmiles,
Esuriéntes implévit bonis * & dívites dimísit inánes,
Suscépit Israel púerum suum * recordátus misericórdiæ suæ,
Sicut locútus est ad patres nostros, * Abraham & sémini ejus in sécula.

Ant. Magníficat ánima mea Dóminum, quia respéxit Deus humilitátem meam.

Ce qui fuit entre deux crochets n'est que pour les jours de jeûne ou l'on fait de la Ferie; & alors tout le reste de cet Office se dit à genoux.

[Kyrie eléison. Christe eléison. Kyrie eléison.

Pater noster que le Celebrant dit tout haut, & on lui répond ℟. Sed líbera nos à malo.

℣. Ego dixi, Dómine, miserére meí: ℟. Sana ánimam meam, quia peccávi tibi.

℣. Convértere, Dómine; úsquequo? ℟. Et deprecábilis esto super servos tuos.

℣. Fiat misericórdia tua, Dómine, super nos, ℟. Quemádmodum sperávimus in te.

℣. Sacerdótes tui induántur justítiam; ℟. Et sancti tui exsúltent.

℣. Dómine, salvum fac Regem: ℟. Et exáudi nos in die quâ invocavérimus te.

℣. Salvum fac pópulum tuum, Dómine; & bénedic hæreditáti tuæ: ℟. Et rege eos, & extólle illos usque in ætérnum.

℣. Meménto congregatiónis tuæ ℟. Quam possedísti ab inítio.

℣. Fiat pax in virtúte tua, ℟. Et abundántia in túrribus tuis.

℣. Orémus pro Fidélibus defúnctis. ℟. Réquiem ætérnam dona eis, Dómine, & lux perpétua lúceat eis.

℣. Requiéscant in pace. ℟. Amé.

℣. Pro frátribus nostris abséntibus. ℟. Salvos fac servos tuos, Deus meus, sperántes in te.

℣. Pro afflíctis & captívis. ℟. Líbera eos, Deus Israel, ex ómnibus tribulatiónibus suis.

℣. Mitte eis, Dómine, auxílium de sancto, ℟. Et de Sion tuére eos.

℣. Dómine, exáudi oratiónem meam, ℟. Et clamor meus ad te véniat.

Pseaume 50.

Miserére mei, Deus, * secúndùm magnam misericórdiam tuam;

Et secúndùm multitúdinem miseratiónum tuárum * dele iniquitátem meam.

Amplius lava me ab iniquitáte mea, * & à peccáto meo munda me;

Quóniam iniquitátem meam ego cognósco, * & peccátum meum contra me est semper;

Tibi soli peccávi & malum coram te feci: * ut justificéris in sermónibus tuis, & vincas cùm judicáris.

Ecce enim in iniquitátibus concéptus sum, * & in peccátis concépit me mater mea.

Ecce enim veritátem dilexísti; * incérta & occúlta sapiéntiæ tuæ manifestásti mihi.

Aspérges me hyssópo, & mundábor; * lavábis me, & super nivem dealbábor.

Audítui meo dabis gáudium & lætítiam; * & exsultábunt ossa humiliáta.

Avérte faciem tuam à peccátis meis, * & omnes iniquitátes meas dele.

Cor mundum crea in me, Deus, *

& spíritum rectum ínnova in viscéribus meis.

Ne projícias me à fácie tua, * & Spíritú sanctú tuú ne áuferas à me.

Redde mihi lætítiam salutáris tui, * & spíritu principáli confirma me.

Docébo iníquos vias tuas; * & ímpii ad te converténtur.

Líbera me de sanguínibus, Deus, Deus salútis meæ; * & exsultábit lingua mea justítiam tuam.

Dómine, lábia mea apéries; * & os meum annuntiábit laudem tuam.

Quóniam si voluísses sacrifícium, dedíssem útique; * holocáustis non delectáberis.

Sacrifícium Deo spíritus contribulátus; * cor contrítum & humiliátum, Deus, non despícies.

Benígnè fac, Dómine, in bona voluntáte tua Sion, * ut ædificéntur muri Jerúsalem.

Tunc acceptábis sacrifícium justítiæ, oblatiónes & holocáusta; * tunc impónent super altáre tuum vítulos.

Glória Patri.

℣. Dómine Deus virtútum, convérte nos; ℟. Et osténde fáciem tuam, & salvi érimus.

℣. Exsúrge, Christe, ádjuva nos, ℟. Et libera nos propter nomen tuum.

℣. Dómine; exáudi oratiónem meam, ℟. Et clamor meus ad te véniat.

℣. Dóminus vobíscum. ℟. Et cum spíritu tuo.

L'Oraison convenable.

Ensuite on fait les Memoires suivantes.

Memoire de la Croix.

Ant. Per signum Crucis de inimícis nostris líbera nos, Deus noster.

℣. Omnis terra adóret te & psallat tibi; ℟. Psalmum dicat nómini tuo, Dómine.

Orémus.

PErpétuâ nos, quæsumus, Dómine, pace custódi, quos per lignum sanctæ Crucis redímere dignátus es.

Memoires communes ou suffrages des Saints.

De la Sainte Vierge, lorsqu'on n'en dit point l'Office.

Ant. Sancta María, succúrre míseris, juva pusillánimes, réfove flébiles, ora pro pópulo, intérveni pro Clero, intercéde pro devóto foemíneo sexu : séntiant omnès tuum juvámen, quicúmque célebrant tuâ sanctam commemoratiónem.

℣. Ora pro nobis, sancta Dei Génitrix, ℟. Ut digni efficiámur promissiónibus Christi.

Orémus.

COncéde nos fámulos tuos, quæsumus, Dómine Deus, perpétuâ mentis & córporis sanitáte gaudére, & gloriósâ beatæ Mariæ semper Vírginis intercessióne, à præsenti liberári tristítia, & ætérnâ pérfrui lætítiâ.

Des Apôtres.

Ant. Petrus, Apóstolus & Paulus Doctor Géntium ipsi nos docuérunt legem tuam, Dómine.

℣. Constítues eos príncipes super omnem terram. ℟. Mémores erunt nóminis tui, Dómine.

Orémus.

DEus cujus déxtera beátum Petrum ambulántem in flúctibus, ne mergerétur, eréxit, & coapóstolum ejus Paulum tértiò naufragántem de profúndo pélagi liberávit; exáudi nos propítius, & concéde ut ambórum méritis æternitátis glóriam consequámur.

Du Patron ou Titulaire d'une Eglise.

On en fait la memoire accoutumée avant ou après les memoires precedentes, selon la dignité dont il est.

De la Paix.

Ant. Da pacem, Dómine, in diébus nostris, quia non est álius qui pugnet pro nobis, nisi tu Deus noster.

℣. Fiat pax in virtúte tua, ℟. Et abundántia in túrribus tuis.

Orémus.

DEus à quo sancta desidéria, recta consília & justa sunt ópera, da servis tuis illam quam mundus dare non potest pacem; ut & corda nostra mandátis tuis dédita, & hóstium subláta formídine, témpora sint tuâ protectióne tranquílla; Per Dóminum, &c.

℣. Dóminus vobíscum. ℟. Et cum spíritu tuo.

℣. Benedicámus Dño. ℟. Deo grátias.

℣. Fidélium ánimæ per misericórdiam Dei requiéscant in pace. ℟. Amen.

Pater noster tout bas.

LA TROISIEME FERIE A VESPRES.

℣. Deus, in adjutórium.

Ant. In domum Dómini.

Pseaume 121.

LÆtátus sum in his quæ dicta sunt mihi, * In domum Dómini íbimus.

Stantes erant pedes nostri * in átriis tuis, Jerúsalem;

Jerúsalem quæ ædificátur ut cívitas * cujus participátio ejus in idípsum.

Illuc enim ascendérunt tribus, tribus Dómini, * testimónium Israel ad confiténdum nómini Dómini:

Quia illic sedérunt sedes in judício, * sedes super domum David.

Rogáte quæ ad pacem sunt Jerúsalem: *. & abundántia diligéntibus te.

Fiat pax in virtúte tua, * & abundántia in túrribus tuis.

Propter frátres meos & próximos meos * loquébar pacem de te.

Propter domum Dómini Dei nostri * quæsívi bona tibi.

Ant. In domum Dómini lætántes íbimus.

Ant. Qui hábitas.

Pseaume 122.

AD te levávi óculos meos, * qui hábitas in coelis.

Ecce sicut óculi servórum * in mánibus dominórum suorum,

Sicut óculi ancíllæ in mánibus dóminæ suæ, * ita óculi nostri ad Dóminum Deum nostrum, donec misereátur nostrí.

Miserére nostrí, Dómine, miserére nostrí, * quia multum repléti sumus despectióne,

Quia multùm repléta est ánima nostra, * oppróbrium abundántibus & despéctio supérbis.

Ant. Qui hábitas in coelis, miserére nobis.

Ant. Adjutórium.

Pseaume 123.

NIsi quia Dóminus erat in nobis, dicat nunc Israel, * nisi quia Dóminus erat in nobis,

Cùm exúrgerent hómines in nos, * forte vivos deglutíssent nos;

Cùm irascerétur furor eórum in nos, * fórsitan aqua absorbuísset nos.

Torréntem pertransívit ánima nostra; * fórsitan pertransísset ánima nostra aquam intolerábilem.

Benedíctus Dóminus, * qui non dedit nos in captiónem déntibus eórum.

Anima nostra sicut passer erépta est * de láqueo venántium.

Láqueus contrítus est, * & nos liberáti sumus.

Adjutórium nostrum in nómine Dómini * qui fecit coelum & terram.

Ant. Adjutórium nostrum in nómine Dómini.

Ant. Bénefac.

Pseaume 124.

QUi confídunt in Dómino, sicut mons Sion, * non commovébitur in ætérnum, qui hábitat in Jerúsalem.

Montes in circúitu ejus, & Dóminus in circúitu pópuli sui * ex hoc nunc & usque in séculum.

Quia non relínquet Dóminus virgam peccatórum super sortem justórum, * ut non exténdant justi ad iniquitátem manus suas.

Bénefac, Dómine, bonis * & rectis corde.

Declinántes autem in obligatiónes, addúcet Dóminus cum operántibus iniquitátem. * Pax super Israel.

Ant. Bénefac, Dómine, bonis & rectis corde.

Ant. Facti sumus.

Pseaume 125.

IN converténdo Dóminus captivitátem Sion, * facti sumus sicut consoláti.

Tunc replétum est gáudio os nostrum * & lingua nostra exsultatióne.

Tunc dicent inter Gentes, * Magnificávit Dóminus fácere cum eis.

Magnificávit Dóminus fácere nobíscum; * facti sumus lætántes.

Convérte, Dómine, captivitátem nostram * sicut torrens in Austro.

Qui séminant in láchrymis * in exsultatióne metent.

Euntes ibant & flebant * mitténtes sémina sua;

Veniéntes autem vénient cum exsultatióne * portántes manípulos suos.

Ant. Facti sumus sicut consoláti.

Chapitre. II. Cor. 1.

BEnedíctus Deus & Pater Dómini nostri Jesu Christi, Pater misericordiárum & Deus totíus consolatiónis, qui consolátur nos in omni tribulatióne nostra. ℞. Deo grátias.

Hymne ancienne.

TEllúris íngens Cónditor, Mundi solum qui éruens, Pulsis aquæ moléstiis, Terram dedísti immóbilem, Ut germen aptum próferens Fulvis decóra flóribus, Fœcúnda fructu sísteret, Pastúmque gratum rédderet; Mentis perústæ vúlnera Munda viróre grátiæ, Ut facta fletu díluat Motúsque pravos átterat. Jussis tuis obtémperet, Nullis malis appróximet, Bonis repléri gáudeat, Et mortis actum nésciat. Præsta, Pater piíssime, Patríque compar Unice, Cum Spíritu Parácleto Regnans per omne séculum. Amen.

Hymne nouvelle.

Tellúris alme, à la fin de ce Volume.

℣. Dirigátur, Dñe, orátio mea ℞. Sicut incénsum in conspéctu tuo.

Ant. Exsúltet.

Cantique de la Vierge. Luc. 1.

MAgníficat * ánima mea Dóminum;

Et exsultávit spíritus meus * in Deo salutári meo,

Quia respéxit humilitátem ancíllæ suæ; * ecce enim ex hoc beátam me dicent omnes generatiónes,

Quia fecit mihi magna qui potens est; * & sanctum nomen ejus,

Et misericórdia ejus à progénie in progénies * timéntibus eum.

Fecit poténtiam in bráchio suo ; * dispérsit supérbos mente cordis sui ;
Depósuit poténtes de sede * & exaltávit húmiles,
Esuriéntes implévit bonis * & dívites dimísit inánes,
Suscépit Israel púerum suum * recordátus misericórdiæ suæ,

Sicut locútus est ad patres nostros , * Abraham & sémini ejus in sécula.

Ant. Exsúltet spíritus meus in Deo salutári meo.

Tout le reste comme il est marqué après l'Antienne de Magnificat de la seconde Ferie , page 139.

LA QUATRIEME FERIE A VESPRES.

℣. Deus , in adjutórium.
Ant. Non confundétur.

Pseaume 126.

Nisi Dóminus ædificáverit domum , * in vanum labcravérunt qui ædíficant eam.
Nisi Dóminus custodíerit civitátem , * frustra vígilat qui custódit eam.
Vanum est vobis ante lucem súrgere ; * surgite postquam sedéritis, qui manducátis panem dolóris :
Cum déderit diléctis suis somnum, * Ecce hæréditas Dómini, fílii merces fructus ventris,
Sicut sagíttæ in manu poténtis , * ita fílii excussórum,
Beátus vir qui implévit desidérium suum ex ipsis ; * non confundétur cùm loquétur inimícis suis in porta.

Ant. Non confundétur cùm loquétur inimícis suis in porta.

Ant. Beáti.

Pseaume 127.

Beáti omnes qui timent Dóminum , * qui ámbulant in viis ejus.
Labóres mánuum tuárum quia

manducábis ; * beátus es , & bene tibi erit.
Uxor tua sicut vitis abúndans * in latéribus domús tuæ.
Fílii tui sicut novéllæ olivárum * in circúitu mensæ tuæ.
Ecce sic benedicétur homo * qui timet Dóminum ;
Benedicat tibi Dóminus ex Sion, * & vídeas bona Jerúsalem ómnibus diébus vitæ tuæ,
Et vídeas fílios filiórum tuórum, * pacem super Israel.

Ant. Beáti omnes qui timent Dóminum.

Ant. Sæpe.

Pseaume 128.

Sæpe expugnavérunt me à juvéntute mea , * dicat nunc Israel,
Sæpe expugnavérunt me à juvéntute mea , * étenim non potuérunt mihi.
Supra dorsum meum fabricavérunt peccatóres , * prolongavérunt iniquitátem suam :
Dóminus justus concídit cervíces peccatórum : * confundántur & convertántur retrórsum omnes qui odérunt Sion.

Fiant

Fiant sicut fœnum tectórum * quod priúsquam evellátur, exáruit,
De quo non implévit manum suam qui metit, * & sinum suum qui manípulos cólligit;
Et non dixérunt qui præteríbant, Benedíctio Dómini super vos, * benedíximus vobis in nómine Dómini.

Ant. Sæpe expugnavérunt me à juventúte mea.

Ant. De profúndis.

Pseaume 129.

DE profúndis clamávi ad te, Dómine; * Dómine, exáudi vocem meam;
Fiant aures tuæ-intendéntes * in vocem deprecatiónis meæ.
Si iniquitátes observáveris, Dómine, * Dómine, quis sustinébit?
Quia apud te propitiátio est, * & propter legem tuam sustinui te, Dómine.
Sustinuit ánima mea in verbo ejus; * sperávit ánima mea in Dómino.
A custódia matutína usque ad noctem * speret Israel in Dómino,
Quia apud Dóminum misericórdia, * & copiósa apud eum redémptio;
Et ipse rédimet Israel * ex ómnibus iniquitátibus ejus.

Ant. De profúndis clamávi ad te, Dómine.

Ant. Speret.

Pseaume 130.

DOmine, non est exaltátum cor meum, * neque eláti sunt óculi mei,
Neque ambulávi in magnis * neque in mirabílibus super me.

Si non humíliter sentiébam, * sed exaltávi ánimam meam;
Sicut ablactátus est super matre sua, * ita retribútio in ánima mea.
Spéret Israel in Dómino * ex hoc nunc & usque in séculum.

Ant. Speret Israel in Dómino.

Chapitre.   II. Cor. 1.

BEnedíctus Deus & Pater Dómini nostri Jesu Christi, Pater misericordiárum & Deus totíus consolatiónis, qui consolátur nos in omni tribulatióne nostra. R̝. Deo grátias.

[Hymne ancienne.

CŒli Deus sanctíssime
Qui lúcidum centrum poli
Candóre pingis ígneo
Augens decóro lúmine,
Quarto die qui flámmeam
Solis rotam constítuens,
Lunæ minístras órdinem
Vagósque cursus síderum,
Ut nóctibus vel lúmini
Diremtiónis términum,
Primórdiis & ménsium
Signum dares notíssimum;
Illúmina cor hóminum,
Abstérge sordes méntium,
Resólve culpæ vínculum,
Evérte moles críminum.
Præsta, Pater piíssime,
Patríque compar Unice,
Cum Spíritu Parácleto
Regnans per omñe séculū. Amen.]

[Hymne nouvelle.

CŒli Deus sanctíssime
Qui lúcidas mundi plagas
Candóre pingis ígneo
Augens decóro lúmine,
Quarto die qui flámmeam

R. 4. Automne.   K

Dum folis accéndis rotam,
Lunæ miniftras órdinem
Vagófque curfus síderum,
Ut nóctibus vel lúmini
Diremtiónis términum,
Primórdiis & ménfium
Signum dares notíffimum;
Expélle noctem córdium,
Abftérge fordes méntium
Refólve culpæ vínculum,
Evérte moles críminum.
Præfta, Pater piíffime,
Patríque compar Unice,
Cum Spíritu Parácleto
Regnans per omne féculum. A-
men.]

℣. Dirigátur, Dómine, orátio mea, ℟. Sicut incénfum in confpéctu tuo.

Ant. Refpéxit.

Cantique de la Vierge. *Luc.* 1.

MAgníficat * ánima mea Dóminum;
Et exultávit fpíritus meus * in Deo falutári meo,

Quia refpéxit humilitátem ancíllæ fuæ; * ecce enim ex hoc beátam me dicent omnes generatiónes,
Quia fecit mihi magna qui potens eft; * & fanctum nomen ejus,
Et mifericórdia ejus à progénie in progénies * timéntibus eum.
Fecit poténtiam in bráchio fuo; * difpérfit fupérbos mente cordis fui;
Depófuit poténtes de fede * & exaltávit húmiles;
Efuriéntes implévit bonis * & dívites dimífit inánes;
Sufcépit Ifrael púerum fuum * recordátus mifericórdiæ fuæ,
Sicut locútus eft ad patres noftros, * Abraham & fémini ejus in fécula.

Glória Patri, &c.

Ant. Refpéxit Dóminus humilitátem meam, & fecit in me magna qui potens eft.

Tout le refte comme il eft marqué après l'Antienne de Magníficat de la feconde Ferie, page 139.

LA CINQUIEME FERIE A VESPRES.

℣. Deus, in adjutórium.
Ant. Et omnis.

Pfeaume 131.

MEménto, Dómine, David * & omnis manfuetúdinis ejus;
Sicut jurávit Dómino, * votum vovit Deo Jacob:
Si introíero in tabernáculum domûs meæ, * fi afcéndero in lectum ftrati mei,
Si dédero fomnum óculis meis * & palpébris meis dormitatiónem

Et réquiem témporibus meis, donec invéniam locum Dómino, * tabernáculum Deo Jacob.
Ecce audívimus eam in Ephráta; * invénimus eam in campis filvæ.
Introíbimus in tabernáculum ejus, * adorábimus in loco ubi ftetérunt pedes ejus.
Surge, Dómine, in réquiem tuam, * tu & arca fanctificatiónis tuæ.
Sacerdótes tui induántur juftítiam, * & Sancti tui exúltent.
Propter David fervum tuum * non

avértas fáciem Chrísti tui.

Jurávit Dóminus David veritátem & non fruſtrábitur eam , * De fruſtu ventris tui ponam ſuper ſedem tuam :

Si cuſtodíerint fílii tui teſtaméntum meum * & teſtimónia mea hæc quæ docébo eos ,

Et filii eórum uſque in ſéculum , * ſedébunt ſuper ſedem tuam ,

Quóniam elégit Dóminus Sion , * elégit eam in habitatiónem ſibi :

Hæc réquies mea in ſéculū ſéculi ; * hîc habitábo, quóniam elégi eam :

Víduam ejus benedícens benedícam : * páuperes ejus ſaturábo pánibus ;

Sacerdótes ejus índuam ſalutári ; * & Sanſti ejus exultatióne exultábunt ;

Illuc prodúcam cornu David : * parávi lucérnam Chriſto meo :

Inimícos ejus índuam confuſióne ; * ſuper ipſum autem efflorébit ſanſtificátio mea.

Ant. Et omnis manſuetúdinis ejus.

Ant. Ecce.

Pſeaume 132.

ECce quàm bonum & quàm jucúndum * habitáre fratres in unum !

Sicut unguéntum in cápite * quod deſcéndit in barbam, barbam Aaron ,

Quod deſcéndit in oram veſtiménti ejus ; * ſicut ros Hermon qui deſcéndit in montem Sion :

Quóniam illic mandávit Dóminus benedſtiónem * & vitam uſque in ſéculum.

Ant. Ecce quàm bonum & quàm jucúndum habitáre fratres in unum !

Ant. Omnia.

Pſeaume 134.

LAudáte nomen Dómini , * laudáte , ſervi , Dóminum ,

Qui ſtatis in domo Dómini , * in átriis domûs Dei noſtri.

Laudáte Dóminum , quia bonus Dóminus ; * pſállite nómini ejus , quóniam ſuáve ;

Quóniam Jacob elégit ſibi Dóminus , * Iſrael in poſſeſſiónem ſibi.

Quia ego cognóvi quòd magnus eſt Dóminus , * & Deus noſter præ ómnibus diis.

Omnia quæcúmque vóluit Dóminus fecit in cœlo & in terra , * in mari & in ómnibus abyſſis ;

Edúcens nubes ab extrémo terræ ; * fúlgura in plúviam fecit ;

Qui prodúcit ventos de theſauris ſuis ; * qui percúſſit primogénita Ægypti ab hómine uſque ad pecus ;

Et miſit ſigna & prodígia in médio tui, Ægypte, * in Pharaónem & in omnes ſervos ejus ;

Qui percúſſit gentes multas , * & occídit reges fortes ,

Sehon regem Amorrhæórum & Og regem Baſan , * & ómnia regna Chánaan ;

Et dedit terram eórum hæreditátem , * hæreditátem Iſrael pópulo ſuo.

Dómine , nomen tuum in ætérnum : * Dómine , memoriále tuum in generatiónem & generatiónem.

Quia judicábit Dóminus pópulum

K ij

suum, * & in servis suis deprecábitur.

Simuláchra Géntium, argéntum & aurum, * ópera mánuum hóminum.

Os habent, & non loquéntur; * óculos habent, & non vidébunt;

Aures habent, & non áudient; * neque enim est spíritus in ore ipsórum.

Símiles illis fiant qui fáciunt ea * & omnes qui confídunt in eis.

Domus Ísrael, benedícite Dómino; * domus Aaron, benedícite Dómino;

Domus Levi, benedícite Dómino; * qui timétis Dóminum, benedícite Dómino.

Benedíctus Dóminus ex Sion * qui hábitat in Jerúsalem.

Ant. Omnia quæcúmque vóluit Dóminus fecit.

Ant. Quóniam in ætérnum.

Pseaume 135.

Confitémini Dómino, quóniá bonus, * quóniam in ætérnum misericórdia ejus.

Confitémini Deo deórum, * quóniam in ætérnum misericórdia ejus.

Confitémini Dómino dominórum, * quóniam in ætérnum misericórdia ejus;

Qui facit mirabília magna solus; * quóniam in ætérnum misericórdia ejus:

Qui fecit cœlos in intelléctu; * quóniam in ætérnum misericórdia ejus:

Qui firmávit terram super aquas; *

quóniam in ætérnum misericórdia ejus:

Qui fecit luminária magna; * quóniam in ætérnum misericórdia ejus:

Solem in potestátem diéi; * quóniam in ætérnum misericórdia ejus:

Lunam & stellas in potestátem noctis; * quóniam in ætérnum misericórdia ejus:

Qui percússit Ægyptum cum primogénitis eórum; * quóniam in ætérnum misericórdia ejus:

Qui edúxit Ísrael de médio eórum; * quóniam in ætérnum misericórdia ejus:

In manu poténti & bráchio excélso; * quóniam in ætérnum misericórdia ejus:

Qui divísit mare Rubrum in divisiónes; * quóniam in ætérnum misericórdia ejus:

Et edúxit Ísrael per médium ejus; * quóniam in ætérnum misericórdia ejus:

Et excússit Pharaónem & virtútem ejus in mari Rubro; * quóniam in ætérnum misericórdia ejus:

Qui tradúxit pópulum suum per desértum; * quóniam in ætérnum misericórdia ejus:

Qui percússit reges magnos; * quóniam in ætérnum misericórdia ejus:

Et occídit reges fortes; * quóniam in ætérnum misericórdia ejus:

Sehon regem Amorrhæórum; * quóniam in ætérnum misericórdia ejus:

Et Og regem Basan; * quóniam in ætérnum misericórdia ejus:

Et dedit terram eórum hæreditátem ; * quóniam in ætérnum miséricórdia ejus :

H æreditátem Ifrael fervo fuo ; * quóniam in ætérnum mifericórdia ejus :

Q uia in humilitáte noftra memor fuit noftrî ; * quóniam in ætérnum mifericórdia ejus :

E t redémit nos ab inimícis noftris ; * quóniam in ætérnum mifericórdia ejus :

Q ui dat efcam omni carni ; * quóniam in ætérnum mifericórdia ejus.

C onfitémini Deo cœli, * quóniam in ætérnum mifericórdia ejus.

C onfitémini Dómino dominórum, * quóniam in ætérnum mifericórdia ejus.

Ant. Quóniam in ætérnum mifericórdia ejus.

Ant. Hymnum cantáte.

Pfeaume 136.

S Uper flúmina Babylónis, illic fédimus & flévimus * cùm recordarémur Sion.

I n falícibus in médio ejus * fufpéndimus órgana noftra.

Q uia illic interrogavérunt nos qui captívos duxérunt nos , * verba cantiónum ;

E t qui abduxérunt nos , * Hymnum cantáte nobis de cánticis Sion.

Q uómodò cantábimus cánticum Dómini * in terra aliéna ?

S i oblítus fúero tuî, Jerúfalem , * oblivióni detur déxtera mea :

A dhæreat lingua mea fáucibus meis , * fi non memínero tuî,

S i non propofúero Jerúfalem , * in princípio lætítiæ meæ.

M emor efto, Dómine , filiórum

Edom * in die Jerúfalem,

Q ui dicunt, Exinaníte, exinaníte * ufque ad fundaméntum in ea.

F ília Babylónis mífera , * beátus qui retríbuet tibi retributiónem tuá quam retribuífti nobis :

B eátus qui tenébit * & állidet párvulos tuos ad petram.

Ant. Hymnum cantáte nobis de cánticis Sion.

Chapitre. II. Cor. 1.

B Enedíctus Deus & Pater Dómini noftri Jefu Chrifti, Pater mifericordiárum & Deus totíus confolatiónis , qui confolátur nos in omni tribulatióne noftrâ. R. Deo grátias.

[Hymne ancienne.

M Agnæ Deus poténtiæ
Qui ex aquis ortum genus
Partim remíttis gúrgiti,
Partim levas in aëra ,
D emérfa lymphis ímprimens ,
Subvécta cœlis írrigans ,
Ut ftirpe una pródita
Divérfa rápiant loca ;
L argíre cunctis férvulis
Quos mundat unda Sánguinis ,
Nefcíre lapfus críminum
Nec ferre mortis tædium ;
U t culpa nullum déprimat ,
Nullum levet jactántia ,
Elífa mens ne cóncidat,
Eláta mens ne córruat,
P ræfta, Pater piíffime ,
Patríque compar Unice ,
Cum Spíritu Parácleto
Regnans per omne féculú. Amen.]

[Hymne nouvelle.

M Agnæ Deus poténtiæ
Qui fértili natos aqua

R. 4. Automne. K iij

Partim relínquis gúrgiti,
Partim levas in aëra,
D emérsa lymphis ímprimens,
Subvéſta cœlis érigens,
Ut ſtirpe ab una pródita
Divérſa répleant loca;
L argíre cunſtis ſervulis
Quos mundat unda ſánguinis
Neſcíre lapſus críminum
Nec ferre mortis tædium;
U t culpa nullum déprimat,
Nullum éfferat jaſtántia,
Elíſa mens ne cóncidat,
Eláta mens ne córruat.
P ræſta, Pater piíſſime,
Patríque compar Unice,
Cum Spíritu Parácleto,
Regnans per omne ſéculum. A-
men.

℣. Dirigátur, Dómine, orátio mea ℟. Sicut incénſum in conſpéſtu tuo.

Ant. Fac, Deus.

Cantique de la Vierge. *Luc.* 1.

M Agníficat * ánima mea Dóminum;
E t exultávit ſpiritus meus * in Deo

ſalutári meo,
Q uia reſpéxit humilitátem ancíllæ ſuæ; * ecce enim ex hoc beátam me dicent omnes generatiónes,
Q uia fecit mihi magna qui potens eſt; * & ſanſtum nomen ejus,
E t miſericórdia ejus à progémie in progénies * timéntibus eum.
F ecit poténtiam in bráchio ſuo; * diſpérſit ſupérbos mente cordis ſui;
D epóſuit poténtes de ſede * & exaltávit húmiles,
E ſuriéntes implévit bonis * & dívites dimíſit inánes,
S uſcépit Iſrael púerum ſuum * recordátus miſericórdiæ ſuæ,
S icut locútus eſt ad patres noſtros, * Abraham & ſémini ejus in ſécula.

G lória Patri, &c.

Ant. Fac, Deus, poténtiam in bráchio tuo: diſpérde ſupérbos & exálta húmiles.

Tout le reſte comme il eſt marqué après l'Antienne de Magníficat de la ſeconde Ferie, page 139.

LA SIXIEME FERIE A VESPRES.

℣. Deus, in adjutórium.
Ant. In conſpéſtu.

Pſeaume 137.

C Onfitébor tibi, Dómine, in toto corde meo, * quóniam audíſti verba oris mei.
I n conſpéſtu Angelórum pſallam tibi; * adorábo ad templum ſanſtũ tuum, & confitébor nómini tuo
S uper miſericórdia tua & veritáte

tua, * quóniam magnificáſti ſuper omne, nomen ſanſtum tuum.
I n quacúmque die invocávero te, exáudi me; * multiplicábis in ánima mea virtútem.
C onfiteántur tibi, Dómine, omnes reges terræ, * quia audiérunt ómnia verba oris tui;
E t cantent in viis Dómini, * quóniam magna eſt glória Dómini,
Q uóniam excélſus Dóminus & hu-

milia réspicit, * & alta à longè cognóscit.

Si ambulávero in médio tribulatiónis, vivificábis me ; * & super iram inimicórum meórum extendísti manum tuam, & salvum me fecit déxtera tua.

Dóminus retríbuet pro me ; * Dómine, misericórdia tua in séculum ; ópera mánuum tuárum ne despícias.

Ant. In conspéctu Angelórum psallam tibi, Deus meus.

Ant. Dómine.

Pseaume 138.

DOmine, probásti me, & cognovísti me ; * tu cognovísti sessiónem meam & resurrectiónem meam :

Intellexísti cogitatiónes meas de longè ; * sémitam meam & funículum meum investigásti,

Et omnes vias meas prævidísti, * quia non est sermo in lingua mea.

Ecce, Dómine, tu cognovísti ómnia novíssima & antíqua. * Tu formásti me, & posuísti super me manum tuam.

Mirábilis facta est sciéntia tua ex me ; * confortáta est, & non pótero ad eam.

Quò ibo à spíritu tuo ? * & quò à fácie tua fúgiam ?

Si ascéndero in cœlum, tu illic es ; * si descéndero in inférnum, ades ;

Si súmpsero pennas meas dilúculo * & habitávero in extrémis maris ;

Etenim illuc manus tua dedúcet me, * & tenébit me déxtera tua.

Et dixi, Fórsitan ténebræ conculcábunt me ; * & nox illuminátio mea in delíciis meis :

Quia ténebræ non obscurabúntur à te, & nox sicut dies illuminábitur ; * sicut ténebræ ejus, ita & lumen ejus :

Quia tu possedísti renes meos ; * suscepísti me de útero matris meæ.

Confitébor tibi quia terribíliter magnificátus es ; * mirabília ópera tua, & ánima mea cognóscit nimis.

Non est occultátum os meum à te quod fecísti in occúlto ; * & substántia mea in inferióribus terræ.

Imperféctum meum vidérunt óculi tui, & in libro tuo omnes scribéntur ; * dies formabúntur, & nemo in eis.

Mihi autem nimis honorificáti sunt amíci tui, Deus ; * nimis confortátus est principátus eórum.

Dinumerábo eos, & super arénam multiplicabúntur : * exsurréxi, & adhuc sum tecum.

Si occíderis Deus peccatóres, * viri sánguinum, declináte à me ;

Quia dícitis in cogitatióne, * accípient in vanitáte civitátes tuas.

Nonne qui odérunt te, Dómine, óderam, * & super inimícos tuos tabescébam ?

Perfécto ódio óderam illos, * & inimíci facti sunt mihi.

Proba me, Deus, & scito cor meú, * intérroga me, & cognósce sémitas meas ;

Et vide si via iniquitátis in me est ; * & deduc me in via ætérna.

Ant. Dómine, probásti me, & cognovísti me.

Ant. A viro iníquo.

K iv

Pseaume 139.

ERipe me, Dómine, ab hómine malo, * à viro iníquo éripe me,

Qui cogitavérunt iniquitátes in corde ; * totâ die constituébát prælia.

Acuérunt linguas suas sicut serpéntis ; * venénum áspidum sub lábiis eórum.

Custódi me, Dómine, de manu peccatóris, * & ab homínibus iníquis éripe me,

Qui cogitavérunt supplantáre gressus meos ; * abscondérunt supérbi láqueum mihi,

Et funes extendérunt in láqueum, * juxta iter scándalum posuérunt mihi.

Dixi Dómino, Deus meus es tu ; * exáudi, Dómine, vocem deprecatiónis meæ.

Dómine, Dómine, virtus salútis meæ, * obumbrásti super caput meum in die belli.

Ne tradas me, Dómine, à desidério meo peccatóri ; * cogitavérunt contra me, ne derelínquas me, ne fortè exalténtur.

Caput circúitus eórum ; * labor labiórum ipsórum opériet eos.

Cadent super eos carbónes ; in ignem dejícies eos ; * in misériis non subsístent.

Vir linguósus non dirigétur in terra ; * virum injústum mala cápient in intéritu.

Cognóvi quia fáciet Dóminus judícium inopis * & vindíctam páuperum.

Verúmtamen justi confitebúntur nómini tuo, * & habitábunt recti cum vultu tuo.

Ant. A viro iníquo líbera me, Dómine.

Ant. Dómine.

Pseaume 140.

DOmine, clamávi ad te, exáudi me ; * inténde voci meæ, cùm clamávero ad te.

Dirigátur orátio mea sicut incénsum in conspéctu tuo ; * elevátio mánuum meárum sacrifícium vespertínum.

Pone, Dómine, custódiam ori meo * & óstium circumstántiæ lábiis meis:

Non declínes cor meum in verba malítiæ * ad excusándas excusatiónes in peccátis,

Cum homínibus operántibus iniquitátem, * & non communicábo cum eléctis eórum.

Corrípiet me justus in misericórdia & increpábit me, * óleum autem peccatóris non impínguet caput meum ;

Quóniam adhuc & orátio mea in beneplácitis eórum. * Absórpti sunt juncti petræ júdices eórum ;

Audient verba mea, quóniam potuérunt. * Sicut crassitúdo terræ erúpta est super terram,

Dissipáta sunt ossa nostra secus inférnum ; * quia ad te, Dómine, Dómine, óculi mei ; in te sperávi, non áuferas ánimam meam.

Custódi me à láqueo quem statuérunt mihi, * & à scándalis operántium iniquitátem.

Cadent in retiáculo ejus peccatóres : * singuláriter sum ego, donec tránseam.

Ant. Dómine, clamávi ad te, exáudi me.

Ant. Pórtio mea.

Pseaume 141.

VOce meâ ad Dóminum clamávi; * voce meâ ad Dóminum deprecátus sum.

Effúndo in conspéctu ejus oratiónem meam * & tribulatiónem meâ ante ipsum pronúntio,

In deficiéndo ex me spíritum meú; *. & tu cognovísti sémitas meas.

In viâ hac quâ ambulábam * abscondérunt láqueum mihi.

Considerábam ad déxteram & vidébam, * & non erat qui cognósceret me.

Périit fuga à me, * & non est qui requírat ánimam meam.

Clamávi ad te, Dómine; * dixi, Tu es spes mea, pórtio mea in terra vivéntium.

Inténde ad deprecatiónem meam, * quia humiliátus sum nimis.

Líbera me à persequéntibus me, * quia confortáti sunt super me.

Educ de custódia ánimam meam ad confiténdú nómini tuo; * me expéctant justi, donec retríbuas mihi.

Ant. Pórtio mea, Dómine, sit in terra vivéntium.

Chapitre. II. Cor. 1.

BEnedíctus Deus & Pater Dómini nostri Jesu Christi, Pater misericordiárum & Deus totíus consolatiónis, qui consolátur nos in omni tribulatióne nostra. ℟. Deo grátias.

[Hymne ancienne.

PLasmátor hóminis Deus Qui cuncta solus órdinans

Humum jubes prodúcere Reptántis & feræ genus;

Qui magna rerum córpora, Dictu jubéntis vívida, Ut sérviant per órdinem Subdens dedísti hómini;

Repélle à servis tuis Quidquid per immundítiam Aut móribus se súggerit Aut áctibus se intérserit.

Da gaudiórum præmia, Da gratiárum múnera Dissólve litis víncula, Adstrínge pacis fœdera.

Præsta, Pater piíssime, Patríque compar Unice Cum Spíritu Parácleto Regnans per omne séculum. A-men.]

[Hymne nouvelle.

HOminis supérne Cónditor Qui cuncta solus órdinans Humum jubes prodúcere Reptántis & feræ genus,

Et magna rerum córpora, Dictu jubéntis vívida, Per témporum certas vices Obtemperáre sérvulis;

Repélle quod, cupídinis Ciénte vi, nos ímpetit Aut móribus se súggerit Aut áctibus se intérserit.

Da gaudiórum præmia, Da gratiárum múnera, Dissólve litis víncula, Adstrínge pacis fœdera.

Præsta, Pater piíssime, Patríque compar Unice Cum Spíritu Parácleto Regnans per omne séculum. A-men.]

℣. Dirigátur, Dómine, orátio mea ℟. Sicut incénfum in confpéctu tuo.

Ant. Depófuit.

Cantique de la Vierge. *Luc.* 1.

Magníficat * ánima mea Dóminum;

Et exultávit fpíritus meus * in Deo falutári meo,

Quia refpéxit humilitátem ancíllæ fuæ; * ecce enim ex hoc beátam me dicent omnes generatiónes,

Quia fecit mihi magna qui potens eſt; * & fanctum nomen ejus,

Et miſericórdia ejus à progénie in progénies * timéntibus eum.

Fecit poténtiam in bráchio fuo; *

difpérfit fupérbos mente cordis fui;

Depófuit poténtes de fede * & exaltávit húmiles,

Efuriéntes implévit bonis * & dívites dimífit inánes,

Sufcépit Ifrael púerum fuum * recordátus mifericórdiæ fuæ,

Sicut locútus eſt ad patres noftros, * Abraham & fémini ejus in fécula.

Glória Patri, &c.

Ant. Depófuit poténtes, Sanctos perfequéntes : & exaltávit húmiles, Chriſtum confiténtes.

Tout le reſte comme il eſt marqué après l'Antienne de Magníficat de la feconde Ferie, page 139.

LE SAMEDI A VESPRES.

℣. Deus, in adjutórium.

Ant. Benedíctus.

Pfeaume 143.

Benedíctus Dóminus Deus meus qui docet manus meas ad prælium * & dígitos meos ad bellum.

Mifericórdia mea & refúgium méum, * fufcéptor meus & liberátor meus;

Protéctor meus, & in ipfo fperávi; * qui fubdit pópulum meum fub me.

Dómine, quid eſt homo, quia innotuífti ei ? * aut fílius hóminis, quia réputas eum ?

Homo vanitáti fímilis factus eſt; * díes ejus ficut umbra prætéreunt.

Dómine, inclína cœlos tuos, & defcénde; * tange montes, & fumigábunt.

Fúlgura corufcatiónem, & diffipábis eos; * emitte fagíttas tuas, & conturbábis eos.

Emítte manum tuam de alto, éripe me & libera me de aquis multis, * de manu filiórum alienórum,

Quorum os locútum eſt vanitátem, * & déxtera eórum, déxtera iniquitátis.

Deus, cánticum novum cantábo tibi; * in pfaltério decachórdo pfallam tibi,

Qui das falútem régibus, * qui redemífti David fervum tuum de gládio malígno. Eripe me

Et érue me de manu filiórum alienórum quorum os locútum eſt vanitátem, * & déxtera eórum déxtera iniquitátis;

Quorum fílii ficut novéllæ plantatiónes * in juventúte sua :

Fíliæ eórum compófitæ , * circum ornátæ ut fimilitúdo templi :

Promtuária eórum plena , * eructántia ex hoc in illud :

Oves eórum fœtófæ , abundántes in egréffibus fuis ; * boves eórum craffæ :

Non eſt ruína macériæ, neque tránfitus , * neque clamor in platéis eórum.

Beátum dixérunt pópulum cui hæc funt : * beátus pópulus cujus Dóminus Deus ejus.

Ant. Benedíctus Dóminus Deus meus.

Ant. Per síngulos dies.

Pſeaume 144.

EXaltábo te , Deus meus rex , * & benedícam nómini tuo in féculum & in féculum féculi.

Per síngulos dies benedícam tibi, * & laudábo nomen tuum in féculum & in féculum féculi.

Magnus Dóminus & laudábilis nimis , * & magnitúdinis ejus non eſt finis.

Generátio & generátio laudábit ópera tua , * & poténtiam tuam pronuntiábunt ;

Magnificéntiam glóriæ fanctitátis tuæ loquéntur , * & mirabília tua narrábunt ,

Et virtútem terribílium tuórum dicent , * & magnitúdinem tuam narrábunt ;

Memóriam abundántiæ fuavitátis tuæ eructábunt , * & juſtítia tua exultábunt.

Miferátor & miféricors Dóminus , * pátiens & multùm miféricors.

Suávis Dóminus univérfis , * & miferatiónes ejus fuper ómnia ópera ejus.

Confiteántur tibi, Dómine , ómnia ópera tua ; * & Sancti tui benedícant tibi.

Glóriam regni tui dicent , * & poténtiam tuam loquéntur ,

Ut notam fáciant fíliis hóminum poténtiam tuam * & glóriam magnificéntiæ regni tui.

Regnum tuum , regnum ómnium feculórum , * & dominátio tua in omni generatióne & generatiónem.

Fidélis Dóminus in ómnibus verbis fuis , * & fanctus in ómnibus opéribus fuis.

Allevat Dóminus omnes qui córruunt , * & érigit omnes elífos.

Oculi ómnium in te fperant , Dómine , * & tu das efcam illórum in témpore opportúno.

Aperis tu manum tuam , * & imples omne ánimal benedictióne.

Juſtus Dóminus in ómnibus viis fuis , * & fanctus in ómnibus opéribus fuis.

Propè eſt Dóminus ómnibus invocántibus eum , * ómnibus invocántibus eum in veritáte.

Voluntátem timéntium fe fáciet * & deprecatiónem eórum exáudiet, & falvos fáciet eos.

Cuſtódit Dóminus omnes diligéntes fe , * & omnes peccatóres difpérdet.

Laudatiónem Dómini loquétur os meum ; * & benedícat omnis caro nómini fancto ejus in féculum & in féculum féculi.

Ant. Per síngulos dies benedícam te , Dómine.

Ant. Laudábo.

Pseaume 145.

L Auda, ánima mea , Dóminum.
Laudábo Dóminum in vita
mea , * psallam Deo meo quámdiu
fúero.

N olíte confídere in princípibus , *
in filiis hóminum in quibus non est
salus.

E xíbit spíritus ejus & revertétur in
terram suam ; * in illa die períbunt
omnes cogitatiónes eórum.

B eátus cujus Deus Jacob adjútor
ejus , spes ejus in Dómino Deo ipsius * qui fecit cœlum & terram ,
mare & ómnia quæ in eis sunt ;

Q ui custódit veritátem in sæculum,
facit judícium injúriam patiéntibus,
* dat escam esuriéntibus.

D óminus solvit compedítos ; * Dóminus illúminat cæcos ;

D óminus érigit elísos ; * Dóminus
díligit justos ;

D óminus custódit ádvenas , pupíllum & víduam suscípiet , * &
vias peccatórum dispérdet.

R egnábit Dóminus in sécula, Deus
tuus , Sion , * in generatiónem &
generatiónem.

Ant. Laudábo Deum meum in
vita mea.

Ant. Deo nostro.

Pseaume 146.

L Audáte Dóminum , quóniam
bonus est psalmus : * Deo nostro sit jucúnda decóraque laudátio.

Æ díficans Jerúsalem Dóminus , *
dispersiónes Israélis congregábit ;

Q ui sanat contrítos corde , * & álligat contritiónes eórum ;

Q ui númerat multitúdinem stel-
larum , * & ómnibus eis nómina
vocat.

M agnus Dóminus noster , & magna virtus ejus , * & sapiéntiæ ejus
non est númerus.

S uscípiens mansuétos Dóminus *
humílians autem peccatóres usque
ad terram.

P ræcínite Dómino in confessióne ,
* psállite Deo nostro in cíthara ,

Q ui óperit cœlum núbibus , * &
parat terræ plúviam ;

Q ui prodúcit in móntibus fœnum,
* & herbam servitúti hóminum ;

Q ui dat juméntis escam ipsórum ,
* & pullis corvórum invocántibus
eum.

N on in fortitúdine equi voluntátem habébit , * nec in tíbiis viri beneplácitum erit ei.

B eneplácitum est Dómino super
timéntes eum * & in eis qui sperant super misericórdia ejus.

Ant. Deo nostro jucúnda sit laudátio.

Ant. Lauda.

Pseaume 147.

L Auda , Jerúsalem, Dóminum ;
* lauda Deum tuum , Sion ;

Q uóniam confortávit seras portárum tuárum , * benedíxit fíliis tuis
in te ;

Q ui pósuit fines tuos pacem , * &
ádipe fruménti sátiat te ;

Q ui emíttit elóquium suum terræ,
* velóciter currit sermo ejus ;

Q ui dat nivem sicut lanam , * nébulam sicut cínerem spargit.

Mittit cryſtállum ſuam ſicut buccéllas ; * ante fáciem frigoris ejus
quis ſuſtinébit ?

Emittet verbum ſuum , & liquefáciet ea ;* flabit ſpiritus ejus & fluent
aquæ ;

Qui annúntiat verbum ſuum Jacob , * juſtitias & judícia ſua Iſrael.

Non fecit táliter omni natióni, * &
judícia ſua non manifeſtávit eis.

Ant. Lauda , Jerúſalem , Dóminum.

Chapitre. *Rom.* 11.

O Altitúdo divitiárum ſapiéntiæ & ſciéntiæ Dei ! Quàm
incomprehéſibília ſunt judicia ejus,
& inveſtigábiles viæ ejus ! R̃. Deo
grátias.

[Hymne ancienne.

O Lux beáta Trínitas
Et principális Unitas,
Jam ſól recédit ígneus,
Infúnde lumen córdibus.
Te manè laudum cármine,
Te deprecámur véſpere ;
Te noſtra ſupplex glória
Per cuncta laudet ſécula.
Deo Patri ſit glória
Ejúſque ſoli Fílio,
Cum Spíritu Parácleto
Et nunc & in perpétuum. Amen.]

[Hymne nouvelle.

J Am ſól recédit ígneus ;
Tu lux perénnis Unitas,
Noſtris, beáta Trínitas,
Infúnde lumen córdibus.
Te mane laudum cármine ,
Te deprecámur véſpere ,

Dignéris ut te ſúpplices
Laudémus inter cœlites.
Patri ſimúlque Fílio,
Tibíque , ſancte Spíritus,
Sicut fuit ſit júgiter
Séclum per omne glória. Amen.]

℣. Veſpertina orátio aſcéndat ad
te , Dómine , R̃. Et deſcéndat ſuper nos miſericórdia tua.

L'Antienne de **Magníficat** eſt au
Propre du Temps.

Cantique de la Vierge. *Luc.* 1.

M Agníficat * ánima mea Dóminum ;
Et exultávit ſpíritus meus * in Deo
ſalutári meo,
Quia reſpéxit humilitátem ancíllæ
ſuæ ; * ecce enim ex hoc beátam me
dicent omnes generatiónes,
Quia fecit mihi magna qui potens
eſt ; * & ſanctum nomen ejus,
Et miſericórdia ejus à progénie in
progénies * timéntibus eum.
Fecit poténtiam in bráchio ſuo ;
* diſpérſit ſupérbos mente cordis
ſui ;
Depóſuit poténtes de ſede * & exaltávit húmiles,
Eſuriéntes implévit bonis * & dívites dimíſit ináes,
Suſcépit Iſrael púerum ſuum * recordátus miſericórdiæ ſuæ,
Sicut locútus eſt ad patres noſtros ,
* Abraham & ſémini ejus in ſécula.

Tout le reſte comme il eſt marqué après l'Antienne de **Magnificat** de la ſeconde Ferie, page 139.

TOUS LES JOURS A COMPLIES.

Le Lecteur dit Jube, domne, bene dícere.

Benedict. Noctem quiétam & finem perféctum concédat nobis Dóminus omnípotens. ℟. Amen.

Leçon breve.   *I. Pier.* 5.

FRatres, Sóbrii estóte & vigiláte, quia adversárius vester diábolus tamquam leo rúgiens círcuit quærens quem dévoret; cui resístite fortes in fide. Tu autem, Dñe, miserére nobis. ℟. Deo grátias.

℣. Adjutórium nostrum in nómine Dómini ℟. Qui fecit cœlum & terram.

Pater noster, tout bas entierement.

Le Officiant dit

COnfiteor Deo omnipoténti, beátæ Maríæ semper Vírgini, beáto Michaéli Archángelo, beáto Joánni Baptístæ, sanctis Apóstolis Petro & Paulo, ómnibus Sanctis, & vobis, fratres, quia peccávi nimis cogitatióne, verbo & ópere; meâ culpâ, meâ culpâ, meâ máximâ culpâ. Ideò precor beátam Maríam semper Vírginem, beátum Michaélem Archángelum, beátum Joánnem Baptístam, sanctos Apóstolos Petrum & Paulum, omnes Sanctos, & vos, fratres, oráre pro me ad Dóminum Deum nostrum.

Le Chœur répond

MIsereátur tuí omnípotens Deus, &, dimíssis peccátis tuis, perdúcat te ad vitam ætérnam. ℟. Amen.

Le Chœur dit

COnfiteor Deo omnipoténti, beátæ Maríæ semper Vírgini, beáto Michaéli Archángelo, beáto Joánni Baptístæ, sanctis Apóstolis Petro & Paulo, ómnibus Sanctis, & tibi, Pater, quia peccávi nimis cogitatióne, verbo, & ópere; meâ culpâ, meâ culpâ, meâ máximâ culpâ. Ideò precor beátam Maríam semper Vírginem, beátum Michaélem Archángelum, beátum Joánnem Baptístam, sanctos Apóstolos Petrum & Paulum, omnes Sanctos, & te, Pater, oráre pro me ad Dóminum Deum nostrum.

L'Officiant,

MIsereátur vestri omnípotens Deus, &, dimíssis peccátis vestris, perdúcat vos ad vitam ætérnam. ℟. Amen.

INdulgéntiam, absolutiónem & remissiónem peccatórum nostrórum tríbuat nobis omnípotens & miséricors Dóminus. ℟. Amen.

℣. COnvérte nos, Deus salutáris noster, ℟. Et avérte iram tuam à nobis.

℣. Deus, in adjutórium meum inténde; ℟. Dómine, ad adjuvándum me festína. Glória Patri.

Ant. Miserére.

Pseaume 4.

CUm invocárem, exaudívit me Deus justítiæ meæ; * in tribulatióne dilatásti mihi.

Miserére meí, * & exáudi oratiónem meam.

Fílii hóminum, úfquequò gravi corde ? * ut quid dilígitis vanitátem & quæritis mendácium ?

Et fcitóte quóniam mirificávjt Dóminus fanctum fuum ; * Dóminus exáudiet me, cùm clamávero ad eum.

Irafcímini, & nolíte peccáre ; * quæ dicitis in córdibus veftris, in cubílibus veftris compungímini.

Sacrificáte facrifícium juftítiæ, & fperáte in Dómino. * Multi dicunt, Quis ofténdit nobis bona ?

Signátum eft fuper nos lumen vulrûs tui, Dómine ; * dedífti lætítiam in corde meo.

A fructu fruménti, vini & ólei fui * multiplicáti funt.

In pace in idípfum * dórmiam & requiéfcam,

Quóniam tu, Dómine, finguláriter in fpe * conftituífti me.

Pfeaume 30.

IN te, Dómine, fperávi, non confúndar in ætérnum ; * in juftítia tua líbera me.

Inclína ad me aurem tuam ; * accélera ut éruas me.

Efto mihi in Deum protectórem & in domúm refúgii, * ut falvum me fácias ;

Quóniam fortitúdo mea & refúgium meum es tu ; * & propter nomen tuum dedúces me & enútries me.

Educes me de láqueo hoc quem abfcondérunt mihi, * quóniam tu es protéctor meus.

In manus tuas comméndo fpíritum meum ; * redemífti me, Dómine Deus veritátis.

Pfeaume 90.

QUi hábitat in adjutório Altíffimi, * in protectióne Dei cœli commorábitur.

Dicet Dómino, Sufcéptor meus es tu & refúgium meum ; * Deus meus, fperábo in eum :

Quóniam ipfe liberávit me de láqueo venántium * & à verbo áfpero.

Scápulis fuis obumbrábit tibi, * & fub pennis ejus fperábis.

Scuto circúmdabit te véritas ejus ; * non timébis à timóre noctúrno,

A fagítta volánte in die, à negótio perambulánte in ténebris, * ab incúrfu & dæmónio meridiáno.

Cadent à látere tuo mille, & decem míllia à dextris tuis ; * ad te autem non appropinquábit.

Verúmtamen óculis tuis confiderábis, * & retributiónem peccatórum vidébis.

Quóniam tu es, Dómine, fpes mea : * altíffimum pofuífti refúgium tuum.

Non accédet ad te malum, * & flagéllum non appropinquábit tabernáculo tuo :

Quóniam Angelis fuis mandávit de te * ut cuftódiant te in ómnibus viis tuis.

In mánibus portábunt te, * ne forte offéndas ad lápidem pedem tuum.

Super áfpidem & bafilífcum ambulábis, * & conculcábis leónem & dracónem.

Quóniam in me fperávit, liberábo eum ; * prótegam eum, quóniam cognóvit nomen meum.

Clamábit ad me, & ego exáudiam

eum; * cum ipfo fum in tribulatióne; erípiam eum , & glorificábo eum. Longitúdine diérum replébo eum ; * & oſténdam illi ſalutáre meum.

Pſeaume 133.

ECce nunc benedícite Dóminum, * omnes ſervi Dómini
Qui ſtatis in domo Dómini, * in átriis domûs Dei noſtri. •
In nóctibus extóllite manus veſtras in ſancta , * & benedícite Dóminum.
Benedícat te Dóminus ex Sion * qui fecit cœlum & terram.

Ant. Miſerére meì , Dómine , & exáudi oratiónem meam.

[Hymne ancienne.

TE lucis ante términum,
Rerum Créator, póſcimus
Ut ſólita cleméntia,
Sis præful ad cuſtódiam.
Procul recédant ſómnia
Et nóctium phantáſmata ,
Hoſtémque noſtrum cómprime ,
Ne polluántur córpora.
Præſta, Pater omnípotens ,
Per Jeſum Chriſtum Dóminum
Qui tecum in perpétuum
Regnat cum ſancto Spíritu. Amen.]

[Hymne nouvelle.

TE lucis ante términum,
Rerum Créator, póſcimus
Ut pro tua cleméntia
Sis præful & cuſtódia.
Procul recédant ſómnia
Et nóctium phantáſmata ,
Hoſtémque noſtrum cómprime ,
Ne polluántur córpora.
Præſta , Pater piíſſime ,
Patríque compar Unice
Cum Spíritu Parácleto

Regnans per omne ſéculum. Amen.]

Chapitre.   *Jerem.* 14.

TU autem in nobis es , Dómine , & nomen ſanctum tuum invocátum eſt ſuper nos ; ne derelínquas nos , Dómine Deus noſter. ℟. Deo grátias.

℟. bref. In manus tuas, Dómine, * Comméndo ſpíritum meum. On repete In manus tuas.

℣. Redemíſti nos , Dómine Deus veritátis. ℟. Comméndo.

℣. Glória. ℟. In manus tuas.

℣. Cuſtódi nos, Dómine , ut pupíllam óculi. ℟. Sub umbra alárum tuárum prótege nos.

Ant. Salva nos.

Cantique de Simeon.   *Luc.* 2.

NUnc dimíttis ſervum tuum , Dómine , * ſecúndùm verbum tuum in pace ;
Quia vidérunt óculi mei * ſalutáre tuum
Quod paráſti * ante fáciem ómnium populórum,
Lumen ad revelatiónem Géntium * & glóriam plebis tuæ Iſrael.

Glória Patri.

Ant. Salva nos , Dómine , vigilántes ; cuſtódi nos dormiéntes , ut vigilémus cum Chriſto & requieſcámus in pace.

Aux Offices doubles & dans les Octaves on ne dit point ce qui eſt ci-après entre deux crochets : & on le dit à genoux, lorſqu'on a dit les Prieres à Veſpres.

[KYrie eléiſon. Chriſte eléiſon. Kyrie eléiſon.

Pater noſter tout bas juſqu'au ℣.

℣. Et ne nos indúcas in tentatiónem; ℟. Sed líbera nos à malo.

Credo in Deum jusqu'au ℣. Carnis resurrectiónem, ℟. Vitam ætérnam. Amen.

℣. Benedíctus es, Dómine Deus patrum nostrórum, ℟. Et laudábilis & gloriósus in sæcula.

℣. Benedicámus Patrem & Fílium cum sancto Spíritu; ℟. Laudémus & superexaltémus eum in sécula.

℣. Benedíctus es, Dómine, in firmaménto cœli, ℟. Et laudábilis & gloriósus & superexaltátus in sécula.

℣. Benedícat & custódiat nos omnípotens & miséricors Dóminus. ℟. Amen.

℣. Dignáre, Dómine, nocte istâ ℟. Sine peccáto nos custodíre.

℣. Miserére nostrî, Dómine; ℟. Miserére nostrî.

℣. Fiat misericórdia tua, Dómine, super nos, ℟. Quemádmodum sperávimus in te.

℣. Dómine, exáudi oratiónem meam. ℟. Et clamor meus ad te véniat.]

℣. Dóminus vobíscum. ℟. Et cum spíritu tuo.

Orémus.

Vísita, quæsumus, Dómine, habitatiónem istam, & omnes insídias inimíci ab ea longè repélle: Angeli tui sancti hábitent in ea, qui nos in pace custódiant: & benedíctio tua sit super nos semper; Per Dóminum nostrum, &c.

℣. Dóminus vobíscum. ℟. Et cum spíritu tuo.

℣. Benedicámus Dómino. ℟. Deo grátias.

Benediction. Benedícat & custódiat nos omnípotens & miséricors Dóminus, Pater & Fílius & Spíritus sanctus. ℟. Amen.

Antienne à la sainte Vierge.

Salve, Regína, mater misericórdiæ, vita, dulcédo, & spes nostra, salve. Ad te clamámus éxules fílii Hevæ. Ad te suspirámus geméntes & flentes in hac lachrymárum valle. Eia ergo, Advocáta nostra, illos tuos misericórdes óculos ad nos convérte: Et Jesum benedíctum fructum ventris tui nobis post hoc exílium osténde. O clemens, ô pia, ô dulcis virgo María.

℣. Ora pro nobis, sancta Dei génitrix, ℟. Ut digni efficiámur promissiónibus Christi.

Orémus.

Omnípotens, sempitérne Deus, qui gloriósæ Vírginis matris Maríæ corpus & ánimam, ut dignum Fílii tui habitáculum éffici mererétur, Spíritu sancto cooperánte, præparásti, da ut cujus commemoratióne lætámur, ejus piâ intercessióne ab instántibus malis & à morte perpétua liberémur; Per eúmdem Christum Dóminum nostrum. ℟. Amen.

℣. Divínum auxílium máneat semper nobíscum. ℟. Amen.

Pater, Ave, Credo. tout bas.

Si l'on dit Matines immediatement après Complies, quoiqu'on ait déja dit Pater, Ave, Credo après Complies, on les dira ce-

R. 4 Automne.   L

pendant encore une fois avant Matines ; la premiere fois étant pour la fin de tout l'Office du jour present , & la seconde pour le commencement de l'Office du suivant.

CE QUI SUIT entre deux crochets peut se dire après Complies , si l'on veut.

Pour la Sainte Vierge.

[Ant. Sub tuum præsidium confugimus , sancta Dei Génitrix ; nostras deprecatiónes ne despícias in necessitátibus , sed à perículis cunctis líbera nos semper , Virgo gloriósa & benedícta.

℣. Ora pro nobis , sancta Dei Génitrix , ℞. Ut digni efficiámur promissiónibus Christi.

O rémus.

DEffénde , quæsumus , Dómine , beátâ Maríâ semper vírgine , beátis Angelis & ómnibus Sanctis intercedéntibus , istam ab omni adversitáte famíliam ; & toto corde tibi prostrátam ab ómnibus tuére cleménter insídiis. Per &c.

Pour implorer le secours de la sainte Vierge contre la Peste.

Stella cœli exstirpávit ,
Quæ lactávit Dóminum ,
Mortis pestem quam plantávit
Primus Parens hóminum.
Ipsa stella nunc dignétur
Sidera compéscere
Quorum bella plebem cædunt
Diræ mortis úlcere.
O gloriósa Stella maris ,   3 fois.
A peste succúrre nobis.
Audi nos , María ; nam te Fílius
Nihil negans honórat.

Salva nos , Messía Jesu ,
Pro quibus Virgo Mater te orat.
℣. Ora pro nobis , sancta Dei Génitrix ; ℞. Quæ contrivísti caput serpéntis , auxiliáre nobis.

O rémus.

DEus misericórdiæ , Deus pietátis , Deus indulgéntiæ , qui misértus es super afflictiónem pópuli tui , & dixísti Angelo percutiénti pópulum tuum , Cóntine manum tuam ; ob amórem illíus Stellæ gloriósæ cujus úbera pretiósa contra venénum nostrórum delictórum quàm dúlciter suxísti ; præsta auxílium grátiæ tuæ , ut ab omni peste & improvísa morte secúrè liberémur ; per te , Jesu Christe , Rex glóriæ , qui vivis & regnas in sécula seculórum. ℞. Amen.

Pour saint Roch.

Ave , Roche sanctíssime ,
Nóbili natus sánguine ,
Crucis signáris schémate
Sinístro tuo látere.
Roche peregrè proféctus
Pestíferæ mortis ictus
Curavísti mirifícè ,
Tangéndo salutíferè.
Vale , Roche Angélicæ
Vocis citátus fámine :
Obtinuísti deifícè
A cunctis pestem péllere.
℣. Ora pro nobis , beáte Roche ,
℞. Ut digni efficiámur liberári à peste.

O rémus.

DEus qui beáto Rocho per Angelum tuum tábulam eídem afferéntem promisísti ut qui ipsum piè invocáverit , à nullo pestis cruciátu lædérétur, præfta, quæfumus, ut qui ejus memóriam ágimus, ipsíus méritis & précibus, à mortiferâ pefte córporis & ánimæ liberémur; Per Chriftum Dóminum noftrum. ℟. Amen.]

PRIERE

APRE'S LA RECITATION DE L'OFFICE DIVIN.

Le Pape Leon X a accordé la remiffion de toutes les fautes & negligences qu'on peut avoir commifes par fragilité humaine, en recitant l'Office divin, à tous ceux qui reciteront cette Priere à genoux avec pieté.

SAcrofánctæ & indivíduæ Trinitáti, crucifíxi Dómini noftri Jefu-Chrifti humanitáti, beatíffimæ & gloriosíffimæ fempérque Vírginis Maríæ fœcúndæ integritáti, & ómnium Sanctórum univerfitáti fit fempitérna laus, honor, virtus & glória ab omni creatúra, nobífque remíffio ómnium peccatórum, per infiníta fécula feculórum. ℟. Amen.
Beáta vífcera Maríæ Vírginis, quæ portavérunt ætérni Patris Fílium, & beáta úbera quæ lactavérunt Chriftum Dóminum.
Pater. Ave.

PRIERE

DONNE'E PAR LE PAPE URBAIN VIII.

ANte óculos tuos, Dómine, culpas noftras férimus, & plagas quas accépimus conférimus. Si penfamus malum quod fécimus, minus eft quod pátimur, majus eft quod merémur; grávius eft quod commífimus, lévius eft quod tolerámus. Peccáti pœnam fentímus, & peccándi pertináciam non vitámus; in flagéllis tuis infírmitas noftra téritur, & iníquitas non mutátur; mens ægra torquétur, & cervix non fléctitur; vita in dolóre fufpírat, & in ópere non fe eméndat. Si exfpéctas, non corrigimur; fi víndicas, non durámus. Confitémur in correctióne quod égimus; oblivífcimur poft vifitatiónem quod flévimus. Si exténderis manum, faciénda promíttimus; fi fufpénderis gládium, promíffa non fólvimus. Si férias, clamámus ut parcas; fi pepérceris, íterum provocámus ut férias. Habes, Dómine, confiténtes reos. Nóvimus quòd nifi dimíttas, rectè nos périmas. Præfta, Pater omnípotens, fine mérito quod rogámus, qui fecífti ex níhilo qui te rogárent; per Chriftum Dñum noftrú. ℟. Amen.

℣. Gregem tuum, Paſtor ætérné, non déſeras, ℞. Sed per beátos Apóſtolos tuos perpétuâ deffenſióne cuſtódias.

℣. Prótege, Dómine, pópulum tuum ad te clamántem & Apoſtolórum tuórum patrocínio confidéntem: ℞. Perpétuâ deffenſióne cuſtódias.

℣. Oráte pro nobis, ſancti Apóſtoli Dei, ℞. Ut digni efficiámur promiſſiónibus Chriſti.

Orémus.

PRæſta, quæſumus, omnípotens Deus, ut nullis nos permíttas perturbatiónibus cóncuti, quos in Apoſtólicæ confeſſiónis petra ſolidáſti; per Dóminum &c.

IMplóret, clementíſſime Dómine, noſtris opportúnam neceſſitátibus opem devóte à nobis proláta meditátio quâ ſanctus olim Joannes Chryſóſtomus, in hac Baſilica cónditus, te cum beatíſſimis Apóſtolis Petro & Páulo repræſentávit ſic colloquéntem, Circúmdate hanc novam Sion & circumvalláte eam; hoc eſt, Cuſtodíte, muníte, précibus firmáte, ut quando iráſcor in témpore & orbem terræ concútio, adſpíciens ſepúlchrum veſtrum numquam deſitúrum & quæ libénter propter me géritis ſtigmata, iram miſericórdiâ vincam, & ob hanc percípiam veſtram interceſſiónem: étenim quando Sacerdótium & Regnum vídeo lachrymári, ſtatim quaſi compátiens ad commiſeratiónem flector, & illíus meæ vocis reminíſcor, Prótegam urbem hanc propter David ſervum meum & Aaron ſanctum meum. Dómine, fiat, fiat; amen, amen.

LE PROPRE

LE PROPRE DU TEMPS.

I DIMANCHE
DE SEPTEMBRE.
A MATINES.
AU I NOCTURNE.
Leçon j.

Incipit liber Job. *Ch.* **I.**

VIr erat in terra Hus nómine Job ; & erat vir ille simplex & rectus ac timens Deum & recédens à malo. Natíque sunt ei septem filii & tres filiæ. Et fuit posséssio ejus septem míllia óvium & tria míllia camelórum, quingénta quoque juga boum & quingétæ ásinæ ac familia multa nimis, erátque vir ille magnus inter omnes Orientáles. ℟. Si bona suscépimus de manu Dei, mala autem quare non sustineámus ? * Dóminus dedit, Dóminus ábstulit : sicut Dómino plácuit, ita factum est : sit nomen Dómini benedíctum. ℣. Nudus egréssus sum de útero matris meæ, & nudus revértar illuc. * Dóminus. Bened. Unigénitus Dei Fílius.

Leçon ij.

ET ibant fílii ejus, & faciébant convívium per domos, unusquísque in die suo. Et mitténtes vocábant tres soróres suas, ut coméderent & bíberent cum eis. Cùmque in orbem transíssent dies convívii, mittébat ad eos Job, & sanctificábat illos, consurgénsque dilúculo offerébat holocáusta pro síngulis. Dicébat enim, Ne fortè peccáverint fílii mei, & benedíxerint Deo in córdibus suis. Sic faciébat Job cunctis diébus. ℟. Antequàm comédam suspíro, & tanquam inundántes aquæ, sic rugítus meus ; quia timor quem timébam évenit mihi, & quod verébar áccidit. Nonne dissimulávi ? nonne sílui ? nonne quiévi ? * Et venit super me indignátio. ℣. Ecce non est auxílium mihi in me, & necessárii quoque mei recessérunt à me. * Et. Bened. Spíritûs sancti grátia.

Leçon iij.

QUâdam autem die cùm veníssent fílii Dei ut assísterent coram Dómino, áffuit inter eos étiam Satan. Cui dixit Dóminus, Unde venis ? Qui respóndens ait, Circuívi terram & perambulávi eam. Dixítque Dóminus ad eum, Numquid considerásti servum meú Job, quòd non sit ei símilis in terra, homo simplex & rectus ac timens Deum & recédens à malo ? Cui respóndens, Satan ait,

R. 4. Automne. M

Numquid Job fruſtrà timet Deum ? nonne tu vallaſti eum ac domum ejus univerſámque ſubſtántiam per circúitum, opéribus mánuum ejus benedixiſti, & poſséſſio ejus crévit in terra ? Sed exténde páulùlùm manum tuam, & tange cuncta quæ póſſidet, niſi in fáciem benedíxerit tibi.

℞. Quare detraxiſtis ſermónibus veritátis ? Ad increpándum verba compónitis, & ſubvértere nitímini amícum veſtrum. * Verúmtamen quæ cogitáſtis expléte. ℣. Quod juſtum eſt judicáte, & non inveniétis in lingua mea iniquitátem. * Verúmtamen. ℣. Glória. * Verúmtamen.

AU II NOCTURNE.
Leçon iv.
Ex libro Morálium ſancti Gregórii Papæ. *Liv.* 2, *chap.* 1.

SCriptúra ſacra mentis óculis quaſi quoddam ſpéculum oppónitur, ut intérna noſtra fácies in ipſa videátur. Ibi étenim fœda, ibi pulchra noſtra cognóſcimus : ibi ſentímus quantùm profícimus, ibi à proféctu quàm longè diſtámus. Narrat autem geſta Sanctórum, & ad imitatiónem corda próvocat infirmórum ; dúmque illórum victrícia facta commémorat, contra vitiórum prælia debília noſtra confirmat : fitque verbis illíus, ut eò mens minùs inter certámina trépidet, quò ante ſe póſitos tot virórum tórtium triúmphos videt.

℞. Indúta eſt caro mea putrédine & ſórdibus púlveris : cutis mea áruit & contrácta eſt. * Me-

ménto mei, Dómine, quóniam ventus eſt vita mea. ℣. Dies mei volócius tranſiérunt quàm à texénte tela ſuccíditur, & conſúmti ſunt abſque ulla ſpe. * Meménto.

Bened. Chriſtus perpétuæ.
Leçon v.

NOnnúmquàm verò non ſolùm nobis eórum virtútes áſſerit, ſed étiam caſus innotéſcit, ut & in victória fórtium, quod imitándo arrípere, & rursùm videámus in lápſibus quid debeámus timere. Ecce enim Job deſcríbitur tentatióne auctus, ſed David tentatióne proſtrátus ; ut & majórum virtus ſpem noſtram fóveat, & majórum caſus ad cautélam nos humilitátis accíngat ; quátenùs dum illa gaudéntes ſúblevant, iſta metuéntes premant : & audiéntis ánimus illinc ſpei fidúciâ, hinc humilitáte timóris erudítus, nec temeritáte ſupérbiat, quia formídine prémitur, nec preſſus timóre déſperet, quia ad ſpei fidúciam virtútis exémplo roborátur.

℞. Páucitas diérum meórum finiétur brevi. Dimítte me, Dómine, ut plangam páululum dolórem meum, * Antequam vadam ad terram tenebróſam & opértam mortis calígine. ℣. Manus tuæ, Dómine, fecérunt me & plaſmavérunt me totum in circúitu, & ſic repénte præcípitas me, * Antequam.

Bened. Ignem ſui amóris.
Leçon vj.
Livre 1, *des Morales*, *ch.* 1.

VIr erat in terra Hus, nómine Job. Idcírcò ſanctus vir ubi

habitáverit dícitur , ut ejus méritum virtútis exprimátur. Hus namque quis néſciat quòd ſit in terra Gentílium ? Gentílitas autem eò obligáta vítiis éxſtitit , quò cognitiónem ſui Conditóris ignorávit. Dicátur ítaque ubi habitáverit , ut hoc ejus láudibus profíciat, quòd bonus inter malos fuit. Neque enim valdè laudábile eſt bonum eſſe cum bonis , ſed bonum eſſe cum malis. Sicut enim gravióris culpæ eſt inter bonos bonum non eſſe , ita imménſi eſt præcónii bonum étiam inter malos exſtitiſſe.

℟. Non abſcóndas me, Dómine, à fácie tua : manum tuam longè fac à me , * Et formído tua non me térreat. ℣. Córripe me , Dómine, in miſericórdia, non in furóre tuo, ne fortè ad nihilum rédigas me , * Et formído. ℣. Glória. * Et formído.

A U III N O C T U R N E.

℟. Quis mihi tríbuat ut in inferno prótegas me, & abſcóndas me , donec pertránſeat furor tuus, Dómine, niſi tu qui ſolus es Deus ; * Et conſtítuas mihi tempus in quo recordéris meî ? ℣. Numquid ſicut dies hóminis , dies tui, ut quæras iniquitátem meam , cùm ſit nemo qui de manu tua poſſit erúere ? * Et.

℟. Duo Séraphim clamábant alter ad álterum, * Sanctus, Sanctus, Sanctus Dóminus Deus Sábaoth : ** Plena eſt omnis terra glóriâ ejus. ℣. Tres ſunt qui teſtimónium dant in cœlo, Pater, Verbum & Spíritus ſanctus ; & hi tres unum ſunt. * Sanctus. ℣. Glória. ** Plena.

I I F E R I E.
Leçon j.
De libro Job. Ch. I.

CUm autem quâdam die fílii & fíliæ ejus coméderent & bíberent vinum in domo fratris ſui primogéniti , núntius venit ad Job, qui díceret, Boves arábant & áſinæ paſcebántur juxta eos , & irruérunt Sabéi tulerúntque ómnia & púeros percuſſérunt gládio , & eváſi ego ſolus, ut nuntiárem tibi. Cùmque adhuc ille loquerétur , venit alter & dixit, Ignis Dei cécidit è cœlo, & tactas oves pueróſque conſúmſit , & effúgi ego ſolus, ut nuntiárem tibi.

℟. Verſa eſt in luctum cíthara mea , & órganum meum in vocem fléntium. * Parce mihi , Dómine ; nihil enim ſunt dies mei. ℣. Cutis mea denigráta eſt ſuper me , & oſſa mea aruérunt. * Parce mihi , Dómine.

Bened. Unigénitus Dei Fílius.

Leçon ij.

SEd & , illo adhuc loquénte , venit álius & dixit, Chaldæi fecérunt tres turmas, & invaſérunt camélos, & tulérunt eos , nec non & púeros percuſſérunt gládio , & ego fugi ſolus ut nuntiárem tibi. Adhuc loquebátur ille , & ecce álius intrávit , & dixit, Filíis tuis & filiábus veſcéntibus & bibéntibus vinum in domo fratris ſui primogéniti , repentè ventus véhemens írruit à regióne deſérti , & concúſſit quátuor ángulos domûs , quæ córruès oppréſſit líberos tuos ,

M ij

& mórtui funt , & effúgi ego folus ut nuntiárem tibi.

℞. Utinam appenderéntur peccáta mea quibus iram mérui * Et calámitas quam pátior , in ftatéra. ℣. Quafi aréna maris hæc grávior apparéret ; unde & verba mea dolóre funt plena. * Et.

Bened. Spíritùs fanéti grátia.

Leçon iij.

Unc furréxit Job , & fcidit veftiménta fua , & tonfo cápite córruens in terram adorávit & dixit, Nudus egréffus fum de útero matris meæ , & nudus revértar illuc. Dóminus dedit, Dóminus ábftulit : ficut Dómino plácuit , ita faétum eft ; fit nomen Dómini benedíctum. In ómnibus his non peccávit Job lábiis fuis neque ftultum quid contra Deum locútus eft.

℞. Quare detraxíftis fermónibus veritátis ? Ad increpándum verba compónitis , & fubvértere nitímini amícum veftrum. ℣. Verúmtamen quæ cogitáftis expléte. ℣. Quod juftum eft judicáte , & non inveniétis in lingua mea iniquitátem. * Verúmtamen. ℣. Glória. * Verúmtamen.

III FERIE.

Leçon j.

De libro Job. *Chap. 2.*

Aétum eft autem cùm quâdam die veníffent fílii Dei, & ftarent coram Dómino , veníffet quoque Satan inter eos & ftaret in confpéétu ejus , ut díceret Dóminus ad Satan , Unde venis ? Qui refpóndens ait , Circuívi terram

& perambulávi eam. Et dixit Dóminus ad Satan, Numquid confideráfti fervum meum Job , quòd non fit ei símilis in terra, vir fimplex & reétus ac timens Deum & recédens à malo & adhuc rétinens innocéntiam ? Tu autem commovífti me advérsùs eum , ut afflígerem eum fruftra. Cui refpóndens Satan ait , Pellem pro pelle , & cunéta quæ habet homo dabit pro ánima fua : alióquin mitte manum tuam & tange os ejus & carnem ; & tunc vidébis quòd in fáciem benedícat tibi.

℞. Indúta eft caro mea putrédine & sórdibus púlveris: cutis mea áruit & contráéta eft. * Meménto meî , Dómine , quóniam ventus eft vita mea. ℣. Dies mei velóciùs tranfiérunt quàm à texénte tela fuccíditur & confúmti funt abfque ulla fpe. * Meménto.

Bened. Chriftus perpétuæ.

Leçon ij.

Ixit ergo Dóminus ad Satan , Ecce in manu tua eft ; verúmtamen ánimam illíus ferva. Egréffus ígitur Satan à fácie Dómini , percúffit Job úlcere péffimo à planta pedis ufque ad vérticem ejus ; qui teftâ sániem radébat fedens in fterquilínio. Dixit autem illi uxor fua , Adhuc tu pérmanes in fimplicitáte tua ? Bénedic Deo , & morére. Qui ait ad illam , Quafi una de ftultis muliéribus locúta es. Si bona fufcépimus de manu Dei , mala quare non fufcipiámus ? In ómnibus his non peccávit Job lábiis fuis.

℟. Páucitas diérum meórum finiétur brevì. Dimítte me, Dómine, ut plangam páululum dolórem meum , * Antequam vadam ad terram tenebrósam & opértam mortis calígine. ℣. Manus tuæ, Dómine, fecérunt me & plasmavérunt me totum in circúitu , & sic repénte præcípitas me ; * Antequá. Bened. Ignem sui amóris.

Leçon iij.

IGitur audiéntes tres amíci Job omne malum quod accidísset ei, venérunt sínguli de loco suo, Eliphaz Themanítes & Baldad Suhítes & Sophar Naamathítes. Condíxerant enim ut páriter veniéntes visitárent eum & consolaréntur. Cùmque elevássent procùl óculos suos , non cognovérunt eum : & exclamántes ploravérunt, scissísque véstibus sparsérunt púlverem super caput suum in cœlum. Et sedérunt cum eo in terra septem diébus & septem nóctibus , & nemo loquebátur ei verbum. Vidébant enim dolórem esse veheméntem.

℟. Non abscóndas me, Dómine, à fácie tua : manum tuam longè fac à me , * Et formído tua non me térreat. ℣. Córripe me, Dómine, in misericórdia , non in furóre tuo , ne forte ad níhilum rédigas me , * Et formído. ℣. Glória Patri. * Et formído.

IV FERIE.

Leçon j.
De libro Job. *Ch.* 3.

POst hæc apéruit Job os suum , & maledíxit diéi suo , & lo-

cútus est, Péreat dies in qua natus sum , & nox in qua dictum est , Concéptus est homo. Dies ille vertátur in ténebras : non requírat eum Deus désuper , & non illustrétur lúmine. Obscúrent eum ténebræ & umbra mortis : óccupet eum calígo , & involvátur amaritúdine.

℟. Quis mihi tríbuat ut in inférno prótegas me , & abscóndas me , donec pertránseat furor tuus, Dómine , nisi tu , qui solus es Deus ; * Et constítuas mihi tempus in quo recordéris meî ? ℣. Numquid sicut dies hóminis , dies tui ut quæras iniquitátem meam , cùm sit nemo qui de manu tua possit erúere ? * Et constítuas. Bened. Divínum auxílium.

Leçon ij.

NOctem illam tenebrósus turbo possídeat : non computétur in diébus anni , nec numerétur in ménsibus. Sit nox illa solitária nec laude digna : maledícant ei qui maledícunt diéi , qui paráti sunt suscitáre Leviathan. Obtenebréntur stellæ calígine ejus : exspéctet lucem , & non vídeat , nec ortum surgéntis auróræ, quia non conclúsit óstia ventris qui portávit me , nec ábstulit mala óculis meis.

℟. Utinam appenderéntur peccáta mea quibus iram mérui * Et calámitas quam pátior, in statéra. ℣. Quasi aréna maris hæc grávior apparéret ; unde & verba mea dolóre sunt plena. * Et calámitas quam pátior, in statéra.

Bened. Ad societátem.

Leçon iij.

QUare non in vulva mórtuus sum ? egréffus ex útero non ftatim périi ? Quare excéptus génibus ? cur laétátus ubéribus ? Nunc enim dórmiens filérem , & somno meo requiéfcerem cum régibus & consúlibus terræ qui ædíficant sibi folitúdines , aut cum princípibus qui póffident aurum & replent domos suas argénto ; aut ficut abortívum abfcónditú non fubsíftérem, vel qui concépti non vidérunt lucem.

℟. Quare detraxífti sermónibus veritátis ? Ad increpándum verba compónitis , & fubvértere nitímini amícum veftrum. * Verúmtamen quæ cogitáftis expléte. ℣. Quod juftum eft judicáte , & non inveniétis in lingua mea iniquitátem. * Verúmtamen. ℣. Glória. * Verúmtamen.

V FERIE.
Leçon j.
De libro Job. Ch. 4.

REfpóndens autem Eliphaz Themanítes dixit , Si cœpérimus loqui tibi , fórfitan moléftè accípies ; sed concéptum sermónem tenére quis póterit ? Ecce docuífti multos & manus laffas roboráfti ; vacillántes confirmavérunt sermónes tui , & génua treméntia confortáfti. Nunc autem venit super te plaga , & defecífti ; tétigit te, & conturbátus es. Ubi eft timor tuus , fortitúdo tua , patiéntia tua , & perféétio viárum tuárum ?

℟. Si bona fufcépimus de manu Dei , mala autem quare non fuftineámus ? * Dóminus dedit , Dóminus ábftulit : sicut Dómino plácuit , ita faétum eft : sit nomen Dómini benedíétum. ℣. Nudus egréffus sum de útero matris meæ , & nudus revértar illuc. * Dóminus.

Bened. Unigénitus Dei Fílius.

Leçon ij.

REcordáre , óbfecro te, quis unquam ínnocens périit ? aut quando reéti deléti funt ? Quin pótiùs vidi eos qui operántur iniquitátem & séminant dolóres & metunt eos , flante Deo , periíffe , & fpíritu iræ ejus effe consúmtos. Rugítus leónis & vox leænæ & dentes catulórum leónum contríti funt. Tigris périit , eò quòd non habéret prædam , & cátuli leónis diffipáti funt.

℟. Antequam cómedam , fufpíro , & tanquam inundántes aquæ, sic rugítus meus ; quia timor quem timébam evénit mihi , & quod verébar áccidit. Nonne diffimulávi ? nonne sílui ? nonne quiévi ? * Et venit super me indignátio. ℣. Ecce non eft auxílium mihi in mé , & neceffárii quoque mei recefférunt à me. * Et venit.

Bened. Spíritûs fanéti grátia.

Leçon iij.

POrrò ad me diétum eft verbum abfcónditum , & quafi furtívè fufcépit auris mea venas fusúrri ejus. In horróre visiónis noétúrnæ , quando solet sopor occupáre hómines , pavor ténuit me & tremor , & ómnia offa mea pertérrita funt ; & cùm fpíritus me præſénte transíret , inhortuérunt pili carnis meæ. Stetit quidam cujus non agnoſcébam vultum , imágo coram óculis meis , & vocem quaſi auræ lenis audívi ; Numquid homo Dei comparatióne juſtificábitur , aut factóre ſuo púrior erit vir ? Ecce qui ſérviunt ei non ſunt ſtábiles , & in ángelis ſuis réperit pravitátem.

℟. Quare detraxíſtis ſermónibus veritátis ? Ad increpándum verba compónitis , & ſubvértere nitímini amícum veſtrū. * Verúmtamē quæ cogitáſtis expléte. ℣. Quod juſtum eſt judicáte , & non inveniétis in lingua mea iniquitátem. * Verúmtamen. ℣. Glória. * Verúmtamen.

VI FERIE.
Leçon j.
De libro Job. *Ch.* 6.

RESpóndens autem Job dixit, Utinam appenderéntur peccáta mea quibus iram mérui & calámitas quam pátior , in ſtatéra. Quaſi aréna maris hæc grávior apparéret : unde & verba mea dolóre ſunt plena ; quia ſagittæ Dómini in me ſunt , quarum indignátio ébibit ſpíritum meum , & terróres Dómini mílitant contra me.

℟. Indúta eſt caro mea putrédine & sórdibus púlveris : cutis mea áruit & contrácta eſt. * Meménto meí , Dómine , quóniam ventus eſt vita mea. ℣. Dies mei velóciùs tranſiérunt quàm à texénte tela ſuccíditur , & consúmti ſunt abſque ulla ſpe. * Meménto.

Bened. Chriſtus perpétuæ.

Leçon ij.

NUmquid rúgiet ónager , cùm habúerit herbam ? aut múgiet bos cùm ante præsépe plenum ſtéterit ? aut póterit cómedi inſúlſum quod non eſt ſale condítum , aut poteſt áliquis guſtáre quod guſtátum affert mortem ? Quæ priùs nolébat tángere ánima mea , nunc præ angúſtia cibi mei ſunt.

℟. Páucitas diérum meórum finiétur brevi. Dimítte me , Dómine , ut plangam páululum dolórem meum , * Antequam vadam ad terram tenebróſam & opértam mortis calígine. ℣. Manus tuæ , Dómine , fecérunt me & plaſmavérunt me totum in circúitu , & ſic repénte præcípitas me : * Antequam.

Bened. Ignem ſui amóris.

Leçon iij.

QUis det ut véniat petítio mea, & quod exſpécto , tríbuat mihi Deus ? Et qui cœpit , ipſe me cónterat ; ſolvat manum ſuam , & ſuccídat me ; & hæc mihi ſit conſolátio , ut afflígens me dolóre non parcat , nec contradícam ſermónibus Sancti. Quæ eſt enim fortitúdo mea , ut ſuſtíneam ? aut quis finis meus , ut patiénter agam ? Nec fortitúdo lápidum fortitúdo mea , nec caro mea ænea eſt. Ecce non eſt auxílium mihi in me , & neceſsárii quoque mei receſſérunt à me.

℟. Non abſcóndas me , Dómine , à fácie tua : manum tuam longè fac à me , * Et formído tua non me térreat. ℣. Córripe me , Dómine , in miſericórdia , non in furóre tuo , ne forté ad níhilum rédigas me , * Et formído. ℣. Glória Patri. * Et formído.

S A M E D I.
Leçon j.
De libro Job. *Ch.* 7.

Ilítia eft vita hóminis fuper terram , & ficut dies mercenárii , dies ejus. Sicut fervus defiderat umbram , & ficut mercenárius præftolátur finem óperis fui , fic & ego hábui menfes vácuos , & noctes laboriófas enumerávi mihi. Si dormíero , dicam , Quando confúrgam ? & rurfum exfpectábo véfperam , & replébor dolóribus ufque ad ténebras.

℞. Quis mihi tríbuat ut in inférno prótegas me , & abfcóndas me , donec pertránfeat furor tuus , Dómine , nifi tu , qui folus es Deus ; * Et conftítuas mihi tempus in quo recordéris meî ? ℣. Nunquid ficut dies hóminis , dies tui , ut quæras iniquitátem meam , cùm fit nemo qui de manu tua poffit erúere ? * Et conftítuas.

Bened. Divínum auxílium.
Leçon ij.

Ndúta eft caro mea putrédine & fórdibus púlveris : cutis mea áruit & contrácta eft. Dies mei velóciùs tranfiérunt quàm à texénte tela fuccíditur , & consúmti funt abfque ulla fpe. Memento quia ventus eft vita mea , & non revertétur óculus meus ut vídeat bona , nec afpíciet me vifus hóminis. Oculi tui in me , & non fubfíftam.

℞. Utinam appenderéntur peccáta mea quibus iram mérui * Et calámitas quam pátior , in ftatéra. ℣. Quafi aréna maris hæc grávior apparéret ; unde & verba mea dolóre funt plena. * Et calámitas.

Bened. Ad focietátem.
Leçon iij.

Icut consúmitur nubes & pertránfit , fic qui defcénder it ad ínferos , non afcéndet nec revertétur ultrà in domum fuam , neque cognófcet eum ámpliùs locus ejus. Quaprópter & ego parcam ori meo ; loquar in tribulatione fpíritûs mei ; confabulábor cum amaritúdine ánimæ meæ. Numquid mare ego fum , aut cetus , quia circumdedífti me cárcere ?

℞. Quare detraxíftis fermónibus veritátis ? Ad increpándum verba compónitis , & fubvértere nitímini amícum veftrú. *Verúmtamen quæ cogitáftis expléte. ℣. Quod juftum eft judicáte , & non inveniétis in lingua mea iniquitátem. * Verúmtamen. ℣. Glória Patri. * Verúmtamen.

A Magníficat , Ant. In ómnibus his non peccávit Job lábiis fuis , neque ftultum áliquid contra Deum locútus eft.

II D I M A N C H E
DE SEPTEMBRE.
AU I NOCTURNE.
Leçon j.
De libro Job. *Ch.* 9.

T refpóndens Job ait , Verè fcio quòd ita fit , & quòd non juftificétur homo compófitus Deo. Si volúerit conténdere cum eo , non póterit ei refpondére unum pro mille.

mille. Sápiens corde eft & fortis róbore ; quis réftitit ei, & pacem hábuit ? Qui tránftulit montes, & neſciérunt hi quos ſubvértit in furóre ſuo.

℟. Si bona ſuſcépimus de manu Dei, mala autem quare non ſuftineámus ? * Dóminus dedit, Dóminus ábftulit : ſicut Dómino plácuit, ita factum eft : ſit nomen Dómini benedíctum. ℣. Nudus egréſſus ſum de útero matris meæ, & nudus revértar illuc. * Dóminus.

Bened. Unigénitus Dei Fílius.

Leçon ij.

QUi cómmovet terram de loco ſuo, & colúmnæ ejus concutiúntur. Qui præcipit ſoli, & non óritur ; & ftellas claudit quaſi ſub ſignáculo. Qui exténdit coelos ſolus, & gráditur ſuper fluctus maris. Qui facit Arctúrum & Orióna & Hyadas & interióra Auftri. Qui facit magna & incomprehenſibilia & mirabília quorum non eft númerus.

℟. Antequam cómedam ſuſpíro, & tanquam inundántes aquæ, ſic rugítus meus, quia timor quem timébam evénit mihi, & quod verébar áccidit. Nonne diſſimulávi ? nonne ſílui ? nonne quiévi ? Et venit ſuper me indignátio. ℣. Ecce non eft auxílium mihi in me, & neceſſárii quoque mei receſſérunt à me. * Et venit.

Bened. Spíritûs ſancti grátia.

Leçon iij.

SI vénerit ad me, non vidébo eum ; ſi abíerit, non intélligam. Si repénte intérroget, quis reſpon-

débit ei ? vel quis dícere poteft, Cur ita facis ? Deus cujus iræ nemo reſiftere poteft, & ſub quo curvántur qui portant orbem. Quátus ergo ſum ego, ut reſpóndeam ei & loquar verbis meis cum eo ? qui étiam ſi habúero quídpiam juftum, non reſpondébo, ſed meum júdicem deprecábor. Et cùm invocántem exaudíerit me, non credo quòd audíerit vocem meam. In túrbine enim cónteret me, & multiplicábit vúlnera mea, étiam ſine cauſa.

℟. Quare detraxíftis ſermónibus veritátis ? Ad increpándum verba compónitis, & ſubvértere nitímini amícum veftrum. * Verúmtamen quæ cogitáftis expléte. ℣. Quod juftum eft judicáte, & non inveniétis in lingua mea iniquitátem. * Verúmtamen. ℣. Glória. * Verúmtamen.

AU II NOCTURNE.

Leçon iv.

Ex libro Morálium ſancti Gregórii Papæ. Liv. 9, ch. 2.

VEre ſcio quòd ita ſit, & quòd non juftificábitur homo compóſitus Deo. Homo quippe Deo non compóſitus juftítiam pércipit, compóſitus amíttit ; quia quiſquis ſe Auctóri bonórum cómparat, bono ſe quod accéperat privat. Qui enim accépta bona ſibi árrogat, ſuis contra Deum donis pugnat. Unde ergo deſpéctus erígitur, dignum eft ut eréctus inde deftruátur. Sanctus autem vir, quia omne virtútis noftræ méritum eſſe vítium cónſpicit, ſi ab intérno árbitro diftríctè judicétur, rectè subjúngit, Si volúerit conténdere cum eo, non póterit respondére ei unum pro mille.

℟. Indúta est caro mea putrédine & sórdibus púlveris : cutis mea áruit & contrácta est. * Meménto meî, Dómine, quóniam ventus est vita mea. ℣. Dies mei velóciùs transiérunt quàm à texénte tela succíditur, & consúmti sunt absque ulla spe. * Mémento.

Bened. Christus perpétuæ.

Leçon v.

IN Scriptúra sancta millenárius númerus pro universitáte solet intélligi. Hinc étenim Psalmísta ait, Verbi quod mandávit in mille generatiónes ; cùm profécto constet quòd ab ipso mundi exórdio usque ad Redemtóris advéntum per Evangelístam non ámpliùs quàm septuaginta & septem propágines numeréntur. Quid ergo in millenário número, nisi ad proferéndam novam sóbolem perfécta univérsitas præscítæ generatiónis exprímitur ? Hinc & per Joánnem dícitur, Et regnábunt cum eo mille annis ; quia vidélicet regnum sanctæ Ecclésiæ universitátis perfectióne solidátur.

℟. Páucitas diérum meórum finiétur brevì. Dimítte me, Dómine, ut plágam páululum dolórem meû, * Antequam vadam ad terram tenebrósam & opértam mortis calígine. ℣. Manus tuæ, Dómine fecérunt me & plasmavérunt me totum in circúitu, & sic repénte præcípitas me : * Antequam vadam ad terram.

Bened. Ignem sui amóris.

QUia verò monas décies multiplicáta in denárium dúcitur, denárius per semetípsum ductus in centenárium dilatátur, qui rursùs per denárium ductus, in millenárium ténditur ; cùm ab uno incípimus ut ad millenárium veniámus, quid hoc loco uníus appellatióne, nisi benè vivéndi inítium ? quid millenárii númeri amplitúdine, nisi ejúsdem bonæ vitæ perféctio designátur ? Cum Deo autem conténdere est non ei tribúere, sed sibi glóriam suæ virtútis arrogáre. Sed sanctus vir conspíciat quia & qui summa jam dona percépit, si de accéptis extóllitur, cuncta quæ accéperat amíttit.

℟. Non abscóndas me, Dómine, à fácie tua : manum tuam longè fac à me, * Et formído tua non me térreat. ℣. Córripe me, Dómine, in misericórdia, non in furóre tuo, ne forte ad níhilum rédigas me. * Et formído. ℣. Glória. * Et formído.

AU HI NOCTURNE.

℟. Quis mihi tríbuat ut in inférno prótegas me, & abscóndas me, donec pertránseat furor tuus, Dómine, nisi tu qui solus es Deus ; * Et constítuas mihi tempus in quo recordéris meî ? ℣. Numquid sicut dies hóminis dies tui, ut quæras iniquitátem meam, cùm sit nemo qui de manu tua possit erúere ? * Et constítuas.

℟. Duo Séraphim clamábant alter ad álterum, * Sanctus, Sanctus, Sanctus Dóminus Deus Sábaoth; ** Plena est omnis terra glóriâ ejus. ℣. Tres sunt qui testimónium dant in cœlo, Pater, Verbum & Spíritus sanctus: & hi tres unum sunt. * Sanctus. ℣. Glória. ** Plena.

II FERIE.
Leçon j.
De libro Job. *Ch.* 27.

Ddidit quoque Job assúmens parábolam suam, & dixit, Vivit Deus qui ábstulit judícium meum, & Omnípotens qui ad amaritúdinem addúxit ánimam meam quia donec súperest hálitus in me & spíritus Dei in náribus meis, non loquéntur lábia mea iniquitátem, nec lingua mea meditábiur mendácium. Absit à me ut justos vos esse judicem. Donec defíciam, non recédam ab innocéntia mea.

℞. Versa est in luctum cíthara mea, & órganum meum in vocem fléntium. * Parce mihi, Dómine; nihil enim sunt dies mei. ℣. Cutis mea denigráta est super me, & ossa mea aruérunt. * Parce.

Bened. Unigénitus Dei Fílius.

Leçon ij.

Ustificatiónem meam quam cœpi tenére, non déseram; neque enim reprehéndit me cor meum in omni vita mea. Sit ut ímpius inimícus meus, & adversárius meus quasi iníquus. Quæ est enim spes hypócritæ, si aváre rápiat & non líberet Deus ánimam ejus? Numquid Deus áudiet clamórem ejus, cùm vénerit super eum angústia? aut póterit in Omnipoténte delec-

tári, & invocáre Deum omni témpore?

℞. Utinam appenderéntur peccáta mea quibus iram mérui * Et calámitas quam pátior, in statéra. ℣. Quasi aréna maris hæc grávior apparéret; unde & verba mea dolóre sunt plena. * Et calámitas.

Bened. Spíritûs sancti grátia.

Leçon iij.

Océbo vos per manum Dei quæ Omnípotens hábeat, nec abscóndam. Ecce vos omnes nostis: & quid sine causa vana loquímini? Hæc est pars hóminis ímpii apud Deum & hæréditas violentórum quam ab Omnipoténte suscípient. Si multiplicáti fúerint fílii ejus, in gládio erunt, & népotes ejus non saturabúntur pane. Qui réliqui fúerint ex eo, sepeliéntur in intéritu, & víduæ illíus non plorábunt.

℞. Quare detraxístis sermónibus veritátis? Ad increpándum verba compónitis, & subvértere nitímini amícum vestrum. * Verúmtamen quæ cogitástis expléte. ℣. Quod justum est judicáte, & non inveniétis in lingua mea iniquitátem. * Verúmtamen. ℣. Glória. * Verúmtamen.

III FERIE.
Leçon j.
De libro Job. *Ch.* 28.

Apiéntia ubi invenítur? & quis est locus intelligéntiæ? Nescit homo prétium ejus; nec invenítur in terra suáviter vivéntium. Abyssus dicit, Non est in me; & mare lóquitur, Non eſt mecum. Non dábitur aurum óbrizum pro ea, nec appendétur argéntum in commutatióne ejus. Non conferétur tinctis Indiæ colóribus, nec lápidi ſardónycho pretioſiſſimo vel ſapphíro.

℟. Indúta eſt caro mea putrédine & ſórdibus púlveris : cutis mea áruit & contrácta eſt. * Meménto meî, Dómine, quóniam ventus eſt vita mea. ℣. Dies mei velóciùs tranſiérunt quàm à texénte tela ſucciditur, & conſúmti ſunt abſque ulla ſpe. * Meménto.

Bened. Chriſtus perpétuæ.

Leçon ij.

NOn adæquábitur ei aurum vel vitrum, nec commutabúntur pró ea vaſa auri. Excélſa & eminéntia non memorabúntur comparatióne ejus. Tráhitur autem ſapiéntia de occúltis. Non adæquábitur ei topázius de Æthiópia, nec tinctúræ mundíſſimæ componétur. Unde ergo ſapiéntia venit, & quis eſt locus intelligéntiæ ? Abſcóndita eſt ab óculis ómnium vivéntium ; vólucres quoque cœli latet. Perditio & mors dixérunt, Auribus noſtris audívimus famam ejus.

℟. Páucitas diérum meórum finiétur brevi. Dimítte me, Dómine, ut plangam páululùm dolórem meú, * Antequam vadam ad terram tenebróſam & opértam mortis calígine. ℣. Manus tuæ, Dómine, fecérunt me & plaſmavérunt me totum in circúitu, & ſic repénte præcípitas me, * Antequam.

Bened. Ignem ſui amóris accéndat Deus in córdibus noſtris.

Leçon iij.

DEus intélligit viam ejus, & ipſe novit locum illíus. Ipſe enim fines mundi intuétur, & ómnia quæ ſub cœlo ſunt réſpicit. Qui fecit ventis pondus, & aquas appéndit in menſúra. Quando ponébat plúviis legem & viam procéllis ſonántibus, tunc vidit illam, & enarrávit & præparávit & inveſtigávit. Et dixit hómini, Ecce timor Dómini, ipſa eſt ſapiéntia, & recédere à malo, intelligéntia.

℟. Non abſcóndas me, Dómine, à fácie tua : manum tuam longè fac à me : * Et formído tua non me térreat. ℣. Córripe me Dómine, in miſericórdia, non in furóre tuo, ne fortè ad nihilum rédigas me. * Et formído. ℣. Glória. * Et formído.

IV FERIE.

Leçon j.

De libro Job. Ch. 31.

PEpigi fœdus cum óculis meis, ut ne cogitárem quidem de vírgine. Quam enim partem habéret in me Deus déſuper, & hæreditátem Omnípotens de excélſis ? Numquid non perdítio eſt iníquo, & alienátio operántibus injuſtítiam ? Nonne ipſe conſíderat vias meas & cunctos egreſſus meos dinúmerat ? Si ambulávi in vanitáte & feſtinávit in dolo pes meus, appéndat me in ſtatéra juſta : & ſciat Deus ſimplicitátem meam.

℟. Quis mihi tríbuat ut in inferno prótegas me, & abſcóndas me, donec pertránſeat furor tuus, Dómine, nisi tu qui solus es Deus; * Et constituas mihi tempus in quo recordéris meî. ℣. Núquid sicut dies hóminis dies tui, ut quæras iniquitátem meam, cùm sit nemo qui de manu tùa possit erúere : * Et.

Bened. Divínum auxílium.

Leçon ij.

SI declinávit gressus meus de via, & si secútum est óculos meos cor meum, & si mánibus meis adhæsit mácula ; seram, & álius cómedat, & progénies mea eradicétur. Si decéptum est cor meum super mulíeres & si ad óstium amíci mei insidiátus sum, scortum altérius sit uxor mea, & super illam incurvéntur álii. Hoc enim nefas est & iníquitas máxima. Ignis est usque ad perditiónem dévorans, & ómnia eradicans genímina.

℟. Utinam appenderéntur peccáta mea quibus iram mérui * Et calámitas quam pátior, in statéra. ℣. Quási aréna maris hæc grávior apparéret ; unde & verba mea dolóre sunt plena. * Et calámitas.

Bened. Ad societátem.

Leçon iij.

SI contémsi subíre judícium cum servo meo & ancílla mea, cùm disceptárent advérsùm me. Quid enim fáciam cùm surréxerit ad judidándum Deus ? & cùm quæsierit, quid respondébo illi ? Numquid non in útero fecit me, qui & illum operátus est, & formávit me in vulva unus ? Si negávi quod volébant, paupéribus, & óculos víduæ exspectáre feci ; si comédi buccéllam meam solus, & non comédit

pupíllus ex ea, quia ab infántia mea crevit mecum miserátio & de útero matris meæ egréssa est mecum.

℟. Quare detraxístis sermónibus veritátis ? Ad increpándum verba compónitis, & subvértere nitímini amícum vestrum. * Verúmtamen quæ cogitástis expléte. ℣. Quod justum est judicáte ; & non inveniétis in lingua mea iniquitátem. * Verúmtamen. ℣. Glória. * Verúmtamen.

V FERIE.

Leçon j.

De libro Job. Ch. 38.

REspóndens autem Dóminus Job de túrbine, dixit, Quis est iste invólvens senténtias sermónibus imperítis ? Accinge sicut vir lumbos tuos : interrogábo te, & respónde mihi. Ubi eras quando ponébam fundaménta terræ ? índica mihi si habes intelligéntiam. Quis pósuit mensúras ejus, si nosti ? vel quis teténdit super eam líneam ? Super quo bases illíus solidátæ sunt ? aut quis demísit lápidem angulárem ejus, cùm me laudárent simul astra matutína & jubilárent omnes fílii Dei.

℟. Si bona suscépimus de manu Dei, mala autem quare non sustineámus ? * Dóminus dedit, Dóminus ábstulit : sicut Dómino plácuit, ita factum est : sit nomen Dómini benedíctum. ℣. Nudus egréssus sum de útero matris meæ, & nudus revértar illuc. * Dóminus.

Bened. Unigénitus Dei Fílius.

Leçon ij.

OUis conclúfit óftiis mare, quando erumpébat quafi de vulva procédens ; cùm pónerem nubem veftiméntum ejus, & caligine illud quafi pannis infántiæ obvólverem ? Circúmdedi illud términis meis, & pófui vectem & óftia, & dixi, Ufque huc vénies, & non procédes ámpliùs, & hìc confrínges tuméntes fluctus tuos. Numquid poft ortum tuum præcepífti dilúculo, & oftendífti auróræ locum fuum ? & tenuífti concútiens extréma terræ, & excufsífti impios ex ea.

℟. Antequam cómedam, fufpíro, & tanquam inundántes aquæ, fic rugítus meus ; quia timor quem timébam evénit mihi, & quod verébar áccidit. Nonne diffimulávi ? nonne fílui ? nonne quiévi ? * Et venit fuper me indignátio. ℣. Ecce non eft auxílium mihi in me, & neceffarii quoque mei recefférunt à me. * Et venit.

Bened. Spíritûs fancti grátia.

Leçon iij.

REftituétur in lutum fignáculum, & ftabit ficut veftiméntum. Auferétur ab ímpiis lux fua, & bráchium excélfum confringétur. Numquid ingréffus es profunda maris, & in noviffimis abyffi deambulásti? Numquid apértæ funt tibi portæ mortis, & óftia tenebrófa vidífti ? Numquid confiderásti latitúdinem terræ ? Indica mihi, fi nofti ómnia : in qua via lux hábitet, & tenebrárum quis locus fit ; ut ducas unumquódque ad términos fuos, & intélligas fémitas dómûs ejus.

℟. Quare detraxíftis fermónibus veritátis ? Ad increpándum verba compónitis, & fubvértere nitímini amícum veftrum. * Verúmtamen quæ cogitáftis expléte. ℣. Quod juftum eft judicáte, & non invéniétis in lingua mea iniquitátem. * Verúmtamen. ℣. Glória Patri. * Verúmtamen.

VI FERIE.

Leçon j.

De libro Job. *Ch.* 40.

REfpóndens autem Dóminus Job de túrbine, dixit, Accínge ficut vir lumbos tuos : interrogábo te, & índica mihi. Numquid írritum fácies, judícium meū, & condemnábis me, ut tu juftificéris ? Et fi hábes bráchium ficut Deus ? & fi voce símili tonas ? Circúmda tibi decórem, & in fublíme erígere, & efto gloriófus, & fpeciófis indúere véftibus.

℟. Indúta eft caro mea putrédine & fórdibus púlveris : cutis mea áruit & contrácta eft. * Meménto meî, Dómine, quóniam ventus eft vita mea. ℣. Dies meî velóciùs tranfiérunt quàm à texénte tela fuccíditur, & confúmti funt abfque ulla fpe. * Mémento.

Bened. Chriftus perpétuæ.

Leçon ij.

DIfpérge fupérbos in furóre tuo, & refpíciens omnem arrogántem humília. Réfpice cunctos fupérbos & confúnde eos, & cóntere ímpios in loco fuo. Abfcónde eos in púlvere simul, & fácies eórum demérge in fóveam : & ego confitébor quòd salváre te possit déxtera tua. Ecce Béhemoth quem feci tecum, fœnum quasi bos cómedet. Fortitúdo ejus in lumbis ejus, & virtus illíus in umbílico ventris ejus.

℟. Páucitas diérum meórum finiétur brevì. Dimítte me, Dómine, ut plangam páululum dolórem meum, * Antequam vadam ad terram tenebrósam & opértam mortis calígine. ℣. Manus tuæ, Dómine, fecérunt me & plasmavérunt me totum in circúitu, & sic repentè præcípitas me : * Antequam vadam ad terram.

Bened. Ignem sui amóris.

Leçon iij. *Ch.* 42.

R Espóndens autem Job Dómino dixit, Scio quia ómnia potes & nulla te latet cogitátio. Quis est iste qui celat consílium absque sciéntia ? Ideò insipiénter locútus sum & quæ ultra modum excéderent sciéntiam meam. Audi, & ego loquar ; interrogábo te, & respónde mihi. Audítu auris audívi te, nunc autem óculus meus videt te. Idcircò ipse me reprehéndo, & ago pœniténtiam in favílla & cínere.

℟. Non abscóndas me, Dómine, à fácie tua, manum tuam longè fac à me, * Et formído tua non me térreat. ℣. Córripe me, Dómine, in misericórdia, non in furóre tuo, ne forte ad níhilum rédigas me, * Et formído. ℣. Glória Patri. * Et formído.

SAMEDI.

Leçon j.

De libro Job. *Ch.* 42.

P Ostquam autem locútus est Dóminus verba hæc ad Job, dixit ad Eliphaz Themanítem, Irátus est furor meus in te & in duos amícos tuos, quóniam non estis locúti coram me rectum, sicut servus meus Job. Súmite ergo vobis septem tauros & septem aríetes, & ite ad servum meum Job, & offérte holocáustum pro vobis. Job autem servus meus orábit pro vobis : fáciem ejus suscípiam, ut non vobis imputétur stultítia ; neque enim locúti estis ad me recta, sicut servus meus Job.

℟. Quis mihi tríbuat ut in inférno prótegas me, & abscóndas me, donec pertránseat furor tuus, Dñe, nisi tu, qui solus es Deus, * Et constítuas mihi tempus in quo recordéris meî ? ℣. Numquid sicut dies hóminis, dies tui ut quæras iniquitátem meam, cùm sit nemo qui de manu tua possit erúere ? * Et constítuas.

Bened. Divínum auxílium.

Leçon ij.

A Biérunt ego Eliphaz Themanítes & Baldad Suhítes & Sophar Naamathítes, & fecérunt sicut locútus fúerat Dóminus ad eos : & suscépit Dñus fáciem Job. Dóminus quoque convérsus est ad pœniténtiã Job, cùm oráret ille pro amícis suis. Et áddidit Dñus ómnia quæcúque fúerant Job, duplícia. Venérunt autem ad eum omnes fratres fui & univérsæ soróres suæ & cuncti qui nóverant eum priùs, & comedérunt cum eo panem in domo ejus ; & movérunt super eum caput, & consoláti sunt eum super omni malo quod intúlerat Dóminus super eum. Et dedérunt ei unusquísque ovem unam, & ináurem áuream unam.

℟. Utinam appenderéntur peccáta mea quibus iram mérui * Et calámitas quam pátior, in statéra. ℣. Quasi aréna maris hæc grávior apparéret ; unde & verba mea dolóre sunt plena. * Et calámitas.

Bened. Ad societátem.

Leçon iij.

DOminus autem benedíxit novíssimis Job magis quàm princípio ejus. Et facta sunt ei quatuórdecim míllia óvium & sex míllia camelórum & mille juga boum & mille ásinæ, & fuérunt ei septem fílii & tres fíliæ. Et vocávit nomen uníus Diem, & nomen secúndæ Cassiam, & nomen tértiæ Cornustíbii. Non sunt autem invéntæ mulieres speciósæ sicut fíliæ Job in univérsa terra : dedítque eis pater suus hæreditátem inter fratres eárum. Vixit autem Job pòst centum quadragínta annis, & vidit fílios suos & fílios filiórum suórum usque ad quartam generatiónem : & mórtuus est senex & plenus diérum.

℟. Quare detraxístis sermónibus veritátis ? Ad increpándum verba compónitis, & subvértere nitímini amicum vestrum. * Verúmtamen quæ cogitástis expléte. ℣. Quod justum est judicáte, & non invé-

niétis in lingua mea iniquitátem * Verúmtamen. ℣. Glória. * Verúmtamen.

A Magníficat, Ant. Ne reminiscáris, Dómine, delícta mea vel paréntum meórum, neque víndíctam sumas de peccátis meis.

III DIMANCHE DE SEPTEMBRE.

AU I NOCTURNE.

Leçon j.

Incipit liber Tobíæ. *Ch. 1.*

TObías ex tribu & civitáte Néphthali (quæ est in superióribus Galilææ super Naásson, post viam quæ ducit ad Occidéntem, in sinístro habens civitátem Sephet) cùm captus esset in diébus Salmánasar regis Assyriórum, in captivitáte tamen pósitus viam veritátis non deséruit ; ita ut ómnia quæ habére póterat, quotídiè concaptívis frátribus qui erant ex ejus génere, impertíret. Cùmque esset júnior ómnibus in tribu Néphthali, nihil tamen pueríle gessit in ópere.

℟. Peto, Dómine, ut de vínculo impropérii hujus absólvas me, aut certè désuper terram erípias me. * Ne reminiscáris delícta mea vel paréntum meórú, neque vindíctam sumas de peccátis meis, quia éruis sustinéntes te, Dómine. ℣. Omnia enim

enim judícia tua jufta funt , & omnes viæ tuæ mifericórdia & véritas: & nunc , Dómine , meménto meî. * Ne reminifcáris.

Bened. Unigénitus Dei Fílius.

Leçon ij.

DEnique cùm irent omnes ad vítulos áureos quos Jeróboã fécerat rex Ifrael , hic folus fugiébat consórtia ómnium , fed pergébat in Jerúfalem ad templum Dómini , & ibi adorábat Dóminum Deum Ifrael , ómnia primitíva fua & décimas fuas fidéliter ófferens , ita ut in tértio anno prosélytis & ádvenis miniftráret omnem decimatiónem. Hæc & his fimília secúndùm legem Dei puérulus obfervábat. Cùm verò factus effet vir , accépit uxórem Annam de tribu fua , genúitque ex ea fílium , nomen fuum impónens ei , quem ab infántia timére Deum dócuit & abftinére ab omni peccáto.

R/. Omni témpore bénedic Deú, & pete ab eo ut vias tuas dírigat , * Et in omni témpore consília tua in ipfo permáneant. y. Inquíre ut fácias quæ plácita funt illi in veritáte & in tota virtúte tua , * Et in omni témpore.

Bened. Spíritûs fancti grátia.

Leçon iij.

IGitur cùm per captivitátem deveníffet cum uxóre fua & fílio in civitátem Níniven cum omni tribu fua , & cùm omnes éderent ex cibis Gentílium , ifte cuftodívit ánimam fuam , & numquam contaminátus eft in efcis eórum. Et quóniam memor fuit Dómini in toto

corde fuo , dedit illi Deus grátiam in confpéctu Salmánafar regis , & dedit illi poteftátem quocúmque vellet ire , habens libertátem quæcúmque fácere voluíffet. Pergébat ergo ad omnes qui erant in captivitáte , & mónita salútis dabat eis.

R/. Memor efto , fili , quóniam páuperem vitam gérimus : * Habébis multa bona , fi timúeris Deú. y. In mente habéto eum , & cave ne quando prætermíttas præcépta ejus. * Habébis. y. Glória Patri. * Habébis.

AU II NOCTURNE.

Leçon iv.

Sermo fancti Leónis Papæ.

Sermon 9 du jeune du feptieme mois.

SCio quidem , DileEtíffimi , plúrimos veftrúm ita in iis quæ ad obfervántiam Chriftiánæ fidei pértinent , effe devótos , ut noftris cohortatiónibus non indígeant admonéri. Quod enim dudum & traditio decrévit & consuetúdo firmávit , nec erudítio ignórat nec píetas prætermíttit. Sed quia facerdotális offícii eft erga omnes Ecclésiæ fílios curam habére commúnem , in id quod & rúdibus profit & doctis , quos fimul dilígimus , páriter incitámus ; ut jejúnium quod nobis séptimi menfis recúrfus índicit , fide alácri per caftigatiónem ánimi & córporis celebrémus.

R/. Sufficiébat nobis paupértas noftra , ut divítiæ computaréntur. Numquam fuíffet pecúnia ipfa pro qua misífti fílium noftrum , * Báculum senectútis noftræ. y. Heu me , fili mi , ut quid te mífimus pe-

regrinári , lumen oculórum noftrórum ? * Báculum.

Bened. Chriſtus perpétuæ.

Leçon v.

IDeò enim ipſa continéntiæ ob-
ſervántia quátuor eſt aſſignáta
tempóribus, ut in idipſum totius anni redeúnte decúrſu , cognoſceré-
mus nos indeſinénter purificatió-
nibus indigére , ſempérque eſſe ni-
téndum , dum hujus vitæ varietáte
jactámur , ut peccátum quod fragilitáte carnis & cupiditátum pollu-
tióne contráhitur , jejúniis atque
eleemóſynis deleátur. Eſuriámus
páululum, Dilectiſſimi ; & aliquán-
tulùm , quod juvándis poſſit prodéſſe paupéribus, noſtræ conſuetú-
dini ſubtrahámus.

℟. Benedícite Deum cœli , &
coram ómnibus vivéntibus confitémini ei, * Quia fecit vobíſcum miſericórdiam ſuam. ℣. Ipſum benedícite & cantáte illi , & enarráte
ómnia mirabília ejus. * Quia.

Bened. Ignem ſui amóris.

Leçon vj.

DElectétur conſciéntia benig-
nórum frúctibus largitátis, &
gáudia , tríbuens quo es lætificán-
dus , accípies. Diléctio próximi
diléctio Dei eſt , qui plenitúdinem
legis & prophetárum in hac gémi-
næ charitátis unitáte conſtítuit, ut
nemo ambígeret Deo ſe offérre
quod hómini contulíſſet, dicénte
Dómino Salvatóre cùm de aléndis
juvandíſque paupéribus loquerétur,
Quod uni eórum feciſtis , mihi fe-
cíſtis. Quartâ ígitur & ſextâ Fériâ
jejunémus ; Sábbato verò apud

beátum Petrum Apóſtolum vigílias celebrémus, cujus nos méritis
& oratiónibus crédimus adjuván-
dos , ut miſericórdi Deo jejúnio
noſtro & devotióne placeámus.

℟. Tempus eſt ut revértar ad
eum qui miſit me : * Vos autem
benedícite Deum , & enarráte ómnia mirabília ejus. ℣. Confitémini
ei coram ómnibus vivéntibus , quia
fecit vobíſcum miſericórdiam ſuam.
* Vos. ℣. Glória. * Vos.

Au III Nocturné.

℟. Tribulatiónes civitátum audívimus , quas paſſæ ſunt , & defécimus ; timor & hebetúdo mentis
cécidit ſuper nos & ſuper líberos
noſtros : ipſi montes nolunt recípere fugam noſtram. * Dómine ,
miſerére. ℣. Peccávimus cum pátribus noſtris , injuſtè égimus , iniquitátem fécimus ; * Dómine.

℟. Duo Séraphim clamábant al-
ter ad álterum , * Sanctus, Sanctus,
Sanctus Dóminus Deus Sábaoth :
** Plena eſt omnis terra glóriâ ejus.
℣. Tres ſunt qui teſtimónium dant
in cœlo, Pater , Verbum & Spíri-
tus ſanctus ; & hi tres unum ſunt.
* Sanctus. ℣. Glória. ** Plena.

II FERIE.
Leçon j.
De libro Tobíæ. Ch. 2.

POſt hæc verò , cùm eſſet dies
feſtus Dómini & factum eſſet
prándium bonum in domo Tobíæ,
dixit fílio ſuo, Vade & adduc áliquos de tribu noſtra timéntes Deú ,
ut epuléntur nobíſcum. Cùmque
abiíſſet , revérſus nuntiávit ei unum

ex Fíliis Israel jugulátum jacére in platéa. Statímque exsíliens de accúbitu suo, relínquens prándium jejúnus pervénit ad corpus, tollénsque illud portávit ad domum suam occúltè, ut dum sol occubuísset, cautè sepelíret eum.

℟. Peto, Dómine, ut de vínculo impropérii hujus absólvas me, aut certè désuper terram erípias me. * Ne reminiscáris delícta mea vel paréntum meórum, neque vindíctam sumas de peccátis meis, quia éruis sustinéntes te, Dómine. ℣. Omnia enim judícia tua justa sunt, & omnes viæ tuæ misericórdia & véritas : & nunc, Dómine, meménto mei. * Ne reminiscáris.

Bened. Unigénitus Dei Fílius.

Leçon ij.

ARguébant autem eum omnes próximi ejus, dicéntes, Jam hujus rei causa interfici jussus es, & vix effugísti mortis impériũ, & íterùm sépelis mórtuos ? Sed Tobías plus timens Deum quàm regem, rapiébat córpora occisórum & occultábat in domo sua, & médiis nóctibus sepeliébat ea. Cóntigit autem ut quâdam die fatigátus à sepultúra, véniens in domum suam, jactásset se juxta paríetem, & obdormísset, & ex nido hirúndinum dormiénti illi cálida stércora incíderent super óculos ejus, fierétque cæcus. Hanc autem tentatiónem ídeò permísit Dóminus eveníre illi, ut pósteris darétur exémplum patiéntiæ ejus, sicut & sancti Job.

℟. Omni témpore bénedic Deũ, & pete ab eo ut vias tuas dírigat :

* Et in omni témpore consília tua in ipso permáneant. ℣. Inquíre ut fácias quæ plácita sunt illi in veritáte & in tota virtúte tua. * Et.

Bened. Spíritûs sancti grátia.

Leçon iij.

NAm cùm ab infántia sua semper Deum timúerit & mandáta ejus custodíerit, non est contristátus contra Deum quòd plaga cæcitátis evénerit ei, sed immóbilis in Dei timóre permánsit, agens grátias Deo ómnibus diébus vitæ suæ. Nam sicut beáto Job insultábant reges, ita isti paréntes & cognáti ejus irridébant vitam ejus dicéntes, Ubi est spes tua, pro qua eleemósynas & sepultúras faciébas ? Tobías verò increpábat eos dicens, Nolíte ita loqui, quóniam fílii sanctórum sumus, & viam illam exspectámus quam Deus datúrus est his qui fidem suam numquam mutant ab eo.

℟. Memor esto, fili, quóniam páuperem vitam gérimus. * Habébis multa bona, si timúeris Deum. ℣. In mente habéto eum, & cave nequándo prætermíttas præcépta ejus. * Habébis. ℣. Glória Patri. * Habébis.

III FERIE.
Leçon j.
De libro Tobíæ. *Ch.* 2 & 3.

ANna verò uxor ejus ibat ad opus textrínum quotídiè, & de labóre mánuum suárum víctum quem cónsequi póterat, deferébat. Unde factum est ut hœdum caprárum accípiés detulísset domi. Cujus

cùm vocem balántis vir ejus audíf-
set, dixit, Vidéte ne fortè furtívus
sit : réddite eum dóminis suis, quia
non licet nobis aut édere ex furto
áliquid aut contíngere.

℞. Sufficiébat nobis paupértas
nostra, ut divítiæ computaréntur.
Numquam fuísset pecúnia ipsa pro
qua misísti filium nostrum, * Báculum senectútis nostræ. ℣. Heu
me, fili mi, ut quid te mísimus peregrinári, lumen oculórum nostrórum ? * Báculum.

Bened. Christus perpétuæ.

Leçon ij.

AD hæc uxor ejus iráta respóndit, Maniféstè vana facta est spes tua, & eleemósynæ tuæ
modò apparuérunt. Atque his &
áliis hujuscémodi verbis exprobrá-
bat ei. Tunc Tobías ingémuit, &
cœpit oráre cum lácrymis dicens,
Justus es, Dómine, & ómnia judícia tua justa sunt, & omnes viæ
tuæ misericórdia & véritas & judícium. Et nunc, Dómine, memor
esto meî, & ne vindíctam sumas
de peccátis meis, neque reminiscáris delícta mea vel paréntum meórum.

℞. Benedícite Deum cœli, &
coram ómnibus vivéntibus confitémini ei, * Quia fecit vobíscum
misericórdiam suam. ℣. Ipsum benedícite, & cantáte illi, & enarráte ómnia mirabília ejus, * Quia.

Bened. Ignem sui amóris.

Leçon iij.

QUóniã non obedívimus præcéptis tuis ; ídeò tráditi sumus in direptiónem & captivitá-

tem & mortem & in fábulam & in
impropérium ómnibus natiónibus
in quibus dispersísti nos. Et nunc,
Dómine, magna judícia tua ; quia
non égimus secúndùm præcépta
tua, & non ambulávimus sincéri-
ter coram te. Et nunc, Dómine,
secúndùm voluntátem tuam fac mecum, & præcipe in pace récipi spíritum meum ; éxpedit enim mihi
mori magis quàm vívere.

℞. Tempus est ut revértar ad
eum qui misit me ; * Vos autem
benedícite Deum, & enarráte ómnia mirabília ejus. ℣. Confitémini
ei coram ómnibus vivéntibus, quia
fecit vobíscum misericórdiam suam.
* Vos. ℣. Glória. * Vos.

IV FERIE
des Quatre - Temps.
Leçon j.

Léctio sancti Evangélii secúndùm
Marcum.   Ch. 9.

IN illo témpore ; Respóndens
unus de turba dixit ad Jesum,
Magíster, áttuli filium meum ad te,
habéntem spíritum mutum. Et réliqua.

Homília venerábilis Bedæ
Presbyteri.

*Livre 3, chap. 38 sur le 9 chapitre
de saint Marc.*

DÆmoniacum hunc quem de-
scéndens de monte Dóminus
sanávit, Marcus quidem surdum
mutúmque, Matthæus verò luná-
ticum fuísse commémorat. Signíficat autem eos de quibus scriptum
est ; Stultus ut luna mutátur ; qui
numquam in eódem statu perma-

néntes , nunc ad hæc , nunc ad illa vítia mutáti crescunt atque decréscunt : qui muti sunt, non confiténdo fidem ; surdi , nec ipsum aliquátenùs veritátis audiéndo sermónem : spumant autem, cùm stultítia tabéscunt ; stultórum namque & languéntium atque hébetum est , spumas salivárum ex ore dimíttere : strident déntibus , cùm iracúndiæ furóre flamméscunt : aréscunt , cùm ótio torpénte languéscunt & nullâ virtútis indústriâ confortáti enérviter vivunt.

℞. Tribulatiónes civitátum audívimus quas passæ sunt ; & defécimus : timor & hebetúdo mentis cécidit super nos & super liberos nostros ; ipsi montes nolunt recípere fugam nostram. * Dómine , miserére. ℣. Peccávimus cum pátribus nostris , injústè égimus , iniquitátem fécimus. * Dómine.

Bened. Divínum auxílium.

Leçon ij.

QUod autem ait , Et dixi discípulis tuis ut ejícerent illum , & non potuérunt, laténter Apóstolos accúsat ; cùm impossibílitas curándi interdùm non ad imbecillitátem curántium , sed ad eórum qui curándi sunt , fidem referátur, dicénte Dómino , Fiat tibi secúndùm fidem tuam. Qui respóndens eis , dixit , O generátio incrédula , quámdiu apud vos ero ? quámdiu vos pátiar ? Non quòd tædio superátus sit mansuétus ac mitis , qui non apéruit sicut agnus coram tondénte os suum , nec in verba furóris erúpit ; sed quòd in simili-

túdinem médici, si ægrótum vídeat contra sua præcépta se gérere , dicat , Usquequò accédam ad domum tuam ? quoúsque artis meæ perdam indústriam , me áliud jubénte , & te áliud perpetránte.

℞. Omni témpore bénedic Deú, & pete ab eo ut vias tuas dírigat ; * Et in omni témpore consília tua in ipso permáneant. ℣. Inquíre ut fácias quæ plácita sunt illi in veritáte & in tota virtúte tua ; * Et.

Bened. Ad societátem.

Leçon iij.

ET dixit illis , Hoc genus in nullo potest exíre nisi in oratióne & jejúnio. Dum docet Apóstolos quómodò dæmon nequíssimus débeat expélli, omnes instítuit ad vitam , ut scílicet novérimus gravíssima quæque vel immundórum spirítuum vel hóminum tentaménta jejúniis & oratiónibus esse superánda ; iram quoque Dómini , cùm in ultiónem nostrórum scélerum fúerit accénsa, hoc remédio singulári posse placári. Jejúnium autem generále est non solùm ab escis , sed & à cunctis illécebris abstinére carnálibus , immò ab ómnibus vitiórum continére se passiónibus. Sic & orátio generális non in verbis solùm est quibus divínam cleméntiam invocámus , verùm étiam in ómnibus quæ in obséquium nostri Conditóris fídei devotióne gérimus.

℞. Memor esto , fíli , quóniam páuperem vitam gérimus : * Habébis multa bona si timúeris Deú. ℣. In mente habéto eum , & cave nequándo prætermíttas præcépta ejus. * Habébis multa. ℣. Glória. * Habébis.

· A Benedíctus , Ant. Hoc genus dæmoniórum in nullo poteſt exíre, niſi in oratióne & jejúnio.

· On dit les Prieres.

O rémus.

MIſericórdiæ tuæ remédiis , quæſumus, Dómine, fragílitas noſtra ſubſiſtat ; ut quæ ſuâ conditióne attéritur , tuâ cleméntiâ reparétur ; per Dóminum.

On dit cette Oraiſon à tous les Offices, excepté à Veſpres.

V FERIE.
Leçon j.
De libro Tobiæ. *Ch.* 12.

VOcávit ad ſe Tobías filium ſuum, dixítque ei , Quid póſſumus dare viro iſti ſanſto qui venit tecum ? Reſpóndens Tobías, dixit patri ſuo , Pater , quam mercédem dábimus ei ? aut quid dignum póterit eſſe beneſíciis ejus? Me duxit & redúxit ſanum ; pecúniam à Gabélo ipſe recépit ; uxórem ipſe me habére fecit, & dæmónium ab ea ipſe compéſcuit ; gáudium paréntibus ejus fecit ; me ipſum à devoratióne piſcis erípuit ; te quoque vidére fecit lumen cœli, & bonis ómnibus per eum repléti ſumus : quid illi ad hæc potérimus dignum dare ? Sed peto à te, pater mi, ut roges eum ſi forté dignábitur medietátem de ómnibus quæ alláta ſunt, ſibi aſſúmere.

℟. Peto , Dómine , ut de vínculo impropérii hujus abſólvas me,

aut certè déſuper terram erípias me. * Ne reminiſcáris delíſta mea vel paréntum meórū, neque vindíſtam ſumas de peccátis meis ; quia éruis ſuſtinéntes te , Dómine. ℣. Omnia enim judícia tua juſta ſunt,& omnes viæ tuæ miſericórdia & véritas : & nunc, Dñe, meménto meî. * Ne.

Bened. Unigénitus Dei Fílius.

Leçon ij.

ET vocántes eum , pater ſcílicet & fílius , tulérunt eum in partem, & rogáre cœpérunt ut dignarétur dimídiam partem ómnium quæ attulérunt , accéptam habére. Tunc dixit eis occúltè , Benedícite Deum cœli, & coram ómnibus vivéntibus confitémini ei , quia fecit vobiſcum miſericórdiam ſuam. Etenim ſacraméntum Regis abſcóndere bonum eſt , ópera autem Dei reveláre & confitéri honorificum eſt. Bona eſt orátio cum jejúnio & eleemóſyna, magis quàm theſáuros auri recóndere ; quóniam eleemóſyna à morte líberat, & ipſa eſt quæ purgat peccáta , & facit inveníre miſericórdiam & vitam ætérnam. Qui autem fáciunt peccátum & iniquitátem , hoſtes ſunt ánimæ ſuæ.

℟. Omni témpore bénedic Deū, & pete ab eo ut vias tuas dírigat ; * Et in omni témpore conſília tua in ipſo permáneant. ℣. Inquíre ut fácias quæ plácita ſunt illi in veritáte & in tota virtúte tua ; * Et.

Bened. Unigénitus Dei Fílius.

Leçon iij.

MAniféſto ergo vobis veritátem , & non abſcóndam à

vobis occúltum sermónem. Quando orábas cum lácrymis & sepeliébas mórtuos & derelinquébas prándium tuum & mórtuos abscondébas per diem in domo tua & nocte sepeliébas eos, ego óbtuli oratiónem tuam Dómino : & quia accéptus eras Deo, necésse fuit ut tentátio probáret te. Et nunc misit me Dóminus ut curárem te, & Saram uxórem filii tui à dæmónio liberárem. Ego enim sum Ráphael Angelus, unus ex septem qui adstámus ante Dóminum. Cúmque hæc audíssent, turbáti sunt & treméntes cecidérunt super terram in faciem suam. Dixítque eis Angelus, Pax vobis ; nolite timére.

℟. Memor esto, fili, quóniam páuperem vitam gérimus : * Habébis multa bona, si timúeris Deum. ℣. In mente habéto eum, & cave nequándo prætermíttas præcépta ejus. * Habébis. ℣. Glória. * Habébis.

VI FERIE
des Quatre - Temps.
Leçon j.
Léctio sancti Evangélii secúndùm Lucam. *Chap.* 7.

IN illo témpore rogábat Jesum quidam de Pharisæis, ut manducáret cum illo ; & ingréssus domum Pharisæi discúbuit. Et réliqua.
Homília sancti Gregórii Papæ.
Homelie 33 sur les Evangiles.

QUem Pharisæus de falsa justítia præsúmens, nisi Judáicum pópulum ; quem peccátrix múlier ad vestígia Dómini véniens & plorans, nisi convérsam Gentilitátem

designat ? Quæ cum alabástro venit, unguéntum fudit, retró secus pedes Dómini stetit, lácrymis pedes rigávit, capíllis tersit, eosdémque quos infundébat & tergébat pedes, osculári non désiit. Nos ergo, nos illa múlier expréssit, si toto corde ad Dóminum post peccáta redeámus, si ejus pœniténtiæ luctus imitémur. Quid namque unguénto, nisi bonæ odor opiniónis exprímitur ? unde & Paulus dicit, Christi bonus odor sumus Deo in omni loco.

℟. Sufficiébat nobis paupértas nostra, ut divítiæ computaréntur. Numquàm fuísset pecúnia ipsa pro qua misísti filium nostrum, * Báculum senectútis nostræ. ℣. Heu me, fili mi, ut quid te mísimus peregrinári, lumen oculórum nostrórum : * Báculum.

Bened. Divínum auxílium.

Leçon ij.

SI ergo recta ópera ágimus quibus opiniónis bonæ odóre Ecclésiam respergámus, quid in Dómini córpore nisi unguéntum fúndimus ? Sed secus pedes Jesu múlier stetit : contra pedes enim Dómini stétimus, cùm in peccátis pósiti ejus itinéribus reniteámur. Sed si ad veram pœniténtiam post peccáta convértimur, jam retró secus pedes stamus, quia ejus vestígia séquimur quem impugnabámus. Lácrymis múlier pedes ejus rigat : quod nos quoque veráciter ágimus, si quibúslibet última membris Dñi per compassiónis afféctum inclinámur, si sanctis ejus in tribulatióne compátimur, si eórum tristítiam nostram putámus.

℟. Benedícite Deum cœli, & coram ómnibus vivéntibus confitémini ei ; * Quia fecit vobíscum misericórdiam suam. ℣. Ipsum benedícite, & cantáte illi, & enarráte ómnia mirabília ejus. * Quia.

Bened. Ad sociétatem.

Leçon iij.

CApíllis ergo pedes Dómini térgimus, quando sanctis ejus quibus ex charitáte compátimur, étiam ex iis quæ nobis supérfluunt miserémur, quátenus sic mens per compassiónem dóleat, ut étiam larga manus afféctum dolóris osténdat. Rigat namque lácrymis Redemtóris pedes, sed capíllis suis non tergit, qui utcúmque proximórum dolóri compátitur, sed tamen eis ex iis quæ sibi supérfluunt non miserétur. Plorat, & non tergit, qui verba quidem dolóris tríbuit, sed non ministrándo quæ desunt, vim dolóris mínimè abscíndit. Osculátur múlier pedes quos tergit : quod nos quoque plenè ágimus, si studiósè dilígimus quos ex largitáte continémus ; ne gravis nobis sit necéssitas próximi ; ne ipsa nobis ejus indigéntia, quæ sustentátur, fiat onerósa, & cùm manus necessária tríbuit, ánimus à dilectióne torpéscat.

℟. Tempus est ut revértar ad eum qui misit me. * Vos autem benedícite Deum, & enarráte ómnia mirabília ejus. ℣. Confitémini ei coram ómnibus vivéntibus, quia fecit vobíscum misericórdiam suam.

* Vos autem. ℣. Glória. * Vos.

A Benedíctus, Ant. Múlier quæ erat in civitáte peccátrix, stans rétrò secus pedes Dómini, lácrymis cœpit rigáre pedes ejus, & capíllis cápitis sui tergébat, & deosculabátur pedes ejus, & unguénto ungébat.

On dit les Prieres.

O remus.

PRæsta, quæsumus, omnípotens Deus, ut observatiónes sacras ánnuâ devotióne recoléntes, & córpore tibi placeámus & mente ; per Dóminum.

On dit cette Oraison à touts les Offices excepté à Vespres.

SAMEDI
des Quatre - Temps.
Leçon j.

Léctio sancti Evangélii secúndùm Lucam.   Ch. 13.

IN illo témpore dicébat Jesus turbis hanc similitúdinem : Arborem fici hábebat quidam plantátam in vínea sua : & venit quærens fructum in illa, & non invénit. Et réliqua.

Homília sancti Gregórii Papæ.
Homelie 31 sur les Evangiles.

DOminus ac Redémtor noster per Evangélium suum aliquándo verbis, aliquándo rebus lóquitur ; aliquándo áliud verbis, atque áliud rebus ; aliquándo autem hoc verbis quod rebus. Duas étenim res ex Evangélio, Fratres, audístis : ficúlneam infructuósam, & mulíerem curvam ; & utríque rei pietas est impénsa. Illud autem
dixit

dixit per similitúdinem ; istud egit per exhibitiónem. Sed hoc significat ficúlnea infructuófa quod múlier inclináta ; & hoc ficúlnea reserváta quod múlier erécta.

℟. Tribulatiónes civitátum audívimus, quas passæ sunt, & défécimus : timor & hebetúdo mentis cécidit super nos & super líberos nostros : ipsi montes nolunt recípere fugam nostram. * Dómine, miserére. ℣. Peccávimus cum pátribus nostris, injústè égimus, iniquitátem fécimus. * Dómine.

Bened. Divínum auxílium.

Leçon ij.

QUid arbor fici, nisi humánam natúram desígnat? Quid múlier inclináta, nisi eámdem natúram significándo denúntiat, quæ & benè plantáta sicut ficus, & benè creáta sicut múlier, sed in culpam próprià sponte lapsa neque fructum servat operatiónis, neque statum rectitúdinis? Ad peccátum quippe ex voluntáte córruens, quia fructum obediéntiæ ferre nóluit, statum rectitúdinis emísit. Quæ ad Dei similitúdinem cóndita, dum in sua dignitáte non pérstitit, quod plantáta vel creáta fúerat serváre contémsit. Tértiò, Dóminus víneæ ad ficúlneam venit, quia natúram géneris humáni ante legem, sub lege, sub grátia exspectándo, admonéndo, visitándo requisívit.

℟. Omni témpore bénedic Deũ, & pete ab eo ut vias tuas dírigat ; * Et in omni témpore consília tua in ipso permáneant. ℣. Inquíre ut fácias quæ plácita sunt illi in veri-

táte & in tota virtúte tua. * Et.

Bened. Ad societátem.

Leçon iij.

VEnit ante legem, quia per naturálem intelléctum quid unusquísque exémplo suî, quáliter erga próximum ágere debuísset, innótuit. Venit in lege, quia præcipiéndo dócuit. Venit post legem per grátiam, quia pietátis suæ præséntiam exhibéndo monstrávit. Sed tamen in tribus annis fructum se non inveníssé conquéritur, quia quorúmdam pravórum mentes nec inspiráta lex naturális córrigit, nec præcépta erúdiunt, nec incarnatiónis ejus mirácula convértunt. Quid verò per cultórem víneæ, nisi præpositórum ordo exprímitur ? qui dum præsunt Ecclésiæ, nimírum Domínicæ víneæ curam gerunt.

℟. Memor esto, fili, quóniam páuperem vitam gérimus : * Habébis multa bona, si timúeris Deũ. ℣. In mente habéto eum & cave nequándo prætermíttas præcépta ejus. * Habébis. ℣. Glória Patri. * Habébis.

A. Benedíctus, Ant. Illumináre, Dómine, his qui in ténebris sedent, & dírige pedes nostros in viam pacis, Deus Israel.

On dit les Prieres.

Orémus.

OMnípotens sempitérne Deus qui per continéntiam salutárem, corpóribus medéris & méntibus, majestátem tuam súpplices exorámus ut pià jejunántium deprecatióné placátus, & præséntia nobis fubſídia tríbuas & futúra ; per Dóminum.

On dit cette Oraiſon à tous les Offices, excepté à Veſpres.

SAMEDI
avant le quatrieme Dimanche de Septembre.

A Magníficat, Ant. Adónai Dómine Deus magne & mirábilis qui dedíſti ſalútem in manu féminæ, exáudi preces ſervórum tuórum.

IV DIMANCHE
DE SEPTEMBRE.
AU I NOCTURNE.
Leçon j.
Incipit liber Judith. Ch. 1.

ARpháxad ítaque Rex Medórum ſubjugáverat multas gentes império ſuo : & ipſe ædificávit civitátem potentíſſimam quam appellávit Ecbátanis, ex lapídibus quadrátis & ſectis : fecit muros ejus in latitúdinem cubitórum ſeptuagínta, & in altitúdinem cubitórum trigínta, turres verò ejus póſuit in altitúdinem cubitórum centum. Per quadrum verò eárum latus utrúmque vicenórum pedum ſpátio tendebátur : poſuítque portas ejus in altitúdinem túrrium : & gloriabátur quaſi potens in poténtia exércitûs ſui & in glória quadrigárum ſuárum.

℟. Adónai Dómine Deus magne & mirábilis qui dedíſti ſalútem in manu féminæ, * Exáudi preces ſervórum tuórum. ℣. Benedíctus es, Dómine, qui non derelínquis

præſuméntes de te, & de ſua virtúte gloriántes humílias. * Exáudi. Bened. Unigénitus Dei Fílius.

Leçon ij.

ANno ígitur duodécimo regni ſui, Nabuchodónoſor rex Aſſyriórum, qui regnábat in Nínive civitáte magna, pugnávit contra Arpháxad, & obtínuit eum in campo magno, qui appellátur Ragau, circa Euphrátem & Tigrin & Jádaſon in campo Erioch regis Elicórum. Tunc exaltátum eſt regnum Nabuchodónoſor, & cor ejus elevátum eſt ; & miſit ad omnes qui habitábant in Cilícia & Damáſco & Líbano & ad gentes quæ ſunt in Carmélo & Cedar, & inhabitántes Galilæam in Campo magno Eſdrelon, & ad omnes qui erant in Samária, & trans flumen Jordánem uſque ad Jerúſalem, & omnem terram Jeſſe, quoúſque pervéniátur ad términos Æthiópiæ.

℟. Tribulatiónes civitátum audívimus, quas paſſæ ſunt, & defécimus : timor & hebetúdo mentis cécidit ſuper nos & ſuper líberos noſtros : ipſi montes nolunt recípere fugam noſtram. * Dómine, miſerére. ℣. Peccávimus cum pátribus noſtris, injúſtè égimus, iniquitátem fécimus. * Dómine.

Bened. Spíritûs ſancti grátia.

Leçon iij.

AD hos omnes miſit núntios Nabuchodónoſor rex Aſſyriórum ; qui omnes uno ánimo contradixérunt, & remiſérunt eos vácuos & ſine honóre abjecérunt. Tunc indignátus Nabuchodónoſor rex advérsùs omnem terram illam, jurávit per thronum & regnum suum quod deffénderet se de ómnibus regiónibus his. Anno tértio décimo Nabuchodónosor regis, vigésimâ & secúndâ die mensis primi, factum est verbum in domo Nabuchodónosor regis Assyriórum, ut defénderet se. Vocavítque omnes majóres natu omnésque duces & bellatóres suos, & hábuit cum eis mystérium consílii sui, dixítque cogitatiónem suam in eo esse ut omnem terram suo subjugáret império.

℟. Benedícat te Dóminus in virtúte sua, qui per te ad níhilum redégit inimícos nostros; * Ut non deficiat laus tua de ore hóminum. ℣. Benedíctus Dóminus qui creávit coelum & terram, quia hódie nomen tuum ita magnificávit, * Ut non deficiat. ℣. Glória Patri. * Ut non deficiat.

AU II NOCTURNE.
Leçon iv.
Ex libro sancti Ambrósii Epíscopi, de Elía & jejúnio. *Ch.* 9.

POténtes vinum prohibéntur bíbere, ne cùm bíberent, oblivíscántur sapiéntiam. Dénique bibébant vinum in ebrietáte poténtes, qui Holoférni príncipi milítiæ regis Assyriórum se trádere gestiébant; sed non bibébat fémina Judith, jejúnans ómnibus diébus viduitátis suæ præter festórum diérum solemnitátes. His armis muníta procéssit, & omnem Assyriórum circumvénit exércitum: sóbrii vigóre consílii ábstulit Holoférnis caput,

servávit pudicítiam, victóriam reportávit.

℟. Nos álium Deum nescímus præter Dóminum in quo sperámus, * Qui non déspicit nos, nec ámovet salútem suam à génere nostro. ℣. Indulgéntiam ipsíus fusis lácrymis postulémus, & humiliémus illi ánimas nostras, * Qui non.

Bened. Christus perpétuæ.
Leçon v.
HÆc enim succíncta jejúnio in castris prætendébat aliénis, ille vino sepúltus jacébat, ut ictum vúlneris sentíre non posset. Itaque uníus mulíeris jejúnium innúmeros stravit exércitus Assyriórú. Esther quoque púlchrior facta est jejúnio; Dóminus enim grátiam sóbriæ mentis augébat. Omne genus suum, id est totum pópulum Judæórum à persecutiónis acerbitáte liberávit, ita ut regem sibi fáceret esse subjéctum.

℟. Dominátor Dómine coelórum & terræ, creátor aquárum & rex univérsæ creatúræ, * Exáudi oratiónem servórum tuórú. ℣. Tu, Dómine, cui humílium semper & mansuetórum plácuit deprecátio, * Exáudi.

Bened. Ignem sui amóris.
Leçon vj.
ITaque illa quæ tríduo jejunávit contínuò & corpus suum aquâ lavit, plus plácuit, & vindíctam rétulit: Aman autem, dum se regáli jactat convívio, inter ipsa vina poenam suæ ebrietátis exsólvit. Est ergo jejúnium reconciliatiónis sacrifíciú, virtútis increméntum, quod fecit

étiam féminas fortióres augménto grátiæ. Jejúnium nescit fœneratórem , non fortem fœnoris novit , non rédolet usúras mensa jejunántium;étiam ipsis jejúnium convíviis dat grátiam. Dulcióres post famem épulæ fiunt , quæ assiduitáte fastídio sunt & diutúrnâ continuatióne viléscunt. Condiméntum cibi jejúnium est. Quantò avídior appeténtia , tantò esca jucúndior.

℞. Dómine Deus qui cónteris bella ab inítio , éleva bráchium tuum super gentes quæ cógitant servis tuis mala ; * Et déxtera tua glorificétur in nobis.℣. Allide virtútem eórum in virtúte tua : cadat robur eórum in iracúndia tua , * Et déxtera. ℣. Glória. * Et.

AU III NOCTURNE.

℞. Confórta me , Rex Sanctórum principátum tenens , * Et da sermónem rectum & bene sonántem in os meum.℣. Dómine Rex univérsæ potestátis, convérte consilium eórum super eos , * Et da.

℞. Duo Séraphim clamábant alter ad álterum, * Sanctus , Sanctus, SanctusDóminus Deus Sábaoth : ** Plena est omnis terra glóriâ ejus. ℣. Tres sunt qui testimónium dant in cœlo, Pater, Verbum & Spíritus sanctus ; & hi tres unum sunt. * Sanctus. ℣. Glória. ** Plena.

II FERIE.

Leçon j.

De libro Judith. *Ch.* 4.

Ilii Ísrael qui habitábant in terra Juda , timuérunt valdè à fácie Holoférnis. Trémor & hor-

ror invásit sensus eórum ; ne hoc fáceret Jerúsalem & témplo Dómini , quod fécerat cæteris civitátibus & templis eárum. Et misérunt in omnem Samaríam per circúitum usque Jéricho , & præoccupavérunt omnes vértices móntium ; & muris circumdedérunt vicos suos , & congregavérunt fruménta in præparatiónem pugnæ.

℞. Adónai Dómine Deus magne & mirábilis qui dedísti salútem in manu féminæ , * Exaudi preces servórum tuórum.℣. Benedíctus es , Dómine , qui non derelínquis præsuméntes de te , & de sua virtúte gloriántes humílias. * Exáudi preces.

Bened. Unigénitus Dei Fílius.

Leçon ij.

SAcérdos étiam Elíachim scripsit ad univérsos qui erant contra Esdrelon quæ est contra fáciem campi magni juxta Dóthain , & univérsos per quos viæ tránsitus esse póterat , ut obtinérent ascénsus móntium per quos via esse póterat ad Jerúsalem , & illic custodírent ubi angústum iter esse póterat inter montes. Et fecérunt Fílii Ísrael secúndùm quod constitúerat eis sacérdos Dómini Elíachim. Et clamávit omnis pópulus ad Dóminum instántiâ magnâ, & humiliavérunt ánimas suas in jejúniis & oratiónibus, ipsi & mulíeres eórum.

℞. Tribulatiónes civitátum audívimus, quas passæ sunt , & defécimus : timor & hebetúdo mentis cécidit super nos & super líberos noftros ; ipfi montes nolunt recípere fugam noftram. † Dómine, miferére. ℣. Peccávimus cum pátribus noftris, injúftè égimus, iniquitátem fécimus. * Dómine.

Bened. Unigénitus Dei Fílius.

Leçon iij.

ET induérunt fe facerdótes ciliciis, & infántes proftravérunt contra fáciem templi Dómini, & altáre Dómini operuérunt cilício, & clamavérunt ad Dóminum Deum Ifrael unanímiter, ne daréntur in prædam infántes eórum, & uxóres eórum in divifiónem & civitátes eórum in extermínium, & fanfta eórum in pollutiónem, & fierent oppróbriũ Géntibus. Tunc Elíachim facérdos Dómini magnus circuívit omnem Ifrael, allocutúfque eft eos dicens. Scitóte quóniam exáudiet Dóminus preces veftras, fi manéntes permanféritis in jejúniis & oratiónibus in confpéctu Dómini.

℟. Benedícat te Dóminus in virtúte fua, qui per te ad nihilum redégit inimícos noftros; * Ut non defíciat laus tua de ore hóminum. ℣. Benedíftus Dóminus qui creávit cœlum & terram, quia hódie nomen tuum ita magnificávit, * Ut nòn. ℣. Glória. * Ut.

___

III FERIE.

Leçon j.

De libro Judith. Ch. 8.

ET faftum eft cùm audiffet hæc verba Judith vídua quæ erat fília Merári, filii Idox, filii Jofeph, filii Ozíæ, filii Elaï, filii Jamnor,

filii Gédeon, filii Ráphaim, filii Achitob, filii Melchíæ, filii Enan, filii Nathaníæ, filii Saláthiel, filii Simeon, filii Ruben ; & vir ejus fuit Manáffes, qui mórtuus eft in diébus meffis hordeáceæ ; inftábat enim fuper alligántes manípulos in campo, & venit æftus fuper caput ejus, & mórtuus eft in Bethúlia civitáte fua, & fepúltus eft illíc cum pátribus fuis. Erat autem Judith relífta ejus vídua jam annis tribus & ménfibus fex.

℟. Nos álium Deum nefcímus præter Dóminum in quo fperámus, * Qui non defpicit nos nec ámovet falútem fuam à génere noftro. ℣. Indulgéntiam ipfíus fufis lácrymis poftulémus, & humiliémus illi ánimas noftras, * Qui non.

Bened. Chriftus perpétuæ.

Leçon ij.

ET in fuperióribus domûs fuæ fecit fibi fecrétum cubiculũ in quo cum puéllis fuis claufa morabátur, & habens fuper lumbos fuos cilícium, jejunábat ómnibus diébus vitæ fuæ præter fábbata & neomenías & fefta domûs Ifrael. Erat autem elegánti afpéftu nimis, cui vir fuus relíquerat divítias multas & famíliam copiófam ac poffeffiónes arméntis boum & grégibus óvium plenas. Et erat hæc in ómnibus famofíffima, quóniam timébat Dóminum valde, nec erat qui loquerétur de illa verbum malum.

℟. Dominátor Dómine cœlórum & terræ, creátor aquárum, rex univérfæ creatúræ, * Exáudi oratiónem fervórum tuórũ. ℣. Tu

Dómine, cui humílium semper & mansuetórum plácuit deprecátio, * Exáudi.

Bened. Ignem sui amóris.

Leçon iij.

HÆc itaque cùm audísset quóniam Ozías promisísset quòd transácto quinto die tráderet civitátem, misit ad presbyteros Chabri & Charmi. Et venérunt ad illam, & dixit illis, Quod est hoc verbum in quo consénsit Ozías, ut tradat civitátem Assyriis, si intra quinque dies non vénerit vobis adjutórium ? Et qui estis vos, qui tentátis Dóminum.

℟. Dómine Deus qui cónteris bella ab initio, éleva bráchium tuum super gentes quæ cógitant servis tuis mala ; * Et déxtera tua glorificétur in nobis. ℣. Allíde virtútem eórum in virtúte tua : cadat robur eórum in iracúndia tua : * Et déxtera. ℣. Glória. * Et.

IV FERIE.

Leçon j.

De libro Judith Ch. 10.

FActum est autem, cùm cessásset clamáre ad Dóminum, surréxit de loco in quo jacúerat prostráta ad Dóminum, vocavítque abram suam, & descéndens in domum suam ábstulit à se cilícium & éxuit se vestiméntis viduitátis suæ, & lavit corpus suum, & unxit se myro óptimo, & discriminávit crinem cápitis sui, & impósuit mitram super caput suum, & induit se vestiméntis jucunditátis suæ, induítque sandália pédibus suis, assumsítque

dextralíola & lília & ináures & ánnulos, & ómnibus ornaméntis suis ornávit se. Cui étiam Dóminus cóntulit splendórem.

℟. Confórta me, Rex Sanctórum principátum tenens ; * Et da sermónem rectum & benè sonántem in os meum. ℣. Dómine rex univérsæ potestátis, convérte consílium eórum super eos, * Et da.

Bened. Divínum auxílium.

Leçon ij.

FActum est autem, cùm descénderet montem circa ortum diéi, occurrérunt ei exploratóres Assyriórum & tenuérunt eam, dicéntes, Unde venis, aut quò vadis ? Quæ respóndit, Filia sum Hebræórum, ideò ego fugi à fácie eórum, quóniá futúrum agnóvi quòd dentur vobis in deprædatiónem, pro eo quòd contemnéntes vos, noluérunt ultrò trádere seípsos, ut invenírent misericórdiam in conspéctu vestro.

℟. Tribulatiónes civitátum audívimus, quas passæ sunt, & defécimus : timor & hebetúdo mentis cécidit super nos & super líberos nostros : ipsi montes nolunt recípere fugam nostram. * Dómine, miserére. ℣. Peccávimus cum pátribus nostris, injústè égimus, iniquitátem fécimus. * Dómine.

Bened. Ad societátem.

Leçon iij.

DUxerúntque illam ad tabernáculum Holoférnis, annuntiántes eam. Cùmque intrásset ante fáciem ejus, statim captus est in suis óculis Holoférnes. Dixerúntque ad eum satéllites ejus, Quis contémnat pópulum Hebræórum qui tam decóras mulíeres habent, ut non pro his mérito pugnáre contra eos debeámus? Videns ítaque Judith Holoférnem sedéntem in conopéo quod erat ex púrpura & auro & smarágdo & lapídibus pretiófis intéxtum, & cùm in fáciem ejus intendíffet, adorávit eum proftérnens se super terram.

℟. Benedícat te Dóminus in virtúte sua, qui per te ad níhilum redégit inimícos noftros, * Ut non defíciat laus tua de ore hóminum. ℣. Benedíctus Dóminus qui creávit cœlum & terram, quia hódie nomen tuum ita magnificávit, * Ut non. ℣. Glória. * Ut.

V FERIE.

Si cette Semaine eft la derniere de Septembre, au lieu des Leçons & des Refpons marqués ci-deffous pour aujourd'hui, demain & après demain, on dira aujourd'hui les Leçons & les Refpons marqués ci deffus pour le premier Nocturne du cinquieme Dimanche; demain on dira les Leçons & les Refpons de la seconde Ferie; & après-demain, ceux de la troifieme Ferie. Que fi durant ces trois jours il ne fe rencontre point de Ferie en laquelle on puiffe dire les Refpons du Livre d'Efther, on les omettra cette année.

Leçon j.
De libro Judith. *Ch.* 12.

ET factum eft in quarto die Holoférnes fecit cœnam fer-vis suis; & dixit ad Vágao Eunúchum suum, Vade & suáde Hebræam illam ut spontè conséntiat habitáre mecum. Fœdum eft enim apud Affyrios fi fémina irrídeat virum, agéndo ut immúnis ab eo tránfeat. Tunc introívit Vágao ad Judith, & dixit, Non vereátur bona puélla introíre ad dóminum meum, ut honorificétur ante fáciem ejus, ut mandúcet cum eo, & bibat vinum in jucunditáte. Cui Judith respondit, Quæ ego sum, ut contradícam dómino meo?

℟. Adónai Dómine Deus magne & mirábilis qui dedífti salútem in manu féminæ, * Exáudi preces servórum tuórum. ℣. Benedíctus es, Dómine, qui non derelínquis præfuméntes de te, & de sua virtúte gloriántes humílias. * Exáudi preces servórum tuórum.

Bened. Unigénitus Dei Fílius.

Leçon ij. *Ch.* 13.

UT autem ferò factum eft, feftinavérunt servi illíus ad hospítia sua, & conclúfit Vágao óftia cubículi, & ábiit. Erant autem omnes fatigáti à vino; erátque Judith sola in cubículo. Porro Holoférnes jacébat in lecto nímiâ ebrietáte sopítus. Dixítque Judith puéllæ suæ, ut staret forìs ante cubículum, & obferváret. Stetítque Judith ante lectum orans cum lácrymis & labiórum motu in siléntio dicens, Confírma me, Dómine Deus Ifraël, & réspice in hac hora ad ópera mánuum meárum, ut, sicut promisífti, Jerúfalem civitátem tuam érigas, & hoc quod credens per te posse fieri cogitávi, perfíciam.

℟. Tribulatiónes civitátum audívimus, quas passæ sunt, & defécimus : timor & hebetúdo mentis cécidit super nos & super líberos nostros : ipsi montes nolunt recípere fugam nostram. * Dómine, miserére.

℣. Peccávimus cum pátribus nostris, injústè égimus, iniquitátem fécimus. * Dómine.

Bened. Spíritûs sancti grátia.

Leçon iij.

ET cùm hæc dixísset, accéssit ad colúmnam quæ erat ad caput léctuli ejus, & pugiónem ejus qui in ea ligátus pendébat, exsólvit. Cùmque evaginásset illum, apprehéndit comam cápitis ejus, & ait, Confírma me, Dómine Deus, in hac hora. Et percússit bis in cervícem ejus, & abscídit caput ejus; & ábstulit conopéum ejus à colúmnis, & evólvit corpus ejus truncū. Et post pusíllum exívit, & trádidit caput Holoférnis ancíllæ suæ, & jussit ut mítteret illud in peram suá.

℟. Benedícat te Dóminus in virtúte sua, qui per te ad níhilum redégit inimícos nostros; * Ut non defíciat laus tua de ore hóminum. ℣. Benedíctus Dóminus qui creávit cœlum & terram, quia hódie nomen tuum ita magnificávit, * Ut non. ℣. Glória. * Ut.

VI FERIE.

Leçon j.

De libro Judith. *Ch.* 15.

CUmque omnis exércitus decollátum Holoférnem audís-

set, fugit mens & consílium ab eis, & solo tremóre & metu agitáti, fugæ præsídium sumunt, ita ut nullus loquerétur cum próximo suo, sed inclináto cápite, relíctis ómnibus evádere festinábant Hebræos quos armátos super se veníre audiébant, fugiéntes per vias campórum & sémitas cóllium. Vidéntes ítaque Fílii Israel fugiéntes, secúti sunt illos, descenderúntque clangéntes tubis & ululántes post ipsos.

℟. Nos álium Deum nescímus præter Dóminum in quo sperámus, * Qui non déspicit nos, nec ámovet salútem suam à génere nostro. ℣. Indulgéntiam ipsíus fusis lácrymis postulémus, & humiliémus illi ánimas nostras, * Qui non.

Bened. Christus perpétuæ.

Leçon ij.

MIsit ítaque Ozías núntios per omnes civitátes & regiónes Israel. Omnis ítaque régio omnísque urbs eléctam juventútem armátam misit post eos, & persecúti sunt eos in ore gládii quoúsque pervenírent ad extremitátem fíniū suórum. Réliqui autem qui erant in Bethúlia, ingréssi sunt castra Assyriórum, & prædam quam fugiéntes Assyrii relíquerant abstulérunt, & onustáti sunt valdè.

℟. Dominátor Dómine cœlórum & terræ, creátor aquárum & rex univérsæ creatúræ, * Exáudi oratiónem servórum tuórum. ℣. Tu, Dómine, cui humílium semper & mansuetórum plácuit deprecátio, * Exáudi.

Bened.

Bened. Ignem sui amóris.

Leçon iij.

JOacim autem summus Póntifex de Jerúsalem venit in Bethúliam cum univérsis presbyteris suis, ut vidéret Judith. Quæ cùm exísset ad illum, benedixérunt eam omnes unâ voce dicéntes, Tu glória Jerúsalem, tu lætítia Ísrael, tu honorificéntia pópuli nostri ; quia fecísti viríliter & confortátum est cor tuum, eò quòd castitátem amáveris, & post virum tuum álterum nesciéris : ídeò & manus Dómini confortávit te, & ídeò eris benedícta in ætérnum. Et dixit omnis pópulus, Fiat, fiat.

℟. Dómine Deus qui cónteris bella ab inítio, éleva bráchium tuum super gentes quæ cógitant servis tuis mala, * Et déxtera tua glorificétur in nobis. ℣. Allíde virtútem eórum in virtúte tua : cadat robur eórum in iracúndia tua ; * Et déxtera. ℣. Glória. * Et déxtera.

SAMEDI.
Leçon ij.
De libro Judith. Ch. 16.

ET factum est post hæc, omnis pópulus post victóriam venit in Jerúsalem adoráre Dóminum : & mox ut purificáti sunt, obtulérunt omnes holocáusta & vota & repromissiónes suas. Porrò Judith univérsa vasa béllica Holoférnis quæ dedit illi pópulus, & conopéum quod ipsa sustúlerat de cúbili ipsíus, óbtulit in anathéma obliviónis.

℟. Confórta me, Rex Sanctó-

rum principátum tenens, * Et da sermónem rectum & benè sonántem in os meum. ℣. Dómine rex univérsæ potestátis, convérte consílium eórum super eos, * Et da.

Bened. Divínum auxílium.

Leçon ij.

ERat autem pópulus jucúndus secúndùm fáciem sanctórum, & per tres menses gáudium hujus victóriæ celebrátum est cum Judith. Post dies autem illos unusquísque rédiit in domum suam, & Judith magna facta est in Bethúlia, & præclárior erat univérsæ terræ Ísrael. Erat étiam virtúti cástitas adjúncta, ita ut non cognósceret virum ómnibus diébus vitæ suæ, ex quo defúnctus est Manásses vir ejus. Erat autem diébus festis procédens cum magna glória.

℟. Tribulatiónes civitátum audívimus, quas passæ sunt, & defécimus : timor & hebetúdo mentis cécidit super nos & super líberos nostros : ipsi montes nolunt recípere fugam nostram. * Dómine, miserére. ℣. Peccávimus cum pátribus nostris, injústè égimus, iniquitátem fécimus. * Dómine.

Bened. Ad societátem.

Leçon iij.

MAnsit autem in domo viri sui annos centum quinque, & dimísit Abraham suam líberam, & defúncta est, ac sepúlta cum viro suo in Bethúlia ; luxítque illam omnis pópulus diébus septem. In omni autem spátio vitæ ejus non fuit qui perturbáret Ísrael, & post mortem ejus annis multis. Dies autem victóriæ hujus feſtivitátis ab Hebræis in número ſanctórum diérum accípitur, & cólitur à Judæis ex illo témpore uſque in præſéntem diem.

℞. Benedícat te Dóminus in virtúte ſua, qui per te ad níhilum redégit inimícos noſtros, * Ut non defíciat laus tua de ore hóminum. ℣. Benedíctus Dóminus qui creávit cœlum & terram, quia hódiè nomen tuum ita magnificávit, * Ut non. ℣. Glória. * Ut.

SAMEDI
avant le cinquieme Dimanche de Septembre.

A Magníficat, Ant. Dómine Rex omnípotens, in ditióne tua cuncta ſunt póſita, & non eſt qui poſſit tuæ reſíſtere voluntáti.

V DIMANCHE
DE SEPTEMBRE.
AU I NOCTURNE.
Leçon j.
Incipit liber Eſther. *Ch.* 1.

IN diébus Aſſuéri qui regnávit ab India uſque Æthiópiam ſuper centum vigínti ſeptem províncias, quando ſedit in sólio regni ſui, Suſan cívitas regni ejus exórdium fuit. Tértio ígitur anno impérii ſui fecit grande convívium cunctis princípibus & púeris ſuis, fortíſſimis Perſárum & Medórum ínclytis & Præféctis provinciárum coram ſe, ut oſténderet divítias glóriæ regni ſui ac magnitúdinem atque jactántiam poténtiæ ſuæ multo témpore, centum vidélicet & octoginta diébus.

℞. Dómine mi Rex omnípotens,

in ditióne tua cuncta ſunt póſita, & non eſt qui poſſit reſíſtere voluntáti tuæ; * Líbera nos propter nomen tuum. ℣. Exáudi oratiónem noſtram, & convérte luctum noſtrum in gáudium. * Líbera.

Bened. Unigénitus Dei Fílius.

Leçon ij.
CUmque impleréntur dies convívii, invitávit omnem pópulum qui invéntus eſt in Suſan, à máximo uſque ad mínimum; & juſſit ſeptem diébus convívium præparári in veſtíbulo horti & némoris quod régio cultu & manu cónſitum erat. Et pendébant ex omni parte tentória aérii colóris & carbáſini ac hyacinthíni ſuſtentáta fúnibus byſſinis atque purpúreis qui ebúrneis círculis inſérti erant & colúmnis marmóreis fulciebántur. Léctuli quoque áurei & argéntei ſuper paviméntum ſmaragdino & pário ſtratum lápide diſpóſiti erant; quod mirá varietáte pictúra decorábat.

℞. Confórta me, Rex ſanctórum principátum tenens, * Et da ſermónem rectum & benè ſonántem in os meum. ℣. Dóminus rex univérſæ poteſtátis, convérte conſílium eórum ſuper eos, * Et da.

Bened. Spíritûs ſancti grátia.

Leçon iij.
BIbébant autê qui invitáti erant, áureis póculis, & áliis atque áliis vaſis cibi inferebántur. Vinum quoque, ut magnificéntiâ régiâ dignum erat, abúndans & præcípuum ponebátur, nec erat qui noléntes cógeret ad bibéndum: ſed ſicut rex

ſtatúerat, præpónens menſis síngulos de princípibus ſuis, ut súmeret
unuſquíſque quod vellet. Vaſthi
quoque regína fecit convívium ſe-
minárum in palátio ubi rex Aſſuérus manére conſuéverat.

℞. Spem in álium numquam hábui, prætérquam in te, Deus Iſrael, * Qui iráſceris, & propítius
eris, & ómnia peccata hóminum
in tribulatióne dimíttis. ℣. Dómine
Deus creátor cœli & terræ, réſpice
ad humilitátem noſtram; * Qui
iráſceris. ℣. Glória. * Qui.

AU II NOCTURNE.
Leçon iv.

**Ex libro Officiórum Sti Ambróſii
Epíſcopi.** *Liv. 3, Ch. 15.*

QUid Eſther Regína? nonne,
ut pópulum ſuum perículo
erúeret, (quod erat decórum atque honéſtum,) morti ſe óbtulit,
nec immítis regis trepidávit furórem? Ipſe quoque rex Perſárum
ferox atque túmido corde, tamen
decórum judicávit índici inſidiárum quæ ſibi parátæ forent, grátiam repræſentáre, populúmque
líberum à ſervitúte erípere, erúere
neci, nec párcere neci ejus qui tam
indecóra ſuaſíſſet. Dénique quem
ſecúndum à ſe ac præcípuum inter
omnes amícos habéret, cruci trádidit, quòd deshoneſtátum ſe ejus
frauduléntis conſíliis animadver-
tíſſet.

℞. Meménto meî, Dñe Deus,
in bonum, * Et ne déleas miſerátió-
nes meas quas feci in domo Dei mei
& in cæremóniis ejus. ℣. Recordáre meî, Dñe Deus meus, * Et.

Bened. Chriſtus perpétuæ.
Leçon v.   *Ch. 16.*

EA enim amicítia probábilis,
quæ honeſtátem tuétur, præ-
ferénda ſané ópibus, honóribus,
poteſtátibus; honeſtáti verò præ-
férri non ſolet, ſed honeſtátem ſequi. Qualis fuit Jónathæ qui pro
pietáte nec offénſam patris, nec
ſalútis perículum refugiébat. Qualis fuit Achímelech qui pro hoſpi-
tális grátiæ officiis necem pótiùs
ſibi quàm proditiónem fugiéntis
amíci ſubeúndam arbitrabátur. Nihil ígitur præferéndum honeſtáti,
quæ tamen ne amicítiæ ſtúdio præ-
tereátur, étiam hoc Scriptúra ádmonet.

℞. Tribulatiónes civitátum audívimus, quas paſſæ ſunt, & defécimus: timor & hebetúdo mentis cécidit ſuper nos & ſuper líberos noſtros: ipſi montes nolunt recípere
fugam noſtram. * Dómine, miſerére. ℣. Peccávimus cum pátribus
noſtris, injúſtè égimus, iniquitátem fécimus. * Dómine.

Bened. Ignem ſui amóris.
Leçon vj.

SUnt enim pleræque Philoſo-
phórum quæſtiónes; Utrùm
amíci causâ quíſquam contra pátriam ſentíre necne débeat, ut amí-
co obédiat: Utrùm opórteat ut fidem déſerat, dum indúlget atque
inténdit amíci commoditátibus. Et
Scriptúra quidem ait, Clava &
gládius & ſagítta ferráta, ſic homo eſt teſtimónium dans falſum ad-
verſùs amícum ſuum. Sed conſidera
quid ádſtruat. Non teſtimónium

Q ij

reprehéndit dictum in amicum, sed falsum testimónium. Quid enim si Dei causâ, quid si pátriæ, cogátur áliquis dícere testimónium? Numquid præponderáre debet amicítia religióni, præponderáre charitáti vítium?

℟. Benedícat te Dóminus in virtúte sua, qui per te ad níhilum redégit inimícos nostros; * Ut non deficiat laus tua de ore hóminum. ℣. Benedíctus Dóminus qui creávit cœlum & terram, quia hódie nomen tuum ita magnificávit, * Ut non. ℣. Glória. * Ut non.

AU III NOCTURNE.

℟. Nos álium Deum nescímus præter Dóminum in quo sperámus, * Qui non déspicit nos, nec ámovet salútem suam à génere nostro. ℣. Indulgéntiam ipsíus fusís lácrymis postulémus, & humiliémus illi ánimas nostras, * Qui non.

℟. Duo Séraphim clamábant alter ad álterum, * Sanctus, Sanctus, Sanctus Dóminus Deus Sábaoth; ** Plena est omnis terra glóriâ ejus. ℣. Tres sunt qui testimónium dant in cœlo, Pater, Verbum & Spíritus sanctus: & hi tres unum sunt. * Sanctus. ℣. Glória. ** Plena.

II FERIE.
Leçon j.
De libro Esther. *Ch.* 2.

ERat vir Judæus in Susan civitáte, vocábulo Mardochæus, fílius Jair, fílii Sémei, fílii Cis, de stirpe Jémini; qui translátus fúerat de Jerúsalem eo témpore quo Je-

chóniam regem Juda Nabuchodónosor Rex Babylónis transtúlerat; qui fuit nutrítius fíliæ fratris sui Edíssæ, quæ áltero nómine vocabátur Esther & utrúmque párentem amíserat, pulchra nimis & decóra fácie. Mortuísque patre ejus ac matre, Mardochæus sibi eam adoptávit in fíliam.

℟. Dómine mi rex omnípotens, in ditióne tua cuncta sunt pósita, & non est qui possit resístere voluntáti tuæ. * Líbera nos propter nomen tuum. ℣. Exáudi oratiónem nostram, & convérte luctum nostrum in gáudium. * Líbera.

Bened. Unigénitus Dei Fílius.
Leçon ij.

CUmque percrebuísset regis impérium, & juxta mandátum illíus multæ pulchræ vírgines adduceréntur Susan & Egéo traderéntur eunúcho, Esther quoque inter cæteras puéllas ei trádita est, ut servarétur in número feminárum. Quæ plácuit ei, & invénit grátiam in conspéctu illíus. Et præcépit eunúcho ut acceleráret mundum muliebrem, & tráderet ei partes suas & septem puéllas speciosíssimas de domo regis, & tam ipsam quàm pedissequas ejus ornáret atque excóleret. Quæ nóluit indicáre ei pópulum & pátriam suam: Mardóchæus enim præcéperat ei ut de hac re omníno reticéret: qui deambulábat quotídiè ante vestíbulum domûs in qua eléctæ vírgines servabántur, curam agens salútis Esther.

℟. Confórta me, Rex Sanctórum principátum tenens ; * Et da sermónem rectum & bene sonántem in os meum. ℣. Dómine rex univérsæ potestátis, convérte consílium eórum super eos, * Et da.

Bened Spíritûs sancti grátia.

Leçon iij.

EVolúto autem témpore per órdinem, instábat dies quo Esther filia Abígail fratris Mardochæi quam sibi adoptáverat in fíliam, debéret intráre ad regem. Quæ non quæsívit muliebrem cultum, sed quæcúmque vóluit Egéus eunúchus custos virginum, hæc ei ad ornátum dedit. Erat enim formósa valde & incredíbili pulchritúdine, ómnium óculis gratiósa & amábilis videbátur. Ducta est ítaque ad cubículum regis Assuéri mense décimo qui vocátur Tebeth, séptimo anno regni ejus. Et adamávit eam rex plus quàm omnes mulíeres: habuítque grátiam & misericórdiam coram eo super omnes mulíeres : & pósuit diádema regni in cápite ejus, fecítque eã regnáre in loco Vasthi.

℟. Spem in álium numquam hábuit prætérquam in te, Deus Israël, * Qui irásceris, & propítius eris, & ómnia peccáta hóminum in tribulatióne dimíttis. ℣. Dómine Deus creátor cœli & terræ, réspice ad humilitátem nostram, * Qui irásceris. ℣. Glória. * Qui.

III FERIE.
Leçon j.
De libro Esther. Ch. 3.

POst hæc rex Assuérus exaltávit Aman fílium Amádathi, qui erat de stirpe Agag : & pósuit sólium ejus super omnes príncipes quos habébat ; cunctíque servi regis qui in fóribus palátii versabántur, flectébant génua, & adorábant Aman ; sic enim præcéperat eis Imperátor ; solus Mardochæus non flectébat genu neque adorábat eum. Cui dixérunt púeri regis qui ad fores palátii præsidébant, Cur præter cæteros non obsérvas mandátum regis ?

℟. Meménto mei, Dómine Deus, in bonum, * Et ne déleas miseratiónes meas quas feci in domo Dei mei & in cæremóniis ejus. ℣. Recordáre mei, Dómine Deus meus, * Et ne.

Bened. Christus perpétuæ.

Leçon ij.

CUmque hoc crébriùs dícerent, & ille nollet audíre, nuntiavérunt Aman, scire cupiéntes utrùm perseveráret in senténtia ; díxerat enim eis se esse Judæum. Quod cùm audísset Aman, & experiménto probásset quòd Mardochæus non flécteret sibi genu nec se adoráret, irátus est valde, & pro níhilo duxit in unum Mardochæum míttere manus suas.

℟. Tribulatiónes civitátum audívimus, quas passæ sunt, & defécimus : timor & hebetúdo mentis cécidit super nos & super líberos nostros : ipsi montes nolunt recípere fugam nostram. * Dómine, miserére. ℣. Peccávimus cum pátribus nostris, injústè égimus, iniquitátem fécimus. * Dómine.

Bened. Ignem sui amóris.

Leçon iij.

AUdíerat enim quòd eſſet gentis Judææ, magíſque vóluit omnem Judæórũ qui erant in regno Aſſuéri, pérdere natiónem. Menſe primo cujus vocábulum eſt Niſan, anno duodécimo regni Aſſuéri, miſſa eſt ſors in urnam, quæ Hebráicè dícitur Phur, coram Aman, quo die & quo menſe gens Judæórum debéret intérfici: & exívit menſis duodécimus qui vocátur Adar.

℟ Benedícat te Dóminus in virtúte ſua, qui per te ad níhilum redégit inimícos noſtros; * Ut non defíciat laus tua de ore hóminum. ℣. Benedíctus Dóminus qui creávit cœlum & terram; quia hódiè nomen tuum ita magnificávit, * Ut non. ℣. Glória. * Ut non.

IV FERIE.
Leçon j.

De libro Eſther.   *Ch. 4.*

QUæ cùm audíſſet Mardochæus, ſcidit veſtiménta ſua & indútus eſt ſacco, ſpargens cínerem cápiti; & in platéa médiæ civitátis voce magná clamábat, oſténdens amaritúdinem ánimi ſui, & hoc ejulátu uſque ad fores palátii grádiens. Non enim erat lícitum indútum ſacco aulam regis intráre. In ómnibus quoque provínciis, óppidis ac locis ad quæ crudéle regis dogma pervénerat, planctus ingens erat apud Judæos, jejúnium, ululátus & fletus, ſacco & cínere multis pro ſtrato uténtibus. Ingréſſæ autem ſunt puéllæ Eſther & eunúchi, nuntiaverúntque ei. Quod áudiens

conſternáta eſt: & veſtem miſit, ut abláto ſacco indúerent eum; quam accípere nóluit. Accitóque Athach eunúcho quem rex miníſtrum ei déderat, præcépit ei ut iret ad Mardochæum, & diſceret ab eo cur hoc fáceret.

℟. Nos álium Deum neſcímus præter Dóminum in quo ſperámus, * Qui non déſpicit nos, nec ámovet ſalútem ſuam à génere noſtro. ℣. Indulgéntiam ipſíus fuſis lácrymis poſtulémus & humiliémus illi ánimas noſtas, * Qui. Bened. Divínum auxílium.

Leçon ij.

EGreſſúſque Athach ivit ad Mardochæũ ſtantem in platéa civitátis ante óſtium palátii, qui indicávit ei ómnia quæ accíderant, quómodò Aman promiſíſſet ut in theſáuros regis pro Judæórum nece inférret argéntum. Exémplar quoque edícti quod pendébat in Suſan dedit ei, ut regínæ oſténderet, & monéret eam ut intráret ad regem, & deprecarétur eum pro pópulo ſuo. Regréſſus Athach nuntiávit Eſther ómnia quæ Mardochæus díxerat. Quæ reſpóndit ei, & juſſit ut díceret Mardochæo, Omnes ſervi regis, & cunctæ quæ ſub ditióne ejus ſunt, norunt província quòd ſive vir, ſive múlier, non vocátus, intérius átrium regis intráverit, abſque ulla cunctatióne ſtatim interficiátur; niſi forte rex áuream virgam ad eum ténderit pro ſigno cleméntiæ, atque ita poſſit vívere. Ego igitur quómodò ad regem intráre pótero, quæ trigínta jam diébus non sum vocáta ad eum ?

℟. Confórta me , Rex Sanctórum principátum tenens , * Et da sermónem rectum & benè sonántem in os meum. ℣. Dómine , rex univérsæ potestátis , convérte consílium eórum super eos , * Et da.

Bened. Ad societátem.

Leçon iij.

QUod cùm audísset Mardochæus, rursùm mandávit Esther, dicens, Ne putes quòd ánimam tuam tantùm líberes , quia in domo regis es præ cunctis Judæis. Si enim nunc silúeris , per áliam occasiónem liberabúntur Judæi ; & tu & domus patris tui períbitis. Et quis novit utrùm idcírco ad regnum véneris , ut in tali témpore pararéris ? Rursúmque Esther hæc Mardochæo verba mandávit ; Vade & cóngrega omnes Judæos quos in Susan repéreris , & oráte pro me. Non comedátis & non bibátis tribus diébus & tribus nóctibus ; & ego cum ancíllis meis simíliter jejunábo , & tunc ingrédiar ad regem contra legem fáciens , non vocáta , tradénsque me morti & perículo. Ivit ítaque Mardochæus , & fecit ómnia quæ ei Esther præcéperat.

℟. Spem in álium numquam hábui prætérquam in te , Deus Israel , * Qui irásceris , & propítius eris , & ómnia peccáta hóminum in tribulatióne dimíttis. ℣. Dómine Deus creátor cœli & terræ , réspice ad humilitátem nostram , * Qui. ℣. Glória. * Qui.

V FERIE.
Leçon j.
De libro Esther. Ch. 5.

DIe autem tértio indúta est Esther regálibus vestiméntis , & stetit in átrio domûs régiæ , quod erat intérius , contra basílicam regis. At ille sedébat super sólium suum in consistório palátii contra óstium domûs. Cùmque vidísset Esther regínam stantem , plácuit óculis ejus , & exténdit contra eam virgam áuream quam tenébat manu. Quæ accédens osculáta est summitátem virgæ ejus. Dixítque ad eam rex , Quid vis , Esther regína ? Quæ est petítio tua ? Etiámsi dimídiam partem regni petíeris , dábitur tibi. At illa respóndit , Si regi placet , óbsecro ut vénias ad me hódie , & Aman tecum ad convívium quod parávi. Statímque rex , Vocáte , inquit citò Aman , ut Esther obédiat voluntáti.

℟. Dómine mi rex omnípotens , in ditióne tua cuncta sunt pósita , & non est qui possit resístere voluntáti tuæ. * Líbera nos propter nomen tuum. ℣. Exáudi oratiónem nostram , & convérte luctum nostrum in gáudium. * Líbera nos.

Bened. Unigénitus Dei Fílius.

Leçon ij.

EGréssus est ítaque illo die Aman lætus & álacer. Cùmque vidísset Mardochæum sedéntem ante fores palátii , & non solùm non assurrexísse sibi , sed nec motum quidem de loco sessiónis suæ , indignátus est valdè : & , dissimuláta irâ, revérfus in domum fuam, convocávit ad fe amícos fuos & Zares uxórem fuam ; & expófuit illis magnitúdinem divitiárum fuárum filiorúmque turbam, quanta eum glória fuper omnes príncipes & fervos fuos rex eleváffet ; & poft hæc ait, Regína quoque Efther nullum álium vocávit ad convívium cum rege præter me, apud quam étiam cras cum rege pranfúrus fum : & cùm hæc ómnia hábeam, nihil me habére puto quámdiu vídero Mardochæum Judæum fedéntem ante fores régias.

℟. Confórta me, Rex Sanctórú principátum tenens, * Et da fermónem rectum & bene fonántem in os meum. ℣. Dómine rex univérfæ poteftátis, convérte confílium eórum fuper eos, * Et da fermónem.

Bened. Spíritûs fancti grátia.

Leçon iij.

Refponderúntque ei Zares uxor ejus & cæteri amíci, Jube parári excélfam trabem habéntem altitúdinis quinquagínta cúbitos, & dic manè regi ut appendátur fuper eam Mardochæus, & fic ibis cum rege lætus ad convívium. Plácuit ei confílium, & juffit excélfam parári crucem.

℟. Spem in álium numquam hábui præterquam in te, Deus Ifrael, * Qui iráfceris, & propítius eris, & ómnia peccáta hóminum in tribulatióne dimíttis. ℣. Dómine Deus creátor coeli & terræ, réfpice ad humilitátem noftram, * Qui. ℣. Glória. * Qui.

VI FERIE.
Leçon j.
De libro Efther. Ch. 6.

Noctem illam duxit rex infómnem, jufsítque fibi afférri hiftórias & annáles priórum témporum. Quæ cùm illo præfénte legeréntur, ventum eft ad illum locum ubi fcriptum erat quómodò nuntiáffet Mardochæus infídias Bágathan & Thares eunuchórum, regem Affuérum juguláre cupiéntium. Quod cùm audíffet rex, ait, Quid pro hac fide honóris, ac præmii Mardochæus confecútus eft? Dixérunt ei fervi illíus ac miniftri, Nihil omníno mercédis accépit. Statim quærex, Quis eft, inquit, in átrio? Aman quippe intérius átrium domûs régiæ intráverat, ut fuggéreret regi, & jubéret Mardochæum affigi patíbulo quod ei fúerat præparátú. Refpondérunt púeri, Aman ftat in átrio. Dixítque rex, Ingrediátur.

℟. Meménto meî, Dñe Deus, in bonum, * Et ne déleas miferatiónes meas quas feci in domo Dei mei & in cæremóniis ejus. ℣. Recordáre meî, Dómine Deus meus, * Et ne déleas.

Bened. Chriftus perpétuæ.

Leçon ij.

Cumque effet ingréffus, ait illi, Quid debet fíeri viro quem rex honoráre defíderat? Cógitans autem in corde fuo Aman & réputans quòd nullum álium rex, nifi fe, vellet honoráre, refpóndit, Homo quem rex honoráre cupit, debet índui

índui véſtibus régiis, & impóni ſuper equum qui de ſella regis eſt, & accípere régium diadéma ſuper caput ſuum : & primus de régiis princípibus ac tyránnis téneat equum ejus, & per platéam civitátis incédens clamet & dicat, Sic honorábitur, quemcúmque volúerit rex honoráre.

℟. Tribulatiónes civitátum audívimus, quas paſſæ ſunt, & defécimus : timor & hebetúdo mentis cécidit ſuper nos & ſuper líberos noſtros : ipſi montes nolunt recípere fugam noſtram. * Dómine, miſerére. ℣. Peccávimus cum pátribus noſtris, injúſtè égimus, iniquitátem fécimus. * Dómine.

Bened. Ignem ſui amóris.

Leçon iij.

Dixítque ei rex, Feſtína &, ſumtâ ſtolâ & equo, fac ut locútus es, Mardochǽo Judǽo qui ſedet ante fores palátii : cave nè quidquam de his quæ locútus es prætermíttas. Tulit ítaque Aman ſtolam & equum, indutúmque Mardochǽu in platéa civitátis & impóſitum equo præcedébat atque clamábat, Hoc honóre condígnus eſt, quemcúmque rex volúerit honoráre. Reverſúſque eſt Mardochǽus ad jánuam palátii, & Aman feſtinávit ire in domum ſuam lugens & opérto cápite ; narravítque Zares uxóri ſuæ & amícis ómnia quæ eveníſſent ſibi.

℟. Benedícat te Dóminus in virtúte ſua, qui per te ad níhilum redégit inimícos noſtros, * Ut non defíciat laus tua de ore hóminum.

℣. Benedíctus Dóminus qui creávit cœlum & terram, quia hódiè nomen tuum ita magnificávit, * Ut non. ℣. Glória. * Ut non.

SAMEDI.
Leçon j.
De libro Eſther. *Ch.* 7.

INtrávit ítaque rex & Aman ut bíberent cum regína. Dixítque ei rex étiam ſecúndâ die, poſtquam vino incalúerat, Quæ eſt petítio tua, Eſther, ut detur tibi ? & quid vis fíeri ? Etiámſi dimídiam partem regni mei petíeris, impetrábis. Ad quem illa reſpóndit, Si invéni grátiam in óculis tuis, ô Rex, & ſi tibi placet, dóna mihi ánimam meam pro qua rogo & pópulum meum pro quo óbſecro. Tráditi enim ſumus ego & pópulus meus, ut conterámur, jugulémur & pereámus ; atque útinam in ſervos & fámulas venderémur ; eſſet tolerábile malum, & gemens tacérem : nunc autem hoſtis noſter eſt, cujus crudélitas redúndat in regem.

℟. Nos álium Deum neſcímus præter Dóminum in quo ſperámus, * Qui non déſpicit nos, nec ámovet ſalútem ſuam à génere noſtro. ℣. Indulgéntiam ipſius fuſis lácrymis poſtulémus & humiliémus illi ánimas noſtras, * Qui.

Bened. Divínum auxílium.

Leçon ij.

REſpondénſque rex Aſſuérus ait, Quis eſt iſte & cujus poténtiæ, ut hæc áudeat fácere ? Dixítque Eſther, Hoſtis & inimícus noſter péſſimus iſte eſt Aman.

R. 4. *Automne.* R

Quod ille áudiens, illicò obſtúpuit, vultum regis ac regínæ ferre non súſtinens. Rex autem irátus ſurréxit, & de loco convívii intrávit in hortum arbóribus cónſitum. Aman quoque ſurréxit ut rogáret Eſther regínam pro ánima ſua, intelléxit enim à rege ſibi parátum malum.

℟. Confórta me, rex ſanctórum principátum tenens, * Et da ſermónem rectum & bene ſonántem in os meum. ℣. Dómine rex univérſæ poteſtátis, convérte conſílium eórum ſuper eos, * Et da.

Bened. Ad ſocietátem.

Leçon iij.

Q Ui cùm revérſus eſſet de horto nemóribus cónſito, & intráſſet convívii locum, réperit Aman ſuper léctulum corruíſſe in quo jacébat Eſther, & ait, Etiam regínam vult opprímere, me præſénte, in domo mea. Necdum verbum de ore regis exíerat, & ſtatim operuérunt fáciem ejus. Dixítque Harbóna, unus de eunúchis qui ſtabant in miniſtério regis, En lignum quod paráverat Mardochǽo qui locútus eſt pro rege, ſtat in domo Aman, habens altitúdinis quinquagínta cúbitos. Cui dixit rex, Appéndite eum in eo. Suſpénſus eſt ítaque Aman in patíbulo quod paráverat Mardochǽo; & regis ira quiévit.

℟. Spem in álium numquam hábui, prætérquam in te, Deus Iſraël; * Qui iráſceris, & propítius eris, & ómnia peccáta hóminum in tribulatióne dimíttis. ℣. Dómine

Deus creátor cœli & terræ, réſpice ad humilitátem noſtram; * Qui iráſceris. ℣. Glória. * Qui.

avant le I Dimanche d'Octobre.

A Magníficat, Ant. Adapériat Dóminus cor veſtrum in lege ſua & in præcéptis ſuis, & fáciat pacem Dóminus Deus noſter.

I DIMANCHE
D'OCTOBRE.
AU I NOCTURNE.
Leçon j.

Incipit liber primus Machabæórum. *Chap.* 1.

E T factum eſt poſtquam percúſſit Alexánder Philíppi Mácedo, qui primus regnávit in Græcia, egréſſus de terra Cethim, Dárium regem Perſárum & Medórum, conſtítuit prǽlia multa, & obtínuit ómnium munitiónes, & interfécit reges terræ, & pertránſiit uſque ad fines terræ, & accépit ſpólia multitúdinis géntium: & ſiluit terra in conſpéctu ejus. Et congregávit virtútem & exércitum fortem nimis, & exaltátum eſt & elevátum cor ejus: & obtínuit regiónes géntium & tyránnos, & facti ſunt illi in tribútum. Et poſt hæc décidit in lectum, & cognóvit quia morerétur. Et vocávit púeros ſuos nóbiles qui ſecum erant nutríti à juventúte, & divíſit illis regnum ſuum, cùm adhuc víveret.

℟. Adapériat Dóminus cor veſtrum in lege ſua & in præcéptis ſuis, & fáciat pacem in diébus veſtris : * Concédat vobis salútem & rédimat vos à malis. ℣. Exáudiat Dóminus oratiónes vestras, & reconciliétur vobis , nec vos déserat in témpore malo ; * Concédat.

Bened. Unigénitus Dei Fílius.

Leçon ij.

ET regnávit Alexánder annis duódecim, & mórtuus est. Et obtinuérunt púeri ejus regnum , umusquísque in loco suo, & imposuérunt omnes sibi diadémata post mortem ejus , & filii eórum post eos annis multis , & multiplicáta sunt mala in terra. Et éxiit ex eis radix peccátrix Antíochus illústris, fílius Antíochi regis qui fúerat Romæ obses : & regnávit in anno centésimo trigésimo séptimo regni Græcórum.

℟. Exáudiat Dóminus oratiónes vestras, & reconciliétur vobis, nec vos déserat in témpore malo * Dóminus Deus noster. ℣. Det vobis cor ómnibus, ut colátis eum & faciámus ejus voluntátem. * Dóminus Deus noster.

Bened. Spíritûs sancti grátia.

Leçon iij.

IN diébus illis exiérunt ex Israel fílii iníqui , & suasérunt multis , & dicéntes, Eámus & dispónámus testaméntû cum Géntibus quæ circa nos sunt ; quia ex quo recéssimus ab eis, invenérunt nos multa mala. Et bonus visus est sermo in óculis eórum. Et destinavérunt áliqui de pópulo , & abiérunt ad regem : & dedit illis potestátem ut fácerent justítiam Géntium. Et ædificavérunt gymnásium in Jerosólymis se-

cúndùm leges Natiónum. Et fecérunt sibi præpútia , & recessérunt à testaménto sancto , & juncti sunt Natiónibus , & venúmdati sunt ut fácerent malum.

℟. Congregáti sunt inimíci nostri , & gloriántur in virtúte sua : cóntere fortitúdinem illórum, Dómine , & dispérge illos , * Ut cognóscant quia non est álius qui pugnet pro nobis , nisi tu Deus noster. ℣. Dispérge illos in virtúte tua, & déstrue eos, protéctor noster Dómine , * Ut cognóscant. ℣. Glória. * Ut.

AU II NOCTURNE.

Leçon iv.

Ex libro Officiórum Sti Ambrósii Epíscopi. *Liv.* I , *ch.* 40.

FOrtásse áliquos béllica defíxos glória tenet , ut putent solam esse præliárem fortitúdinem ; & ídeo me ad ista deflexísse , quia illa nostris déforet. Quàm fortis Jesus Nave , ut uno prælio quinque reges captos stérneret cum pópulis suis ! Deínde cùm advérsùm Gabaonítas urgéret prælium , & vererétur ne nox impedíret victóriam, magnitúdine mentis & fídei clamávit, Stet sol ; & stetit, donec victória consummarétur. Gédeon in trecéntis viris de ingénti pópulo & acérbo hoste revéxit triúmphum. Jónathas adoléscens virtútem magnam fecit in prælio.

℟. Impetum inimicórum ne timuéritis , mémores estóte quómodo salvi facti sunt patres nostri : * Et nunc clamémus in cœlum, & miserébitur nostrî Deus noster. ℣.

R ij

Mementóte mirabílium ejus quæ fecit Pharaóni & exercítui ejus in mari Rubro. * Et nunc.

Bened. Chriſtus perpétuæ.

Leçon v.

QUid de Machabæis loquar? Sed priùs de pópulo dicam patrum, qui cùm eſſent paráti ad repugnándum pro templo Dei & pro legítimis ſuis, dolo hóſtium die laceſsíti Sábbati, maluérunt vulnéribus offérre nuda córpora, quàm repugnáre, ne violárent Sábbatum. Itaque omnes læti ſe obtulérunt morti. Sed Machabæi conſiderántes quòd hoc exémplo gens omnis poſſet períre, Sábbato étiam, cùm ipſi in bellum provocaréntur, ulti ſunt innocéntium necem fratrum ſuórum. Unde póſteà ſtimulátus rex Antíochus, cùm bellum accénderet per duces ſuos Lyſiam, Nicanórem, Górgiam, ita cum Orientálibus ſuis & Aſſyriis attrítus eſt cópiis, ut quadragínta & octo míllia in médio campi à tribus míllibus proſterneréntur.

℟. Congregátæ ſunt Gentes in multitúdine, ut dímicent contra nos, & ignorámus quid ágere debeámus. * Dómine Deus, ad te ſunt óculi noſtri, ne pereámus. ℣. Tu ſcis quæ cógitant in nos. Quómodò potérimus ſubſíſtere ante fáciem illórum, niſi tu ádjuves nos. * Dómine.

Bened. Ignem ſui amóris.

Leçon vj.

VIrtútem ducis Judæ Machabæi de uno ejus mílite conſideráte. Namque Eleázarus, cùm ſupereminéntem cæteris elephántem loricâ veſtítum régiâ advérteret, arbitrátus quòd in eo eſſet rex, curſu cóncito in médium legiónis ſe prorúpit; & abjécto clypeo utráque manu interficiébat, donec perveníret ad béſtiam, atque intrávit ſub eam, & ſubjécto gládio interémit eam. Itaque cadens béſtia oppréſſit Eleázarum, atque ita mórtuus eſt. Quanta ígitur virtus ánimi! primò, ut mortem non timéret; deinde ut circumfúſus legiónibus inimicórum, in confértos raperétur hoſtes, médium penetráret agmen, & contémtâ morte ferócior, abjécto clypeo, utráque manu vulnerátæ molem béſtiæ ſubíret ac ſuſtinéret; pòſt infra ipſam ſuccéderet, quò plenióre feríret ictu; cujus ruínâ inclúſus magis quàm oppréſſus ſuo eſt ſepúltus triúmpho.

℟. Tua eſt poténtia, tuum regnum, Dómine; tu es ſuper omnes gentes. * Da pacem, Dómine, in diébus noſtris. ℣. Creátor ómnium Deus, terríbilis & fortis, juſtus & miſéricors, * Da. ℣. Glória. * Da.

AU III NOCTURNE.

℟. Refúlſit ſol in clypeos áureos, & reſplenduérunt montes ab eis; * Et fortitúdo géntium diſſipáta eſt. ℣. Erat enim exércitus magnus valde & fortis: & appropiávit Judas, & exércitus ejus in prælio, * Et fortitúdo.

℟. Duo Séraphim clamábant alter ad álterum, * Sanctus, Sanctus, Sanctus Dóminus Deus Sábaoth. ** Plena eſt omnis terra glóriâ ejus. ℣. Tres sunt qui testimónium dant in cœlo, Pater, Verbum & Spíritus sanctus : & hi tres unum sunt. * Sanctus. ℣. Glória Patri. ** Plena.

II FERIE.
Leçon j.
De libro primo Machabæórum.
Chap. I.

ET parátum est regnum in conspéctu Antíochi, & cœpit regnáre in terra Ægýpti, ut regnáret super duo regna. Et intrávit in Ægýptum in multitúdine gravi, in cúrribus & elephántis & equítibus & copiósa návium multitúdine ; & constítuit bellum advérsùs Ptolemæum regem Ægýpti, & verítus est Ptolemæus à fácie ejus, & fugit, & cecidérunt vulneráti multi. Et comprehéndit civitátes munitas in terra Ægýpti, & accépit spólia terræ Ægýpti.

℞. Dixit Judas Simóni fratri suo, Elige tibi viros, & vade ; liberá fratres tuos in Galilæam; ego autem & Jónathas frater tuus íbimus in Galaadítim. * Sicut fúerit volúntas in cœlo, sic fiat. ℣. Accingímini, fílii poténtes, & estóte paráti ; quóniam mélius est nobis mori in bello, quàm vidére mala gentis nostræ & Sanctórum. * Sicut fúerit volúntas.

Bened. Unigénitus Déi Fílius.
Leçon ij.

ET convértit Antíochus, postquam percússit Ægýptum in centésimo & quadragésimo tértio anno ; & ascéndit ad Israel, & ascéndit Jerosólymam in multitúdine gravi. Et intrávit in sanctificatiónem cum supérbia : & accépit altáre áureum & candelábrum lúminis & univérsa vasa ejus & mensam propositiónis & libatória & phíalas & mortaríola áurea & velum & corónas & ornaméntum áureum quod in fácie templi erat ; & commínuit ómnia.

℞. Ornavérunt fáciem templi corónis áureis, & dedicavérunt altáre Dómino ; * Et facta est lætítia magna in pópulo. ℣. In hymnis & confessiónibus benedicébant Dóminum. * Et facta.

Bened. Spíritus sancti grátia.
Leçon iij.

ET accépit argéntum & aurum & vasa concupiscibília & accépit thesáuros occúltos quos invénit, & sublátis ómnibus ábiit in terram suam. Et fecit cædem hóminum, & locútus est in supérbia magna. Et factus est planctus magnus in Israel & in omni loco eórum, & ingemuérunt príncipes & senióres ; vírgines & júvenes infirmáti sunt, & speciósitas mulíerum immutáta est. Omnis marítus sumsit laméntum, & quæ sedébant in toro maritáli, lugébant. Et commóta est terra super habitántes in ea, & univérsa domus Jacob índuit confusiónem.

℞. In hymnis & confessiónibus benedicébant Dóminum, * Qui magna fecit in Israel, & victóriam dedit illis Dóminus omnípotens. ℣. Ornavérunt fáciem templi corónis áureis, & dedicavérunt altáre

Dómino, *Qui magna. ℣. Glória.
* Qui.

III FERIE.
Leçon j.
De libro primo Machabæórum.
Chap. 2.

IN diébus illis surréxit Mathathías fílius Joánnis, fílii Simeó-
nis, sacérdos ex fíliis Jóarib ab Jerúsalem, & consédit in monte Modin : & habébat fílios quinque,
Joánnem qui cognominabátur Gad-
dis, & Simónem qui cognominabátur Thasi, & Judam qui vocabátur Machabæus, & Eleázarum
qui cognominabátur Abaron, &
Jónathan qui cognominabátur Ap-
phus. Hi vidérunt mala quæ fiébant
in pópulo Juda & in Jerúsalem.

℟. Hic est fratrum amátor &
pópuli Israel : * Hic est qui multùm
orat pro pópulo & univérsa sancta
civitáte Jerúsalem. ℣. Vir iste in
pópulo suo mitíssimus appáruit. *
Hic est.

Bened. Christus perpétuæ.

Leçon ij.

ET dixit Mathathías, Væ mihi!
Ut quid natus sum vidére con-
tritiónem pópuli mei & contritió-
nem civitátis sanctæ, & sedére illic,
cùm datur in mánibus inimicórum ?
Sancta in manu extraneórum facta
sunt ; templum ejus sicut homo ig-
nóbilis. Vasa glóriæ ejus captíva
abdúcta sunt ; trucidáti sunt senes
ejus in platéis, & júvenes ejus cecidérunt in gládio inimicórum. Quæ
gens non hæreditávit regnum ejus
& non obtínuit spólia ejus ?

℟. Tu, Dómine universórum,
qui nullam habes indigéntiam, voluísti templum tuum fíeri in nobis ;
* Consérva domum istam immaculátam in ætérnum, Dómine. ℣. Tu
elegísti, Dómine, domum istam ad
invocándum nomen tuum in ea, ut
esset domus oratiónis & obsecratiónis pópulo tuo ; * Consérva domum.

Bened. Ignem sui amóris.

Leçon iij.

ET scidit vestiménta sua Mathathías, & fílii ejus ; & operuérunt se cilíciis & planxérunt valde. Et venérunt illuc qui missi e-
rant à rege Antíocho, ut cógerent
eos qui confúgerant in civitátem
Modin, immoláre & accéndere thu-
ra & à lege Dei discédere. Et multi
de pópulo Israel consentiéntes, accessérunt ad eos ; sed Mathathías
& fílii ejus constánter stetérunt.

℟. Aperi óculos tuos, Dómine,
& vide afflictiónem nostram. Circumdedérunt nos Gentes ad puniéndum nos ; * Sed tu, Dómine,
exténde bráchium tuum, & líbera
ánimas nostras. ℣. Afflíge oppriméntes nos & contuméliam faciéntes in supérbiam ; & custódi partem
tuam. * Sed tu. ℣. Glória. * Sed tu.

IV FERIE.
Leçon j.
De libro primo Machabæórum.
Chap. 2.

ET respóndit Mathathías & dixit magnâ voce, Et si omnes
gentes regi Antíocho obédiunt, ut
discédat unusquísque à servitúte

legis patrum suórum , & conséntiat mandátis ejus , ego & fílii mei & fratres mei obediémus legi patrum noſtrórū. Propítius ſit nobis Deus : non eſt nobis útile relínquere legem & juſtitias Dei. Non audiémus verba regis Antíochi, nec ſacrificábimus tranſgrediéntes legis noſtræ mandáta , ut eámus álterâ viâ.

℟. Refúlſit ſol in clypeos áureos, & reſplenduérunt montes ab eis : * Et fortitúdo géntium diſſipáta eſt. ℣. Erat enim exércitus magnus valde & fortis : & appropiávit Judas & exércitus ejus in prælio. * Et fortitúdo.

Bened. **Divínum auxílium.**

Leçon ij.

ET ut ceſſávit loqui verba hæc, accéſſit quidam Judæus in ómnium óculis ſacrificáre idólis ſuper aram in civitáte Modin , ſecúndùm juſſum regis : & vidit Mathathías , & dóluit , & contremuérunt renes ejus : & accénſus eſt furor ejus ſecúndùm judícium legis , & inſíliens trucidávit eum ſuper aram , ſed & virum quem rex Antíochus míſerat , qui cogébat immoláre, occídit in ipſo témpore, & aram deſtrúxit , & zelátus eſt legem ſicut fecit Phínees Zamri fílio Salómi.

℟. Ornavérunt fáciem templi corónis áureis, & dedicavérunt altáre Dómino ; * Et faĉta eſt lætitia magna in pópulo. ℣. In hymnis & confeſſiónibus benedicébant Dóminum ; * Et faĉta.

Bened. **Ad ſocietátem.**

Leçon iij.

ET exclamávit Mathathías voce magnâ in civitáte , dicens ; Omnis qui zelum habet legis , ſtátuens teſtaméntum , éxeat poſt me. Et fugit ipſe & fílii ejus in montes, & reliquérunt quæcúmque habébant in civitáte. Tunc deſcendérunt multi quæréntes judícium & juſtítiam in deſértum , & ſedérunt ibi ipſi & fílii eórum & mulíeres eórum & pécora eórum ; quóniam inundavérunt ſuper eos mala.

℟. In hymnis & confeſſiónibus benedicébant Dóminum * Qui magna fecit in Iſrael; & viĉtóriam dedit illis Dñus omnípotens. ℣. Ornavérunt fáciem templi corónis áureis, & dedicavérunt altáre Dómino , * Qui magna. ℣. Glória Patri. * Qui magna.

V FERIE.

Leçon j.
De libro primo Machabæórum.
Chap. 2.

ET appropinquavérunt dies Mathathíæ moriéndi, & dixit fíliis ſuis, Nunc confortáta eſt ſupérbia & caſtigátio & tempus everſiónis & ira indignatiónis. Nunc ergo, ô fílii, æmulatóres eſtóte legis , & date ánimas veſtras pro teſtaménto patrum veſtrórum, & mementóte óperum patrum , quæ fecérunt in generatiónibus ſuis & accipiétis glóriam magnam & nomen ætérnum. Abraham nonne in tentatióne invéntus eſt fidélis, & reputátum eſt ei ad juſtítiam ? Joſeph in témpore anguſtiæ ſuæ cuſtodívit mandátum , & factus est dóminus Ægypti. Phínees pater noster zelándo zelum Dei accépit testaméntum sacerdótii ætérni.

℟. Adapériat Dóminus cor vestrum in lege sua & in præcéptis suis , & fáciat pacem in diébus vestris. * Concédat vobis salútem , & rédimat vos à malis. ℣. Exáudiat Dóminus oratiónes vestras , & reconciliétur vobis , nec vos déserat in témpore malo. * Concédat.

Bened. Unigénitus Dei Fílius.

Leçon ij.

JEsus dum implévit verbum, factus est dux in Israel. Caleb , dum testificátur in Ecclésia , accépit hæreditátem. David in sua misericórdia consecútus est sedem regni in sécula. Elías dum zelat zelum legis , recéptus est in cœlum. Ananías & Azarías & Mísael credéntes liberáti sunt de flamma. Dániel in sua simplicitáte liberátus est de ore leónum. Et ita cogitáte per generatiónem & generatióné, quia omnes qui sperant in eum non infirmántur. Et à verbis viri peccatóris ne timuéritis, quia glória ejus stercus & vermis est, hódie extóllitur , & cras non inveniétur ; quia convérsus est in terram suam , & cogitátio ejus périit.

℟. Exáudiat Dóminus oratiónes vestras , & reconciliétur vobis , nec vos déserat in témpore malo * Dóminus Deus noster. ℣. Det vobis cor ómnibus, ut colátis eum & faciátis ejus voluntátem , * Dóminus Deus noster.

Bened. Spíritûs sancti grátia.

Leçon iij.

VOs ergo , fílii , confortámini & viríliter ágite in lege , quia in ipsa gloriósi éritis. Et ecce Simon frater vester , scio quòd vir consílii est : ipsum audíte semper , & ipse erit vobis pater. Et Judas Machabæus fortis víribus à juventúte sua, sit vobis princeps milítiæ, & ipse aget bellum pópuli. Et adducétis ad vos omnes factóres legis : & vindicáte vindíctam pópuli vestri. Retribúite retributiónem Géntibus , & inténdite in præcéptum legis. Et benedíxit eos , & appósitus est ad patres suos.

℟. Congregáti sunt inimíci nostri , & gloriántur in virtúte sua. Cóntere fortitúdinem illórum, Dómine , & dispérge illos , * Ut cognóscant quia non est álius qui pugnet pro nobis , nisi tu , Deus noster. ℣. Dispérge illos in virtúte tua, & déstrue eos protéctor noster , Dómine ; * Ut cognóscant. ℣. Glória. * Ut cognóscant.

VI FERIE

Leçon j.

De libro primo Machabæórum. *Chap. 2 & 3.*

DEfúnctus est Mathathías anno centésimo & quadragésimo sexto , & sepúltus est à fíliis suis in sepúlcris patrum suórum in Modin : & planxérunt eum omnis Israel planctu magno. Et surréxit Judas qui vocabátur Machabæus, filius ejus pro eo : & adjuvábant eum omnes fratres ejus & univérsi qui se conjúnxerant patri ejus : & præliabántur

præliabántur prælium Ifrael cum lætítia. Et dilatávit glóriam pópulo fuo. Et perfecútus eft iníquos, perfcrútans eos : & qui conturbábant pópulum fuum, eos fuccéndit flammis : & repúlfi funt inimíci ejus præ timóre ejus, & omnes operárii iniquitátis conturbáti funt : & dirécta eft falus in manu ejus.

℞. Impetum inimicórum ne timuéritis. Mémores eftóte quómodò falvi facti funt patres noftri. * Et nunc clamémus in cœlum, & miferébitur noftri Deus nofter. ℣. Mementóte mirabílium ejus quæ fecit Pharaóni & exercítui ejus in mari Rubro. * Et nunc.

Bened. Chriftus perpétuæ.

Leçon ij.

ET exacerbábat reges multos, & lætificábat Jacob in opéribus fuis, & in fæculum memória ejus in benedictióne. Et perambulávit civitátes Juda, & pérdidit ímpios ex eis, & avértit iram ab Ifrael. Et nominátus eft ufque ad novíffimum terræ, & congregávit pereúntes. Et congregávit Apollónius Gentes, & à Samaría virtútem multam & magnam ad bellándum contra Ifrael. Et cognóvit Judas, & éxiit óbviam illi : & percúffit & occídit illum : & cecidérunt vulneráti multi, & réliqui fugérunt. Et accépit fpólia eórum, & gládium Apollónii ábftulit Judas : & erat pugnans in eo ómnibus diébus.

℞. Congregátæ funt Gentes in multitúdine, ut dímicent contra nos, & ignorámus quid ágere debeámus. * Dómine Deus, ad te

funt óculi noftri, ne pereámus. ℣. Tu fcis quæ cógitant in nos. Quómodò potérimus fubfíftere ante fáciem illórum, nifi tu ádjuves nos ? * Dómine.

Bened. Ignem fui amóris.

Leçon iij.

ET cécidit timor Judæ ac fratrum ejus & formído fuper omnes Gentes in circúitu eórum : & pervénit ad regem nomen ejus, & de præliis Judæ narrábant omnes Gentes. Ut audívit autem rex Antíochus fermónes iftos, irátus eft ánimo : & mifit & congregávit exércitum univérfi regni fui, caftra fórtia valde : & apéruit ærárium fuum, & dedit ftipéndia exercítui in annum, & mandávit illis ut effent paráti ad ómnia.

℞. Tua eft poténtia, tuum regnum, Dómine ; tu es fuper omnes Gentes. * Da pacem, Dómine, in diébus noftris. ℣. Creátor ómnium Deus, terríbilis & fortis, juftus & miféricors, * Da. ℣. Glória. * Da.

SAMEDI.

Leçon j.

De libro primo Machabæórum. *Chap. 3.*

ET vidit Judas & fratres ejus quia multiplicáta funt mala, & exercitus applicábant ad fines eórum : & cognovérunt verba regis quæ mandávit pópulo fácere in intéritum & confummatiónem : & dixérunt unufquifque ad próximum fuum, Erigámus dejectiónem pópuli noftri, & pugnémus pro pópulo noftro & Sanctis noftris. Et congregátus est convéntus, ut esfent paráti in prælium, & ut orárent & péterent misericórdiam & miseratiónes. Et Jerúsalem non habitabátur, sed erat sicut desértum: non erat qui ingrederétur & egrederétur de natis ejus, & Sanctú conculcabátur: & filii alienigenárum erant in arce: ibi erat habitátio Géntium, & abláta est volúptas à Jacob, & defécit ibi tíbia & cíthara.

℟. Refúlsit sol in clypeos áureos, & resplenduérunt montes ab eis: * Et fortitúdo géntium díssipáta est. ℣. Erat enim exércitus magnus valde. & fortis: & appropiávit Judas & exércitus ejus in prælio. * Et.

Bened. Divínum auxílium.

Leçon ij.

ET congregáti sunt & venérunt in Maspha contra Jerúsalem, quia locus oratiónis erat in Maspha antè. in Israel. Et jejunavérunt illâ die, & induérunt se cilíciis, & cínerem imposuérunt cápiti suo: & discidérunt vestiménta sua. & expandérunt libros legis, de quibus scrutabántur Gentes similitúdinem simulacrórum suórum: & attulérunt ornaménta sacerdotália & primítias & décimas; & suscitavérunt Nazaræos, qui impléverant dies, & clamavérunt voce magnâ in cœlum dicéntes, Quid faciémus istis, & quò eos ducémus? Et sancta tua conculcáta sunt & contamináta sunt, & sacerdótes tui facti sunt in luctum & in humilitátem. Et ecce Natiónes convenérunt advérsùm nos, ut nos dispérdant: tu scis quæ cógitant in nos. Quómodò

potérimus subsístere ante fáciem eórum, nisi tu Deus ádjuves nos?

℟. Ornavérunt fáciem templi corónis áureis, & dedicavérunt altáre Dómino; * Et facta est lætítia magna in pópulo. ℣. In hymnis & confessiónibus benedicébant Dóminum; * Et facta.

Bened. Ad societátem.

Leçon iij.

ET tubis exclamavérunt voce magnâ. Et post hæc constítuit Judas duces pópuli, tribúnos & centuriónes & pentacontárchos & decuriónes. Et dixit his qui ædificábant domos, & sponsábant uxóres, & plantábant víneas, & formidolósis, ut redírent unusquísque in domum suam secúndùm legem. Et movérunt castra, & cólle cavérunt ad Austrum Emmaum. Et ait Judas, Accingímini & estóte filii poténtes & estóte paráti in manè, ut pugnétis advérsùs Natiónes has quæ convenérunt advérsùs nos, dispérdere nos & sancta nostra; quóniam mélius est nos mori in bello, quàm vidére mala. gentis nostræ & sanctórum. Sicut autem fúerit volúntas in cœlo, sic fiat.

℟. In hymnis & confessiónibus benedicébant Dóminú * Qui magna fecit in Israel & victóriam dedit illis Dóminus omnípotens. ℣. Ornavérunt fáciem templi corónis áureis, & dedicavérunt altáre Dómino, * Qui magna. ℣. Glória. * Qui magna.

A Magníficat, Ant. Refúlsit sol in clypeos áureos, & resplendué-

runt montes ab eis , & fortitúdo
géntium diffipáta eft.

II DIMANCHE
D'OCTOBRE.
Au I Nocturne.
Leçon ij.

De libro primo Machabæórum.
Chap. 4.

Dixit autem Judas & fratres
ejus, Ecce contríti funt inimíci noftri : afcendámus nunc mundáre fanEta & renováre. Et congregátus eft omnis exércitus , &
afcendérunt in montem Sion. Et
vidérunt SanEtificatiónem defértam
& altáre profanátum & portas
exúftas , & in átriis virgúlta náta
ficut in faltu vel in móntibus , &
paftophória dirúta. Et fcidérunt
veftiménta fua, & planxérunt planctu magno , & impofuérunt cínerem fuper caput fuum , & cecidérunt in fáciem fuper terram , & exclamavérunt tubis fignórum , &
clamavérunt in cœlum.

℟. Adapériat Dóminus cor veftrum in lege fua , & in præcéptis
fuis , & fáciat pacem in diébus veftris ; * Concédat vobis falútem ,
& rédimat vos à malis. ℣. Exáudiat Dóminus oratiónes veftras ,
& reconciliétur vobis , nec vos
déferat in témpore malo. * Concédat vobis.

Bened. Unigénitus Dei Fílius.

Leçon ij.

TUnc ordinávit Judas viros ut
pugnárent advérsùs eos qui
erant in arce , donec emundárent

fanEta. Et elégit facerdótes fine
mácula voluntátem habéntes in lege Dei : & mundavérunt SanEta ,
& tulérunt lápides contaminatió-
nis in locum immúndum. Et cogitávit de altári holocauftórum quod
profanátum erat , quid de eo táce-
ret. Et íncidit illis confílium bonum , ut deftrúerent illud , ne forte
illis effet in oppróbrium , quia con-
taminavérut illud Gentes, & demo-
líti funt illud. Et repofuérunt lápides in monte Domûs in loco apto,
quoadúfque veníret Prophéta &
refpondéret de eis.

℟. Exáudiat Dóminus oratiónes
veftras , & reconciliétur vobis ,
nec vos déferat in témpore malo,
* Dóminus Deus nofter. ℣. Det
vobis cor ómnibus , ut colátis eum
& faciátis ejus voluntátem ; * Dóminus Deus nofter.

Bened. Spíritûs fanEti grátia.

Leçon iij.

ET accepérunt lápides íntegros
fecúndùm legem & ædifica-
vérunt altáre novum fecúndùm
illud quod fuit priùs : & ædificavérunt SanEta & quæ intra Domum
erant intrínfecus ; & ædem & átria
fanEtificavérunt. Et fecérunt vafa
fanEta nova , & intulérunt candelábrum & altáre incenfórum &
menfam in Templum. Et incénfum
pofuérunt fuper altáre , & accen-
dérunt lucérnas quæ fuper candelábrum erant ; & lucébant in templo. Et pofuérunt fuper menfam
panes , & appendérunt véla , &
confummavérunt ómnia ópera quæ
fécerant.

℟. Congregáti funt inimíci noftri, & gloriántur in virtúte fua. Cóntere fortitúdinem illórum, Dómine, & difpérge illos, * Ut cognófcant quia non eft álius qui pugnet pro nobis, nifi tu Deus nofter. ℣. Difpérge illos in virtúte tua, & déftrue eos, protéctor nofter, Dómine, * Ut cognófcant. ℣. Glória. * Ut cognófcant.

A U I I. N O C T U R N E.
Leçon iv.

Ex libro fancti Auguftini Epífcopi de Civitáte Dei. *Liv.* 18, *ch.* 45.

POfteáquam gens Judæa cœpit non habére Prophétas, prócul dúbio detérior facta eft, eo fcilicet témpore quo fe fperábat, inftauráto templo, poft captivitátem quæ fuit in Babylónia, futúram effe meliórem. Sic quippe intelligébat pópulus ille carnális quod prænuntiátum eft per Aggæum Prophétam dicéntem, Magna erit glória domûs iftíus novíffimæ plus quàm primæ. Quod de novo Teftaménto dictum effe paulò fupériùs demonftrávit, ubi ait apérte Chriftum promíttens, Et movébo omnes gentes, & véniet Defiderátus cunctis géntibus.

℟. Impetum inimicórum ne timuéris. Mémores eftóte quómodò falvi facti funt patres noftri. * Et nunc clamémus in cœlum, & miferébitur noftri Deus nofter. ℣. Mementóte mirabílium ejus quæ fecit Pharaóni & exercítui ejus in mari Rubro. * Et nunc.

Bened. Chriftus perpétuæ det nobis gáudia vitæ.

℞. Leçon v.

TAlibus enim eléctis Géntium domus Dei ædificátur per teftaméntum novum lapídibus vivis, longè gloriófior quàm templum illud fuit quod à rege Salomóne conftrúctum eft & poft captivitátem inftaurátum. Propter hoc ergo nec Prophétas ex illo témpore hábuit illa gens; fed multis cládibus afflícta eft ab alienígenis régibus ipfífque Románis, ne hanc Aggæi prophetíam in illa inftauratióne templi opinarétur implétam. Non multò enim poft adveniénte Alexándro fubjugáta eft, quando, etfi nulla facta eft vaftátio, (quóniam non funt aufi ei refíftere & ídeò placátum facíllimè fúbditi recepérunt,) non erat tamen glória tanta domûs illíus, quanta fuit in fuórum regum líbera poteftáte.

℟. Congregátæ funt Gentes in multitúdine, ut dímicent contra nos, & ignorámus quid ágere debeámus. * Dómine Deus, ad te funt óculi noftri, ne pereámus. ℣. Tu fcis quæ cógitant in nos. Quómodò potérimus fubfíftere ante fáciem illórum, nifi tu ádjuves nos ? * Dñe.

Bened. Ignem fui amóris.

Leçon vj.

DEinde Ptolemæus Lagi fílius poft Alexándri mortem captivos inde in Ægyptum tránftulit, quos ejus fuccéffor Ptolemæus Philadélphus benevolentíffimè inde dimífit, per quem factum eft ut Septuagínta Intérpretum fcriptúras haberémus. Deinde contríti funt bellis quæ in Machabæórum libris explicántur. Poft hæc capti à rege Alexándriæ Ptolemæo, qui eft appellátus Epíphanes ; inde ab Antiocho rege Syriæ multis & graviffimis malis ad idóla colénda compúlfi, templúmque ipfum replétum facrílegis fuperftitiónibus Géntium, quod tamen dux eórum ftrenuiffimus Judas, qui étiam Machabæus diftus eft, Antiochi dúcibus pulfis ab omni illa idololátriæ contaminatióne mundávit.

℞. Tua eft poténtia, tuum regnum, Dómine ; tu es fuper omnes Gentes. * Da pacem, Dómine, in diébus noftris. ℣. Creátor ómnium Deus, terríbilis & fortis, juftus & mifericors, * Da pacem. ℣. Glória. * Da pacem.

AU III NOCTURNE.

℞. Refúlfit fol in clypeos áureos, & refplenduérunt montes ab eis, * Et fortitúdo Géntiũ diffipáta eft. ℣. Erat enim exércitus magnus valde & fortis : & appropiávit Judas & exércitus ejus in prælio. * Et.

℞. Duo Séraphim clamábant alter ad álterum, * Sanftus, Sanftus, Sanftus Dóminus Deus Sábaoth. ** Plena eft omnis terra glóriâ ejus. ℣. Tres funt qui teftimónium dant in cœlo, Pater, Verbum & Spíritus fanftus : & hi tres unum funt. * Sanftus. ℣. Glória. ** Plena.

II FERIE.
Leçon j.

De libro primo Machabæórum. *Chap.* 4.

ANte matutinum furrexérunt quintâ & vigéfimâ die menfis

nóni (hic eft menfis Cafleu) centéfimi quadragéfimi oftávi anni, & obtulérunt facrifícium fecúndùm legem fuper altáre holocauftórum novum quod fecérunt. Secúndùm tempus & fecúndùm diem in qua contaminavérunt illud Gentes, in ipfa renovátum eft in cánticis & citharis & cyniris & cymbalis. Et cédidit omnis pópulus in fáciem, & adoravérunt, & benedixérunt in cœlum eum qui profperávit eis.

℞. Dixit Judas Simóni fratri fuo, Elige tibi viros, & vade, líbera fratres tuos in Galilæam ; ego autem & Jónathas frater tuus, íbimus in Gaaladítim. * Sicut fúerit volúntas in cœlo, fic fiat. ℣. Accingímini, fílii poténtes, & eftóte paráti, quóniám mélius eft nobis mori in bello, quàm vidére mala gentis noftræ & Sanftórum. * Sicut.

Bened. Unigénitus Dei Fílius.

Leçon ij.

ET fecérunt dedicatiónem altáris diébus ofto ; & obtulérunt holocáufta cum lætitia & facrifícium falutaris & laudis. Et ornavérunt fáciem templi corónis áureis & fcútulis, & dedicavérunt portas & paftophória, & impofuérunt eis jánuas. Et fafta eft lætitia in pópulo magna valde, & avérfum eft oppróbrium Géntium. Et ftátuit Judas & fratres ejus & univérfa Eccléfia Ifrael, ut agátur dies dedicatiónis altáris in tempóribus fuis ab anno in annum per dies ofto à quinta & vigéfima die menfis Cafleu, cum lætitia & gáudio.

℞. Ornavérunt fáciem templi

corónis áureis , & dedicavérunt altáre Dómino : * Et facta est lætítia magna in pópulo. ℣. In hymnis & confessiónibus benedicébant Dóminum. * Et facta.

Bened. Spíritûs sancti grátia.

Leçon iij.

ET ædificavérunt in témpore illo montem Sion , & per circúitum muros altos & turres firmas , nequándo venírent Gentes & conculcárent eum sicut ánteà fecérunt. Et collocávit illic exércitum , ut servárent eum ; & munívit eum ad custodiéndam Bethsúram , ut habéret pópulus munitiónem contra fáciem Idumææ.

℞. In hymnis & confessiónibus benedicébant Dóminum * Qui magna fecit in Ísrael, & victóriam dedit illis Dóminus omnípotens. ℣. Ornavérunt fáciem templi corónis áureis , & dedicavérunt altáre Dómino * Qui. ℣. Glória. * Qui.

III FERIE.
Leçon j.
De libro primo Machabæórum.
Chap. 5.

ET factum est ut audiérunt Gentes in circúitu quia ædificátum est altáre & sanctuárium sicut priùs, irátæ sunt valde ; & cogitábant tóllere genus Jacob qui erant inter eos ; & cœpérunt occídere de pópulo, & pérsequi. Et debellábat Judas fílios Esaü in Idumæa & eos qui erant in Acrabáthane , quia circumsedébant Ísraelítas, & percússit eos plagâ magnâ. Et recordátus est malítiam filiórum

Bean qui erant pópulo in láqueum & in scándalum , insidiántes ei in via. Et conclúsi sunt ab eo in túrribus , & applícuit ad eos , & anathematizávit eos , & incéndit turres eórum igni cum ómnibus qui in eis erant.

℞. Hic est fratrum amátor & pópuli Ísrael. * Hic est qui multùm orat pro pópulo & univérsa sancta civitáte Jerúsalem. ℣. Vir iste in pópulo suo mitíssimus appáruit. * Hic.

Bened. Christus perpétuæ.

Leçon ij.

ET transívit ad fílios Ammon, & invénit manum fortem & pópulum copiósum & Timótheum ducem ipsórum : & commísit cum eis prælia multa, & contríti sunt in conspéctu eórum, & percússit eos : & cepit Gazer civitátem & fílias ejus, & revérsus est in Judæam. Et congregátæ sunt Gentes quæ sunt in Gálaad advérsus Ísraelítas qui erant in fínibus eórum, ut tóllerent eos : & fugérunt in Dátheman munitiónem.

℞. Tu, Dómine universórum , qui nullam habes indigéntiam, voluísti templum tuum fíeri in nobis. * Consérva domum istam immaculátam in ætérnum , Dómine. ℣. Tu elegísti, Dómine, domum istam ad invocándum nomen tuum in ea, ut esset domus oratiónis & obsecratiónis pópulo tuo. * Consérva.

Bened. Ignem sui amóris.

Leçon iij.

ET misérunt lítteras ad Judam & fratres ejus, dicéntes, Congregátæ funt advérsùm nos Gentes per circúitum, ut nos áuferant: & parant veníre & occupáre munitiónem in quam confúgimus: & Timótheus eft dux exércitûs eórum. Nunc ergo veni, & éripe nos de mánibus eórum, quia cécidit multitúdo de nobis: & omnes fratres noftri qui erant in locis Tubin, interfécti funt, & captívas duxérunt uxóres eórum & natos & fpólia, & peremérunt illic ferè mille viros.

℟. Aperi óculos tuos, Dómine, & vide afflictiónem noftram. Circumdedérunt nos Gentes ad puniéndum nos : * Sed tu, Dómine, exténde bráchium tuum, & líbera ánimas noftras. ℣. Afflíge oppriméntes nos & contuméliam faciéntes in fupérbiam; & cuftódi partem tuam. * Sed tu. ℣. Glória. * Sed tu.

IV FERIE
Leçon j.
De libro primo Machabæórum.
Chap. 5.

IN diébus quibus erat Judas & Jónathas in terra Gálaad, & Simon frater ejus in Galilæa contra fáciem Ptolemáidis, audivit Joséphus Zacharíæ fílius, & Azarías princeps virtútis res benè geftas & prælia quæ facta funt, & dixit, Faciámus & ipfi nobis nomen, & eámus pugnáre advérsùs Gentes quæ in circúitu noftro funt. Et præcépit his qui erant in exércitu fuo; & abiérunt Jámniam:

℟. Refúlfit fol in clypeos áureos,

& refplenduérunt montes ab eis: * Et fortitúdo géntium diffipáta eft. ℣. Erat enim exércitus magnus valde & fortis: & appropiávit Judas & exércitus ejus in prælio. * Et fortitúdo géntium.

Bened. Divínum auxílium.
Leçon ij.

ET exívit Górgias de civitáte & viri ejus óbviam illis in pugnam, & fugáti funt Joséphus & Azarías ufque in fines Judææ: & cecidérunt illo die de pópulo Ifrael ad duo míllia viri, & facta eft fuga magna in pópulo, quia non audiérunt Judam & fratres ejus exiftimántes fórtiter fe factúros. Ipfi autem non erant de sémine virórum illórum per quos falus facta eft in Ifrael.

℟. Ornavérunt fáciem templi corónis áureis, & dedicavérunt altáre Dómino; * Et facta eft lætítia magna in pópulo. ℣. In hymnis & confeffiónibus benedicébant Dóminum. * Et facta.

Bened. Ad focietátem.
Leçon iij.

ET viri Juda magnificáti funt valde in confpéctu omnis Ifrael & Géntium ómnium ubi audiebátur nomen eórũ; & convenérunt ad eos faufta acclamántes. Et exívit Judas & fratres ejus, & expugnábant fílios Efaü in terra quæ ad Auftrum eft, & percúffit Chebron & fílias ejus & muros ejus, & turres succéndit igni in circúitu. Et movit caftra ut iret in terram alienigenárum, & perambulábat Samaríam. In die illa cecidérunt facerdótes in béllo, dum volunt fórtiter fácere, dum fine consilio éxeunt in prælium.

R̶. In hymnis & confeffiónibus benedicébant Dóminú * Qui magna fecit in Ifrael, & victóriam dedit illis Dóminus omnípotens. V̶. Ornavérunt fáciem templi corónis áureis, & dedicavérunt altáre Dómino * Qui magna. V̶. Glória. * Qui.

V FERIE.
Leçon j.
De libro primo Machabæórum.
Chap. 6.

ET rex Antíochus perambulábat fuperióres regiónes, & audívit effe civitátem Elymáidem in Pérfide nobiliffimam & copiófam in argénto & auro, templúmque in ea lócuples valde : & illic velámina áurea & loricæ & fcuta, quæ relíquit Alexánder Philíppi rex Mácedo qui regnávit primus in Græcia. Et venit, & quærébat cápere civitátem & deprædári eam, & non pótuit, quóniam innótuit fermo his qui erant in civitáte : & infurrexérunt in prælium, & fugit inde, & ábiit cum triftítia magna, & revérfus eft in Babylóniam. Et venit qui nuntiáret ei in Pérfide quia fugáta funt caftra quæ erant in terra Juda, & quia ábiit Lyfias cum virtúte forti in primis, & fugátus eft à fácie Judæórum.

R̶. Adapériat Dóminus cor veftrum in lege fua & in præcéptis fuis, & fáciat pacem in diébus veftris. * Concédat vobis falútem, & rédimat vos à malis. V̶. Exáudiat Dó-

minus oratiónes veftras, & reconciliétur vobis, nec vos déferat in témpore malo. * Concédat.

Bened. Unigénitus Dei Fílius.
Leçon ij.

ET invaluérunt armis & víribus & fpóliis multis quæ cepérunt de caftris quæ excidérunt, & quia diruérunt abominatiónem quam ædificáverat fuper altáre quod erat in Jerúfalem, & Sanctificatiónem, ficut priùs, circumdedérunt muris excélfis, fed & Bethfúram civitátem fuam. Et factum eft ut audívit rex fermónes iftos, expávit & commótus eft valde, & décidit in lectum, & íncidit in languórem præ triftítia, quia non factum eft ei ficut cogitábat. Et erat illic per dies multos, quia renováta eft in eo triftítia magna, & arbitrátus eft fe mori.

R̶. Exáudiat Dóminus oratiónes veftras, & reconciliétur vobis, nec vos déferat in témpore malo, * Dóminus Deus nofter. V̶. Det vobis cor ómnibus ut colátis eum & faciátis ejus voluntátem. * Dóminus Deus nofter.

Bened. Spíritûs fancti grátia.
Leçon iij.

ET vocávit omnes amícos fuos, & dixit illis, Recéffit fomnus ab óculis meis, & cóncidi, & córrui corde præ follicitúdine, & dixi in corde meo, In quantam tribulatiónem devéni & in quos fluctus triftítiæ in qua nunc fum, qui jucúndus eram & diléctus in poteftáte mea ! Nunc verò reminífcor malórum quæ feci in Jerúfalem, unde

unde & ábſtuli ómnia ſpólia áurea & argéntea quæ erant in ea , & miſi auférre habitántes Judæam ſine cauſa. Cognóvi ergo quia proptéreà invenérunt me mala iſta : & ecce péreo triſtítiâ magnâ in terra aliéna.

℟. Congregáti ſunt inimíci noſtri , & gloriántur in virtúte ſua. Cóntere fortitúdinem illórum, Dómine , & diſpérge illos , * Ut cognóſcant quia non eſt álius qui pugnet pro nobis, niſi tu Deus noſter. ℣. Diſpérge illos in virtúte tua , & déſtrue eos , protéctor noſter Dómine , * Ut cognóſcant. ℣. Glória. * Ut.

VI FERIE.
Leçon j.
De libro primo Machabæórum. *Chap. 7.*

ANno centéſimo quinquagéſimo primo éxiit Demétrius Seléuci filius ab urbe Roma , & aſcéndit cum paucis viris in civitátem marítimam , & regnávit illìc. Et ſedit Demétrius ſuper ſedem regni ſui. Et venérunt ad eum viri iníqui & ímpii ex Iſrael , & Alcimus dux eórum, qui volébat fíeri ſacérdos. Et accuſavérunt pópulum apud regem , dicéntes, Pérdidit Judas & fratres ejus omnes amícos tuos , & nos diſpérſit de terra noſtra. Nunc ergo mitte virum cui credis , ut eat & vídeat extermínium omne quod fecit nobis & regiónibus regis , & púniat omnes amícos ejus & adjutóres eórum.

℟. Impetum inimicórum ne ti-

muéritis. Mémores eſtóte quómodò ſalvi facti ſunt patres noſtri. * Et nunc clamémus in cœlum, & miſerébitur noſtri Deus noſter. ℣. Mementóte mirabílium ejus quæ fecit Pharaóni & exercítui ejus in mari Rubro. * Et nunc.

Bened. Chriſtus perpétuæ.
Leçon ij.

ET elégit Rex ex amícis ſuis Bácchidem qui dominabátur trans flumen magnum in regno , & fidélem regi , & miſit eum ut vidéret extermínium quod fecit Judas : ſed & Alcimum impium conſtituit in ſacerdótium , & mandávit ei fácere ultiónem in fílios Iſrael. Et ſurrexérunt & venérunt cum exércitu magno in terram Juda : & miſérunt núntios , & locúti ſunt ad Judam & ad fratres ejus verbis pacíficis in dolo. Et non intendérunt ſermónibus eórum ; vidérunt enim quia venérunt cum exércitu magno.

℟. Congregátæ ſunt Gentes in multitúdine , ut dímicent contra nos , & ignorámus quid ágere debeámus. * Dómine Deus , ad te ſunt óculi noſtri , ne pereámus. ℣. Tu ſcis quæ cógitant in nos. Quómodò potérimus ſubſíſtere ante táciem illórum , niſi tu ádjuves nos, * Dómine.

Bened. Ignem ſui amóris.
Leçon iij.

ET convenérût ad Alcimum & Bácchidem congregátio Scribárum requírere quæ juſta ſunt ; & primi, Aſſidǽi qui erant in Filiis Iſrael, & exquirébant ab eis pacem.

Dixérunt enim, Homo sacérdos, de sémine Aaron venit : non decípiet nos. Et locútus est cum eis verba pacífica, & jurávit illis dicens, Non inferémus vobis malum neque amícis vestris. Et credidérunt ei. Et comprehéndit ex eis sexagínta viros, & occídit eos in una die secúndum verbum quod scriptum est ; Carnes sanctórum tuórum & sánguinem ipsórum effudérunt in circúitu Jerúsalem, & non erat qui sepelíret.

℞. Tua est poténtia, tuum regnum, Dómine ; tu es super omnes Gentes.*Da pacem, Dómine, in diébus nostris. ℣. Creátor ómnium Deus, terríbilis & fortis, justus & miséricors ; * Da pacem. ℣. Glória. * Da pacem.

S A M E D I.
Leçon j.
De libro primo Machabæórum.
Chap. 8.

ET audívit Judas nomen Romanórum, quia sunt poténtes víribus & acquiéscunt ad ómnia quæ postulántur ab eis : & quicúmque accessérunt ad eos, statuérunt cum eis amicítias, & quia sunt poténtes víribus. Et audiérunt prælia eórum & virtútes bonas quas fecérut in Galátia ; quia obtinuérunt eos & duxérunt sub tribútum ; & quanta fecérunt in regióne Hispániæ, & quòd in potestátem redegérunt metálla argénti & auri quæ illìc sunt ; & possedérunt omnem locum consílio suo & patiémiâ ; locáque quæ longè

erant valde ab eis, & Reges qui supervénerant eis ab extrémis terræ, contrivérunt, & percussérunt eos plagâ magnâ : cæteri autem dant eis tribútum ómnibus annis.

℞. Refúlsit sol in clypeos áureos, & resplenduérunt montes ab eis : * Et fortitúdo géntium dissipáta est. ℣. Erat enim exércitus magnus valde & fortis : & appropiávit Judas & exércitus ejus in prælio. * Et fortitúdo.

Bened. Divínum auxílium.
Leçon ij.

ET elégit Judas Eupólemum fílium Joánnis fílii Jacob, & Jasónem fílium Eleázari, & misit eos Romam constitúere cum illis amicítiam & societátem, & ut auférrent ab eis jugum Græcórum, quia vidérunt quòd in servitútem prémerent regnum Israel. Et abiérunt Romam viam multam valde, & introiérunt Cúriam & dixérunt, Judas Machabæus & fratres ejus & pópulus Judæórum misérunt nos ad vos statúere vobíscum societátem &, pacem, & conscríbere nos sócios & amícos vestros. Et plácuit sermo in conspéctu eórum. Et hoc rescríptum est quod rescripsérunt in tábulis æreis, & misérunt in Jerúsalem, ut esset apud eos ibi memoriále pacis & societátis.

℞. Ornavérunt fáciem templi corónis áureis, & dedicavérunt altáre Dómino ; * Et facta est lætítia magna in pópulo. ℣. In hymnis & confessiónibus benedicébant Dóminum ; * Et facta.

Bened. Ad societátem.

Leçon iij.

BEnè fit Románis & genti Judæórum in mari & in terra in ætérnum, gladiúfque & hoftis procul fit ab eis. Quòd fi inftíterit bellum Románis priùs, aut ómnibus fóciis eórum, in omni dominatióne eórum, auxílium feret gens Judæórum, próut tempus dictáverit, corde pleno: & præliántibus non dabunt neque fubminiftrábunt tríticum, arma, pecúniam, naves, ficut plácuit Románis; & cuftódient mandáta eórum, nihil ab eis accipiéntes. Simíliter autem & fi genti Judæórum priùs accíderit bellum, adjuvábunt Románi ex ánimo, prout eis tempus permíferit.

℟. In hymnis & confeffiónibus benedicébant Dóminum * Qui magna fecit in Ifrael & victóriam dedit illis, Dóminus omnípotens. ℣. Ornavérunt fáciem templi corónis áureis, & dedicavérunt altáre Dómino * Qui magna. ℣. Glória Patri. * Qui.

A Magníficat, Ant. Lugébat autem Judam Ifrael planctu magno, & dicébat, Quómodò cecidífti, potens in prælio; qui falvum faciébas pópulum Dómini?

III DIMANCHE D'OCTOBRE.
AU I NOCTURNE.
Leçon j.

De libro primo Machabæórum.
Chap. 9.

INtereà ut audívit Demétrius quia cécidit Nicánor & exércitus ejus in prælio, appófuit Bácchidem & Alcímum rurfum míttere in Judæam & dextrum cornu cum illis. Et abiérunt viam quæ ducit in Gálgala, & caftra pofuérunt in Mafaloth quæ eft in Arbéllis; & occupavérunt eam, & perémerunt ánimas hóminum multas. In menfe primo anni centéfimi & quinquagéfimi fecúndi applicuérũt exércitum ad Jerúfalem, & furrexérunt & abiérunt in Béream vigínti míllia virórum & duo míllia équitum. Et Judas pofúerat caftra in Láifa, & tria míllia viri elécti cum eo: & vidérunt multitúdinem exércitûs quia multi funt, & timuérunt valde: & multi fubtraxérunt fe de caftris, & non remanférunt ex eis nifi octingénti viri.

℟. Adapériat Dóminus cor veftrum in lege fua & in præcéptis fuis, & fáciat pacem in diébus veftris: * Concédat vobis falútem, & rédimat vos à malis. ℣. Exáudiat Dóminus oratiónes veftras, & reconciliétur vobis, nec vos déferat in témpore malo. * Concédat.

Bened. Unigénitus Dei Fílius.

Leçon ij.

ET vidit Judas quòd deflúxit exércitus fuus, & bellum perurgébat eum, & confráctus eft corde, quia non habébat tempus congregándi eos, & diffolútus eft. Et dixit his qui refídui erant, Surgámus & eámus ad adverfários noftros; fi potérimus pugnáre advérfùs eos. Et avertébant eum, dicéntes, Non potérimus: fed liberémus ánimas noftras modò, & revertámur ad fratres noftros, &

T ij

tunc pugnábimus advérsùs eos, nos autem pauci fumus. Et ait Judas, Abfit iftam rem fácere ut fugiámus ab eis : & fi appropiávit tempus noftrum, moriámur in virtúte propter fratres noftros, & non inferámus crimen glóriæ noftræ. Et movit exércitus de caftris, & ftetérunt illis óbviam, & divífi funt équites in duas partes, & fundibulárii & fagittárii præibant exércitum, & primi certáminis omnes poténtes.

℟. Exáudiat Dóminus oratiónes veftras, & reconciliétur vobis, nec vos déferat in témpore malo, * Dóminus Deus nofter. ℣. Det vobis cor ómnibus, ut colátis eum & faciátis ejus voluntátem. * Dóminus Deus nofter.

Bened. Spíritûs fancti grátia.

Leçon iij.

Bacchides autem erat in dextro cornu, & proximávit légio ex duábus pártibus, & clamábant tubis : exclamavérunt autem & hi qui erant ex parte Judæ étiam ipfi, & commóta eft terra à voce exercítuum : & commíffum eft prælium à manè úfque ad vésperam. Et vidit Judas quòd firmior eft pars exércitûs Bácchidis in dextris, & convenérunt cum ipfo omnes conftántes corde, & contríta eft déxtera pars ab eis, & perfecútus eft eos úfque ad montem Azóti. Et qui in finíftro cornu erant, vidérunt quòd contrítum eft dextrum cornu, & fecúti funt poft Judam & eos qui cum ipfo erant, à tergo ; & ingravátum eft prælium, & cecidérunt vulneráti multi ex his &

ex illis. Et Judas cécidit, & cæteri fugérunt. Et Jónathas & Simon tulérunt Judam fratrem fuum, & fepeliérunt eum in fepúlchro patrum fuórum in civitáte Modin : & flevérunt eum omnis pópulus Ifrael planctu magno.

℟. Congregáti funt inimíci noftri, & gloriántur in virtúte fua. Cóntere fortitúdinem illórum, Dómine, & difpérge illos, * Ut cognófcant quia non eft álius qui pugnet pro nobis, nifi tu Deus nofter. ℣. Difpérge illos in virtúte tua, & déftrue eos, protéctor nofter Dómine, * Ut. ℣. Glória. * Ut.

Au II Nocturne.

Leçon iv.

Ex libro Officiórum Sti Ambrófii Epífcopi. *Liv.* I, *ch.* 41.

Quia fortitúdo non folùm fecúndis rebus, fed étiam advérfis probátur, fpectémus Judæ Machabæi éxitum. Is enim poft victum Nicanórem, Regis Demétrii ducem, fecúrior advérfùs vigínti míllia exércitus Regis cum octingéntis viris bellum adórfus, voléntibus his cédere ne multitúdine opprimeréntur, gloriófam magis mortem quàm turpem fugam fuáfit. Ne crimen, inquit, noftræ relinquámus glóriæ. Ita commíffo prælio, cùm à primo ortu diéi in vésperam dimicarétur, dextrum cornu in quo validíffimam manum advértit hóftium aggréffus, fácilè avértit. Sed dum fugiéntes féquitur, à tergo vúlneri locum præbuit : ítaque gloriofiórem triúmphis mortem invénit.

℟. Impetum inimicórum ne timuéritis. Mémores estóte quómodò salvi facti sunt patres nostri. * Et nunc clamémus in cœlum , & miserébitur nostri Deus noster. ℣. Mementóte mirabílium ejus quæ fecit Pharaóni & exercítui ejus in mari Rubro. * Et nunc clamémus in cœlum.

Bened. Christus perpétuæ det nobis gáudia vitæ.

Leçon v.

QUid Jónatham fratrem ejus attéxam , qui cum parva manu advérsùs exércitus régios pugnans , desértus à suis & cum duóbus tantùm relíctus , reparávit bellum , avértit hostem , fugitántes suos ad societátem revocávit triúmphi? Habes fortitúdinem béllicam , in qua non mediócris honésti ac decóri forma est , quòd mortem servitúti præferat ac turpitúdini. Quid autem de Mártyrum dicam passiónibus? Et ne lóngiùs evagémur , non minórem de supérbo Rege Antiocho Machabæi púeri revexérunt triúmphum , quàm paréntes próprii ; síquidem illi armáti , isti sine armis vicérunt.

℟. Congregátæ sunt Gentes in multitúdine , ut dímicent contra nos , & ignorámus quid ágere debeámus. Dómine Deus , ad te sunt óculi nostri , ne pereámus. ℣. Tu scis quæ cógitant in nos. Quómodò póterimus subsístere ante fáciem illórum , nisi tu ádjuves nos ? * Dómine Deus.

Béned. Ignem sui amóris accéndat Deus in córdibus nostris.

Leçon vj.

STetit invícta septem puerórum cohors régiis cincta legiónibus. Defecérunt supplícia, cessérunt tortóres , non defecérunt mártyres. Alius córium cápitis exútus spéciem mutáverat , virtútem áuxerat. Alius linguam jussus amputándam prómere , respóndit , Non solos Dóminus audit loquéntes, qui audiébat Móysen tacéntem. Plus audit tácitas cogitatiónes suórum , quàm voces ómnium. Linguæ flagéllum times , flagéllum sánguinis non times ? Habet & sanguis vocem suam quâ clamat ad Deum , sicut clamávit in Abel.

℟. Tua est poténtia , tuum regnum, Dómine ; tu es super omnes Gentes. * Da pacem, Dómine, in diébus nostris. ℣. Creátor ómnium Deus , terríbilis & fortis , justus & miséricors ; * Da pacem. ℣. Glória. * Da pacem.

Au III. Nocturne.

℟. Refúlsit sol in clýpeos áureos , & resplenduérunt montes ab eis ; * Et fortitúdo Géntium dissipáta est. ℣. Erat enim exércitus magnus valde & fortis : & appropiávit Judas , & exércitus ejus in prælio. * Et fortitúdo.

℟. Duo Séraphim clamábant alter ad álterum , * Sanctus , Sanctus , Sanctus Dóminus Deus Sábaoth. * * Plena est omnis terra glóriâ ejus. ℣. Tres sunt qui testimónium dant in cœlo, Pater, Verbum & Spíritus sanctus : & hi tres unum sunt. * Sanctus. ℣. Glória. * * Plena.

II FERIE.
Leçon j.
De libro primo Machabæórum.
Chap. 9.

ET congregáti funt omnes a-míci Judæ, & dixérunt Jó-nathæ, Ex quo frater tuus Judas defúnctus eft, vir fimilis ei non eft qui éxeat contra inimícos noftros Bácchidem & eos qui inimíci funt gentis noftræ. Nunc ítaque te hó-die elégimus effe pro eo nobis in príncipem & ducem ad bellándum bellum noftrum. Et fufcépit Jóna-thas témpore illo principátum, & furréxit loco Judæ fratris fui. Et cognóvit Bácchides, & quærébat eum occídere.

℟. Dixit Judas Simóni fratri fuo, Elige tibi viros, & vade; líbera fratres tuos in Galilæam : ego au-tem & Jónathas frater tuus íbimus in Galaadítim. * Sicut fúerit volún-tas in cœlo, fic fiat. ℣. Accingími-ni, fílii poténtes, & eftóte paráti, quóniam mélius eft nobis mori in bello quàm vidére mala gentis nof-træ & Sanctórum. * Sicut fúerit.

Bened. Unigénitus Dei Fílius.
Leçon ij.

ET cognóvit Jónathas & Si-mon frater ejus & omnes qui cum eo erant, & fugérunt in defér-tum Thécuæ & confedérunt ad aquam lacûs Afphar, Et cognóvit Bácchides, & die fabbatórum ve-nit ipfe & omnis exércitus ejus trans Jordánem. Et Jónathas mifit fratrem fuum ducem pópuli, & rogávit Na-buthæos amícos fuos, ut commo-

dárent illis apparátum fuum, qui erat copiófus. Et exiérunt fílii Jam-bri ex Mádaba, & comprehendé-runt Joánnem & ómnia quæ habé-bat, & abiérunt habéntes ea.

℟. Ornavérunt fáciem templi corónis áureis, & dedicavérunt altáre Dómino, * Et facta eft lætí-tia magna in pópulo. ℣. In hymnis & confeffiónibus benedicébant Dó-minum, * Et.

Bened. Spíritûs fancti grátia.
Leçon iij.

POft hæc verba renuntiátum eft Jónathæ & Simóni fratri ejus quia fílii Jambri fáciunt núp-tias magnas & ducunt fponfam ex Mádaba fíliam uníus de magnis princípibus Chánaan cum ambitió-ne magna : & recordáti funt fán-guinis Joánnis fratris fui, & afcen-dérunt & abfcondérunt fe fub te-guménto montis. Et elevavérunt óculos fuos, & vidérunt, & ecce tumúltus & apparátus multus, & fponfus procéffit & amíci ejus & fratres ejus óbviam illis cum tym-panis & múficis & armis multis. Et furrexérunt ad eos ex infídiis, & occidérunt eos : & cecidérunt vul-neráti multi, & refídui fugérunt in montes : & accepérunt ómnia fpó-lia eórum.

℟. In hymnis & confeffiónibus benedicébant Dóminū * Qui mag-na fecit in Ifrael ; & victóriam de-dit illis Dóminus omnípotens. ℣. Ornavérunt fáciem templi corónis áureis, & dedicavérunt, altáre Dómino * Qui magna. ℣. Glória. * Qui.

III FERIE.
Leçon j.
De libro primo Machabæórum.
Chap. 12.

ET vidit Jónathas quia tempus eum juvat, & elégit viros, & mifit eos Romam ftatúere & renováre cum eis amicítiam : & ad Spartiátas & ad ália loca mifit epíftolas fecúndùm eándem formam. Et abiérunt Romam , & intravérunt Cúriam, & dixérunt , Jónathas fummus facérdos & gens Judæórum misérunt nos , ut renovarémus amicítiam & focietátem fecúndum priftínum. Et dedérunt illis epíftolas ad ipfos per loca, ut dedúcerent eos in terrâ Juda cum pace.

℟. Hic eft fratrum amátor & pópuli Ifrael. *Hic eft qui multùm orat pro pópulo & univérfa fanéta civitáte Jerúfalem. ℣. Vir ifte in pópulo fuo mitíffimus appáruit.* Hic.

Bened. Chriftus perpétuæ.

Leçon ij.

ET hoc eft exémplum epiftolárum quas fcripfit Jónathas Spartiatis : Jónathas fummus facérdos & fenióres gentis & facerdótes & réliquus pópulus Judæórum , Spartiatis frátribus falútem. Jamprídem miffæ erant epíftolæ ad Oníam fummum facerdótem ab Ario qui regnábat apud vos , quóniam eftis fratres noftri, ficut refcríptum cóntinet quod fubjéétum eft. Et fufcépit Onías virum qui miffus fúerat, cum honóre ; & accépit epíftolas in quibus fignificabátur de focietáte & amicítia.

℟. Tu, Dómine univerfórum , qui nullam habes indigéntiam, voluífti templum tuum fíeri in nobis : * Conférva domum iftam immaculátam in ætérnum , Dómine. ℣. Tu elegífti , Dómine , domum iftam ad invocándum nomen tuum in ea, ut effet domus oratiónis & obfecratiónis pópulo tuo. * Conférva.

Bened. Ignem fui amóris.

Leçon iij.

NOs, cùm nullo horum indigerémus , habéntes folátio fanctos libros qui funt in mánibus noftris, malúimus míttere ad vos renováre fraternitátem & amicítiam, ne forté aliéni efficiámur à vobis ; multa enim témpora tranfiérunt , ex quo misíftis ad nos. Nos ergo in omni témpore fine intermiffióne in diébus folémnibus & cæteris quibus opórtet, mémores fumus veftri in facrifíciis quæ offérimus , & in obfervatiónibus , ficut fas eft & decet meminíffe fratrum.

℟. Aperi óculos tuos, Dómine, & vide afflictiónem noftram. Circumdedérunt nos Gentes ad puniéndum nos ; * Sed tu , Dómine, exténde bráchium tuum , & libera ánimas noftras. ℣. Afflíge oppriméntes nos & contuméliam faciéntes in fupérbiam ; & cuftódi partem tuam.* Sed. ℣. Glória. * Sed.

IV FERIE.
Leçon j.
De libro primo Machabæórum.
Chap. 12.

ET cùm cogitáffet Tryphon regnáre Afiæ & affúmere diadéma & exténdere manum in Antíochum Regem, timens ne fortè non permítteret eum Jónathas, sed pugnáret advérsùs eum, quærébat comprehéndere eum & occídere. Et exsúrgens ábiit in Bethsan. Et exívit Jónathas óbviam illi cum quadragínta míllibus virórum electórum in prælium & venit Bethsan. Et vidit Tryphon quia venit Jónathas cum exércitu multo, ut exténderet in eum manus, & tímuit. Et excépit eum cum honóre, & commendávit eum ómnibus amícis suis, & dedit ei múnera : & præcépit exercítibus suis ut obedírent ei sicut sibi.

℟. Refúlsit sol in clypeos áureos, & resplenduérunt montes ab eis : * Et fortitúdo Géntium dissipáta est ℣. Erat enim exércitus magnus valde & fortis, & appropiávit Judas, & exércitus ejus in prælio. * Et.
Bened. Divínum auxílium.
Leçon ij.

ET dixit Jónathæ, Ut quid vexásti univérsum pópulum, cùm bellum nobis non sit ? Et nunc remítte eos in domos suas : élige autem tibi viros paucos qui tecum sint, & veni mecum Ptolemáidam, & tradam eam tibi & réliqua præsídia & exércitum & univérsos præpósitos negótii ; & convérsus abíbo : proptéreà enim veni. Et crédidit ei, & fecit sicut dixit : & dimísit exércitum, & abiérunt in terram Juda. Retínuit autem secum tria míllia virórum, ex quibus remísit in Galilæam duo míllia ; mille autem venérunt cum eo.

℟. Ornavérunt fáciem templí corónis áureis, & dedicavérunt altáre Dómino. * Et facta est lætítia magna in pópulo. ℣. In hymnis & confessiónibus benedicébant Dóminum. * Et facta.
Bened. Ad societátem.
Leçon iij.

UT autem intrávit Ptolemáidam Jónathas, clausérunt portas civitátis Proleménses, & comprehendérunt eum, & omnes qui cum eo intráverant gládio interfecérunt. Et misit Tryphon exércitum & équites in Galilæam & in campum magnum, ut pérderent omnes sócios Jónathæ. At illi cùm cognovíssent quia comprehénsus est Jónathas & périit & omnes qui cum eo erant, hortáti sunt semetipsos, & exiérunt paráti in prælium. Et vidéntes hi qui insecúti fúerant, quia pro ánima res est illis, revérsi sunt : illi autem venérunt omnes cum pace in terram Juda. Et planxérunt Jónatham & eos qui cum ipso fúerant valde.

℟. In hymnis & confessiónibus benedicébant Dóminum * Qui magna fecit in Ísrael, & victóriam dedit illis Dóminus omnípotens. ℣. Ornavérunt fáciem templi corónis áureis, & dedicavérunt altáre Dómino * Qui. ℣. Glória. * Qui.

V FERIE.
Leçon j.
De libro primo Machabæórum.
Chap. 13.

UT audívit Simon quòd congregávit Tryphon exércitum copiósum, copiófum, ut veníret in terram Juda & attéreret eam, videns quia in tremóre pópulus eft & in timóre afcéndit Jerúfalem, & congregávit pópulum, & adhórtans dixit, Vos fcitis quanta ego & fratres mei & domus patris mei fécimus pro légibus & pro fanctis prælia, & angúftias quales vídimus: horum grátiâ periérunt fratres mei omnes propter Ifrael, & relictus fum ego folus. Et nunc non mihi contíngat párcere ánimæ meæ in omni témpore tribulatiónis; non enim mélior fum frátribus meis. Vindicábo ítaque gentem meam & Sancta, natos quoque noftros & uxóres, quia congregátæ funt univérfæ Gentes contérere nos inimicítiæ grátiâ.

℞. Adapériat Dóminus cor veftrum in lege fua & in præcéptis fuis, & fáciat pacem in diébus veftris. * Concédat vobis falútem & rédimat vos à malis. ℣. Exáudiat Dóminus oratiónes veftras, & reconciliétur vobis, nec vos déferat in témpore malo. * Concédat vobis.

Bened. Unigénitus Dei Fílius.

Leçon ij.

ET accénfus eft fpíritus pópuli fimul ut audívit fermónes iftos, & refpondérunt voce magnâ dicéntes, Tu es dux nofter loco Judæ & Jónathæ fratris tui: pugna prælium noftrum, & ómnia quæcúmque díxeris nobis faciémus. Et cóngregans omnes viros bellatóres, accelerávit confummáre univérfos muros Jerúfalem, & munívit eam in gyro. Et mifit Jónathan fí-

lium Abfalómi & cum eo exércitum novum in Joppen, & ejéctis his qui erant in ea, remánfit illic ipfe. Et movit Tryphon à Ptolemáida cum exércitu multo, ut veníret in terram Juda, & Jónathas cum eo in cuftódia. Simon autem applícuit in Addus contra fáciem campi.

℞. Exáudiat Dóminus oratiónes veftras, & reconciliétur vobis, nec vos déferat in témpore malo. * Dóminus Deus nofter. ℣. Det vobis cor ómnibus ut colátis eum & faciátis ejus voluntátem, * Dóminus Deus.

Bened. Spíritûs fancti grátia.

Leçon iij.

ET ut cognóvit Tryphon quia furréxit Simon loco fratris fui Jónathæ, & quia commiffúrus effet cum eo prælium, mifit ad eum legátos, dicens, Pro argénto quod debébat frater tuus Jónathas in ratióne Regis propter negótia quæ hábuit, detinúimus eum. Et nunc mitte argénti talénta centum & duos filios ejus óbfides, ut non dimíffus fúgiat à nobis; & remittémus eum. Et cognóvit Simon quia cum dolo loquerétur fecum: juffit tamen dari argéntum & púeros, ne inimicítiam magnam fúmeret ad pópulum Ifrael, dicéntem, Quia non mifit ei argéntum & púeros, proptereà périit. Et mifit púeros & centum talénta: & mentítus eft, & non dimífit Jónathan.

℞. Congregáti funt inimíci noftri, & gloriántur in virtúte fua. Cóntere fortitúdinem illórum, Dómine,

& dispérge illos , * Ut cognóscant quia non est álius qui pugnet pro nobis , nisi tu Deus noster. ℣. Dispérge illos in virtúte tua , & déstrue eos protéctor noster, Dómine , * Ut cognóscant. ℣. Glória. * Ut cognóscant.

VI FERIE.
Leçon j.

De libro primo Machabæórum.
Chap. 14.

ET audítum est Romæ quia defúnctus esset Jónathas & usque in Spartiatas : & contristáti sunt valde. Ut audiérunt autem quòd Simon frater ejus factus esset summus sacérdos loco ejus & ipse obtinéret omnem regiónem & civitátes in ea , scripsérunt ad eum in tábulis æreis, ut renovárent amicítias & societátem quam fécerant cum Juda & cum Jónatha frátribus ejus , & lectæ sunt in conspéctu Ecclésiæ in Jerúsalem. Et hoc exémplum epistolárum quas Spartiatæ misérunt.

℟. Impetum inimicórum ne timuéritis. Mémores estóte quómodò salvi facti sunt patres nostri. * Et nunc clamémus in coelum , & miserébitur nostri Deus noster. ℣. Mementóte mirabílium ejus quæ fecit Pharaóni & exercítui ejus in mari Rubro. * Et nunc.

Bened. Christus perpétuæ.
Leçon ij.

SPartianórum príncipes & civitátes Simóni sacerdóti magno & senióribus & sacerdótibus & réliquo pópulo Judæórum , frátri-

bus, salútem. Legáti qui missi sunt ad pópulum nostrum , nuntiavérunt nobis de vestra glória & honóre ac lætitia ; & gavísi sumus in intróitu eórum: Et scrípsimus quæ ab eis erant dicta in concíliis pópuli , sic : Numénius Antíochi & Antípater Jasónis fílius , legáti Judæórum , venérunt ad nos renovántes nobíscum amicítiam prístinam. Et plácuit pópulo excípere viros gloriósè , & pónere exémplum sermónum eórum in segregátis pópuli libris , ut sit ad memóriam pópulo Spartiatárum. Exémplum autem horum scrípsimus Simóni magno sacerdóti.

℟. Congregátæ sunt Gentes in multitúdine, ut dímicent contra nos, & ignorámus quid ágere debeámus. * Dómine Deus , ad te sunt óculi nostri , ne pereámus. ℣. Tu scis quæ cógitant in nos. Quómodò potérimus subsístere ante fáciem illórum , nisi tu ádjuves nos ? * Dómine.

Bened. Ignem sui amóris.
Leçon iij.

POst hæc autem misit Simon Numénium Romam , habéntem clypeum áureum magnum pondo mnarum mille , ad statuéndam cum eis societátem. Cùm autem audísset pópulus Románus sermónes istos, dixérunt , Quam gratiárum actiónem reddémus Simóni & fíliis ejus ? Restítuit enim ipse fratres suos , & expugnávit inimícos Israel ab eis, & statuérunt ei libertátem, & descripsérunt in tábulis æreis, & posuérunt in títulis in monte Sion.

℞. Tua eſt poténtia , tuum regnum , Dómine , tu es ſuper omnes Gentes. * Da pacem, Dómine , in diébus noſtris. ℣. Creátor ómnium Deus , terríbilis & fortis , juſtus & miſéricors, * Da pacem. ℣. Glória. * Da pacem.

SAMEDI.
Leçon j.
De libro primo Machabæórum. Chap. 16.

Símon autem perámbulans civitátes quæ erant in regióne Judææ , & ſollicitúdinem gerens eárum , deſcéndit in Jéricho ipſe & Mathathías filius ejus & Judas anno centéſimo ſeptuagéſimo ſéptimo menſe undécimo : hic eſt menſis Sabath. Et ſuſcépit eos filius Abóbi in munitiúnculam quæ vocátur Doch, cum dolo, quam ædificávit : & fecit eis convívium magnum , & abſcóndit illic viros. Et cùm inebriátus eſſet Simon & filii ejus, ſurréxit Ptolemæus cum ſuis, & ſumſérunt arma ſua , & intravérunt in convívium , & occidérunt eum & duos filios ejus & quoſdam púeros ejus. Et fecit deceptiónem magnam in Iſrael , & réddidit mala pro vobis.

℞. Refúlſit ſol in clypeos áureos, & reſplenduérunt montes ab eis : * Et fortitúdo Géntium diſſipáta eſt. ℣. Erat enim exércitus magnus valde & fortis : & appropiávit Judas & exércitus ejus in prǽlio. *Et fortitúdo Géntium diſſipáta eſt.

Bened. Divínum auxílium.

Leçon ij.

ET ſcripſit hæc Ptolemæus & miſit Regi ut mítteret ei exércitum in auxílium , & tráderet ei regiónem & civitátes eórum & tribúta. Et miſit álios in Gázaram tóllere Joánnem : & Tribúnis miſit epíſtolas , ut venírent ad ſe , & daret eis argéntum & aurum & dona ; & álios miſit occupáre Jerúſalem & montem templi. Et præcúrrens quidam nuntiávit Joánni in Gázara quia périit pater ejus & fratres ejus , & quia miſit te quoque interfíci.

℞. Ornavérunt fáciem templi corónis áureis , & dedicavérunt altáre Dómino. * Et faſta eſt lætítia magna in pópulo. ℣. In hymnis & confeſſiónibus benedicébant Dóminum ; * Et faſta.

Bened. Ad ſocietátem.

Leçon iij.

UT audívit autem , veheménter expávit, & comprehéndit viros qui vénerant pérdere eum, & occídit eos ; cognóvit enim quia quærébant eum pérdere. Et cétera ſermónum Joánnis & bellórum ejus & bonárum virtútum quibus fórtiter geſſit, & ædifícii murórum quos exſtrúxit, & rerum geſtárum ejus ; ecce hæc ſcripta ſunt in libro diérum ſacerdótii ejus, ex quo factus eſt princeps ſacerdótum poſt patrem ſuum.

℞. In hymnis & confeſſiónibus benedicébant Dóminum * Qui magna fecit in Iſrael, & victóriam dedit illis Dóminus omnípotens. ℣. Ornavérunt fáciem templi co-

V ij

rónis áureis, & dedicavérunt altáre Dómino * Qui magna. ℣. Glória Patri. * Qui.

A Magníficat , Ant. Exáudiat Dóminus oratiónes veſtras & reconciliétur vobis, nec vos déſerat in témpore malo , Dóminus Deus noſter.

IV DIMANCHE
D'OCTOBRE.
AÙ I NOCTURNE.
Leçon j.

Incipit liber ſecúndus Machabæórum. *Chap.* I.

FRátribus qui ſunt per Ægyptum Judæis, ſalútem dicunt Fratres qui ſunt in Jeroſólymis Judæi & qui in regióne Judææ, & pacem bonam. Benefáciat vobis Deus, & memínerit teſtaménti ſui quod locútus eſt ad Abraham & Iſaac & Jacob, ſervórum ſuórum fidélium;& det vobis cor ómnibus, ut colátis eum & faciátis ejus voluntátem corde magno & ánimo volénti. Adapériat cor veſtrum in lege ſua & in præcéptis ſuis , & fáciat pacem. Exáudiat oratiónes veſtras, & reconciliétur vobis, nec vos déſerat in témpore malo. Et nunc hìc ſumus orántes pro vobis.

℟. Adapériat Dóminus cor veſtrum in lege ſua & in præcéptis ſuis, & fáciat pacem in diébus veſtris : * Concédat vobis ſalútem , & redímat vos à malis. ℣. Exáudiat Dóminus oratiónes veſtras , & reconciliétur vobis, nec vos déſerat in témpore malo :* Concédat.

Bened. Unigénitus Dei Fílius.
Leçon ij.

FActúri ígitur quintâ & vigéſimâ die menſis Caſleu purificatiónem templi, neceſſárium dúximus ſignificáre vobis ut & vos quoque agátis diem ſcenopégiæ , & diem ignis qui datus eſt quando Nehemías ædificáto templo & altári óbtulit ſacrifícia. Nam cùm in Pérſidem ducerétur patres noſtri, ſacerdótes qui tunc cultóres Dei erant, accéptum ignem de altári occúltè abſcondérunt in valle ubi erat púteus altus & ſiccus, & in eo contutáti ſunt eum , ita ut ómnibus ignótus eſſet locus.

℟. Exáudiat Dóminus oratiónes veſtras , & reconciliétur vobis , nec vos déſerat in témpore malo , * Dóminus Deus noſter. ℣. Det vobis cor ómnibus ut colátis eum & faciátis ejus voluntátem : * Dñus. Bened. Spíritûs ſancti grátia.
Leçon iij.

CUm autem præteríſſent anni multi, & plácuit Deo ut mitterétur Nehemías à Rege Pérſidis, Nepótes ſacerdótum illórum qui abſcónderant , miſit ad requiréndum ignem , & ſicut narravérunt nobis, non invenérunt ignem, ſed aquam craſſam. Et juſſit eos hauríre & afférre ſibi , & ſacrifícia quæ impóſita erant juſſit ſacerdos Nehemías aſpérgi ipſâ aquâ , & ligna & quæ erant ſuperpóſita. Utque hoc factum eſt, & tempus ádfuit quo ſol refúlſit, qui priùs erat in núbilo, accénſus eſt ignis magnus , ita ut omnes miraréntur.

℟. Congregáti funt inimíci noftri, & gloriántur in virtúte fua. Cóntere fortitúdinem illórú, Dómine, & difpérge illos , * Ut cognófcant quia non eft álius qui pugnet pro nobis, nifi tu Deus nofter. ℣. Difpérge illos in virtúte tua , & déftrue eos , protéctor nofter Dómine , * Ut cognófcant. ℣. Glória. * Ut.

AU II NOCTURNE.
Leçon iv.

Ex Tractátu Sti Joánis Chryfóftomi fuper Pfalmum quadragéfimum . tértium.

DEus áuribus noftris audívimus, patres noftri annuntiavérunt nobis opus quod operátus es in diébus eórum. Hunc Pfalmum dicit quidem Prophéta , dicit autem non ex perfóna própria , fed ex perfóna Machabæórum , narrans & prædicens quæ futúra erant illo témpore. Tales enim funt Prophétæ. Omnia témpora percúrrunt, præféntia , prætérita , futúra. Quinam fint autem hi Machabæi, quidque paffi fint & quid fécerint neceffárium eft primùm dicere , ut fint apertióra quæ in arguménto dicúntur. Ii enim, cùm invafiffet Judæam Antiochus qui dictus eft Epiphanes , & ómnia devaftáffet , & multos qui tunc erant à pátriis inftitútis refilíre coegiffet, permanférunt illæfi ab illis tentatiónibus.

℟. Impetum inimicórum ne timuéritis. Mémores eftóte quómodò falvi facti funt patres noftri. * Et nunc clamémus in cœlum , & miferébitur noftri Deus nofter. ℣.

Mementóte mirabílium ejus quæ fecit Pharaóni & exercítui ejus in mari Rubro. * Et nunc.

Bened. Chriftus perpétuæ.

Leçon v.

ET quando grave quidem bellum ingruébat, nec quidquam poffent fácere quod prodéffet , fefe abfcondébant : nam hoc quoque fecérunt Apóftoli. Non enim femper apparéntes in média irruébant perícula , fed nonnúmquam & fugiéntes & laténtes fecedébant. Poftquá autem parùm refpirárunt , tanquam generófi quidam cátuli ex antris exfiliéntes & è látebris emergéntes , ftatuérunt non fe ámpliùs folos ferváre , fed étiam álios quofcúmque poffent : & civitátem & omnem regiónem obeúntes , collegérunt quotquot invenérunt adhuc fanos & íntegros , & multos étiam qui laborábant & corrúpti erant , in ftatum príftinum redegérunt , eis perfuadéntes redíre ad legem pátriam.

℟. Congregátæ funt Gentes in multitúdine , ut dímicent contra nos , & ignorámus quid ágere debeámus. * Dómine Deus , ad te funt óculi noftri , ne pereámus. ℣. Tu fcis quæ cógitant in nos. Quómodò potérimus fubfíftere ante fáeiem illórum , nifi tu ádjuves nos ? * Dómine.

Bened. Ignem fui amóris.

Leçon vj.

DEum enim dicébant effe benígnum & cleméntem , nec unquam adímere falútem quæ proficífcitur ex pœniténtia. Hæc autem dicéntes, habuérunt deléctum fortiſſimórum virórum. Non enim pro uxóribus, líberis & ancíllis, patriǽque everſióne & captivitáte, ſed pro lege & pátria república pugnábant. Eórum autem dux erat Deus. Cùm ergo áciem dirígerent, & ſuas ánimas prodígerent, fundébant adverſários, non armis fidéntes, ſed loco omnis armatúræ, pugnæ cauſam ſufficere ducéntes. Ad bellum autem eúntes non tragœdias excitábant, non pæána canébant, ſicut nonnúlli fáciunt, non adſcivérunt tibícines, ut ſit in áliis caſtris; ſed Dei ſupérnè auxílium invocábant, ut adéſſet, opem ferret & manum præbéret, propter quem bellum gerébant, pro cujus glória decertábant.

℟. Tua eſt poténtia; tuum regnum, Dómine; tu es ſuper omnes gentes. * Da pacem, Dómine, in diébus noſtris. ℣. Creátor ómnium Deus, terríbilis & fortis, juſtus & miſéricors. * Da pacem. ℣. Glória. * Da pacem.

AU III NOCTURNE.

℟. Refúlſit ſol in clypeos áureos, & reſplenduérunt montes ab eis : * Et fortitúdo Géntium diſſipáta eſt. ℣. Erat enim exércitus magnus valde & fortis : & appropiávit Judas & exércitus ejus in prælio. * Et fortitúdo.

℟. Duo Séraphim clamábant alter ad álterum, * Sanctus, Sanctus, Sanctus, Dóminus Deus Sábaoth : ** Plena eſt omnis terra glóriâ ejus. ℣. Tres ſunt qui teſtimónium dant in cœlo, Pater, Verbum & Spíritus ſanctus : & hi tres unum ſunt. * Sanctus. ℣. Glória. ** Plena.

II FERIE.
Leçon j.
De libro ſecúndo Machabæórum.
Chap. 2.

INvenítur autem in deſcriptiónibus Jeremíæ Prophétæ quòd juſſit eos ignem accípere qui tranſmigrábant ; ut ſignificátum eſt & ut mandávit tranſmigrátis. Et dedit illis legem, ne obliviſceréntur præcépta Dómini & ut non exerrárent méntibus vidéntes ſimulácra áurea & argéntea & ornaménta eórum. Et ália hujúſmodi dicens hortabátur ne legem amovérent à corde ſuo.

℟. Dixit Judas Simóni fratri ſuo, Elige tibi viros, & vade, líbera fratres tuos in Galilæam : ego autem & Jónathas frater tuus íbimus in Galaadítim. * Sicut fúerit volúntas in cœlo, ſic fiat. ℣. Accingímini, fílii poténtes, & eſtóte paráti, quóniam mélius eſt nobis mori in bello quàm vidére mala gentis noſtræ & Sanctórum. * Sicut.

Bened. Unigénitus Dei Fílius.
Leçon ij.

ERat autem in ipſa Scriptúra quómodo tabernáculum & arcam juſſit Prophéta divíno reſpónſo ad ſe facto comitári ſecum, úſquequò éxiit in montem in quo Moyſes aſcéndit & vidit Dei hæreditátem. Et véniens ibi Jeremías, invénit locum ſpelúncæ, & tabernáculum & arcam & altáre incénſi íntulit illuc & óstium obftrúxit. Et acceffêrunt quidam fimul qui fequebántur, ut notárent fibi locum, & non potuérunt invenire.

℟. Ornavérunt fáciem templi corónis áureis, & dedicavérunt altáre Dómino; * Et facta eft lætítia magna in pópulo. ℣. In hymnis & confeffiónibus benedicébant Dóminum; * Et facta.

Bened. Ad focietátem.

Leçon iij.

UT autem cognóvit Jeremías culpans illos, dixit Quòd ignótus erit locus, donec cóngreget Deus congregatiónem pópuli, & propítius fiat; & tunc Dóminus osténdet hæc, & apparébit majéstas Dómini, & nubes erit, ficut & Móyfi manifeftabátur, & ficut cùm Sálomon pétiit ut locus fanctificarétur magno Deo, manifeftábat hæc. Magníficè étenim fapiéntiam tractábat: & ut fapiéntiam habens, óbtulit facrifícium dedicatiónis & confummatiónis templi.

℟. In hymnis & confeffiónibus benedicébant Dóminum * Qui magna fecit in Ifrael: & victóriam dedit illis Dóminus omnípotens. ℣. Ornavérunt fáciem templi corónis áureis, & dedicavérunt altáre Dómino * Qui magna. ℣. Glória. * Qui magna.

III. FERIÆ.

Leçon j.

De libro fecúndo Machabæórum. Chap. 3.

IGitur cùm fancta cívitas habitarétur in omni pace, leges étiam

adhuc óptimè cuftodiréntur, propter Oniæ pontíficis pietátem & ánimos ódio habéntes mala, fiébat ut & ipfi Reges & Príncipes locum fummo honóre dignum dúcerent & templum máximis munéribus illuftrárent, ita ut Seléucus Afiæ Rex de reddítibus fuis præftáret omnes fumtus ad miniftérium facrificiórum pertinéntes. Simon autem de tribu Bénjamin præpófitus templi conftitútus, contendébat, obfifténte fibi príncipe facerdótum, iníquum áliquid in civitáte molíri.

℟. Hic eft fratrum amátor & pópuli Ifrael: * Hic eft qui multùm orat pro pópulo & univérfa fancta civitáte Jerúfalem. ℣. Vir ifte in pópulo fuo mitíffimus appáruit. * Hic eft.

Bened. Chriftus perpétuæ.

Leçon ij.

SEd cùm víncere Oníam non poffet, venit ad Apollónium Tharféæ fílium qui eo témpore erat dux Cœlefyriæ & Phœnicis: & nuntiávit ei pecúniis innumerabílibus plenum effe ærárium Jerofólymis, & commúnes cópias imménfas effe, quæ non pértinent ad ratiónem facrificiórum; effe autem poffíbile fub poteftáte regis cádere univérfa. Cùmque retulíffet ad regem Apollónius de pecúniis quæ delátæ erant, ille accítum Heliodórum qui erat fuper negótia ejus, mifit cum mandátis, ut prædíctam pecúniam transportáret. Statímque Heliodórus iter eft aggréffus, fpécie quidem quafi per Cœlefyriam & Phœnicen civitátes effet per-

agratúrus, revéra autem regis pro-
pófitum perfectúrus.

R7. Tu, Dómine universórum,
qui nullam habes indigéntiam, voluísti templum tuum fíeri in nobis ;
* Conférva domum istam immaculátam in ætérnum, Dómine. V. Tu
elegísti, Dómine, domum istam ad
invocándum nomen tuum in ea ,
ut esset domus oratiónis & obfecratiónis pópulo tuo. * Conférva.

Bened. Ignem fui amóris.

Leçon iij.

SEd cùm veníslet Jerofólymam,
& benígnè à fummo facerdó-
te in civitáte esset excéptus, nar-
rávit de dato indício pecuniárum,
& cujus rei grátiâ adésset apéruit ;
interrogábat autem fi verè hæc
ita essent. Tunc fummus facérdos
osténdit depófita esse hæc & victu-
ália viduárum & pupillórum :
quædam verò esse Hircáni Tobíæ,
viri valde eminéntis, in his quæ
detúlerat impius Simon ; univérfa
autem argénti talénta esse quadrin-
génta & auri ducénta ; décipi verò
eos qui credidíssent loco & templo
quod per univérfum mundum honorátur pro fuî veneratióne & fanctitáte, omníno impofsíbile esse.

R7. Aperi óculos tuos, Dómine,
& vide afflictiónem nostram. Circumdedérunt nos Gentes ad puniéndum nos ; * Sed tu Dómine ,
exténde bráchium tuum & líbera
ánimas nostras. V. Afflíge oppriméntes nos , & contuméliam faciéntes in fupérbiam : & custódi
partem tuam. * Sed tu. V. Glória.
* Sed tu.

IV FERIE.
Leçon j.
De libro fecúndo Machabæórum.
Chap. 3.

HEliodórus autem quod decré-
verat perficiébat eódem loco
ipfe cum fatellítibus circa ærárium
præfens. Sed fpíritus omnipoténtis Dei magnam fecit fuæ ostenfió-
nis evidéntiam, ita ut omnes qui
aufi fúerant parére ei, ruéntes Dei
virtúte in diffolutiónem & formídinem converteréntur. Appáruit enim
illis quidam equus terríbilem habens
feffórem, óptimis operiméntis ador-
nátus ; ífque cum ímpetu Heliodóro prióres calces elífit : qui autem
ei fedébat, videbátur arma habére
áurea.

R7. Refúlfit fol in clypeos áureos,
& refplenduérunt montes ab eis :
Et fortitúdo Géntium diffipáta est.
V. Erat enim exércitus magnus
valde & fortis : & appropiávit Judas & exércitus ejus in prælio ,
Et fortitúdo.

Bened. Divínum auxílium.

Leçon ij.

ALii étiam apparuérunt duo
júvenes virtúte decóri, óptimi glóriâ, fpeciosíque amíctu, qui
circumstetérunt eum, & ex utráque
parte flagellábant, fine intermiffióne multis plagis verberántes. Súbitò autem Heliodórus cóncidit in
terram, eúmque multâ calígine circumfúfum rapuérunt, atque in fella
gestatória pófitum ejecérunt. Et is
qui cum multis cursóribus & fatellítibus prædíctum ingréssus est
ærárium

ærárium , portabátur nullo fibi auxílium ferénte, maniféftâ Dei cógnitâ virtúte : & ille quidem per divínam virtútem jacébat mutus atque
omni fpe & falúte privátus.

℟. Ornavérunt fáciem templi
corónis áureis , & dedicavérunt altáre Dómino: * Et faĉta eft lætítia
magna in pópulo. ℣. In hymnis
& confeſſiónibus benedicébant Dóminum. * Et faĉta eft.

Bened. Ad focietátem.

Leçon iij.

COnsíderans autem fummus facérdos ne forté rex fufpicaré-
tur malítiam áliquam ex Judæis circa Heliodórum confummátam, óbtulit pro falúte viri hóftiam falutá-
rem. Cùmque fummus facérdos ex-
oráret , iídem júvenes eífdem véftibus amíĉti , adftántes Heliodóro
dixérunt, Oníæ facerdóti grátias
age ; nam propter eum Dóminus
tibi vitam donávit, tu autem à Deo
flagellátus núntia ómnibus magnália Dei & poteftátem. Et his diĉtis
non comparuérunt.

℟. In hymnis & confeſſiónibus
benedicébant Dóminum * Qui magna fecit in Ifrael , & victóriam
dedit illis Dóminus omnípotens. ℣.
Ornavérunt fáciem templi corónis
áureis & dedicavérunt altáre Dómino * Qui magna. ℣. Glória Patri. * Qui magna.

V FERIE.

Si cette Semaine eſt la derniere
d'Octobre, au lieu des Leçons &
des Refpons marqués ci-deſſous
pour aujourd'hui, demain & après-

demaïn, on dira aujourd'hui les Leçons & les Refpons marquées ci-
deſſus pour le premier Nocturne
du cinquieme Dimanche : demain
on dira les Leçons & les Refpons
de la feconde Ferie , & après demain ceux de la troifieme Ferie.
Mais on omettra entierement celles
de ces Leçons qui tomberont à
quelqu'un de ces trois jours qui
fera empêché.

Leçon j.

De libro fecúndo Machabæórum.
Chp. 4.

SImon autem prædíĉtus pecuniárum & pátriæ delátor malè
loquebátur de Onía, tamquam ipfe
Heliodórum inftigáſſet ad hæc, &
ipfe fuíſſet incéntor malórum , pro-
viforémque civitátis ac defenſórem
gentis fuæ & æmulatórem legis Dei
audébat infidiatórem regni dícere.
Sed cùm inimicítiæ in tantum procéderent , ut étiam per quofdam
Simónis neceſſários homicídia fíerent, confíderans Onías perículum
contentiónis , & Apollónium infa-
níre, útpote ducem Cœlefyríæ &
Phœnicis , ad augéndam malítiam
Simónis, ad regem fe cóntulit , non
ut cívium accufátor , fed commúnem utilitátem apud femetípfum
univérfæ multitúdinis confíderans.

℟. Adapériat Dóminus cor veftrum in lege fua & in præcéptis fuis,
& fáciat pacem in diébus veftris; *
Concédat vobis falútem, & rédimat vos à malis. ℣. Exáudiat Dóminus oratiónes veftras, & reconciliétur vobis , nec vos déferat in
témpore malo, * Concédat vobis.

R. 4. Automne. X

Bened. Unigénitus Dei Fílius.
Leçon ij.

VIdébat enim sine regáli providéntia impossíbile esse pacem rebus dari, nec Simónem posse cessáre à stultítia sua. Sed post Seléuci vitæ excéssum, cùm suscepísset regnum Antíochus qui Nóbilis appellabátur, ambiébat Jason frater Oníæ summum sacerdótium : ádito rege, promíttens ei argénti talénta trecénta sexagínta, & ex reddítibus áliis talénta octogínta : super hæc promittébat & ália centum quinquagínta, si potestáti ejus concederétur gymnásium & ephebíam sibi constitúere, & eos qui in Jerosólymis erant Antiochénos scríbere.

℟. Exáudiat Dóminus oratiónes vestras, & reconciliétur vobis, nec vos déserat in témpore malo, * Dóminus Deus noster. ℣. Det vobis cor ómnibus, ut colátis eum & faciátis ejus voluntátem. * Dóminus.

Bened. Spíritûs sancti grátia.
Leçon iij.

QUod cùm rex annuísset, & obtinuísset principátum, statim ad Gentílem ritum contríbules suos transférre cœpit, & amótis his quæ humanitátis causâ Judæis à régibus fúerant constitúta, per Joánnem patrem Eupólemi qui apud Romános de amicítia & sócietáte functus est legatióne, legítima cívium jura destítuens, prava instítúta sanciébat.

℟. Congregáti sunt inimíci nostri, & glbriántur in virtúte sua. Cóntere fortitúdinem illórum, Dómine,

& dispérge illos, * Ut cognóscant quia non est álius qui pugnet pro nobis, nisi tu Deus noster. ℣. Dispérge illos in virtúte tua & déstrue eos, protéctor noster Dómine, * Ut cognóscant. ℣. Glória. * Ut.

VI FERIE.
Leçon j.
De libro secúndo Machabæórum.
Chap. 5.

EOdem témpore Antíochus secúndam profectiónem parávit in Ægyptum. Cóntigit autem per univérsam Jerosolymórum civitátem vidéri diébus quadragínta per áera équites discurréntes, aurátas stolas habéntes, & hastis quasi cohórtes armátos, & cursus equórum per órdines digéstos, & congressiónes fíeri cóminùs & scutórum motus & galeatórum multitúdinem gládiis distríctis, & telórum jactus, & aureórum armórum splendórem, omnísque géneris loricárum. Quaprópter omnes rogábant in bonum monstra convérti.

℟. Impetum inimicórum ne timuéritis. Mémores estóte quómodò salvi facti sunt patres nostri. * Et nunc clamémus in cœlum, & miserébitur nostri Deus noster. ℣. Mementóte mirabílium ejus quæ fecit Pharaóni & exercítui ejus in mari Rubro. * Et nunc.

Bened. Christus perpétuæ.
Leçon ij.

SEd cùm falsus rumor exísset tamquam vitâ excessísset Antíochus, assúmtis Jason non minus mille viris, repénte aggréssus est civi-

tátem : & cívibus ad murum con-
volántibus, ad últimum apprehén-
sâ civitáte, Meneláus fugit in arcem.
Jaſon verò non parcébat in cæde cívibus ſuis, nec cogitábat proſperitá-
tem advérsùm cognátos malum eſſe
máximum, árbitrans hóſtium & non
cívium ſe trophæa captúrum. Et
principátum quidem non obtínuit,
finem verò inſidiárum ſuárum con-
fuſiónem accépit, & prófugus íterum ábiit in Ammaníten.

℟. Congregátæ ſunt Gentes in
multitúdine, ut dímicent contra nos,
& ignorámus quid ágere debeámus. * Dómine Deus, ad te ſunt
óculi noſtri, ne pereámus. ℣. Tu
ſcis quæ cógitant in nos. Quómodò potérimus ſubſiſtere ante fáciem
illórum, niſi tu ádjuves nos ? * Dñe.
Bened. Ignem ſui amóris.

Leçon iij.

AD últimum in exítium ſui con-
clúſus ab Arétâ Arabum tyránno, fúgiens de civitáte in civitátem, ómnibus odióſus ut refúga legum & execrábilis, ut pátriæ &
cívium hoſtis, in Ægyptum extrú-
ſus eſt : & qui multos de pátria ſua
expúlerat, peregrè périit. Lacedæ-
monas proféctus, quaſi pro cognatióne ibi refúgium habitúrus, & qui
inſepúltos multos abjécerat, ipſe &
illamentátus & inſepúltus abjícitur,
ſepultúrâ neque peregrínâ uſus,
neque pátrio ſepúlchro partícipans.
℟. Tua eſt poténtia, tuum regnum, Dómine, tu es ſuper omnes
Gentes. * Da pacem, Dómine, in
diébus noſtris. ℣. Creátor ómnium
Deus, terríbilis & fortis, juſtus &

miſéricors, * Da. ℣. Glória * Da.

SAMEDI.
Leçon j.
De libro ſecúndo Machabæórum.
Chap. 6.

SEd non poſt multum témporis
miſit rex Antióchus ſenê quemdam Antiochénum qui compélleret
Judæos ut ſe transférrent à pátriis
& Dei légibus ; contamináre étiam
quod in Jeroſólymis erat templum,
& cognomináre Jovis Olympii ;
& in Gárizim, prout erant hi qui
locum inhabitábant, Jovis hoſpi-
tális. Péſſima autem & univérſis
gravis erat malórum incúrſio ; nam
templum luxúriâ & comeſſatióni-
bus Géntium erat plenum, & ſcor-
tántium cum meretrícibus, ſacratíſ-
que ædibus mulíeres ſe ultrò inge-
rébant, intrò feréntes ea quæ non
licébat.

℟. Refúlſit ſol in clypeos áureos, & reſplenduérunt montes ab
eis : * Et fortitúdo géntium diſſipáta eſt. ℣. Erat enim exércitus
magnus valde & fortis : & appropiávit Judas & exércitus ejus in
prælio. * Et fortitúdo.
Bened. Divínum auxílium.
Leçon ij.

ALtáre étiam plenû erat illícitis
quæ légibus prohibebántur.
Neque autem Sábbata cuſtodiebán-
tur, neque dies ſolémnes pátrii ſer-
vabántur, nec ſimplíciter Judæum
ſe eſſe quiſquam confitebátur. Du-
cebántur autem cum amára neceſſi-
táte in die natális regis ad ſacrifícia,
& cùm Líberi ſacra celebaréntur,

X ij

cogebántur héderâ coronáti Líbero circuíre. Decrétum autem éxiit ín próximas Gentílium civitátes, fuggeréntibus Ptolemæis, ut pari modo & ipfi advérsùs Judæos ágerent, ut facrificárent, eos autem qui nollent transíre ad inftitúta Géntium, interfícerent. Erat ergo vidére miſériam.

℟. Ornavérunt fáciem templi corónis áureis, & dedicavérunt altáre Dómino ; * Et faƈta eft lætítia magna in pópulo. ℣. In hymnis & confefiónibus benedicébant Dóminum ; * Et faƈta.

Bened. Ad focietátem.

Leçon iij.

DUæ enim mulíeres delátæ funt natos fuos circúcidíſſe ; quas infántibus ad úbera fufpénfis, cùm públicè per civitátem circumduxíſſent , per muros præcipitavérunt. Alii verò ad próximas coeúntes fpelúncas, & laténter fábbati diem celebrántes, cùm indicáti eſſent Philíppo, flammis fuccénfi funt, eò quòd verebátur propter religiónem & obfervántiam manu fíbimet auxílium ferre. Obfecro autem eos qui hunc librum leƈtúri funt, ne abhorréfcant propter advérfos cafus, fed réputent ea quæ accidérunt, non ad intéritum, fed ad corréptiónem eſſe géneris noftri.

℟. In hymnis & confefiónibus benedicébant Dóminum * Qui magna fecit in Iſrael ; & viƈtóriam dedit illis Dñus omnípotens. ℣. Ornavérunt fáciem templi corónis áureis, & dedicavérunt altáre Dómino, * Qui magna. ℣. Glória. * Qui.

Si le dernier Dimanche qui arrive dans le mois d'Octobre eſt plus proche du premier jour de Novembre que le premier Dimanche qui arrive dans le mois de Novembre , il faut paſſer ce qui eſt marqué pour le cinquieme Dimanche d'Octobre , l'Antienne de Magnificat du Samedi precedent , & tout ce qui eſt marqué pour la Semaine qui ſuit.

SAMEDI.

A Magníficat, Ant. Tua eſt poténtia, tuum regnum, Dómine, tu es fuper omnes gentes. Da pacem, Dómine, in diébus noftris.

V DIMANCHE
D'OCTOBRE.

Si les Leçons du premier Nocturne d'aujourd'hui , celles de demain & celles d'après-demain ne ſe peuvent pas dire aux jours où elles font marquées, on les dira à ceux des jours ſuivans dans la Semaine où on le pourra , mais de façon que ce ſoit dans l'ordre de l'hiftoire ; c'eft-à-dire que ſi , par exemple , on ne peut pas dire aujourd'hui les Leçons du premier Noƈturne ci-après, on les dira demain ; celles de demain ſe diront après-demain, & celles d'après-demain le jour d'enfuite.

AU I NOCTURNE.
Leçon j.

De libro fecúndo Machabæórum.
Chap. 6.

IGitur Eleázarus, unus de primóribus Scribárum, vir ætate

provéctus & vultu decórus, apérto ore hians compellebátur carnem porcínam manducáre. At ille gloriosíssimam mortem magis quàm odibilem vitam compléctens, voluntárie práeibat ad supplícium. Intuens autem quemádmodum oportéret accédere, patiénter sústinens, destinávit non admíttere illícita propter vitæ amórem. Hi autem qui adstábant, iníquâ miseratióne commóti propter antíquam viri amicítiam, tolléntes eum secrétò, rogábant afferri carnes quibus vesci ei licébat, ut simularétur manducásse, sicut rex imperáverat, de sacrifícii cárnibus, ut, hoc facto, à morte liberarétur, propter véterem viri amicítiam hanc in eo faciébant humanitátem.

℟. Adapériat Dóminus cor vestrum in lege sua & in præcéptis suis, & fáciat pacem in diébus vestris. * Concédat vobis salútem & rédimat vos à malis. ℣. Exáudiat Dóminus oratiónes vestras, & reconciliétur vobis, nec vos déserat in témpore malo. * Concédat.

Bened. Unigénitus Dei Fílius.

Leçon ij.

AT ille cogitáre cœpit ætátis ac senectútis suæ eminéntiam dignam & ingénitæ nobilitátis canítiem, atque à púero óptimæ conversatiónis actus : & secúndum sanctæ & à Deo cónditæ legis constitúta respóndit citò, dicens præmítti se velle in infernum. Non enim ætáti nostræ dignum est, inquit, fíngere ; ut multi adolescéntium arbitrántes Eleázarum nona-

ginta annórum transísse ad vitam alienigenárum, & ipsi propter meam simulatiónem & propter módicum corruptíbilis vitæ tempus decipiántur, & per hoc máculam atque exsecratiónem meæ senectúti conquíram. Nam etsi in præsénti témpore supplíciis hóminû erípiar, sed manum Omnipoténtis nec vivus nec defúnctus effúgiam. Quamobrem fórtiter vitâ excedéndo senectúte quidem dignus apparébo ; adolescéntibus autem exémplum forte relínquam, si prompto ánimo ac fórtiter pro gravíssimis ac sanctíssimis légibus honéstâ morte perfúngar. His dictis, conféstim ad supplícium trahebátur.

℟. Exáudiat Dóminus oratiónes vestras, & reconciliétur vobis, nec vos déserat in témpore malo * Dóminus Deus noster. ℣. Det vobis cor ómnibus, ut colátis eum & faciátis ejus voluntátem. * Dóminus Deus noster.

Bened. Spíritûs sancti grátia.

Leçon iij. Chap. 7.

COntígit autem & septem fratres unâ cum matre suâ apprehénsos compélli à rege édere contra fas carnes porcínas, flagris & táureis cruciátos. Unus autem ex illis qui erat primus, sic ait : Quid quæris, & quid vis díscere à nobis ? Paráti sumus mori magis quàm pátrias Dei leges prævaricári. Irátus ítaque rex jussit sartágines & ollas æneas succéndi : quibus statim succénsis, jussit ei qui prior fúerat locútus, amputári linguam : & cute cápitis abstráctâ, summas quoque manus & pedes ei præscindi, cæteris ejus fratribus & matre inspiciéntibus. Et cùm jam per ómnia inútilis factus esset, justit ignem admovéri, & adhuc spirántem torréri in fartágine; in qua cùm diù cruciarétur, cæteri unà cum matre ínvicem se hortabántur mori fórtiter.

℟. Congregáti sunt inimíci nostri, & gloriántur in virtúte sua. Cóntere fortitúdinem illórum, Dómine, & dispérge illos, * Ut cognóscant quia non est álius qui pugnet pro nobis, nisi tu Deus noster. ℣. Dispérge illos in virtúte tua, & déstrue eos, protéctor noster Dómine, * Ut cognóscant. ℣. Glória. * Ut.

Au II NOCTURNE.
Leçon iv.
Sermo sancti Gregórii Nazianzéni.
Oraison 20 des Macchabées.

ELeázarus primítiæ eórum qui hìc ante Christum sunt passi, quemádmodum post Christum Stéphanus. Is vir & sacérdos & senex, canus capíllis, canus & prudéntiâ, priùs quidem pro pópulo sacrificábat & orábat; nunc autem semetípsum hóstiam óbtulit Deo perfectíssimam ad totíus pópuli expiatiónem, faustum certáminis inítium, ad quod loquens páriter ac tacens cohortabátur. Obtulit autem & fílios septem, suæ fructus disciplínæ, hóstiam vivéntem, sanctam, beneplácitam Deo, omni legáli sacrifício splendidiórem & puriórem: quæ sunt enim filiórum, ad patrem reférri

æquíssimum ac justíssimum est.

℟. Impetu inimicórum ne timuéritis. Mémores estóte quómodò salvi facti sunt patres nostri, * Et nunc clamémus in cœlum, & miserébitur nostri Deus noster. ℣. Mementóte mirabílium ejus quæ fecit Pharaóni & exercítui ejus in mari Rubro. * Et nunc.

Bened. Christus perpétuæ.

Leçon v.
IBi tum generósi & magnánimi púeri, generósæ matri nóbilis proles, gloriósi veritátis propugnatóres, Antíochi tempóribus excelsióres, veri Mosáicæ legis discípuli paternórum rítuú observantíssimi; númerus apud Hebræos laudábilis, & propter septenáriæ quiétis mystérium venerábilis, unum spirántes, unum spectántes, unum illud ad vitam iter agnoscéntes, ut mortem Dei causâ suscíperent: non minùs ánimis fratres, quàm corpóribus, inter se mútuæ mortis æmuli: ô rem admirándam! torménta quasi thesáuros præripiéntes pro magístra lege perícula subeúntes, quæ non magis illáta formidábant, quàm relícta requirébant, unum illud vériti, ne tyránnus à pœnis desísteret, ne quis ipsórum sine corónæ præmio discéderet, ne invíti fratres álii ab álio sejungeréntur, & ne, in eo discrímine cruciátibus erépti, malâ victóriâ superárent.

℟. Congregátæ sunt Gentes in multitúdine, ut dímicent contra nos, & ignorámus quid ágere debeámus. * Dómine Deus, ad te sunt óculi noftri, ne pereámus. ℣. Tu scis quæ cógitant in nos. Quómodò potérimus fubfíftere ante faciem illórum, nifi tu ádjuves nos. * Dómine.

Bened. Ignem fui amóris.

Leçon vj.

ERat ibi fortis & generófa mater, puerórum fimul ac Dei amans, cujus matérna víſcera fupra natúræ confuetúdinem dilaniabántur. Non enim filiórum qui in torméntis erant, miferebátur, fed timóre angebátur ne non ea fufcíperent ; neque magis eos qui è vita migráverant, defiderábat, quam precabátur ut réliqui cum illis conjungeréntur : de quibus fíliis magis quàm de mórtuis erat follícita. Horum enim dúbium erat certámen, at illórum ſecúrus vitæ éxitus ; atque illos quidem jam Deo adjúnxerat ; de his verò quómodò eos Deus fuſcíperet laborábat. O virilem ánimum in córpore muliebri ! ô admirábile magni ánimi increméntum !

℟. Tua eft poténtia, tuum regnum, Dómine, tu es ſuper omnes Gentes. * Da pacem, Dómine, in diébus noftris. ℣. Creátor ómnium Deus, terríbilis & fortis, juftus & miféricors. * Da pacem. ℣. Glória. * Da pacem.

AU III NOCTURNE.

℟. Refúlfit fol in clypeos áureos, & refplenduérunt montes ab eis : * Et fortitúdo géntium diffipáta eft. ℣. Erat enim exércitus magnus valde & fortis : & appropiávit Judas & exércitus ejus in prælio. * Et.

℟. Duo Séraphim clamábant alter ad álterum, * Sanctus, Sanctus, Sanctus Dóminus Deus Sábaoth. ** Plena eft omnis terra glóriâ ejus. ℣. Tres funt qui teftimónium dant in cœlo, Pater, Verbum & Spíritus fanctus : & hi tres unum funt. * Sanctus. ℣. Glória Patri. ** Plena.

II FERIE.

Leçon j.

De libro primo Machabæórum.

Chap. 7.

MOrtuo ítaque illo primo hoc modo, fequéntem deducébat ad illudéndum ; & cute cápitis ejus cum capíllis abftráctâ, interrogábat fi manducáret, priùs quam toto córpore per membra síngula punirétur. At ille refpóndens pátriâ voce dixit, Non fáciam. Propter quod & ifte fequénti loco primi torménta fufcépit, & in último ſpíritu conftitútus fic ait, Tu quidem, fceleftíffime, in præfénti vita nos perdis, fed Rex mundi defúnctos nos pro fuis légibus in ætérnæ vitæ refurrectióne fufcitábit. Poft hunc tértius illúditur, & linguam poftulátus citò prótulit, & manus conftánter exténdit, & cum fidúcia ait, E cœlo ifta poffídeo, fed propter Dei leges nunc hæc ipfa defpício, quóniam ab ipfo me ea receptúrum ſpero : ita ut Rex & qui cum ipfo erant, miraréntur adolefcéntis ánimum, quòd tamquam nihilum dúceret cruciátus.

℟. Dixit Judas Simóni fratri fuo, Elige tibi viros, & vade, líbera fratres tuos in Galilæam ; ego autem & Jónathas frater tuus íbimus in Galaadítim. * Sícut fúerit volúntas in cœlo, sic fiat. ℣. Accingímini, fílii poténtes, & estóte paráti, quóniam mélius est nobis mori in bello, quàm vidére mala gentis nostræ & Sanctórum. * Sicut.

Bened. Unigénitus Dei Fílius.

Leçon j.

ET hoc ita defúncto, quartum vexábant simíliter torquéntes. Et cùm jam esset ad mortem, sic ait, Pótius est ab homínibus morti datos spem exspectáre à Deo, íterùm ab ipso resuscitándos ; tibi enim resurréctio ad vitam non erit. Et cùm admovíssent quintum, vexábant eum. At ille respíciens in eum, dixit, Potestátem inter hómines habens, cùm sis corruptíbilis, facis quod vis ; noli autem putáre genus nostrum à Deo esse derelíctum : tu autem patiénter sústine, & vidébis magnam potestátem ipsíus, quáliter te & semen suum torquébit. Post hunc ducébant sextum : & is mori incípiens sic ait, Noli frustra erráre : nos enim propter nosmetípsos hæc pátimur, peccántes in Deum nostrum, & digna admiratióne facta sunt in nobis : tu autem ne exístimes tibi impúnè futúrum quòd contra Deum pugnáre tentáyeris.

℟. Ornavérunt fáciem templi corónis áureis, & dedicavérunt altáre Dómino ; * Et facta est lætítia magna in pópulo. ℣. In hymnis & confessiónibus benedicébant Dóminum. * Et facta.

Bened. Spíritûs sancti grátia.

Leçon iij.

SUpra modum autem mater mirábilis & bonórum memóriâ digna, quæ pereúntes septem fílios sub uníus diéi témpore conspíciens, bono ánimo ferébat propter spem quam in Deum habébat, síngulos illórum hortabátur voce pátriâ fórtiter, repléta sapiéntiâ, & femíneæ cogitatióni masculínum ánimum ínserens dixit ad eos, Néscio quáliter in útero meo apparuístis ; neque enim ego spíritum & ánimam donávi vobis & vitam, & singulórum membra non ego ipsa compégi, sed enim mundi Creátor qui formávit hóminis nativitátem, quique ómnium invénit originem ; & spíritum vobis íterùm cum misericórdia reddet & vitam, sicut nunc vosmetípsos despícitis propter leges ejus.

℟. In hymnis & confessiónibus benedicébant Dóminû * Qui magna fecit in Israel & victóriam dedit illis Dóminus omnípotens. ℣. Ornavérunt fáciem templi corónis áureis, & dedicavérunt altáre Dómino * Qui magna. ℣. Glória. * Qui magna.

III FERIE.
Leçon j.
De libro primo Machabæórum.
Chap. 7.

ANtíochus autem contémni se arbitrátus, simul & exprobrántis voce despéctâ, cùm adhuc adolescéntior superésset, non solùm verbis hortabátur, sed cum juraménto

juraménto affirmábat se dívitem & beátum factúrum , & translátum à pátriis légibus amícum habitúrum , & res necessárias ei præbitúrum. Sed ad hæc cùm adoléscens nequáquam inclinarétur , vocávit Rex matrem & suadébat ei ut adolescénti fíeret in salútem. Cùm autem multis eam verbis esset hortátus, promísit suasúram se fílio suo. Itaque inclináta ad illum , írridens crudélem tyránnum , ait pátriâ voce, Fili mi , miserére meî quæ te in útero novem ménsibus portávi & lac triénnio dedi , & álui , & in ætátem istam perdúxi.

R. Hic est fratrum amátor & pópuli Israel : * Hic est qui multùm orat pro pópulo & univérsa sancta civitáte Jerúsalem. V. Vir iste in pópulo suo mitíssimus appáruit. * Hic.

Bened. Christus perpétuæ.

Leçon ij.

PEto , nate , ut adspícias ad cœlum & terram & ad . ómnia quæ in eis sunt , & intélligas quia ex níhilo fecit illa Deus & hóminum genus : ita fiet ut non tímeas carníficem istum ; sed dignus frátribus tuis efféctus párticeps , súscipe mortem , ut in illa miseratióne cum frátribus tuis te recípiam. Cùm hæc illa adhuc díceret , ait adoléscens , Quem sustinétis ? Non obédio præcépto regis , sed præcépto legis quæ data est nobis.per Móysen. Tu verò qui invéntor omnis malítiæ factus es in Hebræos , non effúgies manum Dei. Nos enim pro peccátis nostris hæc pátimur, Et si

nobis propter increpatiónem & correptiónem Dóminus Deus noster módicùm irátus est , sed íterum reconciliábitur servis suis.

R. Tu , Dómine universórum , qui nullam habes indigéntiam , voluísti templum tuum fíeri in nobis. * Consérva domum istam immaculátam in ætérnum, Dómine. V. Tu elegísti , Dómine, domum istam ad invocándum nomen tuum in ea, ut esset domus oratiónis & obsecratiónis pópulo tuo. * Consérva.

Bened. Ignem sui amóris.

Leçon iij.

TU autem , ô sceléste & ómnium hóminum flagitiosíssime , noli frustra extólli vanis spebus in servos ejus inflammátus, nondum enim omnipoténtis Dei & ómnia inspiciéntis judícium effugísti. Nam fratres mei , módico nunc dolóre sustentáto , sub testaménto ætérnæ vitæ effécti sunt ; tu verò judício Dei justas supérbiæ tuæ pœnas exsólves. Ego autem , sicut & fratres mei , ánimam & corpus meum trado pro pátriis légibus, invocans Deum matúriùs genti nostræ propítium fíeri, teque cum torméntis & verbéribus confitéri quòd ipse est Deus solus. In me verò & in frátribus meis désinet Omnipoténtis ira quæ super omne genus nostrum justè superdúcta est. Tunc Rex accénsus irâ in hunc super omnes crudéliùs desævit , indignè ferens se derísum. Et hic ítaque mundus óbiit per ómnia in Dómino confídens. Novíssimè autem post fílios & mater consúmta est.

R. 4. *Automne.* Y

℞. Aperi óculos tuos, Dómine, & vide afflictiónem nostram. Circumdedérunt nos Gentes ad puniéndum nos ; * Sed tu, Dómine, exténde bráchium tuum, & líbera ánimas nostras. ℣. Afflíge oppriméntes nos & contuméliam faciéntes in supérbiam : & custódi partem tuam. * Sed tu. ℣. Glória. * Sed tu.

IV FERIE
Leçon j.
De libro secúndo Machabæórum.
Chap. 8.

COnstituit autem Nicánor ut regi tribútum quod Románis erat dandum, duo míllia talentórum, de captivitáte Judæórum suppléret; statímque ad marítimas civitátes misit, convócans ad coemtiónem Judaicórum mancipiórum, promíttens se nonagínta mancípia talénto distractúrum, non respíciens ad vindíctam quæ eum ab Omnipoténte esset consecutúra. Judas autem ubi cómperit, indicávit his qui secum erant Judæis, Nicanóris advéntum. Ex quibus quidam formidántes & non credéntes Dei justítiæ, in fugam vertebántur ; álii veró, si quid eis supérerat, vendébant, simúlque Dóminum deprecabántur ut eríperet eos ab ímpio Nicanóre.

℞. Refúlsit sol in clypeos áureos, & resplenduérunt montes ab eis : * Et fortitúdo géntium dissipáta est. ℣. Erat enim exércitus magnus valde & fortis : & appropiávit Judas & exércitus ejus in prælio. * Et.
Bened. Divínum auxílium.

Leçon ij.

COnvocátis autem Machabæus septem míllibus qui cum ipso erant, rogábat ne hóstibus reconciliaréntur neque metúerent iníquè veniéntium advérsum se hóstium multitúdinem ; sed fórtiter conténderent ante óculos habéntes contuméliam quæ loco sancto ab his injústè esset illáta, itémque & ludíbrio hábitæ civitátis injúriam, adhuc étiam véterum institúta convúlsa. Nam illi quidem armis confídunt, ait, simul & audáciâ ; nos autem in omnipoténte Dómino qui potest & veniéntes advérsum nos & univérsum mundum uno nutu delére, confídimus. Admónuit autem eos & de auxíliis Dei quæ facta sunt erga paréntes, & quòd sub Sennácherib centum octogínta quinque míllia periérunt.

℞. Ornavérunt fáciem templi corónis áureis, & dedicavérunt altáre Dómino, * Et facta est lætítia magna in pópulo. ℣. In hymnis & confessiónibus benedicébant Dóminum. * Et.
Bened. Ad societátem.

Leçon iij.

HIs verbis constántes effécti sunt & pro légibus & pátria mori paráti. Constítuit ítaque fratres suos duces utríque órdini, Simóné & Jóséphum & Jónathan, subjéctis unicuíque millénis & quingenténis. Ad hoc étiam ab Esdra lecto illis sancto libro, & dato signo adjutórii Dei, in prima ácie ipse dux commísit cum Nicanóre. Et facto sibi adjutóre omnipoténte, interfecérunt super novem míllia hóminum ; majórem autem partem exércitûs Nicanóris vulnéribus débilem factam fúgere compulérunt. Pecúniis verò eórum qui ad emtiónem ipsórum vénerant sublátis, ipsos usquequáque persecúti sunt ; sed revérsi sunt horâ conclúfi ; nam erat ante sábbatum : quam ob caufam non perseveravérunt insequéntes. Arma autem ipsórum & spólia congregántes, Sábbatum agébant, benedicéntes Dóminum qui liberávit eos in isto die misericórdiæ inítium stillans in eos. Post Sábbatum verò debílibus & órphanis & víduis divisérunt spólia, & resídua ipsi cum suis habuére.

℟. In hymnis & confeffiónibus benedicébant Dóminum * Qui magna fecit in Israel , & victóriam dedit illis Dóminus omnípotens. ℣. Ornavérunt fáciem templi corónis áureis, & dedicavérunt altáre Dómino * Qui magna. ℣. Glória. * Qui magna.

V FERIE.
Leçon j.
De libro secúndo Machabæórum.
Chap. 9.

EOdem témpore Antíochus inhonéstè revertebátur de Pérside. Intráverat enim in eam quæ dícitur Persépolis, & tentávit exspoliáre templum & civitátem opprímere, sed multitúdine ad arma concurrénte, in fugam versi sunt ; & ita cóntigit ut Antíochus post fugam túrpiter redíret. Et cùm veníffet circa Ecbátanam, recognóvit

quæ erga Nicanórem & Timótheū gesta sunt. Elátus autem in ira, arbitrabátur se injúriam illórum qui se fugáverant, posse in Judæos retorquére ; ideóque jussit agitári currum suùm, sine intermissióne agens iter, coelésti eum judício perurgénte, eò quòd ita supérbè locútus est se ventúrum Jerosólymam & congériem sepúlchri Judæórum eam factúrum.

℟. Adapériat Dóminus cor vestrum in lege sua & in præcéptis suis, & fáciat pacem in diébus vestris : * Concédat vobis salútem, & rédimat vos à malis. ℣. Exáudiat Dóminus oratiónes vestras, & reconciliétur vobis, nec vos déserat in témpore malo. * Concédat.
Bened. Unigénitus Dei Fílius.
Leçon ij.

SEd qui univérsa cónspicit Dóminus Deus Israel percússit eum insanábili & invisíbili plagâ. Ut enim finívit hunc ipsum sermónem, apprehéndit eum dolor dirus víscerum & amára internórum torménta ; & quidem satis justè, quippe qui multis & novis cruciátibus aliórum tórserat víscera, licèt ille nullo modo à sua malítia cessáret. Super hoc autem supérbiâ replétus, ignem spirans ánimo in Judæos, & præcípiens accelerári negótium, cóntigit illum ímpetu eúntem de curru cádere & gravi córporis collisióne membra vexári.

℟. Exáudiat Dóminus oratiónes vestras, & reconciliétur vobis, nec vos déserat in témpore malo, * Dóminus Deus noster. ℣. Det vobis cor ómnibus ut colátis eum, &

faciátis ejus voluntátem. * Dóminus Deus noster.

Bened. Spíritûs sanɛti grátia.

Leçon iij.

ISque qui fibi videbátur étiam flúɛtibus maris imperáre, fupra humánû modum fupérbiâ replétus, & móntium altitúdines in statéra appéndere, nunc humiliátus ad terram in gestatório portabátur, maniféstam Dei virtútem in femetípfo contéstans ; ita ut de córpore ímpii vermes fcaturírent ac vivéntis in dolóribus carnes ejus efflúerent ; odóre étiam illíus & fœtóre exércitus gravarétur ; & qui paulò antè fídera cœli contíngere fe arbitrabátur, eum nemo póterat propter intolerántiam fœtóris portáre.

℟. Congregáti funt inimíci nostri & gloriántur in virtúte fua : cóntere fortitúdinem illórum, Dómine, & difpérge illos, * Ut cognófcant quia non est álius qui pugnet pro nobis, nifi tu Deus noster. ℣. Difpérge illos in virtúte tua & déstrue eos, protéɛtor noster, Dómine, * Ut cognófcant. ℣. Glória Patri. * Ut cognófcant.

VI FERIE.
Leçon j.

De libro fecúndo Machabæórum.
Chap. 10.

MAchabæus autem & qui cum eo erant, Dómino fe protegénte, templum quidem & civitátem recépit ; aras autem quas aliení-genæ per platéas exstrúxerant itémque delúbra demolítus est : &

purgáto templo áliud altáre fecérunt ; & de ignítis lapídibus igne concépto facrifícia obtulérunt post biénnium, & incénfum & lucérnas & panes propofitiónis pofuérunt. Quibus gestis rogábant Dóminum prostráti in terram ne ámplius tálibus malis incíderent ; fed, & fi quando peccáffent, ut ab ipfomítiùs corriperéntur, & non bárbaris ac blafphémis homínibus traderéntur. Quâ die autem templum ab aliení-genis pollútum fúerat, cóntigit eádem die purificatiónem fíeri, vigéfimâ quintâ menfis qui fuit Cafleu.

℟. Impetum inimicórum ne timuéritis. Mémores estóte quómodò falvi faɛti funt patres nostri. * Et nunc clamémus in cœlum, & miferébitur nostrî Deus noster. ℣. Mementóte mirabílium ejus quæ fecit Pharaóni & exercítui ejus in mari Rubro. * Et nunc.

Bened. Christus perpétuæ.

Leçon ij.

AT Timótheus qui priùs à Judæis fúerat fuperátus, convocáto exércitu peregrínæ multitúdinis, & congregáto equitátu Afiáno, advénit quafi armis Judæam captúrus. Machabæus autem & qui cum ipfo erant, appropinquánte illo, deprecabántur Dóminum, caput terrâ afpergéntes lumbófque cilíciis præcinɛti, ad altáris crepídinem provolúti, ut fibi propítius, inimícis autem eórum effet inimícus, & adverfáriis adverfarétur ficut lex dicit. Et ita post oratiónem, fumtis armis, lóngiùs de civitáte

procedéntes & próximi hóstibus
effécti resedérunt.

℟. Congregátæ sunt Gentes in
multitúdine , ut dímicent contra
nos, & ignorámus quid ágere debeámus. * Dómine Deus, ad te sunt
óculi nostri, ne pereámus. ℣. Tu
scis quæ cógitant in nos. Quómodò potérimus subsístere ante fáciem
illórum, nisi tu ádjuves nos ? * Dómine.

Bened. Ignem sui amóris.

Leçon iij.

Rimo autem solis ortu utríque
commisérunt, isti quidem victóriæ & prosperitátis sponsóre cum
virtúte Dóminum habéntes, illi
autem ducem belli ánimum habébant. Sed cùm véhemens pugna esset, apparuérunt adversáriis de cœlo viri quinque in equis, frænis áureis decóri, ducátum Judæis præ-
stántes; ex quibus duo Machabæum
médium habéntes armis suis circum-
séptum incólumem conservábant,
in adversários autem tela & fúlmina
jaciébant, ex quo & cæcitáte confúsi & repléti perturbatióne cadé-
bant. Interfécti sunt autem vigínti
míllia quingénti & équites sexcénti.
Timótheus verò confúgit in Gázaram præsídium munítum cui præ-
erat Chæreas.

℟. Tua est poténtia, tuum regnum, Dómine, tu es super omnes
Gentes. * Da pacem, Dómine, in
diébus nostris. ℣. Creátor ómnium
Deus, terríbilis & fortis, justus &
miséricors,* Da pacem, Dómine,
in diébus nostris. ℣. Glória Patri.
* Da pacem.

SAMEDI.

Leçon j.

De libro secúndo Machabæórum.
Chap. 15.

Achabæus autē semper con-
fidébat cum omni spe auxílium sibi à Deo affutúrum, & hortabátur suos ne formidárent ad advéntum Natiónum, sed in mente
habérent adjutória sibi facta de
cœlo & nunc sperárent ab Omnipoténte sibi adfutúram victóriam.
Et allocútus eos de lege & Prophétis, ádmonens étiam certámina
quæ fécerant priùs, promtióres
constituit eos, & ita ánimis eórum
eréctis, simul ostendébat Géntium
falláciam & juramentórum præva-
ricatiónem. Síngulos autem illórum
armávit non clypei & hastæ muni-
tióne, sed sermónibus óptimis &
exhortatiónibus, expósito digno
fide sómnio per quod univérsos læ-
tificávit.

℟. Refúlsit sol in clypeos áureos,
& resplenduérunt montes ab eis : *
Et fortitúdo géntium dissipáta est.
℣. Erat enim exércitus magnus valde & fortis : & appropiávit Judas
& exércitus ejus in prælio. * Et fortitúdo.

Bened. Divínum auxílium.

Leçon ij.

Rat autem hujuscémodi visus
Oníam qui fúerat summus sacérdos, virum bonum & benígnum,
verecúndum visu, modéstum móribus, & elóquio decórum, & qui à
púero in virtútibus exercitátus sit,
manus protendéntem oráre pro

omni pópulo Judæórum. Poft hoc apparuíffe & álium virum ætáte & glóriâ mirábilem, & magni decóris habitúdine circa illum; refpondéntem veró Oníam dixíffe, Hic eft fratrum amátor & pópuli Ifrael; hic eft qui multùm orat pro pópulo & univérfa fancta civitáte, Jeremías Prophéta Dei. Extendíffe autem Jeremíam déxteram, & dedíffe Judæ gládium áureum, dicéntem, Accipe fanctum gládium munus à Deo, in quo dejícies adverfários pópuli mei Ifrael.

℟. Ornavérunt fáciem templi corónis áureis, & dedicavérunt altáre Dómino, * Et facta eft lætítia magna in pópulo. ℣. In hymnis & confeffiónibus benedicébant Dóminum. * Et.

Bened. Ad focietátem.

Leçon iij.

EXhortáti itaque Judæ fermónibus bonis valde, de quibus extólli poffet ímpetus & ánimi júvenum confortári, ftatuérunt dimicáre & conflígere fórtiter, ut virtus de negótiis judicáret, eò quòd cívitas fancta & templum periclitaréntur. Erat enim pro uxóribus & fíliis, itémque pro frátribus & cognátis minor follicitúdo, máximus veró & primus pro fanctitáte timor erat templi. Sed & eos qui in civitáte erant non mínima follicitúdo habébat pro his qui congreffúri erant.

℟. In hymnis & confeffiónibus benedicébant Dóminum * Qui magna fecit in Ifrael, & victóriam dedit illis Dóminus omnípotens. ℣. Ornavérunt fáciem templi corónis

áureis, & dedicavérunt altáre Dómino * Qui. ℣. Glória. * Qui.

SAMEDI

d'avant le premier Dimanche de Novembre.

A Magníficat, Ant. Vidi Dóminum fedéntem fuper fólium excélfum, & plena erat omnis terra majeftáte ejus; & ea quæ fub ipfo erant, replébant templum.

I DIMANCHE
DE NOVEMBRE.
AU I NOCTURNE.

Leçon j.

Incipit liber Ezechiélis Prophétæ. Chap. 1.

ET factum eft in trigéfimo anno, in quarto, in quinta menfis, cùm effem in médio captivórum juxta flúvium Chobar, apérti funt cœli, & vidi vifiónes Dei. In quinta menfis, ipfe eft annus quintus tranfmigratiónis regis Jóachim, factum eft verbum Dómini ad Ezechiélem fílium Buzi, facerdótem in terra Chaldæórum fecus flumen Chobar: & facta eft fuper eum ibi manus Dómini. Et vidi, & ecce ventus túrbinis veniébat ab Aquilóne, & nubes magna & ignis invólvens & fplendor in circúitu ejus, & de médio ejus quafi fpécies eléctri, id eft, de médio ignis.

℟. Vidi Dóminum fedéntem fuper fólium excélfum & elevátum: & plena erat omnis terra majeftáte ejus; * Et ea quæ fub ipfo erant replébant templum. ℣. Séraphim ftabant super illud : sex alæ uni , & sex alæ álteri. * Et ea.

Bened. Unigénitus Dei Fílius.

Leçon ij.

ET in médio ejus similitúdo quátuor animálium : & hic aspéctus eórum; similitúdo hóminis in eis. Quátuor fácies uni, & quátuor pennæ uni. Pedes eórum pedes recti , & planta pedis eórum quasi planta pedis vítuli, & scintíllæ quasi aspéctus æris candéntis. Et manus hóminis sub pennis eórum in quátuor pártibus,& fácies & pennas per quatuor partes habébant. Junctæque erant pennæ eórum altérius ad álterum. Non revertebántur cùm incéderent, sed unumquódque ante fáciem suam gradiebátur.

℟. Aspice , Dñe , de sede sancta tua , & cógita de nobis. Inclína , Deus meus , aurem tuam , & audi. * Aperi óculos tuos , & vide tribulatiónem nostram. ℣. Qui regis Israel, inténde ; qui dedúcis velut ovem Joseph , * Aperi.

Bened. Spíritûs sancti grátia.

Leçon iij.

SImilitúdo autem vultus eórum; fácies hóminis & fácies leónis à dextris ipsórum quátuor , fácies autem bovis à sinístris ipsórum quátuor , & fácies áquilæ désuper ipsórum quátuor. Fácies eórum , & pennæ eórum exténtæ désuper : duæ pennæ singulórũ jungebántur & duæ tegébant córpora eórum; & unumquódque eórum coram fácie sua ambulábat. Ubi erat ímpetus spíritûs , illuc gradiebántur ; nec revertebántur cùm ambulárent.

℟. Aspice , Dómine , quia facta est desoláta cívitas plena divítiis , sedet in tristítia dómina Géntium. * Non est qui consolétur eam , nisi tu Deus noster. ℣. Plorans plorávit in nocte. & lácrymæ ejus in maxíllis ejus.* Non. ℣.Glória. *Non.

AU II NOCTURNE.

Leçon iv.

De Expositióne sancti Gregórii Papæ in Ezechiélem Prophétam.

Livre 1 , Homelie 2.

USus prophéticæ locutiónis, ut priùs persóná , tempus locúmque descríbat, & póstmodùm dícere mystéria prophetíæ incipiat : quátenus ad veritátem solídiùs osténdéndam ante históriæ radicem figat , & pòst fructus spíritûs per signa & allegórias próferat. Ezéchiel ítaque ætátis suæ tempus índicat, dicens, Et factum est in trigésimo anno , in quarto mense , in quinta mensis. Locum quoque denúntians adjúngit, Cùm essem in médio captivórum juxta flúvium Chobar, apérti sunt cœli, & vidi visiiónes Dei. Tempus étiam insínuat subdens, In quinta mensis; ipse est annus quintus transmigratiónis regis Joáchim. Qui ut benè persónam índicet, étiam genus narrat , cùm súbditur, Et factum est verbum Dómini ad Ezechiélem , fílium Buzi, sacerdótem.

℟. Super muros tuos , Jerúsalem , constítui custódes : * Totâ die & nocte non tacébunt laudáre nomen Dñi. ℣. Prædicábunt pópulis fortitúdinem meam, & annuntiábunt géntibus glóriam meâ. * Totâ.

Bened. **Chriſtus perpétuæ.**

Leçon v.

SEd prima quæſtio nobis óritur; cur is qui nihil adhuc díxerat, ita exórſus eſt dicens, Et factum eſt in trigéſimo anno : Et namque ſermo conjunctiónis eſt ; & ſcimus quia non conjúngitur ſermo ſúbſequens, niſi ſermóni præcedénti. Qui ígitur nihil díxerat, cur dicit, Et factum eſt ; cùm non ſit ſermo cui hoc quod íncipit ſubjúngat ; Qua in re intuéndum eſt quia ſicut nos corporália, ſic Prohétæ ſenſu ſpirituália adſpíciunt ; eíſque & illa ſunt præſéntia, quæ noſtræ ignorántiæ abſéntia vidéntur. Unde fit ut in mente Prophetárum ita conjúncta ſint exterióribus interióra, quátenus ſimul útraque vídeant, ſimúlque in eis fiat & intùs verbum quod áudiunt, & foris quod dicunt.

℟. Muro tuo inexpugnábili circumcínge nos, Dómine, & armis tuæ poténtiæ prótege nos ſemper. * Líbera, Dómine Deus Iſrael, clamántes ad te. ℣. Erue nos in mirabílibus tuis, & da glóriam nómini tuo. * Líbera.

Bened. **Ignem ſui amóris.**

Leçon vj.

PAtet ígitur cauſa cur qui nihil díxerat, inchoávit dicens, Et factum eſt in trigéſimo anno ; quia hoc verbum quod foris prótulit, illi verbo quod intùs audíerat conjúnxit. Continuávit ergo verba quæ prótulit viſióni íntimæ, & idcírco íncipit dicens, Et factum eſt. Subjúnxit enim hoc quod ex-

tériùs loqui ínchoat, ac ſi & illud foris ſit quod intùs vidit. Hoc autem quod dícitur, quia in trigéſimo anno ſpíritum prophetíæ accéperit, índicat áliquid nobis conſiderándum : vidélicet quia juxta ratiónis uſum doctrínæ ſermo non ſúppetit, niſi in ætáte perfécta. Unde & ipſe Dóminus anno duodécimo ætátis ſuæ in templo ſedens, non docens, ſed intérrogans vóluit inveníri.

℟. Suſtinúimus pacem, & non venit ; quæſívimus bona, & ecce turbátio. Cognóvimus, Dómine peccáta noſtra. * Non in perpétuũ obliviſcáris nos. ℣. Peccávimus, ímpiè géſſimus, iniquitátem fécimus, Dómine, in omnem juſtítiam tuam. * Non. ℣. Glória. * Non.

Au III Nocturne.

℟. Laudábilis pópulus * Quem Dóminus exercítuum benedíxit dicens, Opus mánuum meárum tu es, hæréditas mea Iſrael. ℣. Beáta gens cujus eſt Dóminus Deus, pópulus eléctus in hæreditátem. * Quem.

℟. Duo Séraphim clamábant álter ad álterum, * Sanctus, Sanctus, Sanctus Dóminus Deus Sábaoth. ** Plena eſt omnis terra glóriâ ejus. ℣. Tres ſunt qui teſtimónium dant in cœlo, * Pater, Verbum & Spíritus ſanctus ; & hi tres unum ſunt. * Sanctus. ℣. Glória. ** Plena.

II FERIE.
Leçon j.

De Ezechiéle Prophéta. *Chap.* 2.

ET audívi loquéntem de me & dicéntem, Fili hóminis, mitto

ego

ego te ad fílios Ifrael , ad Gentes apoftatríces quæ recefférunt à me. Ipfi & patres eórum prævaricáti funt pactum meum ufque ad diem hanc. Et fílii durâ fácie & indomábili corde funt, ad quos ego mitto te : & dices ad eos, Hæc dicit DñusDeus, Si fórtè vel ipfi áudiant, & fi fortè quiéfcant, quóniam domus exáfperans eft : & fcient quia Prophéta fúerit in médio eórum.

℟. Redémit pópulum fuum & liberávit eum. Et vénient, & exfultábunt in monte Sion ; & gaudébunt de bonis Dómini fuper fruménto, vino & óleo , * Et ultrà non efúrient. ℣.Erítque ánima eórum quafi hortus irríguus, * Et ultrà.

Bened. Unigénitus Dei Fílius.

Leçon ij.

TU ergo , fili hóminis , ne tímeas eos neque fermónes eórum métuas ; quóniam incréduli & fubverfóres funt tecum , & cum fcorpiónibus hábitas. Verba eórum ne tímeas , & vultus eórum ne formídes ; quia domus exáfperans eft. Loquéris ergo verba mea ad eos, fi forte áudiant & quiéfcant, quóniam irritatóres funt.

℟. Angúftiæ mihi funt úndique, & quid éligam ignóro. * Mélius eft mihi incídere in manus hóminum, quàm derelínquere legem Dei mei. ℣. Si enim hoc égero, mors mihi eft : fi autem non égero, non effúgiam manus veftras. * Mélius.

Bened. Spíritûs fancti grátia.

Leçon iij.

TU autem , fili hóminis , audi quæcúmque loquor ad te ,

& noli effe exáfperans, ficut domus exafperátrix eft. Aperi os tuú , & cómede quæcúmque ego do tibi. Et vidi, & ecce manus miffa ad me , in qua erat involútus liber : & expándit illum coram me , qui erat fcriptus intùs & foris : & fcriptæ erant in eo lamentatiónes & carmen & væ.

℟. Mifit Dóminus Angelú fuum, & conclúfit ora leónum : * Et non contaminavérunt : quia coram eo injuftítia invénta non eft in me. ℣. Mifit Deus mifericórdiam fuam & veritátem fuam : ánimam meam erípuit de médio catulórum leónum. * Et non. ℣. Glória. * Et non.

III FERIE.

Leçon j.

De Ezechiéle Prophéta. *Chap.* 3.

ET dixit ad me , Fili hóminis , quodcúmque invéneris cómede : cómede volúmen iftud, & vadens lóquere ad fílios Ifrael. Et apérui os meum , & cibávit me volúmine illo , & dixit ad me, Fili hóminis, venter tuus cómedet, & vifcera tua complebúntur volúmine ifto quod ego do tibi. Et comédi iftud : & factum eft in ore meo ficut mel dulce. Et dixit ad me, Fili hóminis, vade ad domum Ifrael , & loquéris verba mea ad eos.

℟. A fácie furóris tui, Deus, conturbáta eft omnis terra : * Sed miferére, Dómine , & ne fácias confummatiónem. ℣. Dómine Dóminus nofter, quàm admirábile eft nomen tuum. * Sed miferére.

Bened. Chriftus perpétuæ.

Leçon ij.

NOn enim ad pópulum profúndi sermónis & ignótæ linguæ tu mítteris, ad domum Israel, neque ad pópulos multos profúndi sermónis & ignótæ linguæ, quorum non possis audíre sermones : & si ad illos mitteréris, ipsi audirent te. Domus autem Israel nolunt audíre te, quia nolunt audíre me. Omnis quippe domus Israel attrítâ fronte est & duro corde. Ecce dedi fáciem tuam valentiórem faciébus eórum, & frontem tuã duriórem fróntibus eórum Ut adamántem & ut sílicem dedi fáciem tuam : ne tímeas eos neque métuas à fácie eórum, quia domus exásperans est.

R̅. Civitátem istam tu circúmda, Dómine ; & Angeli tui custódiant muros ejus. * Exáudi, Dñe, pópulũ tuum cum misericórdia. ℣. Avertátur furor tuus, Dómine, à pópulo tuo & à civitáte sancta tua. *Exáudi.

Bened. Ignem sui amóris.

Leçon iij.

ET dixit ad me, Fili hóminis, omnes sermónes meos quos ego loquor ad te, assúme in corde tuo & áuribus tuis audi, & vade, ingrédere ad transmigratiónem, ad fílios pópuli tui, & loquéris ad eos & dices eis, Hæc dicit Dóminus Deus, Si fortè áudiant, & quiéscant. Et assúmsit me spíritus, & audívi post me vocem commotiónis magnæ : Benedícta glória Dómini de loco suo : & vocem alárum animálium percutiéntium álteram ad álteram & vocem rotárum sequéntium animália & vocem com-

motiónis magnæ.

R̅. Genti peccatríci, pópulo pleno peccáto miserére, * Dómine Deus ℣. Esto placábilis super nequítiam pópuli tui, *Dómine Deus. ℣. Glória. * Dómine Deus.

IV FERIE.

Leçon j.

De Ezechiéle Prophéta. *Chap.* 7.

ET factus est sermo Dómini ad me dicens, Et tu, fili hóminis, hæc dicit Dóminus Deus terræ Israel, Finis venit, venit finis super quátuor plagas terræ. Nunc finis super te, & immíttam furórem meum in te, & judicábo te juxta vias tuas, & ponam contra te omnes abominatiónes tuas. Et non parcet óculus meus super te, & non miserébor ; sed vias tuas ponam super te, & abominatiónes tuæ in médio tuî erunt : & sciétis quia ego Dóminus.

R̅. Indicábo tibi, homo, quid sit bonum, aut quid Dóminus requírat à te : * Fácere judícium & justítiam, & sollícitum ambuláre cũ Deo tuo. ℣. Spera in Dño, & fac bonitáté & inhábita terram. * Fácere.

Bened. Divínum auxílium.

Leçon ij.

HÆc dicit Dóminus Deus ; Afflíctio una, afflíctio ecce venit : finis venit, venit finis, evigilávit advérsũm te : ecce venit. Venit contrítio super te qui hábitas in terra : venit tempus, propè est dies occisiónis, & non glóriæ móntium. Nunc de propínquo effúndam iram meam super te, & complébo furórem meum in te,

& judicábo te juxta vias tuas , & impónam tibi ómnia ícélera tua. Et non parcet óculus meus, nec miíerébor, fed vias tuas impónam tibi, & abominatiónes tuæ in médio tui erunt : & íciétis quia ego fum Dóminus percútiens.

℟. Angúftiæ mihi funt úndique, & quid éligam ignóro. * Mélius eft mihi incídere in manus hóminum, quàm derelínquere legem Dei mei. ℣. Si enim hoc égero, mors mihi eft : fi autem non égero, non effúgiam manus veftras. * Mélius.

Bened. Ad focietátem.

Leçon iij.

Ecce dies, ecce venit : egréfía eft contrítio, flóruit virga, germinávit fupérbia : iníquitas furréxit in virga impietátis, non ex eis & non ex pópulo, neque ex fónitu eórum, & non erit réquies in eis. Venit tempus, appropinquávit dies : qui emit, non lætétur, & qui vendit, non lúgeat, quia ira fuper omnem pópulum ejus. Quia qui vendit, ad id quod véndidit non revertétur : & adhuc in vivéntibus vita eórum.

℟. Mifit Dóminus Angelum fuum , & conclúfit ora leónum : * Et non contaminavérunt ; quia coram eo injuftítia invénta non eft in me. ℣. Mifit Deus mifericórdiam fuam & veritátem fuam : ánimam meam erípuit de médio catulórum leónum ; * Et non contaminavérunt, quia coram eo injuftítia invénta non eft in me. ℣. Glória Patri. * Et.

V FERIE.
Leçon j.
De Ezechiéle Prophéta. *Ch.* 13.

ET íactus eft fermo Dómini ad me dicens, Fili hóminis, vaticináre ad Prophétas Ifrael qui prophétant , & dices prophetántibus de corde fuo, Audíte verbum Dómini. Hæc dicit Dóminus Deus, Væ prophétis infipiéntibus qui fequúntur fpíritum fuum, & nihil vident. Quafi vulpes in defértis, Prophétæ tui Ifrael erant. Non afcendíftis ex advérfo neque oppofuíftis murum pro domo Ifrael, ut ftarétis in prælio, in die Dómini. Vident vana, & divinant mendácium, dicéntes, Ait Dóminus, cùm Dóminus non míferit eos : & perfeveravérut confirmáre fermónem.

℟. Vidi Dóminum fedéntem fuper fólium excélfum & elevátum : & plena erat omnis terra majeftáte ejus ; * Et ea quæ fub ipfo erant replébant templum. ℣. Séraphim ftabant fuper illud : fex alæ uni, & fex alæ álteri. * Et.

Bened. Unigénitus Dei Fílius.

Leçon ij.

Numquid non vifiónem caffam vidíftis,& divinatiónem mendácem locúti eftis? & dícitis, Ait Dóminus : cùm ego non fim locútus ; Proptéreà hæc dicit Dóminus Deus, Quia locúti eftis vana & vidíftis mendácium, ídeò ecce ego ad vos, dicit Dóminus Deus. Et erit manus mea fuper Prophétas qui vident vana & divinant mendácium, in consilio pópuli mei non

Z ij

erunt, & in scriptúra domûs Israel non scribéntur, nec in terram Israel ingrediéntur : & sciétis quia ego Dóminus Deus. Eò quòd decéperint pópulum meum dicéntes, Pax, & non est pax : & ipse ædificábat pariétem , illi autem liniébant eum luto absque páleis.

℟. Adspice, Dñe, de sede sancta tua , & cógita de nobis. Inclína , Deus meus, aurem tuam , & audi. * Aperi óculos tuos , & vide tribulatiónem nostram. ℣. Qui regis Israel , inténde ; qui dedúcis velut ovem Joseph, * Aperi.

Bened. Spíritûs sancti grátia.

Leçon iij.

Dic ad eos qui líniunt absque temperatúra , quòd casúrus sit : erit enim imber inúndans , & dabo lápides prægrándes désuper irruéntes & ventum procéllæ dissipántem. Síquidem ecce cécidit páries ; numquid non dicétur vobis , Ubi est litúra quam linístis ? Proptéreà hæc dicit Dóminus Deus, Et erúmpere fáciam spíritum tempestátum in indignatione mea , & imber inúndans in furóre meo erit & lápides grandes in ira in consumtiónem. Et déstruam pariétem quem linístis absque temperaménto.

℟. Adspice, Dómine, quia facta est desoláta cívitas plena divítiis: sedet in tristítia dómina Géntium. * Non est qui consolétur eam , nisi tu Deus noster. ℣. Plorans plorávit in nocte, & lácrymæ ejus in maxillis ejus. * Non. ℣. Glória Patri. * Non.

VI FERIE.
Leçon j.
De Ezechiéle Prophéta. Ch. 15.

ET factus est sermo Dómini ad me dicens , Fili hóminis, quid fiet de ligno vitis ex ómnibus lignis némorum quæ sunt inter ligna sylvárum ? Numquid tollétur de ea lignum , ut fiat opus ; aut fabricábitur de ea paxíllus , ut depéndeat in eo quodcúmque vas ? Ecce igni datum est in escam, utrámque partem ejus consúmsit ignis , & medíetas ejús redácta est in favíllam : numquid útile erit ad opus ? Etiam cùm esset íntegrum, non erat aptum ad opus ; quantò magis cùm illud ignis devoráverit & combússerit , nihil ex eo fiet óperis.

℟. Super muros tuos , Jerúsalem , constítui custódes : * Totâ die & nocte non tacébunt laudáre nomen Dómini. ℣. Prædicábunt pópuli fortitúdinem meam , & annuntiábunt géntibus glóriam meam. * Totâ.

Bened. Christus perpétuæ.

Leçon ij.

Proptéreà hæc dicit Dóminus Deus, Quómodò lignum vitis inter ligna sylvárum, quod dedi igni ad devorándum, sic tradam habitatóres Jerúsalem. Et ponam fáciem meam in eo. De igne egrediéntur , & ignis consúmet eos : & sciétis quia ego Dóminus , cùm pósuero fáciem meam in eos, & dédero terram ínviam & desolátam ; eò quòd prævaricatóres exstiterint, dicit Dóminus Deus.

℟. Muro tuo inexpugnábili circumcínge nos, Dómine, & armis tuæ poténtiæ prótege nos semper. * Líbera, Dómine Deus Israel, clamántes ad te. ℣. Erue nos in mirabílibus tuis ; & da glóriam nómini tuo. * Líbera.

Bened. Ignem sui amóris.

Leçon iij. Chap. 16.

ET factus est sermo Dómini ad me dicens, Fili hóminis, notas fac Jerúsalem abominatiónes suas, & dices, Hæc dicit Dóminus Deus Jérusalem, Radix tua & generátio tua de terra Chánaan : pater tuus Amorrhæus, & mater tua Cethæa. Et quando nata es, in die ortûs tui non est præcísus umbílicus tuus, & aquâ non es lota in salútem, nec sale salíta, nec involúta pannis. Non pepércit super te óculus ut fáceret tibi unum de his, misértus tuî, sed projécta es super fáciem terræ in abjectióne ánimæ tuæ, in die qua nata es.

℟. Sustinúimus pacem, & non venit ; quæsívimus bona, & ecce turbátio. Cognóvimus, Dómine, peccáta nostra. * Non in perpétuum obliviscáris nos. ℣. Peccávimus, ímpiè géssimus, iniquitátem fécimus, Dómine, in omnem justítiam tuam. * Non. ℣. Glória. * Non.

SAMEDI.
Leçon j.
De Ezechiéle Prophéta. Chap. 19.

ET tu assúme planctum super príncipes Israel: & dices, Quare mater tua leæna inter leónes cubávit, in médio leunculórum enutrívit cátulos suos ? Et edúxit unum de leúnculis suis, & leo factus est: & dídicit cápere prædam hominémque comédere. Et audiérunt de eo Gentes, & non absque vulnéribus suis cepérunt eum : & adduxérunt eum in caténis in terram Ægypti. Quæ cùm vidísset quóniam infirmáta est, & périit exspectátio ejus, tulit unum de leúnculis suis : leónem constítuit eum. Qui incedébat inter leónes, & factus est leo, & dídicit prædã cápere & hómines devoráre: dídicit víduas fácere & civitátes eórum in desértum addúcere : & desoláta est terra, & plenitúdo ejus à voce rugítus illíus.

℟. Laudábilis pópulus * Quem Dóminus exercítuum benedíxit dicens, Opus mánuum meárum tu es, hæréditas mea Israel. ℣. Beáta gens cujus est Dóminus Deus, pópulus eléctus in hæreditátem, * Quem.

Bened. Divínum auxílium.
Leçon ij.

ET convenérunt advérsùs eum Gentes úndique de provínciis, & expandérunt super eum rete suum, in vulnéribus eárum captus est. Et misérunt eum in cáveam, in caténis adduxérunt eum ad Regem Babylónis, miserúntque eum in cárcerem, ne audirétur vox ejus ultrà super montes Israel. Mater tua quasi vínea in sánguine tuo super aquá plantáta est: fructus ejus, & frondes ejus, crevérunt ex aquis multis. Et factæ sunt ei virgæ sólidæ in sceptra dominántium, & exaltáta est statúra ejus inter frondes : &

vidit altitúdinem fuam in multitúdine pálmitum fuórum.

℞. Angúftiæ mihi funt úndique, & quid éligam ignóro. * Mélius eft mihi incídere in manus hóminum, quàm derelínquere legem Dei mei. ℣. Si enim hoc égero, mors mihi eft ; fi autem non égero, non effúgiam manus veftras. * Mélius.

Bened. Ad focietátem.

Leçon iij.

ET evúlfa eft in ira in terrámque projécta, & ventus urens ficcávit fructum ejus : marcuérunt, & arefáctæ funt virgæ róboris ejus : ignis comédit eam. Et nunc tranfplantáta eft in defértum in terra ínvia & fitiénti. Et egréffus eft ignis de virga ramórum ejus, qui fructum ejus comédit : & non fuit in ea virga fortis, fceptrum dominántium. Planctus eft, & erit in planctum.

℞. Mifit Dóminus Angelú fuum, & conclúfit ora leónum : * Et non contaminavérunt ; quia coram eo injuftítia invénta non eft in me. ℣. Mifit Deus mifericórdiam fuam : & veritátem fuam : ánimam meam erípuit de médio catulórum leónum. * Et non. ℣. Glória. * Et non.

SAMEDI
avant le fecond Dimanche de Novembre.

Si le mois de Novembre n'a que quatre Dimanches, il faut paffer l'Antienne ci-deffous & tout ce qui eft marqué pour le fecond Dimanche & la femaine qui le fuit ; & dire aujourd'hui l'Antienne Turo tuo cuife ci-deffous au Samedr d'avant le troifieme Dimanche de Novembre qui par-là devient le fecond.

A Magnificat, Ant. Adfpice, Dómine, quia facta eft defoláta cívitas plena divítiis. Sedet in triftítia dómina Géntium. Non eft qui confolétur eam, nifi tu Deus nofter.

II DIMANCHE
DE NOVEMBRE.
AU I NOCTURNE.
Leçon j.

De Ezechiéle Prophéta. *Chap.* 21.

ET factus eft fermo Dómini ad me dicens, Fili hóminis, pone fáciem tuam ad Jerúfalem, & ftilla ad fanctuária, & prophéta contra humum Ifrael, & dices terræ Ifrael, Hæc dicit Dóminus Deus ; Ecce ego ad te, & ejíciam gládium meum de vagína fua, & occidam in te juftum & ímpium. Pro eo autem quod occídi in te juftum & ímpium, idcírco egrediétur gládius meus de vagína fua ad omnem carnem ab Auftro ufque ad Aquilónem, ut fciat omnis caro quia ego Dóminus edúxi gládium meum de vagína fua irrevocábilem.

℞. Vidi Dóminum fedéntem fuper fólium excélfum & elevátum : & plena erat omnis terra majeftáte ejus ; * Et ea quæ fub ipfo erant replébant templum. ℣. Séraphim ftabant fuper illud : fex alæ uni, & fex alæ álteri. * Et ea.

Bened. Unigénitus Dei Fílius.

Leçon ij.

ET tu, fili hóminis, ingemífce in contritióne lumbórum, &

in amaritudínibus ingemísce coram eis. Cùmque díxerint ad te, Quare tu gemis ? dices, Pro audítu, quia venit, & tabéscet omne cor, & dissolvéntur univérsæ manus, & infirmábitur omnis spíritus, & per cuncta génua fluent aquæ : ecce venit, & fiet, ait Dóminus Deus. Et factus est sermo Dómini ad me dicens, Fili hóminis, prophéta, & dices, Hæc dicit Dóminus Deus. Lóquere. Gládius, gládius exacútus est & limátus. Ut cædat víctimas, exacútus est : ut spléndeat, limátus est : qui moves sceptrum fílii mei, succidísti omne lignum. Et dedi eum ad levigándum, ut teneátur manu : iste exacútus est gládius, & iste limátus est, ut sit in manu interficiéntis.

℟. Adspice, Dómine, de sede sancta tua, & cógita de nobis. Inclína, Deus meus, aurem tuam, & audi. * Aperi óculos tuos, & vide tribulatiónem nostram. ℣. Qui regis Israel, inténde, qui dedúcis velut ovem Joseph, * Aperi.

Bened. Spíritûs sancti grátia.

Leçon iij.

CLama & úlula, fili hóminis, quia hic factus est in pópulo meo, hic in cunctis dúcibus Israel qui fúgerant : gládio tráditi sunt cum pópulo meo ; idcírco plaude super femur, quia probátus est : & hoc, cùm sceptrum subvérterit, & non erit, dicit Dóminus Deus. Tu ergo, fili hóminis, prophéta, & percute manu ad manum, & duplicétur gládius, ac triplicétur gládius interfectórum : hic est gládius occisiónis

magnæ, qui obstupéscere eos facit & corde tabéscere, & multíplicat ruínas.

℟. Adspice, Dómine, quia facta est desoláta cívitas plena divítiis, sedet in tristítia dómina Géntium : * Non est qui consolétur eam, nisi tu Deus noster. ℣. Plorans plorávit in nocte, & lácrymæ ejus in maxíllis ejus. * Non est. ℣. Glória. * Non est.

AU II NOCTURNE.

Leçon iv.

De Expositióne sancti Hierónymi Presbyteri in Ezechiélem Prophétam.

Livre 7 sur Ezechiel , Chap. 21.

QUia suprà díxerat, Ipsi dicunt ad me, Numquid non per parábolas lóquitur iste ? & apértam pópulus flagitábat senténtiam ; idcírco id quod Dóminus per metáphoram sive parábolam, & ut álii vertére, provérbium est locútus, nunc maniféstiùs lóquitur : saltus Nageb, & Daron, & Theman esse Jerúsalem, & templum illíus Sancta sanctórum, & omnem terram Judææ ; flammámque quæ combustúra sit saltum, intélligi gládium devorántem qui edúctus sit de vagína sua, ut interfíciat justum & ímpiū. Hoc est enim lignum víride, & lignum áridum. Unde & Dóminus, Si in ligno, ait, víridi, tanta mala fáciunt, in sicco quid fácient ?

℟. Super muros tuos, Jerúsalem, constítui custódes : * Totâ die & nocte non tacébunt laudáre nomen Dómini. ℣. Prædicábunt pópulis fortitúdinem meā, & annun-

tiábunt Géntibus glóriam meam.
* Totâ.

Bened. Christus perpétuæ.

Leçon v.

PRimùm díxerat, Vaticináre, vel stilla ad Austrum, Africum & Merídiem & ad saltum Meridiánum. Quod quia videbátur obscúrum & dicta Prophétæ pópulus nesciébat, secúndò pónitur manifestius saltum Meridiánum esse Jerúsalem, & omnes infructuósas árbores ad quarum radíces secúris pósita sit, intélligi habitatóres ejus, gladiúmque interpretári pro incéndio. Tertiò jubétur Prophétæ ut tacéntibus illis nec interrogántibus cur ista vaticinátus sit, fáciat per quæ interrogétur, & respóndeat quæ Dóminus locútus est.

℟. Muro tuo inexpugnábili circumcínge nos, Dómine, & armis tuæ poténtiæ prótege nos semper. *Líbera, Dómine Deus Israel, clamántes ad te. ℣. Erue nos in mirabílibus tuis, & da glóriam nómini tuo. * Líbera.

Bened. Ignem sui amóris.

Leçon vj.

INgemísce, inquit, ejuláre non levi voce nec dolóre moderáto, sed in contritióne lumbórum, ut gémitus tuus ex imis viscéribus & amaritúdine ánimi proferátur. Et hoc fácies coram eis, ut cùm te interrogáverint cur tanto gémitu conteráris, & quid tibi mali accíderit, ut sic ingemíscas, tu eis meo sermóne respóndeas, Idcírcò plango, & dolórem cordis mei dissimuláre non váleo, quia audítus qui

semper meis áuribus insonúerat, ópere complétur, & venit ímminens vidélicet Babylónis furéntis exércitus; qui cùm vénerit & valláverit Jerúsalem, tunc tabéscet omne cor & dissolvéntur univérsæ manus, ut, occupánte pavóre mentes hóminum, nullus áudeat repugnáre.

℟. Sustinúimus pacem, & non venit; quæsívimus bona, & ecce turbátio. Cognóvimus, Dómine, peccáta nostra. * Non in perpétuum obliviscáris nos. ℣. Peccávimus, ímpiè géssimus, iniquitátem fécimus, Dómine, in omnem justítiam tuam, * Non, ℣. Glória. * Non.

Au III Nocturne.

℟. Laudábilis pópulus * Quem Dóminus exercítuum benedíxit dicens, Opus mánuum meárum tu es, hæréditas mea Israel. ℣. Beáta gens cujus est Dñus Deus, pópulus eléctus in hæreditátem, * Quem.

℟. Duo Séraphim clamábant alter ad álterum, * Sanctus, Sanctus, Sanctus Dóminus Deus Sábaoth. ** Plena est omnis terra glóriâ ejus. ℣. Tres sunt qui testimónium dant in cœlo Pater, Verbum & Spíritus Sanctus; & hi tres unum sunt. Sanctus. * ℣. Glória Patri. * Plena est.

II FERIE.

Leçon j.

De Ezechiéle Prophéta. *Chap.* 33.

ET factum est verbum Dómini ad me dicens, Fili hóminis, lóquere ad fílios pópuli tui, & dices

dices ad eos, Terra cùm indúxero super eam gládium, & túlerit pópulus terræ virum unum de novíssimis suis, & constitúerit eum super se speculatórem, & ille víderit gládium veniéntem super terram, & cecinerit búccinâ & annuntiáverit pópulo ; áudiens autem quísquis ille est, sónitum búccinæ, & non se observáverit . venerítque gládius & túlerit eum, sanguis ipsíus super caput ejus erit. Sonum búccinæ audívit, & non se observávit; sanguis ejus in ipso erit : si autem se custodíerit, ánimam suam salvábit.

℟. Redémit pópulum suum & liberávit eum. Et vénient & exsultábunt in monte Sion : & gaudébunt de bonis Dómini super fruménto, vino & óleo : * Et ultrà non esúrient. ℣. Erítque ánima eórum quasi hortus irríguus. * Et.

Bened. Unigénitus Dei Fílius.

Leçon ij.

QUòd si speculátor víderit gládium veniéntem, & non insonúerit búccinâ, & pópulus se non custodíerit, venerítque gládius & túlerit de eis ánimam, ille quidem in iniquitáte sua captus est, sánguinem autem ejus de manu speculatóris requíram. Et tu, fili hóminis, speculatórem dedi te dómui Israel. Audiens ergo ex ore meo sermónem, annuntiábis eis ex me. Si me dicénte ad impium, Impie, morte moriéris ; non fúeris locútus ut se custódiat ímpius à via sua , ipse ímpius in iniquitáte sua moriétur, sánguinem autem ejus de manu tua requíram.

℟. Angústiæ mihi sunt úndique, & quid éligam ignóro. * Mélius est mihi incídere in manus hóminum, quàm derelínquere legem Dei mei. ℣. Si enim hoc égero, mors mihi est ; si autem non égero, non effúgiam manus vestras. * Mélius.

Bened. Spíritûs sancti grátia.

Leçon iij.

SI autem annuntiánte te ad ímpium ut à viis suis convertátur, non fúerit convérsus à via sua ; ipse in iniquitáte sua moriétur, porrò tu ánimam tuam liberásti. Tu ergo, fili hóminis, dic ad domum Israel, Sic locúti estis, dicéntes, Iniquitátes nostræ & peccáta nostra super nos sunt, & in ipsis nos tabéscimus ; quómodò ergo vívere potérimus ? Dic ad eos, Vivo ego, dicit Dóminus Deus ; nolo mortem ímpii, sed ut convertátur ímpius à via sua & vivat. Convertímini à viis vestris péssimis. Et quare moriémini, domus Israel.

℟. Misit Dóminus Angelum suum, & conclúsit ora leónum : * Et non contaminavérunt ; quia coram eo injustítia invénta non est in me. ℣. Misit Deus misericórdiam suam & veritátem suam, ánimam meam erípuit de médio catulórum leónum , * Et non. ℣. Glória Patri. * Et non.

III FERIE.
Leçon j.

De Ezechiéle Prophéta. *Chap.* 34.

ET factum est verbum Dómini ad me dicens, Fili hóminis, prophéta de pastóribus Israel, prophéta & dices paſtóribus, Hæc dicit Dóminus Deus : Væ paſtóribus Iſrael qui paſcébát ſemetípſos. Nonne greges à paſtóribus paſcúntur ? Lac comedebátis, & lanis operiebámini, & quod craſſú erat occidebátis, gregem autem meum non paſcebátis. Quod infírmum fuit non conſolidáſtis, & quod ægrótum, non ſanáſtis ; quod confráctum eſt non alligáſtis, & quod abjéctum eſt non reduxíſtis, & quod períerat non quæſíſtis ; ſed cum auſteritáte imperabátis eis & cum poténtia.

℞. A fácie furóris tui, Deus, conturbáta eſt omnis terra : * Sed miſerére, Dómine, & ne fácias conſummatiónem. ℣. Dómine Dóminus noſter, quàm admirábile eſt nomen tuum ! * Sed miſerére.

Bened. Chriſtus perpétuæ.

Leçon ij.

ET diſpérſæ ſunt oves meæ, eò quòd non eſſet paſtor & factæ ſunt in devoratiónem ómniú beſtiárum agri, & diſpérſæ ſunt. Erravérunt greges mei in cunctis móntibus & in univérſo colle excélſo : & ſuper omnem fáciem terræ diſpérſi ſunt greges mei, & non erat qui requíreret ; non erat, inquam, qui requíreret. Proptéreà, paſtóres, audíte verbum Dómini. Vivo ego, dicit Dóminus Deus, quia pro eo quòd facti ſunt greges mei in rapínam, & oves meæ in devoratiónem ómnium beſtiárum agri, eò quòd non eſſet paſtor, (neque enim quæſiérunt paſtóres mei gregem meum, ſed paſcébant paſtóres ſemetípſos, & greges meos

non paſcébant,) proptéreà, paſtóres, audíte verbum Dómini.

℞. Civitátem iſtam tu circúmda, Dómine, & Angeli tui cuſtódiant muros ejus. * Exáudi, Dómine, pópulum tuum cum miſericórdia. ℣. Avertátur furor tuus, Dómine, à pópulo tuo & à civitáte ſancta tua. * Exáudi.

Bened. Ignem ſui amóris.

Leçon iij.

HÆc dicit Dóminus Deus : Ecce ego ipſe ſuper paſtóres requíram gregem meum de manu eórum, & ceſſáre fáciam eos, ut ultrà non páſcant gregem, nec paſcant ámplius paſtóres ſemetípſos, & liberábo gregem meum de ore eórum, & non erit ultrà eis in eſcam. Quia hæc dicit Dóminus Deus : Ecce ego ipſe requíram oves meas, & viſitábo eas. Sicut víſitat paſtor gregem ſuum in die quando fúerit in médio óvium ſuárum diſſipatárum ; ſic viſitábo oves meas, & liberábo eas de ómnibus locis in quibus diſpérſæ fúerant in die nubis & calíginis.

℞. Genti peccatríci, pópulo pleno peccáto miſerére, * Dómine Deus. ℣. Eſto placábilis ſuper nequítiam pópuli tui, * Dómine Deus. ℣. Glória. * Dómine Deus.

IV FERIE.

Leçon j.

De Ezechiéle Prophéta. *Ch.* 40.

IN vigéſimo quinto anno tranſmigratiónis noſtræ, in exórdio anni, décimâ menſis, quarto décimo anno poſtquam percúſſa eſt civitas, in ipfa hac die facta eft fuper me manus Dómini, & addúxit me illuc. In vifiónibus Dei addúxit me in terram Ifrael, & dimífit me fuper montem excélfum nimis fuper quem erat quafi ædifícium civitátis vergéntis ad Auftrum : & introdúxit me illuc.

℟. Indicábo tibi, homo, quid fit bonum, aut quid Dóminus requírat à te : * Fácere judícium & juftítiam & follícitum ambuláre cum Deo tuo. ℣. Spera in Dómino, & fac bonitátem, & inhábita terram. * Fácere judícium.

Bened. Divínum auxílium.

Leçon ij.

ET ecce vir cujus erat fpécies quafi fpécies æris, & funículus líneus in manu ejus, & cálamus mensúræ in manu ejus : ftabat autem in porta. Et locútus eft ad me idem vir : Fili hóminis, vide óculis tuis & áuribus tuis audi, & pone cor tuum in ómnia quæ ego ofténdam tibi ; quia ut ofténdantur tibi addúctus es huc. Annúntia ómnia quæ tu vides dómui Ifrael.

℟. Angúftiæ mihi funt úndique, & quid éligam ignóro. * Mélius eft mihi incídere in manus hóminum, quàm derelínquere legem Dei mei. ℣. Si enim hoc égero, mors mihi eft ; fi autem non égero, non effúgiam manus veftras. * Mélius.

Bened. Ad focietátem.

Leçon iij.

ET ecce murus forínfecus in circúitu domûs úndique, & in manu viri cálamus mensúræ fex cubitórum & palmo : & menfus eft

latitúdinem ædifícii cálamo uno, altitúdinem quoque cálamo uno. Et venit ad portam quæ refpiciébat viam Orientálem, & afcéndit per gradus ejus : & menfus eft limen portæ cálamo uno, latitúdinem, id eft, limen unum cálamo uno in latitúdine.

℟. Mifit Dóminus Angelū fuum, & conclúfit ora leónum : * Et non contaminavérunt, quia coram eo injuftítia invénta non eft in me. ℣. Mifit Deus mifericórdiam fuam & veritátem fuam, ánimam meam erípuit de médio catulórum leónum. * Et non. ℣. Glória Patri. * Et.

V FERIE.

Leçon j.

De Ezechiéle Prophéta. Ch. 41.

ET introdúxit me in templum, & menfus eft frontes fex cúbitos latitúdinis hinc & fex cúbitos latitúdinis inde, latitúdinē tabernáculi. Et latitúdo portæ decem cubitórum erat, & látera portæ quinque cúbitis hinc, & quinque cúbitis inde ; & menfus eft longitúdinem ejus quadragínta cubitórum & latitúdinem vigínti cubitórum. Et introgréffus intrínfecùs, menfus eft in fronte portæ duos cúbitos, & portam, fex cubitórum ; & latitúdinem portæ, feptem cubitórum.

℟. Vidi Dóminum fedéntem fuper fólium excélfum & elevátum, & plena erat omnis terra majeftáte ejus : * Et ea quæ fub ipfo erant replébant templum. ℣. Séraphim ftabant fuper illud ; fex alæ uni, & fex alæ álteri. * Et ea

A a ij

Bened. Unigénitus Dei Filius.

Leçon ij.

ET mensus est longitúdinem ejus vigínti cubitórum & latitúdinem ejus vigínti cubitórum, ante fáciem templi : & dixit ad me, Hoc est Sanctum sanctórum. Et mensus est paríetem domûs, sex cubitórum ; & latitúdinem láteris, quátuor cubitórum úndique per circúitum domûs. Látera autem, latus ad latus, bis trigínta tria : & erant eminéntia, quæ ingrederéntur per paríetem domûs, in latéribus per circúitum, ut continérent & non attíngerent paríetem templi.

R/. Adspice, Dómine, de sede sancta tua, & cógita de nobis. Inclína, Deus meus, aurem tuam, & audi. * Aperi óculos tuos, & vide tribulatiónem nostram. ℣. Qui regis Israel, inténde, qui dedúcis velut ovem Joseph, * Aperi.

Bened. Spíritûs sancti grátia.

Leçon iij.

ET platéa erat in rotúndum, ascéndens sursú per cóchleam, & in cœnáculum templi deferébat per gyrum : idcírcò látius erat templum in superióribus ; & sic de inferióribus ascendebátur ad superióra in médium. Et vidi in domo áltitúdinem per circúitum, fundáta látera ad mensúram cálami sex cubitórum spátio, & latitúdinem per paríetem láteris forínsecus quinque cubitórum : & erat intérior dómus in latéribus domûs.

R/. Adspice, Dómine, quia facta est desoláta cívitas plena divítiis. Sedet in tristítia dómina Géntium. *

* Non est qui consolétur eam, nisi tu Deus noster. ℣. Plorans plorávit in nocte, & lácrymæ ejus in maxíllis ejus. * Non est. ℣. Glória. * Non est.

VI FERIE.

Leçon j.

De Ezechiéle Prophéta. *Chap.* 43.

ET duxit me ad portam quæ respiciébat ad viam Orientálem. Et ecce glória Dei Israel ingrediebátur per viam Orientálem : & vox erat ei quasi vox aquárum multárum, & terra splendébat à majestáte ejus. Et vidi visiónem secúndùm spéciem quam víderam, quando venit ut dispérderet civitátem, & spécies secúndùm adspéctum quem víderam juxta flúvium Chobar : & cécidi super fáciem meam. Et majéstas Dómini ingréssa est templum per viam portæ quæ respiciébat ad Oriéntem. Et elevávit me spíritus, & introdúxit me in átrium intérius : & ecce repléta erat glóriâ Dómini domus.

R/. Super muros tuos, Jerúsalem, constítui custódes. * Totâ die & nocte non tacébunt laudáre nomen Dñi. ℣. Prædicábunt pópulis fortitúdinem meam, & annuntiábunt Géntibus glóriam meam. * Totâ.

Bened. Christus perpétuæ.

Leçon ij.

ET audívi loquéntem ad me de domo : & vir qui stabat juxta me, dixit ad me, Fili hóminis, locus sólii mei & locus vestigiórum pedum meórum, ubi hábito in médio filiórum Israel in ætérnum ;

& non pólluent ultrà domus Ifrael nomen fanctum meum, ipfi & reges eórum in fornicatiónibus fuis & in ruínis regum fuórum & in excélfis; qui fabricáti funt limen fuum juxta limen meum & poftes fuos juxta poftes meos, & murus erat inter me & eos, & polluérunt nomen fanctum meum in abominatiónibus quas fecérunt; propter quod consúmfi eos in ira mea.

R/. Muro tuo inexpugnábili circumcínge nos, Dómine, & armis tuæ poténtiæ prótege nos femper. * Líbera, Dómine Deus Ifrael, clamántes ad te. y. Erue nos in mirabílibus tuis, & da glóriam nómini tuo. * Líbera.

Bened. Ignem fui amóris.

Leçon iij.

NUnc ergo repéllant procul fornicatiónem fuam & ruínas regum fuórum à me, & habitábo in médio eórum femper. Tu autem, Fili hóminis, ofténde dómui Ifrael templum, & confundántur ab iniquitátibus fuis, & metiántur fábricam, & erubéfcant ex ómnibus quæ fecérunt. Figúram domûs & fábricæ ejus éxitus & introítus & omnem defcriptiónem ejus & univérfa præcépta ejus cunctúmque órdinem ejus & omnes leges ejus ofténde eis, & fcribes in óculis eórum, ut cuftódiant omnes defcriptiónes ejus & præcépta illíus, & fáciant ea.

R/. Suftinúimus pacem, & non venit: quæsívimus bona, & ecce turbátio. Cognóvimus, Dómine, peccáta noftra. * Non in perpétuum

oblivifcáris nos. y. Peccávimus, impiè géffimus, iniquitátem fécimus, Dómine, in omnem juftítiam tuam. * Non. y. Glória. * Non.

SAMEDI.

Leçon j.

De Ezechiéle Prophéta. *Chap.* 47.

ET convértit me ad portam domûs: & ecce aquæ egrediebántur fubter limen domûs ad Oriéntem. Fácies enim domûs refpiciébat ad Oriéntem: aquæ autem defcendébant in latus templi dextrum ad Merídiem altáris. Et edúxit me per viam portæ Aquilónis: & convértit me ad viam foras portam exteriórem, viam quæ refpiciébat ad Oriéntem: & ecce aquæ redundántes à látere dextro.

R/. Laudábilis pópulus * Quem Dóminus exercítuum benedíxit dicens, Opus mánuum meárum tu es, hæréditas mea Ifrael. y. Beáta gens cujus eft Dóminus Deus, pópulus eléctus in hæreditátem * Quem.

Bened. Divínum auxílium.

Leçon ij.

CUm egrederétur vir ad Oriéntem, qui habébat funículum in manu fua, & menfus eft mille cúbitos: & tradúxit me per aquá ufque ad talos. Rursúmque menfus eft mille, & tradúxit me per aquam ufque ad génua, & menfus eft mille, & tradúxit me per aquam ufque ad renes. Et menfus eft mille, torréntem quem non pótui pertranfíre, quóniam intumúerant aquæ profúndi torréntis qui non poteft tranfvadári.

℟. Angústiæ mihi sunt úndique, & quid éligam ignóro.* Mélius est mihi incídere in manus hóminum, quàm derelínquere legem Dei mei. ℣. Si enim hoc égero, mors mihi est; si autem non égero, non effúgiam manus vestras. * Mélius.

Bened. Ad societátem.

Leçon iij.

ET dixit ad me, Certè vidísti, Fili hóminis. Et edúxit me, & convértit ad ripam torréntis. Cùmque me convertíssem, ecce in ripa torréntis ligna multa nimis ex utráque parte. Et ait ad me, Aquæ istæ quæ egrediúntur ad túmulos sábuli Orientális, & descéndunt ad plana desérti, intrábunt mare & exíbunt, & sanabúntur aquæ. Et omnis ánima vivens quæ serpit, quocúmque vénerit torrens, vivet: & erunt pisces multi satis postquam vénerint illuc aquæ istæ, & sanabúntur: & vivent ómnia ad quæ vénerit torrens.

℟. Misit Dñus Angelum suum, & conclúsit ora leónum: * Et non contaminavérunt, quia coram eo injustítia invénta non est in me. ℣. Misit Deus misericórdiam suam & veritátem suam, ánimam meam erípuit de médio catulórum leónum. * Et non. ℣. Glória Patri. * Et non.

SAMEDI
avant le III Dim. de Novembre, si le mois en a cinq:
ou
avant le II Dim. de Novembre, si le mois en a quatre.

A Magníficat, Ant. Muro tuo inexpugnábili circumcínge nos, Dómine, & armis tuæ poténtiæ prótege nos semper.

III DIMANCHE
DE NOVEMBRE,
si le mois en a cinq:
ou
II DIMANCHE
si le mois en a quatre.
AU I NOCTURNE.
Leçon j.

Incipit liber Daniélis Prophétæ.
Chap. 1.

ANno tértio regni Jóakim regis Juda venit Nabuchodonósor rex Babylónis in Jerúsalem, & obsédit eam, & trádidit Dóminus in manu ejus Jóakim regem Juda, & partem vasórum domûs Dei: & adsportávit ea in terram Sénnaar in domum Dei sui, & vasa íntulit in domum thesáuri Dei sui. Et ait rex Ásphenez præpósito eunuchórum, ut introdúceret de fíliis Israel & de sémine régio & tyrannórum, púeros in quibus nulla esset mácula, decóros formâ & erudítos omni sapiéntiâ, cautos sciéntiâ & doctos disciplínâ, & qui possent stare in palátio regis, ut docéret eos lítteras & linguam Chaldæórum.

℟. Vidi Dóminum sedéntem super sólium excélsum & elevátum; & plena erat omnis terra majestáte ejus: * Et ea quæ sub ipso erant replébant templum. ℣. Séraphim stabant super illud; sex alæ uni & sex alæ álteri. * Et ea quæ sub ipso erant replébant templum.

Bened. Unigénitus Dei Filius.

Leçon ij.

ET conftituit eis rex annónam per síngulos dies de cibis fuis & de vino unde bibébat ipfe, ut enutríti tribus annis, póftea ftarent in confpéctu regis. Fuérunt ergo inter eos de filiis Juda, Dániel, Ananías, Mifael & Azarias. Et impófuit eis præpófitus eunuchórum nómina, Daniéli Baltáffar, Ananíæ Sidrach, Mifaéli Mifach, & Azaríæ Abdénago. Propófuit auté Dániel in corde fuo ne polluerétur de menfa regis neque de vino potûs ejus, & rogávit eunuchórum præpófitú ne contaminarétur. Dedit autem Deus Daniéli grátiam & mifericórdiam in confpéctu principis eunuchórum.

R̷. Adfpice, Dómine, de fede fancta tua, & cógita de nobis. Inclina, Deus meus, aurem tuam, & audi. * Aperi óculos tuos, & vide tribulatiónem noftram. ℣. Qui regis Ifrael, inténde, qui dedúcis velut ovem Jofeph, * Aperi óculos tuos, & vide tribulatiónem noftram.

Bened. Spíritûs fancti grátia.

Leçon iij.

ET ait princeps eunuchórum ad Daniélem, Tímeo ego dóminum meum regem qui conftituit vobis cibum & potum, qui fi víderit vultus veftros macilentióres præ céteris adolefcéntibus coævis veftris, condemnábitis caput meum regi. Et dixit Dániel ad Málafar quem conftitúerat princeps eunuchórum fuper Daniélem, Ananíam,

Mifaélem & Azaríam, Tenta nos, óbfecro, fervos tuos diébus decem, & dentur nobis legúmina ad vefcéndum & aqua ad bibéndum, & contempláre vultus noftros & vultus puerórum qui vefcúntur cibo régio; & ficut víderis, fácies cum fervis tuis. Qui, audito fermóne hujufcémodi, tentávit eos diébus decem. Poft dies autem decem apparuérunt vultus eórum melióres & corpulentióres præ ómnibus púeris qui vefcebántur cibo régio.

R̷. Adfpice, Dómine, quia facta eft defoláta cívitas plena divítiis. Sedet in triftítia dómina Géntium; * Non eft qui confolétur eam, nifi tu Deus nofter. ℣. Plorans plorávit in nocte, & lácrymæ ejus in maxíllis ejus. * Non eft. ℣. Glória Patri. * Non eft.

AU II NOCTURNE.

Leçon iv.

Ex libro fancti Athanáfii Epifcopi ad Vírgines.

Livre 2 de la Virginité.

SI accédant áliqui & dicant tibi, Ne frequénter jejúnes, ne imbecíllior fias; ne credas illis neque aufcúltes; per iftos enim inimícus hæc fúggerit. Reminifcere ejus quod fcriptum eft, quòd cùm tres púeri & Dániel & álii adolefcéntuli captívi ducti effent à Nabuchodonófor rege Babylónis, juffúmque effet ut de ipfius menfa régia coméderent & de vino bíberent, Dániel & tres púeri illi noluérunt póllui ex menfa regis, fed dixérunt eunúcho qui eos curándos fufcéperat,

Da nobis de semínibus terræ, & vescémur. Quibus ait eunúchus, Tímeo ego regem qui constítuit vobis cibum & potum, ne fortè fácies vestræ appáreant regi squálidióres præ cæteris púeris qui régiâ mensâ alúntur, & púniat me.

℟. Super muros tuos, Jerúsalem, constítui custódes. * Totâ die ac nocte non tacébunt laudáre nomen Dómini. ℣. Prædicábunt pópulis fortitúdinem meam, & annuntiábunt géntibus glóriam meâ. * Totâ die.

Bened. Christus perpétuæ.

Leçon v.

CUi dixérunt illi, Tenta servos tuos dies decem, & da nobis de semínibus. Et dedit eis legúmina ad vescéndum & aquam ad bibéndum ; & introdúxit eos in conspéctu regis, & visæ sunt fácies ipsórum speciosióres præter cæteros púeros qui régiæ mensæ cibis nutriebántur. Vidésne quid fáciat jejúnium ? Morbos sanat, distillatiónes córporis exsíccat, Dæmones fugat, pravas cogitatiónes expéllit, mentem clariórem reddit, cor mundum éfficit, corpus sanctíficat, dénique ad thronum Dei hóminem sistit. Et ne putes hæc témerè dici: habes hujus rei testimónium in Evangéliis à Salvatóre prolátum. Cùm enim quæsivíssent discípuli quonam modo immúndi spíritus ejiceréntur, respóndit Dóminus, Hoc genus non ejícitur nisi in oratióne & jejúnio.

℟. Muro tuo inexpugnábili circumcínge nos, Dómine, & armis tuæ poténtiæ prótege nos semper. * Líbera, Dómine Deus Israel, clamántes ad te. ℣. Erue nos in mirabílibus tuis, & da glóriam nómini tuo. * Líbera.

Bened. Ignem sui amóris.

Leçon vj.

QUisquis ígitur ab immúndo spíritu vexátur, si hoc animadvértat, & hoc phármaco utátur, jejúnio, inquam, statim spíritus malus oppréssus abscédet vim jejúnii métuens. Valde enim Dæmones obléctántur crápulâ & ebrietáte & córporis cómmodis. Magna vis in jejúnio, & magna ac præclára fiunt per illud ; alióquin unde hómines tam mirífica præstárent, & signa per eos fíerent, & sanitátem infírmis per ipsos largirétur Deus, nisi planè ob exercitatiónes spiritáles & humilitátem ánimi & conversatiónem bonam ? Jejúnium enim Angelórum cibus est ; & qui eo útitur, órdinis Angélici censéndus est.

℟. Sustinuímus pacem, & non venit ; quæsívimus bona, & ecce turbátio. Cognóvimus, Dómine, peccáta nostra. * Non in perpétuum obliviscáris nos. ℣. Peccávimus, ímpiè géssimus, iniquitátem fécimus, Dómine, in omnem justítiam tuam. * Non in. ℣. Glória. * Non.

AU III NOCTURNE.

℟. Laudábilis pópulus * Quem Dóminus exercítuum benedíxit dicens, Opus mánuum meárum tu es, hæréditas mea Israel. ℣. Beáta gens cujus est Dóminus Deus, pópulus

pópulus eléctus in hæreditátem;
* Quem Dóminus.

℞. Duo Séraphim clamábant alter ad álterum, * Sanctus, Sanctus, Sanctus Dñus Deus Sábaoth. ** Plena est omnis terra glóriâ ejus. ℣. Tres sunt qui testimónium dant in cœlo, Pater, Verbū & Spíritus sanctus : & hi tres unum sunt. * Sanctus. ℣. Glória. ** Plena.

II FERIE.
Leçon j.
De Daniéle Prophéta. *Chap. 2.*

TU rex vidébas, & ecce quasi státua una grandis. Státua illa magna & statúrâ sublímis stabat contra te, & intúitus ejus erat terríbilis. Hujus státuæ caput ex auro óptimo erat, pectus autem & bráchia de argénto, porro venter & fémora ex ære, tibiæ autem férreæ, pedum quædam pars erat férrea, quædam autem fíctilis. Vidébas ita, donec abscíssus est lapis de monte sine mánibus, & percússit státuam in pédibus ejus férreis & fíctilibus, & commínuit eos. Tunc contríta sunt páriter ferrum, testa, æs, argéntum & aurum, & redácta quasi in favíllam æstivæ áreæ quæ rapta sunt vento : nullúsque locus invéntus est eis : lapis autem qui percússerat státuam, factus est mons magnus & implévit univérsam terram.

℞. Redémit pópulum suum & liberávit eum : & vénient & exsultábunt in monte Sion, & gaudébunt de bonis Dómini super fruménto, vino & óleo; * Et ultrà

non esúrient. ℣. Erítque ánima eórum quasi hortus irríguus. * Et.

Bened. Unigénitus Dei Fílius.
Leçon ij.

HOc est sómnium ; interpretatiónem quoque ejus dicémus coram te, Rex. Tu rex regum es, Et Deus cœli regnum & fortitúdinem & impérium & glóriam dedit tibi : & ómnia in quibus hábitant fílii hóminum & béstiæ agri, vólucres quoque cœli dedit in manu tua, & sub ditióne tua univérsa constítuit : tu es ergo caput áureum. Et post te consúrget regnum áliud minus te, argénteum : & regnum tértium áliud æreum, quod imperábit univérsæ terræ. Et regnum quartum erit velut ferrum. Quómodò ferrum commínuit & domat ómnia, sic commínuet & cónteret ómnia hæc.

℞. Angústiæ mihi sunt úndique, & quid éligam ignóro. * Mélius est mihi incídere in manus hóminum, quàm derelínquere legem Dei mei. ℣. Si enim hoc égero, mors mihi est, si autem non égero, non effúgiam manus vestras. * Mélius est enim.

Bened. Spíritûs sancti grátia.
Leçon iij.

POrrò quia vidísti pedum & digitórum partem testæ fíguli & partem férream, regnum divísum erit, quod tamen de plantário ferri oriétur secúndum quod vidísti ferrum mixtum testæ ex luto. Et dígitos pedum ex parte férreos & ex parte fíctiles ; ex parte regnum erit sólidum & ex parte contrítum. Quòd autem vidísti ferrum mixtum teftæ ex luto ; commifcebúntur quidem humáno fémine , fed non adhærébunt fibi, ficut ferrum mifcéri non poteft teftæ. In diébus autem regnórum illórum fufcitábit Deus cœli regnum quod in ætérnum non diffipábitur , & regnum ejus álteri pópulo non tradétur : commínuet autem & confúmet univérfa regna hæc , & ipfum ftabit in ætérnum.

℟. Mifit Dñus Angelum fuum , & conclúfit ora leónum : * Et non contaminavérunt, quia coram eo injuftítia invénta non eft in me. ℣. Mifit Deus mifericórdiam fuam & veritátem fuam : ánimam meam erípuit de médio catulórum leónum : * Et non. ℣. Glória. * Et.

III FERIE.
Leçon j.
De Daniéle Prophéta. *Chap.* 3.

PRonuntiánfque Nabuchodónofor rex ait eis, Veréne, Sidrach , Mifach & Abdénago, deos meos non cólitis , & ftátuam áuream quam conftítui non adorátis ? Nunc ergo fi eftis paráti, quacúmque horâ audiéritis fónitum tubæ, fíftulæ, cítharæ, fambúcæ & pfaltérii & fymphoníæ omnífque géneris muficórum , proftérnite vos, & adóráte ftátuam quam feci : quòd fi non adoravéritis eádem horâ, mittémini in fornácem ignis ardéntis : & quis eft Deus qui erípiet vos de manu mea ?

℟. A fácie furóris tui , Deus, conturbáta eft omnis terra : * Sed miferére , Dómine , & ne fácias confummatiónem. ℣. Dómine Dóminus nofter, quàm admirábile eft nomen tuum ? * Sed miferére.

Bened. Chriftus perpétuæ.
Leçon ij.

REfpondéntes Sidrach, Mifach & Abdénago , dixérunt regi Nabuchodonófor , Non opórtet nos de hac re refpondére tibi ; ecce enim Deus nofter quem cólimus, poteft erípere nos de camíno ignis ardéntis , & de mánibus tuis , ô Rex , liberáre. Quòd fi nolúerit, notum fit tibi, Rex , quia deos tuos non cólimus , & ftátuam áuream quam erexífti non adorámus. Tunc Nabuchodónofor replétus eft furóre ; & adfpéctus faciéi illíus immutátus eft fuper Sidrach , Mifach & Abdénago : & præcépit ut fuccenderétur fornax féptuplum quàm fuccéndi confuéverat.

℟. Civitátem iftam tu circúmda, Dómine ; & Angeli tui cuftódiant muros ejus. * Exáudi , Dómine, pópulum tuum cum mifericórdia. ℣. Avertátur furor tuus , Dómine, à pópulo tuo & à civitáte fancta tua. * Exáudi.

Bened. Ignem fui amóris.
Lecon iij.

ET conféftim viri illi vincti cum braccis fuis & tiaris & calceaméntis & véftibus miffi funt in médium fornácis ignis ardéntis, nam iúffio regis urgébat. Fornax autem fuccénfa erat nimis. Porro viros illos qui míferant Sidrach , Mifach & Abdénago , interfécit flamma ignis. Viri autem hi tres, id

eſt, Sidrach, Miſach & Abdénago,
cecidérunt in médio camino ignis
ardéntis colligáti. Et ambulábant in
médio flammæ laudántes Deum &
benedicéntes Dómino.

℟. Genti peccatríci , pópulo
pleno peccáto miſerére , * Dómine
Deus. ℣. Eſto placábilis ſuper ne-
quítiã pópuli tui , * Dómine Deus.
℣. Glória. * Dómine Deus.

IV FERIE.
Leçon j.

De Daniéle Prophéta. *Chap. 4.*

REſpóndit Baltáſſar & dixit,
Dómine mi , ſómnium his
qui te odérunt , & interpretátio
ejus hóſtibus tuis fit. Arborem
quam vidíſti ſublímem atque robúſ-
tam, cujus altitúdo pertíngit ad cœlum & adſpéctus illíus in omnem
terram , & rami ejus pulchérrimi,
& fructus ejus nímius , & eſca ómnium in ea , ſubter eam habitántes
béſtiæ agri , & in ramis ejus com-
morántes aves cœli , tu es, Rex,
qui magnificátus es & invaluíſti ,
& magnitúdo tua crevit & pervénit uſque ad cœlum , & poteſtas
tua in términos univérſæ terræ.

℟. Indicábo tibi , homo , quid
fit bonum , aut quid Dóminus requírat à te : * Fácere judícium &
juſtítiam , & ſollícitum ambuláre
cum Deo tuo. ℣. Spera in Dómino , & fac bonitátem , & inhábita
terram. * Fácere judícium
Bened. **Divínum auxílium.**

Leçon ij.

QUòd autem vidit rex vígi-
lem & ſanctum deſcéndere

de cœlo & dícere , Succídite árborem & diſſipáte illam , áttamen
germen radícum ejus in terra dimít-
tite , & vinciátur ferro & ære in
herbis foris , & rore cœli conſper-
gátur , & cum feris fit pábulum
ejus, donec ſeptem témpora mu-
téntur ſuper eum : hæc eſt interpretátio ſenténtiæ Altíſſimi, quæ pervénit ſuper dóminum meum regem.
Ejícient te ab homínibus , & cum
béſtiis feríſque erit habitátio tua, &
fœnum ut bos cómedes , & rore
cœli infundéris.

℟. Angúſtiæ mihi ſunt úndique ,
& quid éligam ignóro. * Mélius
eſt mihi incídere in manus hóminum, quàm derelínquere legem
Dei mei. ℣. Si enim hoc égero , mors mihi eſt : fi autem non
égero, non effúgiam manus veſtras.
* Mélius.

Bened. **Ad ſocietátem.**

Leçon iij.

SEptem quoque témpora mutabúntur ſuper te , donec ſcias
quòd dominétur Excélſus ſuper regnum hóminum , & cuicúmque volúerit det illud. Quod autem præcépit ut relinquerétur germen radícum ejus , id eſt , árboris ; regnum tuum tibi manébit, poſtquam
cognóveris poteſtátem eſſe cœléſtem. Quamóbrem , Rex , conſílium meum pláceat tibi , & peccáta
tua eleemóſynis rédime , & iniquitátes tuas miſericórdiis páuperum :
fórſitan ignóſcet delíctis tuis. Omnia hæc venérunt ſuper Nabuchodónoſor regem.

℟. Miſit Dñus Angelum ſuum ,

& conclúſit ora leónum : * Et non contaminavérunt, quia coram eo injuſtitia invénta non eſt in me. ℣. Miſit Deus miſericórdiam ſuam & veritátem ſuam : ánimam meam erípuit de médio catulórum leónum : * Et non. ℣. Glória. * Et.

V FERIE.
Leçon j.
De Daniéle Prophéta. *Chap.* 5.

Altháſſar rex fecit grande convívium optimátibus ſuis mille ; & unuſquiſque ſecúndùm ſuam bibébat ætátem. Præcépit ergo jam temuléntus, ut afferréntur vaſa áurea & argéntea quæ adſportáverat Nabuchodónoſor pater ejus de templo quod fuit in Jerúſalem, ut bíberent in eis rex & optimátes ejus uxoréſque ejus & concúbinæ. Tunc alláta ſunt vaſa áurea & argéntea quæ adſportáverat de templo quod fúerat in Jerúſalem : & bibérunt in eis rex & optimátes ejus, uxóres & concúbinæ illíus. Bibébant vinum, & laudábāt Deos ſuos áureos & argénteos, æreos, férreos, ligneóſque & lapídeos. In eádem hora apparuérunt dígiti, quaſi manus hóminis ſcribéntis contra candelábrum in ſuperfície paríetis aulæ régiæ : & rex adſpiciébat artículos manûs ſcribéntis. Tunc fácies regis commutáta eſt, & cogitatiónes ejus conturbábant eum.

℟. Vide, Dómine, ſedéntem ſuper fólium excélſum & elevátū : & plena erat omnis terra majeſtáte ejus : * Et ea quæ ſub ipſo erant replébāt templum. ℣. Séraphim ſtabant ſuper illud ; ſex alæ uni & ſex alæ álteri. * Et ea.

Bened. Unigénitus Dei Fílius.
Leçon ij.

Gitur introdúctus eſt Dániel coram rege : ad quem præfátus rex ait, Tu es, Dániel, de fíliis captivitátis Juda, quem addúxit pater meus rex de Judæa ? Audívi de te quóniam ſpíritum Deórum hábeas ; & ſciéntia intelligentiáque ac ſapiéntia amplióres invéntæ ſunt in te. Et nunc introgréſſi ſunt in conſpéctu meo ſapiéntes magi, ut ſcriptúram hanc légerent & interpretatiónem ejus indicárent mihi ; & nequivérunt ſenſum hujus ſermónis edícere. Porro ego audívi te quòd poſſis obſcúra interpretári & ligáta diſſólvere : ſi ergo vales ſcriptúram légere & interpretatiónem ejus indicáre mihi, púrpurâ veſtiéris, & torquem áuream circa collum tuum habébis, & tértius in regno meo princeps eris. Ad quæ reſpóndens Dániel, ait coram rege, Múnera tua ſint tibi, & dona domûs tuæ álteri da ; ſcriptúram autem legam tibi, Rex, & interpretatiónem ejus oſténdam tibi.

℟. Adſpice, Dómine, de ſede ſancta tua, & cógita de nobis. Inclína, Deus meus, aurem tuam, & audi. * Aperi óculos tuos, & vide tribulatiónem noſtram. ℣. Qui regis Iſrael, inténde, qui dedúcis velut ovem Joſeph, * Aperi.

Bened. Spíritûs ſancti grátia.
Leçon iij.

Æc eſt autem ſcriptúra quæ digéſta eſt ; Mane, Thecel,

Phares. Et hæc eſt interpretátio ſermónis. Mane, numerávit Deus regnum tuum, & complévit illud. Thecel, appénſus es in statéra, & invéntus es minus habens. Phares, divíſum eſt regnum tuum, & datum eſt Medis & Perſis. Tunc, jubénte rege, indútus eſt Dániel púrpurâ, & circúmdata eſt torques áurea collo ejus, & prædicátum eſt de eo quòd habéret poteſtátem tértius in regno ſuo. Eádem nocte interféctus eſt Baltáſſar rex Chaldæus; & Dárius Medus succéſſit in regnum annos natus ſexaginta duos.

R/. Adſpíce, Dómine, quia facta eſt deſoláta cívitas plena divítiis. Sedet in triſtítia dómina géntium; * Non eſt qui conſolétur eam, niſi tu Deus noſter. V/. Plorans plorávit in nocte, & lácrymæ ejus in maxíllis ejus. * Non eſt. V/. Glória Patri. * Non eſt.

VI FERIE.
Leçon j.
De Daniéle Prophéta. *Chap. 6.*

VIri ergo illi curióſiùs inquiréntes, invenérūt Daniélem orántem & obſecrántem Deum ſuum. Et accedéntes locúti ſunt regi ſuper edícto : Rex, numquid non conſtituíſti ut omnis homo qui rogáret quemquam de diis & homínibus uſque ad dies trigínta, niſi te, Rex, mitterétur in lacum leónum? Ad quos reſpóndens rex ait, Verus eſt ſermo juxta decrétum Medórum atque Perſárum quod prævaricári non licet. Tunc reſpondéntes dixérunt coram rege, Dániel de fíliis captivitátis Juda non curávit de lege tua & de edícto quod conſtituíſti, ſed tribus tempóribus per diem orat obſecratióne ſuâ. Quod verbum cùm audíſſet rex, ſatis contriſtátus eſt: & pro Daniéle póſuit cor ut liberáret eum, & uſque ad occáſum ſolis laborábat ut erúeret illum. Viri autem illi intelligéntes regem, dixérunt ei, Scito, Rex, quia lex Medórum atque Perſárum eſt ut omne decrétum quod conſtitúerit rex, non líceat immutári.

R/. Super muros tuos, Jerúſalem, conſtítui cuſtódes. * Totâ die & nocte non tacébunt laudáre nomen Dómini. V/. Prædicábunt pópulis fortitúdinem meam, & annuntiábunt Géntibus glóriam meam. * Totâ die.

Bened. Chriſtus perpétuæ.
Leçon ij.

TUnc rex præcépit, & adduxérunt Daniélem, & miſérunt eum in lacum leónum. Dixítque rex Daniéli, Deus tuus quem colis ſemper, ipſe liberábit te. Allatúſque eſt lapis unus, & póſitus eſt ſuper os laci; quem obſignávit rex ánnulo ſuo & ánnulo optimátum ſuórum, ne quid fíeret contra Daniélem. Et ábiit rex in domum ſuam, & dormívit incœnátus cibíque non ſunt alláti coram eo, ínſuper & ſomnus recéſſit ab eo. Tunc rex primo dilúculo conſúrgens, feſtínus ad lacum leónum perréxit; appropinquánſque lácui, Daniélem voce lacrymábili inclamávit: & affátus eſt eum; Dániel serve Dei vivéntis, Deus tuus cui tu servis semper, putásne váluit te liberáre à leónibus?

℞. Muro tuo inexpugnábili circumcíngit nos, Dómine, & armis tuæ poténtiæ prótege nos semper. * Líbera, Dómine Deus Israel, clamántes ad te. ℣ Erue nos in mirabílibus tuis, & da glóriam nómini tuo. * Líbera, Dómine.

Bened. Ignem sui amóris.

Leçon iij.

ET Dániel regi respóndens ait, Rex, in ætérnum vive. Deus meus misit Angelum suum, & conclúsit ora leónum, & non nocuérunt mihi, quia coram eo justítia invénta est in me; sed & coram te, Rex, delíctum non feci. Tunc veheménter rex gavísus est super eo: & Daniélem præcépit edúci de lacu. Eductúsque est Dániel de lacu, & nulla læsio invénta est in eo, quia crédidit Deo suo. Jubénte autem rege, addúcti sunt viri illi qui accusáverant Daniélem & in lacum leónum missi sunt ipsi & fílii & uxóres eórum : & non pervenérunt usque ad paviméntum laci, donec arriperent eos leónes, & ómnia ossa eórum comminuérunt.

℞ Sustinúimus pacem, & non venit : quæsívimus bona, & ecce turbátio. Cognóvimus, Dómine, peccáta nostra. * Non in perpétuum obliviscáris nos. ℣. Peccávimus, impiè géssimus, iniquitátem fécimus, Dómine, in omnem justítiam tuam. * Non in perpétuum obliviscáris nos. ℣. Glória Patri. * Non.

SAMEDI.
Leçon j.

De Daniéle Prophéta. *Chap.* 5.

IN anno primo Dárii fílii Assuéri de sémine Medórum, qui imperávit super regnum Chaldæórum, anno uno regni ejus ego Dániel intelléxi in libris númerum annórum de quo factus est sermo Dómini ad Jeremíam Prophétá ut compleréntur desolatiónis Jerúsalem septuagínta anni. Et pósui fáciem meam ad Dóminum Deum meum rogáre & deprecári in jejúniis, sacco & cínere. Et orávi Dóminum Deum meum, & conféssus sum & dixi, Obsecro, Dómine Deus magne & terríbilis, custódiens pactum & misericórdiam diligéntibus te & custodiéntibus mandáta tua. Peccávimus, iniquitátem fécimus, impiè égimus, & recéssimus, & declinávimus à mandátis ac judíciis.

℞. Laudábilis pópulus * Quem Dóminus exercítuum benedíxit dicens, Opus mánuum meárum tu es, hæréditas mea Israel. ℣. Beáta gens cujus est Dóminus Deus pópulus eléctus in hæreditátem, * Quem.

Bened. Divínum auxílium.

Leçon ij.

ADhuc me loquénte in oratióne, ecce vir Gábriel quem víderam in visióne à princípio, citò volans tétigit me in témpore sacrifícii vespertíni. Et dócuit me, & locútus est mihi dixítque, Daniel, nunc egréssus sum ut docérem te, & intellígeres. Ab exórdio precum tuárum egréſſus eſt ſermo ; ego autem veni ut indicárem tibi , quia vir deſideriórum es. Tu ergo animadvérte ſermónem , & intéllige viſiónem. Septuaginta hebdómades abbreviátæ ſunt ſuper pópulum tuum & ſuper urbem ſanctam tuam , ut conſummétur prævaricátio & finem accípiat peccátum & deleátur iníquitas & adducátur juſtitia ſempitérna & impleátur víſio & prophétia & ungátur Sanctus ſanctórum.

℟. Angúſtiæ mihi ſunt úndique, & quid éligam ignóro. * Mélius eſt mihi incídere in manus hóminum, quàm derelínquere legem Dei mei. ℣. Si enim hoc égero, mors mihi eſt : ſi autem non égero, non effúgiam manus veſtras. * Mélius.

Bened. Ad ſocietátem.

Leçon iij.

SCito ergo & animadvérte. Ab éxitu ſermónis ut iterùm ædificétur Jerúſalem, uſque ad Chriſtum ducem, hebdómades ſeptem & hebdómades ſexaginta duæ erunt : & rursùm ædificábitur platéa & muri in angúſtia témporum. Et poſt hebdómades ſexaginta duas occidétur Chriſtus ; & non erit ejus pópulus qui eum negatúrus eſt. Et civitátem & ſanctuárium diſſipábit pópulus cum duce ventúro : & finis ejus váſtitas, & poſt finem belli ſtatúta deſolátio. Confirmábit autem pactum multis hebdómada una; & in dimídio hebdómadis deficiet hóſtia & ſacrificium, & erit in templo abominátio deſolatiónis : & uſque ad conſummatiónem & fi-

nem perſeverábit deſolátio.

℟. Miſit Dóminus Angelum ſuú, & conclúſit ora leónum : * Et non contaminavérunt, quia coram eo injuſtitia invénta non eſt in me. ℣. Miſit Deus miſericórdiam ſuam & veritátem ſuam, ánimam meam erípuit de médio catulórum leónum. * Et non. ℣. Glória. * Et non.

SAMEDI
avant le IV Dim. de Novembre, ſi le mois en a cinq :
ou
avant le troiſieme Dimanche, ſi le mois en a quatre.

A Magníficat, Ant. Qui coelórum cóntines thronum & abyſſos intuéris, Dómine, rex regum, montes pónderas, terram palmo conclúdis ; exáudi nos, Dómine, in gemítibus noſtris.

IV DIMANCHE
DE NOVEMBRE,
ſi le mois en a cinq ;
ou
III DIMANCHE,
ſi le mois en a quatre :
AU I NOCTURNE.
Leçon j.

Incipit liber Oſée Prophétæ. Ch. 1.

VErbum Dómini quod factum eſt ad Oſée fílium Béeri in diébus Oziæ, Jóathan, Achaz, Ezechíæ, regum Juda, & in diébus Jeróboam fílii Joas regis Iſrael. Princípium loquéndi Dómino in Oſée : & dixit Dóminus ad Oſée, Vade, ſume tibi uxórem fornicatiónum, & fac tibi filios fornicatiónum, quia fórnicans fornicábitur terra à Dómino. Et ábiit, & accépit Gomer filiam Debélaim : & concépit , & péperit ei filium.

℟. Vidi Dóminum sedéntem super sólium excélsum & elevátum : & plena erat omnis terra majestáte ejus : * Et ea quæ sub ipso erant replébant templum. ℣. Séraphim stabant super illud : sex alæ uni & sex alæ álteri. * Et ea.

Bened. Unigénitus Dei Fílius.

Leçon ij.

ET dixit Dóminus ad eum , Voca nomen ejus, Jézrahel, quóniam adhuc módicum, & visitábo sánguinem Jézrahel super domum Jehu , & quiéscere fáciam regnum domûs Israel. Et in illa die cónteram arcum Israel in valle Jézrahel. Et concépit adhuc, & péperit filiam. Et dixit ei , Voca nomen ejus , Absque misericórdia ; quia non addam ultrà miseréri dómui Israel , sed oblivióne obliviscar eórum. Et dómui Juda miserébor, & salvabo eos in Dño Deo suo, & non salvábo eos in arcu & gládio & in bello & in equis & in equítibus.

℟. Adspice, Dómine , de sede sancta tua , & cógita de nobis. Inclína, Deus meus , aurem tuam, & audi. * Aperi óculos tuos , & vide tribulatiónem nostram. ℣. Qui regis Israel , inténde , qui dedúcis velut ovem Joseph. * Aperi.

Bened. Spíritûs sancti grátia.

Leçon iij.

ET ablactávit eam quæ erat absque misericórdia. Et con-

cépit, & péperit filium. Et dixit, Voca nomen ejus, Non pópulus meus; quia vos non pópulus meus , & ego non ero vester. Et erit númerus filiórum Israel quasi aréna maris quæ sine mensúra est , & non numerábitur. Et erit in loco ubi dicétur eis , Non pópulus meus vos ; dicétur eis , Filii Dei vivéntis. Et congregabúntur filii Juda & filii Israel páriter ; & ponent síbimet caput unum, & ascéndent de terra ; quia magnus dies Jézrael.

℟. Adspice, Dómine, quia facta est desoláta cívitas plena divítiis. Sedet in tristítia dómina Géntium ; * Non est qui consolétur eam, nisi tu Deus noster. ℣. Plorans plorávit in nocte , & lácrymæ ejus in maxíllis ejus. * Non est. ℣. Glória. * Non est.

Au II Nocturne.
Leçon iv.

Ex libro sancti Augustini Epíscopi de Civitáte Dei. *Liv. 18, Ch. 28.*

OSée Prophéta quanto profúndiùs quidem lóquitur , tanto operósiùs penetrátur : sed áliquid inde suméndum est , & hìc ex nostra promissióne ponéndum. Et erit, inquit; in loco quo dictum est eis, Non pópulus meus vos, vocabúntur & ipsi filii Dei vivi. Hoc testimónium prophéticum de vocatióne pópuli Géntium qui priùs non pertinébat ad Deum , étiam Apóstoli intellexérunt.

℟. Super muros tuos, Jerúsalem, constítui custódes. * Totâ die & nocte non tacébunt laudáre nomen Dómini. ℣. Prædicábunt pópulis fortitúdinem

fortitúdinem meam , & annuntiábunt Géntibus glóriam meam. * Totâ die & noĉte non tacébunt laudáre nomen Dómini.

Bened. Chriſtus perpétuæ det nobis gáudia vitæ.

Leçon v.

ET quia ipſe quoque pópulus Géntium ſpirituáliter eſt in filiis Abrahæ , ac per hoc reĉtè dicitur Iſrael , proptéreà ſéquitur , & dicit, Et congrebabúntur filii Juda & filii Iſrael in idípſum , & ponent ſibimet principátum unum , & aſcéndent à terra. Hoc ſi adhuc velímus expónere , elóquii prophétici obtundétur ſapor. Recolátur tamen lapis ille anguláris & duo illi parietes , unus ex Judæis , alter ex Géntibus ; ille nómine filiórum Juda , iſte nómine filiórum Iſrael : eídem uni principátui ſuo in idípſum inniténtes & aſcendéntes agnoſcántur in terra.

℟. Muro tuo inexpugnábili circumcínge nos , Dómine , & armis tuæ poténtiæ prótege nos ſemper. * Líbera , Dómine Deus Iſrael , clamántes ad te. ℣. Erue nos in mirabílibus tuis , & da glóriam nómini tuo. * Líbera , Dómine Deus Iſrael , clamántes ad te.

Bened. Ignem ſui amóris accéndat Deus in córdibus noſtris.

Leçon vj.

IStos autem carnáles Iſraélitas qui nunc nolunt crédere in Chriſtú, póſteà creditúros , id eſt filios eórum , (nam útique iſti in ſuum locum moriéndo tranſíbunt,) idem Prophéta teſtátur dicens, Quóniam

diébus multis ſedébunt filii Iſrael ſine rege , ſine príncipe , ſine ſacríficio , ſine altári , ſine ſacerdótio , ſine manifeſtatiónibus. Quis non vídeat nunc ſic eſſe Judæos ?

℟. Suſtinúimus pacem , & non venit : quæſívimus bona , & ecce turbátio. Cognóvimus , Dómine , peccáta noſtra. * Non in perpétuum obliviſcáris nos. ℣. Peccávimus , ímpiè géſſimus , iniquitátem fécimus , Dómine , in omnem juſtitiam tuam. * Non in perpétuum obliviſcáris nos. ℣. Glória. * Non in perpétuum obliviſcáris nos.

AU III NOCTURNE.

℟. Laudábilis pópulus * Quem Dóminus exercítuum benedíxit dicens , Opus mánuum meárum tu es , hæréditas mea Iſrael. ℣. Beáta gens cujus eſt Dóminus Deus , pópulus eléĉtus in hæreditátem , * Quem Dóminus exercítuum benedíxit dicens , Opus mánuum meárum tu es , hæréditas mea Iſrael.

℟. Duo Séraphim clamábant alter ad álterum , * Sanĉtus , Sanĉtus , Sanĉtus Dóminus Deus Sábaoth. ** Plena eſt omnis terra glória ejus. ℣. Tres ſunt qui teſtimónium dant in cœlo , Pater , Verbum & Spíritus ſanĉtus : & hi tres unum ſunt. * Sanĉtus. ℣. Glória Patri. ** Plena eſt.

II FERIE.

Leçon j.

De Oſée Prophéta. Chap. 4.

AUdíte verbum Dómini , filii Iſrael, quia judícium Dómino cum habitatóribus terræ ; non eſt

enim véritas, & non eft mifericórdia, & non eft fciéntia Dei in terra.
Maledíctum & mendácium & homicídium & furtum & adultérium
inundárunt , & fanguis fanguinem
tétigit. Propter hoc lugébit terra ,
& infirmábitur omnis qui hábitat
in ea, in béftia agri & in vólucre
coeli ; fed & pifces maris congregabúntur.

℟. Redémit pópulum fuum &
liberávit eum. Et vénient & exfultábunt in monte Sion, & gaudébunt de bonis Dómini fuper fruménto, vino & óleo : * Et ultrà
non efúrient. ℣. Erítque ánima eórum quafi hortus irríguus, * Et ultrà non efúrient

Bened. Unigénitus Dei Fílius nos
benedícere & adjuváre dignétur.

Leçon ij.

VErúmtamen unufquifque non
júdicet, & non arguátur vir ;
pópulus enim tuus ficut hi qui contradícunt facerdóti. Et córrues hódiè, & córruet étiam Prophéta tecum. Nocte tacére feci matrem
tuam. Contícuit pópulus meus, eò
quòd non habúerit fciéntiam. Quia
tu fciéntiam repulífti, repéllam te,
ne facerdótio fungáris mihi ; &
oblíta es legis Dei tui, oblivífcar
filiórum tuórum & ego.

℟. Angúftiæ mihi funt úndique,
& quid éligam ignóro. * Mélius
eft mihi incídere in manus hóminum, quàm derelínquere legem
Dei mei. ℣. Si enim hoc égero,
mors mihi eft ; fi autem non égero,
non effúgiam manus veftras. * Mélius eft mihi incídere in manus hó-

minum, quàm derelínquere legem
Dei mei.

Bened. Spíritûs fancti grátia illúminet fenfus & cordra noftra.

Leçon iij.

SEcúndùm multitúdinem eórum
fic peccavérunt mihi : glóriam
eórum in ignomíniam commutábo.
Peccáta pópuli mei cómedent ,
& ad iniquitátem eórum fublevá-
bunt ánimas eórum. Et erit ficut
pópulus, fic facérdos. Et vifitábo
fuper eum vias ejus, & cogitatiónes ejus reddam ei. Et cómedent,
& non faturabúntur. Fornicáti
funt, & non ceffavérunt, quóniam
Dóminum dereliquérunt in non
cuftodiéndo.

℟. Mifit Dóminus Angelum fuú,
& conclúfit ora leónum : * Et non
contaminavérunt, quia coram eo
injuftítia invénta non eft in me.
℣. Mifit Deus mifericórdiam fuam
& veritátem fuam ; ánimam meam
erípuit de médio catulórum leónû.
* Et non contaminavérunt, quia
coram eo injuftítia invénta non eft
in me. ℣. Glória Patri & Fílio &
Spirítui fancto. * Et non.

III FERIE.

Leçon j.
Incipit Joel Prophéta. *Ch. 1.*

VErbum Dómini quod factum
eft ad Joel fílium Phátuel.
Audíte hoc, fenes, & áuribus percípite, omnes habitatóres terræ.
Si factum eft iftud in diébus veftris aut in diébus patrum veftró-
rum ? Super hoc fíliis veftris narráte
& fílii veftri fíliis fuis, & fílii eó-

rum generatióni álteræ. Resíduum erúcæ cómedit locúſta, & resíduum locúſtæ cómedit bruchus, & resíduum bruchi cómedit rubígo.

℞. A fácie furóris tui, Deus, conturbáta eſt omnis terra; * Sed miſerére, Dómine, & ne fácias conſummatiónem. ℣. Dómine Dóminus noſter, quàm admirábile eſt nomen tuum. * Sed miſerére, Dómine, & ne fácias conſummatiónem.

Bened. Chriſtus perpétuæ det nobis gáudia vitæ.

Leçon ij.

EXpergiſcímini, ébrii, & flete, & ululáte, omnes qui bíbitis vinum in dulcédine, quóniam périit ab ore veſtro. Gens enim aſcéndit ſuper terram meam, fortis & innumerábilis : dentes ejus ut dentes leónis, & moláres ejus ut cátuli leónis. Póſuit víneam meam in deſértum, & ficum meam decorticávit : nudans ſpoliávit eam, & projécit : albi facti ſunt rami ejus.

℞. Civitátem iſtam tu circúmda, Dómine, & Angeli tui cuſtódiant muros ejus. * Exáudi, Dómine, pópulum tuum cum miſericórdia. ℣. Avertátur furor tuus, Dómine, à pópulo tuo & à civitáte ſancta tua. * Exáudi, Dómine, pópulum tuum cum miſericórdia.

Bened. Ignem ſui amóris accéndat Deus in córdibus noſtris.

Leçon iij.

PLange quaſi virgo accíncta ſacco ſuper virum pubertátis ſuæ. Périit ſacrifícium & libátio de do-

mo Dómini : luxérunt ſacerdótes miniſtri Dómini. Depopuláta eſt régio, luxit humus, quóniam devaſtátum eſt tríticum, confúſum eſt vinum, elánguit óleum. Confúſi ſunt agrícolæ, ululavérunt vinitóres ſuper fruménto & hórdeo, quia périit meſſis agri.

℞. Genti peccatríci, pópulo pleno peccáto miſerére, * Dómine Deus. ℣. Eſto placábilis ſuper nequítiam pópuli tui, * Dómine Deus. ℣. Glória Patri & Fílio & Spirítui ſancto. * Dómine.

IV FERIE.

Leçon j.

De Joéle Prophéta. *Chap.* 3.

IN diébus illis & in témpore illo, cùm cōvértero captivitátem Juda & Jerúſalem, congregábo omnes Gentes, & dedúcam eas in vallem Jóſaphat, & diſceptábo cum eis ibi ſuper pópulo meo & hæreditáte mea Iſrael quos diſperſérunt in natiónibus, & terram meam diviſérunt. Et ſuper pópulum meum miſérunt ſortem ; & poſuérunt púerum in proſtíbulo, & puéllam vendidérunt pro vino ut bíberent.

℞. Indicábo tibi, homo, quid ſit bonum, aut quid Dóminus requírat à te : * Fácere judícium & juſtítiam, & ſollícitum ambuláre cum Deo tuo. ℣. Spera in Dómino, & fac bonitátem, & inhábita terram. * Fácere judícium & juſtítiam, & ſollícitum ambuláre cum Deo tuo.

Bened. Divínum auxílium máneat semper nobíscum.

Leçon ij.

VErùm quid mihi & vobis, Tyrus & Sidon, & omnis términus Palæstinórum ? Numquid ultiónem vos reddétis mihi ? Et si ulciscímini vos contra me, citò velóciter reddam vicissitúdinem vobis super caput vestrum. Argéntum enim meum & aurum tulístis, & desiderabília mea & pulchérrima intulístis in delúbra vestra. Et fílios Juda & fílios Jerúsalem vendidístis fíliis Græcórū, ut longè facerétis eos de fínibus suis. Ecce ego suscitábo eos de loco in quo vendidístis eos ; & convértam retributiónem vestram in caput vestrum.

℟. Angústiæ mihi sunt úndique, & quid éligam ignóro. * Mélius est mihi incídere in manus hóminum, quàm derelínquere legem Dei mei. ℣ Si enim hoc égero, mors mihi est ; si autem non égero, non effúgiam manus vestras. * Mélius est mihi incídere in manus hóminum, quàm derelínquere legem Dei mei.

Bened. Ad societátem cívium supernórum perdúcat nos Rex Angelórum.

Leçon iij.

ET vendam fílios vestros & fílias vestras in mánibus filiórum Juda, & venúmdabunt eos Sabæis genti longínquæ, quia Dóminus locútus est. Clamáte hoc in Géntibus, sanctificáte bellum, suscitáte robústos; accédant, ascéndant omnes viri bellatóres. Concídite

arátra vestra in gládios, & ligónes vestros in lánceas. Infírmus dicat, Quia fortis ego sum. Erúmpite & veníte, omnes Gentes de circúitu, & congregámini : ibi occúmbere fáciet Dóminus robústos tuos. Consúrgant & ascéndant Gentes in vallem Jósaphat ; quia ibi sedébo ut júdicem omnes Gentes in circúitu.

℟. Misit Dóminus Angelum suum, & conclúsit ora leónum : * Et non contaminavérunt, quia coram eo injustítia invénta non est in me. ℣. Misit Deus misericórdiam suam & veritátem suam : ánimam meam erípuit de médio catulórum leónum : * Et non contaminavérunt, quia coram eo injustítia invénta non est in me. ℣. Glória Patri & Fílio & Spirítui sancto. * Et non.

V FERIE.
Leçon j.
Incipit Amos Prophéta. *Ch. 1.*

VErba Amos qui fuit in pastóribus de Thécue : quæ vidit super Israel in diébus Ozíæ regis Juda, & in diébus Jeróboam fílii Joas regis Israel, ante duos annos terræ motûs. Et dixit, Dóminus de Sion rúgiet, & de Jerúsalem dabit vocem suam : & luxérunt speciósa pastórum, & exsiccátus est vertex Carméli.

℟. Vidi Dóminum sedéntem super sólium excélsum & elevátum : & plena erat omnis terra majestáte ejus : * Et ea quæ sub ipso erant replébant templum. ℣. Séraphim ſtabant ſuper illud : ſex álæ uni, & ſex alæ álteri. * Et ea quæ ſub ipſo erant replébant templum.

Bened. Unigénitus Dei Fílius nos benedícere & adjuváre dignétur.

Leçon ij.

HÆc dicit Dóminus, Super tribus ſceléribus Damáſci & ſuper quátuor non convértam eum ; eò quòd trituráverint in plauſtris férreis Gálaad. Et mittam ignem in domum Azael, & devorábit domos Bénadad. Et cónteram vectem Damáſci, & diſpérdam habitatórem de campo idóli, & tenéntem ſceptrum de domo voluptátis, & transferétur pópulus Syriæ Cyrénen, dicit Dóminus.

℟. Adſpice, Dómine, de ſede ſancta tua, & cógita de nobis. Inclína, Deus meus, aurem tuam, & audi. * Aperi óculos tuos, & vide tribulatiónem noſtram. ℣. Qui regis Iſrael, inténde, qui dedúcis velut ovem Joſeph. * Aperi óculos tuos, & vide tribulatiónem noſtram.

Bened. Spíritûs ſancti grátia illúminet ſenſus & corda noſtra.

Leçon iij.

HÆc dicit Dóminus, Super tribus ſceléribus Gazæ & ſuper quátuor non convértam eum ; eò quòd transtúlerint captivitátem perféctam, ut conclúderent eam in Idumæa. Et mittam ignem in murum Gazæ, & devorábit ædes ejus. Et diſpérdam habitatórem de Azóto, & tenéntem ſceptrum de Aſcalóne : & convértam manum meam ſuper Accaron, & períbunt

réliqui Philiſthinórum, dicit Dóminus Deus.

℟. Adſpice, Dómine, quia facta eſt deſoláta cívitas plena divítiis, ſedet in triſtítia dómina Géntium. * Non eſt qui conſolétur eam, niſi tu Deus noſter. ℣. Plorans plorávit in nocte, & lácrymæ ejus in maxíllis ejus. * Non eſt qui conſolétur eam, niſi tu Deus noſter. ℣. Glória Patri & Fílio & Spirítui ſancto. * Non eſt.

VI FERIE.

Leçon j.

Incipit Abdías Prophéta. *Ch.* i.

VIſio Abdíæ. Hæc dicit Dóminus Deus ad Edom : Audítum audívimus à Dómino, & legátum ad Gentes miſit : Súrgite & conſurgámus advérſùs eum in prælium. Ecce párvulum dedi te in Géntibus ; contemríbilis tu es valdè. Supérbia cordis tui éxtulit te, habitántem in ſciſſúris petrárum, exaltántem ſólium tuum ; qui dicis in corde tuo, Quis détrahet me in terram. Si exaltátus fúeris ut áquila, & ſi inter ſídera poſúeris nidum tuum, inde détraham te, dicit Dóminus.

℟. Super muros tuos, Jeruſalem, conſtítui cuſtódes : * Totâ die & nocte non tácebunt laudáre nomen Dómini. ℣. Prædicábunt pópulis fortitúdinem meam, & annuntiábunt Géntibus glóriam meá. * Totâ die & nocte non tacébunt laudáre nomen Domini.

Bened. Chriſtus perpétuæ det nobis gáudia vitæ.

Leçon ij.

SI fures introïssent ad te, si latrónes per noctem, quómodò conticuïsses ? Nonne furáti essent sufficiéntia sibi ? Si vindemiatóres introïssent ad te, numquid saltem racémum reliquíssent tibi ? Quómodò scrutáti sunt Esaü, investigavérunt abscóndita ejus. Usque ad términum emisérunt te : omnes viri fœderis tui illusérunt tibi : invaluérunt adversùm te viri pacis tuæ ; qui cómedunt tecum, ponent insídias subter te. Non est prudéntia in eo.

℟. Muro tuo inexpugnábili circumcínge nos, Dómine, & armis tuæ poténtiæ prótege nos semper. * Líbera, Dómine Deus Israel, clamántes ad te. ℣. Erue nos in mirabílibus tuis, & da glóriam nómini tuo. * Líbera, Dómine Deus Israel, clamántes ad te.

Bened. Ignem sui amóris accéndat Deus in córdibus nostris.

Leçon iij.

NUmquid non in die illa, dicit Dóminus, perdam sapiéntes de Idumæa, & prudéntiam de monte Esaü ? Et timébunt fortes tui à merídie, ut intéreat vir de monte Esaü. Propter interfectiónem & propter iniquitátem in fratrem tuú Jacob, opériet te confúsio, & períbis in ætérnum. In die cùm stares adversùs eum, quando capiébant aliéni exércitum ejus, & extránei ingrediebántur portas ejus, & super Jerúsalem mittébant sortem ; tu quoque eras quasi unus ex eis.

℟. Sustinúimus pacem, & non

venit ; quæsívimus bona, & ecce turbátio. Cognóvimus, Dómine, peccáta nostra. * Non in perpétuum oblivíscáris nos. ℣. Peccávimus, ímpiè géssimus, iniquitátem fécimus, Dómine, in omnem justítiam tuam. * Non in pérpetuum oblivíscáris nos. ℣. Glória Patri & Fílio & Spirítui sancto. * Non.

SAMEDI.

Leçon j.

Incipit Jonas Prophéta. *Ch.* 1.

ET factum est verbum Dómini ad Jonam fílium Amathi, dicens, Surge, & vade in Níniven civitátem grandem, & prædica in ea ; quia ascéndit malítia ejus coram me. Et surréxit Jonas ut fúgeret in Tharsis à fácie Dómini, & descéndit in Joppen, & invénit navem eúntem in Tharsis : & dedit naulum ejus, & descéndit in eam, ut iret cum eis in Tharsis à fácie Dómini. Dóminus autem misit ventum magnum in mare : & facta est tempéstas magna in mari, & navis periclitabátur cónteri.

℟. Laudábilis pópulus * Quem Dóminus exercítuum benedíxit dicens, Opus mánuum meárum tu es, hæréditas mea Israel. ℣. Beáta gens cujus est Dóminus Deus, pópulus eléctus in hæreditátem, * Quem Dóminus exercítuum benedíxit dicens, Opus mánuum meárum tu es, hæréditas mea Israel.

Bened. Divínum auxílium.

Leçon ij.

ET timuérunt nautæ, & clamavérunt viri ad Deum suú,

& misérunt vasa quæ erant in navi in mare, ut alleviarétur ab eis. Et Jonas descéndit ad interióra navis, & dormiébat sopóre gravi. Et accéssit ad eum gubernátor & dixit ei, Quid tu sopóre deprímeris? Surge, ínvoca Deum tuum, si forté recógitet Deus de nobis, & non pereámus. Et dixit vir ad collégam suum, Veníte, & mittámus sortes, & sciámus quare hoc malum sit nobis. Et misérunt sortes; & cécidit sors super Jonam.

℞. Angústiæ mihi sunt úndique, & quid éligam ignóro. * Mélius est mihi incídere in manus hóminum, quàm derelínquere legem Dei mei. ℣. Si enim hoc égero, mors mihi est: si autem non égero, non effúgiam manus vestras. * Mélius est mihi incídere in manus hóminum, quàm derelínquere legem Dei mei.

Bened. Ad societátem cívium supernórum perdúcat nos Rex Angelórum.

Leçon iij.

ET dixérunt ad eum, Indica nobis cujus causa malum istud sit nobis : quod est opus tuum ? quæ terra tua, & quò vadis, vel ex quo pópulo es tu? Et dixit ad eos, Hebræus ego sum, & Dóminum Deú cœli ego tímeo qui fecit mare & áridam. Et timuérunt viri timóre magno, & dixérunt ad eum, Quid hoc fecísti ? Cognovérunt enim viri quòd à fácie Dómini fúgeret, quia indicáverat eis. Et dixérunt ad eum, Quid faciémus tibi, & cessábit mare à nobis ? quia

mare ibat & intumescébat. Et dixit ad eos, Tollíte me & míttite in mare, & cessábit mare à vobis : scio enim ego quóniam propter me tempéstas hæc grandis venit super vos.

℞. Misit Dóminus Angelum suú, & conclúsit ora leónum : * Et non contaminavérunt, quia coram eo injustítia invénta non est in me. ℣. Misit Deus misericórdiam suam & veritátem suam : ánimam meam erípuit de médio catulórum leónum: * Et non contaminavérunt, quia coram eo injustítia invénta non est in me. ℣. Glória Patri. * Et non.

SAMEDI
avant le V Dim. de Nov.
si le mois en a cinq :
ou
avant le quatrieme Dimanche,
si le mois en a quatre.

A Magníficat, Ant. Super muros tuos, Jerúsalem, constítui custódes ; totà die & nocte non tacébunt laudáre nomen Dómini.

V DIMANCHE
DE NOVEMBRE,
si le mois en a cinq :
ou
IV DIMANCHE,
si le mois en a quatre.
AU I NOCTURNE.
Leçon j.
Incipit Michæas Prophéta. *Ch. 1.*

VErbum Dómini quod factum est ad Michæam Morasthíten

in diébus Jóathan, Achaz & Eze-chíæ regum Juda, quod vidit fu-per Samaríam & Jerúfalem. Au-díte, pópuli omnes , & atténdat terra & plenitúdo ejus : & fit Dó-minus Deus vobis in teftem, Dó-minus de templo fanĉto fuo. Quia ecce Dóminus egrediétur de loco fuo, & defcéndet, & calcábit fu-per excélfa terræ.

℟. Vidi Dóminum fedéntem fu-per fólium excélfum & elevátum : & plena erat omnis terra majeftáte ejus : * Et ea quæ fub ipfo erant replébant templum. ℣. Séraphim ftabant fuper illud ; fex alæ uni , & fex alæ álteri. * Et ea quæ fub ipfo erant replébant templum.

Bened. Unigénitus Dei Fílius nos benedícere & adjuváre dig-nétur.

Leçon ij.

ET confuméntur montes fub-tus eum, & valles fcindéntur ficut cera à fácie ignis & ficut aquæ quæ decúrrunt in præceps. In fcé-lere Jacob omne iftud, & in pec-cátis domûs Ifrael. Quod fcelus Ja-cob ? nonne Samaría ? Et quæ ex-célfa Judæ ? nonne Jerúfalem ? Et ponam Samaríam quafi acérvum lápidum in agro , cùm plantátur vínea : & détraham in vallem lá-pides ejus, & fundaménta ejus re-velábo.

℟. Adfpice, Dñe, de fede fanĉta tua , & cógita de nobis. Inclína, Deus meus, aurem tuam, & au-di. * Aperi óculos tuos, & vide tri-bulatiónem noftram. ℣. Qui regis Ifrael, inténde ; qui dedúcis velut ovem Jofeph, * Aperi óculos tuos & vide tribulatiónem noftram.

Bened. Spíritûs fanĉti grátia illú-minet fenfus & corda noftra.

Leçon iij.

ET ómnia fculptília ejus con-cidéntur , & omnes mercé-des ejus comburéntur igne, & óm-nia idóla ejus ponam in perditió-nem, quia de mercédibus meretrí-cis congregáta funt , & ufque ad mercédem meretrícis reverténtur. Super hoc plangam & ululábo ; vadam fpoliátus & nudus ; fáciam planĉtum velut dracónum & luc-tum quafi ftruthiónum ; quia de-fperáta eft plaga ejus , quia venit ufque ad Judam ; tétigit portam pópuli mei ufque ad Jerúfalem.

℟. Adfpice , Dómine, quia faĉta eft defoláta cívitas plena divítiis. Sedet in triftítia dómina Géntium. * Non eft qui confolétur eam, nifi tu Deus nofter. ℣. Plorans plorá-vit in noĉte, & lácrymæ ejus in ma-xillis ejus. * Non eft qui confolé-tur eam , nifi tu Deus nofter. ℣. Glória Patri & Fílio & Spirítui fanĉto. * Non eft qui confolétur eam , nifi tu Deus nofter.

AU II NOCTURNE.
Leçon iv.

De Sermóne fanĉti Bafílii Magni in Pfalmum trigéfimum tértium.

CUm te appetítus inváferit pec-cándi, velim cógites horríbi-le illud, & intolerábile Chrifti tri-búnal in quo præfidébit Judex in alto & excélfo throno ; adftábit autem omnis creatúra ad gloriófum illíus confpéĉtum contremífcens.

Adducéndi

Adducéndi étiam nos fumus sínguli, eórum quæ in vita gefférimus ratiónem redditúri. Mox illis qui multa mala in vita perpetrárint, terríbiles quidam & defórmes adsíftent ángelis, ígneos vultus præ se feréntes atque ignem fpirántes, eâ re propófiti & voluntátis acerbitátem oftendéntes, nocti vultus símiles propter mœrórem & ódiũ in humánum genus.

R/. Super muros tuos, Jerúfalem, conftítui cuftódes : * Totâ die & nocte non tacébunt laudáre nomen Dómini. V. Prædicábunt pópulis fortitúdinem meam, & annuntiábunt géntibus glóriam meam. * Totâ die & nocte non tacébunt laudáre nomen Dómini.

Bened. Chriftus perpétuæ det nobis gáudia vitæ.

Leçon v.

AD hæc cógites profúndum bárathrum, inextricábiles ténebras, ignem caréntem fplendóre, uréndi quidem vim habéntem, sed privátum lúmine : deinde vérmium genus venénum immíttens & carnem vorans, inexplebíliter edens, neque unquam faturitátem féntiens, intolerábiles dolóres corrofióne ipsâ infígens : poftrémò, quod fuppliciórum ómnium gravíffimum eft, oppróbrium illud & confufiónem fempitérnam. Hæc time, & hoc timóre corréptus ánimam à peccatórum concupifcéntia tamquam fræno quodam réprime.

R/. Muro tuo inexpugnábili circumcínge nos, Dómine, & armis

tuæ poténtiæ prótege nos femper. * Líbera, Dómine Deus Ifrael, clamántes ad te. V. Erue nos in mirabílibus tuis, & da glóriam nómini tuo. * Líbera, Dómine, Deus Ifrael, clamántes ad te.

Bened. Ignem fui amóris accéndat Deus in córdibus noftris.

Leçon vj.

HUnc timórem Dñi se doctúrum Prophéta promífit : docére autem non fimplíciter promífit, sed eos qui eum audíre volúerint, non eos qui lóngius prolápfi funt, sed qui falútem appeténtes accúrrunt ; non aliénos à promiffiónibus, sed ex baptífmate filiórum adoptiónis verbo ipfi conciliátos atque conjúnctos. Proptéreà, Veníte, inquit ; hoc eft, per bona ópera accédite ad me, fílii, quippe qui per regeneratiónem fílii lucis éffici digni facti eftis. Audíte, qui aures cordis habétis apértas : timórem Dómini docébo vos, illum fcílicet quem paulò antè oratióne noftrâ defcrípfimus.

R/. Suftinúimus pacem, & non venit ; quæfívimus bona, & ecce turbátio. Cognóvimus, Dómine, peccáta noftra. * Non in perpétuum oblivifcáris nos. V. Peccávimus, ímpiè géffimus, iniquitátem fécimus, Dómine, in omnem juftitiam tuam. * Non in perpétuum oblivifcáris nos. V. Glória Patri & Fílio & Spirítui fancto. * Non in perpétuum oblivifcáris nos.

AU III NOCTURNE.

R/. Laudábilis pópulus * Quem Dóminus exercítuum benedíxit dicens, Opus mánuum meárum tu es, hæréditas mea Israel. ℣. Beáta gens cujus est Dñus Deus, pópulus eléctus in hæreditátem, * Quem Dóminus exercítuum benedíxit dicens, Opus mánuum meárum tu es, hæréditas mea Israel.

℟. Duo Séraphim clamábant alter ad álterum, * Sanctus, Sanctus, Sanctus Dóminus Deus Sábaoth. ** Plena est omnis terra glóriâ ejus. ℣. Tres sunt qui testimónium dant in cœlo, Pater, Verbum & Spíritus Sanctus; & hi tres unum sunt. * Sanctus, Sanctus, Sanctus Dóminus Deus Sábaoth. ℣ Glória Patri & Fílio & Spirítui sancto. ** Plena est omnis terra glóriâ ejus.

II FERIE.
Leçon j.

Incipit Nahum Prophéta. Ch. 1.

ONus Nínive. Liber visiónis Nahum Elcesæi. Deus æmulátor & ulcíscens Dóminus; ulcíscens Dóminus & habens furórem; ulcíscens Dóminus in hostes suos, & iráscens ipse inimícis suis. Dóminus pátiens, & magnus fortitúdine, & mundans non fáciet innocéntem Dóminus, in tempestáte & túrbine viæ ejus & nébulæ pulvis pedum ejus. Increpans mare & exsíccans illud, & ómnia flúmina ad desértum dedúcens.

℟. Redémit pópulum suum & liberávit eum. Et vénient, & exsultábunt in monte Sion; & gau-

débunt de bonis Dómini super fruménto, vino & óleo : * Et ultrà non esúrient. ℣. Eríque ánima eórum quasi hortus irríguus ; * Et ultrà non esúrient.

Bened. Unigénitus Dei Fílius nos benedícere & adjuváre dignétur.

Leçon ij.

INfirmátus est Basan & Carmélus, & flos Líbani elánguit. Montes commóti sunt ab eo, & colles desoláti sunt : & contrémuit terra à fácie ejus, & orbis & omnes habitántes in eo. Ante fáciem indignatiónis ejus quis stabit ; & quis resístet in ira furóris ejus ? Indignátio ejus effúsa est ut ignis, & petræ dissolútæ sunt ab eo.

℟. Angústiæ mihi sunt úndique, & quid éligam ignóro. * Mélius est mihi incídere in manus hóminum, quàm derelínquere legem Dei mei. ℣. Si enim hoc égero, mors mihi est ; si autem non égero, non effúgiam manus vestras. * Mélius est mihi incídere in manus hóminum, quàm derelínquere legem Dei mei.

Bened Spíritûs sancti grátia illúminet sensus & corda nostra.

Leçon iij.

BOnus Dóminus & confórtans in die tribulatiónis, & sciens sperántes in se. Et in dilúvio prætereúnte consummatiónem fáciet loci ejus, & inimícos ejus persequéntur ténebræ. Quid cogitátis contra Dóminum ? Consummatiónem ipse fáciet ; non consúrget duplex tribulátio. Quia sicut spinæ se ínvicem compleĉúntur, fic convívium eórum páriter potántium confumétur quafi ftipula ariditáte plena.

℟. Mifit Dóminus Angelum fuum, & conclúfit ora leónum: * Et non contaminavérunt, quia coram eo injuftítia invénta non eft in me. ℣. Mifit Deus mifericórdiam fuam & veritátem fuam; ánimam meam erípuit de médio catulórum leónum; * Et non contaminavérunt, quia coram eo injuftítia invénta non eft in me. ℣. Glória Patri & Fílio & Spirítui fanĉto. * Et non contaminavérunt, quia coram eo injuftícia invénta non eft in me.

III FERIE.

Leçon j.

Incipit Hábacuc Prophéta. *Ch.* 1.

ONus quod vidit Hábacuc Prophéta. Ufquequo, Dómine, clamábo, & non exáudies? vociferábor ad te vim pátiens, & non falvábis? Quare oftendífti mihi iniquitátem & labórem, vidére prædam & injuftitiam contra me? Et factum eft judícium & contradíĉtio poténtior. Propter hoc laceráta eft lex, & non pervénit ufque ad finem judícium; quia ímpius prævalet adversùs juftum, proptéreà egréditur judícium pervérfum.

℟. A fácie furóris tui, Deus, conturbáta eft omnis terra; * Sed miferére, Dómine, & ne fácias confummatiónem. ℣. Dómine Dó-

minus nofter, quàm admirábile eft nomen tuum! * Sed miferére, Dómine, & ne fácias confummatiónem.

Bened. Chriftus perpétuæ det nobis gáudia vitæ.

Leçon ij.

ADfpícite in Géntibus, & vidéte: admirámini, & obftupéfcite; quia opus faĉtú eft in diébus veftris quod nemo credet cùm narrábitur; quia ecce ego fufcitábo Chaldæos, gentem amáram & velócem, ambulántem fuper latitúdinem terræ, ut pofsídeat tabernácula non fua. Horríbilis & terríbilis eft: ex femetípfa judícium & onus ejus egrediétur.

℟. Civitátem iftam tu circúmda, Dómine, & Angeli tui cuftódiant muros ejus. * Exáudi, Dómine, pópulum tuum cum mifericórdia. ℣. Avertátur furor tuus, Dómine, à pópulo tuo & à civitáte fanĉta tua. * Exáudi, Dómine, pópulum tuum cum mifericórdia.

Bened. Ignem fui amóris accéndat Deus in córdibus noftris.

Leçon iij.

LEvióres pardis equi ejus, & velocióres lupis vefpertínis; & diffundéntur équites ejus: équites namque ejus de longè vénient, volábunt quafi áquila feftínans ad comedéndum. Omnes ad prædam vénient, fácies eórum ventus urens: & congregábit quafi arénam captivitátem. Et ipfe de régibus triumphábit, & tyránni ridículi ejus erunt, ipfe fuper omnem mu-

nitiónem ridébit , & comportábit
ággerem & cápiet eam.

℟. Genti peccatríci , pópulo pleno peccáto miserére , * Dómine
Deus. ℣. Esto placábilis super nequítiam pópuli tui, * Dómine Deus.
℣. Glória Patri & Fílio & Spirítui
sanĉto. * Dómine Deus.

IV FERIE.

Leçon j.

Incipit Sophonías Prophéta. *Ch.* 1.

VErbum Dómini quod faĉtum
est ad Sophoníam fílium
Chusi , fílii Godolíæ , fílii Ama-
ríæ , fílii Ezechíæ , in diébus Josíæ
fílii Amon regis Juda. Cóngregans
congregábo ómnia à fácie terræ ,
dicit Dóminus , cóngregans hóminem & pecus , cóngregans volatília cœli & pisces maris : & ruínæ
impiórum erunt , & dispérdam hómines à fácie terræ , dicit Dóminus.

℟. Indicábo tibi, homo, quid sit
bonum, aut quid Dóminus requírat à te : * Fácere judícium & justítiam & sollícitum ambuláre cum
Deo tuo. ℣. Spera in Dómino ,
& fac bonitátem , & inhábita terram. * Fácere judícium & justítiam
& sollícitum ambuláre cum Deo
tuo.

Bened. Divínum auxílium máneat semper nobíscum.

Leçon ij.

ET exténdam manum meam super Judam & super omnes
habitántes Jerúsalem, & dispérdam

de loco hoc relíquias Baal & nómina ædituórum cum sacerdótibus , & eos qui adórant super teĉta
milítiam cœli , & adórant & jurant
in Dómino & jurant in Melchom.
Et qui avertúntur de post tergum
Dómini , & qui non quæsiérunt
Dóminum , nec investigavérunt
eum.

℟. Angústiæ mihi sunt úndique , & quid éligam ignóro. *
Mélius est mihi incídere in manus
hóminum , quàm derelínquere legem Dei mei. ℣. Si enim hoc
égero , mors mihi est : si autem
non égero , non effúgiam manus
vestras. * Mélius est mihi incídere
in manus hóminum , quàm derelínquere legem Dei mei.

Bened. Ad societátem cívium
supernórum perdúcat nos Rex Angelórum.

Leçon iij.

SIléte à fácie Dómini Dei, quia
juxta est dies Dómini ; quia
præparávit Dóminus hóstiam ,
sanĉtificávit vocátos suos. Et erit ,
in die hóstiæ Dómini visitábo super príncipes & super fílios regis
& super omnes qui indúti sunt veste peregrínâ, & visitábo super omnem qui arrogánter ingréditur super lumen in die illa , qui com-
plent domum Dómini Dei sui iniquitáte & dolo.

℟. Misit Dóminus Angelum
suum , & conclúsit ora leónum :
* Et non contaminavérunt, quia
coram eo injustítia invénta non est
in me. ℣. Misit Deus misericórdiam suam & veritátem suam : áni-

mam meam erípuit de médio catulórum leónum. * Et non contaminavérunt, quia coram eo injuftítia invénta non eft in me. ℣. Glória Patri & Fílio & Spirítui fanĉto. * Et non contaminavérunt, quia coram eo injuftítia invénta non eft in me.

V FERIE.

Leçon j.

Incipit Aggæus Prophéta. *Ch.* I.

IN anno fecúndo Dárii regis, in menfe fexto, in die una menfis, faĉtum eft verbum Dómini in manu Aggæi Prophétæ ad Zoróbabel fílium Saláthiel, ducem Juda, & ad Jefum fílium Jófedech, facerdótem magnum, dicens, Hæc ait Dóminus exercítuum, dicens, Pópulus ifte dicit, Nondum venit tempus domûs Dómini ædificándæ.

℟. Vidi Dóminum fedéntem fuper fólium excélfum & elevátum; & plena erat omnis terra majeftáte ejus: * Et ea quæ fub ipfo erant replébant templum. ℣. Séraphim ftabant fuper illud; fex alæ uni & fex alæ álteri. * Et ea quæ fub ipfo erant replébant templum.

Bened. Unigénitus Dei Fílius nos benedícere & adjuváre dignétur.

Leçon ij.

ET faĉtum e ft verbum Dómini in manu Aggæi Prophétæ, dicens, Numquid tempus vobis eft ut habitétis in dómibus laqueátis? & domus ifta deférta. Et nunc hæc dicit Dóminus exercítuum: Pónite corda veftra fuper vias veftras. Semináftis multum, & intulíftis parum; comedíftis, & non eftis fatiáti; bibíftis, & non eftis inebriáti; operuíftis vos, & non eftis calefáĉti; & qui mercédes congregávit, mifit eas in facculum pertúfum.

℟. Adfpice, Dómine, de fede fanĉta tua, & cógita de nobis. Inclína, Deus meus, aurem tuam, & audi. * Aperi óculos tuos, & vide tribulatiónem noftram. ℣. Qui regis Ifrael, inténde, qui dedúcis velut ovem Jofeph, * Aperi óculos tuos, & vide tribulatiónem noftram.

Bened. Spíritûs fanĉti grátia illúminet fenfus & corda noftra.

Leçon iij.

HÆc dicit Dóminus exercítuum: Pónite corda veftra fuper vias veftras; afcéndite in montem, portáte ligna, & ædificáte domum: & acceptábilis mihi erit, & glorificábor, dicit Dóminus. Refpexíftis ad ámplius, & ecce faĉtum eft minus: & intulíftis in domum, & exfufflávi illud: quam ob caufam, dicit Dóminus exercítuum? quia domus mea deférta eft, & vos feftinátis unufquífque in domum fuam; propter hoc fuper vos prohíbiti funt cœli, ne darent rorem, & terra prohíbita eft, ne daret germen fuum.

℟. Adfpice, Dómine, quia facta eſt deſoláta cívitas plena divítiis : ſedet in triſtitia dómina Géntium : * Non eſt qui conſolétur eam , niſi tu Deus noſter. ℣. Plorans plorávit in nocte , & lácrymæ ejus in maxíllis ejus. * Non eſt qui conſolétur eam , niſi tu Deus noſter. ℣. Glória Patri & Fílio & Spirítui ſancto. * Non eſt qui conſolétur eam , niſi tu Deus noſter.

VI FERIE.

Leçon j.

Incipit Zacharías Prophéta. *Ch.* 1.

IN menſe octávo , in anno ſecúndo Dárii regis , factum eſt verbum Dómini ad Zacharíam fílium Barachíæ fílii Addo , Prophétam , dicens , Irátus eſt Dóminus ſuper patres veſtros iracúndiâ. Et dices ad eos , Hæc dicit Dóminus exercítuum : Convertímini ad me , ait Dóminus exercítuum , & convértar ad vos , dicit Dóminus exercítuum.

℟. Super muros tuos , Jerúſalem , conſtitui cuſtódes , * Totâ die & nocte non tacébunt laudáre nomen Dómini. ℣. Prædicábunt pópulis fortitúdinem meam , & annuntiábunt Géntibus glóriam meâ. * Totâ die & nocte non tacébunt laudáre nomen Dómini.

Bened. Chriſtus perpétuæ det nobis gáudia vitæ.

Leçon ij.

NE ſitis ſicut patres veſtri ad quos clamábant prophétæ prióres dicéntes, Hæc dicit Dóminus exercituum : Convertímini de viis veſtris malis & de cogitatiónibus veſtris péſſimis : & non audiérunt, neque attendérunt ad me, dicit Dóminus. Patres veſtri ubi ſunt ? & Prophétæ numquid in ſempitérnum vivent ?

℟. Muro tuo inexpugnábili circumcínge nos , Dómine , & armis tuæ poténtiæ prótege nos ſemper. * Líbera , Dómine Deus Iſrael , clamántes ad te. ℣. Erue nos in mirabílibus tuis , & da glóriam nómini tuo. * Líbera , Dómine Deus Iſrael , clamántes ad te.

Bened. Ignem ſui amóris accéndat Deus in córdibus noſtris.

Leçon iij.

VErúmtamen verba mea & legítima mea quæ mandávi ſervis meis prophétis , numquid non comprehendérunt patres veſtros , & convérſi ſunt & dixérunt , Sicut cogitávit Dóminus exercítuum fácere nobis ſecúndùm vias noſtras & ſecúndùm adinventiónes noſtras , fecit nobis ?

℟. Suſtinúimus pacem , & non venit : quæſívimus bona , & ecce turbátio. Cognóvimus , Dómine , peccáta noſtra. * Non in perpétuum oblivíſcáris nos. ℣. Peccávimus , ímpiè géſſimus , iniquitátem fécimus , Dómine , in omnem juſtitiam tuam. * Non in perpétuum oblivíſcáris nos. ℣. Glória Patri & Fílio & Spirítui ſancto. * Non in perpétuum oblivíſcáris nos.

SAMEDI

Leçon j.

Incipit Malachías Prophéta. *Ch.* 1.

ONus verbi Dómini ad Israel in manu Malachíæ. Dilexi vos, dicit Dóminus, & dixístis, In quo dilexísti nos ? nonne frater erat Esaü Jacob, dicit Dóminus, & diléxi Jacob, Esaü autem ódio hábui : & pósui montes ejus in solitúdinem, & hæreditátem ejus in dracónes deserti. Quod si díxerit Idumæa, Destrúcti sumus, sed revertentes ædificábimus quæ destrúcta sunt ; hæc dicit Dóminus exercítuum : Isti ædificábunt, & ego déstruam, & vocabúntur términi impietátis, & pópulus cui irátus est Dóminus usque in ætérnum.

℟. Laudábilis pópulus * Quem Dóminus exercítuum benedíxit dicens, Opus mánuum meárum tu es, hæréditas mea Israel. ℣. Beáta gens cujus est Dóminus Deus pópulus eléctus in hæreditátem, * Quem Dóminus exercítuum benedíxit dicens, Opus mánuum meárum tu es, hæréditas mea Israel.

Bened. Divínum auxílium máneat semper nobíscum.

Leçon ij.

ET óculi vestri vidébunt ; & vos dicétis, Magnificétur Dóminus super términum Israel. Fílius honórat patrem & servus dómi-

num suum, si ergo pater ego sum, ubi est honor meus ? & si Dóminus ego sum, ubi est timor meus ? dicit Dóminus exercítuum. Ad vos, ô Sacerdótes, qui despícitis nomen meum, & dixístis, In quo despéximus nomen tuum ? Offértis super altáre meum panem pollútum, & dícitis, In quo pollúimus te ? In eo quòd dícitis, Mensa Dómini despécta est.

℟. Angústiæ mihi sunt úndique, & quid éligam ignóro. * Mélius est mihi incídere in manus hóminum, quàm derelínquere legem Dei mei. ℣. Si enim hoc égero, mors mihi est ; si autem non égero, non effúgiam manus vestras. * Mélius est mihi incídere in manus hóminum, quàm derelínquere legem Dei mei.

Bened. Ad societátem cívium supernórum perdúcat nos Rex Angelórum.

Leçon iij.

SI offerátis cæcum ad immolándum, nonne malum est ? & si offerátis claudum & lánguidum, nonne malum est ? Offer illud duci tuo, si placúerit ei, aut si suscéperit fáciem tuam, dicit Dóminus exercítuum. Et nunc deprecámini vultum Dei, ut misereátur vestrî, (de manu enim vestra factum est hoc,) si quo modo suscípiat fácies vestras, dicit Dóminus exercítuum. Quis est in vobis qui claudat óstia & incéndat altáre meum gratúitò ? Non est mihi volúntas in vobis, dicit Dóminus exercítuum ; & munus non fufcípiam de manu veftra. Ab ortu enim folis ufque ad occáfum magnum eft nomen meum in Géntibus, & in omni loco facrificátur & offértur nómini meo oblátio munda ; quia magnum eft nomen meum in Géntibus , dicit Dóminus exercítuum.

℟. Mifit Dóminus Angelum fuum , & conclúfit ora leónum : * Et non contaminavérunt , quia coram eo injuftítia invénta non eft in me. ℣. Mifit Deus mifericórdiam fuam & veritátem fuam , ánimam meam erípuit de médio catulórum leónum ; * Et non contaminavérunt , quia coram eo injuftítia invénta non eft in me. ℣. Glória Patri & Fílio & Spirítui fanƈto. * Et non contaminavérunt , quia coram eo injuftítia invénta non eft in me.

HOMELIES

HOMELIES ET ORAISONS

DES DIMANCHES

DEPUIS LE XI APRES LA PENTECOSTE.

XI DIMANCHE,
APRE'S LA PENTECOSTE.

O rémus.

O Mnípotens fempitérne Deus qui abundántiâ pietátis tuæ & mérita fúpplicum excédis & vota ; effúnde fuper nos mifericórdiam tuam , ut dimíttas quæ confciéntia métuit , & adjícias quod orátio non præfúmit ; per.

Leçon vij.

Léctio fancti Evangélii fecúndùm Marcum. *Ch. 7.*

I N illo témpore éxiens Jefus de fínibus Tyri , venit per Sidónem ad Mare Galilææ inter médios fines Decapóleos. Et réliqua.

Homília fancti Gregórii Papæ.
Homelie 10 du I liv. fur Ezechiel.

Q Uid eft quòd creator ómnium Deus , cùm furdum & mutum fanáre voluíffet , in aures illíus fuos dígitos mifit , & éxfpuens linguam ejus tétigit ? Quid per dígitos Redemtóris , nifi dona fancti Spíritûs defignántur ? Unde cùm in álio loco ejecíffet dæmónium , dixit , Si in dígito Dei ejício dæmónia , proféctò pervénit in vos regnum Dei. Qua de re per Evan-

geliftam álium dixíffe defcríbitur , Si ego in Spíritu Dei ejício dæmones , ígitur pervénit in vos regnum Dei. Ex quo utróque loco collígitur quia dígitus Dei Spíritus vocátur. Dígitos ergo in aurículas míttere , eft per dona Spíritûs fancti mentem furdi ad obediéndum aperíre.

Bened. Divínum auxílium máneat femper nobífcum.

Leçon viij.

Q Uid eft verò quòd éxfpuens linguam ejus tétigit ? Saliva nobis eft ex ore Redemtóris , accépta fapiéntia in elóquio divíno ; faliva quippe ex cápite défluit in ore. Eâ ergo fapiéntiâ , quæ ipfe eft , dum lingua noftra tángitur , mox ad prædicatiónis verba formátur. Qui fufpíciens in cœlum ingémuit; non quòd ipfe neceffárium gémitum habéret qui dabat quod poftulábat ; fed nos ad eum gémere qui cœlo præfidet, dócuit, ut & aures noftræ per donum Spíritûs fancti aperíri , & lingua per falívam oris , id eft , per fciéntiam divínæ locutiónis folvi débeat ad verba prædicatiónis.

Bened. Ad focietátem cívium fupernórum perdúcat nos Rex Angelórum.

R. 4. Automne. E e

Leçon ix.

CUi mox, Ephphéta, id est Adaperíre, dicitur : & statim apértæ sunt aures ejus & solutum est vínculum linguæ ejus. Qua in re notándum est quia propter clausas aures díctum est, Adaperíre. Sed cui aures cordis ad obediéndum apértæ fúerint, ex subsequénti procul dúbio étiam linguæ ejus vínculum sólvitur, ut bona quæ ipse fécerit, étiam faciénda áliis loquátur. Ubi benè áddítur, Et loquebátur rectè. Ille enim rectè lóquitur qui priùs obediéndo fécerit quæ loquéndo ádmonet esse faciénda.

Te Deum.

A Benedíctus, Ant. Cùm transísset Dóminus fines Tyri, surdos fecit audíre & mutos loqui.

A Magníficat, Ant. Benè ómnia fecit, & surdos fecit audíre & mutos loqui.

XII DIMANCHE
APRE'S LA PENTECOSTE.

Orémus.

OMnípotés & miséricors Deus de cujus múnere venit ut tibi à fidélibus tuis dignè & laudabíliter serviátur ; tribue, quæsumus, nobis ut ad promissiónes tuas sine offensióne currámus ; per Dóminum nostrum.

Leçon vij.

Léctio sancti Evangélii secúndùm Lucam. Chap. 10.

IN illo témpore dixit Jesus Discípulis suis, Beáti óculi qui vident quæ vos vidétis. Dico enim vobis quòd multi prophétæ & reges vo-

luérunt vidére quæ vos vidétis, & non vidérunt. Et réliqua.

Homília venerábilis Bedæ Presbyteri.
Liv. 3, Chap. 43 sur le 10 Chap. de saint Luc.

NOn óculi Scribárum & Pharisæórum qui corpus tantùm Dómini vidére ; sed illi beáti óculi, qui ejus possunt cognóscere sacraménta, de quibus dícitur, Et revelásti ea párvulis. Beáti óculi parvulórum quibus & se & Patrem Fílius reveláre dignátur. Abraham exsultávit ut vidéret diem Christi, & vidit, & gavísus est. Isaías quoque & Michæas & multi álii Prophétæ vidérunt glóriam Dómini, qui & proptéreà Vidéntes sunt appelláti : sed hi omnes à longè adspiciéntes & salutántes, per spéculum & in ænígmate vidérunt.

Bened. Divínum auxílium máneat semper nobíscum.

Leçon viij.

APóstoli autem in-præsentiárum habéntes Dóminú convescentésque ei, & quæcúmque voluíssent interrogándo discéntes, nequáquàm per Angelos aut várias visiónum spécies opus habébant docéri. Quos verò Lucas multos Prophétas & reges dicit, Matthæus apértiùs prophétas & justos appéllat. Ipsi sunt enim reges magni, quia tentatiónum suárum mótibus non consentiéndo succúmbere, sed regéndo præésse novérunt.

Bened. Ad societátem cívium supernórum perdúcat nos Rex Angelórum.

Leçon ix.

ET ecce quidam legifperítus furréxit tentás eum & dicens, Magíster, quid faciéndo vitam ætérnam poffidébo? Legifperítus qui de vita ætérna Dóminum tentans intérrogat, occafiónem, ut reor, tentándi de ipfis Dómini fermónibus fumfit, ubi ait, Gaudéte autem quòd nómina veftra fcripta funt in coelis. Sed ipsâ suâ tentatióne declárat quàm vera fit illa Dñi conféffio quâ Patri lóquitur, Quòd abfcondifti hæc à fapiéntibus & prudéntibus, & revelásti ea párvulis.

T e Deum.

A Benedíctus, Ant. Magíster, quid faciéndo vitam ætérnam poffidébo? At ille dixit ad eum, In lege quid fcriptum eft? quómodò legis? Díliges Dóminum Deum tuum ex toto corde tuo. Allelúia.

A Magníficat, Ant. Homo quidam defcendébat ab Jerúfalé in Jéricho, & íncidit in latrónes, qui étiam defpoliavérunt eum, & plagis impófitis abiérunt, femivívo relícto.

XIII DIMANCHE
APRE'S LA PENTECOSTE.
O rémus.

OMnípotens fempitérne Deus, da nobis fidei, fpei & charitátis augméntum; & ut mereámur áffequi quod promíttis, fac nos amáre quod præcipis; per Dóminum.

Leçon vij.
Léctio fancti Evangélii secúndùm Lucam. *Chap.* 17.

IN illo témpore, dum iret Jefus in Jerúfalem, tranfíbat per mé-diam Samaríam & Galilæam; & cùm ingrederétur quoddam caftéllum, occurrérunt ei decem viri leprófi. Et réliqua.

Homília fancti Augustíni Epíscopi.
Livre 2 des Questions Evangeliques,
Chap. 40.

DE decem leprófis quos Dóminus ita mundávit, cùm ait, Ite, oftendíte vos facerdótibus, quæri poteft cur eos ad facerdótes míferit, ut cùm irent, mundaréntur. Nullum enim eórú quibus hæc corporália benefícia præftitit, invenítur mifíffe ad facerdótes, nifi leprófos. Nam & illum à lepra mundáverat, cui dixit, Vade, oftende te facerdótibus, & offer pro te facrifíum quod præcépit Móyfes, in teftimónium illis. Quæréndum ígitur eft quid ipfa lepra fignificet; non enim fanáti fed mundáti dicúntur qui eâ caruérunt. Colóris quippe vítium eft, non valetúdinis aut integritátis fénfuum atque membrórum.

Bened. Divínum auxílium máneat femper nobífcum.

Leçon vij.

LEprófi ergo non abfúrdè intélligi poffunt qui fciéntiam veræ fidei non habéntes, várias doctrínas profiténtur erróris. Non enim abfcóndunt imperítiam fuam, fed pro fumma perítia próferunt in lucem, & jactántia fermónis ofténtant. Nulla porrò falfa doctrína eft, quæ non áliqua vera intermífceat. Vera ergo falfis inordinátè permíxta in una difputatióne vel narratióne hóminis, tanquam in uníus

E e ij

córporis colóre apparéntia, significant lepram, tamquam veris falsísque colórum fucis humána córpora variántem atque maculántem.

Bened. Ad societátem cívium supernórum perdúcat nos Rex Angelórum.

Leçon ix.

HI autem tam vitándi funt Ecléfiæ, ut, fi fieri poteft, lóngiùs remóti magno clamóre Chriftum interpéllent, ficut ifti decem ftetérunt à longè, & levavérunt vocem dicéntes, Jefu præcéptor, miferére noftri. Nam & quòd præceptórem vocant, (quo nómine néfcio utrùm quifquam Dóminum interpelláverit pro medecina corporáli) fatis puto fignificáre lepram falfam effe doctrinam quam bonus præcéptor abftérgit.

Te Deum.

A Benedictus, Ant. Cùm tranfíret Jefus quoddam caftéllum, occurrérunt ei decem viri leprófi, qui ftetérunt à longè & levavérunt vocem dicéntes, Jefu præcéptor, miferére noftri.

A Magníficat, Ant. Unus autem ex illis, ut vidit quòd mundátus eft, regréffus eft cum magna voce magníficans Deum. Allelúia.

XIV DIMANCHE

APRE'S LA PENTECOSTE.
Orémus.

CUftódi, Dómine, quæfumus, Ecléfiam tuam propitiatióne

perpétuâ; & quia fine te lábitur humána mortálitas, tuis femper auxíliis & abftrahátur à nóxiis, & ad falutária dirigátur; per Dóminum noftrum.

Leçon vij.

Léctio fancti Evangélii fecúndùm Matthæum. *Chap. 6.*

IN illo témpore dixit Jefus Difcípulis fuis, Nemo poteft duóbus dóminis fervíre. Et réliqua.

Homília fancti Auguftíni Epífcopi. *Livre du Sermon de Notre Seigneur fur la montagne, Chap. 14.*

NEmo poteft duóbus dóminis fervíre. Ad hanc ipfam intentiónem reveréndum eft quod confequénter expónit dicens, Aut enim unum ódio habébit & álterum díliget, aut álterum patiétur & álterum contémnet. Quæ verba diligénter confideránda funt; nam qui fint duo dómini deínceps ofténdit, cùm dicit, Non potéftis Deo fervíre & mammónæ. Mammóna apud' Hebræos divítiæ appellári dicúntur. Cóngruit & Púnicum nomen, nam lucrum Púnicè mammon dícitur.

Bened. Divínum auxílium máneat femper nobifcum.

Leçon viij.

SEd qui fervit mammónæ, illí útique fervit qui rebus iftis terrénis mérito fuæ perverfitátis præpófitus, magiftrátus hujus fæculi à Dómino dícitur. Aut enim unum ódio habébit homo, & álterum díliget, id eft, Deum; aut álterum patiétur, & álterum contémnet. Patiétur enim durum & pernició-

ſum dóminum quiſquis ſervit mammónæ ; ſuâ enim cupiditáte impli-
cátus ſúbditur Diábolo, & non eum
díligit. Quis enim eſt qui díligat
Diábolum ? ſed tamen pátitur.

Bened. Ad ſocietátem cívium
ſupernórum perdúcat nos Rex Angelórum.

Leçon ix.

I Deò, inquit, dico vobis, non habére ſollicitúdinem ánimæ veſtræ quid edátis , neque córpori veſtro quid induátis , ne fortè , quamvis jam ſupérflua non quærántur,
propter ipſa neceſſária cor duplicétur & ad ipſa conquirénda noſtra
detorqueátur inténtio, cùm áliquid
quaſi miſericórditer operámur ; id
eſt, ut cùm conſúlere alicúi vidéri
vólumus , noſtrum emoluméntum
ibi pótiùs , quàm illíus utilitátem at-
tendámus ; & ídeò nobis non videámur peccáre , quia non ſupérflua , ſed neceſſária ſunt , quæ cónſequi vólumus.

Te Deum.

A Benedíctus , Ant. Nolíte ſol-
líciti eſſe dicéntes , Quid manducá-
bimus, aut Quid bibémus? Scit enim
Pater veſter quid vobis neceſſe ſit.
Allelúia.

A Magníficat, Ant. Quærite primùm regnum Dei & juſtítiam ejus ,
& hæc ómnia adjiciéntur vobis.
Allelúia.

XV DIMANCHE
APRE'S LA PENTECOSTE.
O rémus.

E Ccléſiam tuam, Dómine , miſerátio continuáta mundet &

múniat ; & quia ſine te non poteſt
ſalva conſíſtere, tuo ſemper múnere
gubernétur , per Dóminum.

Leçon vij.

Léctio ſancti Evangélii ſecúndùm
Lucam. *Chap.* 7.

I N illo témpore ibat Jeſus in civitátem quæ vocátur Naïm , &
ibant cum eo Diſcípuli ejus & turba
copióſa. Et réliqua.

Homília ſancti Auguſtíni Epíſcopi.
Sermon 44 *des paroles de Notre
Seigneur.*

D E júvene illo reſuſcitáto gaví-
ſa eſt mater vídua ; de homínibus in ſpíritu quotídiè ſuſcitátis
gaudet mater Eccléſia. Ille quidem
mórtuus erat córpore ; illi autem
mente. Illíus mors viſíbilis viſibíliter
plangebátur ; illórum mors inviſi-
bilis nec quærebátur nec videbátur.
Quæſívit ille qui nóverat mórtuos.
Ille ſolus nóverat mórtuos qui póterat fácere vivos. Niſi enim ad mórtuos ſuſcitándos veníſſet, Apóſtolus non díceret, Surge qui dormis ,
& exſúrge à mórtuis, & illuminábit
te Chriſtus.

Bened. Divínum auxílium máneat ſemper nobiſcum.

Leçon viij.

T Res autem mórtuos invení-
mus à Dómino reſuſcitátos viſibíliter , míllia inviſibíliter. Quot
autem mórtuos viſibíliter ſuſcitáve-
rit quis novit ? Non enim ómnia
quæ fecit ſcripta ſunt. Joánnes hoc
dixit, Multa ália fecit Jeſus, quæ ſi
ſcripta eſſent, árbitror totum mundum non poſſe libros cápere. Multi
ergo ſunt álii ſine dúbio ſuſcitáti ,

ſed non tres fruſtrà commemoráti. Dóminus enim noſter Jeſus Chriſtus, ea quæ faciébat corporáliter, étiam ſpiritáliter volébat intélligi. Neque enim tantùm mirácula propter mirácula faciébat, ſed ut illa quæ faciébat, mira eſſent vidéntibus, vera eſſent intelligéntibus.

Bened. Ad ſocietátem cívium ſupernórum perdúcat nos Rex Angelórum.

Leçon ix.

Uemádmodùm qui videt lítteras in códice óptimè ſcripto, & non novit légere, laudat quidem antiquárii manum admírans ápicum pulchritúdinem, ſed quid ſibi velint, quid índicent illi ápices, neſcit, & eſt óculis laudátor, mente non cógnitor; álius autem & laudat artifícium & capit intelléctum, ille útique qui non ſolùm vidére quod commúne eſt ómnibus, poteſt, ſed étiam légere; quod qui non dídicit, non poteſt: ita qui vidérunt Chriſti mirácula, & non intellexérunt quid ſibi vellent, & quid intelligéntibus quodámmodò innúerent, miráti ſunt tantùm quia facta ſunt; álii verò & facta miráti, & intellécta aſſecúti. Tales nos in ſchola Chriſti eſſe debémus.

Te Deum.

A Benedíctus, Ant. Ibat Jeſus in civitátem quæ vocátur Naim: & ecce defúnctus efferebátur filius únicus matri ſuæ.

A Magnificat, Ant. Prophéta magnus ſurréxit in nobis, & quia Deus viſitávit plebem ſuam.

XVI DIMANCHE
APRE'S LA PENTECOSTE.
Orémus.

Ua nos, quæſumus Dómine, grátia ſemper & prævéniat & ſequátur, ac bonis opéribus júgiter præſtet eſſe inténtos; per.

Leçon vij.

Léctio ſancti Evangélii ſecúndùm Lucam. *Chap.* 14.

N illo témpore, cùm intráret Jeſus in domum cujúſdam príncipis Phariſæórum ſábbato manducáre panem, & ipſi obſervábant eum. Et ecce homo quidam hydrópicus erat ante illum. Et réliqua.

Homília ſancti Ambróſii Epíſcopi. *Livre* 7 *ſur le* 14 *Chap. de St Luc.*

Urátur hydrópicus in quo fluxus carnis exúberans ánimæ gravábat officia, ſpíritûs exſtinguébat ardórem. Deinde docétur humílitas, dum in illo convívio nuptiáli appeténtia loci ſuperióris arcétur; cleménter tamen, ut perſuáſio humanitátis aſperitátem coercitiónis exclúderet, rátio profíceret ad perſuaſiónis efféctum, & corréctio emendáret afféctum. Huic quaſi próximo límine humánitas copulátur, quæ ita Domínicæ ſenténtiæ definitióne diſtinguitur, ſi in páuperes & débiles conferátur; nam hoſpitálem eſſe remuneratúris, afféctus avarítiæ eſt.

Bened. Divínum auxílium máneat ſemper nobíſcum.

Leçon viij.

Oſtrémò jam quaſi emérita militiæ viro contemnendárum

stipéndium præscríbitur facultátum; quod neque ille qui stúdiis inténtus inferióribus possessiónes sibi terrénas coémit, regnum cœli possit adipísci, cùm Dóminus dicat, Vende ómnia tua, & séquere me; nec ille qui emit boves; cùm Eliséus occiderit, & pópulo divíserit quos habébat: & ille qui duxit uxórem, cógitet quæ mundi sunt, non quæ Dei. Non quò conjúgium reprehendátur, sed quia ad majórem honórem vocétur intégritas : quóniam múlier innúpta & vídua cógitat quæ sunt Dómini, ut sit sancta & córpore & spíritu.

Bened. Ad societátem cívium supernórum perdúcat nos Rex Angelórum.

Leçon ix.

SEd ut in grátiam, ut suprà cum víduis, ita nunc étiam cum conjúgibus revertámur; non refúgimus opiniónem quam sequúntur pleríque, ut tria génera hóminum à consórtio magnæ illíus cœnæ æstimémus exclúdi; Gentílium, Judæórum, Hæreticórum. Et ídeò Apóstolus avarítiam dicit esse fugiéndam, ne impedíti more Gentíli, iniquitáte, malítiâ, impudicítiâ, avarítiâ, ad regnum Christi perveníre nequeámus. Omnis enim immúndus, aut avárus, (quod est idolórum sérvitus,) non habet hæreditátem in regno Christi & Dei.

Te Deum.

A Benedíctus, Ant. Cùm intráret Jesus in domum cujúsdam príncipis Pharisæórum sábbato manducáre panem, ecce homo quidam hydrópicus erat ante illum : ipse verò apprehénsum sanávit eum ac dimísit.

A Magníficat, Ant. Cùm vocátus fúeris ad núptias, recúmbe in novíssimo loco, ut dicat tibi qui te invitávit, Amíce, ascénde supériùs ; & erit tibi glória coram simul discumbéntibus. Allelúia.

XVII DIMANCHE
APRE'S LA PENTECOSTE.
Orémus.

DA, quæsumus, Dómine, pópulo tuo diabólica vitáre contágia, & te solum Deum purâ mente sectári ; per Dóminum.

Leçon vij.
Léctio sancti Evangélii secúndùm Matthæum. *Chap.* 22.

IN illo témpore accessérunt ad Jesum Pharisæi ; & interrogávit eum unus ex eis legis doctor, tentans eum, Magíster, quod est mandátum magnum in lege ? Et réliqua.

Homília Sti Joánnis Chrysóstomi. *Homelie 72 sur St Matthieu.*

SAdducæis confúsis, Pharisæi rursus aggrediúntur, cùmque quiéscere oportéret, decertáre voluérunt, & Legisperítiam profiténtem præmíttunt non díscere, sed tentáre cupiéntes : ac ita intérrogant, Quodnam primum mandátú in lege sit ? Nam cùm primum illud sit, Díliges Dóminum Deum tuum ; putántes causas sibi allatúrum ad mandátum hoc corrigéndum, áliquid addéndo, quóniam Deum se faciébat, hoc modo intérrogant : Quid ígitur Chriſtus ? Ut oſténdat idcírcò ad hæc eos deveníſſe, quia nulla in eis eſſet cháritas, ſed invídiæ livóre tabéſcerent ; Díliges, inquit, Dóminum Deum tuum : hoc primum & magnum mandátum eſt. Secúndum autem ſímile huic ; Diliges próximum tuum ſicut teípſum.

Bened. Divínum auxílium.

Leçon viij.

Uamóbrem ſímile eſt huic ? Quóniam hoc illud indúcit, & ab illo rursùs munítur. Quicúmque enim malè agit, ódio habet lucem, & non venit ad lucem. Et rursùs ; Dixit inſipiens in corde ſuo, Non eſt Deus : deínde ſéquitur ; Corrúpti ſunt, & abominábiles faéti ſunt in ſtúdiis ſuis : & íterùm ; Radix ómnium malórum avarítia eſt ; quam quidam appeténtes, erravérunt à fide. Et, Qui díligit me mandáta mea ſervábit ; quorum caput & radix eſt, Díliges Dóminum Deum tuum, & próximum tuum ſicut teípſum.

Bened. Ad ſocietátem.

Leçon ix.

I ergo diligere Deum, diligere próximum eſt ; (nam ſi díligis me, ô Petre, inquit, paſce oves meas ;) ſi étiam diléétio próximi facit ut mandáta cuſtódias : mérito ait in his totam Legem & Prophétas pendére. Et quemádmodum in ſuperióribus, cùm de reſurreétióne interrogarétur, plus dócuit, quàm tentántes petébant ; ſic in hoc loco de primo interrogátus mandáto,

ſecúndum étiam non valdè quàm primum inférius, ſpontè áttulit ; ſecúndum enim eſt primo ſímile. Ita occúltè inſinuávit, ódio illos ad quæréndum incitári. Cháritas enim, inquit, non æmulátur.

Te Deum.

A Benedíétus, Ant. Magíſter, quod eſt mandátum magnum in Lege ? Ait illi Jeſus, Díliges Dóminum Deum tuum ex toto corde tuo. Allelúia.

A Magníficat, Ant. Quid vobis vidétur de Chriſto? Cujus fílius eſt? Dicunt ei omnes, David. Dicit eis Jeſus, Quómodo David in ſpíritu vocat eum Dóminum dicens, Dixit Dóminus Dómino meo, Sede à dextris meis ?

_____

XVIII DIMANCHE
APRE'S LA PENTECOSTE.

O rémus.

Irigat corda noſtra, quæſumus, Dómine, tuæ miſeratiónis operátio, quia tibi ſine te placére non póſſumus ; per Dóminum.

Leçon vij.

Léétio ſanéti Évangélii ſecúndùm Matthæum. Chap. 9.

N illo témpore aſcéndens Jeſus in navículam, transfretávit, & venit in civitátem ſuam. Et réliqua. Homília ſanéti Petri Chryſólogi. Sermon 50.

Hriſtum in humánis aétibus divína geſſiſſe myſtéria, & in rebus viſibílibus inviſibília exercuíſſe negótia, léétio hodiérna monſtrávit. Aſcéndit, inquit, in navículam, &

& transfretávit , & venit in civitátem suam. Nonne ipse est qui , fugátis flúctibus maris, profúnda nudávit, ut Israelíticus pópulus inter stupéntes undas sicco vestígio velut móntium cóncava transíret ? Nonne hic est qui Petri pédibus marínos vórtices inclinávit, ut iter líquidum humánis gréssibus sólidum præbéret obséquium ?

Bened. Divínum auxílium.

Leçon viij.

ET quid est quòd ipse sibi maris dénegat servitútem, ut brevíssimi lacûs tránsitum sub mercéde náutica transfretáret ? Ascéndit, inquit , in navículam , & transfretávit. Et quid mirum , Fratres ? Christus venit suscípere infirmitátes nostras & suas nobis conférre virtútes, humána quærere , præstáre divína; accípere injúrias , réddere dignitátes ; ferre tædia , reférre sanitátes ; quia médicus qui non fert infirmitátes , curáre nescit ; & qui non fúerit cum infírmo infirmátus , infírmo non potest conférre sanitátem.

Bened. Ad societátem.

Leçon ix.

CHristus ergo , si in suis mansísset virtútibus , commúne cum homínibus nil habéret ; & nisi implésset carnis órdinem, carnis in illo esset otiósa suscéptio. Ascéndit, inquit, in navículam , & transfretávit, & venit in civitátem suam. Creátor rerum orbis Dóminus pósteáquàm se propter nos nostra angustávit in carne , cœpit habére humánam pátriam, cœpit civitátis

Judáicæ esse civis , paréntes habére cœpit paréntum ómnium ipse parens ; ut invitáret amor , attráheret cháritas , vincíret afféctio , suadéret humánitas : quos fugárat dominátio , metus dispérserat , & fécerat vis potestátis extórres.

Te Deum.

A Benedíctus , Ant. Dixit Dóminus paralytico , Confíde , fili , remittúntur tibi peccáta tua.

A Magníficat , Ant. Tulit ergo paralyticus lectum suum in quo jacébat , magníficans Deum ; & omnis plebs , ut vidit , dedit laudem Deo.

XIX DIMANCHE
APRE'S LA PENTEGOSTE.
O rémus.

OMnípotens & miséricors Deus, univérsa nobis adversántia propitiátus exclúde ; ut mente & córpore páriter expedíti, quæ tua sunt líberis méntibus exsequámur ; per Dóminum.

Leçon vij.
Léctio sancti Evangélii secúndùm Matthæum. *Chap.* 22. .

IN illo témpore loquebátur Jesus princípibus sacerdótum & Pharisæis in parábolis dicens , Símile factum est regnum cœlórum hómini regi qui fecit núptias fílio suo. Et réliqua.

Homília sancti Gregórii Papæ.
Homelie 38 sur les Evangiles.

SÆpe jam me dixísse mémini quòd plerúmque in sancto Evangélio regnum cœlórum præsens Ecclésia nominátur ; congre-

gátio quippe juſtórum regnum cœlórum dícitur. Quia enim per Prophétam Dóminus dicit, Cœlum mihi ſedes eſt ; & Sálomon ait, Anima juſti ſedes eſt ſapiéntiæ ; Paulus étiam dicit Chriſtum Dei virtútem & Dei ſapiéntiam ; aliquándo collígere debémus quia ſi Deus
eſt ſapiéntia, ánima autem juſti ſedes ſapiéntiæ ; dum cœlum dícitur
ſedes Dei, cœlum ergo eſt ánima
juſti. Hinc per Pſalmíſtam de ſanctis
prædicatóribus dícitur, Cœli enárrant glóriam Dei.

Bened. **Divínum auxílium.**

Leçon viij.

Egnum ergo cœlórum eſt Eccléſia juſtórum ; quia dum
eórum corda in terra nil ámbiunt,
per hoc quod ad ſupérna ſuſpírant,
jam in eis Dóminus quaſi in cœléſtibus regnat. Dicátur ergo, Símile eſt regnum cœlórum hómini Regi qui fecit núptias fílio ſuo. Jam
intélligit cháritas veſtra quis eſt iſte
Rex regis filii pater ; ille nimírum
cui Pſalmíſta ait, Deus, judícium
tuum Regi da & juſtítiam tuam
fílio Regis. Qui fecit núptias fílio
ſuo. Tunc enim Deus Pater Deo
fílio ſuo núptias fecit, quando hunc
in útero Vírginis humánæ natúræ
conjúnxit, quando Deum ante ſæ-
cula fíeri vóluit hóminem in fine
ſæculórum.

Bened. **Ad ſocietátem.**

Leçon ix.

Ed quia ex duábus perſónis
fíeri ſolet iſta nuptiális conjúnc-
tio, abſit hoc ab intelléctibus noſtris, ut perſónam Dei & hóminis

Redemtóris noſtri Jeſu Chriſti, ex
duábus perſónis credámus unítam.
Ex duábus quippe atque in duábus
hunc natúris exiſtere dícimus ; ſed
ex duábus perſónis compóſitum
credi, ut nefas, vitámus. Apértiùs ergo atque ſecúriùs dici poteſt
quia in hoc Pater regi Fílio núptias fecit, quod ei per Incarnatiónis myſtérium ſanctam Eccléſiam ſo-
ciávit. Uterus autem genitrícis Vírginis hujus Sponſi thálamus fuit.
Unde & Pſalmíſta dicit In ſole
póſuit tabernáculum ſuum, & ipſe
tanquam ſponſus procédens de thálamo ſuo.

T e Deum.

A Benedíctus, Ant. Dícite in-
vitátis, Ecce prándium meum parávi, veníte ad núptias. Allelúia.

A Magníficat, Ant. Intrávit autem Rex, ut vidéret diſcumbéntes :
& vidit ibi hóminem non veſtítum
veſte nuptiáli, & ait illi, Amíce,
quomodò huc intráſti non habens
veſtem nuptiálem ?

XX DIMANCHE
A PRE'S LA PENTECOSTE.
O rémus.

Argíre, quæſumus, Dómine,
Fidélibus tuis indulgéntiam
placátus & pacem ; ut páriter ab
ómnibus mundéntur offénſis, & ſe-
cúrâ tibi mente deſérviant ; per.

Leçon vij.
Léctio ſancti Evangélii ſecúndùm
Joánnem.　*Chap.* 4.

N illo témpore erat quidam régulus cujus fílius infirmabátur
Caphárnaum. Et réliqua.

Homília ſanĉti Gregórii Papæ.
Homelie 28 ſur les Evangiles.

LEĉtio ſanĉti Evangélii quam modò, Fratres, audíſtis, expoſitióne non índiget. Sed ne hanc táciti præteriíſſe videámur, exhortándo pótius quàm exponéndo in ea áliquid loquámur. Hoc autem nobis ſolúmmodò de expoſitióne vídeo eſſe requiréndum, cur is qui ad ſalútem fílio peténdam vénerat, audívit, Niſi ſigna & prodígia vidéritis, non créditis. Qui enim ſalútem fílio quærébat, procul dúbio credébat ; neque enim ab eo quæreret ſalútem, quem non créderet Salvatórem. Quare ergo dícitur, Niſi ſigna & prodígia vidéritis, non créditis, qui ante crédidit quàm ſigna vidéret.

Bened. Divínum auxílium.

Leçon viij.

SEd mementóte quid pétiit, & apértè cognoſcétis quia in fide dubitávit. Popóſcit namque ut deſcénderet & ſanáret fílium ejus. Corporálem ergo præſéntiam Dómini quærébat, qui per ſpíritum nuſquam déerat. Minus ítaque in illum crédidit, quem non putávit poſſe ſalútem dare, niſi præſens eſſet & córpore. Si enim perféĉtè credidíſſet, procul dúbio ſciret quia non eſſet locus ubi non eſſet Deus.

Bened. Ad ſocietátem.

Leçon ix.

EX magna ergo parte diffíſus eſt qui virtútem non dedit Majeſtáti, ſed præſéntiæ corporáli. Salútem ítaque fílio pétiit, & tamen in fide dubitávit ; quia eum ad quem vénerat & poténtem ad curándum crédidit, & tamen moriénti fílio eſſe abſéntem putávit. Sed Dóminus qui rogátur ut vadat, quia non deſit ubi invitátur, índicat ; ſolo juſſu ſalútem réddidit qui voluntáte ómnia creávit.

Te Deum,

A Benedíĉtus, Ant. Erat quidam régulus cujus fílius infirmabátur Caphárnaum : hic cùm audíſſet quòd Jéſus veníret in Galilæam, rogábat eum, ut ſanáret fílium ejus.

A Magníficat, Ant. Cognóvit autem pater quia illa hora erat in qua dixit Jéſus, Fílius tuus vivit ; & crédidit ipſe & domus ejus tota.

XXI DIMANCHE
APRE'S LA PENTECOSTE.
Orémus.

FAmíliam tuam, quæſumus Dómine, continúâ pietáte cuſtódi, ut à cunĉtis adverſitátibus, te protegénte, ſit líbera, & in bonis áĉtibus tuo nómini ſit devóta ; per Dóminum.

Leçon vij.

Léĉtio ſanĉti Evangélii ſecúndùm Matthæum. *Ch.* 18.

IN illo témpore dixit Jéſus Diſcípulis ſuis parábolam hanc ; Aſſimilátum eſt regnum cœlórum hómini regi qui vóluit ratiónem pónere cum ſervis ſuis. Et réliqua.

Homília ſanǎi Hierónymi Presbyteri.

*Livre 3 des Commentaires ſur le
Chap. 18 de St Matthieu.*

Familiáre eſt Syris, & máximè Palæſtinis, ad omnem ſermónem ſuum parábolas júngere,
ut quod per ſimplex præcéptum
tenéri ab auditóribus non poteſt,
per ſimilitúdinem exémplaque teneátur. Præcépit ítaque Dóminus
Petro ſub comparatióne regis &
dómini, & ſervi qui débitor decem
míllium talentórum à dómino rogans véniam impetráverat, ut ipſe
quoque dimíttat conſérvis ſuis minóra peccántibus. Si enim ille rex
& dóminus ſervo debitóri decem
míllia talentórum tam fácilè dimífit, quantò magis ſervi conſérvis
ſuis debent minóra dimíttere?

Bened. Divínum auxílium.

Leçon viij.

Quod ut maniféſtius fiat, dicámus ſub exémplo. Si quis
noſtrûm commíſerit adultérium,
homicídium, ſacrilégium, majóra
crímina, decem míllia talentórum
rogántibus dimittúntur, ſi & ipſi
dimíttant minóra peccántibus. Sin
autem ob faǎam contuméliam ſi-
mus implacábiles, & propter amá-
rum verbum pérpetes habeámus
diſcórdias, nonne nobis vidémur
reǎè redigéndi in cárcerem, & ſub
exémplo óperis noſtri hoc ágere,
ut majórum nobis delictórum vénia
non relaxétur.

Bened. Ad ſocietátem cívum
ſupernóru n perdúcat nos Rex An-
ɩelóru m.

Leçon ix.

Sic & Pater meus cœléſtis fáciet
vobis, ſi non remiſéritis unuſquiſque fratri ſuo de córdibus veſtris. Formidolóſa ſenténtia, ſi juxta
noſtram mentem ſenténtia Dei fléctitur atque mutátur: ſi parva frátribus non dimíttimus, magna nobis à Deo non dimitténtur. Et quia
poteſt unuſquíſque dícere, Nihil
hábeo contra eum; ipſe novit;
habet Deum júdicem; non mihi
curæ eſt quid velit ágere; ego ig-
nóvi ei: confirmat ſenténtiam ſuam,
& omnem ſimulatiónem fiǎæ pacis evértit dicens, Si non remiſéritis unuſquíſque fratri ſuo de córdibus veſtris.

Te Deum.

A Benedíǎus, Ant. Dixit autem Dóminus ſervo, Redde quod
debes. Prócidens autem ſervus ille,
rogábat eum dicens, Patiéntiam habe in me, & ómnia reddam tibi.

A Magníficat, Ant. Serve nequam, omne débitum dimíſi tibi,
quóniam rogáſti me; nonne ergo
opórtuit & te miſeréri conſérvi tui,
ſicut & ego tui miſértus ſum? Allelúia.

XXII. DIMANCHE
APRE'S LA PENTECOSTE.

O rémus.

Deus, refúgium noſtrum, &
virtus, adéſto piis Eccléſiæ tuæ
précibus, Auǎor ipſe pietátis, &
præſta ut quod fidéliter pétimus,
efficáciter conſequámur; per Dóminum noſtrum.

Leçon vij.

Léctio sancti Evangélii secúndùm Matthæum. *Chap.* 22.

IN illo témpore, abeúntes Pharisæi consílium iniérunt ut cáperent Jesum in sermóne. Et réliqua.

Homília sancti Hilárii Epíscopi.

Aux Commentaires sur saint Matthieu, Chap. 23.

FRequénter Pharisæi commovéntur, & occasiónem insimulándi eum habére ex prætéritis non possunt. Cádere enim vítium in gesta ejus & dicta non póterat: sed de malítiæ afféctu in omnem se inquisitiónem reperiúndæ accusatiónis exténdunt. Namque à sæculi vítiis atque à superstitiónibus humanárum religiónum, univérsos ad spem regni cœléstis vocábat. Igitur an violáret sæculi potestátem de propósitæ interrogatiónis conditióne, perténtant; an vidélicet reddi tribútum Cæsari oportéret.

Bened. **Divínum auxílium.**

Leçon viij.

QUi intérna cogitatiónum secréta cognóscens (Deus enim nihil eórum quæ intra hóminem sunt abcónsa non speculátur) afférri sibi denárium jussit, & quæsívit cujus & inscríptio esset & forma. Pharisæi respondérunt Cæsaris eam esse. Quibus ait, Cæsari redhibénda esse quæ Cæsaris sunt; Deo autem reddénda esse quæ Dei sunt. O plenam miráculi responsiónem, & perféctam dicti cœléstis absolutiónem! Ita ómnia inter contémtum séculi & contuméliam lædéndi Cæsaris temperávit, ut curis ómnibus & officiis humánis devótas Deo mentes absólveret, cùm Cæsari quæ ejus essent reddénda decérnit.

Bened. **Ad societátem.**

Leçon ix.

SI enim nihil ejus penes nos reséderit, conditióne reddéndi ei quæ sua sunt non tenébimur. Porrò autem si rebus illíus incumbámus, si jure potestátis ejus útimur, & nos tamquam mercenários aliéni patrimónii procuratióni subjícimus: extra querélam injúriæ est, Cæsari redhibéri quod Cæsaris est; Deo autem quæ ejus sunt própria, réddere nos oportére, corpus, ánimam, voluntátem. Ab eo enim hæc profécta atque aucta retinémus; proínde condígnum est ut ei se totum reddant cui debére se récolunt & oríginem & proféctum.

Te Deum.

A Benedíctus, Ant. **Magíster, scimus quia verax es, & viam Dei in veritáte doces. Allelúia.**

A Magnificat, Ant. **Réddite ergo quæ sunt Cæsaris Cæsari, & quæ sunt Dei Deo. Allelúia.**

Si le XXIII Dimanche est le dérnier d'aprés la Pentecoste, il faudra placer au Samedi d'avant ce dernier Dimanche, l'Office marqué ci-dessous pour le vingt-troisieme; & le vingt-troisieme Dimanche dire l'Office du vingt-quatrieme.

Si le Samedi est empesché par une Feste de neuf Leçons, on placera l'Office du vingt-troisieme Dimanche à la premiere Ferie non empesschée dans la Semaine.

XXIII DIMANCHE
APRE'S LA PENTECOSTE.
Orémus.

ABſólve, quæſumus, Dómine, tuórum delicta populórum, ut à peccatórum noſtrórum néxibus, quæ pro noſtra fragilitáte contráximus, tuâ benignitáte liberémur; per Dóminum.

Leçon vij.

Léctio ſancti Evangélii ſecúndùm Matthæum. *Chap.* 9.

IN illo témpore, loquénte Jeſu ad turbas, ecce princeps unus accéſſit, & adorábat eum dicens, Dómine, filia mea modò defúncta eſt. Et réliqua.

Homília ſancti Hierónymi Presbyteri.

Au livre 1 des Commentaires ſur le 9 Chap. de St Matth.

OCtávum ſignum eſt in quo princeps ſuſcitári póſtulat filiam ſuam, nolens de myſtério veræ circumciſiónis exclúdi : ſed ſubíntrat múlier ſánguine fluens, & octávo ſanátur loco, ut princípis filia de hoc excluſa número, véniat ad nonum, juxta illud quod in Pſalmis dícitur, Æthiópia prævéniet manus ejus Deo : &, Cùm intráverit plenitúdo Géntium, tunc omnis Iſrael ſalvus fiet.

Bened. **Divínum auxílium.**

Leçon viij.

ET ecce múlier quæ ſánguinis fluxum patiebátur duódecim annis, accéſſit retrò & tétigit fimbriam veſtiménti ejus. In Evangélio ſecúndùm Lucam ſcríbitur quòd

principis filia duódecim annos habéret ætátis. Nota ergo quòd eo témpore hæc múlier, id eſt, Géntium pópulus cœperit ægrotáre, quo genus Judæórum credíderat. Niſi enim ex comparatióne virtútum vítium non oſténditur.

Bened. **Ad ſocietátem.**

Leçon ix.

HÆc autem múlier ſánguine fluens, non in domo, non in urbe accédit ad Dóminum, quia juxta legem úrbibus excludebátur, ſed in itínere ambulánte Dómino; ut dum pergit ad áliam, ália curarétur. Unde dicunt & Apóſtoli, Vobis quidem oportébat prædicári verbum Dei; ſed quóniam vos judicáſtis indígnos ſalúte, tranſgrédimur ad Gentes.

Te Deum.

A Benedictus, Ant. Dicébat enim intra ſe, Si tetígero fimbriam veſtiménti ejus tantùm, ſalva ero.

A Magníficat, Ant. At Jeſus convérſus, & videns eam dixit, Confíde, filia, fides tua te ſalvam fecit. Allelúia.

S'il y a plus de 24 Dimanches aprés la Pentecoſte, on prendra les Offices ci-aprés ſelon cet ordre :

S'il y a 25 Dimanches, on prendra pour le XXIV l'Office du VI Dimanche aprés l'Epiphanie.

S'il y en a 26, l'Office du XXIV ſera celui du V aprés l'Epiphanie; & l'Office du XXV, celui du VI.

S'il y en a 27, l'Office du XXIV ſera celui du IV aprés l'Epiphanie, l'Office du XXV, celui du V ; & l'Office du XXVI, celui du VI.

S'il y en a 28; l'Office du XXIV sera celui du III après l'Epiphanie ; l'Office du XXV, celui du IV ; l'Office du XXVI, celui du V ; & l'Office du XXVII, celui du VI.

On prendra toujours pour le dernier Dimanche l'Office marqué. pour ce jour ci-après.

III DIMANCHE
restant après l'Epiphanie.
Orémus.

Omnipotens sempitérne Deus, infirmitátem nostram propítius réspice, atque ad protegéndum nos déxteram tuæ majestátis exténde ; per Dóminum.

Leçon vij.
Léctio sancti Evangélii secúndùm Matthæum. *Chap.* 8.

IN illo témpore cùm descendísset Jesus de monte, secútæ sunt eum turbæ multæ : & ecce leprósus véniens, adorábat eum. Et réliqua. Homília Sti Hierónymi Presbyteri.
Livre 1 des Commentaires sur St Matthieu, Chap. 8.

DE monte Dómino descendénte occúrrunt turbæ, quia ad altióra ascéndere non valuérunt. Et primus occúrrit ei leprósus; necdum enim póterat cum lepra tam multíplicem in monte Salvatóris audire sermónem. Et notándum quòd hic primus speciáliter curátus sit, secúndò puer Centuriónis, tértiò socrus Petri fébriens in Caphárnaum, quarto loco, qui obláti sunt ei à dæmónio vexáti, quorum

spíritus verbo ejiciébat, quando & omnes malè habéntes curávit.

Bened. **Divínum auxílium.**

Leçon viij.

ET ecce leprósus véniens adorábat eum dicens, Rectè post prædicatiónem atque doctrínam signi offértur occásio, ut per virtútem miráculi prætéritus apud audiéntes sermo firmétur. Dómine, si vis, potes me mundáre. Qui voluntátem rogat, de virtúte non dúbitat. Et exténdens Jesus manum tétigit eum dicens, Volo, mundáre. Exténdénte manum Dómino, statim lepra fugit. Simúlque consídera quàm húmilis & sine jactántia respónsio. Ille díxerat, Si vis : Dóminus respóndit, Volo. Ille præmíserat, Potes me mundáre : Dóminus jungit & dicit, Mundáre. Non ergo, ut pleríque Latinórum putant, jungéndum est & legéndum, Volo mundáre ; sed separátim, ut primùm dicat, Volo ; deínde ímperet ; Mundáre.

Bened. **Ad societátem.**

Leçon ix.

ET ait illi Jesus, Vide, némini díxeris. Et re verâ quid erat necésse ut sermóne jactáret quod córpore præferébat ? Sed vade, osténde te sacerdóti. Várias ob causas mittit eum ad sacerdótem : primùm propter humilitátem, ut sacerdótibus deférre honórem videátur. Erat enim lege præcéptum ut qui mundáti fúerant à lepra, offérrent múnera sacerdótibus. Deínde ut mundátum vidéntes leprósum, aut créderent Salvatóri, aut non créderent : si créderent, salvaréntur : si non créderent, inexcusábiles forent. Et simul ne, quod in eo sæpíssimè criminabántur, legem vider̨etur infringere.

T e Deum.

A Benedíctus, Ant. Cùm descendísset Jesus de monte, ecce leprósus véniens adorábat eum dicens, Dómine, si vis, potes me mundáre : & exténdens manum, tétigit eum dicens, Volo, mundáre.

A Magníficat, Ant. Dómine, si vis, potes me mundáre ; & ait Jesus, Volo, mundáre.

IV DIMANCHE
reſtant après l'Epiphanie.

O rémus.

DEus qui nos in tantis perículis conſtitútos pro humána ſcis fragilitáte non poſſe ſubſíſtere ; da nobis ſalútem mentis & córporis, ut ea quæ pro peccátis noſtris pátimur, te adjuvánte, vincámus ; per.

Leçon vij.

Léctio ſancti Evangélii ſecùndum Matthæum. *Chap. 8.*

IN illo témpore, aſcendénte Jeſu in navículam, ſecúti ſunt eum diſcípuli ejus, & ecce motus magnus factus eſt in mari, ita ut navícula operirétur flúctibus ; ipſe verò dormiébat. Et réliqua.

Homília Sti Hierónymi Presbyteri.
Livre 1 des Commentaires ſur St Matthieu, Chap. 8.

QUintum ſignum fecit quando aſcéndens navem de Caphárnaum, ventis imperávit & mari. Sextum, quando in regióne Gera-

ſenórum dedit poteſtátem Dæmónibus in porcos. Séptimum, quando ingrédiens civitátem ſuam, paralyticum ſecúndum curávit in léctulo ; primus enim paralyticus eſt puer Centuriónis.

Bened. **Divínum auxílium.**

Leçon viij.

IPſe verò dormiébat ; & acceſsérunt ad eum, & ſuſcitavérunt eum dicéntes, Dómine, ſalva nos. Hujus ſigni typum in Jona légimus quando, cæteris periclitántibus, ipſe ſecúrus eſt & dormit, & ſuſcitátur, & império ac ſacraménto paſſiónis ſuæ líberat ſuſcitántes. Tunc ſurgens imperávit ventis & mari. Ex hoc loco intellígimus quòd omnes creatúræ ſéntiant Creatórem. Quas enim increpávit, & quibus imperávit, ſéntiunt imperántẽ, non erróre hæreticórum qui ómnia putant animántia, ſed majeſtáte Conditóris, quia quæ apud nos inſenſibília illi ſenſibília ſunt.

Bened. **Ad ſocietátem.**

Leçon ix.

PORro hómines miráti ſunt, dicéntes, Qualis eſt hic, quia venti & mare obédiunt ei ? Non diſcípuli, ſed nautæ & cæteri qui in navi erant, mirabántur. Sin autem quis contentióſè volúerit eos qui mirabántur fuiſſe diſcípulos, reſpondébimus rectè hómines appellátos, qui necdum nóverant poténtiam Salvatóris.

T e Deum.

A Benedíctus, Ant. Aſcendénte Jeſu in navículam, ecce motus magnus factus eſt in mari, & ſuſcitavérunt

vérunt eum discípuli ejus dicéntes, Dómine, salva nos, perímus.

A Magníficat, Ant. Dómine, salva nos, perímus. Impera, & fac Deus tranquillitátem.

V DIMANCHE
restant après l'Epiphanie.

Orémus.

F Amíliam tuam, quæsumus, Dómine, continuâ pietáte custódi, ut quæ in sola spe grátiæ cœléstis innítitur, tuâ semper protectióne muniámur ; per Dñum.

Leçon vij.

Léctio sancti Evangélii secúndùm Matthæum. *Chap.* 13.

I N illo témpore dixit Jesus turbis parábolam hanc. Símile factum est regnum cœlórum hómini qui seminávit bonum semen in agro suo. Et réliqua.

Homília sancti Augustíni Epíscopi. *Liv. des questions Evang. sur saint Matthieu, chap.* 11, *tome* 4.

C Um negligéntiùs ágerent præpósiti Ecclésiæ, aut cùm dormitiónem mortis accíperent Apóstoli, venit Diábolus & superseminávit eos quos malos fílios Dóminus interpretátur. Sed quæritur utrùm hærétici sint, an malè vivéntes Cathólici. Possunt enim dici fílii mali étiam hærétici quia ex eódem Evangélii sémine & Christi nómine procreáti, pravis opiniónibus ad falsa dógmata convertúntur.

Bened. Divínum auxílium máneat semper nobíscum.

Leçon viij.

S Ed quòd dicit eos in médio trítici semináti, quasi vidéntur illi significári qui uníus communiónis sunt. Verúmtamen quóniam Dóminus agrum ipsum, non Ecclésiam, sed hunc mundum interpretátus est, benè intelligúntur hærétici, quia non societáte uníus Ecclésiæ vel uníus fídei, sed societáte solíus nóminis Christiáni in hoc mundo permiscéntur bonis. At illi qui in eádem fide mali sunt, pálea pótiùs quàm zizánia reputántur ; quia pálea étiam fundaméntu ipsur habet cum fruménto radicémque commúnem.

Bened. Ad societátem cívium supernórum perdúcat nos Rex Angelórum.

Leçon ix.

I N illa planè sagéna quâ conclúduntu & mali & boni písces, non absúrdè mali Cathólici intellijúntur. Aliud est enim mare quod magis mundum istum significat, áliud sagéna quæ uníus fídei vel uníus Ecclésiæ communiónem vidétur osténdere. Inter hæréticos & malos cathólicos hoc ínterest, quòd hærétici falsa credunt, illi autem vera credéntes non vivunt ita ut credunt.

Te Deum.

A Benedíctus, Ant. Dómine, nonne bonum semen seminásti in agro tuo ? unde ergo habet zizánia ? Et ait illis, Hoc fecit inimícus homo.

A Magníficat, Ant. Collígite

primùm zizánia , & alligáte ea in fafcículos ad comburéndum ; tríti- cum autem congregáte in hórreum meum , dicit Dóminus.

VI DIMANCHE

reftant après l'Epiphanie.

O rémus.

PRæfta , quæfumus , omnípo- tens Deus , ut femper ratio- nabília meditántes , quæ tibi funt plácita & diftis exfequámur & fac- tis ; per Dóminum.

Leçon vij.

Léftio fanfti Evangélii fecúndùm Matthæum. *Chap.* 13.

IN illo témpore dixit Jefus turbis parábolam hanc : Símile eft re- gnum cœlórum grano finápis quod accípiens homo feminávit in agro fuo. Et réliqua.

Homília Sti Hierónymi Presbyteri.

Livre 2 des Comment. fur le ch. 13 *de faint Matthieu.*

REgnum cœlórum prædicá- tio Evangélii eft & notítia Scripturárum quæ ducit ad vitam, & de qua dícitur ad Judæos . Au- ferétur à vobis regnum Dei & dá- bitur genti faciénti fruftus ejus. Sí- mile eft ergo hujufcémodi regnum grano finápis quod accípiens ho- mo feminávit in agro fuo. Homo qui féminat in agro fuo à plerif- que Salvátor intelligitur , quòd in ánimis credéntium féminet ; ab á- liis , ipfe homo féminans in agro fuo , hoc eft , in femetípfo & in corde fuo.

Bened. Divínum auxílium má- neat femper nobífcum.

Leçon viij.

QUis eft ifte qui féminat , nifi fenfus nofter & ánimus, qui fufcípiens granum prædicatió- nis & fovens feméntem , humóre fídei facit in agro fui péftoris pul- luláre ? Prædicátio Evangélii mí- nima eft ómnibus difciplínis. Ad primam quippe doftrínam , fidem non habet veritátis , hóminem Deum , Chriftû mórtuum & fcán- dalum crucis prædicans. Confer hujufcémodi doftrínam dogmáti- tibus philofophórum & libris eó- rum & fplendóri eloquéntiæ & compofitióni fermónum ; & vidé- bis quantò minor fit cæteris femí- nibus feméntis Evangélii.

Bened. Ad focietátem cívium fupernórum perdúcat nos Rex An- gelórum.

Leçon ix.

SEd illa cùm créverint , nihil mordax , nihil vívidum , nihil vitále demónftrant , fed totum flác- cidum marcidúmque ebúllit in óle- ra & in herbas quæ citò aréfcunt & córruunt. Hæc autem prædi- cátio quæ parva videbátur in prin- cípio , cùm vel in ánima créden- tis , vel in toto mundo fata fúe- rit , non exfúrgit in ólera , fed crefcit in árborem , ita ut vólu- cres cœli (quas vel ánimas cre- déntium , vel fortitúdines Dei fer- vítio mancipátas , fentíre debémus) véniant & hábitent in ramís ejus. Ramos puto Evangélicæ árboris quæ de grano finápis créverit ; dógmatum effe diverfitátes, in quibus fupradictárum vólucrum unaquæque requiéfcit.

T e Deum.

A Benedictus, Ant. Símile eft regnum cœlórum grano finápis, quod mínimum eft ómnibus femínibus ; cùm autem créverit, majus eft ómnibus oléribus.

A Magníficat, Ant. Símile eft regnum cœlórum ferménto quod accéptum múlier abfcóndit in farínæ fatis tribus, donec fermentátum eft totum.

XXIV ET DERNIER DIM.

APRE'S LA PENTECOSTE.

O rémus.

EXcita, quæfumus, Dómine, tuórum fidélium voluntátes, ut divíni óperis fructum propénfius exfequéntes, pietátis tuæ remédia majóra percípiant ; per Dóminum noftrum.

Lecon vij.

Léctio fancti Évangélii fecúndùm Matthæum. *Chap.* 24.

IN illo témpore dixit Jefus Difcípulis fuis, Cùm vidéritis abominatiónem defolatiónis quæ dicta eft à Daniéle Prophéta, ftantem in loco fancto ; qui legit, intélligat. Et réliqua.

Homília Sti Hierónymi Presbyteri.

Livre 4 *des Comment. fur le ch.* 24 *de faint Matthieu.*

QUando ad intelligéntiam provocámur, myfticum monf-

trátur effe quod dictum eft. Légimus autem in Daniéle hoc modo : Et in dimídio hebdómadis auferétur facrifícium & libámina : & in templo abominátio defolatiónum erit ufque ad confummatiónem témporis, & confummátio dábitur fuper folitúdinem. De hoc & Apóftolus lóquitur, quòd homo iniquitátis & adverfárius elevándus fit contra omne quod dícitur Deus & cólitur, ita ut áudeat ftare in templo Dei & ofténdere quòd ipfe fit Deus ; cujus advéntus fecúndùm operatiónem Sátanæ déftruat eos, & ad Dei folitúdinem rédigat qui fe fufcéperint.

Bened. Divínum auxílium máneat femper nobífcum.

Lecon viij.

POteft autem fimplíciter aut de Antichrífto áccipi, aut de imágine Cæfaris quàm Pilátus pófuit in templo, aut de Adriáni equéftri ftátua quæ in ipfo fancto fanctórum loco ufque in præféntem diem ftetit. Abominátio quoque fecúndùm véterem Scriptúram idólum nuncupátur ; & idcírco áddicur, Defolatiónis, quòd in defoláto templo atque deftrúcto idólum pófitum fit.

Bened. Ad focietátem cívium fupernórum perdúcat nos Rex Angelórum.

Lecon ix.

ABominátio defolatiónis intélligi poteft & omne dogma pervérfum, quod cùm vidérimus ftare in loco fancto, hoc eft, in

Ecclésia, & se osténdere Deum, debémus fúgere de Judæa ad montes, hoc est, dimíssâ occidénte líttera & Judáicâ pravitáte, appropinquáre móntibus ætérnis de quibus illúminat mirabíliter Deus; & esse in tecto & in dómate, quò non possint igníta Diáboli jácula perveníre, nec descéndere & tóllere áliquid de domo conversatiónis prístinæ, nec quærere quæ retrórsum sunt, sed magis sérere in agro spiritálium Scripturárum, ut fructus capiámus ex eo; nec tóllere álteram túnicam quam Apóstoli habére prohibéntur.

Te Deum.

A Benedíctus, Ant. Cùm vidéritis abominatiónem desolatiónis quæ dicta est à Daniéle Prophéta, stantem in loco sancto; qui legit intélligat.

A Magníficat, Ant. Amen dico vobis quia non præteríbit generátio hæc, donec ómnia fiant: cœlum & terra transíbunt, verba autem mea non transíbunt, dicit Dóminus.

LE PROPRE

LE PROPRE DES SAINTS.

FESTES D'AOUST.

XXIX Aoust.
DECOLLATION
DE St JEAN-BAPTISTE.
Double.

Tout se dit comme au Commun d'un Martyr, excepté ce qui suit.

AUX I VESPRES.

A Magníficat, Ant. Miſſo Heródes ſpiculatóre, præcépit amputári caput Joánnis in cárcere : quo audíto, diſcípuli ejus venérunt, & tulérunt corpus ejus, & poſuérunt illud in monuméntum.

Oremus.

SAncti Joánnis Baptíſtæ Præcurſóris & Mártyris tui, quæſumus, Dómine, veneránda feſtívitas, ſalutáris auxílii nobis præſtet efféctum ; qui vivis.

Memoire de St Auguſtin.

Ant. O Doctor óptime, Eccléſiæ ſanctæ lumen, beáte Auguſtíne, divínæ legis amátor, deprecáre pro nobis Fílium Dei.

℣. Juſtum dedúxit Dñus per vias rectas, ℟. Et oſténdit illi regnũ Dei.

Orémus.

ADéſto ſupplicatiónibus noſtris, omnípotens Deus ; & quibus fidúciam ſperándæ pietátis indúlges, intercedénte beáto Auguſtíno Confeſsóre tuo atque Pontífice, conſuétæ miſericórdiæ tríbue benígnus efféctum.

Memoire de Ste Sabine, Martyre.

Ant. Simile eſt regnum cœlórum hómini negotiatóri quæránti bonas margaritas : inventâ unâ pretiósâ, dedit ómnia ſua, & comparávit eam.

℣. Spécie tuâ & pulchritúdine tuâ ℟. Inténde, próſperè procéde, & regna.

Orémus.

DEus qui inter cétera poténtiæ tuæ mirácula, étiam in ſexu frágili victóriam mártyrii contulíſti ; concéde propítius ut qui beátæ Sabínæ Mártyris tuæ natalítia cólimus, per ejus ad te exémpla gradiámur ; per Dóminum.

A MATINES.
AU I NOCTURNE.
Leçon j.

Incipit Jeremías Prophéta. Ch. 1.

VErba Jeremíæ, fílii Helcíæ, de ſacerdótibus qui fuérunt in Anathoth, in terra Bénjamin. Quod factum eſt verbum Dómini ad eum in diébus Josíæ fílii Amon Regis Juda, in tértio décimo anno regni ejus. Et factum est in diébus Jóakim fílii Josíæ Regis Juda usque ad consummatiónem undécimi anni Sedecíæ fílii Josíæ Regis Juda, usque ad transmigratiónem Jerúsalem, in mense quinto. Et factum est verbum Dómini ad me, dicens, Priúsquàm te formárem in útero, novi te : & ántequam exíres de vulva, sanctificávi te, & prophétam in Géntibus dedi te.

℞. Misit Heródes Rex manus, ac ténuit Joánnem, & vinxit eum in cárcere, quia metuébat eum propter Herodíadem * Quam túlerat fratri suo Philíppo uxórem. ℣. Arguébat Heródem Joánnes propter Herodíadem * Quam.

Bened. Unigénitus Dei Fílius.

Leçon ij.

ET dixi, A, a, a, Dómine Deus, ecce néscio loqui, quia puer ego sum. Et dixit Dóminus ad me, Noli dícere, Puer sum ; quóniam ad ómnia quæ mittam te, ibis ; & univérsa quæcúmque mandávero tibi, loquéris. Ne tímeas à fácie eórum ; quia tecum ego sum, ut éruam te, dicit Dóminus. Et misit Dóminus manum suam, & tétigit os meum, & dixit Dóminus ad me, Ecce dedi verba mea in ore tuo : ecce constítui te hódiè super Gentes & super regna, ut evéllas & déstruas, & dispérdas & díssipes, & ædífices & plantes.

℞. Joánnes Baptísta arguébat Heródem * Propter Herodíadem quam túlerat fratri suo vivénti uxórem. ℣. Misso Heródes speculató-

re, præcépit amputári caput Joánnis in cárcere, * Propter.

Bened. Spíritûs sancti grátia.

Leçon iij.

TU ergo accínge lumbos tuos, & surge, & lóquere ad eos ómnia quæ ego præcipio tibi. Ne formídes à fácie eórum ; nec enim timére te fáciam vultum eórum. Ego quippe dedi te hódiè in civitátem munítam & in colúmnam férream & in murum æreum super omnem terram Régibus Juda, princípibus ejus & sacerdótibus, & pópulo terræ ; & bellábunt advérsùm te, & non prævalébunt ; quia ego sum tecum, ait Dóminus, ut líberem te.

℞. Puéllæ saltánti imperávit mater, * Nihil áliud petas nisi caput Joánnis. * * Et contristátus est Rex propter jusjurándum & propter simul discumbéntes. ℣. Ait puéllæ matri suæ, Quid petam ? At illa ait, * Nihil. ℣ Glória. * * Et.

AU II NOCTURNE.
Leçon iv.
Ex libro sancti Ambrósii Epíscopi de Virgínibus.

Livre 3, vers le commencement.

QUóniam beáti Joánnis Baptístæ non strictim prætereúnda est recordátio, ínterest ut quis & à quibus & quam ob causam, quo modo & quo témpore sit occísus advértere debeámus. Ab adúlteris justus occíditur, & à reis in júdicem capitális scéleris pœna convértitur. Deínde præmium saltatrícis mors est Prophétæ. Postrémò (quod étiam omnes bárbari horrére consuevérunt) inter épulas ac que convívia consummándæ crudelitátis profértur edíctum ; & à convívio ad cárcerem, de cárcere ad convívium ferális flagítii circumfértur obséquium. Quanta in uno facínore funt crímina !

℞. Juftus germinábit ficut lílium, * Et florébit in ætérnum ante Dóminum. ℣. Plantátus in domo Dñi, in átriis domûs Dei noftri, * Et.

Bened. Chriftus perpétuæ.

Leçon v.

QUis non, cùm è convívio ad cárcerem curfári vidéret, putáret Prophétam juffum effe dimítti ? Quis, inquam, cùm audíffet natálem effe Heródis, folémne convívium, puéllæ optiónem eligéndi quod vellet datum, miffum ad Joánnem ob folutiónem non arbitrarétur ? Quid crudelitáti cum delíciis ? Quid cum funéribus voluptáti ? Rápitur ad poenam Prophéta conviváli témpore, convváli præcépto, quo non cúperet vel abfólvi : perímitur gládio, caput ejus affértur in difco. Hoc crudelitáti férculum debebátur, quo infatiáta épulis féritas vefcerétur.

℞. Ifte cognóvit juftítiam, & vidit mirabília magna, & exorávit Altíffimum ; * Et invéntus eft in número fanctórum. ℣. Ifte eft qui contémfit vitam mundi, & pervénit ad coeléftia regna, * Et.

Bened. Ignem fui amóris.

Leçon vj.

INtuére, Rex acerbíffime, tuo fpectácula digna convívio. Pórrige déxteram, ne quid fævítiæ tuæ defit, ut inter dígitos tuos rivi défluant facri cruóris. Et quó-

niam non exfaturári épulis fames, non reftíngui póculis pótuit inaudítæ fævítiæ fitis ; bibe fánguinem è fcaturiéntibus adhuc venis exfécti cápitis profluéntem. Cerne óculos in ipfa morte fcéleris tui teftes, averfántes confpéctum deliciárum. Claudúntur lúmina, non tam mortis neceffitáte, quàm horróre luxúriæ. Os áureum illud exfángue, cujus fententiam ferre non póteras, conticéfcit, & adhuc timétur.

℞. Honéftum fecit illum Dóminus, & cuftodívit eum ab inimícis, & à feductóribus tutávit illum ; * Et dedit illi claritátem ætérnam. ℣. Defcendítque cum illo in fóveam, & in vínculis non derelíquit eum : * Et. ℣. Glória. * Et.

AU III NOCTURNE.

Leçon vij.

Léctio fancti Evangélii fecúndùm Marcum.   Chap. 6.

IN illo témpore mifit Heródes, ac ténuit Joánnem, & vinxit eum in cárcere, propter Herodíadem uxórem Philíppi fratris fui, quia dúxerat eam. Et réliqua.

De Homília Sti Auguftíni Epífcopi.

Sermon 10, aux nouveaux Sermons.

CUm fanctum Evangélium legerétur, crudéle fpectáculum ante óculos noftros conftitútum eft : caput fancti Joánnis in difco, ferális miffus crudelitátis propter ódium veritátis. Puélla faltat, & fævit mater ; & inter lafcívias & delícias convivántium témerè jurátur, & ímpiè quod jurátur implétur. Factum eft Joánni quod ipfe

Hh ij

prædíxerat. De Dómino enim Jesu Christo díxerat, Illum opórtet créscere, me autem mínui. Iste minútus est in cápite, ille crevit in cruce. Odium péperit véritas. Non pótuit æquo ánimo tolerári quod homo Dei sanctus monébat, qui útique salútem eórum quærébat quos sic monébat. Respondérunt illi mala pro bonis.

℞. Desidérium ánimæ ejus tribuísti ei, Dómine, * Et voluntáte labiórum ejus non fraudásti eum. ℣. Quóniam prævenísti eum in benedictiónibus dulcédinis; posuísti in cápite ejus corónam de lápide pretióso; * Et voluntáte.

Bened. Cujus festum cólimus.

Leçon viij.

Quid enim ille díceret, nisi quo plenus erat? Et quid illi respondérent, nisi quo pleni erant? Ille tríticum seminávit, sed spinas invénit. Dicébat Regi, Non licet tibi habére uxórem fratris tui. Vincébat enim Regem libído: tenébat apud se prohíbitam uxórem fratris sui. Sed eum tamen sic habébat, ut non sævíret. Honorábat eum, à quo verum audiébat: sed detestábilis múlier ódium concipiébat, quod aliquándo dato témpore páreret. Quando autem parturiébat, péperit fíliam, fíliam saltántem.

℞. Stolâ jucunditátis índuit eum Dóminus, * Et corónam pulchritúdinis pósuit super caput ejus. ℣. Cibávit illum Dóminus pane vitæ & intelléctûs, & aquâ sapiéntiæ salutáris potávit illum; * Et corónam. ℣. Glória Patri. * Et.

Bened. Ad societátem.

Pour sainte Sabine, Martyre.

Leçon ix.

Sabína múlier Romána, Valentíni viri claríssimi uxor, à Seráphia vírgine Christiánæ fídei præcéptis institúta, post sanctæ vírginis martyrium colléctas ejus relíquias piis exéquiis sepelívit. Quæ propter eam causam paulò post Adriáno Imperatóre comprehénsa, Elpídio júdici sístitur. Cui is, Tune illa Sabína, & génere & matrimónio nobilíssima? At illa, Sum, inquit, sed Dómino meo Jesu Christo grátiam ago, qui me, intercessióne Seráphiæ fámulæ suæ, à Dæmonum potestáte liberávit. Quam váriè tentátam, ut propósitum mutáret, cùm à fídei constántia movére non posset, Præféctus, pronuntiátâ senténtiâ quòd Deos contémneret, cápitis damnávit. Ejus corpus à Christiánis in eódem sepúlchro cónditum est, in quo ipsa magístram fídei suæ Seráphiam posúerat. Te Deum.

A LAUDES.

Ant. Heródes enim ténuit & ligávit Joánnem, & pósuit in cárcerem propter Herodíadem.

Ps. 92 Dóminus regnávit, avec les autres.

Ant. Dómine mi Rex, da mihi in disco caput Joánnis Baptístæ.

Ant. Puéllæ saltánti imperávit mater, Nihil áliud petas nisi caput Joánnis.

Ant. Arguébat Heródem Joánnes propter Herodíadem quam túlerat fratri suo Philíppo uxórem.

Ant. Da mihi in disco caput Joánnis Baptístæ. Et contristátus est

Rex propter jusjurándum.

A Benedíctus, Ant. Misso Heródes spiculatóre, præcépit amputári caput Joánnis in cárcere: quo audito discípuli ejus venérunt, & tulérunt corpus ejus, & posuérunt illud in monuménto.

L'Oraison Sancti Joánnis, aux premieres Vespres.

Memoire de Ste Sabine, Martyre.

Ant. Date ei de fructu mánuum suárum, & laudent eam in portis ópera ejus.

℣. Diffúsa est grátia in lábiis tuis; ℟. Proptéreà benedíxit te Deus in ætérnum.

L'Oraison Deus qui inter, ci-des.

AUX II VESPRES.

Les Pseaumes sont du Commun d'un Martyr sur les Ant. de Laudes, Heródes enim, ci-dessus.

Depuis le Chapitre on fait de la Feste suivante.

XXX Aoust.
SAINTE ROSE DE LIMA,
Vierge. Double.
AUX I VESPRES.
O rémus.

BOnórum ómnium largítor omnípotens Deus, qui beátam Rosam, cœléstis grátiæ rore prævéntam, virginitátis & patiéntiæ decóre Indis floréscere voluísti; da nobis fámulis tuis, ut in odórem suavitátis ejus curréntes, Christi bonus odor éffici mereámur; qui.

Memoire de saint Jean.

Ant. Misit Rex incrédulus minístros detestábiles, & amputári jussit caput Joánnis Baptístæ.

℣. Justus ut palma florébit, ℟. Si-

cut cedrus Líbani multiplicábitur.

L'Oraison Sancti Joánnis, ci-des.

Memoire
des Sts Felix & Adaucte, Martyrs.

Ant. Istórum est enim regnum cœlórum, qui contemsérunt vitam mundi, & pervenérunt ad præmia regni, & lavérunt stolas suas in sánguine Agni.

℣. Lætámini in Dómino, & exsultáte, Justi; ℟. Et gloriámini, omnes recti corde.

O rémus.

MAjestátem tuam, Dómine, súpplices exorámus, ut sicut nos júgiter Sanctórum tuórum commemoratióne lætíficas, ita semper supplicatióne desféndas; per Dóminum nostrum.

A MATINES.
Au I Nocturne.

Les Leçons de l'Escriture marquées pour aujourd'hui au Propre du Temps.

Au II Nocturne.
Leçon iv.

PRimus Américæ Meridionális flos sanctitátis Virgo Rosa, Christiánis paréntibus Limæ primogénita, mox ab incunábulis cláruit futúræ sanctimóniæ indíciis; nam vultus infántis mirabíliter in rosæ effígiem transfigurátus, huic nómini occasiónem dedit; cui póstea Virgo Deípara cognómen adjécit, jubens vocári deínceps Rosam à Sancta María. Quinquénnis votum perpétuæ virginitátis emísit. Adúltior, ne à paréntibus ad núptias cogerétur, clam sibímet venustíssimam capitis cæsáriem præscídit. Jejúniis supra humánum mo-

dum addíéta, íntegras Quadragé-
fimas tranfégit pane ábſtinens, ac
diétim ſolis quinque gránulis mali
citríni víétitans.

℞. Propter veritátem & manſuetúdinem & juſtitiam ; * Et dedúcet te mirabíliter déxtera tua. ℣.
Spécie tuâ & pulchritúdine tuâ inténde, próſperè procéde, & regna;
* Et dedúcet.

Bened. Chriſtus perpétuæ.

Leçon v.

HAbitu Tértii Ordinis ſanéti
Domínici aſſúmto, príſtinas
vitæ auſteritátes duplicávit : oblón-
go aſperrimóque cilício ſparſim mi-
núſculas acus innéxuit : ſub velo corónam denſis acúleis intrórſus ob-
armátam intérdiu noétúque geſtá-
vit. Sanétæ Catharínæ Senénſis
árdua premens veſtígia, caténâ férreâ, tríplici nexu circumdúétâ, lumbos cinxit ; léétulum ſibi è truncis
nodóſis compóſuit , horúmque vá-
cuas commiſſúras fragmínibus teſ-
tárum implévit. Cellúlam ſibi an-
guſtíſſimam ſtruxit in extrémo horti
ángulo , ubi cœléſtium contemplatióni dédita , crebris diſciplínis , iné-
diâ, vigíliis corpúſculum exténuans,
at ſpíritu vegetáta, larvas dæmónum, frequénti certámine viétrix ,
ímpávidè protrívit ac ſuperávit.

℞. Dilexíſti juſtitiam , & odíſti
iniquitátem ; * Proptéreà unxit te
Deus , Deus tuus , óleo lætítiæ.
℣. Propter veritátem & manſuetúdinem & juſtitiam ; * Proptéreà.

Bened. Ignem ſui amóris.

Leçon vj.

ÆGritúdinum torméntis, do-
meſticórum inſúltibus , lin-

guárum mórſibus dírè agitáta, nondum ſatis pro mérito ſe áffligi que-
rebátur. Per quíndecim annos ad
plúſculas horas deſolatióne ſpiritûs
& ariditáte miſérrimè contabéſcës ,
forti ánimo tulit agónes omni morte amarióres. Exínde cœpit ſupér-
nis abundáre delíciis , illuſtrári vi-
ſiónibus , colliquéſcere Seráphicis
ardóribus. Angelo tutelári , ſanétæ
Catharínæ Senénſi , Vírgini Dei-
paræ inter aſſíduas apparitiónes ,
mirè familiáris, à Chriſto has voces
audíre méruit, Roſa cordis mei , tu
mihi ſponſa eſto. Dénique ſponſi hujus paradíſo felíciter invéétâ, pluri-
míſque ante & poſt óbitum miráculis
corúſcam, Clemens décimus Póntifex máximus ſanétárum Vírginum
catálogo ritu ſolémni adſcrípſit.

℞. Afferéntur regi vírgines poſt
eam ; próximæ ejus * Afferéntur
tibi in lætítia & exſultatióne. ℣.
Spécie tuâ & pulchritúdine tuâ inténde ; próſperè procéde, & regna.
* Afferéntur. ℣. Glória. * Afferétur.

AU III NOCTURNE.

Les deux premieres Leçons de
l'Homelie ſur l'Evangile Simile eſt
regnum cœlórum decem Virgínibus , au Commun des Vierges.

Bened. Ad ſocietátem.

Pour les ſaints Felix & Adauéte.

Leçon ix.

FElix , Diocletiáno & Maximiáno Imperatóribus , propter ſuſcéptam Chriſti Religiónem
comprehénſus , in Serápidis templum addúétus eſt. Cui ſacrificáre
cùm juberétur , os ſimulácri cón-
ſpuit. Quo faéto, ſtatim ærea ſtátua
córruit. Quod cùm iterùm ac tér-

tiò in æde Mercúrii Dianæque fac-
tum.eſſet, impietátis & mágicæ artis accuſátus, equúleo torquétur.
Mox ad ſecúndum ab Urbe lápidem viâ Oſtiénſi dúcitur, ut ſecúri
ferirétur. Cui inter viam oblátus
quidam Chriſtiánus, cùm Felicem
agnóſcens ad martyrium duci vidéret ; Ego quoque, clarâ voce
inquit, eâdem quâ iſte, lege vivo :
ego eúmdem Jeſum Chriſtum colo.
Itaque Felicem oſculátus, cum eo
ſecúri percútitur tértio Kaléndas
Septémbris : cujus nomen cùm ig-
nótum eſſet Chriſtiánis, is Adáucti
nómine nobilitátus eſt, quòd ſancto
Mártyri Felíci adáuctus ſit ad corónam.   Te Deum.

Memoire des ſaints Martyrs.
A LAUDES.
Ant. Veſtri capílli cápitis omnes
numeráti ſunt : nolíte timére, mul-
tis paſſéribus melióres eſtis vos.
℣. Exſultábunt ſancti in glória ;
℟. Lætabúntur in cubílibus ſuis.
L'Oraiſon Majeſtátem, ci deſſus.
LES VESPRES ſont toutes de
la Feſte ſuivante.

XXXI AOUST.
ST RAYMOND NONNAT,
Confeſſeur Pontife. Double.
A VESPRES.
O rémus.
D Eus qui in liberándis Fidélibus tuis ab impiórum captivitáte, beátum Raymúndum Non-
nátum Confeſſórem tuum mirábilem effecíſti ; ejus nobis interceſſióne concéde ut à peccatórum vínculis abſolúti, quæ tibi ſunt plácita
líberis méntibus exequámur ; per.

Memoire de ſainte Roſe.
Ant. Veni ſponſa Chriſti, áccipe corónam quam tibi Dóminus
præparávit in ætérnum.
℣. Diffúſa eſt grátia in lábiis tuis ;
℟. Proptéreà benedíxit te Deus in
ætérnum.
L'Oraiſon Bonórum, ci-deſſus.
A MATINES.
AU I NOCTURNE.
Les Leçons Beátus vir, au Commun d'un Confeſſeur non Pontife.
AU II NOCTURNE.
Leçon iv.
R Aymúndus Nonnátus cognoménto dictus, quia præter
commúnem natúræ legem mórtuæ
matris diſſécto látere in lumen edúctus fuit, Portélli in Catalónia piis
& nobílibus paréntibus ortus, ab
ipſa infantia futúræ ſanctitátis indi-
cia dedit. Nam puerília oblecta-
ménta mundíque illécebras réſpuens, ita pietáti óperam dabat, ut
omnes in púero adúltam virtútem
admiraréntur. Creſcénte verò ætáte
litterárum ſtúdiis incúbuit : ſed mox,
jubénte patre, vitam ruri agens,
Sacéllum ſancti Nicolái in Portélli
fínibus ſitum crebrò adíbat, ut ſa-
cram Deíparæ imáginem, quæ in
eo ſummâ Fidélium veneratióne
étiam nunc cólitur, viſitáret. Ibi ef-
fúſus in preces, ipſam Dei parén-
tem, ut ſe in fílium adoptáre viám-
que ſalútis ac ſciéntiam Sanctórum
edocére dignarétur enixè depre-
cabátur.
℟. Honéſtum fecit illum Dóminus, & cuſtodívit eum ab inimícis,
& à ſeductóribus tutávit illum, * Et
dedit illi claritátem ætérnam. ℣. Juſ-

tum dedúxit Dñus per vias rectas, & osténdit illi regnum Dei, * Et. Bened. Christus perpétuæ.

Leçon v.

NEc défuit votis ejus benigníssima Virgo : ab ipsa enim intelléxit gratíssimum sibi fore, si Religiónem sub título de Mercéde, seu de misericórdia Redemtiónis captivórum (eâ suggerénte) nuper fundátam ingrederétur. Quâ monitióne percéptâ, Barcinónam statim proféctus, illud tam præcelléntis erga próximum charitátis Institútum ampléxus est. Regulári ígitur milítiæ adscríptus, virginitátem quam pridem beátæ Vírgini consecráverat, perpétuò cóluit, cæterísque virtútibus enítuit ; charitáte præsértim erga Christiános qui sub potestáte Paganórum míseram in captivitáte vitam degébant. Hos ut redímeret in Africam missus, cùm jam multos à servitúte liberásset, ne consúmtâ pecúniâ, áliis item in próximo abnegándæ fídei discrímine constitútis deésset, seípsum pígnori dedit : sed cùm ardentíssimo salútis animárum desidério succénsus, plures Mahometános suis conciónibus ad Christum convérteret, in arctam custódiam à Bárbaris conjéctus, variísque supplíciis cruciátus, mox lábiis perforátis, & serâ férreâ clausis, crudéle martyrium diù sustínuit.

℟. Amávit eum Dóminus, & ornávit eum : stolam glóriæ índuit eum, * Et ad portas paradísi coronávit eum. ℣. Induit eum Dñus lorícam fídei, & ornávit eum, * Et. Bened. Ignem sui amóris.

Leçon vj.

OB hæc & ália fórtiter gesta sanctitátis ejus fama longè latéque diffúsa est, quâ permótus Gregórius nonus in amplíssimum sanctæ Románæ Ecclésiæ Cardinálium Collégium Raymúndum adscrípsit : sed vir Dei in ea dignitáte ab omni pompa abhórrens, religiósæ humilitátis tenacíssimus semper fuit. Romam verò pergens statim ac Cardónam pervénit, extrémo morbo conféctus, Ecclesiásticis Sacraméntis muníri summis précibus postulávit. Cùmque morbus ingravésceret, & sacérdos diútiùs tardáret, Angelórum ministério sub spécie Religiosórum sui Ordinis apparéntium salutári Viático reféctus fuit : quo sumto, & grátiis Deo peráctis, migrávit ad Dóminum Domínicâ últimâ Augústi, anno millésimo ducentésimo quadragésimo. Mórtui corpus, cùm circa locum sepultúræ conténtio orta esset, arcâ inclúsum, & mulæ cæcæ impósitum, ad Sacéllum sancti Nicolái, Dei nutu, delátum fuit, ut ibi tumularétur, ubi prima jécerat sanctióris vitæ fundaménta. Illic constrúcto sui Ordinis Coenóbio, à confluéntibus voti causâ ex univérsa Catalónia fidélibus pópulis honorátur, váriis miráculis & signis gloriósus.

℟. Iste homo perfécit ómnia quæ locútus est ei Deus : & dixit ad eum, Ingrédere in réquiem meam ; * Quia te vidi justum coram me ex ómnibus géntibus. ℣. Iste est qui contémsit vitam mundi, & pervénit ad coeléstia regna ; * Quia

* Quia te vidi. ℣. Glória. * Quia te vidi.

Au III Nocturne.

Les Leçons de l'Homelie sur l'Evangile Sint lumbi vestri, au Commun d'un Confesseur non Pontife.

AUX II VESPRES.

Memoire de St Gilles, Abbé.

Ant. Similábo eum viro sapiénti qui ædificávit domum suam supra petram.

℣. Amávit eum Dóminus, & ornávit eum ; ℟. Stolam glóriæ índuit eum.

Orémus.

INtercéssio nos, quæsumus, Dómine, beáti Ægídii Abbátis comméndet ; ut quod nostris méritis non valémus, ejus patrocínio assequámur.

Memoire des Sts douze Freres, Martyrs.

Ant. Istórum est enim regnum cœlórum, qui contemsérunt vitam mundi, & pervenérunt ad præmia regni, & lavérunt stolas suas in sánguine Agni.

℣. Lætámini in Dómino & exsultáte, Justi ; ℟. Et gloriámini, omnes recti corde.

Orémus.

FRatérna nos, Dómine, Mártyrum tuórum coróna lætíficet, quæ & fídei nostræ præbeat increménta virtútum & multíplici nos suffrágio consolétur ; per.

FESTES DE SEPTEMBRE.

Le I jour qui n'est point empesché, on dit l'Office des Morts.

I Septembre.
SAINT GILLES,
Abbé.
A MATINES.
Au I Nocturne.

Les deux premieres Leçons de l'Escriture marquées pour aujourd'hui au Propre du Temps.

Leçon iij.

ÆGídius Atheniénsis régiæ stirpis, à prima ætáte divínis litteris & charitátis offíciis ita déditus fuit, ut nihil prætéreà curáre viderétur. Itaque paréntibus mórtuis totum patrimónium in páuperes erogávit ; quin étiam túnicam éxuit, ut ægrótum egéntem tégeret, quâ ille indútus statim conváluit. Sed multis deínceps clárior miráculis, timens sui nóminis celebritátem, Arelátem ad beátum Cæsárium conténdit ; à quo post biénnium discédens, secéssit in erémum, ubi diútiùs herbárum radícibus & cervæ lacte, quæ statis ad eum horis veniébat, admirábili sanctitáte vixit. Quæ cerva, insequéntibus quodam die cánibus régiis, cùm in antrum Ægídii refugísset, Gálliæ Regem ímpulit, ut ab eo summis précibus péteret, ut in loco spelúncæ monastérium éxstrui paterétur. Cujus administratiónem, flagitánte Rege, invítus suscépit, eóque múnere áliquot annis prudénter piéque gesto, migrávit in cœlum.

Te Deum.

A LAUDES.

Memoire des Sts douze Freres.

Ant. Vestri capilli cápitis omnes numeráti sunt : nolíte timére, multis passéribus melióres estis vos.

℣. Exsultábunt Sancti in glória,

℟. Lætabúntur in cubílibus suis.

L'Oraison Fratérna, ci-dessus.

LES VESPRES sont toutes de la Feste suivante.

II SEPTEMBRE.
SAINT ESTIENNE,
Roi de Hongrie, Conf. Semid.
AUX I VESPRES.
O rémus.

COncéde, quæsumus, Ecclésiæ, omnípotens Deus, ut beátum Stéphanum Confessórem tuum, quem regnántem in terris propagatórem hábuit, propugnatórem habére mereátur gloriósum in cœlis ; per Dóminum.

A MATINES.
AU I NOCTURNE.

Les Leçons de l'Escriture marquées pour aujourd'hui au Propre du Temps.

AU II NOCTURNE.
Leçon iv.

STéphanus in Hungáriâ Christi fidem & régium nomen invéxit, régiâ corónâ à Románo Pontífice impetrátâ, ejúsque jussu in regem inúnctus Regnum Sedi Apostólicæ óbtulit. Vária pietátis domicília Romæ, Hierosólymis, Constantinópoli ; in Hungária Archiepiscopátum Strigoniénsem, Episcopátus decem, admirábili religióne & munificéntiâ fundávit. Par in páuperes amor & liberálitas, quos velúti Christum ipsum compléctens, néminem à se mœréntem ac vá-

cuum unquam dimísit ; quin ad eórum inópiam sublevándam amplíssimis facultátibus erogátis, domésticam quoque supelléctilem eximiâ benignitáte frequénter distríbuit : suis insuper mánibus laváre páuperum pedes, noctu solus & ignótus Nosocómia frequentáre, decumbéntibus inservíre, ac cétera charitátis officia exhibére consuévit : quarum virtútum mérito, illíus déxtera, resolúto cétero córpore, incorrúpta permánsit.

℟. Honéstum fecit illum Dóminus, & custodívit eum ab inimícis, & à seductóribus tutávit illum, * Et dedit illi claritátem ætérnam. ℣. Justum dedúxit Dñus per vias rectas, & osténdit illi regnum Dei. * Et.

Bened. Christus perpétuæ.

Leçon v.

ORándi stúdio noctes penè totas ducébat insómnes, atque in cœléstium rerum contemplatióne defíxus, interdum extra sensus raptus, sublímis in áera ferri visus fuit. Perduéllium conspiratiónes, ac validórum hóstium ímpetus, miro prorsus modó, non semel oratiónis præsídio, evitávit. Suscéptum ex Ghisélla Bavárica, sancti Henríci Imperatóris soróre quam sibi matrimónio júnxerat, Eméricum fílium tantâ morum disciplínâ talíque pietáte enutrívit, quantùm ejus póstea sánctitas declarávit. Regni verò negótia ita dispósuit, ut accítis úndique prudentíssimis ac sanctíssimis viris, nihil unquàm sine illórum consílio molirétur ; humíllimis ínterim précibus in cínere & cilício Deum déprecans ut univér-súm Hungáriæ regnum, ántequàm è vita migráret, Cathólicum vidére mererétur ; verè propter ingens dilatándæ fídei stúdium illíus gentis Apóstolus nuncupátus : factâ à Románo Pontifíce ipsi posterísque régibus præferéndæ crucis potestáte.

℟. Amávit eum Dóminus, & ornávit eum ; stolam glóriæ índuit eum, * Et ad portas paradísi coronávit eum. ℣. Induit eum Dóminus lorícam fídei, & ornávit eum, * Et. Bened. Ignem sui amóris.

Leçon vj.

DEi Genitrícem, quam ardentíssimè venerabátur, amplíssimo in ejus honórem constrúcto templo, Hungáriæ Patrónam institúit ; ab eádem vicíssim Vírgine recéptus in cœlum ipso suæ Assumptiónis die, quem Húngari è sancti Regis institúto magnæ Dóminæ diem appéllant. Sacrum ejus corpus suavíssimo fragrans odóre, liquóre cœlésti scatens, inter multa & vária mirácula, Románi Pontíficis jussu, nobilíorem in locum translátum est, atque honorificéntius cónditum. Ejus autem festum Innocéntius undécimus, Póntifex máximus, quarto Nonas Septembris, ob insignem victóriam ab exércitu Leopóldi primi, Romanórum elécti Imperatóris & Ungáriæ Regis, eâdem die in Budæ expugnatióne, ope divínâ è Turcis reportátam, celebrándum institúit.

℟. Iste homo perfécit ómnia quæ locútus est ei Deus ; & dixit ad

eum, Ingrédere in réquiem meam ; * Quia te vidi justum coram me ex ómnibus géntibus. ℣. Iste est qui contémsit vitam mundi, & pervénit ad cœléstia regna ; * Quia. ℣. Glória Patri. * Quia.

AU III NOCTURNE.

Leçon vij.

Léctio sancti Evangélii secúndùm Lucam. Ch. 19.

IN illo témpore dixit Jesus Discípulis suis parábolam hanc, Homo quidam nóbilis ábiit in regiónem longínquam accípere sibi regnum, & revérti. Et réliqua. Homília Sti Ambrósii Epíscopi.

Livre 8 sur saint Luc.

BOnus ordo, ut vocatúrus Gentes & Judæos jussúrus intérfici qui noluérunt regnáre supra se Christum hanc præmitteret comparatiónem, ne dicerétur, Nihil déderat pópulo Judæórum, unde póterat mélior fíeri : ut quid ab eo qui nihil recépit, exígitur ? Non mediócris ista est mna quam suprà múlier Evangélica quia non invénit, lucérnam accéndit, lúmine quærit admóto, gratulátur invéntam.

℟. Iste est qui ante Deum magnas virtútes operátus est, & de omni corde suo laudávit Dóminum. * Ipse intercédat pro peccátis ómnium populórum. ℣. Ecce homo sine queréla, verus Dei cultor, abstinens se ab omni ópere malo, & pérmanens in innocéntia sua. * Ipse. Bened. Cujus festum cólimus.

Leçon viij.

DEnique ex una decem mnas álius fecit, álius quinque. For-

I i ij

tasse iste morália habet, quia quinque sunt córporis sensus ; ille duplícia , id est , mystica legis & morália probitátis. Unde & Matthæus quinque talénta & duo talénta pósuit ; in quinque taléntis ut sint morália , in duóbus utrúmque, mysticum atque morale : quod número inferius , re ubérius.

℟. Sint lumbi vestri præcincti , & lucérnæ ardéntes in mánibus vestris : * Et vos símiles homínibus exspectántibus dóminum suum, quando revertátur à núptiis. ℣. Vigiláte ergo, quia nescítis quâ horâ Dóminus vester ventúrus sit. * Et vos. ℣. Glória Patri. * Et.

Bened. Ad societátem.

Leçon ix.

ET hîc póssumus decem mnas decem verba intellígere , id est , legis doctrínam ; quinque autem mnas , magistéria disciplínæ. Sed legisperítum in ómnibus volo esse perféctum : non enim in sermóne , sed in virtúte est regnum Dei. Benè autem, quæ de Judæis dicit, duo soli multiplicátam pecúniam déferunt ; non útique æris , sed dispensatiónis usúris. Alia est enim pecúniæ fénebris , ália doctrínæ cœléstis usúra.

Te Deum.

V SEPTEMBRE.
SAINT LAURENT,
JUSTINIEN.
Confesseur Pont. Semidouble, à devotion.

AUX I VESPRES.
L'Oraison Da , quæsumus.

A MATINES.
AU I NOCTURNE.
Les Leçons de l'Escriture marquées pour aujourd'hui au Propre du Temps.

AU II NOCTURNE.
Leçon iv.

LAuréntius ex illústri Justianiánórum família Venétiis natus, eximiam vel puer morum gravitátem præ se tulit. Exáctâ inter pietátis officia adolescéntiâ, ad castum verbi & ánimæ connúbium à divina Sapiéntia invitátus, de religiósæ vitæ institúto capeséndo deliberáre cœpit. Novæ ítaque militiæ clam prolúdens , præter álias córporis afflictatiónes, super nudos cubábat ásseres ; sedénfque velut árbiter hinc inter séculi blandiménta parátásque à matre núptias , illinc claustráles inter austeritátes , óculis in Christi patiéntis crucem convérsis , Tu , inquit , es , Dómine , spes mea, ibi posuísti certíssimum refúgium tuum ; ad Canonicórum sancti Gregórii in Alga Congregatiónem convolávit , ubi novis excogitátis cruciátibus ácriùs in seipsum véluti in hostem infensíssimum , instáurans bellum , nullam ádeò sibi oblectatiónem indulgébat, ut ne in doméstticum unquam hortum, nec in patérnam quidem domum , nisi cùm moriénti matri extréma pietátis officia siccis óculis persólvit , exínde intráverit. Par erat obediéntiæ, mansuetúdinis, ac præcípuè humilitátis stúdium, cùm abjectíssima quæque cœnóbii múnia sibi ultrò delúmeret , celebérrima per urbis loca, non tam victum quàm ludibria emendicáret, illatáfque contumélias ac calúmnias immótus ac filens perférret, afsíduæ præfértim oratiónis fubsídiol, quâ fæpè per mentis exceffum rapiebátur in Deum, tantóque cor ejus æftuábat ardóre, ut nutántes étiam fodáles ad perfeverántiam ac Jefu Chrifti amórem inflammáret.

℟. Invéni David fervum meum, óleo fancto meo unxi eum ; * Manus enim mea auxiliábitur ei. ℣. Nihil profíciet inimícus in eo, & fílius iniquitátis non nocébit ei ; * Manus.

Bened. Chriftus perpétuæ.

Leçon v.

AB Eugénio quarto Pátriæ Epíscopus defignátus, quem magnâ contentióne honórem detrectáverat, majóri geffit cum laude: nam confuétâ vivéndi ratióne nihil ádmodum immutátâ, paupertátem quam femper colúerat, in menfa, fupelléctili ac lecto perpétuò retínuit ; módicam domi alébat famíliam, quòd grandem álteram fibi effe díceret, páuperes Chrifti fignificans. Quacúmque adirétur horâ præfto ómnibus erat, patérnâ omnes charitáte allevábat, non rénuens vel ære se aliéno graváre, dum illórum ne inópiæ deéffet. Rogátus quâ fpe id fáceret ; Dómini mei qui pro me diffólvere fácile póterit, refpondébat. Spem autem non confúndere, divína providéntia, fubmiffis inopináto fubsídiis, júgiter declarábat. Plura Vírginum Monaftéria conftrúxit, quas

étiam ad perfectióris vitæ ratiónem fuâ vigilántiâ compófuit. Matrónis à féculi pompis & ornátûs vanitáte revocándis Ecclefiáfticæ difciplínæ ac móribus reformándis maximópere ftúduit ; dignus fanè qui ab eódem Eugénio glória & decus Præfulum coram Cardinálibus vocárétur, & qui à Nicoláo quinto ejus fucceffóre, tranfláto è Gradénfi civitáte título, primus Venetiárum Patriárcha renuntiarétur.

℟. Pófui adjutórium fuper poténtem, & exaltávi eléctum de plebe mea ; * Manus enim mea auxiliábitur ei. ℣. Invéni David fervum meum, óleo fancto meo unxi eum ; * Manus enim.

Bened. Ignem fui amóris.

Leçon vj.

LAcrymárum dono infignítus omnipoténti Deo placatiónis hóftiam quotídie offerébat ; quod cùm aliquándo nocte Domínicæ Nativitátis perágeret, Chriftum Jefum fub pulchérrimi infántis fpécie vidére proméruit ; tantúmque in eo erat commíffi gregis præsídium, ut cœlitùs aliquándo accéptum fúerit Pontíficis fui interceffióne ac mériis fletíffe Rempúblicam. Prophetiæ fpíritu afflátus, plura humánæ cognitióni prorsùs impérvia prædíxit, morbos ac Dæmones fuis précibus fæpe fugávit ; libros étiam cœléftem doctrínam ac pietátem fpirántes, grammáticæ pene rudis confcrípfit. Dénique cùm lethálem incidíffet in morbum, & commodiórem doméftici lectum feni atque ægro parárent, averfátus ejúfmodi delícias, tanquam à duríssima moriéntis Dómini sui cruce plus nímiò abhorréntes, consuéto in strámine se jussit depóni ; & finem vitæ suæ adventáre prænóscens, sublátis in cœlum óculis, Vénio, inquit, ad te, ô bone Jesu ; & sexto Idus Januárii obdormívit in Dómino. Pretiósam ejus mortem testáti sunt Angélici concéntus à Carthusiánis quibúsdam Mónachis audíti, & sacrum cadáver per duos ultra menses inhumátum suávi fragrans odóre, & rubescénte fácie, íntegrum atque incorrúptum, ac nova post mortem patráta mirácula ; quibus permótus Alexánder octávus Póntifex máximus eum in Sanctórum número adscrípsit ; Innocétius verò duodécimus quintam Septémbris diem quâ Vir sanctus ad Pontifíciam primò cáthedram fúerat evéctus, celebrándo illíus festo assignávit.

℟ Iste est qui ante Deum magnas virtútes operátus est ; & de omni corde suo laudávit Dñum. * Ipse intercédat pro peccátis ómnium populórú. ℣ Ecce homo sine queréla, verus Dei cultor, abstinens se ab omni ópere malo, & pérmanés in innocéntia sua. * Ipse. ℣ Glória. * Ipse.

Au III Nocturne.

Les Leçons de l'Homelie sur l'Evang. **Homo** péregrè proficíscens, au Commun des Confess. Pont.

VIII Septembre.
LA NATIVITÉ
DE LA VIERGE MARIE.
Double de II Classe.

Tout se dit comme au Petit Of-

fice, excepté ce qui suit de propre ici.

AUX I VESPRES.

Ant. Natívitas gloriósæ Vírginis Maríæ, ex sémine Abrahæ, ortæ de tribu Juda, clara ex stirpe David.

Ant. Natívitas est hódie sanctæ Maríæ Vírginis, cujus vita ínclyta cunctas illústrat Ecclésias.

Ant. Regáli ex progénie María exórta refúlget : cujus précibus nos adjuvári mente & spíritu devotíssimé póscimus.

Ant. Corde & ánimo Christo canámus glóriam in hac sacra solemnitáte præcélsæ genitrícis Dei Maríæ.

Ant. Cum jucunditáte Natívitátem beátæ Maríæ celebrémus, ut ipsa pro nobis intercédat ad Dóminum Jesum Christum.

℣ Natívitas est hódie sanctæ Maríæ Vírginis, ℟ Cujus vita ínclyta cunctas illústrat Ecclésias.

A Magníficat, Ant. Gloriósæ Vírginis Maríæ ortum digníssimum recolámus, quæ & genitrícis dignitátem obtínuit, & virginálem pudicítiam non amísit.

Orémus.

Famulis tuis, quæsumus, Dómine, cœléstis grátiæ munus impertíre ; ut quibus beátæ Vírginis partus éxstitit salútis exórdium, Nativitátis ejus votíva solémnitas pacis tríbuat increméntum ; per.

A MATINES.

Invit. Nativitátem Vírginis Maríæ celebrémus. * Christum ejus fílium adorémus Dóminum.

Pseaume 94. Venite.

AU I NOCTURNE.

Leçon i.

Incipiunt Cántica Canticórum.

Chapitre 1.

Oscúletur me óculo oris súi, quia melióra funt úbera tua vino, fragrántia unguéntis óptimis. Oleum effúfum nomen tuum; ídeò adolefcéntulæ dilexérunt te. Trahe me poft te, currémus in odórem unguentórum tuórum. Introdúxit me Rex in celláira fúa : exfultábimus & lætábimur in te, mémores úberum tuórum fuper vinum : recti díligunt te. Nigra fum, fed formófa, fíliæ Jerúfalem, ficut tabernácula Cedar, ficut pelles Salomónis.

℞. Hódie nata eft beáta Virgo María ex progénie David, * Per quam falus mundi credéntibus appáruit, cujus vita gloriófa lucem dedit féculo. ℣. Nativitátem beátæ Maríæ Vírginis cum gáudio celebrémus : * Per.

Bened. Unigénitus Dei Fílius.

Leçon ij.

Nolíte me confideráre quòd fufca fim, quia decolorávit me fol. Fílii matris meæ pugnavérunt contra me ; pofuérunt me cuftódem in víneis : víneam meam non cuftodívi. Indica mihi, quem díligit ánima mea, ubi pafcas, ubi cubes in merídie ; ne vagári incípiam poft greges fodálium tuórum. Si ignóras te, ô pulchérrima inter mulíeres, egrédere & abi poft veftígia gregum, & pafce hœdos tuos juxta tabernácula paftórum. Equitátui meo in cúrribus Pharaó-

nis affimilávi te, amíca mea. Pulchræ funt genæ tuæ ficut túrturis, collum tuum ficut monília.

℞. Beatíffimæ Vírginis Maríæ Nativitátem devotíffimè celebrémus, * Ut ipfa pro nobis intercédat ad Dóminum Jefum Chriftum. ℣. Cum jucunditáte Nativitátem beátæ Maríæ Vírginis devotíffimè celebrémus, * Ut ipfa.

Bened. Spíritûs fancti grátia.

Leçon iij.

Murénulas áureas faciémus tibi, vermiculátas argénto. Dum effet Rex in accúbitu fuo, nardus mea dedit odórem fuum. Fafcículus myrrhæ diléctus meus mihi, inter úbera mea commorábitur. Botrus Cypri, diléctus meus mihi, in víneis Engáddi. Ecce tu pulchra es, amíca mea, ecce tu pulchra es ; óculi tui columbárum. Ecce tu pulcher es, diléte mi, & decórus. Léctulus nofter flóridus : tigna domórum noftrárum cédrina, laqueária noftra cypreffína.

℞. Gloriófæ Vírginis Maríæ ortum digníffimum recolámus, * Cujus Dóminus humilitátem refpéxit, quæ, Angelo nuntiánte, concépit Salvatórem mundi. ℣. Beatíffimæ Vírginis Maríæ Nativitátem devotíffimè celebrémus, * Cujus. ℣. Glória Patri. * Cujus.

AU II NOCTURNE.

Leçon iv.

Sermo fancti Auguftini Epifcopi. *Sermon 18, des Saints, qui eft le 2 de l'Annonciation de N. S.*

Adeft nobis, Dilectíffimi, optátus dies beátæ ac venerábilis semper Vírginis Maríæ : ídeo cum summa exsultatióne gáudeat terra nostra, tantæ Vírginis illustráta natáli. Hæc est enim flos campi ; de quo ortum est pretiósum lílium convállium, per cujus partum mutátur natúra, protoplastórum delétur & culpa. Præcísum est in ea illud Hevæ infelicitátis elógium, quo dícitur ; In dolóre páries fílios tuos : quia ista in lætítia Dóminum péperit.

℞. Natívitas gloriósæ Vírginis Maríæ ex sémine Abrahæ, ortæ de tribu Juda, clara ex stirpe David, * Cujus vita ínclyta cunctas illústrat Ecclésias. ℣. Hódie nata est beáta Virgo María ex progénie David, * Cujus vita. ℣. Bened. Christus perpétuæ.

Leçon v.

Heva enim luxit, ista exsultávit ; Heva lácrymas, María gáudium in ventre portávit : quia illa peccatórem, ista édidit innocéntem. Mater géneris nostri pœnam íntulit mundo ; génitrix Dómini nostri salútem íntulit mundo. Auctrix peccáti Heva, auctrix mériti María. Heva occidéndo óbfuit, María vivificándo prófuit. Illa percússit, ista sanávit. Pro inobediéntia enim obediéntia commutátur, fides pro perfidia compensátur.

℞. Cum jucunditáte Nativitátem beátæ Maríæ celebrémus ; * Ut ipsa pro nobis intercédat ad Dóminum Jesum Christum. ℣. Corde & ánimo Christo canámus glóriam in hac sacra solemnitáte præcélsæ genitrí-

cis Dei Maríæ ; * Ut ipsa pro nobis.

Bened. Ignem sui amóris.

Leçon vj.

Laudat nunc órganis María ; & inter velóces artículos tympana puérperæ cóncrepent. Cóncinant lætántes chori, & alternántibus módulis dulcísona cármina misceántur. Audíte ígitur quemádmodum tympanístria nostra cantáverit. Ait enim, Magníficat ánima mea Dóminum, & exsultávit spíritus meus in Deo salutári meo, quia respéxit humilitátem ancíllæ suæ ; ecce enim ex hoc beátam me dicent omnes generatiónes ; quia fecit mihi magna qui potens est. Causam ígitur invalescéntis erráti miráculum novi partûs evícit, & Hevæ planctum Maríæ cantus exclúsit.

℞. Natívitas tua, Dei Génitrix Virgo, gáudium annuntiávit univérso mundo. * Ex te enim ortus est sol justítiæ, Christus Deus noster, ** Qui solvens maledictióne, dedit benedictiónem ; & confúndens mortem, donávit nobis vitam sempitérnam. ℣. Benedícta tu in muliéribus, & benedíctus fructus ventris tui, * Ex te enim. ℣. Glória Patri. ** Qui solvens.

AU III NOCTURNE.

Leçon vij.

Léctio sancti Evangélii secúndum Matthæum. Ch. 1.

Liber generatiónis Jesu Christi, fílii David, fílii Abraham. Abraham génuit Isaac. Isaac autem génuit Jacob. Et réliqua.

Homília

Homília Sti Hierónymi Presbyteri.
Livre 1 des Comment.sur St Matthieu.

IN Isaía légimus; Generatiónem ejus quis enarrábit? Non ergo putémus Evangelístam Prophétæ esse contrárium, ut quod ille impossíbile dixit effátu, hic narráre incípiat : quia ibi de generatióne divinitátis, hìc de Incarnatióne est dictum. A carnálibus autem cœpit, ut per hóminem Deum díscere incipiámus. Fílii David, fílii Abraham. Ordo præpósterus, sed necessáriò commutátus. Si enim primùm posuísset Abraham, & póstea David, rursus ei repeténdus fúerat Abraham, ut generatiónis séries texerétur.

℟. Beátam me dicent omnes generatiónes ; * Quia fecit mihi Dóminus magna qui potens est, & sanctum nomen ejus. ℣. Et misericórdia ejus à progénie in progénies, timéntibus eum : * Quia.

Bened Cujus festum cólimus, ipsa Virgo vírginum intercédat pro nobis ad Dóminum.

Leçon viij.

IDeò autem, céteris prætermíssis, horum fílium nuncupávit; quia ad hos tantùm facta est de Christo repromíssio : ad Abraham ; In sémine, inquit, tuo benedicéntur omnes gentes, quod est Christus : ad David ; De fructu ventris tui ponam super sedem tuam. Judas autem génuit Phares & Zaram de Thamar. Notándum in genealógia Salvatóris nullam sanctárum assúmi mulíerum, sed eas quas Scriptúra reprehéndit ; ut qui própter

peccatóres vénerat, de peccatóribus nascens, ómnium peccáta deléret. Unde & in consequéntibus Ruth Moábitis pónitur, & Bethsabée uxor Uríæ.

℟. Felix namque es, sacra Virgo María, & omni laude digníssima ; * Quia ex te ortus est sol justítiæ, ** Christus Deus noster. ℣. Ora pro pópulo, intérveni pro Clero, intercéde pro devóto femíneo sexu. Séntiant omnes tuum juvámen, quicúmque célebrant tuam sanctam Nativitátem ; * Quia ex te. ℣. Glória Patri. ** Christus.

Bened. Ad societátem.

Pour saint Adrien, Martyr.

Leçon ix.

ADriánus jussu Maximiáni Imperatóris apud Nicomédiam pérsequens Christiános, cùm sæpius eórum in fídei confessióne & tormentórum perpessióne constántiam demirátus esset, veheménter eâ re commótus ad Christum se convértit. Quámobrem cum áliis viginti tribus Christiánis conjéctus est in cárcerem ; ubi eum vísitans Natália uxor, quæ & ipsa ántea in Christum credíderat, ad martyrium incéndit. Itaque è custódia edúctus, támdiu flagéllis cæsus est, donec intestína diffluerent. Postrémò fractis crúribus, mánibus pedibúsque præcísis, unà cum multis áliis martyrii certámen felíciter absólvit. Te Deum.

A LAUDES.

Ant. Nativitas gloriósæ Vírginis Mariæ, ex sémine Abrahæ, ortæ de tribu Juda, clara ex stirpe David.

R. 4. Automne. K k

Pseaume 92 Dóminus regnávit, avec les autres.

Ant. Nativitas est hódiè sanctæ Maríæ Vírginis, cujus vita ínclyta cunctas illústrat Ecclésias.

Ant. Regáli ex progénie María exórta refúlget; cujus précibus nos adjuvári mente & spíritu devotíssimè póscimus.

Ant. Corde & ánimo Christo canámus glóriá in hac sacra solemnitáte præcélsæ genitrícis Dei Maríæ.

Ant. Cum jucunditáte. Nativitátem beátæ Maríæ celebrémus, ut ipsa pro nobis intercédat ad Dóminum Jesum Christum.

Chapitre. *Eccli.* 24.

AB inítio & ante sécula creáta sum, & usque ad futúrum séculum non désinam, & in habitatióne sancta coram ipso ministrávi.

[Hymne ancienne.

O Gloriósa Dómina,
Excélsa super sídera,
Qui te creávit próvidè
Lactásti sacro úbere.

Quod Eva tristis ábstulit
Tu reddis almo gérmine;
Intrent ut astra flébiles,
Cœli fenéstra facta es.

Tu Regis alti jánua
Et porta lucis fúlgida.
Vitam datam per Vírginem,
Gentes redémtæ, pláudite.

Glória tibi, Dómine,
Qui natus es de Vírgine,
Cum Patre & sancto Spíritu
In sempitérna sécula.

Hymne nouvelle.

O Gloriósa Vírginum,
Sublímis inter sídera,

Qui te creávit parvúlum
Lacténte nutris úbere.

Quod Heva tristis ábstulit
Tu reddis almo gérmine:
Intrent ut astra flébiles,
Cœli reclúdis cárdines.

Tu Regis alti jánua
Et aula lucis fúlgida;
Vitam datam per Vírginem,
Gentes redémtæ, pláudite.

Jesu, tibi sit glória,
Qui natus es de Vírgine,
Cum Patre & almo Spíritu
In sempitérna sécula. Amen.

℣. Nativitas est hódie sanctæ Maríæ Vírginis, ℟. Cujus vita ínclyta cunctas illústrat Ecclésias.

A Benedictus, Ant. Nativitátem hodiérnam perpétuæ Vírginis genitrícis Dei Maríæ solémniter celebrémus, quâ celsitúdo throni procéssit. Allelúia.

Orémus.

FAmulis tuis, quæsumus, Dómine, cœléstis grátiæ munus impertíre; ut quibus beátæ Vírginis partus éxstitit salútis exórdium, Nativitátis ejus votíva solémnitas, pacis tríbuat increméntum; per Dóminum.

Memoire
de saint Adrien, Martyr.

Ant. Qui odit ánimam suam in hoc mundo, in vitam ætérnam custódit eam.

℣. Justus ut palma florébit, ℟. Sicut cedrus Líbani multiplicábitur.

Orémus.

PRæsta, quæsumus, omnípotens Deus, ut qui beáti Adriáni

Mártyris tui natalítia cólimus, intercessióne ejus in tui nóminis amóre roborémur ; per Dóminum nof-

A PRIME.

Au ℟ bref, on dit le ℣ Qui nátus es de María Vírgine, aujourd'hui & pendant toute l'Octave, lors même qu'on n'en fait point l'Office.

A TIERCE.

Ant. Natívitas eſt hódiè.

Le Chapitre Ab inítio & ante, à Laudes.

℟ bref. Spécie tuâ * Et pulchritúdine tuâ. On repete Spécie.

℣. Inténde, próſperè procéde & regna. * Et.

℣. Glória. ℟. Spécie.

℣. Adjuvábit eam Deus vultu ſuo, ℟. Deus in médio ejus ; non commovébitur.

A SEXTE.

Ant. Regáli ex progénie.

Chapitre. Eccli. 24.

ET ſic in Sion firmáta ſum, & in civitáte ſanctificáta ſimíliter requiévi, & in Jerúſalem poteſtas mea. Et radicávi in pópulo honorificáto, & in parte Dei mei hæréditas illíus, & in plenitúdine Sanctórum deténtio mea.

℟ bref. Adjuvábit eam * Deus vultu ſuo. On repete Adjuvábit.

℣. Deus in médio ejus ; non commovébitur. * Deus.

℣. Glória. ℟. Adjuvábit.

℣. Elégit eam Deus & præelégit eam ; ℟. In tabernáculo ſuo habitáre facit eam.

A NONE.

Ant. Cum jucunditáte.

Chapitre. Eccli. 24.

IN platéis ſicut cinnamómum & bálſamum aromatízans odórem dedi ; quaſi myrrha elécta dedi ſuavitátem odóris.

℟ bref. Elégit eam Deus * Et præelégit eam. On repete Elégit.

℣. In tabernáculo ſuo habitáre facit eam. * Et præelégit.

℣. Glória Patri. ℟. Elégit.

℣. Diffúſa eſt grátia in lábiis tuis, ℟. Proptérea benedíxit te Deus in ætérnum.

AUX II VESPRES,

Tout ſe dit comme aux premieres, excepté

A Magníficat, Ant. Natívitas tua, Dei Génitrix virgo, gáudium annuntiávit univérſo mundo ; ex te enim ortus eſt ſol juſtítiæ, Chriſtus Deus noſter, qui ſolvens maledictiónem, dedit benedictiónem & confúndens mortem, donávit nobis vitam ſempitérnam.

L'Oraiſon Fámulis tuis, à Laudes.

Memoire

de ſaint Gorgon, Martyr.

Ant. Iſte ſanctus pro lege Dei ſui certávit uſque ad mortem, & à verbis impiórum non tímuit ; fundátus enim erat ſupra firmam petram.

℣. Glóriâ & honóre coronáſti eum, Dñe ; ℟. Et conſtituíſti eum ſuper ópera mánuum tuárum.

Orémus.

SAnctus tuus, Dómine, Gorgónius ſuâ nos interceſſióne lætíficet, & piâ fáciat ſolemnitáté gaudére ; per Dóminum.

Kk ij

LE DIMANCHE
DANS L'OCTAVE
de la Nativité de la sainte
Vierge.
LE NOM
DE LA SAINTE VIERGE.
Double majeur.

Si la feste de l'Exaltation de la sainte Croix arrive en ce Dimanche, on transfere l'Office du Nom de Marie au 22 de ce mois.

Et Si la Feste de la Nativité arrive un Dimanche, on fait l'Office du Nom de Marie le jour de l'Octave, sans aucune memoire du jour de l'Octave.

Tout l'Office se fait comme au Petit Office, excepté ce qui suit de propre ici.

AUX I VESPRES.

Ant. Dum esset Rex in accúbitu suo, nardus mea dedit odórem suavitátis.

Ant. Læva ejus sub cápite meo, & déxtera illíus amplexábitur me.

Ant. Nigra sum, sed formósa, fíliæ Jerúsalem; ideò diléxit me Rex & introdúxit me in cubículum suum.

Ant. Jam hyems tránsiit, imber ábiit & recéssit : surge, amíca mea, & veni.

Ant. Speciósa facta es & suávis in delíciis tuis, sancta Dei Génitrix.

℣. Dignáre me laudáre te, Virgo sacráta ; ℟. Da mihi virtútem contra hostes tuos.

A Magníficat, Ant. Sancta María, succúrre míseris, juva pusillánimes, réfove flébiles, ora pro pó-

pulo, intérveni pro Clero, intercéde pro devóto femíneo sexu. Séntiant omnes tuum juvámen, quicúmque célebrant tui sancti Nóminis commemoratiónem.

O rémus.

Concéde, quæsumus, omnípotens Deus, ut Fidéles tui, qui sub sanctíssimæ Vírginis Maríæ Nómine & protectióne lætántur, ejus piâ intercessióne à cunctis malis liberéntur in terris, & ad gáudia ætérna perveníre mereántur in coelis ; per Dóminum.

Memoire du Samedi d'avant le Dimanche où arrive cette Feste.

A MATINES.

Invit. Sancta María Dei Génitrix Virgo, * Intercéde pro nobis.

Pseaume 94 Veníte.

AU I NOCTURNE.

Leçon j.
De Parábolis Salomónis.
Chapitre 8 & 9.

Ego Sapiéntia hábito in consílio, & erudítis intérsum cogitatiónibus. Timor Dómini odit malum. Arrogántiam & supérbiam & viam pravam & os bilíngue detéstor. Meum est consilium & æquitas ; mea est prudéntia, mea est fortitúdo. Per me reges regnant, & legum conditóres justa decérnunt. Per me príncipes ímperant, & poténtes decérnunt justítiã. Ego diligéntes me diligo ; & qui mane vígilant ad me, invénient me.

℟. Sancta & immaculáta Vírginitas, quibus te láudibus éfferam néscio ; * Quia quem coeli cápere non póterant, tuo grémio contulifti. ℣. Benedícta tu in muliéribus, & benedíctus fructus ventris tui; * Quia.

Bened. **Unigénitus Dei Fílius.**

Leçon ij.

MEcum funt divítiæ & glória, opes fupérbæ & juftítia. Mélior eft enim fructus meus auro & lápide pretiófo, & genímina mea argénto elécto. In viis juftítiæ ámbulo, in médio femitárum judícii, ut ditem diligéntes me, & thesáuros eórum répleam. Dóminus poffédit me in inítio viárum fuárum, ántequam quidquam fáceret à princípio. Ab ætérno ordináta fum, & ex antíquis ántequam terra fíeret. Nondum erant abyffi, & ego jam concépta eram : necdum fontes aquárum erúperant, necdum montes gravi mole conftíterant ; ante colles ego parturiébar.

℟. Congratulámini mihi, omnes qui dilígitis Dóminum, quia cùm effem párvula, plácui Altíffimo ; * Et de meis vifcéribus génui Deum & hóminem. ℣. Beátam me dicent omnes generatiónes, quia ancíllam húmilem refpéxit Deus ; * Et.

Bened. **Spíritûs fancti grátia.**

Leçon iij.

BEátus homo qui audit me & qui vígilat ad fores meas quotídiè & obférvat ad poftes óftii mei. Qui me invénerit, invéniet vitam, & háuriet falútem à Dómino ; qui autem in me peccáverit, lædet ánimam fuam. Omnes qui me odérunt, díligunt mortem. Sapiéntia ædificávit fibi domum, excidit colúmnas feptem, immolávit víctimas fuas,

mífcuit vinum, & propófuit menfam fuam. Mifit ancillas fuas, ut vocárent ad arcem & ad moenia civitátis : Si quis eft párvulus, véniat ad me. Et infipiéntibus locúta eft : Veníte, comédite panem meum, & bíbite vinum quod mífcui vobis.

℟. Beáta es, Virgo María, quæ Dóminum portáftiCreatórem mundi : * Genuífti qui te fecit, & in ætérnum pérmanes virgo. ℣. Ave, María, grátiâ plena ; Dóminus tecum. * Genuífti. ℣. Glória Patri. * Genuífti.

Au II Nocturne.

Leçon iv.

Sermo fancti Bernárdi Abbátis.

De l'Homelie 2 fur le Miffus eft, vers la fin.

ET nomen, inquit, Vírginis María. Loquámur pauca & fuper hoc nómine, quod interpretátum Maris ftella dicitur, & matri Vírgini valdè conveniénter aptátur ; ipfa namque aptíffimè síderi comparátur, quia ficut fine fuî corruptióne fidus fuum emíttit rádium, fic abfque fuî læfióne Virgo parturívit fílium : nec síderi rádius fuâ mínuit claritátem, nec Vírgini fílius fuam integritátem. Ipfa eft ígitur nóbilis illa ftella ex Jacob orta, cujus rádius univérfum orbem illúminat ; cujus fplendor & præfúlget in fupernis, & ínferos pénetrat, terras étiam perlúftrans, & calefáciens magis mentes quàm córpora, fovet virtútes, éxcoquit vítia. Ipfa, inquam, eft præclára & exímia ftella fuper hoc mare magnum & fpatiófum neceffáriò fublevàta, micans méritis, illúſtrans exémplis.

℞. Sicut cedrus exaltáta ſum in Líbano, & ſicut cypréſſus in monte Sion : quaſi myrrha elécta * Dedi ſuavitátem odóris. ℣. Et ſicut cinnamómum & bálſamum aromatízans * Dedi.

Bened. Chriſtus perpétuæ.

Leçon v.

OQuiſquis te intélligis in hujus ſéculi proflúvio magis inter procéllas & tempeſtátes fluctuáre, quàm per terram ambuláre, ne avértas óculos à fulgóre hujus síderis, ſi non vis óbrui procéllis. Si inſúrgant venti tentatiónum, ſi incúrras ſcópulos tribulatiónum, réſpice ſtellam, voca Maríam. Si jactáris ſupérbiæ undis, ſi ambitiónis, ſi detractiónis, ſi æmulatiónis, réſpice ſtellam, voca Maríam. Si iracúndia aut avarítia aut carnis illécebra navículam concúſſerit mentis, réſpice ad Maríam. Si críminum immanitáte turbátus, conſciéntiæ fœditáte confúſus, judícii horróre pertérritus, bárathro incípias abſorbéri triſtítiæ, deſperatiónis abyſſo, cógita Maríam.

℞. Quæ eſt iſta quæ procéſſit ſicut ſol, & formóſa tanquam Jerúſalem. * Vidérunt eam fíliæ Sion & beátam dixérunt, & Regínæ laudavérunt eam. ℣. Et ſicut dies verni circúmdabant eam flores roſárum & lília convállium. * Vidérunt eam fíliæ Sion & beátam dixérunt, & Regínæ laudavérút eam.

Bened. Ignem ſui amóris accéndat Deus in córdibus noſtris.

Leçon vj.

IN perículis, in angúſtiis, in rebus dúbiis Maríam cógita, Maríam ínvoca. Non recédat ab ore, non recédat à corde; & ut ímpetres ejus oratiónis ſuffrágium, non déſeras converſatiónis exémplum. Ipſam ſequens non dévias ; ipſam rogans non deſpéras ; ipſam cógitans non erras ; ipsâ tenénte, non córruis ; ipsâ protegénte, non métuis ; ipsâ duce, non fatigáris ; ipsâ propítiâ, pérvenis, & ſic in temetípſo experíris quàm méritò dictum ſit, Et nomen Vírginis María. Quod quidem venerábile Nomen, jámpridem in quibúſdam Chriſtiáni Orbis pártibus ſpeciáli ritu cultum, Innocéntius undécimus Romául. Póntifex, ob inſígnem victóriam ſub ejúſdem Vírginis Maríæ præſidio de immaníſſimo Turcárum Tyránno cervícibus Pópuli Chriſtiáni inſultánte Viénnæ in Auſtria partam, & in perénne tanti benefícii monuméntum, in Eccléſia univerſáli singulis annis Domínicâ infra Octávam Nativitátis beátæ Vírginis Maríæ celebrári præcépit.

℞. Ornátam monílibus fíliam Jerúſalem Dóminus concupívit : * Et vidéntes eam fíliæ Sion, beatíſſimam prædicavérunt, dicéntes, * * Unguéntum effúſum nomen tuum. ℣. Adſtitit Regína à dextris tuis in veſtitu deauráto, circúmdata varietáte. * Et vidéntes eam fíliæ Sion, beatíſſimam prædicavérunt, dicéntes, ℣. Glória Patri. * * Unguéntum.

AU III NOCTURNE.

Leçon vij.

Léctio sancti Evangélii secúndùm Lucam. *Chap.* 1.

IN illo témpore missus est Angelus Gábriel à Deo in civitátem Galilææ cui nomen Názareth, ad vírginem desponsátam viro cui nomen erat Joseph de domo David, & nomen Vírginis María. Et réliqua.

Ex Homília Sti Petri Chrysólogi.

Sermon 142, *de l'Annonciation.*

AUdístis hódie, Fratres charíssimi, Angelum cum mulíere de hóminis reparatióne tractántem. Audístis agi, ut homo cúrsibus eísdem quibus dilápsus fúerat ad mortem, redíret ad vitam. Agit, agit cum María Angelus de salúte, quia cum Eva Angelus égerat de ruína. Audístis Angelum de carnis nostræ limo templum divínæ Majestátis arte ineffabili construéntem. Audístis in terris Deum, in cœlis hóminem sacraménto incomprehensíbili collocári. Audístis inaudítâ ratióne in uno córpore Deum hominémque miscéri. Audístis frágilem nostræ carnis natúram ad portándam totam Deitátis glóriam Angélicâ exhortatióne roborári.

R. Beátam me dicent omnes generatiónes; * Quia fecit mihi Dóminus magna qui potens est, & sanctum nomen ejus. y. Et misericórdia ejus à progénie in progénies timéntibus eum; * Quia fecit.

Bened. Cujus festum cólimus, ipsa Virgo vírginum intercédat pro nobis ad Dóminum.

Leçon viij.

DEnique ne tanto pónderi cœléstis fábricæ in María subtílis nostri córporis aréna succúmberet, & in Vírgine totíus géneris humáni portatúra fructum, virga ténuis frangerétur, fugatúra metum vox Angeli mox præcéssit, dicens, Ne tímeas, María. Ante causam dignitas Vírginis annuntiátur ex Nómine; nam María Hebrǽo sermóne Latínè Dómina nucupátur. Vocat ergo Angelus Dóminam, ut Dominatóris genitrícem trepidátio déserat servitútis, quam nasci & vocári Dóminam, ipsa sui gérminis fecit & impetrávit auctóritas: Ne tímeas, María, invenísti enim grátiam. Verum est quia qui invénit grátiam, nescit timére: Invenísti grátiam.

R. Felix namque es, sacra Virgo María, & omni laude digníssima; * Quia ex te ortus est sol justítiæ, Christus Deus noster. y. Ora pro pópulo, intérveni pro Clero, intercéde pro devóto femíneo sexu. Séntiant omnes tuum juvámen, quicúmque célebrant tuã sanctam commemoratiónem; * Quia ex te ortus est sol justítiæ, Christus Deus noster. y. Glória Patri. * Quia.

Pour neuvieme Leçon on prend l'Homelie du Dimanche où arrive cette Feste, avec la Benediction Per Evangélica dicta. Mais si cette Feste est transferée, on dit la Leçon suivante avec la benediction Ad societátem cívium supernórum perdúcat nos Rex Angelórum.

Ex Epistola sancti Leónis Papæ ad Pulchérrimam Augústam.

De l'Epiftre 13, avant le milieu.

Acraméntum reconciliatiónis noftræ ante témpora ætérna difpófitum, nullæ implébant figúræ, quia nondùm fupervénerat Spíritus fanctus in Vírginem, nec virtus Altíffimi obumbráverat ei ; ut & intra intemeráta víscera, ædificánte fibi Sapiéntiâ domum, Verbum caro fíeret, & formâ Dei ac formâ fervi in unam conveniénte perfónam, creátor témporum nafcerétur in témpore ; & per quem facta funt ómnia, ipfe inter ómnia gignerétur. Nifi enim novus homo, factus in fimilitúdinem carnis peccáti, noftram fufcíperet vetuftátem, & confubftantiális Patri confubftantiális effe dignarétur & Matri, naturámque fibi noftram folus à peccáto liber uníret ; fub jugo Diáboli generáliter tenerétur humána captívitas.

Te Deum.

A LAUDES.

Ant. Dum effet Rex in accúbitu fuo, nardus mea dedit odórem fuavitátis.

Pf. 92 Dóminus regnávit & les autres.

Ant. Læva ejus fub cápite meo, & déxtera illíus amplexábitur me.

Ant. Nigra fum, fed formófa, filiæ Jerúfalem ; ideò diléxit me Rex & introdúxit me in cubículum fuum.

Ant. Jam hyems tránfiit, imber ábiit & recéffit : furge, amíca mea, & veni.

Ant. Speciófa facta es & fuávis

in delíciis tuis, fancta Dei Génitrix.

Chapitre.   *Eccli.* 24.

AB inítio & ante fécula creáta fum, & ufque ad futúrum féculum non définam, & in habitatióne fancta coram ipfo miniftrávi.

Hymne ancienne.

O Gloriófa Dómina,
Excélfa fuper fídera,
Qui te creávit próvidè
Lactáfti facro úbere.
Quod Eva triftis ábftulit
Tu reddis almo gérmine ;
Intrent ut aftra flébiles,
Cœli fenéftra facta es.
Tu Regis alti jánua
Et porta lucis fúlgida.
Vitam datam per Vírginem,
Gentes redémtæ, pláudite.
Glória tibi, Dómine,
Qui natus es de Vírgine,
Cum Patre & fancto Spíritu
In fempitérna fécula. Amen.

Hymne nouvelle.

O Gloriófa Vírginum,
Sublímis inter fídera,
Qui te creávit párvulum
Lacténte nutris úbere.
Quod Heva triftis ábftulit
Tu reddis almo gérmine :
Intrent ut aftra flébiles,
Cœli reclúdis cárdines.
Tu Regis alti jánua
Et aula lucis fúlgida ;
Vitam datam per Vírginem,
Gentes redémtæ, pláudite.
Jefu, tibi fit glória,
Qui natus es de Vírgine,
Cum Patre & almo Spíritu
In fempitérna fécula. Amen.

℣. Diffúfa eft grátia in lábiis tuis ;

Rij

℟. Proptéreà benedíxit te Deus in ætérnum.

A Benedíctus, Ant. Beáta es, María, quæ credidísti : perficiéntur in te quæ dicta sunt tibi à Dómino. Allelúia.

Orémus.

CONcéde, quæsumus, omnípotens Deus, ut Fidéles tui, qui sub sanctíssimæ Vírginis Maríæ Nómine & protectióne lætántur, ejus piâ intercessióne à cunctis malis liberéntur in terris, & ad gáudia ætérna perveníre mereántur in cœlis ; per Dóminum nostrum Jesum Christum Fílium tuum, qui tecum vivit & regnat in unitáte Spíritus sancti Deus, per ómnia sécula seculórum.

Memoire du Dimanche où arrive cette Feste.

AUX PETITES HEURES, tout se dit comme il est marqué pour le jour de la Feste de la Nativité.

AUX II VESPRES.

Tout se dit comme aux premieres Vespres, avec memoire du Dimanche où arrive cette Feste.

IX SEPTEMBRE.

II JOUR DANS L'OCTAVE

DE LA NATIVITE'.

A MATINES.

AU I NOCTURNE.

Les Leçons de l'Escriture marquées pour aujourd'hui au Propre du Temps.

AU II NOCTURNE.

Leçon iv.

De Sermóne sancti Augustíni Epíscopi.

Sermon 18, des Saints.

EXsúltat María, & matrem se læta mirátur, & de Spíritu sancto se peperísse gaudet : nec quia péperit innúpta, terrétur ; sed quia genúerit, cum exsultatióne mirátur. O fémina super féminas benedícta, quæ virum omnínò non novit, & virum suo útero circúmdedit ! Circúmdat virum María, Angelo fidem dando ; quia Heva pérdidit virum, serpénti consentiéndo. O felix obediéntia ! ô insígnis grátia ! quæ dum fidem humíliter dedit, cœli in se Opíficem corporávit. Hinc promérуit glóriam, quam ipse póstmodùm auxit : Ecce, ait, ex hoc beátam me dicent omnes generatiónes.

℟. Natívitas gloriósæ Vírginis Maríæ ex sémine Abrahæ, ortæ de tribu Juda, clara ex stirpe David ; * Cujus vita ínclyta cunctas illústrat Ecclésias. ℣. Hódiè nata est beáta Virgo María ex progénie David, * Cujus.

Bened. Christus perpétuæ.

Leçon v.

O Beáta María, quis tibi dignè váleat jura gratiárum ac laudum præcónia rependere, quæ singulári tuo assénsu mundo succurrísti pérdito ? Quas tibi laudes fragílitas humáni géneris persólvat, quæ solo tuo commércio recuperándi áditum invénit ? Accipe ítaque quascúmque exiles, quascúmque méritis tuis ímpares gratiárum actiónes ; & cùm suscéperis vota, culpas nostras orándo excúsa. Admítte nostras preces intra sacrárium exauditiónis , & repórta nobis antídotum reconciliatiónis.

℟. Cum jucunditáte Nativitátem beátæ Maríæ celebrémus , * Ut ipsa pro nobis intercédat ad Dóminum Jesum Christum. ℣. Corde & ánimo Christo canámus glóriam in hac sacra solemnitáte præcélsæ Genitrícis Dei Maríæ , * Ut ipsa pro nobis.

Bened. Ignem sui amóris.

Leçon vj.

SIt per te excusábile quod per te ingérimus ; fiat impetrábile quod fidâ mente póscimus. Accipe quod offérimus , redóna quod rogámus , excúsa quod timémus , quia tu es spes única peccatórum. Per te sperámus véniam delictórum , & in te, Beatíssima , nostrórum es exspectátio præmiórum. Sancta María , succúrre míseris , juva pusillánimes, réfove flébiles. Ora pro pópulo , intervéni pro Clero, intercéde pro devóto femíneo sexu. Séntiant omnes tuum juvámen , quicúmque célebrant tuam sanctam Nativitátem.

℟. Natívitas tua , Dei Génitrix Virgo , gáudium annuntiávit univérso mundo , * Ex te enim ortus est sol justítiæ , Christus Deus noster ; ** Qui solvens maledictiónem dedit benedictiónem , & confúndens mortem donávit nobis vitam sempitérnam. ℣. Benedícta tu in muliéribus , & benedíctus fructus

ventris tui ; * Ex te enim. ℣. Glória Patri. ** Qui solvens.

AU III NOCTURNE.

Leçon vij.

Léctio sancti Evangélii secúndùm Matthæum. Ch. 1.

LIber generatiónis Jesu Christi, fílii David , fílii Abraham. Abraham génuit Isaac. Isaac autem génuit Jacob. Et réliqua.

Homília sancti Hierónymi Presbyteri.

Livre I des Commentaires sur saint Matthieu.

JAcob autem génuit Joseph. Hunc locum objécit nobis Juliánus Augústus dissonántiæ Evangelistárum , cur Evangelísta Matthæus Joseph díxerit fílium Jacob, & Lucas eum fílium appellárit Heli ; non intélligens consuetúdinem Scripturárum , quòd alter secúndùm natúram , alter secúndùm legem ei pater sit. Scimus enim hoc per Móysen Deo jubénte præcéptum , ut si frater aut propínquus absque líberis mórtuus fúerit , álius accípiat uxórem ad suscitándum semen fratris vel propínqui sui. Joseph virum Maríæ. Cùm virum audíeris , suspício tibi non súbeat nuptiárum ; sed recordáre consuetúdinis Scripturárum , quòd sponsi viri & sponsæ vocéntur uxóres.

℟. Beátam me dicent omnes generationes : * Quia fecit mihi Dóminus magna qui potens est , & sanctum nomen ejus. ℣. Et misericórdia ejus à progénie in progénies timéntibus eum ; * Quia.

Bened. Cujus festum cólimus ,

ipsa Virgo vírginum intercédat pro nobis ad Dóminum.

Leçon viij.

ET à transmigratióne Babylónis usque ad Christum generatiónes quatuórdecim. Númera à Jechónia usque ad Joseph, & invénies generatiónes trédecim. Quartadécima ergo generátio in ipsum Christum reputábitur. Christi autem generátio sic erat. Quærat diligénter lector, & dicat, Cùm Joseph non sit pater Dómini Salvatóris, quid pértinet ad Dóminum generatiónis ordo dedúctus usque ad Joseph? Cui respondébimus primùm non esse consuetúdinis Scripturárum ut mulíerum in generatiónibus ordo texátur; deínde, ex una tribu fuísse Joseph & Maríam, unde ex lege eam accípere cogebátur ut propínquam, & quòd simùl censéntur in Béthlehem, ut de una vidélicet stirpe generáti.

℟. Felix namque es, sacra Virgo María, & omni laude digníssima, * Quia ex te ortus est sol justítiæ, ** Christus Deus noster. ℣. Ora pro pópulo, intervéni pro Clero, intercéde pro devóto femíneo sexu. Séntiant omnes tuum juvámen, quicúmque célebrant tuam sanctam Nativitátem; * Quia ex te. ℣. Glória. ** Christus.

Bened. Ad societátem.

Pour saint Gorgon, Martyr.

Leçon ix.

Gorgónius Nicomédiæ natus, Diocletiáni Imperatóris cubiculárius, Dorothéo collégâ suo adjutóre, réliquos omnes cubículi ministros ad Christi fidem perdúxit. Utérque autem cùm vidísset quodam die Mártyrem coram Diocletiáno acerbíssimè cruciári, ejus exémplo martyrii amóre incénsus est. Itaque ambórum hæc vox erúpit; Quid est, Imperátor, quod hujus condemnátâ senténtiâ, quæ nobis cum eo commúnis est, unum illum punis? Istíus nostra étiam est fides, idem propósitum. Eos ígitur vinctos Imperátor flagéllis concídi jubet, ita ut toto córpore cutis dirumperétur, & in plagis acétum infúndi sale permíxtum. Mox revínctis in cratícula súbjici ímperat vim candéntium carbónum. Déníque váriè torti, suspéndio necáti sunt. Ac sancti Gorgónii corpus aliquándo Romam portátum, inter duas lauros viâ Latínâ sepúltum, póstea Gregório quarto summo Pontífice in Basílicam Príncipis Apostolórum translátum est.

Te Deum.

A LAUDES.

Memoire de saint Gorgon, Martyr.

Ant. Qui odit ánimam suam in hoc mundo, in vitam ætérnam custódit eam.

℣. Justus ut palma florébit, ℟. Sicut cedrus Líbani multiplicábitur.

Orémus.

SAnctus tuus, Dómine, Gorgónius suâ nos intercessióne lætíficet, & piâ fáciat solemnitáte gaudére; per Dóminum.

LES VESPRES sont toutes de la Feste suivante.

Ll ij

X Septembre.
SAINT NICOLAS DE TOLENTIN,
Confesseur. Double.

AUX I VESPRES.
L'Oraison Adesto.
Memoire de l'Octave
de la Nativité de la Vierge.

Ant. Natívitas tua, Dei Génitrix Virgo, gáudium annuntiávit univérso mundo : ex te enim ortus est sol justítiæ Christus Deus noster, qui solvens maledictiónem dedit benedictiónem, & confúndens mortem donávit nobis vitam sempitérnam.

℣. Natívitas est hódie sanctæ Maríæ Vírginis, ℟. Cujus vita ínclyta cunctas illústrat Ecclésias.

O rémus.

F Amulis tuis, quæsumus, Dómine, cœléstis grátiæ munus impertíre ; ut quibus beátæ Vírginis partus éxstitit salútis exórdium, Nativitátis ejus votíva solémnitas pacis tríbuat increméntum; per

A MATINES.
AU I NOCTURNE.
Les Leçons de l'Escriture marquées pour aujourd'hui au Propre du Temps.

AU II NOCTURNE.
Leçon iv.

N Icoláus, Tolentínas à diutúrno illíus civitátis domicílio appellátus, in óppido Sancti Angeli in Picéno est natus piis paréntibus qui liberórum desidério Bárium voti causâ profécti, ibíque à sancto Ni-

coláo de futúra prole confirmáti, quem suscepérunt fílium, de illíus nómine appellárunt. Is ab infántia multárum virtútum, sed abstinéntiæ in primis spécimen dedit. Nam anno vix séptimo beátum ipsum Nicoláum imitátus, complúres hebdómadæ dies jejunáre cœpit, eámque póstea consuetúdinem retínuit, solo pane & aquâ conténtus.

℟. Honéstum fecit illum Dóminus, & custodívit eum ab inimícis, & à seductóribus tutávit illum ; * Et dedit illi claritátem ætérnam. ℣. Justum dedúxit Dóminus per vias rectas, & osténdit illi regnum Dei, * Et.

Bened. Christus perpétuæ.

Leçon v.

A Dúltâ ætáte jam clericáli milítiæ adscríptus, & Canónicus factus, cùm quodam die concionatórem Ordinis Eremitárum sancti Augustíni, de mundi contémtu dicéntem audísset, eo sermóne inflammátus, statim eúmdem Ordinem est ingréssus ; in quo tam exáctam religiósæ vitæ ratiónem cóluit, ut áspero vestítu, verbéribus & férreâ caténâ corpus domans, atque à carne & omni ferè obsónio abstinens, charitáte, humilitáte, patiéntiâ cæterísque virtútibus áliis prælucéret.

℟. Amávit eum Dóminus, & ornávit eum : stolam glóriæ índuit eum, * Et ad portas paradísi coronávit eum. ℣. Induit eum Dóminus lorícam fídei, & ornávit eum, * Et ad portas.

Bened. Ignem sui amóris.

Leçon vj.

ORándi aſsiduum ſtúdium, quamvis Sátanæ inſídiis várié vexátus & flagéllis intérdum cæſus, non intermittébat. Demùm ſex ante óbitum ménſibus, ſingulis nóctibus Angélicum concéntum audívit ; cujus ſuavitáte, cùm jam paradíſi gáudia præguſtáret, crebrò illud Apóſtoli repetébat ; Cúpio diſſólvi & eſſe cum Chriſto. Dénique óbitûs ſui diem Frátribus prædíxit, qui fuit quarto idus Septémbris. Miráculis multis étiam poſt mortem cláruit, quibus ritè & órdine cógnitis, ab Eugénio Papa quarto in Sanctórum númerum eſt relátus.

℞. Iſte homo perfécit ómnia quæ locútus eſt ei Deus ; & dixit ad eum, Ingrédere in réquiem meam ; * Quia te vidi juſtum coram me ex ómnibus géntibus. ℣. Iſte eſt qui contémſit vitam mundi, & pervénit ad cœléſtia regna : * Quia. ℣. Glória Patri. * Quia.

Au III NOCTURNE.

L'Homelie ſur l'Evangile Nolíte timére puſillus grex, au Commun page lxxx.

A LAUDES.
Memoire de l'Oct. de la Nativité de la Vierge.

Ant. Nativitátem hodiérnam perpétuæ Vírginis Genitrícis Dei Maríæ ſolémniter celebrémus, quâ celſitúdo throni procédit. Allelúia.

Le ℣ Nativitas & l'Oraiſon, Famulis, ci-deſſus.

A VESPRES.
Memoire de l'Oct. de la Nativité de la Vierge.

L'Ant. Nativitas tua, le ℣ Nativitas & l'Oraiſon Fámulis, ci-deſſus.

Memoire des Sts Prote & Hyacinthe, Martyrs.

Ant. Iſtórum eſt enim regnum cœlórum, qui contemſérunt vitam mundi, & pervenérunt ad præmia regni, & lavérunt ſtolas ſuas in ſánguine Agni.

℣. Lætámini in Dómino & exſultáte, Juſti ; ℞. Et gloriámini, omnes recti corde.

O rémus.

BEatórum Mártyrum tuórum Proti & Hyacínthi nos, Dómine, fóveat beáta conféſſio & pia júgiter interceſſio tueátur ; per.

XI SEPTEMBRE.

IV JOUR DANS L'OCTAVE DE LA NATIVITÉ.
A MATINES.
Au I NOCTURNE.

Les Leçons de l'Eſcriture marquées pour aujourd'hui au Propre du Temps.

Au II NOCTURNE.
Leçon iv.
Sermo ſancti Bernárdi Abbátis.
Sermon ſur le Chapitre 12 de l'Apocalypſe.

NOvum fecit Dóminus ſuper terram, ut múlier circúmdaret virum, nec álium quàm Chriſtum, de quo dícitur, Ecce vir, Oriens nomen ejus. Novum quoque fecit in cœlo, ut múlier sole apparéret amícta. Dénique & coronávit eum, & vicíssim ab eo méruit coronári. Egredímini, fíliæ Sion, & vidéte Regem Salomónem in diadémate quo coronávit eum mater sua. Verùm hoc áliàs. Interim sane ingredímini magis, & vidéte Regínam in diadémate quo coronávit eam Fílius suus. In cápite, inquit, ejus coróna stellárum duódecim.

℟. Natívitas gloriósæ Vírginis Maríæ ex sémine Abrahæ, ortæ de tribu Juda, clara ex stirpe David; * Cujus vita ínclyta cunctas illústrat Ecclésias. ℣. Hódie nata est beáta Virgo María ex progénie David; * Cujus.

Bened. Christus perpétuæ.

Leçon v.

Dignum planè stellis coronári caput, quòd & ipsis longè clárius micans, ornet eas pótiùs quàm ornétur ab eis. Quidni corónent sídera quam sol vestit? Sicut dies verni circúmdabant eam florés rosárum & lília convállium. Nimírum læva sponsi sub cápite ejus, & jam déxtera illíus amplexátur eam. Quis illas æstimet gemmas? quis stellas nóminet, quibus Maríæ régium diadéma compáctum est?

℟. Cum jucunditáte Nativitátem beátæ Maríæ celebrémus, * Ut ipsa pro nobis intercédat ad Dóminum Jesum Christum. ℣. Corde & ánimo Christo canámus glóriam in hac sacra solemnitáte præcélsæ genitrí-

cis Dei Maríæ, * Ut ipsa pro nobis intercédat.

Bened. Ignem sui amóris.

Leçon vj.

Quid ergo sidéreum micat in generatióne Maríæ? Planè quòd ex régibus orta, quòd ex sémine Abrahæ, quòd generósa ex stirpe David. Si id parum vidétur, adde quòd generatióni illi ob singuláre privilégium sanctitátis divínitùs nóscitur esse concéssa; quòd longè antè eísdem pátribus cœlitus repromíssa, quòd mýsticis præfiguráta miráculis, quòd oráculis prænunciáta prophéticis. Hanc enim sacerdotális virga, dum sine radíce flóruit; hanc Gedeónis vellus, dum in médio siccæ áreæ máduit; hanc in Ezechiélis visióne Orientális porta quæ nulli unquam pátuit, præsignábat.

℟. Natívitas tua, Dei Génitrix Virgo, gáudium annuntiávit univérso mundo; * Ex te enim ortus est sol justítiæ, Christus Deus noster, ** Qui solvens maledictiónem, dedit benedictiónem, & confúndens mortem donávit nobis vitam sempitérnam. ℣. Benedícta tu in muliéribus, & benedíctus fructus ventris tui; * Ex te enim. ℣. Glória Patri. ** Qui solvens.

AU III NOCTURNE.
Leçon vij.

Léctio sancti Evangélii secúndùm Matthæum.　*Chap. I.*

Liber generatiónis Jesu Christi, fílii David, fílii Abraham. Abraham génuit Isaac. Isaac autem génuit Jacob. Et réliqua.

Homília sancti Hilárii Epíscopi.

Aux Commentaires sur saint Matthieu, Canon 1.

Gressus quem Matthæus in órdine régiæ succeffiónis edíderat, & quem Lucas per sacerdotálem órdinem dinúmerat, utérque agnitiónem in Dómino utriúfque tribûs significat, & rectæ generatiónis gradum ponit ; quia sacerdotális & régiæ tribûs socíetas per David ex conjúgio iníta jam à Saláthiel in Zoróbabel confirmátur ex génere. Atque ita, dum Matthæus patérnam oríginem quæ ex Juda proficifcebátur, recénfet, Lucas verò accéptum per Nathan ex tribu Levi genus édocet ; suis utérque pártibus Dómino noftro Jefu Chrifto, qui eft ætérnus & Rex & Sacérdos, étiam in carnáli ortu utriúfque géneris glóriam probavérunt.

℟. Beátam me dicent omnes generatiónes ; * Quia fecit mihi Dóminus magna qui potens eft, & fanctum nomen ejus. ℣. Et mifericórdia ejus à progénie in progénies timéntibus eum ; * Quia fecit.

Bened. Cujus feftum cólimus, ipfa Virgo vírginum intercédat pro nobis ad Dóminum.

Leçon viij.

Quòd verò Jofeph pótiùs quàm Maríæ natívitas recénfetur, nihil refert ; éadem enim eft totíus tribûs atque una cognátio. Exemplum autem étiam Matthæus & Lucas dedérunt, patres invicem appellántes, non tam génere, quàm gente, quia ab una tribu cœpta, fub uníus fuccefliónis & oríginis família continétur. Cùm enim fílius David atque Abrahæ fit oftendéndus, ita Matthæus cœpit ; Liber generatiónis Jefu Chrifti fílii David, fílii Abrahæ.

℟. Felix namque es, facra Virgo María, & omni laude digníllima, * Quia ex te ortus eft fol juftítiæ, ** Chriftus Deus nofter. ℣. Ora pro pópulo, intérveni pro Clero, inter céde pro devóto femíneo fexu. Séntiant omnes tuú juvámen, quicúmque célebrant tuam fanctam Nativitátem ; * Quia. ℣. Glória Patri. ** Chriftus.

Bened. Ad focietátem.

Pour les faints Martyrs Prote & Hyacinthe.

Leçon ix.

Protus & Hyacinthus fratres, beátæ Eugéniæ vírginis eunúchi, unà cum illa ab Héleno Epíscopo baptizáti, ac ftúdiis déditi divinárum litterárum, aliquándiù in Ægypto in monaftério mirâ humilitáte & vitæ fanctitáte vixérunt. Sed pófteà fanctam vírginem Eugéniam Romam profecúti, Galliéno Imperatóre, in Urbe propter Chriftiánæ fídei profelliónem comprehénfi funt. A quibus cùm nullo modo impetrári poffet ut Chriftiánam Religiónem deferéntes, deos cólerent, acérbis verbéribus cæfi fecúri feriúntur tértio Idus Septémbris.

Te Deum.

A LAUDES.

Memoire

des faints Prote & Hyacinthe.

Ant. Veftri capílli cápitis omnes

numeráti funt : nolíte timére ; multis paſſéribus melióres eſtis vos.

℣. Exſultábunt ſanɛti in glória ;
℟. Lætabúntur in cubílibus ſuis.

Orémus.

Beatórum Mártyrum tuórum Proti & Hyacínthi nos, Dómine, fóveat beáta conféſſio & pia júgiter intercéſſio tueátur ; per.

XII SEPTEMBRE.
V JOUR DANS L'OCTAVE
DE LA NAT. DE LA VIERGE.
A MATINES.
AU I NOCTURNE.

Les Leçons de l'Eſcriture marquées pour aujourd'hui au Propre du Temps.

AU II NOCTURNE.

Sermo Sti Joánnis Chryſóſtomi.

Dans Metaphraſte.

Leçon iv.

Dei Fílius non dívitem aut locuplétem áliquam féminam ſibi matrem elégit, ſed beátam Vírginem illam cujus ánima virtútibus ornáta erat. Cùm enim beáta María ſuper omnem humánam natúram caſtitátem ſerváret, proptéreà Chriſtum Dóminum in ventre concépit. Ad hanc ígitur ſanɛtiſſimam Vírginem & Dei Matrem accurréntes, ejus patrocíniis utilitátem aſſequámur. Itaque quæcúmque eſtis vírgines, ad matrem Dómini confúgite. Illa enim pulchérrimam, pretioſiſſimam & incorruptíbilem poſſeſſiónem patrocínio ſuo vobis conſervábit.

℟. Natívitas gloriófæ vírginis Maríæ ex ſémine Abrahæ, ortæ

de tribu Juda, clara ex ſtirpe David ; * Cujus vita ínclyta cunɛtas illúſtrat Ecléſias. ℣. Hódiè nata eſt beáta Virgo María ex progénie David, * Cujus vita.

Bened. Chriſtus perpétuæ.

Leçon v.

Magnum reverà miráculum, Fratres dileɛtiſſimi, fuit beáta ſemper Virgo María. Quid namque illà majus aut illúſtrius ullo unquam témpore invéntum eſt, ſeu aliquándo inveníri póterit ? Hæc ſola cœlum ac terram amplitúdine ſuperávit. Quidnam illâ ſánɛtius? Non Prophétæ, non Apóſtoli, non Mártyres, non Patriárchæ, non Angeli, non Throni, non Dominatiónes, non Séraphim, non Chérubim, non déniquè áliud quidpiam inter creátas res viſíbiles aut inviſíbiles, majus aut excelléntius inveníri poteſt. Eadem ancilla Dómini eſt & mater ; éadem virgo & génitrix.

℟. Cum jucunditáte Nativitátem beátæ Maríæ celebrémus, * Ut ipſa pro nobis intercédat ad Dóminum Jeſum Chriſtum. ℣. Corde & ánimo Chriſto canámus glóriam in hac ſacra ſolemnitáte præcélſæ genitrícis Dei Maríæ, * Ut.

Bened. Ignem ſui amóris.

Leçon vj.

Hæc ejus mater eſt qui à Patre ante omne princípium génitus fuit, quem Angeli & hómines agnóſcunt Dóminum rerum ómnium. Viſne cognóſcere quantò virgo hæc præſtántior ſit cœléſtibus Poténtiis ? Illæ cum timóre & tremóre

tremóre afsíftunt fáciem velántes fuam ; hæc humánum genus illi offert quem génuit. Per hanc & peccatórum véniam conséquimur. Ave ígitur, mater, cœlum, puélla, virgo, thronus, Eccléfiæ noftræ decus, glória & firmaméntum. Afsíduè pro nobis precáre Jefum fílium tuum & Dóminum noftrum, ut per te mifericórdiam inveníre in die judícii, & quæ repófita funt iis qui díligunt Deum, bona cónfequi pofsímus grátiâ & benignitáte Dómini noftri Jefu Chrifti, cum quo Patri fimul & fancto Spirítui glória, honor & impérium nunc & femper & in fécula feculóru. Amen.

℞. Natívitas tua, Dei génitrix Virgo, gáudium annuntiávit univérfo mundo : * Ex te enim ortus eft fol juftítiæ, Chriftus Deus nofter, ** Qui folvens maledictiónem dedit benedictiónem, & confúndens mortem donávit nobis vitam fempitérnam. ℣. Benedícta tu in muliéribus, & benedíctus fructus ventris tui ; * Ex. ℣. Glória. ** Qui.

AU III NOCTURNE.
Leçon vij.
Léctio fancti Evangélii fecúndùm Matthæum. *Ch.* 1.

LIber generatiónis Jefu Chrifti, fílii David, fílii Abraham. Abraham génuit Ifaac. Ifaac autem génuit Jacob. Et réliqua.
De Homília fancti Hilárii Epífcopi.
Aux Commentaires fur St Matthieu.
Canon I.

NOn refert quis in oríginis número atque órdine collocétur, dúmmodò univerfórum famí-

lia cœpta effe intelligátur ab uno. Itaque cùm ejúfdem tribûs fit Jofeph & María, dùm profectus effe ex Abrahæ génere Jofeph ofténditur, profécta quoque docétur & María. Hæc enim in lege rátio ferváta eft, ut fi mórtuus fine fíliis famíliæ princeps fuiffet, defúncti uxórem poftérior frater ejúfdem cognatiónis accíperet, fufceptófque fílios in famíliam ejus qui mórtuus effet, reférret, manerétque ita in primogénitis fucceffiónis ordo, cùm patres eórum qui poft fe nati effent, aut nómine haberéntur aut génere.

℞. Beátam me dicent omnes generatiónes ; * Quia fecit mihi Dóminus magna qui potens eft, & fanctum nomen ejus. ℣. Et mifericórdia ejus à progénie in progénies timéntibus eum : * Quia.

Bened. Cujus feftum cólimus, ipfa Virgo vírginum intercédat pro nobis ad Dóminum.
Leçon viij.

SEquens illud eft, ut, quia díximus fecúndùm rerum fidem generatiónis iftíus órdinem nec número fibi nec fucceffióne conftáre, hujus quoque rei rátio afferátur. Non enim levis caufa eft, ut áliud in narratióne fit, áliud fúerit in geftis ; & áliud referátur in fumma, áliud verò teneátur in número. Namque ab Abraham ufque ad David quatuórdecim generatiónes numerátæ funt ; & à David ufque ad tranfmigratiónem Babylónis in quibúfdam libris decem & feptem deprehendúntur. Sed in hoc non mendácii aut negligéntiæ vítium est ; tres enim ratióne prætéritæ sunt. Nam Joras génuit Ochozíam, Ochozías verò génuit Joam, Joas deinde Amazíam, Amazías autem Ozíam ; & in Matthæo Joras Ozíam genuísse scríbitur, cùm quartus ab eo sit. Hoc ita, quia ex gentíli fémina Joras Ochozíam génuit, ex Achab scílicet qui Jézabel hábuit uxórem.

℟. Felix namque es, sacra virgo María, & omni laude digníssima ; * Quia ex te ortus est sol justítiæ, ** Christus Deus noster.

℣. Ora pro pópulo, intervéni pro Clero, intercéde pro devóto femíneo sexu. Séntiant omnes tuum juvámen, quicúmque célebrant tuam sanctam Nativitátem : * Quia.

℣. Glória Patri. ** Christus Deus noster.

Bened. Ad societátem.

Leçon IX.

Dénique per Prophétam non nisi quartâ generatióne in throno régio Israélis quemquam de domo Achab esse sessúrum dícitur. Purgátâ ígitur labe famíliæ gentílis tribus, quæ, prætéritis jam régulis in quarto generatiónum consequéntium órdine numerátur, & usque ad Maríam generatiónes quatuórdecim esse scribúntur, cùm in número decem & septem reperiántur, nullus error esse póterit sciéntibus non eam solùm esse Dómino nostro Jesu Christo oríginem, quæ cœpit ex María ; sed in procreatióne corpórea, nativitátis ætérnæ significántiam comprehéndi.

Te Deum.

XIII SEPTEMBRE.
VI JOUR DANS L'OCTAVE
DE LA NATIV. DE LA VIERGE.
A MATINES.
AU I NOCTURNE.

Les Leçons de l'Écriture marquées pour aujourd'hui au propre du Temps.

AU II NOCTURNE.
Leçon IV.

Ex libro sancti Epipháínii Epíscopi advérsùs hæreses.

Livre 2, Heresie 78.

Beáta mater Dei María per Hevam significátur quæ per ænígma accépit ut mater vivéntium vocétur. Illa étenim mater vivéntium vocáta est, étiam postquam audívit, Terra es, & in terram revertéris, post transgressiónem. Et mirum est quod post transgressiónem hoc magnum cognómen hábuit. Et quod quidem pértinet ad rem sensíbilem, ab illa Heva omnis hóminum generátio dedúcta est in terra : hic autem verè à María hæc vita mundo génita est, ut vivéntem gígneret & fieret María mater vivéntium. Per ænígma ígitur María mater vivéntium appelláta est.

℟. Natívitas gloriósæ vírginis Maríæ ex sémine Abrahæ, ortæ de tribu Juda, clara ex stirpe David, * Cujus vita ínclyta cunctas illústrat Ecclésias. ℣. Hódie nata est beáta virgo María ex progénie David, * Cujus.

Bened. Christus perpétuæ.

Leçon V.

Hevæ datum est operíre corpus sensibile propter nudítátém fenſibilem ; Mariæ verò datum eſt à Deo ut páreret nobis Agnum & Ovem , & ex glória ipſius Agni & Ovis fieret nobis , velut à véllere in Sapiéntia , per virtútem ipſius induméntum incorruptibilitátis. Heva étiam mortis cauſa facta eſt homínibus; per ipſam enim mors ingréſſa eſt in mundum: María verò cauſa vitæ , per quam génita eſt nobis vita , & per hanc Fílius Dei advénit in mundum: & ubi abundávit peccátum , ibi ſuperabundávit & grátia : & unde illáta eſt mors, illinc proceſſit & vita ; ut vita pro morte fieret , & qui per mulierem nobis vita factus eſt , mortem ex muliere indúctam exclúderet. Et quóniam illic Heva , cùm adhuc eſſet virgo , per inobediéntiam tranſgréſſa eſt ; è contrário per Vírginem obediéntia grátiæ facta eſt , annuntiáto advéntu in carne de cœlo , & vita ætérna.

℟. Cum jucunditáte Nativitátem beátæ Maríæ celebrémus ; * Ut ipſa pro nobis intercédat ad DóminumJeſumChriſtum. ℣. Corde & ánimo Chriſto canámus glóriam in hac ſacra ſolemnitáte præcélſæ genitrícis Dei Maríæ ; * Ut. Bened. Ignem ſui amóris.

Leçon vj.

DE María accipitur (liceat mihi hoc dicere) quod ſcriptum eſt de Eccléſia ; Relínquet homo patrem ſuum & matrem ſuam , & adhærébit uxóri ſuæ , & erunt duo in carne una. Sanctus autem Apóſtolus dicit, Myſtérium hoc magnum eſt , ego autem dico in Chriſto &

Eccléſia. Et vide Scripturárum accurátam dicéndi proprietátem, quòd de Adam quidem dixit, Formávit ; de Heva verò , non formátam eſſe, ſed ædificátam. Accépit enim , inquit, unam de coſtis ejus , & ædificávit ipſi in uxórem. Quo oſténdat Dóminum quidem de María efformáſſe ſibiipſi corpus , ab ipſa verò caſta ædificátam eſſe Eccléſiam , in eo quod punctum & apértum eſt ipſius latus , & myſtéria ſánguinis & aquæ prétia redemtiónis facta ſunt.

℟. Natívitas tua , Dei génitrix Virgo , gáudium annuntiávit univérſo mundo : * Ex te enim ortus eſt ſol juſtítiæ , Chriſtus Deus noſter , ** Qui ſolvens maledictiónem dedit benedictiónem , & confúndens mortem donávit nobis vitam ſempitérnam. ℣. Benedícta tu in muliéribus , & benedíctus fructus ventris tui. * Ex te enim. ℣. Glória Patri. ** Qui.

AU III NOCTURNE.
Leçon vij.

Léctio ſancti Evangélii ſecúndùm Matthæum. Ch. 1.

L Iber generatiónis JeſuChriſti, fílii David , fílii Abraham. Abraham génuit Iſaac. Iſaac autem génuit Jacob. Et réliqua.
Homília ſancti Auguſtini Epíſcopi. Livre 2 de l'accord des Evangéliſtes, Chapitre 1.

MAtthæus Evangelíſta ſic orſus eſt : Liber generatiónis Jeſu Chriſti fílii David , fílii Abraham. Quo exórdio ſuo ſatis oſténdit generatiónem Chriſti ſecúndùm car-

M m ij

nem se suscepisse narrándum. Secúndùm hanc enim Christus filius hóminis est, quod étiam se ipse sæpíssimè appéllat, comméndans nobis quid misericórditer dignátus sit esse pro nobis. Nam illa supérna & æǽrna generátio secúndùm quam Fílius Dei unigénitus est ante omné creatúram, quia ómnia per ipsum facta sunt, ita ineffábilis est, ut de illa dictum à Prophéta intelligátur, Generatiónem ejus quis enarrábit?

R. Beátam me dicent omnes generatiónes; * Quia fecit mihi Dóminus magna qui potens est, & sanctum nomen ejus. V. Et misericórdia ejus à progénie in progénies timéntibus eum. * Quia.

Bened. Cujus festum cólimus, ipsa Virgo vírginum intercédat pro nobis ad Dóminum.

Leçon viij.

EXséquitur ergo humánam generatiónem Christi Matthæus, ab Abraham generatóres commémorans, quos perdúcit ad Joseph virum Mariæ de qua natus est Jesus. Neque enim fas erat ut ob hoc eum à conjúgio Mariæ separándum putáret, quòd non ex ejus concúbitu, sed virgo péperit Christum. Hoc enim exémplo magníficè insinuátur Fidélibus conjugátis, étiam serváta pari consénsu continéntia, posse permanére vocaríque conjúgium, non permixto córporis sexu, sed custodito mentis afféctu; præsértim quia nasci eis étiam fílius pótuit sine ullo compléxu carnáli, qui propter solos gignéndos fílios adhibéndus est.

R. Felix namque es, sacra virgo María, & omni laude digníssima, * Quia ex te ortus est sol justítiæ, ** Christus Deus noster. V. Ora pro pópulo, intervéni pro Clero, intercéde pro devóto femíneo sexu. Séntiant omnes tuú juvámen quicúmque célebrant tuam sanctá Nativitátem: * Quia. V. Glória. ** Christus.

Bened. Ad societátem.

Leçon ix.

CUm autem evidénter dicat Apóstolus Paulus, ex sémine David secúndùm carnem Christum, ipsam quoque Maríam de stirpe David áliquam consanguinitátem duxísse, dubitáre útique non debémus. Cujus féminæ quóniam nec sacerdotále genus tacétur, insinuánte Lucá quòd cognáta ejus esset Elízabeth quam dicit de filiábus Aaron, firmíssimè tenéndum est carnem Christi ex utróque génere propagátam, & regum scílicet & sacerdótum, in quibus persónis apud illum pópulum Hebræórum étiam mýstica unctio figurabátur, id est, chrisma, unde Christi nomen elúcet, tantò ante étiam istá evidentíssimá significatióne prænuntiátum.

Te Deum.

LES VESPRES sont toutes de la Feste suivante.

XIV SEPTEMBRE.
L'EXALTATION
DE LA STE CROIX.
Double majeur.
AUX I VESPRES,
Les quatre premiers Pseaumes du Dimanche avec le Pseaume 116

Laudáte Dóminum, omnes gentes, sur les Antiennes suivantes.

Ant. Ô magnum pietátis opus! mors mórtua tunc est, in ligno quando mórtua vita fuit.

Ant. Salva nos, Christe Salvátor, per virtútem Crucis. Qui salvásti Petrum in mare, miserére nobis.

Ant. Ecce Crucem Dómini, fúgite partes advérsæ: vicit leo de tribu Juda, radix David. Allelúia.

Ant. Nos autem gloriári opórtet in Cruce Dñi nostri Jesu Christi.

Ant. Per signum Crucis de inimícis nostris líbera nos, Deus noster.

Chapitre. *Philip. 2.*

FRatres, Hoc enim sentíte in vobis quod & in Christo Jesu, qui cùm in forma Dei esset, non rapínam arbitrátus est esse se æquálem Deo, sed semetípsum exinanívit, formam servi accípiens, in similitúdinem hóminum factus, & hábitu invéntus ut homo.

Hymne ancienne.

VExílla Regis pródeunt,
Fulget Crucis mystérium,
Quo carne carnis cónditor,
Suspénsus est patíbulo.
Quo vulnerátus ínsuper
Mucróne diro lánceæ,
Ut nos laváret crímine
Manávit unda & sánguine.
Impléta sunt quæ cóncinit
David fidéli cármine,
Dicens in natiónibus,
Regnávit à ligno Deus.
Arbor decóra & fúlgida,
Ornáta Regis púrpura,
Elécta digno stípite

Tam sancta membra tángere.
Beáta cujus bráchiis
Secli pepéndit prétium,
Statéra facta córporis,
Prædámque tulit tártari.
O Crux, ave, spes única,
In hac triúmphi glória
Auge piis justítiam
Reísque dona véniam.
Te, summa Deus Trínitas,
Collaudet omnis Spíritus,
Quos per Crucis mystérium
Salvas, rege per sécula. Ameng.

Hymne nouvelle.

VExílla Regis pródeunt,
Fulget Crucis mystérium
Quo vita mortem pértulit,
Et morte vitam prótulit;
Quæ vulneráta lánceæ
Mucróne diro, críminum
Ut nos laváret sórdibus,
Manávit unda & sánguine.
Impléta sunt quæ cóncinit
David fidéli cármine;
Dicéndo natiónibus,
Regnávit à ligno Deus.
Arbor decóra & fúlgida,
Ornáta Regis púrpura,
Elécta digno stípite
Tam sancta membra tángere.
Beáta cujus bráchiis
Prétium dependit séculi,
Statéra facta córporis,
Tulítque prædam tártari.
O Crux, ave, spes única;
In hac triúmphi glória
Piis adáuge grátiam,
Reísque dele crímina.
Te, fons salútis Trínitas,
Collaudet omnis spíritus:
Quibus Crucis victóriam

Largíris, adde præmium. Amen.

℣. Hoc signum Crucis erit in cœlo, ℟. Cùm Dóminus ad judicándum vénerit.

A Magníficat, Ant. O Crux splendídior cunctis astris, mundo célebris, homínibus multùm amábilis, sánctior univérsis, quæ sola fuísti digna portáre taléntum mundi: dulce lignum, dulces clavos, dúlcia ferens póndera: salva præséntem catérvam in tuis hódie láudibus congregátam.

O rémus.

Deus qui nos hodiérnâ die Exaltatiónis sanctæ Crucis ánnuâ solemnitáte lætíficas; præsta, quæsumus, ut cujus mystérium in terra cognóvimus, ejus redemtiónis præmia in cœlo mereámur; per eúmdem Dóminum.

Memoire de l'Octave de la Nativité de la sainte Vierge.

Ant. Natívitas tua, Dei génitrix Virgo, gáudium annuntiávit univérso mundo; ex te enim ortus est sol justítiæ Christus Deus noster; qui solvens maledictiónem, dedit benedictiónem, & confúndens mortem donávit nobis vitam sempitérnam.

℣. Natívitas est hódie sanctæ Maríæ Vírginis, ℟. Cujus vita ínclyta cunctas illústrat Ecclésias.

O rémus.

Famulis tuis, quæsumus, Dómine, cœléstis grátiæ munus impertíre; ut quibus beátæ Vírginis partus éxstitit salútis exórdium, Nativitátis ejus votíva solémnitas pacis tríbuat increméntum; per.

A MATINES.

Invit. Christum Regem pro nobis in Cruce exaltátum, * Veníte, adorémus.

Pseaume 94 Veníte.

Hymne ancienne.

Pange, lingua, gloriósi
Prælium certáminis,
Et super Crucis trophæum
Dic triúmphum nóbilem,
Quáliter Redémtor orbis
Immolátus vícerit.

De paréntis protoplásti
Fraude factor cóndolens,
Quando pomi noxiális
Morsu in mortem córruit,
Ipse lignum tunc notávit,
Damna ligni ut sólveret.

Hoc opus nostræ salútis
Ordo depopóscerat,
Multifórmis proditóris
Ars ut artem fálleret,
Et medélam ferret inde
Hostis unde læserat.

Quando venit ergo sacri
Plenitúdo témporis,
Missus est ab arce Patris
Natus orbis cónditor,
Atque ventre virgináli
Caro factus pródiit.

Vagit infans inter acta
Cónditus præsépia.
Membra pannis involúta
Virgo mater álligat,
Et manus pedésque & crura
Stricta cingit fáscia.

Glória & honor Deo
Usquequáque Altíssimo
Una Patri Filióque,
Inclyto Parácleto,
Cui laus est & potéstas

Per æterna sécula. Amen.

Hymne nouvelle.

PAnge, lingua, gloriósi
Láuream certáminis,
Et super Crucis trophæo
Dic triúmphum nóbilem,
Quáliter Redémtor orbis
Immolátus vícerit.

De paréntis protoplásti
Fraude factor cóndolens,
Quando pomi noxiális
In necem morsu ruit,
Ipse lignum tunc notávit,
Damna ligni ut sólveret.

Hoc opus nostræ salútis
Ordo depopóscerat,
Multifórmis proditóris
Ars ut artem fálleret,
Et medélam ferret inde
Hostis unde læserat.

Quando venit ergo sacri
Plenitúdo témporis,
Missus est ab arce Patris
Natus orbis cónditor,
Atque ventre virgináli
Carne amíctus prodiit.

Vagit infans inter arcta
Cónditus præsépia.
Membra pannis involúta
Virgo mater álligat,
Et Dei manus pedésque
Stricta cingit fascia.

Sempitérna sit beátæ
Trinitáti glória,
Æqua Patri Filióque;
Par decus Paracléto:
Uníus Triníque nomen
Laudet univérsitas. Amen.

AU I NOCTURNE.

Les Pseaumes du I Noct. du
Commun d'un Martyr, page xxij.

Ant. Nóbile lignum exaltátur,
Christi fides rútilat, dum Crux ab
ómnibus venerátur.

Ant. Sancta Crux extóllitur à
cunctis régibus, virga régia erígitur, in qua Salvátor triumphávit.

Ant. O Crux venerábilis, quæ
salútem attulísti míseris: quibus te
éfferam præcóniis, quóniam vitam
nobis coelitem præparásti?

℣. Hoc signum Crucis erit in
coelo, ℟. Cùm Dóminus ad judicándum vénerit.

Absol. Exáudi, Dómine.

Bened. Benedictióne perpétuâ.

Leçon j.

De libro Numerórum. *Chap.* 21.

CUm audísset Chananæus Rex
Arad qui habitábat ad Merídiem, venísse scílicet Israel per ex-
ploratórum viam, pugnávit contra
illum, & victor exístens duxit ex éo
prædam. At Israel voto se Dómino
óbligans ait; Si tradíderis pópulum
istum in manu mea, delébo urbes
ejus. Exaudivítque Dóminus preces Israel, & trádidit Chananæum,
quem ille interfécit, subvérsis úrbibus ejus; & vocávit nomen loci
illíus Horma, id est, Anáthema.
℟. Gloriósum diem sacra venerátur Ecclésia, dum triumphále exaltátur lignum, * In quo Redémtor
noster mortis víncula rumpens,
cállidum áspidem superávit. ℣. In
ligno pendens nostræ salútis sémitam Verbum Patris invénit, * In.

Bened. Unigénitus Dei Fílius.

Leçon ij.

PRofécti sunt autem & de monte Hor per viam quæ ducit ad

mare Rubrum , ut circumírent terram Edom. Et tædére cœpit pópulum itíneris ac labóris , locutúíque
contra Deum & Móyſen ait , Cur
eduxíſti nos de Ægypto , ut mo-
rerémur in ſolitúdine ? Deeſt panis , non ſunt aquæ : ánima noſtra
jam náuſeat ſuper cibo iſto leviſſi-
mo. Quamóbrem miſit Dóminus in
pópulum ignítos ſerpéntes.

℟. Crux fidélis , inter omnes arbor una nóbilis : nulla ſylva talem
profert , fronde , flore , gérmine:
* Dulce lignum , dulces clavos ,
dulce pondus ſuſtínuit. ℣. Super
ómnia ligna cedrórum tu ſola ex-
célſior. * Dulce lignum.

Bened. Spíritûs ſanĉti grátia.

Leçon iij.

AD quorum plagas & mor-
tes plurimórum , venérunt
ad Móyſen atque dixérunt, Pecca-
vimus , quia locúti ſumus contra
Dóminum & te : ora ut tollat à nobis ſerpéntes. Oravítque Móyſes
pro pópulo ; & locútus eſt Dóminus ad eum , Fac ſerpéntem æ-
neum , & pone eum pro ſigno : qui
percúſſus adſpéxerit eum , vivet.
Fecit ergo Móyſes ſerpéntem æ-
neum & póſuit eum pro ſigno :
quem cùm percúſſi adſpícerent, ſa-
nabántur.

℟. Hæc eſt arbor digníſſima in
paradíſi médio ſituáta , * In qua
ſalútis Auĉtor próprià morte mortem ómnium ſuperávit. ℣. Crux
præcellénti decóre fúlgida , quam
Heráclius Imperátor concupiſcénti
ánimo recuperávit. * In qua. ℣.
Glória Patri. * In qua.

AU II NOCTURNE.

Ant. O Crucis victória & admirábile ſignum , in cœléſti cúria fac
nos captáre triúmphum.

Pſeaume 4.

CUm invocárem , exaudívit
me Deus juſtítiæ meæ ; * in
tribulatióne dilatáſti mihi.

Miſerére mei , * & exáudi oratiónem meam.

Fílii hóminum , úſquequò gravi
corde ?* ut quid dilígitis vanitátem
& quæritis mendácium ?

Et ſcitóte quóniam mirificávit Dóminus ſanĉtum ſuum ; * Dñus exáudiet me , cùm clamávero ad eum.

Iraſcímini , & nolíte peccáre ; *
quæ dícitis in córdibus veſtris , in
cubílibus veſtris compungímini.

Sacrificáte ſacrifícium juſtítiæ , &
ſperáte in Dómino. * Multi dicunt,
Quis oſténdit nobis bona ?

Signátum eſt ſuper nos lumen vultûs tui , Dómine ; * dediſti lætítiam
in corde meo.

A fruĉtu fruménti , vini & ólei ſui *
multiplicáti ſunt.

In pace in idipſum * dórmiam &
requiéſcam ,

Quóniam tu , Dómine , singuláriter in ſpe * conſtituíſti me.

Ant. O Crucis victória & admirábile ſignum , in cœléſti cúria fac
nos captáre triúmphum.

Ant. Funéſtæ mortis damnátur
ſupplícium, dum Chriſtus in Cruce
noſtra deſtrúxit víncula críminum.

Pſeaume 10.

IN Dómino confído; quómodo
dícitis ánimæ meæ , * Tránſmi-
gra in montem ſicut paſſer ?

Quóniam

Quóniam ecce peccatóres intendérunt arcum, paravérunt sagittas suas in pháretra, * ut sagíttent in obscúro rectos corde;

Quóniam quæ perfecísti destruxérunt; * justus autem quid fecit?

Dóminus in templo sancto suo: * Dóminus in cœlo sedes ejus.

Oculi ejus in páuperem respíciunt; * pálpebræ ejus intérrogant fílios hóminum.

Dóminus intérrogat justum & ímpium: * qui autem díligit iniquitátem, odit ánimam suam.

Pluet super peccatóres láqueos; * ignis & súlphur & spíritus procellárum, pars cálicis eórum:

Quóniam justus Dóminus & justítias diléxit; * æquitátem vidit vultus ejus.

Ant. Funéstæ mortis damnátur supplícium, dum Christus in Cruce nostra destrúxit víncula críminum.

Ant. Rex exaltátur in æthera, cùm nóbile trophæum Crucis ab univérsis Christícolis adorátur per sécula.

Pseaume 20.

DOmine, in virtúte tua lætábitur Rex, * & super salutáre tuum exsultábit veheménter.

Desidérium cordis ejus tribuísti ei, * & voluntáte labiórum ejus non fraudásti eum.

Quóniam prævenísti eum in benedictiónibus dulcédinis; * posuísti in cápite ejus corónam de lápide pretióso.

Vitam pétiit à te; * & tribuísti ei longitúdinem diérum in séculum & in séculum séculi.

Magna est glória ejus in salutári tuo: * glóriam & magnum decórem impónes super eum.

Quóniam dabis eum in benedictiónem in séculum séculi; * lætificábis eum in gáudio cum vultu tuo.

Quóniam rex sperat in Dómino, * & in misericórdia Altíssimi non commovébitur.

Inveniátur manus tua ómnibus inimícis tuis; * déxtera tua invéniat omnes qui te odérunt.

Pones eos ut clíbanum ignis in témpore vultûs tui. * Dóminus in ira sua conturbábit eos, & devorábit eos ignis.

Fructum eórum de terra perdes, * & semen eórum à fíliis hóminum.

Quóniam declinavérunt in te mala; * cogitavérunt consília quæ non potuérunt stabilíre.

Quóniam pones eos dorsum; * in relíquiis tuis præparábis vultum eórum.

Exaltáre, Dómine, in virtúte tua: * cantábimus & psallémus virtútes tuas.

Ant. Rex exaltátur in æthera, cùm nóbile trophæum Crucis ab univérsis Christícolis adorátur per sécula.

℣. Adorámus te, Christe, & benedícimus tibi; ℟. Quia per Crucem tuam redemísti mundum.

Absol. Ipsíus píetas.

Bened. Deus Pater omnípotens.

Leçon iv.

CHósroas Persárum Rex, extrémis Phocæ impérii tempóribus, Ægypto & Africâ occupatâ ac Jerosólymâ captâ, multísque ibi

R. 4. Automne. Nn

cæsis Christianórum míllibus, Christi Dómini Crucem quam Hélena in monte Calváriæ collocárat, in Pérsidem ábstulit. Itaque Heráclius qui Phocæ succésserat, multis belli incómmodis & calamitátibus afféctus, pacem petébat, quam à Chósroa victóriis insolénte ne iníquis quidem conditiónibus impetráre póterat. Quare in summo discrímine se assíduis jejúniis & oratiónibus exércens, opem à Deo veheménter implorábat : cujus mónitu exércitu comparáto, signa cum hoste cóntulit, ac tres duces Chósroæ cum tribus exercítibus superávit.

℟. Nos autem gloriári opórtet in Cruce Dómini nostri Jesu Christi, in quo est salus, vita & resurréctio nostra ; * Per quem salváti & liberáti sumus. ℣. Tuam Crucem adorámus, Dómine, & recólimus tuam gloriósam Passiónem ; * Per quem.

Bened. Christus perpétuæ.

Leçon v.

Q Uibus cládibus fráctus Chósroas, in fuga quâ trajícere Tigrim parábat, Medársem fílium sócium regni designat. Sed eam contuméliam cùm Siroes Chósroæ major natu fílius ferret atróciter, patri simul & fratri necem machinátur : quam paulò post utríque ex fuga retrácto áttulit, regnúmque ab Heráclio impetrávit, quibúsdam accéptis conditiónibus quarum ea prima fuit, ut Crucem Christi Dómini restitúeret. Ergo Crux, quatuórdecim annis postquam vénerat in potestátem Persárum, recépta

est ; quam rédiens Jerosólymam Heráclius solémni celebritáte suis húmeris rétulit in eum montem quo eam Salvátor túlerat.

℟. Dum sacrum pignus cœlitùs exaltátur, Christi fides roborátur. * Adsunt prodígia divína in virga Móysi primitùs figuráta. ℣. Ad Crucis contáctum resúrgunt mórtui, & Dei magnália referántur. * Adsunt.

Bened. Ignem sui amóris.

Leçon vj.

Q Uod fáctum illústri miráculo commendátum est. Nam Heráclius ut erat auro & gemmis ornátus, insístere coáctus est in porta quæ ad Calváriæ montem ducébat. Quò enim magis prógredi conabátur, eò magis retinéri videbátur. Cùmque eâ re & ipse Heráclius & relíqui omnes obstupéscerent, Zacharías Jerosolymórum Antístes, Vide, inquit, imperátor, ne isto triumpháli ornátu in Cruce serénda parùm Jesu Christi paupertátem & humilitátem imitére. Tum Heráclius abjécto amplíssimo vestítu, detractísque cálceis, ac plebéio amíctu indútus, réliquum viæ fácilè confécit, & in eódem Calváriæ loco Crucem státuit, unde fúerat à Persis asportáta. Itaque Exaltatiónis sanctæ Crucis solémnitas, quæ hâc die quotánnis celebrátur, illústrior habéri cœpit ob ejus rei memóriam, quòd ibídem fúerit repósita ab Heráclio, ubi Salvatóri primùm fúerat constitúta.

℟. Hoc signum Crucis erit in cœlo, cùm Dóminus ad judicándum vénerit. * Tunc manifésta erunt abscóndita cordis nostri. ℣. Cùm séderit Fílius hóminis in sede majestátis suæ, & cœperit judicáre séculum per ignem, * Tunc. ℣. Glória Patri. * Tunc.

AU III NOCTURNE.

Ant. Adorámus te, Christe, & benedícimus tibi ; quia per Crucem tuam redemísti mundum.

Pseaume 95.

Antáte Dómino cánticum novum. * Cantáte Dómino omnis terra.

Cantáte Dómino, & benedícite nómini ejus. * Annuntiáte de die in diem salutáre ejus.

Annuntiáte inter gentes glóriam ejus ; * in ómnibus pópulis mirabilia ejus.

Quóniam magnus Dóminus & laudábilis nimis ; * terríbilis est super omnes deos.

Quóniam omnes dii géntium dæmónia ; * Dñus autem cœlos fecit.

Conféssio & pulchritúdo in conspéctu ejus ; * sanctimónia & magnificéntia in sanctificatióne ejus.

Afférte Dómino, pátriæ géntium, afférte Dómino glóriam & honórem, * afférte Dómino glóriam nómini ejus.

Tóllite hóstias, & introíte in átria ejus : * adoráte Dóminum in átrio sancto ejus.

Commoveátur à fácie ejus univérsa terra. * Dícite in géntibus quia Dóminus regnávit.

Etenim corréxit orbem terræ, qui non commovébitur : * judicábit pópulos in æquitáte.

Lætémtur cœli & exsúltet terra, commoveátur mare, & plenitúdo ejus ; * gaudébunt campi & ómnia quæ in eis sunt.

Tunc exsultábunt ómnia ligna sylvárum à fácie Dómini quia venit, * quóniam venit judicáre terram. Judicábit orbem terræ in æquitáte, * & pópulos in veritáte sua.

Ant. Adorámus te, Christe, & benedícimus tibi ; quia per Crucem tuam redemísti mundum.

Ant. Per lignum servi facti sumus, & per sanctam Crucem liberáti sumus : fructus árboris sedúxit nos, Fílius Dei redémit nos. Allelúia.

Pseaume 96.

Ominus regnávit; exsúltet terra, * læténtur ínsulæ multæ. Nubes & calígo in circúitu ejus. * Justítia & judícium corréctio sedis ejus.

Ignis ante ipsum præcédet, * & inflammábit in circúitu inimícos ejus.

Illuxérunt fúlgura ejus orbi terræ ; * vidit & commóta est terra.

Montes sicut cera fluxérunt à fácie Dómini, * à fácie Dómini omnis terra.

Annuntiavérunt cœli justítiam ejus ; * & vidérunt omnes pópuli glóriam ejus.

Confundántur omnes qui adórant sculptília, * & qui gloriántur in simuláchris suis.

Adoráte eum, omnes Angeli ejus. * Audívit & lætáta est Sion,

Et exsultavérunt fíliæ Judæ * propter judícia tua, Dómine :

Nn ij

Quóniam tu Dóminus altíssimus super omnem terram; * nimis exaltátus es super omnes deos.

Qui dilígitis Dóminum, odíte malum: * custódit Dóminus ánimas sanctórum suórum, de manu peccatóris liberábit eos.

Lux orta est justo, * & rectis corde lætítia.

Lætámini, justi, in Dómino, * & confitémini memóriæ sanctificatiónis ejus.

Ant. Per lignum servi facti sumus, & per sanctam Crucem liberáti sumus: fructus árboris sedúxit nos, Filius Dei redémit nos. Allel.

Ant. Salvátor mundi, salva nos, qui per Crucem & sánguinem tuum redemísti nos. Auxiliáre nobis, te deprecámur, Deus noster.

Pseaume 97.

Cantáte Dómino cánticum novum, * quia mirabília fecit.

Salvávit sibi déxtera ejus * & bráchium sanctum ejus.

Notum fecit Dóminus salutáre suu; * in conspéctu Géntium revelávit justítiam suam.

Recordátus est misericórdiæ suæ * & veritátis suæ dómui Israel.

Vidérunt omnes términi terræ * salutáre Dei nostri.

Jubiláte Deo, omnis terra, * cantáte & exsultáte & psállite.

Psállite Dómino in cíthara, in cíthara & voce psalmi: * in tubis ductílibus & voce tubæ córneæ.

Jubiláte in conspéctu Regis Dómini. Moveátur mare & plenitúdo ejus, * orbis terrárum & qui hábitant in eo.

Flúmina plaudent manu; simul montes exsultábunt à conspéctu Dómini, * quóniam venit judicáre terram.

Judicábit orbem terrárum in justítia, * & pópulos in æquitáte.

Ant. Salvátor mundi, salva nos, qui per Crucem & sánguinem tuum redemísti nos. Auxiliáre nobis, te deprecámur, Deus noster.

℣. Omnis terra adóret te, & psallat tibi, ℟. Psalmum dicat nómini tuo, Dómine.

Absol. A vínculis.

Bened. Evangélica léctio.

Leçon vij.

Léctio sancti Evangélii secúndum Joánnem. Chap. 12.

In illo témpore dixit Jesus turbis Judæórum, Nunc judícium est mundi; nunc princeps hujus mundi ejiciétur foras. Et réliqua.

Homília sancti Leónis Papæ.

Sermon 8, de la Passion de Nostre Seigneur.

Exaltáto, Dilectíssimi, per Crucem Christo, non illa tantum spécies adspéctui mentis occúrrat, quæ fuit in óculis impiórum, quibus per Móysen dictum est, Et erit pendens vita tua ante óculos tuos, & timébis die ac nocte, & non credes vitæ tuæ. Isti enim nihil in crucifíxo Dómino præter facinus suum cogitáre potuérunt, habéntes timórem, non quo fides vera justificátur, sed quo consciéntia iníqua torquétur. Noster veró intelléctus quem spíritus veritátis illúminat, glóriam Crucis cœlo terráque radiántem puro ac líbero corde suscipiat & interióre ácie vídeat quale sit quod Dóminus, cùm de Passiónis suæ loquerétur instántia, dixit, Nunc judícium mundi est, nunc princeps hujus mundi ejiciétur foras : & ego si exaltátus fúero à terra, ómnia traham ad meípsum.

℟. Dulce lignum, dulces clavos, dulce pondus sustínuit; * Quæ sola digna fuit portáre prétium hujus séculi. ℣. Hoc signum Crucis erit in cœlo, cùm Dóminus ad judicándum vénerit : * Quæ sola.

Bened. Divínum auxílium.

Leçon viij.

O Admirábilis poténtia Crucis ! ô ineffabilis glória Passiónis, in qua & tribúnal Dómini & judícium mundi & potéstas est Crucifíxi ! Traxísti enim, Dómine, ómnia ad te ; & cùm expandísses totâ die manus tuas ad pópulum non credéntem & contradicéntem tibi, confiténdæ Majestátis tuæ sensum totus mundus accépit. Traxísti, Dómine, ómnia ad te, cùm in exsecratiónem Judáici scéleris, unam protulérunt ómnia eleménta senténtiam, cùm obscurátis lumináribus cœli & convérso in noctem die, terra quoque mótibus quaterétur insólitis, univérsaque creatúra impiórum se úsui denegáret. Traxísti, Dómine, ómnia ad te, quóniam scisso Templi velo, Sancta sanctórum ab indignis Pontifícibus recessérunt, ut figúra in veritátem, prophétia in manifestatiónem, & Lex in Evangélium verterétur.

℟. Sicut Móyses exaltávit ser-

péntem in desérto, ita exaltári opórtet Fílium hóminis, * Ut omnis qui credit in ipsum, non péreat, sed hábeat vitam ætérnam. ℣. Non misit Deus Fílium suum in mundum ut júdicet mundum, sed ut salvétur mundus per ipsum, * Ut omnis. ℣. Glória Patri. * Ut.

Bened. Ad societátem.

Leçon ix.

Traxísti, Dómine, ómnia ad te, ut quod in uno Judææ Templo obumbrátis significatiónibus tegebátur, pleno apertóque sacraménto universárum ubíque natiónum devótio celebráret. Nunc enim & ordo clárior Levitárum, & dígnitas ámplior Seniórum, & sacrátior est únctio Sacerdótum ; quia Crux tua ómnium fons benedictiónum, ómnium est causa gratiárum, per quam credéntibus datur virtus de infirmitáte, glória de oppróbrio, vita de morte. Nunc étiam carnálium sacrificiórum varietáte cessánte, omnes differéntias hostiárum una córporis & sánguinis tui implet oblátio ; quóniam tu es verus Agnus Dei qui tollis peccáta mundi ; & ita in te univérsa pérficis mystéria, ut sicut unum est in omni víctima sacrifícium, ita unum de omni gente sit regnum.

Te Deum.

A LAUDES.

Ant. O magnum pietátis opus ! mors mórtua tunc est, in ligno quando mórtua vita fuit.

Pseaume 92 Dóminus regnávit, avec les autres.

Ant. Salva nos, Christe Salvátor, per virtútem Crucis. Qui sal-vásti Petrum in mari, miserére nobis.

Ant. Ecce Crucem Dómini, fúgite partes advérsæ : vicit leo de tribu Juda, radix David. Allelúia.

Ant. Nos autem gloriári opórtet in Cruce Dómini nostri Jesu Christi.

Ant. Per signum Crucis de inimícis nostris líbera nos, Deus noster.

Chapitre. *Philip.* 2.

FRatres : Hoc enim sentíte in vobis, quod & in Christo Jesu, qui cùm in forma Dei esset, non rapínam arbitrátus est esse se æquálem Deo, sed semetípsum exinanívit, formam servi accípiens, in similitúdinem hóminum factus, & hábitu invéntus ut homo.

Hymne ancienne.

LUstris sex qui jam peráctis, Tempus implens córporis, Se volénte, natus ad hoc, Passióni déditus, Agnus in Crucis levátur Immolándus stípite. Hic acétum, fel, arúndo, Sputa, clavi, láncea ; Mite corpus perforátur, Sanguis unda prófluit. Terra, pontus, astra, mundus, Quo lavántur flúmine ! Crux fidélis, inter omnes Arbor una nóbilis ; Nulla sylva talem profert Fronde, flore, gérmine : Dulce lignum, dulces clavos, Dulce pondus sústinet.

Flecte ramos, Arbor alta, Tenta laxa víscera ; Et rigor lentéscat ille Quem dedit natívitas, Ut supérni membra Regis Miti tendas stípite. Sola digna tu fuísti Ferre secli prétium Atque portum præparáre Nauta mundo náufrago ; Quem sacer cruor perúnxit Fusus Agni córpore. Glória & honor Deo Usquequáque Altíssimo Una Patri Filióque, Inclyto Parácleto, Cui laus est & potéstas Per ætérna sécula.

Amen.

Hymne nouvelle.

LUstra sex qui jam perégit Tempus implens córporis Sponte liberâ Redémtor Passióni déditus, Agnus in Crucis levátur Immolándus stípite. Felle potus ecce lánguet : Spina, clavi, láncea Mite corpus perforárunt : Unda manat & cruor ; Terra, pontus, astra, mundus Quo lavántur flúmine ! Crux fidélis, inter omnes Arbor una nóbilis ; Sylva talem nulla profert Fronde, flore, gérmine. Dulce ferrum, dulce lignum, Dulce pondus sústinet. Flecte ramos, Arbor alta ; Tensa laxa víscera, Et rigor lentéscat ille

Quem dedit natívitas ;
Et supérni membra Regis
Tende miti stipite.
Sola digna tu fuísti
Ferre mundi víctimam,
Atque portum præparáre
Arca mundo naufrago
Quem sacer cruor perúnxit
Fusus Agni córpore.
Sempitérna sit beátæ
Trinitáti glória ;
Æqua Patri Filióque ;
Par decus Parácleto :
Uníus Triníque nomen
Laudet Univérsitas. Amen.

℣. Adoramus te, Christe, & benedícimus tibi, ℟. Quia per Crucem tuam redemísti mundum.

A Benedíctus, Ant. Super ómnia ligna cedrórum tu sola excélsior, in qua vita mundi pepéndit, in qua Christus triumphávit, & mors mortem superávit in ætérnum.

O rémus.

DEus qui nos hodiérnâ die Exaltatiónis sanctæ Crucis ánnuâ solemnitáte lætíficas ; præsta, quæsumus, ut cujus mystérium in terra cognóvimus, ejus redemtiónis præmia in cœlo mereámur ; per eúndem Dóminum.

Memoire de l'Octave de la Nativité de la Vierge.

Ant. Nativitátem hodiérnam perpétuæ Vírginis genitrícis Dei Maríæ solémniter celebrémus, quâ celsitúdo throni procéssit. Allelúia.

℣. Natívitas est hódie sanctæ Maríæ Vírginis, ℟. Cujus vita ínclyta cunctas illústrat Ecclésias.

O rémus.

FAmulis tuis, quæsumus, Dómine, cœléstis grátiæ munus impertíre ; ut quibus beátæ Vírginis partus éxstitit salútis exórdium, Nativitátis ejus votíva solémnitas pacis tríbuat increméntum ; per Dóminum.

A TIERCE.

Ant. Salva nos, Christe.

Le Chapitre Fratres, Hoc enim sentíte, à Laudes.

℟ bref. Hoc signum Crucis * Erit in cœlo. On repete Hoc.

℣. Cùm Dóminus ad judicándum vénerit, * Erit.

℣. Glória Patri. ℟. Hoc.

℣. Adorámus te, Christe, & benedícimus tibi ; ℟. Quia per Crucem tuam redemísti mundum.

A SEXTE.

Ant. Ecce Crucem Dómini.

Chapitre. Galat. 6.

MIhi autem absit gloriári, nisi in Cruce Dómini nostri Jesu Christi, per quem mihi mundus crucifíxus est, & ego mundo.

℟ bref. Adorámus te, Christe, * Et benedícimus tibi. On repete Adorámus.

℣. Quia per Crucem tuam redemísti mundum. * Et.

℣. Glória Patri. ℟. Adorámus.

℣. Omnis terra adóret te, & psallat tibi ; ℟. Psalmum dicat nómini tuo, Dómine.

A NONE.

Ant. Per signum Crucis.

Chapitre. Philip. 2.

HUmiliávit semetípsum factus obédiens usque ad mortem,

mortem autem Crucis. Propter quod & Deus exaltávit illum , & donávit illi nomen quod eſt ſuper omne nomen.

℟ bref. Omnis terra adóret te * Et pſallat tibi. On repete Omnis.

℣. Pſalmum dicat nómini tuo , Dómine , * Et pſallat.

℣. Glória Patri. ℟. Omnis.

℣. Hoc ſignum Crucis erit in cœlo , ℟. Cùm Dóminus ad judicándum vénerit.

AUX II VESPRES.

Tout ſe dit comme aux premieres Veſpres, excepté

A Magníficat , Ant. O Crux benedícta , quæ ſola fuíſti digna portáre Regem cœlórum & Dóminum. Allelúia.

L'Oraiſon Deus qui hodiérnâ , ci-deſſus.

Memoire du jour de l'Octave de la Nativité de la Vierge.

Ant. Gloriófæ Vírginis Maríæ ortum digniſſimum recolámus , quæ & genitrícis dignitátem obtínuit , & virginálem pudicítiam non a-míſit.

℣. Natívitas eſt hódie ſanctæ Maríæ Vírginis , ℟. Cujus vita inclyta cunctas illúſtrat Eccléſias.

L'Oraiſon Fámulis tuis , quæſumus , ci-deſſus.

Memoire
de ſaint Nicomede, Martyr.

Ant. Iſte ſanctus pro lege Dei ſui certávit uſque ad mortem, & à verbis impiórum non tímuit, fundátus enim erat ſupra firmam petram.

℣. Glóriâ & honóre coronáſti eum , Dómine ; ℟. Et conſtituíſti eum ſuper ópera mánuum tuárum.

O rémus.

ADéſto , Dómine, pópulo tuo, ut beáti Nicomédis Mártyris tui mérita præclára ſuſcípiens , ad impetrándam miſericórdiam tuam ſemper ejus patrocíniis adjuvétur ; per Dóminum.

XV SEPTEMBRE.
LE JOUR DE L'OCTAVE
DE LA NAT. DE LA VIERGE.
Double.
A MATINES.
AU I NOCTURNE.
Leçon j.

De Cánticis Canticórum. *Chap.* 1.

QUæ eſt iſta quæ adſcéndit de deſérto delíciis áffluens, innixa ſuper diléctum ſuum ? Sub árbore malo ſuſcitávi te : ibi corrúpta eſt mater tua , ibi violáta eſt génitrix tua. Pone me ut ſignáculum ſuper cor tuum , ut ſignáculum ſuper bráchium tuum : quia fortis eſt ut mors diléctio, dura ſicut inférnus æmulátio : lámpades ejus, lámpades ignis atque flammárum.

℟. Hódie nata eſt beáta Virgo María ex progénie David ; * Per quam ſalus mundi credéntium appáruit, cujus vita gloriófa lucem dedit ſéculo. ℣. Nativitátem beátæ Maríæ Vírginis cum gáudio celebrémus ; * Per.

Bened. Benedictióne perpétuâ.

Leçon ij.

AQuæ multæ non potuérunt exſtínguere charitátem , nec flúmina óbruent illam. Si déderit homo

homo omnem substántiam domûs suæ pro dilectióne, quasi nihil despíciet eam. Soror nostra parva, & úbera non habet; quid faciémus soróri nostræ in die quando alloquénda est? Si murus est, ædificémus super eum propugnácula argéntea; si óstium est, compingámus illud tábulis cédrinis.

℞. Beatíssimæ Vírginis Maríæ Nativitátem devotíssimè celebrémus; * Ut ipsa pro nobis intercédat ad Dóminum Jesum Christum. ℣. Cum jucunditáte Nativitátem beátæ Maríæ Vírginis devotíssimè celebrémus, * Ut ipsa pro nobis.

Bened. Spíritûs sancti grátia.

Leçon iij.

EGo murus, & úbera mea sicut turris, ex quo facta sum coram eo, quasi pacem repériens. Vínea fuit pacífico, in ea quæ habet pópulos. Trádidit eam custódibus; vir affert pro fructu ejus mille argénteos. Vínea mea coram me est. Mille tui pacífici, & ducénti his qui custódiunt fructus ejus. Qui hábitas in hortis, amíci auscúltant, fac me audíre vocem tuam. Euge, dilécte mi, & assimiláre cápreæ hinnulóque cervórum super montes arómatum.

℞. Gloriósæ Vírginis Maríæ ortum digníssimum recolámus, * Cujus Dóminus humilitátem respéxit, quæ, Angelo nuntiánte, concépit Salvatórem mundi. ℣. Beatíssimæ Vírginis Maríæ Nativitátem devotíssimè celebrémus, * Cujus Dóminus humilitátem respéxit, quæ

Angelo nuntiánte, concépit Salvatórem mundi. ℣. Glória Patri. * Cujus Dóminus.

A ü II NOCTURNE.
Leçon iv.
Sermo sancti Cyrílli Epíscopi Alexandríni.
Homelie contre Nestorius.

HIlárem vídeo cœtum Sanctórum ómnium qui convenérunt promtis ánimis à sancta & Dei matre María semper vírgine convocáti. Laus & glória sit tibi, sancta Trínitas, quæ omnes nos ad hanc celebritátem convocásti. Sit étiam tibi, sancta Dei Mater, laus. Tu enim es pretiósa margaríta orbis terrárum : tu lampas inexstinguíbilis, coróna virginitátis, sceptrum orthodóxæ fídei, templum indissolúbile, cóntinens eum qui nusquam continéri potest ; mater & virgo, per quam benedíctus qui venit in nómine Dómini, in sanctis Evangéliis nominátur.

℞. Natívitas gloriósæ Vírginis Maríæ ex sémine Abrahæ, ortæ de tribu Juda, clara ex stirpe David ; * Cujus vita ínclyta cunctas illústrat Ecclésias. ℣. Hódiè nata est beáta Virgo María ex progénie David, * Cujus.

Bened. Christus perpétuæ.

Leçon v.

PEr te Trínitas sanctificátur, per te Crux pretiósa celebrátur & adorátur in toto orbe terrárum. Per te exsúltat cœlum, lætántur Angeli & Archángeli, fugántur Dæmones, & homo ipse ad cœlum revocátur. Per te omnis creatúra idolórum erróre deténta, convérsa est ad agnitiónem veritátis, & Fidéles hómines ad sanctum baptísma pervenérunt, atque in toto orbe terrárum constrúctæ sunt Ecclésiæ.

℟. Cum jucunditáte Nativitátem beátæ Maríæ celebrémus; * Ut ipsa pro nobis intercédat ad Dóminum Jesum Christum. ℣. Corde & ánimo Christo canámus glóriam in hac sacra solemnitáte præcélsæ genitrícis Dei Maríæ, * Ut ipsa.

Bened. Ignem sui amóris.

Leçon vj.

TE adjutríce, Gentes véniunt ad pœniténtiam. Quid plura? Per te unigénitus Dei fílius, vera illa lux effúlsit sedéntibus in ténebris & umbra mortis. Per te Prophétæ prænuntiárunt, per te Apóstoli salútem Géntibus prædicárunt. Quísnam póterit tuárum laudum præcónia explicáre, María mater & virgo? Hanc, Fratres dilectíssimi, celebrémus, ejus Fílium Ecclésiæ sponsum immaculátum adorántes, cui honor & glória in sécula seculórum. Amen.

℟. Nativitas tua, Dei Génitrix Virgo, gáudium annuntiávit univérso mundo; * Ex te enim ortus est sol justítiæ, Christus Deus noster, ** Qui solvens maledictiónem, dedit benedictiónem, & confúndens mortem donávit nobis vitam sempitérnam. ℣. Benedícta tu in muliéribus, & benedíctus fructus ventris tui; * Ex te enim. ℣. Glória Patri. ** Qui solvens.

Leçon vij.

Léctio sancti Evangélii secúndùm Matthæum. *Chap.* 1.

LIber generatiónis Jesu Christi, fílii David, fílii Abraham. Abraham génuit Isaac. Isaac autem génuit Jacob. Et réliqua.

Homília Sti Joánnis Chrysóstomi. *De l'Homélie 2 sur St Matthieu, au commencement.*

AUdítu quidem mirábile est, quòd ineffábilis Deus & qui nec sermónibus explicári potest nec cogitatiónibus comprehéndi, Patríque per ómnia coæquális, per vírginis ad nos venit úterum, & fíeri ex múliere dignátus est, & habére progenitóres David & Abraham? & quid dico David & Abraham? étiam illas, (quod magis stupéndum est,) féminas quas paulò ante memorávi. Hæc ígitur áudiens, mente consúrge, nihílque húmile suspíceris; sed pótiùs propter hoc ipsum máximè miráre, quia cùm verus & diléctus Fílius sit sempitérni Dei, étiam Fílius David esse dignátus est, modò ut te fílium fáceret Dei. Servum patrem habére dignátus est, ut tibi servo patrem fáceret ipsum Deum.

℣. Beátam me dicent omnes generatiónes: * Quia fecit mihi Dóminus magna qui potens est, & sanctum nomen ejus. ℣. Et misericórdia ejus à progénie in progénies timéntibus eum; * Quia.

Bened. Cujus festum cólimus, ipsa Virgo vírginum intercédat pro nobis ad Dóminum.

Leçon viij.

VIdes ab ipso statim princípio, quàm læta sint hæc núntia. Quòd si ámbigis de his quæ ad tuum spectant honórem, ab iis quæ illíus sunt étiam tua disce crédere. Quantum enim cónsequi potest humána rátio, multò est difficílius Deum hóminem fíeri, quàm hóminem Dei fílium consecrári. Cùm ergo audíeris quia Filius Dei filius sit & David & Abrahæ, dubitáre jam désine quòd & tu qui fílius es Adæ, futúrus sis fílius Dei. Non enim semetípsum ita humiliásset, nisi nos esset exaltatúrus. Natus est enim secúndùm carnem, ut tu nascerére spíritu; natus est ex mulíere, ut tu desíneres fílius esse mulíeris.

℟. Felix namque es, sacra Virgo María, & omni laude digníssima, * Quia ex te ortus est sol justítiæ, ** Christus Deus noster. ℣. Ora pro pópulo, intervéni pro Clero, intercéde pro devóto semíneo sexu. Séntiant omnes tuum juvámen, quicúmque célebrant tuam sanctam Nativitátem; * Quia ex te. ℣. Glória. ** Christus.

Bened. Ad societátem.

Pour saint Nicomede, Martyr.

Leçon ix.

NIcomédes Présbyter, persequénte Christiános Domitiáno Imperatóre, quòd corpus Féliculæ Vírginis propter confessiónem Christiánæ fídei à Flacco Cómite interféctæ sepelísset, comprehéndi jussus est; ductúsque ad státuas Deórum, cùm eis sacrificáre velle (quòd fácere jubebátur) constánter negavísset, proptéreà quòd sacrifícium uni Deo vero qui regnat in cœlis, deberétur, plumbátis cœsus, in eo martyrio ánimam Deo réddidit. Cujus corpus cùm idem Comes in profluéntem Tíberim prójici imperásset, Justus Nicomédis cléricus diligénter conquisítum ad muros Urbis via Nomentánâ honorificè in sepúlchro cóndidit.

Te Deum.

A LAUDES.

Memoire de St Nicomede, Mart.

Ant. Qui odit ánimam suam in hoc mundo, in vitam ætérnam custódit eam.

℣. Justus ut palma florébit; ℟. Sicut cedrus Líbani multiplicábitur.

Orémus.

ADésto, Dómine, pópulo tuo, ut beáti Nicomédis Mártyris tui mérita præclára suscípiens, ad impetrándam misericórdiam tuam semper ejus patrocíniis adjuvétur, per Dóminum.

AU II VESPRES.

Memoire des saints Corneille & Cyprien, Martyrs.

Ant. Istórum est enim regnum cœlórum, qui contemsérunt vitam mundi, & pervenérunt ad præmia regni, & lavérunt stolas suas in sánguine Agni.

℣. Lætámini in Dómino & exsultáte, Justi; ℟. Et gloriámini, omnes recti corde.

Orémus.

BEatórum Mártyrum paritérque Pontíficum, Cornélii & Cypriáni, nos, quæsumus, Dómine, fefta tueántur & eórum com.néndet orátio veneránda.

Memoire des Sts Euphémie, Lucie & Germinien, Martyrs.

Ant. Gaudent in cœlis ánimæ Sanctórum qui Chrifti veftígia funt fecúti : & quia pro ejus amóre fanguinem fuum tudérunt, ideò cum Chrifto exfúltant fine fine.

℣. Exfultábunt Sancti in glória; ℟. Lætabúntur in cubílibus fuis.

O rémus.

PRæfta, Dómine, précibus noftris cum exfultatióne provéntum; ut fanctórum Mártyrum Euphémiæ, Lúciæ & Geminiáni quorum diem paffiónis ánnuâ devotióne recólimus : étiam fídei conftánriam fubfequámur; per Dóminum noftrum Jefum Chriftum Fílium tuum, qui.

XVI SEPTEMBRE.
LES STS CORNEILLE, ET CYPRIEN,

Martyrs. Semidouble.
A MATINES.
AU I NOCTURNE.

Lorfque cette Fefte arrive aux Quatre-Temps, les Leçons font Fratres, debitóres fumus, au Commun de plufieurs Martyrs, page xxxviij; autrement on prend celles de l'Efcriture marquées pour aujourd'hui au Propre du Temps.
AU II NOCTURNE.
Leçon iv.

COrnélius Románus, Gallo & Volufiáno Imperatóribus

Pontificátum gerens, cum Lucína fémina fanctíffima córpora Apoftolórum Petri & Pauli è catacúmbis in opportuniórem locum tránftulit; ac Pauli corpus Lucína in fuo prædio, viâ Oftiénfi, prope eum locum ubi fúerat gládio percúffus, collocávit : Cornélius Príncipis Apoftolórum corpus non longè inde ubi crucifíxus fúerat, repófuit. Quod cùm ad Imperatóres delátum effet, & Pontífice auctóre multos fíeri Chriftiános, míttitur in exsílium ad Centum-cellas; ubi eum fanctus Cypriánus Epífcopus Carthaginénfis per lítteras eft confolátus.

℟. Sancti tui, Dómine, mirábile confecúti funt iter, serviéntes præcéptis tuis, ut inveniréntur illæfi in aquis válidis : * Terra appáruit árida, & in mari Rubro via fine impediménto. ℣. Quóniá percúffit petram, & fluxérunt aquæ, & torréntes inundavérunt. * Terra.
Bened. Chriftus perpétuæ.

Leçon v.

HOc autem Chriftiánæ charitátis officium cùm frequens alter álteri perfólveret, deteriórem in partem id accipiéntes Imperatóres accersítum Romam Cornélium, tanquam de majeftáte reum plumbátis cœdi, raptúmque ad Martis fimulácrum ei facrificáre jubent. Quam impietátem cùm ille deteftarétur, ei caput abscíffum eft décimo octávo Kaléndas Octóbris; cujus corpus beáta Lucína, Cléricis adjutóribus, humávit in arenária prædii fui prope cœmetérium.

Callísti. Vixit in pontificátu annos círciter duos.

℟. Vérbera carníficum non timuérunt sancti Dei, moriéntes pro Christi nómine; * Ut hærédes fíerent in domo Dómini. ℣. Tradidérunt córpora sua propter Deum ad supplícia. * Ut.

Bened. Ignem sui amóris.

Leçon vj.

Ex libro Sti Hierónymi Presbyteri de Scriptóribus Ecclesiásticis.

CYpriánus Afer, primùm gloriósè rhetóricam dócuit; exínde, suadénte Presbytero Cæcílio, à quo & cognoméntum sortítus est, Christiánus factus, omnem substántiam suam paupéribus erogávit. Ac post non multum témporis eléctus in presbyterum, étiam Epíscopus Carthaginénsis constitútus est. Hujus ingénii supérfluum est índicem téxere, cùm sole claríóra sint ejus ópera. Passus est sub Valeriáno & Galliéno Principibus, persecutióne octávâ, eódem die quo Romæ Cornélius, sed non eódem anno.

℟. Tanquam aurum in fornáce probávit eléctos Dóminus, & quasi holocáusti hóstiam accépit illos: & in témpore erit respéctus illórum; * Quóniam donum & pax est eléctis Dei. ℣. Qui confídunt in illum, intélligent veritátem: & fidéles in dilectióne acquiéscent illi. * Quóniam. ℣. Glória Patri. * Quóniam.

AU III NOCTURNE.

Les 2 prem. Leçons de l'Homelie de St Gregoire Pape sur l'Evang. Cùm audiéritis, au Comm. p. xlv.

Si cette Feste tombe aux Quatre-Temps on dit pour neuvieme Leçon l'Homelie du jour avec la Benediction Per Evangélica dicta: sinon on dit celle qui suit avec la Bened. Ad societátem.

Pour les saints Euphemie, Lucie & Geminien, Martyrs.

Leçon ix.

EUphémia, Lúcia & Geminiánus in persecutióne Diocletiáni, non eódem loco, sed eódem die, Martyrio coronáti sunt. Euphémia virgo apud Chalcédonem, Prisco Procónsule, vária tormentórum génera, virgárum, equúlei, rotárum, ignis constánter passa, demum béstiis objécta, una ex iis morsum sancto córpori infigénte, céteris pedes ejus lambéntibus, immaculátum spíritum Deo réddidit. Lúcia vídua Romána, à filio Eutrópio, quòd Christum multos annos coluísset, accusáta, in ollam pice ac plumbo fervéntem demíttitur; unde incólumis evádens, cùm ferro plumbóque oneráta per Urbem ducerétur, Geminiánum, nóbilem virum, constántiâ fídei & martyrii ad Christum convértit; quem étiam cum multis áliis ad fidem perdúctis váriè tortum, gloriósi martyrii abscísso cápite sócium hábuit. Quorum córpora Máxima, múlier Christiána, honoríficè sepelívit.

Te Deum.

A LAUDES.

Si cette Feste tombe aux Quatre-Temps, on en fait la Memoire selon le jour.

Memoire des Sts Euphemie , &c.

L'Ant. Iftórum & le ℣ Lætámini , avec l'OraifonPræfta , ci def.

LesVespres font de la Fefte fuivante depuis le Chapitre.

XVIII SEPTEMBRE.
FESTE
DE L'IMPRESSION
DES SACRE'S STIGMATES
au corps
DE St FRANÇOIS.
Semidouble.
AUX I VESPRES.

Tout du Commun d'un Confeffeur excepté ce qui fuit.

A l'Hymne Ifte Conféffor on dit

Hódie lætus méruit beáta
     Vúlnera Chrifti.

℣. Signáfti , Dómine , fervum tuum Francifcum ℟. Signis Redemtiónis noftræ.

Orémus.

Omine Jefu Chrifte , qui frigefcénte mundo , ad inflammándum corda noftra tui amóris igne , in carne beatiffimi Francifci Paffiónis tuæ facra Stígmata renováfti ; concéde propítius ut ejus méritis & précibus Crucem júgiter ferámus , & dignos fructus pœniténtiæ faciámus ; qui vivis & regnas ,

Memoire des faints Corneille & Cyprien , Martyrs.

Ant. Gaudent in cœlis ánimæ Sanctórum qui Chrifti veftígia funt fecúti : & quia pro ejus amóre fánguinem fuum fudérunt , ideò cum Chrifto exfúltant fine fine.

℣. Exfultábunt Sancti in glória ; ℟. Lætabúntur in cubílibus fuis.

O rémus.

Eatórum Mártyrum paritérque Pontíficum , Cornélii & Cypriáni , nos , quæfumus , Dómine , fefta tueántur , & eórum comméndet orátio veneránda; per.

A MATINES.

A l'Hymne Ifte Conféffor on dit

Hódie lætus méruit beáta
     Vúlnera Chrifti.

AU I NOCTURNE.
Leçon j.

De Epíftola Beáti Pauli Apóftoli ad Gálatas. Ch. 5 & 6.

I fpíritu vívimus , fpíritu & ambulémus. Non efficiámur inánis glóriæ cúpidi , ínvicem provocántes , ínvicem invidéntes. Fratres , & fi præoccupátus fúerit homo in áliquo delícto , vos qui fpirituáles eftis hujúfmodi inftruite in fpíritu lenitátis , confíderans teípfum , ne & tu tentéris. Alter altérius ónera portáte , & fic adimplébitis legem Chrifti. Nam fi quis exíftimat fe áliquid effe , cùm nihil fit , ipfe fe fedúcit. Opus autem fuum probet unufquífque , & fic in femetípfo tantùm glóriam habébit , & non in áltero. Unufquífque enim onus fuũ portábit. Commúnicet autem is qui catechizátur verbo , ei qui fe catechízat in ómnibus bonis.

℟. Euge , ferve bone & fidélis , quia in pauca fuífti fidélis , fupra multa te conftítuam ; * Intra in gáudium Dómini tui. ℣. Dómine , quinque talénta tradidífti mihi ;

ecce alia quinque ſuperlucrátus ſum. * Intra.

Bened. Unigénitus Dei Fílius.

Leçon ij.

NOlite erráre : Deus non irridétur ; quæ enim ſemináverit homo, hæc & metet. Quóniam qui ſéminat in carne ſua, de carne & metet corruptiónem : qui autem ſéminat in ſpíritu, de ſpíritu metet vitam ætérnam. Bonum autem faciéntes, non deficiámus ; témpore enim ſuo metémur, non deficiéntes. Ergo dum tempus habémus, operémur bonum ad omnes, máximè autem ad doméſticos fídei. Vidéte quá... s litteris ſcripſi vobis meâ manu. Quicúmque enim volunt placére i carne, ii cogunt vos circumcídi, tantùm ut Crucis Chriſti perſecutiónem non patiántur. Neque enim qui circumcidúntur, legem cuſtódiunt ; ſed volunt vos circumcídi, ut in carne veſtra gloriéntur.

℟. Juſtus germinábit ſicut líſium, * Et florébit in ætérnum ante Dóminum. ℣. Plantátus in domo Dómini, in átriis domûs Dei noſtri. * Et florébit in ætérnum ante Dóminum.

Bened. Spíritûs ſancti grátia.

Leçon iij.

MIhi autem abſit gloriári, niſi in cruce Dómini noſtri Jeſu Chriſti per quem mihi mundus crucifíxus eſt, & ego mundo. In Chriſto enim Jeſu neque circumcíſio áliquid valet neque præpútium, ſed nova creatúra. Et quicúmque hanc régulam ſecúti fúerint, pax ſuper

illos & miſericórdia, & ſuper Iſrael Dei. De cétero, nemo mihi moléſtus ſit ; ego enim ſtigmata Dómini Jeſu in córpore meo porto. Grátia Dómini noſtri Jeſu Chriſti, cum ſpíritu veſtro, Fratres. Amen.

℟. Iſte cognóvit juſtitiam, & vidit mirabília magna, & exorávit Altíſſimum ; * Et invéntus eſt in número ſanctórum. ℣. Iſte eſt qui contémſit vitam mundi, & pervénit ad cœléſtia regna, * Et invéntus. ℣. Glória Patri & Fílio & Spirítui ſancto. * Et invéntus eſt in número ſanctórum.

AU II NOCTURNE.

Leçon iv.

Saint Bonaventure en la vie de ſaint François.

FIdélis reverà fámulus & miníſter Chriſti Franciſcus, biénnio ántequam ſpíritum rédderet cœlo, cùm in loco excélſo ſeórsùm, qui mons Alvérniæ dícitur, quadragenárium ad honórem Archángeli Michaélis jejúnium inchoáſſet, ſupérnæ contemplatiónis dulcédine abundántiùs sólito ſuperfúſus, ac cœléſtium deſideriórum ardentióri flammâ ſuccénſus ſupernárum cœpit immiſſiónum cumulátiùs dona ſentíre. Dum ígitur Seráphicis deſideriórum ardóribus ſursùm agerétur in Deum, & afféctus compaſſivâ teneritúdine in eum transformarétur, cui ex charitáte nímia crucifígi complácuit ; quodam mane, circa feſtum Exaltatiónis ſanctæ Crucis, in látere montis orans, vidit quaſi ſpéciem uníus Séraphim ſex alas tam fúlgidas

quàm ígnitas habéntem, de cœlórum fublimitáte defcéndere ; qui
volátu celérrimo ad áeris locum
viro Dei propínquum pervéniens,
non folùm alátus, fed & crucifíxus appáruit, manus quidem &
pedes habens exténfos & Cruci
affíxos, alas verò fic miro modo
hinc indè difpófitas, ut duas fupra
caput erígeret, duas ad volándum
exténderet, duábus verò réliquis
totum corpus circumplecténdo ve-
láret. Hoc videns veheménter ob-
ftúpuit, miftúmque dolóri gáudium
mens ejus incúrrit, dum in gratiófo
ejus adfpéctu fibi tam mirabíliter
quàm familiáriter apparéntis excef-
sívam quamdam concipiébat lætitiam, & dira confpécta Crucis af-
fíxio ipsíus ánimam compafsívi dolóris gládio pertransívit.

℞. Honéftum fecit illum Dómi-
nus, & cuftodívit eum ab inimícis,
& à feductóribus tutávit illum, *
Et dedit illi claritátem ætérnam.
℣. Juftum dedúxit Dóminus per
vias rectas, & ofténdit illi regnum
Dei , * Et.
Bened. Chriftus perpétuæ.

Leçon v.

INtelléxit quidem, illo dicénte
intériùs qui & apparébat extériùs, quòd licèt pafsiónis infírmitas cum immortálitate fpíritûs Se-
ráphici nullátenus conveníret, ideó
tamen hujúfmodi vífio fuis fúerat
præfentáta confpéctibus, ut amícus
ipfe Chrifti prænófceret, fe non per
martyrium carnis, fed per incéndium mentis totum in Chrifti Jefu
crucifixi expréffam fimilitúdinem

transformándum. Difpárens ítaque
vífio poft arcánum ac familiáre col-
lóquium, mentem ipsíus Seráphi-
co intériùs inflammávit ardóre, carnem verò Crucifíxo confórmi extériùs infignívit effígie ; tanquam
fi ad ignis liquefactívam virtútem
præámbulam figillatíva quædam
effet impréffio fubfecúta. Statim
namque in mánibus & pédibus
ejus apparére cœpérunt figna clavórum, ipfórum capítibus in inferióri parte mánuum & fuperióri pedum apparéntibus, & eórum acu-
mínibus exifténtibus ex advérfo.
Dextrum quoque latus quafi lán-
ceâ transfíxum rubrâ cicatríce ob-
dúctum erat, quod fæpè fánguinem
facrum effúndens, túnicam & fe-
morália refpergébat.

℞. Amávit eum Dóminus, &
ornávit eum: ftolam glóriæ índuit
eum ; * Et ad portas paradífi coronávit eum. ℣. Induit eum Dñus
lorícam fídei, & ornávit eum, * Et.
Bened. Ignem fui amóris.

Leçon vj.

POftquàm ígitur novus homo
Francífcus novo & ftupéndo
miráculo cláruit, cum fingulári pri-
vilégio retroáctis féculis non con-
céffo infignítus appáruit, facris vidélicet Stigmátibus decorátus, defcéndit de monte, fecum ferens Crucifíxi effígiem, non in tábulis lapí-
deis vel lígneis manu figurátam artíficis, fed in cárneis membris def-
críptam dígito Dei vivi. Quóniam
facraméntum Regis Seráphicus vir
abfcóndere bonum éffe óptimè no-
rat, fecréti regális cónfcius fignácula

cula illa facra pro víribus occultábat. Verùm quia Dei eft ad glóriam fuam magna reveláre quæ facit. Dóminus ipfe qui fignácula illa fecrétè impréfferat, mirácula quædam apérte per ipfa monftrávit, ut illórum occúlta & mira vis Stigmatum maniféfta páteret claritáte fignórum. Porrò rem ádeò admirábilem ac tantópere teftátam, atque in Pontifícüs diplomátibus præcipuis láudibus & favóribus exaltátam, Benedíctus Papa undécimus anniverfáriâ folemnitáte celebrári vóluit, quam póftea Paulus quintus Póntifex máximus, ut corda Fidélium in Chrifti crucifíxi accenderéntur amórem, ad univérfam Eccléfiam propagávit.

℞. Ifte homo perfécit ómnia quæ locútus eft ei Deus ; & dixit ad eum, Ingrédere in réquiem meam ; * Quia te vidi juftum coram mé ex ómnibus géntibus. ℣. Ifte eft qui contémfit vitam mundi, & pervénit ad cœléftia regna : * Quia. ℣. Glória Patri. * Quia te.

AU III NOCTURNE.
Leçon vij.

Léctio fancti Évangélii fecúndùm Matthæum.　　*Ch.* 16.

IN illo témpore dixit Jefus Difcípulis fuis, Si quis vult poft me veníre, ábneget femetípfum, & tollat crucem fuam, & fequátur me. Et réliqua.

Homília fancti Gregórii Papæ.

Homelie 31 *fur les Evangiles.*

QUia Dóminus ac Redémtor nofter, novus homo venit in mundum, nova præcépta dedit mundo. Vitæ étenim veftræ véteri in vítiis enutrítæ contrarietátem oppófuit novitátis fuæ. Quid enim vetus, quid carnális homo nóverat, nifi fua retinére, aliéna rápere, fi poffet ; concupífcere, fi non poffet ? Sed cœléftis Médicus fingulis quibúfque vítiis obviántia ádhibet medicaménta. Nam ficut arte medicínæ cálida frígidis, frígida cálidis curántur ; ita Dóminus nofter contrária oppófuit medicaménta peccátis ; ut lúbricis continéntiam, tenácibus largitátem, iracúndis manfuetúdinem, elátis præcíperet humilitátem.

℞. Ifte eft qui ante Deum magnas virtútes operátus eft ; & de omni corde fuo laudávit Dóminum. * Ipfe intercédat pro peccátis ómnium populórum. ℣. Ecce homo fine queréla, verus Dei cultor, ábftinens fe ab omni ópere malo, & pérmanens in innocéntia fua. * Ipfe.

Bened. Cujus feftum cólimus.
Leçon viij.

CErtè cùm fe fequéntibus nova mandáta propóneret, dixit, Nifi quis renuntiáverit ómnibus quæ póffidet, non poteft meus effe difcípulus ; ac fi apérte dicat, Qui per vitam véterem aliéna concupífcitis, per novæ converfatiónis ftúdium & veftra largímini. Quid verò in hac lectióne dicat, audiámus. Qui vult poft me veníre, ábneget femetípfum. Ibi dícitur ut abnegémus noftra ; hìc dícitur ut abnegémus nos. Et fortáffe laboriófum non eft hómini relínquere

sua ; sed valde laboriósum est relin-
quere semetípsum. Minus quippe
est abnegáre quod habet , valde
autem multum est abnegáre quod
est.

℟. Mihi absit gloriári, nisi in
Cruce Dómini nostri Jesu Christi ,
* Per quem mihi mundus crucifíxus est, & ego mundo. ℣. Ego
enim Stigmata Dómini Jesu in córpore meo porto; * Per quem mihi
mundus. ℣. Glória Patri * Per
quem.

Bened. Ad societátem.

Leçon ix.

AD se autem nobis veniéntibus Dóminus præcépit ut renuntiémus nostris ; quia quicúmque ad fídei agónem venímus, luctámen contra malignos spíritus súmimus. Nil autem maligni spíritus
in hoc mundo próprium póssident :
nudi ergo cum nudis luctári debémus. Nam si vestitus quísquam cum
nudo luctátur, cítiùs ad terram dejícitur, quia habet unde teneátur.
Quid enim sunt terréna ómnia, nisi
quædam córporis induménta ? Qui
ergo contra Diábolum ad certámen próperat, vestiménta abjíciat,
ne succúmbat.

Te Deum.

A LAUDES.

A la troisieme strophe de l'Hymne
Jesu coróna, au lieu de Quo sanctus, &c. on dit

Quo sanctus hic in córpore
Christi recépit Stígmata.

LES II VESPRES sont de
la Feste suivante depuis le Chapitre.

XVIII SEPTEMBRE.
SAINT THOMAS
DE VILLENEUVE,
Evesque. Semidouble.

AUX I VESPRES.

A Magníficat, Ant. Dispérsit ;
dedit paupéribus ; justítia ejus manet in séculum sécult.

℣. Amávit eum Dóminus , &
ornávit eum ; ℟. Stolam glóriæ
índuit eum.

Orémus.

DEus qui beátum Thomam
Pontíficem insígnis in páuperes misericórdiæ virtúte deco-
rásti ; quæsumus ut ejus intercés-
sióne in omnes qui te deprecántur, divítias misericórdiæ tuæ benígnus effúndas ; per Dóminum.

Memoire de saint François.
Ant. Hic vir despíciens mundum
& terréna, triúmphans divítias cœlo cóndidit ore, manu.

℣. Signásti, Dómine, servum
tuum Francíscum ℟. Signis redemtiónis nostræ.

Orémus.

DOmine Jesu Christe qui, fri-
gescénte mundo, ad inflammándum corda nostra tui amóris
igne , in carne beatíssimi Francísci Passiónis tuæ sacra Stígmata
renovásti ; concéde propítius ut
ejus méritis & précibus Crucem
júgiter ferámus, & dignos fructus
pœniténtiæ faciámus ; qui vivis &
regnas.

A MATINES.
AU I NOCTURNE.

Les Leçons de l'Escriture marquées pour aujourd'hui au Propre du Temps ; mais si cette Feste tombe aux Quatre-Temps, on dit les Leçons Fidélis sermo, p. lij.

AU II NOCTURNE.
Leçon iv.

THomas in óppido Fontispláni Toletánæ diœcéseos in Hispánia natus anno Dómini millésimo quadringentésimo octogésimo octavo, ab óptimis paréntibus, ineúnte vitâ, pietátem & singulárem in páuperes misericórdiam accépit, cujus adhuc puer complúra dedit exémpla, sed illud in primis nóbile, quòd ut nudos operíret, própriis véstibus non semel seipsum éxuit. Exáctâ puerítiâ, Cómpluto, quò missus fúerat, ut lítteris óperam daret, patris óbitu revocátus, univérsam hæreditátem egénis virgínibus aléndis dicávit ; eodémque statim proféctus est, ut currículum sacræ Theológiæ confíceret. Interim assíduis précibus sciéntiam Sanctórum & rectam vitæ morúmque normam à Dómino vehementíssimè póstulans : quare divíno instínctu Eremitárum sancti Augustíni ampléxus est institútum.

℟. Invéni David servum meum, óleo sancto meo unxi eum ; * Manus enim mea auxiliábitur ei. ℣. Nihil profíciet inimícus in eo, & fílius iniquitátis non nocébit ei ; * Manus enim mea.

Bened. Christus perpétuæ.

Leçon v.

REligiónem proféssus, ómnibus religiósi hóminis virtútibus & ornaméntis excélluit, humi-litáte, patiéntiâ, continéntiâ, sed ardentíssimâ charitáte summè conspícuus. Inter vários & assíduos labóres oratióni rerúmque divinárum meditatióni invícto spíritu semper inténtus, prædicándi onus, útpote sanctimóniâ & doctrínâ præstans, subíre jussus, cœlésti adspiránte grátiâ, innumerábiles è vitiórum cœno in viam salútis edúxit. Regéndis deinde Frátribus admótus, prudéntiam, æquitátem & mansuetúdinem pari sedulitáte ac severitáte conjúnxit, ádeò ut priscam sui Ordinis disciplínam multis in locis vel firmáverit vel restitúerit.

℟. Pósui adjutórium super poténtem, & exaltávi eléctum de plebe mea ; * Manus enim mea auxiliábitur ei. ℣. Invéni David servum meum, óleo sancto meo unxi eum ; * Manus.

Bened. Ignem sui amóris.

Leçon vj.

GRanaténsis Archiepíscopus designátus, mirâ humilitáte & constántiâ insígne munus rejécit. Verùm non multò pòst Valentínam Ecclésiam Superiórum auctoritáte coáctus gubernándam suscépit, quam annis fermè úndecim ita rexit, ut sanctíssimi & vigilantíssimi Pastóris partes expléverit. Cæterùm consuétâ vivéndi ratióne nihil ádmodùm immutátâ, inexplébili charitáti multò magis indúlsit, cùm amplos Ecclésiæ réditus in egénos dispérsit, ne léctulo quidem sibi relícto ; nam eum in quo decumbébat, cùm in cœlum evocarétur, ab eódem commodátum hábuit cui paulò antè eleemófynæ loco donáverat. Obdormívit in Dómino fexto Idus Septémbris annos natus octo & fexagínta. Servi fui fanctitátem adhuc vivéntis , & exínde poft mortem , miráculis Deus teftátam vóluit, præfértim , cùm hórreum fruménto paupéribus diftribúto pénitùs vácuum, repéntè plenum invéntum eft, & cùm ad ejus fepúlchrum puer mórtuus revíxit. Quibus aliífque non paucis fulgéntem fignis Alexander féptimus Póntifex máximus Sanctórum número adfcrípfit, atque ejus memóriam quarto décimo Kaléndas Octóbris celebrári mandávit.

℞. Ifte eft qui ante Deum magnas virtútes operátus eft : & omnis terra doctrínâ ejus repléta eft. * Ipfe intercédat pro peccátis ómnium populórum. ℣. Ifte eft qui contémfit vitam mundi , & pervénit ad cœléftia regna. * Ipfe intercédat. ℣. Glória Patri. * Ipfe intercédat.

AU III NOCTURNE.
Les Leçons de l'Homelie fur l'Evangile Homo péregrè proficífcens, au Commun d'un Confeffeur Pontife, p. lix.

Si cette Fefte tombe aux Quatre-Temps , on prend pour neuvieme Leçon l'Homelie du jour, avec la Bened. Per Evangélica dicta.

A LAUDES.
A Benedíctus, Ant. Eleemófynas illíus enarrábit omnis Eccléfia fanctórum.

LES VESPRES font toutes de la Fefte fuivante.

XIX SEPTEMBRE.
SAINT JANVIER,
Evefque & fes Compagnons, Martyrs. Double.

A VESPRES.
Orémus.

DEus qui nos ánnuâ Sanctórum Mártyrum tuórum Januárii & Sociórum ejus folemnitáte lætíficas ; concéde propítius ut quorum gaudémus méritis , accendámur exémplis ; per Dóminum.

Memoire de faint Thomas.

Ant. Difpérfit , dedit paupéribus ; juftítia ejus manet in féculum féculi.

℣. Juftum dedúxit Dóminus per vias rectas , ℞. Et ofténdit illi regnum Dei.

Orémus.

DEus qui beátum Thomam Pontíficem infígnis in páuperes mifericórdiæ , virtúte decorráfti ; quæfumus, ut ejus interceffióne in omnes , qui te deprecántur, divítias mifericórdiæ tuæ benígnus effúndas ; per Dóminum noftrum.

A MATINES.
AU I NOCTURNE.
Les Leçons de l'Efcriture marquées pour aujourd'hui au Propre du Temps.

Mais fi cette Fefte tombe aux Quatre Temps , on prend les Leçons Fratres , Debitóres fumus , au Commun de plufieurs Martyrs, page xxxviij.

AU II NOCTURNE.
Leçon iv.

JAnuárius Benevénti Epíscopus, Diocletiáno & Maximiáno in Christiános sæviéntibus ad Timótheum Campániæ præsidem ob Christiánæ fídei professiónem Nolam perdúcitur. Ibi ejus constántiâ várie tentátâ, in ardéntem fornácem conjéctus, ita illæsus evásit, ut ne vestiméntum aut capíllum quidem flamma violáverit. Hinc Præses accénsus iracúndiâ, Mártyris corpus ímperat usque eò distrahi, quoad nervórum compáges artuúmque solvántur. Festus intereà ejus Diáconus & Desidérius Léctor comprehénsi, vinctíque unâ cum Epíscopo ante rhedam Præsidis Putéolos pertrahúntur, & in eúmdem cárcerem, in quo Sófius, Misénas & Próculus Puteolánus Diáconus, Eutyches & Acútius láici ad béstias damnáti detinebántur, simul conjiciúntur.

℟. Sancti tui, Dómine, mirábile consecúti sunt iter, serviéntes præcéptis tuis, ut invenіréntur illǽsi in aquis válidis : * Terra appáruit árida, & in mari Rubro via sine impediménto. ℣. Quóniam percússit petram & fluxérunt aquæ, & torréntes inundavérunt.* Terra.

Bened. Christus perpétuæ.

Leçon v.

POstero die omnes in amphitheátro feris objécti sunt, quæ naturális oblítæ feritátis, ad Januárii pedes se prostravére. Id Timótheus mágicis cantiónibus tríbuens, cùm senténtiam cápitis in Christi

Mártyres pronuntiásset, óculis repénte captus, oránte mox beáto Januário, lumen recépit : quo miráculo hóminum míllia fere quinque Christi fidem suscepérunt. Verùm ingrátus Judex nihilo placátior factus benefício, sed conversióne tantæ multitúdinis actus in rábiem, véritus máxime Príncipum decréta, sanctum Epíscopum cum sóciis gládio percúti jussit.

℟. Vérbera carníficum non timuérunt Sancti Dei, moriéntes pro Christi nómine, * Ut hærédes fíerent in domo Dómini. ℣. Tradidérunt córpora sua propter Deum ad supplícia, * Ut hærédes.

Bened. Ignem sui amóris.

Leçon vi.

HOrum córpora finítimæ urbes pro suo quæque stúdio certum sibi patrónum ex iis apud Deum adoptándi, sepeliénda curárunt. Januárii corpus Neapolitáni divíno admónitu extulére ; quod primò Benevéntum, inde ad Monastérium Montis Vírginis, postrémo Neápolim translátum, & in majóri Ecclésia cónditum, multis miráculis cláruit. Sed illud in primis memorándum, quòd erumpéntes olim è monte Vesúvio flammárum globos, nec vicínis modò, sed longínquis étiam regiónibus vastitátis metum afferéntes, exstínxit. Præclárum illud quoque, quòd ejus sanguis, qui in ampúlla vítrea concrétus asservátur, cùm in conspéctu cápitis ejúsdem Mártyris pónitur, admirándum in modum colliquefíeri & ebullíre, perínde atque recens effúsus, ad hæc usque témpora cérnitur.

℟. Tanquam aurum in fornáce probávit eléctos Dóminus, & quasi holocáusti hóstiam accépit illos; & in témpore erit respéctus illórum ; * Quóniam donum & pax est eléctis Dei. ℣. Qui confídunt in illum intélligent veritátem ; & fidéles in dilectióne acquiéscent illi; * Quóniam. ℣. Glória Patri. * Quóniam.

AU III NOCTURNE.
Leçon vij.

Léctio sancti Evangélii secúndùm Matthæum.   Ch. 24.

IN illo témpore sedénte Jesu super montem Olivéti , accessérunt ad eum Discípuli secréto, dicéntes , Dic nobis quandò hæc erunt. Et réliqua.

De Homília sancti Hilárii Epíscopi.
Aux Commentaires sur St Matthieu, Can. 25.

DIscípuli Dóminum intérrogant quando hæc fíerent, quodve signum & advéntûs sui & consummatiónis séculi noscérent. Et quia tria hæc in unum quæsíta sunt, distínctis témporis & intelligéntiæ significatiónibus separántur. Respondétur igitur primùm de civitátis occásu ; & confirmántur veritáte doctrínæ, ne quis fallax ignorántibus posset obrépere. Ventúri enim erant étiam eórum témpore, qui se Christum essent nuncupatúri. Ut igitur fides pestífero mendácio détrahi posset , admonítio præcéssit.

℟. Propter testaméntum Dómini & leges patérnas Sancti Dei perstitérunt in amóre fraternitátis , *

Quia unus fuit semper spíritus in eis & una fides. ℣. Ecce quàm bonum & quàm jucúndum habitáre fratres in unum ! * Quia unus fuit semper spíritus.

Bened. Cujus festum cólimus.
Leçon viij.

COnfírmat igitur eos ad tolerántiam passiónum, fugæ, verberatiónis , intéritûs & públici in eos ódii propter nomen ejus. Atque his quidem vexatiónibus multi turbabúntur , & tantis insurgéntibus malis , scandalizabúntur , & usque in mútuum ódium excitabúntur. Et falsi prophétæ erunt , (ut Nicoláus unus ex septem Diacónibus fuit,) multósque ementítâ veritáte pervértent ; & abundánte nequítiâ cháritas refrigéscet.

℟. Sancti mei qui in carne pósiti certámen habuístis , * Mercédem labóris ego reddam vobis. ℣. Veníte, benedícti Patris mei, percípite regnum ; * Mercédem. ℣. Glória. Mercédem.

Bened. Ad societátem.
Leçon ix.

SEd usque in finem perseverántibus salus reserváta est : ac tum per omnes orbis partes viris Apostólicis dispérsis, Evangélii véritas præcábitur. Et cùm univérsis fúerit cognítio Sacraménti cœléstis invécta , tum Jerúsalem occásus & finis incúmbet, ut prædicatiónis fidem , & Infidélium pœna & metus civitátis erútæ consequátur. Hæc igitur in eam, ut fúerant prædícta, perfécta sunt ; & lapidátis, fugátis, perémtis Apóstolis, fame, bello , captivitáte conſúmta eſt : ac tunt fuit digna non eſſe, cùm, ejéctis prædicatóribus Chriſti, indignam Dei prædicatióne ſe præbuit.

Te Deum.

A VESPRES on fait de la Feſte ſuivante depuis le Chapitre.

XX SEPTEMBRE.
SAINT EUSTACHE
& ſes Compagnons, Martyrs.
Double.
A VESPRES.
Orémus.

Deus qui nos concédis ſanctórum Mártyrum tuórum Euſtáchii & Sociórum ejus natalítia cólere ; da nobis in ætérna beatitúdine de eórum ſocietáte gaudére ; per Dóminum.

Memoire de ſaint Janvier & de ſes Compagnons.

Ant. Gaudent in coelis ánimæ Sanctórum qui Chriſti veſtigia ſunt ſecúti : & quia pro ejus amóre ſánguinem ſuum fudérunt, ídeò cum Chriſto exſúltant fine fine.

℣. Exſultábunt ſancti in glória ;
℟. Lætabúntur in cubilibus ſuis.

Orémus.

Deus qui nos ánnuâ Sanctórum Mártyrum tuórum Januárii & Sociórum ejus ſolemnitáte lætíficas ; concéde propítius ut quorum gaudémus méritis, accendámur exémplis ; per Dóminum.

A MATINES.
AU I NOCTURNE.

Les Leçons de l'Eſcriture marquées pour aujourd'hui au Propre du Temps.

Mais ſi cette Feſte tombe aux Quatre-Temps, on prend les Leçons Fratres, Debitóres, page xxxviij.

AU II NOCTURNE.
Leçon iv.

Euſtáchius, qui & Plácidus, génere, ópibus & militári glóriâ inter Romános inſignis, ſub Trajáno Imperatóre Magiſtri mílitum títulum méruit. Cùm verò ſeſe aliquándo in venatióne exercéret ac fugiéntem miræ magnitúdinis cervum inſequerétur, vidit repénte inter conſiſténtis feræ córnua excélſam atque fulgéntem Chriſti Dómini è Cruce pendéntis imáginem ; cujus voce ad immortális vitæ prædam invitátus, unà cum uxóre Theopíſta ac duóbus párvulis filiis Agápito & Theopíſto Chriſtiánæ militiæ nomen dedit.

℟. Sancti tui, Dómine, mirábile conſecúti ſunt iter, ſerviéntes præcéptis tuis, ut inveniréntur illæſi in aquis válidis : * Terra appáruit árida, & in mari Rubro via ſine impediménto. ℣. Quóniam percúſſit petram, & fluxérunt aquæ, & torréntes inundavérunt. * Terra.

Bened. Chriſtus perpétuæ.

Leçon v.

Mox ad viſiónis príſtinæ locum, ſicut ei Dóminus præéperat, regréſſus, illum prænuntiántem audivit quanta ſibi déinceps pro ejus glória perferénda eſſent. Quocírca incredíbiles calamitátes mirâ patiéntiâ perpéſſus, brevì in ſummam egeſtátem redáctus eſt. Cùmque clam ſe ſubdúcere co-geretur, in itínere cónjugem pri-mùm, deinde étiam líberos ſibi mirabíliter eréptos ingémuit. Tantis obvolútus ærúmnis, in regióne longínqua víllicum agens longo témpore delítuit, donec cœléſti vo-ce recreátus, ac novà occaſióne à Trajáno conquiſitus, íterùm bello præfícitur.

℟. Vérbera carníficum non ti-muérunt ſancti Dei, moriéntes pro Chriſti nómine, * Ut hærédes fíe-rent in domo Dómini. ℣. Tradi-dérunt córpora ſua propter Deum ad ſupplícia; * Ut.

Bened. Ignem ſui amóris.

Leçon vj.

ILla in expeditióne líberis ſimùl cum uxóre inſperátò recéptis, victor Urbem ingénti ómnium gra-tulatióne ingréditur. Sed paulò pòſt inánibus Diis pro parta victória ſa-crificáre juſſus, conſtantíſſimè ré-nuit; cùmque váriis ártibus ad Chriſti fidem ejurándam fruſtra ten-tarétur, unà cum uxóre & líberis leónibus objícitur. Horum manſue-túdine concitátus Imperátor, æ-neum in taurum ſubjéctis flammis candéntem eos immítti jubet, ubi divínis in láudibus conſummáto martyrio, duodécimo Kaléndas Octóbris ad ſempitérnam felicitá-tem convolárunt; quorum illæſa córpora religióſè à Fidélibus ſe-púlta póſtmodùm ad Eccléſiam eó-rum nómini eréctam honorífícè tranſláta ſunt.

℟. Tanquam aurum in fornáce probávit eléctos Dóminus, & quaſi

holocáuſti hóſtiam accépit illos, & in témpore erit reſpéctus illórum; * Quóniam donum & pax eſt eléc-tis Dei. ℣. Qui confídunt in il-lum, intélligent veritátem; & fi-déles in dilectióne acquiéſcent illi. * Quóniam. ℣. Glória Patri. * Quóniam.

AU III NOCTURNE.

Les deux premieres Leçons de l'Homelie ſur l'Evangile Deſcén-dens Jeſus de monte, page xlvj.

Bened. Per Evangélica dicta.

Si cette Feſte tombe aux Quatre-Temps, on prend pour neuvieme Leçon l'Homelie du jour; ſinon on dit la ſuivante.

Pour la Vigile de St Matthieu.

Leçon ix.

Léctio ſancti Evangélii ſecúndùm Lucam. *Chap.* 5.

IN illo témpore vidit Jeſus pu-blicánum, nómine Levi, ſedén-tem ad telónium, & ait illi, Sé-quere me. Et réliqua.

Homília Sti Auguſtini Epíſcopi. *Livre* 5 *des Comment. ſur St Luc.* *Chapitre* 5.

MYſtica eſt hæc vocátio pu-blicáni, quem ſequi jubet non córporis greſſu, ſed mentis af-féctu. Itaque ille priùs avára de mercédibus, dura de labóribus pe-riculíſque nautárum emoluménta convértens, verbo vocátus pró-pria derelínquit, qui rapiébat alié-na; ac vile illud ſedile deſtítuens, toto poſt Dóminum veſtígio men-tis incédit; convívii quoque magni éxhibet apparátum. Qui enim do-micílio Chriſtum récipit intérno, máximis

máximis delectatiónibus exuberántium páscitur voluptátum.

Te Deum.

A LAUDES.

Si cette Feste tombe aux Quatre-Temps, on fait Memoire de la Ferie : sinon on fait celle de la Vigile, avec l'Oraison suivante.

Orémus.

DA, quæsumus, omnípotens Deus, ut beáti Matthæi Apóstoli tui & Evangélistæ quam prævenímus, veneránda solémnitas, & devotiónem nobis áugeat & salútem; per Dóminum nostrum Jesum Christum, Fílium tuum, qui técum vivit & regnat in unitáte Spíritùs sancti Deus.

LES VESPRES sont toutes de la Feste suivante.

XXI SEPTEMBRE.
SAINT MATTHIEU,
Apostre & Evangeliste.
Double de seconde Classe.
AUX I VESPRES.
Orémus.

BEáti Apóstoli & Evangelístæ Matthæi, Dómine, précibus adjuvémur : ut quod possibílitas nostra non óbtinet, ejus nobis intercessióne donétur; per Dóminum nostrum.

Memoire de saint Eustache & de ses Compagnons.

Ant. Gaudent in cœlis ánimæ Sanctórum qui Christi vestígia sunt secúti; & quia pro ejus amóre sánguinem suum fudérunt, ídeò cum Christo exsúltant sine fine.

℣. Exsultábunt Sancti in glória;
℟. Lætabúntur in cubílibus suis.

L'Oraison Deus qui nos, ci-dessus.

A MATINES.
AU I NOCTURNE.

Les Leçons du Prophete Ezechiel, Et factum est, page viij.

AU II NOCTURNE.
Leçon iv.

MAtthæus, qui & Levi, Apóstolus & Evangelista, Caphárnai cùm ad telónium sedéret, à Christo vocátus, statim secútus est ipsum; quem étiam cum réliquis Discípulis convívio excépit. Post Christi resurrectiónem, ántequam in provínciam proficiscerétur quæ ei ad prædicándum obtígerat, primus in Judæa, propter eos qui ex circumcisióne credíderant, Evangélium Jesu Christi Hebráicè scripsit : mox in Æthiópiam proféctus, Evangélium prædicávit, ac prædicatiónem multis miráculis confirmávit.

℟. Vidi conjúnctos viros habéntes spléndidas vestes, & Angelus Dómini locútus est ad me dicens, * Isti sunt viri sancti facti amíci Dei.
℣. Vidi Angelum Dei fortem, volántem per médium cœlum, voce magnâ clamántem & dicéntem, * Isti sunt.

Bened. Christus perpétuæ.
Leçon v.

ILlo ígitur in primis miráculo quo Regis fílium à mórtuis excitávit, Regem patrem & uxórem ejus cum univérsa província ad Christi fidem convértit. Rege mórtuo, Hirtacus ejus succéssor, cùm Iphigéniam, Regis filiam, vellet sibi dari in matrimónium, Matthæum, cujus óperâ illa virginitátem Deo vóverat & in sancto propósito perseverábat, ad altáre mystérium celebrántem jussit occidi. Qui undécimo Kaléndas Octóbris munus Apostólicum martyrii glóriâ cumulávit. Hujus corpus Salernum translátum, ac póstmodum in Ecclésia ejus nómini dedicáta, Gregório séptimo summo Pontifice cónditum, ibídem magno hóminum concúrsu ac pietáte cólitur.

R. Beáti estis, cùm maledíxérint vobis hómines & persecúti vos fúerint, & dixerint omne malum advérsùm vos, mentiéntes, propter me : * Gaudéte & exsultáte, quóniam merces vestra copiósa est in cœlis. V. Cùm vos óderint hómines, & cùm separáverint vos, & exprobráverint, & ejécerint nomen vestrum tanquá malum propter Fílium hóminis, * Gaudéte.

Bened. Ignem sui amóris.

Leçon vj.

De Expositióne Sti Gregórii Papæ super Ezechiélem Prophétam.

Homelie 3, Livre premier.

Sancta quátuor animália quæ prophétiæ spíritu futúra prævidéntur, subtíli narratióne describúntur, cùm dícitur, Quátuor fácies uni, & quátuor pennæ uni. Quid per fáciem, nisi notítia ? & quid per pennas, nisi volátus exprímitur ? Per fáciem quippe unusquísque cognóscitur ; per pennas

vero in altum ávium córpora sublevántur. Fácies itaque ad fidem pértinet, penna ad contemplatiónem. Per fidem namque ab omnipoténti Deo cognóscimur, sicut ipse de suis óvibus dícit, Ego sum Pastor bonus, & cognósco oves meas, & cognóscunt me meæ : qui rursus ait, Ego scio quos elégerim. Per contemplatiónem verò quâ super nosmetípsos tóllimur, quasi in áera levámur.

R. Isti sunt triumphatóres & amíci Dei, qui contemnéntes jussa príncipum meruérunt præmia ætérna. * Modò coronántur & accípiunt palmam. V. Isti sunt qui venérunt ex magna tribulatióne, & lavérunt stolas suas in sánguine Agni. * Modò. V. Glória. * Modò.

AU III NOCTURNE.

Leçon vij.

Léctio sancti Evangélii secúndùm Matthæum.   Chap. 9.

In illo témpore vidit Jesus hóminem sedéntem in telónio, Matthæum nómine ; & ait illi, Séquere me. Et réliqua.

Homília sancti Hierónymi Presbyteri.

Livre 1 des Commentaires sur saint Matthieu.

Cæteri Evangelístæ propter verecúndiam & honórem Matthæi, noluérunt eum nómine appelláre vulgáto, sed dixérunt, Levi ; dúplici quippe vocábulo fuit. Ipse autem Matthæus (secúndùm illud quod dícitur à Salomóne, Justus accusátor est sui in princípio sermónis ; & in álio loco, Dic tu peccáta tua, ut justificéris) Matthæum se & publicánum nóminat, ut osténdat legéntibus nullum debére salútem desperáre, si ad melióra convérsus sit ; cùm ipse de publicáno in Apóstolum sit repénte mutátus.

℟. Isti sunt qui vivéntes in carne, plantavérunt Ecclésiam sánguine suo ; * Cálicem Dómini bibérunt, & amíci Dei facti sunt. ℣. In omnem terram exívit sonus eórum, & in fines orbis terræ verba eórum. * Cálicem.

Bened. Cujus festum cólimus.

Leçon viij.

ARguit in hoc loco Porphyrius & Juliánus Augústus vel imperítiam histórici mentiéntis, vel stultítiam eórum qui statim secúti sunt Salvatórem, quasi irrationabíliter quémlibet vocántem hóminem sint secúti ; cùm tantæ virtútes tántaque signa præcésserint, quæ Apóstolos ántequam créderent, vidísse non dúbium est. Certè fulgor ipse & majéstas divinitátis occúltæ, quæ étiam in humána fácie relucébat, ex primo ad se vidéntes tráhere póterat adspéctu. Si enim in magnéte lápide & súccinis hæc esse vis dícitur, ut ánnulos & stípulam & festúcas sibi cópulent ; quantò magis Dóminus ómnium creaturárum ad se tráhere póterat quos vocábat.

℟. Isti sunt viri sancti quos elégit Dóminus in charitáte non ficta, & dedit illis glóriam sempitérnam : * Quorum doctrínâ fulget Ecclésia, ut sole luna. ℣. Sancti per fi-

dem vicérunt regna, operáti sunt justítiam : * Quorum. ℣. Glória Patri. * Quorum.

Bened. Ad societátem.

Leçon ix.

ET factum est, discumbénte eo in domo, ecce multi publicáni & peccatóres veniéntes discumbébant cum Jesu. Vidébant Publicánum à peccátis ad melióra convérsum locum invenísse pœniténtiæ, & ob id étiam ipsi non despérant salútem. Neque verò in prístinis vítiis permanéntes véniunt ad Jesum, ut Pharisæi & Scribæ múrmurant ; sed pœniténtiam agéntes, ut sequens Dómini sermo significat, dicens, Misericórdiam volo, & non sacrifícium ; non enim veni vocáre justos, sed peccatóres. Ibat autem Dóminus ad convívia peccatórum, ut occasiónem habéret docéndi & spirituáles invitatóribus suis præbéret cibos.

Te Deum.

AUX II VESPRES.

Memoire de saint Maurice & de ses Compagnons, Martyrs.

Ant. Istórum est enim regnum cœlórum, qui contemsérunt vitam mundi, & pervenérunt ad præmia regni, & lavérunt stolas suas in sánguine Agni.

℣. Lætámini in Dómino & exsultáte, Justi ; ℟. Et gloriámini, omnes recti corde.

Orémus.

ANnue, quæsumus, omnípotens Deus, ut sanctórum Mártyrum tuórum Maurítii & Sociórum ejus nos lætíficet festíva solém-

Q q ij

nitas, ut quorum suffrágiis nítimur, eórum natalítiis gloriémur; per Dóminum nostrum Jesum Christum, Fílium tuum.

XXII Septembre.

SAINT MAURICE

& ses Compagnons, Martyrs.

A MATINES.

Les deux premieres Leçons de l'Escriture marquées pour aujourd'hui au Propre du Temps.

Leçon iij.

CUm Maximiánus Imperátor, ducto in Gálliam exércitu, in finibus Sedunórum sacrifícii causâ constitísset, Thebæórum légio, ne se impiórum sacrórum societáte contamináret, à réliquis cópiis discéssit. Quare Imperátor misit ad eos mílites qui suo nómine nuntiárent ut si salvi esse vellent, in castra ad sacrifícia redírent. Qui se Christiánâ Religióne impedíri respondérunt. Quorum respónsum ille indigníssimè ferens, majóri iracúndiâ quàm ántea, exársit. Itaque immíssâ parte exércitûs in Thebæos, décimum quemque eórum primùm occídi jussit: quod martyrium suâ sponte, maximéque hortatóre Maurítio, ferre maluére, quàm imperáta fácere nefárii Imperatóris; ac deinde réliquos omnes, constantíssimè Christum prædicántes, décimo Kaléndas Octóbris ab univérso exércitu trucidári imperat.

T e Deum.

LES VESPRES sont toutes de la Feste suivante.

XXIII Septembre.

SAINT LIN,

Pape & Martyr. Semidouble.

A VESPRES.

O rémus.

DEus qui nos beáti Lini Mártyris tui atque Pontíficis ánnuâ solemnitáte lætíficas; concéde propítius ut cujus natalítia cólimus, de ejúsdem étiam protectióne gaudeámus; per Dóminum.

Memoire

de sainte Thecle, Vierge & Mart.

Ant. Veni, Sponsa Christi, áccipe corónam quam tibi Dóminus præparávit in ætérnum.

℣. Spécie tuâ & pulchritúdine tuâ ℟. Inténde, prósperè procéde, & regna.

O rémus.

DA, quæsumus, omnípotens Deus, ut qui beátæ Theclæ Vírginis & Mártyris tuæ natalítia cólimus, & ánnuâ solemnitáte lætémur, & tantæ fídei proficiámus exémplo; per Dóminum.

A MATINES.

AU I NOCTURNE.

Les Leçons de l'Escriture marquées pour aujourd'hui au Propre du Temps; mais si cette Feste tombe aux Quatre Temps, on prend les Leçons A Miléto, p. xxiij.

AU II NOCTURNE.

Leçon iv.

LInus Póntifex Volatérris in Etrúria natus, primus post Petrum gubernávit Ecclésiam. Cujus tanta fides & sánctitas fuit, ut non solùm Dæmones ejíceret, sed étiam mórtuos revocáret ad vitam. Scripſit res geſtas beáti Petri, & ea máximè quæ ab illo acta ſunt contra Simónem magum. Sancívit ne qua múlier, niſi veláto cápite, in Eccléſiam introíret. Huic Pontiſici caput amputátum eſt ob conſtántiam Chriſtiánæ fídei, juſſu Saturníni ímpii & ingratíſſimi Conſuláris, cújus fíliam à Dæmónum vexatióne liberáverat. Sepúltus eſt in Vaticáno, prope ſepúlchrum Príncipis Apoſtolórum, nono Kaléndas Octóbris. Sedit annos úndecim, menſes duos, dies vigínti tres, creátis bis menſe Decémbri Epíſcopis quíndecim, Presbyteris decem & octo.

℟. Honéſtum fecit illum Dóminus, & cuſtodívit eum ab inimícis, & à ſeductóribus tutávit illum ; * Et dedit illi claritátem ætérnam. ℣. Deſcendítque cum illo in fóveam, & in vínculis non derelíquit eum : * Et.

Bened. Chriſtus perpétuæ.

Leçon v.

De Expoſitióne ſancti Ambróſii Epíſcopi in Pſalmum centéſimum décimum Octávum.

Sermon 21.

PRíncipes perſecúti ſunt me gratis, & à verbis tuis trepidávit cor meum. Benè hoc Martyr dicit, quòd injuſtè perſecutiónum torménta ſuſtíneat ; qui nihil rapúerit, nullum violéntus oppréſſerit, nullíus thorum putáverit eſſe violándum ; qui nihil légibus débeat, & gravióra latrónum ſuſtinére cogátur ſupplícia ; qui loquátur juſtè,

& non audiátur ; qui loquátur plena ſalútis, & impugnétur, ut poſſit dícere, Cùm loquébar illis, impugnábant me gratis. Gratis igitur perſecutiónem pátitur qui impugnátur ſine crímine, impugnátur ut nóxius, cùm ſit in tali confeſſióne laudábilis ; impugnátur quaſi venéficus, qui in nómine Dómini gloriátur, cùm píetas virtútum ómnium fundaméntum ſit.

℟. Deſidérium ánimæ ejus tribuíſti ei, Dómine, * Et voluntáte labiórum ejus non fraudáſti eórum. ℣. Quóniam prævéniſti eum in benedictiónibus dulcédinis ; poſuíſti in cápite ejus corónam de lápide pretióſo, * Et voluntáte.

Bened. Ignem ſui amóris.

Leçon vj.

VErè fruſtrà impugnátur qui apud ímpios & infídos impietátis accersítur, cùm fídei ſit magíſter. Verùm qui gratis impugnátur, fortis debet eſſe & conſtans. Quómodo ergo ſubtéxuit, Et à verbis tuis trepidávit cor meum ? Trepidáre infirmitátis eſt, timóris atque formídinis. Sed eſt étiam infírmitas ad ſalútem, eſt étiam timor Sanctórum ; Timéte Dñum, omnes ſancti ejus : &, Beátus vir qui timet Dñum. Quâ ratióne beátus ? Quia in mandátis ejus cupit nimis.

℟. Stolâ jucunditátis índuit eum Dóminus, * Et corónam pulchritúdinis póſuit ſuper caput ejus. ℣. Cibávit illum Dóminus pane vitæ & intelléctus, & aquâ ſapiéntiæ ſalutáris potávit illum, * Et corónam. ℣. Glória Patri. * Et.

AU III NOCTURNE.

Les deux premieres Leçons de l'Homelie sur l'Evangile Si quis venit, au Com. d'un Mart. p. xxx.

Bened. Ad societátem.

Leçon ix.

Pour Ste Thecle, Vierge & Mart.

THecla Virgo, ex illústribus paréntibus Icónii nata, à Paulo Apóstolo fídei præcéptis institúta, miris sanctórum Patrum láudibus celebrátur. Quæ décimum octávum annum agens, Thamíride sponso relícto, cùm eam paréntes quòd Christiána esset, accusássent, in ardéntem rogum, qui, nisi Christo renuntiáret, ei parátus erat, priùs signo crucis armáta seípsam injécit. Sed igne plúviâ quæ repénte exórta est, exstíncto, Antiochíam venit, ubi feris objécta & táuris in divérsa incitátis alligáta, mox conjécta in fossam plenam serpéntibus, ex ómnibus Jesu Christi grátiâ liberátur. Cujus ardóre fídei & vitæ sanctitáte multi ad Christum convérsi sunt. Iterùm in pátriam rédiens in montem sola secéssit: deinde multis virtútibus & miráculis insígnis nonagenária migrávit ad Dóminum, ac Seleúciæ sepúlta est.

Te Deum.

A LAUDES.

Memoire de sainte Thecle, Vierge & Martyre.

Ant. Símile est regnum cœlórum hómini negotiatóri quærénti bonas margarítas: invéntâ unâ pretiósâ, dedit ómnia sua, & comparávit eam.

℣. Diffúsa est grátia in lábiis tuis;
℟. Proptéreà benedíxit te Deus in ætérnum.

L'Oraison Da, quæsumus, ci-dessus.

LES VESPRES sont toutes de la Feste suivante.

XXIV SEPTEMBRE.
NOTRE-DAME
DE LA MERCI.
Double majeur.

AUX I VESPRES.

Les Pseaumes du Petit Office sur les Antiennes suivantes.

Ant. Dum esset Rex in accúbitu suo, nardus mea dedit odórem suavitátis.

Ant. Læva ejus sub cápite meo, & déxtera illius amplexábitur me.

Ant. Nigra sum, sed formósa, filiæ Jerúsalem: ideò diléxit me Rex, & introdúxit me in cubículum suum.

Ant. Jam hyems tránsiit, imber ábiit & recéssit: surge, amíca mea, & veni.

Ant. Speciósa facta es & suávis in deliciis tuis, sancta Dei Génitrix.

Chapitre. Eccli. 24.

AB initio & ante sécula creáta sum, & usque ad futúrum séculum non désinam, & in habitatióne sancta coram ipso ministrávi.

Hymne.

AVe, maris stella,
Dei Mater alma,
Atque semper virgo,
Felix cœli porta.

Sumens illud Ave

Gabriélis ore,
Funda nos in pace,
Mutans Hevæ nomen.
Solve vincla reis;
Profer lumen cæcis;
Mala nostra pelle;
Bona cuncta posce.
Monstra te esse matrem,
Sumat per te preces.
Qui pro nobis natus
Tulit esse tuus.
Virgo singuláris,
Inter omnes mitis,
Nos culpis solútos,
Mites fac & castos.
Vitam præsta puram;
Iter para tutum,
Ut vidéntes Jesum,
Semper collætémur.
Sit laus Deo Patri,
Summo Christo decus,
Spirítui sancto
Tribus honor unus. Amen.

℣. Dignáre me laudáre te, Virgo sacráta; ℟. Da mihi virtútem contra hostes tuos.

A Magníficat, Ant. Sancta María, succúrre míseris, juva pusillánimes, réfove flébiles. Ora pro pópulo, intérveni pro Clero, intercéde pro devóto femíneo sexu. Séntiant omnes tuum juvámen, quicúmque célebrant tuam sanctam Festivitátem.

O rémus.

Eus qui per gloriosíssimam Fílii tui Matrem ad liberándos Christi Fidéles à potestáte Paganórum novà Ecclésiam tuam prole amplificáre dignátus es; præsta, quæsumus, ut quam piè venerámur tanti óperis Institutrícem, ejus páriter méritis & intercessióne à peccátis ómnibus & captivitáte Dæmonis liberémur; per eúmdem Dóminum.

Memoire de saint Lin.

Ant. Qui vult veníre post me, ábneget semetípsum & tollat crucem suam & sequátur me.

℣. Justus ut palma florébit, ℟. Sicut cedrus Líbani multiplicábitur.

L'Oraison Deus qui nos, ci-dessus.

A MATINES.

Invit. Sancta María Dei génitrix Virgo, * Intercéde pro nobis.

Pseaume 94 Venite.

Tout se dit comme au petit Office, excepté ce qui suit ici de propre.

AU I NOCTURNE.

Leçon j.

De Parábolis Salomónis.

Chapitre 8 & 9.

Go Sapiéntia hábito in consílio, & erudítis intérsum cogitatiónibus. Timor Dómini odit malum. Arrogántiam & supérbiam & viam pravam & os bilíngue detéstor. Meum est consílium & æquitas, mea est prudéntia, mea est fortitúdo. Per me reges regnant, & legum conditóres justa decernunt. Per me Príncipes ímperant, & poténtes decérnunt justítiam. Ego diligéntes me díligo; & qui manè vígilant ad me, invénient me.

℟. Sancta & immaculáta Virgínitas, quibus te láudibus éfferam néscio; * Quia quem cœli cápere non póterant, tuo grémio contulísti. ℣. Benedícta tu in muliéribus, & benedíctus fructus ventris tui; *Quia.

Bened. Unigénitus Dei Fílius.

Leçon ij.

MEcum sunt divítiæ & glória, opes supérbæ & justítia. Mélior est enim fructus meus auro & lápide pretióso, & genímina mea argénto elécto. In viis justítiæ ámbulo, in médio semitárum judícii, ut ditem diligéntes me & thesáuros eórum répleam. Dóminus possédit me in inítio viárum suárum, antequam quidquam fáceret à princípio. Ab ætérno ordináta sum & ex antíquis antequam terra fíeret. Nondum erant abyssi, & ego jam concépta eram; necdum fontes aquárum erúperant; necdum montes gravi mole constíterant; ante colles ego parturiébar.

℟. Congratulámini mihi, omnes qui dilígitis Dóminum, quia cùm essem párvula, plácui Altíssimo, * Et de meis viscéribus génui Deum & hóminem. ℣. Beátam me dicent omnes generatiónes, quia ancíllam húmilem respéxit Deus, * Et.

Bened. Spíritûs sancti grátia.

Leçon iij.

BEátus homo qui audit me & qui vígilat ad fores meas quotídie, & obsérvat ad postes óstii mei. Qui me invénerit, invéniet vitam, & háuriet salútem à Dómino; qui autem in me peccáverit, lædet ánimam suam. Omnes qui me odérunt díligunt mortem. Sapiéntia ædificávit sibi domum, excídit colúmnas septem. Immolávit víctimas suas, míscuit vinum, & propósuit mensam suam. Misit ancíllas suas ut vocárent ad arcem & ad moenia civitátis; Si quis est párvulus, véniat ad me. Et insipiéntibus locúta est; Veníte, comédite panem meum, & bíbite vinum quod míscui vobis.

℟. Beáta es, Virgo María, quæ Dóminû portásti Creatórem mundi: * Genuísti qui te fecit, & in ætérnum pérmanes virgo. ℣. Ave, María, grátiâ plena; Dóminus tecum. * Genuísti qui te fecit. ℣. Glória Patri. * Genuísti.

AU II NOCTURNE.
Leçon iv.

QUo témpore major feliciórque Hispaniárû pars diro Saracenórum opprimebátur jugo, innumeríque Fidéles sub immáni servitúte máximo cum perículo Christiánæ Fídei abjurándæ amittendǽque salútis ætérnæ infelíciter detinebántur; beatíssima Coelórum Regína tot tantísque benígniter occúrrens malis, nímiam charitátem suam in iis rediméndis osténdit. Nam sancto Petro Nolásco pietáte & ópibus florénti, qui sanctis vacans meditatiónibus júgiter ánimo recogitábat quâ ratióne tot Christianórum ærúmnis sub Maurórum captivitáte degéntium succúrri posset, ipsámet beatíssima Virgo serénâ fronte se conspiciéndam dedit, & acceptíssimum sibi ac Unigénito suo Fílio fore dixit si suum in honórem instituerétur Ordo Religiósorum fórum quibus cura incúmberet captívos è Turcárum tyránnide liberándi. Quâ cœlésti visióne Vir Dei recreátus, mirum est quo charitátis ardóre flagráre cœperit, hoc unum servans in corde suo, ut ipse ac instituénda ab eo Relígio máximam illam charitátem sédulò exercérent, ut quisque ánimam suam póneret pro amícis & próximis suis.

℟. Sicut cedrus exaltáta sum in Líbano, & sicut cypréssus in monte Sion : quasi myrrha elécta * Dedi suavitátem odóris. ℣. Et sicut cinnamómum & bálsamum aromatízans * Dedi.

Bened. Christus perpétuæ.

Leçon v.

EA ipsâ nocte éadem Virgo sanctíssima beáto Raymúndo de Pénnafort & Jacóbo Aragóniæ Regi appáruit, idípsum de Religiósis instituéndis ádmonens suadénsque ut opem pro constructióne tanti óperis ferrent. Petrus autem statim ad Raymúndi pedes qui ipsi erat à sacris Confessiónibus, ádvolans, ei rem omnem apéruit, quem étiam cœlitùs instrúctum réperit, ejúsque directióni se humíllimè subjécit. At supervéniens Jacóbus Rex, quam & ipse accéperat à beatíssima Vírgine revelatiónem éxsequi státuit. Unde collátis inter se consíliis, & consentiéntibus ánimis, in honórem ejúsdem Vírginis matris Ordinem institúere aggréssi sunt sub invocatióne sanctæ Maríæ de Mercéde Redemtiónis captivórum.

℟. Quæ est ista quæ procéssit si-
cut sol, & formósa tánquam Jerúsalem ? * Vidérunt eam fíliæ Sion, & beátam dixérunt & Regínæ laudavérunt eam. ℣. Et sicut dies verni circúmdabant eam flores rosárum & lília convállium. * Vidérunt.

Bened. Ignem sui amóris.

Leçon vj.

DIe ígitur décimâ Augústi anno Dómini millésimo ducentésimo décimo octávo, Rex idem Jacóbus eam institutiónem jam pridèm ab iísdem sanctis Viris concéptam éxsequi státuit, Sodálibus quarto voto adstrictis manéndi in pignus sub Paganórum potestáte, si pro Christianórum liberatióne opus fúerit. Quibus Rex ipse arma sua régia in péctore deférre concéssit, & à Gregório nono illud tam præcelléntis erga próximum charitátis Institútum & Religiónem confirmári curávit. Sed & ipse Deus per Vírginem matrem increméntum dedit, ut talis Institútio celériùs ac felíciùs totum per Orbem divulgarétur, sanctísque viris floréret charitáte ac pietáte insígnibus, qui eleemósynas à Christi Fidélibus colléctas in prétium redemtiónis suórum proximórum expénderent, seque ipsos interdùm darent in redemtiónem multórum. Ut autem tanti benefícii & Institutiónis débitæ Deo & Vírgini Maríæ matri referántur grátiæ, Sedes Apostólica hanc peculiárem festivitátem celebrári & Officium recitári indúlsit, cùm ália ferè innúmera eídem Ordini privilégia páriter contulísset.

R. 4. *Automne.* R r

℟. Ornátam monílibus fíliam Jerúsalem Dóminus concupívit: * Et vidéntes eam filiæ Sion beatíssimam prædicavérunt dicéntes, * * Unguéntum effúsum nomen tuum. ℣. Adstítit Regína à dextris tuis in vestítu deauráto, circúndata varietáte. * Et vidéntes. ℣. Glória Patri. * * Unguéntum effúsum nomen tuum.

AU III NOCTURNE.
Leçon vij.

Léctio sancti Evangélii secúndùm Lucam.　*Ch. 11.*

IN illo témpore, loquénte Jesu ad turbas, extóllens vocem quædam múlier de turba, díxit illi, Beátus venter qui te portávit. Et réliqua.

Homília venerábilis Bedæ Presbyteri.

Livre 4, Chapitre 49, sur le Chap. 11 de St Luc.

MAgnæ devotiónis & fídei hæc múlier osténditur, quæ, Scribis & Pharisæis Dóminum tentántibus simul & blasphemántibus, tantà ejus incarnatiónem præ ómnibus sinceritáte cognóscit, tantà fidúciâ confitétur, ut & præséntium prócerum calúmniam & futurórum confúndat Hæreticórum perfídiam. Nam sicut tunc Judæi sancti Spíritûs ópera blasphemándo verum consubstantialémque Patri Dei Fílium negábant, sic Hærétici póstea negándo Maríam semper vírginem, sancti Spíritûs operánte virtúte, nascitúra cum humánis membris Unigénito Dei carnis suæ matériam ministrásse, ve-

rum consubstantialémque matri fílium hóminis fatéri non debére dixérunt.

℟. Beátam me dicent omnes generatiónes, * Quia fecit mihi Dóminus magna qui potens est, & sanctum nomen ejus. ℣. Et misericórdia ejus à progénie in progénies timéntibus eum; * Quia fecit. Bened. Cujus festum cólimus.

Leçon viij.

SEd si caro Verbi Dei secúndùm carnem nascéntis à carne Vírginis matris pronuntiátur extránea, sine causa venter qui eam portásset & úbera quæ lactássent, beatificántur. Dicit autem Apóstolus, Quia misit Deus Fílium suum factum ex muliere, factum sub lege. Neque audiéndi sunt qui legéndum putant, Natum ex muliere, factum sub lege; sed, Factum ex muliere: quia concéptus ex útero virgináli, carnem non de níhilo, non aliúnde, sed matérna traxit ex carne: alióquin nec verè Fílius hóminis dicerétur, qui oríginem non habéret ex hómine. Et nos ígitur, his contra Eutychen dictis, extollámus vocem cum Ecclésia Cathólica cujus hæc múlier typum gessit, extollámus & mentem de médio turbárum, dicamúsque Salvatóri, Beátus venter qui te portávit, & úbera quæ suxísti. Verè enim beáta parens, quæ, sicut quidam ait, Enixa est puérpera Regem qui cœlum terrámque tenet per sécula.

℟. Felix namque es, sacra Virgo María, & omni laude digníssima; * Quia ex te ortus est sol

Juſtitiæ, ** Chriſtus Deus noſter.
℣. Ora pro pópulo, intérveni pro Clero, intercéde pro devóto femíneo ſexu. Séntiant omnes tuum juvámen, quicúmque célebrant tuam ſanctam Feſtivitátem. * Quia ex te.
℣. Glória. ** Chriſtus.

Bened. Ad ſocietátem.

Leçon ix.

QUinímmò beáti qui áudiunt verbum Dei & cuſtódiunt. Pulchrè Salvátor atteſtatióni mulieris ánnuit, non eam tantúmmodò quæ Verbum Dei corporáliter generáre merúerat, ſed & omnes qui idem Verbum ſpiritáliter audítu fídei concípere & boni óperis cuſtódiâ vel in ſuo vel in proximórum corde párere & quaſi álere ſtudúerint, aſſevérans eſſe beátos : quia & éadem Dei Génitrix, & inde quidem beáta, quia Verbi incarnándi miniſtra facta eſt temporális ; ſed inde multò beátior, quia ejúſdem ſemper amándi cuſtos manébat ætérna.

T e Deum.

A LAUDES.

Ant. Dum eſſet Rex in accúbitu ſuo, nardus mea dedit odórem ſuavitátis.

Pſeaume 92 Dóminus regnávit, avec les autres.

Ant. Læva ejus ſub cápite meo, & déxtera illíus amplexábitur me.

Ant. Nigra ſum, ſed formóſa, fíliæ Jerúſalem : ideò diléxit me Rex, & introdúxit me in cubículum ſuum.

Ant. Jam hyems tránſiit, imber ábiit & receſſit : ſurge, amíca mea, & veni.

Ant. Specióſa facta es & ſuávis in delíciis tuis, ſancta Dei Génitrix.

Chapitre.   Eccli. 24.

AB inítio & ante ſecula creáta ſum, & uſque ad futúrum ſéculum non déſinam, & in habitatióne ſancta coram ipſo miniſtrávi.

Hymne ancienne.

O Glorióſa Dómina,
    Excélſa ſuper ſídera,
Qui te creávit próvidè,
Lactáſti ſacro úbere.
Quod Heva triſtis ábſtulit
Tu reddis almo gérmine ;
Intrent ut aſtra flébiles,
Cœli feneſtra facta es.
Tu Regis alti jánua
Et porta lucis fúlgida.
Vitam datam per Vírginem,
Gentes redémtæ, pláudite.
Glória tibi, Dómine,
Qui natus es de Vírgine,
Cum Patre & ſancto Spíritu
In ſempitérna ſecula. Amen.

Hymne nouvelle.

O Glorióſa Vírginum,
    Sublímis inter ſídera,
Qui te creávit, párvulum
Lacténte nutris úbere.
Quod Heva triſtis ábſtulit
Tu reddis almo gérmine :
Intrent ut aſtra flébiles,
Cœli reclúdis cárdines.
Tu Regis alti jánua,
Et aula lucis fúlgida.
Vitam datam per Vírginem,
Gentes redémtæ, pláudite.
Jeſu, tibi ſit glória,
Qui natus es de Vírgine,
Cum Patre & almo Spíritu

R r ij

In sempitérna fécula. Amen.

℣. Diffúfa eft grátia in lábiis tuis;
℟. Proptéreà benedíxit te Deus in ætérnum.

A Benedíctus, Ant. Béáta es, María, quæ credidífti; perficiéntur in te quæ dicta funt tibi à Dómino. Allelúia.

O rémus.

DEus qui per gloriosíffimam Fílii tui Matrem ad liberándos Chrifti Fidéles à poteftáte Paganórum novâ Ecclésiam tuam prole amplificáre dignátus es; præfta, quæfumus, ut quam piè venerámur tanti óperis Inftitutrícem, ejus páriter méritis & interceffióne à peccátis ómnibus & captivitáte Dæmonis liberémur; per eúmdem Dóminum.

A TIERCE.

Ant. Læva ejus fub cápite.
Le Chap. Ab inítio, ci deffus.
℟. bref. Spécie tuâ * Et pulchritúdine tuâ, On repete Spécie.
℣. Inténde, prófperè procéde & regna, * Et.
℣. Glória Patri. ℟. Spécie.
℣. Adjuvábit eam Deus vultu fuo; ℟. Deus in médio ejus; non commovébitur.

A SEXTE.

Ant. Nigra fum, fed formófa.
Chapitre.　Eccli. 24.

ET fic in Sion firmáta fum, & in civitáte fanctificáta fimiliter requiévi, & in Jerúfalem poteftas mea. Et radicávi in pópulo honorificáto, & in parte Dei mei hæréditas illíus, & in plenitúdine Sanctórum deténtio mea.

℟. bref. Adjuvábit eam * Deus vultu fuo. On repete Adjuvábit.
℣. Deus in médio ejus, non commovébitur; * Deus.
℣. Elegit eam Deus & præelégit eam; ℟. In tabernáculo fuo habitáre facit eam.

A NONE.

Ant. Speciófa facta es.
Chapitre.　Eccli. 24.

IN platéis ficut cinnamómum & bálfamum aromatizans odórem dedi; quafi myrrha elécta dedi fuavitátem odóris.

℟. bref. Elégit eam Deus * Et præelégit eam. On repete Elégit.
℣. In tabernáculo fuo habitáre facit eam, * Et præelégit eam.
℣. Glória Patri. ℟. Elégit.
℣. Diffúfa eft grátia in lábiis tuis,
℟. Proptéreà benedíxit te Deus in ætérnum.

AUX II VESPRES.

Tout fe dit comme aux premieres Vefpres, excepté

A Magníficat, Ant. Beátam me dicent omnes generatiónes, quia ancíllam húmilem refpéxit Deus.

XXVI SEPTEMBRE.
SAINT CYPRIEN
ET SAINTE JUSTINE,
Martyrs.
AUX I VESPRES.

O rémus.

BEatórum Mártyrum Cypriáni & Juftínæ nos, Dómine, fóveant continuáta præsídia; quia non définis propítius intuéri quos tálibus auxíliis concéfferis adjuvári; per Dóminum.

A MATINES.

La premiere Leçon de l'Efcriture marquée pour aujourd'hui au Propre du Temps.

Bened. **Quorum feftum.**

Leçon ij.

CYpriánus primum magus, poftea martyr, cùm Juftinam Chriftiánam vírginem quam júvenis quidam ardénter amábat, cantiónibus ac veneficiis ad ejus libídinis affénfum allícere conarétur, Dæmonem consúluit quânam id re cónfequi poffet. Cui Dæmon refpóndit nullam illi artem proceffúram advérsùs eos qui verè Chriftum cólerent. Quo refpónfo commótus Cypriánus, veheménter dolére cœpit vitæ fuperióris inftitútű. Itaque relíctis mágicis ártibus fe totum ad Chrifti Dñi fidem convértit.

Bened. **Ad focietátem.**

Leçon iij.

QUam ob caufam ună cum vírgine Juftína comprehénfus eft; & ambo cólaphis flagellífque cæfi funt; mox in cárcerem conjécti, fi fortè fenténtiam commutárent. Verùm inde póftea emíffi, cùm in Chriftiána Religióne conftantíffimi reperiréntur, in fartáginem plenam fervéntis picis, ádipis & ceræ injécti funt. Demum Nicomédiæ fecúri feriúntur. Quorum projécta córpora, cùm fex dies inhumáta jacuíffent, noctu quidam nautæ clam ea in navem impófita Romam portavérunt: ac primùm in prædio Rufínæ nóbilis féminæ fepúlta funt; póftea tranfláta in Urbem, in Bafílica Conftantiána

cóndita funt prope Baptiftérium.

T e Deum.

LES VESPRES font toutes de la Fefte fuivante.

XXVII SEPTEMBRE.
St COSME & St DAMIEN,
Martyrs. Semidouble.
A VESPRES.

O rémus.

PRæfta, quæfumus, omnípotens Deus, ut qui fanctórum Mártyrum tuórum Cofmæ & Damiáni natalítia cólimus, à cunctis malis imminéntibus eórum interceffiónibus liberémur; per Dñum.

A MATINES.
Au I NOCTURNE.

Les Leçons de l'Efcriture marquées pour aujourd'hui au Propre du Temps.

Au II NOCTURNE.
Leçon iv.

COfmas & Damiánus, fratres Arabes, in Ægea urbe nati, nóbiles médici, Imperatóribus Diocletiáno & Maximiáno, non magis medicínæ fciéntiâ, quàm Chrifti virtúte, morbis étiam infanabílibus medebántur. Quorum Religiónem cùm Lyfias Præféctus cognovíffet, addúci eos ad fe jubet: ac de vivéndi inftitúto & de fídei profeffióne interrogátos, cùm fe & Chriftiános effe, & Chriftiánam fidem effe ad falútem necefáriam liberè prædicárent, Deos venerári ímperat, & fi id recúfent, minátur cruciátus & necem acerbíffimam.

R̀. Sancti tui, Dómine, mirábile confecúti funt iter fervientes præcéptis tuis, ut inveniréntur illæfi in aquis válidis: * Terra appáruit árida, & in mari Rubro via fine impediménto. ℣. Quóniam percúffit petram & fluxérunt aquæ, & torréntes inundavérunt.* Terra.

Bened. Chriftus perpétuæ.

Leçon v.

VErùm, ut fe fruftra hæc illis propónere intélligit; Colligáte, inquit, manus & pedes iftórum, eófque exquifitis torquéte fupplíciis. Quibus juffa exfequéntibus, nihilóminùs Cofmas & Damiánus in fenténtia perfiftébant. Quare ut erant vincti, in profúndum mare jaciúntur: unde cùm falvi ac folúti effent egréffi, mágicis ártibus Præféctus factum afsígnans, in cárcerem tradit, ac poftridiè edúctos, in ardéntem rogum ínjici jubet; ubi cùm ab ipfis flamma refúgeret, váriè & crudéliter tortos fecúri pércuti vóluit. Itaque in Jefu Chrifti confeffióne martyrii palmam accepérunt.

℟. Vérbera carníficum non timuérunt Sancti Dei, moriéntes pro Chrifti nómine; * Ut hærédes fíerent in domo Dómini. ℣. Tradidérunt córpora fua propter Deum ad fupplícia. * Ut hærédes.

Bened. Ignem fui amóris.

Leçon vj.

Sermo fancti Auguftini Epifcopi.
Sermon 47, des Saints.

QUotiefcúmque, Fratres chariffimi, fanctórum Mártyrum folémnia celebrámus, ita, ipfis intercedéntibus, exfpectémus à Dómino cónfequi temporália benefícia, ut ipfos Mártyres imitándo, accípere mereámur ætérna. Ab ipfis enim fanctórum Mártyrum in veritáte feftivitátum gáudia celebrántur, qui ipfórum Mártyrum exémpla fequúntur. Solemnitátes enim Mártyrum exhortatiónes funt martyriórum; ut imitári non pígeat quod celebráre deléctat.

℟. Tanquam aurum in fornáce probávit eléctos Dóminus, & quáfi holocáufti hoftiam accépit illos, & in témpore erit refpéctus illórum; * Quóniam donum & pax eft eléctis Dei. ℣. Qui confídunt in illum, intélligent veritátem; & fidéles in dilectióne acquiéfcent illi, * Quóniam. ℣. Glória Patri. * Quóniam.

AU III NOCTURNE.

Les Leçons de l'Homelie de St Ambroife fur l'Evangile Defcendens Jefus de monte, au Commun de plufieurs Martyrs.

LES VESPRES font de la Fefte fuivante depuis le Chapitre.

XXVIII SEPTEMBRE.
SAINT WENCESLAS,
Martyr. Semidouble.
AUX I VESPRES.
O rémus.

DEus qui beátum Wencefláum per martyrii palmam à terréno principátu ad cœléftem glóriam tranftulífti; ejus précibus nos ab omni adverfitáte cuftódi, & ejúfdem tríbue gaudére confórtio; per.

Memoire
des faints Cofme & Damien.

Ant. Gaudent in coelis ánimæ

Sanctórum qui Christi vestígia sunt secúti : & quia pro ejus amóre sánguinem suum fudérunt , ideò cùm Christo exsúltant sine fine.

℣. Exsultábunt sancti in glória : ℟. Lætabúntur in cubílibus suis.

Orémus.

PRæsta , quæsumus , omnípotens Deus , ut qui sanctórum Mártyrum tuórum Cosmæ & Damiáni natalítia cólimus , à cunctis malis imminéntibus eórum intercessiónibus liberémur ; per Dñum.

A MATINES.
AU I NOCTURNE.

Les Leçons de l'Escriture marquées pour aujourd'hui au Propre du Temps.

AU II NOCTURNE.
Leçon iv.

WEncesláus Bohémiæ Dux Uratisláo patre Christiáno, Drahomírâ matre gentíli natus., ab ávia Ludmílla, fémina sanctíssima, piè educátus omni virtútum génere insígnis , summo stúdio virginitátem per omnem vitam servávit illibátam. Mater per nefáriam Ludmíllæ necem Regni administratiónem assecúta , ímpiè cum junióre fílio Boisláo vivens , concitávit in se Prócerum indignatiónem ; quare tyránnici & ímpii regíminis pertæsi , utriúsque excússo jugo , Wensláum in urbe Pragensi Regem salutárunt.

℟. Honéstum fecit illum Dóminus , & custodívit eum ab inimícis, & à seductóribus tutávit illum , * Et dedit illi claritátem ætérnam. ℣. Descendítque cum illo in fóveam,

& in vínculis non derelíquit eum , * Et dedit.

Bened. Christus perpétuæ.

Leçon v.

ILle regnum pietáte magis quàm império regens , órphanis , víduis , egénis tantâ charitáte subvénit , ut própriis húmeris aliquándo ligna indigéntibus noctu comportárit, paupéribus humándis frequénter adfúerit , captívos liberárit , carcéribus deténtos nocte intempestâ visitárit , pecúniis & consílio sæpíssime consolátus. Miti ánimo Princeps veheménter dolébat, quémpiam, etsi reum, morti adjudicári ; summâ religióne sacerdótes venerátus, suis mánibus tríticum serébat, & vinum exprimébat , quibus in Missæ sacrifício uteréntur , nocte nudis pédibus super nivem & gláciem circuíbat Ecclésias , sanguínea & terram calefaciéntia post se relínquens vestígia.

℟. Desidérium ánimæ ejus tribuísti ei , Dómine , * Et voluntáte labiórum ejus non fraudásti eum. ℣. Quóniam prævenísti eum in benedictiónibus dulcédinis : posuísti in cápite ejus corónam de lápide pretióso , * Et voluntáte.

Bened. Ignem sui amóris.

Leçon vj.

ANgelos hábuit sui córporis custódes ; cùm enim ad singuláre certámen advérsùs Radisláum , Ducem Curiménsem , eo fine accéderet , ut suórum salúti prospíceret, visi sunt Angeli arma ministrásse , & dixísse adversário , Ne férias. Pertérritus hostis , venerabúndus prócidens, véniam exorávit. Cùm in Germániam proféctus effet, Imperátor, confpéctis duóbus Angelis, áureâ Cruce ad fe accedéntem ornántibus, è fólio profíliens bráchiis excépit, Régiis infígnibus decorávit, eíque fancti Viri bráchium donávit. Nihilóminus ímpius frater, matre hortánte, convívio exceptum, & póftea in Eccléfia orántem, parátæ fibi mortis præfcium, adhíbitis fcéleris comítibus, interfécit. Sanguis per paríetes afpérfus adhuc confpícitur, & Deo víndice matrem inhumánam terra abfórbuit. Interfectóres váriis modis míferè periérunt.

℞. Stolâ jucunditátis índuit eum Dóminus, * Et corónam pulchritúdinis pófuit fuper caput ejus. ℣. Cibávit illum Dóminus pane vitæ, & intelléctûs, & aquâ fapiéntiæ falutáris potávit illum, * Et corónam. ℣. Glória. * Et.

AU III NOCTURNE.

Les Leçons de l'Homelie fur l'Evangile Si quis vult veníre poft me, au Commun d'un Martyr.

LES VESPRES font toutes de la Fefte fuivante.

XXIX SEPTEMBRE.
DEDICACE
DE SAINT MICHEL
ARCHANGE.
Double de feconde Claffe.
AUX I VESPRES.

Les quatre premiers Pfeaumes du Dimanche avec le Pfeaume 116 Laudáte Dóminum, omnes gentes, fur les Antiennes fuivantes.

Ant. Stetit Angelus juxta aram templi habens thuríbulum áureum in manu fua.

Ant. Dum præliarétur Michael Archángelus cum Dracóne, audíta eft vox dicéntium, Salus Deo noftro. Allelúia.

Ant. Archángele Míchael, conftítui te príncipem fuper omnes ánimas fufcipiéndas.

Ant. Angeli Dómini, Dóminum benedícite in ætérnum.

Ant. Angeli, Archángeli, Throni & Dominatiónes, Principátus & Poteftátes, Virtútes cœlórum, laudáte Dóminum de cœlis. Allelúia.

Chapitre.　　　　*Apoc.* 1.

Ignificávit Deus quæ opórtet fíeri citò, loquens per Angelum fuum fervo fuo Joánni qui teftimónium perhíbuit verbo Dei, & teftimónium Jefu Chrifti quæcúmque vidit.

Hymne ancienne.

Ibi, Chrifte fplendor Patris,
Vita, virtus córdium,
In confpéctu Angelórum
Votis, voce pfállimus;
Alternántes concrepándo,
Melos damus vócibus.
Collaudámus venerántes
Omnes cœli mílites;
Sed præcípuè primátem
Cœléftis exércitûs,
Michaélem in virtúte,
Conteréntem Zábulum.
Quo cuftóde procul pelle,
Rex Chrifte piíffime,
Omne nefas inimíci;
Mundo corde & corpóre
　　　　　　　Paradífo

Paradíso redde tuo
Nos folâ cleméntia.
Glóriam Patri melódis
Perfonémus vócibus ;
Glóriam Chrifto canámus,
Glóriam Parácleto ;
Qui Trinus & unus Deus.
Exftat ante fécula. Amen.

Hymne nouvelle.

TE fplendor & virtus Patris,
Te vita , Jefu córdium,
Ab ore qui pendent tuo,
Laudámus inter Angelos.
Tibi mille dena míllium
Ducum córona mílitat :
Sed éxplicat victor Crucem
Míchael falútis fígnifer.
Dracónis hic dirum caput
In ima pellit tártara,
Ducémque cum rebéllibus
Coeléfti ab arce fúlminat.
Contra ducem fupérbiæ
Sequámur hunc nos príncipem,
Ut detur ex Agni throno
Nobis coróna glóriæ.
Patri fímulque Fílio,
Tibíque, fancte Spíritus,
Sicut fuit , fit júgiter
Sæclum per omne glória. Amen.

℣. Stetit Angelus juxta aram templi , ℟. Habens thuríbulum áureum in manu fua.

A Magníficat, Ant. Dum facrum myftérium cérneret Joánnes, Archángelus Míchael tubâ cécinit: Ignófce, Dómine Deus nofter, qui áperis librum & folvis fignácula ejus. Allelúia.

O rémus.

DEus qui miro órdine Angelórum miniftéria hóminum-
que difpénfas , concéde propítius ut à quibus tibi miniftrántibus in coelo femper afsíftitur, ab iis in terra vita noftra muniátur ; per Dñum.

A MATINES.

Invit. Regem Archangelórum Dóminum * Veníte, adorémus.

Pf. 94 Veníte.

L'Hymne des premieres Vefpres.

AU I NOCTURNE.

Ant. Concúffum eft mare & contrémuit terra , ubi Archángelus Míchael defcendébat de coelo.

Pfeaume 8.

DOmine Dóminus nofter, * quàm admirábile eft nomen tuum in univérfa terra !
Quóniam eleváta eft magnificéntia tua * fuper coelos.
Ex ore infántium & lacténtium perfecífti laudem propter inimícos tuos , * ut déftruas inimícum & ultórem.
Quóniam vidébo coelos tuos, ópera digitórum tuórum , * lunam & ftellas , quæ tu fundáfti.
Quid eft homo , quòd memor es ejus ? * aut fílius hóminis, quóniam vífitas eum ?
Minuífti eum paulò minùs ab Angelis , glóriâ & honóre coronáfti eum , * & conftituífti eum fuper ópera mánuum tuárum.
Omnia fubjecífti fub pédibus ejus : * oves & boves univérfas ínfuper & pécora campi.
Vólucres coeli , & pifces maris * qui perámbulant fémitas maris.
Dómine Dóminus nofter , * quàm admirábile eft nomen tuum in univérfa terra !

Ant. Concússum est mare & contrémuit terra, ubi Archángelus Michael descendébat de cœlo.

Ant. Laudémus Dóminum quem laudant Angeli, quem Chérubim & Séraphim, Sanctus, Sanctus, Sanctus, proclámant.

Pseaume 10.

IN Dómino confído; quómodo dicitis ánimæ meæ, * Tránsmigra in montem sicut passer?

Quóniam ecce peccatóres intendérunt arcum, paravérunt sagittas suas in pháretra, * ut sagíttent in obscúro rectos corde;

Quóniam quæ perfecísti destruxérunt; * justus autem quid fecit?

Dóminus in templo sancto suo: * Dóminus in cœlo sedes ejus.

Oculi ejus in páuperem respíciunt; * pálpebræ ejus intérrogant fílios hóminum.

Dóminus intérrogat justum & ímpium: * qui autem díligit iniquitátem, odit ánimam suam.

Pluet super peccatóres láqueos; * ignis & sulphur & spíritus procellárum, pars cálicis eórum:

Quóniam justus Dóminus & justítias diléxit; * æquitátem vidit vultus ejus.

Ant. Laudémus Dóminum quem laudant Angeli, quem Chérubim & Séraphim, Sanctus, Sanctus, Sanctus, proclámant.

Ant. Adscéndit fumus arómatum in conspéctu Dómini de manu Angeli.

Pseaume 14.

DOmine, quis habitábit in tabernáculo tuo? * aut quis requiéscet in monte sancto tuo?

Qui ingréditur sine mácula * & operátur justitiam;

Qui lóquitur veritátem in corde suo; * qui non egit dolú in lingua sua,

Nec fecit próximo suo malum, * & oppróbrium non accépit advérsùs próximos suos;

Ad níhilum deductus est in conspéctu ejus malígnus; * timéntes autem Dóminum gloríficat;

Qui jurat próximo suo, & non décipit; * qui pecúniam suam non dedit ad usúram, & múnera super innocéntem non accépit.

Qui facit hæc, * non movébitur in ætérnum.

Ant. Adscéndit fumus arómatum in conspéctu Dómini de manu Angeli.

℣. Stetit Angelus juxta aram templi, ℟. Habens thuríbulum áureum in manu sua.

Absol. Exáudi.

Bened. Benedictióne perpétuâ.

Leçon j.

Ex Daniéle Prophéta. Ch. 7.

ASpiciébam donec throni pósiti sunt, & Antíquus diérum sedit. Vestiméntum ejus cándidum quasi nix, & capílli cápitis ejus quasi lana munda. Thronus ejus flammæ ignis, rotæ ejus ignis accénsus. Flúvius ígneus rapidúsque egrediebátur à fácie ejus. Míllia míllium ministrábant ei, & décies míllies centéna míllia assistébant ei. Judícium sedit, & libri apérti sunt. Adspiciébam propter vocem sermónum grándium quos cornu illud loquebátur; & vidi quóniam interfécta esset béstia , & periisset corpus ejus, & tráditum esset ad comburéndum igni.

℟. Factum est siléntium in cœlo, dum committeret bellum Draco cum Michaéle Archángelo. * Audíta est vox míllia míllium dicéntium, Salus, honor & virtus omnipoténti Deo. ℣. Míllia míllium ministrábant ei, & décies míllies centéna míllia assistébant ei. * Audíta est.

Bened. Unigénitus Dei Fílius.

Leçon ij. *Ch.* 10.

Die autem vigésimâ & quartâ mensis primi eram juxta flúvium magnum, qui est Tigris. Et levávi óculos meos , & vidi ; & ecce vir unus vestítus líneis, & renes ejus accíncti auro obrízo ; & corpus ejus quasi chrysólithus , & fácies ejus velut spécies fúlguris, & óculi ejus ut lampas ardens, & bráchia ejus & quæ deórsum sunt usque ad pedes, quasi spécies æris candéntis ; & vox sermónum ejus ut vox multitúdinis. Vidi autem ego Dániel solus visiónem ; porro viri qui erant mecum non vidérunt ; sed terror nímius írruit super eos , & fugérunt in abscónditum. Ego autem relíctus solus vidi visiónem grandem hanc : & non remánsit in me fortitúdo, sed & spécies mea immutáta est in me, & emárcui, nec hábui quidquam vírium.

℟. Stetit Angelus juxta aram templi habens thuríbulum áureum in manu sua ; & data sunt ei incénsa multa : * Et adscéndit fumus arómatum de manu Angeli in con-

spéctu Dómini. ℣. In conspéctu Angelórum psallam tibi. Adorábo ad templum sanctum tuum, & confitébor nómini tuo, Dómine. * Et.

Bened. Spíritus sancti grátia.

Leçon iij.

ET audívi vocem sermónum ejus ; & áudiens jacébam consternátus super fáciem meam, & vultus meus hærébat terræ. Et ecce manus tétigit me, & eréxit me super génua mea & super artículos mánuum meárum, & dixit ad me, Dániel vir desideriórum, intéllige verba quæ ego loquor ad te, & sta in gradu tuo ; nunc enim sum missus ad te. Cùmque dixísset mihi sermónem istum , stéti tremens. Et ait ad me, Noli metúere, Dániel ; quia ex die primo quo posuísti cor tuum ad intelligéndum, ut te afflígeres in conspéctu Dei tui, exaudíta sunt verba tua ; & ego veni propter sermónes tuos. Prínceps autem regni Persárum réstitit mihi vigínti & uno diébus ; & ecce Michael unus de Princípibus primis venit in adjutórium meum, & ego remánsi ibi juxta Regem Persárum. Veni autem ut docérem te quæ ventúra sunt pópulo tuo in novíssimis diébus, quóniam adhuc vísio in dies.

℟. In conspéctu Angelórum psallam tibi, & adorábo ad templum sanctum tuum, * Et confitébor nómini tuo, Dómine. ℣. Super misericórdia tua & veritáte tua ; quóniam magnificásti super nos nomen sanctum tuum. * Et confitébor. ℣. Glória Patri. * Et.

AU II NOCTURNE.

Ant. Míchael Archángele, veni in adjutórium pópulo Dei.

Pseaume 18.

COEli enárrant glóriam Dei, * & ópera mánuum ejus annúntiat firmaméntum.

Dies diéi erúctat verbum, * & nox noéti índicat scientiam.

Non sunt loquélæ neque sermónes, * quorum non audiántur voces eórum.

In omnem terram exívit sonus eórum, * & in fines orbis terræ verba eórum.

In sole pósuit tabernáculum suum ; * & ipse tanquam sponsus procédens de thálamo suo.

Exsultávit ut gigas ad curréndam viam : * à summo coelo egréssio ejus ;

Et occúrsus ejus usque ad summum ejus : * nec est qui se abscóndat à calóre ejus.

Lex Dómini immaculáta, convértens ánimas : * testimónium Dñi fidéle, sapiéntiam præstans párvulis :

Justitiæ Dómini rectæ, lætificántes corda : * præcéptum Dómini lúcidum, illúminans óculos :

Timor Dómini sanctus, pérmanens in séculum séculi : * judícia Dómini vera, justificáta in semetípsa,

Desiderabília super aurum & lápidem pretiósum multum, * & dulcióra super mel & favum.

Etenim servus tuus custódit ea ; * in custodiéndis illis retribútio multa.

Delícta quis intélligit ? ab occúltis meis munda me, * & ab aliénis parce servo tuo.

Si mei non fúerint domináti, tunc immaculátus ero, * & emundábor à delícto máximo ;

Et erunt ut compláceant elóquia oris mei : * & meditátio cordis mei in conspéctu tuo semper.

Dómine adjútor meus * & redémtor meus.

Ant. Míchael Archángele, veni in adjutórium pópulo Dei.

Ant. Míchael præpósitus paradísi, quem honoríficant Angelórum cives.

Pseaume 23.

DOmíni est terra & plenitúdo ejus, * orbis terrárum & univérsi qui hábitant in eo :

Quia ipse super mária fundávit eum, * & super flúmina præparávit eum.

Quis ascéndet in montem Dómini ? * aut quis stabit in loco sancto ejus ?

Innocens mánibus & mundo corde, * qui non accépit in vano ánimam suam, nec juravit in dolo próximo suo.

Hic accípiet benedictiónem à Dómino, * & misericórdiam à Deo salutári suo.

Hæc est generátio quæréntiu eum, * quæréntium fáciem Dei Jacob.

Attóllite portas príncipes vestras ; & elevámini, portæ æternáles : * & introíbit Rex glóriæ.

Quis est iste Rex glóriæ ? * Dóminus fortis & potens, Dóminus potens in prælio.

Attóllite portas príncipes vestras ; & elevámini, portæ æternáles : * & introíbit Rex glóriæ.

Quis eſt iſte Rex glóriæ ? * Dóminus virtútum ipſe eſt Rex glóriæ.

Ant. Míchael præpóſitus paradíſi, quem honoríficant Angelórum cives.

Ant. Gloríóſus apparuíſti in conſpéctu Dómini ; proptéreà decórem índuit te Dóminus.

Pſeaume 33.

Benedícam Dóminum in omni témpore ; * ſemper laus ejus in ore meo ;

In Dómino laudábitur ánima mea. * Audiant manſuéti, & læténtur.

Magníficáte Dóminum mecum ; * & exaltémus nomen ejus in idípſum.

Exquiſívi Dóminum, & exaudívit me, * & ex ómnibus tribulatiónibus meis erípuit me.

Accédite ad eum, & illuminámini ; * & fácies veſtræ non confundéntur.

Iſte pauper clamávit, & Dóminus exaudívit eum, * & de ómnibus tribulatiónibus ejus ſalvávit eum.

Immittet Angelus Dómini in circúitu timéntium eū, * & erípiet eos.

Guſtáte & vidéte quóniam ſuávis eſt Dóminus. * Beátus vir qui ſperat in eo.

Timéte Dóminum, omnes ſancti ejus ; * quóniam non eſt inópia timéntibus eum.

Dívites eguérunt & eſuriérunt ; * inquiréntes autem Dóminum non minuéntur omni bono.

Veníte, fílii, audíte me ; * timórem Dómini docébo vos.

Quis eſt homo qui vult vitam, * díligit dies vidére bonos ?

Próhibe linguam tuam à malo, * & lábia tua ne loquántur dolum.

Divérte à malo, & fac bonum ; * inquíre pacem, & perſéquere eam.

Oculi Dómini ſuper juſtos, * & aures ejus in preces eórum :

Vultus autem Dómini ſuper faciéntes mala, * ut perdat de terra memóriam eórum.

Clamavérunt juſti, & Dóminus exaudívit eos, * & ex ómnibus tribulatiónibus eórum liberávit eos.

Juxta eſt Dóminus iis qui tribuláto ſunt corde ; * & húmiles ſpíritu ſalvábit.

Multæ tribulatiónes juſtórum ; * & de ómnibus his liberábit eos Dóminus.

Cuſtódit Dóminus ómnia oſſa eórum ; * unum ex his non conterétur.

Mors peccatórum péſſima ; * & qui odérunt juſtum delínquent.

Rédimet Dóminus ánimas ſervórum ſuórum, * & non delínquent omnes qui ſperant in eo.

Ant. Gloríóſus apparuíſti in conſpéctu Dómini ; proptéreà decórem índuit te Dóminus.

℣. Adſcéndit fumus arómatum in conſpéctu Dómini ℟. De manu Angeli.

Abſol. Ipſius pietas.

Bened. Deus Pater omnípotens.

Leçon iv.

Sermo ſancti Gregórii Papæ.

Homelie 34 ſur les Evangiles.

Novem Angelórum órdines dícimus, quia vidélicet eſſe, teſtánte ſacro elóquio, ſcimus Angelos, Archángelos, Virtútes, Poteſtátes, Principátus, Dominatiónes, Thronos, Chérubim atque Séraphim. Eſſe namque Angelos & Archángelos penè omnes ſacri elóquii páginæ teſtántur; Chérubim verò atque Séraphim ſæpè, ut notum eſt, libri Prophetárum loquúntur. Quátuor quoque órdinum nómina Paulus Apóſtolus ad Ephéſios enúmerat, dicens, Supra omnem Principátum & Poteſtátem & Virtútem & Dominatiónem. Qui rurſus ad Coloſſénſes ſcribens, ait, Sive Throni, ſive Poteſtátes, ſive Principátus, ſive Dominatiónes. Dum ergo illis quátuor quæ ad Ephéſios dixit, conjungúntur Throni, quinque ſunt órdines ; quibus dum Angeli & Archángeli, Chérubim atque Séraphim adjúncti ſunt, procul dúbio novem eſſe Angelórum órdines inveniúntur.

R℣. Hic eſt Michael Archángelus princeps milítiæ Angelórum, * Cujus honor præſtat benefícia populórum, & orátio perdúcit ad regna cœlórum. ℣. Archángelus Míchael præpóſitus paradíſi, quem honoríficant Angelórum cives, * Cujus honor.

Bened. Chriſtus perpétuæ.

Leçon v.

SCiéndum verò quòd Angelórum vocábulum nomen eſt offícii, non natúræ. Nam ſancti illi cœléſtis pátriæ ſpíritus, ſemper quidem ſunt ſpíritus, ſed ſemper vocári Angeli nequáquam poſſunt, quia tunc ſolùm ſunt Angeli, cùm per eos áliqua nuntiántur. Unde & per Pſalmíſtam dícitur, Qui facit Angelos ſuos ſpíritus : ac ſi paténter dicat, Qui eos quos ſemper habet ſpíritus, étiam, cùm volúerit, Angelos facit. Hi autem qui mínima núntiant, Angeli ; qui verò ſumma annúntiant, Archángeli vocántur. Hinc eſt enim quòd ad Maríam Vírginem non quílibet Angelus, ſed Gábriel Archángelus míttitur. Ad hoc quippe miniſtérium, ſummum Angelum veníre dignum fúerat, qui ſummum ómnium nuntiábat. Qui idcírcò étiam privátis nomínibus cenſéntur, ut ſignétur per vocábula étiam in operatióne quid váleant. Michael namque, Quis ut Deus ? Gábriel autem, Fortitúdo Dei ; Ráphael verò dícitur Medicína Dei.

R℣. Venit Michael Archángelus cum multitúdine Angelórum, cui trádidit Deus ánimas Sanctórum, * Ut perdúcat eas in paradíſum exſultatiónis. ℣. Emítte, Dómine, Spíritum ſanctum tuum de cœlis : ſpíritum ſapiéntiæ & intelléctûs, * Ut perdúcat.

Bened. Ignem ſui amóris.

Leçon vj.

ET quóties miræ virtútis áliquid ágitur, Míchael mitti perhibétur, ut ex ipſo actu & nómine detur intélligi quia nullus poteſt fácere quod fácere prævalet Deus. Unde & ille antíquus hoſtis qui Deo eſſe per ſupérbiam símilis concupívit ; dicens, In cœlum conſcéndam, ſuper aſtra cœli exaltábo ſólium meum, símilis ero Altíſſimo ; dum in fine mundi in ſua virtúte relinquétur extrémo ſupplício peri-

méndus, cum Michaéle Archángelo præliatúrus esse perhibétur, sicut per Joánnem dícitur, Factum
est prælium cum Michaéle Archángelo. Ad Maríam quoque Gábriel
míttitur, qui Dei fortitúdo nominátur. Illum quippe nuntiáre veniébat qui ad debellándas aéreas
potestátes húmilis apparére dignátus est. Ráphael quoque interpretátur, ut díximus, medicína Dei ;
quia vidélicet dum Tobíæ óculos quasi per officium curatiónis tétigit, cæcitátis illíus ténebras tersit.

℟. In témpore illo consúrget
Míchael qui stat pro filiis vestris :
* Et véniet tempus, quale non fuit
ex quo gentes esse cœpérunt usque
ad illud. ℣. In témpore illo salvábitur pópulus tuus omnis qui invéntus fúerit scriptus in libro vitæ. * Et véniet tempus, quale.
℣. Glória Patri. * Et véniet tempus, quale.

AU III NOCTURNE.

Ant. Angelus Archángelus Míchael, Dei núntius pro animábus
justis. Allelúia, Allelúia.

Pseaume 95.

Cantáte Dómino cánticum novum. * Cantáte Dómino, omnis terra.

Cantáte Dómino, & benedícite
nómini ejus. * Annuntiáte de die
in diem salutáre ejus.

Annuntiáte inter gentes glóriam
ejus, * in ómnibus pópulis mirabília ejus ;

Quóniam magnus Dóminus & laudábilis nimis ; * terríbilis est super
omnes Deos.

Quóniam omnes dii Géntium dæmónia ; * Dóminus autem cœlos
fecit.

Conféssio & pulchritúdo in conspéctu ejus ; * sanctimónia & magnificéntia in sanctificatióne ejus.

Afférte Dómino, pátriæ Géntium,
afférte Dómino glóriam & honórem ; * afférte Dómino glóriam nómini ejus.

Tóllite hóstias, & introíte in átria
ejus ; * adoráte Dóminum in átrio
sancto ejus.

Commoveátur à fácie ejus univérsa terra. * Dícite in Géntibus quia
Dóminus regnávit.

Etenim corréxit orbem terræ qui
non commovébitur ; * judicábit
pópulos in æquitáte.

Læténtur cœli & exsúltet terra,
commoveátur mare & plenitúdo
ejus, * gaudébunt campi & ómnia
quæ in eis sunt.

Tunc exsultábunt ómnia ligna sylvárum à fácie Dómini quia venit, *
quóniam venit judicáre terram.

Judicábit orbem terræ in æquitáte,
* & pópulos in veritáte sua.

Ant. Angelus Archángelus Míchael, Dei núntius pro animábus
justis. Allelúia, Allelúia.

Ant. Data sunt ei incénsa multa,
ut adoléret ea ante altáre áureum
quod est ante óculos Dómini.

Pseaume 96.

Dóminus regnávit; exsúltet terra, * læténtur ínsulæ multæ.
Nubes & calígo in circúitu ejus. *
Justítia & judícium corréctio sedis
ejus.

Ignis ante ipsum præcédet, * &

inflammábit in circúitu inimícos ejus.

Illuxérunt fúlgura ejus orbi terræ; * vidit & commóta eft terra.

Montes ficut cera fluxérunt à fácie Dómini, * à fácie Dñi omnis terra.

Annuntiavérunt cœli juftítiam ejus ; * & vidérunt omnes pópuli glóriam ejus.

Confundántur omnes qui adórant fcúlptília, * & qui gloriántur in fimuláchris fuis.

Adoráte eum, omnes Angeli ejus. * Audívit & lætáta eft Sion.

Et exfultavérunt fíliæ Judæ * propter judícia tua, Dómine :

Quóniam tu Dóminus altíffimus fuper omnem terram; * nimis exaltátus es fuper omnes deos.

Qui dilígitis Dóminum, odíte malum : cuftódit Dóminus ánimas fanctórum fuórum, * de manu peccatóris liberábit eos.

Lux orta eft jufto, * & rectis corde lætítia.

Lætámini, jufti, in Dómino, * & confitémini memóriæ fanctificatiónis ejus.

Ant. Data funt ei incénfa multa, ut adoléret ea ante altáre áureum quod eft ante óculos Dómini.

Ant. Multa magnália de Michaéle Archángelo, qui fortis in prælio fecit victóriam.

Pfeaume 102.

Benedíc, ánima mea, Dómino, * & ómnia quæ intra me funt nómini fancto ejus.

Benedic, ánima mea, Dómino, * & noli oblivífci omnes retributiónes ejus,

Qui propitiátur ómnibus iniquitátibus tuis, * qui fanat omnes infirmitátes tuas,

Qui rédimit de intéritu vitam tuá, * qui corónat te in mifericórdia & miferatiónibus,

Qui replet in bonis defidérium tuum : * renovábitur ut áquilæ juvéntus tua.

Fáciens mifericórdias Dóminus, * & judícium ómnibus injúriam patiéntibus.

Notas fecit vias fuas Móyfi, * filiis Ifrael voluntátes fuas.

Miferátor & miféricors Dóminus, * longánimis & multùm miféricors.

Non in perpétuum irafcétur, * neque in ætérnum comminábitur.

Non fecúndùm peccáta noftra fecit nobis, * neque fecúndùm iniquitátes noftras retríbuit nobis ;

Quóniam fecúndùm altitúdinem cœli à terra * corroborávit mifericórdiam fuam fuper timéntes fe :

Quantùm diftat ortus ab occidénte, * longè fecit à nobis iniquitátes noftras :

Quómodò miferétur pater filiórum, mifértus eft Dóminus timéntibus fe, * quóniam ipfe cognóvit figméntum noftrum.

Recordátus eft quóniam pulvis fumus ; * homo ficut fœnum dies ejus, tanquam flos agri fic efflorébit.

Quóniam fpíritus pertransíbit in illo, & non fubfíftet ; * & non cognófcet ámpliùs locum fuum.

Mifericórdia autem Dómini ab ætérno * & ufque in ætérnum fuper timéntes eum,

Et

Et justítia illíus in fílios filiórum, * his qui servant testaméntum ejus,

Et mémores sunt mandatórum ipsíus, * ad faciéndum ea.

Dóminus in cœlo parávit sedem suam, * & regnum ipsius ómnibus dominábitur.

Benedícite Dómino, omnes Angeli ejus, * poténtes virtúte, faciéntes verbum illíus, ad audiéndam vocem sermónum ejus.

Benedícite Dómino, omnes virtútes ejus, * minístri ejus qui fácitis voluntátem ejus.

Benedícite Dómino, ómnia ópera ejus, * in omni loco dominatiónis ejus bénedic, ánima mea, Dómino.

Ant. Multa magnália de Michaéle Archángelo, qui fortis in prælio fecit victóriam.

℣. In conspéctu Angelórum psallam tibi, Deus meus; ℟. Adorábo ad templum sanctum tuum, & confitébor nómini tuo.

Absol. A vínculis.

Bened. Evangélica léctio

Leçon vij.

Léctio sancti Evangélii secúndùm Matthæum. Ch. 18.

IN illo témpore accessérunt Discípuli ad Jesum, dicéntes, Quis, putas, major est in regno cœlórum? Et réliqua.

Homília Sti Hierónymi Presbyteri.

Livre 3 des Commentaires sur St Matthieu.

POst invéntum statérem, post tribúta réddita, quid sibi vult Apostolórum repentína interrogátio, Quis, putas, major est in regno cœlórum? Quia víderant pró

Petro & Dómino idem tribútum rédditum, ex æqualitáte prétii arbitráti sunt Petrum ómnibus Apóstolis esse prælátum, qui in redditióne tribúti Dómino fúerat comparátus: ídeò intérrogant quis major sit in regno cœlórum. Vidénsque Jesus cogitatiónes eórum & causas erróris intélligens, vult desidérium glóriæ humilitátis contentióne sanáre.

℟. In conspéctu Géntium nolíte timére; vos enim in córdibus vestris adoráte & timéte Dóminum; * Angelus enim ejus vobíscum est. ℣. Stetit Angelus juxta aram templi, habens thuríbulum áureum in manu sua. * Angelus.

Bened. Quorum festum cólimus.

Leçon viij.

SI autem manus tua vel pes tuus scandalízat te, abscínde eum, & prójice abs te. Necésse est quidem veníre scándala; væ tamen ei est hómini qui quod necésse est ut fiat in mundo, vítio suo facit ut per se fiat. Igitur omnis truncátur afféctus & univérsa propínquitas amputátur, ne per occasiónem pietátis unusquísque credéntium scándalis páteat. Si, inquit, ita est quis tibi conjúnctus ut manus, pes, óculus; & est útilis atque sollícitus & acútus ad perspiciéndum, scándalum autem tibi facit, & propter dissonántiam morum te pértrahit in gehénnam; mélius est ut & propinquitáte ejus & emoluméntis carniálibus cáreas; ne dum vis luctifácere cognátos & necessários, causam hábeas ruinárum.

℟. 4. Autoyme. Tt

℟. Míchael Archángelus venit in adjutórium pópulo Dei : * Stetit in auxílium pro animábus juſtis. ℣. Stetit Angelus juxta aram templi , habens thuríbulum áureum in manu ſua. * Stetit. ℣. Glória Patri. * Stetit.

Bened Ad ſocietátem.

Leçon ix.

Dico vobis quia Angeli eórum in cœlis ſemper vident fáciem Patris mei. Suprà díxerat per manum & pedem & óculum omnes propinquitátes & neceſſitúdines quæ ſcándalum fácere póterant , amputándas , auſteritátem ítaque ſenténtiæ , ſubjécto præcépto témperat dicens , Vidéte ne contemnátis unum ex puſíllis iſtis. Sic , inquit , præcípio ſeveritátem , ut commiſcéri cleméntiam dóceam. Quia Angeli eórum in cœlis ſemper vident fáciem Patris. Magna dígnitas animárum , ut unaquæque hábeat ab ortu nativitátis in cuſtódiam ſui Angelum delegátum. Unde légimus in Apocalypſi Joánnis ; Angelo Epheſi , & reliquárum Eccleſiárum , ſcribe hæc. Apóſtolus quoque præcipit velári cápita feminárum in Eccléſiis propter Angelos.

Te Deum.

A LAUDES.

Ant. Stetit Angelus juxta aram templi habens thuríbulum áureum in manu ſua.

Pſeaume 92 Dóminus regnávit , avec les autres.

Ant. Dum præliarétur Míchael Archángelus cum Dracóne, audíta

eſt vox dicéntium, Salus Deo noſtro. Allelúia.

Ant. Archángele Míchael , conſtítuit te príncipem ſuper omnes ánimas ſuſcipiéndas.

Ant. Angeli Dómini, Dóminum benedícite in ætérnum.

Ant. Angeli , Archángeli , Throni & Dominatiónes , Principátus & Poteſtátes , Virtútes cœlórum , laudáte Dóminum de cœlis. Allelúia.

Chapitre. *Apoc.* I.

Significávit Deus quæ opórtet fíeri citò , loquens per Angelum ſuum ſervo ſuo Joánni qui teſtimónium perhíbuit verbo Dei , & teſtimónium Jeſu Chriſti quæcúmque vidit.

Hymne ancienne.

Chriſte, ſanctórum decus Angelórum,
Rector humáni géneris & auctor,
Nobis ætérnum tríbue benígnus
Scándere cœlum.

Angelum pacis Míchael ad iſtam
Cœlitus mitti rogitámus aulam ,
Nobis ut crebro veniénte creſcant
Próſpera cuncta.

Angelus fortis Gábriel , ut hoſtem
Pellat antíquum , vólitet ab alto ,
Sæpiùs templum véniens ad iſtud
Víſere noſtrum.

Angelum nobis médicum ſalútis
Mitte de cœlis Ráphael , ut omnes
Sanet ægrótos , paritérque noſtros
Dírigat actus.

Hinc Dei noſtri génitrix María ,
Totus & nobis chorus Angelórum
Semper aſſiſtat , ſimul & beáta
Cóncio tota.

Præstet hoc nobis Déitas beáta
Patris ac Nati paritérque sancti
Spíritûs, cujus réboat in omni
  Glória mundo. Amen.
  Hymne nouvelle.

CHriste, sanctórum decus Angelórum,
Gentis humánæ Sator & Redémtor,
Cœlitum nobis tríbuas beátas
  Scandére sedes.
Angelus pacis Michael in ædes
Cœlitus nostras véniat; serénæ
Auctor ut pacis lacrymósa in orcum
  Bella reléget.
Angelus fórtis Gabriel, ut hostes
Pellat antíquos, & amíca cœlo,
Quæ triumphátor státuit per orbem,
  Templa revísat.
Angelus nostræ médicus salútis
Adsit è cœlo Ráphael, ut omnes
Sanet ægrótos, dubiósque vitæ
  Dírigat actus.
Virgo Dux pacis, Genitríxque lucis,
Et sacer nobis chorus Angelórum
Semper assístat, simul & micántis
  Régia cœli.
Præstet hoc nobis Déitas beáta
Patris ac Nati paritérque sancti
Spíritûs, cujus résonat per omnem
  Glória mundum. Amen.

℣. Stetit Angelus juxta aram templi, ℟. Habens thuribulum áureum in manu sua.

A Benedíctus, Ant. Factum est siléntium in cœlo, dum Draco commítteret bellum : & Michael pugnávit cum eo, & fecit victóriam, Allelúia.

O rémus.

DEus qui miro órdine Angelórum ministéria hominúmque dispénsas ; concéde propítius ut à quibus tibi ministrántibus in cœlo semper assístitur, ab his in terra vita nostra muniátur ; per.

A TIERCE.

Ant. Dum præliarétur.

Le Chapitre Significávit Deus, à Laudes.

℟. bref. Stetit Angelus * Juxta aram templi. On repete Stetit Angelus.

℣. Habens thuribulum áureum in manu sua, * Juxta.

℣. Glória Patri. ℟. Stetit.

℣. Adscéndit fumus aromátum in conspéctu Dómini ℟. De manu Angeli.

A SEXTE.

Ant. Archángele Michael.

Chapitre.   Apoc. 5.

AUdivi vocem Angelórú multórum in circúitu throni & animálium & seniórum : & erat númerus eórum míllia míllium, voce magnâ dicéntium, Salus Deo nostro.

℟. bref. Adscéndit fumus arómatum * In conspéctu Dómini. On repete Adscéndit.

℣. De manu Angeli * In conspéctu.

℣. Glória Patri. ℟. Adscéndit.

℣. In conspéctu Angelórum psallam tibi, Deus meus ; ℟. Adorábo ad templum sanctum tuum, & confitébor nomini tuo.

A NONE.

Ant. Angeli, Archángeli.

Chapitre.   *Apoc.* 12.

FActum est prælium magnum in cœlo : Míchael & Angeli ejus præliabántur cum Dracóne, & Draco pugnábat & ángeli ejus, & non prævaluérunt, neque locus invéntus est eórum ámplius in cœlo.

℟ bref. In conſpéctu Angelórum * Pſallam tibi, Deus meus. On repete In conſpéctu.

℣. Adorábo ad templum ſanctum tuum, & confitébor nómini tuo. * Pſallam.

℣. Glória. ℟. In conſpéctu.

℣. Adoráte Deum, ℟. Omnes Angeli ejus.

AUX II VESPRES.

Sur les Antiennes de Laudes, les quatre premiers Pſeaumes du Dimanche avec le ſuivant.

Pſeaume 137.

COnfitébor tibi, Dómine, in toto corde meo, * quóniam audíſti verba oris mei.

In conſpéctu Angelórum pſallam tibi; * adorábo ad templum ſanctum tuum, & confitébor nómini tuo

Super miſericórdia tua & veritáte tua, * quóniam magnificáſti ſuper omne, nomen ſanctum tuum.

In quacúmque die invocávero te, exáudi me; * multiplicábis in ánima mea virtútem.

Confiteántur tibi, Dómine, omnes reges terræ, * quia audiérunt ómnia verba oris tui;

Et cantent in viis Dómini, * quóniam magna eſt glória Dómini,

Quóniam excélſus Dóminus & hu-

mília réſpicit, * & alta à longè cognóſcit.

Si ambulávero in médio tribulatiónis, vivificábis me; * & ſuper iram inimicórum meórum extendíſti manum tuam, & ſalvum me fecit déxtera tua.

Dóminus retríbuet pro me; * Dómine, miſericórdia tua in ſéculum; ópera mánuum tuarum ne deſpícias.

Le Chapitre Significávit Deus, à Laudes.

Hymne ancienne.

TIbi, Chriſte ſplendor Patris, Vita, virtus córdium,

In conſpéctu Angelórum Votis, voce pſállimus;

Alternántes concrepándo, Melos damus vócibus.

Collaudámus ve,nerántes Omnes cœli mílites;

Sed præcípuè primátem Cœléſtis exércitûs,

Michaélem in virtúte Conteréntem Zábulum.

Quo cuſtóde procùl pelle, Rex Chriſte piſſíme,

Omne nefas inimíci; Mundo corde & córpore

Paradíſo redde tuo Nos ſolâ cleméntiâ.

Glóriam Patri melódis Perſonémus vócibus;

Glóriam Chriſto canámus, Glóriam Parácleto;

Qui Trinus & unus Deus Exſtant ante ſécula. Amen.

Hvmne nouvelle.

TE ſplendor & virtus Patris, Te vita, Jeſu, córdium,

Ab ore qui pendent tuo,

Laudámus inter Angélos.
Tibi mille dena míllium
Ducum coróna mílitat :
Sed éxplicat victor Crucem
Michael salútis sígnifer.
Dracónis hic dirum caput
In ima pellit tártara,
Ducémque cum rebéllibus
Cœlésti ab arce fúlminat.
Contra ducem supérbiæ
Sequámur hunc nos Príncipem,
Ut detur ex Agni throno
Nobis coróna glóriæ.
Patri, simulque Fílio,
Tibíque, sancte Spíritus,
Sicut fuit, sit júgiter
Sæclum per omne glória. Amen.

℣. In conspéctu Angelórum psallam tibi, Deus meus ; ℟. Adorábo ad templum sanctum tuum, & confitébor nómini tuo.

A Magníficat, Ant. Princeps gloriosíssime, Michael Archángele, esto memor nostri : hìc & ubíque semper precáre pro nobis Fílium Dei. Allelúia, Allelúia.

L'Oraison Deus qui miro, ci-dessus.

Memoire de saint Jerôme.

Ant. O Doctor óptime, Ecclésiæ sanctæ lumen, beáte Hierónyme, divínæ legis amátor, deprecáre pro nobis Fílium Dei.

℣. Amávit eum Dóminus, & ornávit eum ; ℟. Stolam glóriæ índuit eum.

Orémus.

Deus qui Ecclésiæ tuæ in expónendis sacris Scriptúris beátum Hierónymum Confessórem tuum, Doctórem máximum pro-

vidére dignátus es ; præsta, quæsumus, ut ejus suffragántibus méritis, quod ore simul & ópere dócuit, te adjuvánte, exercére valeámus ; per Dóminum.

XXX SEPTEMBRE.
SAINT JEROSME,
Prestre, Confesseur & Docteur.
Double.

A MATINES.
AU I NOCTURNE.

Les Leçons du Livre de l'Ecclesiaste, Sapiéntiam ómnium antiquórum, au Commun des Docteurs, page lxv.

AU II NOCTURNE.

Leçon iv.

Hierónymus, Eusébii fílius, Stridóne in Dalmátia Constántio Imperatóre natus, Romæ adoléscens est baptizátus, & in liberálibus disciplínis à Donáto & áliis viris doctíssimis erudítus. Tum discéndi stúdio Gálliam peragrávit, ubi pios áliquot & in divínis lítteris erudítos viros cóluit, multósque sacros libros suâ manu descrípsit. Mox se in Græciam cónferens, philosóphiâ & eloquéntiâ instrúctus, summórum Theologórum consuetúdine flóruit : in primis verò Gregório Nazianzéno Constantinópoli óperam dedit, quo Doctóre se sacras lítteras didicísse profitétur. Tunc religiónis causâ visit Christi Dñi incunábula, totámque lustrávit Palæstínam : quam peregrinatiónem, adhíbitis Hebræórum eruditíssimis, ad sacræ Scriptúræ intelligéntiam sibi multùm profuísse testátur.

℟. Honéstum fecit illum Dóminus, & custodívit eum ab inimícis, & à seductóribus tutávit illum, * Et dedit illi claritátem ætérnam. ℣. Justum dedúxit Dóminus per vias rectas, & osténdit illi regnum Dei, * Et.

Bened. Christus perpétuæ.

Leçon v.

Einde secéssit in vastam Syriæ solitúdinem, ubi quadriénnium in lectióne divinórum librórum cœlestísque beatitúdinis contemplatióne consúmsit, assíduâ se abstinéntiâ, vi lacrymárum & córporis afflictatióne discrúcians. Présbyter à Paulíno Epíscopo Antiochíæ factus, Romam de controvérsiis quorúmdam Episcopórum cum Paulíno & Epiphánio ad Dámasum Pontíficem proféctus, ejus Ecclesiásticis epístolis scribéndis adjútor fuit. Verùm cùm prístinæ solitúdinis desidério tenerétur, in Palæstínam revérsus, Béthlehem ad Christi Dómini Præsépe in Monastério quod à Paula Romána exstrúctum erat cœléstem quamdam vitæ ratiónem instítuit ; & quanquam váriè morbis doloribúsque tentarétur, tamen córporis incómmoda piis labóribus & perpétuâ lectióne ac scriptióne superábat.

℟. Amávit eum Dóminus, & ornávit eum : stolam glóriæ índuit eum ; * Et ad portas paradísi coronávit eum. ℣. Induit eum Dóminus lorícam fídei & ornávit eum, * Et ad portas paradísi coronávit.

Bened. Ignem sui amóris.

Leçon vj.

Anquam ad oráculum ex ómnibus orbis terræ pártibus ad ipsum divínæ Scriptúræ quæstiónes explicándæ referebántur. Illum Dámasus Póntifex, illum sanctus Augustínus de locis Scriptúræ difficíllimis sæpe consúluit propter ejus singulárem doctrínam & linguæ non solùm Latínæ & Græcæ, sed Hebráicæ étiam & Chaldáicæ intelligéntiam, & quòd omnes penè Scriptóres, ejúsdem Augustíni testimónio, légerat. Hæráicos acérrimis scriptis exagitávit piórum & Catholicórum patrocínium semper suscépit. Vetus Testaméntum ex Hebræo convértit ; novum jussu Damási Græcæ fídei réddidit ; magna étiam ex parte explicávit. Multa prætéreà Latínè réddidit scripta doctórum virórum ; & ipse áliis próprii ingénii monuméntis Christiánam disciplínam illustrávit. Qui ad summam senectútem pervéniens, sanctitáte & doctrínâ illústris, Honório Imperatóre migrávit in cœlum. Cujus corpus ad Béthlehem sepúltum, posteà Romam in Basílicam sanctæ Maríæ ad Præsépe translátum est.

℟. Iste homo perfécit ómnia quæ locútus est ei Deus ; & dixit ad eum, Ingrédere in réquiem meam ; * Quia te vidi justum coram me ex ómnibus géntibus. ℣. Iste est qui contémsit vitam mundi, & pervénit ad cœléstia regna ; * Quia te vidi justum coram me ex ómnibus géntibus. ℣. Glória Patri. * Quia te vidi justum.

Au III Nocturne.

Leçon vij.

Léctio sancti Evangélii secúndùm Matthæum.   Ch. 5.

IN illo témpore dixit Jesus Discipulis suis, Vos estis sal terræ : quòd si evanúerit, in quo saliétur ? Et réliqua.

Homília Sti Hierónymi Presbyteri.

Au livre 1 des Commentaires sur le Chapitre 5 de saint Matthieu.

SAl appellántur Apóstoli & Doctóres, quia per illos univérsum hóminum cónditur génus. Quòd si sal evanúerit, in quo saliétur ? Si doctor erráverit, à quo álio doctóre emendábitur ? Ad níhilum valet ultrà, nisi ut mittátur foras & conculcétur ab homínibus. Exémplum de agricultúrà sumptum est. Sal étenim sicut in cibórum condiméntum & ad siccándas carnes necessárium est, ita álium usum non habet. Certè légimus in Scriptúris urbes quasdam irâ victórum sale seminátas, ut nullum in ipsis germen orirétur.

℟. Iste est qui ante Deum magnas virtútes operátus est, & de omni corde suo laudávit Dóminum. * Ipse intercédat pro peccátis ómnium populórum. ℣. Ecce homo sine queréla, verus Dei cultor, abstinens se ab omni ópere malo, & pérmanens in innocéntia sua. * Ipse.

Bened. Cujus festum cólimus.

Leçon viij.

CAveant ergo Doctóres & Epíscopi, & vídeant poténtes poténter sustinére torménta, nihílque esse remédii, sed majórum ruí-nam ad tártarum dúcere. Vos estis lux mundi : non potest cívitas abscóndi supra montem pósita ; néque accéndunt lucérnam, & ponunt eam sub módio, sed super candelábrum, ut lúceat ómnibus qui in domo sunt. Docet fidúciam prædicándi, ne Apóstoli abscondántur ob metum, & sint símiles lucérnæ sub módio, sed totâ libertáte se prodant, ut quod audiérunt in cubículis, prædicent in tectis.

℟. In médio Ecclésiæ apéruit os ejus, * Et implévit eum Dóminus spíritu sapiéntiæ & intelléctûs. ℣. Jucunditátem & exsultatiónem thesaurizávit super eum. * Et implévit. ℣. Glória Patri. * Et.

Bened. Ad societátem.

Leçon ix.

NOlite putáre quóniam veni sólvere legem aut Prophétas ; non veni sólvere, sed adimplére ; sive quòd de se per álios prophetáta compléverit, sive quòd ea quæ antè propter infirmitátem audiéntium rúdia & imperfécta fúerant, suâ prædicatióne compléverit, iram tollens, & vicem taliónis exclúdens, & occúltam in mente concupiscéntiam damnans. Donec tránseat cœlum & terra. Promittúntur nobis cœli novi & terra nova, quæ factúrus est Dóminus Deus. Si ergo nova creánda sunt, consequénter vétera transitúra.

Te Deum.

AUX II VESPRES.

Hors de la France,

Memoire de saint Remi.

Ant. Sacérdos & Póntifex, & virtútum ópifex ; Paftor bone in pópulo, ora: pro nobis Dóminum.

℣. Amávit eum Dóminus & ornávit eum , . ℟. Stolam glóriæ índuit eum.

Orémus.

DA, quæfumus , omnípotens Deus , ut beáti Remígii Confeffóris tui atque Pontíficis veneránda folémnitas & devotiónem nobis áugeat & falútem ; per Dóminum noftrum.

En France

LES VESPRES font toutes de la Fefte fuivante.

═══════════════════════════

FESTES D'OCTOBRE.

Le premier jour qui n'eft point empefché, on dit l'Office des Morts.

─────────────────

LE I DIMANCHE
D'OCTOBRE.
L'Office
DU SAINT ROSAIRE
DE LA STE VIERGE.
Double majeur.
AUX I VESPRES.

Tout fe dit comme au Petit Office, excepté

℣. Dignáre me , laudáre te, Virgo facráta ; ℟. Da mihi virtútem contra hoftes tuos.

A Magníficat , Ant. Sancta María, fuccúrre miferis, juva pufillánimes , réfove flébiles. Ora pro pópulo, intervéni pro Clero, intercéde pro devóto fémineo fexu. Séntiant omnes tuum juvámen , quicúmque célebrant tuam fanctam Solemnitátem.

Orémus.

DEus cujus Unigénitus per vitam, mortem & refurrectiónem fuam nobis falútis ætérnæ præmia comparávit ; concéde, quæfumus , ut hæc myftéria fanctíffimo beátæ Maríæ Virginis Rosário recoléntes , & imitémur quod cóntinent , & quod promíttunt affequémur ; per eúmdem.

Memoire du Dimanche auquel cette Fefte fe fait.

A MATINES.

Tout fe dit comme le jour de la Fefte de Notre Dame de la Merci, au 24 Septembre, excepté ce qui fuit ici de propre.

AU II NOCTURNE.
Leçon iv.

CUm Albigénfium hærefis per Tolosátum regiónem ímpie graffarétur atque áltiùs in diès radíces ágeret, fanctus Dominicus qui nuper Prædicatórum Ordinis fundaménta jécerat , ad eam convelléndam totus incúbuit. Id ut præftáret validiùs, auxílium beátæ Vírginis , cujus dígnitas illis erróribus impudentíffimè petebátur, cuíque datum eft cunctas hæréfes interímere in univérfo mundo, eníxis précibus implorávit : à qua (ut memóriæ próditum eft) cùm mónitus effet ut Rosárium pópulis prædicáret , velut finguláre advérsùs hæréfes ac vítia præsídium , mirum eft quanto mentis fervóre & quàm felíci fuccéffu injúnctum fibi munus fit exfecútus. Eft autem Rosárium certa precándi fórmula, qua quíndecim Angelicárum Salutatiónum décades,

décades, oratióne Dominicâ inter-
jéctâ, distinguimus, & ad eárum
singulas tótidem nostræ reparatió-
nis mystéria piâ meditatióne recólimus. Ex eo ergo témpore pius hic
orándi modus mirabíliter per sanctum Dominicum promulgári auge-
ríque cœpit; quem ejúsdem insti-
tutórem auctorémque fuisse summi
Pontifices, Apostólicis lítteris, passim affirmárunt.

℟. Sicut cedrus exaltáta sum in
Líbano, & sicut cypréssus in monte Sion: quasi myrrha elécta * Dedi
suavitátem odóris. ℣. Et sicut cinnamómum & bálsamum aromatízans * Dedi.

Bened. Christus perpétuæ.

Leçon v.

INnumerábiles porrò fructus ex
hac tam salutári institutióne in
Christiánam Rempúblicam dima-
nárunt; inter quos victória illa méritò numerátur, quam sanctíssimus
Póntifex Pius quintus, & ab eo in-
flammáti Christiáni Príncipes apud
Echínadas Insulas de Turcárum Tyránno potentíssimo reportárunt.
Nam cùm illâ ipsâ die ea victória
reláta sit, quâ die sanctíssimi Rosárii Sodalitátes per univérsum orbem consuétas supplicatiónes per-
ágerent statutásque preces de more
fúnderent, iis précibus haud immé-
ritò refértur accépta. Quod quidem
cùm étiam Gregórius tértius décimus testátus esset, ut pro tam
singulári benefício beátæ Vírginis sub appellatióne Rosárii perén-
nes grátiæ úbique terrárum haberéntur; in Ecclésiis ómnibus in

quibus Altáre Rosárii foret, primâ
quâque Octóbris Dominicâ Offícium ritu dúplici majóri perpétuò
celebrándum indíxit: aliíque Pontífices Rosárium recitántibus ejus-
démque Rosárii Sodalitátibus In-
dulgéntias penè innúmeras conces-
sére.

℟. Quæ est ista quæ procéssit
sicut sol, & formósa tanquam Jerúsalem? * Vidérunt eam fíliæ
Sion, & beátam dixérunt, & Regínæ laudavérunt eam. ℣. Et sicut
dies verni circúmdabant eam flores
rosárum, & lília convállium: * Vidérunt eam.

Bened. Ignem sui amóris.

Leçon vj.

NUper verò Cleméns undécimus ánimo réputans insígnem
páriter victóriam anno millésimo
septingentésimo décimo sexto in
Hungáriæ Regno à Cárolo sexto
in Imperatórem Romanórum elécto, de innúmeris Turcárum cópiis
relátam, eo die contigísse quo Festum Dedicatiónis sanctæ Maríæ ad
Nives celebrarétur, atque eódem
fermè témpore quo sanctíssimi Rosárii Confrátres públicam solem-
némque supplicatiónem in Alma
Urbe ingénti pópuli concúrsu mag-
náque religióne peragéntes férvi-
das ad Deum preces pro Turcárum
depressióne fúnderent, ac poténtem
opem Deíparæ Vírginis in auxílium
Christianórum humíliter implorá-
rent; eam ob rem, victóriam illam,
nec non liberátam paulò pòst eo-
rúmdem Turcárum obsidióne Cór-
cyram Insulam, ejúsdem beátæ

R. 4. *Automne.* Vu

Vírginis patrocínio piè cénfuit ad-
fcribéndam. Quamóbrem, ut hujus quoque tam insígnis benefícii
perénnis femper & memória exftá-
ret & grátia, fanctíffimi Rosárii
Feftum eádem die eodémque ritu
celebrándum ad Eccléfiam univer-
fam exténdit. Hæc autem ómnia
Benedíctus décimus tértius in Bre-
viário Románo novíffimè appóni
juffit. Sanctíffimam ergo Dei Genitrícem cultu hoc eídem gratíffimo
júgiter venerémur; ut quæ tóties
Chrifti Fidélibus, Rosárii précibus
exoráta, terrénos hoftes profligáre
dedit ac pérdere, inférnos páriter
fuperáre concédat.

℟. Ornátam monílibus fíliam Jerúfalem Dóminus concupívit: * Et
vidéntes eam filiæ Sion, beatíffimam prædicavérunt, dicéntes, **
Unguéntum effúfum nomen tuum.
℣. Adftitit Regína à dextris tuis in
veftitu deauráto, circúmdata varietáte. * Et vidéntes. ℣. Glória
Patri. ** Unguéntum.

AU III NOCTURNE.

Leçon vij.
Léctio fancti Evangélii fecúndùm
Lucam.   Ch. i 1.

IN illo témpore, loquénte Jefu
ad turbas, extóllens vocem
quædam múlier de turba, dixit
illi, Beátus venter qui te portávit.
Et réliqua.

Homília venerábilis Bedæ
Presbyteri.
*Livre 4, Chapitre 49, fur faint
Luc 11.*

MAgnæ devotiónis & fídei
hæc múlier ofténditur, quæ,

Scribis & Pharifæis Dóminum tentántibus, fimul & blafphemántibus, tantâ ejus incarnatiónem præ
ómnibus finceritáte cognófcit, tantâ fidúciâ confitétur, ut & præféntium prócerum calúmniam, & futurórum confúndat Hæreticórum
perfídiam. Nam ficut tunc Judæi,
fancti Spíritûs ópera blafphemándo, verum confubftantialémque
Patri Dei Fílium negábant; fic Hærétici póftea negándo Mariam femper vírginem, fancti Spíritûs operánte virtúte, nafcitúro cum humánis membris Unigénito Dei
carnis fuæ matériam miniftráffe,
verum confubftantialémque matri
fílium hóminis fatéri non debére
dixérunt.

℟. Beátam me dicent omnés
generatiónes; * Quia fecit mihi
Dóminus magna qui potens eft,
& fanctum nomen ejus. ℣. Et mifericórdia ejus à progénie in progénies timéntibus eum, * Quia fecit mihi Dóminus magna qui potens eft, & fanctum nomen ejus.

Bened. Cujus feftum cólimus,
ipfa Virgo vírginum intercédat pro
nobis ad Dóminum.

Leçon viij.
SEd fi caro Verbi Dei fecúndùm carnem nafcéntis, à carne
Vírginis matris pronuntiátur extránea, fine caufa venter qui eam
portáffet, & úbera quæ lactáffent,
beatificántur. Dicit autem Apóftolus, Quia mifit Deus Fílium
fuum factum ex mulíere, factum
fub lege. Neque audiéndi funt qui
legéndum putant, Natum ex mu-

liere, factum sub lege ; sed, Factum ex muliere : quia concéptus ex útero virgináli , carnem non de nihilo , non aliúnde , sed máternâ traxit ex carne : alióquin nec verè Fílius hóminis dicerétur, qui oríginem non habéret ex hómine. Et nos ígitur his contra Eutychen dictis, extollámus vocem cum Ecclésia Cathólica, cujus hæc múlier typum gessit ; extollámus & mentem de médio turbárum, dicamúsque Salvatóri , Beátus venter qui te portávit , & úbera quæ suxísti. Verè enim beáta parens , quæ , sicut quidam ait, eníxa est puérpera Regem qui cœlum terrámque tenet per sécula.

℞. Felix namque es, sacra Virgo María , & omni laude digníssima ; * Quia ex te ortus est sol justítiæ , Christus Deus noster. ℣. Ora pro pópulo , intérveni pro Clero, intercéde pro devóto femíneo sexu. Séntiant omnes tuum juvámen , quicúmque célebrant tuam sanctam Solemnitátem. * Quia ex te ortus est sol justítiæ, Christus Deus noster. ℣. Glória Patri. * Quia ex te.

Pour neuvieme Leçon on prend l'Homelie du Dimanche auquel cette Feste se fait , avec la Bened. Per Evangélica dicta deleántur nostra delícta.

Tout le reste de l'Office se fait comme le jour de la Feste de Notre-Dame de la Merci , excepté l'Oraison Deus cujus unigénitus ci-dessus, & qu'on fait memoire du Dimanche.

1 OCTOBRE.
SAINT REMI,
Evesque.
Double en France ,
Ailleurs Semidouble à devotion.
A VESPRES.
Orémus.

DA , quǽsumus, omnípotens Deus , ut beáti Remígii Confessóris tui atque Pontíficis veneránda solémnitas & devotiónem nobis áugeat & salútem ; per Dñum.

Memoire de saint Jérôme, Confesseur & Docteur.

Ant. O Doctor óptime , Ecclésiæ sanctæ lumen , beáte Hierónyme, divínæ legis amátor, deprecáre pro nobis Fílium Dei.

℣. Justum dedúxit Dóminus per vias rectas , ℞. Et osténdit illi regnum Dei.

Orémus.

DEus qui Ecclésiæ tuæ in exponéndis sacris Scriptúris beátum Hierónymum Confessórem tuum , Doctórem máximum providére dignátus es ; præsta , quǽsumus, ut ejus suffragántibus méritis , quod ore simul & ópere dócuit , te adjuvánte, exercére valeámus ; per Dóminum.

A MATINES.
AU I NOCTURNE.
Les Leçons de l'Escriture marquées pour aujourd'hui au Propre du Temps.
AU II NOCTURNE.
Leçon iv.

REmígius , Epíscopus Rheménsis , flóruit Clodovæo

V u ij

Rege Francórum , quem étiam baptizávit ; & primus ómnium doctrínâ & miráculis Francos ad Christi Dómini fidem perdúxit. Ejus oratióne mórtua puélla revíxit. Multos interpretátus est divínæ Scriptúræ libros. Ampliùs per septuagínta annos summa cum laude Rheménsem Ecclésiam administrávit. Cujus vitæ & mortis sanctitátem multa quæ consecúta sunt , mirácula comprobárunt.

℟ Invéni David servum meum, óleo sancto meo unxi eum; * Manus enim mea auxiliábitur ei. ℣ Nihil profíciet inimícus in eo , & fílius iniquitátis non nocébit ei ; * Manus.

Bened. Christus perpétuæ.

Leçon v.
Sermo sancti Máximi Epíscopi.
Homelie 59 , & la 2 de saint Eusebe de Verceil.

AD sancti ac beatíssimi Patris nostri Remígii , cujus hódie festa celebrámus , laudes addidísse áliquid , decerpsísse est ; si quidem virtútum ejus grátia non sermónibus exponénda est , sed opéribus comprobánda. Cùm enim dicat Scriptúra divína , Glória patris est fílius sápiens ; quantæ hujus sunt glóriæ , qui tantórum filiórum sapiéntiâ & devotióne lætátur ? In Christo enim Jesu per Evangélium ipse nos génuit.

℟. Pósui adjutórium super poténtem , & exaltávi eléctum de plebe mea ; * Manus enim mea auxiliábitur ei. ℣. Invéni David servum meum , óleo sancto meo unxi eum ; * Manus.

Bened. Ignem sui amóris.

Leçon vj.
QUidquid ígitur in hac sancta plebe potest esse virtútis & grátiæ , de hoc quasi quodam lucidíssimo fonte ómnium rivulórum hæc púritas emanávit. Etenim quia castitátis pollébat vigóre , quia abstinéntiæ gloriabátur angústiis , quia blandiméntis erat præditus lenitátis , ómnium cívium in Deum provocávit afféctum ; quia Pontíficis administratióne fulgébat , plures è discípulis relíquit sacerdótii sui successóres.

℟ Iste est qui ante Deum magnas virtútes operátus est ; & omnis terra doctrinâ ejus repléta est. * Ipse intercédat pro peccátis ómnium populórum. ℣. Iste est qui contémsit vitam mundi , & pervénit ad coeléstia regna. * Ipse. ℣. Glória. * Ipse.

AU III NOCTURNE.
Les Leçons de l'Homelie sur l'Evangile Homo péregrè profíscens , au Commun des Confesseurs Pontifes , pag. lix.

En France LES VESPRES sont de la Feste suivante.

II OCTOBRE.
LES Sts ANGES GARDIENS.
Double.
AUX I VESPRES.
Les quatre premiers Pseaumes du Dimanche , avec le Ps. 116 Laudáte Dóminum, omnes gentes, sur les Antiennes suivantes ; mais aux II Vespres on dit le Ps. 137 Confitébor tibi , ci-dessous.

Ant. Angelis fuis Deus mandávit de te, ut cuftódiant te in ómnibus viis tuis.

Ant. Laudémus Dóminum quem laudant Angeli, quem Chérubim & Séraphim, Sanctus, Sanctus, Sanctus, proclámant.

Ant. Angeli eórum femper vident fáciem Patris mei qui eft in cœlis.

Ant. Benedíctus Deus qui mifit Angelum fuum, & éruit fervos fuos qui credidérunt in eum.

Ant. Laudáte Deum, omnes Angeli ejus; laudáte eum, omnes Virtútes ejus.

AU II VESPRES.

Pfeaume 137.

Confitébor tibi, Dómine, in toto corde meo, * quóniam audífti verba oris mei.

In confpéctu Angelórum pfallam tibi; * adorábo ad templum fanctum tuum, & confitébor nómini tuo

Super mifericórdia tua & veritáte tua, * quóniam magnificáfti fuper omne, nomen fanctum tuum.

In quacúmque die invocávero te, exáudi me; * multiplicábis in ánima mea virtútem.

Confiteántur tibi, Dómine, omnes reges terræ, * quia audiérunt ómnia verba oris tui:

Et cantent in viis Dómini, * quóniam magna eft glória, Dómini,

Quóniam excélfus Dóminus & humília réfpicit, * & alta à longè cognófcit.

Si ambulávero in médio tribulatiónis, vivificábis me; * & fuper

iram inimicórum meórum extendífti manum tuam, & falvum me fecit déxtera tua.

Dóminus retríbuet pro me; * Dómine, mifericórdia tua in féculum; ópera mánuum tuárum ne defpícias.

Chapitre. Exod. 23.

Ecce ego mittam Angelum meum qui præcédat te & cuftódiat in via, & introdúcat in locum quem parávi. Obferva eum, & audi vocem ejus.

Hymne.

Cuftódes hóminum pfallimus Angelos,
Natúræ frágili quos Pater áddidit
Cœléftis cómites, infidiántibus
Ne fuccúmberet hóftibus.

Nam quod corrúerit próditor Angelus,
Concéffis mérito pulfus honóribus,
Ardens invídiâ, péllere nítitur
Quos cœlo Deus ádvocat.

Huc Cuftos ígitur pérvigil ádvola,
Avértens pátria de tibi crédita,
Tam morbos ánimi, quàm requiéfcere
Quidquid non finit íncolas.

Sanctæ fit Tríadi laus pia júgiter,
Cujus perpétuo númine máchina
Triplex hæc régitur, cujus in ómnia
Regnat glória fécula.
Amen.

℣. In confpéctu Angelórum pfallam tibi, Deus meus; ℟. Adorábo ad templum fanctum tuum, & confitébor nómini tuo.

A Magníficat, Ant. Omnes funt adminiftratórii Spíritus, in miniftérium miffi propter eos qui hæreditátem cápiunt salútis.

O rémus.

DEus qui ineffábili providéntiâ sanctos Angelos tuos ad nostram custódiam mittere dignáris ; largíre supplícibus tuis & eórum semper protectióne defféndi , & ætérnâ solemnitáte gaudére ; per.

Memoire de saint Remi.

Ant. Amávit eum Dóminus , & ornávit eum ; stolam glóriæ índuit eum , & ad portas paradísi coronávit eum.

℣. Justum dedúxit Dóminus per vias rectas , ℟. Et osténdit illi regnum Dei.

O rémus.

DA , quæsumus , omnípotens Deus , ut beáti Remígii Confessóris tui atque Pontíficis veneránda solémnitas & devotiónem nobis áugeat & salútem ; per.

A MATINES.

Invit. Regem Angelórum Dóminum , * Veníte , adorémus.

Ps. 94 Veníte.

L'Hymne Custódes hóminum , ci-dessus.

Les Pseaumes des trois Nocturnes comme le jour de la Dedicace de saint Michel le 30 Septembre.

AU I NOCTURNE.

Ant. Dóminus Deus cœli & terræ , ipse mittet Angelum suum coram te.

Ant. Deus meus misit Angelum suum , & conclúsit ora leónum , & non nocuérunt mihi.

Ant. Bene ambulétis , & Dóminus sit in itínere vestro , & Angelus ejus comitétur vobíscum.

℣. Stetit Angelus juxta aram templi ℟. Habens thuríbulum áureum in manu sua.

Absol. Exáudi , Dómine.

Bened. Benedictióne perpétuâ.

Leçon j.

De Libro Exódi.　Ch. 23.

ECce ego mittam Angelum meum qui præcédat te & custódiat in via , & introdúcat in locum quem parávi. Obsérva eum , & audi vocem ejus ; nec contemnéndum putes , quia non dimíttet cùm peccáveris , & est nomen meum in illo. Quòd si audíeris vocem ejus , & féceris ómnia quæ loquor , inimícus ero inimícis tuis , & affligam affligéntes te , præcedétque te Angelus meus.

℟. Angelis suis Deus mandávit de te , ut custódiant te in ómnibus viis tuis : * In mánibus portábunt te , ne unquam offéndas ad lápidem pedem tuum. ℣. Míllia míllium ministrábant ei , & décies míllies centéna míllia assistébant ei. * In.

Bened. Unigénitus Dei Fílius.

Leçon ij.

Ex Zacharía Prophéta. Ch. 1.

FActum est verbum Dómini ad Zacharíam , fílium Barachíæ , fílii Addo, Prophétam, dicens, Vidi per noctem , & ecce vir adscéndens super equum rufum , & ipse stabat in profúndo : & post eum equi rufi , várii & albi. Et dixi, Qui sunt isti , Dómine mi ? & dixit ad me Angelus Dómini qui loquebátur in me , Ego osténdam tibi quid sint hæc. Et respóndit vir qui stabat inter myrtéta , & dixit , Isti sunt quos mifit Dóminus ut perámbu-lent terram. Et respondérunt An-gelo Dómini qui ftabat inter myr-téta, & dixérunt, Perambulávimus terram, & ecce omnis terra habi-tátur & quiéfcit.

℟. Refpóndit Angelus Dómi-ni, & dixit, Dómine exercítuum, * Ufquequò tu non miferéberis Je-rúfalem & úrbium Juda quibus irá-tus es ? ℣. Ifte enim feptuagéfimus annus eft. * Ufquequò.

Bened. Spíritûs fanᵈti grátia.

Leçon iij. Ch. 2.

ET levávi óculos meos, & vi-di ; & ecce vir, & in manu ejus funículus menfórum. Et dixi, Quò tu vadis ? Et dixit ad me, Ut métiar Jerúfalem, & vídeam quanta fit latitúdo ejus & quanta longitúdo ejus. Et ecce Angelus qui loquebátur in me, egrediebá-tur, & Angelus álius egrediebátur in occúrfum ejus. Et dixit ad eum, Curre, lóquere ad púerum iftum, dicens, Abfque muro habitábitur Jerúfalem præ multitúdine hómi-num & jumentórum in médio ejus. Et ego ero ei, ait Dóminus, mu-rus ignis in circúitu; & in glória ero in médio ejus.

℟. In confpéᵈtu géntium nolíte timére ; vos enim in córdibus vef-tris adoráte, & timéte Dóminum ; * Angelus enim ejus vobífcum eft. ℣. Stetit Angelus juxta aram tem-pli, habens thuríbulum áureum in manu fua. * Angelus. Glória Patri. * Angelus.

A U II NOCTURNE.

Ant. Cùm effem vobífcum, per

voluntátem Dei eram : ipfum bene-dícite, & cantáte ei.

Ant. Tollens fe Angelus Dómini qui præcedébat caftra Ifraël, ábiit poft eos.

Ant. Immíttet Angelus Dómini in circúitu timéntium eum, & erí-piet eos.

℣. Adfcéndit fumus arómatum in confpéᵈtu Dómini ℟. De manu Angeli.

Abfol. Ipfius píetas.
Bened. Deus Pater omnipotens.

Leçon iv.
Sermo fanᵈti Bernárdi Abbátis.
Sur le Pf. Qui hábitat.

ANgelis fuis mandávit de te. Mira dignátio, & verè magna diléᵈtio charitátis ! Quis enim ? quibus ? de quo ? quid mandávit ? Studiófè confiderémus, Fratres, diligénter commendémus memóriæ hoc tam grande mandátum. Quis enim mandávit ? cujus funt Ange-li ? cujus mandátis obtémperant ? cujus obédiunt voluntáti ? nempe Angelis fuis mandávit de te, ut cuf-tódiant te in ómnibus viis tuis ; nec cunᵈtántur, quin étiam in mánibus tollant te. Summa ergo Majéftas mandávit Angelis, & Angelis fuis mandávit. Illis útique fublimibus tam beátis quàm próximis fibi co-hæréntibus & verè doméfticis man-dávit de te. Tu quis es ? Quid, Dómine, eft homo, quòd memor es ejus, aut fílius hóminis, quó-niam réputas eum ? Quafi verò non fit homo putrédo, & fílius hóminis vermis. Sed quid putas mandávit de te ? Ut cuftódiant te

℞. Vivit ipse Dóminus , * Quóniam custodivit me Angelus ejus & hinc eúntem , & ibi commorántem , & inde huc reverténtem. ℣. Et non permífit me Dóminus ancíllam fuam coinquinári : * Quóniam.

Bened. Chriftus perpétuæ.

Leçon v.

Uantam tibi debet hoc verbum inférre reveréntiam, afférre devotiónem, conférre fidúciam? Reveréntiam pro præséntia, devotiónem pro benevoléntia, fidúciam pro custódia. Cauté ámbula, ut vidélicet cui adfunt Angeli, (ficut eis mandátum eft,) in ómnibus viis tuis. In quovis diverfório, in quóvis ángulo Angelo tuo reveréntiam habe. Tunc áudeas illo præfénte, quod vidénte me non audéres ? An præféntem effe dúbitas quem non vides ? Quid fi audíres ? quid fi tángeres ? quid fi olfáceres ? Vide quia non folo vifu rerum præséntia comprobétur.

℞. Angelus Dómini defcéndit cum Azaría & fóciis ejus in fornácem, & excúffit flammam ignis de fornáce ; * Et non tétigit eos omnínò ignis neque contriftávit. ℣. Benedíctus Deus eórum, qui mifit Angelum fuum, & éruit fervos fuos qui credidérunt in eum. * Et.

Bened. Ignem fui amóris.

Leçon vj.

IN ipfo ítaque, Fratres, affectuófè diligámus Angelos ejus, tanquam futúros aliquándo cohærédes noftros, ínterim verò actóres & tutóres à Patre pófitos & præ-

pófitos nobis. Quid fub tantis cuftódibus timeámus ? Nec fuperári, nec fedúci, minùs autem feducere poffunt, qui custódiunt nos in ómnibus viis noftris. Fidéles funt, prudéntes funt, poténtes funt ; quid trepidámus ? Tantùm fequámur eos, adhæreámus eis, & in protectióne Dei cœli commorémur. Quóties ergo graviffima cérnitur urgére tentátio, & tribulátio véhemens imminére, ínvoca cuftódem tuum, ductórem tuum, adjutórem tuum, in opportunitátibus, in tribulatióne : incláma eum, & dic, Dómine, falva nos, perimus.

℞. In omni tribulatióne eórum non eft tribulátus : * Et Angelus faciéi ejus falvávit eos. ℣. In dilectióne fua & indulgéntia fua ipfe redémit eos, & portávit eos, & elevávit eos cunctis diébus féculi. * Et Angelus. ℣. Glória Patri. * Et Angelus.

AU III NOCTURNE.

Ant. Mifit Dóminus Angelum fuum, qui percúffit omnem virum robúftum & bellatórem, & Príncipem exércitûs Regis Affyriórum.

Ant. Adoráte Dóminum, omnes Angeli ejus. Audívit, & lætáta eft Sion.

Ant. Benedícite Dómino, omnes Angeli ejus, poténtes virtúte, faciéntes verbum illíus, ad audiéndam vocem fermónum ejus.

℣. In confpéctu Angelórum pfallam tibi, Deus meus ; ℞. Adorábo ad templum fanctum tuum, & confitébor nómini tuo.

Abfol.

Abſol. A vínculis.

Bened. Evangélica léctio.

Leçon vij.

Léctio ſancti Evangélii ſecúndùm Matthæum.   Ch. 18.

IN illo témpore acceſſérunt Diſcípuli ad Jeſum, dicéntes, Quis, putas, major eſt in regno cœlórum ? Et réliqua.

Homília ſancti Hilárii Epíſcopi.

Aux Commentaires ſur ſaint Matthieu. Canon 18.

NOn niſi revérſos in natúram puerórum introíre regnum cœlórum Dóminus docet, id eſt per ſimplicitátem puerílé vítia córporum noſtrórum animǽque révocánda. Púeros autem credéntes omnes per audiéntiæ fidem nuncupávit. Hi enim patrem ſequúntur, matrem amant, próximo velle malum néſciunt, curam opum négligunt, non inſoléſcunt, non odérunt, non mentiúntur, dictis credunt, & quod áudiunt, verum habent. Reveréndum ígitur eſt ad ſimplicitátem infántium ; quia in ea collocáti, ſpéciem humilitátis Domínicæ circumferémus.

℟. Macchabæus & qui cum eo erant, cognovérunt expugnári præſídia. * Cum fletu & lácrymis rogábant Dóminum, & omnis turba ſimul, ut bonum Angelum mítteret ad ſalútem Iſraël. ℣. Cùm páriter promto ánimo procéderent Jeroſólymis, appáruit præcédens eos eques in veſte cándida. * Cum fletu.

Bened. Quorum feſtum cólimus.

Leçon viij.

VÆ huic mundo à ſcándalis. Humílitas paſſiónis ſcándalú mundo eſt. In hoc enim máximé ignorántia detinétur humána, quòd ſub deformitáte Crucis ætérnæ glóriæ Dóminum nóluit accípere. Et quid mundo tam periculóſum, quàm non recepíſſe Chriſtum ? Ideo verò necéſſe eſſe ait veníre ſcándala ; quia ad ſacraméntum reddéndæ nobis æternitátis, omnis in eo paſſiónis humílitas eſſet explénda.

℟. Tu, Dómine, qui miſíſti Angelum tuum ſub Ezechía Rege Juda, & interfecíſti de caſtris Sennácherib centum octog nta quinque míllia : * Et nunc, Domimátor cœlórum, mitte Angelum tuum bonum ante nos in timóre & tremóre magnitúdinis bráchii tui. ℣. Ut métuant qui cum blaſphémia véniunt advérſùs ſanctum pópulum tuum. * Et nunc. ℣. Glória. * Et nunc.

Bened. Ad ſocietátem.

Leçon ix.

VIdéte ne contemnátis unum de puſillis iſtis qui credunt in me. Aptíſſimum vínculum mútui amóris impóſuit, ad eos præcípuè qui verè in Dómino credidíſſent. Puſillórum enim Angeli quotídiè Deum vident ; quia Fílius hóminis venit ſalváre quæ pérdita ſunt. Ergo & Fílius hóminis ſalvat, & Deum Angeli vident, & Angeli puſillórum præſunt Fidélium oratiónibus. Præéſſe Angelos abſolúta auctóritas eſt : ſalvatórum ígitur per Chriſtum oratiónes Angeli quotídiè Deo

R. 4. Automne.   **Xx**

offerunt. Ergo periculòse ille contémnitur, cujus desidéria ac postulatiónes ad ætérnum & invisibilem Deum ambitióso Angelórum famulátu ac ministério provehúntur.

T e Deum.

A LAUDES.

Ant. Angelis suis Deus mandávit de te, ut custódiant te in ómnibus viis tuis.

Ps. 92 Dóminus regnávit, avec les autres.

Ant. Laudémus Dóminum quem laudant Angeli, quem Chérubim & Séraphim, Sanctus, Sanctus, Sanctus proclámant.

Ant. Angeli eórum semper vident fáciem Patris mei qui est in coelis.

Ant. Benedíctus Deus qui misit Angelum suum, & éruit servos suos qui credidérunt in eum.

Ant. Laudáte Deum, omnes Angeli ejus; laudáte eum, omnes Virtútes ejus.

Chapitre. Exode. 23.

E Cce ego mittam Angelum meum qui præcédat te & custódiat in via, & introdúcat in locum quem parávi. Obsérva eum, & audi vocem ejus.

Hymne.

Æ Térne Rector syderum,
Qui quidquid est poténtiâ
Magnâ creásti, nec regis
Minóre providéntiâ;
A desto supplicántium
Tibi reórum coetui;
Lucísque sub crepúsculum,
Lucem novam da méntibus.
Tuúsque nobis Angelus,

Eléctus ad custódiam,
Hic adsit; à contágio
Ut criminum nos prótegat.
N obis Dracónis æmuli
Versútias extérminet,
Ne rete frauduléntiæ
Incáuta nectat péctora.
M etum repéllat hóstium
Nostris procul de fínibus:
Pacem procúret cívium,
Fulgétque pestiléntiam.
D eo Patri sit glória
Qui quos redémit Fílius
Et sanctus unxit Spíritus,
Per Angelos custódiat. Amen.

℣. In conspéctu Angelórum psallam tibi, Deus meus; ℟. Adorábo ad templum sanctum tuum, & confitébor nómini tuo.

A Benedíctus, Ant. Revérsus est Angelus qui loquebátur in me, & suscitávit me quasi virum qui suscitátur à somno suo.

O rémus.

D Eus qui ineffábili providéntiâ sanctos Angelos tuos ad nostram custódiam míttere dignáris; largíre supplícibus tuis, & eórum semper protectióne defféndi, & ætérnâ societáte gaudére; per Dóminum.

A TIERCE.

Ant. Laudémus Dóminum.

Le Chapitre Ecce ego, ci-dessus.

℟ bref Stetit Angelus * Juxta aram templi. On repete Stetit.
℣. Habens thuríbulum áureum in manu sua, * Juxta.
℣. Glória Patri. ℟. Stetit.
℣. Adscéndit fumus arómatum

in conspéctu Dómini ℟. De manu Angeli.

A SEXTE.

Ant. Angeli eórum.

Chapitre. *Exode* 23.

NEc contemnéndum putes, quia non dimíttet, cùm peccáveris ; & est nomen meum in illo.

℟. bref. Adscéndit fumus aromatum *jv.* In conspéctu Dómini. On repete Adscéndit.

℣. De manu Angeli * In conspéctu.

℣. Glória Patri. ℟. Adscéndit.

℣. In conspéctu Angelórum, psallam tibi Deus meus, ut Adorábo ad templum sanctum tuum, & confitébor nómini tuo.

A NONE.

Ant. Laudáte Deum.

Chapitre. *Exode* 23.

QUod si audíeris vocem ejus, & féceris ómnia quæ loquor, inimícus ero inimícis tuis, & affligam affligéntes te ; præcedétque te Angelus meus.

℟. bref. In conspéctu Angelórum * Psallam tibi, Deus meus. On repete In conspéctu.

℣. Adorábo ad templum sanctum tuum, & confitébor nómini tuo. * Psallam.

℣. Glória Patri. ℟. In conspéctu.

℣. Adoráte Deum, ℟. Omnes Angeli ejus.

AUX II VESPRES.

Tout se dit comme il est marqué aux I Vespres, excepté

A Magníficat, Ant. Sancti Angeli custódes nostri, deffendíte nos

in prælio, ut non pereámus in tremendo judicio.

L'Oraison Deus qui ineffabili, ci-dessus.

IV OCTOBRE.

SAINT FRANÇOIS,

Confesseur. Double.

AUX I VESPRES.

Orémus.

DEus qui Ecclésiam tuam beáti Francísci méritis fœtu novæ prolis amplíficas ; tríbue nobis ex ejus imitatióne terréna despícere, & cœléstium donórum semper participatióne gaudére ; per Dóminum nostrum.

A MATINES.

AU I NOCTURNE.

Les Leçons Justus si morte, au Commun.

AU II NOCTURNE.

Leçon iv.

FRancíscus Asísii in Umbria natus, patris exémplum secútus, à prima ætáte mercatúram fecit. Qui quodam die páuperem pro Christi amore flagitántem pecúniam, cùm præter consuetúdinem repulísset, repénte eo facto commótus, largè ei misericórdiam impertívit ; & ex eo die Deo promísit se némini unquam poscénti eleemósynam negatúrum. Cùm verò post in gravem morbum incidísset, ex eo aliquándo confirmátus, cœpit ardéntiùs cólere offícia charitátis. Qua in exercitatióne tantùm profécit, ut Evangélicæ perfectiónis cúpidus, quidquid habéret pau-

Xx ij

péribus largirétur. Quod ferens iníquiùs pater, eum Affifinátem Epíſcopum duxit, ut coram illo bonis céderet patérnis : qui rejéctis étiam véſtibus, patri concéſſit ómnia, illud ſubjúngens ſibi in póſterum majórem facultátem fore dicéndi, Pater noſter qui eſt in cœlis.

℟. Honéſtum fecit illum Dóminus, & cuſtodívit eum ab inimícis, & à feductóribus tutávit illum, * Et dedit illi claritátem ætérnam. ℣. Juſtum dedúxit Dñus per vias rectas, & oſténdit illi regnum Dei. * Et.

Bened. Chriſtus perpétuæ.

Leçon v.

CUm autem illud ex Evangélio audiſſet, Nolíte poſſidére aurum neque argéntum neque pecúniam in zonis veſtris, non peram in via, neque duas túnicas neque calceaménta ; ſibi eam régulam fervándam propófuit. Itáque detráctis cálceis, & unâ conténtus túnicâ, cùm duódecim ſócios adhibuiſſet, Ordinem Minórum inſtítuit. Quare Romam venit anno ſalútis milléſimo ducentéſimo nono, ut ſui Ordinis régula ab Apoſtólica Sede confirmarétur. Quem cum accédentem ad ſe ſummus Póntifex Innocéntius tértius rejeciſſet, quòd in ſomnis póſteà ſibi ille quem repúlerat, collabéntem Lateranénſem Baſilicâ ſuis húmeris ſuſtinére viſus eſſet, conquisítum accersíri juſſit, benignéque accípiens, omnem ejus inſtitutórum ratiónem confirmávit. Francíſcus ígitur, dimíſſis in omnes orbis terræ partes Frátribus ad præ-

dicándum Chriſti Evangélium, ipſe cúpiens ſibi áliquam dari martyrii occaſiónem, navigávit in Syriam, ubi à Rege Soldáno liberaliſſimè tractátus, cùm nihil profíceret, rédiit in Itáliam.

℟. Amávit eum Dóminus, & ornávit eum : ſtolam glóriæ índuit eum, * Et ad portas paradíſi coronávit eum. ℣. Induit eum Dóminus loricam fídei, & ornávit eum, * Et ad portas.

Bened. Ignem ſui amóris.

Leçon vj.

MUltis ígitur exſtrúctis ſuæ famíliæ domicíliis, ſe in ſolitúdinem montis Alverni cóntulit, ubi quadragínta diérum, propter honórem ſancti Michaélis Archángeli, jejúnio inchoáto, feſto die Exaltatiónis ſanctæ Crucis, ei Séraphim Crucifíxi effígiem inter alas contínens appáruit, qui ejus & mánibus & pédibus & láteri veſtígia clavórum impréſſit, quæ ſanctus Bonaventúra, cùm Alexándri quarti ſummi Pontíficis predicatióni interéſſet, narráſſe Pontíficem à ſe viſa eſſe, lítteris commendávit. His inſígnibus ſummi in eum Chriſti amóris, máximam habébat ómnium admiratiónem. Ac biénnio póſt gráviter ægrotans, deférri vóluit in Eccléſiam ſanctæ Mariæ Angelórum, ut ubi grátiæ ſpíritum à Deo accéperat, ibi ſpíritum vitæ rédderet. Eo in loco Fratres ad paupertátem ac patiéntiam & ſanctæ Románæ Eccléſiæ fidem ſervándam cohortátus, Pſalmum illum pronúntians, Voce meâ ad Dóminum clamávi, in eo versículo, Me ex-ſpéctant juſti, donec retríbuas mihi ; efflávit ánimam quarto nonas Octobris. Quem miraculis clarum Gregórius nonus Póntifex máximus in Sanctórum númerum ſcripſit.

℞. Iſte homo perfécit ómnia quæ locútus eſt ei Deus ; & dixit ad eum, Ingrédere in réquiem meam, * Quia te vidi juſtum coram me ex ómnibus Géntibus. ℣. Iſte eſt qui contémſit vitam mundi, & pervénit ad cœléſtia regna. * Quia te. ℣. Glória Patri. * Quia.

Au III Nocturne.
Leçon vij.

Léctio ſancti Evangélii ſecúndùm Matthæum. *Chap.* 11.

IN illo témpore reſpóndens Jeſus dixit, Confíteor tibi, Pater, Dómine cœli & terræ, quia abſcondiſti hæc à ſapiéntibus & prudéntibus, & revelaſti ea párvulis. Et réliqua.

Homília ſancti Auguſtíni Epíſcopi.
Sermon 10 *des paroles de Notre Seigneur.*

VEníte ad me, omnés qui laborátis. Quare enim omnes laborámus, niſi quia ſumus hómines mortáles, frágiles, infírmi, lútea vaſa portántes, quæ fáciunt ínvicem angúſtias ? Sed ſi anguſtiántur vaſa carnis, dilaténtur ſpátia charitátis. Quid ergo dicit, Veníte ad me, omnes qui laborátis, niſi ut non laborétis. Dénique promíſſio ejus in promtu eſt, quóniam laborántes vocávit. Quærent forte quâ mercéde vocáti ſunt. Et ego vos, inquit, refíciam. Tóllite jugum

meum ſuper vos, & diſcite à me non mundum fabricáre, non cuncta viſibília & inviſibília creáre, non in ipſo mundo mirabília fácere, & mórtuos ſuſcitáre ; ſed, quóniam mitis ſum & húmilis corde.

℞. Iſte eſt qui ante Deum magnas virtútes operátus eſt, & de omni corde ſuo laudávit Dóminum. * Ipſe intercédat pro peccátis ómnium populórum. ℣. Ecce homo ſine queréla, verus Dei cultor, abſtinens ſe ab omni ópere malo, & pérmanens in innocéntia ſua. * Ipſe.

Bened. Cujus feſtum cólimus.
Leçon viij.

MAgnus eſſe vis ? à mínimo incipe. Cógitas magnam fábricam conſtrúere celſitúdinis ? de fundaménto priùs cógita humilitátis. Et quantam quiſque vult, & diſpónit ſuperimpónere molem ædifícii, quantò erit majus ædifícium, tantò áltiùs fodit fundaméntum. Et fábrica quidem cùm conſtrúitur, in ſupérna conſúrgit : qui autem fodit fundaméntum, ad ima deprímitur. Ergo & fábrica ante celſitúdinem humiliátur, & faſtígium poſt humiliatiónem erígitur.

℞. Sint lumbi veſtri præcíncti, & lucérnæ ardéntes in mánibus veſtris : * Et vos símiles homínibus exſpectántibus dóminum ſuum, quando revertátur à núptiis. ℣. Vigiláte ergo, quia neſcítis quâ horâ dóminus veſter ventúrus ſit : * Et vos símiles. ℣. Glória Patri. * Et vos símiles.

Bened. Ad ſocietátem.

Leçon ix.

Uod est fastigium construén-
dæ fábricæ quam mólimur ?
quò perventúrum est cacúmen ædi-
ficii ? Citò dico, usque ad conspéctum Dei. Vidétis quà excélsum est,
quanta res est conspícere Deum.
Qui desiderat, & quod dico &
quod audit, intélligit. Promíttitur
nobis conspéctus Dei, veri Dei,
summi Dei. Hoc enim bonum est,
vidéntem vidére. Nam qui colunt
falsos deos, fácilè illos vident : sed
eos vident, qui óculos habent, &
non vident. Nobis autem promíttitur vísio Dei vivéntis & vidéntis.

Te Deum.

AUX II VESPRES.

Memoire de St Placide & de ses
Compagnons, Martyrs.

Ant. Istórum est enim regnum
coelórum, qui contemsérunt vitam
múndi, & pervenérunt ad præmia
regni, & lavérunt stolas suas in
sánguine Agni.

℣. Lætámini in Dómino & exsultáte, Justi ; ℟. Et gloriámini, omnes recti corde.

Orémus.

Eus qui nos concédis sanctórum Mártyrum tuórum Plá-
cidi & sociórum ejus natalítia cólere ; da nobis in ætérna beatitúdine de eórum societáte gaudére ;
per Dóminum.

V Octobre.
SAINT PLACIDE,
& ses Compagnons, Martyrs.
A MATINES.

Les deux premieres Leçons de
l'Écriture marquées pour aujour-
d'hui au Propre du Temps.

Leçon iij.

Lácidus Romæ, Tertúllo patre in primis nóbili natus, puer
Deo oblátus, & sancto Benedíc-
to tráditus, tantùm ejus disciplínâ
& monásticæ vitæ institútis profécit, ut inter præcípuos illíus disci-
pulos numerétur. Ab eo in Sicíliam
missus, Monastérium & Ecclésiam
in honórem sancti Joánnis Baptístæ
prope Messánæ portum constrúxit,
ubi cum mónachis admirábili sanctitáte vixit. Ejus viséndi causâ cùm
eò veníssent Eutychius & Victorínus illíus fratres, & Flávia virgo
soror, eódem témpore illuc áppulit
immanis quidam pirata, Manúcha
nómine, qui capto Monastério,
cùm Plácidum & céteros nullo modo addúcere potuísset ut Christum
negárent, ipsum fratrésque illíus ac
sorórem crudéliter necári jussit.
Cum quibus étiam Donátus, Fir-
mátus Diáconus, Fastus, aliíque
triginta mónachi, martyrii agónem
felíciter consummárunt tértio Nonas Octóbris, anno salútis quín-
gentésimo trigésimo anno.

Te Deum.

LES VESPRES sont toutes de
la Feste suivante.

VI Octobre.
SAINT BRUNO,
Confesseur. Double.
AUX I VESPRES.
Orémus.

Ancti Brunónis Confessóris
tui, quæsumus, Dómine, in-

terceffiónibus adjuvémur ; ut qui
Majeftátem tuam gráviter delin-
quéndo offéndimus , ejus méritis
& précibus noftrórum delictórum
véniam confequámur ; per.

A MATINES.
Au I Nocturne.

Les Leçons de l'Efcriture marquées pour aujourd'hui au Propre
du Temps.

Au II Nocturne.
Lecon iv.

BRuno Carthufiánæ Religiónis
inftitútor Colóniæ Agrippínæ
natus eft. Ab ipfis incunábulis fpé-
cimen futúræ fanctitátis præferens ,
morum gravitáte , puerília illíus
ætátis divinâ favénte grátiâ decli-
nans , ádeò excélluit , ut jam inde
monachórum pater vitæque ana-
choréticæ futúrus inftaurátor agnof-
cerétur. A paréntibus génere ac
virtúte claris Lutétiam Parifiórum
miffus , tantùm ibi Philofóphiæ ac
Theológiæ ftúdiis profécit, ut Doc-
tóris ac Magíftri munus in utráque
Facultáte fit adéptus; nec multò pòft
ob egrégias ipfius virtútes Eccle-
fiæ Rheménfis Canonicátu potítus.

℟. Honéftum fecit illum Dóminus , & cuftodívit eum ab inimícis , & à feductóribus tutávit illum ;
* Et dedit illi claritátem ætérnam.
℣. Juftum dedúxit Dóminus per
vias rectas , & officient illi regnum
Dei , * Et.

Bened. Chriftus perpétua.

Lecon v.

ELápfis áliquot annis, cum fex
áliis familiáribus mundo re-
núncians, fanctum Hugónem Epif-

copum Gratianopolitánum ádiit.
Qui , causâ eórum advéntûs cógnitâ , eofdémque intélligens effe
quos eâdem nocte velúti feptem
ftellas ad fuos pedes corruéntes in
fomnis víderat , montes fuæ diœcéfis afpérrimos , quos Carthufiá-
nos appéllant , illis concéffit. Illuc
Bruno cum fóciis , ipfo Hugóne
comitánte , fecédens , cùm per áliquot annos eremíticam vitam egíf-
fet , ab Urbáno fecúndo, qui ejúfdem Brunónis difcípulus fúerat ,
Romam accerfitur. Ejus confíliis ac
doctrinâ Póntifex in tot illis Eccléfiæ calamitátibus per áliquot annos
ufus eft , donec Bruno , recufáto
Rhegiénfi Archiepifcopátu , difce-
déndi facultátem obtínuit.

℟. Amávit eum Dóminus, &
ornávit eum ; ftolam glóriæ índuit
eum , * Et ad portas paradífi coronávit eum. ℣. Induit eum Dóminus
lorícam fídei , & ornávit eum , * Et
ad portas.

Bened. Ignem fui amóris.

Lecon vj.

IGitur folitúdinis amóre erémum
quamdam apud Squillacum in
Calábriæ fínibus pétiit. Quo in loco, cùm ipfum orántem Rogérius
Comes Calábriæ inter venándum,
latrántibus ad illíus fpelúncam cánibus, reperíffet, fanctitáte viri permótus, illam ac fócios fovére &
cólere impénsè cœpit. Nec liberálitas fine præmio fuit. Cùm enim
idem Rogérius Cápuam obfidéret,
eúmque Sérgius quidam excubiá-
rum magífter pródere ftatuíffet,
Bruno adhuc in dicta erémo vivens,

in fomnis illi ómnia apériens, ab imminénti perículo Cómitem liberávit. Tandem virtútibus ac méritis plenus, nec fanctitáte minùs quàm doctrínæ famâ clarus, obdormívit in Dómino, fepultúfque eft in monaftério fancti Stéphani ab ipfo Rogério conftrúcto, ubi háctenùs honoríficè cólitur.

℟. Ifte homo perfécit ómnia quæ locutus eft ei Deus; & dixit ad eum, Ingrédere in réquiem meam; * Quia te vidi juftum coram me ex ómnibus géntibus. ℣. Ifte eft qui contémfit vitam mundi, & pervénit ad cœléftia regna : * Quia. ℣. Glória Patri. * Quia.

AU III NOCTURNE.

Les Leçons de l'Homelie de St Gregoire Pape fur l'Evangile Sint lumbi veftri, au Commun, page lxxix.

AUX II VESPRES.

Memoire de faint Marc, Pape & Confeffeur.

Ant. Sacérdos & Póntifex, & virtútum ópifex, Paftor bone in pópulo, ora pro nobis Dóminum.

℣. Amávit eum Dóminus, & ornávit eum ; ℟. Stolam glóriæ índuit eum.

O rémus.

EXáudi, Dómine, preces noftras; & interveniénte beáto Marco Confeffóre tuo atque Pontífice, indulgéntiam nobis tríbue placátus & pacem.

Memoire des faints Serge, Bacche, Marcel & Apulée, Martyrs.

Ant. Iftórum eft enim regnum cœlórum, qui contemférunt vitam

mundi, & pervenérunt ad præmia regni, & lavérunt ftolas fuas in fánguine Agni.

℣. Lætámini in Dómino, & exfultáte, jufti ; ℟. Et gloriámini, omnes recti corde.

O rémus.

SAnctórum Mártyrum tuórum nos, Dómine, Sérgii, Bacchi, Marcélli & Apuléi beáta mérita profequántur, & tuo femper fáciant amóre fervéntes, per Dóminum noftrum Jefum Chriftum Fílium tuum.

VII OCTOBRE.

SAINT MARC,

Pape & Confeffeur.

A MATINES.

Les deux premieres Leçons de l'Efcriture marquées pour aujourd'hui au Propre du Temps.

Leçon iij.

MArcus Románus, Conftantíno magno Imperatóre Póntifex, inftituit ut Epifcopus Oftiénfis, à quo Románus Póntifex confecrátur, pállio uterétur. Duas Romæ Basílicas ædificávit, álteram in Urbe, álteram viâ Ardeatinâ, quas Conftantínus auctas magnis munéribus exornávit. Vixit in Pontificátu menfes octo, fepultúfque eft in cœmetério Balbínæ.

Te Deum.

A LAUDES.

Memoire de faint Serge & de fes Compagnons, Martyrs.

Ant. Veftri capílli cápitis omnes numeráti

numeráti funt : nolíte timére : multis passéribus melióres estis vos.

℣. Exsultábunt Sancti in glória ;
℞. Lætabúntur in cubílibus suis.

L'Oraison Sanctórum Mártyrum, ci-dessus.

LES VESPRES sont toutes de la Feste suivante.

VIII OCTOBRE.
SAINTE BIRGITTE.
Veuve.   Double.
AUX I VESPRES.

Orémus.

Domine Deus noster qui beátæ Birgíttæ per Fílium tuum unigénitum secréta cœléstia reveláfti ; ipsíus piâ intercessióne da nobis famúlis tuis in revelatióne sempitérnæ glóriæ tuæ gaudére lætántes ; per eúmdem Dóminum nostrum Jesum Christum Fílium tuum.

A MATINES.
AU I NOCTURNE.

Les Leçons de l'Escriture marquées pour aujourd'hui au Propre du Temps.

AU II NOCTURNE.
Leçon iv.

Birgítta in Suécia illústribus & piis paréntibus orta, sanctíffimè vixit. Cùm adhuc in útero gestarétur, à naufrágio propter eam mater erépta est. Decénnis post audítum de Passióne Dómini sermónem, sequénti nocte Jesum in Cruce recénti sánguine perfúsum vidit & de eádem Passióne secum loquéntem ; quo ex témpore in ejús-

dem meditatióne ita afficiebátur, ut de ea sine lácrymis cogitáre deinceps numquam posset,

℞. Propter veritátem & mansuetúdinem & justitiam : * Et dedúcet te mirabíliter déxtera tua. ℣. Spécie tuâ & pulchritúdine tuâ inténde, próspere procéde, & regna. * Et dedúcet.

Bened. Christus perpétuæ.

Leçon v.

Ulfóni Nerícíæ Príncipi in matrimónium trádita, virum ipsum ad pietátis offícia, tùm óptimis exémplis, tùm efficácibus verbis adhortáta est. In filiórum educatióne piíssima, paupéribus, & máximè infírmis, domo ad id múneris dicátâ, inserviébat quàm diligentíssimè, illórum pedes sólita laváre & osculári. Cùm autem unâ cum viro suo redíret Compostéllâ, ubi sancti Jacóbi Apóstoli sepúlchrum visitáverant, & Atrebáti Ulfo gráviter ægrotáret, sanctus Dionýsius Birgíttæ noctu appáruit, & de maríti salúte, aliísque de rebus quæ futúræ erant, præmónuit.

℞. Dilexísti justítiam, & odísti iniquitátem ; * Proptérea unxit te Deus, Deus tuus, óleo lætítiæ. ℣. Propter veritátem & mansuetúdinem & justítiam. * Proptérea unxit te.

Bened. Ignem sui amóris.

Leçon vi.

Viro Cisterciénsi mónacho facto & paulò post defúncto, Birgítta, audítâ Christi voce in somnis, arctiórem vitæ formam est aggréssa. Cui deíndè arcána multa

fuérunt divínitùs reveláta. Monaftérium Vaftanénfe fub régula fancti
Salvatóris ab ipfo Dómino accépta
inftituit. Romam Dei juffu venit,
ubi plúrimos ad amórem divínum
veheménter accéndit. Inde Jerofólymam pétiit, & iterum Romam:
qua ex peregrinatióne cùm in febrim incidiffet, grávibus per annum íntegrum afflictáta morbis; cumuláta méritis, prænuntiáto mortis die, migrávit in cœlum. Corpus
ejus ad Vaftanénfe monaftérium
tranflátum eft, & miráculis illúftrem
Bonifácius nonus in Sanctárum númerum rétulit.

℟. Fallax grátia, & vana eft pulchritúdo: * Múlier timens Deum,
ipfa laudábitur. ℣. Date ei de fructu mánuum fuárum, & laudent
eam in portis ópera ejus. * Múlier.
℣. Glória. * Múlier.

AU III NOCTURNE.

Les Leçons de l'Homelie fur
l'Evangile Símile eft regnum cœlórum thefáuro, au Commun des
non Vierges, page cxiij.

AUX II VESPRES.

A Paris, les Vefpres font toutes de la Fefte fuivante, mais ailleurs on n'en fait que memoire.

Memoire de faint Denys
& de fes Compagnons, Martyrs.

Ant. Iftórum eft enim regnum
cœlórum, qui contemférunt vitam
mundi, & pervenérunt ad præmia
regni, & lavérunt ftolas fuas in
fánguine Agni.

℣. Lætámini in Dómino, & exfultáte, Jufti; ℟. Et gloriámini,
omnes recti corde.

O rémus.

DEus qui hodiérna die beátum
Dionyfium Mártyrem tuum
atque Pontíficem virtúte conftántiæ in paffióne roboráfti, quique illi
ad prædicándum Géntibus glóriam
tuam, Rúfticum & Eleuthérium
fociáre dignátus es; tribue nobis,
quæfumus, ex eórum imitatióne
pro amóre tuo prófpera mundi defpícere, & nulla ejus advérfa for-
midáre; per Dóminum.

IX OCTOBRE.
SAINT DENYS
& fes Compagnons, Martyrs.
Ailleurs qu'à Paris Semid.
A Paris, Double majeur.
AUX I VESPRES.
Memoire de fainte Birgitte.

Ant. Manum fuam apéruit ínopi, & palmas fuas exténdit ad
páuperem, & panem otiófa non
comédit.

℣. Diffúfa eft grátia in lábiis tuis;
℟. Proptéreà benedíxit te Deus in
ætérnum.

O rémus.

DOmine Deus nofter qui beátæ
Birgíttæ per Fílium tuum unigénitum fecréta cœléftia reveláfti;
ipfíus piâ interceffióne da nobis fámulis tuis in revelatióne fempitér-
næ glóriæ tuæ gaudére lætántes;
per eúmdem Dóminum.

A MATINES.
AU I NOCTURNE.
A Paris, les Leçons Fratres
debitóres, au Commun, p. xxxviij;

mais ailleurs on prend les Leçons de l'Escriture marquées pour aujourd'hui au propre du Temps.

AU II NOCTURNE.

Leçon iv.

Dionysius Atheniénsis, unus ex Areopagitis judícibus, vir fuit omni doctrínæ génere instrúctus. Qui cùm adhuc in Gentilitátis erróre versarétur, eo die quoChristus Dóminus cruci affíxus est, solem præter natúram defecísse animadvértens, exclamásse tráditur, Aut Deus natúræ pátitur, aut mundi máchina dissolvétur. Sed cùm Paulus Apóstolus véniens Athénas, & in Areopágum ductus, rationem reddidísset ejus doctrínæ quam prædicábat, affirmans Christum Dóminum resurrexísse, & mórtuos omnes in vitam reditúros esse, cùm álii multi, tùm ipse Dionysius in Christum crédidit.

R⁊. Sancti tui, Dómine, mirábile consecúti sunt iter serviéntes præcéptis tuis, ut invenيréntur illæsi in aquis válidis : * Terra appáruit árida, & in mari Rubro via sine impediménto. ℣. Quóniam percússit petram & fluxérunt aquæ, & torréntes inundavérunt. * Terra appáruit.

Bened. Christus perpétuæ.

Leçon v.

ITaque & baptizátus est ab Apóstolo, & Atheniénsium Ecclésiæ præféctus. Qui cùm pósteà Romam venísset, à Cleménte Pontífice missus est in Gálliam prædicándi Evangélii causâ. Quem Lutétiam usque Parisiórum Rústicus

Présbyter & Eleuthérius Diáconus prosecúti sunt, ubi à Fescénnio Præfécto, quòd multos ad Christiánam religiónem convertísset, ipse cum sóciis virgis cæsus est ; cùmque in prædicatióne Christiánæ fídei constantíssimè perseveráret, in cratículam subjécto igne injícitur, multísque prætéreà suppliciis unà cum sóciis cruciátur.

R⁊. Vérbera carníficum non timuérunt Sancti Dei, moriéntes pro Christi nómine ; * Ut hærédes fíerent in domo Dómini. ℣. Tradidérunt córpora sua propter Deum ad supplícia, * Ut hærédes fíerent.

Bened. Ignem sui amóris.

Leçon vj.

SEd ea tormentórum génera ómnibus forti ac libénti ánimo perferéntibus, Dionysius annum agens supra centésimum cum réliquis secúri percútitur séptimo Idus Octóbris. De quo illud memóriæ próditum est abscíssum suum caput sustulísse, & progréssum ad duo míllia pássuum in mánibus gestásse. Libros scripsit admirábiles ac planè cœléstes, de divínis Nomínibus, de cœlésti & Ecclesiástica Hierárchia, de mystica Theológia, & álios quosdam.

R⁊. Tanquam aurum in fornáce probávit eléctos Dóminus, & quasi holocáusti hóstiam accépit illos, & in témpore erit respéctus illórum ; * Quóniam donum & pax est eléctis Dei. ℣. Qui confídunt in illum, intélligent veritátem ; & fidéles in dilectióne acquiéscent illi :

Y y ij

Quóniam. ℣. Glória. Quóniam.

AU III NOCTURNE.

Leçon vij.

Léctio sancti Evangélii secúndùm Lucam. *Ch.* 12.

IN illo témpore dixit Jesus Discípulis suis, Atténdite à ferménto Pharisæórum, quod est hypócrisis. Et réliqua.

Homília venerábilis Bedæ Presbyteri.

Livre 4 sur saint Luc , Ch. 52.

DE hoc ferménto Apóstolus præcipit ; Itaque epulémur, non in ferménto véteri neque in ferménto malítiæ & nequítiæ , sed in ázymis sinceritátis & veritátis. Nam sicut módicum ferméntum totam farínæ cui injícitur massam corrúmpit , universámque mox conspersiónem suo sapóre commáculat; sic nimírum simulátio, cujus semel ánimum imbúerit , totâ virtútum sinceritáte & veritáte fraudábit. Est ergo sensus ; Atténdite ne æmulémini simulatóres , quia véniet profécto tempus in quo & vestra virtus ómnibus & eórum revelétur hypócrisis.

℞. Propter testaméntum Dómini & leges patérnas Sancti Dei perstitérunt in amóre fraternitátis , * Quia unus fuit semper spíritus in eis & una fides. ℣. Ecce quàm bonum & quàm jucúndum habitáre fratres in unum ! * Quia.

Bened. Cujus festum cólimus.

Leçon viij.

VErum quod séquitur ; Quóniam quæ in ténebris dixístis , in lúmine dicéntur : non solùm in futúro , quando cuncta córdium abscóndita proferéntur ad lucem , sed & in præsénti témpore potest congruénter áccipi ; quóniam quæ inter ténebras quondam pressurárum carcerúmque umbras, vel locúti vel passi sunt Apóstoli , nunc clarificátâ per orbem Ecclésiâ , lectis eórum áctibus públicè prædicántur. Ne terreámini ab his qui occídunt corpus. Si persecutóres Sanctórum, occísis corpóribus , non habent ámpliùs quid contra illos agant , ergo supervácuâ furunt insániâ qui mórtua Mártyrum membra feris avibúsque discerpénda projíciunt, cùm nequáquam omnipoténtiæ Dei quin ea refuscitándo vivíficet , obsístere possint.

℞. Sancti mei qui in carne pósiti certámen habuístis , * Mercédem labóris ego reddam vobis. ℣. Veníte, benedícti Patris mei, percípite regnum; * Mercédem. ℣. Glória Patri. * Mercédem.

Bened. Ad societátem.

Leçon ix.

DUo autem sunt génera persecutórum ; unum palam sæviéntium , álterum fictè fraudulentérque blandiéntium. Contra utrúmque nos muníre atque instítuere volens Salvátor , & suprà ab hypócrisi Pharisæórum atténdere , & hìc à carníficum cæde præcipit non timére , quia vidélicet post mortem nec horum crudélitas nec illórum váleat simulátio duráre. Nonne quinque pásseres væneunt dipóndio ? Si minutíssima , inquit , animália, & quæ quólibet per áera ferúntur volatília, Deus oblivísci non poteſt ; vos qui ad imáginem faɛti eſtis Creatóris, non debétis terréri ab his qui occídunt corpus ; quia qui irrationabília animália gubérnat, rationabília curáre non déſinit.

Te Deum.

AUX II VESPRES.

A Paris.

Memoire de St François de Borgia.

Ant. Similábo eum viro ſapiénti qui ædificávit domum ſuam ſupra petram.

℣. Amávit eum Dóminus, & ornávit eum ; ℞. Stolam glóriæ índuit eum.

Orémus.

Omine Jeſu Chriſte, veræ humilitátis & exémplar & præmium ; quæſumus ut ſicut beátum Franciſcum in terréni honóris contémtu imitatórem tui glorióſum effecíſti, ita nos ejúſdem imitatiónis & glóriæ tríbuas eſſe conſórtes ; qui vivis & regnas.

Ailleurs, les Veſpres ſont de la Feſte ſuivante depuis le Chapitre.

X OCTOBRE.
St FRANÇOIS DE BORGIA.
Semidouble.

Ailleurs qu'à Paris, aux I Veſpres.

Memoire de ſaint Denys, &c.

Ant. Gaudent in cœlis ánimæ Sanɛtórum qui Chriſti veſtígia ſunt ſecúti : & quia pro ejus amóre ſánguinem ſuum fudérunt, ídeò cum Chriſto exſúltant ſine fine.

℣. Exſultábunt Sanɛti in glória ;
℞. Lætabúntur in cubílibus ſuis.

L'Oraiſon Deus qui hodiérnâ, ci-deſſus.

A MATINES.
AU I NOCTURNE.

Les Leçons de l'Eſcriture marquées pour aujourd'hui au Propre du Temps.

AU II NOCTURNE.
Leçon iv.

Ranciſcus Gandíæ Dux quartus, Joánne Bórgiâ & Joánnâ Aragóniâ Ferdinándi Cathólici nepte génitus, poſt puerílem ætátem inter doméſticos mirâ innocéntiâ & pietáte tranſaɛtam, in aula primùm Cároli quinti Cæſaris, mox in Cataláuniæ adminiſtratióne admirabílior fuit Chriſtiánæ virtútis & vitæ auſterióris exémplis. Ad Granaténſe ſepúlchrum Iſabéllam Imperatrícem cùm detulíſſet, in ejus vultu fœdè commutáto mortálium ómnium caducitátem rélegens, voto ſe adſtrínxit, rebus ómnibus, cùm primùm licéret, abjéɛtis, Regum Regi únicè inſerviéndi. Indè tantum virtútis increméntum fecit, ut inter negotiórum turbas religióſæ perfeɛtiónis ſimíllimam imáginem réferens, miráculum Príncipum appellarétur.

℞. Honéſtum fecit illum Dóminus, & cuſtodívit eum ab inimícis, & à ſeduɛtóribus tutávit illum ; * Et dedit illi claritátem ætérnam.
℣. Juſtum dedúxit Dóminus per vias reɛtas, & oſténdit illi regnum Dei, * Et dedit.

Bened. Chriſtus perpétuæ

Leçon v.

MOrtuâ Eleonórâ de Castro cónjuge, ingréssus est Societátem Jesu, ut in ea latéret secúrius, & præclúderet dignitátibus áditum, interpósitâ voti Religióne; dignus quem & viri Príncipes complúres in amplecténdo severióri institúto fúerint secúti, & Cárolus Quintus ipse in abdicándo Império hortatórem sibi aut ducem exstitísse non diffiterétur. In eo arctióris vitæ stúdio Francíscus jejúniis, caténis férreis, aspérrimo cilício, cruéntis longísque verberatiónibus, somno brevíssimo, corpus ad extrémam usque máciem redégit, nullis prætéreà parcens labóribus ad suî victóriam & ad salútem animárum. Tot ítaque instrúctus virtútibus, à sancto Ignátio primùm Generális Commissárius in Hispániis, nec multò pòst Præpósitus Generális tértius à Societáte univérsâ, licèt invítus, elígitur. Quo in múnere Princípibus ac summis Pontifícibus prudéntiâ ac morum sanctitáte ápprimè charus, præter complúra, vel cóndita, vel aucta ubíque domicília, Sócios in Regnum Polóniæ, in Ínsulas Oceáni, in Mexicánam & Peruánam Províncias invéxit; missis quoque in álias regiónes Apostólicis viris, qui prædicatióne, sudóribus, sánguine, fidem Cathólicam Románam propagárunt.

℟. Amávit eum Dóminus, & ornávit eum; stolam glóriæ índuit eum; * Et ad portas paradísi coronávit eum. ℣. Índuit eum Dñus lo-ricam fídei, & ornávit eum. * Et. Bened. Ignem sui amóris.

Leçon vj.

DE se ita demísse sentiébat, ut peccatóris nomen sibi próprium fáceret; Románam púrpuram à Summis Pontifícibus sæpiùs oblátam, invictâ humilitátis constántiâ recusávit. Vérrere sordes, emendicáre victum ostiátim, ægris ministráre in Nosocómiis, mundi ac suî contémtor, in delíciis hábuit. Síngulis diébus multas continénter horas, frequénter octo, quandóque decem dabat cœléstium contemplatióni. Cénties quotídiè de genu Deum adorábat. Nunquam à sacrificándo abstínuit; prodebátque sese divínus, quo æstuabat, ardor; ejus vultu sacram Hóstiam offeréntis, aut concionántis intérdùm radiánte. Sanctíssimum Christi Corpus in Eucharístia latens, ubi asservarétur instínctu cœlésti sentiébat. Cardináli Alexandríno ad conjungéndos contra Turcam Christiános Príncipes Legáto comes ádditus à beáto Pio Quinto árduum iter, fractis jam penè víribus, suscépit ex obediéntia, in qua & vitæ cursum Romæ, ut optárat, felíciter consummávit anno ætátis suæ sexagésimo secúndo, salútis verò millésimo quingentésimo septuagésimo secúndo. A sancta Therésia quæ ejus utebátur consíliis Vir sanctus, à Gregório Duodécimo fidélis adminíster appellátus. Demum à Cleménte décimo plúribus magnísque clarus miráculis, in Sanctórum númerum adscríptus.

℞. Iste homo perfécit ómnia quæ locútus est ei Deus ; & dixit ad eum, Ingrédere in réquiem meã ; * Quia te vidi justum coram me ex ómnibus géntibus. ℣. Iste est qui contémsit vitam mundi, & pervénit ad cœléstia regna : * Quia te. ℣. Glória Patri. * Quia.

AU III NOCTURNE.

Les Leçons de l'Homelie de St Jerôme sur l'Evangile Ecce nos relíquimus ómnia , pour les Abbés, page lxxxj.

XIII OCTOBRE.
SAINT EDOUARD,
Confesseur. Semidouble.
AUX I VESPRES.
Orémus.

Deus qui beátum Regem Eduárdum Confessórem tuum æternitátis glóriâ coronásti ; fac nos, quæsumus, ita eum venerári in terris, ut cum eo regnáre possímus in cœlis ; per Dóminum.

A MATINES.
AU I NOCTURNE.

Les Leçons de l'Escriture marquées pour aujourd'hui au Propre du Temps.

AU II NOCTURNE.
Leçon iv.

Eduárdus cognoménto Conféssor, nepos sancti Eduárdi Regis & Mártyris, Anglo-Sáxonum Regum últimus, quem futúrum Regem Brithuáldo viro sanctíssimo in mentis excéssu Dóminus demonstrávit, decénnis à Danis Angliam vastántibus quæsítus ad necem, exuláre cógitur apud a-

vúnculum Normánniæ Ducem, ubi in médiis vitiórum illécebris talem se exhíbuit integritáte vitæ morúmque innocéntiâ, ut ómnibus admiratióni esset. Elúxit in eo vel tùm mira píetas in Deum ac res divínas, fuítque ingénio mitíssimo atque ab omni dominándi cupiditáte aliéno : cujus ea vox fertur, malle se Regno carére, quod sine cæde & sánguine obtinéri non possit.

℞. Honéstum fecit illum Dóminus, & custodívit eum ab inimícis, & à seductóribus tutávit illum, * Et dedit illi claritátem ætérnam. ℣. Justum dedúxit Dóminus per vias rectas, & osténdit illi regnum Dei, * Et dedit.

Bened. Christus perpétuæ.

Leçon v.

Exstínctis mox Tyránnis qui frátribus suis vitam & regnum erupúerant, revocátur in pátriam, ubi summis ómnium votis & gratulatióne regno potítus, ad hostílium irárum delénda vestígia totum se convértit, à sacris exórsus ac Divórum templis, quorum ália à fundaméntis eréxit, ália refécit auxítque reddítibus ac privilégiis, in eam curam potíssimum inténtus, ut reflorésceret collápsa Relígio. Ab aulæ procéribus compúlsum ad núptias, constans est assértio Scriptórum, cum vírgine sponsa virginitátem in matrimónio servásse. Tantus in eo fuit in Christum amor & fides, ut illum aliquándo inter Missárum solémnia vidére merúerit blando vultu & divínâ luce fulgéntem. Ob profúsam charitátem, orphanórum & egenórum pater paſſim dicebátur; nunquam lætior, quàm cùm régios theſauros exhauríſſet in páuperes.

R̲. Amávit eum Dóminus, & ornávit eum; ſtolam glóriæ índuit eum, * Et ad portas paradíſi coronávit eum. ℣. Induit eum Dóminus lorícam fídei, & ornávit eum, * Et ad.

Bened. Ignem ſui amóris.

Leçon vj.

PRophétiæ dono illúſtris, Angliæ futúro ſtatu multa cœlitùs prævídit, & illud imprímis memorábile, quod Sweyni Danórum Regis in mare demérſi mortem, dùm Angliam invadéndi ánimo claſſem conſcénderet, eódem quo áccidit moménto, divínitùs intelléxit. Joánnem Evangeliſtam mirifícè cóluit; nihil cuíquam quod ejus nómine peterétur, negáre ſólitus. Cui olim ſub lácera veſte ſuo nómine ſtipem rogánti, cùm nummi deéſſent, detráctum ex dígito ánnulum porréxit, quem Divus non ita pòſt multò Eduárdo remíſit, unà cum núntio ſecutúræ mortis. Quare Rex, indíctis pro ſe précibus, ipſo ab Evangeliſta prædícto die piíſſimè óbiit, Nonis vidélicet Januárii, anno ſalútis milléſimo ſexagéſimo ſexto, quem ſequénti ſéculo Alexánder Papa tértius miráculis clarum Sanctórum faſtis adſcripſit. At ejus memóriam Innocéntius undécimus Offício público per univérſam Eccléſiam eo die celebrári præcépit, quo annis ab óbitu ſex & trigínta tranſlátum ejus corpus,

incorrúptum & ſuávem ſpirans odórem repértum eſt.

R̲. Iſte homo perfécit ómnia quæ locútus eſt ei Deus; & dixit ad eum, Ingrédere in réquiem meá, * Quia te vidi juſtum coram me ex ómnibus géntibus. ℣. Iſte eſt qui contémſit vitam mundi, & pervénit ad cœléſtia regna. * Quia.

AU III NOCTURNE.

Les Leçons de l'Homelie ſur l'Evangile Sint lumbi veſtri præcíncti, au Commun, page lxxix.

LES VESPRES ſont de la Feſte ſuivante depuis le Chapitre.

XIV OCTOBRE.
SAINT CALLISTE,
Pape & Martyr. Semid.
A VESPRES.
Orémus.

DEus qui nos cónſpicis ex noſtra infirmitáte defícere, ad amórem tuum nos miſericórditer per ſanctórum tuórum exémpla reſtáura; per Dóminum.

Memoire de ſaint Edouard.

Ant. Hic vir deſpíciens mundum & terréna, triúmphans divítias cœlo cóndidit ore, manu.

℣. Juſtum dedúxit Dóminus per vias rectas; R̲. Et oſténdit illi regnum Dei.

L'Oraiſon. Deus qui beátum Regem, ci-deſſus.

A MATINES.
AU I NOCTURNE.

Les Leçons de l'Eſcriture marquées pour aujourd'hui au Propre du Temps.

AU

AU II NOCTURNE.
Leçon iv.

Callistus Románus praefuit Ecclésiae, Antonino Heliogábalo Imperatóre. Constituit quátuor anni Témpora, quibus jejúnium ex Apostólica traditióne accéptum ab ómnibus servarétur. Ædificávit Basílicam sanctæ Maríæ trans Tíberim ; & in via Appia vetus coemetérium ampliávit, in quo multi sancti Sacerdótes & Mártyres sepúlti sunt ; quod ab eo, Callísti coemetérium appellátur. Sedit annos quinque, mensem unum, dies duódecim. Ordinatiónibus quinque mense Decémbri creávit Presbyteros séxdecim, Diáconos quátuor, Epíscopos octo. Martyrio coronátus sub Alexándro Imperatóre, illátus est in coemetérium Calepódii viâ Aurélia, tértio ab Urbe lápide, prídie Idus Octóbris.

℞. Honéstum fecit illum Dóminus, & custodívit eum ab inimícis, & à seductóribus tutávit illum, * Et dedit illi claritátem ætérnam. ℣. Descendítque cum illo in fóveam, & in vínculis non derelíquit eum, * Et dedit.

Bened. Christus perpétuæ.

Leçon v.
Sermo sancti Augustíni Epíscopi.) *Sermon 44, des Saints.*

Triumphális beáti Mártyris Callísti dies hódie nobis anniversáriâ celebritáte recúrrit ; cujus glorificatióni sicut congáudet Ecclésia, sic ejus propónit sequénda vestígia. Si enim compátimur, & conglorificábimur. In quibus gloriófo agóne duo nobis præcípue considerànda sunt ; induráta vidélicet tortóris sævítia, & Mártyris invícta patiéntia ; sævítia tortóris, ut eam detestémur ; patiéntia Mártyris, ut eam imitémur. Audi Psalmístam advérsus malítiam increpántem ; Noli æmulári in malignántibus, quóniam tanquá fœnum velóciter aréscent. Quod autem advérsus malignántes patiéntia exhibénda sit, audi Apóstolum suadéntem : Patiéntia vobis necessária est, ut reportétis promissiónes.

℞. Desidérium ánimæ ejus tribuísti ei, Dómine, * Et voluntáte labiórum ejus non fraudásti eum. ℣. Quóniam prævenísti eum in benedictiónibus dulcédinis : posuísti in cápite ejus corónam de lápide pretióso, * Et voluntáte.

Bened. Ignem sui amóris.

Leçon vj.

Coronáta itaque est beáti Mártyris patiéntia ; mancipáta est ætérnis cruciátibus tortóris incorrécta malítia. Hoc atténdens in agóne suo gloriósus Christi Athléta, non exhórruit cárcerem. Ad imitatiónem Cápitis sui tolerávit probra, sustínuit irrisiónes, flagélla non tímuit ; & quot ante mortem pro Christo pértulit supplícia, tot ei de se óbtulit sacrifícia. Quod enim propinánte Apóstolo bíberat, altè retinébat ; Quia non sunt condígnæ passiónes hujus témporis ad futúram glóriam, quæ revelábitur in nobis, & quia momentáneum hoc & leve nostræ tribulatiónis, ætérnum glóriæ pondus operátur in coelis. Hujus promissiónis amóre à terrénis suspénsus, & præguftátâ supérnæ suavitátis dulcédine ineffabíliter affédus, dicébat cum Psalmísta, Quid mihi est in coelo, & à te quid vólui super terram ? Defécit caro mea & cor meum ; Deus cordis mei, & pars mea Deus in ætérnum.

℟. Stolâ jucunditátis índuit eum Dóminus, * Et corónam pulchritúdinis pósuit super caput ejus. ℣. Cibávit illum Dóminus pane vitæ & intelléctus, & aquâ sapiéntiæ salutáris potávit illum, * Et corónam. ℣. Glória Patri. * Et corónam.

AU III NOCTURNE.

Leçon vii.

Léctio sancti Evangélii secúndùm Matthæum. Chap. 10.

IN illo témpore dixit Jesus Discípulis suis, Nihil est opértum, quod non revelábitur, & occúltum quod non sciétur. Et réliqua.

Homília sancti Hilárii Epíscopi. Au Com. sur le Ch. 10 de St Matthieu.

DOminus diem judícii osténdit, quæ abstrúsam voluntátis nostræ consciéntiam prodet, & ea quæ nunc occúlta existimántur, luce cognitiónis públicè déteget. Igitur non minas, non consília, non potestátes insectántium monet esse metuéndas ; quia dies judícii nulla hæc fuísse atque inánia revelábit. Et quòd dico vobis in ténebris, dícite in lúmine ; & quod in aure audítis, prædicáte super tecta. Non légimus Dóminum sólitum

fuisse nóctibus sermocinári, & doctrínam in ténebris tradidísse ; sed quia omnis sermo ejus carnálibus ténebræ sunt, & verbum ejus infidélibus nox est.

℟. Coróna áurea super caput ejus, * Expréssa signo sanctitátis, glória honóris & opus fortitúdinis. ℣. Quóniam prævenísti eum in benedictiónibus dulcédinis, posuísti in cápite ejus corónam de lápide pretióso. * Expréssa.

Bened. Cujus festum cólimus.

Leçon viii.

ITaque id quod à se dictum est, cum libertáte fídei & confessiónis vult esse loquéndum. Idcircò quæ in ténebris dicta sunt, prædicári jussit in lúmine ; ut quæ secréto áurium commíssa sunt, super tecta, id est, excélso loquéntium præcónio audiántur. Constánter enim Dei ingerénda cognítio est, & profúndum doctrínæ Evangélicæ secrétum in lúmine prædicatiónis Apostólicæ reveléndum ; non timéntes eos quibus cùm sit licéntia in córpora, tamen in ánimam jus nullum est ; sed timéntes pótiùs Deum, cui perdéndæ in gehénna & ánimæ & córporis sit potéstas.

℟. Hic est verè Martyr qui pro Christi nómine sánguinem suum fudit, * Qui minas júdicum non tímuit, nec terrénæ dignitátis glóriam quæsívit, sed ad coeléstia regna pervénit. ℣. Justum dedúxit Dóminus per vias rectas, & osténdit illi regnum Dei ; * Qui minas. ℣. Glória Patri. * Qui.

Bened. Ad societátem.

Leçon IX.

NOlite timére eos qui occídunt corpus. Nullus ígitur córporum noftrórum cafus eft pertimefcéndus, neque ullus interiméndæ carnis admitténdus eft dolor; quando pro natúræ fuæ atque originis conditióne refolúta, in fubftántiam fpirituális ánimæ refundátur. Et quia doctrínis tálibus confirmátos opórtet líberam confiténdj Dei habére conftántiam; étiam conditiónem quâ tenerémur adjécit : negatúrum fe eum Patri in cœlis, qui fe coram homínibus in terra negáffet ; eum porrò qui conféffus coram homínibus fe fuíffet, à fe in cœlis confiténdum, qualéfque nos nóminis fui teftes homínibus fuiffémus, tali nos apud Deum Patrem teftimónio ejus ufúros.

Te Deum.

LES VESPRES font toutes de la Fefte fuivante.

XV Octobre.
SAINTE THERESE,
Vierge. Double.
AUX I VESPRES.
Hymne.

REgis fupérni núntia,
Domum patérnam déferis,
Terris Theréfa bárbaris
Chriftum datúra aut fánguinem.
Sed te manet fuávior
Mors, pœna pofcit dúlcior ;
Divíni amóris cúfpide
In vulnus icta cóncides.
O charitátis víctima !
Tu corda noftra cóncrema,
Tibíque Gentes créditas

Avérni ab igne líbera.
Sit laus Patri cum Fílio
Et Spíritu Parácleto,
Tibíque, fancta Trínitas,
Nunc & per omne féculum.
Amen.

℣. Spécie tuâ & pulchritúdine tuâ ℟. Inténde, prófperè procéde, & regna.

Aux II Vefpres, ℣. Diffúfa eft grátia in lábiis tuis ; ℟. Proptéreà benedíxit te Deus in ætérnum.

A Magníficat, Ant. Veni, Sponfa Chrifti, áccipe corónam quam tibi Dóminus præparávit in ætérnum.

Orémus.

EXáudi nos, Deus falutáris nofter ; ut ficut de beátæ Theréfiæ Vírginis tuæ feftivitáte gaudémus, ita cœléftis ejus doctrínæ pábulo nutriámur, & piæ devotiónis erudiámur affectu ; per Dóminum.

Memoire de faint Callifte, Pape & Martyr.

Ant. Qui vult veníre poft me, ábneget femetipfum, & tollat crucem fuam, & fequátur me.

℣. Juftus ut palma florébit, ℟. Sicut cedrus Líbani multiplicábitur.

Orémus.

DEus qui nos cónfpicis ex noftra infirmitáte defícere, ad amórem tuum nos mifericórditer per Sanctórum tuórum exémpla reftáura ; per Dóminum.

A MATINES.

Invit. Regem Vírginum Dóminum, * Veníte, adorémus.
Pf. 94 Veníte.

Hymne.

Hæc est dies quâ cándidæ
Instar cólumbæ, cœlitum
Ad sacra templa spíritus
Se tránstulit Therésiæ;
Sponsíque voces áudiit,
Veni, Soror, de vértice
Carméli ad Agni núptias;
Veni ad corónam glóriæ.
Te, sponse Jesu Vírginum,
Beáti adórent Ordines,
Et nuptiáli cántico
Laudent per omne séculum. Amen.

AU I NOCTURNE.

Les Leçons De Vírginibus præcéptum, page xc.

AU II NOCTURNE.

Leçon IV.

Therésia Virgo nata est Abulæ in Hispánia paréntibus tum génere, tum pietáte præcláris. Ab iis divíni timóris lacte educáta, admirándum futúræ sánctitátis in tenérrima adhuc ætáte spécimen dedit. Nam cùm sanctórum Mártyrum acta perlégeret, ádeò in ejus meditatióne sancti Spíritûs ignis exársit, ut domo aufúgiens, in Africam trajíceret, ubi vitam pro glória Jesu Christi & animárum salúte profúnderet. A pátruo revocáta, ardens martyrii desidérium eleemósynis aliísque piis opéribus compensávit, júgibus lácrymis deplórans óptimam sibi sortem fuísse præréptam. Mórtuâ matre, cùm à beatíssima Vírgine péteret ut se matrem esse monstráret, pii voti compos effécta est, semper perínde ac filia patrocínio Deíparæ pérfruens. Vigésimum ætátis annum

agens, ad Moniáles sanctæ Maríæ de monte Carmélo se cóntulit, ibi per duodevigínti annos gravíssimis morbis & váriis tentatiónibus vexáta, constantíssimè méruit in castris Christiánæ pœniténtiæ, nullo refécta pábulo nisi cœléstium eárum consolatiónum quibus solet étiam in terris sánctitas abundáre.

℟ Propter veritátem & mansuetúdinem & justítiam; * Et dedúcet te mirabíliter déxtera tua. ℣. Spécie tuâ & pulchritúdine tuâ inténde, próspere procéde, & regna. * Et dedúcet.

Bened. Christus perpétuæ.

Leçon V.

Angélicis ditáta virtútibus, non modò própriam, sed públieam étiam salútem sollícitâ charitáte curávit. Quare severiórem véterum Carmelitárum régulam, Deo astánte, & Pio quarto approbánte, primùm muliéribus; deinde viris observándam propósuit. Efflóruit in eo consílio omnípotens miserántis Dómini benedíctio; nam duo supra trigínta monastéria inops Virgo pótuit ædificáre, ómnibus humánis destitúta auxíliis, quinímmò adversántibus pleríque séculi Princípibus. Infidélium & Hæreticórum ténebras perpétuis deflébat lácrymis; atque ad placándum divínæ ultiónis iram, voluntários próprii córporis cruciátus Deo pro eórum salúte dicábat. Tanto autem divíni amóris incéndio cor ejus conflagrávit, ut méritò víderit Angelum ignáto jáculo sibi præcórdia transverberántem, & audíerit Christum datâ déxterâ dicéntem fibi, Deínceps ut vera fponfa meum zelábis honórem. Eo confiliánte, máximè árduum votum emifit efficiéndi femper quidquid perféctius effe intellígeret. Multa cœléftis fapiéntiæ documénta confcrípfit, quibus Fidélium mentes ad fupérnæ pátriæ defidérium máximè excitántur.

℟. Dilexífti juftítiam, & odífti iniquitátem ; * Proptéreà unxit te Deus, Deus tuus, óleo lætítiæ. ℣. Propter veritátem & manfuetúdinem & juftítiam, * Proptéreà.

Bened. Ignem fui amóris.

Leçon vj.

CUm autem affiduà éderet exémpla virtútum, tam ánxio caftigándi córporis defidério æftuábat, ut quamvis fecus fuadérent morbi quibus afflictabátur, corpus ciliciis, caténis, urticárum manipulis, aliífque afpérrimis flagéllis fæpè cruciáret, & aliquándo inter fpinas volutáret, fic Deum álloqui fólita, Dómine, aut pati, aut mori ; fe femper miférrimâ morte pereúntem exiftimans, quámdiù à cœléfti ætérnæ vitæ fonte abéffet. Prophétiæ dono excélluit, eámque divínis charifmátibus tam liberáliter locupletábat Dóminus, ut fæpiùs exclámans péteret benefíciis in fe divínis modum impóni, nec tam céleri oblivióne culpárum fuárum memóriam aboléri. Intolerabíliter ígitur divíni amóris incéndio pótiùs quàm vi morbi, Albæ cùm decúmberet, prænuntiáto fuæ mortis die, Ecclefiáfticis Sacraméntis muníta, alúmnos ad pacem, charitá-

tem & regulárem obfervántiam adhortáta, fub colúmbæ fpécie puríffimam ánimam Deo réddidit annos nata fexagínta feptem, anno milléfimo quingentéfimo octogéfimo fecúndo, Idibus Octóbris, juxta Kalendárii Románi emendatiónem. Ei moriénti adéffe vifus eft inter Angelórum ágmina Chriftus Jefus ; & arbor árida cellæ próxima ftatim efflóruit. Ejus corpus ufque ad hanc diem incorrúptum, odoráto liquóre circumfúfum, piâ veneratióne cólitur. Miráculis cláruit ante & poft óbitum, eámque Gregórius décimus quintus in Sanctórum númerum rétulit.

℟. Afferéntur Regi vírgines poft eam ; próximæ ejus * Afferéntur tibi in lætítia & exfultatióne. ℣. Spécie tuâ & pulchritúdine tuâ inténde, prófperè procéde, & regna. * Afferéntur. ℣. Glória Patri. * Afferéntur.

AU III NOCTURNE.

Ies Leçons de l'Homelie fur l'Evangile Simile erit regnum cœlórum decem Virgínibus, p. xcviij.

XVII OCTOBRE.
SAINTE HEDWIGE,
Veuve, Ducheffe de Pologne.
Sem double.
A VESPRES.
Orémus.

DEus qui beátam Hedwígem à féculi pompâ ad húmilem tuæ Crucis fequélam toto corde transíre docuífti ; concéde ut ejus méritis & exémplo difcámus peritúras mundi calcáre delícias, & in ampléxu tuæ Crucis ómnia nobis adverfántia fuperáre ; qui vivis & regnas.

A MATINES.
AU I NOCTURNE.

Les Leçons de l'Efcriture marquées pour aujourd'hui au Propre du Temps.

AU II NOCTURNE.
Leçon iv.

H Edwígis régiis clara natálibus, innocéntiâ tamen vitæ longè clárior, fanctæ Elizabéthæ fíliæ Regis Hungáriæ matértera, Berthóldi & Agnétis Moráviæ Marchiónum fília, ánimi ab ineúnte ætáte moderatiónem prótulit. Adhuc enim puélla puerílibus abftínuit ; & duodénnis Henríco Polóniæ Duci à paréntibus núptui trádita, thálami fide fanctè fervátâ, prolem inde fufcéptam in Dei timóre erudívit. Ut autem commódiùs Deo vacáret, ex pari voto & confénfu unánimi, ad feparatiónem thori virum indúxit: quo defúncto, ipfa in Monaftério Trebincénfi, Deo, quem afsíduis précibus exoráverat, infpiránte, Cifterciénfem devóta fumfit hábitum ; in eóque contemplatióni inténta, divínis Offíciis & Miffárum folémniis à folis ortu ad merídiem ufque afsídua afsíftens, antíquum humáni géneris hoftem fortis contémfit.

R̥. Propter veritátem & manfuetúdinem & juftitiam ; * Et dedúcet te mirabíliter déxtera tua. ỷ. Spécie tuâ & pulchritúdine tuâ inténde, prófperè procéde, & regna. * Et dedúcet.

Bened. Chriftus perpétuæ.
Leçon v.

S Eculi autem commércia, ni divína vel animárum falútem attíngerent, audíre vel loqui non fuftínuit. Prudéntiâ in agéndis fic emícuit, ut neque excéffus effet in modo, nec error in órdine ; cómis alióqui & manfuéta in próximum. Grandem autem de fe triúmphum jejúniis & vigíliis veftiúmque afperitáte auftéra carnem mácerans reportávit : hinc fublimióribus florens virtútibus Chriftiánis, confiliórum gravitáte animíque candóre & quiéte in exímium Religiófæ pietátis eváfit exémplar. Omnibus fe ultrò fubjícere, atque vilióra præ céteris Moniálibus alácriter múnia fubíre, pauréribus étiam flexo genu miniftráre, leprofórum pedes ablúere & ofculári, ipfi familiáre erat ; neque illórum úlcera fánie manántia fuî victrix abhórruit.

R̥. Dilexífti juftítiam, & odífti iniquitátem ; * Proptéreà unxit te Deus, Deus tuus, óleo lætítiæ. ỷ. Propter veritátem & manfuetúdinem & juftítiam. * Proptéreà.

Bened. Ignem fui amóris.
Leçon vj.

M Ira fuit ejus patiéntia anímíque conftántia, præcípuè verò in morte Henríci Ducis Siléfiæ, fui, quem matérnè diligébat, fílii in bello à Tártaris cæfi enítuit ; pótiùs enim grátias Deo, quàm fílio lácrymas réddidit. Miraculórum dénique glóriâ percrébuit ; púerum enim demérfum, &

molendíni rotis allísum & prorsùs attrítum, invocáta, vitæ restítuit; aliáque præstitit, ut ritè iis Clemens quartus probátis, Sanctórum número eam adscrípserit, ejúsque festum in Polónia, ubi præcipuâ veneratióne uti Patróna cólitur, die décimâ quintâ Octóbris celebrári concésserit; quod deínde ut décimâ séptimâ in tota Ecclésia fíeret, Innocéntius undécimus ampliávit.

℟. Fallax grátia, & vana est pulchritúdo: * Múlier timens Deum, ipsa laudábitur. ℣. Date ei de fructu mánuum suárum, & laudent eam in portis ópera ejus. * Múlier timens. ℣. Glória Patri. * Múlier.

AU III NOCTURNE.

Les Leçons de l'Homelie de St Gregoire Pape sur l'Evangile Símile est regnum cœlórū, au Commun des non Vierges, p. cxiij.

LES VESPRES sont toutes de la Feste suivante.

XVIII OCTOBRE.
SAINT LUC,
Evangeliste.
Double de II Classe.
AUX I VESPRES.
Orémus.

INtervéniat pro nobis, quæsumus, Dómine, sanctus tuus Lucas Evangelísta, qui Crucis mortificatiónem júgiter in suo córpore pro tui nóminis honóre portávit; per Dóminum.

A MATINES.
AU I NOCTURNE.

Les Leçons du Prophete Eze-chiel. Et factum est, page viij.

AU II NOCTURNE.
Leçon iv.

Ex libro Sti Hierónymi Presbyteri de Scriptóribus Ecclesiásticis.

LUcas Médicus Antiochénsis, ut ejus scripta índicant, Græci sermónis non ignárus, fuit sectátor Apóstoli Pauli, & omnis peregrinatiónis ejus comes. Scripsit Evangélium, de quo idem Paulus, Mísimus, inquit, cum illo Fratrem, cujus laus est in Evangélio per omnes Ecclésias. Et ad Colossénses; Salútat vos Lucas médicus charíssimus. Et ad Timótheum; Lucas est mecum solus. Aliud quoque édidit volúmen egrégium, quod título Acta Apostolórum prænotátur: cujus história usque ad biénnium Romæ commorántis Pauli pervénit, id est, usque ad quartum Nerónis annum. Ex quo intelligimus in eádem urbe librum esse compósitum.

℟. Vidi conjúnctos viros habéntes spléndidas vestes; & Angelus Dómini locútus est ad me dicens, * Isti sunt viri sancti facti amíci Dei. ℣. Vidi Angelum Dei fortem, volántem per médium cœlum, voce magnâ clamántem & dicéntem, * Isti sunt.

Bened. Christus perpétuæ.

Leçon v.

IGitur períodos Pauli & Theclæ & totam baptizáti leónis fábulam inter apócryphas scriptúras computámus. Quale enim est, ut indivíduus comes Apóstoli inter céteras ejus res hoc solum ignoráverit? Sed & Tertulliánus, vicinus illórum témporum refert Presbyterum quemdam in Asia amatórem Apóstoli Pauli, convíctum à Joánne quòd auctor esset libri, & conféssum se hoc Pauli amóre fecísse, & ob id loco excidísse. Quidam suspicántur, quotiescúmque in epístolis suis Paulus dicit, Juxta Evangélium meum, de Lucæ significáre volúmine.

℟. Beáti estis, cùm maledíxerint vobis hómines, & persecúti vos fúerint, & díxerint omne malum advérsùm vos, mentiéntes, propter me: * Gaudéte & exsultáte, quóniam merces vestra copiósa est in cœlis. ℣. Cùm vos óderint hómines, & cùm separáverint vos, & exprobravérint, & ejécerint nomen vestrum, tanquam malum, propter Fílium hóminis. * Gaudéte.

Bened. Ignem sui amóris.

Leçon vj.

LUcam autem non solùm ab Apóstolo Paulo didicísse Evangélium, qui cum Dómino in carne non fúerat, sed à céteris Apóstolis: quod ipse quoque in princípio sui volúminis declárat, dicens, Sicut tradidérunt nobis qui à princípio ipsi vidérunt & minístri fuérunt sermónis. Igitur Evangélium sicut audíerat, scripsit; Acta verò Apostolórum sicut víderat ipse, compósuit. Vixit octogínta & quátuor annos, uxórem non habens. Sepúltus est Constantinópoli, ad quam urbem vigésimo Constantíni anno ossa ejus cum relíquiis Andrææ Apóstoli transláta sunt de Achaia.

℟. Isti sunt triumphatóres & amíci Dei, qui contemnéntes jussa príncipum, meruérunt præmia ætérna. * Modò coronántur, & accípiunt palmam. ℣. Isti sunt qui venérunt ex magna tribulatióne, & lavérunt stolas suas in sánguine Agni. * Modò. ℣. Glória Patri. * Modò.

AU III NOCTURNE.

Les Leçons de l'Homelie de St Gregoire sur l'Evangile Designávit Dóminus au Commun, p. xv.

AUX II VESPRES.

Memoire de saint Pierre d'Alcantara.

Ant. Similábo eum viro sapiénti qui ædificávit domum suam supra petram.

℣. Amávit eum Dóminus, & ornávit eum: ℟. Stolam glóriæ índuit eum.

O rémus.

DEus qui beátum Petrum Conféssórem tuum admirábilis pœniténtiæ & altíssimæ contemplatiónis múnere illustráre dignátus es, concéde propítius ut ejus suffragántibus méritis, carne mortificáti, cœléstium donórum partícipes fíeri mereámur; per Dóminum nostrum Jesum Christum.

XIX OCTOBRE.

St PIERRE D'ALCANTARA.

Confesseur. Double.

A MATINES.

AU I NOCTURNE.

Les Leçons de l'Escriture marquées pour aujourd'hui au Propre du Temps.

AU

Au II Nocturne.

Leçon iv.

PEtrus Alcántaræ in Hispánia nobílibus paréntibus natus, à téneris annis futúræ sanctitátis indícia præbuit. Décimo sexto ætátis anno Ordinem Minórum ingréssus, se ómnium virtútum exémplar exhíbuit. Dum munus Concionatóris ex obediéntia exércens, innúmeros à vítiis ad veram pœniténtiam tradúxit. Primævum sancti Francísci institútum exactíssimè reparáre cúpiens, ope divínâ fretus, & Apostólicâ munítus auctoritáte, angustíssimum & paupérrimum cœnóbium juxta Pedrósum fundávit, quod vitæ genus aspérrimum ibi felíciter cœptum per divérsas Hispániæ províncias usque ad Indias mirificè propagátum fuit. Sanctæ Therésiæ, cujus probáverat spíritum, in promovénda Carmelitárum reformatióne adjútor fuit. Ipsa autem à Deo edócta, quòd Petri nómine nihil quísquam péteret, quin prótinus exaudirétur, ejus précibus se commendáre, & ipsum adhuc vivéntem Sanctum appelláre consuévit.

℟. Honéstum fecit illum Dóminus, & custodívit eum ab inimícis, & à seductóribus tutávit illum, * Et dedit illi claritátem ætérnam. ℣. Justum dedúxit Dóminus per vias rectas, & osténdit illi regnum Dei, * Et.

Bened. Christus perpétuæ.

Leçon v.

PRíncipum obséquia, qui ipsum velut oráculum consulébant, summâ humilitáte declínans, Cároloquinto Imperatóri à confessiónibus esse recusávit. Paupertátis rigidíssimus custos, unâ túnicâ, quâ nulla detérior esset, conténtus erat. Puritátem ita cóluit, ut à fratre in extrémo morbo sibi inserviénte, nec léviter quidem tangi passus sit. Corpus suum perpétuis vigíliis, jejúniis, flagéllis, frígore, nuditáte atque omni génere asperitátum in servitútem redégit, cum quo pactum iníerat, ne ullam in hoc sæculo ei réquiem præbéret. Cháritas Dei & próximi in ejus corde diffúsa, tantum quandóque excitábat incéndium, ut è cellæ angústiis in apértum campum prosilíre, aerísque refrigério concéptum ardóre temperáre cogerétur.

℟. Amávit eum Dóminus, & ornávit eum; stolam glóriæ índuit eum, * Et ad portas paradísi coronávit eum. ℣. Induit eum Dóminus loricam fídei, & ornávit eum. * Et ad portas.

Bened. Ignem sui amóris.

Leçon vj.

GRátia contemplatiónis admirábilis in eo fuit; quâ cùm assíduè spíritus reficerétur, intérdum áccidit ut ab omni cibo & potu plúribus diébus abstínuerit. In áera frequénter sublátus, miro fulgóre coruscáre visus est. Rápidos flúvios sicco pede trajécit. Fratres in extréma penúria cœlitùs delátâ alimóniâ cibávit. Báculus ab ipso terræ defíxus, mox in víridem ficúlneam excrévit. Cùm noctu iter ágeret, densâ nive cadénte, dirútam domum sine tecto ingréssus est, eíque nix in áere péndula pro tecto fuit, ne illíus cópiâ suffocarétur. Dono prophétiæ ac discretiónis spirítuum imbútum fuísse sancta Therésia testátur. Dénique annum agens sexagésimum tértium, horâ quâ prædíxerat migrávit ad Dóminum, mirábili visióne Sanctorúmque præséntiâ confortátus, quem eódem moménto in cœlum ferri beáta Therésia procul distans vidit, cui póstea appárens dixit, O felix pœniténtia quæ tantam mihi promériut glóriam! Post mortem verò plúrimis mirácuis cláruit, & à Cleménte nono Sanctórum número adscríptus est.

℟. Iste homo perfécit ómnia quæ locútus est ei Deus ; & dixit ad eum, Ingrédere in réquiem meam ; * Quia te vidi justum coram me ex ómnibus géntibus. ℣. Iste est qui contémsit vitam mundi, & pervénit ad cœléstia regna ; * Quia te vidi justum coram me ex ómnibus géntibus. ℣. Glória Patri. * Quia te vidi justum.

Au III Nocturne.
L'Homelie sur l'Evangile Nolíte timére pusíllus grex, au Commun d'un Confesseur non Pontife.

XXI Octobre.
SAINT HILARION,
Abbé.
A VESPRES.
L'Oraison Intercéssio.
Memoire de sainte Ursule & de ses Compagnes.
Ant. Prudéntes vírgines, aptáte

véstras lámpades ; Ecce spónsus venit, exíte óbviam ei.
℣. Adducéntur Regi vírgines post eam ; ℟. Próximæ ejus afferéntur tibi.

Orémus.
DA nobis, quæsumus, Dómine Deus noster, sanctárum Vírginum & Mártyrum tuárum Ursulæ & sociárum ejus palmas incessábili devotióne venerári ; ut quas dignâ mente non póssumus celebráre, humílibus saltem frequentémus obséquiis ; per.

A MATINES.
La premiere Leçon de l'Escriture marquée pour aujourd'hui au Propre du Temps.
Bened. Cujus festum.
Leçon ii.
HIlÁrion ortus Tábathæ in Palæstína ex paréntibus infidélibus, Alexándriam missus studiórum causâ, ibi morum & ingénii laude flóruit ; ac Jesu Christi suscéptâ Religióne, in fide & charitáte mirabíliter profécit. Frequens enim erat in Ecclésia, assíduus in jejúnio & oratióne : omnes voluptátum illécebras & terrenárum rerum cupiditátes contemnébat. Cùm autem Antónii nomen in Ægypto celebérrimum esset, ejus vidéndi stúdio in solitúdinem conténdit ; apud quem duóbus ménsibus omnem ejus vitæ ratiónem dídicit. Domum revérsus, mórtuis paréntibus, facultátes suas paupéribus dilargítus est : necdùm quintum décimum annum egréssus, rédiit in solitúdinem, ubi exstrúctâ

exiguâ casâ, quæ vix ipfum cápe-
ret, humi cubábat. Nec verò faccum quo femel amíctus eft, unquam
aut lavit aut mutávit ; cùm fuper-
vacáneum effe díceret mundítias in
cilício quærere.

Bened. Ad focietátem.

Leçon iij.

IN fanctárum litterárum lectióne
& meditatióne multus erat. Pau-
cas ficus & fuccum herbárum ad
victum adhibébat ; nec illis ante
folis occáfum vefcebátur. Continéntiâ & humilitáte fuit incredíbili.
Quibus aliífque virtútibus várias
horribiléfque tentatiónes Diáboli
fuperávit, & inmumerábiles Dæmones in multis orbis terræ pártib-
bus ex hóminum corpóribus ejécit.
Qui octogéfimum annum agens,
multis ædificátis Monaftériis, &
clarus miráculis, in morbum íncidit : cujus vi cùm extrémo penè
fpíritu conflictarétur, dicébat, Egrédere, quid times ? Egrédere, ánima mea ; quid dúbitas ? feptuagínta
propè annis fervífti Chrifto, &
mortem times ? Quibus in verbis
fpíritum exhalávit.

Te Deum.

XXV Octobre.

LES SAINTS
CHRYSANTHE ET DARIE,
Martyrs.

A VESPRES.
Orémus.

Beatórum Mártyrum tuórum,
Dómine, Chryfánthi & Dá-
riæ, quæfumus, adfit nobis orá-

tio ; ut quos venerámur obféquio,
eórum pium júgiter experiámur
auxílium ; per Dóminum noftrum
Jefum Chriftum.

A MATINES.
La premiere Leçon de l'Efcri-
ture marquée pour aujourd'hui au
Propre du Temps.

Bened. Quorum feftum.

Leçon ij.

CHryfánthus & Dária cónju-
ges, nóbili génere nati, fide
étiam clarióres, quam Dária, maríti óperâ, cum baptífmo fufcéperat ; Romæ innumerábilem hóminum multitúdinem, hæc mulíerum, ille virórum, ad Chriftum
convertérunt. Quare Celerínus
præféctus comprehénfos trádidit
Cláudio tribúno, qui juffit à mili-
tibus Chryfánthum vinctum cruciátibus torquéri, fed víncula ómnia
refolúta funt ; mox cómpedes in
quos conjéctus fúerat, confrácti.

Bened. Ad focietátem.

Leçon iij.

DEinde bovis cório inclúfum,
in ardentíffimo fole confti-
tuunt : tùm pédibus ac mánibus caténâ conftríctis, in obfcúrum cárcerem detrúdunt : ubi folútis caténis, claríffima lux locum illuftrávit.
Dária verò in lupánar compúlfa,
leónis tutélâ, dùm in oratióne de-
fíxa eft, à contumélia divínitus de-
fénfa eft. Dénique in arenáriam,
quæ eft via Salária, utérque dúc-
tus, effófsâ terrâ, lapídibus óbrut,
parem martyrii corónam adépti
funt.

Te Deum.

Aaa ij

XXVI OCTOBRE.
SAINT EVARISTE,
Pape & Martyr.
A VESPRES.
O rémus.

INfirmitátem nostram réspice, omnípotens Deus ; & quia pondus própriæ actiónis gravat, beáti Evarísti Mártyris tui atque Pontíficis intercéssio gloriósa nos prótegat ; per Dóminum nostrum Jesum Christum Filium tuum, qui tecum vivit.

A MATINES.

Les deux premieres Leçons de l'Escriture marquées pour aujourd'hui au Propre du Temps.

Leçon iij.

EVarístus Græcus ex Judæo patre, Trajáno Imperatóre, Pontificátum gessit ; qui Ecclesiárum títulos urbis Romæ Presbyteris divísit ; & ordinávit ut septem Diáconi Episcopum custodírent, dùm Evangélicæ prædicatiónis officio fungerétur. Idem constítuit ex traditióne Apostólica, ut matrimóniũ públicè celebrétur, & Sacerdótis benedíctio adhibeátur. Præfuit Ecclésiæ annos novem, menses tres, Presbyteris decem & septem, Diáconis duóbus, Epíscopis quíndecim, quater mense Decémbri ordinátis. Martyrio coronátus, prope sepúlchrum Príncipis Apostolórum in Vaticáno sepúltus est séptimo Kaléndas Novémbris.

Te Deum.

XXVII OCTOBRE.
LA VEILLE.
DE St Simon et St Jude.
A MATINES.
Bened. Evangélica léctio.
Leçon j.

Léctio sancti Evangélii secúndùm Joánnem. *Chap.* 15.

IN illo témpore dixit Jesus Discípulis suis, Ego sum vitis vera, & Pater meus agrícola est. Et réliqua.

De Homília Sti Augustíni Epíscopi. *Traité* 80 *sur saint Jean.*

ISte locus Evangélicus, Fratres, ubi se dicit Dóminus vitem & Discípulos suos pálmites, secúndùm hoc dicit quòd est caput Ecclésiæ, nosque membra ejus, mediátor Dei & hóminum homo Christus Jesus. Unius quippe natúræ sunt vitis & pálmites. Propter quod cùm esset Deus, cujus natúræ non sumus, factus est homo, ut in illo esset vitis humána natúra, cujus & nos hómines pálmites esse possémus.

Bened. Divínum auxílium.
Leçon ij.

QUid ergo est, Ego sum vitis vera ? Numquid ut ádderet, vera, hoc ad eam vitem rétulit, unde ista similitúdo transláta est ? Sic enim dícitur vitis per similitúdinem, non per proprietátem, quemádmodùm dícitur ovis, agnus, leo, petra, lapis anguláris, & cætera hujúsmodi, quæ magis ipsa sunt vera, ex quibus ducúntur istæ simili-

-túdines, non propriétátes. Sed cùm dicit, Ego fum vitis vera, ab illa fe útique difcérnit cui dícitur, Quómodo convérfa es in amaritúdinem, vitis aliéna? Nam quo pacto eft vitis vera, quæ exfpectáta eft ut fáceret uvam, fecit autem fpinas?

Bened. Ad focietátem.

Leçon iij.

EGo fum, inquit, vitis vera, & Pater meus agrícola eft. Numquid unum funt agrícola & vitis? Secúndùm hoc ergo vitis Chriftus, fecúndùm quod ait, Pater major me eft. Secúndùm autem id quod ait, Ego & Pater unum fumus; & ipfe agrícola eft, nec talis, quales funt qui extrínfecus operándo éxhibent miniftérium; fed talis, ut det étiam intrínfecus increméntum. Nam neque qui plantat eft áliquid, neque qui rigat; fed qui increméntum dat, Deus. Sed útique Deus eft Chriftus, quia Deus erat Verbum, unde ipfe & Pater unum funt: & fi Verbum caro factum eft, quod non erat, manet quod erat.

Te Deum.

A LAUDES.
Orémus.

COncéde, quæfumus, omnípotens Deus, ut ficut Apoftolórum tuórum Simónis & Judæ gloriófa natalítia prævenímus, fic ad tua benefícia promerénda, Majeftátem tuam pro nobis ipfi prævéniant; per Dóminum noftrum Jefum Chriftum.

LES VESPRES font toutes de la Fefte fuivante.

XXVIII OCTOBRE.
St SIMON & St JUDE,
Apoftres. Double de II Claffe.
AUX I VESPRES.
Orémus.

DEus qui nos per beátos Apóftolos tuos Simónem & Judam ad agnitiónem tui nóminis veníre tribuífti; da nobis eórum glóriam fempitérnam & proficiéndo celebráre & celebrándo profícere; per Dóminum.

A MATINES.
Au I NOCTURNE.
Leçon i.

Incipit Epíftola Cathólica beáti Judæ Apóftoli.

JUdas Jefu Chrifti fervus, frater autem Jacóbi, his qui funt in Deo Patre diléctis, & Chrifto Jefu confervátis & vocátis. Mifericórdia vobis & pax & cháritas adimpleátur. Charíffimi, omnem follicitúdinem fáciens fcribéndi vobis de commúni veftra falúte, necéffe hábui fcríbere vobis, déprecans fupercertári femel tráditæ Sanctis fídei. Subintroiérunt enim quidam hómines, qui olim præfcrípti funt in hoc judícium, ímpii, Dei noftri grátiam transferéntes in luxúriam, & folum dominatórem & Dñum noftrum Jefum Chriftum negántes.

℞. Ecce ego mitto vos ficut oves in médio lupórum, dicit Dóminus, * Eftóte ergo prudéntes ficut ferpéntes, & símplices ficut colúmbæ. ℣. Dum lucem habétis, crédite in lucem, ut fílii lucis fitis. * Eftóte.

Bened Unigénitus Dei Fílius.

Leçon ij.

Ommonére autem vos volo, sciéntes semel ómnia, quóniam Jesus pópulum de terra Ægypti salvans, secúndò eos qui non credidérunt, pérdidit : ángelos verò qui non servavérunt suum principátum, sed dereliquérunt suum domicílium, in judícium magni diéi vínculis ætérnis sub calígine reservávit. Sicut Sódoma & Gomórrha & finítimæ civitátes símili modo ex fornicátæ & abeúntes post carnem álteram, factæ sunt exémplum, ignis ætérni pœnam sustinéntes ; simíliter & hi carnem quidem máculant, dominatiónem autem spernunt, majestátem autem blasphémant.

℟. Tóllite jugum meum super vos, dicit Dóminus, & díscite à me quia mitis sum & húmilis corde : * Jugum enim meum suáve est, & onus meum leve. ℣. Et inveniétis réquiem animábus vestris. * Jugum.

Bened. Spíritûs sancti grátia.

Leçon iij.

Um Michael Archángelus cum Diábolo dísputans altercarétur de Móysi córpore, non est ausus judícium inférre blasphémiæ, sed dixit, Imperet tibi Dóminus. Hi autem quæcúmque quidem ignórant blasphémant, quæcúmque autem naturáliter tanquàm muta animália norunt, in his corrumpúntur. Væ illis, quia in via Cain abiérunt, & erróre Bálaam mercéde effúsi sunt, & in contradictióne Core periérunt. Hi sunt in épulis

suis máculæ, convivántes sine timóre, semetípsos pascéntes ; nubes sine aqua, quæ à ventis circumferúntur ; árbores autumnáles, infructuósæ, bis mórtuæ, eradicátæ ; fluctus feri maris, despumántes suas confusiónes ; sídera errántia, quibus procélla tenebrárum serváta est in ætérnum.

℟. Dum stetéritis ante reges & præsides, nolíte cogitáre quómodò aut quid loquámini ; * Dábitur enim vobis in illa hora quid loquámini. ℣. Non enim vos estis qui loquímini, sed Spíritus Patris vestri qui lóquitur in vobis : * Dábitur. ℣. Glória Patri. * Dábitur.

A u II Nocturne.

Leçon iv.

Imon Chananæus qui & Zelótes, & Thadæus qui & Judas Jacóbi appellátur in Evangélio, uníus ex Cathólicis Epístolis scriptor, hic Mesopotámiam, ille Ægyptum Evangélicâ prædicatióne peragrávit. Póstea in Pérsidem veniéntes, cùm innumerábiles fílios Jesu Christo peperíssent, fidémque in vastíssimis illis regiónibus & efferátis géntibus disseminássent, doctrinâ & miráculis, ac dénique glorióso martyrio, simul sanctíssimum Jesu Christi nomen illustrárunt.

℟. Vidi conjúnctos viros habéntes spléndidas vestes : & Angelus Dñi locútus est ad me, dicens, * Isti sunt viri sancti facti amíci Dei. ℣. Vidi Angelum Dei fortem volántem per médium cœlum, voce magnâ clamántem & dicéntem, * Isti.

Bened. Christus perpétuæ.

Leçon v.

Sermo sancti Gregórii Papæ.
Homelie 30 sur les Évangiles, vers le milieu.

SCriptum est, Spíritus Dómini ornávit cœlos. Ornaménta enim cœlórum sunt virtútes prædicántium. Quæ vidélicet ornaménta Paulus enúmerat, dicens, Alii datur per Spíritum sermo sapiéntiæ, álii sermo sciéntiæ secúndùm eúmdem Spíritum, álteri fides in eódem Spíritu, álii grátia sanitátum in uno Spíritu, álii operátio virtútum, álii prophétia, álii discrétio spirítuum, álii génera linguárum, álii interpretátio sermónum. Hæc autem ómnia operátur unus atque idem Spíritus, dívidens síngulis prout vult.

℟. Beáti estis cùm maledíxerint vobis hómines & persecúti vos fúerint & díxerint omne malum advérsùm vos, mentiéntes propter me; * Gaudéte & exsultáte, quóniam merces vestra copiófa est in cœlis. ℣. Cùm vos óderint hómines, & cùm separáverint vos & exprobráverint, & ejécerint nomen vestrum tanquam malum propter Fílium hóminis, * Gaudéte & exsultáte.

Bened. Ignem sui amóris.

Leçon vj.

QUot ergo sunt bona prædicántium, tot sunt ornaménta cœlórum. Hinc rursùs scriptum est, Verbo Dómini cœli firmáti sunt. Verbum enim Dómini Fílius est Patris. Sed eósdem cœlos vidélicet

sanctós Apóstolos, ut tota simul sancta Trínitas osténdátur operáta, repénte de sancti Spíritûs divinitáte adjúngitur; Et Spíritu oris ejus omnis virtus eórum. Cœlórum ergo virtus de Spíritu sumta est; quia mundi hujus potestátibus contraíre non præsúmerent, nisi eos sancti Spíritûs fortitúdo solidásset. Quales namque doctóres sanctæ Ecclésiæ ante advéntum hujus Spíritûs fúerint scimus; & post advéntum illíus cujus fortitúdinis facti sint conspícimus.

℟. Isti sunt triumphatóres & amíci Dei, qui contemnéntes jussa príncipum meruérunt præmia ætérna: * Modò coronántur & accípiunt palmam. ℣. Isti sunt qui venérunt ex magna tribulatióne & lavérunt stolas suas in sánguine Agni. * Modò. ℣. Glória Patri. * Modò.

AU III NOCTURNE.
Leçon vij.

Léctio sancti Evangélii secúndùm Joánnem. *Ch.* 15.

IN illo témpore dixit Jesus Discípulis suis, Hæc mando vobis ut diligátis ínvicem. Si mundus vos odit, scitóte quia me priórem vobis ódio hábuit. Et réliqua.

Homília Sti Augustíni Epíscopi.
Traité 82 sur saint Luc.

IN lectióne Evangélica quæ hanc antecédit, díxerat Dóminus, Non vos me elegístis; sed ego elégi vos, & pósui vos, ut eátis & fructum afferátis, & fructus vester máneat; ut quodcúmque petiéritis Patrem in nómine meo, det vobis.

Hic autem dicit, Hæc mando vobis, ut diligátis ínvicem. Ac per
hoc intellígere debémus, hunc eſſe
fruſtum noſtrum, de quo ait, Ego
vos elégi, ut eátis & fruſtum afferátis, & fruſtus veſter máneat; &
quod adjúnxit, Ut quodcúmque
petiéritis Patrem in nómine meo,
det vobis. Tunc útique dabit nobis,
ſi diligámus ínvicem, cùm & hoc
ipſum ipſe déderit nobis, qui nos
elégit non habéntes fruſtum, quia
non eum nos elegerámus, & póſuit nos ut fruſtum afferámus, hoc
eſt ínvicem diligámus.

℞. Iſti ſunt qui vivéntes in carne
plantavérunt Eccléſiam ſánguine
ſuo. * Cálicem Dómini bibérunt,
& amíci Dei faſti ſunt. ℣. In omnem terram exívit ſonus eórum, &
in fines orbis terræ verba eórum.
* Cálicem.

Bened. Quorum feſtum cólimus.

Leçon viij.

CHáritas ergo eſt fruſtus noſter, quam definit Apóſtolus,
De corde puro & conſciéntia bona
& fide non fiſta. Hâc dilígimus
ínvicem, hâc dilígimus Deum: neque enim verâ dileſtióne diligeré-
mus ínvicem, niſi diligéntes Deum.
Díligit enim unuſquíſque próximum
ſuum, tanquam ſeipſum, ſi díligit
Deum: nam ſi non díligit Deum,
non díligit ſeipſum. In his enim duóbus præcéptis charitátis tota Lex
pendet & Prophétæ. Hic eſt fruſtus noſter. De fruſtu ítaque nobis
mandans, Hæc mando, inquit,
vobis, ut diligátis ínvicem. Unde
& Apóſtolus Paulus, cùm contra

ópera carnis commendáre fruſtum
Spíritûs vellet, à cápite hoc póſuit; Fruſtus, inquit, Spíritûs cháritas eſt; ac deínde cétera tanquam
ex iſto cápite exórta & religáta con-
téxuit; quæ ſunt gáudium, pax, lon-
ganímitas, benígnitas, bónitas, fides, manſuetúdo, continéntia,
cáſtitas.

℞. Iſti ſunt viri ſanſti quos elégit Dóminus in charitáte non fiſta,
& dedit illis glóriam ſempitérnam;
* Quorum doſtrínâ fulget Eccléſia, ut ſole luna. ℣. Sanſti per fidem vicérunt regna, operáti ſunt
juſtítiam; * Quorum. ℣. Glória.
* Quorum.

Bened. Ad ſocietátem.

Leçon ix.

QUis autem benè gaudet, quí
bonum non díligit unde gaudet? Quis pacem veram, niſi cum
illo poteſt habére, quem veráciter
díligit? Quis eſt longánimis in bono
ópere perſeveránter manéndo, niſi
férveat diligéndo? Quis eſt benígnus, niſi díligat cui opitulátur?
Quis bonus, niſi diligéndo efficiá-
tur? Quis ſalúbriter fidélis, niſi eâ
fide quæ per dileſtiónem operátur? Quis utíliter manſuétus, cui
non dileſtio moderétur? Quis ab
eo cóntinet unde turpátur, niſi díligat unde honeſtátur? Méritò ítaque magíſter bonus dileſtiónem ſic
ſæpè comméndat, tanquá ſola præ-
cipiénda ſit, ſine qua non poſſunt
prodéſſe cétera bona, & quæ non
poteſt habéri ſine céteris bonis quibus homo effícitur bonus.

Te Deum.

XXXI

XXXI Octobre.
VIGILE
DE TOUS LES SAINTS.

Tout se dit comme au Pseautier.

A MATINES.

Les trois Leçons sont de l'Homelie de St Ambroise sur l'Evangile *Descéndens Jesus*, au Commun de plusieurs Martyrs page xlvj, avec les Respons de la Ferie.

A LAUDES.
Orémus.

DOmine Deus noster, multíplica super nos grátiam tuam; & quorum prævénimus gloriósa solémnia, tríbue subsequi in sancta professióne lætítiam; per Dóminum nostrum.

LES VESPRES sont toutes de la Feste suivante.

FESTES DE NOVEMBRE.

Le premier jour qui ne sera point empesché, on dira l'Office des Morts.

festum Sti wolffgangi, quod hodie 31mo octobris occurrit, reperitur ad calcem hujus libri.

LE PREMIER NOVEMBRE.
LA FESTE
DE TOUS LES SAINTS.

Double de Premiere Claffe, avec Octave.

AUX I VESPRES.

Les quatre premiers Pfeaumes du Dimanche avec le Pf. 116 Laudáte Dóminum, omnes gentes, fur les Antiennes fuivantes ; mais aux II Vefpres on dit le Pf. 115 Crédidi, ci-deffous.

Ant. Vidi turbam magnam quam dinumeráre nemo póterat, ex ómnibus géntibus, ftantes ante thronum.

Ant. Et omnes Angeli ftabant in circúitu throni & cecidérunt in confpéctu throni in fácies fuas, & adoravérunt Deum.

Ant. Redemífti nos, Dómine Deus, in fanguine tuo, ex omni tribu & lingua & pópulo & natióne, & fecífti nos Deo noftro regnum.

Ant. Benedícite Dóminum, omnes Elécti ejus ; ágite dies lætitiæ & confitémini illi.

Ant. Hymnus ómnibus Sanctis ejus, fíliis Ifrael, pópulo appropinquánti fibi. Glória hæc eft ómnibus Sanctis ejus.

Aux II Vefpres.
Pfeaume 115.

CRédidi, propter quod locútus fum ; * ego autem humiliátus fum nimis.

Ego dixi in excéffu meo, * Omnis homo mendax.

Quid retríbuam Dómino * pro ómnibus quæ retríbuit mihi ?

Cálicem falutáris accípiam, * & nomen Dómini invocábo.

Vota mea Dómino reddam coram omni pópulo ejus. * Pretiófa in confpéctu Dñi mors fanctórum ejus.

O Dómine, quia ego fervus tuus, * ego fervus tuus & fílius ancíllæ tuæ.

Dirupífti víncula mea ; * tibi facrificábo hóftiam laudis, & nomen Dómini invocábo ;

Vota mea Dómino reddam in confpéctu omnis pópuli ejus * in átriis domûs Dómini, in médio tuî Jerúfalem.

Chapitre.   Apoc. 7.

ECce ego Joánnes vidi álterum Angelum adfcendénté ab ortu folis, habéntem fignum Dei vivi ; & clamávit voce magnâ quátuor Angelis quibus datum eft nocére terræ & mari, dicens, Nolite nocére terræ & mari neque arbóribus, quoadúfque fignémus fervos Dei noftri in fróntibus eórum.

Hymne ancienne.

CHrifte Redémtor ómnium, Conférva tuos fámulos,

Beátæ semper Vírginis
Placátus sanctis précibus.
Beáta quoque ágmina
Coeléstium spirituum,
Prætérita, præséntia,
Futúra mala péllite.
Vates ætérni júdicis,
Apostolíque Dómini,
Supplíciter expóscimus
Salvári vestris précibus.
Mártyres Dei ínclyti,
Confessorésque lúcidi,
Vestris oratiónibus
Nos ferte in coeléstibus.
Chori sanctárum Vírginum
Monachorúmque ómnium
Simul cum Sanctis ómnibus,
Consórtes Christi fácite.
Gentem auférte pérfidam
Credéntium de fínibus,
Ut Christo laudes débitas
Persolvámus alácriter.
Glória Patri ingénito
Ejúsque Unigénito
Unà cum sancto Spíritu
In sempitérna fécula. Amen.

Hymne nouvelle.

Placáre, Christe, férvulis,
Quibus Patris cleméntiam
Tuæ ad tribúnal grátiæ
Patróna Virgo póstulat.
Et vos beáta per novem
Distíncta gyros ágmina,
Antíqua cum præséntibus,
Futúra damna péllite.
Apóstoli cum Vátibus,
Apud sevérum Júdicem,
Veris reórum flétibus
Expóscite indulgéntiam.
Vos purpuráti Mártyres,
Vos candidáti præmio

Confessiónis, éxules
Vocáte nos in pátriam.
Choréa casta Vírginum,
Et quos erémus íncolas
Transmísit astris Coelitum
Locáte nos in fédibus.
Auférte gentem pérfidam
Credéntium de fínibus ;
Ut unus omnes únicum
Ovíle nos Pastor regat.
Deo Patri sit glória,
Natóque Patris único,
Sancto simul Parácleto,
In sempitérna fécula. Amen.

℣. Lætámini in Dómino & exfultáte, justi ; ℟. Et gloriámini, omnes
recti corde.

A Magníficat Ant. Angeli, Archángeli, Throni & Dominatiónes, Principátus & Potestátes,
Virtútes coelórum, Chérubim atque Séraphim, Patriárchæ & Prophétæ, sancti legis Doctóres, Apóstoli, omnes Christi Mártyres, sancti
Confessóres, Vírgines Dómini, A-
nachoritæ, Sanctíque omnes, intercédite pro nobis.

Orémus.

Omnípotens sempitérne Deus
qui nos ómnium Sanctórum
tuórum mérita sub una tribuísti celebritáte venerári ; quæsumus ut desiderátam nobis tuæ propitiatiónis
abundántiam multiplicátis intercess-
fóribus largiáris ; per Dóminum.

A MATINES.

Invit. Regem Regum Dómi-
num veníte adorémus ; * Quia ipse
est coróna Sanctórum ómnium.

Pf. 94 Venite.

L'Hymne des I Vespres.

AU I NOCTURNE.

Ant. Novit Dóminus viam Juſtórum, qui in lege ejus meditántur die ac noɛe.

Pſeaume 1.

Eátus vir qui non ábiit in conſílio impiórum, & in via peccatórum non ſtetit, * & in cáthedra peſtiléntiæ non ſedit.

Sed in lege Dómini volúntas ejus, * & in lege ejus meditábitur die ac noɛe.

Et erit tanquam lignum quod plantátum eſt ſecus decurſus aquárum, * quod fruɛum ſuum dabit in témpore ſuo.

Et fólium ejus non défluet ; * & ómnia quæcúmque fáciet, proſperabúntur.

Non ſic impii, non ſic : * ſed tanquam pulvis quem prójicit ventus à fácie terræ.

Ideò non reſúrgent impii in judício, * neque peccatóres in concílio juſtórum.

Quóniam novit Dóminus viam juſtórum, * & iter impiórum períbit.

Ant. Novit Dóminus viam Juſtórum, qui in lege ejus meditántur die ac noɛe.

Ant. Mirificávit Dóminus Sanɛos ſuos, & exaudívit eos clamántes ad ſe.

Pſeaume 4.

Um invocárem, exaudívit me Deus juſtítiæ meæ; * in tribulatióne dilataſti mihi.

Miſerére mei, * & exáudi oratiónem meam.

Filii hóminum, úſquequò gravi

corde ? * ut quid diligitis vanitátem & quæritis mendácium ?

Et ſcitóte quóniam mirificávit Dóminus ſanɛum ſuum ; * Dóminus exáudiet me, cùm clamávero ad eum.

Iraſcímini, & nolíte peccáre, * quæ dícitis in córdibus veſtris, in cubílibus veſtris compungímini.

Sacrificáte ſacrifícium juſtítiæ, & ſperáte in Dómino. * Multi dicunt, Quis oſténdit nobis bona ?

Signátum eſt ſuper nos lumen vultûs tui, Dómine ; * dediſti lætítiam in corde meo.

A fruɛu fruménti, vini & ólei ſui, * multiplicáti ſunt.

In pace in idípſum * dórmiam & requiéſcam,

Quóniam tu, Dómine, ſinguláriter in ſpe * conſtituíſti me.

Ant. Mirificávit Dóminus Sanɛos ſuos, & exaudívit eos clamántes ad ſe.

Ant. Admirábile eſt nomen tuú, Dómine ; quia glóriâ & honóre coronáſti Sanɛos tuos, & conſtituíſti eos ſuper ópera mánuum tuárum.

Pſeaume 8.

Omine Dóminus noſter, * quàm admirábile eſt nomen tuum in univérſa terra !

Quóniam elevátа eſt magnificéntia tua * ſuper cœlos.

Ex ore infántium & laɛéntium perfeciſti laudem propter inimícos tuos, * ut déſtruas inimícum & ultórem.

Quóniam vidébo cœlós tuos, ópera digitórum tuórum, * lunam

& ſtellas, quæ tu fundáſti.

Quid eſt homo, quòd memor es ejus ? * aut fílius hóminis, quóniam víſitas eum ?

Minuíſti eum pauló minus ab Angelis, glóriâ & honóre coronáſti eum, * & conſtituíſti eum ſuper ópera mánuum tuárum.

Omnia ſubjecíſti ſub pédibus ejus : * oves & boves univérſas ínſuper & pécora campi.

Vólucres cœli, & piſces maris * qui perámbulant ſémitas maris.

Dómine Dóminus noſter, * quàm admirábile eſt nomen tuum in univérſa terra !

Ant. Admirábile eſt nomen tuú, Dómine ; quia glóriâ & honóre coronáſti Sanctos tuos, & conſtituíſti eos ſuper ópera mánuum tuárum.

℣. Lætámini in Dómino & exſultáte, Juſti ; ℟. Et gloriámini, omnes recti corde.

Abſol. Exáudi, Dómine.

Bened. Benedictióne perpétuâ.

Leçon j.

Ex libro Apocalypſis beáti Joánnis Apóſtoli. Chap. 4.

ET ecce ſedes póſita erat in cœlo, & ſupra ſedem ſedens. Et qui ſedébat ſimilis erat adſpéctui lápidis jáſpidis & ſardinis, & iris erat in circúitu ſedis, ſimilis viſióni ſmarágdinæ. Et in circúitu ſedis ſedília vigínti quátuor ; & ſuper thronos vigínti quátuor ſenióres ſedéntes, circumamícti veſtiméntis albis, & in capítibus eórum corónæ áureæ. Et de throno procedébant fúlgura & voces & tonítrua ; & ſeptem lámpades ardéntes ante thronum,

qui ſunt ſeptem ſpíritus Dei. Et in conſpéctu ſedis tanquam mare vítreum ſímile cryſtállo ; & in médio ſedis & in circúitu ſedis quátuor animália plena óculis antè & retrò. Et ánimal primum ſímile leóni, & ſecúndum ánimal ſímile vítulo, & tértium ánimal habens fáciem quaſi hóminis, & quartum ánimal ſímile áquilæ volánti. Et quátuor animália, ſíngula eórum habébant alas ſenas ; & in circúitu & intùs plenæ ſunt óculis, & réquiem non habébant die ac nocte dicéntia, Sanctus, Sanctus, Sanctus Dóminus Deus omnípotens, qui erat & qui eſt & qui ventúrus eſt.

℟. Vidi Dóminum ſedéntem ſuper ſólium excélſum & elevátum, & plena erat omnis terra majeſtáte ejus, * Et ea quæ ſub ipſo erant, replébant templum. ℣. Séraphim ſtabant ſuper illud : ſex alæ uni, & ſex alæ álteri. * Et ea.

Bened. Unigénitus Dei Fílius.

Leçon ij. Chap. 5.

ET vidi in déxtera ſedéntis ſuper thronum librum ſcriptum intùs & foris, ſignátum ſigíllis ſeptem. Et vidi Angelum fortem prædicántem voce magnâ, Quis eſt dignus aperíre librum & ſólvere ſignácula ejus ? Et nemo póterat neque in cœlo neque in terra neque ſubtus terram, aperíre librum neque reſpícere illum. Et ego flebam multùm, quóniam nemo dignus invéntus eſt aperíre librum, nec vidére eum. & unus de ſenióribus dixit mihi, Ne fléveris, ecce vicit leo de tribu Juda, radix David, aperíre librum & ſólvere ſeptem ſignácula ejus. Et vidi, & ecce in médio throni & quátuor animálium & in médio ſeniórum Agnum ſtantem tanquam occíſum, habéntem córnua ſeptem & óculos ſeptem, qui ſunt ſeptem ſpíritus Dei miſſi in omnem terram. Et venit, & accépit de déxtera ſedéntis in throno librum. Et cùm aperuíſſet librum, quátuor animália & vigínti quátuor ſenióres cecidérunt coram Agno, habéntes ſínguli cítharas & phíalas áureas plenas odoramentórum, quæ ſunt oratiónes Sanctórum.

℟. Beáta es, Virgo María Dei génitrix, quæ credidíſti Dómino; perfécta ſunt in te quæ dícta ſunt tibi. Ecce exaltáta es ſuper choros Angelórum. * Intercéde pro nobis ad Dóminum Deum noſtrum. ℣. Ave, María, grátiâ plena; Dóminus tecum. * Intercéde.

Bened. Spíritûs ſancti grátia.

Leçon iij.

ET cantábant cánticum novú, dicéntes, Dignus es, Dómine, accípere librum, & aperíre ſignácula ejus, quóniam occíſus es, & redemíſti nos Deo in ſánguine tuo ex omni tribu & lingua & pópulo & natióne; & feciſti nos Deo noſtro regnum & ſacerdótes, & regnábimus ſuper terram. Et vidi, & audívi vocem Angelórum multórum in circúitu throni & animálium & ſeniórum; & erat númerus eórum míllia míllium dicéntium voce magnâ, Dignus eſt Agnus qui occíſus eſt, accípere virtútem & divinitátem & ſapiéntiam & forti-

túdinem & honórem & glóriam & benedictiónem. Et omnem creatúram quæ in cœlo eſt & ſuper terram & ſub terra, & quæ ſunt in mari, & quæ in eo, omnes audívi dicéntes, Sedénti in throno & Agno benedíctio & honor & glória & potéſtas in ſécula ſeculórum. Et quátuor animália dicébant, Amen. Et vigínti quátuor ſenióres cecidérunt in fácies ſuas, & adoravérunt vivéntem in ſécula ſeculórum.

℟. In conſpéctu Angelórum pſallam tibi, * Et adorábo ad templum ſanctum tuum, & confitébor nómini tuo, Dómine. ℣. Super miſericórdia tua & veritáte tua; quóniam magnificáſti ſuper nos nomen ſanctum tuum. * Et adorábo. ℣. Glória. * Et adorábo.

AU III NOCTURNE.

Ant. Dómine, qui operáti ſunt juſtítiam habitábunt in tabernáculo tuo & requiéſcent in monte ſancto tuo.

Pſeaume 14.

DOmine, quis habitábit in tabernáculo tuo? * aut quis requiéſcet in monte ſancto tuo?

Qui ingréditur ſine mácula * & operátur juſtítiam;

Qui lóquitur veritátem in corde ſuo; * qui non egit dolum in lingua ſua,

Nec fecit próximo ſuo malum, * & oppróbrium non accépit advérsùs próximos ſuos;

Ad nihilum deductus eſt in conſpéctu ejus malígnus; * timéntes autem Dóminum gloríficat;

Qui jurat próximo suo, & non décipit; * qui pecúniam suam non dedit ad usúram, & múnera super innocéntem non accépit.

Qui facit hæc, * non movébitur in ætérnum.

Ant. Dómine, qui operáti sunt justítiam habitábunt in tabernáculo tuo & requiéscent in monte sancto tuo.

Ant. Hæc est generátio quæréntium Dóminum, quæréntium fáciem Dei Jacob.

Pseaume 23.

Omini est terra & plenitúdo ejus, * orbis terrárum & univérsi qui hábitant in eo:

Quia ipse super mária fundávit eum, * & super flúmina præparávit eum.

Quis ascéndet in montem Dómini? * aut quis stabit in loco sancto ejus?

Innocens mánibus & mundo corde, * qui non accépit in vano ánimam suam, nec jurávit in dolo próximo suo.

Hic accípiet benedictiónem à Dómino, * & misericórdiam à Deo salutári suo.

Hæc est generátio quæréntium eũ, * quæréntium fáciem Dei Jacob.

Attóllite portas príncipes vestras; & elevámini, portæ æternáles: & introíbit Rex glóriæ.

Quis est iste Rex glóriæ? * Dóminus fortis & potens, Dóminus potens in prælio.

Attóllite portas príncipes vestras; & elevámini portæ æternáles: * & introíbit Rex glóriæ.

Quis est iste Rex glóriæ? * Dóminus virtútum ipse est Rex glóriæ.

Ant. Hæc est generátio quæréntium Dóminum, quæréntium fáciem Dei Jacob.

Ant. Lætámini in Dómino & exsultáte, Justi; & gloriámini omnes recti corde.

Pseaume 31.

Eáti quorum remíssæ sunt iniquitátes * & quorum tecta sunt peccáta.

Beátus vir cui non imputávit Dóminus peccátum, * nec est in spíritu ejus dolus.

Quóniam tácui, inveteravérunt ossa mea, * dum clamárem totá die.

Quóniam die ac nocte graváta est super me manus tua: * convérsus sum in ærúmna mea, dum confígitur spina.

Delíctum meum cógnitum tibi feci, * & injustítiam meam non abscóndi.

Dixi, Confitébor advérsum me injustítiam meam Dómino; * & tu remisísti impietátem peccáti mei.

Pro hac orábit ad te omnis sanctus * in témpore opportúno.

Verúmtamen in dilúvio aquárum multárum * ad eum non approximábunt.

Tu es refúgium meum à tribulatióne quæ circúmdedit me: * exsultátio mea, érue me à circumdántibus me.

Intelléctum tibi dabo, & ínstruam te in via hac quâ gradiéris; * firmábo super te óculos meos.

Nolíte fíeri sicut equus & mulus * quibus non est intelléctus.

In chamo & fræno maxillas eórum conftrínge * qui non appróximant ad te.

Multa flagélla peccatóris ; * fperántem autem in Dómino mifericórdia circúmdabit.

Lætámini in Dómino & exfultáte, Jufti ; * & gloriámini, omnes recti corde.

Ant. Lætámini in Dómino & exfultáte, Jufti ; & gloriámini, omnes recti corde.

℣. Exfúltent Jufti in confpéctu Dei, ℟. Et delecténtur in lætítia.

Abfol. Ipfius píetas.

Bened. Deus Pater omnípotens.

Leçon iv.

Sermo venerábilis Bedæ Presbyteri.

Sermon 18, des Saints.

HOdie, dilectíffimi, ómnium Sanctórum fub una folemnitátis lætítia celebrámus feftivitáte, quorum focietáte cœlum exfúltat, quorum patrocíniis terra lætátur, quorum triúmphis Ecclésia fancta coronátur, quorum conféffio quantò in paffióne fórtior, tantò eft clárior in honóre; quia dum crevit pugna, crevit & pugnántium glória, & martyrii triúmphus multíplici paffiónum génere adornátur, perque gravióra torménta, gratióra fuére & præmia, dùm Cathólica mater Ecclésia quæ per totum orbem longè latéque diffúfa eft, in ipfo cápite fuo Chrifto Jefu edócta eft contumélias, cruces & mortem non timére, magis magífque roboráta, non refifténdo, fed perferéndo, univérfis quos ágmine ínclyto carcer poenalis inclúfit, pari

& fimili calóre virtútis ad geréndum certámen, glóriam triumphálem infpirávit.

℟. Præcúrfor Dómini venit, de quo ipfe teftátur, * Nullus major inter natos mulíerum Joánne Baptíftâ. ℣. Hic eft Prophéta & plufquam Prophéta, de quo Salvátor ait, * Nullus.

Bened. Chriftus perpétuæ.

Leçon v.

O Verè beáta mater Ecclésia, quam fic honor divínæ dignatiónis illúminat, quam vincéntium gloriófus Mártyrum fanguis exórnat, quam inviolátæ conteffiónis cándida índuit virgínitas. Flóribus ejus nec rofæ nec lília defunt. Certent nunc, Chariffimi, fínguli, ut ad utrófque honóres ampliffimam accípiant dignitátem, corónas, vel de virginitáte cándidas, vel de paffióne purpúreas. In cœléftibus caftris pax & ácies habent flores fuos quibus mílites Chrifti coronántur.

℟. Ifti funt qui vivéntes in carne plantavérunt Ecclésiam fánguine fuo. * Cálicem Dómini bibérunt, & amíci Dei facti funt. ℣. In omnem terram exívit fonus eórum, & in fines orbis terræ verba eórum. * Cálicem Dómini.

Bened. Ignem fui amóris.

Leçon vj.

DEi enim ineffábilis & imménfa bónitas étiam hoc provídit, ut labórum quidem tempus & agónis non exténderet nec longum fáceret aut ætérnum, fed breve, & ut ita dicam, momentáneum, ut

in

in hac brevi & exígua vita agónes eſſent & labóres, in illa veró quæ ætérna eſt, corónæ & præmia meritórum ; ut labóres quidem citò finiréntur, meritórum veró præmia fine fine durárent ; ut poſt hujus mundi ténebras visúri eſſent candidíſſimam lucem, & acceptúri majórem paſſiónum cunctárum acerbitátibus beatitúdinem, teſtánte hoc idem Apóſtolo ubi ait, Non ſunt condignæ paſſiónes hujus témporis ad ſuperventúram glóriam quæ revelábitur in nobis.

℞. Sancti mei qui in carne póſiti certámen habuíſtis, * Mercédem labóris ego reddam vobis. ℣. Veníte, benedícti Patris mei, percípite regnum, * Mercédem. ℣. Glória Patri. * Mercédem.

AU III NOCTURNE.

Ant. Timéte Dóminum, omnes Sancti ejus, quóniam nihil deeſt timéntibus eum : ecce óculi Dómini ſuper Juſtos, & aures ejus ad preces eórum.

Pſeaume 33.

BEnedícam Dóminum in omni témpore ; * ſemper laus ejus in ore meo ;

In Dómino laudábitur ánima mea. * Audiant manſuéti, & læténtur.

Magnificáte Dóminum mecum ; * & exaltémus nomen ejus in idípſum.

Exquiſívi Dóminum, & exaudívit me, * & ex ómnibus tribulatiónibus meis erípuit me.

Accédite ad eum, & illuminámini ; * & fácies veſtræ non confundéntur.

Iſte pauper clamávit, & Dóminus exaudívit eum, * & de ómnibus tribulatiónibus ejus ſalvávit eum.

Immíttet Angelus Dñi in circúitu timéntium eum, * & erípiet eos.

Guſtáte & vidéte quóniam ſuávis eſt Dóminus. * Beátus vir qui ſperat in eo.

Timéte Dóminum, omnes ſancti ejus ; * quóniam non eſt inópia timéntibus eum.

Dívites eguérunt & eſuriérunt ; * inquiréntes autem Dóminum non minuéntur omni bono.

Veníte, fílii, audíte me ; * timórem Dómini docébo vos.

Quis eſt homo qui vult vitam, diligit dies vidére bonos ?

Próhibe linguam tuam à malo, * & lábia tua ne loquántur dolum.

Divérte à malo, & fac bonum ; * inquire pacem, & perſéquere eam.

Oculi Dómini ſuper juſtos, * & aures ejus in preces eórum ;

Vultus autem Dómini ſuper faciéntes mala, * ut perdat de terra memóriam eórum.

Clamavérunt juſti, & Dóminus exaudívit eos ; * & ex ómnibus tribulatiónibus eórum liberávit eos.

Juxta eſt Dóminus iis qui tribuláto ſunt corde ; * & húmiles ſpíritu ſalvábit.

Multæ tribulatiónes juſtórum ; * & de ómnibus his liberábit eos Dóminus.

Cuſtódit Dóminus ómnia oſſa eórum ; * unum ex his non conterétur.

Mors peccatórum péſſima ; * & qui odérunt juſtum delinquent.

Rédimet Dóminus ánimas ſervórum suórum; * & non delínquent omnes qui sperant in eo.

Ant. Timéte Dóminum, omnes Sancti ejus, quóniam nihil deest timéntibus eum : ecce óculi Dómini super Justos, & aures ejus ad preces eórum.

Ant. Dómine, spes Sanctórum & turris fortitúdinis eórum; dedísti hæreditátem timéntibus nomen tuum, & habitábunt in tabernáculo tuo in sécula.

Pseaume 60.

EXáudi, Deus, deprecatiónem meam; * inténde oratióni meæ.

A fínibus terræ ad te clamávi, * dum anxiarétur cor meum, in petra exaltásti me.

D eduxísti me, quia factus es spes mea, * turris fortitúdinis à fácie inimíci.

I nhabitábo in tabernáculo tuo in sécula; * prótegar in velaménto alárum tuárum.

Q uóniam tu, Deus meus, exaudísti oratiónem meam; * dedísti hæreditátem timéntibus nomen tuum.

D ies super dies regis adjícies; * annos ejus usque in diem generatiónis & generatiónis.

P érmanet in ætérnum in conspéctu Dei : * misericórdiam & veritátem ejus quis requíret ?

S ic psalmum dicam nómini tuo in séculum séculi, * ut reddam vota mea de die in diem.

Ant. Dómine, spes Sanctórum & turris fortitúdinis eórum; dedísti hæreditátem timéntibus nomen tuum, & habitábunt in tabernáculo

tuo in sécula.

Ant. Qui dilígitis Dóminum, lætámini in Dómino, & confitémini memóriæ sanctitátis ejus.

Pseaume 96.

DOminus regnávit; * exsúltet terra, læténtur ínsulæ multæ.

Nubes & calígo in circúitu ejus. * Justítia & judícium corréctio sedis ejus.

Ignis ante ipsum præcédet, * & inflammábit in circúitu inimícos ejus.

Illuxérunt fúlgura ejus orbi terræ; * vidit & commóta est terra.

M ontes sicut cera fluxérunt à fácie Dómini, * à fácie Dómini omnis terra.

A nnuntiavérunt cœli justítiam ejus; * & vidérunt omnes pópuli glóriam ejus.

C onfundántur omnes qui adórant sculptília, * & qui gloriántur in simuláchris suis.

A doráte eum, omnes Angeli ejus. * Audívit & lætáta est Sion,

E t exsultavérunt fíliæ Judæ * propter judícia tua, Dómine :

Q uóniam tu Dóminus altíssimus super omnem terram; * nimis exaltátus es super omnes deos.

Q ui dilígitis Dóminum, odíte malum : * custódit Dóminus ánimas sanctórum suórum, de manu peccatóris liberábit eos.

L ux orta est justo, * & rectis corde lætítia.

L ætámini, justi, in Dómino, * & confitémini memóriæ sanctitátis ejus.

Ant. Qui dilígitis Dóminum,

lætámini in Dómino, & confitémini memóriæ fanctitátis ejus.

℣. Justi autem in perpétuum vivent ; ℟. Et apud Dóminum est merces eórum.

Abſol. A vínculis.

Bened. Evangélica léctio.

Leçon vij.

Léctio fancti Evangélii fecúndùm Matthæum. *Ch.* 5.

IN illo témpore videns Jefus turbas, adfcéndit in montem ; & cùm fediffet, accefférunt ad eum Diſcípuli ejus. Et réliqua.

Homília fancti Auguftini Epiſcopi. *Livre* 1 *du Sermon de N. S. fur la Montagne.*

SI quæritur quid fignificet mons, benè intelligitur fignificáre majóra præcépta juftítiæ, quia minóra erant quæ Judæis data funt. Unus tamen Deus per fanctos Prophétas & fámulos fuos fecúndùm ordinatíffimam diftributiónem témporum dedit minóra præcépta pópulo qué timóre adhuc alligári oportébat, & per Fílium fuum majóra pópulo quem charitáte jam liberári convénerat. Cùm autem minóra minóribus, majóra majóribus dantur, ab eo dantur qui folus novit congruéntem fuis tempóribus géneri humáno exhibére medicínam.

℟. Sint lumbi veftri præcíncti, & lucérnæ ardéntes in mánibus veftris : * Et vos fímiles homínibus exfpectántibus dóminum fuú, quando revertátur à núptiis. ℣. Vigiláte ergo, quia nefcítis quâ horâ dóminus vefter ventúrus fit. * Et.

Bened. Quorum feftum cólimus.

Leçon viij.

NEc mírum eft quòd dantur præcépta majóra propter regnum cœlórum, & minóra data funt propter regnum terrénum ab eódem uno Deo qui fecit cœlum & terram. De hac ergo juftitia quæ major eft, per Prophétam dícitur, Juftitia tua ficut montes Dei. Et hoc benè fignificat quòd ab uno magiftro folo docéndis tantis rebus idóneo, docétur in monte. Sedens autem docet ; quod pértinet ad dignitátem magiftérii. Et accédunt ad eum Diſcípuli ejus, ut audiéndis illíus verbis, hi effent étiam córpore vicinióres qui præcéptis adimpléndis étiam ánimo propinquábant. Et apériens os fuum docébat eos, dicens. Ifta circumlocútio quâ fcríbitur, Et apériens os fuum, fortáffis ipſâ morâ comméndat aliquánto longiórem futúrum effe fermónem. Nifi forte non vacet, quod nunc eum dictum eft aperuíffe os fuum ; quòd ipfe in lege véteri aperíre foléret ora Prophetárum.

℟. Médiâ nocte clamor factus eft ; * Ecce fponfus venit, exíte óbviam ei. ℣. Prudéntes vírgines, aptáte veftras lámpades, * Ecce. ℣. Glória. * Ecce.

Bened. Ad focietátem.

Leçon ix.

QUid ergo dicit ? Beáti páuperes fpíritu, quóniam ipfórum eft regnum cœlórum. Légimus fcriptum de appetitióne rerum temporálium ; Omnia vánitas & præfúmtio fpíritus. Præfúmtio autem ſpíritûs audáciam & ſupérbiam ſignificat. Vulgò étiam magnos ſpíritus ſupérbi habére dicúntur : & reſtè, quandóquidem ſpíritus étiam ventus vocátur. Unde ſcriptum eſt, Ignis, grando, nix, glácies, ſpíritus procellárum. Quis verò néſciat ſupérbos inflátos dici, tanquam vento diſténtos ? Undè eſt étiam illud Apóſtoli ; Sciéntia inflat, cháritas verò ædíficat. Quaprópter reſtè hìc intelligúntur páuperes ſpíritu, húmiles & timéntes Deum, id eſt, non habéntes inflántem ſpíritum.

Te Deum.

A LAUDES.

Ant. Vidi turbam magnam quam dinumeráre nemo póterat, ex ómnibus géntibus, ſtantes ante thronú.

Pſeaume 92 Dóminus regnávit, avec les autres.

Ant. Et omnes Angeli ſtabant in circúitu throni, & cecidérunt in conſpéſtu throni in fácies ſuas, & adoravérunt Deum.

Ant. Redemíſti nos, Dómine Deus, in ſanguine tuo, ex omni tribu & lingua & pópulo & natióne, & fecíſti nos Deo noſtro regnum.

Ant. Benedícite Dóminum, omnes Eléſti ejus : ágite dies lætítiæ & confitémini illi.

Ant. Hymnus ómnibus Sanſtis ejus, fíliis Iſraël, pópulo appropinquánti ſibi. Glória hæc eſt ómnibus Sanſtis ejus.

Chapitre.　Apoc. 7.

Ecce ego Joánnes vidi álterum Angelum adſcendéntem ab ortu ſolis, habéntem ſignum Dei vivi : & clamávit voce magnâ quátuor Angelis quibus datum eſt nocére terræ & mari, dicens, Nolíte nocére terræ & mari neque arbóribus, quoadúſque ſignémus ſervos Dei noſtri in fróntibus eórum.

Hymne ancienne.

Jeſu Salvátor ſeculí,
Redémtis ope ſúbveni ;
Et pia Dei Génitrix,
Salútem poſce míſeris.
Cœtus omnes Angélici,
Patriarchárum cúnei,
Et Prophetárum mérita
Nobis precéntur véniam.
Baptíſta Chriſti prævius,
Et Cláviger æthéreus,
Cum cæteris Apóſtolis,
Nos ſolvant nexu críminis.
Chorus ſacrátus Mártyrum,
Conféſſio Sacerdótum,
Et Virginális cáſtitas,
Nos à peccátis ábluant.
Monachórum ſuffrágia,
Omnéſque cives cœlici,
Annuant votis ſúpplicum
Et vitæ poſcant præmium.
Laus, honor, virtus, glória
Deo Patri & Fílio,
Sanſto ſimul Parácleto,
In ſeculórum ſécula. Amen.

Hymne nouvelle.

Salútis ætérnæ Dator,
Jeſu redémtis ſúbveni ;
Virgo parens cleméntiæ,
Dona ſalútem ſérvulis.
Vos Angelórum míllia,
Patrúmque cœtus ágmina
Canóra Vatum : vos reis

Precámini indulgéntiam.
Baptíſta Chriſti prævius,
Summíque cœli Cláviger
Cum cæteris Apóſtolis
Nexus reſólvant críminum.
Cohors triúmphans Mártyrum,
Almus Sacerdótum chorus,
Et Virginális cáſtitas
Noſtros reátus ábluant.
Quicúmque in alta síderum
Regnátis aula Príncipes,
Favéte votis ſúpplicum
Qui dona cœli flágitant.
Virtus, honor, laus, glória
Deo Patri cum Fílio,
Sanǎo ſimul Parácleto,
In ſeculórum ſécula. Amen.

℣. Exſultábunt Sanǎi in glória;
℟. Lætabúntur in cubílibus ſuis.

A Benedǎus, Ant. Te glorió-
ſus Apoſtolórum chorus, te Prophetárum laudábilis númerus, te
Mártyrum candidátus laudat exércitus ; te omnes Sanǎi & Eléǎi
voce confiténtur unánimes, Beáta
Trínitas, unus Deus.

Orémus.

O Mnípotens ſempitérne Deus
qui nos ómnium Sanǎórum
tuórum mérita ſub una tribuíſti celebritáte venerári; quæſumus ut deſiderátam nobis tuæ propitiatiónis
abundántiam multiplicátis interceſſóribus largiáris ; per Dóminum.

A TIERCE.

Ant. Et omnes Angeli.
Le Chapitre Ecce ego Joánnes,
à Laudes.
℟ breſ. Lætámini in Dómino *
Et exſultáte, Juſti. On repete
Lætámini.

℣. Et gloriámini, omnes reǎi
corde, * Et exſultáte.
℣. Glória Patri. ℟. Lætámini.
℣. Exſúltent Juſti in conſpéǎu
Dei, ℟. Et delecténtur in lætítia.

A SEXTE.

Ant. Redemíſti nos.
Chapitre. *Apoc.* 7.

POſt hæc vidi turbam magnam
quam dinumeráre nemo póterat, ex ómnibus géntibus & tríbubus & pópulis & linguis, ſtantes
ante thronum Dei in conſpéǎu
Agni, amíǎi ſtolis albis, & palmæ
in mánibus eórum.

℟ breſ. Exſúltent Juſti * In con-
ſpéǎu Dei. On repete Exſúltent.
℣. Et delecténtur in lætítia, *
In conſpéǎu Dei.
℣. Glória Patri. ℟. Exſúltent.
℣. Juſti autem in perpétuum ví-
vent ; ℟. Et apud Dóminum eſt
merces eórum.

A NONE.

Ant. Hymnus ómnibus Sanǎis
ejus.
Chapitre. *Apoc.* 7.

BEnedíǎio & cláritas & ſapiéntia & gratiárum áǎio, honor,
virtus & fortitúdo Deo nóſtro in
ſécula ſeculórum. Amen.

℟ breſ. Juſti autem * In per-
pétuum vivent. On repete Juſti.
℣. Et apud Dóminum eſt mer-
ces eórum. * In perpétuum.
℣. Glória Patri. ℟. Juſti.
℣. Exſultábunt Sanǎi in glória;
℟. Lætabúntur in cubílibus ſuis.

AU II VESPRES.

Tout ſe dit comme aux I Veſpres,
excepté

A Magníficat, Ant. O quàm gloriósum est regnum in quo cum Christo gaudent omnes Sancti ; amícti stolis albis sequúntur Agnum quocúmque ierit.

℣. Exsultábunt Sancti in glória ; ℟. Lætabúntur in cubílibus suis.

L'Oraison Omnípotens sempitérne Deus , ci-dessus.

[Si demain n'est point Dimanche , après Benedicámus Dómino, on dit les Vespres des Morts , comme elles sont page clxxiij, à l'exception du Ps. 145 Lauda , ánima mea, qu'on omet. On double les Antiennes comme aux Festes doubles, & on ne dit que l'Oraison Fidélium. Les Matines se diront après les Laudes du premier jour de l'Octave, & à Laudes on omet le Ps. 129 De profúndis.]

[Si demain est Dimanche, on remet l'Office des Morts, & on fait à Paris la Mémoire suivante.

Mémoire.

de saint Marcel, Evesque.

Ant. Sacérdos & Póntifex & virtútum ópifex, Pastor bone in pópulo , ora pro nobis Dóminum.

℣. Amávit eum Dóminus & ornávit eum, ℟. Stolam glóriæ induit eum.

Orémus.

EXáudi, quæsumus, Dómine, preces nostras quas in beáti Marcélli Confessóris tui atque Póntificis solemnitáte deférimus ; ut qui tibi dignè méruit famulári ; ejus intercedéntibus méritis, ab ómnibus nos absólve peccátis.

On fait ensuite memoire du Di-

manche, laquelle se fait par-tout.

Alors l'Office des Morts se fait le Lundi suivant ; de sorte qu'après les Vespres du Dimanche on dira celles des Morts , & les Matines après les Laudes du Lundi.]

II NOVEMBRE.
II JOUR DANS L'OCTAVE
DE TOUS LES SAINTS.
A MATINES.
AU I NOCTURNE.

Les Leçons de l'Escriture marquées pour aujourd'hui au Propre du Temps.

AU II NOCTURNE.
Leçon iv.

De Sermóne venerábilis Bedæ Presbyteri.

Sermon 18, des Saints.

QUàm laxo sinu de prælio reverténtes Cívitas cœléstis éxcipit, de hoste prostráto trophæa feréntibus occúrrit ! Cum triumphántibus viris & féminæ véniunt, quæ cum sæculo sexum quoque vicérunt & geminátá glóriá milítiæ , vírgines cum púeris téneros annos virtútibus transeúntes ; sed & cætera Fidélium turba aulæ perpétuæ régiá intrábit, qui sinceritátem fídei inconcússis præceptórum cœléstium disciplínis unítá pace observavérunt.

℟. Præcúrsor Dómini venit, de quo ipse testátur, * Nullus major inter natos mulíerum Joánne Baptístâ. ℣. Hic est Prophéta & plusquàm Prophéta, de quo Salvátor ait, * Nullus.

Bened. Christus perpétuæ.

Leçon v.

ERgo ágite nunc, Fratres, aggrediámur iter vitæ, revertámur ad civitátem cœléstem, in qua scripti sumus & cives decréti. Non sumus hóspites, sed cives Sanctórum & doméstici Dei, étiam illíus hærédes, cohærédes autem Christi. Hujus nobis urbis jánuas apériet fortitúdo, & fidúcia latum præbébit ingréssum. Considerémus ergo ínclytam urbis illíus felicitátem, in quantum consideráre possíbile est : ut enim verè est, comprehéndere nullus sermo suffíciet.

℞. Isti sunt qui vivéntes in carne, plantavérunt Ecclésiam sánguine suo. * Cálicem Dómini bibérunt, & amíci Dei facti sunt. ℣. In omnem terram exívit sonus eórū, & in fines orbis terræ verba eórum. * Cálicem.

Bened. Ignem sui amóris.

Leçon vj.

Dícitur de ea in quodam loco sic, Quòd aufúgiet ibi dolor & tristítia & gémitus. Quid hâc vitâ beátius, ubi non est paupertátis metus, non ægritúdinis imbecíllitas ? Nemo lædétur, irascétur nemo ; nemo ínvidet, cupíditas nulla exardéscit ; nullum ibi desidérium honóris pulsat aut potestátis ambítio. Nullus ibi Diáboli metus, insídiæ Dæmónum nullæ ; terror gehénnæ procul ; mors neque córporis neque ánimæ erit, sed immortalitátis múnere vita jucúnda.

℞. Sancti mei qui in carne pósiti certámen habuístis, * Mercédem labóris ego reddam vobis. ℣.

Veníte, benedícti Patris mei ; percípite regnum, * Mercédem. ℣. Glória Patri. * Mercédem.

AU III NOCTURNE.

Leçon vij.

Léctio sancti Evangélii secúndùm Matthæum. Ch. 5.

IN illo témpore videns Jesus turbas, ascéndit in montem ; & cùm sedísset, accessérunt ad eum Discípuli ejus. Et réliqua.

De Homília sancti Augustíni Epíscopi.

Au Livre 1 du Sermon de Notre Seigneur sur la Montagne, Chapitre 1 & 2.

NEc aliúnde omníno incípere opórtuit beatitúdinem, quàm à paupertáte spíritûs ; síquidem perventúra est ad summam sapiéntiam. Inítium autem sapiéntiæ timor Dómini ; quóniam & è contrário inítium omnis peccáti superbia scríbitur : supérbi autem áppetunt & díligunt regna terrárum. Beáti mites, quóniam ipsi hæreditáte possidébunt terram ; illam, credo, terram, de qua in Psalmo dícitur, Spes mea es tu, pórtio mea in terra vivéntium. Significat enim quamdam soliditátem & stabilitátem hæreditátis perpétuæ, ubi ánima per bonum afféctum tanquam loco suo requiéscit, sicut corpus in terra ; & inde cibo suo álitur, sicut corpus ex terra : ipsa est réquies & vita Sanctórum. Mites autem sunt qui cedunt improbitátibus & non resístunt malo, sed vincunt in bono malum.

℞. Sint lumbi vestri præcíncti,

& lucérnæ ardéntes in mánibus vestris : * Et vos símiles homínibus exfpeétántibus dóminum fuum, quando revertátur à núptiis. ℣. Vigiláte ergo, quia nefcítis quâ horâ Dóminus vefter ventúrus fit. * Et.

Bened. Quorum feftum cólimus.

Leçon viij.

Béáti lugéntes, quóniam ipfi confolabúntur. Luétus eft triftítia de amiffióne charórum : convérfi autem ad Deum, ea quæ in hoc mundo chara ampleétebántur, amittunt. Non enim gaudent iis rebus quibus antè gaudébant ; & donec fiat in illis amor æternórum, nonnúllâ mœftítiâ fauciántur. Confolabúntur ergo Spíritu fanéto, qui máximè proptéreà Paraclétus nominátur, id eft confolátor, ut temporália amitténtes ætérnâ lætítiâ perfruántur.

℟. Médiâ noéte clamor faétus eft ; * Ecce fponfus venit, exíte óbviam ei. ℣. Prudéntes vírgines, aptáte veftras lámpades. * Ecce. ℣. Glória Patri. * Ecce.

Bened. Ad focietátem.

Leçon ix.

Béáti qui efúriunt & sítiunt juftítiam, quóniam ipfi faturabúntur. Jam iftos amatóres dicit veri & inconcúffi boni. Illo ergo cibo faturabúntur, de quo ipfe Dóminus dicit, Meus cibus eft ut fáciam voluntátem Patris mei, quod eft juftítia ; & illa aqua de qua quifquis bíberit, ut idem dicit, fiet in eo fons aquæ faliéntis in vitam ætérnam. Beáti mifericórdes, quóniam ipfórum miferébitur Deus. Beátos

effe dicit, qui fubvéniunt míferis ; quod eis ita repénditur, ut de miféria liberéntur.

Te Deum.

A Paris, LES VESPRES font toutes de la Fefte fuivante.

III NOVEMBRE.
Ailleurs qu'à Paris,
III JOUR DANS L'OCTAVE
DE TOUS LES SAINTS.
A MATINES.
AU I NOCTURNE.

Les Leçons de l'Efcriture marquées pour aujourd'hui au Propre du Temps.

AU II NOCTURNE.
Leçon iv.

De Sermóne venerábilis Bedæ Presbyteri.

Au Sermon 18, des Saints

NUlla erit tunc ufquam difcórdia, fed cunéta cónfona, cuncta conveniéntia ; quia ómnium erit Sanétórum una concórdia : pax cunéta & lætítia cóntinet. Tranquílla funt ómnia & quiéta : jugis fplendor ; non ifte qui nunc eft, fed tantò clárior, quantò felícior ; quia cívitas, ut légitur, illa non egébit lúmine folis, fed Dóminus omnípotens illuminábit eam, & lucérna ejus eft Agnus. Ibi Sanéti fulgébunt ut ftellæ in perpétuas æternitátes, & ficut fplendor firmaménti, qui erúdiunt multos.

℟. Præcúrfor Dñi venit, de quo ipfe teftátur ; * Nullus major inter natos mulíerum Joánne Baptíftâ. ℣. Hic eft Prophéra & plufquàm Prophéta, de quo Salvátor, ait, * Nullus. Bened.

Bened. Christus perpétuæ.
Leçon v.

QUaprópter nox ibi nulla, nullæ ténebræ, concúrſus núbium nullus, nec frigoris aut ardóris aſpéritas ulla ; ſed talis quædam erit rerum tempéries, qualem nec óculus vidit, nec auris audívit, nec in cor hóminis adſcéndit, niſi illórum qui eâ pérfrui digni inveniúntur, quorum nómina ſcripta ſunt in libro vitæ, qui & lavérunt ſtolas ſuas in ſanguine Agni, & ſunt ante ſedem Dei, ſerviúntque ei die ac noƈte. Non eſt ſenéƈtus ibi, nec ſeneƈtútis miſéria, dum omnes occúrrunt in virum perféƈtum, in menſúram ætátis plenitúdinis Chriſti.

℟. Iſti ſunt qui vivéntes in càrne, plantavérunt Eccléſiam ſánguine ſuo. * Cálicem Dómini bibérunt, & amíci Dei faƈti ſunt. ℣. In omnem terram exívit ſonus eórũ, & in fines orbis terræ verba eórum. * Cálicem.

Bened. Ignem ſui amóris.
Leçon vj.

VErùm ſuper hæc ómnia eſt conſociári Angelórum & Archangelórum cœtibus, Thronis étiam & Dominatiónibus, Principátibus & Poteſtátibus, omniúmque cœléſtium ſupernárum Virtútum contubérniis pérfrui, & intuéri ágmina Sanƈtórum ſplendídiùs ſidéribus micántia, Patriarchárum fide fulgéntia, Prophetárum ſpe lætántia, Apoſtolórum in duódecim tríbubus Iſrael orbem judicántia, Mártyrum purpúreis viƈtóriæ co-

róniis lucéntia, Vírginum quoque choros candéntia ſerta geſtántes inſpícere.

℟. Sanƈti mei qui in carne póſiti certámen habuíſtis, * Mercédem labóris ego reddam vobis. ℣. Veníte, benedíƈti Patris mei, percípite regnum, * Mercédem. ℣. Glória. * Mercédem.

AU III NOCTURNE.
Leçon vij.
Léƈtio ſanƈti Evangélii ſecúndùm Matthæum.   Chap. 5.

IN illo témpore videns Jeſus turbas, adſcéndit in montem : & cùm ſediſſet, acceſſérunt ad eum Diſcípuli ejus. Et réliqua.

De Homília ſanƈti Auguſtíni Epíſcopi.

Au Livre 1 du Sermon de Notre Seigneur ſur la Montagne.

BEáti mundo corde, quóniam ipſi Deum vidébunt. Quàm ergo ſtulti ſunt qui Deum iſtis exterióribus óculis quærunt, cùm corde videátur, ſicut álibi ſcriptum eſt ; Et in ſimplicitáte cordis quærite illum. Hoc eſt enim mundum cor, quod & ſimplex cor. Et quemádmodùm lumen hoc vidéri non poteſt niſi óculis mundis, ita nec Deus vidétur, niſi mundum ſit illud quo vidéri poteſt. Beáti pacífici, quóniam ipſi fílii Dei vocabúntur. In pace perféƈtio eſt, ubi nihil repúgnat : & ídeò fílii Dei pacífici, quóniam nihil in his reſiſtit Deo ; & útique fílii ſimilitúdinem patris habére debent.

℟. Sint lumbi veſtri præcínƈti, & lucérnæ ardéntes in mánibus veſtris.* Et vos símiles homínibus exspectántibus dóminum suum, quando revertátur à núptiis. ℣. Vigiláte ergo, quia nescítis quâ horâ dóminus vester ventúrus sit. * Et.

Bened. Quorum festum cólimus.

Leçon viij.

PAcífici autem in semetípsis sunt, qui omnes ánimi sui motus componéntes & subjiciéntes ratióni, id est, menti & spirítui, carnalésque concupiscéntias habéntes edómitas, fiunt regnum Dei, in quo ita sunt ordináta ómnia, ut id quod est in hómine præcípuum & excéllens, hoc ímperet cæteris non reluctántibus, quæ sunt nobis bestiísque commúnia, atque idipsum quod excéllit in hómine, id est, mens & rátio, subjiciátur potióri, quod est ipsa véritas, Unigénitus Fílius Dei. Neque enim imperáre inferióribus potest, nisi superióri se ipse subjíciat. Et hæc est pax quæ datur in terra homínibus bonæ voluntátis ; hæc vita consummáti perfectíque sapiéntis.

℞. Mediâ nocte clamor factus est ; * Ecce sponsus venit, exíte óbviam ei. ℣. Prudéntes vírgines, aptáte vestras lámpades. * Ecce. ℣. Glória Patri. * Ecce.

Bened. Ad societátem.

Leçon ix.

DE hujúsmódi regno pacatíssimo & ordinatíssimo missus est foras princeps hujus séculi, qui pervérsis inordinatísque dominátur. Hâc pace intrínsecus constitútâ atque firmátâ, quascúmque persecutiónes ille qui foras missus est, forín-secus concitáverit, auget glóriam quæ secúndùm Deum est ; non áliquid in illo ædifício labefáctans, sed deficiéntibus máchinis suis innotéscere fáciens quanta firmitas intùs exstrúcta sit. Ideò séquitur, Beáti, qui persecutiónem patiúntur propter justítiam, quóniam ipsórum est regnum cœlórum.

Te Deum.

LES VESPRES sont toutes de la Feste suivante.

A Paris.
SAINT MARCEL,
Evesque. Double majeur.
AUX I VESPRES.

L'Oraison Exaudi, quæsumus, Dómine.

Memoire de l'Octave.

Ant. O quàm gloriósum est regnum in quo cum Christo gaudent omnes Sancti ! Amícti stolis albis sequúntur Agnum quocúmque íerit. ℣. Exsultábunt Sancti in glória ; ℞. Lætabúntur in cubílibus suis.

Orémus.

OMnípotens sempitérne Deus qui nos ómnium Sanctórum tuórum mérita sub una tribuísti celebritáte venerári ; quæsumus ut desiderátam nobis tuæ propitiatiónis abundántiam multiplicátis intercessóribus largiáris ; per Dñum.

A MATINES.
AU I NOCTURNE.

Les Leçons Fidélis sermo, au Commun, page lij.

AU II ET AU III NOCTURNE.

Les trois dernieres Leçons de ces Nocturnes.

A LAUDES.
Memoire de l'Octave.

Ant. Te gloriófus Apoftolórum chorus, te Prophetárum laudábilis númerus, te Mártyrum candidátus laudat exércitus; te omnes Sancti & Elécti voce confiténtur unánimes, Beáta Trínitas, unus Deus.

Le ℣ Exfultábunt & l'Oraifon Omnípotens, ci-deffus.

AUX II VESPRES.
Memoire de saint Charles.

Ant. Sacérdos & Póntifex & virtútum ópifex, Paftor bone in pópulo, ora pro nobis Dóminum.

℣. Amávit eum Dñus & ornávit eum, ℟. Stolam glóriæ induit eum.

Orémus.

ECcléfiam tuam, Dómine, fancti Cároli Confefsóris tui atque Pontíficis continuâ protectióne cuftódi; ut ficut illum paftorális follicitúdo gloriófum réddidit, ita nos ejus intercéffio in tuo femper fáciat amóre ferréntes.

Memoire de l'Octave.

L'Ant. O quàm gloriófum, le ℣. Exfultábunt & l'Oraifon Omnípotens, ci-deffus.

Memoire des Sts Vital & Agricole, Martyrs.

Ant. Iftórum eft enim regnum cœlórum qui contemférunt vitam mundi, & pervenérunt ad præmia regni & lavérunt ftolas fuas in fánguine Agni.

℣. Exfultent Jufti in confpéctu Dei; ℟. Et delecténtur in lætitia.

Orémus.

PRæfta, quæfumus, omnipotens Deus, ut qui fanctórum Mártyrum tuórum Vitális & Agrícolæ folémnia cólimus, eórum apud te interceffiónibus adjuvémur; per.

IV NOVEMBRE.
St CHARLES BORROME'E,
Archevefque & Confeffeur.
Double.

AUX I VESPRES.

L'Oraifon Eccléfiam tuam, ci-deffus.

Memoire de l'Octave.

L'Ant. O quàm gloriófum, le ℣ Exfultábunt & l'Oraifon Omnípotens, ci-deffus.

Memoire des Saints Vital, &c comme ci-deffus.

A MATINES.
AU I NOCTURNE.

Les Leçons de l'Efcriture marquées pour aujourd'hui au Propre du Temps.

AU II NOCTURNE.
Leçon iv.

CArolus, Medioláni, nóbili Borromæórum famíliâ natus, quantâ futúrus effet fanctitáte confpícuus, divína lux fuper pariéntis matris cubículum noctu coréfcans præfignávit. A puerítia clericáli milítiæ adfcríptus, Abbátiâ póftmodùm infignítus, patrem admónuit ne rédditus in rem familiárem converteréntur; quorum ipfe nactus adminiftratiónem, quidquid fupérerat expendébat in páuperes. Adoléfcens liberálibus difciplínis Pápiæ óperam dedit. Caftitátem ádeò cóluit, ut impudícas étiam mulíeres ad labefactándam ejus pudicítiam plúries immíffas invictâ

Dd d ij

constántiâ fugáverit. Vigésimum tértium ætátis annum agens, à Pio quarto ejus avúnculo in sacrum Cardinálium Collégium cooptátus, insigni pietátis ac virtútum ómnium splendóre prælúxit. Mox étiam ab eódem Mediolanénsis Archiepíscopus creátus, in eo plúrimam óperam adhíbuit, ut juxta sacro-sanctum Tridentínum Concílium, quod ejus potíssimùm sollicitúdine jam tum fúerat absolútum, Ecclésiam sibi commíssam compóneret; atque ut depravátos plebis suæ mores reformáret, præter iterátam sæpiùs Synodórum celebratiónem, seipsum eximiæ sanctitátis præbuit exémplar. In profligándis Hæréticis è pártibus Rhætórum & Helvetiórum, quorum plúrimos ad Christiánam fidem convértit, máximè laborávit.

℟. Invéni David servum meum, óleo sancto meo unxi eum; * Manus enim mea auxiliábitur ei. ℣. Nihil profíciet inimícus in eo, & fílius iniquitátis non nocébit ei. * Manus enim.

Bened. Christus perpétuæ.

Leçon v.

HUjus Viri cháritas præcípuè enítuit, cùm Uritáno principátu véndito, prétium univérsum ad quadragínta aureórum míllia, unâ die in páuperes erogávit; nec minóri pietáte, vigínti míllia quæ sibi fúerant legáta, distríbuit. Ecclesiásticos provéntus, quibus ab avúnculo copiósè fúerat cumulátus, dimísit, nonnúllis reténtis, quibus ad próprios usus & egenórum

necessitátes utebátur. Quo témpore pestis Medioláni grassabátur, domésticam supelléctilem, ne relícto sibi léctulo, in eósdem aléndos cóntulit, super nuda in pósterum tábula decúmbens, eóque morbo laborántes sédulò invísens, patérno reficiébat afféctu, & Ecclésiæ Sacraménta própriis ipse mánibus admínístrans mirum in modum solabátur; humíllimis ínterim précibus, reconciliátor accédens, públicâ supplicatióne indíctâ, fune sibi ad collum alligáto, nudis pédibus étiam offendículo cruentátis, crucem bájulans, semetípsum pro peccátis pópuli hóstiam ófferens, divínam indignatiónem avertére satagébat. Ecclesiásticæ libertátis fuit acérrimus propugnátor: Disciplínæ verò restituéndæ sollícitus, à seditiósis, dùm oratióni insísteret, torménti béllici laxátâ rotâ, ígneo glóbulo percússus, divínâ virtúte servátus illæsus.

℟. Pósui adjutórium super poténtem, & exaltávi eléctum de plebe mea; * Manus enim mea auxiliábitur ei. ℣. Invéni David servum meum, óleo sancto meo unxi eum; * Manus.

Bened. Ignem sui amóris.

Leçon vj.

ABstinéntiâ fuit admirábili: jejunábat sæpíssimè pane tantùm & aquâ, solis quandóque lupínis conténtus. Noctúrnis vigíliis, aspérrimo cilício, assíduis flagéllis corpus domábat Humilitátis ac mansuetúdinis studiosíssimus fuit. Oratiónem ac verbi Dei prædicatiónem, gravíssimis licèt curis ōccupátus, numquam intermísit. Multas Ecclésias, Monastéria, Collégia ædificávit. Plura scripsit, ad Episcopórum præsértim instructiónem utilíssima, cujus étiam óperâ parochórum Catechísmus pródiit. Demum in solitúdinem Varálli montis, ubi sculptis imagínibus Domínicæ Passiónis mystéria ad vivum repræsentántur, secéssit; ibíque diébus áliquot voluntáriâ castigatióne ásperam, sed Christi dolórum meditatiónibus suávem vitam ducens, in febrim íncidit. Mediolánum revérsus, ingravescénte morbo, cínere ac cilício coopértus, & óculis in Crucifíxi imáginem defíxis, migrávit in cœlum ætátis anno quadragésimo séptimo, Dómini verò millésimo quingentésimo octogésimo quarto, tértio Nonas Novémbris. Quem miráculis clarum Paulus quintus Póntifex máximus in Sanctórum númerum rétulit.

℞. Iste est qui ante Deum magnas virtútes operátus est: & omnis terra doctrínâ ejus repléta est. * Ipse intercédat pro peccátis ómnium populórum. ℣. Iste est qui contémsit vitam mundi, & pervénit ad cœléstia regna. * Ipse intercédat. ℣. Glória Patri. * Ipse.

Au III Nocturne.

Les deux premieres Leçons de l'Homelie sur l'Evangile Homo péregrè proficíscens, au Commun des Confesseurs Pontifes, page lix.

Bened. Ad societátem.

Pour les saints Martyrs Vital & Agricole.

Leçon ix.

Vitális & Agrícola ejus dóminus, in persecutióne Diocletiáni & Maximiáni Bonóniæ ob Jesu Christi prædicatiónem comprehénsi sunt: cùmque Vitális, quò magis précibus & minis tentarétur ut senténtiam mutáret, eò magis se Christi cultórem servum profiterétur, várie tormentórum génere cruciátus, constánter ómnia pérferens, in oratióne spíritum Deo réddidit. Agrícola verò, cùm ejus supplícium dilátum esset, si forte torméntis servi permótus, Christo vellet renuntiáre, ejus exémplo magis confirmátus est. Itaque cruci affíxus, Vitáli servo consors & sócius fuit nóbilis martyrii. Eórum córpora ad Judæórum sepúlchra cùm essent humáta, à sancto Ambrósio invénta, in sacrum celebrémque locum transláta sunt.

Te Deum.

A LAUDES.

Memoire de l'Octave.

Ant. Te gloriósus Apostolórum chorus, te Prophetárum laudábilis númerus, te Mártyrum candidátus laudat exércitus; te omnes Sancti & Elécti voce confiténtur unánimes, beáta Trínitas, unus Deus.

℣. Exsultábunt Sancti in glória; ℞. Lætabúntur in cubílibus suis.

O rémus.

Omnípotens sempitérne Deus qui nos ómnium Sanctórum tuórum mérita sub una tribuísti celebritáte venerári; quæsumus ut desideratam nobis tuæ propitiationis abundántiam, multiplicátis intercessóribus largiáris.

Memoire
des Sts Vital & Agricole, Martyrs.

Ant. Vestri capilli cápitis omnes numeráti sunt : nolíte timére, multis passéribus melióres estis vos.

℣. Lætámini in Dómino & exsultáte, Justi, ℟. Et gloriámini, omnes recti corde.

L'Oraison Præsta, ci-dessus.

AUX II VESPRES.

Memoire de l'Octave.

Ant. O quàm gloriósum est regnum in quo cum Christo gaudent omnes Sancti ! Amicti stolis albis sequúntur Agnum quocúmque ierit.

Le ℣ Exsultábunt & l'Oraison Omnípotens, ci-dessus.

V NOVEMBRE.
V. JOUR DANS L'OCTAVE
DE TOUS LES SAINTS.
A MATINES.
AU I NOCTURNE.

Les Leçons de l'Escriture marquées pour aujourd'hui au Propre du Temps.

AU II NOCTURNE.

Leçon iv.

De Sermóne venerábilis Bedæ Presbyteri.

Sermon 18 des Saints.

AD hanc ígitur óperum salutárium deléctet nos perveníre palmam ; libénter ac promptè certémus omnes ; in agóne justítiæ, Deo & Christo spectánte, currámus ; & qui século & mundo majóres esse jam coepimus, cursum

nostrum nullâ séculi cupiditáte tardémus. Si expéditos, si céleres in hoc óperis agóne curréntes dies nos últimus invénerit, nusquam Dóminus méritis nostris déerit remunerátor.

℟. Præcúrsor Dómini venit, de quo ipse testátur ; * Nullus major inter natos mulíerum Joánne Baptístâ. ℣. Hic est Prophéta & plusquàm Prophéta, de quo Salvátor ait, * Nullus.

Bened. Christus perpétuæ.

Leçon v.

QUi corónam in persecutióne purpúream pro passióne donávit, ipse in pace vincéntibus pro justítiæ méritis dabit & cándidam. Nam nec Abraham nec Isaac nec Jacob occísi sunt ; & tamen fídei & justítiæ méritis honoráti inter Patriárchas primi esse meruérunt ; ad quorum congregátur convívium quisquis fidélis & justus & laudábilis invenítur. Mémores esse debémus voluntátem non nostram, sed Dei fácere debére ; quia qui fécerit ejus voluntátem, manet in ætérnum, quómodò & ille manet in ætérnum.

℟. Isti sunt qui vivéntes in carne, plantavérunt Ecclésiam sánguine suo. * Cálicem Dómini bibérunt, & amíci Dei facti sunt. ℣. In omnem terram exívit sonus eórum, & in fines orbis terræ verba eórum. * Cálicem.

Bened. Ignem sui amóris.

Leçon vj.

QUaprópter, Charíssimi, mente integrâ, fide firmâ, virtúte robústâ, charitáte perféctâ, paráti ad omnem voluntátem Dei simus, conservántes fórtiter Dominica mandáta ; in simplicitáte innocéntiam, in charitáte concórdiam, modéstiam in humilitáte, diligéntiam in administratióne, vigilántiam in adjuvándis laborántibus, misericórdiam in fovéndis paupéribus, in deffendénda veritáte constántiam, in disciplínæ severitáte censúram, ne áliquid ad exémplum bonórum factórum desit in nobis. Hæc sunt enim vestígia quæ nobis Sancti quinque reverténtes in pátriam reliquérunt, ut illórum sémitis inhæréntes sequerémur & gáudia.

℟. Sancti mei qui in carne pósiti certámen habuístis, * Mercédem labóris ego reddam vobis. ℣. Veníte, benedícti Patris mei, percípite regnum, * Mercédem. ℣. Glória Patri. * Mercédem.

AU III NOCTURNE.

Leçon vij.

Léctio sancti Evangélii secúndùm Matthæum. Ch. 5.

IN illo témpore videns Jesus turbas, adscéndit in montem ; & cùm sedísset, accessérunt ad eum Discípuli ejus. Et réliqua.

Homília Sancti Augústini Epíscopi.

Livre 1 du Sermon de N. S. sur la Montagne, Ch. 2, 3 & 4.

ITaque in hoc tértio gradu in quo sciéntia est, lugétur amíssio summi boni, quia inhærétur extrémis. In quarto autem gradu labor est, ubi veheménter incúmbitur

ut sese ánimus evéllat ab eis quibus pestíferâ dulcédine innéxus est. Hic ergo esurítur & sitítur justítia, & multùm necesária est fortitúdo, quia non relínquitur sine dolóre quod cum delectatióne retinétur. Quinto autem gradu perseverántibus in labóre datur evadéndi consílium ; quia nisi quisque adjuvétur à superióre, nullo modo sibi est idóneus, ut sese tantis miseriárum implicaméntis expédiat. Est autem justum consílium, ut qui se à potentióri adjuvári vult, ádjuvet & infirmiórem, in quo est ipse poténtior. Itaque beáti misericórdes, quia ipsórum miserébitur Deus.

℟. Sint lumbi vestri præcíncti, & lucérnæ ardéntes in mánibus vestris : * Et vos símiles homínibus exspectántibus dóminum suum, quando revertátur à núptiis. ℣. Vigiláte ergo, quia nescítis quâ horâ dóminus vester ventúrus sit. * Et vos.

Bened. Quorum festum.

Leçon viij.

SExto gradu est cordis mundítia de bona consciéntia bonórum óperum, valens ad contemplándum summum illud bonum quod solo puro & seréno intelléctu cerni potest. Postrémo est séptima ipsa sapiéntia, id est contemplátio veritátis, pacíficans totum hóminem & suscípiens similitúdinem Dei ; quæ ita conclúditur : Beáti pacífici, quóniam ipsi fílii Dei vocabúntur. Octáva tanquam ad caput redit, quia consummátum perféctúmque osténdit & probat. Itaque in prima & in octáva nominátum est regnum cœlórum: Beáti páuperes spíritu, quóniam ipsórum est regnum cœlórum ; &, Beáti qui persecutiónem patiúntur propter justítiam, quóniam ipsórum est regnum cœlórum.

℟. Médiâ nocte clamor factus est ; * Ecce sponsus venit ; exíte óbviam ei. ℣. Prudéntes vírgines, aptáte vestras lámpades. * Ecce. ℣. Glória Patri. * Ecce.

Bened. Ad societátem.

Leçon ix.

CUm jam dícitur, Quis nos separábit à charitáte Christi? Tribulátio, an angústia, an persecútio, an fames, an núditas, an perículum, an gládius ? Septem sunt ergo quæ perfíciunt : nam octáva claríficat ; & quod perféctum est demónstrat, ut per hos gradus perficiántur & cæteri, tanquam à cápite rursùm exórdiens. Vidétur ergo mihi étiam septifórmis operátio Spíritûs sancti, de qua Isáias lóquitur, his grádibus senténtiísque congrúere. Sed ínterest órdinis ; nam ibi enumerátio ab excellentióribus cœpit ; hîc verò ab inferióribus. Ibi namque íncipit à sapiéntia Dei ; & désinit ad timórem Dei ; sed inítium sapiéntiæ timor Dómini est.

Te Deum.

VI NOVEMBRE.
VI JOUR DANS L'OCTAVE
DE TOUS LES SAINTS.
A MATINES.
AU I NOCTURNE.
Les Leçons de l'Escriture mar-

quées pour aujourd'hui au Propre du Temps.

AU II NOCTURNE.
Leçon iv.
Sermo sancti Bernárdi Abbátis.
Sermon 2 de la Feste de tous les Saints.

QUia Sanctórum ómnium festívam hódiè, Dilectíssimi, omníque digníssimâ devotióne memóriam celebrámus, óperæ prétium puto de commúni eórum felicitáte in qua beátâ jam réquie perfruúntur, & futúrâ quam præstolántur consummatióne, adjuvánte Spíritu sancto, sermónem fácere charitáti vestræ. Fidélis quippe sermo & omni acceptióne dignus, ut quos solémni veneratióne proséquimur, étiam símili conversatióne sequámur ; quos beatíssimos prædicámus, ad eórum beatitúdinem totâ aviditáte currámus : quorum delectámur præcóniis, sublevémur eórum patrocíniis.

℟. Præcúrsor Dómini venit, de quo ipse testátur ; * Nullus major inter natos mulíerum Joánne Baptístâ. ℣. Hic est Prophéta & plusquàm Prophéta, de quo Salvátor, * Nullus.

Bened. Christus perpétuæ.

Leçon v.
Sermon cinquieme de la même Feste, vers le milieu.

AD quid ergo Sanctis laus nostra ? Ad quid glorificátio nostra ? Ad quid nostra hæc ipsa solémnitas ? Quò eis terrénos honóres, quos juxta verácem Fílii promissiónem honoríficat Pater cœléstis

cœléſtis ? Quò eis præcónia noſtra ? Pleni ſunt. Prorsùs ita eſt, Dileċtiſſimi : bonórum noſtrórum Sanċti non egent, nec quidquam eis noſtrâ devotióne præſtátur. Planè quòd eórum memóriam venerámur, noſtrâ intereſt, non ipſórum. Vultis ſcire quantùm intereſt noſtrâ ? Ego in me (fáteor) ex hac recordatióne ſéntio deſidérium véhemens inflammári, & deſidérium triplex.

℟. Iſti ſunt qui vivéntes in carne plantavérunt Eccléſiam ſánguine ſuo. * Cálicem Dómini bibérunt, & amíci Dei faċti ſunt. ℣. In omnem terram exívit ſonus eórum, & in fines orbis terræ verba eórum. * Cálicem.

Bened. Ignem ſui amóris.

Leçon vj.

Vulgò dícitur, Quod non videt óculus, cor non dolet. Oculus meus memória mea ; & cogitáre de Sanċtis, quodámmodo eos vidére eſt. Sic nempè pórtio noſtra in terra vivéntium ; nec módica ſanè pórtio, ſi tamen, ut decet, memóriam affeċtio comitétur ; ſic, inquam, converſátio noſtra in cœlis eſt. Verúmtamen non ſic noſtra, ſicut illórum. Ipſórum enim ſubſtántia ibi eſt, noſtra autem deſidéria ; ipſi per præſéntiam, nos per memóriam ibi ſumus.

℟. Sanċti mei qui in carne póſiti certámen habuíſtis, * Mercédem labóris ego reddam vobis. ℣. Veníte, benedíċti Patris mei, percípite regnum ; * Mercédem. ℣. Glória Patri. * Mercédem.

AU III NOCTURNE.

Leçon vij.

Léċtio ſanċti Evangélii ſecúndùm Matthæum.   Ch. 5.

IN illo témpore videns Jeſus turbas, adſcéndit in montem ; & cùm ſediſſet, acceſſérunt ad eum Diſcípuli ejus. Et réliqua.

De Homília ſanċti Auguſtíni Epiſcopi.

Au Livre 1 du Sermon de N. S. ſur la Montagne. Chap. 1.

Quaprópter ſi gradátim tanquam adſcendéntes numerémus, primus ibi eſt timor Dei, ſecúnda píetas, tértia ſciéntia, quarta fortitúdo, quintum conſílium, ſextus intelléċtus, ſéptima ſapiéntia. Timor Dei cóngruit humílibus, de quibus hìc dícitur, Beáti páuperes ſpíritu, quóniam ipſórum eſt regnum cœlórum : id eſt, non infláti, non ſupérbi, de quibus Apóſtolus dicit, Noli altum ſápere, ſed time ; id eſt, Noli extólli. Píetas cóngruit mítibus. Qui enim piè quærit, honórat ſanċtam Scriptúram, & non reprehéndit quod nondum intélligit, & proptéreà non reſíſtit ; quod eſt mitem eſſe. Unde hìc dícitur, Beáti mites, quóniam ipſi hæreditáte poſſidébunt terram.

℟. Sint lumbi veſtri præcínċti, & lucérnæ ardéntes in mánibus veſtris : * Et vos símiles homínibus exſpeċtántibus dóminũ ſuum, quando revertátur à núptiis. ℣. Vigiláte ergo, quia neſcítis quâ horâ Dóminus veſter ventúrus ſit. * Et.

Bened. Quorum feſtum cólimus :

Leçon viij.

SCiéntia cóngruit lugéntibus, qui jam cognovérunt in Scriptúris, quibus malis vincti teneántur, quæ tanquam bona & utília ignorántes appetiérunt, de quibus hìc dicitur, Beáti qui lugent. nunc. Fortitúdo cóngruit esuriéntibus & sitiéntibus. Labórant enim desiderántes gáudium de veris bonis, & amórem à terrénis & corporálibus avértere cupiéntes, de quibus hìc dicitur, Beáti qui esúriunt & sitiunt justítiam. Consílium cóngruit misericórdibus; hoc enim unum remédium est de tantis malis evadéndi, ut dimittámus sicut nobis dimitti vólumus, & adjuvémus in quo póssumus álios, sicut & nos in quo non póssumus cúpimus adjuvári; de quibus hìc dícitur, Beáti misericórdes, quóniam ipsórum miserébitur Deus.

℞. Médiâ nocte clamor factus est; * Ecce sponsus venit, exíte óbviam ei. ℣. Prudéntes vírgines, aptáte vestras lámpades. * Ecce sponsus. ℣. Glória. * Ecce.

Bened. Ad societátem.

Leçon ix.

INtelléctus cóngruit mundis corde, tanquam purgáto óculo, quo cerni possit quo corpóreus óculus non vidit, nec auris audívit, nec in cor hóminis adscéndit; de quibus hìc dícitur, Beáti mundo corde, quóniam ipsi Deum vidébunt. Sapiéntia cóngruit pacíficis, in quibus jam ordináta sunt ómnia, nullúsque motus advérsùs ratiónem rebéllis est, sed cuncta obtémpe-

rant spirítui hóminis, cùm & ipse obtémperet Deo; de quibus hìc dícitur, Beáti pacífici. Unum autem præmium, quod est regnum cœlórum, pro his grádibus váriè nominátum est.

Te Deum.

VII NOVEMBRE.
VII JOUR DANS L'OCTAVE
DE TOUS LES SAINTS.
A MATINES.
AU I NOCTURNE.

Les Leçons de l'Escriture marquées pour aujourd'hui au Propre du Temps.

AU II NOCTURNE.

Leçon iv.

Sermo sancti Joánnis Chrysóstomi.
Sermon des Martyrs : Qu'il ne faut pas les louer, si on ne veut pas les imiter. Tome III.

QUi Sanctórum mérita religiósâ charitáte mirátur, quique Justórum glórias frequénti laude collóquitur, eórum mores sanctos atque justítiam imitétur: quóniam quem deléctat Sancti alicújus méritum, delectáre debet par circa cultum Dei obséquium. Quare aut imitári debet, si laudat; aut laudáre non debet, si imitári detréctat: ut qui álium laudat, laudábilem se reddat; & qui Sanctórum mérita admirátur, mirábilis ipse vitæ sanctitáte reddátur. Nam si proptéreà justos fidelésque dilígimus, quòd in ipsis justítiam fidémque suspícimus; póssumus nos quoque esse quod sunt, si faciámus ipsi quod fáciunt.

℟. Præcúrſor Dómini venit, de quo ipſe teſtátur ; * Nullus major inter natos mulíerum Joánne Baptíſtâ. ℣. Hic eſt Prophéta & pluſquàm Prophéta, de quo Salvátor ait, * Nullus.

Bened. Chriſtus perpétuæ.

Leçon v.

NEque enim diffícile nobis eſt quòd ab ipſis géritur, imitári, cùm ſine præcedénti exémplo ab antíquis tália geſta conſpícimus, ut non ipſi aliórum æmuli redderéntur, ſed æmulándæ virtútis ſeípſos nobis præbérent exémplum, ut dum nos ex ipſis, & ex nobis álii profíciunt, ſic Chriſtus in ſuis ſemper ſervis in Eccléſia ſanſta laudétur. Unde ab orígine mundi ínnocens Abel occíditur, Enoch Deo placens transfértur, juſtus Noe invenítur, Abraham fidélis probátur, Móyſes manſuétus dignóſcitur, Jeſus caſtus, David lenis, Elías accéptus, Dániel ſanſtus, tres Púeri viſtóres reddúntur.

℟. Iſti ſunt qui vivéntes in carne plantavérunt Eccléſiam ſanguine ſuo. * Cálicem Dómini bibérunt, & amíci Dei faſti ſunt. ℣. In omnem terram exívit ſonus eórum, & in fines orbis terræ verba eórum. * Cálicem.

Bened. Ignem ſui amóris.

Leçon vj.

APóſtoli diſcípuli Chriſti, credéntium magíſtri habéntur ; è quibus erudíti Confeſſóres fortíſſimi pugnant, Mártyres perféſti triúmphant, & Chriſtiáni ſemper exércitus Diábolum Deo armáti debéllant. In iſtis ſemper pares virtútes, diſſímiles pugnæ, glor.óſæ viſtóriæ. Unde tu, Chriſtiáne, delicátus es miles, ſi putas te poſſe ſine pugna víncere, ſine certámine triumpháre. Exere vires, fórtiter dímica, atrócicer in prælio iſto concérta. Conſídera paſtum, conditiónem atténde, milítiam noſce : paſtum quod ſpopondíſti, conditiónem quâ acceſsíſti, milítiam cui nomen dedíſti.

℟. Sanſti mei qui in carne póſiti certámen habuíſtis, * Mercédem labóris ego reddam vobis. ℣. Veníte, benedíſti Patris mei ; percípite regnum, * Mercédem. ℣. Glória Patri. * Mercédem.

AU III NOCTURNE.

Leçon vij.

Léſtio ſanſti Evangélii ſecúndùm Matthæum. *Ch. 5.*

IN illo témpore videns Jeſus turbas, adſcéndit in montem ; & cùm ſediſſet, acceſſérunt ad eum Diſcípuli ejus. Et réliqua.

De Homília ſanſti Auguſtíni Epíſcopi.

Au Livre 1 du Sermon de Noſtre Seigneur ſur la Montagne, Chapitre 4.

IN primo gradu, ſicut oportébat, póſitum eſt regnum cœlórum, quod eſt perféſtæ ſummæque ſapiéntiæ ánimæ rationális. Sic itaque díſtum eſt, Beáti páuperes ſpíritu, quóniam ipſórum eſt regnum cœlórum ; tanquam dicerétur, Inítium ſapiéntiæ timor Dómini. Mítibus hæréditas data eſt, tanquam teſtaméntum Patris cum pietáte quæréntibus. Beáti mites, quóniam ipfi hæreditáte poffidébunt terram. Lugéntibus confolátió, tanquam fciéntibus quid amíferint & quibus merfi funt : Beáti qui lugent nunc, quóniam ipfi confolábúntur. Efuriéntibus & fitiéntibus faturitas, tanquam reféctio laborántibus fortitérque certántibus ad falútem : Beáti qui efúriunt & fítiunt juftítiam quóniam ipfi faturabúntur.

℞. Sint lumbi veftri præcíncti, & lucérnæ ardéntes in mánibus veftris : * Et vos fímiles hóminibus exfpectántibus dóminum fuum, quando revertátur à núptiis. ℣. Vigiláte ergo, quia nefcítis quâ horâ Dóminus vefter ventúrus fit. * Et vos.

Bened. Quorum feftum cólimus.

Leçon viij.

Ifericórdibus mifericórdia, tanquam vero & óptimo confilio uténtibus, ut hoc eis exhibeátur à potentióre, quod invalidióribus ipfi éxhibent : Beáti mifericórdes, quóniam ipfórum miferébitur Deus. Mundis corde facúltas eft vidéndi Deum, tanquam purum óculum ad intelligénda ætérna geréntibus. Beáti mundo corde, quóniam ipfi Deum vidébunt. Pacíficis Dei fimilitúdo eft, tanquam perféctè fapiéntibus formatífque ad imáginem Dei per regeneratiónem renováti hóminis : Beáti pacífici, quóniam ipfi fílii Dei vocabúntur. Et ifta quidem in hac vita poffunt compléri, ficut compléta effe in Apóftolis crédimus. Nam illa omnímoda & in Angélicam formam mutátio quæ poft hanc vitam promíttitur, nullis verbis expóni poteft.

℞. Médiâ nocte clamor factus eft : * Ecce fponfus venit, exíte óbviam ei. ℣. Prudéntes vírgines, aptáte veftras lámpades. * Ecce. ℣. Glória Patri. * Ecce.

Bened. Ad focietátem.

Leçon ix.

Eáti ergo qui perfecutiónem patiúntur propter juftítiam, quóniam ipfórum eft regnum cœlórum. Hæc octáva fenténtia quæ ad caput redit, perfectúmque hóminem declárat, fignificátur fortáffe & circumcifióne octávâ die in véteri Teftaménto, & Dómini refurrectióne poft fabbatum, qui eft útique octávus idémque primus dies ; & celebratióne octavárum feriárum, quas in regeneratióne novi hóminis celebrámus ; & número ipfo Pentecóftes ; nam feptenário número fépties multiplicáto quo fiunt quadragínta novem, quafi octávus ádditur, ut quinquagínta compleántur. Et tanquam redeátur ad caput, quo die miffus eft Spíritus fanctus, eo in regnum cœlórum dúcimur, & hæreditátem accípimus, & confolámur, & páfcimur, & mifericórdiam conféquimur, & mundámur, & pacificámur. Atque ita perfécti, omnes intrínfecùs illátas moléftias pro veritáte & juftítia fuftinémus.

Te Deum.

LES VESPRES font toutes de la Fefte fuivante.

VIII NOVEMBRE.
L'OCTAVE
DE TOUS LES SAINTS.
Double.

AUX I VESPRES.

Tout se dit comme aux I Vespres de la Feste.

Memoire
des Sts Quatre Couronnés, Mart.

Ant. Istórum est enim regnum cœlórum, qui contemsérunt vitam mundi, & pervenérunt ad præmia regni, & lavérunt stolas suas in sánguine Agni.

℣. Exsultábunt Sancti in glória ;
℟. Lætabúntur in cubílibus suis.

O rémus.

PRæsta, quæsumus, omnípotens Deus, ut qui gloriósos Mártyres fortes in sua confessióne cognóvimus, pios apud te nostra intercessióne sentiámus ; per Dóminum nostrum.

A MATINES.
AU I NOCTURNE.

Les Leçons de l'Escriture marquées pour aujourd'hui au Propre du Temps.

AU II NOCTURNE.
Leçon iv.

Ex libro sancti Cypriáni Epíscopi & Mártyris de mortalitáte.
Sur la fin.

COnsiderándum est, Fratres dilectíssimi, & idéntidem cogitándum renuntiásse nos mundo, & tanquam hóspites & peregrínos hìc ínterim dégere. Amplectámur diem qui assígnat síngulos domicílio suo, qui nos istinc eréptos & láqueis seculáribus exsolútos paradíso restítuit, & regno cœlésti. Quis non péregrè constitútus properáret in pátriam régredi ? Quis non ad suos navigáre festínans, ventum prósperum cupídiùs optáret, ut velóciter charos licéret amplécti ?

℟. Præcúrsor Dómini venit, de quo ipse testátur, * Nullus major inter natos mulíerum Joánne Baptístâ. ℣. Hic est Prophéta & plusquàm Prophéta, de quo Salvátor ait, * Nullus.

Bened. Christus perpétuæ.

Leçon v.

PAtriam nostram paradísû computámus, paréntes Patriárchas habére jam cœpimus : quid non properámus & cúrrimus, ut pátriam nostram vidére, ut paréntes salutáre póssimus ? Magnus illic nos charórum númerus exspéctat ; paréntum, fratrum, filiórum frequens nos & copiósa turba desíderat, jam de sua immortalitáte secúra, & adhuc de nostra salúte sollícita. Ad horum conspéctum & compléxum veníre, quanta & illis & nobis in commúne lætítia est ! Qualis illic cœléstium regnórum volúptas sine timóre moriéndi, & cùm æternitáte vivéndi ! Quàm summa & perpétua felícitas !

℟. Isti sunt qui vivéntes in carne, plantavérunt Ecclésiam sánguine suo. * Cálicem Dómini bibérunt, & amíci Dei facti sunt. ℣. In omnem terram exívit sonus eórum, & in fines orbis terræ verba eórum. * Cálicem.

Bened. Ignem sui amóris.

Leçon vj.

Illic Apostolórum gloriósus chorus, illic Prophetárum exsultántium númerus, illic Mártyrum innumerábilis pópulus ob certáminis & passiónis victóriam coronátus. Triumphántes illic Vírgines, quæ concupiscéntiam carnis & córporis continéntiæ róbore subegérunt. Remuneráti misericórdes, qui aliméntis & largitiónibus páuperum justítiæ ópera fecérunt, qui Dominíca præcépta servántes, ad cœléstes thesáuros terréna patrimónia transtulérunt. Ad hos, Fratres dilectíssimi, ávidâ cupiditáte properémus, & cum his citò esse, ut citò ad Christum veníre contíngat, optémus.

℞. Sancti mei qui in carne pósiti certámen habuístis, * Mercédem labóris ergo reddam vobis. ℣. Veníte, benedícti Patris mei, percípite regnum, * Mercédem. ℣. Glória Patri. * Mercédem.

Au III Nocturne.

Leçon vij.

Léctio sancti Evangélii secúndùm Matthæum. *Ch.* 5.

In illo témpore videns Jesus turbas, ascéndit in montém; & cùm sedísset, accessérunt ad eum Discípuli ejus. Et réliqua.

De Homília Sti Augustíni Epíscopi.

Au Livre 1 du Sermon de N. S. sur la Montagne, Chap. 5.

Beáti éritis, inquit, cùm vobis maledícent & persequéntur

vos, & dicent omne malum advérsùm vos mentiéntes, propter me : gaudéte & exsultáte, quóniam merces vestra multa est in cœlis. Animadvértat quisquis delícias hujus séculi & facultátes rerum temporálium quærit in nómine Christiáno, intrínsecus esse beatitúdinem nostram, sicut de ánima ecclesiástica ore prophético dícitur, Omnis glória ejus fíliæ Regis ab intùs. Nam extrínsecùs maledícta & persecutiónes & detractiónes promittúntur ; de quibus tamen magna merces est in cœlis, quæ sentítur in corde patiéntium, eórum qui jam possunt dícere, Gloriántur in tribulatiónibus, sciéntes quòd tribulátio patiéntiam operátur, patiéntia autem probatiónem, probátio verò spem, spes autem non confúndit ; quia cháritas Dei diffúsa est in córdibus nostris per Spíritum sanctum qui datus est nobis.

℞. Sint lumbi vestri præcíncti, & lucérnæ ardéntes in mánibus vestris, * Et vos símiles homínibus exspectántibus dóminum suum, quándo revertátur à núptiis. ℣. Vigiláte ergo, quia nescítis quâ horâ dóminus vester ventúrus sit. * Et vos símiles.

Bened. Quorum festum.

Leçon viij.

Non enim ista pérpeti fructuósum est, sed ista pro Christi nómine, non solùm æquo ánimo, sed étiam cum exsultatióne toleráre. Nam multi Hærétici nómine Christiáno ánimas decipiéntes, multa tália patiúntur ; sed ideò excludúntur ab ista mercéde, quia non dictum est tantùm, Beáti qui persecutiónem patiúntur; sed ádditum est, propter justitiam. Ubi autem sana fides non est, non potest esse justítia; quia justus ex fide vivit. Neque Schismátici áliquid sibi ex ista mercéde promíttant; quia similiter, ubi cháritas non est, non potest esse justítia. Diléctio enim próximi malum non operátur; quá si habérent, non dilaniárent corpus Christi, quod est Ecclésia.

℞. Médiâ nocte clamor factus est: * Ecce sponsus venit, exíte óbviam ei. ℣. Prudéntes vírgines, aptáte vestras lámpades. * Ecce sponsus. ℣. Glória Patri. * Ecce.

Bened. Ad societátem.

Pour les saints Quatre Couronnés Martyrs.

Leçon ix.

SEvérus, Severiánus, Carpóphorus & Victorínus, fratres, in persecutióne Diocletiáni Deórum cultû liberè detestántes, plumbátis cæsi, in verbéribus vitam pro Christi nómine profudérunt. Quorum córpora cánibus objécta, cùm ab illis intácta diù fuíssent, subláta à Christiánis viâ Lavicánâ tértio ab Urbe lápide in arenária sepeliúntur prope sepúlchrum sanctórum Mártyrum Cláudii, Nicóstrati, Symphoriáni, Castórii & Simplícii, qui eódem Imperatóre passi erant, quòd cùm essent summi sculptóres, nullo modo addúci potúerant, ut idolórum státuas fácerent; & ad solis simulácrum ducti ut illud veneraréntur, numquàm

commissúros se dixérunt, ut adorárent ópera mánuum hóminum. Quamóbrem in cárcerem conjécti, cùm ibi multos dies in eódem propósito perstitíssent, primùm scorpiónibus cæsi, deinde vivi plúmbeis lóculis inclúsi, in flumen dejiciúntur. Exstat in Urbe Ecclésia sub nómine sanctórum Quátuor Coronatórum; quorum diù ignóta nómina divínitùs pósteà patefácta sunt: ubi non solùm illórum quátuor, sed étiam horum quinque Mártyrum córpora honorificè sepúlta sunt, & eórum festívitas sexto Idus Novémbris celebrátur.

Te Deum.

A LAUDES.

Memoire des Sts Quatre Couronnés, Mart.

Ant. Vestri capílli cápitis omnes numeráti sunt; nolíte timére, multis passéribus melióres estis vos.

℣. Lætámini in Dómino & exsultáte, Justi, ℞. Et gloriámini, omnes recti corde.

Orémus.

PRæsta, quæsumus, omnípotens Deus, ut qui gloriósos Mártyres fortes in sua confessióne cognóvimus, pios apud te in nostra intercessióne sentiámus; per Dñum.

LES VESPRES sont de la Fete suivante depuis le Chapitre.

IX NOVEMBRE.
DEDICACE
DE L'EGLISE
DE SAINT SAUVEUR,
Double.
Tout l'Office se fait comme au

Commun de la Dedicace, excepté ce qui suit.

A VESPRES.

Memoire de tous les Saints.

Ant. O quàm gloriósum eſt regnum in quo cum Chriſto gaudent omnes Sanĉti ! Amiĉti ſtolis albis ſequúntur Agnum quocúmque ierit.

℣. Exſultábunt ſanĉti in glória ; ℟. Lætabúntur in cubílibus ſuis.

Orémus.

OMnípotens ſempitérne Deus qui nos ómnium Sanĉtórum tuórum mérita ſub una tribuíſti celebritáte venerári ; quæſumus ut deſiderátam nobis tuæ propitiatiónis abundántiam, multiplicátis interceſſóribus, largiáris.

Memoire de ſaint Theodore, Martyr.

Ant. Iſte ſanĉtus pro lege Dei ſui certávit uſque ad mortem, & à verbis impiórum non tímuit ; fundátus enim erat ſupra firmam petram.

℣. Glóriâ & honóre coronáſti eum, Dómine ; ℟. Et conſtituíſti eum ſuper ópera mánuum tuárum.

Orémus.

DEus qui nos beáti Theodóri Mártyris tui confeſſióne glorióſâ circúmdas & prótegis ; præſta nobis ex ejus imitatióne profícere & oratióne fulcíri ; per Dóminum.

A MATINES.

AU I NOCTURNE.

Leçon j.

De libro Apocalypſis beáti Joánnis Apóſtoli.   *Chap.* 21.

ET venit unus de ſeptem Angelis habéntibus phiálas plenas ſeptem plagis noviſſimis, & lo-

cútus eſt mecum ; dicens, Veni, & oſténdam tibi ſponſam, uxórem Agni. Et ſúſtulit me in ſpíritu in montem magnum & altum, & oſténdit mihi civitátem ſanĉtam Jerúſalem deſcendéntem de cœlo à Deo, habéntem claritátem Dei : & lumen ejus ſímile lápidi jáſpidis, ſicut cryſtállum.

℟. In dedicatióne templi decantábat pópulus laudem, * Et in ore eórum dulcis reſonábat ſonus. ℣. Fundáta eſt domus Dómini ſupra vérticem móntium, & vénient ad eam omnes gentes. * Et in ore. Bened. Unigénitus Dei Filius.

Leçon ij.

ET habébat murum magnum & altum, habéntem portas duódecim & in portis Angelos duódecim, & nómina inſcripta, quæ ſunt nómina duódecim tríbuum filiórum Iſrael. Ab Oriénte portæ tres, & ab Aquilóne portæ tres, & ab Auſtro portæ tres, & ab Occáſu portæ tres. Et murus civitátis habens fundaménta duódecim, & in ipſis duódecim nómina duódecim Apoſtolórum Agni. Et qui loquebátur mecum habébat menſúram arundíneam áuream, ut metirétur civitátem & portas ejus & murum.

℟. Fundáta eſt domus Dómini ſupra vérticem móntium, & exaltáta eſt ſuper omnes colles : * Et vénient ad eam omnes Gentes, & dicent, Glória tibi, Dómine. ℣. Veniéntes autem vénient cum exſultatióne, portántes manípulos ſuos. * Et vénient.

Bened.

Bened. Spíritûs sancti grátia.

Leçon iij.

ET cívitas in quadro pósita est, & longitúdo ejus tanta est quanta & latitúdo, & mensus est civitátem de arúndine áurea per stádia duódecim míllia; & longitúdo & altitúdo & latitúdo ejus æquália sunt. Et mensus est murum ejus centum quadragínta quátuor cubitórum mensúrâ hóminis, quæ est Angeli. Et erat structúra muri ejus ex lápide jáspide: ipsa verò cívitas, aurum mundum símile vitro mundo.

℟. Bénedic, Dómine, domum istam quam ædificávi nómini tuo: veniéntium in loco isto * Exáudi preces in excélso sólio glóriæ tuæ. ℣. Dómine, si convérsus fúerit pópulus tuus & oráverit ad sanctuárium tuum, * Exáudi. ℣. Glória Patri. * Exáudi.

AU II NOCTURNE.

Leçon iv.

RItus quos in consecrándis ecclésiis & altáribus Romána servat Ecclésia, beátus Sylvéster Papa primus instítuit. Nam etsi jam ab Apostolórum témpore loca fúerint Deo dicáta, quæ à quibúsdam Oratória, ab áliis Ecclésiæ dicebántur, ubi colléctæ fiébant per unam sábbati, & Christiánus pópulus oráre, Dei verbum audíre & Eucharístiam súmere sólitus erat; non tamen illa ádeò solémni ritu consecrabántur, nec in eis adhuc in títulum eréctum erat altáre, quod chrísmate delibútum, Dómini nostri Jesu Christi, qui altáre,

hóstia & sacérdos noster est, figúram exprímeret.

℟. Orántibus in loco isto * Dimítte peccáta pópuli tui, Deus, & osténde eis viam bonam per quam ámbulent, & da glóriam in loco isto. ℣. Qui regis Israel, inténde; qui dedúcis velut ovem Joseph, qui sedes super Chérubim, * Dimítte peccáta.

Bened. Christus perpétuæ.

Leçon v.

SEd ubi Constantínus Imperátor per Baptísmi Sacraméntum sanitátem salutémque consecútus est, tùm primùm lege ab eo latâ concéssum est toto orbe terrárum, Christiáni ut Ecclésias ædificárent, quos ille non solùm edícto, sed étiam exémplo ad sácram ædificatiónem est cohortátus. Nam & in suo Lateranénsi palátio Ecclésiam Salvatóri dedicávit, & ei continéntem Basílicam nómine sancti Joánnis Baptístæ cóndidit, eo loco quo ipse baptizátus à sancto Sylvéstro, à lepra mundátus est, quam idem Póntifex consecrávit quinto Idus Novémbris; cujus consecratiónis memória celebrátur hodiérno die, quo primùm Romæ públicè Ecclésia consecráta est, & imágo Salvatóris in pariete depícta pópulo Románo appáruit.

℟. O quàm metuéndus est locus iste! * Verè nòn est hìc áliud nisi domus Dei & porta cœli. ℣. Hæc est domus Dómini firmiter ædificáta; benè fundáta est supra firmam petram. * Verè.

Bened. Ignem sui amóris.

Leçon vj.

QUòd si beátus Sylvéster pósteà in consecratióne altáris Principis Apostolórum decrévit ut deínceps nisi ex lápide altária non ædificaréntur, tamen Basílicæ Lateranénsis altáre fuit è ligno eréctum : quod mirum non est. Nam cùm à sanctò Petro usque ad Sylvéstrum, propter persecutiónes, Pontifices certo loco consístere non possent ; quocúmque eos necéssitas compulísset, sive in cryptas, sive in cœmetéria, sive in ædes piórum, super illo altári lígneo ad arcæ similitúdinem cóncavo, Sacra faciébant. Quo Altári sanctus Sylvéster, réddità Eccléfiæ pace, honóris causâ Princeps Apostolórum, qui in illo sacrificásse dícitur, & reliquórum Pontíficum qui usque ad id tempus ad mystéria conficiénda eo usi fúerant, in Lateranénsi prima Ecclésia collocáto, sancívit ne quísquam in eo, præter Románū Pontíficem, Missam deínceps celebráret. Eámdém Ecclésiam incéndiis, vastatiónibus, terræ ínsuper mótibus disjéctam versámque, ac sédulâ summórum Pontíficum curâ reparátam, novâ póstmodum molitióne restitútam, Benedíctus décimus tértius Póntifex máximus, Ordinis Prædicatórum, die vigésimâ octávâ Aprilis anni millésimi septingentésimi vigésimi sexti ritu solémni consecrávit, ejúsque celebritátis memóriam hac die recoléndam státuit.

℟. Manè surgens Jacob erigébat lápidem in títulum, fundens óleum désuper, votum vovit Dómino : * Verè locus iste sanctus est, & ego nesciébam. ℣. Cùmque evigilásset Jacob de somno, ait, * Verè. ℣. Glória Patri. * Verè.

AU III NOCTURNE.

Les deux premieres Leçons de l'Homelie de St Ambroise sur l'Evangile Ingréssus Jesus, au Commun de la Dedicace, p. cxxvij.

Bened. Ad societátem.

Pour saint Theodore, Martyr.

Leçon ix.

THeodórus, miles Christiánus, Maximiáno Imperatóre, quòd idolórum fanum incendísset, comprehénsus, cùm à Præfécto legiónis pœna ei remitterétur, si pœnitens facti Christiánam fidem exsecrarétur, constánter in fídei conféssióne perséverans, missus est in cárcerem ; ubi úngulis excarnificátus, dum costæ nudaréntur, lætus canébat, Benedícam Dóminum in omni témpore. Quare in ardéntem rogum injéctus, in oratióne & divínis láudibus ánimam Christo réddidit quinto Idus Novémbris : cujus corpus Eusébia matróna síndone involútum sepelívit in suo prædio. Te Deum.

A LAUDES.

Memoire de saint Theodore, Martyr.

Ant. Qui odit ánimam suam in hoc mundo, in vitam ætérnam custódit eam.

℣. Justus ut palma florébit ; ℟. Sicut cedrus Líbani multiplicábitur.

L'Oraison Deus qui nos beáti Theodóri, ci dessus.

AUX II VESPRES.

Memoire
de saint André Avellin, Conf.

Ant. Similábo eum viro sapiénti qui ædificávit domum suam supra petram.

℣. Amávit eum Dóminus & ornávit eum : ℟. Solam glóriæ índuit eum.

Orémus.

DEus qui in corde beáti Andræeæ Confessóris tui, per árduum quotídie in virtútibus proficiéndi votum, admirábiles ad te ascensiónes disposuísti; concéde nobis ipsíus méritis & intercessióne ita ejúsdem grátiæ partícipes fíeri, ut perfectióra semper exsequéntes ad glóriæ tuæ fastígium felíciter perducámur; per Dóminum.

Memoire
Des Sts Tryphon & Respice, Mart.
& Nymphe, Vierge & Martyre.

L'Ant. Istórum, page 477.

℣. Lætámini in Dómino & exsultáte, Justi; ℟. Et gloriámini, omnes recti corde.

Orémus.

FAc nos, quæsumus, Dómine, sanctórum Mártyrum tuórum Tryphónis, Respícii & Nymphæ semper festa sectári, quorum suffrágiis protectiónis tuæ dona sentiámus; per Dóminum.

X NOVEMBRE.
SAINT ANDRE' AVELLIN,
Confesseur. Semidouble.
A MATINES.
AU I NOCTURNE.
Les Leçons de l'Escriture marquées pour aujourd'hui au Propre du Temps.

AU II NOCTURNE.
Leçon iv.

ANdræas Avellínus, dictus ántea Lancellóttus, apud Castrum-Novum Lucániæ pagum natus, inter ipsa infántiæ primórdia futuræ sanctitátis non obscúra præbuit indícia. Adoléscens ad lítteras addiscéndas patérna è domo egréssus, lúbricam illíus ætátis sémitam inter bonárum ártium stúdia ita perégit, ut sapiéntiæ inítium, quod est timor Dómini, ob óculos potíssimùm habére nunquam prætermíserit. Cum egrégia proínde forma exímium castitátis stúdium conjúnxit, quo impudícas sæpe mulíerum insídias elúsit; intérdum étiam apértam vim propulsávit. Clericáli milítiæ jam pridem adscríptus, Neápolim se cóntulit, ut legálibus disciplínis vacáret; ibíque Jurisprudéntiæ láuream adéptus, atque intéreà ad Sacerdotálem dignitátem evéctus, causárum patrocínia in foro dúntaxat Ecclesiástico, proque privátis quibúsdam persónis juxta sacrórum Cánonum sanctiónes ágere cœpit. Verùm cùm aliquándo inter causam agéndam leve ei mendácium excidísset, mox verò fortúità sacrárum Scripturárum lectióne in illa verba incidísset, Os quod mentítur occídit ánimam; tanto ejus culpæ dolóre ac pœniténtià corréptus est, ut statim ab ejúsmodi vitæ institúto sibi recedéndum esse dúxerit. Itaque abdicátis forénsibus curis, se

F ff ij

totum divíno cúltui ſacríſque miniſtériis mancipávit : cúmque Ec-
cleſiáſticæ virtútis exémplis eminé-
ret , Sanctimoniálium regímini à
tunc exiſténte Archiepíſcopo Nea-
politáno præféctus fuit. Quo in
múnere cùm pravórum hóminum
ódia ſubiíſſet , primò quidem inten-
tátæ ſibi necis perículum declirávit,
mox verò per ſicárium tribus in
fácie accéptis vulnéribus , injúriæ
atrocitátem æquo ánimo pértulit.
Tunc perfectióris vitæ deſidério
flagrans , ut inter Cléricos Regu-
láres adſcriberétur ſupplíciter poſ-
tulávit ; votíque compos factus, ob
ingéntem quo æſtuábat crucis amórem , ut ſibi Andréæ nomen im-
poneretur précibus impetrávit.

℟. Honéſtum fecit illum Dóminus , & cuſtodívit eum ab inimícis , & à ſeductóribus tutávit illum , * Et dedit illi claritátem æternam. ℣. Juſtum dedúxit Dóminus
per vias rectas , & oſténdit illi regnum Dei , * Et dedit.

Bened. Chriſtus perpétuæ.

Leçon v.

ARctióris ítaque vitæ currículum álaeri ſtúdio ingréſſus,
in eas máximè virtútis exercitatiónes, incúbuit , ad quas ſeſe árduis
étiam emiſſis votis obſtrínxit ; áltero ſcilicet ſuæ ipſíus voluntáti júgiter obſiſténdi ; áltero verò in via
Chriſtiánæ perfectiónis ſemper ul-
térius progrediéndi. Reguláris diſciplínæ cultor aſſiduus , & in ea
promovénda , cùm áliis præéſſet,
ſtudioſiſſimus fuit. Quidquid ab
Inſtitúti ſui, Offícii & Régulæ præ-

ſcripto ſupérerat témporis, oratióni
& animárum salúti tribuébat. In
confeſſiónibus excipiéndis mira e-
jus píetas & prudéntia enítuit. Vicos & óppida Neápoli finítima E-
vangélicis miniſtériis magno cum
animárum lucro frequens luſtrábat :
quam ardéntem erga próximos
ſancti viri charitátem ſignis étiam
Dóminus illuſtrávit. Cùm enim in-
tempéſtâ nocte ab audíta ægri confeſſióne domum redíret, ac plúviæ
ventorúmque vis prælucéntem fa-
cem exſtinxíſſet , non ſolùm ipſe
cum ſóciis inter effuſiſſimos imbres
nihil madefáctus eſt , verùm étiam
inuſitáto ſplendóre è ſuo córpore
mirabíliter emicánte , ſóciis inter
denſiſſimas ténebras iter monſtrávit. Abſtinéntiâ & patiéntiâ nec non
abjectióne atque ódio ſui ſummó-
pere præſtitit. Necem fratris fílio
illátam imperturbáto ánimo tulit ,
ac ſuos ab omni ulciſcéndi cupiditáte compéſcuit ; immò étiam pro
interfectóribus opem & miſericórdiam Júdicum implorávit.

℟. Amávit eum Dóminus , & ornávit eum ; ſtolam glóriæ índuit
eum ; * Et ad portas paradíſi coronávit eum. ℣. Induit eum Dóminus lorícam fídei , & ornávit eum.
* Et ad.

Bened. Ignem ſui amóris.

Leçon vj.

PLúribus in locis Clericórum
Regulárium Ordinem propa-
gávit, eorúmque domicília Medioláni & Placéntiæ inſtituit. Illíus
óperam ſanctus Cárolus Borro-
mæus & Paulus de Arétio Clérieus

Reguláris, Cardináles, quibus erat acceptíssimus, in Pastorális múneris curis adhibuérunt. Deíparam Vírginem singulári amóre & cultu prosequebátur. Angelórum collóquio pérfrui méruit, quos, cùm divínas laudes persólveret è regióne concinéntes se audísse testátus est. Dénique post heroíca virtútum éxempla, prophétiæ quoque dono illústris, quo & secréta córdium & abséntia & futúra prospéxit, annis gravis & labóribus fractus, ad aram celebratúrus in verbis illis tértiò repetítis, Introíbo ad altáre Dei, repentíno apoplexíæ morbo corréptus est. Mox Sacraméntis ritè munítus, placidíssimè inter suos ánimam efflávit. Ejus corpus Neápoli in Ecclésia sancti Pauli ad hæc usque témpora eo frequentíssimo pópuli concúrsu cólitur, quo fuit elátum. Illum dénique insígnibus in vita & post mortem miráculis clarum Clemens undécimus Póntifex máximus solémni ritu Sanctórum Catálogo adscrípsit.

℟. Iste homo perfécit ómnia quæ locútus est ei Deus; & dixit ad eum, Ingrédere in réquiem meam; * Quia te vidi justum coram me ex ómnibus géntibus. ℣. Iste est qui contémpsit vitam mundi, & pervénit ad coeléstia regna : * Quia te vidi. ℣. Glória Patri. * Quia te vidi.

AU III NOCTURNE.

Les deux premiéres Leçons de saint Grégoire Pape sur l'Evangile Sint lumbi vestri præcíncti, page lxxix.

Bened. Ad societátem.

Leçon ix.

Pour les saints Tryphon, Respice Martyrs, & Nymphe Vierge & Martyre.

Tryphon, Décio Imperatóre, cùm Jesu Christi fidem prædicans omnes ad ejus cultum perdúcere conarétur, à Décii satellítibus comprehénsus, primùm equúleo torquétur & úngulis férreis excarnificátur; deinde sublímibus pédibus candéntibus clavis confíxus, fústibus cæditur, & admótis fácibus ardéntibus adúritur. Quæ cùm ómnia fórtiter feréntem vidísset Respícius Tribúnus, ad Christi Dómini fidem convérsus, statim se Christiánum esse palàm proféssus est. Qui váriè cruciátus, unà cum Tryphóne rápitur ad Jovis simulácrum; státua Tryphóne oránte cóncidit. Quare plumbátis crudelíssimè contúsi, nobilíssimum martyrium consecúti sunt quarto Idus Novémbris. Eódem die virgo quædam cui nomen Nympha, cùm Jesum Christum verum esse Deum clarâ voce testarétur, martyrii palmâ ad virginitátis corónâ adjúnxit.

Te Deum.

A LAUDES.

Memoire des saints Martyrs.

Ant. Vestri capílli cápitis omnes numeráti sunt: nolíte timére, multis passéribus melióres estis vos.

℣. Exsultábunt sancti in glória; ℟. Lætabúntur in cubílibus suis.

L'Oraison Fac nos, ci-dessus.

LES VESPRES sont toutes de la Feste suivante.

XI NOVEMBRE.
SAINT MARTIN,
Evesque & Confesseur. Double.

Tout se dit comme au Commun d'un Confesseur Pontife, excepté ce qui suit ici de propre.

AUX I VESPRES.

Ant. Dixérunt Discipuli ad beátum Martínum, Cur nos, Pater, déseris; aut cui nos desolátos relínquis? invádent enim gregem tuum lupi rapáces.

Ant. Dómine, si adhuc pópulo tuo sum necessárius, non recúso labórem; fiat volúntas tua.

Ant. O virum ineffábilem, nec labóre victum, nec morte vincéndum; qui nec mori tímuit, nec vívere recusávit!

Ant. Oculis ac mánibus in coelum semper inténtus, invíctum ab oratióne spíritum non relaxábat. Allelúia.

Ant. Martínus Abrahæ sinu lætus excípitur. Martínus hic pauper & módicus coelum dives ingréditur; hymnis coeléstibus honorátur.

A Magníficat, Ant. O beátum Virum, cujus ánima paradísum póssidet, unde exsúltant Angeli, lætántur Archángeli, chorus Sanctórum proclámat, turba Virginum ínvitat: Mane nobíscum in ætérnum.

O rémus.

DEus qui cónspicis quia ex nulla nostra virtúte subsístimus, concéde propítius ut intercessióne beáti Martíni Confessóris tui atque Pontíficis contra ómnia advérsa muniámur; per Dóminum.

Memoire de St André Avellin.

Ant. Hic vir despíciens mundum & terréna, triúmphans divítias coelo cóndidit ore, manu.

V. Justum dedúxit Dóminus per vias rectas, R/. Et osténdit illi regnum Dei.

O rémus.

DEus qui in corde beáti Andrææ Confessóris tui, per árduum quotídie in virtútibus proficiéndi votum, admirábiles ad te ascensiónes disposuísti, concéde nobis ipsius méritis & intercessióne ita ejúsdem grátiæ partícipes fíeri, ut perfectióra semper exsequéntes ad glóriæ tuæ fastígium felíciter perducámur; per Dóminum.

Memoire de saint Menne, Martyr.

Ant. Iste Sanctus pro lege Dei sui certávit usque ad mortem, & à verbis impiórum non tímuit; fundátus enim erat supra firmam petram.

V. Glóriâ & honóre coronásti eum, Dómine; R/. Et constituísti eum super ópera mánuum tuárum.

O rémus.

PRæsta, quæsumus, omnípotens Deus, ut qui beáti Mennæ Mártyris tui natalítia cólimus, intercessióne ejus in tui nóminis amóre roborémur; per Dóminum nostrum Jesum Christum.

A MATINES.

Invit. Laudémus Dóminum nostrum * In confessióne beáti Martíni.

Pseaume 94 Venite.

Les Pseaumes des trois Nocturnes sont du Commun d'un Martyr.

AU I NOCTURNE.

Ant. Martinus adhuc catechúmenus hâc me veste contéxit.

•Ant. Sanctæ Trinitátis fidem Martinus conféssus est, & baptísmi grátiam percépit.

Ant. Ego signo crucis, non clypeo protéctus aut gáleâ, hóstium cúneos penetrábo secúrus.

℣. Amávit eum Dóminus , & ornávit eum ; ℟. Stolam glóriæ induit eum.

Absol. Exáudi , Dómine.

Bened. Benedictióne perpétuâ.

Les Leçons Fidélis sermo , au Commun d'un Confesseur Pontife, page lij.

℟. Hic est Martínus eléctus Dei Póntifex, cui Dóminus post Apóstolos tantam grátiam conférre dignátus est, * Ut in virtúte Trinitátis Deíficæ mererétur fíeri trium mortuórum suscitátor magníficus. ℣. Sanctæ Trinitátis fidem Martínus conféssus est ; * Ut.

Bened. Unigénitus Dei Fílius.

℟. Dómine , si adhuc pópulo tuo sum necessárius , non recúso subíre propter eos labórem : * Fiat volúntas tua. ℣. Oculis ac mánibus in cœlum semper inténtus , invíctum ab oratióne spíritum non relaxábat. * Fiat.

Bened. Spíritûs sancti grátia.

℟. O beátum virum Martínum Antístitem, * Qui nec mori tímuit, nec vívere recusávit. ℣. Dómine , si adhuc pópulo tuo sum necessárius , non recúso labórem : fiat volúntas tua. * Qui. ℣. Glória Patri. * Qui.

AU II NOCTURNE.

Ant. Confído in Dómino, quòd fília mea précibus tuis reddénda sit sanitáti.

Ant. Tetrádius , cógnitâ Dei virtúte , ad Baptísmi grátiam pervénit.

Ant. O ineffabilem virum , per quem nobis tanta mirácula corúscant !

℣. Elégit eum Dóminus sacerdótem sibi ; ℟. Ad sacrificándum ei hóstiam laudis.

Absol. Ipsíus píetas.

Bened. Deus Pater omnípotens.

Leçon iv.

MArtínus Sabáriæ in Pannóniæ natus, cùm décimum attigísset annum, invitis paréntibus ad Ecclésiam confúgiens , in catechumenórum númerum adscríbi vóluit. Quíndecim annos natus in milítiam proféctus, primùm in Constántii , deínde Juliáni exércitu militávit. Qui cùm nihil habéret præter arma & vestiméntum quo tegebátur , Ambiáni páuperi ac nudo ab eo peténti ut Christi nómine sibi eleemósynam tribúeret, partem chlámydis dedit. Cui sequénti nocte Christus dimidiátâ illâ veste indútus appáruit, hanc mittens vocem , Martínus catechúmenus hanc me veste contéxit.

℟. Oculis ac mánibus in cœlum semper inténtus * Invíctum ab oratióne spiritum non relaxábat. ℣. Dùm Sacraménta offérret beátus Martínus , globus ígneus appáruit super caput ejus. * Invíctum.

Bened. Christus perpétuæ.

Leçon v.

DEcem & octo annos cùm habéret , baptizátus eft. Quare relíctâ militári vitâ , ad Hilárium Pictaviénfem Epifcopum fe cóntulit , à quo in Acolytórum númerum redáctus eft. Pòft factus Epifcopus Turonénfis , Monaftérium ædificávit, ubi cum octogínta mónachis fanctiffimè aliquándiù vixit. Qui cùm pófteà ad Candacénfem vicum fuæ diœcéfis in gravem febrim incidiffet, affiduâ Deum oratióne precabátur ut fe ex illo mortáli cárcere liberáret. Quem audiéntes difcípuli, fic rogábant, Cur nos , Pater , déferis ? cui nos míferos derelínquis ? Quorum voce commótus Martínus , ita Deum orábat ; Dómine, fi adhuc pópulo tuo fum neceffárius , non recúfo labórem.

R. Beátus Martínus óbitum fuum longè antè præfcívit, dixítque Frátribus * Diffolutiónem fui córporis imminére , quia judicábat fe jam refólvi. V. Víribus córporis cœpit repénrè deftítui; convocatífque Difcípulis dixit , * Diffolutiónem.

Bened. Ignem fui amóris.

Leçon vj.

SEd cùm eum in illa veheménti febre fupínum orántem víderent difcípuli, fuppliciter ab eo petiérunt ut convérfo córpore, tantifper dum remítteret morbi vis , pronus conquiéfceret. Quibus Martínus , Sínite me , inquit , cœlum pótiùs quàm terram adfpícere, ut fuo jam itínere itúrus ad Dóminum fpíritus dirigátur. Inftánte jam morte ,

vifo humáni géneris hofte , Quid , inquit, adftas, cruénta béftia ? nihil in me , funéfte, repéries. Eâ in voce unum & octogínta annos natus ánimam Deo réddidit , quam Angelórum chorus excépit, eófque divínas canéntes laudes multi , in primífque fanctus Severínus Coloniénfis Epifcopus, audiérunt.

R. Dixérunt difcípuli ad beátum Martínum , Cur nos , Pater , déferis , aut cui nos defolátos relínquis ? * Invádent enim gregem tuum lupi rapáces. V. Scimus quidem defideráre te Chriftum ; fed falva funt tibi tua præmia ; noftri pótiùs miferére quos déferis ; * Invádent enim. V. Glória. * Invádent.

Au III NOCTURNE.

Ant. Dóminus Jefus Chriftus non purpurátum aut diadémate reniténtem fe ventúrum effe prædíxit.

Ant. Sacérdos Dei Martíne, apérti funt tibi cœli & regnum Patris mei.

Ant. Sacérdos Dei Martíne, paftor egrégie , ora pro nobis Deum.

V. Tu es facérdos in ætérnum R. Secúndùm órdinem Melchífedech.

Abfol. A vínculis.

Bened. Evangélica léctio.

Leçon vij.

Léctio fancti Évangélii fecúndùm Lucam.

IN illo témpore dixit Jefus Difcípulis fuis, Nemo lucérnam accéndit, & in abfcóndito ponit néque fub módio ; fed fupra candelábrum , ut qui ingrediúntur lumen vídeant. Et réliqua.

Homília

Homília Sti Ambrósii Epíscopi.

Livre 7 des Commentaires sur saint Luc, Chap. 11, après le commencement.

QVia in superióribus Ecclésiam synagógæ prætulit, hortátur nos ut fidem pótiùs nostram ad Ecclésiam transferámus. Lucérna enim fides est, juxta quod scriptum est, Lucérna pédibus meis verbum tuum, Dómine. Verbum enim Dei fides nostra est, verbum Dei lux est. Lucérna est fides. Erat lux vera, quæ illúminat omnem hóminem veniéntem in hunc mundum. Lucérnam autem lucére non potest, nisi aliúnde lumen accéperit.

℟. O beátum Virum, in cujus tránsitu Sanctórum canit númerus, Angelórum exsúltat chorus, * Omniúmque coeléstium Virtútum occúrrit psalléntium exércitus. ℣. Ecclésia virtúte roborátur. Sacerdótes Dei revelatióne glorificántur, quem Míchael assúmsit cum Angelis. * Omniúmque.

Bened. Cujus festum cólimus.

Leçon viij.

HÆc est lucérna quæ accénditur, virtus scílicet nostræ mentis & sensûs, ut drachma illa possit, quæ períerat, reperíri. Nemo ergo fidem sub lege constítuat. Lex enim intra mensúram est, ultra mensúram est grátia; lex obúmbrat, grátia claríficat. Et ideò nemo fidem suam intra mensúram legis inclúdat, sed ad Ecclésiam cónferat, in qua septifórmis Spíritûs relúcet grátia, quam Princeps ille Sacerdótum fulgóre supérnæ divi-

nitátis illúminat, ne eam legis umbra restínguat. Dénique lucérna illa quam matutínis vespertinísque tempóribus ritu véteri Judæórum prínceps sacerdótum solébat accéndere, velut sub módio sita legis evánuit; & cívitas illa Jerúsalem quæ in terris est, quæ occídit Prophétas, quasi in conválle fletus pósita delitéscit; illa autem Jerúsalem quæ in coelo est, in qua mílitat fides nostra, in illo altíssimo ómnium locáta monte, hoc est Christo, non potest ténebris & ruínis hujus mundi abscóndi, sed fulgens candóre Solis ætérni, luce nos grátiæ spiritális illúminat.

℟. Martínus Abrahæ sinu lætus excípitur. Martínus hìc pauper & módicus * Coelum dives ingréditur; hymnis coeléstibus honorátur. ℣. Martínus Epíscopus migrávit à século: vivit in Christo, gemma sacerdótum. * Coelum. ℣. Glória Patri. * Coelum.

Bened. Ad societátem.

Pour saint Menne, Martyr.

Leçon ix.

MEnnas Ægyptius Christiánus miles, in persecutióne Diocletiáni & Maximiáni Imperatórum, cùm pœniténtiæ causâ in solitúdinem secessísset, natáli die Imperatórum quo pópulus célebri spectáculo tenebátur, in theátrum prosíliens, liberâ voce Gentílium superstitiónem insectabátur. Quamóbrem comprehénsus, & Pyrrho Præside in metrópoli Cottiénsium Phrygíæ vinctus, loris crudéliter cæditur; deinde equúleo tortus, lampádibus ardéntibus ad corpus admótis, plagífque cilício confricátis, tum per tríbulos & virgas férreas mánibus ac pédibus colligátis tractus, plumbátis étiam contúfus, demum gládio interfícitur, in ignémque conjícitur. Corpus inde à Chriftiánis eréptum fepultum eft, ac póftea Conftantinópolim tranflátum.   Te Deum.

A LAUDES.

Ant. Dixérunt Difcípuli ad beátum Martínum, Cur nos, Pater, déferis; aut cui nos defolátos relinquis? invádent enim gregem tuum lupi rapáces.

Pfeaume 92 Dóminus regnávit, avec les autres.

Ant. Dómine, fi adhuc pópulo tuo fum neceffarius, non recúfo labórem; fiat volúntas tua.

Ant. O virum ineffábilem, nec labóre victum, nec morte vincéndum; qui nec mori tímuit, nec vívere recufávit!

Ant. Oculis ac mánibus in cœlum femper inténtus, invíctum ab oratióne fpíritum noh relaxábat. Allelúia.

Ant. Martínus Abrahæ finu lætus excípitur. Martínus hìc pauper & módicus cœlum dives ingréditur; hymnis cœléftibus honorátur.

A Benedictus, Ant. O beátum Virum; cujus ánima paradífum póffidet: unde exfúltant Angeli, lætántur Archángeli, chorus Sanctórum proclámat, turba Vírginum invítat; Mane nobífcum in ætérnú.

O rémus.

Eus qui cónfpicis: quia ex nulla noftra virtúte fubfifti-

mus, concéde propítius ut interceffióne beáti Martíni Confeffóris tui atque Pontíficis contra ómnia advérfa muniámur; per Dóminum.

Memoire de St Menne, Martyr.

Ant. Qui odit ánimam fuam in hoc mundo, in vitam ætérnam cuftódit eam.

v. Juftus ut palma florébit, R. Sicut cedrus Líbani multiplicábitur.

O rémus.

PRæfta, quæfumus, omnípotens Deus, ut qui beáti Mennæ Mártyris tui natalítia cólimus, interceffióne ejus in tui nóminis amóre roborémur; per Dóminum.

AUX HEURES on dit les Antiennes de Laudes, en omettant la quatrieme.

AUX II VESPRES.

Les Antiennes de Laudes.

A Magníficat, Ant. O beátum Pontíficem, qui totis vifcéribus dilígébat Chriftum Regem, & non formidábat impérii principátum! O fanctíffima ánima, quam etfi gládius perfecutóris non ábftulit, palmam tamen martyrii non amífit.

v. Juftum dedúxit Dóminus per vias rectas; R. Et ofténdit illi regnum Dei.

L'Oraifon Deus qui cónfpicis, ci-deffus.

Memoire de faint Martin, Pape & Martyr.

Ant. Ifte Sanctus pro lege Dei fui certávit ufque ad mortem, & à verbis impiórum non tímuit; fundátus enim erat fupra firmam petram.

v. Glóriâ & honóre coronáfti

eum, Dómine; ℞. Et constituísti eum super ópera mánuum tuárum.

O rémus.

DEus qui nos beáti Martíni Mártyris tui atque Pontíficis ánnuâ solemnitáte lætíficas ; concéde propítius ut cujus natalítia cólimus, de ejúsdem étiam protectióne gaudeámus ; per Dóminum.

XII NOVEMBRE.
SAINT MARTIN,
Pape & Martyr. Semidouble.
A MATINES.
AU I NOCTURNE.

Les Leçons de l'Ecriture marquées pour aujourd'hui au Propre du Temps.

AU II NOCTURNE.
Leçon iv.

MArtínus, Tudérti in Umbria natus, initio Pontificátûs & lítteris & legatiónibus missis óperam dedit ut Paulum Constantinopolitánum Patriárcham à nefária hæresi ad Cathólicæ fídei veritátem revocáret ; qui Constánte Imperatóre hærético fretus, eò améntiæ progréssus fúerat, ut Sedis Apostólicæ Legátos várie in ínsulas relegáret. Quo ejus scélere commótus Póntifex, coácto Romæ Concílio centum quinque Episcopórum, eum condemnávit.

℞. Honéstum fecit illum Dóminus, & custodívit eum ab inimícis, & à seductóribus tutávit illum, * Et dedit illi claritátem ætérnam. ℣. Descendítque cum illo in fóveam, & in vínculis non derelíquit eum, * Et dedit.

Bened. Christus perpétuæ.

Leçon v.

QUæ causa fuit Constánti mitténdi in Itáliam Olympium Exárchum, ut Martínum Pontíficem interficiéndum aut ad se perducéndum curáret. Igitur Olympius Romam véniens, lictóri mandat ut Póntificem, dum in Basílica sanctæ Maríæ ad præsepe Missárum solémnia celebráret, occíderet. Quod ubi lictor aggréditur, cæcus repénte factus est.

℞. Desidérium ánimæ ejus tribuísti ei, Dómine, * Et voluntáte labiórum ejus non fraudásti eum. ℣. Quóniam prævenísti eum in benedictiónibus dulcédinis ; posuísti in cápite ejus corónam de lápide pretióso. * Et voluntáte.

Bened. Ignem sui amóris.

Leçon vj.

COnstánti autem Imperatóri ex eo témpore multæ calamitátes incidérunt, quibus nihilo mélior factus, Theodórum Callíopam ad Urbem mittens, ímperat ut Pontífici manus injíciat. A quo per fraudem captus Martínus & Constantinópolim perdúctus, deinde in Chersonésum relegátus, ibi ob Cathólicam fidem ærúmnis conféctus, prídie Idus Novémbris cessit è vita clarus miráculis ; cujus corpus Romam póstea translátum, in Ecclésia cónditum est quæ Sanctórum Sylvéstri & Martíni nómine dedicáta erat. Præfuit Ecclésiæ annos sex, mensem unum, dies vigínti sex. Hábuit Ordinatiónes duas mense Decémbri, quibus creávit

Presbyteros úndecim, Diáconos quinque, Epíſcopos per divérſa loca triginta tres.

℟. Stolâ jucunditátis índuit eum Dóminus, * Et corónam pulchritúdinis póſuit ſuper caput ejus. ℣. Cibávit illum Dóminus pane vitæ & intelléctûs, & aquâ ſapiéntiæ ſalutáris potávit illum, * Et corónam. ℣. Glória Patri. * Et corónam.

AU III NOCTURNE.

Les Leçons de l'Homelie de St Gregoire Pape ſur l'Evangile Si quis venit ad me, au Commun, page xxx, & on dit le ℟ Dómine, prævenísti eum.

LES VESPRES ſont toutes de la Feſte ſuivante depuis le Chap.

XIII NOVEMBRE.
SAINT DIDACE,
Confeſſeur. Semidouble.
A VESPRES.

O rémus.

OMnipotens ſempitérne Deus qui diſpoſitióne mirábili infirma mundi éligis, ut fórtia quæque confúndas; concéde propítius humilitáti noſtræ, ut piis beáti Dídaci Confeſſóris tui précibus ad perénnem in cœlis glóriam ſublimári mereámur; per Dóminum.

Memoire
de ſaint Martin, Pape & Martyr.

Ant. Qui vult veníre poſt me ábneget ſemetípſum & tollat crucem ſuam & ſequátur me.

℣. Juſtus ut palma florébit; ℟. Sicut cedrus Líbani multiplicábitur.

O rémus.

DEus qui nos beáti Martíni Mártyris tui atque Pontíficis ánnuâ ſolemnitáte lætíficas, concéde propítius ut cujus natalítia cólimus, de ejúſdem étiam protectióne gaudeámus; per Dóminum noſtrum.

A MATINES.
AU I NOCTURNE.
Les Leçons de l'Eſcriture marquées pour aujourd'hui au Propre du Temps.
AU II NOCTURNE.
Leçon iv.

DIdacus Hiſpánus ex óppido ſancti Nicolái de Portu, Diœcéſis Hiſpalénſis, ab ineúnte ætáte pii ſub Sacerdótis diſciplína ſanctióris vitæ ſolitária in Eccléſia tirocínium exércuit. Deínde ut firmiùs Deo ſe conjúngeret, in Convéntu de Arizzáfa Fratrum Minórum (quos Obſervántes vocant) ſancti Francíſci Régulam in ſtatu laicáli profeſſus eſt. Magnâ ibi alacritáte, húmilis obediéntiæ & reguláris obſervántiæ jugum ſúbiens, contemplatióni imprimis déditus, mirâ Dei luce perfundebátur, ádeò ut de rebus cœléſtibus, litterárum expers, mirándum in modum & planè divínitùs loquerétur.

℟. Honéſtum fecit illum Dóminus, & cuſtodívit eum ab inimícis, & à ſeductóribus tutávit illum, * Et dedit illi claritátem ætérnam. ℣. Juſtum dedúxit Dóminus per vias rectas, & oſténdit illi regnum Dei, * Et.

Bened. Chriſtus perpétuæ.

Leçon v.

Canáriis in Insulis, ubi Frátribus sui Ordinis præfuit, multâ perpéssus, martyrii æstuans desidério, plures Infidéles verbo & exémplo ad Christi fidem convértit. Romam véniens anno Jubilæi, Nicoláo quinto Pontifice, ægrotórum curæ in Convéntu Aræ Cœli destinátus, eo charitátis afféctu munus hoc exércuit, ut Urbe annónæ inópiâ laboránte, ægrótis tamen, quorú aliquándo úlcera étiam lambéndo abstergébat, nihil pénitùs necessárii defécerit. Exímia quoque fides & grátia curatiónum in eo elúxit, cùm lámpadis quæ collucébat ante imáginem beatíssimæ Dei Genitrícis, quam summâ devotióne colébat, óleo ægros inúngens, signo Crucis imprésso, multórum morbos mirabíliter sanáverit.

℞. Amávit eum Dóminus, & ornávit eum; stolam glóriæ índuit eum, * Et ad portas paradísi coronávit eum. ℣. Induit eum Dóminus loricam fídei, & ornávit eum. * Et ad portas.

Bened. Ignem sui amóris.

Leçon vj.

Demum Complúti finem sibi vitæ adésse intélligens, lácerâ & obsolétâ indútus túnicâ, conjéctis in Crucem óculis, singulári devotióne, illis verbis ex sacro Hymno pronuntiátis ; Dulce lignum, dulces clavos, dúlcia ferens póndera, quæ fuísti digna portáre Regem cœlórum & Dóminum, ánimam Deo réddidit prídie Idus Novémbris, anno Dómini supra mil-

lésimum quadringentésimo sexagésimo tértio. Ejus corpus cùm menses non paucos (ut pio confluéntium desidério fíeret satis) insepúltum mansísset, quasi jam incorruptiónem indúerit, odórem suavíssimum afflávit. Illum multis & illústribus miráculis clarum Sixtus quintus Póntifex máximus Sanctórum número adscrípsit.

℞. Iste homo perfécit ómnia quæ locútus est ei Deus ; & dixit ad eum, Ingrédere in réquiem meam ; * Quia te vidi justum coram me ex ómnibus géntibus. ℣. Iste est qui contémsit vitam mundi, & pervénit ad cœléstia regna ; * Quia te vidi. ℣. Glória Patri. * Quia.

Au III Nocturne.

Les Leçons de l'Homelie sur l'Evangile Nolíte timére, au Commun des Confesseurs.

XV Novembre.
SAINTE GERTRUDE,
Vierge & Abbesse de l'Ordre de St Benoît. Double.
Aux I Vespres.

O rémus.

Deus qui in corde beátæ Gertrúdis Vírginis jucúndam tibi mansiónem præparásti, ipsíus méritis & intercessióne cordis nostri máculas cleménter abstérge, & ejúsdem tríbue gaudére consórtio ; per Dóminum.

A Matines.
Au I Nocturne.

Les Leçons de l'Escriture marquées pour aujourd'hui au Propre du Temps.

AU II NOCTURNE.

Leçon iv.

Ertrúdis Iflébii in Saxónia nóbili génere nata, quinquénnis in Monaftério Rodardénfi, Ordinis fancti Benedícti, virginitátem fuam ac feipfam Jefu Chrifto óbtulit. Quo ex témpore à mundánis rébus prorsùs aliéna virtutíque fédulò inténta, coeléftis vitæ genus inftítuit. Ad humaniórum litterárum notítiam rerum divinárum cognitiónem adjúnxit, quarum meditatióne veheméntiùs ad virtútem incénfa, brevi Chriftiánam perfectiónem adépta eft. De Chrifto ejúfque vitæ myftériis fæpenúmerò pio cum ánimi fenfu loquebátur ; unámque Dei glóriam cógitans, ad illam vota fua ómnia & actiónes referébat. Quamvis autem multis exímiis natúræ & grátiæ donis à Deo aucta effet, ita tamen fibi ipfa vilefcébat, ut inter præcípua divínæ bonitátis mirácula hoc item memoráret, quod fe indigniffimam mifericórditer fuftinéret.

℟. Propter veritátem & manfuetúdinem & juftítiam ; * Et dedúcet te mirabíliter déxtera tua. ℣. Spécie tuâ & pulchritúdine tuâ inténde, prófperè procéde, & regna. * Et dedúcet.

Bened. Chriftus perpétuæ.

Leçon v.

Ricéfimum ætátis annum agens, primùm Rodardénfis Monaftérii, ubi religiófam vitam eft proféffa, deínde Elpediáni Præfes elécta, quadragínta annórum fpátio, eâ charitáte, prudéntiâ &

reguláris difciplínæ ftúdio munus obívit, ut Coenóbium religiófæ perfectiónis domicílium viderétur. Utrobíque verò, licèt effet ómnium mater & magíftra, ómnium tamen mínima habéri volébat, ac demiffióne pari miniftram fe exhibébat. Quò libériùs Deo vacáret, vigíliis, abftinéntiâ, aliífque cruciátibus corpus afflíxit ; fempérque fui símilis, morum innocéntiam, manfuetúdinem ac patiéntiam prætulit fingulárem. Proximórum falúti omni ope ftúduit, piæque curæ copiófum fructum rétulit. Divíni amóris vi frequéntes patiebátur éxftafes, altiffimæque contemplatiónis & divínæ uniónis donum obtínuit.

℟. Dilexífti juftítiam, & odífti iniquitátem ; * Proptéreà unxit te Deus, Deus tuus, óleo lætítiæ. ℣. Propter veritátem & manfuetúdinem & juftítiam. * Proptéreà.

Bened. Ignem fui amóris.

Leçon vj.

T mérítum acceptíffimæ fibi fponfæ Chriftus ofténderet, in corde Gertrúdi jucúndam fibi effe manfiónem teftátus eft. Deíparam Vírginem véluti matrem & curatrícem à Jefu accéptam pietáte præcípuâ profequebátur, ab eáque multa accépit benefícia. Erga diviníffimum Eucharíftiæ Sacraméntum & Paffiónem Dómini tanto amóre cum grati ánimi fenfu afficiebátur, ut intérdum ubéribus lácrymis perfunderétur. Juftórum ánimas piaculáribus flammas addíctas quotidiánis fubsídiis & précibus juvábat. Multa ad confovéndam pietátem scripsit. Divinárum étiam revelatiónum & prophetíæ dono cláruit. Dénique flagrantíssimo Dei amóre pótiùs quàm morbo languéscens, anno Dómini millésimo ducentésimo nonagésimo secúndo vitâ decéssit. Miráculis vivens & post mortem à Deo illustráta est.

℞. Afferéntur Regi vírgines post eam, próximæ ejus * Afferéntur tibi in lætítia & exsultatióne. ℣. Spécie tuâ & pulchritúdine tuâ inténde, próspere procéde, & regna. * Afferéntur. ℣. Glória Patri. * Afferéntur.

AU III NOCTURNE.
Les Leçons de l'Homelie de saint Gregoire Pape sur l'Evangile Símile erit regnum cœlórum decem virgínibus, au Commun, page xcviij.

Te Deum.

XVII NOVEMBRE.
SAINT GREGOIRE THAUMATURGE,
Evesque & Confesseur.
Semidouble.
AUX I VESPRES.
Orémus.

DA, quæsumus, omnípotens Deus, ut beáti Gregórii Conféssóris tui atque Pontíficis veneránda solémnitas, & devotiónem nobis áugeat & salútem; per Dóminum nostrum.

A MATINES.
AU I NOCTURNE.
Les Leçons de l'Escriture marquées pour aujourd'hui au Propre du Temps.

AU II NOCTURNE.
Leçon iv.

GRegórius, Neocæsáreæ Ponti Epíscopus, sanctitáte doctrináque illústris, signis verò ac miráculis multò illústrior, quorum multitúdine atque præstántiâ Thaumatúrgus appellátus est, & sancti Basílii testimónio, cum Móyse, Prophétis & Apóstolis comparátus, montem qui Ecclésiæ ædificatiónem impediébat, oratióne álio tránstulit. Item palúdem, inter fratres causam discordiárum, exsiccávit. Lycum flúvium perniciósè agros inundántem, defixo ad ripam, quo sustentabátur, báculo, qui statim viréntem crevit in árborem, coércuit, ut póstea ultra eum términum non efflúxerit.

℞. Invéni David servum meum, óleo sancto meo unxi eum; * Manus enim mea auxiliábitur ei. ℣. Nihil profíciet inimícus in eo, & fílius iniquitátis non nocébit ei : * Manus.

Bened. Christus perpétuæ.
Leçon v.

SÆpíssime Dæmones ex idolórum simulácris atque ex hóminum corpóribus ejécit, múltaque ália mirabíliter effécit, quibus innumerábiles hómines traxit ad Jesu Christi fidem, cùm étiam prophético spíritu futúra prædíceret. Qui migratúrus è vita, cùm quæsísset quot in civitáte Neocæsariénsi réliqui essent Infidéles, responsúmque esset tantùm esse septémdecim, Deo grátias agens, Tótidem, inquit, erant fidéles, cùm cœpi episcopátum. Plura ſcripſit , quibus étiam non ſolùm miráculis , Dei Eccléſiam illuſtrávit.

℞. Póſui adjutórium ſuper poténtem , & exaltávi eléctum de plebe mea ; * Manus enim mea auxiliábitur ei. ℣. Invéni David ſervum meum , óleo ſancto meo unxi eum ; * Manus.

Bened. Ignem ſui amóris.

Leçon vj.

Sermo ſancti Máximi Epíſcopi.

En l'Homelie 59 , qui eſt la 2 de St Euſebe.

BEáti patris Gregórii mérita jam in tuto póſita ſecúri magnificémus ; qui gubernáculum fídei víriliter tenens , ánchoram ſpei tranquílla jam in ſtatióne compóſuit , & plenam cœléſtibus divítiis & ætérnis mércibus navem optáto in líttore collocávit ; qui contra omnes adverſários ſcutum timóris Dei támdiù infatigabíliter ténuit , donec ad victóriam perveníret. Quid enim fuit totíus vitæ illíus curſus, niſi unus cum vígili hoſte conflíctus ?

℞. Iſte eſt qui ante Deum magnas virtútes operátus eſt, & omnis terra doctrínâ ejus repléta eſt. * Ipſe intercédat pro peccátis ómnium populórum. ℣. Iſte eſt qui contémſit vitam mundi, & pervénit ad cœléſtia regna. * Ipſe intercédat. ℣. Glória Patri. * Ipſe.

AU III NOCTURNE.

Leçon vij.

Léctio ſancti Évangélii ſecúndùm Marcum.　Ch. 11.

IN illo témpore reſpóndens Jeſus Diſcípulis ſuis, ait illis, Habéte fidem Dei. Amen dico vobis quia quicúmque díxerit huic monti, Tóllere , & míttere in mare , & non hæſitáverit in corde ſuo , ſed crediderit, quia quodcúmque díxerit fiat, fiet ei. Et réliqua.

Homília venerábilis Bedæ Presbyteri.

Livre 3 des Commentaires ſur ſaint Marc , Chapitre 11.

SOlent Gentíles qui contra Eccléſiam maledícta ſcripſére, improperáre noſtris quòd non habúerint plenam fidem Dei , quia nunquam montes transférre potúerint. Quibus reſpondéndum eſt non ómnia ſcripta eſſe quæ in Eccléſia ſunt geſta , ſicut étiam de factis ipſíus Chriſti & Dómini noſtri Scriptúra teſtátur. Unde & hoc quoque fíeri potuíſſet, ut mons ablátus de terra mitterétur in mare, ſi necéſſitas id fíeri popoſcíſſet. Quómodò légimus factum précibus beáti patris Gregórii Neocæſáreæ Ponti Antíſtitis , viri méritis & virtútibus exímii , ut mons in terra tantùm loco céderet, quantùm íncolæ civitátis opus habébant.

℞. Amávit eum Dóminus , & ornávit eum ; ſtolam glóriæ índuit eum , * Et ad portas paradíſi coronávit eum. ℣. Induit eum Dóminus lorícam fídei, & ornávit eum, * Et ad portas.

Bened. Cujus feſtum cólimus.

Leçon viij.

CUm enim volens ædificáre Eccléſiam in loco apto, víderet eum anguſtiórem eſſe quàm res exigébat , eò quòd ex una parte rupe

rupe maris, exália monte próximo coarctarétur; venit nocte ad locum, & génibus flexis admónuit Dóminum promiſſiónis ſuæ, ut montem lóngiùs juxta fidem peténtis ágeret & manè facto revérſus, invénit montem tantùm ſpátii reliquiſſe ſtructóribus Eccléſiæ, quantùm opus habúerant. Póterat ergo hic, póterat álius quis ejúſdem mériti vir, ſi opportúnitas exegíſſet, impetráre à Dómino mérito fídei, ut étiam mons tollerétur & mitterétur in mare.

℟. Sint lumbi veſtri præcincti, & lucérnæ ardéntes in mánibus veſtris: * Et vos ſímiles homínibus exſpectántibus dóminum ſuum, quando revertátur à núptiis. ℣. Vigiláte ergo, quia neſcítis quâ horâ dóminus veſter ventúrus ſit. * Et vos.

Bened. Ad ſocietátem.

Leçon ix.

VErùm quia montis nómine nonnúnquâ Diábolus ſignificátur, vidélicet propter ſupérbiam quâ ſe contra Deum érigit & eſſe vult ſímilis Altíſſimo, mons ad præcéptum eórum qui fortes fide ſunt, tóllitur de terra & in mare projícitur, cùm prædicántibus verbum doctóribus ſanctis, immúndos ſpíritus ab eórum corde repéllitur qui ad vitam ſunt præordináti, & in turbuléntis amaríſque infidélium méntibus veſániam ſuæ tyránnidis exercére permíttitur.

Te Deum.

LES VESPRES ſont toutes de la Feſte ſuivante.

XVIII·NOVEMBRE.
DEDICACE
DES EGLISES DES APOSTRES
St PIERRE ET St PAUL.
Double.

Tout ſe dit comme au Commun de la Dedicace de l'Egliſe, excepté ce qui ſuit.

AUX I VESPRES.
Memoire de ſaint Gregoire.

Ant. Amávit eum Dóminus, & ornávit eum: ſtolam glóriæ índuit eum, & ad portas paradíſi coronávit eum.

℣. Juſtum dedúxit Dóminus per vias rectas, ℟. Et oſténdit illi regnum Dei.

Orémus.

DA, quæſumus, omnípotens Deus, ut beáti Gregórii Confeſſóris tui atque Pontíficis veneránda ſolémnitas, & devotiónem nobis áugeat, & ſalútem; per Dóminum noſtrum.

A MATINES.
AU I NOCTURNE.
Leçon j.

De libro Apocalypſis beáti Joánnis Apóſtoli. Chap. 21.

ET erat ſtructúra muri ejus ex lápide jáſpide; ipſa verò cívitas, aurum mundum ſímile vitro mundo. Et fundaménta muri civitátis omni lápide pretióſo ornáta. Fundaméntum primum, jaſpis; ſecúndum, ſapphírus; tértium, chalcedónius; quartum, ſmarágdus; quintum, ſárdonix; ſextum, ſárdius; ſéptimum, chryſólithus; octávum, beryllus; nonum, topá-

R. 4. Automne. Hhh

zius ; décimum, chryfoprafus ; un-
décimum , hyacínthus ; duodéci-
mum , amethyftus.

℟. In dedicatióne templi decantábat pópulus laudem , * Et in ore
eórum dulcis refonábat fonus. ℣.
Fundáta eft domus Dómini fupra
vérticem móntium , & vénient ad
eam omnes gentes : * Et in ore.

Bened. Unigénitus Dei Fílius.

Leçon ij.

ET duódecim portæ duódecim
margarítæ funt per síngulas ;
& síngulæ portæ erant ex síngulis margarítis , & platéa civitátis aurum mundum, tanquam vitrum per-
lúcidum. Et templum non vidi in
ea ; Dóminus enim Deus omnípotens templum illíus eft , & Agnus.
Et cívitas non eget fole neque lu-
nâ , ut lúceant in ea ; nam cláritas
Dei illuminávit eam , & lucérna
ejus eft Agnus.

℟. Fundáta eft domus Dómini
fupra vérticem móntium , & exaltáta eft fuper omnes colles : * Et
vénient ad eam omnes Gentes , &
dicent, Glória tibi, Dómine. ℣. Veniéntes autem vénient cum exfultatióne, portántes manípulos fuos.
* Et vénient.

Bened. Spíritûs fanƈti grátia.

Leçon iij.

ET ambulábunt Gentes in lúmine ejus , & Reges terræ
áfferent glóriam fuam & honórem
in illam. Et portæ ejus non clau-
déntur per diem ; nox enim non
erit illic. Et áfferent glóriam &
honórem Géntium in illam. Non
intrábit in eam áliquid coinquiná-

tum aut abominatiónem fáciens &
mendácium , nifi qui fcripti funt in
libro vitæ Agni.

℟. Bénedic , Dómine , domum
iftam quam ædificávi nómini tuo.
Veniéntium in loco ifto * Exáudi
preces in excélfo fólio glóriæ tuæ.
℣. Dómine , fi convérfus fúerit pópulus tuus , & oráverit ad fanƈtuá-
rium tuum , * Exáudi. ℣. Glória
Patri. * Exáudi.

A v II Nocturne.
Leçon iv.

EX locis fácris qui olim apud
Chriftiános veneratiónem habuérunt , illa celebérrima & fre-
quentíffima fuérunt , in quibus cóndita Sanƈtórum córpora , vel áliquod Mártyrum veftígium aut monuméntum effet. In quorum número fanƈtórum locórum in primis
femper fuit insígnis eaVaticáni pars
quam fanƈti Petri Confeffiónem ap-
pellábant. Nam eò Chriftiáni ex
ómnibus orbis terræ pártibus , tanquàm ad fídei petram & Eccléfiæ
fundaméntum conveniéntes, locum
Príncipis Apoftolórum fepúlchro
confecrátum fummâ religióne ac
pietáte venerabántur.

℟. Orántibus in loco ifto * Dimitte peccáta pópuli tui, Deus, &
ofténde eis viam bonam per quam
ámbulent , & da glóriam in loco
ifto. ℣. Qui regis Ífrael , inténde,
qui dedúcis velut ovem Jofeph,
qui fedes fuper Chérubim, *Dimitte.

Bened. Chriftus perpétuæ.

Leçon v.

ILluc Conftantínus magnus, Imperátor, oƈtávo die poft fufcép-

rum baptifmum venit, depofitóque diadémate & humi jacens, vim lacrymárum profúdit ; mox fumto ligóne ac bidénte terram éruit : indéque duódecim terræ cóphinis, honóris causâ duódecim Apoftolórum ablátis, ac loco Basílicæ Príncipis Apoftolórum defignáto, Ecclésiam ædificávit. Quam fanctus Sylvéfter Papa décimo quarto Kaléndas Decémbris, eo modo quo Lateranénfem Ecclésiam quinto Idus Novémbris confecráverat, dedicávit, & in ea altáre lapídeum chrífmate delibútum eréxit ; atque ex eo témpore fancívit ne deínceps altária nifi ex lápide fíerent. Eámdem Basílicam vetuftáte jamprídem collabéntem, ac proptéreà multórum Pontíficum pietáte látiùs ac magnificéntiùs à fundaméntis eréctam, Urbánus octávus eádem die recurrénte anni millésimi fexcentésimi vigésimi fexti folémni ritu confecrávit.

℞. O quàm metuéndus eft locus ifte ! * Verè non eft hìc áliud nifi domus Dei & porta cœli. ℣. Hæc eft domus Dómini fírmiter ædificáta ; benè fundáta eft fupra firmam petram. * Verè.

Bened. Ignem fui amóris.

Leçon vj.

IDem beátus Sylvéfter Basílicam fancti Pauli Apóftoli viâ Oftiénfi ab eódem Conftantíno Imperatóre magnificentíffimè ædificátam dedicávit. Quas Basílicas Imperátor multis prædiis attribútis locupletávit ac munéribus ampliffimis exornávit. Cujus Imperatóris tan-

tus fuit ardor religiónis, ut, delétis idolórum templis, multas ubíque terrárum exftrúxerit Ecclésias, & præcípuè Romæ : in quibus fúerunt Basílica fanctæ Crucis ad Jerúfalem in agro Sefforiáno, fancti Lauréntii extra muros in agro Veráno, fanctórum Petri & Marcellíni viâ Lavicánâ, aliæque permultæ.

℞. Manè furgens Jacob erigébat lápidem in títulum ; fundens óleum défuper, votum vovit Dómino. * Verè locus ifte fanctus eft, & ego nefciébam. ℣. Cùmque evigiláffet Jacob de fomno, ait, * Verè. ℣. Glória Patri. * Verè.

AU III NOCTURNE.

Les Leçons de l'Homelie de St Gregoire fur l'Evangile Ingréffus Jefus, au Commun de la Dedicace, page cxxxvj.

LES VESPRES font de la Fefte fuivante depuis le Chapitre.

XIX NOVEMBRE.
SAINTE ELIZABETH
DE HONGRIE. Veuve.
Double.

Tout l'Office, excepté ce qui fuit, fe dit comme au Commun des Non Vierges, page cij, en prenant ce qui eft pour les Non Martyres.

AU I VESPRES.
Orémus.

TUórum corda Fidélium Deus miferátor illúftra ; & beátæ Elizabeth précibus gloriófis fac nos prófpera mundi defpícere & cœléfti femper confolatióne gaudére ; per Dóminum noftrum Jefum Chriftum.

Memoire de la Dedicace des Eglises de St Pierre & de St Paul.

Ant. O quàm metuéndus eft Iocus iste ! verè non eft hic áliud, nisi domus Dei & porta cœli.

℣ Domum tuam, Dómine, decet fanctitúdo. ℟. In longitúdinem diérum.

Orémus.

DEus qui nobis per síngulos annos hujus fancti Templi tui confecratiónis réparas diem, & facris femper myftériis repræséntas incólumes ; exáudi preces pópuli tui, & præfta ut quifquis hoc Templum benefícia petitúrus ingréditur, cuncta fe impetráffe lætétur.

Memoire de faint Pontien, Pape & Martyr.

Ant. Ifte Sanctus pro lege Dei fui certávit ufque ad mortem, & à verbis impiórum non tímuit ; fundátus enim erat fupra firmam petram.

℣. Glóriâ & honóre coronáfti eum, Dómine ; ℟. Et conftituífti eum fuper ópera mánuum tuárum.

Orémus.

INfirmitátem noftram réfpice, omnípotens Deus ; & quia pondus própriæ actiónis gravat, beáti Pontiáni Mártyris atque Pontíficis intercéffio gloriófa nos prótegat ; per Dóminum noftrum Jefum Chriftum Fílium tuum, qui tecum vivit & regnat.

A MATINES.
AU I NOCTURNE.

Les Leçons de l'Efcriture marquées pour aujourd'hui au Propre du Temps.

AU II NOCTURNE.
Leçon iv.

ELízabeth Andreæ Regis Hungáriæ fília, ab infántia Deum timére cœpit, & crefcens ætáte, crevit étiam pietáte. Ludovíco Lantgrávio Héffiæ & Thuríngiæ in cónjugem copuláta, non minóri curâ, quæ Dei, quàm quæ viri fui erant, exfequebátur : furgens enim noctúrno témpore, oratióni diù incumbébat, ac váriis mifericórdiæ officiis dédita, víduis, pupíllis, ægrótis egéntibus fédulo inferviébat, gravíque fame urgénte, domûs fuæ fruménta liberáliter erogábat. Leprófos hofpítio fufcípiens, manus eórũ & pedes ofculabátur. Curándis autem & aléndis paupéribus infígne xenodóchium conftrúxit.

℟. Propter veritátem & manfuetúdinem, & juftítiam : * Et dedúcet te mirabíliter déxtera tua. ℣. Spécie tuâ & pulchritúdine tuâ inténde ; prófperè procéde, & regna. * Et dedúcet.

Bened. Chriftus perpétuæ.

Leçon v.

DEfúncto cónjuge, ut Deo libérius fervíret, depófitis ómnibus fæculáris glóriæ induméntis, vili túnicâ indúta eft, atque Ordinem Pœniténtiú fancti Francífci ingréffa, patiéntiæ & humilitátis virtúte máximè enítuit. Nam bonis ómnibus exúta, à própriis ædibus ejécta, ab ómnibus derelícta, contumélias, irrifiónes, obtrectatiónes invícto ánimo tolerávit, ádeò ut fummópere gaudéret fe tália pro Deo pati. Ad ínfima quæque miniftéria erga páuperes & ægrótos se abjíciens, eis necessária procurábat solis oléribus & leguminibus pro suo victu conténta.

℟. Dilexísti justítiam & odísti iniquitátem ; * Proptéreà unxit te Deus, Deus tuus, óleo lætítiæ. ℣. Propter veritátem, & mansuetúdinem, & justítiam. * Proptéreà.

Bened. Ignem sui amóris.

Leçon vj.

CUm verò in his aliísque plúrimis sanctis opéribus vitam religiosíssimè transegísset, finis tandem suæ peregrinatiónis advénit, quem domésticis suis antè prædíxit. Cùmque defíxis in cœlum óculis divínæ contemplatióni vacáret, à Deo mirabíliter recreáta & Sacraméntis reféta obdormívit in Dómino. Statim plúrima ad ejus túmulum mirácula patráta sunt. Quibus audítis & ritè probátis, Gregórius nonus Sanctórum número eam adscrípsit.

℟. Fallax grátia, & vana est pulchritúdo : * Múlier timens Deum ipsa laudábitur. ℣. Date ei de fructu mánuum suárum, & laudent eam in portis ópera ejus. * Múlier timens. ℣. Glória. * Múlier.

Au III Nocturne.

Les deux premieres Leçons de l'Homelie sur l'Evangile Simile est regnum cœlórum, au Commun des Non Vierges, page cxiij.

Bened. Ad societátem.

Leçon ix.

Pour St Pontien Pape & Martyr.

POntiánus Románus præfuit Ecclésiæ, Alexándro Impe-

ratóre ; qui sanctum Pontíficem propter Christiánæ fídei confessiónem, in Sardíniam ínsulam cum Hippólyto Presbytero relegávit, ubi is pro Christi fide multis calamitátibus afflíctus, décimo tértio Kaléndas Decémbris è vita migrávit. Ejus corpus, Fabiáno Pontífice, cum Clero Romam delátum, in cœmetério Callísti, viâ Appiâ sepelítur. Sedit annos quátuor, menses quátuor, dies vigínti quinque. Fecit ordinatiónes duas mense Decémbri, quibus creávit Presbyteros sex, Diáconos quinque, Épíscopos per divérsa loca sex.

Te Deum.

A Laudes.

Memoire de saint Pontien.

Ant. Qui odit ánimam suam in hoc mundo, in vitam ætérnam custódit eam.

℣. Justus ut palma florébit, ℟. Sicut cedrus Líbani multiplicábitur.

Orémus.

INfirmitátem nostram réspice, omnípotens Deus ; & quia pondus própriæ actiónis gravat, beáti Pontiáni Mártyris tui atque Pontíficis intercéssio gloriósa nos prótegat ; per Dóminum.

LES VESPRES sont de la Feste suivante depuis le Chap.

XX Novembre.

St Felix de Valois,

Confess. non Pont. Double.

A Vespres.

Orémus.

DEus qui beátum Felícem Conféssórem tuum ex erémo ad

munus rediméndi captívos cœlitùs vocáre dignátus es ; præſta, quæſumus, ut per grátiam tuam ex peccatórum noſtrórum captivitáte ejus interceſſióne liberáti, ad cœleſtem pátriam perducámur ; per.

Memoire de ſainte Elizabeth.

Ant. Manum ſuam apéruit ínopi & palmas ſuas exténdit ad páuperem & panem otióſa non comédit.

℣. Diffúſa eſt grátia in lábiis tuis ; ℟. Proptéreà benedíxit te Deus in ætérnum.

O rémus.

TUórum corda Fidélium Deus miſerátor illúſtra ; & beátæ Elízabeth précibus glorióſis fac nos próſpera mundi deſpícere & cœléſti ſemper conſolatióne gaudére ; per Dóminum.

A MATINES.
AU I NOCTURNE.

Les Leçons de l'Eſcriture marquées pour aujourd'hui au Propre du Temps.

AU II NOCTURNE.
Leçon iv.

FElix, Hugo ánteà díctus, ex regáli Valeſiórum famíliá ortus in Gállia, ab ineúnte ætáte non lévia dedit futúræ ſanctitátis indícia, præſertim miſericórdiæ erga páuperes ; nam adhuc infántulus manu própriâ, ac ſi grándior eſſet & judícii maturitáte polléret, nummos egénis diſtríbuit. Jam grandiúſculus ſolébat ex appóſitis in menſâ dápibus ad ipſos míttere, & fermè eo, quod ſapídius erat, obſónio paupérculos púeros recreábat. Adoléſcens non ſemel véſti-

bus ſe exſpoliávit, ut ínopes cooperíret. Ab avúnculo Theobáldo, Campániæ & Bléſii Cómite, vitam pro reo mortis impetrávit, prædícens hunc infámem háctenùs ſicárium mox ſanctíſſimis præditum móribus evaſúrum. Verídicum teſtimónium monſtrávit evéntus.

℟. Honéſtum fecit illum Dóminus, & cuſtodívit eum ab inimícis, & à ſeductóribus tutávit illum, * Et dedit illi claritátem ætérnam. ℣. Juſtum dedúxit Dóminus per vias rectas, & oſténdit illi regnum Dei, * Et dedit.

Bened. Chriſtus perpétuæ.
Leçon v.

POſt exáctam laudabíliter adoleſcéntiam, cœpit ex cœléſtis contemplatiónis ſtúdio ſolitúdinem cogitáre : priùs tamen voluit Sacris initiári, ut omnem regni, à cujus ſucceſſióne jure legis Sálicæ non longè diſtábat, ſpem ſibi præcíderet. Sacérdos factus, & primâ Miſsâ devotíſſimè celebrátâ, non multò pòſt in erémum ſecéſſit, ubi ſummâ abſtinéntiâ víctitans, cœléſtium chariſmatum abundántiâ paſcebátur. Ibi cum ſancto Joánne de Matha Pariſiénſi Doctóre, à quo ex divínâ inſpiratióne quæſitus & invéntus, per áliquot annos ſanctíſſimè vixit, donec ambó per Angelum à Deo admóniti Romam petiérunt, ſpeciálem à Summo Pontífice vivéndi régulam impetratúri. Factâ ígitur Innocéntio Papæ tértio inter Miſſárum ſolémnia revelatióne Religiónis & inſtitúti de rediméndis captívis, ab ipſo Pontífice, ſimul cum ſócio cándidis véstibus bicolóri Cruce signátis indúitur ad eam formam quâ Angelus indútus appáruit : & ínsuper vóluit Póntifex ut nova Relígio , juxta tríplicem colórem quo hábitus constat , sanctíssimæ Trinitátis título decorarétur.

℞. Amávit eum Dóminus , & ornávit eum : stolam glóriæ índuit eum , * Et ad portas paradísi coronávit eum. ℣. Induit eum Dóminus lorícam fídei , & ornávit eum ; * Et ad.

Bened. Ignem sui amóris.

Leçon vj.

REgulá própriá ex summi Pontíficis Innocéntii confirmatióne accéptâ , in Diœcési Meldénsi apud locum qui Cervus Frígidus dícitur , primum Ordinis pauló antè à se .& sócio exstrúctum Cœnóbium ampliávit , ubi religiósam obsérvántiam & Redemptiónis institútum mirífícè cóluit , ac inde per alúmnos in álias Províncias diligentíssimè propagávit. Illústrem hìc à beáta Vírgine matre favórem accépit : dormiéntibus síquidem cunctis Frátribus , & ad matutínas preces in pervigílio Nativitátis Deíparæ médiâ nocte recitándas , Deo síc disponénte , non surgéntibus ; Felix de more vígilans & Horas prævéniens , chorum ingréssus , réperit beátam Vírginem in médio chori hábitu Cruce Ordinis insigníto indútam ac Cœlítibus simíliter indútis sociátam. Quibus permíxtus Felix , præcinénte Deíparâ , laudes divínas concínuit rítéque persólvit. Et quasi jam è terréstri

ad cœléstem Chorum evocarétur , instántis mortis ab Angelo cértior factus , fílios ad charitátem erga páuperes & captívos adhórtans , ánimam Deo réddidit ætáte ac méritis consummátus, anno post Christum natum ducentésimo duodécimo supra millésimum , sub eódem Pontifíce Innocéntio tértio.

℞. Iste homo perfécit ómnia quæ locútus est ei Deus ; & dixit ad eum, Ingrédere in réquiem meam ; * Quia te vidi justum coram me ex ómnibus géntibus. ℣. Iste est qui contémsit vitam mundi , & pervénit ad cœléstia regna : * Quia. ℣. Glória Patri. * Quia.

AU III NOCTURNE.

Les Leçons de l'Homelie du Venerable Bede , Prestre , sur l'Evangile Nolite timére , pusíllus grex , au Commun , page lxxx.

Te Deum.

LES VESPRES sont toutes de la Feste suivante.

XXI NOVEMBRE.
LA PRESENTATION
DE LA VIERGE MARIE.
Double majeur.
AUX I VESPRES.

Tout se dit comme au petit Office , excepté

℣. Dignáre me laudáre te , Virgo sacráta ; ℞. Da mihi virtútem contra hostes tuos.

A Magníficat , Ant. Beáta Deí génitrix María , Virgo perpétua , templum Dómini , sacrárium Spíritûs sancti , sola sine exémplo placuiſti Dómino noſtro Jeſu Chriſto. Allelúia.

O rémus.

DEus qui beátam Maríam ſemper Vírginem, Spíritûs ſanſti habitáculum hodiérnâ die in Templo præſentári voluíſti, præſta, quæſumus, ut ejus interceſſióne, in templo glóriæ tuæ præſentári mereámur ; per Dóminum.

Memoire de ſaint Felix.

Ant. Hic vir deſpíciens mundum & terréna, triúmphans divítias cœlo cóndidit ore, manu.

℣. Juſtum dedúxit Dóminus per vias rettas, ℟. Et oſténdit illi regnum Dei.

L'Oraiſon Deus qui beátum, page 501.

A MATINES.

Tout ſe dit comme au petit Office, excepté ce qui ſuit.

Invit. Sanſta María Dei génitrix Virgo, * Intercéde pro nobis.

AU I NOCTURNE.

Leçon j.

De Parábolis Salomónis. Ch. 8.

EGo Sapiéntia hábito in conſílio, & eruditís intérſum cogitatiónibus. Timor Dómini odit malum. Arrogántiam & ſupérbiam & viam pravam & os bilíngue detéſtor. Meum eſt conſilium & æquitas ; mea eſt prudéntia, mea eſt fortitúdo. Per me reges regnant & legum conditóres juſta decérnunt. Per me príncipes ímperant, & poténtes decérnunt juſtitiam. Ego diligéntes me díligo ; & qui manè vígilant ad me, invénient me.

℟. Sanſta & immaculáta virgínitas, quibus te láudibus éfferam néſcio ; * Quia quem cœli cápere non póterant, tuo grémio contuliſti. ℣. Benedicta tu in muliéribus, & benedictus fructus ventris tui ; * Quia.

Bened. Unigénitus Dei Fílius.

Leçon ij.

MEcum ſunt divítiæ & glória, opes ſupérbæ & juſtítia. Mélior eſt enim fructus meus auro & lápide pretióſo, & genímina mea argénto elécto. In viis juſtitiæ ámbulo, in médio ſemitárum judícii, ut ditem diligéntes me, & theſáuros eórum répleam. Dóminus poſſédit me in inítio viárum ſuárum, ántequam quidquam fáceret à princípio. Ab ætérno ordináta ſum, & ex antíquis ántequam terra fíeret. Nondum erant abyſſi, & ego jam concépta eram ; necdum fontes aquárum erúperant, necdum montes gravi mole conſtíterant ; ante colles ego parturiébar.

℟. Congratulámini mihi, omnes qui dilígitis Dóminum, quia cùm eſſem párvula, plácui Altíſſimo, * Et de meis viſcéribus génui Deum & hóminem. ℣. Beátam me dicent omnes generatiónes, quia ancíllam húmilem reſpéxit Deus. * Et.

Bened. Spíritûs ſanſti grátia.

Leçon iij.

BEátus homo qui audit me & qui vígilat ad fores meas quotídiè & obſérvat ad poſtes óſtii mei. Qui me invénerit, invéniet vitam & háuriet ſalútem à Dómino ; qui autem in me peccáverit, læbet lædet ánimam suam. Omnes qui me odérunt, díligunt mortem. Sapiéntia ædificávit sibi domum, excídit colúmnas septem, immolávit víctimas suas, míscuit vinum, & propósuit mensam suam. Misit ancíllas suas, ut vocárent ad arcem & ad mœnia civitátis : Si quis est párvulus véniat ad me. Et insipiéntibus locúta est ; Veníte, comédite panem meum, & bíbite vinum quod míscui vobis.

℞. Beáta es, Virgo María, quæ Dóminum portásti creatórem mundi : * Genuísti qui te fecit, & in ætérnum pérmanes virgo. ℣. Ave, María, grátiâ plena, Dóminus tecum. * Genuísti. ℣. Glória Patri. * Genuísti.

AU II NOCTURNE.
Leçon iv.

Ex libro Sti Joánnis Damascéni de fide orthodóxa. *Liv.* 4, *Ch.* 15.

JOachim lectíssimam illam ac summis láudibus dignam mulíerem Annam matrimónio sibi copulávit. Verùm quemádmodum prísca illa Anna, cùm sterilitátis morbo laboráret, per oratiónem ac promissiónem Samuélem procreávit ; eódem modo hæc étiam per obsecratiónem & promissiónem Dei Genitrícem à Deo accépit, ut ne hìc quoque cuíquam ex illústribus matrónis céderet. Itaque grátia (nam hoc sonat Annæ vocábulum) Dóminum parit, (id enim Maríæ nómine significátur :) verè étenim rerum ómnium conditárum Dómina facta est, cùm Creatóris mater éxstitit. In lucem autem éditur in

domo Probáticæ Joáchim, atque ad templum addúcitur : ac deínde in domo Dei plantáta atque per spíritum saginára, instar olívæ frugíferæ virtútum ómnium domicílium efficitur, ut quæ vidélicet ab omni hujúsce vitæ & carnis concupiscéntia mentem abstraxísset, atque ita vírginem unà cum córpore ánimam conservásset, ut eam decébat, quæ Deum in sinu suo exceptúra erat.

℞. Sicut cedrus exaltáta sum in Líbano, & sicut cypréssus in monte Sion : quasi myrrha elécta * Dedi suavitátem odóris. ℣. Et sicut cinnamómum & bálsamum aromatízans * Dedi.

Bened. Christus perpétuæ.

Leçon v.

Ex libro sancti Ambrósii Epíscopi de Virgínibus. *Liv.* 2.

TAlis fuit María, ut ejus uníus vita ómnium sit disciplina. Si ígitur auctor non dísplicet, opus probémus, ut quæcúmque sibi ejus exóptat præmium, imitétur exémplum. Quantæ in una vírgine spécies virtútum émicant ! Secrétum verecúndiæ, vexíllum fídei, devotiónis obséquium ; virgo intra domum, comes ad ministérium, mater ad templum. O quantis illa virgínibus occúrret ! quantas compléxa ad Dóminum trahet, dicens, Hæc torum fílii mei, hæc thálamos nuptiáles immaculáto servávit pudóre !

℞. Quæ est ista quæ procéssit sicut sol, & formósa tanquam Jerúsalem ? * Vidérunt eam fíliæ

Sion, & beátam dixérunt, & Regínæ laudavérunt eam. ℣. Et ficut dies verni circúmdabant eam flores rosárum, & lilia convállium. * Vidérunt.

Bened. Ignem fui amóris.

Leçon vj.

QUid ergo éxfequar cibórum parfimóniam, officiórum redundántiam; álterum ultra natúram fuperfuiffe, álterum penè ipfi natúræ defuiffe? Illic nulla intermiffa témpora, hìc congeminátos jejúnio dies. Et fi quando reficiéndi fucceffiffet volúntas, cibus plerúmque óbvius, qui mortem arcéret, non delícias miniftráret. Dormíre non priùs cupíditas, quàm neceffitas fuit: & tamen cùm quiéfceret corpus, vigiláret ánimus: qui frequénter in fomnis aut lecta répetit, aut fomno interrúpta contínuat, aut difpófita gerit, aut gerénda prænúntiat.

℟. Ornátam monílibus fíliam Jerúfalem Dóminus concupívit: * Et vidéntes eam fíliæ Sion beatíffimam prædicavérunt dicéntes, ** Unguéntum effúfum nomen tuum. ℣. Adftitit Regína à dextris tuis in veftítu deauráto, circúmdata varietáte. * Et vidéntes eam fíliæ. ℣. Glória Patri. ** Unguéntum effúfum.

AU III NOCTURNE.
Leçon vij.
Léctio fancti Evangélii fecúndùm Lucam.   Cap. 11.

IN illo témpore, loquénte Jefu ad turbas, extóllens vocem múlier quædam de turba, dixit illi,

Beátus venter qui te portávit. Et réliqua.

Homília Venerábilis Bedæ Presbyteri.
Traité 4, Chap. 49, fur St Luc, 11.

MAgnæ devotiónis & fídei hæc múlier offénditur, quæ, Scribis & Pharifæis Dóminum tentántibus fimul & blafphemántibus, tantâ ejus incarnatiónem præ ómnibus finceritáte cognófcit, tantâ fidúciâ confitétur, ut & præféntium prócerum calúmniam, & futurórum confúndat Hæreticórum perfídiam. Nam ficut tunc Judæi, fancti Spíritûs ópera blafphemándo, verum confubftantialémque Patri Dei Fílium negábant; fic Hæretici póftea negándo Maríam femper vírginem fancti Spíritûs operánte virtúte nafcitúro cum humánis mémbris Unigénito Dei cárnis fuæ matériam miniftráffe, verum confubftantialémque matri fílium hóminis fatéri non debére dixérunt.

℟. Felix namque es, facra virgo María, & omni laude digníffima, * Quia ex te ortus eft fol juftitiæ, Chriftus Deus nofter. ℣. Ora pro pópulo, intérveni pro Clero, interéde pro devóto feméneo fexu. Séntiant omnes tuum juvámen, quicúmque célebrant tuam fanctam Præfentatiónem. * Quia.

Bened. Cujus feftum cólimus.

Leçon viij.

SEd fi caro Verbi Dei fecúndùm carnem nafcéntis à carne Vírginis matris pronuntiátur extránea, fine caufa venter qui eam portáffet & úbera quæ lactáffent beatificántur. Dicit enim Apóftolus quia mifit Deus Filium fuum factum ex muliere, factum fub lege. Neque audiéndi funt qui legéndum putant, Natum ex muliere, factum fub lege; fed, Factum ex muliere: quia concéptus ex útero virgináli, carnem non de nihilo, non aliúnde, fed matérna traxit ex carne; alióquin nec verè Filius hóminis dicerétur qui originem non habéret ex hómine. Et nos igitur, his contra Eutychen dictis, extollámus vocem cum Ecclésia Cathólica cujus hæc múlier typum geffit, extollámus & mentem de médio turbárum, dicamúfque Salvatóri, Beátus venter qui te portávit, & úbera quæ fuxifti. Verè enim beáta parens, quæ, ficut quidam ait, eníxa eft puérpera Regem, qui cœlum terrámque tenet per fécula.

R/. Beátam me dicent omnes generatiónes; * Quia fecit mihi Dóminus magna qui potens eft, & fanctum nomen ejus. y/. Et mifericórdia ejus à progénie in progénies timéntibus eum; * Quia fecit. y/. Glória Patri. * Quia.

Bened. Ad focietátem.

Leçon ix.

QUinímmò beáti qui áudiunt verbum Dei & cuftódiunt. Pulchrè Salvátor atteftatióni mulieris ánnuit; non eam tantúmmodò quæ Verbum Dei corporáliter generáre merúerat, fed & omnes qui idem Verbum fpiritáliter audítu fídei concípere, & boni óperis cuftódiâ, vel in fuo vel in proximórum corde párere & quafi álere

ftudúerint, affevérans effe beátos; quia & éadem Dei Génitrix, & inde quidem beáta, quia Verbi incarnándi miniftra facta eft temporális; fed inde multò beátior, quia ejúfdem femper amándi cuftos manébat ætérna.

Te Deum.

A LAUDES.

y/. Diffúfa eft grátia in lábiis tuis; R/. Proptéreà benedíxit te Deus in ætérnum.

A Benedíctus, Ant. Beáta es, María, quæ credidífti: perficiéntur in te quæ dicta funt tibi à Dómino. Allelúia.

O rémus.

DEus qui beátam Maríam femper Vírginem Spíritûs fancti habitáculum, hodiérnâ die in Templo præfentári voluífti; præfta, quæfumus, ut ejus interceffióne in templo glóriæ tuæ præfentári mereámur; per Dóminum.

A PRIME.

Au R/ bref on dit le y/ Qui natus es de María Vírgine.

A TIERCE.

Ant. Læva ejus fub cápite meo, & déxtera illíus amplexábitur me.

Chapitre. *Eccli.* 24.

AB inítio & ante fécula creáta fum, & ufque ad futúrum féculum non définam, & in habitatióne fancta coram ipfo miniftrávi.

R/ br. Spécie tuâ * Et pulchritúdine tuâ. On repete Spécie.

y/. Inténde, prófperè procéde & regna, * Et.

y/. Glória. R/. Spécie.

y/. Adjuvábit eam Deus vultu

ſuo ; ℟. Deus in médio ejus ; non commovébitur.

A SEXTE.

Ant. Nigra ſum, ſed formóſa, Filiæ Ierúſalem ; ideó diléxit me Rex & introdúxit me in cubículum ſuũ.

Chapitre. *Eccli.* 24.

ET ſic in Sion firmáta ſum , & in civitáte ſanctificáta ſimíliter requiévi, & in Jerúſalem potéſtas mea. Et radicávi in pópulo honorificáto, & in parte Dei mei hæréditas illíus , & in plenitúdine ſanctórum deténtio mea.

℟ br. Adjuvábit eam * Deus vultu ſuo. On repete Adjuvábit.

℣. Deus in médio ejus ; non commovébitur. * Deus.

℣. Glória. ℟. Adjuvábit.

℣. Elégit eam Deus & præelégit eam ; ℟. In tabernáculo ſuo habitáre facit eam.

A NONE.

Ant. Specióſa facta es & ſuávis in delíciis tuis, ſancta Dei Génitrix.

Chapitre. *Eccli.* 24.

IN platéis ſicut cinnamómum & bálſamum aromatízans odórem dedi, quaſi myrrha elécta dedi ſuavitátem odóris.

℟ bref. Elegit eam Deus * Et præelégit eam. On repete Elégit.

℣. In tabernáculo ſuo habitáre facit eam. * Et præelégit.

℣. Glória Patri. ℟. Elégit.

℣. Diffúſa eſt grátia in lábiis tuis, ℟. Proptéreà benedíxit te Deus in ætérnum.

AUX II VESPRES.

Tout ſe dit comme aux premieres.

Memoire de ſainte Cecile.

Ant. Eſt ſecrétum , Valeriáne, quod tibi volo dícere : Angelum Dei hábeo amatórem, qui nímio zelo cuſtódit corpus meum.

℣. Spécie tuâ & pulchritúdine tuâ ℟. Inténde, próſperè procéde & regna.

Orémus.

DEus qui nos ánnuâ beátæ Cæcíliæ Vírginis & Mártyris tuæ ſolemnitáte lætíficas ; da ut quam venerámur officio, étiam piæ converſatiónis ſequámur exémplo ; per Dóminum.

XXII NOVEMBRE.
SAINTE CECILE,
Vierge & Martyre. Double.

Tout du Commun , excepté ce qui ſuit.

A MATINES.
AU I NOCTURNE.

Ant. Cæcília virgo Almáchium ſuperábat, Tibúrtium & Valeriánum ad corónas vocábat.

Ant. Expánſis mánibus orábat ad Dóminum ut eam eríperet de inimícis.

Ant. Cilício Cæcília membra domábat, Deũ gemítibus exorábat.

℣. Spécie tuâ & pulchritúdine tuâ ℟. Inténde, próſperè procéde & regna.

Les Leçons De Virgínibus, p. xc. ſur les Reſpons ſuivans.

℟. Cantántibus orgánis Cæcília virgo in corde ſuo ſoli Dómino decantábat dicens, * Fiat, Dómine, cor meum & corpus meum immaculátum, ut non confúndar.

℣. Biduánis & triduánis jejúniis , orans commendábat Dómino quod timébat. * Fiat.

℟. O beáta Cæcília quæ duos fratres convertísti, Almáchium júdicem superásti , * Urbánum Epíscopum in vultu Angélico demonstrásti. ℣. Quasi apis argumentósa Dómino deservísti : * Urbánum.

℟. Virgo gloriósa semper Evangélium Christi gerébat in péctore , & non diébus neque nóctibus vacábat * A collóquiis divínis & oratióne. ℣. Expánsis mánibus orábat ad Dóminum, & cor ejus igne cœlésti ardébat. * A collóquiis. ℣. Glória Patri. * A collóquiis.

Au II Nocturne.

Ant. Dómine Jesu Christe seminátor casti consílii , súscipe séminum fructus quos in Cæcília seminásti.

Ant. Beáta Cæcília dixit ad Tibúrtium , Hódie te fáteor meum cognátum, quia amor Dei te fecit esse contemtórem idolórum.

Ant. Fiat , Dómine, cor meum & corpus meum immaculátum, ut non confúndar.

℣. Adjuvábit eam Deus vultu suo ; ℟. Deus in médio ejus non commovébitur.

Absol. Ipsíus píetas.

Bened. Deus Pater omnípotens.

Leçon iv.

Cæcília, virgo Romána, nóbili génere nata, à prima ætáte Christiánæ fídei præcéptis institúta, virginitátem suam Deo vovit. Sed cùm póstea contra suam voluntátem data esset in matrimó-

nium Valeriáno, primâ nuptiárum nocte hunc cum eo sermónem hábuit ; Ego , Valeriáne , in Angeli tutéla sum qui virginitátem meam custódit : quare ne quid in me commíttas quo ira Dei in te concitétur. Quibus verbis commótus Valeriánus, illam attíngere non est ausus ; quin étiam áddidit se in Christum creditúrum, si eum Angelum vidéret. Cui Cæcília cùm sine baptísmo negáret id fíeri posse, incénsus cupiditáte vidéndi Angelum , se baptizári velle respóndit. Quare hortátu Vírginis ad Urbánum Papam , qui propter persecutiónem in Mártyrum sepúlchris viâ Appiâ latébat, véniens ab eo baptizátur.

℟. Cilício Cæcília membra domábat; Deum gemítibus exorábat ; * Tibúrtium & Valeriánum ad corónas vocábat. ℣. Hæc est virgo sápiens , & una de número prudéntum. * Tibúrtium.

Bened. Christus perpétuæ.

Leçon v.

Inde ad Cæcíliam revérsus, orántem , & cum ea Angelum divíno splendóre fulgéntem invénit. Quo adspéctu obstupefáctus , ut primùm ex timóre confirmátus est, Tibúrtium fratrem suum accérsit, qui à Cæcília Christi fide imbútus & ab eódem Urbáno baptizátus , ipse étiam ejúsdem Angeli quem frater ejus víderat, adspéctu dignátus est. Utérque autem paulò pòst Almáchio præfécto constánter martyrium súbiit. Qui mox Cæcíliam comprehéndi ímperat, ab eáque primùm ubi Tibúrtii & Variáni facultátes fint exquírit.

℞. Cæcíliam intra cubículum orántem invénit, & juxta eam stantem Angelum Dómini ; * Quem videns Valeriánus , nímio terróre corréptus est. ℣. Angelus Dómini descéndit de cœlo , & lumen refúlsit in habitáculo. * Quem.

Bened. Ignem sui amóris.

Leçon vj.

CUi cùm Virgo ómnia illórum paupéribus distribúta esse respondísset, eo furóre concitátus est, ut eam in ipsíus ædes tradúctam in bálneo combúri jússerit. Quo in loco cùm dies noctémque ita fuísset , ut ne flamma quidem illam attíngeret, eò immíssus est cárnifex, qui ter secúri ictam, cùm caput ejus abscíndere non potuísset, semivívam relíquit. Illa tríduo pòst, décimo Kaléndas Decémbris, Alexándro Imperatóre , dúplici virginitátis & martyrii palmâ decoráta evolávit in cœlum : cujus corpus ab ipso Urbáno Papa in Callísti cœmetério sepúltum est, in ejus ædibus Ecclésiâ ipsíus Cæcíliæ nómine consecrátâ. Ejus & Urbáni ac Lúcii Pontíficum, Tibúrtii, Valeriáni & Máximi córpora à Pascháli primo Pontífice inde translátam Urbem , in eádem sanctæ Cæcíliæ Ecclesíæ cóndita sunt.

℞. Dómine Jesu Christe , pastor bone , seminátor casti consílii , súscipe séminum fructus quos in Cæcília seminásti : * Cæcília fámula tua quasi apis tibi argumentósa desérvit. ℣. Nam sponsum quem quasi leónem ferócem accé-

pit, ad te quasi agnum mansuetíssimum destinávit. * Cæcília. ℣. Glória Patri. * Cæcília.

AU III NOCTURNE.

Ant. Crédimus Christum Fílium Dei verum Deum esse , qui sibi talem elégit fámulam.

Ant. Nos sciéntes sanctum nomen ejus , omninò negáre non póssumus.

Ant. Tunc Valeriánus perréxit, & signo quod accéperat , invénit sanctum Urbánum.

℣. Elégit eam Deus , & præelégit eam ; ℞. In tabernáculo suo habitáre facit eam.

Absol. A vínculis.

Bened. Evangélica léctio.

Leçon vij.

Léctio sancti Evangélii secúndùm Matthæum.   Chap. 25.

IN illo témpore dixit Jesus Discípulis suis parábolam hanc : Símile erit regnum cœlórum decem virgínibus quæ accipiéntes lámpades suas , exiérunt óbviam sponso & sponsæ. Et réliqua.

Homília Sti Joánnis Chrysóstomi.

Homelie 79 sur saint Matthieu.

QUam ob causam in persóna vírginum hanc parábolam profert , nec qualemcúmque persónam sine discrímine súbjicit? Magna quædam de virginitáte disséruerat , dicens , Sunt eunúchi qui seípsos castravérunt propter regnum cœlórum ; & , Qui potest cápere , cápiat. Nec ignorábat de virginitáte magnam esse vulgò existimatiónem , quippe cùm sit ea res natúrâ sublímis ; quod inde patet , quia neque in véteri Testaménto à priscis illis sanctísque viris culta fuit, & in novo nullâ legis necessitáte jubétur : non enim id imperávit, sed Fidélium voluntáti permísit. Unde & Paulus ait, De vírginibus autem præcéptum Dómini non hábeo, & laudo quidem eum qui hoc sectátur institútum, noléntem autem non cogo, neque eam rem præcéptum fácio.

℟. Beáta Cæcília dixit Tibúrtio, Hódie te fáteor meum esse cognátum, quia amor Dei te fecit esse * Contemtórem idolórum. ℣. Sicut enim amor Dei mihi tuum fratrem cónjugem fecit, ita te mihi cognátum fecit esse * Contemtórem.

Bened. Cujus festum cólimus.

Leçon viij.

QUóniam ígitur & magna res erat ac de ea apud multos magna erat existimátio, ne quis eâ perfécta se totum perfecísse putáret, ac cætera negligeret, hanc parábolam pósuit, ut osténderet virginitátem, quamvis cætera hábeat, si misericórdiæ bonis carúerit, cum fornicatóribus éjici. Ac méritò quidem inhumánum ac misericórdiâ caréntem cum illis cóllocat : fornicátor enim, córporum ; istæ verò pecuniárum cupiditáte vincúntur. Non est autem córporum & pecúniæ par cupíditas, sed ácrior multò atque vehméntior illa córporum est. Quantò ígitur cum imbecillióre luctántur, tantò minus véniâ dignæ sunt, si vincántur. Idcírco étiam fátuas appellávit ;

quóniam, majóri certámine superáto, in facilióre totum perdidérunt.

℟. Cæcília me misit ad vos, ut osténdátis mihi sanctum Antístitem, * Quia ad ipsum hábeo secréta quæ pérferam. ℣. Tunc Valeriánus perréxit, & signo quod accéperat, invénit sanctum Urbánum. * Quia. ℣. Glória Patri. * Quia.

Bened. Ad societátem.

Leçon ix.

LAmpades autem hoc loco illud ipsum virginitátis donum appéllat & sanctimóniæ puritátem ; óleum verò, benígnitátem, eleemósynam, impénsum indigéntibus auxílium. Tardánte autem sponso, dormitavérunt omnes & dormiérunt. Non parvum témporis rursus spátium interjéctum osténdit, ut Discípulos regnum ipsíus mox futúrum exspectántes, ab ea opinióne dedúceret : id enim illi sperábant ; quaprópter crebrò ab hujúsmodi eos spe révocat. Ad hoc, illud quoque índicat, somnum quámdam esse mortem. Dormiérunt, inquit. Médiâ autem nocte clamor factus est ; vel ut in eádem parábola persístat, vel rursùs osténdit in nocte futúram esse resurrectiónem. Clamórem étiam Paulus commémorat dicens, In jussu, in voce Archángeli, in novíssima tuba descéndet de cœlo.

Te Deum.

A LAUDES.

Ant. Cantántibus órganis Cæcília Dómino decantábat, dicens, Fiat cor meum immaculátum, ut non confúndar.

Pſeaume 92 Dóminus regnávit, avec les autres.

Ant. Valeriánus in cubículo Cæcíliam cum Angelo orántem invénit.

Ant. Cæcília fámula tua, Dómine, quaſi apis tibi argumentóſa deſérvit.

Ant. Benedíco te, Pater Dómini mei Jeſu Chriſti, quia per Fílium tuum ignis exſtínctus eſt à látere meo.

Ant. Triduánas à Dómino popóſci indúcias, ut domum meam Eccléſiam conſecrárem.

Chapitre.   II Cor. 10.

FRatres, Qui gloriátur, in Dómino gloriétur; non enim qui ſeipſum comméndat, ille probátus eſt, ſed quem Deus comméndat.

Hymne ancienne.

JEſu, coróna Vírginum, Quem mater illa cóncipit
Quæ ſola virgo párturit,
Hæc vota clemens áccipe.
Qui paſcis inter lília
Septus choréis Vírginum,
Sponſus decórus glóriâ,
Sponsíſque reddens præmia.
Quocúmque pergis, Vírgines
Sequúntur atque láudibus
Poſt te canéntes cúrſitant
Hymnóſque dulces pérſonant.
Te deprecámur lárgiùs,
Noſtris adáuge ſénſibus
Neſcíre prorſus ómnia
Corruptiónis vúlnera.
Laus, honor, virtus, glória
Deo Patri & Fílio,
Sancto ſimul Parácleto
In feculórum ſécula. Amen.

Hymne nouvelle.

JEſu, coróna Vírginum, Quem mater illa cóncipit
Quæ ſola virgo párturit,
Hæc vota clemens áccipe.
Qui pergis inter lília
Septus choréis Vírginum,
Sponſus decórus glóriâ,
Sponsíſque reddens præmia.
Quocúmque tendis, Vírgines
Sequúntur atque láudibus
Poſt te canéntes cúrſitant
Hymnóſque dulces pérſonant.
Te deprecámur ſúpplices
Noſtris ut addas ſénſibus
Neſcíre prorſus ómnia
Corruptiónis vúlnera.
Virtus, honor, laus, glória
Deo Patri & Fílio,
Sancto ſimul Parácleto
In feculórum ſécula. Amen.

℣. Diffúſa eſt grátia in lábiis, tuis, ℟. Proptéreà benedíxit te Deus in ætérnum.

A Benedíctus, Ant. Dum auróra finem daret, Cæcília exclamávit dicens, Eia mílites Chriſti, abjícite ópera tenebrárum, induímini arma lucis.

Orémus.

DEus qui nos ánnuâ beátæ Cæcíliæ Vírginis & Mártyris tuæ ſolemnitáte lætíficas, da ut quam venerámur officio, étiam piæ converſatiónis ſequámur exémplo; per Dóminuum.

AUX HEURES on prend les Ant. de Laudes en paſſant la quatrieme.
AUX II VESPRES.
Tout ſe dit comme à Laudes, excepté les Pſeaumes.

A

A Magníficat, Ant. Virgo gloriósa semper Evangélium Christi gerébat in córpore suo, & non diebus neque nóctibus à collóquiis divínis & oratióne cessábat.

Memoire
de St Clement Pape & Martyr.

Ant. Orémus omnes ad Dóminum Jesum Christum, ut confessóribus suis fontis venam apériat.

℣. Glóriâ & honóre coronásti eum, Dómine; ℟. Et constituísti eum super ópera mánuum tuárum.

Orémus.

DEus qui nos ánnuâ beáti Cleméntis Mártyris tui atque Pontíficis solemnitáte lætíficas; concéde propítius ut cujus natalítia cólimus, virtútem quoque passiónis imitémur.

Memoire de sainte Felicité.

Ant. Símile est regnum cœlórum hómini negotiatóri quærénti bonas margarítas : inventâ unâ pretiósâ, dedit ómnia sua, & comparávit eam.

℣. Spécie tuâ & pulchritúdine tuâ ℟. Inténde, próspere procéde & regna.

Orémus.

PRæsta, quæsumus, omnípotens Deus, ut beátæ Felicitátis Mártyris tuæ solémnia recenséntes méritis ipsíus protegámur & précibus ; per Dóminum.

XXIII NOVEMBRE.
SAINT CLEMENT,
Pape & Martyr. Semidouble.
A MATINES.
AU I NOCTURNE.
Les Leçons A Miléto au Com-

mun d'un Martyr, page xxiij, avec les respons suivans.

℟. Oránte sancto Cleménte, appáruit ei Agnus Dei, * De sub cujus pede fons vivus emánat ; flúminis ímpetus lætíficat civitátem Dei. ℣. Vidi supra montem Agnú stantem, * De sub cujus.

℟. Omnes unâ voce dixérunt ; Ora pro nobis, sancte Clemens, * Ut digni efficiámur promissiónibus Christi. ℣. Non meis méritis ad vos me misit Dóminus vestris corónis partícipem fíeri. * Ut.

℟. Dedísti, Dómine, habitáculum Mártyri tuo Cleménti in mari, in modum templi marmórei, Angélicis mánibus præparátum, * Iter præbens pópulo terræ, ut enárrent mirabília tua. ℣. Dedísti, Dómine, sanctis tuis víam in mari & in flumínibus sémitam, * Iter præbens. ℣. Glória Patri. * Iter.

AU II NOCTURNE.
Leçon iv.

CLemens Románus, Faustíni fílius, de regióne Cœli montis, discípulus beáti Petri, cujus méminit Paulus scribens ad Philippénses, Etiam rogo te, germáne compar, ádjuva illas quæ mecum laboravérunt in Evangélio, cum Cleménte & cæteris adjutóribus meis quorum nómina sunt in libro vitæ. Hic septem Urbis regiónes divísit septem Notáriis, síngulas síngulis attríbuens, qui passiónes Mártyrum & res ab eis gestas diligentíssimè conquisítas lítteris mandárent. Multa scripsit & ipse accuráte & salutáriter, quibus Chris-

R. 4. Automne. Kkk

tiánam Religiónem illustrávit.

℟. Honéstum fecit illum Dóminus, & custodívit eum ab ínimícis, & à seductóribus tutávit illum, * Et dedit illi claritátem ætérnam. ℣. Descendítque cum illo in fóveam, & in vínculis non derelíquit eum, * Et.

Bened. Christus perpétuæ.

Leçon v.

CUm autem doctrínâ ac vitæ sanctitáte multos ad Christi fidem convérteret, à Trajáno Imperatóre relegátus est trans mare Pónticum in solitúdinem' urbis Chersónæ, in qua duo míllia Christianórum réperit, qui ab eódem Trajáno condemnáti fúerant. Qui cùm in eruéndis & secándis marmóribus aquæ penúriâ laborárent, Clemens factâ oratióne, in vicínum collem adscéndit, in cujus jugo vidit agnum dextro pede fontem aquæ dulcis, qui inde scatébat, attingéntem, ubi omnes sitim explevérunt; eóque miráculo multi Infidéles ad Christi fidem convérsi, Cleméntis étiam sanctitátem venerári cœpérunt.

℟. Desidérium ánimæ ejus tribuísti ei, Dómine; * Et voluntáte labiórum ejus non fraudásti eum. ℣. Quóniam prævenísti eum in benedictiónibus dulcédinis: posuísti in cápite ejus corónam de lápide pretióso; * Et voluntáte.

Bened. Ignem sui amóris.

Leçon vj.

QUibus concitátus Trajánus, misit illuc qui Cleméntem alligátâ ad ejus collum ánchorâ in

profúndum dejícerent. Quod cùm factum esset, Christiánis ad littus orántibus, mare ad tria milliária, recéssit; eóque illi accedéntes, ædículam marmóream in templi formam, & intus arcam lapídeam, ubi Mártyris corpus cónditum erat, & juxta illam, ánchoram quâ mersus fúerat, invenérunt. Quo miráculo íncolæ permóti, Christi fidem suscepérunt. Ejus póstea córpus Romam, Nicoláo primo Pontífice, translátum, in Ecclésia ipsius sancti Cleméntis cónditum est. Ecclésia étiam in eo ínsulæ loco, unde divínitùs fons manárat, ejúsdem nómini dedicáta est. Vixit in Pontificátu annos novem, menses sex, dies sex. Fecit Ordinatiónes duas mense Decémbri, quibus creávit Presbyteros decem, Diáconos duos, Epíscopos per divérsa loca quíndecim.

℟. Stolâ jucunditátis índuit eum Dóminus, * Et corónam pulchritúdinis pósuit super caput ejus. ℣. Cibávit illum Dóminus pane vitæ & intelléctûs, & aquâ sapiéntiæ salutáris potávit illum, * Et corónam. ℣. Glória Patri. * Et corónam.

Au III Nocturne.

Les deux premieres Leçons de l'Homelie de saint Hilaire sur l'Evangile **Vigiláte**, au Commun des Confesseurs Pontifes, page lx, sur les deux Respons suivans.

℟. Coróna áurea super caput ejus * Expréssa signo sanctitátis; glória honóris & opus fortitúdinis. ℣. Quóniam prævenísti eum in benedictiónibus dulcédinis , posuísti in cápite ejus corónam de lápide pretióso ; * Expréssa.

℟. Hic est verè martyr qui pro Christi nómine sánguinem suum fudit , * Qui minas júdicum non tímuit , nec terrénæ dignitátis glóriam quæsívit , sed ad cœléstia regna pervénit. ℣. Justum dedúxit Dóminus per vias rectas & osténdit illi regnum Dei ; * Qui minas. ℣. Glória. * Qui minas.

Bened. Ad societátem.

Leçon ix.

Pour sainte Felicité, Martyre.

Sermo sancti Gregórii Papæ.

De l'Homelie 3 sur les Evangiles.

BEáta Felícitas , cujus hódiè natalítia celebrámus , septem fílios sic post se tímuit vivos in carne relínquere , sicut carnáles paréntes solent metúere , ne mórtuos præmíttant. In persecutiónis enim labóre deprehénsa , filiórum corda in amóre supérnæ pátriæ prædicándo roborávit , & parturívit spíritu quos carne pepérerat , ut prædicatióne páreret Deo quos carne pepérerat mundo. Numquid ergo hanc féminam Mártyrem, díxerim ? Sed plusquàm Mártyrem, quæ septé pignóribus ad regnum præmíssis , tot ante se mórtuos transmísit. Ad pœnam prima venit , sed pervénit octáva. Te Deum.

A LAUDES.

Ant. Oránte sancto Cleménte , appáruit ei Agnus Dei.

Ps. 92 Dóminus regnávit avec les autres.

Ant. Non meis méritis ad vos me misit Dóminus vestris corónis partícipem fíeri.

Ant. Vidi supra montem Agnum stantem , de sub cujus pede, fons vivus emánat.

Ant. De sub cujus pede fons vivus emánat , flúminis ímpetus lætíficat civitátem Dei.

Ant. Omnes Gentes per gyrum credidérunt Christo Dómino.

A Benedíctus , Ant. Cùm iter ad mare cœpísset , pópulus voce magnâ clamábat , Dómine Jesu Christe , salva illum ; & Clemens cum lácrymis dicébat , Súscipe , Pater , spíritum meum.

Memoire de sainte Felicité.

Ant. Date ei de fructu mánuum suárum , & laudent eam in portis ópera ejus.

℣. Diffúsa est grátia in lábiis tuis, ℟. Proptéreà benedíxit te Deus in ætérnum.

O rémus.

PRæsta , quæsumus , omnípotens Deus , ut beátæ Felicitátis Mártyris tuæ solémnia recenséntes , méritis ipsíus protegámur & précibus ; per Dóminum nostrum Jesum Christum Fílium tuum , qui tecum vivit & regnat in unitáte Spíritûs sancti Deus , per ómnia sécula seculórum.

AUX HEURES, on prend les Ant. de Laudes , en omettant la quatrieme.

AUX II VESPRES.

Les Antiennes de Laudes , & le reste depuis le Chapitre est de la Feste suivante.

XXIV NOVEMBRE.
St JEAN DE LA CROIX,
Confesseur. Semidouble.

Tout l'Office se fait comme au Commun d'un Confesseur non Pontife, p. lxix, excepté ce qui suit.

A VESPRES.
Orémus.

DEus qui sanctum Joánnem Confessórem tuum perféctæ suî abnegatiónis & Crucis amatórem exímium effecísti ; concéde ut ejus imitatióni júgiter inhæréntes, glóriam consequámur ætérnam ; per Dóminum.

Memoire de saint Clement.

Ant. Dedísti, Dómine, habitáculum Mártyri tuo Cleménti in mari in modum templi marmórei, Angélicis mánibus præparátum, iter præbens pópulo terræ, ut enárrent mirabília tua.

℣. Justus ut palma florébit ;
℟. Sicut cedrus Líbani multiplicábitur.

Orémus.

DEus qui nos ánnuâ beáti Cleméntis Mártyris tui atque Pontíficis solemnitáte lætíficas, concéde propítius ut cujus natalítia cólimus, virtútem quoque passiónis imitémur.

Memoire de saint Chrysogone Martyr.

Ant. Iste sanctus pro lege Dei sui certávit usque ad mortem, & à verbis impiórum non tímuit, fundátus enim erat supra firmam petram.

℣. Glóriâ & honóre coronásti eum, Dómine ; ℟. Et constituísti eum super ópera mánuum tuárum.

Orémus.

ADésto, Dómine, supplicatiónibus nostris, ut qui ex iniquitáte nostra reos nos esse cognóscimus, beáti Chrysógoni Mártyris tui intercessióne liberémur ; per Dóminum.

A MATINES.
AU I NOCTURNE.

Les Leçons de l'Ecriture marquées pour aujourd'hui au Propre du Temps.

AU II NOCTURNE.
Leçon iv.

JOánnes à Cruce, Fontíberi in Hispánia piis paréntibus natus, à primis annis certò innótuit quàm Deíparæ Vírgini futúrus esset accéptus. Nam quinquénnis in púteum lapsus, ejúsdem Deíparæ manu sublátus incólumis evásit. Tanto autem patiéndi desidério flagrávit, ut novénnis, spreto mollióri lecto, super sarméntis cubáre consuéverit. Adoléscens Hospítio páuperum ægrotántium Metýmnæ Campi fámulum sese addíxit ; quibus magno charitátis ardóre vilíssima quæque compléctens officia, præsto áderat : cujus exémplo excitáti cæteri éadem charitátis múnera ardéntiùs obíbant. Verùm ad altióra vocátus, beátæ Maríæ vírginis de Monte Carmélo Institútum ampléxus est ; ubi sacérdos ex obediéntia factus, severióris disciplínæ & arctióris vitæ cupidíssimus, primitívam Ordinis Régulam ex Superióris licéntia ita proféssus est, ut ob jugem

Dominicæ Passiónis memóriam, bello in se tanquam in infensíssimum hostem indícto, vigíliis, jejúniis, férreis flagéllis, omníque poenárum génere, brevì carnem cum vítiis & concupiscéntiis suis crucifíxerit; dignus planè qui à sancta Therésia inter purióres sanctiorésque ánimas Ecclésiam Dei id témporis illustrántes recenserétur.

℟. Honéstum fecit illum Dóminus, & custodívit eum ab inimícis, & à seductóribus tutávit illum, * Et dedit illi claritátem ætérnam. ℣. Justum dedúxit Dóminus per vias rectas, & osténdit illi regnum Dei, * Et dedit.

Bened. Christus perpétuæ.

Leçon v.

Singulári vitæ austeritáte & ómnium virtútum præsídio munitus, præ assídua rerum divinárum contemplatióne, diutúrnas & mirábiles éxstases frequénter patiebátur, tantóque in Deum æstuábat amóre, ut, cùm divínus ignis sese intrò diútius continére non posset, foras erúmpere ejúsque vultum irradiáre visus sit. Proximórum salúti summóperè inténtus, tum in verbi Dei prædicatióne, tum in Sacramentórum administratióne fuit assíduus. Hinc tot méritis auctus, strictiorísque disciplínæ promovéndæ ardóre veheménter accénsus, sanctæ Therésiæ comes divínitùs datus est, ut quam ipsa inter Soróres primævam Carméli Ordinis observántiam instauráverat, eámdem & inter Fratres, Joánne adjutóre, restitúeret. Innúmeros ítaque unà cum Dei Fá-

mula in divíno ópere promovéndo perpéssus labóres, Coenóbia quæ ejúsdem sanctæ Vírginis curâ per totam Hispániam erécta fúerant, nullis vitæ incómmodis & perículis térritus, síngula perlustrávit in quibus aliísque quàm plúrimis ejus óperâ eréctis, restaurátam observántiam propagándo, verbo & exémplo firmávit; ut méritò primus post sanctam Therésiam Carmelitárum Excalceatórum Ordinis proféssor & parens habeátur.

℟. Amávit eum Dóminus, & ornávit eum; stolam glóriæ índuit eum, * Et ad portas paradísi coronávit eum. ℣. Induit eum Dñus lorícam fídei, & ornávit eum, * Et.

Bened. Ignem sui amóris.

Leçon vj.

Virginitátem perpétuò cóluit, impudentésque mulíeres ejus pudicítiæ insidiári conántes non modò répulit, sed étiam Christo lucrifécit. In divínis explicándis arcánis, æquè ac sancta Therésia, Apostólicæ Sedis judício, divínitùs instrúctus, Libros de Mýstica Theológia coelésti sapiéntiâ refértos conscrípsit. Semel interrogátus à Christo quid præmii pro tot labóribus suscéptis pósceret, respóndit, Dómine, pati & contémni pro te. Império in dæmones, quos è corpóribus sæpè fugábat, discretióne spirítuum, prophétiæ dono, miráculórum glóriâ celebratíssimus, eâ semper fuit humilitáte, ut sæpius à Dómino flagitáverit eo loco mori, ubi ómnibus esset ignótus. Voti compos factus, Ubédæ diro morbo & in crure quinque plagis fánie manántibus, ad impléndum patiéndi defidérium, conftantíffimè tolerátis, Eccléfiæ Sacraméntis piè fanctèque fufcéptis, in Chrifti crucifíxi ampléxu, quem femper in corde atque ore habúerat, poft illa verba, In manus tuas, Dómine, comméndo fpíritum meum, obdormívit in Dómino, die & horâ à fe prædíctis, anno falútis milléfimo quinquagéfimo nonagéfimo primo, ætátis quadragéfimo nono. Migrántem ejus ánimam fplendidíffimus ignis globus excépit; corpus verò fuavíffimum odórem fpirávit, quod etiámnum incorrúptum Segóbiæ honoríficè cólitur. Eum plúrimis ante & poft óbitum fulgéntem fignis Benedíctus décimus tértius Póntifex máximus in Sanctórum númerum rétulit.

℟. Ifte homo perfécit ómnia, quæ locútus eft ei Deus, & dixit ad eum, Ingrédere in réquiem meá, * Quia te vidi juftum coram me ex ómnibus géntibus. ℣. Ifte eft qui contémfit vitam mundi, & pervénit ad cœléftia regna. * Quia te vidi. ℣. Glória. * Quia.

AU III NOCTURNE.

Les deux premieres Leçons font de l'Homelie fur l'Evangile Sint lumbi au Commun des Confeffeurs non Pontifes, page lxxix, & pour la troifieme on dit la fuivante.

Bened. **Ad focietátem.**

Leçon ix.

Pour St Chryfogone, Martyr.

CHryfógonus, Diocletiáno Imperatóre, Romæ inclúfus in cárcere, ibi biénnium fanctæ Anaftáfiæ facultátibus vixit; quam étiam afflíctam propter Chriftum à viro fuo Públio, proptereáque à fuis oratiónibus per lítteras auxílium poftulántem, mútuis epíftolis eft confolátus. Sed cùm Imperátor Romam fcripfíffet ut réliquis Chriftiánis qui in vínculis effent, interféctis, Chryfógonus Aquiléiam ad fe mitterétur, eò perdúctus eft. Cui Imperátor, Accersívi, inquit, te, Chryfógone, ut honóribus áugeam, fi modò indúxeris ánimum Deos cólere. At ille, Ego eum qui verè eft Deus mente & oratióne véneror; Deos autem qui nihil funt nifi Dæmonum fimulácra, odi & éxecror. Quo refpónfo excandéfcens Imperátor, ad aquas Gradátas eum fecúri percúti jubet octávo Kaléndas Decémbris: cujus corpus projéctum in mare, paulò pòft in littore invéntum, Zóilus Présbyter in fuis ædibus fepelívit.

Te Deum.

LES VESPRES font de la Fefte fuivante.

XXV NOVEMBRE.
SAINTE CATHERINE,
Vierge & Martyre. Double.
AUX I VESPRES.
O rémus.

DEus qui dedífti legem Móyfi in fummitáte montis Sínai, & in eódem loco per fanctos Angelos tuos corpus beátæ Catharínæ Vírginis & Mártyris tuæ mirabíliter collocáfti; præfta, quæfumus, ut ejus méritis & interceffióne ad

montem qui Chriſtus eſt, perve-
nire valeámus ; per eúmdem Dóminum noſtrum.

Memoire de St Jean de la Croix.

Ant. Hic vir deſpíciens mundum
& terréna, triúmphans divítias coelo cóndidit ore, manu.

℣. Juſtum dedúxit Dóminus per
vias rectas, ℟. Et oſténdit illi regnum Dei.

O rémus.

DEus qui ſanctum Joánnem
Confeſſórem tuum perféctæ
ſui abnegatiónis & Crucis amatórem eximium effecíſti ; concéde ut
ejus imitatióni júgiter inhæréntes,
glóriam conſequámur ætérnam ;
per Dóminum.

A MATINES.
AU I NOCTURNE.
Les Leçons de l'Eſcriture mar-
quées pour aujourd'hui au Propre
du Temps.
AU II NOCTURNE.
Leçon iv.

CAtharína nóbilis virgo Ale-
xandrína, à prima ætáte ſtúdia liberálium ártium cum fídei ardóre conjúngens, brevi ad eam
ſanctitátis & doctrínæ perfectiónem pervénit, ut decem & octo
annos nata eruditíſſimum quemque
ſuperáret. Quæ cùm Maximíni juſſu
multos propter Chriſtiánæ Religiónis profeſſiónem várie torméntis
cruciátos ad ſupplícium rapi vidéret, non dubitánter ipſum ádiit
Maximínum, eíque nefáriam imma-
nitátem objíciens, ſapientíſſimis ra-
tiónibus Chriſti fidem ad ſalútem
neceſſariam eſſe affirmávit.

℟. Propter veritátem & manſuetúdinem & juſtítiam ; * Et dedúcet
te mirabíliter déxtera tua. ℣. Spécie
tuâ & pulchritúdine tuâ inténde,
próſperè procéde & regna. * Et.

Bened. Chriſtus perpétuæ.
Leçon v.

CUjus prudéntiam Maximínus
admirátus, retinéri eam jubet ; accerſítis úndique doctíſſimis
homínibus, magníſque propóſitis
præmiis, qui convíctam Cathari-
nam à Chriſti fide ad idolórum cultum perduxíſſent. Quod contrà áccidit : nam plures Philóſophi qui ad
eam coarguéndam convénerant, vi
ac ſubtilitáte ejus diſputatiónis tanto Jeſu Chriſti amóre ſunt incénſi,
ut pro illo mori non dubitáverint.
Quamóbrem Maximínus blandítiis
ac promíſſis Catharínam de ſenten-
tia dedúcere aggréditur ; verùm id
fruſtrà fíeri intélligens, verbéribus
afféctam plumbatíſque contúſam,
dies úndecim ſine cibo ac potu in-
clúſam tenet in cárcere.

℟. Dilexíſti juſtítiam & odíſti iniquitátem; *Proptéreà unxit teDeus,
Deus tuus,óleo lætítiæ. ℣. Propter
veritátem & manſuetúdinem & juſtítiam, * Proptéreà.

Bened. Ignem ſui amóris.
Leçon vj.

QUo témpore Maximíni uxor
& Porphyrius belli dux, vi-
ſéndæ vírginis cauſâ cárcerem in-
gréſſi, & ejúſdem prædicatióne in
Jeſum Chriſtum credéntes, póſteà
martyrio coronáti ſunt. Interim Catharína edúcitur è cuſtódia, & rota
expéditur crebris & acútis præfíxa

gládiis, ut vírginis corpus crudelíssimè dilacarétur. Quæ máchina brevìCatharínæ oratióne confrácta est; eóque miráculo multi Christi fidem suscepérunt. Ipse Maximínus in impietáte & crudelitáte obstinátior Catharínam secúri pércuti ímperat. Quæ fórtiter dato cápite, ad duplicátum virginitátis & martyrii præmium evolávit séptimo Kaléndas Decémbris; cujus corpus ab Angelis in Sinâ Arábiæ monte mirabiliter collocátum est.

℞. Afferéntur Regi Vírgines post eam; próximæ ejus * Afferéntur tibi in lætítia & exsultatióne. ℣. Spécie tuâ & pulchritúdine tuâ inténde, prósperè procéde & regna. * Afferéntur. ℣. Glória Patri. * Afferéntur.

AU III NOCTURNE.

Les Leçons de l'Homelie de St Gregoire sur l'Evangile Símile erit regnum cœlórum decem virgínibus au Commun des Vierges, page xcviij.

AUX II VESPRES.

Memoire
de St Pierre, Evesque & Martyr.

Ant. Iste sanctus pro lege Dei sui certávit usque ad mortem, & à verbis impiórum non tímuit; fundátus enim erat supra firmam petrá.

℣. Glóriâ & honóre coronásti eum, Dómine; ℞. Et constituísti eum super ópera mánuum tuárum.

Orémus.

Infirmitátem nostram réspice, omnípotens Deus; & quia pondus própriæ actiónis gravat, beáti Petri Mártyris tui atque Pontíficis intercéssio gloriósa nos prótegat; per Dóminum.

XXVI NOVEMBRE.
SAINT PIERRE,
Evesque & Martyr.
A MATINES.

Les deux premieres Leçons de l'Escriture marquées pour aujourd'hui au Propre du Temps.

Leçon iij

Petrus Epíscopus Alexándriæ, post Theónam virum sanctíssimum, sanctitátis & doctrínæ splendóre non solùm illustrávit Ægyptum, sed toti luxit Ecclésiæ Dei. Qui in persecutióne Maximiáni Galérii, illam témporum acerbitátem ita pértulit, ut multi admirábilem ejus patiéntiam intuéntes, plúrimùm in Christiána virtúte profícerent. Is primus Arium Diáconum Alexandrínum, propter schisma Meletiánum cui favébat, à fidélium communióne sejúnxit. Ad eum cápitis ab eódem Maximiáno damnátum in cárcere cùm Achíllas & Aléxander Presbyter deprecatóres Arii veníssent, respóndit noctu apparuísse sibi Jesum veste discíssâ; causámque rei sciscitánti dixísse, Arius vestem meam quæ est Ecclésia, dilacerávit. Quibus étiam prædicens fore ut sibi in Episcopátu succéderent, præcépit ne umquam Arium in communiónem recíperent, quem Deo mórtuum esse sciret. Et hanc divínam prænotiónem veram fuísse, non diù pòst rei probávit evéntus. Dénique duodécimo sui Episcopátûs anno, sexto
Kaléndas

Kaléndas Decémbris abfciffo cápite, ad martyrii corónam evolávit.
T e Deum.

XXIX NOVEMBRE.
VEILLE DE St ANDRE',
APOSTRE.
A VESPRES.

Memoire
de faint Saturnin, Martyr.

Ant. Ifte Sanctus pro lege Dei fui certávit ufque ad mortem, & à verbis impiórum non tímuit; fundátus enim erat fupra firmam petram.

℣. Glóriâ & honóre coronáfti eum, Dómine, ℟. Et conftituífti eum fuper ópera mánuum tuárum.

O rémus.

DEus qui nos beáti Saturníni Mártyris tui concédis natalítio pérfrui ; ejus nos tríbue méritis adjuvári ; per Dóminum.

A MATINES.

Bened. Evangélica léctio.

Leçon j.

Léctio fancti Evangélii fecúndùm Joánnem. Ch. 1.

IN illo témpore ftabat Joánnes, & ex difcípulis ejus duo. Et refpíciens Jefum ambulántem, dicit, Ecce Agnus Dei. Et réliqua.

Homília Sancti Augúftini Epífcopi.

Traité 7 fur faint Jean.

QUia talis erat Joánnes amícus Sponfi, non quærébat glóriam fuam, fed teftimónium perhibébat veritáti. Numquid vóluit apud fe remanére difcípulos fuos,

ut non fequeréntur Dóminum ? Magis ipfe ofténdit difcípulis fuis quem fequeréntur ; habébant enim illum tanquam agnum. Et ille, Quid me atténditis ? ego non fum agnus : Ecce Agnus Dei, de quo & fupériùs díxerat, Ecce Agnus Dei ? Et quid nobis prodeft Agnus Dei ? Ecce, ait, qui tollit peccáta mundi. Secúti funt illum, hoc audíto, duo qui erant cum Joánne.

Les Refpons de la Ferie en laquelle cette Veille arrive.

Bened. Divínum auxílium.

Leçon ij.

VIdeámus fequéntia. Ecce Agnus Dei. Hoc Joánnes. Et audiérunt eum duo difcípuli loquéntem, & secúti funt Jefum. Non fic illum fequebántur, quafi jam ut inhærérent illi : nam maniféftum eft, quando illi inhæférunt, quia de navi eos vocávit. In his enim duóbus erat Andræas, ficut modò audíftis. Andræas autem frater Petri erat. Et nóvimus in Evangélio quod Petrum & Andræam Dóminus de navi vocávit, dicens, Veníte poft me, & fáciam vos pifcatóres hóminum. Ex illo jam inhæférunt illi, ut non recéderent.

Bened. Ad focietátem.

Leçon iij.

MOdò ergo quòd illum fequúntur ifti duo, non quafi non receffúri fequúntur, fed vidére voluérunt ubi habitáret, & fácere quod fcriptum ; Limen oftiórum ejus éxterat pes tuus : furge ad illum veníre affíduè, & erudíre præ-

céptis ejus. Oſténdit eis ille ubi ma-
néret : venérunt & fuérunt cum
illo. Quàm beátum diem dixérunt,
quàm beátam noctem ! Quis eſt
qui nobis dicat quæ audíerint illi à
Dómino ? Ædificémus & noſmet-
ípſi in corde noſtro , & faciámus
domum , quò véniat ille , & dó-
ceat nos , & colloquátur nobis.

A LAUDES.

O rémus.

QUæſumus, omnípotens Deus,
ut beátus Andræas Apóſto-
lus cujus prævenímus feſtivitátem,
tuum pro nobis implóret auxílium,
ut à noſtris reátibus abſolúti , à
cunctis étiam perículis eruámur; per
Dóminum.

Memoire
de ſaint Saturnin, Martyr.

Ant. Qui odit ánimam ſuam in
hoc mundo, in vitam ætérnam cuſtódit eam.

℣. Juſtus ut palma florébit, ℟.
Sicut cedrus Líbani multiplicábitur.

O rémus.

DEus qui nos beáti Saturníni
Mártyris tui concédis natáli-
tio pérfrui, ejus nos tríbue méritis
adjuvári ; per Dóminum.

LES SECONDES VESPRES
ſont toutes de la Feſte ſuivante.

XXX NOVEMBRE.
St ANDRE' APOSTRE.
Double de II Claſſe.
AUX I VESPRES.

Le Pſ. 109 Dixit Dóminus avec
les trois ſuivans & le Pſ. 116 Laudáte Dóminum , omnes gentes ,

ſur les Antiennes ſuivantes.

Ant. Salve , Crux pretióſa ; ſúſcipe diſcípulum ejus qui pepéndit
in te Magíſter meus Chriſtus.

Ant. Beátus Andræas orábat dicens , Dómine rex ætérnæ glóriæ ,
ſúſcipe me pendéntem in patíbulo.

Ant. Andræas Chriſti fámulus,
dignus Dei Apóſtolus , germánus
Petri & in paſſióne ſócius.

Ant. Maximílla Chriſto amábilis tulit corpus Apóſtoli , óptimo
loco cum aromátibus ſepelívit.

Ant. Qui perſequebántur juſtum,
demerſíſti eos, Dómine, in inférno,
& in ligno crucis dux juſti fuíſti.

Chapitre.   *Rom.* 10.

FRatres , Corde enim créditur
ad juſtítiam , ore autem conféſſio fit ad ſalútem : dicit enim
Scriptúra, Omnis qui credit in illum , non confundétur.

Hymne ancienne.

EXſúltet cœlum láudibus,
Reſúltet terra gáudiis;
Apoſtolórum glóriam
Sacra canunt ſolémnia.
Vos, ſæcli juſti júdices
Et vera mundi lúmina ,
Votis precámur córdium ;
Audíte preces ſúpplicum.
Qui cœlum verbo cláuditis ;
Seráſque ejus ſólvitis ,
Nos à peccátis ómnibus
Solvíte juſſu, quæſumus.
Quorum præcépto ſúbditur
Salus & languor ómnium ;
Sanáte ægros móribus ,
Nos reddéntes virtútibus.
Ut cùm judex advénerit
Chriſtus in fine ſéculi,

Nos fempitérni gáudii
Fáciat eſſe cómpotes.
Deo Patri ſit glória
Ejúſque ſoli Filio,
Cum ſpíritu Parácleto,
Et nunc & in perpétuum. Amen.

Hymne nouvelle.

EXſúltet orbis gáudiis ;
Cœlum reſúltet láudibus :
Apoſtolórum glóriam
Tellus & aſtra cóncinunt.
Vos , feculórum júdices
Et vera mundi lúmina,
Votis precámur córdium ;
Audíte voces ſúpplicum.
Qui templa cœli cláuditis
Seráſque verbo ſólvitis,
Nos à reátu nóxios
Solvi jubéte , quæſumus.
Præcépta quorum prótinus
Languor ſalúſque ſéntiunt ;
Sanáte mentes lánguidas :
Augéte nos virtútibus,
Ut cùm rédibit árbiter
In fine Chriſtus ſéculi,
Nos fempitérni gáudii
Concédat eſſe cómpotes.
Patri ſimúlque Fílio,
Tibíque , fanête Spíritus,
Sicut fuit , ſit júgiter
Seclum per omne glória. Amen.

℣. In omnem terram exívit ſonus eórum ; ℟. Et in fines orbis
terræ verba eórum.

A Magníficat , Ant. Unus ex
duóbus qui ſecúti ſunt Dóminum,
erat Andræas frater Simónis Petri. Allelúia.

Orémus.

MAjeſtátem tuam, Dómine,
ſupplíciter exorámus, ut ſicut Eccléſiæ tuæ beátus Andræas
Apóſtolus éxſtitit prædicátor &
rêctor , ita apud te ſit pro nobis
perpétuus intercéſſor ; per Dóminum noſtrum.

A M A T I N E S.

Invit. Regem Apoſtolórum Dóminum , * Veníte, adorémus.

Pſ. 94 Veníte.

Hymne ancienne.

ÆTérna Chriſti múnera,
Apoſtolórum glóriam,
Laudes canéntes débitas,
Lætis canámus méntibus ;
Ecclefiárum Príncipes,
Belli triumpháles Duces ,
Cœléſtis aulæ mílites ,
Et vera mundi lúmina.
Devóta Sanêtórum Fides
Invíêta Spes credéntium,
Perféêta Chriſti Cháritas
Mundi triúmphat príncipem.
In his patérna glória,
In his volúntas Spíritûs,
Exſúltat in his Fílius ,
Cœlum replétur gáudio.
Te nunc , Redémtor , quæſumus
Ut ipſórum conſórtio
Jungas precántes ſérvulos,
In ſempitérna ſécula. Amen.

Hymne nouvelle.

ÆTérna Chriſti múnera,
Apoſtolórum glóriam,
Pſalmos & hymnos débitos
Lætis canámus méntibus ;
Ecclefiárum Príncipes,
Belli triumpháles Duces ,
Cœléſtis aulæ mílites,
Et vera mundi lúmina.
Devóta Sanêtórum Fides
Invíêta Spes credéntium,

Perfécta Chrifti Cháritas
Mundi triúmphat príncipem.
I n his patérna glória ,
In his volúntas Spíritûs ,
Exfúltat in his Fílius ,
Cœlum replétur gáudio.
P atri fimúlque Fílio ,
Tibíque , fanéte Spíritus ,
Sicut fuit , fit júgiter
Seclum per omne glória.

Amen.

Les Pfeaumes du Commun aux trois Noéturnes.

AU I NOCTURNE.

Ant. Vidit Dóminus Petrum & Andræam , & vocávit eos.

Ant. Veníte poft me , dicit Dóminus ; fáciam vos fíeri pifcatóres hóminum.

Ant. Reliétis rétibus fuis , fecúti funt Dóminum Redemtórem.

℣. In omnem terram exívit fonus eórum ; ℟. Et in fines orbis terræ verba eórum.

Abfol. Exáudi , Dómine.

Bened. Benediétióne perpétuâ.

Leçon j.

De Epíftola beáti Pauli Apóftoli ad Romános. *Chap.* 10.

F Inis legis Chriftus ad juftítiam omni credénti ; Móyfes enim fcripfit quóniam juftítiam quæ ex lege eft qui fécerit homo , vivet in eâ. Quæ autem ex fide eft juftítia, fic dicit , Ne díxeris in corde tuo, Quis adfcéndet in cœlum ? id eft, Chriftum dedúcere : aut quis defcéndet in abyffum ? hoc eft, Chriftum à mórtuis revocáre : fed quid dicit Scriptúra ? Prope eft verbum in ore tuo & in corde tuo. Hoc eft verbum fidei quod prædicámus. Quia fi confiteáris in ore tuo Dóminum Jefum , & in corde tuo credíderis quòd Deus illum fufcitávit à mórtuis , falvus eris.

℟. Cùm perambuláret Dóminus juxta mare Galilææ , vidit Petrum & Andræam rétia mitténtes in mare ; & vocávit eos dicens , * Veníte poft me , fáciam vos fíeri pifcatóres hóminum. ℣. Erant enim pifcatóres , & ait illis , * Veníte.

Bened. Unigénitus Dei Fílius.

Leçon ij.

C Orde enim créditur ad juftítiam , ore autem conféffio fit ad falútem. Dicit enim Scriptúra , Omnis qui credit in illum , non confundétur. Non enim eft diftinctio Judæi & Græci : nam idem Dóminus ómnium , & dives in omnes qui ínvocant illum ; Omnis enim quicúmque invocáverit nomen Dómini , falvus erit. Quómodo ergo invocábunt , in quem non credidérunt ? Aut quómodo credent ei quem non audiérunt ? Quómodo autem áudient fine prædicánte ? Quómodò verò prædicábunt , nifi mittántur , ficut fcriptum eft, Quàm fpeciófi pedes evangelizántium pacem , evangelizántium bona ?

℟. Mox ut vocem Dómini prædicántis audívit beátus Andræas , reliétis rétibus quorum ufu actúque vivébat , * Ætérnæ viæ fecútus eft præmia largiéntem. ℣. Hic eft qui pro amóre Chrifti pepéndit in cruce , & pro lege ejus fuftínuit paffiónem. * Ætérnæ.

Bened. Spíritûs fanéti grátia.

Leçon iij

SEd non omnes obédiunt Evangélio. Iſaías enim dicit, Dómine, quis crédidit audítui noſtro? Ergo fides ex audítu, audítus autem per verbum Chriſti. Sed dico; Numquid non audiérunt? Et quidem in omnem terram exívit ſonus eórum, & in fines orbis terræ verba eórum. Sed dico, Numquid Iſrael non cognóvit? Primus Móyſes dicit, Ego ad æmulatiónem vos addúcam in non gentem; in gentem inſipiéntem, in iram vos mittam. Iſaías autem audet & dicit, Invéntus ſum à non quæréntibus me; palam appárui iis qui me non interrogábant. Ad Iſrael autem dicit, Totâ die expándi manus meas ad pópulum non credéntem & contradicéntem.

℟. Doctor bonus & amícus Dei Andræas dúcitur ad crucem, quam à longè aſpíciens dixit, Salve, Crux, * Súſcipe diſcipulum ejus qui pepéndit in te magíſter meus Chriſtus. ℣. Salve, Crux quæ in córpore Chriſti dedicáta es, & ex membris ejus tanquam margarítis ornáta. * Súſcipe. ℣. Glória Patri. * Súſcipe.

AU IIJ NOCTURNE.

Ant. Dignum ſibi Dóminus computávit Mártyrem, quem vocávit Apóſtolum, dum eſſet in mari. Allelúia.

Ant. Diléxit Andræam Dóminus in odórem ſuavitátis.

Ant. Bíduo vivens pendébat in cruce beátus Andræas pro Chriſti nómine, & docébat pópulum.

℣. Conſtítues eos príncipes ſuper omnem terram; ℟ Mémores erunt nóminis tui, Dómine.

Abſol. Ipſius píetas.

Bened Deus Pater omnípotens.

Leçon iv.

ANdræas Apóſtolus Bethſáidæ natus, qui eſt Galilææ vicus, frater Petri, diſcípulus Joánnis Baptíſtæ, cùm eum de Chriſto dicéntem audíſſet, Ecce Agnus Dei, ſecútus Jeſum, fratrem quoque ſuum ad eúmdem perdúxit. Cùm póſteà unà cum fratre piſcarétur in mari Galilææ, ambo à prætereúnte Chriſto Dómino ante álios Apóſtolos vocáti illis verbis, Veníte poſt me, fáciam vos fíeri piſcatóres hóminum; nullam interponéntes moram, & relíctis rétibus, ſecúti ſunt eum. Poſt cujus paſſiónem & reſurrectiónem Andræas cùm in Scythiam Európæ, quæ ei provincia ad Chriſti fidem diſſeminándam obtígerat, veníſſet, deínde Epírum ac Thráciam peragráſſet, doctrínâ & miráculis innumerábiles hómines ad Chriſtum convértit. Pòſt Patras Acháiæ proféctus, & in ea urbe plúrimis ad veritátem Evangélicam perdúctis, Ægéam Procónſulem, prædicatióni Evangélicæ reſiſténtem, libérrimè increpávit quòd qui judex hóminum habéri vellet, Chriſtum Deum ómnium júdicem à Dæmónibus elúſus non agnóſceret.

℟. Homo Dei ducebátur ut crucifígerent eum, pópulus autem clamábat voce magnâ, dicens, * Innocens ejus ſanguis ſine cauſa damnátur. ℣. Cùmque dúcerent eum ut crucifigerétur, factus eſt concúrſus populórum clamántium & dicéntium, * Innocens ejus ſanguis ſine cauſa damnátur.

Bened. Chriſtus perpétuæ.

Leçon v.

TUm Ægéas irátus, Déſine, inquit, Chriſtum jactáre, cui ſimília verba nihil profuérunt quóminus à Judæis crucifigerétur. Andræam verò de Chriſto nihilóminùs líberè prædicántem quòd pro ſalúte humani géneris ſe crucifigéndum obtuliſſet, impiâ oratióne interpéllat ac demum hortátur ut ſibi cónſulens Diis velit immoláre. Cui Andræas, Ego omnipoténti Deo qui unus & verus eſt, immolo quotidie, non tantórum carnes nec hircórum ſanguinem, ſed immaculátum Agnum in altári, cujus carnem póſteáquam omnis pópulus credéntium manducáverit, Agnus qui ſacrificátus eſt, ínteger perſevérat & vivus. Quamóbrem irâ accénſus Ægéas jubet eum in cárcerem detrúdi, unde pópulus Andræam fácilè liberáſſet, niſi ipſe ſedáſſet multitúdinem, veheméntiùs rogans ne ſe ad optatíſſimam martyrii corónam properántem impedírent.

℟. O bona Crux quæ decórem & pulchritúdinem de membris Dómini ſuſcepíſti, áccipe me ab homínibus, & redde me Magíſtro meo, * Ut per te me recípiat qui per te me redémit. ℣. Beátus Andræas expánſis mánibus ad cœlum, orábat dicens, Salva me, bona Crux, * Ut per te.

Bened. Ignem ſui amóris.

Leçon vj.

IGitur paulò pòſt in tribúnal prodúctum, cùm Ægéas Crucis extolléntem myſtéria ſibíque ſuam impietátem exprobrántem diútiùs ferre non poſſet, in crucem tolli & Chriſti mortem imitári juſſit. Addúctus Andræas ad locum martyrii, cùm crucem vidíſſet, longè exclamáre cœpit, O bona Crux quæ decórem ex membris Dómini ſuſcepíſti, diù deſideráta, ſollícitè amáta, ſine intermiſſióne quæſita, & aliquándo cupiénti ánimo præparáta, áccipe me ab homínibus, & redde me Magíſtro meo, ut per te me recípiat qui per te me redémit. Itaque cruci affíxus eſt; in qua bíduum vivus pendens, & Chriſti fidem prædicáre nunquam intermíttens, ad eum migrávit cujus mortis ſimilitúdinem concupíerat. Quæ ómnia Præsbyteri & Diáconi Achaíæ qui ejus paſſiónem ſcripſérunt, ſe ita ut commemoráta ſunt, audíſſe & vidíſſe teſtántur. Ejus oſſa primùm, Conſtantíno Imperatóre, Conſtantinópolim, deínde Amálphim tranſláta ſunt. Caput, Pio ſecúndo Pontífice, Romam allátum, in Baſilica ſancti Petri collocátum eſt.

℟. Expandi manus meas totâ die in cruce ad pópulum non credéntem, ſed contradicéntem mihi, * Qui ámbulant vias non bonas, ſed poſt peccáta ſua. ℣. Deus ultiónum Dóminus, Deus ultiónum líberè egit. Exaltáre qui júdicas terram; redde retributiónem ſupérbis, *

Qui ámbulant. ℣. Glória Patri, * Qui.

AU III NOCTURNE.

Ant. Non me permíttas, Dómine, famulum tuum à te feparári : tempus eft ut commendétur terræ corpus meum, & me ad te veníre júbeas.

Ant. Andræas verò rogábat pópulum ut non impedíret paffiónem ipsíus.

Ant. Accipe me ab homínibus, & redde me Magíftro meo, ut per te me recípiat qui per te me redémit. Allelúia.

℣. Nimis honoráti funt amíci tui, Deus ; ℟. Nimis confortátus eft principátus eórum.

Abfol. A vínculis.

Bened. Evangélica léctio.

Lecon vij.

Léctio fancti Evangélii fecúndùm Matthæum. *Ch.* 4.

IN illo témpore ámbulans Jefus juxta mare Galilææ, vidit duos fratres, Simónem qui vocátur Petrus, & Andræam fratrem ejus, mitténtes rete in mare. Et réliqua. De Homília fancti Gregórii Papæ.

Homelie 5 fur les Evangiles.

AUdíftis, Fratres charíffimi, quia ad uníus juffiónis vocem Petrus & Andræas relíctis rétibus fecúti funt Redemtórem. Nulla verò hunc fácere adhuc mirácula víderant ; nihil ab eo de præmio ætérnæ retributiónis audíerant ; & tamen ad unum Dómini præcéptum, hoc quod poffidére videbántur oblíti funt. Quanta nos ejus mirácula vidémus, quot flagéllis affli-

gimur, quantis minárum afperitátibus deterrémur, & tamen vocántem fequi contémnimus !

℟. Orávit fanctus Andræas, dum refpíceret in cœlum, & voce magnâ clamávit & dixit, Tu es Deus meus, quem vidi ; ne me patiáris ab ímpio júdice depóni, * Quia virtútem fanctæ crucis agnóvi. ℣. Tu es magífter meus Chriftus quem diléxi, quem cognóvi, quem conféffus fum ; tantúmmodò in ifta voce exáudi me, * Quia virtútem.

Bened. Cujus feftum cólimus.

Lecon viij.

IN cœlo jam fedet qui de converfióne nos ádmonet ; jam jugo fídei colla Géntium súbdidit ; jam mundi glóriam ftravit ; jam ruínis ejus crebrefcéntibus, diftrícti fui judícii propinquántem diem denúntiat ; & tamen fupérba mens noftra adhuc non vult hoc fponte deférere quod quotídie perdit invíta. Quid ergo, Fratres charíffimi, quid in eis judício dictúri fumus, qui ab amóre præféntis féculi nec præcéptis fléctimur nec verbéribus emendámur ?

℟. Videns crucem Andæas exclamávit dicens, O crux admirábilis, ô crux defiderábilis, ô crux quæ per totum mundum rútilas, * Súfcipe difcípulum Chrifti, ac per te me recípiat qui per te móriens me redémit. ℣. O bona crux quæ decórem & pulchritúdinem de mêbris Dómini fufcepífti, * Súfcipe. ℣. Glória Patri. * Súfcipe.

Bened. Ad focietátem.

Leçon ix.

SEd fortáſſe áliquis tácitis ſibi cogitatiónibus dicat, Ad vocem
Dominicam utérque iſte piſcátor
quid aut quantum dimíſit qui pene
nihil hábuit ? Sed hâc in re , Fratres chariſſimi, afféctum debémus
pótiùs penſáre quàm cenſum. Multum relíquit qui ſibi nihil retínuit ;
multum relíquit qui, quantúmlibet
parum, totum deſéruit. Certè nos &
hábita cum amóre poſſidémus ea
quæ mínimè habémus, ex deſidério
quærimus. Multum ergo Petrus &
Andræas dimíſit, quando utérque
étiam deſidéria habéndi derelíquit.

Te Deum.

A LAUDES.

Ant. Salve, Crux pretióſa; ſúſcipe diſcípulum ejus qui pepéndit in
te Magiſter meus Chriſtus.

Pſ. 92 Dóminus regnávit avec
les autres du Dimanche à Laudes.

Ant. Beátus Andræas orábat dicens, Dómine rex ætérnæ glóriæ,
ſúſcipe me pendéntem in patíbulo.

Ant. Andræas Chriſti fámulus,
dignus Dei Apóſtolus, germánus
Petri & in paſſióne ſócius.

Ant. Maximílla Chriſto amábilis
tulit corpus Apóſtoli, óptimo loco
cum aromátibus ſepelívit.

Ant. Qui perſequebántur juſtum,
demerſíſti eos, Dómine, in inférno, & in ligno crucis dux juſti fuíſti.

Chapitre.   Rom. 10.

FRatres, Corde enim créditur
ad juſtítiam, ore autem conféſſio fit ad ſalútem : dicit enim
Scriptúra, Omnis qui credit in illum, non confundétur.

Hymne ancienne.

EXſúltet cœlum láudibus ;
Reſúltet terra gáudiis ;
Apoſtolórum glóriam
Sacra canunt ſolémnia.
Vos, ſæcli juſti júdices
Et vera mundi lúmina,
Votis precámur córdium ;
Audíte preces ſúpplicum.
Qui cœlum verbo cláuditis,
Seráſque ejus ſólvitis,
Nos à peccátis ómnibus
Sólvite juſſu, quæſúmus.
Quorum præcépto ſúbditur
Salus & languor ómnium ;
Sanáte ægros móribus,
Nos reddéntes virtútibus.
Ut cùm judex advénerit
Chriſtus in fine ſéculi,
Nos ſempitérni gáudii
Fáciat eſſe cómpotes.
Deo Patri ſit glória
Ejúſque ſoli Filio,
Cum Spíritu Parácleto,
Et nunc & in perpétuum.
Amen.

Hymne nouvelle.

EXſúltet orbis gáudiis ;
Cœlum reſúltet láudibus :
Apoſtolórum glóriam
Tellus & aſtra cóncinunt.
Vos, ſeculórum júdices
Et vera mundi lúmina ;
Votis precámur córdium ;
Audíte voces ſúpplicum.
Qui templa cœli cláuditis
Seráſque verbo ſólvitis,
Nos à reátu nóxios
Solvi jubéte, quæſumus.
Præcépta quorum prótinus
Languor ſalúſque ſéntiunt ;

Sanáte

Sanâte mentes lánguidas :
Augéte nos virtútibus.
Ut cùm redíbit Arbiter
In fine Chríftus féculi,
Nos fempitérni gáudii
Concédat effe cómpotes.
Patri fimúlque Fílio,
Tibíque, fanĉte Spíritus,
Sicut fuit, fit júgiter
Seclum per omne glória. Amen.

℣. Annuntiavérunt ópera Dei,
℞. Et faĉta ejus intellexérunt.

A Benedíĉtus, Ant. Concéde
nobis hóminem juftum; redde nobis hóminem fanĉtum; ne interfí-
cias hóminem Deo charum, juftum,
manfuétum & pium.

Orémus.

Majeftátem tuam, Dómine,
fuppliciter exorámus, ut ficut Eccléfiæ tuæ beátus Andrǽas
Apóftolus éxftitit prædicátor &
reĉtor, ita apud te fit pro nobis
perpétuus intercéffor; per Dóminum.

A TIERCE.

Ant. Beátus Andrǽas, à Laudes.
Chapitre. Fratres, Corde enim
créditur, à Laudes.

℞ bref. In omnem terram * Exívit fónus eórum. On repete In omnem.

℣. Et in fines orbis terræ verba
eórum. * Exívit.

℣. Glória Patri. ℞. In omnem.

℣. Conftítues eos príncipes fuper omnem terram. ℞. Mémores
erunt nóminis tui, Dómine.

A SEXTE.

Ant. Andrǽas Chrifti fámulus,
à Laudes.

Chapitre. Rom. 10.

NOn enim eft diftínĉtio Judǽi
& Grǽci : nam idem Dómi-
nus ómnium, dives in omnes qui
ínvocant illum. Omnis enim quicúmque invocáverit nomen Dómini, falvus erit.

℞ bref. Conftítues eos príncipes
* Super omnem terram. On repete
Conftítues.

℣. Mémores erunt nóminis tui,
Dómine, * Super.

℣. Glória Patri. ℞. Conftítues.

℣. Nimis honoráti funt amíci
tui, Deus; ℞. Nimis confortátus
eft principátus eórum.

A NONE.

Ant. Qui perfequebántur juftum,
à Laudes.

Chapitre. Rom. 10.

ISaías enim dicit, Dómine, quis
crédidit audítui noftro ? Ergo
fides ex audítu, audítus autem per
verbum Chrifti. Sed dico, Numquid non audiérunt ? Et quidem
in omnem terram exívit fonus
eórum, & in fines orbis terræ verba eórum.

℞ bref. Nimis honoráti funt *
Amíci tui, Deus. On repete Nimis.

℣. Nimis confortátus eft principátus eórum. * Amíci.

℣. Glória. ℞. Nimis.

℣. Annuntiavérunt ópera Dei,
℞. Et faĉta ejus intellexérunt.

AUX II VESPRES.

Tout fe dit comme à Laudes,
à l'exception des Pfeaumes qu'il
faut prendre aux II Vefpres du
Commun des Apôtres, page xvij.

& de l'Antienne de Magníficat.

A Magníficat, Ant. Cùm pervenísset beátus Andræas ad locum ubi crux paráta erat, exclamávit & dixit, O bona Crux, diu desideráta, & jam concupiscénti ánimo præparáta, secúrus & gaudens vénio ad te; ita & tu exsúltans suscípias me discípulum ejus qui pepéndit in te.

FESTES
DE DECEMBRE.

I.I DECEMBRE.
SAINTE BIBIANE,
Vierge & Martyre, Semidouble.

Tout du Commun des Vierges & Martyres, excepté ce qui suit.

A VESPRES.
Orémus.

DEus, ómnium largítor bonórum, qui in fámula tua Bibiána cum virginitátis flore martyrii palmam conjunxísti; mentes nostras ejus intercessióne tibi charitáte conjúnge, ut amótis perículis præmia consequámur ætérna; per Dóminum.

A MATINES.
AU I NOCTURNE.
Les Leçons de l'Escriture marquées pour aujourd'hui au Propre du Temps.

AU II NOCTURNE.
Leçon iv.

BIbiána virgo Romána, nóbili génere nata, Christiáná fide nobílior fuit. Ejus enim pater Fla-

viniánus sub Juliáno Apóstatá impiíssimo tyránno Expræféctus, servilibúsque notis compúnctus, ad Aquas Taurínas deportátus, martyr occúbuit. Mater Dafrósa & filiæ primùm conclúsæ domi ut inédiá conficeréntur, mox relegáta mater extra Urbem cápite plexa est. Mórtuis autem piis paréntibus, Bibiána cum foróre sua Demétria bonis ómnibus spoliátur. Aproniánus Urbis Prætor, pecúniis ínhians, foróres perséquitur, quas humáná prorsùs ope destitútas, Deo mirabíliter qui dat escam esuriéntibus, enutriénte, cum vivacióres vegetiorésque conspexísset, veheménter est admirátus.

R̰. Propter veritátem & mansuetúdinem & justítiam, * Et dedúcet te mirabíliter déxtera tua. ℣. Spécie tuâ & pulchritúdine tuâ inténde, prósperè procéde & regna. * Et dedúcet.

Bened. Christus perpétuæ.

Leçon v.

SUádet nihilóminus Aproniánus ut veneréntur deos Géntium, amíssas ideò opes, Imperatóris grátiam, præclaríssimas núptias consecutúræ: si secus fécerint, minátur cárceres, virgas, secúres. At illæ neque blandítiis neque minis à recta fide declinántes, parátæ pótius mori quàm fœdári móribus Ethnicórum, Prætóris impietátem constantíssimè detestántur. Quare Demétria ob óculos Bibiánæ repénte córruens, obdormívit in Dómino; & Bibiána Rufínæ mulíeri vaférrimæ seducénda tráditur, quæ ab in-

cunábulis edóɛɑ Chriſtiánas leges
& illibátum ſerváre virginitátis flo-
rem, ſeipsâ fórtior féminæ ſuperávit insídias & Prætóris aſtus
delúſit.

℞. Dilexíſti juſtítiam, & odíſti
iniquitátem ; * Proptéreà unxit te
Deus, Deus tuus, óleo lætítiæ. ℣.
Propter veritátem & manſuetúdinem & juſtítiam. * Proptéreà unxit
te Deus.

Bened. Ignem ſui amóris.

Leçon vj.

N Ihil autem proficiénte Ruſinâ
quæ præter dolóſa verba illam
quotídiè verbéribus affligébat, ut
de ſancto propóſito dimovéret, ſpe
ſuâ fruſtrátus Prætor, accénſus irâ
quòd in Bibiána perdidíſſet óperam, à lictóribus eam denudári,
vinctíſque mánibus colúmnæ alligári, eámque plumbátis cædi jubet
donec effláret ánimam. Cujus ſacrum corpus objéctum cánibus bí-
duò jácuit in foro Tauri, illæſum
tamen, & divinitùs ſervátum, quod
deinde Joánnes Présbyter ſepelívit
noctu juxta ſepúlchrum ſoróris &
matris ad palátium Liciniánum,
ubi uſque in præſens exſtat Eccléſ-
ſia Deo ſanctæ Bibiánæ nómine dí-
cáta, quam Urbánus octávus in-
ſtaurávit, ſanctárum Bibiánæ, De-
métriæ & Dafróſæ corpóribus in
ea repértis, & ſub ara máxima
collocávit.

℞. Afferéntur Regi vírgines poſt
eam ; próximæ ejus * Afferéntur
tibi in lætítia & exſultatióne. ℣.
Spécie tuâ & pulchritúdine tuâ inténde, próſperè procéde & regna.

* Afferéntur tibi in lætítia & exſultatióne. ℣. Glória Patri. * Afferéntur tibi.

A U III NOCTURNE.

Leçon vij.

Léctio ſancti Evangélii ſecúndùm
Matthæum. *Ch.* 13.

I N illo témpore dixit Jeſus Diſcípulis ſuis parábolam hanc : Símile eſt regnum cœlórum theſáuro
abſcóndito in agro. Et réliqua.

Homília ſancti Gregórii Papæ.

Homelie 11 *ſur les Evangiles.*

C Œlórum regnum, Fratres cha-
ríſſimi, idcírcò terrénis rebus
ſímile dícitur, ut ex his quæ ánimus novit ſurgat ad incógnita quæ
non novit, quátenus exémplo viſibílium ſe ad inviſibília rápiat, & per
ea quæ uſu dídicit quaſi confricátus incaléſcat ; ut per hoc quod ſcit
notum dilígere, diſcat & incógnita
amáre. Ecce enim regnum cœlóru
theſáuro abſcóndito in agro comparátur, quem qui invénit homo
abſcóndit, & præ gáudio illíus vadit & vendit univérſa quæ habet, &
emit agrum illum.

℞. Hæc eſt Virgo ſápiens quam
Dóminus vigilántem invénit, quæ
accéptis lampádibus ſumſit ſecum
óleum, * Et veniénte Dómino,
introívit cum eo ad núptias. ℣. Médiâ nocte clamor factus eſt, Ecce
ſponſus venit, exíte óbviam ei. *
Et veniénte.

Bened. Cujus feſtum cólimus.

Leçon viij.

O Ua in re hoc quoque notándum eſt quòd inventus theſáurus abſcónditur ut ſervétur ; quia

ſtúdium cœléſtis deſidérii à malígnis ſpirítibus cuſtodíre non ſúfficit qui hoc ab humánis láudibus non abſcóndit. In præſénti étenim vita quaſi in via ſumus quâ ad pátriam pérgimus ; malígni autem ſpíritus iter noſtrum quaſi quidam latrúnculi óbſident. Deprædári ergo deſíderat qui theſáurum públicè portat in via. Hoc autem dico, non ut próximi ópera noſtra bona non vídeant, cùm ſcriptum ſit, Vídeant ópera veſtra bona, & gloríficent Patrem veſtrum qui in cœlis eſt ; ſed ut per hoc quod ágimus laudes extériùs non quærámus. Sic autem ſit opus in público, quátenus inténtio máneat in occúlto, ut & de bono ópere próximis præbeámus exémplum, & tamen per intentiónem quâ Deo ſoli plácere quærimus, ſemper optémus ſecrétum.

℟. Médiâ noĉte clamor faĉtus eſt, * Ecce ſponſus venit, exíte óbviam ei. ℣. Prudéntes Vírgines, aptáte veſtras lámpades ; * Ecce ſponſus. ℣. Glória. * Ecce.

Bened. Ad ſocietátem.

Leçon ix.

THeſáurus autem cœléſte eſt deſidérium ; ager verò in quo theſáurus abſcónditur, diſciplína ſtúdii cœléſtis ; quem proféĉto agrum vénditis ómnibus cómparat, qui voluptátibus carnis renúntians cunĉta ſua terréna deſidéria per diſciplínæ cœléſtis cuſtódiam calcat, ut nihil jam quod caro blandítur líbeat, nihil quod carnálem vitam trúcidat, ſpíritus perhorréſcat.

Te Deum.

LES VESPRES ſont de la Feſte ſuivante depuis le Chapitre.

LE COMMUN DES SAINTS.

LE COMMUN
DES APOSTRES ET DES EVANGELISTES.

LA VIGILE.

Tout comme à la Ferie, à l'exception des Leçons & de l'Oraison qui sont au Propre des Saints.

Quand il n'y a point de Leçons propres, on dit les suivantes.

Leçon j.

Léctio sancti Evangélii secúndùm Joánnem. *Ch. 15.*

IN illo témpore dixit Jesus discípulis suis, Hoc est præcéptum meum, ut diligátis ínvicem sicut diléxi vos. Et réliqua.

Homília sancti Gregórii Papæ.

Homel. 27 sur les Evang.

CUm cuncta sacra elóquia Domínicis plena sint præcéptis, quid est quòd de dilectióne quasi de singulári mandáto Dóminus dicit, Hoc est præcéptum meum, ut diligátis ínvicem ; nisi quia omne mandátum de sola dilectióne est, & ómnia unum præcéptum sunt ? quia quidquid præcípitur in sola charitáte solidátur. Ut enim multi árboris rami ex una radíce pródeunt, sic multæ virtútes ex una charitáte generántur. Nec habet áliquid viridítatis ramus boni óperis, si non manet in radíce charitátis.

Leçon ij.

PRæcépta ergo Domínica & multa sunt & unum ; multa per diversitátem óperis, unum in radíce dilectiónis. Quáliter autem ista diléctio tenénda sit, ipse insínuat qui in plerísque Scriptúræ suæ senténtiis & amícos jubet díligi in se, & inimícos propter se. Ille enim veráciter charitátem habet qui & amícum díligit in Deo, & inimícum díligit propter Deum. Nam sunt nonnúlli qui díligunt próximos, sed per afféctum cognatiónis & carnis : quibus tamen in hac dilectióne sacra elóquia non contradícunt ; sed áliud est quod sponte impénditur natúræ, áliud quod præcéptis Domínicis ex charitáte debétur obediéntiæ.

Leçon iij.

HI nimírum & próximum díligunt, & tamen illa sublímia dilectiónis præmia non assequúntur ; quia amórem suum non spirituáliter sed carnáliter impéndunt. Proínde cùm Dóminus díceret, Hoc est præcéptum meum, ut diligátis ínvicem ; prótinùs áddidit, Sicut diléxi vos ; ac si apértè dicat, Ad hoc amáte ad quod amávi vos. Qua in re, fratres charíssimi, solérter

R. 4. Automne. a

intuéndum eſt, quòd antíquus hoſtis dum mentem noſtram ad rerum temporálium dilectiónem trahit, infirmiórem contra nos próximum éxcitat, quia ea ipſa quæ dilígimus auférre moliátur.

AUX I VESPRES.

Ant. Hoc eſt præcéptum meum, ut diligátis ínvicem, ſicut diléxi vos.

Pſeaume 109.

Dixit Dñus Dómino meo, * Sede à dextris meis,

Donec ponam inimícos tuos * ſcabéllum pedum tuórum.

Virgam virtútis tuæ emíttet Dóminus exSion; * domináre in médio inimicórum tuórum.

Tecum princípium in die virtútis tuæ in ſplendóribus Sanctórum; * ex útero ante lucíferum génui te.

Jurávit Dóminus & non pœnitébit eum, * Tu es Sacérdos in ætérnum ſecúndùm órdinem Melchíſedech.

Dóminus à dextris tuis * confrégit in die iræ ſuæ reges.

Judicábit in natiónibus; implébit ruínas; * conquaſſábit cápita in terra multórum.

De torrénte in via bibet, * proptéreà exaltábit caput.

Ant. Hoc eſt præcéptum meum, ut diligátis ínvicem, ſicut diléxi vos.

Ant. Majórem charitátem nemo habet, ut ánimam ſuam ponat quis pro amícis ſuis.

Pſeaume 110.

Confitébor tibi, Dómine, in toto corde meo * in conſílio juſtórum & congregatióne.

Magna ópera Dómini, * exquíſita in omnes voluntátes ejus;

Conféſſio & magnificéntia opus ejus, * & juſtítia ejus manet in ſéculum ſéculi.

Memóriam fecit mirabílium ſuórum; miſéricors & miſerátor Dóminus; * eſcam dedit timéntibus ſe;

Memor erit in ſéculum teſtaménti ſui; * virtútem óperum ſuórum annuntiábit pópulo ſuo,

Ut det illis hæreditátem Géntium. * * Opera mánuum ejus véritas & judícium;

Fidélia ómnia mandáta ejus, confirmáta in ſéculum ſéculi, * facta in veritáte & æquitáte.

Redemtiónem miſit pópulo ſuo; * mandávit in ætérnum teſtaméntum ſuum.

Sanctum & terríbile nomen ejus; * inítium ſapiéntiæ timor Dómini.

Intelléctus bonus ómnibus faciéntibus eum; * laudátio ejus manet in ſéculum ſéculi.

Ant. Majórem charitátem nemo habet, ut ánimam ſuam ponat quis pro amícis ſuis.

Ant. Vos amíci mei eſtis, ſi fecéritis quæ præcípio vobis, dicit Dóminus.

Pſeaume 111.

Beátus vir qui timet Dóminum, * in mandátis ejus volet nimis.

Potens in terra erit ſemen ejus; * generátio rectórum benedicétur.

Glória & divítiæ in domo ejus, * & juſtítia ejus manet in ſéculum ſéculi.

Exórtū eſt in ténebris lumé rectis; * miſéricors & miſerátor & juſtus.

Jucúndus homo qui miserétur & cómmodat, dispónet sermónes suos in judício, * quia in ætérnum non commovébitur.

In memória ætérna erit justus; * ab auditióne mala non timébit : Parátum cor ejus speráre in Dómino; confirmátum est cor ejus, non commovébitur donec despíciat inimícos suos.

Dispérsit, dedit paupéribus. Justítia ejus manet in séculum séculi; * cornu ejus exaltábitur in glória.

Peccátor vidébit & irascétur, déntibus suis fremet & tabéscet; * desidérium peccatórum períbit.

Ant. Vos amíci mei estis, si fecéritis quæ præcípio vobis, dicit Dóminus.

Ant. Beáti pacífici; beáti mundo corde; quóniam ipsi Deum vidébunt.

Pseaume 112.

LAudáte, púeri, Dóminum, * laudáte nomen Dómini.

Sit nomen Dómini benedíctum * ex hoc nunc & usque in séculum.

A solis ortu usque ad occásum * laudábile nomen Dómini.

Excélsus super omnes Gentes Dóminus, * & super cœlos glória ejus.

Quis sicut Dóminus Deus noster qui in altis hábitat * & humília réspicit in cœlo & in terra;

Súscitans à terra ínopem * & de stércore érigens páuperem,

Ut cóllocet eum cum princípibus, * cum princípibus pópuli sui;

Qui habitáre facit stérilem in domo; * matrem filiórum lætántem ?

Ant. Beáti pacífici; beáti mundo corde; quóniam ipsi Deum vidébunt.

Ant. In patiéntia vestra possidébitis ánimas vestras.

Pseaume 116.

LAudáte, Dóminum, omnes gentes; * laudáte eum, omnes pópuli;

Quóniam confirmáta est super nos misericórdia ejus, * & véritas Dómini manet in ætérnum.

Ant. In patiéntia vestra possidébitis ánimas vestras.

Chapitre. *Ephes.* 2.

FRatres, jam non estis hóspites & advénæ, sed estis cives sanctórum & doméstici Dei superædificáti supra fundaméntum Apostolórum & Prophetárum, ipso summo angulári lápide Christo Jesu. ℟. Deo grátias.

Hymne ancienne.

EXúltet cœlum láudibus; Resúltet terra gáudiis; Apostolórum glóriam Sacra canunt solémnia.

Vos, sæcli justi júdices Et vera mundi lúmina, Votis precámur córdium; Audíte preces súpplicum.

Qui cœlum verbo cláuditis, Serásque ejus sólvitis, Nos à peccátis ómnibus Sólvite jussu, quæsumus.

Quorum præcépto súbditur Salus & languor ómnium; Sanáte ægros móribus Nos reddéntes virtútibus.

Ut cùm judex advénerit Christus in fine séculi Nos sempitérni gáudii

Fáciat esse cómpotes.
Deo Patri sit glória
Ejúsque soli Fílio,
Cum Spíritu Paracléto,
Et nunc & in perpétuum. Amen.

Hymne nouvelle.

EXúltet orbis gáudiis;
Coelum resúltet láudibus:
Apostolórum glóriam
Tellus & astra cóncinunt.

Vos, seculórum júdices
Et vera mundi lúmina,
Votis precámur córdium,
Audíte voces súpplicum.

Qui templa coeli cláuditis
Serásque verbo sólvitis,
Nos à reátu nóxios
Solvi jubéte, quǽsumus.

Præcépta quorum prótinus
Languor salúsque séntiunt,
Sanáte mentes lánguidas:
Augéte nos virtútibus.

Ut cùm redíbit Arbiter
In fine Christus séculi,
Nos sempitérni gáudii
Concédat esse cómpotes.

Patri simúlque Fílio,
Tibíque, sancte Spíritus,
Sicut fuit, sit júgiter
Seclum per omne glória. Amen.

℣. In omnem terram exívit sonus eórum; ℟. Et in fines orbis
terræ verba eórum.

Ant. Tradent enim vos in cón-
ciliis, & in synagógis suis flagellá-
bunt vos, & ante reges & præsides
ducémini propter me, in testimónium illis & Géntibus.

Cantique de la Vierge. *Luc. 1.*

MAgníficat * ánima mea Dóminum,

Et exultávit spíritus meus * in Deo
salutári meo,

Quia respéxit humilitátem ancíllæ
suæ; * ecce enim ex hoc beátam
me dicent omnes generatiónes,

Quia fecit mihi magna qui potens
est; * & sanctum nomen ejus,

Et misericórdia ejus à progénie in
progénies * timéntibus eum.

Fecit poténtiam in bráchio suo:
* dispérsit supérbos mente cordis
sui;

Depósuit poténtes de sede * &
exaltávit húmiles,

Esuriéntes implévit bonis * & dívites dimísit inánes,

Suscépit Israel púerum suum * recordátus misericórdiæ suæ,

Sicut locútus est ad patres nostros,
* Abraham & sémini ejus in sécula.

Ant. Tradent enim vos in cón-
ciliis, & in synagógis suis flagellá-
bunt vos, & ante reges & præsides ducémini propter me, in testimónium illis & Géntibus.

L'Oraison propre.

A MATINES.

Invit. Regem Apostolórum Dóminum, * Veníte, adorémus.
Ps. 94 Veníte, page 2.

Hymne ancienne.

ÆTérna Christi múnera,
Apostolórum glóriam,
Laudes canéntes débitas,
Lætis canámus méntibus;
Ecclesiárum Príncipes,
Belli triumpháles Duces,
Coeléstis aulæ milites,
Et vera mundi lúmina,

Devóta Sanctórum Fides,
Invícta Spes credéntium,
Perfécta Christi Cháritas
Mundi triúmphat príncipem.
In his patérna glória,
In his volúntas Spíritûs,
Exsúltat in his Fílius,
Cœlum replétur gáudio.
Te nunc, Redémtor, quæsumus
Ut ipsórum consórtio
Jungas precántes sérvulos,
In sempitérna sécula.
Amen.

Hymne nouvelle.

Ætérna Christi múnera, à la fin de ce Volume.

AU I NOCTURNE.

Ant. In omnem terram exívit sonus eórum, & in fines orbis terræ verba eórum.

Pseaume 18.

CŒli enárrant glóriam Dei, * & ópera mánuum ejus annúntiat firmaméntum.

Dies diéi erúctat verbum, * & nox nocti índicat sciéntiam.

Non sunt loquélæ neque sermónes, * quorum non audiántur voces eórum.

In omnem terram exívit sonus eórum, * & in fines orbis terræ verba eórum.

In sole pósuit tabernáculum suum; * & ipse tanquam sponsus procédens de thálamo suo.

Exsultávit ut gigas ad curréndam viam ; * à summo cœlo egréssio ejus ;

Et occúrsus ejus usque ad summum ejus : * nec est qui se abscóndat à calóre ejus.

Lex Dómini immaculáta, convértens ánimas : * testimónium Dómini fidéle, sapiéntiam præstans párvulis.

Justítiæ Dómini rectæ, lætificántes corda : * præcéptum Dómini lúcidum, illúminans óculos.

Timor Dómini sanctus, pérmanens in séculum séculi : * judícia Dómini vera, justificáta in semetípsa,

Desiderabília super aurum & lápidem pretiósum multum , * & dulcióra super mel & favum.

Etenim servus tuus custódit ea ; * in custodiéndis illis retribútio multa.

Delícta quis intélligit ? ab occúltis meis munda me , * & ab aliénis parce servo tuo.

Si mei non fúerint domináti, tunc immaculátus ero , * & emundábor à delícto máximo ;

Et erunt ut compláceant elóquia oris mei ; * & meditátio cordis mei in conspéctu tuo semper,

Dómine adjútor meus * & redémtor meus.

Ant. In omnem terram exívit sonus eórum , & in fines orbis terræ verba eórum.

Ant. Clamavérunt justi , & Dóminus exaudívit eos.

Pseaume 33.

BEnedícam Dóminum in omni témpore ; * semper laus ejus in ore meo ;

In Dómino laudábitur ánima mea * Audiant mansuéti , & læténtur.

Magnificáte Dóminum mecum ; * & exaltémus nomen ejus in idipsum.

Exquisívi Dóminum, & exaudívit

me, * & ex ómnibus tribulatiónibus meis erípuit me.

Accédite ad eum , & illuminámini , * & fácies veſtræ non confundéntur.

Iſte pauper clamávit, & Dóminus
exaudívit eum, * & de ómnibus
tribulatiónibus ejus ſalvávit eum.

Immíttet Angelus Dómini in circúitu timéntium eum , * & erípiet
eos.

Guſtáte & vidéte quóniam ſuávis
eſt Dóminus. * Beátus vir qui ſperat in eo.

Timéte Dóminum, omnes Sancti
ejus ; * quóniam non eſt inópia timéntibus eum.

Dívites eguérunt & eſuriérunt ; *
inquiréntes autem Dóminum non
minuéntur omni bono.

Veníte , fílii , audíte me ; * timórem
Dómini docébo vos.

Quis eſt homo qui vult vitam , *
diligit dies vidére bonos ?

Próhibe linguam tuam à malo , *
& lábia tua ne loquántur dolum.

Divérte à malo, & fac bonum ; *
inquíre pacem, & perſéquere eam.

Oculi Dómini ſuper juſtos, * &
aures ejus in preces eórum :

Vultus autem Dómini ſuper faciéntes mala, * ut perdat de terra memóriam eórum.

Clamavérunt juſti , & Dóminus
exaudívit eos, * & ex ómnibus tribulatiónibus eórum liberávit eos.

Juxta eſt Dóminus iis qui tribuláto
ſunt corde ; * & húmiles ſpíritu ſalvábit.

Multæ tribulatiónes juſtórum ; * &
de ómnibus his liberábit eos Dñus.

Cuſtódit Dóminus ómnia oſſa eórum ; * unum ex his non conterétur.

Mors peccatórum péſſima ; * &
qui odérunt juſtum delínquent.

Rédimet Dóminus ánimas ſervórum ſuórum ; * & non delínquent
omnes qui ſperant in eo.

Ant. Clamavérunt juſti , & Dóminus exaudívit eos.

Ant. Conſtítues eos príncipes
ſuper omnem terram. Mémores
erunt nóminis tui , Dómine.

Pſeaume 44.

Ructávit cor meum verbum
bonum ; * dico ego ópera mea
Regi.

Lingua mea cálamus ſcribæ * velóciter ſcribéntis.

Speciófus formâ præ fíliis hóminum ; diffúſa eſt grátia in lábiis tuis ;
* proptérea benedíxit te Deus in
ætérnum.

Accíngere gládio tuo ſuper femur
tuum, * potentíſſime.

Spécie tuâ & pulchritúdine tuâ *
inténde, próſperè procéde, & regna,

Propter veritátem & manſuetúdinem & juſtítiam ; * & déducet te
mirabíliter déxtera tua.

Sagíttæ tuæ acútæ , pópuli ſub te
cadent, * in corda inimicórum regis.

Sedes tua , Deus, in ſéculum ſéculi ;
* virga directiónis, virga regni tui.

Dilexíſti juſtítiam, & odíſti iniquitátem ; * proptéreà unxit tu Deus,
Deus tuus, óleo lætítiæ præ con-
ſórtibus tuis.

Myrrha & gutta & cáſia à veſtiméntis tuis à dómibus ebúrneis, *
ex quibus delectavérunt te fíliæ
regum in honóre tuo.

Aſtitit regína à dextris tuis in veſtitu deauráto * circumdáta varietáte.

Audi, fília, & vide, & inclína aurem tuam, * & obliviſcere pópulum tuum & domum patris tui :

Et concupíſcet Rex decórem tuú,
* quóniam ipſe eſt Dóminus Deus
tuus, & adorábunt eum.

Et filiæ Tyri in munéribus * vultum tuum deprecabúntur, omnes
dívites plebis.

Omnis glória ejus filiæ Regis ab
intùs, * in fímbriis áureis, circumamícta varietátibus.

Adducéntur Regi vírgines poſt eã :
* próximæ ejus afferéntur tibi ;

Afferéntur in lætítia & exultatióne ; * adducéntur in templum Regis.
Pro pátribus tuis nati ſunt tibi fílii,
* conſtítues eos príncipes ſuper omnem terram.

Mémores erunt nóminis tui * in
omni generatióne & generatiónem.
Proptéreà pópuli confitebúntur tibi
in ætérnum * & in ſéculum ſéculi.

Ant. Conſtítues eos príncipes ſuper omnem terram. Mémores erunt
nóminis tui, Dómine.

℣. In omnem terram exívit ſonus
eórum ; ℟. Et in fines orbis terræ
verba eórum.

Pater noſter.

Abſolut. Exáudi, Dómine Jeſu
Chriſte, preces ſervórum tuórum,
& miſerére nobis, qui cum Patre
& Spíritu ſancto vivis & regnas in
ſécula ſeculórum. Amen.

℣. Jube, domne.

Bened. Benedictióne perpétuâ
benedícat nos Pater ætérnus. ℟.
Amen.

Les Leçons pour les Evangeliſtes
ſont après les trois ſuivantes.

Leçons pour les Apôtres.

Leçon j.

De Epíſtola prima beáti Pauli
Apóſtoli ad Corínthios. Ch. 4.

SIc nos exíſtimet homo ut miní-
ſtros Chriſti & diſpenſatóres
myſteriórum Dei. Hic jam quæritur
inter diſpenſatóres, ut fidélis quis inveniátur. Mihi autẽ pro mínimo eſt
ut à vobis júdicer aut ab humáno
die ; ſed neque meípſum júdico. Nihil
enim mihi cónſcius ſum ; ſed non in
hoc juſtificátus ſum : qui autem júdicat me, Dóminus eſt. Itaque nolíte
ante tempus judicáre, quoadúſque
véniat Dóminus qui & illuminábit
abſcóndita tenebrárum, & manifeſ-
tábit conſilia córdium : & tunc laus
erit unicuíque à Deo.

℟. Ecce ego mitto vos ſicut oves
in médio lupórum, dicit Dóminus ;
* Eſtóte ergo prudéntes ſicut ſerpéntes, & símplices ſicut colúmbæ.
℣. Dum lucem habétis, crédite in
lucem ut fílii lucis ſitis. * Eſtóte.

Bened. Unigénitus Dei Fílius nos
benedícere & adjuváre dignétur.
℟. Amen.

Leçon ij.

HÆc autem, fratres, transfigu-
rávi in me & Apóllo propter
vos, ut in nobis diſcátis ne ſuprà
quàm ſcriptum eſt unus advérsùs
álterum inflétur pro álio. Quis e-
nim te diſcérnit ? Quid autem habes quod non accepíſti ? Si autem
accepíſti, quid gloriáris quaſi non
accéperis ? Jam ſaturáti eſtis ; jam
dívites facti eſtis ; ſine nobis regná-

tis ; & útinam regnétis , ut & nos vobíſcum regnémus. Puto enim quòd Deus nos Apóſtolos novíſſimos oſténdit , tanquam morti deſtiñátos , quia ſpectáculum facti ſumus mundo & Angelis & homínibus.

℟. Tóllite jugum meum ſuper vos , dicit Dóminus , & díſcite à me quia mitis ſum & húmilis corde : * Jugum enim meum ſuáve eſt , & onus meum leve. ℣. Et inveniétis réquiem animábus veſtris. * Jugum.

Bened. Spíritûs ſancti grátia illúminet ſenſus & corda noſtra. ℟. Amen.

Leçon iij.

Nos ſtulti propter Chriſtum , vos autem prudéntes in Chriſto ; nos infírmi , vos autem fortes ; vos nóbiles , nos autem ignóbiles. Uſque in hanc horam & eſurímus & ſitímus , & nudi ſumus , & cólaphis cædimur , & inſtábiles ſumus , & laborámus operántes mánibus noſtris. Maledícimur , & benedícimus ; perſecutiónem pátimur , & ſuſtinémus ; blaſphemámur , & obſecrámus ; tanquam purgaménta hujus mundi facti ſumus , ómnium peripſéma uſque adhuc. Non ut confúndam vos hæc ſcribo , ſed ut fílios meos charíſſimos móneo ; nam ſi decem míllia pædagogórum habeátis in Chriſto Jeſu , ſed non multos patres ; nam in Chriſto Jeſu per Evangélium ego vos génui.

℟. Dum ſtetéritis ante reges & præſides , nolíte cogitáre quómodò aut quid loquámini ; * Dábitur enim vobis in illa hora quid loquámini. ℣. Non enim vos eſtis qui loquímini , ſed Spíritus Patris veſtri qui lóquitur in vobis : * Dábitur. ℣. Glória. * Dábitur.]

Leçons pour les Evangeliſtes.

[Leçon j.

Incipit liber Ezechiélis Prophétæ.

Et factum eſt in trigéſimo anno , in quarto , in quinta menſis , cùm eſſem in médio captivórum juxta flúvium Chobar , apérti ſunt cœli , & vidi viſiónes Dei. In quinta menſis , (ipſe eſt annus quintus tranſmigratiónis regis Jóachim ,) factum eſt verbum Dómini ad Ezechiélem fílium Buzi ſacerdótem in terra Chaldæórum , ſecus flumen Chobar ; & facta eſt ſuper eum ibi manus Dómini. Et vidi , & ecce ventus túrbinis veniébat ab Aquilóne , & nubes magna , & ignis invólvens , & ſplendor in circúitu ejus ; & de médio ejus quaſi ſpécies eléctri , id eſt , de médio ignis.

℟. Ecce ego ci-deſſus.

Leçon ij.

Et in médio ejus ſimilitúdo quátuor animálium : & hic aſpéctus eórum , ſimilitúdo hóminis in eis. Quátuor fácies uni , & quátuor pennæ uni. Pedes eórú pedes recti ; & planta pedis eórum , quaſi planta pedis vítuli : & ſcintillæ quaſi aſpéctus æris candéntis. Et manus hóminis ſub pennis eórum in quátuor pártibus ; & fácies & pennas per quátuor partes habébant : junctæque erant pennæ eórum altérius ad álterum. Non revertebántur cum incéderent , ſed unumquodque ante fáciem ſuam gradiebátur,

℟. Tóllite jugum ci-deſſus,

Leçon

Leçon iij.

SImilitúdo autem vultûs eórum, fácies hóminis ; & fácies leónis à dextris ipsórum quátuor, fácies autem bovis à sinístris ipsórum quátuor, & fácies áquilæ désuper ipsórum quátuor. Fácies eórum, & pennæ eórum exténtæ désuper : duæ pennæ singulórum jungebántur, & duæ tegébant córpora eórum : & unumquódque eórum coram fácie sua ambulábat. Ubi erat ímpetus spíritûs, illuc gradiebántur ; nec revertebántur, cùm ambulárent.

R̷ Dum stetéritis ante ci-desus.]

AU SECOND NOCTURNE.

Ant. Príncipes populórum congregáti sunt cum Deo Abraham.

Pseaume 46.

OMnes gentes, pláudite mánibus; * jubiláte Deo in voce exultatiónis :

Quóniam Dóminus excélsus, terríbilis, * Rex magnus super omnem terram.

Subjécit pópulos nobis * & gentes sub pédibus nostris.

Elégit nobis hæreditátem suam, * spéciem Jacob quam diléxit.

Ascéndit Deus in júbilo, * & Dóminus in voce tubæ.

Psállite Deo nostro, psállite ; * psállite Regi nostro, psállite :

Quóniam Rex omnis terræ Deus; * psállite sapiénter.

Regnábit Deus super gentes ; * Deus sedet super sedem sanctam suam.

Príncipes populórum congregáti

sunt cum Deo Abraham ; * quóniam dii fortes terræ veheménter eleváti sunt.

Ant. Príncipes populórum congregáti sunt cum Deo Abraham.

Ant. Dedísti hæreditátem timéntibus nomen tuum, Dómine.

Pseaume 60.

EXáudi, Deus, deprecatiónem meam ; * inténde oratióni meæ.

A fínibus terræ ad te clamávi, * dum anxiarétur cor meum. In petra exaltásti me,

Deduxísti me, quia factus es spes mea, * turris fortitúdinis à fácie inimíci.

Inhabitábo in tabernáculo tuo in sécula ; * prótegar in velaménto alárum tuárum.

Quóniam tu, Deus meus, exaudísti oratiónem meam; * dedísti hæreditátem timéntibus nomen tuum.

Dies super dies regis adjícies ; * annos ejus usque in diem generatiónis & generatiónis.

Pérmanet in ætérnum in conspéctu Dei: * misericórdiam & veritátem ejus quis requíret ?

Sic psalmum dicam nómini tuo in séculum séculi, * ut reddam vota mea de die in diem.

Ant. Dedísti hæreditátem timéntibus nomen tuum, Dómine.

Ant. Annuntiavérunt ópera Dei, & facta ejus intellexérunt.

Pseaume 63.

EXáudi, Deus, oratiónem meam, cùm déprecor. * A timóre inimíci éripe ánimam meam. Protexísti me à convéntu malig-

R. 4. *Automne.* b

nántium , * à multitúdine operántium iniquitátem :

Quia exacuérunt ut gládium linguas ſuas ; * intendérunt arcum rem
amáram , ut ſagíttent in occúltis immaculátum.

Súbito ſagittábunt eum , & non
timébunt : * firmavérunt ſibi ſermónem nequam :

Narravérunt ut abſcónderent láqueos ; * dixérunt, Quis vidébit eos ?
Scrutáti ſunt iniquitátes ; * defecérunt ſcrutántes ſcrutínio.

Accédet homo ad cor altum : * &
exaltábitur Deus.

Sagíttæ parvulórum factæ ſunt plagæ eórum , * & infirmátæ ſunt contra eos linguæ eórum.

Conturbáti ſunt omnes qui vidébant eos ; * & tímuit omnis homo.

Et annuntiavérunt ópera Dei , * &
facta ejus intellexérunt.

Lætábitur juſtus in Dómino & ſpe-
rábit in eo ; * & laudabúntur omnes recti corde.

Ant. Annuntiavérunt ópera Dei,
& facta ejus intellexérunt.

℣. Conſtítues eos príncipes ſuper omnem terram. ℟. Mémores
erunt nóminis tui , Dómine.

Pater noſter.

Abſolution. Ipſius píetas & miſericórdia nos ádjuvet, qui cum Patre & Spíritu ſancto vivit & regnat
in ſécula ſeculórum. ℟. Amen.

℣. Jube, domne.

Bened. Deus Pater omnípotens
ſit nobis propítius & clemens. ℟.
Amen.

Les Leçons pour les Evangeliſtes
ſont après les trois ſuivantes.

Leçons pour les Apoſtres.
[Lecon iv.
Sermo ſancti Gregórii Papæ.
Homelie 30 ſur les Evangiles
après le milieu.

SCriptum eſt, Spíritus Dómini
ornávit cœlos. Ornaménta e-
nim cœlórum ſunt virtútes prædicántium : quæ vidélicet ornaménta
Paulus enúmerat , dicens, Alii datur per Spíritum ſermo ſapiéntiæ ,
álii ſermo ſciéntiæ ſecúndum eúmdem Spíritum , álteri fides in eódem
Spíritu , álii grátia ſanitátum in uno
Spíritu , álii operátio virtútum , álii
prophetía , álii diſcrétio ſpirítuum ,
álii génera linguárum , álii interpretátio ſermónum. Hæc autem ómnia
operátur unus atque idem Spíritus ,
dividens ſíngulis prout vult.

℟. Vidi conjúnctos viros habén-
tes ſpléndidas veſtes : & Angelus
Dómini locútus eſt ad me , dicens,
* Iſti ſunt viri ſancti facti amíci Dei.
℣. Vidi Angelum Dei fortem vo-
lántem per médium cœlum , voce
magnâ clamántem & dicéntem , *
Iſti ſunt.

Bened. Chriſtus perpétuæ det
nobis gaúdia vitæ. ℟. Amen.

Leçon v.

QUot ergo ſunt bona prædicántium , tot ſunt ornaménta
cœlórum. Hinc rurſus ſcriptum eſt,
Verbo Dómini cœli firmáti ſunt.
Verbum enim Dómini Fílius eſt
Patris. Sed eóſdem cœlos , vidélicet ſanctos Apóſtolos , ut tota ſimul ſancta Trínitas oſtendátur operáta , repénte de ſancti Spíritûs divinitáte adjúngitur, Et ſpíritu oris

ejus omnis virtus eórum. Cœlórum ergo virtus de Spíritu fumpta eft; quia mundi hujus poteftátibus contraíre non prefúmerent, nifi eos fanâi Spíritûs fortitúdo folidáffet. Quales namque doâóres fanâæ Eccléfiæ ante advéntum hujus Spíritûs fúerint fcimus; & poft advéntum illíus cujus fortitúdinis faâi fint confpícimus.

℟. Beáti eftis cùm maledíxerint vobis hómines & perfecúti vos fúerint & díxerint omne malum adversùm vos, mentiéntes proppter me : * Gaudéte & exfultáte, quóniam merces veftra copiófa eft in cœlis. ℣. Cùm vos óderint hómines, & cùm feparáverint vos & exprobráverint, & ejécerint nomen veftrum tanquam malum propter Fílium hóminis, * Gaudéte.

Benedíâ. Ignem fui amóris accendat Deus in córdibus noftris. ℟. Amen.

Leçon vj.

CErtè ifte ipfe Paftor Eccléfiæ ad cujus facratíffimum corpus fedémus, quantæ debilitátis quantǽque formídinis ante advéntum Spíritûs fúerit, ancílla oftiária requifíta dicat. Unâ enim mulíeris voce percúffus, dum mori tímuit, vitam negávit. Et penfándum quia eum comprehénfum Petrus negávit in terra, quem fufpénfum latro conféffus eft in cruce. Sed vir ifte tantæ formídinis, qualis poft advéntum Spíritûs exíftat audiámus : Fit convéntus magiftrátus atque feniórum ; cæfis denuntiátur Apóftolis ne in nómine Jefu loqui débeant ; Petrus magnâ auâoritáte refpóndet, Obedíri opórtet Deo magis quàm homínibus.

℟. Ifti funt triumphatóres & amíci Dei, qui contemnéntes juffa príncipum meruérunt præmia ætérna : * Modò coronántur & accípiunt palmam. ℣. Ifti funt qui venérunt ex magna tribulatióne & lavérunt ftolas fuas in fánguine Agni : * Modò. ℣. Glória. * Modò.]

Leçons pour les Evangeliftes.

[Leçon iv.

De expofitióne fanâi Gregórii Papæ fuper Ezechiélem Prophétam.
Homelie 3. Livre 1.

SAnâa quátuor animália quæ prophétiæ fpíritu futúra prævidéntur, fubtíli narratióne defcribúntur, cùm dícitur, Quátuor fácies uni & quátuor pennæ uni. Quid per fáciem, nifi notítia ? & quid per pennas, nifi volátus exprímitur ? Per fáciem quippe unufquífque cognófcitur : per pennas verò in altum ávium córpora fublevántur. Fácies ítaque ad fidem pértinet, penna ad contemplatiónem. Per fidem namque ab omnipoténti Deo cognófcimur, ficut ipfe de fuis óvibus dicit, Ego fum paftor bonus, & cognófco oves meas, & cognófcunt me meæ : qui rurfus ait, Ego fcio quos elégerim. Per contemplatiónem verò quâ fuper nofmetípfos tóllimur, quafi in áera levámur.

℟. Vidi conjúnâos ci-deffus.

Leçon v.

QUátuor ergo funt fácies uni ; quia fi requíras quid Mat-

thæus de Incarnatióne Dómini fén-
tiat, hoc nimírum fentit quod Marcus, Lucas & Joánnes. Si quæras
quid Joánnes fentiat, hoc procul
dúbio quod Lucas, Marcus & Matthæus. Si quæras quid Marcus, hoc
quod Matthæus, Lucas & Joánnes.
Si quæras quid Lucas, hoc quod
Joánnes, Matthæus & Marcus fentit. Quátuor ergo fácies uni funt,
quia notítia fidei quâ cognofcúntur
à Deo, ipfa eft in uno quæ eft fimul
in quátuor. Quidquid enim in uno
invéneris, hoc in ómnibus fimul
quátuor cognófces.

℞. Beáti eftis ci-deffus.

Leçon vj.

ET quátuor pennæ uni ; quia
omnipoténtis Dei Fílium Dóminum noftrum Jefum Chriftum
fimul omnes concórditer prædicant,
& ad divinitátem ejus mentis óculos levántes, pennâ contemplatiónis volant. Evangeliftárum ergo
fácies ad humanitátem Dómini pértinet, penna ad divinitátem ; quia
in eum quem corpóreum afpí-
ciunt, quafi fácies inténdunt : fed
dum hunc effe incircumfcríptum
atque incorpóreum ex divinitáte
annúntiant, per contemplatiónis
pennam quafi in áera levántur.
Quia itaque & una eft fides incarnatiónis ejus in ómnibus, & par
contemplátio divinitátis ejus in síngulis, rectè nunc dícitur, Quátuor
fácies uni, & quátuor pennæ uni.

℞. Ifti funt ci-deffus.]

AU TROISIEME NOCTURNE.

Ant. Exaltabúntur córnua jufti.
Allelúia. En Carefme on omet Al-

lelúia ici & aux Antiennes fuivantes.

Pfeaume 74.

COnfitébimur tibi, Deus ; *
confitébimur & invocábimus
nomen tuum :

Narrábimus mirabília tua. * Cùm
accépero tempus, ego juftítias judicábo.

Liquefácta eft terra, & omnes qui
hábitant in ea : * ego confirmávi
colúmnas ejus.

Dixi iníquis, Nolíte iníquè ágere ;
* & delinquéntibus, Nolíte exaltáre cornu ;

Nolíte extóllere in altum cornu
veftrum ; * nolíte loqui advérsùs
Deum iniquitátem :

Quia neque ab Oriénte neque ab
Occidénte neque à defértis móntibus : * quóniam Deus judex eft,

Hunc humíliat & hunc exáltat, *
quia calix in manu Dómini vini
meri plenus mixto,

Et inclinávit ex hoc in hoc, verúmtamen fæx ejus non eft exinaníta ;
* bibent omnes peccatóres terræ.

Ego autem annuntiábo in féculum;
* cantábo Deo Jacob,

Et ómnia córnua peccatórum con-
fríngá ; * & exaltabúntur córnua jufti.

Ant. Exaltabúntur córnua jufti.
Allelúia.

Ant. Lux orta eft jufto, Allelúia ; rectis corde lætítia. Allelúia.

Pfeaume 96.

DOminus regnávit, exfúltet terra, * læténtur ínfulæ multæ.
Nubes & calígo in circúitu ejus. *
Juftítia & judícium corréctio fedis
ejus.

Ignis ante ipfum præcédet, * & inflammábit in circúitu inimicos ejus.

Illuxérunt fúlgura ejus orbi terræ ; * vidit & commóta eft terra.

Montes ficut cera fluxérunt à fácie Dómini, * à fácie Dñi omnis terra.

Annuntiavérunt cœli juftitiam ejus ; * & vidérunt omnes pópuli glóriam ejus.

Confundántur omnes qui adórant fculptília, * & qui gloriántur in fimuláchris fuis.

Adoráte eum, omnes Angeli ejus. * Audívit & lætáta eft Sion ;

Et exfultavérunt filiæ Judæ * propter judícia tua, Dómine.

Quóniam tu Dóminus altíffimus fuper omnem terram ; * nimis exaltátus es fuper omnes deos.

Qui dilígitis Dóminum, odíte malum : * cuftódit Dóminus ánimas fanctórum fuórum, de manu peccatóris liberábit eos.

Lux orta eft jufto, * & rectis corde lætítia.

Lætámini, jufti, in Dómino, * & confitémini memóriæ fanctificatiónis ejus.

Ant. Lux orta eft jufto, Allelúia ; rectis corde lætítia. Allelúia.

Ant. Cuftodiébant teftimónia ejus & præcépta ejus. Allelúia.

Pfeaume 98.

DOminus regnávit, irafcántur pópuli ; * qui fedet fuper Chérubim, moveátur terra.

Dóminus in Sion magnus, * & excélfus fuper omnes pópulos.

Confiteántur nómini tuo magno, quóniam terríbile & fanctum eft ; * & honor regis judícium díligit.

Tu parásti directiónes ; * judícium

& juftitiam in Jacob tu fecífti.

Exaltáte Dóminum Deum noftrū, & adoráte fcabéllum pedum ejus, * quóniam fanctum eft.

Móyfes & Aaron in facerdótibus ejus, * & Sámuel inter eos qui ínvocant nomen ejus.

Invocábant Dóminum, & ipfe exaudiébat eos ; * in colúmna nubis loquebátur ad eos.

Cuftodiébant teftimónia ejus * & præcéptum quod dedit illis.

Dómine Deus nofter, tu exaudiébas eos ; * Deus tu propítius fuífti eis, & ulcífcens in omnes adinventiónes eórum.

Exaltáte Dóminum Deum noftrum, & adoráte in monte fancto ejus, * quóniam fanctus Dóminus Deus nofter.

Ant. Cuftodiébant teftimónia ejus & præcépta ejus. Allelúia.

℣. Nimis honoráti funt amíci tui, Deus ; ℟. Nimis confortátus eft principátus eórum.

Pater nofter.

Abfolution. A vínculis peccatórum noftrórum abfólvat nos omnípotens & miféricors Dóminus. ℟. Amen.

℣. Jube, domne.

Benedict. Evangélica léctio fit nobis falus & protéctio. ℟. Amen.

Les Leçons pour les Evangeliftes font après les trois fuivantes.

Leçons pour les Apoftres.

[Leçon vij.

Lectio fancti Evangélii fecúndùm Matthæum. Ch. 19.

IN illo témpore dixit Petrus ad Jefum, Ecce nos reliquimus ómnia, & ſecúti ſumus te ; quid ergo erit nobis ? Et réliqua.

Homília ſanЄti Hierónymi Presbyteri.

Livre 3. ſur ſaint Matthieu.

GRándis fidúcia ! Petrus piſcátor erat, dives non fúerat, cibos manu & arte quærébat ; & tamen lóquitur confidénter ; Relíquimus ómnia. Et quia non ſúfficit tantùm relínquere, jungit quod perféЄtum eſt, Et ſecúti ſumus te. Fécimus quod juſſiſti, quid ígitur nobis dabis præmii ? Jeſus autem dixit illis, Amen dico vobis quòd vos qui ſecúti eſtis me, in regeneratióne, cùm ſéderit Fílius hóminis in ſede majeſtátis ſuæ, ſedébitis & vos ſuper ſedes duódecim judicántes duódecim tribus Iſrael. Non dixit, Qui reliquíſtis ómnia : hoc enim & Crates fecit Philóſophus : & multi álii divítias contemſérunt: ſed, Qui ſecúti eſtis me ; quod própriè Apoſtolórum eſt atque credéntium.

℟. Iſti ſunt qui vivéntes in carne plantavérunt Eccléſia ſanguine ſuo. * Cálicem Dómini bibérunt, & amíci Dei faЄti ſunt. ℣. In omnem terram exívit ſonus eórum, & in fines orbis terræ verba eórum. * Cálicem.

BenediЄt. [Cujus ou Quorum] feſtum cólimus, [ipſe intercédat ou ipſi intercédant] pro nobis ad Dóminum. ℟. Amen.

Leçon viij.

IN regeneratióne, cùm ſéderit Fílius hóminis in ſede majeſtátis ſuæ, quando & mórtui de corrup-

tióne reſúrgent incorrúpti, ſedébitis & vos in ſóliis judicántium, condemnántes duódecim Tribus Iſrael; quia vobis credéntibus, illi crédere noluérunt. Et omnis qui reliquerit domùm vel fratres aut ſoróres aut patrem aut matrem aut uxórem aut fílios aut agros propter nomen meum, céntuplum accípiet & vitam ætérnam poſſidébit. Locus iſte cum illa ſenténtia cóngruit in qua Salvátor lóquitur, Non veni pacem míttere, ſed gládium ; veni enim ſeparáre hóminem à patre ſuo & fíliam à matre & nurum à ſocru ; & inimíci hóminis doméſtici ejus. Qui ergo propter fidem Chriſti & prædicatiónem Evangélii omnes affeЄtus contemſerint & divítias atque ſéculi voluptátes, iſti céntuplum recípient & vitam ætérnam poſſidébunt.

℣. Iſti ſunt viri ſanЄti quos elégit Dóminus in charitáte non fiЄta, & dedit illis glóriam ſempitérnam ; * Quorum doЄtrínâ fulget Eccléſia, ut ſole luna. ℣. SanЄti per fidem vicérunt regna, operáti ſunt juſtítiam; * Quorum. ℣. Glória. * Quorum.

BenediЄt. Ad ſocietátem cívium ſupernórum perdúcat nos Rex Angelórum. ℟. Amen.

Leçon ix.

EX occaſióne hujus ſenténtiæ quidam introdúcunt mille annos poſt reſurreЄtiónem, dicéntes tunc nobis céntuplum ómnium rerum quas dimíſimus, & vitam ætérnam eſſe reddéndam ; non intelligéntes quòd ſi in cæteris digna ſit repromíſſio, in uxóribus appáreat turpitúdo , ut qui unam pro Déo dimíferit , centum recípiat in futúro. Senfus ergo ifte eft ; Qui carnália pro Salvatóre dimíferit fpirituália recípiet, quæ comparatióne & mérito fui ita erunt, quafi fi parvo número centenárius númerus comparétur.

Te Deum laudámus.]

Leçons pour les Evangeliftes.

[Leçon vii.

Lectio fancti Evangélii fecúndùm Joánnem. *Ch.* 10.

IN illo témpore defignávit Dóminus & álios feptuaginta duos, & mifit illos binos ante fáciem fuam in omnem civitátem & locum quò erat ipfe ventúrus. Et réliqua.

Homília fancti Gregórii Papæ.
Homelie 17. fur les Evangiles.

DOminus & Salvátor nofter, Fratres chariffimi, aliquándo nos fermónibus , aliquándo verò opéribus ádmonet. Ipfa étenim facta ejus præcépta funt , quia dum áliquid tácitus facit, quid ágere debeámus innotéfcit. Ecce enim binos in prædicatiónem difcípulos mittit , quia duo funt præcépta charitátis , Dei vidélicet amor & próximi; & minùs quam inter duos habéri cháritas non poteft. Nemo enim próprie ad femetípfum habére charitátem dícitur; fed diléctio in alterum tendit, ut cháritas effe poffit. ℞. Ifti funt qui vivéntes ci-deffus.

Leçon viij.

ECce enim binos ad prædicándum difcípulos Dóminus mittit , quátenùs hoc tácitus nobis ínnuat , quia qui charitátem erga álterum non habet , prædicatiónis offícium fufcípere nullátenus debet. Benè autem dícitur quia mifit eos ante fáciem fuam in omnem civitátem & locum quò erat ipfe ventúrus. Prædicatóres enim fuós Dóminus féquitur ; quia prædicátio prævenit , & tunc ad mentis noftræ habitáculum Dóminus venit , quando verba exhortatiónis præcúrrunt: atque per hoc véritas in mente fufcípitur.

℞. Ifti funt viri. ci-deffus.

Leçon ix.

HInc namque eífdem prædicatóribus Ifaías dicit, Paráte viã Dñi, rectas fácite fémitas Dei noftri. Hinc fíliis Pfalmífta ait, Iter fácite ei qui afcéndit fuper occáfum: fuper occáfum namque Dóminus afcéndit , quia unde in paffióne occúbuit , inde majórem fuam glóriam refurgéndo manifeftávit. Super occáfum vidélicet afcéndit, quia mortem quam pértulit, refurgéndo calcávit. Ei ergo qui afcéndit fuper occáfum iter fácimus , cùm nos ejus glóriam veftris méntibus prædicámus , ut eas & ipfe pòft véniens per amóris fuã præféntiam illúftret.

Te Deum laudámus.]

A LAUDES.

Ant. Hoc eft præcéptum meum, ut diligátis ínvicem ficut diléxi vos. On dit avant & après chaque Pfeaume fon Antienne toute entiere.

Pf. 92 Dóminus regnávit & les autres des Laudes du Dimanche.

Ant. Majórem charitátem nemo

habet, ut ánimam ſuam ponat quis
pro amicis ſuis.

Ant. Vos amíci mei eſtis, ſi fecéritis quæ præcípio vobis, dicit Dóminus.

Ant. Beáti pacífici ; beáti mundo corde ; quóniam ipſi Deum vidébunt.

Ant. In patiéntia veſtra poſſidé-
bitis ánimas veſtras.

Chapitre.   *Epheſ.* 2.

Fratres, Jam non eſtis hóſpites
& ádvenæ, ſed eſtis cives ſanctórum & doméſtici Dei, ſuper-
ædificáti ſuper fundaméntum Apoſtolórum & Prophetárum, ipſo ſummo anguláři lápide Chriſto Jeſu.
℟. Deo grátias.

[Hymne ancienne.

Exſúltet cœlum láudibus ;
Reſúltet terra gáudiis ;
Apoſtolórum glóriam
Sacra canunt ſolémnia.
Vos, ſæcli juſti júdices
Et vera mundi lúmina,
Votis precámur córdium ;
Audite preces ſúpplicum.
Qui cœlum verbo cláuditis
Seráſque ejus ſólvitis,
Nos à peccátis ómnibus
Sólvite juſſu, quæſumus.
Quorum præcepto ſúbditur
Salus & languor ómnium ;
Sanáte ægros móribus,
Nos reddéntes virtútibus.
Ut cùm judex advénerit
Chriſtus in fine ſéculi,
Nos ſempitérni gáudii
Fáciat eſſe cómpotes.
Deo Patri ſit glória
Ejúſque ſoli Fílio,

Cum Spíritu Parácleto
Et nunc & in perpétuum. Amen.

Hymne nouvelle.

Exſúltet orbis gáudiis ;
Cœlum reſúltet láudibus :
Apoſtolórum glóriam
Tellus & aſtra cóncinunt.
Vos, ſeculórum júdices
Et vera mundi lúmina,
Votis precámur córdium ;
Audite voces ſúpplicum.
Qui templa cœli cláuditis
Seráſque verbo ſólvitis,
Nos à reátu nóxios
Solvi jubéte, quæſumus.
Præcepta quorum prótinus
Languor ſalúſque ſéntiunt ;
Sanáte mentes lánguidas :
Augéte nos virtútibus.
Ut cùm redíbit Arbiter
In fine Chriſtus ſéculi,
Nos ſempitérni gáudii
Concédat eſſe cómpotes.
Patri ſimúlque Fílio
Tibíque, ſancte Spíritus,
Sicut fuit, ſit júgiter
Seclum per omne glória. Amen.]

℣. Annuntiavérunt ópera Dei,
℟. Et facta ejus intellexérunt.

A Benedíctus, Ant. qu'on dit
tout entiere avant & après le Cantique. Vos qui reliquíſtis ómnia
& ſecúti eſtis me, céntuplum accipiétis & vitam ætérnam poſſidé-
bitis.

L'Oraiſon eſt propre.

A TIERCE.

Ant. Majórem charitátem nemo
habet, ut ánimam ſuam ponat quis
pro amícis ſuis.

Chap.

Chap. Fratres, Jam non estis, ci-dessus à Laudes.

℟. bref. In omnem terram * Exivit sonus eorum. On repete In omnem.

℣. Et in fines orbis terræ verba eorum. * Exivit.

℣. Glória. ℟. In omnem.

℣. Constitues eos principes super omnem terram ; ℟. Mémores erunt nóminis tui, Dómine.

A SEXTE.

Ant. Vos amici mei estis, si feceritis quæ præcípio vobis, dicit Dóminus.

Chapitre. *Actes 5.*

PEr manus autem Apostolórum fiébant signa & prodígia multa in plebe. ℟. Deo grátias.

℟. bref. Constitues eos principes * Super omnem terram. On repete Constitues.

℣. Mémores erunt nóminis tui, Dómine, * Super.

℣. Glória Patri. ℟. Constitues eos.

℣. Nimis honoráti sunt amici tui, Deus ; ℟. Nimis confortátus est principátus eórum.

A NONE.

Ant. In patiéntia vestra possidébitis ánimas vestras.

Chapitre. *Actes 5.*

IBant Apóstoli gaudéntes à conspéctu Concílii, quóniam digni hábiti sunt pro nómine Jesu contuméliam pati. ℟. Deo grátias.

℟. bref. Nimis honoráti sunt * Amíci tui, Deus. On repete Nimis.

℣. Nimis confortátus est principátus eórum : * Amíci.

℣. Glória Patri. ℟. Nimis.

℣. Annuntiavérunt ópera Dei, ℟. Et facta ejus intellexérunt.

AUX II VESPRES.

Ant. Jurávit Dóminus, & non pœnitébit eum ; Tu es sacérdos in ætérnum.

Pseaume 109.

DIxit Dóminus Dómino meo, * Sede à dextris meis,

Donec ponam inimícos tuos * scabéllum pedum tuórum.

Virgam virtútis tuæ emíttet Dóminus ex Sion ; * domináre in médio inimicórum tuórum.

Tecum princípium in die virtútis tuæ in splendóribus Sanctórum ; * ex útero ante lucíferum génui te.

Jurávit Dóminus & non pœnitébit eum, * Tu es Sacérdos in ætérnum secúndùm órdinem Melchísedech.

Dóminus à dextris tuis * confrégit in die iræ suæ reges.

Judicábit in natiónibus ; implébit ruínas ; * conquassábit cápita in terra multórum.

De torrénte in via bibet, * proptéreà exaltábit caput.

Ant. Jurávit Dóminus, & non pœnitébit eum ; Tu es Sacérdos in ætérnum.

Ant. Cóllocet eum Dóminus cum princípibus pópuli sui.

Pseaume 112.

LAudáte, púeri, Dóminum, * laudáte nomen Dómini.

Sit nomen Dómini benedíctum * ex hoc nunc & usque in séculum.

R. 4 Automne. c

A ſolis ortu uſque ad occáſum * laudábile nomen Dómini.

E xcélſus ſuper omnes gentes Dóminus , * & ſuper cœlos glória ejus.

Q uis ſicut Dóminus Deus noſter qui in altis hábitat * & humília réſpicit in cœlo & in terra.

S úſcitans à terra ínopem * & de ſtércore érigens páuperem ,

U t cóllocet eum cum princípibus , * cum princípibus pópuli ſui ;

Q ui habitáre facit ſtérilem in domo , * matrem filiórum lætántem.

Ant. Cóllocet eum Dóminus cum princípibus pópuli ſui.

Ant. Dirupíſti, Dómine , víncula mea ; tibi ſacrificábo hóſtiam laudis.

Pſeaume 115.

C Rédidi propter quod locútus ſum ; * ego autem humiliátus ſum nimis.

E go dixi in excéſſu meo , * Omnis homo mendax.

Q uid retríbuam Dómino * pro ómnibus quæ retríbuit mihi ?

C álicem ſalutáris accípiam , * & nomen Dómini invocábo.

V ota mea Dómino reddam coram omni pópulo ejus. * Pretióſa in conſpéctu Dómini mors Sanctórum ejus.

O Dómine, quia ego ſervus tuus , * ego ſervus tuus , & fílius ancíllæ tuæ.

D irupíſti víncula mea ; * tibi ſacrificábo hóſtiam laudis , & nomen Dómini invocábo.

V ota mea Dómino reddam in conſpéctu omnis pópuli ejus * in átriis domûs Dómini, in médio tuî, Jerúſalem.

Ant. Dirupíſti, Dómine, víncula mea ; tibi ſacrificábo hóſtiam laudis.

Ant. Eúntes ibant & flebant mitténtes ſémina ſua.

Pſeaume 125.

I N converténdo Dóminus captivitátem Sion , * facti ſumus ſicut conſoláti.

T unc replétum eſt gáudio os noſtrû * & lingua noſtra exultatióne.

T unc dicent inter gentes , * Magnificávit Dóminus fácere cum eis.

M agnificávit Dóminus fácere nobíſcum ; * facti ſumus lætántes.

C onvérte , Dómine , captivitátem noſtram * ſicut torrens in Auſtro.

Q ui ſéminant in láchrymis * in exultatióne metent.

E úntes ibant & flebant * mitténtes ſémina ſua ;

V eniéntes autē vénient cum exſultatióne * portántes manípulos ſuos.

Ant. Eúntes ibant & flebant mittentes ſémina ſua.

Ant. Confortátus eſt principátus eórum, & honoráti ſunt amíci tui, Deus.

Pſeaume 138.

D Omine, probáſti me , & cognovíſti me ; * tu cognovíſti ſeſſiónem meam & reſurrectiónem meam :

I ntellexíſti cogitatiónes meas de longè ; * ſémitam meam & funículum meum inveſtigáſti ,

E t omnes vias meas prævidíſti , * quia non eſt ſermo in lingua mea.

E cce , Dómine , tu cognovíſti ómnia novíſſima & antíqua. * Tu formáſti me , & poſuíſti ſuper me manum tuam.

Mirábilis facta est sciéntia tua ex me ; * confortáta est, & non pótero ad eam.

Quò ibo à spíritu tuo ? * & quò à fácie tua fúgiam ?

Si ascéndero in cœlum, tu illic es ; * si descéndero in inférnum, ades ;

Si súmsero pennas meas dilúculo * & habitávero in extrémis maris ;

Etenim illuc manus tua dedúcet me, * & tenébit me déxtera tua.

Et dixi, Fórsitan ténebræ conculcábunt me ; * & nox illuminátio mea in delíciis meis :

Quia ténebræ non obscurabúntur à te, & nox sicut dies illuminábitur ; * sicut ténebræ ejus, ita & lumen ejus :

Quia tu possedísti renes meos ; * suscepísti me de útero matris meæ.

Confitébor tibi quia terribíliter magnificátus es ; * mirabília ópera tua, & ánima mea cognóscit nimis.

Non est occultátum os meum à te quod fecísti in occúlto ; * & substántia mea in interióribus terræ.

Imperféctum meum vidérunt óculi tui, & in libro tuo omnes scribéntur ; * dies formabúntur, & nemo in eis.

Mihi autem nimis honorificáti sunt amíci tui, Deus ; * nimis confortátius est principátus eórum.

Dinumerábo eos, & super arénam multiplicabúntur : * exsurréxi, & adhuc sum tecum.

Si occíderis, Deus, peccatóres, * viri sánguinum, declináte à me ;

Quia dícitis in cogitatióne, * accípient in vanitáte civitátes tuas.

Nonne qui odérunt te, Dómine,

óderam, * & super inimícos tuos tabescébam ?

Perfécto ódio óderam illos, * & inimíci facti sunt mihi.

Proba me, Deus, & scito cor meú ; * intérroga me, & cognósce sémitas meas ;

Et vide si via iniquitátis in me est ; * & deduc me in via ætérna.

Ant. Confortátus est principátus eórum, & honoráti sunt amíci tui, Deus.

Chap. Fratres, Jam non estis, l'Hymne Exsúltet & le ℣ Annuntiavérunt, ci-dessus à Laudes p. xvj.

A Magníficat, Ant. qu'on dit toute entiere avant & après le Cantique : Estóte fortes in bello, & pugnáte cum antíquo serpénte, & accipiétis regnum ætérnum. Allelúia.

AUTRES LEÇONS POUR LES APOSTRES.

Au second Nocturne.

Absol. Ipsíus píetas & misericórdia nos ádjuvet, qui cum Patre & Spíritu sancto vivit & regnat in sécula seculórum. ℟. Amen.

Benedict. Deus Pater omnípotens sit nobis propítius & clemens. ℟. Amen.

Leçon iv.

De Expositióne sancti Augustíni Epíscopi super Psalmum octogésimum sextum. *Avant le milieu.*

Fundaménta ejus in móntibus sanctis ; díligit Dóminus portas Sion. Quare sunt fundaménta Apóstoli & Prophétæ ? Quia eórum auctóritas portat infirmitátem nostram. Quare sunt portæ ? Quia per ipſos intrámus ad regnum Dei. Prædicant enim nobis : & cùm per ipſos intrámus, per Chriſtum intrámus : ipſe enim eſt jánua. Et cùm dicúntur duódecim portæ Jerúſalem, & una porta Chriſtus ; & duódecim portæ Chriſtus, quia in duódecim portis Chriſtus : & ídeò duodenárius númerus Apoſtolórum. Sacraméntum magnum hujus duodenárii ſignificátio eſt númeri. Sedébitis, inquit, ſuper duódecim ſedes, judicántes duódecim Tribus Iſrael.

R͞. Vidi conjúnctos viros habéntes ſpléndidas veſtes : & Angelus locútus eſt ad me dicens, * Iſti ſunt viri ſancti facti amíci Dei. V͞. Vidi Angelum Dei fortem volántem per médium cœlum, voce magnâ clamántem & dicéntem, * Iſti ſunt viri ſancti.

Bened. Chriſtus perpétuæ det nobis gáudia vitæ. R͞. Amen.

Leçon v.

SI duódecim ſellæ ibi ſunt, non eſt ubi ſédeat tertius décimus Paulus Apóſtolus, & non erit quómodò judicet : & ipſe ſe judicatúrum dixit non hómines tantùm ſed & ángelos : quos ángelos, niſi apóſtatas ángelos ? Neſcítis, inquit, quia ángelos judicábimus ? Reſpondéret ergo turba, Quid te jactas judicatúrum ? Ubi ſedébis ? Duódecim ſedes dixit Dóminus, duódecim Apóſtolos : unus cécidit Judas, in locum ipſíus ſanctus Matthías ordinátus eſt, implétus eſt duodenárius númerus ſédium. Primò locum invéni ubi ſédeas, & ſic te mináre

judicatúrum. Duódecim ergo ſedes quid ſibi velint videámus. Sacraméntum eſt cujúſdam univerſitátis, quia per totum orbem terrárum futúra erat Eccléſia : unde vocátur hoc ædifícium ad Chriſti compágem.

R͞. Beáti eſtis cùm maledíxerint vobis hómines, & perſecúti vos fúerint, & díxerint omne malum advérsùm vos, mentiéntes propter me : * Gaudéte & exſultáte quóniam merces veſtra copióſa eſt in cœlis. V͞. Cùm vos óderint hómines, & cùm ſeparáverint vos & exprobráverint, & ejécerint nomen veſtrum tanquam malum propter Fílium hóminis, * Gaudéte.

Bened. Ignem ſui amóris accéndat Deus in córdibus noſtris. R͞. Amen.

Leçon vj.

ET ídeò quia úndique venítur ad judicándum, duódecim ſedes ſunt ; ſicut quia úndique intrátur in illam civitátem, duódecim portæ ſunt. Non ſolùm ergo illi duódecim ; & Apóſtolus Paulus : ſed quotquot judicatúri ſunt, propter ſignificatiónem univerſitátis ad ſedes duódecim pértinent ; quemádmodùm quotquot intrábũt ad duódecim portas pértinent. Partes enim mundi quátuor ſunt, Oriens, Occidens, Aquilo, & Merídies. Iſtæ quátuor partes aſsíduè nominántur in Scriptúris. Ab iſtis quátuor ventis, (ſicut dicit Dóminus in Evangélio à quátuor ventis ſe collectúrum eléctos ſuos,) ab ómnibus ergo iſtis quátuor ventis vocátur Eccléfia. Quómodò vocátur ? Undique in Trinitáte vocátur. Non vocátur nifi per baptífmum in nómine Patris & Fílii & Spíritûs fancti. Quátuor ergo ter ducta duódecim inveniúntur.

℟. Isti funt triumphatóres & a-míci Dei ; qui contemnéntes juſſa príncipum meruérunt præmia ætérna. * Modò coronántur & accípiunt palmam. ℣. Isti funt qui venérunt ex magna tribulatióné & lavérunt ſtolas fuas in fánguine Agni. * Modò. ℣. Glória. * Modò.

LE COMMUN D'UN MARTYR.

AUX I VESPRES.

Aux Offices doubles on dit l'Antienne entiere avant & après chaque Pſeaume & le Cantique Magníficat.

Ant. Qui me conféſſus fúerit coram homínibus, confitébor & ego eum coram Patre meo.

Pſ. 109 Dixit Dóminus Dómino meo, page ij, & les quatre autres Pſeaumes fur les Antiennes fuivantes.

Ant. Qui féquitur me non ámbulat in ténebris, fed habébit lumen vitæ, dicit Dóminus.

Ant. Qui mihi miníſtrat me fequátur, & ubi ego fum illic fit & miníſter meus.

Ant. Si quis mihi miniſtráverit, honorificábit eum Pater meus qui in cœlis eſt, dicit Dóminus.

Ant. Volo, Pater, ut ubi ego fum, illic fit & miníſter meus.

Chapitre. *Jaq.* 1.

Beátus vir qui fuffert tentatiónem, quóniam cùm probátus fúerit, accípiet corónam vitæ quam repromífit Deus diligéntibus fe. ℟. Deo grátias.

Hymne ancienne.

Deus tuórum mílitum
Sors & coróna, præmium,
Laudes canéntes Mártyris
Abfólve nexu críminis.
Hic nempe mundi gáudia
Et blandiménta nóxia
Cadúca rìtè députans
Pervénit ad cœléſtia.
Pœnas cucúrrit fórtiter
Et fúſtulit viríliter ;
Pro te effúndens fánguinem
Ætérna dona póſſidet.
Ob hoc precátu fúpplici
Te pófcimus, Piíſſime,
In hoc triúmpho Mártyris
Dimítte noxam férvulis.
Laus & perénnis glória
Deo Patri & Fílio,
Sancto fimul Parácleto
In fempitérna fécula. Amen.

Hymne nouvelle.

Deus tuórum mílitum, à la fin de ce Volume.

℣. Glóriâ & honóre coronáſti eum, Dómine ; ℟. Et conſtituíſti eum fuper ópera mánuum tuárum.

A Magníficat, Ant. Iſte Sanctus pro lege Dei fui certávit ufque ad mortem & à verbis impiórum non tímuit ; fundátus enim erat supra firmam petram.

Pour un Martyr Pontife.

Oraison.

INfirmitátem nostram réspice , omnípotens Deus ; & quia pondus própriæ actiónis gravat, beáti N. Mártyris tui atque Pontíficis intercéssio gloriósa nos prótegat ; per Dóminum.

Autre Oraison.

DEus qui nos beáti N. Mártyris tui atque Pontíficis ánnuâ solemnitáte lætíficas, concéde propítius ut cujus natalítia cólimus, de ejúsdem étiam protectióne gaudeámus ; per Dóminum.

Pour un Martyr seulement.

Oraison.

PRæsta , quæsumus, omnípotens Deus, ut qui beáti N. Mártyris tui natalítia cólimus, intercessióne ejus in tui nóminis amóre roborémur ; per Dóminum.

Autre Oraison.

PRæsta , quæsumus, omnípotens Deus , ut, intercedénte beáto N. Mártyre tuo, & à cunctis adversitátibus liberémur in córpore, & à pravis cogitatiónibus mundémur in mente ; per Dñum.

A MATINES.

Invitatoire. Regem Mártyrum Dóminum * Veníte adorémus.

Ps. 94 Veníte, exultémus.

Hymne. Deus tuórum mílitum, page xxj.

AU PREMIER NOCTURNE.

Ant. In lege Dómini fuit volúntas ejus die ac nocte.

Pseaume 1.

BEátus vir qui non ábiit in consílio impiórum, & in via peccatórum non stetit, * & in cáthedra pestiléntiæ non sedit,

Sed in lege Dómini volúntas ejus, * & in lege meditábitur die ac nocte.

Et erit tanquam lignum quod plantátum est secus decúrsus aquárum, * quod fructum suum dabit in témpore suo.

Et fólium ejus non défluet ; * & ómnia quæcúmque fáciet prosperabúntur.

Non sic ímpii, non sic : * sed tanquam pulvis quem prójicit ventus à fácie terræ.

Ideò non resúrgent ímpii in judício, * neque peccatóres in concílio justórum.

Quóniam novit Dóminus viam justórum , * & iter impiórum períbit.

Ant. In lege Dómini fuit volúntas ejus die ac nocte.

Ant. Prædicans præcéptum Dómini constitútus est in monte sancto ejus.

Pseaume 2.

QUare fremuérunt gentes , * & pópuli meditáti sunt inánia ?

Astitérunt reges terræ, & príncipes convenérunt in unum * advérsus Dóminum & advérsus Christum ejus.

Dirumpámus víncula eórum , * & projiciámus à nobis jugum ipsórum.

Qui hábitat in cœlis irridébit eos :

* & Dóminus subsannábit eos.

Tunc loquétur ad eos in ira sua, * & in furóre suo conturbábit eos.

Ego autem constitútus sum Rex ab eo super Sion montem sanctum ejus, * prædicans præcéptum ejus.

Dóminus dixit ad me : * Fílius meus es tu ; ego hódie génui te.

Póstula à me, & dabo tibi gentes hæreditátem tuam, * & possessiónem tuam términos terræ.

Reges eos in virga férrea, * & tanquam vas fíguli confrínges eos.

Et nunc, reges, intellígite : * erudímini, qui judicátis terram.

Servíte Dómino in timóre, * & exsultáte ei cum tremóre.

Apprehéndite disciplínâ, nequándo irascátur Dóminus ; * & pereátis de via justa.

Cùm exárserit in brevi ira ejus : * beáti omnes qui confídunt in eo.

Ant. Prædicans præcéptum Dómini constitútus est in monte sancto ejus.

Ant. Voce meâ ad Dóminum clamávi, & exaudívit me de monte sancto suo.

Pseaume 3.

Domine, quid multiplicáti sunt qui tríbulant me ? * multi insúrgunt advérsùm me :

Multi dicunt ánimæ meæ, * Non est salus ipsi in Deo ejus.

Tu autem, Dómine, suscéptor meus es, * glória mea, & exáltans caput meum.

Voce meâ ad Dóminum clamávi : * & exaudívit me de monte sancto suo.

Ego dormívi & soporátus sum ; * & exsurréxi, quia Dóminus suscépit me.

Non timébo míllia pópuli circumdántis me : * exsúrge, Dómine, salvum me fac, Deus meus.

Quóniam tu percussísti omnes adversántes mihi sine causâ : * dentes peccatórum contrivísti.

Dómini est salus : * & super pópulum tuum benedíctio tua.

Ant. Voce meâ ad Dóminum clamávi, & exaudívit me de monte sancto suo.

℣. Glóriâ & honóre coronásti eum, Dómine ; ℟. Et constituísti eum super ópera mánuum tuárum.

Pater noster.

Absolut. Exáudi, Dómine Jesu Christe, preces servórum tuórum & miserére nobis, qui cum Patre & Spíritu sancto vivis & regnas in sécula seculórum. ℟. Amen.

Bened. Benedictióne perpétuâ benedícat nos Pater ætérnus. ℟. Amen.

Leçons pour un Martyr Pontife.
Leçon j.

De Actibus Apostolórum. *Ch.* 20.

A Miléto Paulus mittens Ephesum, vocávit majóres natu Ecclésiæ ; Qui cùm veníssent ad eum & simul essent, dixit eis, Vos scitis à prima die quâ ingréssus sum in Asiam quáliter vobíscum per omne tempus fúerim, sérviens Dómino cum omni humilitáte & láchrymis & tentatiónibus quæ mihi accidérunt ex insídiis Judæórum ; quómodo nihil subtráxerim utíliú ; quóminus annuntiárem vobis & docérem vos públicè & per domos, teſtíficans Judæis atque Gentílibus in Deum pœniténtiam & fidem in Dóminum noſtrum Jeſum Chriſtum. Et nunc ecce alligátus ego ſpíritu vado in Jerúſalem, quæ in ea ventúra ſunt mihi ignórans; niſi quòd Spíritus ſanctus per omnes civitátes mihi proteſtátur, dicens quóniam víncula & tribulatiónes Jeroſólymis me manent. Sed nihil horum véreor, neque fácio ánimam meam pretioſiórem quàm me; dúmmodo conſúmmem curſum meum, & miniſtérium verbi quod accépi à Dómino Jeſu teſtificári Evangélium grátiæ Dei.

℞. Iſte Sanctus pro lege Dei ſui certávit uſque ad mortem & à verbis impiórum non tímuit; * Fundátus enim erat ſupra firmam petram. ℣. Iſte eſt qui contémſit vitam mundi & pervénit ad cœléſtia regna. * Fundátus.

Bened. Unigénitus Dei Fílius nos benedícere & adjuváre dignétur. ℞. Amen.

Leçon ij.

ET nunc ecce ego ſcio quia ámpliùs non vidébitis fáciem meá vos omnes per quos transívi prædicans regnum Dei. Quaprópter contéſtor vos hodiérnâ die quia mundus ſum à ſánguine ómnium; non enim ſubterfúgi quóminus annuntiárem omne conſilium Dei vobis. Atténdite vobis & univérſo gregi in quo vos Spíritus ſanctus póſuit epíſcopos, régere Eccléſiam Dei quam acquiſívit ſánguine ſuo. Ego ſcio quóniam intrábunt poſt

diſceſſiónem meam lupi rapáces in vos, non parcéntes gregi; & ex vobis ipſis exſúrgent viri loquéntes pervérſa ut abdúcant diſcípulos poſt ſe. Propter quod vigiláte, memóriâ retinéntes quóniam per triénnium nocte & die non ceſſávi cum láchrymis monens unumquémque veſtrûm.

℞. Juſtus germinábit ſicut lílium, * Et florébit in ætérnum ante Dóminum, ℣. Plantátus in domo Dómini in átriis domûs Dei noſtri. * Et florébit.

Benedict. Spíritûs ſancti grátia illúminet ſenſus & corda noſtra. ℞. Amen.

Leçon iij.

ET nunc comméndo vos Deo & verbo grátiæ ipſius qui potens eſt ædificáre & dare hæreditátem in ſanctificátis ómnibus. Argéntum & aurum aut veſtem nullíus concupívi, ſicut ipſi ſcitis; quóniam ad ea quæ mihi opus erant & his qui mecum ſunt, miniſtravérunt manus iſtæ. Omnia oſténdi vobis, quóniam ſic laborántes opórtet ſuſcípere infirmos, ac meminíſſe verbi Dómini Jeſu, quóniam ipſe dixit, Beátius eſt magis dare quàm accípere. Et cùm hæc dixíſſet, póſitis génibus ſuis, orávit cum ómnibus illis. Magnus autem fletus factus eſt ómnium; & procumbéntes ſuper collum Pauli oſculabántur eum doléntes máximè in verbo quod díxerat, quóniam ámplius fáciem ejus non eſſent viſúri. Et deducébant eum ad navem.

℞. Iſte cognóvit juſtítiam & vidit

dit mirabília magna & exorávit Altíssimum * Et invéntus est in número Sanctórum. ℣. Iste est qui contémsit vitam mundi & pervénit ad coeléstia regna. * Et invéntus. ℣. Glória Patri. * Et invéntus.

Leçon pour un Martyr seulement.

[Leçon j.

De Epístola beáti Pauli Apóstoli ad Romános. *Chap.* 8.

FRatres, Debitóres sumus non carni, ut secúndum carnem vivámus. Si enim secúndùm carnem vixéritis, moriémini ; si autem spíritu facta carnis mortificavéritis, vivétis : quicúmque enim Spíritu Dei agúntur, ii sunt fílii Dei. Non enim accepístis spíritum servitútis iterùm in timóre, sed accepístis Spíritum adoptiónis filiórum, in quo clamámus, Abba (Pater). Ipse enim Spíritus testimónium reddit spíritui nostro quòd sumus fílii Dei. Si autem fílii, & hærédes ; hærédes quidem Dei, cohærédes autem Christi ; si tamen compátimur, ut & conglorificémur. Existimo enim quòd non sunt condígnæ passiónes hujus témporis ad futúram glóriam, quæ revelábitur in nobis. Nam exspectátio creatúræ revelatiónem filiórum Dei exspéctat.

℞. Iste Sanctus, ci-dessus.

Leçon ij.

SCimus autem quóniam diligéntibus Deum ómnia cooperántur in bonum, iis qui secúndùm propósitum vocáti sunt sancti. Nam quos præscívit, & prædestinávit confórmes fieri imáginis Fílii sui,

ut sit ipse primogénitus in multis frátribus ; quos autem prædestinávit, hos & vocávit ; & quos vocávit, hos & justificávit ; quos autem justificávit, illos & glorificávit. Quid ergo dicémus ad hæc ? Si Deus pro nobis, quis contra nos ? Qui étiam próprio Fílio suo non pepércit, sed pro nobis ómnibus trádidit illum, quómodò non étiam cum illo ómnia nobis donávit ? Quis accusábit advérsùs eléctos Dei ? Deus qui justíficat, quis est qui condémnet ? Christus Jesus, qui mórtuus est, immò qui & resurréxit, qui est ad déxteram Dei, qui etiam interpéllat pro nobis.

℞. Justus, ci-dessus.

Leçon iij.

QUis ergo nos separábit à charitáte Christi ? tribulátio ? an angústia ? an fames ? an núditas ? an perículum ? an persecútio ? an gládius ? (sicut scriptum est, quia Propter te mortificámur totâ die, æstimáti sumus sicut oves occisiónis.) Sed in his ómnibus superámus propter eum qui diléxit nos. Certus sum enim quia neque mors neque vita neque Angeli neque Principátus neque Virtútes neque instántia neque futúra neque fortitúdo neque altitúdo neque profúndum neque creatúra ália póterit nos separáre à charitáte Dei quæ est in Christo Jesu Dómino nostro.

℞. Iste cognóvit, ci-dessus.]

AU II NOCTURNE.
Ant. Fílii hóminum, scitóte quia Dóminus Sanctum suum mirificávit.

Pſeaume 4.

CUm invocárem, exaudívit me Deus juſtitiæ meæ; * in tribulatióne dilatáſti mihi.

Miſerére meî, * & exáudi oratiónem meam.

Fílii hóminum, úſquequò gravi corde ? * ut quid diligitis vanitátem & quæritis mendácium ?

Et ſcitóte quóniam mirificávit Dóminus ſanctum ſuum ; * Dñus exáudiet me, cùm clamávero ad eum.

Iraſcímini, & nolíte peccáre ; * quæ dícitis in córdibus veſtris, in cubílibus veſtris compungímini.

Sacrificáte ſacrificium juſtitiæ, & ſperáte in Dómino. * Multi dicunt, Quis oſténdit nobis bona ?

Signátum eſt ſuper nos lumen vultûs tui, Dómine ; * dediſti lætítiam in corde meo.

A fructu fruménti, vini & ólei ſui * multiplicáti ſunt.

In pace in idípſum * dórmiam & requieſcam,

Quóniam tu, Dómine, ſinguláriter in ſpe , * conſtituíſti me.

Ant. Fílii hóminum , ſcitóte quia Dóminus Sanctum ſuum mirificávit.

Ant. Scuto bonæ voluntátis tuæ coronáſti eum , Dómine.

Pſeaume 5.

VErba mea áuribus pércipe, Dómine, * intéllige clamórem meum ;

Inténde voci oratiónis meæ, * rex meus & Deus meus :

Quóniam ad te orábo ; * Dómine, manè exáudies vocem meam.

Manè adſtábo tibi & vidébo ; *

quóniam non Deus volens iniquitátem tu es ,

Neque habitábit juxta te malignus , * neque permanébunt injúſti ante óculos tuos.

Odíſti omnes qui operántur iniquitátem ; * perdes omnes qui loquúntur mendácium.

Virum ſanguinum & doloſum abominábitur Dóminus : * ego autem in multitúdine miſericórdiæ tuæ

Introíbo in domum tuam ; * adorábo ad templum ſanctum tuum in timóre tuo.

Dómine, deduc me in juſtítia tua : * propter inimícos meos dírige in conſpéctu tuo viam meam ;

Quóniam non eſt in ore eórum véritas ; * cor eórum vanum eſt ;

Sepúlchrum patens eſt guttur eórum ; linguis ſuis dolóſè agébant. * Júdica illos , Deus.

Décidant à cogitatiónibus ſuis. Secúndùm multitúdinem impietátum eórum expélle eos ; * quóniam irritavérunt te, Dómine.

Et læténtur omnes qui ſperant in te ; * in ætérnum exſultábunt , & habitábis in eis.

Et gloriabúntur in te omnes qui díligunt nomen tuum , * quóniam tu benedíces juſto.

Dómine, ut ſcuto bonæ voluntátis tuæ * coronáſti nos.

Ant. Scuto bonæ voluntátis tuæ coronáſti eum, Dómine.

Ant. In univérſa terra glóriâ & honóre coronáſti eum.

Pſeaume 8.

DOmine Dóminus noſter , * quàm admirábile eſt nomen

tuum in univérsa terra !

Quóniam eleváta est magnificéntia tua * super cœlos.

Ex ore infántium & lacténtium perfecísti laudê propter inimícos tuos,
* ut déstruas inimícum & ultórem.

Quóniam vidébo cœlos tuos, ó-
pera digitórum tuórum, * lunam
& stellas, quæ tu fundásti.

Quid est homo, quòd memor es
ejus ? * aut filius hóminis, quóniam
vísitas eum ?

Minuísti eum paulò minùs ab Angelis, glóriâ & honóre coronásti
eum, * & constituísti eum super ó-
pera mánuum tuárum.

Omnia subjecísti sub pédibus ejus ;
* oves & boves univérsas ínsuper
& pécora campi.

Vólucres cœli, & pisces maris *
qui perámbulant sémitas maris.

Dómine, Dóminus noster,* quàm
admirábile est nomen tuum in univérsa terra !

Ant. In univérsa terra glóriâ &
honóre coronásti eum.

℣. Posuísti, Dómine, super caput
ejus ℟. Coróná de lápide pretióso.

Pater noster.

Absol. Ipsíus píetas & misericórdia nos adjúvet, qui cum Patre
& Spíritu sancto vivit & regnat in
sécula seculórum. ℟. Amen.

Bened. Deus Pater omnípotens
sit nobis propítius & clemens. ℟.
Amen.

Leçon iv.

Sermo sancti Augustíni Epíscopi.

Sermon 44 des Saints.

Triumphális beáti Mártyris N.
dies hódie nobis anniversáriâ
celebritáte recúrrit , cujus glorifi-
catióne sicut congáudet Ecclésia,sic
ejus propónit sequénda vestígia. Si
enim compátimur , & conglorificábimur. In cujus glorióso agóne duo
nobis præcípuè consideránda sunt ;
induráta vidélicet tortóris sævítia ,
& Mártyris invícta patiéntia ; sævítia tortóris , ut eam detestémur ;
patiéntia Mártyris , ut eam imitémur. Audi Psalmístam advérsùs malítiam increpántem , Noli æmulári
in malignántibus,quóniam tanquam
fœnum velóciter aréscent. Quòd
autem advérsùs malignántes patiéntia exhibénda sit , audi Apóstolum suadéntem , Patiéntia vobis
necessária est , ut reportétis promissiónes.

℟. Honéstum fecit illum Dóminus & custodívit eum ab inimícis
& à seductóribus tutávit illum , *
Et dedit illi claritátem ætérnam,
℣. Descendítque cum illo in fóveam , & in vínculis non derelíquit eum , * Et dedit.

Bened. Christus perpétuæ det
nobis gáudia vitæ. ℟. Amen.

Leçon v.

Coronáta ítaque est beáti Mártyris patiéntia, mancipáta est
ætérnis cruciátibus tortóris incorrécta malítia. Hoc atténdens in a-
góne suo gloriósus Christi athléta
non exhórruit cárcerem. Ad imitatiónem cápitis sui tolerávit probra,
sustínuit irrisiónes, flagélla non ti-
muit ; & quot ante mortem pro
Christo pértulit supplícia, tot ei de
se óbtulit sacrifícia. Quod enim ,
propinánte Apóstolo, bíberat,altè
d ij

Qui lóquitur veritátem in corde suo ; * qui non egit dolum in lingua sua ,

Nec fecit próximo suo malum , * & oppróbrium non accépit advérsùs próximos suos ;

Ad níhilum dedúctus est in conspéctu ejus malígnus ; * timéntes autem Dóminum glorificat ;

Qui jurat próximo suo , & non décipit ; * qui pecúniam suam non dedit ad usúram , & múnera super innocéntem non accépit.

Qui facit hæc , * non movébitur in ætérnum.

Ant. Habitábit in tabernáculo tuo, requiéscet in monte sancto tuo.

Ant. Posuísti , Dómine , super caput ejus corónam de lápide pretióso.

Pseaume 20.

DOmine , in virtúte tua lætábitur Rex , * & super salutáre tuum exsultábit veheménter.

Desidérium cordis ejus tribuísti ei , * & voluntáte labiórum ejus non fraudásti eum.

Quóniam prævenísti eum in benedictiónibus dulcédinis ; * posuísti in cápite ejus corónam de lápide pretióso.

Vitam petiit à te ; * & tribuísti ei longitúdinem diérum in séculum & in séculum séculi.

Magna est glória ejus in salutári tuo : * glóriam & magnum decórem impónes super eum.

Quóniam dabis eum in benedictiónem in séculum séculi ; * lætificábis eum in gáudio cum vultu tuo.

Quóniam rex sperat in Dómino , *

& in misericórdia Altíssimi non commovébitur.

Inveniátur manus tua ómnibus inimícis tuis ; * déxtera tua invéniat omnes qui te odérunt.

Pones eos ut clíbanum ignis in témpore vultûs tui. * Dóminus in ira sua conturbábit eos , & devorábit eos ignis.

Fructum eórum de terra perdes , * & semen eórum à filiis hóminum.

Quóniam declinavérunt in te mala ; * cogitavérunt consília quæ non potuérunt stabilíre.

Quóniam pones eos dorsum ; * in relíquiis tuis præparábis vultum eórum.

Exaltáre , Dómine , in virtúte tua : * cantábimus & psallémus vultútes tuas.

Ant. Posuísti , Dómine , super caput ejus corónam de lápide pretióso.

℣. Magna est glória ejus in salutári tuo , ℟. Glóriam & magnum decórem impónes super eum.

Pater noster.

Absolut. A vínculis peccatórum nostrórum absólvat nos omnípotens & miséricors Dóminus. ℟. Amen.

Bened. Evangélica léctio sit nobis salus & protéctio. ℟. Amen.

Leçon vij.

Léctio sancti Evangélii secúndum Lucam. *Ch.* 14.

IN illo témpore dixit Jesus turbis , Si quis venit ad me , & non odit patrem suum & matrem & uxórem & fílios & fratres & soróres , adhuc autem & ánimam suam , non potest meus esse discípulus. Et réliqua.

Homília sancti Gregórii Papæ.

Homelie 37 sur les Evangiles.

SI considerémus , Fratres chariffimi , quæ & quanta sunt quæ nobis promittúntur in cœlis , viléscunt ánimo ómnia quæ habéntur in terris. Terréna namque substántia supérnæ felicitáti comparáta , pondus est , non subsídium. Temporális vita ætérnæ vitæ comparáta , mors est pótiùs dicénda quàm vita. Ipse enim quotidiánus deféctus corruptiónis quid est áliud quàm quædam prolíxitas mortis ? Quæ autem lingua dícere vel quis intelléctus cápere súfficit illa supérnæ civitátis quanta sint gáudia, Angelórum choris interésse, cum beatíssimis spirítibus glóriæ Conditóris assístere, præséntem Dei vultum cérnere, incircumscríptum lumen vidére, nullo mortis metu áffici, incorruptiónis perpétuæ múnere lætári ?

℟. Coróna áurea super caput ejus * Expréssa signo sanctitátis ; glória honóris & opus fortitúdinis. ℣. Quóniam prævenísti eum in benedictiónibus dulcédinis, posuísti in cápite ejus corónam de lápide pretióso ; * Expréssa signo.

Bened. Cujus festum cólimus , ipse intercédat pro nobis ad Dóminum. ℟. Amen.

Leçon viij.

SEd ad hæc audíta mardéscit ánimus, jamque illíc cupit assístere, ubi se sperat sine fine gaudé-

re. Sed ad magna præmia perveníri non potest , nisi per magnos labóres. Unde & Paulus egrégius prædicátor dicit , Non coronábitur nisi qui legitimè certáverit. Deléctet ígitur mentê magnitúdo præmiórum , sed non detérreat certámen labórum. Unde ad se veniéntibus Véritas dicit, Si quis venit ad me , & non odit patrem suum & matrem & uxórem & fílios & fratres & soróres , adhuc autem & ánimam suam, non potest meus esse discípulus.

℟. Hic est verè martyr qui pro Christi nómine sánguinem suum fudit, * Qui minas júdicum non tímuit , nec terrénæ dignitátis glóriam quæsívit, sed ad cœléstia regna pervénit. ℣. Justum dedúxit Dóminus per vias rectas & osténdit illi regnum Dei ; * Qui minas. ℣. Glória. * Qui minas.

Bened. Ad societátem cívium supernórum perdúcat nos Rex Angelórum. ℟. Amen.

Leçon ix.

SEd percontári libet quómodo parentes & carnáliter propínquos præcípimur odísse qui jubémur & inimícos dilígere ? Et certè Véritas de uxóre dixit , Quod Deus conjúnxit homo non séparet : & Paulus ait, Viri , dilígite uxóres vestras sicut & Christus Ecclésiam. Ecce discípulus uxórem diligéndam prædicat, cùm Magíster dicat, Qui uxórem non odit, non potest meus esse discípulus. Numquid áliud Judex núntiat, áliud præco clamat ? An simul & odísse pósfumus & diligere ? Sed si vim præcepti perpéndimus, utrúmque ágere per discretiónem valémus ; ut uxórem & eos qui nobis carnis cognatióne conjúncti sunt & quos próximos nóvimus, diligámus ; & quos adversários in via Dei pátimur, odiéndo & fugiéndo nesciámus.

Aux Fêtes des saints Martyrs Pontifes Jean, Sylvestre, Martin & Pontian, pour dernier Respons on dit ℟. Dómine, prævenísti eum in benedictiónibus dulcédinis, * Posuísti in cápite ejus corónam de lápide pretióso. ℣. Vitam pétiit à te, & tribuísti ei longitúdinem diérum in séculum séculi. * Posuísti. ℣. Glória Patri. * Posuísti.

Autres Leçons.
Leçon vij.
Léctio sancti Evangélii secúndùm Matthæum. *Ch.* 16.

IN illo témpore dixit Jesus Discípulis suis, Si quis vult post me veníre ábneget semetípsum & tollat crucem suam & sequátur me. Et réliqua.

Homília sancti Gregórii Papæ.
Homelie 32 *sur les Evangiles.*

QUia Dóminus ac Redémtor noster novus homo venit in mundum, nova præcépta dedit mundo. Vitæ étenim nostræ véteri in vítiis enutrítæ contrarietátem oppósuit novitátis suæ. Quid enim vetus, quid carnális homo nóverat, nisi sua retinére, aliéna rápere, si posset, concupíscere, si non posset ? sed cœléstis Médicus singulis quibúsque vítiis obviántia

ádhibet medicaménta. **Nam** sicut arte medicínæ cálida frigidis, frigida cálidis curántur, ita Dóminus noster contrária oppósuit medicaménta peccátis, ut lúbricis continéntiam, tenácibus largitátem, iracúndis mansuetúdinem, elátis præcíperet humilitátem.

℟. Coróna ci-dessus.
Leçon viij.

CErtè cùm se sequéntibus nova mandáta propóneret, dixit, Nisi quis renuntiáverit ómnibus quæ póssidet, non potest meus esse discípulus : ac si apértè dicat, Qui per vitam véterem aliéna concupíscitis, per novæ conversatiónis stúdium & vestra largímini. Quid verò in hac lectióne dicat audiámus : Qui vult post me veníre, ábneget semetípsum. Ibi dícitur ut abnegémus nostra ; hîc dícitur ut abnegémus nos. Et fortásse laboriósum non est hómini relínquere sua ; sed valde laboriósum est relínquere semetípsum. Minus quippe est abnegáre quod habet ; válde autem multum est abnegáre quod est.

℟. Hic est ci-dessus.
Leçon ix.

AD se autem nobis veniéntibus Dóminus præcepit ut renuntiémus nostris, quia quicúmque ad fídei agónem vénimus, luctámen contra malígnos spíritus súmimus. Nihil autem malígni spíritus in hoc mundo próprium póssident ; nudi ergo cum nudis luctári debémus. Nam si vestítus quisque cum nudo luctátur, cítiùs ad terram dejícitur, quia habet unde teneátur.

neátur. Quid enim funt terréna ómnia , nifi quædam córporis induménta ? Qui ergo contra diábolum ad certámen próperat , veftiménta abjíciat , ne fuccúmbat.

Te Deum.

A LAUDES.

Aux Offices doubles on dit l'Antienne avant & après chaque Pfeaume & le Cantique Benedíctus.

Ant. Qui me conféffus fúerit coram homínibus, confitébor & ego eum coram Patre meo.

Pf. 92 Dóminus regnávit, & les autres des Laudes du Dimanche.

Ant. Qui féquitur me non ámbulat in ténebris, fed habébit lumen vitæ, dicit Dóminus.

Ant. Qui mihi miníftrat me fequátur ; & ubi ego fum illic fit & minífter meus.

Ant. Si quis mihi miniftráverit, honorificábit eum Pater meus qui eft in cœlis, dicit Dóminus.

Ant. Volo , Pater, ut ubi ego fum , illic fit & minífter meus.

Chapitre. Jaq. 1.

BEátus vir qui fuffert tentatiónem ; quóniam cùm probátus fúerit, accípiet corónam vitæ quam repromífit Deus diligéntibus te. ℟. Deo grátias.

Hymne ancienne.

MArtyr Dei qui únicum Patris fequéndo Fílium Víctis triúmphas hóftibus, Victor fruens cœléftibus.
Tui precátûs múnere
Noftrum reátum dílue,
Arcens mali contágium,

Vitæ rémovens tædium.
Solúta funt jam víncula
Tui facráti córporis ;
Nos folve vinclis féculi
Amóre Fílii Dei.
Deo Patri fit glória
Ejúfque foli Fílio ,
Cum Spíritu Parácleto
Et nunc & in perpétuum.
Amen.

Hymne nouvelle.

Invícte Martyr , à la fin de ce Volume.

℣. Juftus ut palma florébit, ℟. Sicut cedrus Líbani multiplicábitur.

A Benedíctus Ant. Qui odit ánimam fuam in hoc mundo, in vitam ætérnam cuftódit eam.

Pour un Martyr Pontife.
Oraifon.

INfirmitátem noftram réfpice, omnípotens Deus ; & quia pondus própriæ actiónis gravat, beáti N. Mártyris tui atque Pontíficis intercéffio glorióſa nos prótegat; per Dóminum.

Autre Oraifon.

DEus qui nos beáti N. Mártyris tui atque Pontíficis ánnuâ folemnitáte lætíficas, concéde propítius ut cujus natalítia cólimus, de ejúſdem étiam protectióne gaudeámus ; per Dóminum.

Pour un Martyr feulement.
Oraifon.

PRæfta , quæſumus, omnípotens Deus , ut qui beáti N. Mártyris tui natalítia cólimus, interceffióne ejus in tui nóminis amóre roborémur ; per Dóminum.

Autre Oraison.

PRæsta, quæsumus, omnípotens Deus, ut, intercedénte beáto N. Mártyre tuo, & à cunctis adversitátibus liberémur in córpore ; & à pravis cogitatiónibus mundémur in mente ; per Dñum.

A TIERCE.

Ant. Qui séquitur me non ámbulat in ténebris, sed habébit lumen vitæ, dicit Dóminus.

Chapitre.   *Jaq.* 1.

BEátus vir qui suffért tentatiónem ; quóniam cùm probátus fúerit, accípiet corónam vitæ quam repromísit Deus diligéntibus se. ℟. Deo grátias.

℟ br. Glóriâ & honóre * Coronásti eum, Dómine. On repete Glóriâ & honóre.

℣. Et constituísti eum super ópera mánuum tuárum. * Coronásti.

℣ Glória Patri. ℟. Glóriâ.

℣ Posuísti, Dñe, super caput ejus ℟ Corónam de lápide pretióso.

A SEXTE.

Ant. Qui mihi minístrat me sequátur, & ubi ego sum, illic sit & miníster meus.

Chapitre.   *Eccli.* 15.

CIbávit illum pane vitæ & intelléctûs, & aquâ sapiéntiæ salutáris potávit illum Dóminus Deus noster. ℟. Deo grátias.

℟ br. Posuísti, Dómine, * Super caput ejus. On repete Posuísti.

℣. Corónam de lápide pretióso, * Super.

℣. Glóriâ. ℟. Posuísti.

℣. Magna est glória ejus in salutári tuo ; ℟. Glóriam & magnum decórem impónes super eum.

A NONE.

Ant. Volo, Pater, ut ubi ego sum, illic sit & miníster meus.

Chapitre.   *Eccli.* 39.

JUstus cor suum trádidit ad vigilándum dilúculo ad Dóminum qui fecit illum ; & in conspéctu Altíssimi deprecábitur. ℟. Deo grátias.

℟ br. Magna est glória ejus * In salutári tuo. On repete Magna.

℣. Glóriam & magnum decórem impónes super eum, * In salutári.

℣. Glória. ℟. Magna est.

℣. Justus ut palma florébit, ℟. Sicut cedrus Líbani multiplicábitur.

AUX II VESPRES.

Aux Offices doubles on dit l'Antienne entiere avant & après chaque Pseaume & le Cantique Magníficat.

Ant. Qui me conféssus & les autres des Laudes sur le Ps. 109 Dixit, page ij & les trois suivans. Pour le cinquieme on dit

Pseaume 115.

CRédidi, propter quod locútus sum ; * ego autem humiliátus sum nimis.

Ego dixi in excéssu meo, * Omnis homo mendax.

Quid retríbuam Dómino * pro ómnibus quæ retríbuit mihi ?

Cálicem salutáris accípiam, * & nomen Dómini invocábo :

Vota mea Dómino reddam coram

omni pópulo ejus.* Pretiósa in con- átriis domûs Dómini, in médio
spéctu Dñi mors sanctórum ejus. tuî Jerúsalem.

O Dómine, quia ego servus tuus, Le Chapitre Beátus & l'Hymne
* ego servus tuus & filius ancíllæ Deus, tuórum, page xxj.
tuæ.

℣. Justus ut palma florébit, ℟. Si-
D irupísti víncula mea ; * tibi sa- cut cedrus Libani multiplicábitur.
crificábo hóstiam laudis, & no-
men Dómini invocábo : A Magníficat, Ant. Qui vult
veníre post me, ábneget semetip-
V ota mea Dómino reddam in sum & tollat crucem suam, & se-
conspéctu omnis pópuli ejus * in quátur me.

LE COMMUN DE PLUSIEURS MARTYRS.

AUX IVESPRES.

Aux Offices doubles on dit
l'Antienne entiere avant & après
chaque Pseaume & le Cantique
Magníficat.

Ant. Omnes sancti quanta passi
sunt torménta, ut secúri pervenírent ad palmam martyrii.

Ps. 109. Dixit, page ij. & les
quatre autres Pseaumes sur les Antiennes suivantes.

Ant. Cum palma ad regna pervenérunt sancti ; corónas décoris
meruérunt de manu Dei.

Ant. Córpora sanctórum in pace
sepúlta sunt, & vivent nómina eórum in ætérnum.

Aux Mártyres Dómini, Dóminum benedícite in ætérnum.

Ant. Mártyrum chorus, laudáte
Dóminum de coelis. Allelúia. On
omet ce mot depuis la Septuagesime jusqu'à Pasque.

Chapitre.   Sag. 3.

J Ustórum ánimæ in manu Dei
sunt, & non tanget illos torméntum mortis. Visi sunt óculis in-

sipiéntium mori : illi autem sunt in
pace. ℟. Deo grátias.

Hymne ancienne.

S Anctórum méritis ínclyta gáudia
Pangámus, Sócii, géstaque fórtia,
Nam glíscit ánimus prómere cán-
tibus
        Victórum genus óptimum.

Hi sunt quos rétinens mundus in-
        hórruit,
Ipsum nam stérili flore peráridum
Sprevére pénitùs, teque secúti sunt,
        Rex Christe bone coelitùs.

Hi pro te fúrias atque ferócia
Calcárunt hóminum sævaque vér-
bera :
Cessit his lácerans fórtiter úngula,
        Nec carpsit penetrália.

Cædúntur gládiis more bidéntium,
Non murmur résonat, non queri-
mónia,
Sed corde tácito mens benè cónscia
        Consérvat patiéntiam.

Quæ vox, quæ póterit lingua re-
téxere
Quæ tu Martýribus múnera præ-
paras ?

R. 4. *Automne.*   e ij

Rubri nam fluido sanguine láureis
   Ditántur benè fúlgidis.

Te, summa Déitas unáque, póscimus

Ut culpas ábluas, nóxia súbtrahas,

Des pacem fámulis, nos quoque
glóriam
   Per cuncta tibi sécula. Amen.

Hymne nouvelle.

SAnctórum méritis ínclyta gáudia

Pangámus, Sócii, géstaque fórtia:

Gliscens fert ánimus prómere cán-
tibus
   Victórum genus óptimum.

Hi sunt quos fatuè mundus abhórruit:

Hunc fructu vácuú, flóribus áridum

Contémsere tui nóminis ássecla,
   Jesu Rex bone Coelitum.

Hi pro te fúrias atque minas truces

Calcárunt hóminum sævaque vérbera:

His cessit lácerans fórtiter úngula,
   Nec carpsit penetrália.

Cædúntur gládiis more bidéntium;

Non murmur résonat, non queri-
mónia;

Sed corde impávido mens benè
cónscia
   Consérvat patiéntiam.

Quæ vox, quæ póterit lingua re-
téxere

Quæ tu Martyribus múnera præ-
paras?

Rubri nam fluido sanguine fúlgidis
   Cingunt témpora láureis.

Te, summa ô Déitas únaque, póscimus

Ut culpas ábigas, nóxia súbtrahas,

Des pacem fámulis, ut tibi glóriam

Annórum in sériem canant.
   Amen.

℣. Lætámini in Dómino & exsultáte, justi; ℟. Et gloriámini, omnes recti corde.

A Magníficat, Ant. Istórum est
enim regnum coelórum, qui contemsérunt vitam mundi, & pervenérunt ad præmia regni, & lavérunt stolas suas in sanguine Agni.

Pour plusieurs Martyrs Pontifes.
   Oraison.

BEatórum Mártyrum paritérque Pontíficum N. & N. nos
quæsumus, Dómine; festa tueántur, & eórum comméndet orátio
veneránda; per Dóminum.

S'ils ne sont point Pontifes.
   Oraison.

DEus qui nos concédis sanctórum Mártyrum tuórum N.
& N. natalítia cólere, da nobis in
ætérna beatitúdine de eórum societáte gaudére; per Dóminum.

Autre Oraison.

DEus qui nos ánnuâ sanctórum Mártyrum tuórum N. &
N. solemnitáte lætíficas, concéde
propítius ut quorum gaudémus méritis, accendámur exémplis; per
Dóminum.

A MATINES.

Invitatoire. Regem Mártyrum
Dóminum * Venite, adorémus.
   Ps. 94 Venite, exsultémus.
   Hymne ancienne.

ÆTérna Christi múnera
Et Mártyrum victórias,
Laudes canéntes débitas,
Lætis canámus méntibus.

T erróre victo séculi,
Pœnísque spretis córporis,
Mortis sacræ compéndio
Vitam beátam póssident.
T radúntur igni Mártyres
Et bestiárum déntibus ;
Armáta sævit úngulis
Tortóris insáni manus ;
N udáta pendent víscera ;
Sanguis sacrátus fúnditur ;
Sed pérmanent immóbiles
Vitæ perénnis grátiâ.
T e nunc, Redémtor, quæsumus
Ut Mártyrum consórtio
Jungas precántes sérvulos
In sempitérna sécula.
   Amen.
      Hymne nouvelle.
C hristo profúsum, à la fin de ce
Volume.
   A U I N O C T U R N E.
   Ant. Secus decúrsus aquárum
plantávit víneam justórum ; & in
lege Dómini fuit volúntas eó-
rum.

Pseaume 1.

B Eátus vir qui non ábiit in consilio impiórum, & in via peccatórum non stetit, * & in cáthedra pestiléntiæ non sedit,
S ed in lege Dómini volúntas ejus,
* & in lege ejus meditábitur die ac
nocte.
E t erit tanquam lignum quod
plantátum est secus decúrsus aquárum, * quod fructum suum dabit in
témpore suo.
E t fólium ejus non défluet ; * &
ómnia quæcúmque fáciet prosperabúntur.
N on sic ímpii, non sic : * sed tan-

quam pulvis quem prójicit ventus
à fácie terræ.
I deò non resúrgent ímpii in judício , * neque peccatóres in concílio justórum.
Q uóniam novit Dóminus viam
justórum , * & iter impiórum períbit.
   Ant. Secus decúrsus aquárum
plantávit víneam justórum , & in
lege Dómini fuit volúntas eórum.
   Ant. Tanquam aurum in fornáce probávit eléctos Dóminus ,
& quasi holocáusta accépit eos in
ætérnum.

Pseaume 2.

Q Uare fremuérunt gentes , *
& pópuli meditáti sunt inánia.
A stitérunt reges terræ, & príncipes convenérunt in unum * advérsùs Dóminum & advérsùs Chri-
tum ejus.
D irumpámus víncula eórum , * &
projiciámus à nobis jugum ipsórum.
Q ui hábitat in cœlis irridébit eos :
* & Dóminus subsannábit eos.
T unc loquétur ad eos in ira sua, * &
in furóre suo conturbábit eos.
E go autem constitútus sum Rex
ab eo super Sion montem sanctum
ejus , * prædicans præcéptum ejus.
D óminus dixit ad me, * Filius
meus es tu ; ego hódie génui te.
P óstula à me , & dabo tibi gentes
hæreditátem tuam, * & possessiónem tuam términos terræ.
R eges eos in virga férrea, * & tanquam vas fíguli confrínges eos.
E t nunc, reges, intellígite : * eru-

dímini, qui judicátis terram.

Servíte Dómino in timóre, * & exfultáte ei cum tremóre.

Apprehéndite difciplínam, nequándo irafcátur Dóminus ; * & pereátis de via jufta.

Cùm exárferit in brevi ira ejus : * beáti omnes qui confídunt in eo.

Ant. Tanquam aurum in fornáce probávit eléctos Dóminus, & quafi holocáufta accépit eos in ætérnum.

Ant. Si coram homínibus torménta paffi funt, fpes electórum eft immortális in ætérnum.

Pfeaume 3.

DOmine, quid multiplicáti funt qui tríbulant me ? * multi infurgunt adversùm me.

Multi dicunt ánimæ meæ, * Non eft falus ipfi in Deo ejus.

Tu autem, Dómine, fufcéptor meus es, * glória mea, & exáltans caput meum.

Voce meâ ad Dóminum clamávi : * & exaudívit me de monte fancto fuo.

Ego dormívi & foporátus fum ; * & exfurréxi, quia Dóminus fufcépit me.

Non timébo míllia pópuli circumdántis me : * exfúrge, Dómine, falvum me fac, Deus meus.

Quóniam tu percufsífti omnes adverfántes mihi fine caufa : * dentes peccatórum contrivífti.

Dómini eft falus : * & fuper pópulum tuum benedíctio tua.

Ant. Si coram homínibus torménta paffi funt, fpes electórum eft immortális in ætérnum.

ỳ. Lætámini in Dómino & exfultáte, Jufti, ℟. Et gloriámini, omnes recti corde.

Pater nofter.

Abfol. Exáudi, Dómine Jefu Chrifte, preces fervórum tuórum & miferére nobis, qui cum Patre & Spíritu fancto vivis & regnas in fécula feculórum. ℟. Amen.

Benedict. Benedictióne perpétuâ benedícat nos Pater ætérnus. ℟. Amen.

Leçon j.

De Epíftola beáti Pauli Apóftoli ad Romános.   Ch. 8.

FRatres, Debitóres fumus non carni, ut fecúndùm carnem vivámus. Si enim fecúndùm carnem vixéritis, moriémini ; fi autem fpíritu facta carnis mortificavéritis, vivétis : quicúmque enim Spíritu Dei agúntur, ii funt fílii Dei. Non enim accepíftis fpíritum fervitútis iterùm in timóre, fed accepíftis Spíritum adoptiónis filiórum, in quo clamámus, Abba (Pater). Ipfe enim Spíritus teftimónium reddit fpirítui noftro quòd fumus fílii Dei. Si autem fílii, & hærédes, hærédes quidem Dei, cohærédes autem Chrifti ; fi tamen compátimur, ut & conglorificémur. Exíftimo enim quòd non funt condígnæ paffiónes hujus témporis ad futúram glóriam quæ revelábitur in nobis. Nam exfpectátio creatúræ revelatiónem filiórum Dei exfpéctat.

℟. Abftérget Deus omnem láchrymam ab óculis Sanctórum ; & jam non erit ámpliùs neque luctus neque clamor, fed nec ullus dolor,

* Quóniam prióra transiérunt. ℣. Non esúrient neque sítient ámpliùs, neque cadet super illos sol neque ullus æstus, * Quóniam prióra.

Bened. Unigénitus Dei Fílius nos benedícere & adjuváre dignétur. ℞. Amen.

Leçon ij.

SCimus autem quóniam diligéntibus Deum ómnia cooperántur in bonum, iis qui secúndùm propósitum vocáti sunt sancti. Nam quos præscívit, & prædestinávit confórmes fíeri imáginis Fílii sui, ut sit ipse primogénitus in multis frátribus; quos autem prædestinávit, hos & vocávit; & quos vocávit, hos & justificávit; quos autem justificávit, illos & glorificávit. Quid ergo dicémus ad hæc? Si Deus pro nobis, quis contra nos? Qui etiam próprio Fílio suo non pepércit, sed pro nobis ómnibus trádidit illum, quómodò non étiam cum illo ómnia nobis donávit? Quis accusábit advérsùs eléctos Dei? Deus qui justíficat; quis est qui condémnet? Christus Jesus, qui mórtuus est, immò qui & resurréxit, qui est ad déxteram Dei, qui étiam interpéllat pro nobis.

[A l'Office de trois Leçons, si les Martyrs sont touts freres, on dit ici le ℞ Hæc est vera fratérnitas quæ nunquam pótuit violári certámine, qui effúso sánguine secúti sunt Dóminum; * Contemnéntes aulam régiam pervenérunt ad regna cœléstia. ℣. Ecce quàm bonum & quàm jucúndum habitáre fratres in unum! * Contemnéntes. ℣. Glória. * Contemnéntes.

Autrement on dit le ℞ suivant avec Glória Patri.]

℞. Viri sancti gloriósum sánguinem fudérunt pro Dómino, amavérunt Christum in vita sua, imitáti sunt eum in morte sua; * Et ídeò corónas triumpháles meruérunt. ℣. Unus spíritus & una fides erat in eis; * Et ídeò corónas.

Bened. Spíritûs sancti grátia illúminet sensus & corda nostra. ℞. Amen.

Leçon iij.

QUis ergo nos separábit à charitáte Christi? tribulátio? an angústia? an fames? an núditas? an perículum? an persecútio? an gládius? sicut scriptum est quia Propter te mortificámur totâ die, æstimáti sumus sicut oves occisiónis. Sed in his ómnibus superámus propter eum qui diléxit nos. Certus sum enim quia neque mors neque vita neque Angeli neque Principátus neque Virtútes neque instántia neque futúra neque fortitúdo neque altitúdo neque profúndum neque creatúra ália póterit nos separáre à charitáte Dei quæ est in Christo Jesu Dómino nostro.

℞. Tradidérunt córpora sua propter Deum ad supplícia, * Et meruérunt habére corónas perpétuas, ℣. Isti sunt qui venérunt ex magna tribulatióne, & lavérunt stolas suas in sánguine Agni, * Et meruérunt. ℣. Glória Patri. * Et meruérunt.

AU II NOCTURNE.

Ant. Dabo sanctis meis locum

nominátum in regno Patris mei, dicit Dóminus.

Pseaume 14.

DOmine, quis habitábit in tabernáculo tuo ? * aut quis requiéscet in monte sancto tuo ?

Qui ingréditur sine mácula * & operátur justítiam ;

Qui lóquitur veritátem in corde suo ; * qui non egit dolum in lingua sua,

Nec fecit próximo suo malum, * & oppróbrium non accépit advérsùs próximos suos ;

Ad nihilum dedúctus est in conspéctu ejus malígnus ; * timéntes autem Dóminum gloríficat ;

Qui jurat próximo suo , & non décipit ; * qui pecúniam suam non dedit ad usúram , & múnera super innocéntem non accépit.

Qui facit hæc , * non movébitur in ætérnum.

Ant. Dabo sanctis meis locum nominátum in regno Patris mei, dicit Dóminus.

Ant. Sanctis qui in terra sunt ejus mirificávit omnes voluntátes meas inter illos.

Pseaume 15.

COnsérva me, Dómine, quóniam sperávi in te. * Dixi Dómino ; Deus meus es tu , quóniam bonórum meórum non eges.

Sanctis qui sunt in terra ejus * mirificávit omnes voluntátes meas in eis.

Multiplicátæ sunt infirmitátes eórum : * póstea acceleravérunt.

Non congregábo conventícula eórum de sanguínibus , * nec memor ero nóminum eórum per lábia mea.

Dóminus pars hæreditátis meæ & cálicis mei. * Tu es qui restítues hæreditátem meam mihi.

Funes cecidérunt mihi in præcláris ; * étenim hæréditas mea præclára est mihi.

Benedícam Dóminum qui tríbuit mihi intelléctum : * ínsuper & usque ad noctem increpuérunt me renes mei.

Providébam Dóminum in conspéctu meo semper ; * quóniam à dextris est mihi, ne commóvear.

Propter hoc lætátum est cor meum & exsultávit lingua mea ; * ínsuper & caro mea requiéscet in spe :

Quóniam non derelínques ánimam meam in inférno , * nec dabis sanctum tuum vidére corruptiónem.

Notas mihi fecísti vias vitæ : adimplébis me lætítiâ cum vultu tuo : * delectatiónes in déxtera tua usque in finem.

Ant. Sanctis qui in terra sunt ejus mirificávit omnes voluntátes meas inter illos.

Ant. Sancti qui sperant in Dómino , habébunt fortitúdinem ; assúment pennas ut áquilæ, volábunt & non defícient.

Pseaume 23.

DOmini est terra & plenitúdo ejus , * orbis terrárum & univérsi qui hábitant in eo :

Quia ipse super mária fundávit eum , * & super flúmina præparávit eum.

Quis ascéndet in montem Dómini ? * aut quis stabit in loco sancto ejus ?

Innocens

Innocens mánibus & mundo corde , * qui non accépit in vano ánimam suam, nec jurávit in dolo próximo suo.

Hic accípiet benedictiónem à Dómino , * & misericórdiam à Deo salutári suo.

Hæc est generátio quæréntium eum , * quæréntium fáciem Dei Jacob.

Attóllite portas príncipes vestras ; & elevámini, portæ æternáles : * & introíbit Rex glóriæ.

Quis est iste Rex glóriæ ? * Dóminus fortis & potens, Dóminus potens in prælio.

Attóllite portas príncipes vestras ; & elevámini, portæ æternáles : * & introíbit Rex glóriæ.

Quis est iste Rex glóriæ ? * Dóminus virtútum ipse est Rex glóriæ.

Ant. Sancti qui sperant in Dómino, habébunt fortitúdinem ; assúment pennas ut áquilæ, volábunt, & non deficient.

℣. Exúltent Justi in conspéctu Dei, ℟. Et delecténtur in lætítia.

Pater noster.

Absol. Ipsíus píetas & misericórdia nos ádjuvet qui cum Patre & Spíritu sancto vivit & regnat in sécula seculórum. ℟. Amen.

Bened. Deus Pater omnípotens sit nobis propítius & clemens. ℟. Amen.

Leçon iv.

Sermo sancti Augustíni Epíscopi.

Sermon 47 des Saints.

QUotiescúmque, Fratres charíssimi, sanctórum Mártyrum solémnia celebrámus ; ita, ipsis intercedéntibus, exspectémus à Dómino cónsequi temporália benefícia, ut ipsos Mártyres imitándo accípere mereámur ætérna. Ab ipsis enim sanctórum Mártyrum in veritáte festivitátum gáudia celebrántur, qui ipsórum Mártyrum exémpla sequúntur. Solemnitátes enim Mártyrum exhortatiónes sunt martyriórum, ut imitári non pígeat quod celebráre deléctat.

℟. Sancti tui , Dómine, mirábile consecúti sunt iter serviéntes præcéptis tuis, ut inveneréntur illæsi in aquis válidis : * Terra appáruit árida, & in Mari Rubro via sine impediménto. ℣. Quóniam percússit petram, & fluxérunt aquæ , & torréntes inundavérunt. * Terra.

Bened. Christus perpétuæ det nobis gáudia vitæ, ℟. Amen.

Leçon v.

SEd nos vólumus gaudére cum Sanctis, & tribulatiónes mundi nólumus sustinére cum ipsis. Qui enim sanctos Mártyres in quantum potúerit imitári nolúerit, ad eórum beatitúdinem non póterit perveníre. Sed & Paulus Apóstolus prædicat dicens , Si fuérimus sócii passiónum , érimus & consolatiónum : & Dóminus in Evangélio, Si mundus vos odit , scitóte quia me priórem vobis ódio hábuit. Recúsat esse in córpore qui ódium non vult sustinére cum cápite.

A l'Office de trois Leçons, si les Martyrs sont touts freres, on dit ici le ℟. Hæc est, ci-dessus après la seconde Leçon.

℟. Vérbera carníficum non

muérunt Sancti Dei moriéntes pro Chrifti nómine, * Ut hærédes fíerent in dómo Dómini. ℣. Tradidérunt córpora fua propter Deum ad fupplícia, * Ut hærédes.

Benedict. Ignem fui amóris accéndat Deus in córdibus noftris. ℟. Amen.

Leçon vj.

SEd dicit áliquis, Et quis eft qui poffit beatórum Mártyrum veftigia fequi ? Huic ego refpóndeo quia non folùm Mártyres, fed étiam ipfum Dóminum cum ipfius adjutório, fi vólumus, póffumus imitári. Audi non me, fed ipfum Dóminum géneri humáno clamántem, Difcite à me quia mitis fum & húmilis corde. Audi & Petrum Apóftolum admonéntem ; Chriftus paffus eft pro nobis, relínquens nobis exémplum ut fequámur veftigia ejus.

℟. Tanquam aurum in fórnace probávit eléctos Dóminus, & quafi holocáufti hóftiam accépit illos ; & in témpore erit refpéctus illórum ; * Quóniam donum & pax eft eléctis Dei. ℣. Qui confídunt in illum intélligent veritátem ; & fidéles in dilectióne acquiéfcent illi ; * Quóniam. ℣. Glória Patri. * Quóniam.

Autres Leçons.

[Leçon iv.

Sermo fancti Joannis Chryfóftomi.

Sermon 1. des Martyrs, tome 3.

NEmo eft qui néfciat Mártyrum glórias ad hoc divíno confílio à Dei pópulis frequentári, ut illis débitus honor dicétur, & nobis virtútis exémpla, favénte Chrifto,

monftréntur ; ut dùm hæc ita celebrári perfpícimus, cognofcámus quanta eos glória máneat in cœlis, quorum natalítia táliter celebrántur in terris ; quò poffímus étiam ipfi tálibus provocári exémplis, virtúte pari, devotióne confímili ac fide ; ut, Chrifto præftánte, dimicáre & víncere hoftem poffímus ; ut, partá victóriá, cum iífdem Sanctis in regnis cœléftibus triumphémus.

℟. Sancti tui ci-deffus.

Leçon v.

QUis eft enim qui eórum volens mérito copulári, nifi priùs conftántiam eórum téneat, fectétur fidem, imitétur virtútem paffiónis ; eórum glóriam páribus vitæ lineaméntis aut invéniat aut exquírat ? Qui etfi martyrio par effe non poffit, tamen múneris tanti dignitáte fe quifque bonis áctibus dignum præbeat. Adeft enim clementíffimus Deus qui defiderántibus fuis aut martyrium præbeat, aut fine martyrio cum Sanctis præmia divína retríbuat.

℟. Vérbera ci-deffus.

Leçon vj.

UT enim infirmátur peccátor advérfis, ita juftus tentatiónibus roborátur. Sic dimicárunt advérfus peccátum Sancti : fic & laborándo fortióres, & moriéndo victóres effécti funt. Nullus athlétes fine certámine fórtior dici, nullus fine victória póterit coronári. Nemo miles fine prælio, hoftem fubjécit : nemo fine bello imperatórem prom éruit. Habes, Chriftiáne, competéntia arma quibus hostem expúgnes; habes fortissima tela quibus inimícum debélles.

℞. Tanquam ci-dessus.

Au III Nocturne.

Ant. Justi autem in perpétuum vivent, & apud Dóminum est merces eórum.

Pseaume 32.

EXsultáte, justi, in Dómino :* erectos decet collaudátio.

Confitémini Dómino in cíthara ;* in psaltério decem chordárum psallite illi.

Cantáte ei cánticum novum : * benè psallite ei in vociferatióne :

Quia rectum est verbum Dómini,* & ómnia ópera ejus in fide.

Díligit misericórdiam & judícium; * misericórdiâ Dñi plena est terra.

Verbo Dómini coeli firmáti sunt, * & spíritu oris ejus omnis virtus eórum.

Cóngregans sicut in utre aquas maris ;* ponens in thesáuris abyssos.

Tímeat Dóminum omnis terra ;* ab eo autem commoveántur omnes inhabitántes orbem :

Quóniam ipse dixit, & facta sunt ; * ipse mandávit, & creáta sunt.

Dóminus díssipat consília géntium ; * réprobat autem cogitatiónes populórum , & réprobat consília principum.

Consílium autem Dómini in ætérnum manet; * cogitatiónes cordis ejus in generatiónem & generatiónem.

Beáta gens cujus est Dóminus Deus ejus, * pópulus quem elégit in hæreditátem sibi.

De coelo respéxit Dóminus ;* vidit omnes fílios hóminum ;

De præparáto habitáculo suo * respéxit super omnes qui hábitant terram ;

Qui finxit sigillátim corda eórum,* qui intélligit ómnia ópera eórum.

Non salvátur rex per multam virtútem, * & gigas non salvábitur in multitúdine virtútis suæ.

Fallax equus ad salútem; * in abundántia autem virtútis suæ non salvábitur.

Ecce óculi Dómini super metuéntes eum, * & in eis qui sperant super misericórdia ejus ;

Ut éruat à morte ánimas eórum,* & alat eos in fame.

Anima nostra sústinet Dóminum, * quóniam adjútor & protéctor noster est :

Quia in eo lætábitur cor nostrum, * & in nómine sancto ejus sperávimus.

Fiat misericórdia tua, Dómine, super nos, * quemádmodum sperávimus in te.

Ant. Justi autem in perpétuum vivent, & apud Dóminum est merces eórum.

Ant. Tradidérunt córpora sua in mortem, ne servírent idólis ; ideò coronáti póssident palmam.

Pseaume 33.

BEnedícam Dóminum in omni témpore ; * semper laus ejus in ore meo ;

In Dómino laudábitur ánima mea, * Audiant mansuéti, & læténtur.

Magnificáte Dóminum mecum ; * & exaltémus nomen ejus in idípsu.

Exquisívi Dóminum, & exaudívit me, * & ex ómnibus tribulatiónibus meis erípuit me.

Accédite ad eum, & illuminámini ; * & fácies veftræ non confundéntur.

Ifte pauper clamávit, & Dóminus exaudívit eum, * & de ómnibus tribulatiónibus ejus falvávit eum.

Immíttet Angelus Dómini in circúitu timéntium eum, * & erípiet eos.

Guftáte & vidéte quóniam fuávis eft Dóminus. * Beátus vir qui fperat in eo.

Timéte Dóminum, omnes fanĉti ejus ; * quóniam non eft inópia timéntibus eum.

Dívites eguérunt & efurérunt ; * inquiréntes autem Dóminum non minuéntur omni bono.

Veníte, fílii, audíte me ; * timórem Dómini docébo vos.

Quis eft homo qui vult vitam, * díligit dies vidére bonos ?

Próhibe linguam tuam à malo, * & lábia tua ne loquántur dolum.

Divérte à malo, & fac bonum ; * inquire pacem, & perféquere eam.

Oculi Dómini fuper juftos, * & aures ejus in preces eórum :

Vultus autem Dómini fuper faciéntes mala, * ut perdat de terra memóriam eórum.

Clamavérunt jufti, & Dóminus exaudívit eos, & ex ómnibus tribulatiónibus eórum liberávit eos.

Juxta eft Dóminus iis qui tribuláto funt corde ; * & húmiles fpíritu falvábit.

Multæ tribulatiónes juftórum ; * & de ómnibus his liberábit eos Dóminus.

Cuftódit Dóminus ómnia offa eórum ; * unum ex his non conterétur.

Mors peccatórum péffima ; * & qui odérunt juftum delínquent.

Rédimet Dóminus ánimas fervórum fuórum ; * & non delínquent omnes qui fperant in eo.

Ant. Tradidérunt córpora fua in mortem, ne fervirent idólis ; ideò coronáti póffident palmam.

Ant. Ecce merces Sanĉtórum copiófa eft apud Deum : ipfi verò mórtui funt pro Chrifto, & vivent in ætérnum.

Pfeaume 45.

Deus nofter refúgium & virtus ; * adjútor in tribulatiónibus quæ invenérunt nos nimis.

Proptéreà non timébimus dum turbábitur terra * & transferéntur montes in cor maris.

Sonuérunt & turbátæ funt aquæ eórum ; * conturbáti funt montes in fortitúdine ejus.

Flúminis ímpetus lætíficat civitátem Dei : * fanĉtificávit tabernáculum fuum Altíffimus :

Deus in médio ejus ; non commovébitur : * adjuvábit eam Deus manè dilúculo.

Conturbátæ funt gentes, & inclináta funt regna : * dedit vocem fuam, mota eft terra.

Dóminus virtútum nobífcum ; * fufcéptor nofter Deus Jacob.

Veníte, & vidéte ópera Dómini, quæ pófuit prodígia fuper terram, * áuferens bella ufque ad finem terræ.

Arcum cónteret, & confrínget arma, * & scuta combúret igni.

Vacáte, & vidéte quóniam ego sum Deus : * exaltábor in géntibus, & exaltábor in terra.

Dóminus virtútum nobíscum : * suscéptor noster Deus Jacob.

Ant. Ecce merces Sanctórum copiósa est apud Deum ; ipsi vero mórtui sunt pro Christo, & vivent in ætérnum.

℣. Justi autem in perpétuum vivent, ℟. Et apud Dóminum est merces eórum.

Pater noster.

Absol. A vínculis peccatórum nostrórum absólvat nos omnípotens & miséricors Dóminus. ℟. Amen.

Bened. Evangélica léctio sit nobis salus & protéctio. ℟. Amen.

Leçon vij.

Léctio sancti Evangélii secúndùm Lucàm. Ch. 21.

IN illo témpore dixit Jesus Discípulis suis, Cùm audiéritis prælia & seditiónes, nolíte terréri : opórtet primùm hæc fíeri, sed nondùm statim finis. Et réliqua.

Homília sancti Gregórii Papæ.

Homelie 35 sur les Evangiles.

DOminus ac Redémtor noster peritúri mundi præcurréntia mala denúntiat, ut eó minùs pertúrbent veniéntia quó fúerint præscita. Minùs enim jácula fériunt quæ prævidéntur ; & nos tolerabíliùs mundi mala suscípimus, si contra hæc per præsciéntiæ clypeum munímur. Ecce étenim dicit, Cùm audiéritis prælia & seditiónes, no-

lite terréri ; opórtet enim primùm hæc fíeri, sed nondùm statim finis. Pensánda sunt verba Redemtóris nostri, per quæ nos áliud intériùs, áliud extériùs passúros esse denúntiat. Bella quippe ad hostes pértinent, seditiónes ad cives. Ut ergò nos índicet intériùs exteriúsque turbári, áliud nos fatétur ab hóstibus, áliud à frátribus pérpeti.

℟. Propter testaméntum Dómini & leges patérnas Sancti Dei perstitérunt in amóre fraternitátis, * Quia unus fuit semper spíritus in eis & una fides. ℣. Ecce quàm bonum, & quàm jucúndum habitáre fratres in unum ! * Quia.

Bened. Quorum festum cólimus ipsi intercédant pro nobis ad Dóminum. ℟. Amen.

Leçon viij.

SEd his malis præveniéntibus quia non statim finis sequátur, adjúngit, Surget gens contra gentem, & regnum advérsùs regnum, & terræ motus magni erunt per loca, & pestiléntiæ & fames, terrorésque de cœlo, & signa magna erunt. Ultima tribulátio multis tribulatiónibus prævenítur : & per crebra mala quæ prævéniunt indicántur mala perpétua quæ subsequéntur. Et ideò post bella & seditiónes non statim finis, quia multa debent mala præcúrrere, ut malum váleant sine fine nuntiáre.

A l'Office de trois & de neuf Leçons, si les Martyrs sont touts freres, on dit ici le ℟. Hæc est, ci-dessus après la seconde Leçon.

℟. Sancti mei qui in carne pósiti

certámen habuístis, * Mercédem labóris ego reddam vobis. ℣. Veníte, benedícti Patris mei, percípite regnum; * Mercédem. ℣. Glória. * Mercédem.

Bened. Ad societátem cívium supernórum perdúcat nos Rex Angelórum. ℟. Amen.

Leçon ix.

SEd cùm tot signa perturbatiónis dicta sint, opórtet ut eórum consideratióne bréviter síngula perstringámus, quia necésse est ut ália è cœlo, ália è terra, ália ab eleméntis, ália ab homínibus patiámur. Ait enim, Surget gens contra gentem; ecce perturbátio hóminum: Erunt terræ motus magni per loca; ecce respéctus iræ désuper: Erunt pestiléntiæ; ecce inæquálitas córporum: Erit fames; ecce sterílitas terræ: Terrorésque de cœlo & tempestátes; ecce inæquálitas áeris. Quia ergo ómnia consummánda sunt, ante consummatiónem ómnia perturbántur; & qui in cunctis deliquimus, in cunctis ferimur, ut impleátur quod dícitur, Et pugnábit pro eo orbis terrárum contra insensátos.

Te Deum.]

Autres Leçons.

Leçon vij.

Léctio sancti Évangélii secúndùm [Lucam. Ch. 6.

IN illo témpore, descéndens Jesus de monte stetit in loco campéstri; & turba discipulórum ejus & multitúdo copiósa plebis ab omni Judæa & Jerúsalem & marítima & Tyri & Sidónis. Et réliqua.

Homília sancti Ambrósii Epíscopi. Livre 5 sur le Chap. 6 de saint Luc.

ADvérte ómnia diligénter; quómodo & cum Apóstolis ascéndat, & descéndat ad turbas. Quómodo enim turba nisi in húmili Christum vidéret? Non séquitur ad excélsa, non ascéndit ad sublímia. Dénique ubi descéndit, invénit infirmos; in excélsis enim infirmi esse non possunt. Hinc étiam Matthæus docet in inferióribus débiles esse sanátos. Priùs enim unusquísque sanándus est, ut, paulátim virtútibus procedéntibus, ascéndere possit ad montem. Et ídeò unumquémque in inferióribus sanat, hoc est, à libídine révocat, injúriam cæcitátis avértit, ad vúlnera nostra descéndit, ut usu quodam & cópiâ suæ natúræ compartícipes nos fáciat esse regni cœléstis.

℟. Propter testaméntum ci-dessus.

Leçon viij.

BEáti páuperes, quia vestrum est regnum Dei. Quátuor tantùm beatitúdines sanctus Lucas Domínicas pósuit, octo verò sanctus Matthæus, sed in illis octo istæ quátuor sunt, & in quátuor istis illæ octo. Hic enim quátuor velut virtútes ampléxus est cardinales; ille in illis octo mýsticum númerum reserávit. Pro octáva enim multi inscribúntur Psalmi: & mandátum áccipis octo illis partem dare, fortásse benedictiónibus. Sicut enim spei nostræ octáva perféctio est, ita octáva summa virtútum est.

℟. Sancti mei ci deffus.

Leçon ix.

SEd priùs quæ funt amplióra videámus. Beáti, inquit, páuperes, quóniam ipfórum eft regnum Dei. Primam benedictiónem hanc utérque Evangelífta pófuit. Ordine enim prima eft & parens quædam generatióque virtútum; quia qui contémferit feculária, ipfe merébitur fempitérna : nec poteft quifquam méritum regni cœléftis adipífci, qui mundi cupiditáte preffus emergéndi non habet facultátem.

Te Deum.

A LAUDES.

Aux Offices doubles on dit l'Antienne entiere avant & après chaque Pfeaume. & le Cant. Bened.

Ant. Omnes Sancti quanta paffi funt torménta ut fecúri pervénirent ad palmam martyrii !

Pf. 92 Dóminus regnávit & les autres des Laudes du Dimanche.

Ant. Cum palma ad regna pervenérunt Sancti ; corónas decóris meruérunt de manu Dei.

Ant. Córpora Sanctórum in pace fepúlta funt, & vivent nómina eórum in ætérnum.

Ant. Mártyres Dómini, Dóminum benedícite in ætérnum.

Ant. Mártyrum chorus, laudáte Dóminum de cœlis. Allelúia. On omet ce mot depuis la Septuagefime jufqu'à Pafque.

Chapitre.   Sag. 3.

JUftórum ánimæ in manu Dei funt, & non tanget illos tor-

méntum mortis : vifi funt óculis infipiéntium mori, illi autem funt in pace. ℟. Deo grátias.

Hymne ancienne.

REx gloriófe Mártyrum,
Coróna Confiténtium,
Qui refpuéntes térrea,
Perdúcis ad cœléftia ;
Aurem benígnam prótinus
Appóne noftris vócibus :
Trophæa facra pángimus ;
Ignófce quod delíquimus.
Tu vincis in Martyribus ;
Parcéndo Confeffóribus ;
Tu vince noftra crímina,
Donándo indulgéntiam.
Deo Patri fit glória
Ejúfque foli Fílio,
Cum Spíritu Parácleto,
Et nunc & in perpétuum.

Amen.

Hymne nouvelle.

Rex gloriófe, à la fin de ce Volume.

℣. Exfultábunt Sancti in glória ; ℟. Lætabúntur in cubílibus fuis.

A Benedictus, Ant. Veftri capílli cápitis omnes numeráti funt : nolíte timére ; multis pafféribus melióres eftis vos.

Pour plufieurs Martyrs Pontifes.

Oraifon.

BEatórum Mártyrum paritérque Pontíficum N. & N. nos, quæfumus, Dómine, fefta tueántur, & eórum comméndet orátio veneránda; per Dóminum noftrum Jefum Chriftum Fílium tuum, qui tecum vivit & regnat, in unitáte Spíritûs fancti Deus.

S'ils ne font point Pontifes.

Oraifon

DEus qui nos concédis fanctórum Mártyrum tuórum N. & N. natalítia cólere, da nobis in ætérna beatitúdine de eórum focietáte gaudére ; per Dóminum noftrum Jefum Chriftum.

Autre Oraifon.

DEus qui nos ánnuâ fanctórum Mártyrum tuórum N. & N. folemnitáte lætíficas, concéde propítius ut quorum gaudémus méritis, accendámur exémplis ; per Dóminum noftrum.

A TIERCE,

Ant. Cum palma ad regna pervenérunt Sancti ; corónas decóris meruérunt de manu Dei.

Chapitre.   Sag. 3.

JUftórum ánimæ in manu Deí funt, & non tanget illos torméntum mortis : vifi funt óculis infipiéntium mori , illi autem funt in pace. R̷. Deo grátias.

R̷ br. Lætámini in Dómino * Et exfultáte, Jufti. On repete Lætámini.

℣. Et gloriámini, omnes recti corde ; * Et exfultáte.

℣. Glória. R̷. Lætámini.

℣. Exfúltent jufti in confpéctu Dei , R̷. Et delecténtur in lætítia.

A SEXTE,

Ant. Córpora Sanctórum in pace fepúlta funt, & vivent nómina eórum in ætérnum.

Chapitre.   Sag. 10.

REddidit Deus mercédem labórum Sanctórum fuórum, & dedúxit illos in via mirábili , & fuit illis in veláménto diéi & in luce ftellárum nocte. R̷. Deo grátias.

R̷ br. Exfúltent jufti * In confpéctu Dei. On repete Exfúltent jufti.

℣. Et delecténtur in lætítia * In confpéctu.

℣. Glória. R̷. Exfúltent.

℣. Jufti autem in perpétuum vivent ; R̷. Et apud Dóminum eft merces eórum.

A NONE,

Ant. Mártyrum chorus laudáte Dóminum de cœlis. Allelúia. On omet ce mot depuis la Septuagefime jufqu'à Pafque.

Chapitre.   Sag. 3.

FUlgébunt jufti , & tanquam fcintillæ in arundinéto difcúrrent. Judicábunt natiónes & dominabúntur pópulis : & regnábit Dóminus illórum in perpétuum. R̷. Deo grátias.

R̷ br. Jufti autem * In perpétuum vivent. On repete Jufti.

℣. Et apud Dóminum eft merces eórum. * In perpétuum.

℣. Glória. R̷. Jufti.

℣. Exfultábunt Sancti in glória ; R̷. Lætabúntur in cubílibus fuis.

AUX II VESPRES.

Aux Offices doubles on dit l'Antienne entiere avant & après chaque Pfeaume & le Cantique Magnificat.

                   Ant.

Ant. Isti sunt Sancti qui pro testaménto Dei sua córpora tradidérunt, & in sánguine Agni lavérunt stolas suas.

Ps. 109 Dixit page ij, & les trois d'ensuite sur les Antiannes qui suivent ici.

Ant. Sancti per fidem vicérunt regna, operáti sunt justítiam, adépti sunt repromissiónes.

Ant. Sanctórum velut áquilæ juvéntus renovábitur; florébunt sicut lilium in civitáte Dómini.

Ant. Abstérget Deus omnem láchrymam ab óculis Sanctórum; & jam non erit ámplius neque luctus neque clamor, sed nec ullus dolor, quóniam prióra transiérunt.

Ant. In cœléstibus.

Pseaume 115.

CRédidi propter quod locútus sum; * ego autem humiliátus sum nimis.

Ego dixi in excéssu meo, * Omnis homo mendax.

Quid retríbuam Dómino * pro ómnibus quæ retríbuit mihi?

Cálicem salutáris accípiam, * &

nomen Dómini invocábo.

Vota mea Dómino reddam coram omni pópulo ejus. * Pretiósa in conspéctu Dómini mors Sanctórum ejus.

O Dómine, quia ego servus tuus, * ego servus tuus, & fílius ancíllæ tuæ.

Dirupísti víncula mea ; * tibi sacrificábo hóstiam laudis, & nomen Dómini invocábo.

Vota mea Dómino reddam in conspéctu omnis pópuli ejus * in átriis domûs Dómini, in médio tuî, Jerúsalem.

Ant. In cœléstibus regnis Sanctórum habitátio est, & in ætérnum réquies eórum.

Le Chapitre & l'Hymne comme aux I Vespres, page xxxv.

℣. Exsultábunt Sancti in glória;
℟. Lætabúntur in cubílibus suis.

A Magníficat, Ant. Gaudent in cœlis ánimæ Sanctórum qui Christi vestígia sunt secúti; & quia pro ejus amóre sánguinem suum fudérunt, ídeò cum Christo exsúltant sine fine.

LE COMMUN DES CONFESSEURS PONTIFES.

AUX I VESPRES,

Aux Offices doubles on dit l'Antienne entiere avant & après chaque Pseaume & le Cantique Magníficat.

Ant. Ecce sacérdos magnus qui in diébus suis plácuit Deo & invéntus est justus.

Ps. 109 Dixit page ij & les qua-

tre autres Pseaumes sur les Antiennes suivantes.

Ant. Non est invéntus símilis illi, qui conserváret legem Excélsi.

Ant. Ideò jurejurándo fecit illum Dóminus créscere in plebem suam.

Ant. Sacerdótes Dei, benedícite Dóminum: servi Dómini, hymnum dícite Deo. Allelúia. On ne

dit point ce mot depuis la Septuagesime jusqu'à Pasque.

Ant. **Serve bone & fidélis, intra in gáudium Dómini tui.**

Chapitre.   *Eccli.* 44.

Ecce Sacérdos magnus qui in
diébus suis plácuit Deo & invéntus est justus ; & in témpore
iracúndiæ factus est reconciliátio.
R̃. Deo grátias.

[Hymne ancienne.

Iste Conféssor Dómini sacrátus,
Festa plebs cujus célebrat per
orbem ,

Si c'est le jour de sa mort, on
dira

[Hódiè lætus méruit secréta
    Scándere coeli :]

Autrement on dira

[Hâc die lætus méruit suprémos
    Laudis honóres :]

Qui pius, prudens, húmilis, pudícus,
Sóbrius , castus , fuit & quiétus,
Vita dum præsens vegetávit ejus
    Córporis artus :

Ad sacrum cujus túmulum fre-
    quénter
Membra languéntum modò sani-
    táti,
Quólibet morbo fúerint graváta,
    Restituúntur.
Unde nunc noster chorus in ho-
    nórem
Ipsíus hymnum canit hunc libén-
    ter,
Ut piis ejus méritis juvémur
    Omne per ævum.
Sit salus illi, decus atque virtus,
Qui supra coeli résidens cacúmen
Totíus mundi máchinam gubérnat
    Trinus & unus. Amen.

Hymne nouvelle.

Iste Conféssor Dómini , coléntes
Quem piè laudant pópuli per
    orbem ,

Si c'est le jour de sa mort, on
dira

[Hâc die lætus méruit beátas
    Scándere sedes :]

Autrement on dira

[Hâc die lætus méruit suprémos
    Laudis honóres :]

Qui pius, prudens, húmilis, pudícus,
Sóbriam duxit fine labe vitam ,
Donec humános animávit auræ
    Spíritus artus :

Cujus ob præstans méritum fre-
    quénter
Ægra quæ passim jacuére membra,
Víribus morbi dómitis , salúti
    Restituúntur.
Noster hinc illi chorus obsequén-
    tem
Cóncinit laudem celebrésque pal-
    mas ,
Ut piis ejus précibus juvémur
    Omne per ævum.
Sit salus illi, decus atque virtus ,
Qui semper coeli sólio corúscans
Totíus mundi fériem gubérnat
    Trinus & unus. Amen.]

℣. Amávit eum Dóminus , &
ornàvit eum ; R̃. Stolam glóriæ induit eum.

A Magníficat , Ant. **Sacerdos &
Póntifex , & virtútum ópifex , Pas-
tor bone in pópulo , ora pro nobis
Dóminum.**

Dans ce qui est entre deux crochets [ ] dans les deux Oraisons
suivantes , on ne dit que ce qui est
avant ou , lorsque l'Office est d'un

feul faint Pontife ; & on ne dit que ce qui eft après ou , lorfqu'on fait l'Office de plufieurs faints Pontifes enfemble.

Oraifon.

DA, quæfumus, omnípotens Deus, ut [beáti N. Confeffóris tui atque Pontificis ou beatórum N. & N. Confeffórum tuórum atque Pontíficum] veneránda folémnitas & devotiónem nobis áugeat & falútem ; per Dóminum.

Autre Oraifon.

EXáudi, quæfumus, Dómine, preces noftras quas in [beáti N. Confeffóris tui atque Pontificis ou beatórum N. & N. Confeffórum tuórum atque Pontíficum] folemnitáte deférimus , & qui tibi dignè [meruit ou meruérunt] famulári, [ejus ou eórum] intercedéntibus méritis, ab ómnibus nos abfólve peccátis : per Dóminum.

A MATINES.

Invitatoire. Regem Confeffórum Dóminum , * Veníte , adorémus.

Le Pf. 94 Veníte.

L'Hymne Ifte Conféffor ci-deffus aux premieres Vefpres.

AU I NOCTURE.

Ant. Beátus vir qui in lege Dómini meditátur ; volúntas ejus pérmanet die ac noéte , & ómnia quæcúmque fáciet femper profperabúntur.

Pfeaume 1.

BEátus vir qui non ábiit in confílio impiórum, & in via peccatórum non ftetit, * & in cáthedra peftiléntiæ non fedit,

Sed in lege Dómini volúntas ejus, * & in lege ejus meditábitur die ac noéte.

Et erit tanquam lignum quod plantátum eft fecus decúrfus aquárum, * quod fruétum fuum dabit in témpore fuo.

Et fólium ejus non défluet ; * & ómnia quæcúmque fáciet profperabúntur.

Non fic ímpii, non fic : * fed tanquam pulvis quem prójicit ventus à fácie terræ.

Ideò non refúrgent ímpii in judício, * neque peccatóres in concílio juftórum.

Quóniam novit Dóminus viam juftórum, * & iter impiórum períbit.

Ant. Beátus vir qui in lege Dómini meditátur ; volúntas ejus pérmanet die ac noéte , & ómnia quæcúmque fáciet femper profperabúntur.

Ant. Beátus ifte Sanétus qui confiffus eft in Dómino, prædicávit præcéptum Dómini, conftitútus eft in monte fanéto ejus.

Pfeaume 2.

QUare fremuérunt gentes, * & pópuli meditáti funt inánia?

Aftitérunt reges terræ, & príncipes convenérunt in unum * advérsùs Dóminum & advérsùs Chriftum ejus.

Dirumpámus víncula eórum, * & projiciámus à nobis jugum ipfórum.

Qui hábitat in coelis irridébit eos :

* & Dóminus subsannábit eos.

Tunc loquétur ad eos in ira sua, * & in furóre suo conturbábit eos.

Ego autem constitútus sum Rex ab eo super Sion montem sanctum ejus, * prædicans præcéptum ejus.

Dóminus dixit ad me : * Fílius meus es tu ; ego hódie génui te.

Póstula à me, & dabo tibi gentes hæreditátem tuam, * & possessiónem tuam términos terræ.

Reges eos in virga férrea, * & tanquam vas figuli confrínges eos.

Et nunc, reges, intellígite : * erudímini, qui judicátis terram.

Servíte Dómino in timóre, * & exsultáte ei cum tremóre.

Apprehéndite disciplínam, nequándo irascátur Dóminus ; * & pereátis de via justa.

Cùm exárserit in brevi ira ejus : * beáti omnes qui confídunt in eo.

Ant. Beátus iste Sanctus qui confísus est in Dómino, prædicávit præcéptum Dómini, constitútus est in monte sancto ejus.

Ant. Tu es glória mea, tu es suscéptor meus, Dómine ; tu exáltans caput meum, & exaudísti me de monte sancto tuo.

Pseaume 3.

Dómine, quid multiplicáti sunt qui tríbulant me ? * multi insúrgunt advérsùm me :

Multi dicunt ánimæ meæ : * Non est salus ipsi in Deo ejus.

Tu autem, Dómine, suscéptor meus es, * glória mea, & exáltans caput meum.

Voce meâ ad Dóminum clamávi :

* & exaudívit me de monte sancto suo.

Ego dormívi & soporátus sum ; * & exsurréxi, quia Dóminus suscépit me.

Non timébo míllia pópuli circumdántis me : * exsúrge, Dómine, salvum me fac, Deus meus.

Quóniam tu percussísti omnes adversántes mihi sine causa : * dentes peccatórum contrivísti.

Dómini est salus : * & super pópulum tuum benedíctio tua.

Ant. Tu es glória mea, tu es suscéptor meus, Dómine ; tu exáltans caput meum, & exaudísti me de monte sancto tuo.

℣. Amávit eum Dóminus & ornávit eum ; ℟. Stolam glóriæ índuit eum.

Pater noster.

Absol. Exáudi, Dómine Jesu Christe, preces servórum tuórum & miserére nobis, qui cum Patre & Spíritu sancto vivis & regnas in sécula seculórum. ℟. Amen.

Bened. Benedictióne perpétuâ benedícat nos Pater ætérnus. ℟. Amen.

Les Leçons pour plusieurs saints Confesseurs Pontifes sont après les trois suivantes.

Leçon j.

De Epístola prima beáti Pauli Apóstoli ad Timótheum. Ch. 3.

Fidélis sermo, Si quis Episcopátum desíderat, bonum opus desíderat. Opórtet ergo Episcopum irreprehensíbilem esse, uníus uxóris virum, sóbrium, prudéntem, ornátum, pudícum, hos-

pitálem, doctórem, non vinoléntum, non percussórem, sed modéstum, non litigiósum, non cúpi-
dum, sed suæ dómui benè præpó-
situm, filios habéntem súbditos cum
omni castitáte. Si quis autem dómui
suæ præésse nescit, quómodo Ecclésiæ Dei diligéntiam habébit?
Non neóphytum, ne in supérbiam
elátus in judícium íncidat diáboli.
Opórtet autem illum & testimónium habére bonum ab iis qui forìs
sunt, ut non in oppróbrium íncidat & in láqueum diáboli.

℟. Euge, serve bone & fidélis,
quia in pauca fuísti fidélis, supra
multa te constítuam; * Intra in gáudium Dómini tui. ℣. Dómine,
quinque talénta tradidísti mihi, ecce
ália quinque superlucrátus sum. *
Intra in gáudium.

Bened. Unigénitus Dei Fílius nos
benedícere & adjuváre dignétur.
℟. Amen.

Lecon ij.

De Epístola ad Titum. *Ch. 1.*

OPórtet enim Epíscopum sine
crímine esse, sicut Dei dis-
pensatórem; non supérbum, non
iracúndum, non vinoléntum, non
percussórem, non turpis lucri cú-
pidum; sed hospitálem, benígnum,
sóbrium, justum, sanctum, continéntem, amplecténtem eum qui secúndùm doctrínam est fidélem sermónem, ut potens sit exhortári in
doctrína sana, & eos qui contradícunt argúere. Sunt enim multi étiā
inobediéntes, vaníloqui, & seduc-
tóres, máximè qui de circumcisióne sunt, quos opórtet redárgui:

qui univérsas domos subvértunt docéntes quæ non opórtet turpis lucri grátiâ.

℟. Ecce Sacérdos magnus qui in
diébus suis plácuit Deo: * Ideò jurejurándo fecit illum Dóminus créscere in plebem suam. ℣. Benedictiónem ómnium géntium dedit illi,
& testaméntum suum confirmávit
super caput ejus. * Ideò.

Bened. Spíritûs sancti grátia illúminet sensus & corda nostra. ℟.
Amen.

Lecon iij.   *Ch. 2.*

TU autem lóquere quæ decent
sanam doctrínam; Senes ut
sóbrii sint, pudici, prudéntes, sani
in fide, in dilectióne, in patiéntia:
Anus simíliter in hábitu sancto, non
criminatríces, non multo vino serviéntes, benè docéntes, ut prudéntiam dóceant adolescéntulas, ut
viros suos ament, filios suos díli-
gant, prudéntes, castas, sóbrias,
domûs curam habéntes, benígnas,
súbditas viris suis, ut non blasphe-
métur verbum Dei. Júvenes simíliter hortáre ut sóbrii sint. In ómnibus teípsum præbe exémplum bonórum óperum, in doctrína, in integritáte, in gravitáte, verbum sa-
num, irreprehensíbile, ut is qui ex
advérso est vereátur, nihil habens
malum dícere de nobis.

℟. Jurávit Dóminus, & non pœnitébit eum, * Tu es Sacérdos in
ætérnum secúndùm órdinem Melchísedech. ℣. Dixit Dóminus Dómino meo, Sede à dextris meis;
* Tu es Sacérdos. ℣. Glória Patri.
* Tu es.

Leçons pour plusieurs saints
Confesseurs Pontifes.

[Leçon j.

De Libro Ecclesiastici. *Ch.* 44.

LAudémus viros gloriósos &
paréntes nostros in generatióne sua. Multam glóriam fecit
Dóminus magnificéntiâ suâ à século. Dominántes in potestátibus
suis, hómines magnâ virtúte, &
prudéntiâ suâ præditi nuntiántes in
Prophétis dignitátem Prophetáru,
& imperántes in præsénti pópulo ,
& virtúte prudént æ pópulis sanctíssima vérba. In perítia sua re-
quiréntes modos músicos , & narrántes cármina scripturárum.

℟. Euge ci-dessus.

Leçon ij.

HOmines dívites in virtúte ,
pulchritúdinis stúdium habéntes ; pacificántes in dómibus
suis. Omnes isti in generatiónibus
gentis suæ glóriam adépti sunt, &
in diébus suis habéntur in láudibus. Qui de illis nati sunt reliquérunt nomen narrándi laudes eórū.
Et sunt quorum non est memória ;
periérunt quasi qui non fúerint ; &
nati sunt quasi non nati, & filii ipsórum cum ipsis.

℟. Ecce Sacérdos ci-dessus.

Leçon iij.

SEd illi viri misericórdiæ sunt
quorū pietátes non defuérunt.
Cum sémine eórum pérmanent bona : hæréditas sancta népotes eórum ; & in testaméntis stetit semen
eórum ; & filii eórum propter illos
usque in ætérnum manent : semen
eórum & glória eórum non dere-

linquétur. Córpora ipsórum in pace sepúlta sunt , & nomen eórum
vivit in generatiónem & generatiónem. Sapiéntiam ipsórum nar-
rent pópuli , & laudem eórum nún-
tiet Ecclésia.

℟. Jurávit ci-dessus.]

AU II NOCTURNE.

Ant. Invocántem exaudívit Dóminus Sanctum suum ; Dóminus
exaudívit eum , & constítuit eum
in pace.

Pseaume 4.

CUm invocárem , exaudívit
me Deus justítiæ meæ ; * in
tribulatióne dilatásti mihi.

Miserére meî , * & exáudi oratiónem meam.

Filii hóminum, úsquequò gravi
corde ? * ut quid dilígitis vanitátem
& quæritis mendácium ?

Et scitóte quóniam mirificávit Dóminus sanctum suum ; * Dóminus
exáudiet me , cùm clamávero ad
eum.

Irascímini , & nolíte peccáre ; *
quæ dícitis in córdibus vestris, in
cubílibus vestris compungímini.

Sacrificáte sacrifícium justítiæ , &
speráte in Dómino. * Multi dicunt,
Quis osténdit nobis bona ?

Signátum est super nos lumen vul-
tùs tui, Dómine ; * dedísti lætítiam
in corde meo.

A fructu fruménti , vini & ólei sui
* multiplicáti sunt.

In pace in idípsum * dórmiam &
requiéscam ,

Quóniam tu , Dómine , singuláriter in spe, * constituísti me.

Ant. Invocántem exaudívit Dó-

minus Sanctum suum : Dóminus
exaudívit eum, & constituit eum
in pace.

Ant. Læténtur omnes qui sperant in te, Dómine, quóniam tu
benedixísti justo : scuto bonæ voluntátis tuæ coronásti eum.

Pseaume 5.

VErba mea áuribus pércipe,
Dómine, *intéllige clamó-
rem meum,

Inténde voci oratiónis meæ, *rex
meus & Deus meus :

Quóniam ad te orábo ; *Dómine,
manè exáudies vocem meam.

Manè adstábo tibi & vidébo ; *
quóniam non Deus volens iniquitátem tu es,

Neque habitábit juxta te malignus, *neque permanébunt injústi
ante óculos tuos.

Odísti omnes qui operántur iniquitátem ; *perdes omnes qui loquúntur mendácium.

Virum sanguinum & dolósum abó-
minábitur Dóminus : *ego autem
in multitúdine misericórdiæ tuæ.

Intróibo in domum tuam ; *adorábo ad templum sanctum tuum in
timóre tuo.

Dómine, deduc me in justítia tua :
*propter inimícos meos dírige in
conspéctu tuo viam meam ;

Quóniam non est in ore eórum
véritas ; *cor eórum vanum est ;

Sepúlchrum patens est guttur eórum ; linguis suis dolósè agébant. *
Júdica illos, Deus.

Décidant à cogitatiónibus suis. Secúndùm multitúdinem impietátum
eórum expélle eos ; *quóniam

irritavérunt te, Dómine.

Et læténtur omnes qui sperant in
te ; *in ætérnum exsultábunt, &
habitábis in eis.

Et gloriabúntur in te omnes qui
díligunt nomen tuum, *quóniam
tu benedíces justo.

Dómine, ut scuto bonæ voluntátis tuæ *coronásti nos.

Ant. Læténtur omnes qui sperant in te, Dómine, quóniam tu
benedixísti justo : scuto bonæ voluntátis tuæ coronásti eum.

Ant. Dómine Dóminus noster,
quàm admirábile est nomen tuum
in univérsa terra ! quia glóriâ &
honóre coronásti Sanctum tuum &
constituísti eum super ópera mánuum tuárum.

Pseaume 8.

DOmine Dñus noster, *quàm
admirábile est nomen tuum
in univérsa terra !

Quóniam elevata est magnificéntia tua *super cœlos.

Ex ore infántium & lacténtium perfecísti laudē propter inimícos tuos,
*ut déstruas inimícum & ultórem.

Quóniam vidébo cœlos tuos, ó-
pera digitórum tuórum, *lunam
& stellas, quæ tu fundásti.

Quid est homo, quòd memor es
ejus ? *aut fílius hóminis, quóniam vísitas eum ?

Minuísti eum paulò minùs ab Angelis, glóriâ & honóre coronásti
eum, *& constituísti eum super ó-
pera mánuum tuárum.

Omnia subjecísti sub pédibus ejus ;
*oves & boves univérsas insuper
& pécora campi.

Vólucres cœli , & pisces maris *
qui perámbulant sémitas maris.
Dómine, Dóminus noster,* quàm
admirábile est nomen tuum in univérsa terra !

Ant. Dómine Dóminus noster,
quàm admirábile est nomen tuum
in univérsa terra ! quia glóriâ &
honóre coronásti Sanctum tuum
& constituísti eum super ópera mánuum tuárum.

℣. Elégit eum Dóminus sacerdótem sibi ℟. Ad sacrificándum ei
hóstiam laudis.

Pater noster.

Absol. Ipsíus píetas & misericórdia nos ádjuvet qui cum Patre
& Spíritu sancto vivit & regnat in
sécula seculórum. ℟. Amen.

Bened. Deus Pater omnípotens
sit nobis propítius & clemens. ℟.
Amen.

Leçon iv.

Sermo sancti Máximi Epíscopi.
Homelie 59 *qui est la* 2 *de St Eusebe*
de Verceil.

Dans ce qui est entre deux crochets [ ] dans les trois Leçons suivantes on ne dit que ce qui est
avant ou, lorsque l'Office est d'un
seul saint Pontife ; & on ne dit que
ce qui est après ou, lorsqu'on fait
l'Office de plusieurs saints Pontifes ensemble.

AD [sancti ac beatíssimi Patris
nostri N. cujus ou sanctórum
ac beatíssimórum Patrum nostrórum N.& N. quorum] hódiè festa
celebrámus, laudes addidísse áliquid, decerpsísse est: siquidem virtútum [ejus ou eórum] grátia non

sermónibus exponénda est ; sed o-
péribus comprobánda. Cùm enim
dicat Scriptúra , Glória patris est
fílius sápiens ; quantæ [hujus ou
horum] sunt glóriæ , qui tantórum
filiórū sapiéntiâ & devotióne [lætátur ou lætántur] ! In Christo e-
nim Jesu per Evangélium [ipse nos
génuit. ou ipsi nos genuérunt.]

℟. Invéni David servum meum,
óleo sancto meo unxi eum ; * Manus enim mea auxiliábitur ei. ℣.
Nihil profíciet inimícus in eo, &
fílius iniquitátis non nocébit ei ;
* Manus.

Bened. Christus perpétuæ det
nobis gáudia vitæ. ℟. Amen.

Leçon v.

Quidquid ígitur in hac sancta
plebe potest esse virtútis &
grátiæ , de hoc quasi quodam fonte
lucidíssimo ómnium rivulórum púritas emanávit. Etenim quia castitátis [pollébat ou pollébant] vigóre , quia abstinéntiæ [gloriabátur ou gloriabántur] angústiis, quia
blandiméntis [erat præditus ou e-
rant prædíti] lenitátis , ómnium cívium in Deum [provocávit ou provocavérunt] afféctum ; quia Pontificis administratióne [fulgébat ou
fulgébant] plures è discípulis [relíquit ou reliquérunt] sui sacerdótii
successóres.

℟. Pósui adjutórium super poténtem , & exaltávi eléctum de
plebe mea ; * Manus enim mea auxiliábitur ei. ℣. Invéni David servum meum, óleo sancto meo unxi
eum ; * Manus enim.

Bened. Ignem sui amóris accéndat

dat Deus in córdibus noftris. ℟. plenam cœléftibus divítiis & ætérnis
Amen. ✠   mércibus navem optáto in líttore collocávit ; qui contra omnes adverfários fcutum timóris Dei

Leçon vj.

BEnè & cóngruè in hac die, quam nobis [beáti Patris noftriN. ou beatórum Patrum noftrórum N. & N.] ad paradífum tránfitus exfultábilem réddidit, præféntis Pfalmi versículum decantávimus, In memória ætérna erit juftus. Dignè enim in memóriam vértitur hóminum qui ad gáudium tránfiit Angelórum. Dicit fermo divínus, Ne laudes hóminem in vita fua ; tanquam fi díceret, Lauda poft vitam, magnífica poft confummatiónem. Dúplici enim ex caufa utílius eft hóminum magis memóriæ laudem dare, quàm vitæ, ut illo potíffimùm témpore mérita fanctitátis extóllas, quando nec laudántem adulátio movet nec laudátum tentat elátio.

℟. Ifte eft qui ante Deum magnas virtútes operatus eft ; & omnis terra doctrínâ ejus repléta eft. * Ipfe intercédat pro peccátis ómnium populórum. ℣. Ifte eft qui contémfit vitam mundi, & pervénit ad cœléftia regna. * Ipfe. ℣. Glória Patri. * Ipfe.

Autres Leçons.

[Leçon iv.
Sermo fancti Máximi Epifcopi.
Homelie 59 qui eft la 2 de faint Eufebe.

BEáti patris N. mérita jam in tuto pófita fecúri magnificémus ; qui gubernáculum fídei viríliter tenens, ánchoram fpei tránquilla jam in ftatióne compófuit, &

támdiu infatigabíliter ténuit, donec ad victóriam pervníret. Quid enim fuit totus vitæ illíus curfus nifi uníus cum vígili hofte conflíctus ?
℟. Invéni David, ci-deffus.

Leçon v.

QUantis hic cæcis à via veritátis errántibus & de fumma jam in profúndum rupe pendéntibus amíffum réddidit vifum, & illum quo Chriftus viderétur reparávit intúitum ! Quantórum áuribus furdis & infidelitátis obturatióne damnátis, ad percipiéndam vocem cœléftium mandatórum, pretiófum infúdit audítum, ut vocánti Deo ad mifericórdiam refpondérent per obediéntiam ! Quantos intrínfecus vulnerátos Angélici oris arte & oratiónum ab infirmitáte curávit !

℟. Pófui ci-deffus.

Leçon vj.

QUantos per longam incúriam peccáti labe refolútos & quádam lepræ contagióne perfúfos caftigatiónibus & exhortatiónibus expiándo, Deo in fe operánte, mundávit ! Quantórum ánimas vivénti in córpore jam defínctas & delictórum mole óbrutas ac fepúltas ad emendatiónem tanquam ad lucem vocándo, Deo refufcitávit, ut Dómini fui admirándus imitátor, jam mórtuas Deo è contrário mortíficet vitáli morte peccáto.

℟. Ifte eft ci-deffus.]

R. 4. *Automne.*   h

Au III Nocturne.

Ant. Dómine, iste Sanctus habitábit in tabernáculo tuo; operátus est justítiam, requiéscet in monte sancto tuo.

Pseaume 14.

Omine, quis habitábit in tabernáculo tuo? * aut quis requiéscet in monte sancto tuo?

Qui ingréditur sine mácula * & operátur justítiam;

Qui lóquitur veritáté in corde suo; * qui non egit dolum in lingua sua;

Nec fecit próximo suo malum, * & oppróbrium non accépit advérsùs próximos suos;

Ad nihilum dedúctus est in conspéctu ejus malígnus; * timéntes autem Dóminum glorificat;

Qui jurat próximo suo, & non décipit; * qui pecúniam suam non dedit ad usúram, & múnera super innocéntem non accépit.

Qui facit hæc, * non movébitur in ætérnum.

Ant. Dómine, iste Sanctus habitábit in tabernáculo tuo; operátus est justítiam, requiéscet in monte sancto tuo.

Ant. Vitam pétiit à te, & tribuísti ei, Dómine: glóriam & magnum decórem imposuísti super eum; posuísti in cápite ejus corónam de lápide pretióso.

Pseaume 20.

Omine, in virtúte tua lætábitur Rex, * & super salutáre tuum exsultábit veheménter.

Desidérium cordis ejus tribuísti ei, * & voluntáte labiórum ejus non fraudásti eum.

Quóniam prævenísti eum in benedictiónibus dulcédinis; * posuísti in cápite ejus corónam de lápide pretióso.

Vitam pétiit à te; * & tribuísti ei longitúdinem diérum in séculum & in séculum séculi.

Magna est glória ejus in salutári tuo: * glóriam & magnum decórem impónes super eum.

Quóniam dabis eum in benedictiónem in séculum séculi; * lætificábis eum in gáudio cum vultu tuo.

Quóniam rex sperat in Dómino, * & in misericórdia Altíssimi non commovébitur.

Inveniátur manus tua ómnibus inimícis tuis; * déxtera tua invéniat omnes qui te odérunt.

Pones eos ut clibanum ignis in témpore vultûs tui. * Dóminus in ira sua conturbábit eos, & devorábit eos ignis.

Fructum eórum de terra perdes, * & semen eórum à filiis hóminum.

Quóniam declinavérunt in te mala; * cogitavérunt consília quæ non potuérunt stabilíre.

Quóniam pones eos dorsum; * in relíquiis tuis præparábis vultum eórum.

Exaltáre, Dómine, in virtúte tua: * cantábimus & psallémus virtútes tuas.

Ant. Vitam pétiit à te, & tribuísti ei, Dómine: glóriam & magnum decórem imposuísti super eum; posuísti in cápite ejus corónam de lápide pretióso.

Ant. Hic accípiet benedictiónem

à Dómino & miſericórdiam à Deo ſalutári ſuo ; quia hæc eſt generátio quæréntium Dóminum.

Pſeaume 23.

DOmini eſt terra & plenitúdo ejus, * orbis terrárum & univérſi qui hábitant in eo :

Quia ipſe ſuper mária fundávit eum, * & ſuper flúmina præparávit eum.

Quis aſcéndet in montem Dómini ? * aut quis ſtabit in loco ſancto ejus ?

Innocens mánibus & mundo corde, * qui non accépit in vano ánimam ſuam, nec jurávit in dolo próximo ſuo.

Hic accípiet benedictiónem à Dómino, * & miſericórdiam à Deo ſalutári ſuo.

Hæc eſt generátio quæréntium eum, * quæréntium fáciem Dei Jacob.

Attóllite portas príncipes veſtras ; & elevámini, portæ æternáles: * & introíbit Rex glóriæ.

Quis eſt iſte Rex glóriæ ? * Dóminus fortis & potens, Dóminus potens in prælio.

Attóllite portas príncipes veſtras ; & elevámini, portæ æternáles: * & introíbit Rex glóriæ.

Quis eſt iſte Rex glóriæ ? * Dóminus virtútum ipſe eſt Rex glóriæ.

Ant. Hic accípiet benedictiónem à Dómino & miſericórdiam à Deo ſalutári ſuo ; quia hæc eſt generátio quæréntium Dóminum.

℣. Tu ës ſacérdos in ætérnum ℟. Secúndùm órdinem Melchíſedech.

Pater noſter.

Abſol. A vínculis peccatórum noſtrórum abſólvat nos omnípotens & miſéricors Dóminus. ℟. Amen.

Bened. Evangélica léctio ſit nobis ſalus & protéctio. ℟. Amen.

Leçon vij.

Léctio ſancti Evangélii ſecúndùm Matthæum. Ch. 25.

IN illo témpore dixit Jeſus Diſcípulis ſuis parábolam hanc : Homo péregrè proficíſcens vocávit ſervos ſuos, & trádidit illis bona ſua. Et réliqua.

Homília ſancti Gregórii Papæ.
Homelie 9 ſur les Évangiles.

LEctio ſancti Evangélii, Fratres chariſſimi, ſollicitè conſideráre nos ádmonet ne nos, qui plus cæteris in hoc mundo accepíſſe áliquid cérnimur, ab Auctóre mundi gráviùs indè judicémur. Cùm enim augéntur dona, ratiónes étiam creſcunt donórum. Tantò ergo eſſe humílior atque ad ſerviéndum Deo prómtior quiſque debet ex múnere, quantò ſe obligatiórem eſſe conſpicit in reddénda ratióne. Ecce homo qui péregrè proficíſcitur ſervos ſuos vocat, eiſque ad negótium talénta partitur. Poſt multum verò témporis poſitúrus cum eis ratiónem revértitur. Benè operántes pro apportáto lucro remúnerat, ſervum verò à bono ópere torpéntem damnat.

℟. Amávit eum Dóminus & ornávit eum ; ſtolam glóriæ índuit eum ; * Et ad portas paradíſi coronávit eum. ℣. Induit eum Dóminus

lóricam fídei , & ornávit eum , *
Et ad portas paradíſi coronávit
eum.

Bened. [Cujus ou Quorum]
feſtum cólimus, [ipſe intercédat
ou ipſi intercédant] pro nobis ad
Dóminum. R. Amen.

Leçon viij.

QUis ítaque iſte homo eſt qui
péregrè proficíſcitur, niſi Redémtor noſter qui in ea carne quam
aſſúmſerat ábiit in cœlum ? Carnis
enim locus próprius terra eſt ; quæ
quaſi ad peregrína dúcitur, dum
per Redemtórem noſtrum in cœlo
collocátur. Sed homo iſte péregrè
proficíſcens ſervis ſuis dona ſua trádidit, quia fidélibus ſuis ſpirituália
dona concéſſit. Et uni quidem quinque talénta, álii duo, álii verò com-
míſit unum. Quinque étenim ſunt
córporis ſenſus ; vidélicet viſus , audítus, guſtus, odorátus & taɛtus.
Quinque ergo taléntis donum quinque ſénſuum (id eſt, exteriórum
ſciéntia) exprímitur. Duóbus verò
intelléɛtus & operátio deſignátur.
Uníus autem talénti nómine intelléɛtus tantúmmodò deſignátur.

R. Sint lumbi veſtri præcinɛti ,
& lucérnæ ardéntes in mánibus
veſtris ; * Et vos ſímiles homínibus
exſpeɛtántibus Dóminum ſuum ,
quando revertátur à núptiis. V. Vigilate ergo , quia neſcítis quâ horâ
Dóminus veſter ventúrus ſit. * Et
vos. V. Glória Patri. * Et vos ſímiles.

Bened. Ad ſocietátem cívium
ſupernórum perdúcat nos rex Angelórum. R. Amen.

Leçon ix.

SEd is qui quinque talénta accéperat, ália quinque lucrátus
eſt : quia ſunt nonnúlli qui etſi intérna ac myſtica penetráre néſciunt , pro intentióne tamen ſupérnæ pátriæ docent reɛta quos poſſunt ; de ipſis exterióribus quæ accepérunt , duplum taléntum portant : dumque ſe à carnis petulán-
tia & à terrenárum rerum ámbitu
atque à viſibílium voluptáte cuſtódiunt, ab his étiam álios admonéndo compéſcunt. Et ſunt nonnúlli qui quaſi duóbus taléntis ditá-
ti, intelléɛtum atque operatiónem
percípiunt, ſubtília de intérnis in-
télligút,mira in exterióribus operántur : cùmque & intelligéndo & operándo áliis prædicant, quaſi duplicátum de negótio lucrum repórtant.

Te Deum.

Autres Leçons.

[Leçon vij.

Léɛtio ſanɛti Evangélii ſecúndùm
Matthæum. Ch. 24.

IN illo témpore dixit Jeſus diſcípulis ſuis, Vigiláte, quia neſcítis quâ horâ Dóminus veſter ventúrus ſit. Et réliqua.

Homília ſanɛti Hilárii Epíſcopi.
*Des Commentaires ſur ſaint
Matthieu, Ch. 26, ſur la fin.*

UT ignorántiam illam diéi ómnibus táciti non ſine útilis ſi-
léntii ratióne eſſe ſcirémus, vigiláre
nos Dóminus propter advéntum
furis admónuit, & oratiónum aſſi-
duitáte deténtos ómnibus præceptórum ſuórum opéribus inhærére.
Furem enim eſſe oſténdit zábulum,

ad detrahénda ex nobis ſpólia pervígilem & córporum noſtrórum dómibus inſidiántem, ut ea, incurióſis nobis & ſomno déditis, conſiliórum ſuórum atque illecebrárum jáculis perfódiat. Parátos ígitur eſſe nos cónvenit, quia diéi ignorátio inténtam ſollicitúdinem ſuſpénſæ exſpeétatiónis exágitat.

R̂. Amávit ci-deſſus.

Leçon viij.

QUíſnam eſt fidélis ſervus & prudens quem conſtituit Dóminus ſuper famíliam ſuam ? Quanquam in commúne nos ad indeféſſam vigilántiæ curam adhortétur, ſpeciálem tamen pópuli princípibus, id eſt Epiſcopis, in exſpeétatióne adventúque ſuo ſollicitúdinem mándat. Hunc enim ſervum fidélem atque prudéntem, præpóſitum famíliæ ſigníficat, cómmoda atque utilitátes commíſſi ſibi pópuli curántem. Qui, ſi dieto áudiens & præcéptis obédiens erit, id eſt, ſi doétrínæ opportunitáte & veritáte infírma confírmet, diſrúpta conſólidet, depraváta convértat, & verbum vitæ in æternitátis cibum aléndæ famíliæ diſpéndat, atque hæc agens hiſque ímmorans deprehendátur, glóriam à Dómino tanquam diſpenſátor fidélis & víllicus útilis conſequétur, & ſuper ómnia bona conſtituétur, id eſt, in Dei glória collocábitur, quia nihil ſit ultrà quod mélius ſit.

R̂. Sint lumbi ci-deſſus.

Leçon ix.

QUòd ſi cóntuens longam Dei patiéntiam quæ in proféétum humánæ ſalútis expénditur, advérsùm conſervos inſoléſcet & ſéculi malis vitiíſque ſe tradet præſéntium tantùm curam in cultu ventris exércens, deſperátâ die Dóminus advéniet, eúmque à bonis quæ ſpopónderat dívidet, portionémque ejus cum hypócritis in pœnæ æternitáte conſtítuet, quia advéntum deſperáverit, quia mandátis non obtemperáverit, quia præſéntibus ſtudúerit, quia vitâ géntium vícerit, quia deſperatióne judícii commíſſam ſibi famíliam fame, ſiti, cæde vexáverit.

Te Deum.

A LAUDES.

AUx Offices doubles on dit l'Antienne entiere avant & après chaque Pſeaume & le Cantique Benediétus.

Ant. Ecce ſacérdos magnus qui in diébus ſuis plácuit Deo & invéntus eſt juſtus.

Pſeaume 92 Dóminus regnávit & les autres des Laudes du Dimanche.

Ant. Non eſt invéntus ſímilis illi, qui conſerváret legem Excélſi.

Ant. Ideò jurejurándo fecit illum Dóminus créſcere in plebem ſuam.

Ant. Sacerdótes Dei, benedícite Dómimum ; ſervi Dómini, hymnum dícite Deo. Allelúia. On ne dit point ce mot depuis la Septuageſime juſqu'à Paſque.

Ant. Serve bone & fidélis, intra in gáudium Dómini tui.

Chapitre.   *Eccli.* 44.

ECce ſacérdos magnus qui in diébus ſuis plácuit Deo, & invéntus eſt juſtus; & in témpore iracúndiæ factus eſt reconciliátio. ℞. Deo grátias.

Hymne ancienne.

JEſu Redémtor ómnium,
Perpes coróna Præſulum;
In hac die cleméntiùs
Noſtris favéto précibus.

Tui ſacri quâ nóminis
Conféſſor almus cláruit,
Hujus celébrat ánnua
Devóta plebs ſolémnia.

Qui rité mundi gáudia
Hujus cadúca réſpuens;
Cum Angelis cœléſtibus,
Lætus potítur præmiis.

Hujus benígnus ánnue
Nobis ſequi veſtígia:
Hujus precátu ſérvulis
Dimítte noxam críminis.

Sit, Chriſte Rex piíſſime,
Tibi Patríque glória
Cum Spíritu Parácleto
Et nunc & in perpétuum.
Amen.

Hymne nouvelle.

JEſu Redémtor, à la fin de ce Volume.

℣. Juſtum dedúxit Dóminus per vias rectas, ℞. Et oſténdit illi regnum Dei.

A Benedictus, Ant. Euge, ſerve bone & fidélis, quia in pauca fuíſti fidélis, ſupra multa te conſtítuam, dicit Dóminus.

Dans ce qui eſt entre deux crochets [ ] dans les deux Oraiſons ſuivantes on ne dit que ce qui eſt avant ou, lorſque l'Office eſt d'un ſeul ſaint Pontife; & on ne dit que ce qui eſt après ou, lorſqu'on fait l'Office de pluſieurs ſaints Pontifes enſemble.

Oraiſon.

DA, quæſumus, omnípotens Deus, ut [beáti N. Conféſſóris tui atque Pontíficis ou beatórum N. & N. Conféſſórum tuórum atque Pontíficum] veneránda ſolémnitas & devotiónem nobis áugeat & ſalútem; per Dóminum noſtrum Jeſum Chriſtum.

Autre Oraiſon.

EXáudi, quæſumus, Dómine, preces noſtras quas in [beáti N. Conféſſóris tui atque Pontíficis ou beatórum N. & N. Conféſſórum tuórum atque Pontíficum] ſolemnitáte deférimus, & qui tibi dignè [méruit ou meruérunt] famulári, [ejus ou eórum] intercedéntibus méritis, ab ómnibus nos abſólve peccátis; per Dóminum.

A TIERCE.

Ant. Non eſt invéntus ſímilis illi, qui conſerváret legem Excélſi.

Chapitre.   *Eccli.* 44.

ECce ſacérdos magnus qui in diébus ſuis plácuit Deo, & invéntus eſt juſtus; & in témpore iracúndiæ factus eſt reconciliátio. ℞. Deo grátias.

℞ bref. Amávit eum Dóminus, * Et ornávit eum. On repete Amávit.

℣. Stolam glóriæ índuit eum, * Et ornávit.

℣. Glória. ℞. Amávit.

℣. Elégit eum Dóminus sacerdótem sibi ℞. Ad sacrificándum ei hóstiam laudis.

A SEXTE.

Ant. Ideò jurejurándo fecit illum Dóminus créscere in plebem suam.

Chapitre. *Eccli.* 44.

NOn est invéntus símilis illi, qui conserváret legem Excélsi : ideò jurejurándo fecit illum Dóminus créscere in plebem suam. ℞. Deo grátias.

℞. bref. Elégit eum Dóminus * sacerdótem sibi. On repete Elégit.

℣. Ad sacrificándum ei hóstiam laudis, * sacerdótem sibi.

℣. Glória Patri, ℞. Elégit.

℣. Tu es sacérdos in ætérnum ℞. secúndùm órdinem Melchísedech.

A NONE.

Ant. Serve bone & fidélis, intra in gáudium Dómini tui.

Chapitre. *Eccli.* 45.

FUngi sacerdótio & habére laudem in nómine ipsíus, & offérre illi incénsum dignum in odórem suavitátis. ℞. Deo grátias.

℞. bref. Tu es sacérdos * In ætérnum. On repete Tu es.

℣. Secúndùm órdinem Melchísedech, * In ætérnum.

℣. Glória Patri. ℞. Tu es.

℣. Justum dedúxit Dóminus per vias rectas, ℞. Et osténdit illi regnum Dei.

AUX II VESPRES.

Aux Offices doubles on dit l'Antienne entiere avant & aprés chaque Pseaume & le Cantique Magnificat.

Ant. Ecce sacérdos magnus & les autres des Laudes sur le Pf. 109. Dixit Dóminus page ij, & les trois suivants. Pour le cinquieme on dit

Pseaume 131.

MEménto, Dómine, David * & omnis mansuetúdinis ejus;

Sicut jurávit Dómino, * votum vovit Deo Jacob.

Si introíero in tabernáculum domûs meæ, * si ascéndero in lectum strati mei,

Si dédero somnum óculis meis * & palpébris meis dormitatiónem

Et réquiem tempóribus meis, donec invéniam locum Dómino, * tabernáculum Deo Jacob.

Ecce audívimus eam in Ephráta; * invénimus eam in campis silvæ.

Introíbimus in tabernáculum ejus, * adorábimus in loco ubi stetérunt pedes ejus.

Surge, Dómine, in réquiem tuam, * tu & arca sanctificatiónis tuæ.

Sacerdótes tui induántur justítiam, * & Sancti tui exsúltent.

Propter David servum tuum * non avértas fáciem Christi tui.

Jurávit Dóminus David veritátem & non frustrábitur eam, * De fructu ventris tui ponam super sedem tuam:

Si custodíerint filii tui testamén-

tum meum * & teſtimónia mea
hæc quæ docébo eos,

Et filii eórum uſque in ſéculum, *
ſedébunt ſuper ſedem tuam;

Quóniam elégit Dóminus Sion, *
elégit eam in habitatiónem ſibi :

Hæc réquies mea in ſéculum ſéculi ; * hîc habitábo, quóniam elégi eam :

Víduam ejus benedícens benedícam : * páuperes ejus ſaturábo pánibus :

Sacerdótes ejus índuam ſalutári ; *
& Sancti ejus exſultatióne exſultábunt.

Illuc prodúcam cornu David : *
parávi lucérnam Chriſto meo :

Inimícos ejus índuam confuſióne ;
* ſuper ipſum autem efflorébit ſan-
ctificátio mea.

Chapitre.　　　Eccli. 44.

Ecce ſacérdos magnus qui in
diébus ſuis plácuit Deo , &
invéntus eſt juſtus ; & in témpore
iracúndiæ factus eſt reconciliátio.
R. Deo grátias.

[Hymne ancienne.

Iste Conféſſor Dómini ſacrátus,
Feſta plebs cujus célebrat per
　　orbem,
　Si c'eſt le jour de ſa mort, on
dira
[Hódiè lætus méruit ſecréta
　　Scándere cœli :]
　Autrement on dira
[Hâc die lætus méruit ſuprémos
　　Laudis honóres :]
Qui pius, prudens, húmilis, pudícus,
Sóbrius, caſtus, fuit & quiétus,
Vita dum præſens vegetávit ejus
　　Córporis artus :

Ad ſacrum cujus túmulum fre-
　quénter
Membra languéntum modò ſani-
　táti,
Quólibet morbo fúerint graváta,
　Reſtituúntur.
Unde nunc noſter chorus in ho-
　nórem
Ipſius hymnum canit hunc libénter,
Ut piis ejus méritis juvémur
　　Omne per ævum.
Sit ſalus illi, decus atque virtus,
Qui ſupra cœli réſidens cacúmen
Totíus mundi máchinam gubérnat
　　Trinus & unus. Amen.
　　Hymne nouvelle.

Iste Conféſſor Dómini, coléntes
Quem piè laudant pópuli per
　　orbem,
　Si c'eſt le jour de ſa mort, on
dira
[Hâc die lætus méruit beátas
　　Scándere ſedes :]
　Autrement on dira
[Hâc die lætus méruit ſuprémos
　　Laudis honóres :]
Qui pius, prudens, húmilis, pudícus,
Sóbriam duxit ſine labe vitam,
Donec humános animávit auræ
　　Spíritus artus :
Cujus ob præſtans méritum fre-
　quénter
Ægra quæ paſſim jacuére membra,
Víribus morbi dómitis, ſalúti
　　Reſtituúntur.
Noſter hinc illi chorus obſequén-
　tem
Cóncinit laudem celebréſque pal-
　mas,
Ut piis ejus précibus juvémur
　　Omne per ævum.
　　　　　　　　　　　Sit

Sit salus illi, decus atque virtus,
Qui super cœli solio corúscans
Totius mundi sériem gubérnat
 Trinus & unus. Amen.]

℣. Justum dedúxit Dóminus per vias rectas, ℞. Et osténdit illi regnum Dei.

A Magníficat, Ant. excepté pour un Pape. Amávit eum Dóminus, & ornávit eum: stolam glóriæ índuit eum, & ad portas paradísi coronávit eum.

Pour un Pape, Ant. Dum esset summus Póntifex, terréna non métuit, sed ad cœléstia regna gloriósus migrávit.

LE COMMUN DES DOCTEURS.

Selon que le saint Docteur est Pontife ou non Pontife, on en fait l'Office comme au Commun des Confesseurs Pontifes ou à celui des Confesseurs non Pontifes, excepté ce qui suit.

AUX I & II VESPRES.

A Magníficat, Ant. O Doctor óptime, Ecclésiæ sanctæ lumen, beáte N. divínæ legis amátor, deprecáre pro nobis Fílium Dei.

Oraison.

DEus qui pópulo tuo ætérnæ salútis beátum N. minístrum tribuísti, præsta, quæsumus, ut quem Doctórem vitæ habúimus in terris, intercessórem habére mereámur in cœlis; per Dóminum.

A MATINES.
AU I NOCTURNE.
Leçon j.
De libro Ecclesiástici. Ch. 39.

SApiéntiam ómnium antiquórum exquíret sápiens & in prophétis vacábit. Narratiónem virórum nominatórum conservábit, & in versútias parabolárum simul intróibit. Occúlta proverbiórum exquíret, & in abscónditis parabolárum conversábitur. In médio magnatórum ministrábit, & in conspéctu præsidis apparébit. In terram alienigenárum géntium pertránsiet, bona enim & mála in homínibus tentábit.

℞. Euge, serve bone & fidélis; quia in pauca fuísti fidélis, supra multa te constítuam; * Intra in gáudium Dómini tui. ℣. Dñe, quinque talénta tradidísti mihi, ecce ália quinque superlucrátus sum. * Intra.

Bened. Unigénitus Dei Fílius nos benedícere & adjuváre dignétur. ℞. Amen.

Leçon ij.

COr suum tradet ad vigilándum dilúculo ad Dóminum qui fecit illum, & in conspéctu Altíssimi deprecábitur. Apériet os suum in oratióne & pro delíctis suis deprecábitur. Si enim Dóminus magnus volúerit, spíritu intelligéntiæ replébit illum; & ipse tanquam imbres mittet elóquia sapiéntiæ suæ, & in oratióne confitébitur Dómino; & ipse díriget consílium ejus

& difciplínam , & in abfcónditis
fuis confiliábitur.

Pour un Docteur Pont. [R̷. Ecce facérdos magnus qui in diébus
fuis plácuit Deo : * Ideò jurejurándo fecit illum Dóminus créf-
cere in plebem fuam. ℣. Benedictiónem ómnium géntium dedit illi,
& teftaméntum fuum confirmávit
fuper caput ejus. * Ideò.]

Pour un Docteur non Pontife ,
[R̷. Juftus germinábit ficut lílium,
* Et florébit in ætérnum ante Dó-
minum. ℣. Plantátus in domo Dó-
mini in átriis domûs Dei noftri ; *
Et florébit.]

Bened. Spíritûs fanóti grátia illúminet fenfus & corda noftra. R̷.
Amen.

Leçon iij.

Ipfe palàm fáciet difciplínam doctrínæ fuæ , & in lege teftaménti
Dómini gloriábitur. Collaudábunt
multi fapiéntiam ejus , & ufque in
fæculum non delébitur. Non recé-
det memória ejus , & nomen ejus
requirétur à generatióne in generatiónem. Sapiéntiam ejus enarrá-
bunt gentes , & laudem ejus énun-
tiábit Eccléfia.

Pour un Docteur Pont. [R̷. Jurávit Dóminus , & non pœnitébit
eum , * Tu es facérdos in ætérnum
fecúndùm órdinem Melchífedech.
℣. Dixit Dóminus Dómino meo ,
Sede à dextris meis. * Tu es. ℣. Glória. * Tu es.]

Pour un Docteur non Pontife ,
[R̷. Ifte cognóvit juftítiam , & vidit mirabília magna & exorávit Altíffimum , * Et invéntus eft in nú-

mero fanótórum. ℣. Ifte eft qui
contémfit vitam mundi & pervénit ad cœléftia regna , * Et invéntus. ℣. Glória. * Et invéntus.]

AU II NOCTURNE.

Abfol. Ipfius píetas & mifericórdia nos adjúvet qui cum Patre &
Spíritu fanóto vivit & regnat in
fécula feculórum. R̷. Amen.

Bened. Deus Pater omnípotens
fit nobis propítius & clemens. R̷.
Amen.

Leçon iv.

Ex libro Morálium fanóti Gregórii
Papæ. *Liv. 9, Ch. 6.*

Qui poft Oriónas Hyadum
nómine nifi Doótóres fanó-
tæ Eccléfiæ defignántur ? qui fub-
dúótis Martyribus , eo jam témpore ad mundi notítiam venérunt ,
quo fides clárius elúcet , & , re-
préffà infidelitátis hyeme , áltius
per corda fidélium fol veritátis ca-
let ; qui , remótâ tempeftáte per-
fecutiónis , explétis longis nóóti-
bus infidelitátis , tunc fanótæ Eccléfiæ orti funt , cùm ei jam per
credulitátis vernum lucídior annus
aperítur.

Pour un Docteur Pont. [R̷. Invéni David fervum meum , óleo
fanóto meo unxi eum ; * Manus e-
nim mea auxiliábitur ei. ℣. Nihil
profíciet inimícus in eo , & filius
iniquitátis non nocébit ei : * Manus.]

Pour un Docteur non Pontife ,
[R̷. Honéftum fecit illum Dóminus , & cuftodívit eum ab inimícis & à fedúótóribus tutávit illum ,
* Et dedit illi claritátem ætérnam.

℣. Justum dedúxit Dóminus per vias rectas & osténdit illi regnum Dei , * Et dedit.]

Bened. Christus perpétuæ det nobis gáudia vitæ. ℟. Amen.

Leçon v.

NEc immérito Doctóres sancti Hyadum nuncupatióne signántur. Græco quippe elóquio hyetos plúvia vocátur ; & Hyades nomen à plúviis accepérunt, quia ortæ procul dúbio imbres ferunt. Benè ergo Hyadum appellatióne expréssi sunt qui ad statum universális Ecclésiæ quasi in cœli fáciem dedúcti , super aréntem terram humáni péctoris sanctæ prædicatiónis imbres fudérunt. Si enim prædicatiónis sermo plúvia non esset, Móyses mínimè dixísset, Exspectétur sicut plúvia elóquium meum ; & nequáquam per Isáiam Véritas díceret , Mandábo núbibus meis ne pluant super eam imbrem ; atque hoc quod paulò antè protúlimus, Quamóbrem prohíbitæ sunt stellæ pluviárum.

Pour un Docteur Pont. [℟. Pósui adjutórium super poténtem , & exaltávi eléctum de plebe mea ; * Manus enim mea auxiliábitur ei. ℣. Invéni David servum meum, óleo sancto meo unxi eum ; * Manus.]

Pour un Docteur non Pontife, [℟. Amávit eum Dóminus, & ornávit eum ; stolam glóriæ índuit eum , * Et ad portas paradísi coronávit eum. ℣. Induit eum Dóminus loricam fídei , & ornávit eum , * Et ad portas.]

Bened. Ignem sui amóris accéndat Deus in córdibus nostris. ℟. Amen.

Leçon vj.

DUm ergo Hyades cum plúviis véniunt, ad cœli spátia altióra sol dúcitur ; quia, apparénte Doctórum sciéntiâ, dum mens nostra imbre prædicatiónis infúnditur, fídei calor augétur : & perfúsa terra ad fructum próficit cùm lumen ætheris ignéscit ; quia ubériùs frugem boni óperis réddimus, dum per sacræ eruditiónis flammam in corde clárius ardémus. Dumque per eos diébus síngulis magis magísque sciéntia cœléstis osténditur, quasi intérni nobis lúminis vernum tempus aperítur ; ut novus sol nostris méntibus rútilet, & eórum verbis nobis cógnitus seípso quotídie clárior micet. Urgénte étenim mundi fine , supérna sciéntia próficit & lárgiùs cum témpore excréscit.

Pour un Docteur Pont. [℟. Iste est qui ante Deum magnas virtútes operátus est ; & omnis terra doctrinâ ejus repléta est. * Ipse intercédat pro peccátis ómnium populórum. ℣. Iste est qui contémsit vitam mundi, & pervénit ad cœléstia regna. * Ipse. ℣. Glória. * Ipse.]

Pour un Docteur non Pontife, [℟. Iste homo perfécit ómnia quæ locútus est ei Deus ; & dixit ad eum, Ingrédere in réquiem meam, * Quia te vidi justum coram me ex ómnibus géntibus. ℣. Iste est qui contémsit vitam mundi, & pervénit ad cœléstia regna. * Quia. ℣. Glória Patri. * Quia.]

Au III Nocturne.

Abfol. A vínculis peccatórum noftrórum abfólvat nos omnípotens & mifericors Dóminus. ℟. Amen.

Bened Evangélica léctio fit nobis falus & protéctio. ℟. Amen.

Lecon vij.

Léctio fancti Evangélii fecúndùm Matthæum. *Ch. 5.*

IN illo témpore dixit Jefus Difcípulis fuis, Vos eftis fal terræ : quòd fi fal evanúerit, in quo faliétur ? Et réliqua.

Homília fancti Auguftíni Epíscopi. *Livre 1 du Sermon de N. S. fur la Montagne, ch. 6. Tome 4.*

OSténdit Dóminus fátuos effe judicándos, qui temporálium bonórum vel cópiam fectántes vel inópiam metuéntes, amíttunt ætérna quæ nec dari poffunt ab homínibus nec auférri. Itaque fi fal infatuátum fúerit, in quo faliétur ? id eft, fi vos per quos condiéndi funt quodámmodò pópuli, metu perfecutiónum temporálium amiféritis regna cœlórum, qui erunt hómines per quos à vobis error auferátur, cùm vos elégerit Deus per quos errórem áuferat cæterórum.

Pour un Docteur Pont. [℟. Amávit eum Dóminus, & ornávit eum ; ftolam glóriæ índuit eum, * Et ad portas paradífi coronávit eum. ℣. Induit eum Dóminus lorícam fídei, & ornávit eum, * Et ad portas.]

Pour un Docteur non Pontife, [℟. Ifte eft qui ante Deum magnas virtútes operátus eft, & de omni

corde fuo laudávit Dóminum. * Ipfe intercédat pro peccátis ómnium populórum. ℣. Ecce homo fine querela, verus Dei cultor, ábftinens fe ab omni ópere malo, & pérmanens in innocéntia fua. * Ipfe intercédat.]

Bened. Cujus feftum cólimus, ipfe intercédat pro nobis ad Dóminum. ℟. Amen.

Lecon viij.

ERgo ad nihilum valet fal infatuátum, nifi ut mittátur foràs & calcétur ab homínibus. Non itaque calcátur ab homínibus qui pátitur perfecutiónem, fed qui perfecutiónem timéndo infatuátur. Calcári enim non poteft, nifi inférior ; fed inférior non eft qui quamvis córpore multa in terra fuftíneat, corde tamen fixus in cœlo eft.

℟. In médio Eccléfiæ apéruit os ejus ; * Et implévit eum Dóminus fpíritu fapiéntiæ & intelléctûs. ℣. Jucunditátem & exfultatiónem thefaurizávit fuper eum, * Et implévit. ℣. Glória Patri. * Et implévit.

Bened. Ad fociétátem cívium fupernórum perdúcat nos Rex Angelórum. ℟. Amen.

Lecon ix.

VOs eftis lumen mundi. Quómodò dixit fupériùs Sal terræ, fic nunc dicit Lumen mundi. Nam neque fupériùs ifta Terra accipiénda eft quam pédibus corpóreis calcámus, fed hómines qui in terra hábitant vel étiam peccatóres quorum condiéndis & exftinguéndis putóribus Apoftólicum falem Dóminus

misit. Et hìc Mundum non cœlum & terram, sed hómines qui sunt in mundo vel diligunt mundum, opórtet intélligi, quibus illuminándis Apóstoli missi sunt. Non potest cívitas abscóndi supra montem pósi-ta; id est, fundáta super insígnem magnámque justítiam, quam signíficat étiam ipse mons in quo dísputat Dóminus.
Te Deum.

LE COMMUN DES CONFESSEURS NON PONTIFES.

AUX I VESPRES.

Aux Offices doubles on dit l'Antienne entiere avant & après chaque Pseaume & le Cantique Magníficat.

Ant. Dómine, quinque talénta tradidísti mihi; ecce ália quinque superlucrátus sum.

Ps. 109 Dixit page ij & les quatre autres Pseaumes sur les Antiennes suivantes.

Ant. Euge, serve bone, in módico fidélis, intra in gáudium Dómini tui.

Ant. Fidélis servus & prudens quem constítuit Dóminus super famíliam suam.

Ant. Beátus ille servus quem, cùm vénerit Dóminus ejus & pulsáverit jánuam, invénerit vigilántem.

Ant. Serve bone & fidélis, intra in gáudium Dómini tui.

Chapitre. *Eccli.* 31.

BEátus vir qui invéntus est sine mácula, & qui post aurum non ábiit, nec sperávit in pecúniæ thesáuris. Quis est hic? & laudábimus eum; fecit enim mirabília in vita sua. ℟. Deo grátias.

[Hymne ancienne.

ISte Conféssor Dómini sacrátus, Festa plebs cujus célebrant per orbem,
Si c'est le jour de sa mort, on dira
[Hódiè lætus méruit secréta Scándere cœli;]
Autrement on dira
[Hâc die lætus méruit suprémos Laudis honóres:]
Qui pius, prudens, húmilis, pudícus, Sóbrius, castus, fuit & quiétus, Vita dum præsens vegetávit ejus Córporis artus:
Ad sacrum cujus túmulum fréquenter
Membra languéntum modò sanitáti,
Quólibet morbo fúerint graváta, Restituúntur.
Unde nunc noster chorus in honórem
Ipsíus hymnum canit hunc libénter,
Ut piis ejus méritis juvémur Omne per ævum.
Sit salus illi, decus atque virtus, Qui supra cœli résidens cacúmen Totíus mundi máchinam gubérnat
Trinus & unus. Amen.

Hymne nouvelle.

ISte Conféssor Dómini, coléntes
Quem piè laudant pópuli per
    orbem,

Si c'est le jour de sa mort, on
dira

[Hâc die lætus méruit beátas
    Scándere sedes :]

Autrement on dira

[Hâc die lætus méruit suprémos
    Laudis honóres :]

Qui pius, prudens, húmilis, pudícus,
Sóbriam duxit sine labe vitam,
Donec humános animávit auræ
    Spíritus artus :

Cujus ob præstans méritum fre-
    quénter
Ægra quæ passim jacuére membra,
Víribus morbi dómitis, salúti
    Restituúntur.

Noster hinc illi chorus obsequén-
    tem
Cóncinit laudem celebrésque pal-
mas,
Ut piis ejus précibus juvémur
    Omne per ævum.

Sit salus illi, decus atque virtus,
Qui super cœli sólio corúscans
Totíus mundi sériem gubérnat
    Trinus & unus. Amen.]

℣. Amávit eum Dóminus, &
ornávit eum ; ℟. Stolam glóriæ índuit eum.

A Magníficat, Ant. Similábo
eum viro sapiénti qui ædificávit
domum suam supra petram.

Dans ce qui est entre deux crochets [ ] dans les deux Oraisons
suivantes, on ne dit que ce qui est
avant ou, lorsque l'Office est d'un
seul saint Confesseur ; & on ne dit

que ce qui est après ou, lorsqu'on
fait l'Office de plusieurs saints Confesseurs ensemble.

Oraison.

DEus qui nos [beáti N. Conféssóris tui ou beatórum N.
& N. Conféssórum tuórum] ánnuâ solemnitáte lætíficas, concéde
propítius ut [cujus ou quorum]
natalítia cólimus, étiam actiónes
imitémur ; per Dóminum.

Autre Oraison.

ADésto, Dómine, supplicatiónibus nostris quas in [beáti
N. Conféssóris tui ou beatórum N.
& N. Conféssórum tuórum] solemnitáte deférimus ; ut qui nostræ
justítiæ fidúciam non habémus,
[ejus qui tibi plácuit ou eórum qui
tibi placuérunt] méritis adjuvémur ; per Dóminum.

Pour un Abbé.

Oraison.

INtercéssio nos, quæsumus, Dómine, beáti N. Abbátis comméndet, ut quod nostris méritis
non valémus ejus patrocínio assequámur ; per Dóminum.

A MATINES.

Invitatoire. Regem Conféssórum Dóminū, * Veníte, adorémus.
Le Pseaume 94 Veníte.
L'Hymne Iste Conféssor ci-dessus aux premieres Vespres.

AU I NOCTURNE.
Ant. Beátus vir qui in lege Dómini meditátur ; volúntas ejus pérmanet die ac nócte, & ómnia quæcúmque fáciet semper prosperabúntur.

1

Pseaume 1.

BEátus vir qui non ábiit in consílio impiórum, & in via peccatórum non stetit , * & in cáthedra pestiléntiæ non sedit,

Sed in lege Dómini volúntas ejus, * & in lege ejus meditábitur die ac nocte.

Et erit tanquam lignum quod plantátum est secus decúrsus aquárum, * quod fructum suum dabit in témpore suo.

Et fólium ejus non défluet ; * & ómnia quæcúmque fáciet prosperabúntur.

Non sic impii, non sic : * sed tanquam pulvis quem prójicit ventus à fácie terræ.

Ideò non resúrgent impii in judício, * neque peccatóres in concílio justórum.

Quóniam novit Dóminus viam justórum, * & iter impiórum períbit.

Ant. Beátus vir qui in lege Dómini meditátur ; volúntas ejus pérmanet die ac nocte , & ómnia quæcúmque fáciet semper prosperabúntur.

Ant. Beátus iste Sanctus qui confisus est in Dómino , prædicávit præcéptum Dómini , constitútus est in monte sancto ejus.

Pseaume 2.

QUare fremuérunt gentes, * & pópuli meditáti sunt inánia ?

Astitérunt reges terræ , & príncipes convenérunt in unum * advérsùs Dóminum & advérsùs Christum ejus.

Dirumpámus víncula eórum ; * &

projiciámus à nobis jugum ipsórum.

Qui hábitat in cœlis irridébit eos : * & Dóminus subsannábit eos.

Tunc loquétur ad eos in ira sua , * & in furóre suo conturbábit eos.

Ego autem constitútus sum Rex ab eo super Sion montem sanctum ejus, * prædicans præcéptum ejus.

Dóminus dixit ad me, * Fílius meus es tu ; ego hódie génui te.

Póstula à me, & dabo tibi gentes hæreditátem tuam , * & possessiónem tuam términos terræ.

Reges eos in virga férrea , * & tanquam vas figuli confrínges eos.

Et nunc, reges , intellígite : * erudímini , qui judicátis terram.

Servíte Dómino in timóre , * & exsultáte ei cum tremóre.

Apprehéndite disciplínam, nequándo irascátur Dóminus ; * & pereátis de via justa.

Cùm exárserit in brevi ira ejus : * beáti omnes qui confídunt in eo.

Ant. Beátus iste Sanctus qui confísus est in Dómino , prædicávit præcéptum Dómini , constitútus est in monte sancto ejus.

Ant. Tu es glória mea, tu es suscéptor meus, Dómine ; tu exáltans caput meum , & exaudísti me de monte sancto tuo.

Pseaume 3.

DOmine, quid multiplicáti sunt qui tríbulant me ? * multi insúrgunt adversùm me :

Multi dicunt ánimæ meæ, * Non est salus ipsi in Deo ejus.

Tu autem , Dómine , suscéptor

meus es, * glória mea, & exáltans caput meum.

Voce meâ ad Dóminum clamávi: * & exaudívit me de monte ſanéto ſuo.

Ego dormívi & ſoporátus ſum; * & exſurréxi, quia Dóminus ſuſcépit me.

Non timébo míllia pópuli circumdántis me: * exſurge, Dómine, ſalvum me fac, Deus meus.

Quóniam tu percuſſíſti omnes adverſántes mihi ſine cauſâ: * dentes peccatórum contriviſti.

Dómini eſt ſalus: * & ſuper pópulum tuum benedíctio tua.

Ant. Tu es glória mea, tu es ſuſcéptor meus, Dómine; tu exáltans caput meum, & exaudíſti me de monte ſanéto tuo.

℣. Amávit eum Dóminus & ornávit eum; ℟. Stolam glóriæ induit eum.

Pater noſter.

Abſol. Exáudi, Dómine Jeſu Chriſte, preces ſervórum tuórum & miſerére nobis, qui cum Patre & Spiritu ſanéto vivis & regnas in ſécula ſeculórum. ℟. Amen.

Bened. Benedictióne perpétuâ benedícat nos Pater ætérnus. ℟. Amen.

Leçon j.
De libro Sapiéntiæ. Ch. 4 & 5.

Juſtus ſi morte præoccupátus fúerit, in refrigério erit. Senéctus enim venerábilis eſt, non diutúrna neque annórum número computáta. Cani autem ſunt ſenſus hóminis, & ætas ſeneétútis vita immaculáta. Placens Deo faétus eſt

diléétus, & vivens inter peccatóres tranſlátus eſt. Raptus eſt, ne malítia mutáret intelléétum ejus, aut ne fiétio decíperet ánimam illíus. Faſcinátio enim nugacitátis obſcúrat bona, & inconſtántia concupiſcéntiæ tranſvértit ſenſum ſine malítia. Conſummátus in brevi explévit témpora multa; plácita enim erat Deo ánima illíus: propter hoc properávit edúcere illum de médio iniquitátum.

℟. Euge, ſerve bone & fidélis, quia in pauca fuíſti fidélis, ſupra multa te conſtítuam; * Intra in gáudium Dómini tui. ℣. Dómine, quinque talénta tradidíſti mihi; ecce ália quinque ſuperlucrátus ſum. * Intra.

Bened. Unigénitus Dei Fílius nos benedícere & adjuváre dignétur. ℟. Amen.

Leçon ij.

Populi autem vidéntes & non intelligéntes, nec ponéntes in præcórdiis tália, quóniam grátia Dei & miſericórdia eſt in ſanétos ejus & reſpéétus in eléétos illíus. Condémnat autem juſtus mórtuus vivos ímpios, & juvéntus celérius conſummáta longam vitam injúſti. Vidébunt enim finem ſapiéntis, & non intélligent quid cogitáverit de illo Deus, & quare muníerit illum Dóminus. Vidébunt, & contémnent eum: illos autem Dóminus irridébit. Et erunt poſt hæc decidéntes ſine honóre & in contumélia inter mórtuos in perpétuum; quóniam diſrúmpet illos inflátos ſine voce & commovébit illos à fundámentis;

méntis ; & ufque ad suprémum de-
folabúntur.

R. Juftus germinábit ficut lí-
lium , * & florébit in ætérnum ante
Dóminum. V. Plantátus in domo
Dómini, in átriis domûs Dei nof-
tri. * Et florébit in ætérnum ante
Dóminum.

Bened. Spíritûs fancti grátia illúminet fenfus & corda noftra. R.
Amen.

Leçon iij.

ET erunt geméntes : & memória illíus períbit. Vénient in
cogitatióne peccatórum fuórum tímidi , & tradúcent illos ex advérfo
iniquitátes ipfórum. Tunc ftabunt
Jufti in magna conftántia advérsùs eos qui fe anguftiavérunt & qui
abftulérunt labóres eórum. Vidéntes turbabúntur timóre horríbili ,
& mirabúntur in fubitatióne infpe-
rátæ falútis , dicéntes intra fe pœniténtiam agéntes & præ anguftia
fpíritus geméntes, Hi funt quos habúimus aliquándo in derífum & in
fimilitúdinem impropérii. Nos in-
fenfati vitam illórum æftimabámus
infaniam & finem illórum fine honóre. Ecce quómodò computári
funt inter fílios Dei , & inter Sanctos fors illórum eft.

R. Ifte cognóvit juftítiam , &
vidit mirabília magna , & exorávit
Altíffimum ; * Et invéntus eft in número fanctórum. V. Ifte eft qui
contémfit vitam mundi , & pervénit ad cœléftia regna , * Et invéntus. V. Glória Patri & Fílio &
Spirítui fancto. * Et invéntus eft
in número fanctórum.

Autres Leçons.

[Leçon j.

De libro Ecclefiáftici. Ch. 31.

BEátus vir qui invéntus eft fine
mácula , & qui poft aurum
non ábiit nec fperávit in pecúnia
& thefáuris. Quis eft hic ? & laudábimus eum ; fecit enim mirabília in vita fua. Qui probátus eft in
illo & perféctus eft, erit illi glória
ætérna ; qui pótuit tránfgredi , &
non eft tranfgréffus, fácere mala ,
& non fecit. Ideo ftabilíta funt bona illíus in Dómino , & eleemófynas illíus enarrábit omnis Eccléfia
Sanctórum.

R. Euge ci-deffus.

Leçon ij. Ch. 32 & 33.

QUi timet Dóminum excípiet
doctrínam ejus ; & qui vigi-
láverint ad illum invénient benedictiónem. Qui quærit legem replébitur ab ea ; & qui infidióse agit
fcandalizábitur in ea. Qui timent
Dóminum invénient judicium juftum , & juftítias quafi lumen ac-
céndent. Qui credit Deo atténdit
mandátis,& qui confídit in illo non
minorábitur. Timénti Dóminum
non occúrrent mala , fed in tentatióne Deus illum confervábit & liberábit à malis. Sápiens non odit
mandáta & juftítias , & non illidé-
tur quafi in procélla navis. Homo
fenfátus credit legi Dei , & lex illi
fidélis.

R. Juftus ci-deffus.

Leçon iij. Ch. 34.

SPíritus timéntium Deum quæritur, & in refpéctu illíus benedicétur. Spes enim illórum in fal-

Le Commun des Confesseurs non Pontifes.

vántem illos, & óculi Dei in diligéntes se. Qui timet Dóminum nihil trepidábit & non pavébit, quóniam ipse est spes ejus. Timéntis
Dóminum beáta est ánima ejus. Ad
quem réspicit ? & quis est fortitúdo ejus ? Oculi Dómini super timéntes eum; protéctor poténtiæ,
firmaméntum virtútis, tégimen ardóris, & umbráculum meridiáni,
deprecátio offensiónis, & adjutórium casûs, exáltans ánimam, &
illúminans óculos, dans sanitátem
& vitam & benedictiónem.

℟. Iste cognóvit ci-dessus.]

AU II NOCTURNE.

Ant. Invocántem exaudívit Dóminus Sanctum suum; Dóminus
exaudívit eum, & constítuit eum
in pace.

Pseaume 4.

CUm invocárem, exaudívit
me Deus justítiæ meæ; * in
tribulatióne dilatásti mihi.

M iserére meî, * & exáudi oratiónem meam.

F ílii hóminum, úsquequò gravi
corde ? * ut quid dilígitis vanitátem
& quæritis mendácium ?

E t scitóte quóniam mirificávit Dóminus sanctum suum; * Dñus exáudiet me, cùm clamávero ad eum.

I rascímini, & nolíte peccáre ; *
quæ dícitis in córdibus vestris, in
cubílibus vestris compungímini.

S acrificáte sacrifícium justítiæ, &
speráte in Dómino. * Multi dicunt,
Quis osténdit nobis bona ?

S ignátum est super nos lumen vúl-
tûs tui, Dómine ; * dedísti lætítiam
in corde meo.

A fructu fruménti, vini & ólei sui *
multiplicáti sunt.

I n pace in idípsum * dórmiam &
requiéscam,

Q uóniam tu, Dómine, singuláriter in spe , * constituísti me.

Ant. Invocántem exaudívit Dóminus Sanctum suum : Dñus exaudívit eum, & constítuit eum in pace.

Ant. Læténtur omnes qui sperant in te, Dómine, quóniam tu
benedixísti justo : scuto bonæ voluntátis tuæ coronásti eum.

Pseaume 5.

VErba mea áuribus pércipe,
Dómine , * intéllige clamórem meum ;

I nténde voci oratiónis meæ, * rex
meus & Deus meus :

Q uóniam ad te orábo ; * Dómine,
manè exáudies vocem meam.

M anè adstábo tibi & vidébo ; *
quóniam non Deus volens iniquitátem tu es,

N eque habitábit juxta te malígnus, * neque permanébunt injústi
ante óculos tuos.

O dísti omnes qui operántur iniquitátem ; * perdes omnes qui loquúntur mendácium.

V irum sánguinum & dolósum abominábitur Dóminus : * ego autem
in multitúdine misericórdiæ tuæ

I ntroíbo in domum tuam ; * adorábo ad templum sanctum tuum in
timóre tuo.

D ómine, deduc me in justítia tua :
* propter inimícos meos dírige in
conspéctu tuo viam meam ;

Q uóniam non est in ore eórum
véritas ; * cor eórum vanum est ;

S epúlchrum patens eſt guttur eórum ; linguis ſuis dolóſè agébant. *
Júdica illos , Deus.

D.écidant à cogitatiónibus ſuis. Secúndùm multitúdinem impietátum
eórum expélle eos ; * quóniam irritavérunt te, Dómine.

E t læténtur omnes qui ſperant in
te ; * in ætérnum exſultábunt, &
habitábis in eis.

E t gloriabúntur in te omnes qui
díligunt nomen tuum , * quóniam
tu benedíces juſto.

D ómine, ut ſcuto bonæ voluntátis tuæ * coronáſti nos.

Ant. Læténtur omnes qui ſperant in te , Dómine, quóniam tu
benedixíſti juſto : ſcuto bonæ voluntátis tuæ coronáſti eum.

Ant. Dómine Dóminus noſter ,
quàm admirábile eſt nomen tuum
in univérſa terra ! quia glóriâ &
honóre coronáſti Sanctum tuum &
conſtituíſti eum ſuper ópera mánuum tuárum.

Pſeaume 8.

D Omine Dóminus noſter , *
quàm admirábile eſt nomen
tuum in univérſa terra !

Q uóniam eleváta eſt magnificéntia tua * ſuper cœlos.

E x ore infántium & lacténtium perfeciſti laudé propter inimícos tuos,
* ut déſtruas inimícum & ultórem.

Q uóniam vidébo cœlos tuos, ó-
pera digitórum tuórum, * lunam
& ſtellas, quæ tu fundáſti.

Q uid eſt homo, quòd memor es
ejus ? * aut filius hóminis, quóniam
viſitas eum ?

M inuíſti eum paulò minùs ab An-

gelis , glóriâ & honóre coronáſti
eum , * & conſtituíſti eum ſuper ó-
pera mánuum tuárum.

Omnia ſubjecíſti ſub pédibus ejus ;
* oves & boves univérſas , inſuper
& pécora campi ,

V ólucres cœli & piſces maris *
qui perámbulant ſémitas maris.

D ómine, Dóminus noſter,* quàm
admirábile eſt nomen tuum, in univérſa terra !

Ant. Dómine Dóminus noſter ,
quàm admirábile eſt nomen tuum
in univérſa terra ! quia glóriâ &
honóre coronáſti Sanctum tuum
& conſtituíſti eum ſuper ópera mánuum tuárum.

℣. Os juſti meditábitur ſapiéntiam , ℞. Et lingua ejus loquétur
judícium.

Pater noſter.

Abſol. Ipſius píetas & miſericórdia nos ádjuvet qui cum Patre &
Sancto ſpíritu vivit & regnat in ſécula ſeculórum. ℞. Amen.

Bened. Deus Pater omnípotens
ſit nobis propítius & clemens. ℞.
Amen.

Dans ce qui eſt entre deux crochets [ ] dans les trois Leçons ſuivantes on ne dit que ce qui eſt
avant ou, lorſque l'Office eſt d'un
ſeul ſaint Confeſſeur ; & on ne dit
que ce qui eſt après ou, lorſqu'on
fait l'Office de pluſieurs.

Leçon iv.
Sermo ſancti Joánnis Chryſóſtomi,
*Dans le Diſcours ſur ſaint
Philogon. Tome 3.*

[B Eáti N. dies cujus ou Beatórum N. & N. dies quorú]

k ij

feſtivitátem celebrámus, ad [ipsius ou ipſórum] rectè factórum enarratiónem linguam noſtram evocávit ; ſiquidem hódie [beátus iſte ou beáti iſti] ad tranquillam omniſque perturbatiónis expértem vitam [tránſiit ou tranſiérunt], eóque navígium [áppulit ou appulerunt] ubi déinceps non [póterit ou póterunt] metúere nautrágium nec ullam ánimi perturbatiónem aut dolórem. Et quid mirum eſt ſi locus ille purus eſt ab omni moléſtia ánimi, cùm Paulus homínibus adhuc in hac vita degéntibus loquens dicat, Semper gaudéte ; ſine intermiſſióne oráte ?

℟. Honéſtum fecit illum Dóminus, & cuſtodívit eum ab inimícis, & à ſeductóribus tutávit illum, * Et dedit illi claritátem ætérnam. ℣. Juſtum dedúxit Dóminus per vias rectas, & oſténdit illi regnum Dei, * Et dedit.

Bened. Chriſtus perpétuæ det nobis gáudia vitæ. ℟. Amen.

Leçon v.

QUòd ſi hìc ubi morbi, ubi infeſtatiónes, ubi præmatúræ mortes, ubi calúmniæ, ubi invídiæ, ubi perturbatiónes, ubi iræ, ubi cupiditátes, ubi innumerábiles inſídiæ, ubi quotidiánæ ſollicitúdines, ubi perpétua ſibíque ſuccedéntia mala ſunt innúmeros ex omni parte dolóres afferéntia, Paulus dixit fíeri poſſe ut ſemper gaudeámus, ſi quis páululùm ex rerum mundanárum fluctibus eréxerit caput vitámque ſuam rectè compoſúerit ; multò magis, poſtquam hinc

demigravérimus, facilè cómpotes érimus ejus boni, cùm hæc ómnia ſubláta fúerint, advérſa valetúdo, morbi, peccándi matéria, ubi non eſt Meum ac Tuum, frigidum illud verbum & quidquid eſt malórum in vitam noſtram ínvehens innúmeraque gignens bella.

℟. Amávit eum Dóminus, & ornávit eum ; ſtolam glóriæ índuit eum, * Et ad portas paradíſi coronávit eum. ℣. Índuit eum Dóminus lorícam fídei & ornávit eum, * Et ad portas.

Bened. Ignem ſui amóris accéndat Deus in córdibus noſtris. ℟. Amen.

Leçon vj.

QUamóbrem maximópere grátulor [hujus Sancti ou horú Sanctórum] felicitáti, quòd, quanquam [tranſlátus eſt ou tranſláti ſunt] atque hanc quæ apud nos eſt civitátem [relíquit ou reliquérunt] tamen in álteram [adſcríptus eſt ou adſcrípti ſunt] civitátem, nempe Dei, & [digréſſus ou digréſſi] ab hac Eccléſia ad illam [pervénit ou pervenérunt] quæ eſt primogenitórum deſcriptórum in cœlis, ac relíctis hiſce feſtis [tránſiit ou tranſiérunt] ad celebritátem Angelórum. Étenim quod & cívitas ſurſùm ſit & Eccléſia & celébritas, audi Paulum dicénte, Acceſſíſtis ad civitátem Dei vivéntis Jerúſalem cœléſtem, & Eccléſiam primitivórum qui conſcrípti ſunt in cœlis, & ad multórum míllium Angelórum frequéntiam.

℟. Iſte homo perfécit ómnia quæ

locútus est ei Deus ; & dixit ad eum, Ingrédere in réquiem meam, * Quia te vidi justum coram me ex ómnibus géntibus. ℣. Iste est qui contémsit vitam mundi & pervénit ad cœléstia regna. * Quia. ℣. Glória Patri. * Quia te vidi.

Autres Leçons.

[Leçon iv.

Ex libro Morálium sancti Gregórii Papæ.

Liv. 10, Ch. 16 sur le 11 Chap. de Job.

D Eridétur justi simplícitas. Hujus mundi sapiéntia est cor machinatiónibus tégere, sensum verbis veláre, quæ falsa sunt vera osténdere, quæ vera sunt falsa demonstráre. Hæc nimirum prudéntia usu à juvénibus scitur; hæc à púeris prétio díscitur ; hanc qui sciunt cæteros despiciéndo supérbiunt ; hanc qui nésciunt subjécti & tímidi in áliis mirántur, quia ab eis hæc eádem duplicitátis iníquitas nómine palliáta dilígitur, dum mentis pervérsitas urbánitas vocátur. Hæc sibi obsequéntibus præcipit honórum cúlmina quærere, adéptâ temporális glóriæ vanitáte gaudére, irrogáta ab áliis mala multiplícius réddere ; cùm vires súppetunt, nullis resisténtibus cédere ; cùm virtútis possibílitas deest, quidquid explére per malitiam non valent, hoc in pacifica bonitáte simuláre.

℣. Honéstum ci-dessus.

Leçon v.

A T contra sapiéntia justórum est nil per ostensiónem finge-

re ; sensum verbis aperíre, vera ut sunt dilígere, falsa devitáre, bona gratìs exhibére, mala libéntiùs toleráre quàm fácere, nullam injúriæ ultiónem quærere, pro veritáte contuméliam lucrum putáre. Sed hæc justórum simplícitas deridétur, quia ab hujus mundi sapiéntibus puritátis virtus fatúitas créditur. Omne enim quod innocénter ágitur, ab eis procul dúbio stultum putátur ; & quidquid in ópere véritas appróbat, carnáli sapiéntiæ fátuum sonat. Quid namque stúltius vidétur mundo quàm mentem verbis osténdere, nil cállidâ machinatióne simuláre, nullas injúriis contumélias réddere, pro maledicéntibus oráre, paupertátem quærere, posséssa relínquere, rapiénti non resístere, percutiénti álteram maxíllam præbére ?

℟. Amávit ci-dessus.

Leçon vj.

Chap. 17 après le commencement.

L Ampas contémta apud cogitatiónes divitum. Sæpè contingit ut eléctus quisque qui ad ætérnam felicitátem dúcitur, contínuâ hîc adversitáte deprimátur, non hunc rerum abundántia fúlciat, non dignitátum glória honorábilem osténdat, nulla ei obsequéntium frequéntia súppetat, nulla hunc humánis óculis véstium pompa compónat ; à cunctis verò despicábilis cérnitur, & hujus mundi grátiâ indignus æstimátur ; sed tamen ante occúlti Júdicis óculos virtútibus émicat, vitæ méritis corúscat ; honorári métuit, déspici non réfugit : corpus continéntiâ afficit, ſolâ in ánimo dilectióne pinguéſcit ; mentem ſemper ad patiéntiam præparat : & eréctus pro juſtitia , de percéptis contuméliis exſúltat, afflíctis ex corde compátitur, de bonórum proſperitátibus quaſi de própriis lætátur , ſacri verbi pábula in mente ſollícitus rúminat, & inquiſitus quódlibet éloqui duplíciter ignórat.

℞. Iſte homo ci-deſſus.]

AU III NOCTURNE.

Ant. Dómine, iſte Sanctus habitábit in tabernáculo tuo ; operátus eſt juſtítiam, requiéſcet in monte ſancto tuo.

Pſeaume 14.

DOmine, quis habitábit in tabernáculo tuo ? * aut quis requiéſcet in monte ſancto tuo ?

Qui ingréditur ſine mácula * & operátur juſtítiam ;

Qui lóquitur veritátem in corde ſuo ; * qui non egit dolum in lingua ſua,

Nec fecit próximo ſuo malum, * & oppróbrium non accépit advérsùs próximos ſuos ;

Ad níhilum dedúctus eſt in conſpéctu ejus malígnus ; * timéntes autem Dóminum glorificat ;

Qui jurat próximo ſuo, & non décipit ; * qui pecúniam ſuam non dedit ad uſuram, & múnera ſuper innocéntem non accépit.

Qui facit hæc * non movébitur in ætérnum.

Ant. Dómine, iſte Sanctus habitábit in tabernáculo tuo ; operátus eſt juſtítiam, requiéſcet in monte ſancto tuo.

Ant. Vitam pétiit à te, & tribuíſti ei, Dómine : glóriam & magnum decórem impoſuíſti ſuper eum : poſuíſti in cápite ejus corónam de lápide pretióſo.

Pſeaume 20.

DOmine, in virtúte tua lætábitur Rex, * & ſuper ſalutáre tuum exſultábit veheménter.

Deſidérium cordis ejus tribuíſti ei, * & voluntáte labiórum ejus non fraudáſti eum.

Quóniam præveníſti eum in benedictiónibus dulcédinis ; * poſuíſti in cápite ejus corónam de lápide pretióſo.

Vitam pétiit à te ; * & tribuíſti ei longitúdinem diérum in ſéculum & in ſéculum ſéculi.

Magna eſt glória ejus in ſalutári tuo : * glóriam & magnum decórem impónes ſuper eum.

Quóniam dabis eum in benedictiónem in ſéculum ſéculi ; * lætificábis eum in gáudio cum vultu tuo.

Quóniam rex ſperat in Dómino, * & in miſericórdia Altíſſimi non commovébitur.

Inveniátur manus tua ómnibus inimícis tuis ; * déxtera tua invéniat omnes qui te odérunt.

Pones eos ut clíbanum ignis in témpore vultûs tui. * Dóminus in ira ſua conturbábit eos, & devorábit eos ignis.

Fructum eórum de terra perdes, * & ſemen eórum à fíliis hóminum.

Quóniam declinavérunt in te mala ; * cogitavérunt conſília quæ non potuérunt ſtabilíre.

Quóniam pones eos dorfum ; * in relíquiis tuis præparábis vultum eórum.

Exaltáre, Dómine, in virtúte tua : * cantábimus & pfallémus virtútes tuas.

Ant. Vitam pétiit à te , & tribuífti ei, Dómine : glóriam & magnum decórem impofuífti fuper eum ; pofuífti in cápite ejus corónam de lápide pretiófo

Ant. Hic accípiet benedictiónem à Dómino & mifericórdiam à Deo falutári fuo ; quia hæc eft generátio quæréntium Dóminum.

Pfeaume 23.

DOmini eft terra & plenitúdo ejus, * orbis terrárum & univérfi qui hábitant in eo.

Quia ipfe fuper mária fundávit eum, * & fuper flúmina præparávit eum.

Quis afcéndet in montem Dómini ? * aut quis ftabit in loco fanéto ejus ?

Innocens mánibus & mundo corde , * qui non accépit in vano ánimam fuam, nec jurávit in dolo próximo fuo.

Hic accípiet benedictiónem à Dómino , * & mifericórdiam à Deo falutári fuo.

Hæc eft generátio quæréntium eum, * quæréntium fáciem Dei Jacob.

Attóllite portas príncipes veftras; & elevámini, portæ æternáles : * & introíbit Rex glóriæ.

Quis eft ifte Rex glóriæ ? * Dóminus fortis & potens, Dóminus potens in prælio.

Attóllite portas príncipes veftras ; & elevámini, portæ æternáles : * & introíbit Rex glóriæ.

Quis eft ifte Rex glóriæ ? * Dóminus virtútum ipfe eft Rex glóriæ.

Ant. Hic accípiet benedictiónem à Dómino & mifericórdiam à Deo falutári fuo ; quia hæc eft generátio quæréntium Dóminum.

℣. Lex Dei ejus in corde ipfíus ; ℟. Et non fupplantabúntur greffus ejus.

Pater nofter.

Abfol. A vínculis peccatórum noftrórum abfólvat nos omnípotens & mifericors Dóminus. ℟. Amen.

Bened. Evangélica léctio fit nobis falus & protéctio. ℟. Amen.

Les Leçons pour les Abbés font après les fix fuivantes.

Leçon vij.

Léctio fancti Evangélii fecúndùm *Lucam.*

IN illo témpore dixit Jefus Difcípulis fuis, Sint lumbi veftri præcíncti, & lucérnæ ardéntes in mánibus veftris. Et réliqua.

Homília fancti Gregórii Papæ.

Homelie 13 fur les Evangiles.

SAncti Evangélii, Fratres chariffimi, apérta vobis eft léctio recitáta. Sed ne aliquibus ipfa ejus planíties alta fortáffe videátur, eam fub brevitáte tranfcúrrimus, quátenus ejus expofítio ita nefciéntibus fiat cógnita ut tamen fciéntibus non fit onerófa. Dóminus dicit, Sint lumbi veftri præcíncti. Lumbos enim præcíngimus, cùm carnis luxúriam per continéntiam coarctámus. Sed quia minus est mala non agere, nisi étiam quisque stúdeat & bonis opéribus insudáre, prótinus ádditur, Et lucérnæ ardéntes in mánibus vestris. Lucérnas quippe ardéntes in mánibus tenémus, cùm per bona ópera próximis nostris lucis exémpla monstrámus. De quibus profécto opéribus Dóminus dicit, Lúceat lux vestra coram homínibus, ut vídeant ópera vestra bona & gloríficent Patrem vestrum qui in cœlis est.

℟. Iste est qui ante Deum magnas virtútes operátus est, & de omni corde suo laudávit Dóminū, * Ipse intercédat pro peccátis ómnium populórum. ℣. Ecce homo sine queréla, verus Dei cultor, ábstinens se ab omni ópere malo, & pérmanens in innocéntia sua. * Ipse.

Bened. [Cujus ou Quorum] festum cólimus, [ipse intercédat ou ipsi intercédant] pro nobis ad Dóminum. ℟. Amen.

Leçon viij.

DUo autem sunt quæ jubéntur, & lumbos restríngere, & lucérnas tenére; ut & munditia sit castitátis in córpore & lumen veritátis in operatióne. Redemtóri étenim nostro unum sine áltero placére nequáquam potest; si aut is qui bona agit adhuc luxúriæ inquinaménta non déserit, aut is qui castitáte præéminet necdum se per bona ópera exércet. Nec cástitas ergo magna est sine bono ópere, nec opus bonum est áliquod sine castitáte. Sed & si utrúmque ágitur, restat ut, quisquis ille est, spe ad su-

pérnam pátriam tendat & nequáquam se à vítiis pro mundi hujus honestáte contineat.

℟. Sint lumbi vestri præcíncti, & lucérnæ ardéntes in mánibus vestris; * Et vos símiles homínibus exspectántibus Dóminum suum, quando revertátur à núptiis. ℣. Vigiláte ergo, quia nescítis quâ horâ Dóminus vester ventúrus sit. * Et vos. ℣. Glória Patri. * Et vos.

Bened. Ad societátem cívium supernórum perdúcat nos Rex Angelórum. ℟. Amen.

Leçon ix.

ET vos símiles homínibus exspectántibus Dóminum suum, quando revertátur à núptiis, ut, cùm vénerit & pulsáverit, conféstim apériant ei. Venit quippe Dóminus, cùm ad judícium próperat; pulsat verò, cùm jam per ægritúdinis moléstias esse mortem vicínam desígnat; cui conféstim aperímus, si hunc cum amóre suscípimus. Aperíre enim júdici pulsánti non vult qui exíre de córpore trépidat, & vidére eum quem contemsísse se méminit júdicem formídat. Qui autem de sua spe & operatióne secúrus est pulsánti conféstim áperit, quia lætus júdicē sústinet; & cùm tempus propínquæ mortis advénerit, de glória retributiónis hiláréscit.

Te Deum.

Autres Leçons.
[Leçon vij.
Léctio sancti Evangélii secúndùm Lucam. Ch. 12.

IN illo témpore dixit Jesus Discípulis suis, Nolíte timére, pusillus síllus grex , quia complácuit Patri veſtro dare vobis regnum. Et réliqua.

Homília Venerábilis Bedæ Presbyteri.

Liv. 4, Ch. 54. Sur le 12 Chap. de ſaint Luc.

PUsíllum gregem electórum , vel ob comparatiónem majóris númeri reprobórum , vel pótiùs ob humilitátis devotiónem nóminat ; quia vidélicet Ecclésiam ſuam quantálibet numerofitáte jam dilatátam , tamen uſque ad finem mundi humilitáte vult créſcere & ad promíſſum regnum humilitáte perveníre. Ideóque ejus labóres blandè conſolátus , quam regnum Dei tantum quærere præcipit , eídem regnum à Patre dandum complácitâ benignitáte promíttit.

Rz. Iſte eſt ci-deſſus.

Leçon viij.

VEndite quæ poſſidétis , & date eleemóſynam. Nolite, inquit , timére , ne propter regnum Dei militántibus hujus vitæ neceſſária deſint : quin étiam poſſéſſa propter eleemóſyná véndite. Quod tunc dignè fit , quando quis , ſemel pro Dómino ſuis ómnibus ſpretis , nihilóminus poſt hæc labóre mánuum , unde & victum tranſígere & eleemóſynam dare queat , operátur. Unde gloriátur Apóſtolus dicens , Argéntum & aurum aut veſtem nullíus concupívi ; ipſi ſcitis quóniam ad ea quæ mihi opus erant & his qui mecum ſunt , miniſtravérunt manus iſtæ. Omnia oſténdi vobis quóniam ſic laborán-

tes opórtet ſuſcípere infirmos.

Rz. Sint lumbi ci-deſſus.

Leçon ix.

FAcite vobis ſacculos qui non veteráſcunt , eleemóſynas vidélicet operándo quarum merces in ætérnum máneat. Ubi non hoc præcéptum eſſe putándum eſt , ut nihil pecúniæ reſervétur à Sanctis vel ſuis ſcílicet vel páuperum úſibus ſuggeréndæ ; cùm & ipſe Dóminus cui miniſtrábant Angeli , tamen ad informándam Ecclésiam ſuam lóculos habuíſſe legátur , & à Fidélibus obláta conſérvans, & ſuórum neceſſitátibus aliíſque indigéntibus tríbuens ; ſed ne Deo propter iſta ſerviátur , & ob inópiæ timórem juſtítia deſerátur.

Te Deum.]

Leçons pour les A B B E'S.

[Leçon vij.

Léctio ſancti Evangélii ſecúndùm Matthæum. *Ch. 19.*

IN illo témpore dixit Petrus ad Jeſum , Ecce nos relíquimus ómnia & ſecúti ſumus te , quid ergo erit nobis ? Et réliqua.

Homília ſancti Hierónymi Presbyteri.

Livre 3 ſur ſaint Matthieu.

GRandis fidúcia. Petrus piſcátor erat , dives non fúerat , cibos manu & arte quærébat ; & tamen lóquitur confidénter , Relíquimus ómnia. Et quia non ſufficit tantùm relínquere , jungit quod perféctum eſt , Et ſecúti ſumus te. Fécimus quod juſſiſti : quid ígitur dabis nobis præmii ? Jeſus autem dixit illis , Amen dico vobis quòd vos qui secúti estis me, in regeneratióne, cùm séderit Filius hóminis in sede majestátis suæ, sedébitis & vos super sedes duódecim judicántes duódecim tribus Israel. Non dixit, Qui reliquístis ómnia: hoc enim & Crates fecit philósophus, & multi álii divítias contemsérunt : sed , Qui secúti estis me , quod próprie Apostolórum est atque credéntium.

℞. Iste est qui ante Deú magnas virtútes operátus est , & de omni corde suo laudávit Dóminum. * Ipse intercédat pro peccátis ómnium populórum. ℣. Ecce homo sine queréla, verus Dei cultor, ábstinens se ab omni ópere malo, & pérmanens in innocéntia sua. * Ipse intercédat.

Bened. Cujus festum cólimus, ipse intercédat pro nobis ad Dóminum. ℞. Amen.

Leçon viij.

IN regeneratióne, cùm séderit Filius hóminis in sede majestátis suæ, quando & mórtui de corruptióne resúrgent incorrúpti, sedébitis & vos in fóliis judicántium condemnántes duódecim tribus Israel, quia, vobis credéntibus, illi crédere noluérunt. Et omnis qui relíquerit domum vel fratres aut soróres aut patrem aut matrem aut uxórem aut filios aut agros propter nomen meum, céntuplum accípiet & vitam ætérnam possidébit. Locus iste cum illa senténtia cóngruit in qua Salvátor lóquitur, Non veni pacem míttere sed gládium : veni enim separáre hóminem à patre suo

& filiam à matre & nurum à socru; & inimíci hóminis doméstici ejus. Qui ergo propter fidem Christi & prædicatiónem Evangélii omnes carnáles afféctus contémserint & divítias atque séculi voluptátes, isti céntuplum recípient & vitam ætérnam possidébunt.

℞. Sint lumbi vestri præcíncti, & lucérnæ ardéntes in mánibus vestris; * Et vos símiles homínibus exspectántibus Dóminum suú, quando revertátur à núptiis. ℣. Vigiláte ergo, quia nescítis quâ horâ Dóminus vester ventúrus sit. * Et vos. ℣. Glória Patri. * Et vos.

Bened. Ad societátem cívium supernórum perdúcat nos Rex Angelórum. ℞. Amen.

Leçon ix.

EX occasióne hujus senténtiæ quidam introdúcunt mille annos post resurrectiónem, dicéntes tunc nobis céntuplum ómnium rerum quas dimísimus & vitam ætérnam esse reddéndam, non intelligéntes quòd si in cæteris digna sit retribútio, in uxóribus appáreat turpitúdo, ut qui unam pro Dómino dimíserit, centum recípiat in futúro. Sensus ergo iste est : Qui carnália pro Salvatóre dimíserit, spirituália recípiet; quæ comparatióne & mérito sui ita erunt, quasi si parvo número centenárius númerus comparétur.

Te Deum.]

A LAUDES.

Aux Offices doubles on dit l'Antienne entiere avant & aprés

chaque Pseaume & le Cantique Benedictus.

Ant. Dómine, quinque talénta tradidísti mihi ; ecce ália quinque superlucrátus sum.

Pf. 92. Dóminus regnávit & les autres des Laudes du Dimanche.

Ant. Euge, serve bone, in módico fidélis, intra in gáudium Dómini tui.

Ant. Fidélis servus & prudens quem constítuit Dóminus super famíliam suam.

Ant. Beátus ille servus quem, cùm vénerit Dóminus ejus & pulsáverit jánuam, invénerit vigilántem.

Ant. Serve bone & fidélis, intra in gáudium Dómini tui.

Chapitre. *Eccli. 31.*

BEátus vir qui invéntus est sine mácula & qui post aurum non ábiit nec sperávit in pecúniæ thesáuris. Quis est hic ? & laudábimus eum ; fecit enim mirabília in vita sua. R̃. Deo grátias.

[Hymne ancienne.

JEsu coróna célsior
Et véritas sublímior,
Qui confiténti servulo
Reddis perénne præmium ;
Da supplicánti cœtui,
Obténtu hujus óptimi,
Remissiónem críminum
Rumpéndo nexum vínculi.
Anni recúrso témpore,
Dies illúxit lúmine
Quo Sanctus hic de córpore
Polum migrávit præpotens.
Hic vana terræ gáudia
Et luculénta prædia

Pollúta sorde députans,
Ovans tenet cœléstia.
Te, Christe Rex piíssime,
Hic confiténdo júgiter
Calcávit hostem fórtiter,
Supérbum ac satéllitem.
Virtúte clarus & fide,
Confessiónis órdine,
Jejúna membra déferens
Dapes supérnas óbtinet.
Proínde te, Piíssime,
Precámur omnes súpplices
Ut hujus almi grátiâ
Nobis remíttas débita.
Glória Patri Dómino ;
Glória Unigénito ;
Unâ cum sancto Spíritu
In sempitérna sécula. Amen.

Hymne nouvelle.

JEsu coróna célsior
Et véritas sublímior,
Qui confiténti servulo
Reddis perénne præmium ;
Da supplicánti cœtui,
Hujus rogátu, nóxii
Remissiónem críminis
Rumpéndo nexum vínculi.
Anni revérso témpore,
Dies refúlsit lúmine,
Quo Sanctus hic de córpore
Migrávit inter sídera.
Hic vana terræ gáudia
Et luculénta prædia
Pollúta sorde députans,
Ovans tenet cœléstia.
Te, Christe Rex piíssime,
Hic confiténdo júgiter
Calcávit artes dæmonum
Sævúmque Avérni príncipem.
Virtúte clarus & fide,
Confessióne sédulus,

I ij

Jejúna membra déferens
Dapes ſupérnas óbtinet.
Proínde te, Piíſſime,
Precámur omnes ſúpplices
Nobis ut hujus grátiâ
Pœnas remíttas débitas.
Patri perénnis glória
Natóque Patris único,
Sanctóque ſit Parácleto
Per omne ſemper ſéculum. Amen.]

℣. Juſtum dedúxit Dóminus per vias rectas, ℟. Et oſténdit illi regnum Dei.

A Benedíctus, Ant Euge ſerve bone & fidélis, quia in pauca fuíſti fidélis, ſupra multa te conſtítuam; intra in gáudium Dómini tui.

Dans ce qui eſt entre deux crochets [ ] dans les deux Oraiſons ſuivantes, on ne dit que ce qui eſt avant **ou**, lorſque l'Office eſt d'un ſeul ſaint Confeſſeur; & on ne dit que ce qui eſt après **ou**, lorſqu'on fait l'Office de pluſieurs ſaints Confeſſeurs enſemble.

Oraiſon.

DEus qui nos [beáti N. Confeſſóris tui ou beatórum N. & N. Confeſſórum tuórum] ánnuâ ſolemnitáte lætíficas, concéde propítius ut [cujus ou quorum] natalítia cólimus, étiam actiónes imitémur; per Dóminum.

Autre Oraiſon.

ADéſto, Dómine, ſupplicatiónibus noſtris quas in [beáti N. Confeſſóris tui ou beatórum N. & N. Confeſſórum tuórum] ſolemnitáte deférimus; ut qui noſtræ juſtítiæ fidúciam non habémus [ejus qui tibi plácuit ou eórum qui

tibi placuérunt] méritis adjuvémur; per Dóminum noſtrum.

Pour un Abbé.
Oraiſon.

INtercéſſio nos, quæſumus, Dómine, beáti N. Abbátis comméndet, ut quod noſtris méritis non valémus ejus patrocínio aſſequámur; per Dóminum.

A TIERCE.

Ant. Euge, ſerve bone, in módico fidélis, intra in gáudium Dómini tui.

Chapitre.   *Eccli 31.*

BEátus vir qui invéntus eſt ſine mácula & qui poſt aurum non ábiit nec ſperávit in pecúniæ theſáuris. Quis eſt hic? & laudábimus eum; fecit enim mirabília in vita ſua. ℟. Deo grátias.

℟. bref. Amávit eum Dóminus, * Et ornávit eum. On repete Amávit.

℣. Stolam glóriæ índuit eum, * Et ornávit.

℣. Glória Patri. ℟. Amávit.

℣. Os juſti meditábitur ſapiéntiam, ℟. Et lingua ejus loquétur judícium.

A SEXTE.

Ant. Fidélis ſervus & prudens quem conſtítuit Dóminus ſuper famíliam ſuam.

Chapitre.   *Eccli 39.*

JUſtus cor ſuum trádidit ad vigilándum dilúculo ad Dóminum qui fecit illum; & in conſpéctu Altíffimi deprecábitur. R̷. Deo grátias.

R̷. bref. Os juſti * Meditábitur fapiéntiam. On repete Os Juſti.

℣. Et lingua ejus loquétur judícium. * Meditábitur.

℣. Glória. R̷. Os Juſti.

℣. Lex Dei ejus in corde ipſíus, R̷. Et non ſupplantabúntur greſſus ejus.

A NONE.

Ant. Serve bone & fidélis, intra in gáudium Dómini tui.

Chapitre. *Sag. 10.*

JUſtum dedúxit Dóminus per vias rectas, & oſténdit illi regnum Dei, & dedit illi ſciéntiam Sanctórum; honeſtávit illum in labóribus, & complévit labóres illius. R̷. Deo grátias.

R̷. bref. Lex Dei ejus * In corde ipſíus. * Lex.

℣. Et non ſupplantabúntur greſſus ejus; * In corde. ℣. Glória Patri. R̷. Lex Dei.

℣. Juſtum dedúxit Dóminus per vias rectas, R̷. Et oſténdit illi regnum Dei.

AUX II VESPRES.

Tout ſe dit juſqu'au verſet comme aux I Veſpres.

℣. Juſtum dedúxit Dóminus per vias rectas, R̷. Et oſténdit illi regnum Dei.

A Magníficat, Ant.

Hic vir deſpíciens mundum & terréna, triúmphans Divítias cœlo cóndidit ore, manu.

LE COMMUN DES VIERGES.

AUX I VESPRES.

On ne dit qu'aux Offices doubles l'Antienne entiere avant & après chaque Pſeaume & le Cantique Magníficat.

Ant. Hæc eſt Virgo ſápiens & una de número prudéntum.

Pſeaume 109.

DIxit Dóminus Dómino meo, * Sede à dextris meis,

Donec ponam inimícos tuos * ſcabéllum pedum tuórum.

Virgam virtútis tuæ emíttet Dóminus ex Sion; * domináre in médio inimicórum tuórum.

Tecum princípium in die virtútis tuæ in ſplendóribus Sanctórum; * ex útero ante lucíferum génui te.

Jurávit Dóminus & non pœnitébit eum, * Tu es Sacérdos in ætérnum ſecúndùm órdinem Melchíſedech.

Dóminus à dextris tuis * confrégit in die iræ ſuæ reges.

Judicábit in natiónibus; implébit ruínas; * conquaſſábit cápita in terra multórum.

De torrénte in via bibet, * proptéreà exaltábit caput.

Ant. Hæc eſt Virgo ſápiens & una de número prudéntum.

Ant. Hæc eſt Virgo ſápiens quæ Dóminus vigilántem invénit.

Pfeaume. 112.

Laudáte, púeri, Dóminum, * laudáte nomen Dómini.

Sit nomen Dómini benedíctum * ex hoc nunc & ufque in fæculum.

A folis ortu ufque ad occáfum * laudábile nomen Dómini.

Excélfus fuper omnes gentes Dóminus, * & fuper cœlos glória ejus.

Quis ficut Dóminus Deus nofter qui in altis hábitat * & humília réfpicit in cœlo & in terra.

Súfcitans à terra ínopem * & de ftércore érigens páuperem,

Ut cóllocet eum cum princípibus, * cum princípibus pópuli fui ;

Qui habitáre facit ftérilem in domo, * matrem filiórum lætántem.

Ant. Hæc eft Virgo fapiens quá Dóminus vigilántem invénit.

Ant. Hæc eft quæ nefcívit torum in delícto : habébit fructum in refpectióne fanctórum.

Pfeaume 121.

Lætátus fum in his quæ dicta funt mihi, * In domum Dómini íbimus.

Stantes erant pedes noftri * in átriis tuis, Jerúfalem ;

Jerúfalem quæ ædificátur ut cívitás * cujus participátio ejus in idípfú.

Illuc enim afcendérunt tribus, tribus Dómini, * teftimónium Ifrael ad confiténdum nómini Dómini :

Quia illic fedérunt fedes in judício, * fedes fuper domum David.

Rogáte quæ ad pacem funt Jerúfalem : * & abundántia diligéntibus te.

Fiat pax in virtúte tua, * & abundántia in túrribus tuis.

Propter fratres meos & próximos meos * loquébar pacem de te.

Propter domum Dómini Dei noftri * quæfívi bona tibi.

Ant. Hæc eft quæ nefcívit torum in delícto : habébit fructum in refpectióne fanctórum.

Ant. Veni, elécta mea, & ponam in te thronum meum. Allelúia. On ne dit point ce mot depuis la Septuagefime jufqu'à Pafque.

Pfeaume 126.

Nifi Dóminus ædificáverit domum, * in vanum laboravérunt qui ædificant eam.

Nifi Dóminus cuftodíerit civitátem, * fruftra vígilat qui cuftódit eam.

Vanum eft vobis ante lucem fúrgere ; * fúrgite poftquam federítis, qui manducátis panem dolóris ;

Cùm déderit diléctis fuis fomnum. * Ecce hæréditas Dómini, filii merces fructus ventris.

Sicut fagíttæ in manu poténtis, * ita filii excufórum.

Beátus vir qui implévit defidérium fuum ex ipfis ; * non confundétur cùm loquétur inimícis fuis in porta.

Ant. Veni, elécta mea, & ponam in te thronum meum. Allelúia.

Ant. Ifta eft fpeciófa inter fílias Jerúfalem.

Pfeaume 147.

Lauda, Jerúfalem, Dóminum ; * lauda Deum tuum, Sion.

Quóniam confortávit feras portárum tuárum, * benedíxit fíliis tuis in te ;

Qui pósuit fines tuos pacem , * & ádipe fruménti fatiat te ;

Qui emíttit elóquium fuum terræ , * velóciter currit fermo ejus ;

Qui dat nivem ficut lanam , * nébulam ficut cinerém fpargit.

Mittit cryftállum fuam ficut buccéllas : * ante fáciem frígoris ejus quis fuftinébit ?

E míttet verbum fuum, & liquefáciet ea , * flabit fpíritus ejus & fluent aquæ ;

Qui annúntiat verbum fuum Jacob , * juftítias & judícia fua Ifraël.

Non fecit táliter omni natióni, * & judícia fua non manifeftávit eis.

Ant. Ifta eft fpeciófa inter fílias Jerúfalem.

Chapitre. *II Cor.* 10.

FRatres, Qui gloriátur, in Dómino gloriétur. Non enim qui feípfum comméndat, ille probátus eft, fed quem Deus comméndat. R̷. Deo grátias.

Hymne ancienne.

JEfu, coróna Vírginum ,
Quem mater illa cóncipit
Quæ fola virgo párturit ,
Hæc vota clemens áccipe ;
Qui páfcis inter lília
Septus choréis Vírginum ,
Sponfus decórus glóriâ
Sponfífque reddens præmia.
Quocúmque pergis, Vírgines
Sequúntur atque láudibus
Poft te canéntes cúrfitant
Hymnófque dulces pérfonant.
Te deprecámur lárgiùs,
Noftris adáuge fénfibus
Nefcíre prorfus ómnia
Corruptiónis vúlnera.

Laus , honor , virtus , glória
Deo Patri & Fílio ,
Sancto fimul Parácleto
In feculórum fécula. Amen.

Hymne nouvelle.

Jefu, coróna Vírginum , à la fin de ce Volume.

℣. Spécie tuâ & pulchritúdine tuâ R̷. Inténde , prófperè procéde & regna.

Lorfqu'on fait l'Office d'une feule Vierge, A Magníficat. Ant. Veni, Sponfa Chrifti , áccipe corónam quam tibi Dóminus præparávit in ætérnum.

Pour une Vierge Martyre.

DEus qui inter cétera poténtiæ tuæ mirácula étiam in fexu frágili victóriam martyrii contulífti , concéde propítius ut qui beátæ N. Vírginis & Mártyris tuæ natalítia cólimus , per ejus ad te exémpla gradiámur; per Dóminum noftrum.

Autre Oraifon.

INdulgéntiam nobis, quæfumus, Dómine , beáta N. Virgo & Martyr implóret, quæ tibi gráta femper éxftitit & mérito caftitátis & tuæ profeffióne virtútis ; per Dóminum.

Pour une Vierge non Martyre.

Oraifon.

EXáudi nos , Deus falutáris nofter; ut ficut de beátæ N. Vírginis tuæ feftivitáte gaudémus, ita piæ devotiónis erudiámur afféctu; per Dóminum noftrum Jefum Chriftum.

Lorfqu'on fait l'Office de plufieurs Vierges & Martyres enfem-

ble, A Magníficat, Ant. Prudéntes
Vírgines, aptáte veſtras lámpades :
ecce Sponſus venit, exíte óbviam
ei.

℣. Adducéntur Regi Vírgines
poſt eam ; ℟. Próximæ ejus afferéntur tibi.

Oraiſon.

DA nobis, quæſumus, Dómi-
ne Deus noſter, ſanctárum
Vírginum & Mártyrum N. & N.
palmas inceſſábili devotióne venerári, ut quas dignâ mente non póſſumus celebráre, humílibus ſaltem
frequentémus obſéquiis ; per Dóminum noſtrum.

A MATINES.

Invitatoire. Regem Vírginum
Dóminum, * Veníte, adorémus.
Pſ. 94 Veníte,

Pour une Vierge Martyre.
Hymne ancienne.

Virginis Proles Opiféxque Ma-
    tris,
Virgo quem geſſit, peperítque
  Virgo,
Vírginis feſtum cánimus trophæú,
    Accipe votum.
Hæc tua Virgo dúplici beáta
Sorte, dum geſtit frágilem domáre
Córporis ſexum, dómuit cruéntum
    Córpore ſæclum.
Unde nec mortê nec amíca mortis
Sæva poenárum génera pavéſcens,
Sánguine fuſo, méruit ſacrátum
    Scándere coelum.
Hujus obténtu, Deus alme, noſtris
Parce jam culpis, vítia remíttens,
Quò tibi puri reſonémus almum
    Péctoris hymnum.

Glória Patri genitæque Proli,
Et tibi, compar utriúſque ſemper
Spíritus alme, Deus unus, omni
    Témpore ſæcli. Amen.

Hymne nouvelle.

Virginis Proles Opiféxque Ma-
    tris,
Virgo quem geſſit, peperítque
  Virgo,
Vírginis partos cánimus decórâ
    Morte triúmphos.
Hæc enim palmæ dúplicis beáta
Sorte, dum geſtit frágilem domáre
Córporis ſexum, dómuit cruéntum
    Cæde tyránnum.
Unde nec mortê nec amíca mortis
Mille poenárum génera expavéſ-
  cens,
Sánguine effúſo méruit ſerénum
    Scándere coelum.
Hujus orátu, Deus alme, nobis
Débitas poenas ſcélerum remítte,
Ut tibi puro reſonémus almum
    Péctore carmen.
Sit decus Patri genitæque Proli
Et tibi, compar utriúſque virtus
Spíritus ſemper, Deus unus, omni
    Témporis ævo. Amen.

Pour une Vierge non Martyre.
Hymne ancienne.

Virginis Proles Opiféxque Ma-
    tris,
Virgo quem geſſit, peperítque
  Virgo,
Vírginis feſtum cánimus beátæ ;
    Accipe votum.
Hujus obténtu, Deus alme, noſ-
tris
Parce jam culpis, vítia remíttens,
Quò tibi puri reſonémus almum
    Péctoris hymnum.

Glória

Glória Pátri genitǽque Proli,
Et tibi, compar utriúfque femper
Spíritus alme, Deus unus, omni
   Témpore fæcli. Amen.
    Hymne nouvelle.

Virginis Proles Ōpiféxque Matris,
Virgo quem geffit, peperítque
  Virgo,
Vírginis feftum cánimus beátæ:
   Accipe votum.
Hujus orátu, Deus alme, nobis
Débitas pœnas fcélerum remítte,
Ut tibi puro refonémus almum
   Péctore carmen.
Sit decus Patri genitǽque Proli,
Et tibi compar utriúfque virtus
Spíritus femper, Deus unus, omni
   Témporis ævo. Amen.]
AU PREMIER NOCTURNE.
   Ant. O quàm pulchra eft cafta
generátio cum claritáte !
    Pfeaume 8.

Domine, Dóminus nofter, *
   quàm admirábile eft nomen
tuum in univérfa terra !
Quóniam eleváta eft magnificéntia tua * fuper cœlos.
Ex ore infántium & lacténtium
perfecísti laudem propter inimícos
tuos, * ut déftruas inimícum & ultórem.
Quóniam vidébo cœlos tuos, ópera digitórum tuórum, * lunam
& ftellas, quæ tu fundáfti.
Quid eft homo, quòd memor es
ejus ? * aut fílius hóminis, quóniam vífitas eum ?
Minuífti eum paulò minùs ab Angelis, glóriâ & honóre coronáfti
eum, * & conftituífti eum fuper

ópera mánuum tuárum.
Omnia fubjecífti fub pédibus ejus;
* oves & boves univérfas ínfuper
& pécora campi,
Vólucres cœli, & pifces maris *,
qui perámbulant fémitas maris.
Dómine, Dóminus nofter, * quàm
admirábile eft nomen tuum in univérfa terra !
   Ant. O quàm pulchra eft cafta
generátio cum claritáte !
   Ant. Ante torum hujus Vírginis frequentáte nobis dúlcia cántica drámatis.
    Pfeaume 18.

Cœli enárrant glóriam Dei, *
   & ópera mánuum ejus annúntiat firmaméntum.
Dies diéi erúctat verbum, * & nox
nocti índicat fciéntiam.
Non funt loquélæ neque fermónes, * quorum non audiántur voces eórum.
In omnem terram exívit fonus eórum, * & in fines orbis terræ verba eórum.
In fole pófuit tabernáculum fuum;
* & ipfe tanquam fponfus procédens de thálamo fuo.
Exfultávit ut gigas ad curréndam
viã : * à fummo cœlo egréffio ejus.
Et occúrfus ejus ufque ad fummum
ejus : * nec eft qui fe abfcóndat à
calóre ejus.
Lex Dómini immaculáta, convértens ánimas : * teftimónium Dómini fidéle, fapiéntiam præftans párvulis.
Juftitiæ Dómini rectæ, lætificántes corda : * præcéptum Dómini lúcidum, illúminans óculos.

Timor Dómini sanctus, pérmanens in séculum séculi : * judícia
Dómini vera, justificáta in semetípsa.

Desiderabília super aurum & lápidem pretiósum multum, * & dul-
ci̇óra super mel & favum.

Etenim servus tuus custódit ea; * in
custodiéndis illis retribútio multa.

Delícta quis intélligit ? ab occúltis
meis munda me, * & ab aliénis parce servo tuo.

Si mei non fúerint domináti, tunc
immaculátus ero : * & emundábor
à delícto máximo.

Et erunt ut compláceant elóquia
oris mei : * & meditátio cordis mei
in conspéctu tuo semper.

Dómine, adjútor meus : * & redémtor meus.

Ant. Ante torum hujus Vírginis frequentáte nobis dúlcia cántica drámatis.

Ant. Revértere, revértere, Sunamítis ; revértere, revértere, ut
intueámur te.

Pseaume 23.

DOmini est terra & plenitúdo
ejus, * orbis terrárum & univérsi qui hábitant in eo.

Quia ipse super mária fundávit
eum, * & super flúmina præparávit eum.

Quis ascéndet in montem Dómini ? * aut quis stabit in loco sancto
ejus ?

Innocens mánibus & mundo corde, * qui non accépit in vano ánimam suam, nec jurávit in dolo próximo suo.

Hic accípiet benedictiónem à Dó-

mino , * & misericórdiam à Deo
salutári suo.

Hæc est generátio quæréntium
eum, * quæréntium fáciem Dei
Jacob.

Attóllite portas príncipes vestras ;
& elevámini, portæ æternáles : *
& introíbit Rex glóriæ.

Quis est iste Rex glóriæ ? * Dóminus fortis & potens, Dóminus
potens in prælio.

Attóllite portas príncipes vestras ;
& elevámini, portæ æternáles : *
& introíbit Rex glóriæ.

Quis est iste Rex glóriæ ? * Dóminus virtútum ipse est Rex glóriæ.

Ant. Revértere, revértere, Sunamítis ; revértere, revértere, ut
intueámur te.

℣. Spécie tuâ & pulchritúdine
tuâ ℟. Inténde, próspere procéde
& regna.

Pater noster.

Absol. Exáudi, Dómine Jesu
Christe, preces servórum tuórum
& miserére nobis, qui cum Patre
& Spíritu sancto vivis & regnas in
sécula seculórum. ℟. Amen.

Bened. Benedictióne perpétuâ
benedícat nos Pater ætérnus. ℟.
Amen.

Leçon j.
De Epístola prima beáti Pauli
Apóstoli ad Corínthios. Ch. 7.

DE Virgínibus præcéptum
Dómini non hábeo, consí-
lium autem do, tanquam misericórdiam consecútus à Dómino ut
sim fidélis. Exístimo ergo hoc bonum esse propter instántem necessitátem, quóniam bonum est hó-

mini sic esse. Alligátus es uxóri, noli quærere solutiónem. Solútus es ab uxóre, noli quærere uxórem. Si autem accéperis uxórem, non peccásti. Et si núpserit Virgo, non peccávit: tribulatiónem tamen carnis habébunt hujúsmodi. Ego autem vobis parco. Hoc itaque dico, Fratres, Tempus breve est: réliquum est ut & qui habent uxóres, tanquam non habéntes sint; & qui flent, tanquam non flentes; & qui gáudent, tanquam non gaudéntes; & qui emunt, tanquam non possidéntes; & qui utúntur hoc mundo, tanquam non utántur: præterit enim figúra hujus mundi.

Pour une Vierge Martyre, ℟. Veni, Sponsa Christi, áccipe corónam quam tibi Dóminus præparávit in ætérnum, pro cujus amóre sánguinem tuum fudísti, * Et cum Angelis in paradísum introísti. ℣. Veni, elécta mea, & ponam in te thronum meum, quia concupívit Rex spéciem tuam; * Et cum Angelis.

Pour une Vierge non Mártyre, ℟. Veni, elécta mea, & ponam in te thronum meum, * Quia concupívit Rex spéciem tuam. ℣. Spécie tuâ & pulchritúdine tuâ, inténde, próspere procéde & regna, * Quia concupívit.

Bened. Unigénitus Dei Filius nos benedícere & adjuváre dignétur. ℟. Amen.

Leçon ij.

VOlo autem vos sine sollicitúdine esse. Qui sine uxóre est sollícitus est quæ Dómini sunt, quómodo pláceat Deo. Qui autem cum uxóre est sollícitus est quæ sunt mundi, quómodo pláceat uxóri; & divísus est. Et múlier innúpta & virgo cógitat quæ Dómini sunt, ut sit sancta córpore & spíritu. Quæ autem nupta est cógitat quæ sunt mundi, quómodo pláceat viro. Porrò hoc ad utilitátem vestram dico, non ut láqueum vobis injíciam, sed ad id quod honéstum est, & quod facultátem præbeat sine impediménto Dóminum obsecrándi.

℟. Diffúsa est grátia in lábiis tuis, * Proptéreà benedíxit te Deus in ætérnum. ℣. Spécie tuâ & pulchritúdine tuâ inténde, próspere procéde & regna. * Proptéreà.

Bened. Spíritûs sancti grátia illúminet sensus & corda nostra. ℟. Amen.

Leçon iij.

SI quis autem turpem se vidéri existimat super Vírgine suâ quòd sit superadúlta, & ita opórtet fíeri; quod vult fáciat: non peccat, si nubat. Nam qui státuit in corde suo firmus, non habens necessitátem, potestátem autem habens suæ volúntátis, & hoc judicávit in corde suo, serváre Vírginem suam, bene facit. Igitur & qui matrimónio jungit Vírginem suam, bene facit; & qui non jungit, mélius facit. Múlier alligáta est legi quanto témpore vir ejus vivit. Quòd si dormíerit vir ejus, liberáta est; cui vult nubat, tantùm in Dómino. Beátior autem erit si sic permánserit secúndùm meum consílium. Puto autem quòd &

ego Spíritum Dei hábeam.

℟. Spécie tuâ & pulchritúdine
tuâ * Inténde, próspere procéde &
regna. ℣. Diffúsa est grátia in lábiis tuis, proptéreà benedíxit te
Deus in ætérnum. * Inténde. ℣.
Glória Patri. * Inténde.

Autres Leçons.
Pour une Vierge Martyre.

Leçon j.

De Libro Ecclesiástici. Ch. 51.

Onfitébor tibi, Dómine Rex,
& collaudábo te Deum Sal-
vatórem meum. Confitébor nómini tuo, quóniam adjútor & protéctor factus es mihi, & liberásti
corpus meum à perditióne, à láqueo linguæ iníquæ & à lábiis operántium mendácium, & in conspéctu astántium factus es mihi adjútor. Et liberásti me secúndùm multitúdinem misericórdiæ nóminis tui
à rugiéntibus præparátis ad escam,
de mánibus quæréntium ánimam
meam, & de portis tribulatiónum
quæ circumdedérunt me, à pressúra flammæ quæ circúmdedit me,
& in médio ignis non sum æstuáta;
de altitúdine ventris ínferi & à lingua coinquináta & à verbo mendácii, à rege iníquo & à lingua injústa.

℟. Veni Sponsa ci-dessus.

Leçon ij.

Audábit usque ad mortem á-
nima mea Dóminum, & vita
mea appropínquans erat in inférno
deórsum. Circumdedérunt me úndique, & non erat qui adjuváret.
Respíciens eram ad adjutórium hóminum, & non erat. Memoráta sum

misericórdiæ tuæ, Dómine, & operatiónis tuæ quæ à século sunt, quóniam éruis sustinéntes te, Dómine,
& líberas eos de mánibus géntium.

℟. Diffúsa est ci-dessus.

Leçon iij.

Xaltásti super terram habitatiónem meam, & pro morte
defluénte deprecáta sum. Invocávi
Dóminum Patrem Dómini mei, ut
non derelínquat me in die tribulatiónis meæ & in témpore superbórum sine adjutório. Laudábo nomen tuum assíduè & collaudábo
illud in confessióne, & exaudíta est
orátio mea. Et liberásti me de perditióne, & eripuísti me de témpore
iníquo. Proptéreà confitébor & laudem dicam tibi & benedícam nómini Dómini.

℟. Spécie tuâ ci-dessus.

AU II NOCTURNE.

Ant. Spécie tuâ & pulchritúdine
tuâ inténde, próspere procéde &
regna.

Pseaume 44.

Ructávit cor meum verbum
bonum; * dico ego ópera mea
Regi.
Lingua mea cálamus scribæ * velóciter scribéntis.
Speciósus formâ præ fíliis hóminum; diffúsa est grátia in lábiis tuis;
* proptéreà benedíxit te Deus in
ætérnum.
Accíngere gládio tuo super femur
tuum, * potentíssime.
Spécie tuâ & pulchritúdine tuâ
* inténde, próspere procéde &
regna,
Propter veritátem & mansuetúdi-

nem & justítiam ; * & dedúcet te mirabíliter déxtera tua.

S agíttæ tuæ acútæ, pópuli sub te cadent, * in corda inimicórum regis.

S edes tua, Deus, in séculum séculi ; * virga directiónis, virga regni tui.

D ilexísti justítiam, & odísti iniquitátem ; * proptéreà unxit te Deus, Deus tuus, óleo lætítiæ præ consórtibus tuis.

M yrrha & gutta & cásia à vestiméntis tuis à dómibus ebúrneis, * ex quibus delectavérunt te filiæ regnum in honóre tuo.

A stitit regina à dextris tuis in vestitu deauráto * circúmdata varietáte.

A udi, fília, & vide, & inclína aurem tuam, * & oblivíscere pópulum tuum & domum patris tui :

E t concupíscet Rex decórem tuú, quóniam ipse est Dóminus Deus tuus, & adorábunt eum.

E t filiæ Tyri in munéribus * vultum tuum deprecabúntur, omnes dívites plebis.

O mnis glória ejus filiæ Regis ab intus, * in fimbriis áureis, circumamícta varietáribus.

A dducéntur Regi vírgines post eá ; * próximæ ejus afferéntur tibi ;

A fferéntur in lætítia & exultatióne ; * adducéntur in templum Regis.

P ro pátribus tuis, nati sunt tibi fílii ; * constítues eos príncipes super omnem terram.

M émores erunt nóminis tui * in omni generatióne & generatiónem.

P roptéreà pópuli confitebúntur tibi in ætérnum * & in séculum séculi.

Ant. Spécie tuâ & pulchritúdine tuâ inténde, próspere procéde & regna.

Ant. Adjuvábit eam Deus vultu suo : Deus in médio ejus ; non commovébitur.

Pseaume 45.

D Eus noster refúgium & vírtus ; * adjútor in tribulatiónibus quæ invenérunt nos nimis.

P roptéreà non timébimus dum turbábitur terra * & transferéntur montes in cor maris.

S onuérunt & turbátæ sunt aquæ eórum ; * conturbáti sunt montes in fortitúdine ejus.

F lúminis ímpetus lætíficat civitátem Dei : * sanctificávit tabernáculum suum Altíssimus :

D eus in médio ejus ; non commovébitur : * adjuvábit eam Deus mane dilúculo.

C onturbátæ sunt gentes, & inclináta sunt regna : * dedit vocem suam, mota est terra.

D óminus virtútum nobíscum ; * suscéptor noster Deus Jacob.

V eníte, & vidéte ópera Dómini, quæ pósuit prodígia super terram, * áuferens bella usque ad finem terræ.

A rcum cónteret, & confrínget arma, * & scuta combúret igni.

V acáte, & vidéte quóniam ego sum Deus : * exaltábor in géntibus, & exaltábor in terra.

D óminus virtútum nobíscum : * suscéptor noster Deus Jacob.

Ant. Adjuvábit eam Deus vultu suo : Deus in médio ejus ; non commovébitur.

Ant. Aquæ multæ non potuérunt exſtinguere charitátem.

Pſeaume 47.

Magnus Dóminus & laudábilis nimis * in civitáte Dei noſtri, in monte ſancto ejus.

Fundátur exſultatióne univérſæ terræ mons Sion, * látera Aquilónis, cívitas Regis magni.

Deus in dómibus ejus cognoſcétur, * cùm ſuſcípiet eam.

Quóniam ecce reges terræ congregáti ſunt, * convenérunt in unum.

Ipſi vidéntes ſic admiráti ſunt, conturbáti ſunt, commóti ſunt; * tremor apprehéndit eos:

Ibi dolóres ut parturiéntis: * in ſpíritu veheménti cónteres naves Tharſis.

Sicut audívimus, ſic vídimus in civitáte Dómini virtútum, in civitáte Dei noſtri; * Deus fundávit eam in ætérnum.

Suſcépimus, Deus, miſericórdiam tuam * in médio templi tui.

Secúndùm nomen tuum, Deus, ſic & laus tua in fines terræ; * juſtítiâ plena eſt déxtera tua.

Lætétur mons Sion & exſúltent fíliæ Judæ * propter judícia tua, Dómine.

Circúmdate Sion, & compléctimini eam; * narráte in túrribus ejus:

Pónite corda veſtra in virtúte ejus; * & diſtribúite domos ejus; ut enarrétis in progénie álterâ.

Quóniam hic eſt Deus, Deus noſter in ætérnum & in ſéculum ſéculi; * ipſe reget nos in ſécula.

Ant. Aquæ multæ non potuérunt exſtinguere charitátem.

℣. Adjuvábit eam Deus vultu ſuo; ℟. Deus in médio ejus; non commovébitur.

Pater noſter.

Abſol. Ipſius píetas & miſericórdia nos ádjuvet qui cum Patre & Spíritu ſancto vivit & regnat in ſécula ſéculórum. ℟. Amen.

Bened. Deus Pater omnípotens ſit nobis propítius & clemens. ℟. Amen.

Leçon iv.

Sermo ſancti Ambróſii Epíſcopi.

Livre 1 des Vierges.

Quóniam hódie natális eſt Vírginis, ínvitat nos integritátis amor ut áliquid de Virginitáte dicámus, ne velúti tranſitu quodam præſtrícta videátur quæ principális eſt virtus. Non enim ídeò laudábilis virgínitas, quia & in Martyribus reperítur; ſed quia ipſa Martyres faciat. Quis autem humáno eam poſſit ingénio comprehéndere quam nec natúrâ ſuis inclúſit légibus? aut quis naturáli voce compléctí quod ſupra uſum natúræ ſit? E cœlo accersívit quod imitarétur in terris. Nec immérito vivéndi ſibi uſum quæsívit è cœlo quæ ſponſum ſibi invénit in cœlo.

℟. Propter veritátem & manſuetúdinem & juſtítiam; * Et dedúcet te mirabíliter déxtera tua. ℣. Spécie tuâ & pulchritúdine tuâ inténde, próſperè procéde & regna; * Et dedúcet.

Bened. Chriſtus perpétuæ det nobis gáudia vitæ. ℟. Amen.

Leçon v.

HÆc nubes, aëra, Angelos, sideráque transgrédiens, Verbum Dei in ipso sinu Patris invénit & toto hausit péctore. Nam quis tantum, cùm invénerit, relínquat boni? Unguéntum enim exinanítum est nomen tuum; proptéreà adolescéntulæ dilexérunt te & attraxérunt te. Postrémò, non meum est illud, quóniam quæ non nubunt neque nubéntur erunt sicut Angeli Dei in cœlo. Nemo ergo mirétur si Angelis comparéntur quæ Angelórum Dómino copulántur.

℟. Dilexísti justítiam & odísti iniquitátem; * Proptéreà unxit te Deus, Deus tuus, óleo lætítiæ. ℣. Propter veritátem & mansuetúdinem & justítiam, * Proptéreà.

Bened. Ignem sui amóris accéndat Deus in córdibus nostris. ℟. Amen.

Leçon vj.

QUis ígitur neget hanc vitam fluxísse de cœlo quam non facilè invénimus in terris, nisi postquam Deus in hæc terréni córporis membra descéndit? Tunc in útero Virgo concépit, & Verbum caro factum est, ut caro fíeret Deus. Dicet áliquis; sed étiam Elías nullíus corpórei cóïtus fuísse pertúrus cupiditátibus invénitur. Ideo ergo curru raptus ad cœlum, ideò cum Dómino appáret in glóriâ, ideò Domínici ventúrus est præcúrsor advéntûs.

℟. Afferéntur Regi Vírgines post eam; próximæ ejus * Afferéntur tibi in lætítia & exsultatióne.

℣. Spécie tuâ & pulchritúdine tuâ inténde, próspere procéde & regna. * Afferéntur. ℣. Glória Patri. * Afferéntur.

Autres Leçons.
Leçon iv.

Ex libro sancti Cypriáni Epíscopi & Mártyris, de disciplína & hábitu Vírginum. Ch. 2.

NUnc nobis ad Vírgines sermo est, quarum quò sublímior glória est, major & cura est. Flos est ille Ecclesiástici gérminis, decus atque ornaméntum grátiæ spiritális, læta índoles, laudis & honóris opus íntegrum atque incorrúptum, Dei imágo respóndens ad sanctimóniam Dómini, illústrior pórtio gregis Christi. Gaudet per illas atque in illis lárgiter floret Ecclésiæ matris gloriósa fœcúnditas; quantóque plus copiósa Virgínitas número suo addit, tanto plus gáudium matris augéscit. Ad has lóquimur, has adhortámur affectióne pótiùs quàm potestáte: non quòd extrémi & mínimi & humilitátis nostræ ádmodùm cónscii áliquid ad censúram licéntiæ vindicémus, sed quòd ad sollicitúdinem magis cáuti, plus de diáboli infestatióne timeámus.

℟. Propter veritátem cu—deltus.

Leçon v.

NEque inánis hæc cáutio est & vana fórmido, quæ ad salútis viam cónsulit, quæ Domínica & vitália præcépta custódit, ut quæ se Christo dicáverint, & à carnáli concupiscéntia recedéntes tam carne quàm mente se Deo vovérent consúmment opus suum magno prǽmio destinátum, nec ornári jam aut placére cuíquam nisi Dómino suo stúdeant à quo & mercédem virginitátis exspéctant, dicénte ipso, Non omnes cápiunt verbum, sed illi quibus datum est: sunt enim spadónes qui ex útero matris sic nati sunt, & sunt spadónes qui coácti sunt ab homínibus, & sunt spadónes qui seípsos castravérunt propter regnum cœlórum.

℟. Dilexísti ci-dessus.

Leçon vj.

Denuò quoque per hanc Angeli vocem continéntiæ munus osténditur, Virgínitas prædicátur, Hi sunt qui cum muliéribus se non coinquinavérunt; Vírgines enim permansérunt: hi sunt qui sequúntur Agnum quocúmque íerit. Neque enim tantum másculis continéntiæ grátiam Dóminus repromíttit, & féminas prǽterit; sed quóniam fémina viri pórtio est & ex eo sumta atque formáta est, in Scriptúris ferè ómnibus ad protoplástum Deus lóquitur, quia sunt duo in carne una & in másculo simul significátur & fémina. Quòd si Christum continéntia séquitur & regno Dei virgínitas destinátur, quid est illis cum terréno cultu & cum ornaméntis quibus dum homínibus placére géstiunt, Deum offéndunt?

℟. Afferéntur ci-dessus.

Au III Nocturne.

Ant. Nigra sum, sed formósa, filiæ Jerúsalem; ídeò diléxit me Rex & introdúxit me in cubículum suũ.

Pseaume 95.

Cantáte Dómino cánticum novum. * Cantáte Dómino omnis terra.

Cantáte Dómino, & benedícite nómini ejus. * Annuntiáte de die in diem salutáre ejus.

Annuntiáte inter gentes glóriam ejus; * in ómnibus pópulis mirabília ejus.

Quóniam magnus Dóminus & laudábilis nimis; * terríbilis est super omnes deos.

Quóniam omnes dii géntium dæmónia; * Dóminus autem cœlos fecit.

Conféssio & pulchritúdo in conspéctu ejus; * sanctimónia & magnificéntia in sanctificatióne ejus.

Afférte Dómino pátriæ géntium, afférte Dómino glóriam & honórem, * afférte Dómino glóriam nómini ejus.

Tóllite hóstias, & introíte in átria ejus: * adoráte Dóminum in átrio sancto ejus.

Commoveátur à fácie ejus univérsa terra. * Dícite in géntibus, quia Dóminus regnávit.

Etenim corréxit orbem terræ, qui non commovébitur: * judicábit pópulos in æquitáte.

Lætentur cœli & exsúltet terra, commoveátur mare, & plenitúdo ejus; * gaudébunt campi & ómnia quæ in eis sunt.

Tunc exsultábunt ómnia ligna silvárum à fácie Dómini quia venit, * quóniam venit judicáre terram.

Judicábit orbem terræ in æquitáte, * & pópulos in veritáte sua.

Ant.

Ant. Nigra sum, sed formósa, filiæ Jerúsalem; ídeò diléxit me Rex & introdúxit me in cubículum suum.

Ant. Trahe me post te, in odórem currémus unguentórum tuórum: óleum effúsum nomen tuum.

Pseaume 96.

DOminus regnávit; exsúltet terra, * lætentur ínsulæ multæ. Nubes & calígo in circúitu ejus. * Justítia & judícium corréctio sedis ejus.

Ignis ante ipsum præcédet, * & inflammábit in circúitu inimícos ejus.

Illuxérunt fúlgura ejus orbi terræ; * vidit & commóta est terra.

Montes sicut cera fluxérunt à fácie Dómini, * à fácie Dñi omnis terra.

Annuntiavérunt cœli justítiam ejus; * & vidérunt omnes pópuli glóriam ejus.

Confundántur omnes qui adórant sculptília, * & qui gloriántur in simuláchris suis.

Adoráte eum, omnes Angeli ejus. * Audívit & lætáta est Sion,

Et exsultavérunt fíliæ Judæ * propter judícia tua, Dómine:

Quóniam tu Dóminus altíssimus super omnem terram; * nimis exaltátus es super omnes deos.

Qui dilígitis Dóminum, odíte malum: custódit Dóminus ánimas sanctórum suórum, * de manu peccatóris liberábit eos.

Lux orta est justo, * & rectis corde lætítia.

Lætámini, justi, in Dómino, * & confitémini memóriæ sanctificatiónis ejus.

Ant. Trahe me post te, in odórem currémus unguentórum tuórum: óleum effúsum nomen tuum.

Ant. Veni, Sponsa Christi, áccipe corónam quam tibi Dóminus præparávit in ætérnum.

Pseaume 97.

CAntáte Dómino cánticum novum, * quia mirabília fecit. Salvávit sibi déxtera ejus * & bráchium sanctum ejus.

Notum fecit Dóminus salutáre suum; * in conspéctu géntium revelávit justítiam suam.

Recordátus est misericórdiæ suæ * & veritátis suæ dómui Israel.

Vidérunt omnes términi terræ * salutáre Dei nostri.

Jubiláte Deo, omnis terra; * cantáte & exsultáte & psállite.

Psállite Dómino in cíthara, in cíthara & voce psalmi, * in tubis ductílibus & voce tubæ córneæ.

Jubiláte in conspéctu Regis Dómini. Moveátur mare & plenitúdo ejus, * orbis terrárum & qui hábitant in eo.

Flúmina plaudent manu; simul montes exsultábunt à conspéctu Dómini, * quóniam venit judicáre terram.

Judicábit orbem terrárum in justítia, * & pópulos in æquitáte.

Ant. Veni, Sponsa Christi, áccipe corónam quam tibi Dóminus præparávit in ætérnum.

℣. Elégit eam Deus & præelégit eam; ℟. In tabernáculo suo habitáre facit eam.

Pater noster.

Absol. A vínculis peccatórum

noſtrórum abſólvat nos omnípotens & miſéricors Dóminus. ℟. Amen.

Bened. Evangélica léctio ſit nobis ſalus & ptotéctio. ℟. Amen.

Leçon vij.

Léctio ſancti Evangélii ſecúndùm Matthæum. *Ch. 25.*

IN illo témpore dixit Jeſus Diſcípulis ſuis parábolam hanc: Símile erit regnum cœlórum decem Virgínibus quæ accipiéntes lámpades ſuas exiérunt óbviam ſponſo & ſponſæ. Et réliqua.

Homília ſancti Gregórii papæ.

Homelie 12 ſur les Evangiles.

SÆpè vos, Fratres chariſſimi, admóneo prava ópera fúgere, mundi hujus inquinaménta devitáre ; ſed hodiérnâ ſancti Evangélii lectióne compéllor dícere ut & bona quæ ágitis cum magna cautéla teneátis, ne per hoc quod à vobis rectum géritur, favor aut grátia humána requirátur, ne appetítus laudis ſúbrepat, & quod foris oſténditur intus à mercéde vacuétur. Ecce enim Redemtóris voce decem Vírgines, & omnes dicúntur Vírgines ; & tamen intra beatitúdinis jánuam non omnes ſunt recéptæ ; quia eárum quædam dum de virginitáte ſua glóriam foris éxpetunt, in vaſis ſuis óleum habére noluérunt.

℟. Hæc eſt Virgo ſapiens quam Dóminus vigilántem invénit, quæ accéptis lampádibus ſumſit ſecum óleum, * Et, veniénte Dómino, introívit cum eo ad núptias. ℣. Médiâ nocte clamor factus eſt, Ecce

ſponſus venit, exíte óbviam ei. * Et veniénte.

Bened. [Cujus ou Quarum] feſtum cólimus, [ipſa intercédat ou ipſæ intercédant] pro nobis ad Dóminum. ℟. Amen.

Leçon viij.

SEd priùs quæréndum nobis eſt quid ſit regnum cœlórum, aut cur decem Virgínibus comparétur, quæ étiam Vírgines prudéntes & fátuæ dicántur. Dum enim cœlórum regnum conſtat quia reprobórum nullus ingréditur, étiam fátuis Virgínibus cur ſímile eſſe perhibétur ? Sed ſciéndum nobis eſt quòd ſæpe in ſacro elóquio regnum cœlórum præſéntis témporis Eccléſia dícitur. De quo álio in loco Dóminus dicit, Mittet Fílius hóminis Angelos ſuos, & cólligent de regno ejus ómnia ſcándala. Neque enim in illo regno beatitúdinis, in quo pax ſumma eſt, inveníri ſcándala póterunt quæ colligántur.

℟. Médiâ nocte clamor factus eſt, * Ecce ſponſus venit, exíte óbviam ei ; ℣. Prudéntes Vírgines aptáte veſtras lámpades ; * Ecce ſponſus. ℣. Glória Patri. * Ecce ſponſus.

Bened. Ad ſocietátem cívium ſupernórum perdúcat nos Rex Angelórum. ℟. Amen.

Leçon ix.

IN quinque autem córporis ſénſibus unuſquíſque ſubſíſtit. Gemínatus autem quinárius denárium pérficit. Et quia ex utróque ſexu Fidéliú multitúdo collígitur, ſancta

Ecclésia decem Virgínibus símilis esse denuntiátur; in qua quia mali cum bonis & réprobi cum eléctis admíxti sunt, recté símilis Virgínibus prudéntibus & fátuis esse perhibétur. Sunt namque pleríque continéntes, qui ab appetítu se exterióri custódiunt & spe ad interióra rapiúntur, carnem mácerant & toto desidério ad supérnam pátriam anhælant, ætérna præmia éxpetunt, pro labóribus suis recípere laudes humánas nolunt. Hi nimírum glóriam suam non in ore hóminum ponunt, sed intra consciéntiam cóntegunt. Et sunt pleríque, qui corpus per abstinéntiam affligunt, sed de ipsa sua abstinéntia humános favóres éxpetunt.

Te Deum.

Autres Leçons.

Leçon vij.

Léctio sancti Évangélii secúndùm Matthæum. *Ch.* 19.

IN illo témpore accessérunt ad Jesum Pharisæi tentántes eum & dicéntes, Si licet hómini dimíttere uxórem suam quacúmque ex causa? Et réliqua.

Homília sancti Joánnis Chrysóstomi.

Homelie 63 *sur St Matthieu.*

DOminus noster qui ad virginitátem hortári grave esse videbátur, à necessitáte legis de non solvéndo matrimónio eos ad cupiditátem illíus tráhere studet. Deínde ut eam esse possíbilem osténdat, sic inquit, Sunt Eunúchi qui ex ventre matris ita nati sunt, & sunt qui ab homínibus eunúchi facti

sunt, & sunt qui seípsos castravérunt propter regnum cœlórum. Quibus verbis laténter eos ad eligéndam virginitátem indúcit, dum eam virtútem esse possíbilem ádstruit.

R̷. Hæc est ci-dessus.

Leçon viij.

ID autem hoc feré modo confírmat. Cógita tecum si aut à natúra talis esses, aut ab homínibus eam injúriam passus, quid fáceres, cùm & ejúsmodi voluptáte caréres & nullam caréndo mercédem consequeréris? Grátias ígitur nunc Deo agas quòd cum mercéde atque corónis idem sústines quod illi sine corónis ac præmio tólerant; immò verò non idem, sed multò lévius, tum quia spe erigéris & consciéntia recté facti, tum quia non ita ingéntibus concupiscéntiæ flúctibus jactáris.

R̷. Médiâ nocte ci-dessus.

Leçon ix.

CUm ergo de illis eunúchis díxerit qui nisi étiam ipsi mente se contíneant, frustra & inutíliter tales sunt, ac de illis qui ut regnum cœlórum consequántur, se cóntinent, subjúnxit rursus dicens, Qui potest cápere, cápiat; ut alacrióres effíciat eo ipso quòd grave esse opus osténdit, & ineffábili benignitáte suâ nóluit eam rem intra necessitátem legis conclúdere; idque dicéndo adhuc ut magis possíbilem demónstrat, ut voluntátis stúdium plus augeátur.

Te Deum.

R. 4. *Automne.* n ij

A LAUDES.

Aux Offices doubles on dit l'Antienne entiere avant & après chaque Pseaume & le Cantique Benedictus.

Ant. Hæc est Virgo sapiens & una de número prudéntum.

Ps. 92 Dóminus regnávit & les autres des Laudes du Dimanche.

Ant. Hæc est Virgo sapiens quam Dóminus vigilántem invénit.

Ant. Hæc est quæ nescívit torum in delícto : habébit fructum in respectióne animárum sanctárum.

Ant. Veni, elécta mea, & ponam in te thronum meum. Allelúia. On omet ce mot depuis la Septuagesime jusqu'à Pasque.

Ant. Ista est speciósa inter filias Jerúsalem.

Chapitre. *II Cor. 10.*

FRatres, Qui gloriátur, in Dómino gloriétur. Non enim qui seipsum comméndat ille probátus est, sed quem Deus comméndat. R. Deo grátias.

Hymne ancienne.

JEsu, coróna Vírginum,
Quem mater illa cóncipit
Quæ sola virgo párturit,
Hæc vota clemens áccipe ;
Qui pascis inter lilia
Septus choréis Vírginum,
Sponsus decórus glóriâ
Sponsísque reddens præmia.
Quocúmque pergis, Vírgines
Sequúntur atque láudibus
Post te canéntes cúrsitant
Hymnósque dulces pérsonant.

Te deprecámur lárgiús,
Nostris adáuge sénsibus
Nescíre prorsus ómnia
Corruptiónis vúlnera.
Laus, honor, virtus, glória
Deo Patri & Fílio,
Sancto simul Parácleto
In seculórum sécula.
Amen.

Hymne nouvelle.

Jesu, coróna Vírginum, à la fin de ce Volume.

V. Diffúsa est grátia in lábiis tuis,
R. Proptéreà benedíxit te Deus in ætérnum.

A Benedictus, Ant. Símile est regnum coelórum hómini negotiatóri quærénti bonas margarítas : invéntâ unâ pretiósâ, dedit ómnia sua, & comparávit eam.

Pour une Vierge Martyre.
Oraison.

DEus qui inter cétera poténtiæ tuæ mirácula étiam in sexu frágili victóriam martyrii contulísti, concéde propitius ut qui beátæ N. Vírginis & Mártyris tuæ natalítia cólimus, per ejus ad te exémpla gradiámur; per Dóminum.

Autre Oraison.

INdulgéntiam nobis, quæsumus, Dómine, beáta N. Virgo & Martyr implóret, quæ tibi grata semper éxstitit & mérito castitátis, & tuæ professióne virtútis ; per Dóminum.

Pour une Vierge non Martyre.
Oraison.

EXáudi nos, Deus salutáris noster; ut sicut de beátæ N. Vírginis tuæ festivitáte gaudémus, ita piæ devotiónis erudiámur afféctu ; per Dóminum.

A TIERCE.

Ant. Hæc eſt Virgo ſapiens quá Dóminus vigilántem invénit.
Chapitre. *II Cor. 10.*

FRatres, Qui gloriátur, in Dómino gloriétur. Non enim qui ſeipſum comméndat ille probátus eſt , ſed quem Deus comméndat. R/. Deo grátias.

R/. br. Spécie tuâ * Et pulchritúdine tuâ, On repete Spécie.

V/. Inténde, próſperé procéde & regna, * Et.

V/. Glória. R/. Spécie.

V/. Adjuvábit eam Deus vultu ſuo ; R/. Deus in médio ejus ; non commovébitur.

A SEXTE.

Ant. Hæc eſt quæ neſcívit torum in delíeto : habébit fruetum in reſpeetióne animárum ſanetárum.
Chapitre. *II Cor. 11.*

ÆMulor enim vos Dei æmulatióne. Deſpóndi enim vos uni viro Vírginem caſtam exhibére Chriſto. R/. Deo grátias.

R/. br. Adjuvábit eam * Deus vultu ſuo. On repete Adjuvábit.

V/. Deus in médio ejus ; non commóvébitur , * Deus.

V/. Glória Patri. R/. Adjuvábit.

V/. Elégit eam Deus & præelégit eám ; R/. In tabernáculo ſuo habitáre facit eam.

A NONE.

Ant. Iſta eſt ſpecióſa inter fílias Jerúſalem.

Pour une Vierge Martyre.
[Chapitre. *Eccli.* 51.

DOmine Deus meus , exaltáſti ſuper terram habitatiónem meam , & pro morte defluénte deprecáta ſum. Invocávi Dóminum Patrem Dómini mei , ut non derelínquat me in die tribulatiónis meæ & in témpore ſuperbórum ſine adjutório. R/. Deo grátias.]

Pour une Vierge non Martyre.
[Chapitre. *Sag.* 4.

OQuam pulchra eſt caſta generátio cum claritáte ! immortális eſt enim memória illíus : quóniam apud Deum nota eſt , & apud hómines. R/. Déo grátias.]

R/. br. Elégit eam Deus * Et præelégit eam. On repete Elégit.

V/. In tabernáculo ſuo habitáre facit eam , * Et præelégit eam.

V/. Glória Patri. R/. Elégit.

V/. Diffúſa eſt grátia in lábiis tuis, R/. Proptéreà benedíxit te Deus in ætérnum.]

AUX II VESPRES.

Tout ſe dit juſqu'au V/ comme aux premieres Veſpres.

V/. Diffúſa eſt grátia in lábiis tuis, R/. Proptéreà benedíxit te Deus in ætérnum.

A Magníficat, Ant. Veni, Sponſa Chriſti, áccipe corónam quam tibi Dóminus præparávit in ætérnû

LE COMMUN DES NON VIERGES.

L'Office fuivant eft également pour plufieurs Saintes non Vierges enfemble comme pour une feule.

AUX I VESPRES.

On ne dit qu'aux Offices doubles l'Antienne entiere avant & après chaque Pfeaume & le Cantique **Magnificat**.

Ant. Dum effet Rex in accúbitu fuo, nardus mea dedit odórem fuavitátis.

Pfeaume 109.

Dixit Dóminus Dómino meo, * Sede à dextris meis,
Donec ponam inimícos tuos * fcabéllum pedum tuórum.
Virgam virtútis tuæ emíttet Dóminus ex Sion ; * dominâre in médio inimicórum tuórum.
Tecum princípium in die virtútis tuæ in fplendóribus Sanctórum ; * ex útero ante lucíferum génui te.
Jurávit Dóminus & non pœnitébit eum, * Tu es Sacérdos in ætérnum fecúndùm órdinem Melchífedech.
Dóminus à dextris tuis * confrégit in die iræ fuæ reges.
Judicábit in natiónibus, implébit ruínas ; * conquaffábit cápita in terra multórum.
De torrénte in via bibet, * proptéreà exaltábit caput.

Ant. Dum effet Rex in accúbitu fuo, nardus mea dedit odórem fuavitátis.

Ant. In odórem unguentórum tuórum cúrrimus ; adolefcéntulæ dilexérunt te nimis.

Pfeaume 112.

Laudáte, púeri, Dóminum, * laudáte nomen Dómini.
Sit nomen Dómini benedíctum * ex hoc nunc & ufque in féculum.
A folis ortu ufque ad occáfum * laudábile nomen Dómini.
Excélfus fuper omnes gentes Dóminus, * & fuper cœlos glória ejus.
Quis ficut Dóminus Deus nofter qui in altis hábitat * & humília réfpicit in cœlo & in terra ;
Sufcitans à terra ínopem * & de ftércore érigens páuperem,
Ut collócet eum cum princípibus, * cum princípibus pópuli fui ;
Qui habitáre facit ftérilem in domo, * matrem filiórum lætántem ?

Ant. In odórem unguentórum tuórum cúrrimus ; adolefcéntulæ dilexérunt te nimis.

Ant. Jam hyems tránfiit, imber ábiit & recéffit ; furge, amíca mea, & veni.

Pfeaume 121.

Lætátus fum in his quæ dicta funt mihi, * In domum Dómini íbimus.
Stantes erant pedes noftri * in átriis tuis, Jerúfalem ;
Jerúfalem quæ ædificátur ut cívitas * cujus participátio ejus in idípfum.

Illuc enim ascendérunt tribus, tribus Dómini, * testimónium Israel ad confiténdum nómini Dómini.

Quia illic sedérunt sedes in judício, * sedes super domum David.

Rogáte quæ ad pacem sunt Jerúsalem: * & abundántia diligéntibus te.

Fiat pax in virtúte tua, * & abundántia in túrribus tuis.

Propter fratres meos & próximos meos * loquébar pacem de te.

Propter domum Dómini Dei nostri * quæsívi bona tibi.

Ant. Jam hyems tránsiit, imber ábiit & recéssit; surge, amíca mea, & veni.

Ant. Veni, elécta mea, & ponam in te thronum meum. Allelúia. Ce mot ne se dit point depuis la Septuagésime jusqu'à Pasque.

Pseaume 126.

Nisi Dóminus ædificáverit domum, * in vanum laboravérunt qui ædíficant eam.

Nisi Dóminus custodierit civitátem, * frustra vígilat qui custódit eam.

Vanum est vobis ante lucem súrgere; * súrgite postquam sedéritis qui manducátis panem dolóris;

Cùm déderit diléctis suis somnum. * Ecce hæréditas Dómini fílii merces fructus ventris.

Sicut sagíttæ in manu poténtis, * ita fílii excussórum.

Beátus vir qui implévit desidérium suum ex ipsis; * non confundétur cùm loquétur inimícis suis in porta.

Ant. Veni, elécta mea, & ponam in te thronum meum. Allelúia.

Ant. Ista est speciósa inter fílias Jerúsalem.

Pseaume 147.

Lauda, Jerúsalem, Dóminum; * lauda Deum tuum, Sion;

Quóniam confortávit seras portárum tuárum, * benedíxit fíliis tuis in te;

Qui pósuit fines tuos pacem, * & ádipe fruménti sátiat te;

Qui emíttit elóquium suum terræ, * velóciter currit sermo ejus;

Qui dat nivem sicut lanam, * nébulam sicut cínerem spargit.

Mittit crystállum suam sicut buccéllas; * ante fáciem frígoris ejus quis sustinébit?

Emíttet verbum suum, & liquefáciet ea; * flabit spíritus ejus & fluent aquæ;

Qui annúntiat verbum suum Jacob, * justítias & judícia sua Israel.

Non fecit táliter omni natióni, * & judícia sua non manifestávit eis.

Ant. Ista est speciósa inter fílias Jerúsalem.

Pour une Martyre seulement.
Chapitre. *Eccli.* 51.

Confitébor tibi, Dómine Rex, & collaudábo te Deum Salvatórem meum. Confitébor nómini tuo, quóniam adjútor & protéctor factus es mihi & liberásti corpus meum à perditióne. ℟. Deo grátias.

Pour une Sainte ni Vierge ni Martyre.
Chapitre. *Prov.* 31.

Mulíerem fortem quis invéniet? procul & de últimis

fínibus prétium ejus. Confídit in ea cor viri fui, & fpóliis non indigébit. ℟. Deo grátias.

Hymne ancienne.

Ortem viríli péctore
Laudémus omnes féminam
Quæ fanctitátis glóriâ
Ubíque fulget ínclyta.
Hæc Chrifti amóre fáucia,
Dum mundi amórem nóxium
Horréfcit, ad cœléftia
Iter perégit árduum.
Carnem domans jejúniis,
Dulcíque mentem pábulo
Oratiónis nútriens,
Cœli potítur gáudiis.
Rex Chrifte, virtus fórtium;
Qui magna folus éfficis,
Hujus precátu, quæfumus,
Audi benígnus fúpplices.
Deo Patri fit glória
Ejúfque foli Fílio,
Cum Spíritu Parácléto,
Et nunc & in perpétuum. Amen.

Hymne nouvelle.

Fortis viríli péctore, à la fin de ce Volume.

℣. Spécie tuâ & pulchritúdine tuâ ℟. Inténde, prófperè procéde, & regna.

A Magníficat, Ant. Símile eft regnum cœlórum hómini negotiatóri quærénti bonas margarítas; invéntâ unâ pretiósâ, dedit ómnia fua & comparávit eam.

Pour une fainte Martyre
non Vierge.
Oraifon.

Eus quí inter cétera poténtiæ tuæ mirácula étiam in fexu frágili victóriam Mártyrii con-

tulífti, concéde propítius ut qui beátæ N. Mártyris tuæ natalítia cólimus, per ejus ad te exémpla gradiámur; per Dóminum.

Pour plufieurs Mart. non Vierges.
Oraifon.

A nobis, quæfumus, Dómine Deus nofter, fanctárum Mártyrum N. & N. palmas inceffábili devotióne venerári, ut quas dignâ mente non póffumus celebráre; humílibus faltem frequentémus obféquiis; per Dóminum.

Pour une Sainte ni Vierge
ni Martyre.
Oraifon.

Xáudi nos, Deus falutáris nofter; ut ficut de beátæ N. feftivitáte gaudémus, ita piæ devotiónis erudiámur afféctu; per Dóminum.

A MATINES.

Invitatoire. Laudémus Deum noftrum * In confeffióne beátæ N. Pf. 94 Veníte.

Hymne ancienne.

Ujus obténtu Deus alme noftris
Parce jam culpis, vítia remíttens;
Quo tibi puri refonémus almum
Péctoris hymnum.
Sit decus Patri genitræque Proli,
Et tibi, compar utriúfque virtus
Spíritus alme, Deus unus, omni
Témpore fæcli. Amen.

Hymne nouvelle.

Ujus orátu, Deus alme nobis
Débitas pœnas fcélerum remítte,

Ut

Ut tibi puro resonémus almum
Péctore carmen.
Sit decus Patri genitæque proli,
Et tibi, compar utriúsque virtus
Spíritus semper, Deus unus, omni
Témporis ævo. Amen.]
Aʋ I NOCTURNE.
Ant. O quàm pulchra est casta
generátio cum claritáte!

Pseaume 8.

Domine Dóminus noster, *
quàm admirábile est nomen
tuum in univérsa terra!
Quóniam eleváta est magnificéntia tua * super cœlos.
Ex ore infántium & lacténtium
perfecísti laudem propter inimícos
tuos, * ut déstruas inimícum & ultórem.
Quóniam vidébo cœlos tuos, ó-
pera digitórum tuórum, * lunam
& stellas quæ tu fundásti.
Quid est homo, quòd memor es
ejus? * aut filius hóminis, quóniam visitas eum?
Minuísti eum paulò minùs ab Angelis, glóriâ & honóre coronásti
eum, * & constituísti eum super ó-
pera mánuum tuárum.
Omnia subjecísti sub pédibus ejus;
* oves & boves univérsas ínsuper
& pécora campi,
Vólucres cœli, & pisces maris *
qui perámbulant sémitas maris,
Dómine Dóminus noster, * quàm
admirábile est nomen tuum in univérsa terra!
Ant. O quàm pulchra est casta
generátio cum claritáte!
Ant. Læva ejus sub cápite meo,
& déxtera illíus amplexábitur me.

Pseaume 18.

Cœli enárrant glóriam Dei, *
& ópera mánuum ejus annúntiat firmaméntum.
Dies diei erúctat verbum, * &
nox nocti índicat sciéntiam.
Non sunt loquélæ neque sermónes, * quorum non audiántur voces eórum.
In omnem terram exívit sonus eórum, * & in fines orbis terræ verba eórum.
In sole pósuit tabernáculum suum;
* & ipse tanquam sponsus procédens de thálamo suo.
Exsultávit ut gigas ad curréndam
viam : * à summo cœlo egréssio
ejus,
Et occúrsus ejus usque ad summum
ejus; * nec est qui se abscóndat à
calóre ejus.
Lex Dómini immaculáta, convértens ánimas : * testimónium Dómini fidéle, sapiéntiam præstans párvulis.
Justítiæ Dómini rectæ, lætificántes corda : * præcéptum Dómini
lúcidum, illúminans óculos.
Timor Dómini sanctus, pérmanens in séculum séculi : * judícia
Dómini vera, justificáta in semetípsa.
Desiderabília super aurum & lápidem pretiósum multum, * & dulcióra super mel & favum.
Etenim servus tuus custódit ea;
* in custodiéndis illis retribútio
multa.
Delícta quis intélligit? ab occúltis
meis munda me, * & ab aliénis parce servo tuo.

R. 4. Automne.   o

Si mei non fúerint domináti, tunc immaculátus ero : * & emundábor à delícto máximo.

Et erunt ut compláceant elóquia oris mei : * & meditátio cordis mei in conspéctu tuo semper.

Dómine, adjútor meus * & redémtor meus.

Ant. Læva ejus sub cápite meo, & déxtera illíus amplexábitur me.

Ant. Revértere, revértere, Sunamítis ; revértere, revértere, ut intueámur te.

Pseaume 23.

DOmini est terra & plenitúdo ejus, * orbis terrárum & univérsi qui hábitant in eo.

Quia ipse super mária fundávit eum, * & super flúmina præparávit eum.

Quis ascéndet in montem Dómini ? * aut quis stabit in loco sancto ejus ?

Innocens mánibus & mundo corde, * qui non accépit in vano ánimam suam, nec jurávit in dolo próximo suo.

Hic accípiet benedictiónem à Dómino, * & misericórdiam à Deo salutári suo.

Hæc est generátio quæréntium eum, * quæréntium fáciem Dei Jacob.

Attóllite portas príncipes vestras ; & elevámini, portæ æternáles : * & intróibit Rex glóriæ.

Quis est iste Rex glóriæ ? * Dóminus fortis & potens, Dóminus potens in prælio.

Attóllite portas príncipes vestras ; & elevámini, portæ æternáles ; *

& intróibit Rex glóriæ.

Quis est iste Rex glóriæ ? * Dóminus virtútum ipse est Rex glóriæ.

Ant. Revértere, revértere, Sunamítis ; revértere, revértere, ut intueámur te.

℣. Spécie tuâ & pulchritúdine tuâ ℟. Inténde, próspere procéde & regna.

Pater noster.

Absol. Exáudi, Dómine Jesu Christe, preces servórum tuórum & miserére nobis, qui cum Patre & Spíritu sancto vivis & regnas in sécula seculórum. ℟. Amen.

Bened. Benedictióne perpétuâ benedícat nos Pater ætérnus. ℟. Amen.

Pour une sainte Martyre non Vierge.

Leçon j.

De libro Ecclesiástici. Ch. 51.

COnfitébor tibi, Dómine Rex, & collaudábo te Deum Salvatórem meum. Confitébor nómini tuo, quóniam adjútor & protéctor factus es mihi, & liberásti corpus meum à perditióne, à láqueo linguæ iníquæ & à lábiis operántium mendácium, & in conspéctu adstántium factus es mihi adjútor. Et liberásti me secúndùm multitúdinem misericórdiæ nóminis tui à rugiéntibus præparátis ad escam, de mánibus quæréntium ánimam meam, & de portis tribulatiónum qui circumdedérunt me, à pressúra flammæ quæ circumdedit me, & in médio ignis non sum æstuáta ; de altitúdine ventris ínferi & à lingua coinquináta & à verbo mendácii, à rege iníquo & à lingua injústa.

℞. Veni, elécta mea, & ponam in te thronum meum, quia concupívit Rex spéciem tuam. ℣. Spécie tuâ & pulchritúdine tuâ, inténde, próspere procéde & regna, * Quia concupívit.

Bened. Unigénitus Dei Fílius nos benedícere & adjuváre dignétur. ℞. Amen.

Leçon ij.

L Audábit ufque ad mortem ánima mea Dóminum, & vita mea appropínquans erat in inférno deórfum. Circumdedérunt me úndique, & non erat qui adjuváret. Refpíciens eram ad adjutórium hóminum, & non erat. Memoráta fum mifericórdiæ tuæ, Dómine, & operatiónis tuæ quæ à féculo funt, quóniam éruis fuftinéntes te, Dómine, & líberas eos de mánibus géntium.

℞. Diffúfa eft grátia in lábiis tuis, * Proptéreà benedíxit te Deus in ætérnum. ℣. Spécie tuâ & pulchritúdine tuâ inténde, próspere procéde & regna. * Proptéreà.

Bened. Spíritûs fancti grátia illúminet fenfus & corda noftra. ℞. Amen.

Leçon iij.

E Xaltáfti fuper terram habitatiónem meam, & pro morte defluénte deprecáta fum. Invocávi Dóminum Patrem Dómini mei, ut non derelínquat me in die tribulatiónis meæ & in témpore fuperbórum fine adjutório. Laudábo nomen tuum affíduè & collaudábo

illud in confeffióne, & exaudíta eft orátio mea. Et liberáfti me de perditióne, & eripuífti me de témpore iníquo. Proptéreà confitébor & laudem dicam tibi & benedícam nómini Dómini.

℞. Spécie tuâ & pulchritúdine tuâ * Inténde, próspere procéde & regna. ℣. Diffúfa eft grátia in lábiis tuis, proptéreà benedíxit te Deus in ætérnum. * Inténde. ℣. Glória Patri. * Inténde.]

Pour une fainte ni Vierge ni Martyre.

[Leçon j.

De Parábolis Salomónis. Ch. 31.

M Ulierem fortem quis invéniet? procul & de últimis fínibus prétium ejus. Confídit in ea cor viri fui, & fpóliis non indigébit. Reddet ei bonum & non malum ómnibus diébus vitæ fuæ. Quæfívit lanam & linum, & operáta eft confílio mánuum fuárum. Facta eft quafi navis inftitóris de longè portans panem fuum. Et de nocte furréxit, deditque prædam domésticis fuis & cibária ancíllis fuis. Confiderávit agrum, & emit eum : de fructu mánuum fuárum plantávit víneam. Accínxit fortitúdine lumbos fuos, & roborávit bráchium fuum. ℞. Veni elécta ci-deffus.

Leçon ij.

G Uftávit & vidit quia bona eft negotiátio ejus : non exftinguétur in nocte lucérna ejus. Manum fuam mifit ad fórtia, & dígiti ejus apprehendérunt fufum. Manum fuam apéruit ínopi & palmas fuas exténdit ad páuperem.

Non timébit dómui suæ à frigóribus nivis ; omnes enim doméstici ejus vestíti sunt duplícibus. Stragulátam vestem fecit sibi , byssus & púrpura induméntum ejus. Nóbilis in portis vir ejus , quando séderit cum senatóribus terræ. Síndonem fecit & véndidit , & cíngulum trádidit Chananæo.

℟. Diffúsa est ci dessus.

Leçon iij.

FOrtitúdo & decor induméntum ejus , & ridébit in die novíssimo. Os suum apéruit sapiéntiæ , & lex cleméntiæ in lingua ejus. Considerávit sémitas domûs suæ , & panem otiósa non comédit. Surrexérunt fílii ejus , & beatíssimam prædicavérunt ; vir ejus , & laudávit eam. Multæ fíliæ congregavérunt divítias , tu supergréssa es univérsas. Fallax grátia & vana est pulchritúdo ; múlier timens Dóminum ipsa laudábitur. Date ei de fructu mánuum suárum , & laudent eam in portis ópera ejus.

℟. Spécie tuâ ci-dessus.]

AU II NOCTURNE.

Ant. Spécie tuâ & pulchritúdine tuâ inténde , próspere procéde & regna.

Pseaume 44.

ERuctávit cor meum verbum bonum ; * dico ego ópera mea Regi.

Lingua mea cálamus scribæ * velóciter scribéntis.

Speciósus formâ præ fíliis hóminum ; diffúsa est grátia in lábiis tuis ; * proptérea benedíxit te Deus in ætérnum.

A ccíngere gládio tuo super fémur tuum , * potentíssime.

Spécie tuâ & pulchritúdine tuâ * inténde , próspere procéde & regna ,

Propter veritátem & mansuetúdinem & justítiam ; * & dedúcet te mirabíliter déxtera tua.

Sagíttæ tuæ acútæ , pópuli sub te cadent , * in corda inimicórum regis.

Sedes tua , Deus , in séculum séculi ; * virga directiónis , virga regni tui.

Dilexísti justítiam , & odísti iniquitátem ; * proptérea unxit te Deus, Deus tuus , óleo lætítiæ præ consórtibus tuis.

Myrrha & gutta & cásia à vestiméntis tuis à dómibus ebúrneis , * ex quibus delectavérunt te fíliæ regum in honóre tuo.

Astitit regina à dextris tuis in vestítu deauráto * circúmdata varietáte.

Audi , fília , & vide , & inclina aurem tuam , * & oblivíscere pópulum tuum & domum patris tui :

Et concupíscet Rex decórem tuú , * quóniam ipse est Dóminus Deus tuus , & adorábunt eum.

Et fíliæ Tyri in munéribus * vultum tuum deprecabúntur , omnes dívites plebis.

Omnis glória ejus fíliæ Regis ab intús ; * in fimbriis áureis , circumamícta varietátibus.

Adducéntur Regi vírgines post eam : * próximæ ejus afferéntur tibi ;

Afferéntur in lætítia & exsultatióne ; * adducéntur in templum Regis.

Pro pátribus tuis nati sunt tibi fílii ; * constítues eos príncipes super omnem terram.

Mémores erunt nóminis tui * in omni generatióne & generatiónem.

Proptéreà pópuli confitebúntur tibi in ætérnum * & in séculum séculi.

Ant. Spécie tuâ & pulchritúdine tuâ inténde, próspere procéde & regna.

Ant. Adjuvábit eam Deus vultu suo : Deus in médio ejus ; non commovébitur.

Pseaume 45.

DEus noster refúgium & virtus ; * adjútor in tribulatiónibus quæ invenérunt nos nimis.

Proptéreà non timébimus dum turbábitur terra * & transferéntur montes in cor maris.

Sonuérunt & turbátæ sunt aquæ eórum ; * conturbáti sunt montes in fortitúdine ejus.

Flúminis ímpetus lætíficat civitátem Dei : * sanctificávit tabernáculum suum Altíssimus :

Deus in médio ejus ; non commovébitur : * adjuvábit eam Deus manè dilúculo.

Conturbátæ sunt gentes, & inclináta sunt regna : * dedit vocem suam, mota est terra.

Dóminus virtútum nobíscum ; * suscéptor noster Deus Jacob.

Veníte, & vidéte ópera Dómini, quæ pósuit prodígia super terram, * auferens bella usque ad finem terræ.

Arcum cónteret, & confrínget arma, * & scuta combúret igni.

Vacáte, & vidéte quóniam ego sum Deus : * exaltábor in géntibus, & exaltábor in terra.

Dóminus virtútum nobíscum : * suscéptor noster Deus Jacob.

Ant. Adjuvábit eam Deus vultu suo : Deus in médio ejus ; non commovébitur.

Ant. Aquæ multæ non potuérunt exstínguere charitátem.

Pseaume 47.

MAgnus Dóminus & laudábilis nimis * in civitáte Dei nostri, in monte sancto ejus.

Fundátur exsultatióne univérsæ terræ mons Sion, * látera Aquilónis, cívitas Regis magni.

Deus in dómibus ejus cognoscétur, * cùm suscípiet eam.

Quóniam ecce reges terræ congregáti sunt, * convenérunt in unum.

Ipsi vidéntes sic admiráti sunt, conturbáti sunt, commóti sunt ; * tremor apprehéndit eos :

Ibi dolóres ut parturiéntis : * in spíritu veheménti cónteres naves Tharsis.

Sicut audívimus, sic vídimus in civitáte Dómini virtútum, in civitáte Dei nostri ; * Deus fundávit eam in ætérnum.

Suscépimus, Deus, misericórdiam tuam * in médio templi tui.

Secúndùm nomen tuum, Deus, sic & laus tua in fines terræ ; * justítia plena est déxtera tua.

Lætétur mons Sion & exsúltent fíliæ Judæ * propter judícia tua, Dómine.

Circúmdate Sion & complectímini eam; * narráte in túrribus ejus.

Pónite corda veſtra in virtúte ejus ;* & diſtribúite domos ejus ; ut enarrétis in progénie áltera.

Quóniam hic eſt Deus, Deus noſtér in ætérnum & in ſeculum ſeculi ; * ipſe reget nos in ſecula.

Ant. Aquæ multæ non potuérunt exſtínguere charitátem.

℣. Adjuvábit eam Deus vultu ſuo ; ℟. Deus in médio ejus non commovébitur.

Pater noſter.

Abſol. Ipſius píetas & miſericórdia nos ádjuvet qui cum Patre & Spíritu ſanĉto vivit & regnat in ſecula ſeculórum. ℟. Amen.

Bened. Deus Pater omnípotens ſit nobis propítius & clemens. ℟. Amen.

Leçon iv.
Ex libro ſanĉti Ambróſii Epíſcopi de Víduis. *Sur la fin.*

AGrum hunc Eccléſiæ fértilem cerno nunc integritátis flore vernántem, nunc viduitátis gravitáte polléntem, nunc étiam conjúgii frúĉtibus redundántem. Nam etſi divérſi, uníus tamen agri fruĉtus ſunt : nec tanta hortórum lília, quantæ aríſtæ ſégetum, méſſium ſpicæ ; compluriúmque ſpátia campórum recipiéndis aptántur ſemínibus, quàm rédditis nováles frúĉtibus feriántur. Bona ergo vidúitas, quæ tóties Apoſtólico judício prædicátur. Hæc enim magíſtra fídei, magíſtra eſt caſtitátis.

℟. Propter veritátem & manſuetúdinem & juſtítiam, * Et deducet te mirabíliter déxtera tua. ℣. Spécie tuâ & pulchritúdine tuâ inténde, próſpere procéde & regna. * Et deducet.

Bened. Chriſtus perpétuæ det nobis gáudia vitæ. ℟. Amen.

Leçon v.

UNde & illi qui deórum ſuórum adultéria & probra venerántur, cælibátûs & viduitátis ſtatuére pœnas, ut æmuli críminum mulĉtárent ſtúdia virtútum, ſpécie quidem quâ fœcunditátem quærerent, ſed ſtúdio quo propóſitum caſtitátis abolérent. Nam conféĉtis & miles ſtipéndiis, arma depónit, & relíĉto officio quod gerébat, ad própria veteránus rura dimíttitur, ut & ipſe exércitæ labóribus vitæ réquiem conſequátur, & álios ſpes futúræ quiétis ſubeúndis fáciat opéribus promtióres. Agrícola quóque maturíor torquéndam áliis ſtivam commíttit, & juveníli gravátus ópere providéntiam curæ ſenílis explórat : vitem facíliùs tondére quàm prémere, ut juveneſcéntem luxúriam réprimat, & adoleſcéntem laſcíviam falce ſuccídat : parcórum quamdam pártuum caſtitátem docens étiam in vítibus expeténdam.

℟. Dilexíſti juſtítiam & odíſti iniquitátem ; * Proptéreà unxit te Deus, Deus tuus, óleo lætítiæ. ℣. Propter veritátem & manſuetúdinem & juſtítiam, * Proptéreà.

Bened. Ignem ſui amóris accéndat Deus in córdibus noſtris. ℟. Amen.

Leçon vj.

Similis huic Vídua velut eméritis veterána stipéndiis castitátis, etsi conjúgii arma depónat, domûs tamen totius pacem gubérnat ; etsi vehéndis onéribus otiófa, maritándis tamen junióribus próvida, ubi cultus utilior, ubi fructus ubérior fit, quarum cópulam aptiórem senili gravitáte dispónit. Itaque si maturióribus pótiùs quàm junióribus commíttitur ager, cur putes utiliórem nuptam esse quam Víduam? Quòd si persecutóres fidei persecutóres fuérunt étiam viduitátis, útique fidem sequéntibus vidúitas non pro supplício fugiénda est, sed tenénda pro præmio.

℟. Fallax grátia & vana est pulchritúdo; * Múlier timens Deum ipfa laudábitur. ℣. Date ei de fructu mánuum suárum: & laudent eam in portis ópera ejus. * Múlier timens Deum. ℣. Glória Patri. * Múlier timens.

Pour une non Vierge Martyre.

[Leçon iv.
Sermo sancti Joannis Chrysóstomi.
Sermon 67 sur divers lieux du Nouveau Testament.

Ego máximè commemoratiónes díligo Mártyrum, díligo & ampléctor; atque omnes quidem, sed tùm præcípuè cùm mulierum certámina proponúntur. Quantò enim infirmius est vas, tantò major est grátia; quantò illústrius est trophæum, tantò insígnior est victória; non ob imbecillitátem sexûs athletárum, sed quòd per ea quibus vícerat inimí-

cus, nunc étiam vincátur.

℟. Propter veritátem ci-deffus.

Leçon v.

Per mulíerem vicit, per mulíerem superátus est. Hoc illíus ánteà telum erat, hoc illíus nunc cædis factum est instruméntum, hoc vas appáruit insuperábile. Peccávit illa prior & mórtua est; ista mórtua est ne peccáret. Illa tum fútilis promíssi spe infláta Dei leges violávit; hæc vitam præséntem contémsit ne fidem in suum benefactórem ejuráret. Quam ígitur deínceps speráre póterunt excusatiónem viri, si molles sint & ignávi, quam verò véniam, cùm fórtiter ac viríliter se gerant mulíeres cùm ádeo se generóse ad certámina pietátis accíngant?

℟. Dilexísti ci-deffus.

Leçon vj.

Fuit illi corpus imbecíllum & obnóxium sexus injúriæ, verúmtamen ómnium horum imbecillitátem advéniens grátia occultávit. Nihil enim est, nihil planè poténtius est eo qui magno cum stúdio Dei timórem hábeat in mente defíxum: sed quamvis ignes, quamvis ferrum, quamvis béstias, quamvis áliud quidvis minéntur hostes, ómnia nullo negótio contémnit; quod útique Beáta ista étiam fecit.

℟. Fallax grátia ci-deffus.]

Au III Nocturne.

Ant. Nigra sum, sed formófa, Filiæ Jerúfalem; ídeò diléxit me Rex & introdúxit me in cubículum suum.

Pſeaume 95.

Cantáte Dómino cánticum novum. * Cantáte Dómino, omnis térra.

Cantáte Dómino, & benedícite nómini ejus. * Annuntiáte de die in diem ſalutáre ejus.

Annuntiáte inter gentes glóriam ejus ; * in ómnibus pópulis mirabília ejus.

Quóniam magnus Dóminus & laudábilis nimis ; * terríbilis eſt ſuper omnes deos.

Quóniam omnes dii géntium dæmónia ; * Dóminus autem cœlos fecit.

Conféſſio & pulchritúdo in conſpéctu ejus ; * ſanctimónia & magnificéntia in ſanctificatióne ejus.

Afférte Dómino, pátriæ géntium, afférte Dómino glóriam & honórem, * afférte Dómino glóriam nómini ejus.

Tóllite hóſtias, & introíte in átria ejus : * adoráte Dóminum in átrio ſancto ejus.

Commoveátur à fácie ejus univérſa terra. * Dícite in géntibus, quia Dóminus regnávit.

Etenim corréxit orbem terræ, qui non commovébitur : * judicábit pópulos in æquitáte.

Læténtur cœli & exſúltet terra, commoveátur mare, & plenitúdo ejus ; * gaudébunt campi & ómnia quæ in eis ſunt.

Tunc exſultábunt ómnia ligna ſilvárum à fácie Dómini quia venit, * quóniam venit judicáre terram.

Judicábit orbem terræ in æquitáte, * & pópulos in veritáte ſua.

Ant. Nigra ſum, ſed formóſa, Fíliæ Jerúſalem ; ideò diléxit me Rex & introdúxit me in cubículum ſuum.

Ant. Trahe me poſt te, in odórem currémus unguentórum tuórum : óleum effúſum nomen tuum.

Pſeaume 96.

Dominus regnávit ; exſúltet terra, * læténtur ínſulæ multæ.

Nubes & calígo in circúitu ejus. * Juſtítia & judicium corréctio ſedis ejus.

Ignis ante ipſum præcédet, * & inflammábit in circúitu inimícos ejus.

Illuxérunt fúlgura ejus orbi terræ ; * vidit & commóta eſt terra.

Montes ſicut cera fluxérunt à fácie Dómini, * à fácie Dñi omnis terra.

Annuntiavérunt cœli juſtitiam ejus ; * & vidérunt omnes pópuli glóriam ejus.

Confundántur omnes qui adórant ſculptília, * & qui gloriántur in ſimuláchris ſuis.

Adoráte eum, omnes Angeli ejus. * Audívit & lætáta eſt Sion.

Et exſultavérunt fíliæ Judæ * propter judícia tua, Dómine :

Quóniam tu Dóminus altíſſimus ſuper omnem terram ; * nimis exaltátus es ſuper omnes deos.

Qui dilígitis Dóminum, odíte malum : cuſtódit Dóminus ánimas ſanctórum ſuórum, * de manu peccatóris liberábit eos.

Lux orta eſt juſto, * & rectis corde lætítia.

Lætámini, juſti, in Dómino, * & confitémini memóriæ ſanctificatiónis ejus.

Ant.

Ant. Trahe me post te, in odorem currémus unguentórum tuórum: óleum effúsum nomen tuum.

Ant. Veni, Sponsa Christi, accipe corónam quam tibi Dóminus præparávit in ætérnum.

Pseaume 97.

CAntáte Dómino cánticum novum, * quia mirabília fecit.

Salvávit sibi déxtera ejus * & bráchium sanctum ejus.

Notum fecit Dóminus salutáre suum; * in conspéctu géntium revelávit justítiam suam.

Recordátus est misericórdiæ suæ * & veritátis suæ dómui Israel.

Vidérunt omnes término terræ * salutáre Dei nostri.

Jubiláte Deo, omnis terra; * cantáte & exsultáte & psállite.

Psállite Dómino in cíthara, in cíthara & voce psalmi, * in tubis ductílibus & voce tubæ córneæ.

Jubiláte in conspéctu Regis Dñi. Moveátur mare & plenitúdo ejus, * orbis terrárú & qui hábitant in eo.

Flúmina plaudent manu; simul montes exsultábunt à conspéctu Dñi, * quóniam venit judicáre terrá.

Judicábit orbem terrárum in justítia, * & pópulos in æquitáte.

Ant. Veni, Sponsa Christi, accipe corónam quam tibi Dóminus præparávit in ætérnum.

℣. Elégit eam Deus & præelégit eam; ℟. In tabernáculo suo habitáre facit eam.

Pater noster.

Absol. A vínculis peccatórum nostrórum absólvat nos omnípotens & miséricors Dñus. ℟. Amen.

Bened. Evangélica léctio sit nobis salus & protéctio. ℟. Amen.

Leçon vij.

Léctio sancti Evangélii secúndùm Matthæum. Ch. 13.

IN illo témpore dixit Jesus Discípulis suis parábolam hanc: Símile est regnum cœlórum thesáuro abscóndito in agro. Et réliqua.

Homília sancti Gregórii Papæ.

Homelie 11 sur les Evangiles.

CŒlórum regnum, Fratres charíssimi, idcírcò terrénis rebus símile dícitur, ut ex his quæ ánimus novit surgat ad incógnita quæ non novit, quátenus exémplo visibílium se ad invisibília rápiat, & per ea quæ usu dídicit quasi confricátus incaléscat; ut per hoc quod scit notum dilígere, discat & incógnita amáre. Ecce enim regnum cœlórum thesáuro abscóndito in agro comparátur, quem qui invénit homo abscóndit, & præ gáudio illíus vadit & vendit univérsa quæ habet, & emit agrum illum.

℟. Os suum apéruit sapiéntiæ, & lex cleméntiæ in lingua ejus: considerávit sémitas domûs suæ, * Et panem otiósa non comédit. ℣. Gustávit & vidit quia bona est negotiátio ejus; non exstinguétur in nocte lucérna ejus. * Et panem.

Bened. Cujus festum cólimus, ipsa intercédat pro nobis ad Dóminum. ℟. Amen.

Leçon viij.

QUa in re hoc quoque notándum est quòd invéntus thesáurus abscónditur ut servétur; quia stúdium cœléstis desidérii à malígnis spirítibus custodíre non súfficit qui hoc ab humánis láudibus non abscóndit. In præsénti étenim vita quasi in via sumus quâ ad pátriam pérgimus ; malígni autem spíritus iter nostrum quasi quidam latrúnculi óbsident. Deprædári ergo desíderat qui thesáurum públicè portat in via. Hoc autem dico, non ut próximi ópera nostra bona non vídeant, cùm scriptum sit, Vídeant ópera vestra bona, & gloríficent Patrem vestrum qui in cœlis est ; sed ut per hoc quod ágimus laudes extérius non quærámus. Sic autem sit opus in público, quátenus inténtio máneat in occúlto, ut & de bono ópere próximis præbeámus exémplum, & tamen per intentiónem quâ Deo soli placére quærimus, semper optémus secrétū. ℟. Regnum mundi & omnem ornátum sæculi contémsi propter amórem Dómini mei Jesu Christi * Quem vidi, quem amávi, in quem crédidi, quem diléxi. ℣. Eructávit cor meum verbum bonum ; dico ego ópera mea Regi * Quem vidi. ℣. Glória. * Quem.

Bened. Ad societátem cívium supernórum perdúcat nos Rex Angelórum. ℟. Amen.

Leçon ix.

THesáurus autem cœléste est desidérium ; ager verò in quo thesáurus abscónditur, disciplína stúdii cœléstis ; quem profécto agrum véndītis ómnibus cómparat qui voluptátibus carnis renúntians cuncta sua terréna desidéria per disciplínæ cœléstis custódiam calcat,

ut nihil jam quod caro blandítur líbeat, nihil quod carnálem vitam trúcidat, spíritus perhorréscat.

Te Deum.

A LAUDES.

AuxOffices doubles on dit l'Antienne entiere avant & après chaque Pseaume & le Cantique Benedíctus.

Ant. Dum esset Rex in accúbitu suo, nardus mea dedit odórem suavitátis.

Ps. 92. Dóminus regnávit & les autres des Laudes du Dimanche.

Ant. In odórem unguentórum tuórum cúrrimus ; adolescéntulæ dilexérunt te nimis.

Ant. Jam hyems tránsiit, imber ábiit & recéssit : surge, Amíca mea, & veni.

Ant. Veni, Elécta mea, & ponam in te thrónum meum. Allelúia. Ce mot ne se dit point depuis la Septuagesime jusqu'à Pasque.

Ant. Ista est speciósa inter fílias Jerúsalem.

Pour une Martyre seulement.

[Chapitre.   Eccli. 51.

COnfitébor tibi, Dómine Rex, & collaudábo te Deum Salvatórem meum. Confitébor nómini tuo, quóniam adjútor & protéctor factus es mihi & liberásti corpus meum à perditióne. ℟. Deo grátias.]

Pour une Sainte ni Vierge ni Martyre.
[Chapitre.   Prov. 31.

MUlíerem fortem quis invéniet ? procùl & de últimis

finibus prétium ejus. Confídit in ea cor viri fui, & fpóliis non indigébit. ℟. Deo grátias.

Hymne ancienne.

Fortem viríli péctore
Laudémus omnes féminam
Quæ fanctitátis glóriâ
Ubíque fulget ínclyta.
Hæc Chrifti amóre fáucia,
Dum mundi amórem nóxium
Horréfcit, ad cœléftia
Iter perégit árduum.
Carnem domans jejúniis,
Dulcíque mentem pábulo
Oratiónis nútriens,
Cœli potítur gáudiis.
Rex Chrifte, virtus fórtium
Qui magna folus éfficis,
Hujus precátu, quæfumus,
Audi benígnus fúpplices.
Deo Patri fit glória
Ejúfque foli Fílio,
Cum Spíritu Parácleto,
Et nunc & in perpétuum. Amen.

Hymne nouvelle.

Fortem viríli, à la fin de ce Volume.

℣. Diffúfa eft grátia in lábiis tuis; ℟. Proptérea benedíxit te Deus in ætérnum.

A Benedíctus, Ant. Date ei de fructu mánuum fuárum, & laudént eam in portis ópera ejus.

Pour une fainte
non Vierge Martyre.
Oraifon.

Deus qui inter cétera poténtiæ tuæ mirácula étiam in fexu frágili victóriam martyrii contulífti, concéde propítius ut qui beátæ N. Mártyris tuæ natalítia cólimus,

per ejus ad te exempla gradiámur; per Dóminum.

Pour plufieurs non Vierges
Martyres.
Oraifon.

Da nobis, quæfumus, Dómine Deus nofter, fanctárum Mártyrum N. & N. palmas inceffábili devotióne venerári, ut quas dignâ mente non póffumus celebráre, humílibus faltem frequentémus obféquiis; per Dóminum.

Pour une Sainte
ni Vierge ni Martyre.
Oraifon.

Exáudi nos, Deus falutáris nofter, ut ficut de beátæ N. feftivitáte gaudémus, ita piæ devotiónis erudiámur afféctu; per.

A TIERCE.

Ant. In odórem unguentórum tuórum cúrrimus; adolefcéntulæ dilexérunt te nimis.

Pour une non Vierge Martyre.
Chapitre. *Eccli.* 51.

Confitébor tibi, Dómine Rex, & collaudábo te Deum Salvatórem meum. Confitébor nómini tuo, quóniam adjútor & protéctor factus es mihi, & liberáfti corpus meum à perditióne. ℟. Deo grátias.

Pour une Sainte
ni Vierge ni Martyre.
Chapitre. *Prov.* 31.

Mulíerem fortem quis invéniet? procul & de últimis finibus prétium ejus. Confídit in ea cor viri fui, & fpóliis non indigébit. ℟. Deo grátias.

R). bref. Spécie tuâ * Et pulchritúdine tuâ. On repete Spécie.

℣. Inténde, próspere procéde & regna, * Et pulchritúdine.

℣. Glória Patri. R). Spécie.

℣. Adjuvábit eam Deus vultu suo ; R). Deus in médio ejus ; non commovébitur.

A SEXTE.

Ant. Jam hyems tránfiit, imber ábiit & recéffit : furge, Amíca mea, & veni.

Pour une non Vierge Martyre.

Chapitre.   Eccli. 51.

Liberáfti me fecúndùm multitúdinem mifericórdiæ nóminis tui à rugiéntibus præparátis ad efcam, de mánibus quæréntium ánimam meam & de multis tribulatiónibus quæ circumdedérunt me. R). Deo grátias.

Pour une Sainte ni Vierge ni Martyre.

Chapitre.   Prov. 31.

Manum fuam apéruit ínopi & palmas fuas exténdit ad páuperem. Non timébit dómui fuæ à frigóribus nivis. R). Deo grátias.

R). bref. Adjuvábit eam * Deus vultu fuo. On repete Adjuvábit.

℣. Deus in médio ejus ; non commovébitur. * Deus.

℣. Glória Patri. R). Adjuvábit.

℣. Elégit eam Deus & prælégit eam ; R). In tabernáculo fuo habitáre facit eam.

A NONE.

Ant. Ifta eft fpeciófa inter fílias Jerúfalem.

Pour une non Vierge Martyre.

Chapitre.   Eccli. 51.

Laudábit ufque ad mortem ánima mea Dóminum ; quóniam éruis fuftinéntes te, & líberas eos de manu angúftiæ, Dómine Deus nofter. R). Deo grátias.

Pour une Sainte ni Vierge ni Martyre.

Chapitre.   Prov. 31.

Multæ fíliæ congregavérunt divítias, tu fupergréffa es univérfas. Fallax grátia & vana eft pulchritúdo : múlier timens Dóminum, ipfa laudábitur. R). Deo grátias.

R). bref. Elégit eam Deus * Et prælégit eam. On repete Elégit.

℣. In tabernáculo fuo habitáre facit eam, * Et prælégit.

℣. Glória Patri. R). Elégit.

℣. Diffúfa eft grátia in lábiis tuis ; R). Proptéreà benedíxit te Deus in ætérnum.

AUX II VESPRES.

Tout comme aux premieres Vefpres jufqu'au verfet.

℣. Diffúfa eft grátia in lábiis tuis ; R). Proptéreà benedíxit te Deus in ætérnum.

A Magníficat, Ant. Manum fuam apéruit ínopi & palmas fuas exténdit ad páuperem, & panem otiófa non comédit.

LE COMMUN
DE LA DEDICACE D'UNE EGLISE.

AUX I VESPRES.

Ant. Domum tuam, Dómine, decet fanctitúdo in longitúdinem diérum.

Pfeaume 109.

Dixit Dóminus Dómino meo,* Sede à dextris meis,

Donec ponam inimícos tuos * fcabéllum pedum tuórum.

Virgam virtútis tuæ emíttet Dóminus ex Sion ; * domináre in médio inimicórum tuórum.

Tecum princípium in die virtútis tuæ in fplendóribus Sanctórum ; * ex útero ante luciferum génui te.

Jurávit Dóminus & non pœnitébit eum , * Tu es Sacérdos in ætérnum fecúndùm órdinem Melchífedech.

Dóminus à dextris tuis * confrégit in die iræ fuæ reges.

Judicábit in natiónibus ; implébit ruínas ; * conquaffábit cápita in terra multórum.

De torrénte in via bibet, * proptéreà exaltábit caput.

Ant. Domum tuam , Dómine , decet fanctitúdo in longitúdinem diérum.

Ant. Domus mea domus oratiónis vocábitur.

Pfeaume 110.

Confitébor tibi , Dómine, in toto corde meo * in confi-

lio juftórum & congregatióne.

Magna ópera Dómini , * exquífita in omnes voluntátes ejus ;

Conféffio & magnificéntia opus ejus , * & juftítia ejus mánet in féculum féculi.

Memóriam fecit mirabílium fuórum ; mifericors & miferátor Dóminus ; * efcam dedit timéntibus fe ;

Memor erit in féculum teftaménti fui ; * virtútem óperum fuórum annuntiábit pópulo fuo ,

Ut det illis hæreditátem géntium. * Opera mánuum ejus véritas & judícium ;

Fidélia ómnia mandáta ejus, confirmáta in féculum féculi, * facta in veritáte & æquitáte.

Redemtiónem mifit pópulo fuo ; * mandávit in ætérnum teftaméntum fuum.

Sanctum & terríbile nomen ejus ; * inítium fapiéntiæ timor Dómini. Intelléctus bonus ómnibus faciéntibus eum ; * laudátio ejus manet in féculum féculi.

Ant. Domus mea domus oratiónis vocábitur.

Ant. Hæc eft domus Dómini firmíter ædificáta ; bene fundáta eft fupra firmam petram.

Pfeaume 111.

Beátus vír qui timet Dóminum , * in mandátis ejus volet nimis.

Potens in terra erit femen ejus ; *

generátio rectórum benedicétur.

Glória & divítiæ in domo ejus, *
& justítia ejus manet in féculum
féculi.

Exórtum est in ténebris lumen rectis ; * miséricors & miserátor &
justus.

Jucúndus homo qui miserétur &
cómmodat, dispónet sermónes suos
in judício, * quia in ætérnum non
commovébitur.

In memória ætérna erit justus ; *
ab auditióne mala non timébit ;

Parátum cor ejus speráre in Dómino ; confirmátum est cor ejus, *
non commovébitur donec despíciat
inimícos suos.

Dispérsit, dedit paupéribus. Justítia ejus manet in féculum féculi ; *
cornu ejus exaltábitur in glória.

Peccátor vidébit & irascétur, déntibus suis fremet & tabéscet ; * desidérium peccatórum períbit.

Ant. Hæc est domus Dómini
firmiter ædificáta ; benè fundáta
est supra firmam petram.

Ant. Benè fundáta est domus
Dómini supra firmam petram.

Pseaume 112.

Laudáte, púeri, Dóminum, *
laudáte nomen Dómini.

Sit nomen Dómini benedíctum *
ex hoc nunc & usque in féculum.

A solis ortu usque ad occásum *
laudábile nomen Dómini.

Excélsus super omnes gentes Dóminus, * & super cœlos glória ejus.

Quis sicut Dóminus Deus noster
qui in altis hábitat * & humília réspicit in cœlo & in terra ;

Súscitans à terra ínopem * & de

stércore érigens páuperem ;

Ut cóllocet eum cum princípibus,
* cum princípibus pópuli sui ;

Qui habitáre facit stérilem in domo, * matrem filiórum lætántem ?

Ant. Benè fundáta est domus
Dómini supra firmam petram.

Ant. Lápides pretiósi omnes muri tui, & turres Jerúsalem gemmis
ædificabúntur.

Pseaume 147.

Lauda, Jerúsalem, Dóminum ;
* lauda Deum tuum, Sion ;

Quóniam confortávit seras portárum tuárum, * benedíxit fíliis tuis
in te ;

Qui pósuit fines tuos pacem, * &
ádipe fruménti sátiat te ;

Qui emíttit elóquium suum terræ,
* velóciter currit sermo ejus ;

Qui dat nivem sicut lanam, * nébulam sicut cínerem spargit.

Mittit crystállum suam sicut buccéllas ; * ante fáciem frígoris ejus
quis sustinébit ?

Emíttet verbum suum, & liquefáciet ea ; * flabit spíritus ejus & fluent
aquæ ;

Qui annúntiat verbum suum Jacob, * justítias & judícia sua Israel.

Non fecit táliter omni natióni, * &
judícia sua non manifestávit eis

Ant. Lápides pretiósi omnes muri tui, & turres Jerúsalem gemmis
ædificabúntur.

Chapitre. *Apoc.* 21.

Vidi civitátem sanctam Jerúsalem novam descendéntem de
cœlo à Deo, parátam sicut sponsam ornátam viro suo. ℟ Deo
grátias.

[Hymne ancienne.

URbs Jerúsalem beáta
Dicta pacis vísio,
Quæ constrúitur in coelis
Vivís ex lapídibus,
Et Angelis coronáta
Ut sponsáta cómite :
Nova véniens è coelo
Nuptiáli thálamo,
Præparáta ut sponsáta
Copulétur Dómino ;
Platéæ & muri ejus
Ex auro puríssimo.
Portæ nitent margarítis
Adytis paténtibus ;
Et virtúte meritórum
Illuc introdúcitur
Omnis qui ob Christi nomen
Hic in mundo prémitur.
Tunsiónibus, pressúris
Expolíti lápides
Suis coaptántur locis
Per manus artíficis ;
Dispónúntur permansúri
Sacris ædifíciis.
Glória & honor Deo
Usquequáque altíssimo,
Unà Patri Filióque
Inclyto Parácleto
Cui laus est & potéstas
Per ætérna sécula. Amen.

Hymne nouvelle.

CÆléstis urbs Jerúsalem,
Beáta pacis vísio,
Quæ celsa de vivéntibus
Saxis ad astra tólleris,
Sponsǽque ritu cíngeris
Mille Angelórum míllibus.
O sorte nupta prósperâ,
Dotáta Patris glóriâ,
Respérsa Spónsi grátiâ,

Regína formosíssima ;
Christo jugáta Príncipi,
Cœli corúsca cívitas.
Hic margarítis émicant
Paténtque cunctis óstia,
Virtúte namque prævià
Mortális illuc dúcitur
Amóre Christi pércitus
Torménta quisquis sústinet.
Scalpri salúbris íctibus,
Et tunsióne plúrimâ,
Fabri políta málleo
Hanc saxa molem cónstruunt,
Aptíque juncta néxibus
Locántur in fastígio.
Decus Parénti débitum
Sit usquequáque Altíssimo,
Natóque Patris único,
Et inclyto Parácleto,
Cui, laus, potéstas, glória
Ætérna sit per sécula. Amen.]

℣. Hæc est domus Dómini fírmiter ædificáta ; ℟. Bené fundáta est supra firmam petram.

A Magníficat, Ant. Sanctificávit Dóminus tabernáculum suum ; quia hæc est domus Dei in qua invocábitur nomen ejus de quo scriptum est, Et erit nomen meum ibi, dicit Dóminus.

Pour le jour même qu'on dedíe une Eglise & pour toute l'Octave, comme aussi lorsqu'il faut changer l'Oraison à cause de la concurrence de la Dedicace d'une autre Eglise.

Oraison.

DEus qui invisibíliter ómnia cóntines, & tamen pro salúte géneris humáni signa tuæ poténtiæ visibíliter osténdis, Templum hoc poténtiâ tuæ inhabitatiónis illústra, & concéde ut omnes qui huc deprecatúri convéniunt, ex quacúmque tribulatióne ad te clamáverint, consolatiónis tuæ benefícia consequántur; per Dóminum.

Pour la Fête anniversaire de la Dédicace d'une Eglise.

Oraison.

DEus qui nobis per síngulos annos hujus sancti Templi tui consecratiónis réparas diem, & sacris semper mystériis repræséntas incólumes, exáudi preces pópuli tui, & præsta ut quisquis hoc Templú benefícia petitúrus ingréditur, cuncta se impetrásse lætétur; per.

A MATINES.

Invitatoire. Domum Dei decet sanctitúdo: * Sponsum ejus Christum adorémus in ea.

Pf. 94. Venite.

Hymne. Urbs Jerúsalem ou Cœléstis ci-dessus.

AU I NOCTURNE.

Ant. Tóllite portas príncipes vestras; & elevámini, portæ æternáles.

Pseaume 23.

DOmini est terra & plenitúdo ejus, * orbis terrárum & univérsi qui hábitant in eo:

Quia ipse super mária fundávit eum, * & super flúmina præparávit eum.

Quis ascéndet in montem Dómini? * aut quis stabit in loco sancto ejus?

Innocens mánibus & mundo corde, * qui non accépit in vano ánimam suam, nec jurávit in dolo próximo suo.

Hic accípiet benedictiónem à Dómino, * & misericórdiam à Deo salutári suo.

Hæc est generátio quæréntium eum, * quæréntium fáciem Dei Jacob.

Attóllite portas príncipes vestras; & elevámini, portæ æternáles: * & introíbit Rex glóriæ.

Quis est iste Rex glóriæ? * Dóminus fortis & potens, Dóminus potens in prælio.

Attóllite portas príncipes vestras; & elevámini, portæ æternáles: * & introíbit Rex glóriæ.

Quis est iste Rex glóriæ? * Dóminus virtútum ipse est Rex glóriæ.

Ant. Tóllite portas príncipes vestras; & elevámini, portæ æternáles.

Ant. Erit mihi Dóminus in Deum; & lapis iste vocábitur domus Dei.

Pseaume 45.

DEus noster refúgium & virtus; * adjútor in tribulatiónibus quæ invenérunt nos nimis.

Proptéreà non timébimus dum turbábitur terra * & transferéntur montes in cor maris.

Sonuérunt & turbátæ sunt aquæ eórum; * conturbáti sunt montes in fortitúdine ejus.

Flúminis ímpetus lætíficat civitátem Dei: * sanctificávit tabernáculum suum Altíssimus:

Deus in médio ejus; non commovébitur;

vébitur : * adjuvábit eam Deus manè dilúculo.

Conturbátæ sunt gentes, & inclináta sunt regna : * dedit vocem suam, mota est terra.

Dóminus virtútum nobíscum ; * suscéptor noster Deus Jacob.

Venite, & vidéte ópera Dómini, quæ pósuit prodígia super terram, * áuferens bella usque ad finem terræ.

Arcum cónteret, & confrínget arma, * & scuta combúret igni.

Vacáte, & vidéte quóniam ego sum Deus : * exaltábor in géntibus & exaltábor in terra.

Dóminus virtútum nobíscum ; * suscéptor noster Deus Jacob.

Ant. Erit mihi Dóminus in Deú; & lapis iste vocábitur domus Dei.

Ant. Ædificávit Móyses altáre Deo nostro.

Pseaume 47.

MAgnus Dóminus & laudábilis nimis * in civitáte Dei nostri, in monte sancto ejus.

Fundátur exsultatióne univérsæ terræ mons Sion, * látera Aquilónis, cívitas Regis magni.

Deus in dómibus ejus cognoscétur, * cùm suscípiet eam.

Quóniam ecce reges terræ congregáti sunt, * convenérunt in unú.

Ipsi vidéntes sic admiráti sunt, conturbáti sunt, commóti sunt ; * tremor apprehéndit eos :

Ibi dolóres ut parturiéntis : * in spíritu veheménti cónteres naves Tharsis.

Sicut audívimus, sic vídimus in civitáte Dómini virtútum, in ci-

vitáte Dei nostri ; * Deus fundávit eam in ætérnum.

Suscépimus, Deus, misericórdiam tuam * in médio templi tui.

Secúndùm nomen tuum, Deus, sic & laus tua in fines terræ ; * justítià plena est déxtera tua.

Lætétur mons Sion & exsúltent filiæ Judæ * propter judícia tua, Dómine.

Circúmdate Sion, & complectímini eam ; * narráte in túrribus ejus :

Pónite corda vestra in virtúte ejus ; * & distribúite domos ejus, ut enarrétis in progénie áltera :

Quóniam hic est Deus, Deus noster in ætérnum & in séculum séculi ; * ipse reget nos in sécula.

Ant. Ædificávit Móyses altáre Dómino Deo.

℣. Domum tuam, Dómine, decet sanctitúdo ℟. In longitúdinem diérum.

Pater noster.

Absol. Exáudi, Dómine Jesu Christe, preces servórum tuórum, & miserére nobis, qui cum Patre & Spíritu sancto vivis & regnas in sécula seculórum. ℟. Amen.

Bened. Benedictióne perpétuâ benedícat nos Pater ætérnus. ℟. Amen.

Leçon j.

De libro secúndo Paralipómenon.

Chap. 7.

CUm complésset Sálomon fundens preces, ignis descéndit de cœlo & devorávit holocáusta & víctimas, & majéstas Dómini implévit domum. Nec póterant Sacerdótes íngredi templum Dómini, eò quòd implésset majéstas Dómini templum Dómini. Sed & omnes filii Israel vidébant descendéntem ignem & glóriam Dómini super domum, & corruéntes proni in terram super paviméntum stratum lápide, adoravérunt & laudavérunt Dóminum, Quóniam bonus, quóniam in féculum misericórdia ejus. Rex autem & omnis pópulus immolábant víctimas coram Dómino. Mactávit ígitur rex Salomon hóstias boum vigínti duo míllia, aríetum centum vigínti míllia, & dedicávit domum Dei Rex & univérsus pópulus.

℞. In dedicatióne templi decantábat pópulus laudem, * Et in ore eórum dulcis resonábat sonus. ℣. Fundáta est domus Dómini supra vérticem móntium, & vénient ad eam omnes gentes. * Et in ore.

Bened. Unigénitus Dei Fílius nos benedícere & adjuváre dignétur. ℞. Amen.

Leçon ij.

Sacerdótes autem stabant in offíciis suis & Levítæ in órganis cárminum Dómini quæ fecit David rex ad laudándum Dóminum; Quóniam in ætérnum misericórdia ejus; hymnos David canéntes per manus suas. Porro Sacerdótes canébant tubis ante eos, cunctúsque Israel stabat. Sanctificávit quoque Salomon médium átrii ante templum Dómini; obtúlerat enim ibi holocáusta & ádipes pacificórum, quia altáre æneum quod fécerat non póterat sustinére

holocáusta & sacrifícia & ádipes. Fecit ergo Salomon solemnitátem in témpore illo septem diébus & omnis Israel cum eo, ecclésia magna valdè ab intróitu Emath usque ad torréntem Ægypti. Fecítque die octávo colléctam, eò quòd dedicásset altáre septem diébus, & solemnitátem celebrásset diébus septē.

℞. Fundáta est domus Dómini supra vérticem móntium, & exaltáta est super omnes colles; * Et vénient ad eam omnes gentes & dicent, Glória tibi, Dómine. ℣. Veniéntes autem vénient cum exsultatióne portántes manípulos suos, * Et vénient.

Bened. Spíritûs sancti grátia illúminet sensus & corda nostra. ℞. Amen.

Leçon iij.

Complevítque Salomon domum Dómini & domum regis & ómnia quæ dispósuerat in corde suo ut fáceret in domo Dómini & in domo sua, & prosperátus est. Appáruit autem ei Dóminus nocte & ait, Audívi oratiónem tuam, & elégi locum istum mihi in domum sacrifícii. Si cláusero cœlum & plúvia non flúxerit, & mandávero & præcépero locústæ ut dévoret terram, & mísero pestiléntiam in pópulum meum; convérsus autem pópulus meus super quos invocátum est nomen meum, deprecátus me fúerit & exquisíerit fáciem meam & égerit pœniténtiam à viis suis péssimis; & ego exáudiam de cœlo & propítius ero peccátis eórum, & sanábo terram eórum. Oculi quoque mei erunt apérti & aures meæ eréctæ ad oratiónem ejus qui in loco isto oráverit. Elégi enim & sanctificávi locum istum, ut sit nomen meum ibi in sempitérnum & permáneant óculi mei & cor meum ibi cunctis diébus.

℟. Bénedic, Dómine, domum istam quam ædificávi nómini tuo ; veniéntium in loco isto * Exáudi preces in excélso sólio glóriæ tuæ. ℣. Dómine, si convérsus fúerit pópulus tuus & oráverit ad sanctuárium tuum, * Exáudi. ℣. Glória. * Exáudi.

Au II Nocturne.

Ant. Non est hìc áliud, nisi domus Dei & porta cœli.

Pseaume 83.

QUàm dilééta tabernácula tua, Dómine virtútum ! * Concupíscit & déficit ánima mea in átria Dómini.

Cor meum & caro mea * exsultavérunt in Deum vivum.

Etenim passer invénit sibi domum, * & turtur nidum sibi ubi ponat pullos suos :

Altária tua, Dómine virtútum, * rex meus & Deus meus.

Beáti qui hábitant in domo tua, Dómine ; * in sécula seculórum laudábunt te.

Beátus vir cujus est auxílium abs te ; * ascensiónes in corde suo dispósuit in valle lachrymárum in loco quem pósuit.

Etenim benedictiónem dabit legislátor, ibunt de virtúte in virtútẽ; * vidébitur Deus deórum in Sion.

Dómine Deus virtútum, exáudi

oratiónem meam ; * áuribus pércipe, Deus Jacob.

Protéctor noster áspice, Deus, * & réspice in fáciem Christi tui.

Quia mélior est dies una in átriis tuis. * super míllia,

Elégi abjéctus esse in domo Dei mei, * magis quàm habitáre in tabernáculis peccatórum.

Quia misericórdiam & veritátem díligit Deus, * grátiam & glóriam dabit Dóminus ;

Non privábit bonis eos qui ámbulant in innocéntia. * Dómine virtútum, beátus homo qui sperat in te.

Ant. Non est hìc áliud, nisi domus Dei & porta cœli.

Ant. Vidit Jacob scalam ; súmmitas ejus cœlos tangébat ; & descendéntes Angelos ; & dixit, Verè locus iste sanctus est.

Pseaume 86.

FUndaménta ejus in móntibus sanctis. * Díligit Dóminus portas Sion super ómnia tabernácula Jacob.

Gloriósa dicta sunt de te, * cívitas Dei.

Memor ero Rahab & Babylónis * sciéntium me.

Ecce alienígenæ & Tyrus & pópulus Æthíopum, * hi fúerunt illic.

Numquid Sion dicet, Homo & homo natus est in ea ; * & ipse fundávit eam Altíssimus ?

Dóminus narrábit in scriptúris populórum & príncipum, * horum qui fúerunt in ea.

Sicut lætántium ómnium * habitátio est in te.

Ant. Vidit Jacob scalam; summitas ejus cœlos tangébat; & descendéntes Angelos; & dixit, Verè locus iste sanctus est.

Ant. Eréxit Jacob lápidem in títulum fundens óleum désuper.

Pseaume 87.

DOmine Deus salútis meæ, * in die clamávi & nocte coram te.

Intret in conspéctu tuo orátio mea, * inclína aurem tuam ad precem meam,

Quia repléta est malis ánima mea, * & vita mea inférno appropinquávit.

Æstimátus sum cum descendéntibus in lacum: * factus sum sicut homo sine adjutório, inter mórtuos liber.

Sicut vulneráti dormiéntes in sepúlchris, quorum non es memor ámplius, * & ipsi de manu tua repúlsi sunt.

Posuérunt me in lacu inferióri, * in tenebrósis & in umbra mortis.

Super me confirmátus est furor tuus, * & omnes fluctus tuos induxísti super me.

Longè fecísti notos meos à me; * posuérunt me abominatiónem sibi.

Tráditus sum, & non egrediébar: * Oculi mei languérunt præ inópia.

Clamávi ad te, Dómine, totâ die, * expándi ad te manus meas.

Numquid mórtuis fácies mirabília? * aut médici suscitábunt & confitebúntur tibi?

Numquid narrábit áliquis in sepúlchro misericórdiam tuam, * & ve-

ritátem tuam in perditióne?

Numquid cognoscéntur in ténebris mirabília tua, * & justítia tua in terra obliviónis?

Et ego ad te, Dómine, clamávi; * & manè orátio mea prævéniet te.

Ut quid, Dómine, repéllis oratiónem meam; * avértis fáciem tuam à me?

Pauper sum ego & in labóribus à juventúte mea; * exaltátus autem, humiliátus sum & conturbátus.

In me transiérunt iræ tuæ, * & terróres tui conturbavérunt me.

Circumdedérunt me sicut aqua totâ die; * circumdedérunt me simul.

Elongásti à me amícum & próximum, * & notos meos à miséria.

Ant. Eréxit Jacob lápidem in títulum fundens óleum désuper.

℣. Domus mea ℟. Domus oratiónis vocábitur.

Pater noster.

Absol. Ipsíus píetas & misericórdia nos ádjuvet qui cum Patre & Spíritu sancto vivit & regnat in sécula seculórum. ℟. Amen.

Bened. Deus Pater omnípotens sit nobis propítius & clemens. ℟. Amen.

Leçon iv.
Sermo sancti Augustíni Epíscopi.
Sermon 252. Du Temps.

QUotiescúmque, Fratres charíssimi, altáris vel templi festivitátem cólimus, si fidéliter ac diligénter atténdimus & sanctè ac justè vívimus, quidquid in templis manufáctis ágitur totum in nobis spiritáli ædificatióne complétur. Non enim mentítus est ille qui dixit, Templum enim Dei sanctum est quod estis vos ; & iterùm, Nescítis quia córpora vestra templum sunt Spíritûs sancti qui in vobis est? Et ídeò, Fratres charíssimi ; quia nullis præcedéntibus méritis per grátiam Dei merúimus fieri templum Dei, quantum póssumus cum ipsius adjutório laborémus, ne Dóminus noster in templo suo, hoc est, in nobisípsis invéniat quod óculos suæ majestátis offéndat.

R⁄. Orántibus in loco isto, * Dimítte peccáta pópuli tui, Deus, & osténde eis viam bonam per quam ámbulent, & da glóriam in loco isto. ⁊. Qui regis Israel, inténde ; qui dedúcis velut ovem Joseph, qui sedes super Chérubim, * Dimítte.

Bened. Christus perpétuæ det nobis gáudia vitæ. R⁄. Amen.

Leçon v.

SEd habitáculum cordis nostri evacuétur vítiis & virtútibus repleátur ; claudátur diábolo & aperiátur Christo ; & ita laborémus ut nobis bonórum óperum clávibus jánuam regni coeléstis aperíre póssimus. Sicut enim malis opéribus quasi quibúsdam seris ac véctibus vitæ nobis jánua cláuditur, ita absque dúbio bonis opéribus aperítur. Et ídeò, Fratres charíssimi, unusquísque consíderet consciéntiam suam, & quando se áliquo crímine vulnerátum esse cognóverit, priùs oratiónibus, jejúniis & eleemósynis stúdeat mundáre consciéntiam suam, & sic Eucharístiam præsúmat accípere.

R⁄. O quàm metuéndus est locus iste ! * Verè non est hìc áliud nisi domus Dei & porta coeli. ⁊. Hæc est domus Dómini fírmiter ædificáta ; benè fundáta est supra firmam petram ; * Verè non est.

Bened. Igné sui amóris accéndat Deus in córdibus vestris. R⁄. Amen.

Leçon vj.

SI enim agnóscens quis reátum suum, ipse se à divíno altári subtráxerit, citò ad indulgéntiam divínæ misericórdiæ pervéniet. Quia sicut qui se exáltat humiliábitur, ita è contrário qui se humíliat exaltábitur. Qui enim, sicut dixi, agnóscens reátum suum, ipse se humíliter ab altári Ecclésiæ pro emendatióne vitæ removére volúerit, ab ætérno illo & coelésti convívio excommunicári pénitùs non timébit.

R⁄. Manè surgens Jacob erigébat lápidem in títulum, fundens óleum désuper, votum vovit Dómino : * Verè locus iste sanctus est, & ego nesciébam. ⁊. Cùmque evigilásset Jacob de somno ait, * Verè locus. ⁊. Glória. * Verè locus.

AU III NOCTURNE.

Ant. Qui hábitat in adjutório Altíssimi in protectióne Dei coeli commorábitur.

Hors le temps de Pasque, lorsqu'on dit cette Antienne entiere, on omet le premier verset du Pseaume suivant.

Pseaume 90.

OUi hábitat in adjutório Altíssimi * in protectióne Dei coeli commorábitur.

Dicet Dómino, Suscéptor meus es tu & refúgium meum; * Deus meus, sperábo in eum :

Quóniam ipse liberávit me de láqueo venántium * & à verbo áspero.

Scápulis suis obumbrábit tibi, * & sub pennis ejus sperábis.

Scuto circúmdabit te véritas ejus ; * non timébis à timóre nochúrno,

A sagitta volánte in die, à negócio perambulánte in ténebris, * ab incúrsu, & dæmónio meridiáno.

Cadent à látere tuo mille, & decem míllia à dextris tuis ; * ad te autem non appropinquábit.

Verúmtamen óculis tuis considerábis, * & retributiónem peccatórum vidébis.

Quóniam tu es, Dómine, spes mea : * altíssimum posuísti refúgium tuum.

Non accédet ad te malum, * & flagéllum non appropinquábit tabernáculo tuo :

Quóniam Angelis suis mandávit de te * ut custódiant te in ómnibus viis tuis.

In mánibus portábunt te, * ne forté offéndas ad lápidem pedem tuum.

Super áspidem & basilíscum ambulábis, * & conculcábis leónem & dracónem.

Quóniam in me sperávit, liberábo eum ; * prótegam eum, quóniam cognóvit nomen meum.

Clamábit ad me, & ego exáudiam eum ; * cum ipso sum in tribulatióne ; erípiam eum, & glorificábo eum.

Longitúdine diérum replébo eum ;

* & osténdam illi salutáre meum.

Ant. Qui hábitat in adjutório altíssimi in protectióne Dei coeli commorábitur.

Ant. Templum Dómini sanctum est, Dei structúra est, Dei ædificátio est.

Pseaume 95.

Cantáte Dómino cánticum novum. * Cantáte Dómino, omnis terra.

Cantáte Dómino, & benedícite nómini ejus. * Annuntiáte de die in diem salutáre ejus.

Annuntiáte inter gentes glóriam ejus, * in ómnibus pópulis mirabília ejus.

Quóniam magnus Dóminus & laudábilis nimis ; * terríbilis est super omnes deos ;

Quóniam omnes dii géntium dæmónia ; * Dóminus autem coelos fecit.

Conféssio & pulchritúdo in conspéctu ejus ; * sanctimónia & magnificéntia in sanctificatióne ejus.

Afférte Dómino, pátriæ géntium, afférte Dómino glóriam & honórem ; * afférte Dómino glóriam nómini ejus.

Tóllite hóstias, & introíte in átria ejus ; * adoráte Dóminum in átrio sancto ejus.

Commoveátur à fácie ejus univérsa terra. * Dícite in géntibus quia Dóminus regnávit.

Etenim corréxit orbem terræ qui non commovébitur ; * judicábit pópulos in æquitáte.

Lætentur coeli & exsúltet terra, commoveátur mare & plenitúdo ejus ; * gaudébunt campi & ómnia quæ in eis sunt.

Tunc exsultábunt ómnia ligna silvárum à fácie Dómini quia venit, * quóniam venit judicáre terram.

Judicábit orbem terræ in æquitáte, * & pópulos in veritáte sua.

Ant. Templum Dómini sanctum est, Dei structúra est, Dei ædificátio est.

Ant. Benedícta glória Dómini de loco sancto suo. Allelúia. On omet ce mot depuis la Septuagesime jusqu'à Pasque.

Pseaume 98.

DOminus regnávit, irascántur pópuli : * qui sedet super Chérubim, moveátur terra.

Dóminus in Sion magnus, * & excélsus super omnes pópulos.

Confiteántur nómini tuo magno, quóniam terribile & sanctum est ; * & honor regis judícium díligit.

Tu parásti directiónes ; * judícium & justítiam in Jacob tu fecísti.

Exaltáte Dóminum Deum nostrú, & adoráte scabéllum pedum ejus, * quóniam sanctum est.

Móyses & Aaron in sacerdótibus ejus, * & Sámuel inter eos qui ínvocant nomen ejus

Invocábant Dóminum, & ipse exaudiébat eos ; * in colúmna nubis loquebátur ad eos.

Custodiébant testimónia ejus * & præcéptum quod dedit illis.

Dómine Deus noster, tu exaudiébas eos ; * Deus, tu propítius fuísti eis, & ulcíscens in omnes adinventiónes eórum.

Exaltáte Dóminum Deum nostrum, &

adoráte in monte sancto ejus, * quóniam sanctus Dóminus Deus noster.

Ant. Benedícta glória Dómini de loco sancto suo. Allelúia.

℣. Hæc est domus Dómini fírmiter ædificáta ; ℟. Bene fundáta est supra firmam petram.

Pater noster.

Absol. A vínculis peccatórum nostrórum absólvat nos omnípotens & miséricors Dñus. ℟. Amen.

Bened. Evangélica léctio sit nobis salus & protéctio. ℟. Amen.

Leçon vij.

Léctio sancti Evangélii secúndùm Lucam. Ch. 19.

IN illo témpore ingréssus Jesus perambulábat Jéricho. Et ecce vir nómine Zachæus, & hic princeps erat Publicanórum, & ipse dives. Et réliqua.

Homília sancti Ambrósii Epíscopi. *Livre 8 sur saint Luc.*

ZAchæus statúrâ pusíllus, hoc est nullâ nobilitátis ingénitæ dignitáte sublímis, exíguus méritis sicut pópulus natiónum, audíto Dómini Salvatóris advéntu, quem sui non recéperant vidére cupiébat. Sed nemo fácilè Jesum videt, nemo potest Jesum vidére constitútus in terra. Et quia non Prophétas, non legem habébat, tanquam formæ grátiam naturális, ascéndit in sycómorum, vanitátem scilicet Judæórum vestígio suo próterens, erráta quoque córrigens superióris ætátis, & ideò Jesum in interióris domus recépit hospítio.

℟. Domus mea domus oratiónis vocábitur, dicit Dñus ; in ea omnis qui petit áccipit, & qui quærit ínvenit, * Et pulsánti aperiétur. ℣. Pétite & accipiétis, quærite & inveniétis, * Et pulsánti aperiétur.

Bened. Divínum auxílium máneat semper nobíscum. ℟. Amen.

Leçon viij.

ET benè ascéndit in árborem, ut arbor bona fructus bonos fáceret, ac naturáli excísus oleástro & contra natúram insértus in bonam olívam, fructum posset legis afférre. Radix enim sancta, etsi rami inútiles ; quorum infructuósam glóriam plebs Géntium fide resurrectiónis quasi quàdam córporis elevatióne transcéndit. Zachǽus ergo in sycómoro, cæcus in via, quorum álterum Dóminus miserATúrus exspéctat, álterum mansiónis suæ claritáte nobílitat ; álterum sanatúrus intérrogat, apud álterum se non invitátus invitat. Sciébat enim úberem hospítii sui esse mercédem. Sed tamen, etsi nondùm vocem invitántis audíerat, jam víderat afféctum.

℟. Lápides pretiósi omnes muri tui ; * Et turres Jerúsalem gemmis ædificabúntur. ℣. Portæ Jerúsalem ex sapphíro & smarágdo ædificabúntur, & ex lápide pretióso omnis circúitus muri ejus, * Et turres. ℣. Glória Patri. * Et turres.

Bened. Ad societátem cívium supernórum perdúcat nos Rex Angelórum. ℟. Amen.

Leçon ix.

VErùm ne cæcum illum tanquam fastidiósi páuperum citò reliquísse videámur & transísse ad dívitem, exspectémus eum quia exspectávit & Dóminus ; interrogémus eum, quia interrogávit & Christus. Nos interrogémus, quia nescímus ; ille quia nóverat. Nos interrogémus, ut sciámus unde iste curátus sit : ille interrogávit, ut in uno plures discerémus unde Dóminum vidére mereámur. Interrogávit enim, ut crederémus néminem nisi confiténtem posse salvári. Te Deum.

A LAUDES,

Ant. Domum tuam, Dómine, decet sanctitúdo in longitúdinem diérum.

Ps. 94. Dóminus regnávit, & les autres des Laudes du Dimanche.

Ant. Domus mea domus oratiónis vocábitur.

Ant. Hæc est domus Dómini firmíter ædificáta, benè fundáta est supra firmam petram.

Ant. Benè fundáta est domus Dómini supra firmam petram.

Ant. Lápides pretiósi omnes muri tui ; & turres Jerúsalem gemmis ædificabúntur.

Chapitre.   *Apoc. 21.*

VIdi civitátem sanctam Jerúsalem novam descendéntem de cœlo à Deo, parátam sicut sponsam ornátam viro suo. ℟. Deo grátias.

[Hymne ancienne.

ANguláris fundaméntum Lapis Christus missus est, Qui parietum compáge In utróque néctitur,

Quem

Quem Sion sancta suscépit,
In quo credens pérmanet.
Omnis illa Deo sacra
Et dilécta civitas,
Plena módulis, in laude
Et canóre júbilo
Trinum Deum unicúmque
Cum fervóre prædicat.
Hoc in templo, summe Deus,
Exorátus advéni,
Et cleménti bonitáte
Precum vota súscipe;
Largam benedictiónem
Hic infúnde júgiter.
Hic promereántur omnes
Petíta acquírere
Et adépta possidére,
Cum Sanctis perénniter
Paradísum introíre
Transláti in réquiem.
Glória & honor Deo
Usquequáque altíssimo,
Unà Patri Filióque
Inclyto Paracléto
Cui laus est & potéstas
Per ætérna sécula. Amen.

Hymne nouvelle.

ALto ex Olympi vértice
Summi Paréntis Filius,
Ceu monte dejéctus lapis
Terras in imas décidens,
Domus supernæ & infimæ
Utrúmque junxit ángulum.
Sed illa sedes Cælitum
Semper resúltat láudibus,
Deúmque Trinum & Unicum
Jugi canóre prædicat:
Illi canéntes júngimur
Almæ Siónis æmuli.
Hæc Templa, Rex Cœléstium,
Imple benígno lúmine;

Huc ô rogátus advéni,
Plebísque vota súscipe
Et corda nostra júgiter
Perfúnde cœli grátia.
Hic impetrent fidélium
Voces precésque súpplicum
Domus beátæ múnera,
Patrísque donis gáudeant,
Donec solúti córpore
Sedes beátas ímpleant.
Decus Parénti débitum
Sit usquequáque Altíssimo
Natóque Patris único
Et ínclyto Paracléto,
Cui laus, potéstas, glória
Ætérna sit per sécula. Amen.]

℣. Hæc est domus Dómini firmiter ædificáta; ℟. Benè fundáta est supra firmam petram.

A Benedíctus, Ant. Zachæe, festínans descénde, quia hódie in domo tua opórtet me manére : at ille festínans descéndit & suscépit illum gaudens in domum suam. Hódie huic dómui salus à Deo facta est. Allelúia. On omet ce mot depuis la Septuagesime jusqu'à Pasque.

Pour le jour même qu'on dédie une Eglise & pour toute l'Octave, comme aussi lorsqu'il faut changer l'Oraison à cause de la concurrence de la Dedicace d'une autre Eglise.

Oraison.

DEus qui invisibíliter ómnia cóntines, & tamen pro salúte géneris humáni signa tuæ poténtiæ visibíliter osténdis, Templum hoc poténtiâ tuæ inhabitatiónis illústra, & concéde ut omnes qui huc deprecatúri convéniunt, ex quacúmque tribulatióne ad te clamáverint, consolatiónis tuæ beneficia consequúntur ; per Dóminum.

Pour la Fête anniverfaire de la Dédicace d'une Eglife.

Oraifon.

DEus qui nobis per síngulos annos hujus fancti Templi tui confecratiónis réparas diem, & facris femper myftériis repræfentas incólumes, exáudi preces pópuli tui, & præfta ut quifquis, hoc Templum beneficia petitúrus ingréditur, cuncta fe impetráffe lætétur ; per Dóminum.

A TIERCE.

Ant. Domus mea domus oratiónis vocábitur.
Chapitre.   *Apoc. 21.*

VIdi civitátem fanctam Jerúfalem novam defcendéntë de cœlo à Deo, parátam ficut fponfam ornátam viro fuo. R̂. Deo grátias.

R̂. bref. Domum tuam, Dómine, * Decet fanctitúdo. On repete Domum.

V̂. In longitúdinem diérum * Decet.

V̂. Glória. R̂. Domum tuam.

V̂. Locus ifte fanctus eft in quo orat facérdos R̂. Pro delictis & peccátis pópuli.

A SEXTE.

Ant. Hæc eft domus Dómini firmiter ædificáta, benè fundáta eft fupra firmam petram.

Chapitré.   *Apoc. 21.*

ET audívi vocem magnam de throno dicéntem, Ecce tabernáculum Dei cum homínibus, & habitábit cum eis ; & ipfi pópulus ejus erunt, & ipfe Deus cum eis erit eórum Deus. R̂. Deo grátias.

R̂. bref. Locus ifte fanctus eft * In quo orat facérdos. On repete Locus.

V̂. Pro delictis & peccátis pópuli : * In quo. V̂. Glória. R̂. Locus.

V̂. Hæc eft domus Dómini firmiter ædificáta ; R̂. Benè fundáta eft fupra firmam petram.

A NONE.

Ant. Lápides pretiófi omnes muri tui ; & turres Jerúfalem gemmis ædificabúntur.

Chapitre.   *Apoc. 21.*

ET abftérget Deus omnem láchrymam ab óculis eórum ; & mors ultrà non erit, neque luctus neque clamor neque dolor erit ultrà, quia prima abiérunt ; & dixit qui fedébat in throno, Ecce nova facio ómnia. R̂. Deo grátias.

R̂. bref. Hæc eft Domus Dómini * Firmiter ædificáta. On repete Hæc eft.

V̂. Benè fundáta eft fupra firmam petram, * Firmiter ædificáta.

V̂. Glória Patri. R̂. Hæc eft.

V̂. Benè fundáta eft domus Dómini R̂. Supra firmam petram.

AUX II VESPRES.

Tout fe dit comme aux premieres Vefpres jufqu'au verfet.

V̂. Domum tuam, Dómine, decet sanctitúdo ℟. In longitúdinem diérum.

A Magníficat, Ant. O quàm metuéndus est locus iste ! verè non est hìc áliud, nisi domus Dei & porta cœli.

PENDANT L'OCTAVE.

Tous les jours de l'Octave (à moins qu'il n'arrive quelque Feste qui doive l'empêcher) on fait tout l'Office comme le jour même de la Feste, excepté les Leçons des trois Nocturnes qui se disent comme elles sont marquées ci-dessous. Les Antiennes ne se doublent qu'au jour de l'Octave.

SECOND JOUR.
Semidouble.
AU I NOCTURNE.

Il faut prendre les Leçons de l'Ecriture qui tombent à ce jour.
AU II NOCTURNE.
Leçon iv.

Ex Tractátu sancti Augustíni Epíscopi super Psalmos.

Sur le Pseaume 121.

JErúsalem quæ ædificátur ut cívitas. Fratres, quando dicébat ista David, perfécta erat illa cívitas, non ædificabátur. Néscio quam ergo civitátem dicit, quæ modò ædificátur, ad quam currunt in fide lápides vivi de quibus dicit Petrus, Et vos tanquam lápides vivi coædificámini in domum spiritálem, id est, templum Dei sanctum. Quid est, Lápides vivi coædificámini ? Vivis, si credis : si autem credis,

efficiéris templum Dei, quia dicit Apóstolus Paulus, Templum enim Dei sanctum est, quod estis vos.

℟. Orántibus in loco isto * Dimítte peccáta pópuli tui, Deus, & osténde eis viam bonam per quam ámbulent, & da glóriam in loco isto. ℣. Qui regis Israel, inténde ; qui dedúcis velut ovem Joseph, qui sedes super Chérubim, * Dimítte.

Bened. Christus perpétuæ det nobis gáudia vitæ. ℟. Amen.

Leçon v.

IPsa ergo modò cívitas ædificátur. Præcidúntur de móntibus lápides per manus prædicántium veritátem ; conquadrántur, ut intrent in structúram sempitérnam. Adhuc multi lápides in mánibus artíficis sunt : non cadant de mánibus artíficis, ut possint perfécti coædificári in structúram templi. Est ergo ista Jerúsalem quæ ædificátur ut cívitas ; fundaméntum ipsíus Christus est. Dicit Apóstolus Paulus, Fundaméntum áliud nemo potest pónere præter id quod pósitum est, quod est Christus Jesus.

℟. O quàm metuéndus est locus iste ! * Verè non est hìc áliud nisi domus Dei & porta cœli. ℣. Hæc est domus Dómini firmiter ædificáta ; benè fundáta est supra firmam petram. * Verè.

Bened. Ignem sui amóris accéndat Deus in córdibus nostris. ℟. Amen.

Leçon vj.

FUndaméntum quando pónitur in terra, désuper ædificántur paríetes , & pondus pariétum ad ima tendit, quia in imo pósitum eſt fundaméntum. Si autem fundaméntum noſtrum in cœlo eſt , ad cœlum ædificémur. Córpora ædificavérunt iſtam ſtructúram quam vidétis amplam ſurrexíſſe hujus Baſilicæ ; & quia córpora ædificavérunt, fundamentum in imo poſuérunt : quia veró ſpiritáliter ædificámur , fundaméntum noſtrum in ſummo póſitum eſt. Illuc ergo currámus , ibi ædificémur ; quia de ipſa Jerúſalem dictum eſt, Stantes erant pedes noſtri in átriis tuis Jerúſalem.

℟. Manè ſurgens Jacob erigébat lápidem in títulum , fundens óleum deſuper, votum vovit Dómino : * Verè locus iſte ſanctus eſt, & ego neſciébam. ℣. Cùmque evigilâſſet Jacob de ſomno ait, * Verè locus. ℣. Glória Patri. * Verè.

Au III Nocturne.
Leçon vij.
Léctio ſancti Evangélii ſecúndùm Lucam. *Ch.* 19.

I N illo témpore ingréſſus Jeſus perambulábat Jéricho. Et ecce vir nómine Zachæus , & hic prínceps erat Publicanórum , & ipſe dives. Et réliqua.

De Homília ſancti Ambroſii Epíſcopi.
Du Livre 8 *ſur ſaint Luc.*

E T conféſtim , inquit, vidit & ſequebátur illum magníficans Dóminum. Aliter enim non vidéret, niſi ſequerétur Chriſtum, niſi Dóminum prædicáret, niſi ſéculû præteríret. Cum divítibus quoque in grátiâ

revertámur. Nólumus enim offéndere dívites, qui vólumus, ſi fieri poteſt, ſanáre omnes, ne in caméli comparatióne præſtricti , & in Zachæo cítiùs quàm opórtuit, derelícti, juſtæ hábeant commotiónis offénſam.

℟. Domus mea domus oratiónis vocábitur, dicit Dóminus : in ea omnis qui petit áccipit , & qui quærit ínvenit , * Et pulſánti aperiétur. ℣. Pétite & accipiétis, quærite & inveniétis , * Et pulſánti aperiétur.

Bened. Divínum auxílium máneat ſemper nobíſcum. ℟. Amen.

Leçon viij.

D Iſcant dívites non in facultátibus crimen hærére , ſed in iis qui uti néſciant facultátibus. Nam divitiæ ut impediménta ímprobis, ita bonis ſunt adjuménta virtútis. Dives certè Zachæus & eléctus à Chriſto ; ſed dimídium bonórum ſuórum paupéribus largiéndo , reddéndo étiam in quádruplum quæ fraude ſuſtúlerat, (álterum enim non ſat eſt, nec habet grátiam liberálitas , ſi injúria perſevérat , quia non ſpólia ſed dona quærúntur ,) uberiórem mercédem quàm conferébat accépit.

℟. Lápides pretióſi omnes muri tui ; * Et turres Jerúſalem gemmis ædificabúntur. ℣. Portæ Jerúſalem ex ſápphiro & ſmarágdo ædificabúntur, & ex lápide pretióſo omnis circúitus muri ejus , * Et turres. ℣. Glória Patri. * Et turres.

Bened. Ad ſocietátem cívium ſupernórum perdúcat nos Rex Angelórum. ℟. Amen.

Leçon ix.

ET benè princeps indúcitur Publicanórum. Quis jam de se despéret, quando & iste cui census ex fraude, ad salútem pervénit? Et ipse, inquit, dives. Ut scias non omnes dívites, aváros. Quia statúrâ pusíllus erat. Quid sibi vult, quòd nullíus altérius statúrâ Scriptúra, nisi hujus expréssit? Vide ne fortè malítiâ pusíllus, aut adhuc pusíllus fide. Nondum enim réddere promíserat; nondum víderat Christum: mérito adhuc pusíllus. Joánnes autem magnus, quia & Christum vidit, & Spíritum sicut colúmbam super Christum manéntem: sicut ipse ait: Vidi Spíritum descendéntem sicut colúmbam, & manéntem super eum.

T e Deum.

TROISIE'ME JOUR.
Semidouble.
AU I NOCTURNE.

Il faut prendre les Leçons de l'Ecriture qui tombent à ce jour.

AU II NOCTURNE.
Leçon iv.

Homília sancti Augustíni Epíscopi.

Du Sermon 256 du Temps.

CElébritas hujus congregatiónis dedicátio est domûs oratiónis. Domus ergo nostrárum oratiónum ista, domus autem Dei nos ipsi. Si domus Dei nos ipsi, nos in hoc século ædificámur ut in fine séculi dedicémur. Ædifícium, immò ædificátio habet labórem, dedicátio exsultatiónem. Quod hic fiébat quando ista surgébant, hoc

fit modò cùm congregántur credéntes in Christum. Credéndo enim, quasi de sylvis & móntibus ligna & lápides præcidúntur: cùm verò catechizántur, baptizántur, formántur, tanquam inter manus fabrórum & opíficum dolántur, collineántur, complanántur. Verúmtamen domum Dómini non fáciunt, nisi quando charitáte compaginántur.

℟. Orántibus in loco isto * Dimítte peccáta pópuli tui, Deus, & osténde eis viam bonam per quam ámbulent, & da glóriam in loco isto. ℣. Qui regis Israel, inténde; qui dedúcis velut ovem Joseph, qui sedes super Chérubim, *Dimítte.

Bened. Christus perpétuæ det nobis gáudia vitæ. ℟. Amen.

Leçon v.

LIgna ista & lápides si non sibi certo órdine cohærérent, si non se pacificè innécterent, si non se invicem cohæréndo sibi quodámmodo amárent, nemo huc intráret. Dénique quando vides in áliqua fábrica lápides & ligna benè sibi cohærére, secúrus intras, ruínam non times. Volens ergo Dóminus Christus intráre & in nobis habitáre, tanquam ædificándo dicébat, Mandátum novum do vobis; ut vos ínvicem diligátis. Mandátum, inquit, novum do vobis. Véteres enim erátis, domum mihi nondum faciebátis, in vestra ruína jacebátis. Ergo ut eruámini à vestræ ruínæ vetustáte, vos ínvicè amáte.

℟. O quàm metuéndus est locus iste! * Verè non est hìc áliud nisi domus Dei & porta cœli. ℣. Hæc est domus Dómini fírmiter ædificáta; bené fundáta eft fupra firmam petram. * Verè.

Bened. Ignem fui amóris accéndat Deus in córdibus noftris. ℟. Amen.

Leçon vj.

COnfidéret ergo cháritas veftra ædificári adhuc iftam domum toto, ficut prædíctum eft & promíffum, orbe terrárum. Cùm enim ædificátur domus poft captivitátem, ficut habet álius Pfalmus, dícitur, Cantáte Dómino cánticum novum; cantáte Dómino, omnis terra. Quod ibi dixit cánticum novum, hìc Dóminus dixit mandátum novum. Quid enim habet cánticum novum nifi amórem novum? Cantáre amántis eft. Vox hujus cantóris fervor eft fancti amóris. Amémus, gratìs amémus; Dóminum enim amámus quo nihil mélius invénimus; ipfum amémus propter ipfum, & nos in ipfo tamen propter ipfum.

℟. Manè furgens Jacob erigébat lápidem in títulum, fundens óleum défuper, votum vovit Dómino : * Verè locus ifte fanctus eft & ego nefciébam. ℣. Cùmque evigiláffet Jacob de fomno ait, * Verè. ℣. Glória Patri. * Verè.

Au III Nocturne.
Leçon vij.
Léctio fancti Évangélii fecúndùm Lucam. *Ch.* 19.

IN illo témpore ingréffus Jefus perambulábat Jéricho. Et écce vir nómine Zachæus, & hic prin-

ceps erat Publicanórum, & ipfe dives. Et réliqua.

De Homília fancti Ambrófii Epífcopi.
Du Livre 8 fur faint Luc.

QUæ autem turba, nifi imperítæ confúfio multitúdinis quæ vérticem nequit vidére fapiéntiæ? Ergo Zachæus quámdiù in turba eft, non videt Chriftum; fupra turbam afcéndit & vidit; hoc eft, plebis jam tranfgréffus infcítiam méruit quem defiderábat adfpícere. Pulchrè autem áddidit, Quia illâ parte erat tranfitúrus Dóminus; vel ubi fycómorus, vel ubi creditúrus; ut & myftérium ferváret & grátiam femináret. Sic enim vénerat ut per Judæos transíret ad Gentes.

℟. Domus mea domus oratiónis vocábitur, dicit Dóminus: in ea omnis qui petit áccipit, & qui quærit ínvenit, * Et pulfánti. ℣. Pétite & accipiétis, quærite & inveniétis, * Et pulfánti.

Bened. Divínum auxílium máneat femper nobífcum. ℟. Amen.

Leçon viij.

VIdit ítaque Zachæum fursùm. Jam enim fublimitáte fídei inter fructus novórum óperum velut fœcúndæ altitúdine árboris eminébat. Et quóniam de typo ad morália defléximus, inter tot credéntium voluptátes Dominicâ die relaxáre ánimum, feftivitátem admífcere deléctat. Zachæus in fycómoro, novum vidélicet novi témporis pomum, ut in hoc quoque complerétur illud, Arbor fici prodúxit groffos fuos.

℟. Lápides pretiósi omnes muri tui ; * Et turres Jerúsalem gemmis ædificabúntur. ℣. Portæ Jerúsalem ex sapphíro & smarágdo ædificabúntur, & ex lápide pretióso omnis circúitus muri ejus, * Et turres. ℣. Glória Patri. * Et turres.

Bened. Ad societátem cívium supernórum perdúcat nos Rex Angelórum. ℟. Amen.

Leçon ix.

AD hoc enim Christus advénit ut ex lignis non poma sed hómines nasceréntur. Légimus álibi, Cùm esses sub árbore fici, vidi te. Ergo Nathánael sub arbore, hoc est supra radícem, quia justus : Radix enim sancta ; sub árbore tamen Nathánael, quia sub lege ; Zachæus supra árborem, quia supra legem. Ille Dómini occúltus deffénsor, hic públicus prædicátor. Ille adhuc Christum ex lege quærébat ; iste jam supra legem relinquébat sua & Dóminum sequebátur.

Te Deum.

QUATRIEME JOUR.
Semidouble.
AU I NOCTURNE.
Il faut prendre les Leçons de l'Ecriture qui tombent à ce jour.
AU II NOCTURNE.
Leçon iv.
De Sermone sancti Augustíni Epíscopi.
Du Sermon 256 *du Temps.*

ATténdite in Psalmo dedicatiónis quem modò cantávimus ex ruína ædificiórum. Conscidísti saccum meum ; hoc pértinet ad ruínam. Quid ergo ad ædifícium ? Et accinxísti me lætítia. Vox dedicatiónis, Ut cantet tibi glória mea, & non compúngar. Quis est qui lóquitur ? In verbis ejus agnóscite. Si expóno, obscúrum est. Ergo verba ejus dicam, continuò agnoscétis loquéntem, ut amétis alloquéntem. Quis est qui dícere pótuit, Eruísti, Dómine, ab ínferis ánimam meam ?

℟. Orántibus in loco isto * Dimítte peccáta pópuli tui, Deus, & osténde eis viam bonam per quam ámbulent, & da glóriã in loco isto. ℣. Qui regis Ísrael, inténde ; qui dedúcis velut ovem Joseph, qui sedes super Chérubim, * Dimítte.

Bened. Christus perpétuæ det nobis gáudia vitæ. ℟. Amen.

Leçon v.

CUjus ánima jam ab ínferis erúta est, nisi de qua dictum est álio loco, Non derelínques ánimam meam in inférno ? Propónitur dedicátio, & cantátur liberátio, cánticum dedicatiónis domûs, & dícitur, Exaltábo te, Dómine, quóniam suscepísti me, & non jucundásti inimícos meos super me. Atténdite Judæos inimícos qui se putábant occidísse Christum, vicísse tanquam inimícum, perdidísse quasi hóminem cæteris símilem atque mortálem.

℟. O quàm metuéndus est locus iste ! * Verè non est hìc áliud nisi domus Dei & porta cœli. ℣. Hæc est domus Dómini firmiter ædificáta ; benè fundáta est supra firmam petram. * Verè.

Bened. Ignem fui amóris accéndat Deus in córdibus noftris. ℟. Amen.

Leçon vj.

Refurréxit tértiâ die ; & ejus vox eft, Exaltábo te, Dómine, quóniam fufcepífti me. Atténdite Apóftolum dicéntem, Propter quod eum exaltávit. Et non jucundáfti inimícos meos fuper me. Ipfi quidem in Chrifti morte jucundabántur, fed in ejus refurrectióne, afcenfióne, prædicatióne áliqui compungebántur. In ejus ergo prædicatióne & per Apoftolórum conftántiæ diffamatiónem áliqui cópungebántur & convertebántur, áliqui obdurabántur & confundebántur, nulli tamen jucundabántur.

℟. Manè furgens Jacob erigébat lápidem in títulum, fundens óleum défuper, votum vovit Dómino : * Verè locus ifte fanctus eft, & ego nefciébam.. ℣. Cùmque evigiláffet Jacob de fomno, ait, * Verè locus.. ℣. Glória Patri. * Verè.

Au III Nocturne.
Leçon vij.

Léctio fancti Evangélii fecúndùm Lucam. *Ch.* 19.

In illo témpore ingréffus Jefus perambulábat Jéricho. Et ecce vir nómine Zachæus, & hic prínceps erat Publicanórum, & ipfe dives. Et réliqua.

Homília fancti Gregórii Papæ.

Livre 27 des Morales, Ch. 27.

Si veráciter fapiéntes effe atque ipfam fapiéntiam contemplári appétimus, ftultos nos humíliter cognofcámus. Relinquámus nóxiã

fapiéntiam, difcámus laudábilem fatuitátem. Hinc quippe fcriptum eft, Stulta mundi elégit Deus, ut confúndat fapiéntes. Hinc rursùm dícitur, Si quis vidétur inter vos fapiens effe in hoc féculo, ftultus fiat ut fit fapiens. Hinc Evangélicæ hiftóriæ verba teftántur quia Zachæus cùm vidére præ turba nihil poffet, fycómori árborem afcéndit, ut tranfeúntem Dóminum cérneret. Sycómorus quippe ficus fátua dícitur.

℟. Domus mea domus oratiónis vocábitur, dicit Dóminus : in ea omnis qui petit áccipit, & qui quærit ínvenit, * Et pulfánti aperiétur. ℣. Pétite & accipiétis, quærite & inveniétis, * Et pulfánti.

Bened. Divínu auxílium máneat femper nobífcum. ℟. Amen.

Leçon viij.

Pufíllus ítaque Zachæus fycómorum fubit, & Dóminum vidit, quia qui mundi ftultítiam humíliter éligunt, ipfi Dei fapiéntiam fubtíliter contemplántur. Pufillitátem namque noftram ad vidéndum Dóminum turba præpedit, quia infirmitátem humánæ mentis ne lucem veritátis inténdat, curárum feculárium tumúltus premit. Sed prudénter fycómorum afcéndimus, fi próvidè eam quæ divínitùs præcípitur ftultítiam mente tenémus. Quid enim in hoc mundo ftultius quàm amíffa non quærere, pofféffa rapiéntibus relaxáre, nullam pro accéptis injúriis injuriam réddere, immo adjúnctis áliis patiéntiam præbére.

℟.

℞. Lápides pretiófi omnes muri tui ; * Et turres Jerúfalem gemmis ædificabúntur. ℣. Portæ Jerúfalem ex fapphíro & fmarágdo ædificabúntur, & ex lápide pretiófo omnis circúitus muri ejus, * Et turres. ℣. Glória Patri. * Et turres.

Bened. Ad focietátem cívium fupernórum perdúcat nos Rex Angelórum. ℞. Amen.

Leçon ix.

QUafi enim fycómorum nos afcéndere Dñus præcipit, cùm dicit, Qui aufert quæ tua funt, ne répetas: & rursùm, Si quis te percufferit in déxterá maxíllam, præbe illi & álteram. Per fycómorum tránfiens Dñus cérnitur, quia per hanc fapiéntem ftultítiam (etfi necdùm, ut eft, fólidè, jam tamen per contemplatiónis lumen) Dei fapiéntia quafi in tranfitu vidétur, quam vidére néqueunt qui fibi fapiéntes effe vidéntur, quia ad confpiciéndum Dóminum in eláta cogitatiónum fuárum turba deprehénfi, adhuc fycómori árborem non invenérunt.

Te Deum.

CINQUIEME JOUR.
Semidouble.
AU I NOCTURNE.
Il faut prendre les Leçons de l'Ecriture qui tombent à ce jour.
AU II NOCTURNE.
Leçon iv.
De Sermóne fancti Augustíni Epíscopi.
Du Sermon 256 du Temps.

MOdò, quando impléntur Ecléfiæ, putámus jucundári

Judæos ? Eccléfiæ ædificántur, dedicántur, impléntur ; quómodò illi jucundántur ? Non folùm non jucundántur, fed étiam confundúntur, & implétur vox exfultántis, Exaltábo te, Dómine, quóniam fufcepífti me, & non jucundáfti inimícos meos fuper me. Non jucundáfti fuper me : fi mihi credant, jucundábis in me. Ne multa dicámus, ad illa quæ cantávimus aliquándo veniámus. Quómodò dicit Chriftus, Confcidífti faccum meum, & accinxífti me lætítiâ. Saccus ejus erat fimilitúdo carnis peccáti.

℞. Orántibus in loco ifto * Dimítte peccáta pópuli tui, Deus, & ofténde eis viam bonam per quam ámbulent ; & da glóriam in loco ifto. ℣. Qui regis Ifrael, inténde ; qui dedúcis velut ovem Jofeph, qui fedes fuper Chérubim, * Dimítte.

Bened. Chriftus perpétuæ det nobis gáudia vitæ. ℞. Amen.

Leçon v.

NOn tibi viléfcat quòd ait, Saccum meum. Ibi erat inclúfum prétium tuum. Confcidífti faccum meum. Eváfimus ad faccum iftum. Confcidífti faccum meum. In paffióne confciffus eft. Quómodò ergo Deo Patri dícitur, Confcidífti faccum meum ? Quómodò Patri dicátur vis audíre, Confcidífti faccum meum ? Quia próprio Fílio non pepércit, fed pro nobis ómnibus trádidit illum. Fecit enim per Judæos nefciéntes, unde redimeréntur fciéntes. & confunderéntur nezantes. Néfciunt enim quid boni nobis operáti funt malo fuo. Sufpénfus eſt faccus, & quafi lætátus eſt ímpius. Confcídit faccum láncéâ perfecútor, & fudit prétium noſtrum Redémtor.

℟. O quàm metuéndus eſt locus iſte ! * Verè non eſt hìc áliud nifi domus Dei & porta cœli. ℣. Hæc eſt domus Dómini fírmiter ædificáta ; benè fundáta eſt fupra firmam petram : * Verè. non eſt hìc áliud.

Bened. Ignem fui amóris accéndat Deus in córdibus noſtris. ℟. Amen.

Leçon vj.

CAntet Chriſtus Redémtor, gemat Judas vénditor, erubéſcat Judæus emtor. Ecce Judas véndidit, Judæus emit ; malum negótium egérunt, ambo damnáti funt, feípfos perdidérunt vénditor & emtor. Dicat ergo caput noſtrum, dicat pro córpore occífo & pro córpore dedicáto ; dicat, (audiámus,) Confcidíſti faccum meum, & accinxíſti me lætítiâ, id eſt, confcidíſti mortalitátem meam, & accinxíſti me immortalitáte & incorruptióne. Ut cantet tibi glória mea, & non compúngar. Quid eſt, Non compúngar ? Jam contra me non ferat lánceam perfecútor, ut non compúngar. Chriſtus enim furgens à mórtuis jam non móritur, & mors illi ultrà non dominábitur.

℟. Mané furgens Jacob erigébat lápidem in títulum, fundens óleum défuper, votum vovit Dómino ; * Verè locus iſte fanctus eſt, & ego nefciébam. ℣. Cùmque evígiláſſet Jacob de fomno, ait, * Verè locus. ℣. Glória Patri. * Verè locus.

AU III NOCTURNE.
Leçon vij.

Léctio fancti Evangélii fecúndùm Lucam. Ch. 19.

IN illo témpore ingréſſus Jefus perambulábat Jéricho. Et ecce vir nómine Zachæus, & hic princeps erat Publicanórum, & ipfe dives. Et réliqua.

Homília venerábilis Bedæ Presbyteri.

Livre 5, Ch. 77, fur le Ch. 19 de faint Luc.

QUæ impoſſibília funt apud hómines poſſibília funt apud Deum. Ecce enim camélus, depófitâ gibbi farcinâ, per forámen acûs tranfit, hoc eſt dives & publicánus, relícto ónere divitiárum, contémto cenfu fraudum, angúſtam portam arctámque viam quæ ad vitam ducit, afcéndit. Qui mirâ devotióne fídei ad vidéndum Salvatórem, quod natúrâ minus habúerat, afcénfu fupplet árboris ; atque ideò juſtè, quamvis ipfe rogáre non áudeat, benedictiónem Domínicæ fufceptiónis quam defiderábat, accépit.

℟. Domus mea domus oratiónis vocábitur, dicit Dóminus : in ea omnis qui petit áccipit, & qui quærit ínvenit, * Et pulfánti aperiétur. ℣. Petíte & accipiétis, quærite & inveniétis, * Et pulfánti aperiétur.

Bened. Divínum auxílium máneat femper nobíſcum. ℞. Amen.

Leçon viij.

MYſticè autem Zachæus, qui interpretátur juſtificátus, credéntem ex Géntibus pópulum ſigníficat. Qui quantò curis ſeculáribus occupátior, tantò flagítiis depriméntibus erat factus humílior. Sed ablútus eſt, ſed ſanctificátus, ſed juſtificátus in nómine Dómini noſtri Jeſu Chriſti & in ſpíritu Dei noſtri. Qui intrántem Jéricho Salvatórem vidére quærébat, ſed præ turba non póterat; quia grátiæ fídei quam mundo Salvátor áttulit, participáre cupiébat ; ſed inólita vitiórum conſuetúdo ne ad votum perveníret obſtíterat.

℞. Lápides pretióſi omnes muri tui, * Et turres Jerúſalem gemmis ædificabúntur. ℣. Portæ Jerúſalem ex ſapphíro & ſmarágdo ædificabúntur, & ex lápide pretióſo omnis circúitus muri ejus. * Et turres. ℣. Glória Patri. * Et turres Jerúſalem.

Bened. Ad ſocietátem cívium ſupernórum perdúcat nos Rex Angelórum. ℞. Amen.

Leçon ix.

EAdem namque turba nóxiæ conſuetúdinis, quæ ſupra cæcum clamántem ne lumen péteret increpábat, étiam ſuſpiciéntem publicánum, ne Jeſum vídeat, tardat. Sed ſicut cæcus turbárum voces magis ac magis clamándo devícit, ita puſillus necéſſe eſt turbæ nocéntis obſtáculum altióra peténdo tranſcéndat, terréna relin-

quat, árborem Crucis aſcéndat. Sycómorus namque (quæ eſt arbor fóliis moro símilis, ſed altitúdine præſtans, unde & à Latínis celſa nuncupátur) ficus fátua dícitur. Et éadem Domínica crux quæ credéntes alit ut ficus, ab incrédulis irridétur ut fátua.

Te Deum.

SIXIEME JOUR.

Semidouble.

AU I NOCTURNE.

Il faut prendre les Leçons de l'Ecriture qui tombent à ce jour.

AU II NOCTURNE.

Leçon iv.

De Sermóne ſancti Auguſtíni Epíſcopi.

Sermon 256 du Temps.

ERgo dum novam conſtructiónem ſanctæ hujus Eccléſiæ libénter atténdimus quam divíno nómini hódiè dedicámus, invénimus à nobis debéri & Deo noſtro máximam laudem & ſanctitáti yeſtræ cóngruum de divínæ domûs ædificatióne ſermónem. Tunc autem ſermo noſter cóngruus erit, ſi in ſe áliquid ædificatiónis hábeat, quod utilitáti animárum veſtrárum, Deo vos interiùs ædificánte, profíciat. Quod hic factum, corporáliter vidémus in pariétibus, ſpiritáliter fiat in méntibus ; & quod hìc perféctum cérnimus in lapídibus & lignis, hoc, ædificánte grátiâ Dei, perficiátur in corpóribus veſtris.

℟. Orántibus in loco ifto * Dimítte peccáta pópuli tui, Deus, & ofténde eis viam bonam per quam ámbulent, & da glóriam in loco ifto. ℣. Qui regis Ifrael, inténde ; qui dedúcis velut ovem Jofeph, qui fedes fuper Chérubim, * Dimítte.

Bened. Chriftus perpétuæ det nobis gáudia vitæ. ℟. Amen.

Leçon v.

PRincipáliter ergo grátias agámus Dómino Deo noftro à quo eft omne datum óptimum & omne donum perféctum ; & ejus bonitátem totâ cordis alacritáte laudémus, quóniam ad conftruéndam iftam domum oratiónis, fidélium fuórum vifitávit ánimum, excitávit afféctum, furrogávit auxílium, infpirávit necdum voléntibus ut vellent, adjúvit bonæ voluntátis conátus ut fácerent ; ac per hoc Deus qui operátur in fuis & velle & perfícere pro bona voluntáte, hæc ómnia ipfe cœpit, ipfe perfécit.

℟. O quàm metuéndus eft locus ifte : * Verè non eft hìc áliud nifi domus Dei & porta cœli. ℣. Hæc eft domus Dómini firmiter ædificáta ; benè fundáta eft fupra firmam petram. * Verè.

Bened. Ignem fui amóris accéndat Deus in córdibus noftris. ℟. Amen.

Leçon vj.

ET quia ópera bona in confpéctu fuo nunquam effe permíttit inánia, fidélibus fuis quibus operántibus præbuit virtútis fuæ

favórem, tríbuet condígnam pro tanta operatióne mercédem. Adhuc ámpliùs agéndæ funt grátiæ Deo noftro. Hanc enim Ecclésiam quam fecit nómini fuo cónftrui, fecit étiam fanctórum Mártyrum relíquiis ámpliùs honorári.

℟. Manè furgens Jacob erigébat lápidem in títulum, fundens óleum défuper, votum vovit Dómino : * Verè locus ifte fanctus eft, & ego nefciébam. ℣. Cùmque evigiláffet Jacob de fomno, ait, Verè locus. ℣. Glória Patri. * Verè locus ifte.

Au III. Nocturne.
Leçon vij.

Léctio fancti Evangélii fecúndùm Lucam. *Ch. 19.*

IN illo témpore ingréffus Jefus perambulábat Jéricho. Et ecce vir nómine Zachæus ; & hic princeps erat Publicanórum, & ipfe dives. Et réliqua.

De Homília venerábilis Bedæ Presbyteri.

Livre 5 Ch. 77 fur le 19 Chap. de S. Luc.

ET cùm veníffet ad locum, fufpíciens Jefus vidit illum. Perámbulans Jéricho Salvátor venit ad locum ubi præcúrrens Zachæus fycómorum confcénderat ; quia miffis per mundum fui verbi præcónibus, in quibus ipfe nimírum & loquebátur & ibat, venit ad pópulum natiónum, qui paffiónis ejus fide jam fublímis exiftens, étiam divinitátis ejus ardébat ágnitâ fácie beári. Sufpíciens vidit illum, quia per grátiam fídei à terrénis cupiditátibus elevátum turbífque infidélibus præeminéntem elégit. Vidére enim Dei, elígere vel amáre eft. Unde eft illud, Oculi Dómini fuper juftos. Nam & nos quæ amámus vidére, ab his quæ execrámur intúitú feftinámus avértere.

℞. Domus mea domus oratiónis vocábitur, dicit Dóminus : in ea omnis qui petit áccipit, & qui quærit ínvenit, * Et pulfánti aperiétur. ℣. Pétite & accipiétis, quærite & inveniétis, * Et pulfánti aperiétur.

Bened. Divínum auxílium máneat femper nobífcum. ℞. Amen.

Leçon viij.

V Idit ergo Jefus vidéntem fe quia elégit eligéntem fe & amávit amántem. Hunc fané órdinem proficiéndi, hoc eft per fidem Dominicæ incarnatiónis ad cognitiónem divinitátis perveniéndi, quafi per fycómorum Jefu fáciē fpeculándi, Doctor egrégius ofténdit, cùm ait, Non enim judicávi fcire me áliquid inter vos nifi Chriftum Jefum, & hunc crucifíxum. Itémque áliis éxprobrans, Facti eftis, inquit, quibus lacte opus fit non fólido cibo ; lac infirma temporáriæ difpenfatiónis, fólidum cibum árdua perpétuæ majeftátis appéllans.

℞. Lápides pretiófi omnes muri tui; * Et turres Jerúfalem gemmis ædificabúntur. ℣. Portæ Jerúfalem ex fapphíro & fmarágdo ædificabúntur, & ex lápide pretiófo omnis circúitus muri ejus, * Et turres Je-

rúfalem. ℣. Glória Patri. * Et turres Jerúfalem.

Bened. Ad focietátem cívium fupernórum perdúcat nos Rex Angelórum. ℞. Amen.

Leçon ix.

E T dixit ad eum, Zachæe, feftinans defcénde, quia hódiè in domo tua opórtet me manére. Et feftinans defcéndit, & excépit illum gaudens. Manébat aliquándo Dóminus in domo príncipis Pharifæórum, hoc eft, in Judæórum fynagóga docébat : fed quia non baptizátum ante prándium, fábbato curántem, publicános & peccatóres recipiéntem, contra avarítiam difputántem, & cætera digna Deo geréntem linguâ venenátâ carpébant, pertæfus eórum facínora difcéffit & aufúgit dicens, Relinquétur vobis domus veftra deférta. Hódiè autem in domo pufílli Zachæi opórtet illum manére, hoc eft, novæ lucis grátiâ corufcánte, in húmili credéntium natiónum corde quiéfcat.

Te Deum.

SEPTIEME JOUR.
Semidouble.
AU I NOCTURNE.
Il faut prendre les Leçons de l'Ecriture qui tombent à ce jour.
AU II NOCTURNE.
Leçon iv.
Sermo fancti Joánnis Chryfóftomi. *De l'Homelie 33 fur le 9 Chap. de faint Matthieu.*

C Ommúnis ómnium domus eft Ecctéfia, in quam vobis priùs

ingréfilis , nos intrámus , difcípulórum formam retinéntes : ideóque commúniter ómnibus ftatim atque ingréfli fuérimus , ut illis datam legem fequámur , pacem offérimus. Nemo igitur focórdiâ tórpeat ; nemo fecularibus rebus fufpénfum ánimum hábeat , cùm jam ad prædicándum Sacerdótes intráverint. Non enim parva huic rei ímminet pœna. Equidem míllies pótiùs malim in domum alicújus veftrûm ingréffus deftítui , quàm hìc prædicans non audíri. Hoc mihi moléftius effet quàm illud , quandóquidem hæc magis próprie domus noftra eft quàm illa.

℟. Orántibus in loco ifto * Dimítte peccáta pópuli tui, Deus, & ofténde eis viam bonam per quam ámbulent , & da glóriam in loco ifto. ℣. Qui regis Ifrael, inténde ; qui dedúcis velut ovem Jofeph , qui fedes fuper Chérubim , * Dimítte.

Bened. Chriftus perpétuæ det nobis gaudia vitæ. ℟. Amen.

Leçon v.

NAm hìc magnæ illæ noftræ opes pófitæ funt ; hìc fpes noftra omnis. Quid enim hoc loco non magnum eft & admirándum ? Nam hæc menfa lóngè pretiófior eft atque jucúndior ; & lucérna hæc quàm illa , ut norunt qui cum fide óleo perúncti à morbis liberáti funt. Arca étiam hæc multò mélior magífque necefsária. Non enim veftes , fed mifericórdiam inclúfam cóntinet ; quamvis pauci fint qui eam pofsídeant. Hìc & léctulus eft

valdè illo præftántior ; divinárum enim Scripturárum réquies quovis lecto fuávior eft.

℟. O quàm metuéndus eft locus ifte ! * Verè non eft hìc áliud nifi domus Dei & porta cœli. ℣. Hæc eft domus Dómini firmiter ædificáta ; benè fundáta eft fupra firmam petram. * Verè non eft.

Bened. Ignem fui amóris accéndat Deus in córdibus noftris. ℟. Amen.

Leçon vj.

ET quidem fi concórdia perféctè fervarétur à nobis , nullam áliam domum præter hanc haberémus. Hoc autem quod dixi non effe durum teftántur illa tria míllia & quinque míllia hóminum quibus & domus una & menfa una & ánima una erat. Multitúdinis enim credéntium , inquit , unum erat cor & ánima una. Sed quia lóngè ab illórum virtúte ábfumus , & per domos disjúncti fumus , faltem quando hùc convenímus , id omni ftúdio faciámus. Nam etfi in áliis rebus páuperes & ínopes fumus , hoc loco faltem cùm hùc ad vos intrámus , cum charitáte nos fufcípite : cùmque , Pax vobis , dico ; Et cum fpíritu tuo , non voce folùm fed ánimo quoque refpondéte.

℟. Manè furgens Jacob erigébat lápidem in títulum , fundens óleum défuper , votum vovit Dómino : * Verè locus ifte fanctus eft , & ego nefciébam. ℣. Cùmque evigiláffet Jacob de fomno , ait , * Verè locus. ℣. Glória Patri. * Verè.

AU III NOCTURNE.
Leçon vij.

Léctio sancti Evangélii secúndùm Lucam. *Ch.* 19.

IN illo témpore ingréssus Jesus perambulábat Jéricho. Et ecce vir nómine Zachæus: & hic princeps erat Publicanórum , & ipse dives. Et réliqua.

De Homília venerábilis Bedæ Presbyteri.

Un peu après ce qui est ci-dessus.

ET cùm vidérent omnes, murmurábant dicéntes quòd ad hóminem peccatórem divertísset. Maniféstú est Judæos semper géntium odísse salútem. Scriptum est enim , Sequénti verò sábbato penè univérsa cívitas convénit audíre verbum Dei. Vidéntes autem turbas Judæi repléti sunt zelo, & contradicébant iis quæ à Paulo dicebántur. Et álibi fidéles étiam fratres adversùs Apostolórum príncipem disceptábant dicéntes, Quare introísti ad viros præpútium habéntes & manducásti cum illis ?

℟. Domus mea domus oratiónis vocábitur, dicit Dóminus : in ea omnis qui petit áccipit, qui quærit ínvenit , * Et pulsánti aperiétur. ℣. Pétite & accipiétis, quærite & inveniétis, * Et pulsánti.

Bened. Divínum auxílium máneat semper nobíscum. ℟. Amen.

Leçon viij.

STans autem Zachæus dixit ad Dóminum, Ecce dimídium bonórum meórum , Dómine, do paupéribus ; & si quid áliquem defraudávi, reddo quádruplum. Aliis

calumniántibus hóminem peccatórem, ipse Zachæus stans, id est, in ea quam cœperat fídei veritáte persístens, non solùm se ex peccatóre convérsum , sed étiam inter perféctos probat esse conversátum. Dicénte enim Dómino , Si vis perféctus esse, vade, vende ómnia quæ habes , & da paupéribus ; quísquis ante conversiónem innocénter vixit, ómnia convérsus potest dare paupéribus.

℟. Lápides pretiósi omnes muri tui ; * Et turres Jerúsalem gemmis ædificabúntur. ℣. Portæ Jerúsalem ex sapphíro & smarágdo ædificabúntur, & ex lápide pretióso omnis circúitus muri ejus , * Et turres. ℣. Glória Patri. * Et turres.

Bened. Ad societátem cívium supernórum perdúcat nos Rex Angelórum. ℟. Amen.

Leçon ix.

AT qui áliquá fraude sústulit , primò hæc juxta legem réddere , deínde quod sibi remánserit debet dare paupéribus. Ac sic & ipse, quia sibi nihil rétinet , ómnia sua dispérgit, dat paupéribus, justítia ejus manet in séculum séculi. Et hæc est sápiens illa stultítia quam de sycómoro publicánus, quasi fructum vitæ légerat ; rapta vidélicet réddere , própriá relínquere, visibília contémnere , pro invisibílibus étiam mori desideráre, seípsum abnegáre, & ejus qui necdum videátur, Dómini vestígia sequi concupíscere.

Te Deum.

OCTAVE

DE LA DEDICACE.

Double.

Tout comme au jour de la Fête, excepté les Leçons du second Nocturne, & quelquefois celles du troisieme, comme il est marqué ci-dessous. On double aujourd'hui les Antiennes.

Leçon iv.

Ex Epístola prima sancti Felícis Papæ quarti.

De la Consecrat. dist. 1, chap. 2.

Tabernáculum Móysen, Dómino præcipiénte, fecísse & sacrásse cum mensa & altári ejus & cæteris vasis & utensílibus ad divínum cultum expléndum légimus, & non solùm divínis précibus ea sacrásse, sed étiam sancti ólei unctióne, Dómino jubénte, perlinísse nóvimus. Quáliter autem hæc facta sint, & quómodò ipsa sacra non álii quàm sacerdótes sacrâ unctióne delibúti Dominóque cum véstibus sanctis sacráti & Levítæ tractábant, ferébant, erigébant & deponébant; in ipsis institutiónibus quæ jubénte Dómino conscríptæ sunt per Móysen in lege Dómini reperítur.

℟. Orántibus in loco isto * Dimítte peccáta pópuli tui, Deus, & osténde eis viam bonam per quam ámbulent, & da glóriam in loco isto. ℣. Qui regis Ísrael, inténde: qui dedúcis velut ovem Joseph, qui sedes super Chérubim, * Dimítte.

Bened. Christus perpétuæ det nobis gáudia vitæ. ℟. Amen.

Leçon v.

Quáliter ergo David regum piíssimus amplificáverit cultum Dei & templum Dómino ædificáre volúerit, sed propter multum sánguinem quem effúderat, prohíbitus est; & ipse collégerat expénsas; Sálomon quoque filius ejus idípsum quod ipse fácere optáverat, jubénte & auxiliánte Deo, perfécit, & templum cum altári & réliqua ad divínum cultum peragéndum consecrávit, in libro Regum légitur. Fecit ergo Sálomon in témpore illo festivitátem célebrem & omnis Ísrael cum eo, multitúdo magna ab intróitu Emath usque ad rivum Ægypti, coram Dómino Deo nostro septem diébus & septem, diébus, id est, quatuórdecim diébus; & in die octáva dimísit pópulos.

℟. O quàm metuéndus est locus iste! * Verè non est hìc áliud nisi domus Dei & porta cœli. ℣. Hæc est domus Dómini firmiter ædificáta; benè fundáta est supra firmam petram; * Verè non est hìc.

Leçon vj.

De la Consecration, dist. ii, Chap. 17.

Solemnitátes dedicatiónum Ecclesiárum & Sacerdótum per síngulos annos solémniter sunt celebrándæ, ipso Dómino exémplum dante qui ad festum dedicatiónis templi, ómnibus id faciéndi dans formam, cum réliquis pópulis eámdem festivitáté celebratúrus venit, sicut

sicut scriptum est, Facta sunt en-cænia in Jerosólymis, & hyems erat, & ambulábat Jesus in templo in pórticu Salomónis. Quod autem octo diébus encænia sint celebránda in libro Regum per-áctâ dedicatióne templi reperiétis.

℟. Manè surgens Jacob erigé-bat lápidem in títulum, fundens óleum désuper, votum vovit Dó-mino : * Verè locus iste sanctus est, & ego nesciébam. ℣. Cùmque

evigiláfset Jacob de somno ait, * Verè locus iste. ℣. Glória. * Verè.

Si en quelqu'un des jours de l'Octave on n'a point lu les Le-çons de l'Homelie marquées au troisieme Nocturne de ce jour, parce qu'on aura fait un autre Of-fice à neuf Leçons, il faudra les lire aujourd'hui au troisieme Noc-turne à la place de celles du troi-sieme Nocturne du jour de la Feste, qu'on liroit aujourd'hui sans cela.

L'OFFICE
DE LA SAINTE VIERGE,
POUR LE SAMEDI.

On fait l'Office de la Sainte Vierge tous les Samedis, excepté celui des Quatre-Temps, ceux auxquels il arrive une Vigile ou une Feste de neuf Leçons, & ceux où il faut faire l'Office d'un Dimanche qui n'a point de place.

AUX VESPRES
DU VENDREDI.

Si le Vendredi est occupé par un Office de neuf Leçons, on fait seulement memoire de la Sainte Vierge à Vespres par l'Antienne Beáta Mater, suivie du Verset Diffúsa est & de l'Oraison Con-céde, comme ci-dessous après l'Hymne ; mais on n'en fait point memoire, si le Vendredi est une des Festes de la Ste Vierge.

Autrement on dit les Pseaumes des Vespres du Vendredi, & le reste depuis le Chapitre comme il suit ici.

Chapitre. *Eccli.* 24.

AB inítio & ante sécula creá-ta sum, & usque ad futúrum séculum non désinam, & in habi-tatióne sancta coram ipso ministrá-vi. ℟. Deo grátias.

Hymne.

AVe, maris Stella,
Dei Mater alma,
Atque semper virgo,
Felix cœli porta.
Sumens illud Ave
Gabriélis ore,
Funda nos in pace,
Mutans Hevæ nomen.
Solve vincla reis ;
Profer lumen cæcis ;
Mala nostra pelle ;

R. 4. *Automne.*

Bona cuncta pósce.
Monstra te esse matrem;
Sumat per te preces
Qui pro nobis natus
Tulit esse tuus.
Virgo singuláris,
Inter omnes mitis,
Nos culpis solútos
Mites fac & castos.
Vitam præsta puram;
Iter para tutum,
Ut vidéntes Jesum
Semper collætémur.
Sit laus Deo Patri,
Summo Christo decus,
Spirítui sancto,
Tribus honor unus. Amen.

℣. Diffúsa est grátia in lábiis tuis; ℟. Proptérea benedíxit te Deus in ætérnum.

A Magníficat, Ant. Beáta Mater, & intácta Virgo, gloriósa Regína mundi, intercéde pro nobis ad Dóminum.

O rémus.

COncéde nos fámulos tuos, quæsumus, Dómine Deus, perpétuâ mentis & córporis sanitáte gaudére, & gloriósâ beátæ Maríæ semper vírginis intercessióne à præsénti liberári tristítia & ætérnâ pérfrui lætítiâ; per Dñum.

On fait ici memoire des Festes simples s'il s'en rencontre, & ensuite les Memoires suivantes.

Memoires communes ou suffrages des Saints.

On fait celle du Patron ou Titulaire de l'Eglise, avant ou après celle des Apostres, selon la dignité dont il est.

Des Apostres.

Ant. Petrus Apóstolus & Paulus Doctor Géntium, ipsi nos docuérunt legem tuam, Dómine.

℣. Constitues eos príncipes super omnem terram. ℟. Mémores erunt nóminis tui, Dómine.

O rémus.

DEus cujus déxtera beátum Petrum ambulántem in flúctibus, ne mergerétur, eréxit, & coapóstolum ejus Paulum tértiò naufragántem de profúndo pélagi liberávit; exáudi nos propítius, & concéde ut ambórum méritis æternitátis glóriam consequámur.

De la Paix.

Ant. Da pacem, Dómine, in diébus nostris, quia non est álius qui pugnet pro nobis, nisi tu, Deus noster.

℣. Fiat pax in virtúte tua, ℟. Et abundántia in túrribus tuis.

O rémus.

DEus à quo sancta desidéria, recta consília & justa sunt ópera, da servis tuis illam quam mundus dare non potest pacem; ut & corda nostra mandátis tuis dédita, &, hóstium sublátâ formídine, témpora sint tuâ protectióne tranquílla; per Dóminum.

────────────

COMPLIES se disent comme au Pseautier, si ce n'est qu'à la fin de l'Hymne Te Lucis on dit

A. { Glória tibi, Dómine,
{ Qui natus es de Vírgine,
{ Cum Patre & Sancto Spíritu
{ In sempitérna sécula. Amen.

N.
 ⌠ Jefu, tibi fit glória;
 | Qui natus es de Vírgine;
 | Cum Patre & almo Spíritu
 ⌡ In fempitérna fécula. Amen.

même lorfqu'on ne fait que memoire de la Ste Vierge à Vefpres,
excepté cependant lorfque la Fefte
celebrée le Vendredi a une maniere propre de finir les Hymnes.

A MATINES.

Tout fe dit comme il eft marqué
dans le Pfeautier au Samedi pour
l'Office de la Ste Vierge.

Pour les deux premieres Leçons
on prend celles de l'Ecriture qui
font marquées au Propre du Temps.

℞. j. Sanĉta & immaculáta virgínitas, quibus te láudibus éfferam néfcio, * Quia quem cœli cápere non póterant tuo grémio
contulíſti. ℣. Benedíĉta tu in muliéribus, & benedíĉtus fruĉtus ventris tui. * Quia quem.

Bened. Ipfa Virgo vírginũ intercédat pro nobis ad Dñum. ℞. Amé.

℞. ij. Felix namque es, facra
virgo María, & omni laude digníſſima, * Quia ex te ortus eft
fol juſtítiæ * Chriſtus Deus noſter.
℣. Ora pro pópulo, intérveni
pro clero, intercéde pro devóto
fœmíneo fexu; féntiant omnes
tuum juvámen quicúmque célebrant tuam fanĉtam commemoratiónem : * Quia ex te ortus. ℣. Glória Patri. * Chriſtus Deus noſter.

Bened. Per Vírginem matrem
concédat nobis Dóminus falútem
& pacem. ℞. Amen.

Leçon iij.
AU MOIS D'AOUST.
De Expoſitióne fanĉti Gregórii
Papæ, in libro Regum.
Sur le ch. 1 du I Livre des Rois.

FUit vir unus de Ramáthaim-
Sophim, de monte Ephraim.
Poteſt hujus montis nómine bea-
tíſſima femper virgo María, Dei
génitrix, defignári. Mons quippe
fuit quæ omnem eléĉtæ creatúræ
altitúdinem eleĉtiónis fuæ dignitáte tranfcéndit. An non mons fub-
limis María, quæ ut ad concep-
tiónem ætérni Verbi pertíngeret,
meritórum vérticem fupra omnes
Angelórum choros ufque ad fólium Deitátis eréxit? Hujus enim
montis præcellentíſſimam dignitátem Ifáias vaticinans, ait, Erit in
novíſſimis diébus præparátus mons
domus Dómini in vértice montium.
Mons quippe in vértice móntium
fuit, quia altitúdo Maríæ fupra
omnes Sanĉtos refúlfit.

AU MOIS DE SEPTEMBRE.
Ex Epíſtola fanĉti Leónis Papæ ad
Pulchériam Augúſtam.
Epíſtre 13, avant le milieu.

SAcraméntũ reconciliatiónis noſtræ ante témpora ætérna dif-
póſitum nullæ implébant figúræ,
quia nondum fupervénerat Spíritus
fanĉtus in Vírginem, nec virtus Altíſſimi obumbráverat ei, ut intra intemeráta vífcera, ædificánte fibi Sapiéntiâ domum, Verbum caro fíeret, & formâ Dei ac formâ fervi in
unam conveniénte perfóná, Créator témporum nafcerétur in témpore, & per quem faĉta funt ómnia,

ipfe inter ómnia gignerétur. Nifi e-
nim novus Homo , factus in fimilitúdinem carnis peccáti, noftram fufcíperet vetuftátem , & confubftantiális Patri confubftantiális effe dignarétur & Matri, naturámque fibi
noftram folus à peccáto liber úni-
ret ; fub jugo diáboli generáliter tenerétur humána captívitas.

AU MOIS D'OCTOBRE.

Sermo fancti Bernárdi Abbátis.

Du Sermon fur le 12 Ch. de l'Apoc.

Mplectámur Mariæ veftígia ,
Fratres mei , & devotíffimâ
fupplicatióne beátis illíus pédibus
provolvámur. Teneámus eam nec
dimittámus, donec benedíxerit nobis ; potens eft enim. Nempe vellus
eft médium inter rorem & aream,
múlier inter folem & lunam, María
inter Chriftum & Eccléfiam conftitúta. Sed forté miráris non tam vellus opértum rore , quàm amíctam
fole mulíerem. Magna fiquidem fa-
miliáritas , fed mira omnínò vicíni-
tas folis & mulíeris. Quómodò enim
in tam veheménti fervóre tam frá-
gilis natúra fubsíftit ? Mérito quidê
admiráris, Móyfes fancte , & curió-
fiùs defíderas intuéri. Verúmtamen
folve calceaménta de pédibus tuis ,
& involúcra pone carnálium cogitatiónum , fi accédere concupífcis.

AU MOIS DE NOVEMBRE.

De Expofitióne fancti Bafilii
Epífcopi , in Ifaíam Prophétam.

Sur le 8 ch. après le commencement.

Ccéffi, inquit, ad Prophetíffam, & in útero accépit, &
péperit filium. Quòd María pro-
phetíffa fúerit ad quam próximè ac-
céffit Ifaías per prænotiónem fpíri-

tûs , nemo contradíxerit qui fit memor verbórum Mariæ quæ prophético afflátâ fpíritu elocúta eft. Quid
enim ait ? Magníficat ánima mea
Dóminû, & exfultávit fpíritus meus
in Deo falutári meo ; quia refpéxit
humilitátem ancíllæ fuæ,ecce enim
ex hoc beátam me dicent omnes generatiónes. Quod fi ánimû accom-
modáveris univérfis ejus verbis non
útique per diffídium negáveris eam
fuiffe Prophetíffam ; quòd Dómini
Spíritus in eam fupervénerit , &
virtus Altíffimi obumbráverit ei.

Te Deum.

A LAUDES.

Ant. Dum effet Rex in accúbitu fuo , nardus mea dedit odórem
fuavitátis.

Le Pf. 92 Dóminus regnávit &
les autres des Laudes du Dimanche.

Ant. Læva ejus fub cápite meo ,
& déxtera illíus amplexábitur me.

Ant. Nigra fum, fed formófa, Fíliæ Jerúfalem ; ideò diléxit me Rex
& introdúxit me in cubículum fuû.

Ant. Jam hyems tránfiit, imber
ábiit & receffit; furge , Amíca mea,
& veni.

Ant. Speciófa facta es & fuávis in
delíciis tuis , fancta Dei Génitrix.

Chapitre.   *Eccli.* 24.

B inítio & ante fécula creáta
fum,& ufque ad futúrum féculum non définam, & in habitatióne fancta coram ipfo miniftrávi.

[Hymne ancienne.

Gloriófa Dómina ,
Excélfa fuper fídera,
Qui te creávit próvidè
Lactáfti facro úbere.

Quod Eva triftis ábstulit
Tu reddis almo gérmine ;
Intrent ut aftra flébiles,
Cœli fenéftra facta es.
Tu Regis alti jánua
Et porta lucis fúlgida.
Vitam datam per Vírginem,
Gentes redémtæ, pláudite.
Glória tibi, Dómine,
Qui natus es de Vírgine,
Cum Patre & fancto Spíritu
In fempitérna fécula. Amen.

Hymne nouvelle.

O Gloriófa Vírginum,
Sublímis inter sídera,
Qui te creávit parvúlum
Lacténte nutris úbere.
Quod Heva triftis ábstulit
Tu reddis almo gérmine :
Intrent ut aftra flébiles,
Cœli reclúdis cárdines.
Tu Regis alii jánua
Et aula lucis fúlgida ;
Vitam datam per Vírginem,
Gentes redémtæ, pláudite.
Jefu, tibi fit glória,
Qui natus es de Vírgine,
Cum Patre & almo Spíritu
In fempitérna fécula. Amen.]

℣. Benedícta tu in muliéribus, ℟.
Et benedíctus fructus ventris tui.

A Benedíctus, Ant. Beáta Dei génitrix María, Virgo perpétua, templum Dómini, facrárium Spíritûs fancti ; fola fine exémplo placuífti Dómino noftro Jefu Chrifto : ora pro pópulo, intérveni pro clero, intercéde pro devóto fœmíneo fexu. O rémus.

Concéde nos fámulos tuos, quæfumus, Dómine Deus, perpétuâ mentis & córporis faní-

táte gaudére, & gloriósâ beátæ Maríæ femper Vírginis interceffióne à præfénti liberári triftítia, & ætérnâ pérfrui lætítiâ ; per Dñum.

On fait ici mémoire des Feftes fimples, s'il s'en rencontre.

Memoires communes ou Suffrages des Saints.

On fait celle dù Patron ou Titulaire de l'Eglife avant ou après celle des Apôtres, felon fa dignité.

Des Apoftres.

Ant. Gloriófi príncipes terræ quómodò in vita fua dilexérunt fe, ita & in morte non funt feparáti.

℣. In omnem terram exivit fonus eórum, ℟. Et in fines orbis terræ verba eórum.

O rémus.

Deus cujus déxtera beátum Petrum ambulántem in flúctibus, ne mergerétur, eréxit, & coapóftolum ejus Paulum tértiò naufragántem de profúndo pélagi liberávit, exáudi nos propítius & concéde ut ambórum méritis æternitátis glóriam confequámur.

De la Paix.

Ant. Da pacem, Dñe, in diébus noftris, quia non eft álius qui pugnet pro nobis, nifi tu Deus nofter.

℣. Fiat pax in virtúte tua ℟. Et abundántia in túrribus tuis.

O rémus.

Deus à quo fancta defidéria, recta consilia & jufta funt ópera, da fervis tuis illam quam mundus dare non poteft pacem, ut & corda noftra mandátis tuis dédita, &, hóftium fublátâ formídine, témpora fint tuâ protectióne tranquilla ; per Dóminum.

Aux Heures

Aux Heures on dit les Hymnes & les Pf. comme au Pfeautier, & à la fin des Hymnes, on dit

A.
⎰ Glória tibi, Dómine,
⎪ Qui natus es de Vírgine,
⎨ Cum Patre & fanéto Spíritu
⎪ In fempitérna fécula. Amen.

N.
⎰ Jefu, tibi fit glória
⎪ Qui natus es de Vírgine
⎨ Cum Patre & almo Spíritu
⎪ In fempitérna fécula. Amen.

A PRIME.

Ant. Dum effet Rex in accúbitu fuo, nardus mea dedit odórem fuavitátis.

Au R̶ bref, ℣. Qui natus es de María Vírgine.

Leçon breve.　　*Eccli.* 24.

IN platéis ficut cinnamómum & bálfamum aromatizans odórem dedi ; quafi myrrha elécta dedi fuavitátem odóris. R̶. Deo grátias.

A TIERCE.

Ant. Lǽva ejus fub cápite meo, & déxtera illius amplexábitur me.

Chapitre.　　*Eccli.* 24.

AB inítio & ante fécula creáta fum, & ufque ad futúrum féculum non defínam, & in habitatióne fanéta coram ipfo miniftrávi. R̶. Deo grátias.

R̶ br. Spécie tuâ * Et pulchritúdine tuâ, On repete Spécie.

℣. Inténde, prófperè procéde & regna * Et.

℣. Glória. * Spécie.

℣. Adjuvábit eam Deus vultu fuo ; R̶. Deus in médio ejus ; non commovébitur.

A SEXTE.

Ant. Nigra fum, fed formófa Fíliæ Jerúfalem ; ideò diléxit me Rex & introdúxit me in cubículum fuum.

Chapitre.　　*Eccli.* 24.

ET fic in Sion firmáta fum, & in civitáte fanétificáta fimíliter requiévi, & in Jerúfalem potéftas mea. Et radicávi in pópulo honorificáto, & in parte Dei mei hæréditas illius, & in plenitúdine fanétórum deténtio mea. R̶. Deo grátias.

R̶ bref. Adjuvábit eam * Deus vultu fuo. On repete Adjuvábit.

℣. Deus in médio ejus ; non commovébitur. * Deus.

℣. Glória. * Adjuvábit.

℣. Elégit eam Deus & præelégit eam ; R̶. In tabernáculo fuo habitáre facit eam.

A NONE.

Ant. Speciófa faéta es & fuávis in delíciis tuis, fanéta Dei Génitrix.

Chapitre.　　*Eccli.* 24.

IN platéis ficut cinnamómum & bálfamum aromatizans odórem dedi ; quafi myrrha elécta dedi fuavitátem odóris. R̶. Deo grátias.

R̶ bref. Elégit eam Deus * Et præelégit eam. On repete Elégit.

℣. In tabernáculo fuo habitáre facit eam. * Et præelégit.

℣. Glória Patri. * Elégit.

℣. Diffúfa eft grátia in lábiis tuis, R̶. Proptéreà benedíxit te Deus in ætérnum.

Cet Office finit à None.

PETIT OFFICE DE LA Ste VIERGE.

Cet Office ne se dit que lorsqu'on fait de la Ferie. Lorsqu'on le dit au chœur, Matines se disent avant les Matines, & Vespres avant les Vespres de l'Office du jour. Les autres Heures se disent chacune après la pareille heure de l'Office du jour ; Prime avant la lecture du Martyrologe. Hors du Chœur on le peut dire chacun à sa commodité.

On commence toujours toutes les Heures de cet Office par Ave ; Maria, si ce n'est lorsqu'on les dit avec l'Office du jour.

A VESPRES.

Ave, Maria, tout bas.

℣. Deus, in adjutórium meum inténde.

℟. Dómine, ad adjuvándum me festina. Glória Patri & Fílio & Spirítui sancto. Sicut erat in princípio & nunc & semper, & in sécula seculórum. Amen. Allelúia.

Ant. Dum esset Rex.

Pseaume 109.

Ixit Dóminus Dómino meo, * Sede à dextris meis,

Donec ponam inimícos tuos * scabéllum pedum tuórum.

Virgam virtútis tuæ emíttet Dóminus ex Sion ; * domináre in médio inimicórum tuórum.

Tecum princípium in die virtútis tuæ in splendóribus Sanctórum ; * ex útero ante lucíferum génui te.

Jurávit Dóminus & non pœnitébit eum, * Tu es Sacérdos in æ-

térnum secúndùm órdinem Melchísedech.

Dóminus à dextris tuis * confrégit in die iræ suæ reges.

Judicábit in natiónibus ; implébit ruínas ; * conquassábit cápita in terra multórum.

De torrénte in via bibet, * proptéreà exaltábit caput.

Ant. Dum esset Rex in accúbitu suo, nardus mea dedit odórem suavitátis.

Ant. Læva ejus.

Pseaume 112.

Audáte, púeri, Dóminum, * laudáte nomen Dómini.

Sit nomen Dómini benedíctum * ex hoc nunc & usque in séculum.

A solis ortu usque ad occásum * laudábile nomen Dómini.

Excélsus super omnes gentes Dóminus, * & super cœlos glória ejus.

Quis sicut Dóminus Deus noster qui in altis hábitat * & humília réspicit in cœlo & in terra,

Súfcitans à terra ínopem * & de ftércore érigens páuperem,

Ut cóllocet eum cum princípibus, * cum princípibus pópuli fui;

Qui habitáre facit ftérilem in domó, * matrem filiórum lætántem.

Ant. Læva ejus fub cápite meo, & déxtera illíus amplexábitur me.

Ant. Nigra fum.

Pſeaume 121.

LÆtátus fum in his quæ dicta funt mihi, * In domum Dómini íbimus.

Stantes erant pedes noftri * in átriis tuis, Jerúfalem;

Jerúfalem quæ ædificátur ut cívitas * cujus participátio ejus in idípfum.

Illuc enim afcendérunt tribus tribus Dómini, * teftimónium Ifrael ad confiténdum nómini Dómini:

Quia illic fedérunt fedes in judício, * fedes fuper domum David.

Rogáte quæ ad pacem funt Jerúfalem : * & abundántia diligéntibus te.

Fiat pax in virtúte tua, * & abundántia in túrribus tuis.

Propter fratres meos & próximos meos * loquébar pacem de te.

Propter domum Dómini Dei noftri * quæsívi bona tibi.

Ant. Nigra fum, fed formófa, Fíliæ Jerúfalem : ideò diléxit me Rex, & introdúxit me in cubículum fuum.

Ant. Jam hyems tránfiit.

Pſeaume 126.

NIfi Dóminus ædificáverit Domum, * in vanum laboravérunt qui ædificant eam.

Nifi Dóminus cuftodíerit civitátem, * fruftra vígilat qui cuftódit eam.

Vanum eft vobis ante lucem fúrgere ; * fúrgite poftquam fedéritis, qui manducátis panem dolóris ;

Cùm déderit diléctis fuis fomnum. * Ecce hæréditas Dómini, filíi ; merces fructus ventris.

Sicut fagíttæ in manu poténtis, * ita filii excuffórum.

Beátus vir qui implévit defidérium fuum ex ipfis ; * non confundétur cùm loquétur inimícis fuis in porta.

Ant. Jam hyems tránfiit, imber ábiit & recéffit ; furge, Amíca mea, & veni.

Ant. Speciófa facta es.

Pſeaume 147.

LAuda, Jerúfalem, Dóminum; * lauda Deum tuum, Sion.

Quóniam confortávit feras portárum tuárum, * benedíxit filiis tuis in te ;

Qui pófuit fines tuos pacem, * & ádipe fruménti fátiat te ;

Qui emíttit elóquium fuum terræ, * velóciter currit fermo ejus ;

Qui dat nivem ficut lanam ; * nébulam ficut cínerem fpargit.

Mittit cryftállum fuam ficut buccéllas ; * ante fáciem frígoris ejus quis fuftinébit ?

Emíttet verbum fuum, & liquefáciet ea ; * flabit fpíritus ejus & fluent aquæ.

Qui annúntiat verbum fuum Jacob, * juftitias & judícia fua Ifrael.

Non fecit táliter omni natióni, * & judícia fua non manifeftávit eis.

Ant.

Ant. Speciósa facta es & suávis in delíciis tuis, sancta Dei Génitrix.

Chapitre. *Eccli.* 24.

AB initio & ante sécula creáta sum, & usque ad futúrum séculum non désinam, & in habitatióne sancta coram ipso ministrávi. R/. Deo grátias.

Hymne.

AVe, maris Stella,
Dei Mater alma,
Atque semper virgo,
Felix cœli porta.

Sumens illud Ave
Gabriélis ore,
Funda nos in pace,
Mutans Hevæ nomen.

Solve vincla reis;
Profer lumen cæcis;
Mala nostra pelle;
Bona cuncta posce.

Monstra te esse Matrem;
Sumat per te preces
Qui pro nobis natus
Tulit, esse tuus.

Virgo singuláris,
Inter omnes mitis,
Nos culpis solútos
Mites fac & castos.

Vitam præsta puram;
Iter para tutum,
Ut vidéntes Jesum,
Semper collætémur.

Sit Laus Deo Patri,
Summo Christo decus,
Spirítui sancto,
Tribus honor unus. Amen.

V. Diffúsa est grátia in lábiis tuis ; R/. Proptéreà benedíxit te Deus in ætérnum.

A Magníficat, Ant. Beáta Ma-ter, & intácta Virgo, gloriósa Regína mundi, intercéde pro nobis ad Dóminum.

Kyrie, eléison. Christe, eléison. Kyrie, eléison.

V. Dóminus vobíscum.

Oraison.

COncéde nos fámulos tuos, quæsumus, Dómine Deus, perpétuâ mentis & córporis sanitáte gaudére ; & gloriósâ beátæ Mariæ semper Vírginis intercessióne à præsénti liberári tristítia & ætérnâ pértrui lætítiâ. Per Christum Dóminum nostrum. R/. Amen.

Memoire des Saints.

Ant. Sancti Dei omnes, intercédere dignémini pro nostra omniúmque salúte.

V. Lætámini in Dómino & exsultáte, Justi ; R/. Et gloriámini, omnes recti corde.

Oraison.

PRótege, Dómine, pópulum tuum, & Apostolórum tuórum Petri & Pauli & aliórum Apostolórum patrocínio confidéntem perpétuâ defensiónis consérva.

OMnes Sancti tui, quæsumus, Dómine, nos ubíque ádjuvent, ut dum eórum mérita recólimus, patrocínia sentiámus; & pacem tuam nostris concéde tempóribus ; & ab Ecclésia tua cuncta repélle nequítiam : iter, actus & voluntátes nostras & ómnium famulórum tuórum in salútis tuæ prosperitáte dispóne ; benefactóribus nostris sempitérna bona retríbue, & ómnibus fidélibus defúnctis réquie ætérnam concéde ; per Dñum.

R. 4. *Automne.* u

A COMPLIES.

Ave, María.

℣. Convérte nos, Deus salutáris noster ; ℞. Et avérte iram tuam à nobis.

℣. Deus in adjutórium &c.

Pſeaume 128.

SÆpe expugnavérunt me à juventúte mea, * dicat nunc Iſraël :

Saepe expugnavérunt me à juventúte mea, * étenim non potuérunt mihi.

Supra dorſum meum fabricavérunt peccatóres, * prolongavérunt iniquitátem ſuam :

Dóminus juſtus concídit cervíces peccatórum : * confundántur & convertántur retrórſum omnes qui odérunt Sion.

Fiant ſicut foenum tectórum * quod priúſquam evellátur, exáruit,

De quo non implévit manum ſuam qui metit, * & ſinum ſuum qui manípulos cólligit ;

Et non dixérunt qui praeteríbant, Benedíctio Dómini ſuper vos, * benedíximus vobis in nómine Dómini.

Pſeaume 129.

DE profúndis clamávi ad te, Dómine ; * Dómine, exáudi vocem meam ;

Fiant aures tuae intendéntes * in vocem deprecatiónis meae.

Si iniquitátes obſerváveris, Dómine, * Dómine, quis ſuſtinébit ?

Quia apud te propitiátio eſt, * & propter legē tuam ſuſtinui te, Dñe.

Suſtinuit ánima mea in verbo ejus ; * ſperávit ánima mea in Dómino.

A cuſtódia matutína uſque ad noctem * ſperet Iſraël in Dómino,

Quia apud Dóminum miſericórdia, * & copióſa apud eum redémtio ;

Et ipſe rédimet Iſraël * ex ómnibus iniquitátibus ejus.

Pſeaume 130.

DOmine, non eſt exaltátum cor meum, * neque eláti ſunt óculi mei,

Neque ambulávi in magnis * neque in mirabílibus ſuper me.

Si non humíliter ſentiébam, * ſed exaltávi ánimam meam ;

Sicut ablactátus eſt ſuper matre ſua, * ita retribútio in ánima mea.

Speret Iſraël in Dómino * ex hoc nunc & uſque in ſéculum.

℟ Hymne ancienne.

MEménto, ſalútis Auctor, Quòd noſtri quondam córporis

Ex illibáta Vírgine
Naſcéndo formam ſúmſeris.

María mater grátiae,
Mater miſericórdiae,
Tu nos ab hoſte prótege,
Et horâ mortis ſúſcipe.

Glória tibi, Dómine,
Qui natus es de Vírgine,
Cum Patre & ſancto Spíritu
In ſempitérna ſécula. Amen.

Hymne nouvelle.

MEménto rerum Cónditor, Noſtri quod olim córporis
Sacráta ab alvo Vírginis
Naſcéndo, formam ſúmſeris.

María mater grátiae,

Dulcis Parens cleméntiæ,
Tu nos ab hoste prótege,
Et mortis horâ fúscipe.
Jesu, tibi sit glória,
Qui natus es de Virgine
Cum Patre & almo Spíritu,
In fempitérna fécula. Amen.]

Chapitre. *Eccli.* 24.

EGo mater pulchræ dilectiónis & timóris & agnitiónis & fanctæ fpei. R͞. Deo grátias.

℣. Ora pro nobis, fancta Dei Génitrix, R͞. Ut digni efficiámur promiffiónibus Chrifti.

A Nunc dimíttis, Ant. Sub tuú præsídium confúgimus, fancta Dei Génitrix ; noftras deprecatiónes ne defpícias in neceffitátibus, fed à perículis cunctis líbera nos femper, Virgo gloriófa & benedícta.

Kyrie, eléifon. Chrifte, eléifon. Kyrie, eléifon.

℣. Dóminus vobifcum.

Oraifon.

BEátæ & gloriófæ femper vírginis Mariæ, quæfumus, Dómine, intercéffio gloriófa nos prótegat & ad vitam perdúcat ætérnam; per Dóminum noftrum Jefum Chriftum.

A MATINES.

Ave, María.

℣. Dómine, lábia mea apéries;
R͞. Et os meum annuntiábit laudem tuam.
℣. Deus, in adjutórium &c.
Invitatoire. Ave, María, grátiâ plena ; * Dóminus tecum.
Pf. 94 Venite.

Hymne.

A. QUem terra, pontus, æthera
Colunt, adórant, prædicát
N. QUem terra, pontus, sídera
Colunt, adórant, prædicát
Trinam regéntem máchinam,
Clauftrum Mariæ bájulat.
Cui luna, fol & ómnia
Deférviunt per témpora,
Perfúfa cœli grátiâ
Geftant puéllæ vífcera.
Beáta Mater múnere,
Cujus fupérnus Artifex
Mundum pugíllo cóntinens
Ventris fub arca claufus eft.
Beáta cœli núntio,
Fœcúnda fancto Spíritu,
Defiderátus géntibus
Cujus per alvum fufus eft.
A. Glória tibi, Dómine,
Qui natus es de Vírgine,
Cum Patre & fancto Spíritu
In fempitérna fécula. Amen.
N. Jefu, tibi fit glória
Qui natus es de Vírgine,
Cum Patre & almo Spíritu
In fempitérna fécula. Amen.

Les Matines du petit Office n'ont que trois Pfeaumes qu'il faut prendre dans les neuf fuivans, felon les jours qui y font marqués. Touts les neufs font les trois Nocturnes des Feftes de la Sainte Vierge à neuf Leçons.

Pour
le LUNDI & le JEUDI;
Et en mefme temps
I NOCTURNE
des Offices à neuf Leçons.
On double les Antiennes aux Feftes doubles.

u ij

Ant. Benedícta tu.

Pseaume 8.

Omine, Dóminus noster, * quàm admirábile est nomen tuum in univérsa terra !

Quóniam eleváta est magnificéntia tua * super cœlos.

Ex ore infántium & lacténtium perfecísti laudem propter inimícos tuos, * ut déstruas inimícum & ultórem.

Quóniam vidébo cœlos tuos, ópera digitórum tuórum, * lunam & stellas, quæ tu fundásti.

Quid est homo, quòd memor es ejus ? * aut fílius hóminis, quóniam vísitas eum ?

Minuísti eum paulò minùs ab Angelis, glóriâ & honóre coronásti eum, * & constituísti eum super ópera mánuum tuárum.

Omnia subjecísti sub pédibus ejus ; * oves & boves univérsas ínsuper & pécora campi,

Vólucres cœli, & pisces maris * qui perámbulant sémitas maris.

Dómine, Dóminus noster, * quàm admirábile est nomen tuum in univérsa terra !

Ant. Benedícta tu in muliéribus, & benedíctus fructus ventris tui.

Ant. Sicut myrrha.

Pseaume 18.

Cœli enárrant glóriam Dei, * & ópera mánuum ejus annúntiat firmaméntum.

Dies diéi erúctat verbum, * & nox nocti índicat sciéntiam.

Non sunt loquélæ neque sermónes, * quorum non audiántur voces eórum.

In omnem terram exívit sonus eórum, * & in fines orbis terræ verba eórum.

In sole pósuit tabernáculum suum ; * & ipse tanquam sponsus procédens de thálamo suo.

Exsultávit ut gigas ad curréndam viam : * à summo cœlo egréssio ejus ;

Et occúrsus ejus usque ad summum ejus : * nec est qui se abscóndat à calóre ejus.

Lex Dómini immaculáta, convértens ánimas : * testimónium Dómini fidéle, sapiéntiam præstans párvulis.

Justítiæ Dómini rectæ, lætificántes corda : * præcéptum Dómini lúcidum ; illúminans óculos.

Timor Dómini sanctus, pérmanens in séculum séculi : * judícia Dómini vera, justificáta in semetípsa.

Desiderabília super aurum & lápidem pretiósum multum, * & dulcióra super mel & favum.

Etenim servus tuus custódit ea ; * in custodiéndis illis retribútio multa.

Delícta quis intélligit ? ab occúltis meis munda me, * & ab aliénis parce servo tuo.

Si mei non fúerint domináti, tunc immaculátus ero : * & emundábor à delícto máximo.

Et erunt ut compláceant elóquia oris mei : * & meditátio cordis mei in conspéctu tuo semper.

Dómine, adjútor meus * & redémptor meus.

Ant. Sicut myrrha elécta odórem dedísti suavitátis, sancta Dei Génitrix.

Ant. Ante thorum.

Pseaume 23.

DOmini est terra & plenitúdo ejus, * orbis terrárum & univérsi qui hábitant in eo:

Quia ipse super mária fundávit eum, * & super flúmina præparávit eum.

Quis ascéndet in montem Dómini? * aut quis stabit in loco sancto ejus?

Innocens mánibus & mundo corde, * qui non accépit in vano ánimam suam, nec jurávit in dolo próximo suo.

Hic accípiet benedictiónem à Dómino, * & misericórdiam à Deo salutári suo.

Hæc est generátio quæréntium eum, * quæréntium fáciem Dei Jacob.

Attóllite portas príncipes vestras; & elevámini, portæ æternáles: * & introíbit Rex glóriæ.

Quis est iste Rex glóriæ? * Dóminus fortis & potens, Dóminus potens in prælio.

Attóllite portas príncipes vestras; & elevámini, portæ æternáles: * & introíbit Rex glóriæ.

Quis est iste Rex glóriæ? * Dóminus virtútum ipse est Rex glóriæ.

Ant. Ante thorum hujus Vírginis frequentáte nobis dúlcia cántica dramátis.

Au petit Office [℣. Diffúsa est grátia in lábiis tuis; ℟. Proptéreà benedíxit te Deus in ætérnum.]

A l'Office de neuf Leçons [℣. Spécie tuâ & pulchritúdine tuâ ℟. Intēde, próspere procéde & regna.]

Pater noster.

Absol. Précibus, & le reste ci-dessous page clx.

Pour

le MARDI & le VENDREDI ; & en même temps

II NOCTURNE

des Offices à neuf Leçons.

On double les Antiennes aux Festes doubles.

Ant. Spécie tuâ.

Pseaume 44.

ERuctávit cor meum verbum bonum ; * dico ego ópera mea Regi.

Lingua mea cálamus scribæ * velóciter scribéntis.

Speciósus formâ præ fíliis hóminum ; diffúsa est grátia in lábiis tuis; * proptéreà benedíxit te Deus in ætérnum.

Accíngere gládio tuo super femur tuum, * potentíssime.

Spécie tuâ & pulchritúdine tuâ * inténde, próspere procéde & regna,

Propter veritátem & mansuetúdinem & justítiam ; * & dedúcet te mirabíliter déxtera tua.

Sagíttæ tuæ acútæ, pópuli sub te cadent, * in corda inimicórum regis.

Sedes tua, Deus, in séculum séculi ; * virga directiónis, virga regni tui.

Dilexísti justítiam, & odísti iniquitátem ; * proptéreà unxit te Deus, Deus tuus, óleo lætítiæ præ consórtibus tuis.

Myrrha & gutta & cásia à vesti-méntis tuis à dómibus ebúrneis, * ex quibus delectavérunt te fíliæ regum in honóre tuo.

A stitit regína à dextris tuis in vesti-tu.deauráto * circúmdata varietáte.

Audi, fília, & vide, & inclína au-rem tuam, * & oblivíscere pópu-lum tuum & domum patris tui:

Et concupíscet Rex decórem tuū, * quóniam ipse est Dóminus Deus tuus, & adorábunt eum.

Et fíliæ Tyri in munéribus * vul-tum tuum deprecabúntur, omnes dívites plebis.

Omnis glória ejus fíliæ Regis ab intùs, * in fímbriis áureis, circum-amícta varietátibus.

Adducéntur Regi vírgines post eā: * próximæ ejus afferéntur tibi;

Afferéntur in lætítia & exsulta-tióne ; * adducéntur in templum Regis.

Pro pátribus tuis nati sunt tibi fí-lii, * constítues eos príncipes super omnem terram.

Mémores erunt nóminis tui * in omni generatióne & generatiónem.

Proptéreà pópuli confitebúntur tibi in ætérnum * & in séculum séculi.

Ant. Spécie tuâ & pulchritúdine tuâ inténde, próspere procéde & regna.

Ant. Adjuvábit eam.

Pseaume 45.

DEus noster refúgium & vir-tus ; * adjútor in tribulatióni-bus quæ invenérunt nos nimis.

Proptéreà non timébimus dum tur-bábitur terra * & transferéntur montes in cor maris.

Sonuérunt & turbátæ sunt aquæ eórum ; * conturbáti sunt montes in fortitúdine ejus.

Flúminis ímpetus lætíficat civitá-tem Dei : * sanctificávit tabernácu-lum suum Altíssimus :

Deus in médio ejus ; non commo-vébitur : * adjuvábit eam Deus ma-nè dilúculo.

Conturbátæ sunt gentes, & in-clináta sunt regna : * dedit vocem suam, mota est terra.

Dóminus virtútum nobíscum ; * suscéptor noster Deus Jacob.

Venite, & vidéte ópera Dómini, quæ pósuit prodígia super terram, * áuferens bella usque ad finem terræ.

Arcum cónteret, & confrínget arma, * & scuta combúret igni.

Vacáte, & vidéte quóniam ego sum Deus : * exaltábor in géntibus, & exaltábor in terra.

Dóminus virtútum nobíscum : * suscéptor noster Deus Jacob.

Ant. Adjuvábit eam Deus vul-tu suo ; Deus in médio ejus ; non commovébitur.

Ant. Sicut lætántium.

Pseaume 86.

FUndaménta ejus in móntibus sanctis. * Díligit Dóminus por-tas Sion super ómnia tabernáculá Jacob.

Gloriósa dicta sunt de te, * cívitas Dei.

Memor ero Rahab & Babylónis * sciéntium me.

Ecce Alienígenæ & Tyrus & pó-pulus Æthíopum, * hi fuérunt illic.

Numquid Sion dicet, Homo &

homo natus est in ea ; * & ipse fundávit eam Altíssimus ?

Dóminus narrábit in scriptúris populórum & príncipum, * horum qui fuérunt in ea.

Sicut lætántium ómnium * habitátio est in te.

Ant. Sicut lætántium ómnium nostrûm habitátio est in te, sancta Dei Génitrix.

Au petit Office [℣. Diffúsa est grátia in lábiis tuis : ℟. Proptéreà benedíxit te Deus in ætérnum.]

A l'Office de neuf Leçons [℣. Adjuvábit eam Deus vultu suo; ℟. Deus in médio ejus ; non commovébitur.]

Pater noster.

Absol. Précibus & le reste ci-dessous page clx.

Pour
le MERCREDI & le SAMEDI ,
Et en même temps
III NOCTURNE
des Offices à neuf Leçons.

On double les Antiennes aux Festes doubles.

Ant. Gaude, María.

Pseaume 95.

Cantáte Dómino cánticum novum. * Cantáte Dómino omnis terra.

Cantáte Dómino, & benedícite nómini ejus. * Annuntiáte de die in diem salutáre ejus.

Annuntiáte inter gentes glóriam ejus ; * in ómnibus pópulis mirabília ejus.

Quóniam magnus Dóminus & laudábilis nimis ; * terríbilis est super omnes deos.

Quóniam omnes dii géntium dæmónia ; * Dóminus autem cœlos fecit.

Conféssio & pulchritúdo in conspéctu ejus ; * sanctimónia & magnificéntia in sanctificatióne ejus.

Afférte Dómino , pátriæ géntium, afférte Dómino glóriam & honórem , * afférte Dómino glóriam nómini ejus.

Tóllite hóstias , & introíte in átria ejus : * adoráte Dóminum in átrio sancto ejus.

Commoveátur à fácie ejus univérsa terra. * Dícite in géntibus, quia Dóminus regnávit.

E tenim corréxit orbem terræ, qui non commovébitur : * judicábit pópulos in æquitáte.

Læténtur cœli & exsúltet terra, commoveátur mare, & plenitúdo ejus ; * gaudébunt campi & ómnia quæ in eis sunt.

Tunc exsultábunt ómnia ligna silvárum à fácie Dómini quia venit, * quóniam venit judicáre terram.

Judicábit orbem terræ in æquitáte, * & pópulos in veritáte sua.

Ant. Gaude, María virgo ; cunctas hæreses sola interemísti in univérso mundo.

Ant. Dignáre me.

Pseaume 96.

Dóminus regnávit ; exsúltet terra, * læténtur ínsulæ multæ.

Nubes & calígo in circúitu ejus. * Justítia & judícium corréctio sedis ejus.

Ignis ante ipsum præcédet, * & inflammábit in circúitu inimícos ejus.

Illuxérunt fúlgura ejus orbi terræ; * vidit & commóta eft terra.

Montes ficut cera fluxérunt à fácie Dómini, * à fácie Dómini omnis terra.

Annuntiavérunt cœli juftitiam ejus; * & vidérunt omnes pópuli glóriam ejus.

Confundántur omnes qui adórant fculptília, * & qui gloriántur in fimuláchris fuis.

Adoráte eum, omnes Angeli ejus. * Audívit & lætáta eft Sion.

Et exfultavérunt filiæ Judæ * propter judícia tua, Dómine.

Quóniam tu Dóminus altíffimus fuper omnem terram; * nimis exaltátus es fuper omnes deos.

Qui dilígitis Dóminum, odíte malum: cuftódit Dóminus ánimas fanctórum fuórum, * de manu peccatóris liberábit eos.

Lux orta eft jufto, * & rectis corde lætítia.

Lætámini, jufti, in Dómino, * & confitémini memóriæ fanctificatiónis ejus.

Ant. Dignáre me laudáre te, Virgo facráta : da mihi virtútem contra hoftes tuos.

Ant. Poft partum.

Pfeaume 97.

Cantáte Dómino cánticum novum, * quia mirabília fecit. Salvávit fibi déxtera ejus * & bráchium fanctum ejus.

Notum fecit Dóminus falutáre fuum; * in confpéctu géntium revelávit juftítiam fuam.

Recordátus eft mifericórdiæ fuæ * & veritátis fuæ dómui Ifrael.

Vidérunt omnes términi terræ * falutáre Dei noftri.

Jubiláte Deo, omnis terra; * cantáte & exfultáte & pfállite.

Pfállite Dómino in cíthara, in cíthara & voce pfalmi, * in tubis dúctilibus & voce tubæ córneæ.

Jubiláte in confpéctu Regis Dómini. Moveátur mare & plenitúdo ejus, * orbis terrárum & qui hábitant in eo.

Flúmina plaudent manu; fimul montes exfultábunt à confpéctu Dómini, * quóniam venit judicáre terram.

Judicábit orbem terrárum in juftítia, * & pópulos in æquitáte.

Ant. Poft partum virgo invioláta permanfifti; Dei Génitrix, intercéde pro nobis.

Au petit Office [℣. Diffúfa eft grátia in lábiis tuis; ℟. Proptéreà benedíxit te Deus in ætérnum.]

A l'Off. de neuf Leçons [℣. Elégit eam Deus, & præelégit eam; ℟. In tabernáculo fuo habitáre facit eam.]

Pater nofter.

Abfol. Précibus & méritis beátæ Maríæ femper Vírginis & ómnium Sanctórum perdúcat nos Dóminus ad regna cœlórú. ℟. Amen.

℣. Jube, domne, bene dícere.

Bened. Nos cum prole pia benedícat Virgo María. ℟. Amen.

Leçon j. *Eccli.* 24.

IN ómnibus réquiem quæsívi, & in hæreditáte Dómini morábor. Tunc præcépit & dixit mihi Creátor ómnium ; & qui creávit me requiévit in tabernáculo meo, &

& dixit mihi, In Jacob inhábita & in Ifraël hæreditáre & in eléctis meis mitte rádices.

℞. Sancta & immaculáta virgínitas, quibus te láudibus éfferam néfcio ; * Quia quem cœli cápere non póterant tuo grémio contulífti. ℣. Benedícta tu in muliéribus; & benedíctus fructus ventris tui. * Quia.

Bened. Ipfa Virgo vírginum intercédat pro nobis ad Dóminum. ℞. Amen.

Leçon ij.

ET fic in Sion firmáta fum , & in civitáte fanctificáta fimíliter requiévi , & in Jerúfalem potéftas mea. Et radicávi in pópulo honorificáto , & in parte Dei mei hæréditas illíus, & in plenitúdine Sanctórum deténtio mea.

℞. Beáta es, Virgo María, quæ Dóminú portáfti Creatórem mundi : * Genuífti qui te fecit, & in ætérnum pérmanes virgo. ℣. Ave, María, grátiâ plena; Dóminus tecum. * Genuífti.

Bened. Per Vírginem Matrem concédat nobis Dóminus falútem & pacem. ℞. Amen.

Leçon iij.

QUafi cedrus exaltáta fum in Líbano & quafi cypréffus in monte Sion ; quafi palma exaltáta fum in Cades & quafi plantátio rofæ in Jéricho. Quafi olíva fpeciófa in campis ; & quafi plátanus exaltáta fum juxta aquas in platéis. Sicut cinnamómum & bálfamum aromatízans odórem dedi ; quafi myrrha elécta dedi fuavitátem odóris.

℞. Felix namque es, facra Virgo María, & omni laude digníffima, * Quia ex te ortus eft fol juftítiæ * * Chriftus Deus nofter. ℣. Ora pro pópulo, intervéni pro clero, intercéde pro devóto fœmíneo fexu; féntiant omnes tuum juvámen quicúmque célebrant tuá fanctâ commemoratiónem : * Quia. ℣. Glória Patri. * * Chriftus.

A LAUDES.

℣. Deus, in adjutórium meum inténde; ℞. Dómine, ad adjuvándum me feftína. Glória Patri, &c.

Ant. Affúmta eft.

Pfeaume 92.

DOminus regnávit, decórem indútus eft ; * indútus eft Dóminus fortitúdiné, & præcínxit fe.

Etenim firmávit orbem terræ * qui non commovébitur.

Paráta fedes tua ex tunc : * à féculo tu es.

Elevavérunt flúmina, Dómine, * elevavérunt flúmina vocem fuam :

Elevavérunt flúmina fluctus fuos * à vócibus aquárum multárum.

Mirábiles elatiónes maris. * Mirábilis in altis Dóminus.

Teftimónia tua credibília facta funt nimis. * Domum tuam decet fanctitúdo,Dñe,in longitúdinem diérum.

Ant. Affúmta eft María in cœlum, gaudent Angeli, laudántes benedicunt Dóminum.

Ant. María Virgo.

Pfeaume 99.

JUbiláte Deo, omnis terra ; * fervíte Dómino in lætítia.

Introíte in conspéctu ejus * in exsultatióne.

Scitóte quóniam Dóminus ipse est Deus : * ipse fecit nos, & non ipsi nos.

Pópulus ejus, & oves páscuæ ejus. * Introíte portas ejus in confessióne ; átria ejus in hymnis : confitémini illi.

Laudáte nomen ejus, quóniam suávis est Dóminus : in ætérnum misericórdia ejus ; * & usque in generatiónem & generatiónem véritas ejus.

Ant. María Virgo assúmta est ad æthéreum thálamum in quo Rex regum stelláto sedet sólio.

Ant. In odórem.

Pseaume 62.

Eus Deus meus, * ad te de luce vígilo.

Sitívit in te ánima mea ; * quàm multiplíciter tibi caro mea !

In terra desérta & ínvia & inaquósa, * sic in sancto appárui tibi, ut vidérem virtútem tuam & glóriam tuam.

Quóniam mélior est misericórdia tua super vitas ; * lábia mea laudábunt te.

Sic benedícam te in vita mea, * & in nómine tuo levábo manus meas.

Sicut ádipe & pinguédine repleátur ánima mea, * & lábiis exsultatiónis laudábit os meum.

Si memor fui tui super stratum meum, in matutínis meditábor in te ; * quia fuísti adjútor meus.

Et in veláménto alárum tuárum exsultábo : adhæsit ánima mea post te : * me suscépit déxtera tua.

Ipsi veró in vanum quæsiérunt ánimam meam : introíbunt in inferióra terræ : * tradéntur in manus gládii : partes vúlpium erunt.

Rex veró lætábitur in Deo : laudabúntur omnes qui jurant in eo : * quia obstrúctum est os loquéntium iníqua.

On ne dit point ici Glória Patri.

Pseaume 66.

Eus, misereátur nostri, & benedícat nobis ; * illúminet vultum suum super nos, & misereátur nostri :

Ut cognoscámus in terra viam tuam, * in ómnibus géntibus salutáre tuum.

Confiteántur tibi pópuli, Deus ; * confiteántur tibi pópuli omnes.

Læténtur & exsúltent gentes, * quóniam júdicas pópulos in æquitáte, & gentes in terra dírigis.

Confiteántur tibi pópuli, Deus, confiteántur tibi pópuli omnes : * terra dedit fructum suum.

Benedícat nos Deus, Deus noster, benedícat nos Deus : * & métuant eum omnes fines terræ.

Ant. In odórem unguentórum tuórum cúrrimus ; adolescéntulæ dilexérunt te nimis.

Ant. Benedícta Fília.

Le Cantique des trois Enfans.

Daniel 3.

Enedícite, ómnia ópera Dómini, Dómino ; * laudáte, & superexaltáte eum in sécula.

Benedícite, Angeli Dómini, Dómino. * Benedícite, cœli, Dómino.

Benedícite, aquæ omnes quæ super cœlos sunt, Dómino. * Benedícite , omnes virtútes Dómini , Dómino.

Benedícite, sol & luna, Dómino.* Benedícite, stellæ coeli , Dómino. Benedícite, omnis imber & ros, Dómino. * Benedícite, omnes spíritus Dei, Dómino.

Benedícite, ignis & æstus, Dómino. * Benedícite, frigus & æstus, Dómino.

Benedícite, rores & pruína, Dómino. * Benedícite, gelu & frigus, Dómino.

Benedícite, glácies & nives, Dómino. * Benedícite, noctes & dies, Dómino.

Benedícite, lux & ténebræ, Dómino. * Benedícite, fúlgura & nubes, Dómino.

Benedícat terra Dóminum; * laudet & superexáltet eum in sécula.

Benedícite, montes & colles, Dómino. * Benedícite, univérsa germinántia in terra, Dómino.

Benedícite, fontes, Dómino : * Benedícite, mária & flúmina, Dómino.

Benedícite, cete & ómnia quæ movéntur in aquis, Dómino. * Benedícite, omnes vólucres coeli, Dómino.

Benedícite, omnes béstiæ & pécora, Dómino. * Benedícite, filii hóminum, Dómino.

Benedícat Israel Dóminum; * laudet & superexáltet eum in sécula.

Benedícite, sacerdótes Dómini, Dómino. * Benedícite, servi Dómini, Dómino.

Benedícite, spíritus & ánimæ justórum, Dómino. * Benedícite,

sancti & húmiles corde, Dómino. Benedícite, Ananía, Azaría, Mísael, Dómino ; * laudáte & superexaltáte eum in sécula.

Benedicámus Patrem & Fílium cũ sancto Spíritu ; * laudémus & superexaltémus eum in sécula.

Benedíctus es, Dómine, in firmaménto coeli, * & laudábilis & gloriósus & superexaltátus in sécula.

On ne dit point ici Glória Patri.

Ant. Benedícta Fília tu à Dómino ; quia per te fructum vitæ communicávimus.

Ant. Pulchra es.

Pseaume 148.

Laudáte Dóminum de coelis: * laudáte eum in excélsis.

Laudáte eum, omnes Angeli ejus. * Laudáte eum, omnes virtútes ejus.

Laudáte eum, sol & luna. * Laudáte eum, omnes stellæ & lumen.

Laudáte eum, coeli coelórum : * & aquæ omnes quæ super coelos sunt laudent nomen Dómini.

Quia ipse dixit, & facta sunt : * ipse mandávit, & creáta sunt.

Státuit ea in ætérnum & in séculum séculi : * præcéptum pósuit, & non præteríbit.

Laudáte Dóminum de terra, * dracónes & omnes abyssi.

Ignis, grando, nix, glácies, spíritus procellárum * quæ fáciunt verbum ejus.

Montes & omnes colles, * ligna fructífera & omnes cedri ;

Béstiæ & univérsa pécora, * serpéntes & vólucres pennátæ,

Reges terræ & omnes pópuli, * príncipes & omnes júdices terræ.

Júvenes & vírgines, senes cum junióribus, laudent nomen Dómini, * quia exaltátum est nomen ejus solíus.

Conféssio ejus super cœlum & terram ; * & exaltávit cornu pópuli súi.

Hymnus ómnibus sanctis ejus, * filiis Israel, pópulo appropinquánti sibi.

On ne dit point ici Glória Patri.

Pseaume 149.

CAntáte Dómino cánticum novum : * laus ejus in Ecclésia Sanctórum.

Lætétur Israel in eo qui fecit eum, * & filii Sion exsúltent in rege suo.

Laudent nomen ejus in choro ; * in tympano & psaltério psallant ei :

Quia beneplácitum est Dómino in pópulo suo, * & exaltábit mansuétos in salútem.

Exsultábunt sancti in glória : * lætabúntur in cubílibus suis :

Exaltatiónes Dei in gútture eórum, * & gládii ancípites in mánibus eórum,

Ad faciéndam vindíctam in natiónibus, * increpatiónes in pópulis ;

Ad alligándos reges eórum in compédibus, * & nóbiles eórum in mánicis férreis ;

Ut faciant in eis judícium conscríptum. * Glória hæc est ómnibus sanctis ejus.

On ne dit point ici Glória Patri.

Pseaume 150.

LAudáte Dóminum in sanctis ejus : * laudáte eum in firmaménto virtútis ejus.

Laudáte eum in virtútibus ejus : *

laudáte eum secúndùm multitúdinem magnitúdinis ejus.

Laudáte eum in sono tubæ : * laudáte eum in psaltério & cíthara :

Laudáte eum in tympano & choro : * laudáte eum in chordis & órgano :

Laudáte eum in cymbalis benesonántibus ; laudáte eum in cymbalis jubilatiónis. * Omnis spíritus laudet Dóminum.

Ant. Pulchra es & decóra, Filia Jerúsalem ; terríbilis ut castrórum ácies ordináta.

Chapitre. Cant. 6.

VIdérunt eam Filiæ Sion & beatíssimam prædicavérunt, & regínæ laudavérunt eam. ℟. Deo grátias.

Hymne ancienne.

O Gloriósa Dómina,
Excélsa super sídera,
Qui te creávit próvidè
Lactásti sacro úbere.

Quod Eva tristis ábstulit
Tu reddis almo gérmine ;
Intrent ut astra flébiles,
Cœli fenéstra facta es.

Tu Regis alti jánua
Et porta lucis fúlgida,
Vitam datam per Vírginem,
Gentes redémtæ, pláudite.

Glória tibi, Dómine,
Qui natus es de Vírgine,
Cum Patre & sancto Spíritu
In sempitérna sécula. Amen.

Hymne nouvelle.

O Gloriósa Vírginum,
Sublímis inter sídera,
Qui te creávit, párvulum
Lacténte nutris úbere.

Quod Heva triftis ábftulit
Tu reddis almo gérmine :
Intrent ut aftra flébiles,
Cœli reclúdis cárdines.
Tu Regis alti jánua,
Et aula lucis fúlgida ;
Vitam datam per Vírginem,
Gentes redémtæ, pláudite.
Jefu, tibi fit glória,
Qui natus es de Vírgine,
Cum Patre & almo Spiritu
In fempitérna fécula. Amen.]

℣. Benedícta tu in muliéribus ;
℞. Et benedíctus fructus ventris tui.

Ant. Beáta Dei Génitrix.

Cantique de Zacharie. *Luc. 1.*

BEnedíctus Dóminus Deus Ifrael, * quia vifitávit, & fecit
redemtiónem plebis fuæ,
Et eréxit cornu falútis nobis * in
domo David púeri fui,
Sicut locútus eft per os fanctórum * qui à féculo funt, prophetárum ejus ;
Salútem ex inimícis noftris * & de
manu ómnium qui odérunt nos :
Ad faciendam mifericórdiam cum
pátribus noftris, * & memoráti teftaménti fui fancti :
Jusjurándum quod jurávit ad A-
braham patrem noftrum, * datúrum fe nobis
Ut, fine timóre de manu inimicórum noftrórum liberáti * ferviámus
illi
In fanctitáte & juftítia coram ipfo
* ómnibus diébus noftris.
Et tu, puer, Prophéta Altíffimi
vocáberis ; * præíbis enim ante fáciem Dómini paráre vias ejus,
Ad dandam fciéntiam falútis plebi

ejus * in remiffiónem peccatórum
eórum,
Per víscera mifericórdiæ Dei noftri * in quibus vifitávit nos óriens
ex alto,
Illumináre his qui in ténebris & in
umbra mortis fedent, * ad dirigéndos pedes noftros in viam pacis.

Ant. Beáta Dei Génitrix María,
Virgo perpétua, templum Dómini, facrárium Spíritûs fancti, fola
fine exémplo placuífti Dómino noftro Jefu Chrifto : ora pro pópulo,
intervéni pro clero, intercéde pro
devóto feminéo fexu.

Kyrie, eléifon. Chrifte, eléifon. Kyrie, eléifon.

℣. Dóminus vobífcum.

Oraifon.

DEus qui de beátæ Maríæ vírginis útero Verbum tuum,
Angelo nuntiánte, carnem fufci-
pere voluífti ; præfta fupplícibus
tuis ut qui veré eam Genitrícem
Dei crédimus, ejus apud te interceffiónibus adjuvémur ; per eúmdem Chriftum Dóminum noftrum.
℞. Amen.

Memoire des Saints.

Ant. Sancti Dei omnes, intercédere dignémini pro noftra omniúmque falúte.

℣. Lætámini in Dómino & exfultáte, Jufti ; ℞. Et gloriámini,
omnes recti corde.

Oraifon.

PRótege, Dñe, pópulum tuum,
& Apoftolórum tuórum Petri
& Pauli & aliórum Apoftolórum
patrocínio confidéntem perpétuâ
defenfióne confér va.

OMnes Sancti tui, quæsumus, Dómine, nos ubíque ádjuvent, ut dum eórum mérita recólimus, patrocínia sentiámus; & pacem tuam nostris concéde tempóribus; & ab Ecclésia tua cunctam repélle nequítiam: iter, actus & voluntátes nostras & ómnium famulórum tuórum in salútis tuæ prospéritáte dispóne; benefactóribus nostris sempitérna bona retríbue, & ómnibus fidélibus defúnctis réquiem ætérnam concéde; per, &c.

A PRIME.

Ave, María, &c.
℣. Deus, in adjutórium.
[Hymne ancienne.

MEménto, salútis Auctor,
Quòd nostri quondam córporis
Ex illibáta Vírgine
Nascéndo formam súmseris.
María mater grátiæ,
Mater misericórdiæ,
Tu nos ab hoste prótege,
Et horâ mortis súscipe.
Glória tibi, Dómine,
Qui natus es de Vírgine,
Cum Patre & sancto Spíritu
In sempitérna sécula. Amen.

Hymne nouvelle.

MEménto rerum Cónditor,
Nostri quod olim córporis
Sacráta ab alvo Vírginis
Nascéndo, formam súmseris.
María mater grátiæ,
Dulcis Parens cleméntiæ,
Tu nos ab hoste prótege,
Et mortis horâ súscipe.

Jesu, tibi sit glória,
Qui natus es de Vírgine,
Cum Patre & almo Spíritu
In sempitérna sécula. Amen.]
Ant. Assúmta est.

Pseaume 53.

DEus, in nómine tuo salvum me fac, * & in virtúte tua júdica me.
Deus, exáudi oratiónem meam; * áuribus pércipe verba oris mei.
Quóniam aliéni insurrexérunt advérsùm me, & fortes quæsiérunt ánimam meam; * & non proposuérunt Deum ante conspéctum suum.
Ecce enim Deus ádjuvat me, * & Dóminus suscéptor est ánimæ meæ.
Avérte mala inimícis meis; * & in veritáte tua dispérde illos.
Voluntárie sacrificábo tibi; * & confitébor nómini tuo, Dómine, quóniam bonum est:
Quóniam ex omni tribulatióne eripuísti me: * & super inimícos meos despéxit óculus meus.

Pseaume 84.

BEnedixísti, Dómine, terram tuam; * avertísti captivitátem Jacob;
Remisísti iniquitátem plebis tuæ; * operuísti ómnia peccáta eórum;
Mitigásti omnem iram tuam; * avertísti ab ira indignatiónis tuæ.
Convérte nos, Deus salutáris noster, * & avérte iram tuam à nobis.
Numquid in ætérnum irascéris nobis? * aut exténdes iram tuam à generatióne in generatiónem?
Deus, tu convérsus vivificábis nos, * & plebs tua lætábitur in te.

Ostende nobis, Dómine, misericórdiam tuam, * & salutáre tuum da nobis.

Audiam quid loquátur in me Dóminus Deus, * quóniam loquétur pacem in plebem suam

Et super Sanctos suos * & in eos qui convertúntur ad cor.

Verúmtamen propè timéntes eum salutáre ipsíus, * ut inhábitet glória in terra nostra.

Misericórdia & véritas obviavérunt sibi ; * justítia & pax osculátæ sunt ;

Véritas de terra orta est, * & justítia de cœlo prospéxit.

Etenim Dñus dabit benignitátem; * & terra nostra dabit fructum suum.

Justítia ante eum ambulábit, * & ponet in via gressus suos.

Pseaume 116.

Laudáte Dóminum, omnes Gentes ; * laudáte eum, omnes pópuli.

Quóniam confirmáta est super nos misericórdia ejus, * & véritas Dómini manet in ætérnum.

Ant. Assúmta est María in cœlum, gaudent Angeli, laudántes benedícunt Dóminum.

Chapitre. Cant. 6.

Quæ est ista quæ progréditur quasi auróra consúrgens, pulchra ut luna ; elécta ut sol, terríbilis ut castrórum ácies ordináta ? R. Deo grátias.

℣. Dignáre me laudáre te, Virgo sacráta ; R. Da mihi virtútem contra hostes tuos.

Kyrie, eléison. Christe, eléison. Kyrie eléison.

℣. Dóminus vobíscum.

Oraison.

Deus qui virginálem aulam beátæ Maríæ, in qua habitáres, elígere dignátus es, da, quæsumus, ut suâ nos defensióne munítos, jucúndos fácias suæ interésse cómemoratióni; qui vivis & regnas.

A TIERCE.

Ave, María.

℣. Deus, in adjutórium.

Hymne ancienne ou nouvelle, ci-dessus.

Ant. María Virgo.

Pseaume 119.

Ad Dóminum cùm tribulárer clamávi, * & exaudívit me.

Dómine, líbera ánimam meam à lábiis iníquis * & à lingua dolósa.

Quid detur tibi aut quid apponátur tibi * ad linguam dolósam ?

Sagíttæ poténtis acútæ * cum carbónibus desolatóriis.

Heu mihi, quia incolátus meus prolongátus est, habitávi cum habitántibus Cedar, * multùm íncola fuit ánima mea !

Cum his qui odérunt pacem eram pacíficus ; * cùm loquébar illis, impugnábant me gratis.

Pseaume 120.

Levávi óculos meos in montes * unde véniet auxílium mihi.

Auxílium meum à Dómino * qui fecit cœlùm & terram.

Non det in commotiónem pedem tuũ, * neque dormítet qui custódit te.

Ecce non dormitábit neque dórmiet * qui custódit Israel.

Dóminus custódit te, Dóminus

protéctio tua * super manum déxteram tuam.

Per diem sol non uret te, * neque luna per noctem.

Dóminus custódit te ab omni malo ; * custódiat ánimam tuam Dñus ;

Dóminus custódiat introítum tuum & éxitum tuum * ex hoc nunc & usque in séculum.

Pseaume 121.

LÆtátus sum in his quæ dicta sunt mihi, * In domum Dómini íbimus.

Stantes erant pedes nostri * in átriis tuis, Jerúsalem ;

Jerúsalem quæ ædificátur ut cívitas * cujus participátio ejus in idípsú.

Illuc enim ascendérunt tribus, tribus Dómini, * testimónium Israel ad confiténdum nómini Dómini.

Quia illic sedérunt sedes in judício, * sedes super domum David.

Rogáte quæ ad pacem sunt Jerúsalem : * & abundántia diligéntibus te.

Fiat pax in virtúte tua, * & abundántia in túrribus tuis.

Propter fratres meos & próximos meos * loquébar pacem de te.

Propter domum Dómini Dei nostri * quæsívi bona tibi.

Ant. María virgo assúmta est ad æthéreum thálamum in quo Rex regum stelláto sedet sólio.

Chapitre.   Eccli. 24.

ET sic in Sion firmáta sum, & in civitáte sanctificáta simíliter requiévi, & in Jerúsalem potéstas mea. ℟. Deo grátias.

℣. Diffúsa est grátia in lábiis tuis ;
℟. Proptérea benedíxit te Deus in ætérnum.

Kyrie, eléison. Christe, eléison. Kyrie, eléison.
℣. Dóminus vobíscum.
Oraison.

DEus qui salútis ætérnæ beátæ Maríæ virginitáte foecúndâ humáno géneri præmia præstitísti ; tríbue, quæsumus, ut ipsam pro nobis intercédere sentiámus, per quam merúimus auctórem vitæ suscipere Dóminum nostrum Jesum Christum Fílium tuum, qui tecum.

A SEXTE.

Ave, María.
℣. Deus, in adjutórium.
[Hymne ancienne.

MEménto, salútis Auctor,
Quòd nostri quondam córporis
Ex illibáta Vírgine
Nascéndo formam súmseris.
María mater grátiæ,
Mater misericórdiæ,
Tu nos ab hoste prótege,
Et horâ mortis súscipe.
Glória tibi, Dómine,
Qui natus es de Vírgine,
Cum Patre & sancto Spíritu
In sempitetna sécula. Amen.

Hymne nouvelle.

MEménto, rerum Cónditor,
Nostri quod olim córporis,
Sacráta ab alvo Vírginis
Nascéndo, formam súmseris.
María mater grátiæ,
Dulcis Parens cleméntiæ,
Tu nos ab hoste prótege,
Et mortis horâ súscipe.
Jesu, tibi sit glória,
Qui natus es de Vírgine,

Cum

Cum Patre & almo Spíritu
In sempitérna sécula. Amen.]

Ant. In odórem.

Pseaume 122.

AD te levávi óculos meos, * qui hábitas in cœlis.

Ecce sicut óculi servórum * in mánibus dominórum suórum,

Sicut óculi ancíllæ in mánibus dóminæ suæ, * ita óculi nostri ad Dóminum Deum nostrum, donec misereátur nostrî.

Miserére nostrî, Dómine, miserére nostrî, * quia multum repléti sumus despectióne,

Quia multùm repléta est ánima nostra, * oppróbrium abundántibus & despéctio supérbis.

Pseaume 123.

NIsi quia Dóminus erat in nobis, dicat nunc Israel * nisi quia Dóminus erat in nobis,

Cùm exsúrgerent hómines in nos, * fortè vivos deglutíssent nos ;

Cùm irascerétur furor eórum in nos, * fórsitan aqua absorbuísset nos.

Torréntem pertransívit ánima nostra ; * fórsitan pertransísset ánima nostra aquam intolerábilem.

Benedíctus Dóminus, * qui non dedit nos in captiónem déntibus eórum,

Anima nostra sicut passer erépta est * de láqueo venántium.

Láqueus contrítus est, * & nos liberáti sumus.

Adjutórium nostrum in nómine Dómini * qui fecit cœlum & terram.

Pseaume 124.

QUi confídunt in Dómino, sicut mons Sion, * non com-

movébitur in ætérnum qui hábitat in Jerúsalem.

Montes in circúitu ejus, & Dóminus in circúitu pópuli sui * ex hoc nunc & usque in séculum:

Quia non relínquet Dóminus virgam peccatórum super sortem justórum, * ut non exténdant justi ad iniquitátem manus suas.

Bénefac, Dómine, bonis * & rectis corde.

Declinántes autem in obligatiónes, addúcet Dóminus cum operántibus iniquitátem. * Pax super Israel.

Ant. In odórem unguentórum tuórum cúrrimus ; adolescéntulæ dilexérunt te nimis.

Chapitre.   *Eccli. 24.*

ET radicávi in pópulo honoreficáto, & in parte Dei mei hæréditas illíus, & in plenitúdine Sanctórum deténtio mea. ℟. Deo grátias.

℣. Benedícta tu in muliéribus : ℟. Et benedíctus fructus ventris tui.

Kyrie, eléison. Christe, eléison. Kyrie, eléison.

℣. Dóminus vobíscum.

Oraison.

COncéde, miséricors Deus, fragilitáti nostræ præsídium, ut qui sanctæ Dei Genitrícis memóriam ágimus, intercessiónis ejus auxílio à nostris iniquitátibus resurgámus ; per eúmdem Dóminum.

A NONE.

Ave, María.

℣. Deus, in adjutórium.

Hymne ancienne ou nouvelle, ci-dessus.

R. 4. *Automne.*   y

Ant. **Pulchra es.**

Pfeaume 125.

IN converténdo Dóminus captivitátem Sion, * facti fumus ficut confoláti.

Tunc replétum eft gáudio os noftrum * & lingua noftra exfultatióne.

Tunc dicent inter gentes, * Magnificávit Dóminus fácere cum eis.

Magnificávit Dóminus fácere nobífcum ; * facti fumus lætántes.

Convérte, Dómine captivitátem noftram * ficut torrens in Auftro.

Qui féminant in láchrymis * in exfultatióne metent.

Eúntes ibant & flebant * mitténtes fémina fua ;

Veniéntes autem vénient cum exfultatióne * portántes manípulos fuos.

Pfeaume 126.

NIfi Dóminus ædificáverit domum, * in vanum laboravérunt qui ædificant eam.

Nifi Dóminus cuftodíerit civitátem, * fruftra vígilat qui cuftódit eam.

Vanum eft vobis ante lucem fúrgere ; * fúrgite poftquam fedéritis, qui manducátis panem dolóris ;

Cùm déderit diléctis fuis fomnum. *Ecce hæréditas Dómini, filii merces fructus ventris.

Sicut fagíttæ in manu poténtis, * ita filii excuffórum.

Beátus vir qui implévit defidérium fuum ex ipfis ; * non confundétur cùm loquétur inimícis fuis in porta.

Pfeaume 127.

BEáti omnes qui timent Dóminum, * qui ámbulant in viis ejus.

Labóres mánuum tuárum quia manducábis ; * beátus es, & benè tibi erit.

Uxor tua ficut vitis abúndans * in latéribus domûs tuæ.

Filii tui ficut novéllæ olivárum * in circúitu menfæ tuæ.

Ecce fic benedicétur homo * qui timet Dóminum ;

Benedícat tibi Dóminus ex Sion, * & vídeas bona Jerúfalem ómnibus diébus vitæ tuæ,

Et vídeas filios filiórum tuórum, * pacem fuper Ifrael.

Ant. Pulchra es & decóra, Filia Jerúfalem ; terríbilis ut caftrórum ácies ordináta.

Chapitre.   *Eccli.* 26.

IN platéis ficut cinnamómum & bálfamum aromatizans odórem dedi ; quafi myrrha elécta dedi fuavitátem odóris. ℟. Deo grátias.

℣. Poft partum virgo invioláta permanfífti ; ℟. Dei Génitrix, intercéde pro nobis.

Kyrie, eléifon. Chrifte, eléifon. Kyrie, eléifon.

℣. Dóminus vobífcum,

Oraifon.

FAmulórum tuórum, quæfumus, Dómine, delictis ignófce ; ut qui tibi placére de áctibus noftris non valémus, Genitrícis Filii tui Dómini noftri interceffióne falvémur ; per eúmdem Dóminum.

L'OFFICE DES MORTS.

Cet Office se dit le premier jour de chaque mois où il ne se rencontre point de Festes à neuf Leçons. Dans le Chœur on le dit après l'Office du jour, sçavoir Vespres après les Vespres, & Matines après les Laudes ; à moins que la coûtume ne fust differente dans quelque Eglise. Hors le Chœur on le dit à sa commodité.

Ce mesme Office sert aussi pour un ou plusieurs morts en particulier.

A VESPRES.

On commence tout de suite par l'Ant. Placébo Dómino.

Pseaume 114.

Diléxi, quóniam exáudiet Dóminus * vocē oratiónis meæ.

Quia inclinávit aurem suam mihi, * & in diébus meis invocábo.

Circumdedérunt me dolóres mortis, * & perícula inférni invenérunt me.

Tribulatiónem & dolórem invéni ; * & nomen Dómini invocávi.

O Dómine, líbera ánimam meam. * Miséricors Dóminus & justus ; & Deus noster miserétur.

Custódiens párvulos Dóminus ; * humiliátus sum, & liberávit me.

Convértere, ánima mea, in réquiem tuam, * quia Dóminus benefécit tibi,

Quia erípuit ánimam meam de morte, * óculos meos à láchrymis, pedes meos à lapsu.

Placébo Dómino * in regióne vivórum.

A la fin de tous les Pseaumes & des Cantiques, au lieu de Glória Patri, on dit,

Réquiem ætérnam dona eis, Dómine : * & lux perpétua lúceat eis.

Ant. Placébo Dómino in regióne vivórum.

Ant. Hei mei, Dómine.

Pseaume 119.

Ad Dóminum cùm tribulárer clamávi, * & exaudívit me.

Dómine, líbera ánimam meam à lábiis iníquis * & à lingua dolósa.

Quid detur tibi aut quid appónatur tibi * ad linguam dolósam ?

Sagíttæ poténtis acútæ * cum carbónibus desolatóriis.

Heu mihi, quia incolátus meus prolongátus est, habitávi cum habitántibus Cedar, * multùm íncola fuit ánima mea !

Cum his qui odérunt pacem eram pacíficus ; * cùm loquébar illis, impugnábant me gratis.

Ant. Hei mihi, Dómine, quia incolátus meus prolongátus est !

Ant. Dóminus cuſtódit te.

Pſeaume 120.

LEvávi óculos meos in mon-tes * unde véniet auxílium mihi.

Auxílium meum à Dómino * qui fecit cœlum & terram.

Non det in commotiónem pedem tuum, * neque dormítet qui cuſtó-dit te.

Ecce non dormitábit neque dór-miet * qui cuſtódit Iſrael.

Dóminus cuſtódit te, Dóminus protéctio tua * ſuper manum déx-teram tuam.

Per diem ſol non uret te, * neque luna per noctem.

Dóminus cuſtódit te ab omni ma-lo; * cuſtódiat ánimam tuam Dó-minus;

Dóminus cuſtódiat introítum tuum & éxitum tuum * ex hoc nunc & uſque in ſeculum.

Ant. Dóminus cuſtódit te ab omni malo: cuſtódiat ánimam tuam Dóminus.

Ant. Si iniquitátes.

Pſeaume 129.

DE profúndis clamávi ad te, Dómine; * Dómine, exáudi vocem meam;

Fiant aures tuæ intendéntes * in vocem deprecatiónis meæ.

Si iniquitátes obſerváveris, Dómi-ne, * Dómine, quis ſuſtinébit?

Quia apud te propitiátio eſt, * & propter legem tuam ſuſtinui te, Dómine.

Suſtinuit ánima mea in verbo ejus; * ſperávit ánima mea in Dómino,

A cuſtódia matutína uſque ad noc-

tem * ſperet Iſrael in Dómino,

Quia apud Dóminum miſericór-dia, * & copióſa apud eú redémtio;

Et ipſe rédimet Iſrael * ex ómni-bus iniquitátibus ejus.

Ant. Si iniquitátes obſerváveris, Dómine; Dómine, quis ſuſtinébit?

Ant. Opera.

Pſeaume 137.

COnfitébor tibi, Dómine, in toto corde meo, * quóniam audíſti verba oris mei.

In conſpéctu Angelórum pſallam tibi; * adorábo ad templum ſanc-tum tuum, & confitébor nómini tuo

Super miſericórdia tua & veritáte tua, * quóniam magnificáſti ſuper omne, nomen ſanctum tuum.

In quacúmque die invocávero te, exáudi me; * multiplicábis in áni-ma mea virtútem.

Confiteántur tibi, Dómine, om-nes reges terræ, * quia audiérunt ómnia verba oris tui;

Et cantent in viis Dómini, * quó-niam magna eſt glória Dómini,

Quóniam excélſus Dóminus & hu-mília réſpicit, * & alta à longè co-gnóſcit.

Si ambulávero in médio tribula-tiónis, vivificábis me; * & ſuper iram inimicórum meórum exten-díſti manum tuam, & ſalvum me fecit déxtera tua.

Dóminus retríbuet pro me; * Dó-mine, miſericórdia tua in ſeculum; ópera mánuum tuárum ne deſ-pícias.

Ant. Opera mánuú tuárum, Dó-mine, ne deſpícias.

℣. Audívi vocem de cœlo, dicéntem mihi, ℟. Beáti mórtui qui in Dómino moriúntur.

A Magníficat, Ant. Omne quod dat mihi Pater ad me véniet ; & eum qui venit ad me non ejíciam foras.

Tout le reste se dit à genoux.

Pater noster, tout bas jusqu'au
℣. Et ne nos indúcas in tentatiónem ; ℟. Sed líbera nos à malo.

Pseaume 145.

L Auda, ánima mea, Dóminum. Laudábo Dóminum in vita mea, * psallam Deo meo quámdiu fúero.

Nolíte confídere in princípibus, * in filiis hóminum in quibus non est salus.

E xíbit spíritus ejus & revertétur in terram suam ; * in illa die períbunt omnes cogitatiónes eórum.

B eátus cujus Deus Jacob adjútor ejus, spes ejus in Dómino Deo ipsius * qui fecit cœlum & terram, mare & ómnia quæ in eis sunt ;

Q ui custódit veritátem in séculum, facit judícium injúriam patiéntibus, * dat escam esuriéntibus.

D óminus solvit compedítos ; * Dóminus illúminat cæcos ;

D óminus érigit elísos ; * Dóminus díligit justos ;

D óminus custódit ádvenas, pupíllum & víduam suscípiet, * & vias peccatórum dispérdet.

R egnábit Dóminus in sécula, Deus tuus, Sion, * in generatiónem & generatiónem.

R équiem ætérnam dona eis, Dómine ; * & lux perpétua lúceat eis.

℣. A porta ínferi ℟. Erue, Dómine, ánimas eórum.

℣. Requiéscant in pace. ℟. Amē.

℣. Dómine, exáudi oratiónem meam ; ℟. Et clamor meus ad te véniat.

℣. Dóminus vobíscum : ℟. Et cum spíritu tuo.

Pour l'Office des Morts du premier jour du mois.
[Oraison.

D Eus qui inter Apostólicos Sacerdótes fámulos tuos Pontificáli seu Sacerdotáli fecísti dignitáte vigére, præsta, quæsumus, ut eórum quoque perpétuo aggregéntur consórtio.

D Eus véniæ largítor & humánæ salútis amátor, quæsumus cleméntiam tuam ut nostræ Congregatiónis fratres, propínquos & benefactóres qui ex hoc século trásiérunt, beátâ Mariâ semper vírgine intercedénte cum ómnibus Sanctis tuis, ad perpétuæ beatitúdinis consórtium perveníre concédas.

F Idélium Deus ómnium Cónditor & Redémtor, animábus famulórum famularúmque tuárum remissiónem cunctórum tríbue peccatórum ; ut indulgéntiam quam semper optavérunt, piis supplicatiónibus consequántur ; qui vivis & regnas in sécula seculórum. Amen.]

Le jour du decès d'un Mort ou d'une Morte.
Oraison.

A Bsólve, quæsumus, Dómine, ánimam [Pour un Mort famuli tui N. ut defúnctus] [Pour une Morte famulæ tuæ N. ut defúncta] féculo tibi vivat ; & quæ per fragilitátem carnis humáná converſatióne commiſit, tu véniâ miſericordiſſimæ pietátis abſtérge ; per.

Au bout de l'an,
Pour pluſieurs Morts.
Oraiſon.

Deus indulgentiárum Dómine, da animábus famulórum famularúmque tuárum quorum anniverſárium depoſitiónis diem commemorámus, refrigérii ſedem, quiétis beatitúdinem & lúminis claritátem ; per Dóminum noſtrum.

Au bout de l'an,
Pour un Mort, ou une Morte.
Oraiſon.

Deus indulgentiárum Dñe, da ánimæ [Pour un Mort fámuli tui N.] [Pour une Morte famulæ tuæ N.] cujus anniverſárium depoſitiónis diem commemorámus, refrigérii ſedem, quiétis beatitúdinem & lúminis claritátem ; per.

Pour un Evêque ou un Prêtre.
Oraiſon.

Deus qui inter Apoſtólicos ſacerdótes fámulum tuum N. [Pour un Evêque Pontificáli] [Pour un Prêtre Sacerdotáli] feciſti dignitáte vigére, præſta, quæſumus, ut eórum quoque perpétuo aggregétur conſórtio ; per Dñum.

Pour
les Parents, Amis & Bienfaicteurs.
Oraiſon.

Deus véniæ largítor & humánæ ſalútis amátor, quæſumus clementiam tuam ut noſtræ Congregatiónis fratres, propínquos & benefactóres qui ex hoc ſéculo tráſ-

iérunt, beátâ Mariâ ſemper vírgine intercedénte cum ómnibus Sanctis tuis, ad perpétuæ beatitúdinis conſórtium perveníre concédas ; per Dóminum.

Pour
un Pere & une Mere enſemble.
Oraiſon.

Deus qui nos patrem & matrem honoráre præcepíſti, miſerére cleménter animábus Patris mei ac Matris meæ, eorúmque peccáta dimítte ; meque eos in ætérnæ claritátis gáudio fac vidére ; per Dóminum.

Pour pluſieurs Peres & Meres.
Oraiſon.

Deus qui nos patrem & matrem honoráre præcepíſti, miſerére cleménter animábus Paréntum noſtrórum, eorúmque peccáta dimítte ; noſque eos in ætérnæ claritátis gáudio fac vidére ; per Dóminum.

Pour un Pere ſeulement ou une
Mere ſeulement.
Oraiſon.

Deus qui nos patrem & matrem honoráre præcepíſti, miſerére cleménter ánimæ [Pour un Pere Patris mei ejúſque peccáta dimítte ; meque eum] [Pour une Mere, Matris meæ ejúſque peccáta dimítte ; meque eam] in ætérnæ claritátis gáudio fac vidére ; per Dñum.

Pour un Mort.
Oraiſon.

INclína, Dómine, aurem tuam ad preces noſtras quibus miſericórdiam tuam ſúpplices deprecámur ut ánimam fámuli tui N. quam de hoc ſéculo migráre juſſiſti, in pacis ac lucis regióne confítuas, & Sanctórum tuórum júbeas efle confórtem ; per Dóminum.

Pour une Morte.

Oraifon.

QUæfumus, Dómine, pro tua pietáte miferére ánimæ famulæ tuæ N., & à contágiis mortalitátis exútam in ætérnæ falvatiónis pártem reftítue ; per Dóminum.

℣. Réquiem ætérnam dona eis, Dñe ; ℟. Et lux perpétua lúceat eis.

℣. Requiéfcant in pace. ℟. Amé.

A MATINES.

L'Invitatoire qui fuit & le Pfeaume Veníte ne fe difent que le jour du decès. Autrement on commence tout de fuite par l'Ant. du Nocturne qu'il faut dire fuivant le jour, felon qu'il eft marqué ci-deffous.

Invit. Regem cui ómnia vivunt *Veníte, adorémus. On repete Regem &c.

Pfeaume 94.

VEníte, exfultémus Dómino ; jubilémus Deo falutári noftro: præoccupémus fáciem ejus in confeffióne, & in pfalmis jubilémus ei.

R egem cui ómnia vivunt, veníte, adorémus.

Quóniam Deus magnus Dóminus, & Rex magnus fuper omnes deos: quóniam non repéllet Dóminus plebem fuàm, quia in manu ejus funt omnes fines terræ, & altitúdines móntium ipfe cónfpicit.

V eníte, adorémus.

Quóniam ipfius eft mare, & ipfe fecit illud, & áridam fundavérunt manus ejus ; veníte, adorémus & procidámus ante Deum, plorémus coram Dómino qui fecit nos, quia ipfe eft Dñus Deus nofter, nos auté pópulus ejus & oves páfcuæ ejus.

R egem cui ómnia vivunt, veníte, adorémus.

H ódie fi vocem ejus audiéritis, nolíte obduráre corda veftra ficut in exacerbatióne fecúndùm diem tentatiónis in deférto ubi tentavérunt me patres veftri, probavérunt & vidérunt ópera mea.

V eníte, adorémus.

Q uadragínta annis próximus fui generatióni huic, & dixi, Semper hi errant corde ; ipfi verò non cognovérunt vias meas ; quibus jurávi in ira mea fi introíbunt in requiem meam.

R egem cui ómnia vivunt, veníte, adorémus.

R équiem ætérnam dona eis, Dómine : Et lux perpétua lúceat eis.

V eníte, adorémus.

R egem, cui ómnia vivunt, *Veníte, adorémus.

Le jour du decès on dit les trois Nocturnes & on double les Antiennes. Autrement on ne dit que celui des trois Nocturnes qui eft marqué pour le jour où l'on eft.

Pour
le L U N D I & le J E U D I ;
& en même temps
I N O C T U R N E
de l'Office à neuf Leçons.
Ant. Dírige.
Pfeaume 5.

VErba mea áuribus pércipe, Dñe : * intéllige clamóré meú.

Inténde voci oratiónis meæ ; * Rex meus & Deus meus.

Quóniam ad te orábo ; * Dómine, manè exáudies vocem meam.

Mane astábo tibi & vidébo ; * quóniam non Deus volens iniquitátem tu es,

Neque habitábit juxta te malígnus, * neque permanébunt injústi ante óculos tuos.

Odísti omnes qui operántur iniquitátem ; * perdes omnes qui loquúntur mendácium.

Virum sanguinum & dolósum abominábitur Dóminus : * ego autē in multitúdine misericórdiæ tuæ

Introíbo in domum tuam ; * adorábo ad templum sanctum tuum in timóre tuo.

Dómine, deduc me in justítia tua : * propter inimícos meos dírige in conspéctu tuo viam meam ;

Quóniam non est in ore eórum véritas ; * cor eórum vanum est ;

Sepúlchrum patens est guttur eórum ; linguis suis dolósè agébant. * Júdica illos, Deus.

Décidant à cogitatiónibus suis. Secúndùm multitúdinem impietátum eórum expélle eos ; * quóniam irritavérunt te, Dómine.

Et læténtur omnes qui sperant in te ; * in ætérnum exsultábunt, & habitábis in eis.

Et gloriabúntur in te omnes qui díligunt nomen tuum, * quóniam tu benedíces justo.

Dómine, ut scuto bonæ voluntátis tuæ * coronásti nos.

Ant. Dírige, Dñe Deus meus, in conspéctu tuo viam meam.

Ant. Convértere.

Pseaume 6.

Domine, ne in furóre tuo árguas me, * neque in ira tua corrípias me.

Miserére meî, Dómine, quóniam infírmus sum : * sana me, Dómine, quóniam conturbáta sunt ossa mea.

Et ánima mea turbáta est valdè : * sed tu, Dómine, úsquequò ?

Convértere, Dómine, & éripe ánimam meam : * salvum me fac propter misericórdiam tuam ;

Quóniam non est in morte qui memor sit tuî : * in inférno autem quis confitébitur tibi ?

Laborávi in gémitu meo ; lavábo per síngulas noctes lectum meum ; * lácrymis meis stratum meum rigábo.

Turbátus est à furóre óculus meus : * inveterávi inter omnes inimícos meos.

Discédite à me, omnes qui operámini iniquitátem ; * quóniam exaudívit Dóminus vocem fletûs mei.

Exaudívit Dóminus deprecatiónem meam ; * Dóminus oratiónem meam suscépit.

Erubéscant & conturbéntur veheménter omnes inimíci mei ; * convertántur & erubéscant valdè velóciter.

Ant. Convértere, Dómine, & éripe ánimam meam, quóniam non est in morte qui memor sit tuî.

Ant. Nequándo.

Pseaume 7.

Domine Deus meus, in te sperávi ; * salvú me fac ex ómnibus persequéntibus me, & líbera me.

Nequándo

Nequándo rápiat ut leo ánimam meam , * dum non eft qui redímat neque qui falvum fáciat.

Dómine Deus meus, fi feci iftud; * fi eft iníquitas in mánibus meis ;

Si réddidi retribuéntibus mihi mala ; * décidam mérito ab inimícis meis inánis ;

Perfequátur inimícus ánimam meã, & comprehéndat, & concúlcet in terra vitam meam , * & glóriam meam in púlverem dedúcat.

Exfúrge, Dómine , in ira tua; * & exfaltáre in fínibus inimicórum meórum.

Et exfúrge, Dómine Deus meus, in præcépto quod mandáfti ; * & fynagóga populórum circúmdabit te.

Et propter hanc in altum regréde-re : * Dóminus júdicat pópulos.

Júdica me , Dómine , fecúndùm juftitiam meam * & fecúndum innocéntiam meam fuper me.

Confumétur nequítia peccatórum, & díriges juftum, * fcrutans corda & renes Deus.

Juftum adjutórium meum à Dómino * qui falvos facit rectos corde.

Deus judex juftus , fortis, & pátiens : * numquid iráfcitur per síngulos dies ?

Nifi convérfi fuéritis , gládium fuú vibrábit : * arcum fuum teténdit, & parávit illum ;

Et in eo parávit vafa mortis : * fagíttas fuas ardéntibus effécit.

Ecce partúriit injuftítiam, * concépit dolórem , & péperit iniquitátem.

Lacum apéruit , & effódit eum ; *

& íncidit in fóveam quam fecit.

Convertétur dolor ejus in caput ejus ; * & in vérticem ipsíus iníquitas ejus defcéndet.

Confitébor Dómino fecúndùm juftitiam ejus ; * & pfallam nómini Dómini altíffimi.

Ant. Nequándo rápiat ut leo ánimam meam, dum non eft qui rédimat neque qui falvum fáciat.

℣. A porta ínferi ℟. Erue, Dómine, ánimas eórum.

Pater nofter tout bas.

On dit les Leçons fans Abfolution ni Benedictions ni Titre.

Leçon j. *Job 7.*

Parce mihi,Dómine ; nihil enim funt dies mei. Quid eft homo , quia magníficas eum ? aut quid appónis erga eum cor tuum ? Vífitas eum dilúculo , & fúbitò probas illum. Ufquequò non parcis mihi , nec dimíttis me, ut glútiam falivam meam ? Peccávi ; quid fáciam tibi , ô cuftos hóminum ? Quare pofuífti me contrárium tibi , & factus fum mihimetípfi gravis ? Cur non tollis peccátum meum , & quare non aufers iniquitátem meam ? Ecce nunc in púlvere dórmiam, & fi manè me quæsíeris , non fubsíftam.

On n'ajoute rien à la fin des Leçons.

℟. Credo quòd Redémtor meus vivit, & in novíffimo die de terra furrectúrus fum , * Et in carne mea vidébo Deum Salvatórem meum. ℣. Quem vifúrus fum ego ipfe & non álius, & óculi mei confpectúri funt. * Et in carne mea vidébo Deum Salvatórem meum.

Leçon ij. *Job* 10.

TÆdet ánimam meam vitæ meæ; dimíttam advérsùm me elóquium meum. Loquar in amaritúdine ánimæ meæ ; dicam Deo, Noli me condemnáre. Indica mihi cur me ita júdices. Numquid bónium tibi vidétur, si calumniéris me & ópprimas me opus mánuum tuárum & consílium impiórum ádjuves ? Numquid óculi cárnei tibi sunt, aut sicut videt homo, & tu vidébis ? Numquid sicut dies hóminis dies tui, & anni tui sicut humána sunt témpora, ut quæras iniquitatem meam & peccátum meum scrutéris ? Et scias quia nihil ímpium fécerim, cùm sit nemo qui de manu tua possit erúere.

℟. Qui Lázarum resuscitásti à monuménto fœtidum, * Tu eis, Dómine, dona réquiem & locum indulgéntiæ. ℣. Qui ventúrus es judicáre vivos & mórtuos & séculum per ignem : * Tu eis.

Leçon iij. *Job* 10.

MAnus tuæ fecérunt me & plasmavérunt me totum in circúitu; & sic repénte præcípitas me ? Meménto, quæso, quòd sicut lutum féceris me, & in púlverem redúces me. Nonne sicut lac mulsísti me, & sicut cáseum me coagulásti ? Pelle & cárnibus vestísti me, óssibus & nervis compegísti me. Vitam & misericórdiã tribuísti mihi, & visitátio tua custodívit spíritũ meũ.

℟. Dómine, quando véneris judicáre terram, ubi me abscóndam à vultu iræ tuæ ? * Quia peccávi nimis in vita mea. ℣. Commíssa mea pavésco, & ante te erubésco Dum véneris judicáre, noli me condemnáre, * Quia peccávi. ℣. Réquiem ætérnam dona eis Dómine : & lux perpétua lúceat eis. * Quia peccávi.

Pour
le MARDI & le VENDREDI ;
Et en même temps
II NOCTURNE
de l'Office à neuf Leçons.
Ant. In loco páscuæ.

Pseaume 22.

DOminus regit me, & nihil mihi déerit ; * in loco páscuæ ibi me collocávit ;

Super aquam refectiónis educávit me ; * ánimam meam convértit.

Dedúxit me super sémitas justítiæ * propter nomen suum.

Nam & si ambulávero in médio umbræ mortis, non timébo mala, * quóniam tu mecum es.

Virga tua & báculus tuus, * ipsa me consoláta sunt.

Parásti in conspéctu meo mensam * advérsùs eos qui tríbulant me ;

Impinguásti in óleo caput meum ; * & calix meus inébrians quàm præclárus est !

Et misericórdia tua subsequétur me * ómnibus diébus vitæ meæ ;

Et ut inhábitem in domo Dómini * in longitúdinem diérum.

Ant. In loco páscuæ ibi me collocávit.

Ant. Delícta.

Pseaume 24.

AD te, Dómine, levávi ánimam meam ; * Deus meus, in te confído non erubéscam.

Neque irrídeant me inimíci mei : * étenim univérsi qui súftinent te, non confundéntur.

Confundántur omnes iníqua agéntes * fupervácuè.

Vias tuas, Dómine, demónftra mihi, * & fémitas tuas édoce me.

Dírige me in veritáte tua, & doce me ; * quia tu es Deus falvátor meus, & te fuftínui totâ die.

Reminífcere miferatiónum tuárum, Dómine, * & mifericordiárum tuárum quæ à féculo funt.

Delícta juventútis meæ * & ignorántias meas ne memíneris.

Secúndùm mifericórdiam tuam meménto mei tu * propter bonitátem tuam, Dómine.

Dulcis & rectus Dóminus ; * propter hoc legem dabit delinquéntibus in via ;

Díriget manfuétos in judício, * docébit mites vias fuas.

Univérfæ viæ Dómini mifericórdia & véritas * requiréntibus teftaméntum ejus & teftimónia ejus.

Propter nomen tuum, Dómine, propitiáberis peccáto meo ; * multum eft enim.

Quis eft homo qui timet Dñum? * legem ftátuit ei in via quam elégit.

Anima ejus in bonis demorábitur, * & femen ejus hæreditábit terram.

Firmaméntum eft Dóminus timéntibus eum ; * & teftaméntum ipfius ut manifeftétur illis.

Oculi mei femper ad Dóminum, * quóniam ipfe evéllet de láqueo pedes meos.

Réfpice in me & miferére mei, * quia únicus & pauper fum ego.

Tribulatiónes cordis mei multiplicátæ funt ; * de neceffitátibus meis érue me.

Vide humilitátem meam. & labórem meum ; * & dimítte univérfa delícta mea.

Réfpice inimícos meos, quóniam multiplicáti funt * & ódio iníquo odérunt me.

Cuftódi ánimam meam, & érue me. * Non erubéfcam, quóniam fperávi in te.

Innocéntes & recti adhæférunt mihi, * quia fuftínui te.

Libera, Deus, Ifrael * ex ómnibus tribulatiónibus fuis.

Ant. Delícta juventútis meæ & ignorántias meas ne memíneris, Dómine.

Ant. Credo vidére.

Pfeaume 26.

Dominus illuminátio mea & falus mea ; * quem timébo ?

Dóminus protéctor vitæ meæ ; * à quo trepidábo ?

Dum apprópiant fuper me nocéntes * ut edant carnes meas ;

Qui tríbulant me inimíci mei, * ipfi infirmáti funt & cecidérunt.

Si confíftant advérsùm me caftra, * non timébit cor meum :

Si exfúrgat advérsùm me prælium, * in hoc ego fperábo.

Unam pétii à Dómino, hanc requíram, * ut inhábitem in domo Dómini ómnibus diébus vitæ meæ ;

Ut videam voluptátem Dómini * & vífitem templum ejus.

Quóniam abfcóndit me in tabernáculo fuo ; * in die malórum protéxit me in abfcódito tabernáculi fui ;

z ij

In petra exaltávit me ; * & nunc exaltávit caput meum super inimícos meos.

Circuívi, & immolávi in tabernáculo ejus hóstiam vociferatiónis : * cantábo, & psalmum dicam Dño.

Exáudi, Dómine, vocem meam quâ clamávi ad te ; * miserére mei, & exáudi me.

Tibi dixit cor meum, exquisívit te fácies mea ; * fáciem tuam, Dómine, requíram.

Ne avértas fáciem tuam à me ; * ne declínes in ira à servo tuo.

Adjútor meus esto : * ne derelínquas me, neque despícias me, Deus salutáris meus.

Quóniam pater meus & mater mea dereliquérunt me ; * Dóminus autem assúmsit me.

Legem pone mihi, Dómine, in via tua, * & dirige me in sémitam rectam propter inimícos meos.

Ne tradíderis me in ánimas tribulántium me ; * quóniam insurrexérunt in me testes iníqui, & mentíta est iníquitas sibi.

Credo vidére bona Dómini * in terra vivéntium.

Exspécta Dóminum, viríliter age, * & confortétur cor tuum, & sústine Dóminum.

Ant. Credo vidére bona Dómini in terra vivéntium.

℣. Cóllocet eos Dóminus cum princípibus ; ℟. Cum princípibus pópuli sui.

Pater noster tout bas.

Leçon iv.   Job 13.

Respónde mihi. Quantas hábeo iniquitátes & peccáta ?

Scélera mea & delícta osténde mihi Cur fáciem tuam abscóndis, & arbitráris me inimícum tuum ? Contra fólium quod vento rápitur osténdis poténtiam tuam, & stípulam siccá perséqueris. Scribis enim contra me amaritúdines, & consúmere me vis peccátis adolescéntiae meae. Posuísti in nervo pedem meum, & observásti omnes sémitas meas, & vestígia pedum meórum considerásti, qui quasi putrédo consuméndus sum, & quasi vestiméntum quod coméditur à tínea.

℟. Meménto mei, Deus, quia ventus est vita mea, * Nec aspíciat me visus hóminis. ℣. De profúndis clamávi ad te, Dómine ; Dómine, exáudi vocem meam. * Nec.

Leçon v.   Job 14.

Homo natus de muliere, brevi vivens témpore, replétur multis misériis ; qui quasi flos egréditur & contéritur ; & fugit velut umbra, & numquam in eódem statu pérmanet ; & dignum ducis super hujuscémodi aperíre óculos tuos & addúcere eum tecum in judicium ? Quis potest fácere mundum de immúndo concéptum sémine ? nonne tu qui solus es ? Breves dies hóminis sunt ; númerus ménsium ejus apud te est : constituísti términos ejus qui praeteríri non póterunt. Recéde páululùm ab eo, ut quiéscat, donec optáta véniat sicut mercenárii dies ejus.

℟. Hei mihi, Dómine, quia peccávi nimis in vita mea. Quid fáciam miser ? ubi fúgiam, nisi ad te, Deus meus ? * Miserére mei, dum véneris in novíssimo die. ℣. Anima mea turbáta est valdè, sed tu, Dómine, succúrre ei. * Miserére mei.

Leçon vj. *Job* 14.

Quis mihi hoc tríbuat ut in inférno prótegas me, & abscóndas me, donec pertránseat furor tuus, & constítuas mihi tempus in quo recordéris mei? Putásne mórtuus homo rursùm vivat? Cunctis diébus quibus nunc mílito, exspécto donec véniat immutátio mea. Vocábis me, & ego respondébo tibi; óperi mánuum tuárum pórriges déxteram. Tu quidem gressus meos dinumerásti; sed parce peccátis meis.

℟. Ne recordéris peccáta mea, Dómine, * Dum véneris judicáre séculum per ignem. ℣. Dírige, Dómine Deus meus, in conspéctu tuo viam meam, * Dum véneris. ℣. Réquiem ætérnam, &c. * Dum véneris.

Pour le MERCREDI & le SAMEDI;

III NOCTURNE de l'Office à neuf Leçons.

Ant. Compláceat tibi.

Pseaume 39.

Exspéctans exspectávi Dóminum, * & inténdit mihi.

Et exaudívit preces meas; * & edúxit me de lacu misériæ & de luto fæcis;

Et státuit super petram pedes meos, * & diréxit gressus meos;

Et immísit in os meum cánticum novum, * carmen Deo nostro.

Vidébunt multi & timébunt, * & sperábunt in Dómino.

Beátus vir cujus est nomen Dómini spes ejus; * & non respéxit in vanitátes & insánias falsas.

Multa fecísti tu, Dómine Deus meus, mirabília tua; * & cogitatiónibus tuis non est qui símilis sit tibi.

Annuntiávi & locútus sum; * multiplicáti sunt super númerum.

Sacrifícium & oblatiónem noluísti; * aures autem perfecísti mihi.

Holocáustum & pro peccáto non postulásti; * tunc dixi, Ecce vénio.

In cápite libri scriptum est de me ut fácerem voluntátem tuam: * Deus meus, vólui, & legem tuam in médio cordis mei.

Annuntiávi justítiam tuam in ecclésia magna: * ecce lábia mea non prohibébo; Dómine, tu scisti.

Justítiam tuam non abscóndi in corde meo; * veritátem tuam & salutáre tuum dixi.

Non abscóndi misericórdiam tuam & veritátem tuam * à concílio multo.

Tu autem Dómine, ne longè fácias miseratiónes tuas à me: * misericórdia tua & véritas tua semper suscepérunt me.

Quóniam circumdedérunt me mala quorum non est númerus; * comprehendérunt me iniquitátes meæ, & non pótui ut vidérem:

Multiplicátæ sunt super capíllos cápitis mei; * & cor meum derelíquit me.

Compláceat tibi, Dómine, ut éruas me: * Dómine, ad adjuvándum me réspice.

Confundántur & revereántur si-

mul qui quærunt ánimam meam *
ut áuferant eam:

Convertántur retrórsùm & revereántur * qui volunt mihi mala :
Ferant conféstim confusiónem suá
* qui dicunt mihi, Euge, euge.

Exsúltent & læténtur super te omnes quæréntes te ; * & dicant semper : Magnificétur Dóminus, qui
díligunt salutáre tuum.

Ego autem mendícus sum & pauper ; * Dóminus sollícitus est mei.

Adjútor meus & protéctor meus
tu es: * Deus meus, ne tardáveris.

Ant. Compláceat tibi, Dómine, ut erípias me ; Dómine, ad
adjuvándum me réspice.

Ant. Sana, Dómine.

Pseaume 40.

BEátus qui intélligit super egénum & páuperem ; * in die
mala liberábit eum Dóminus.

Dóminus consérvet eum & vivíficet eum & beátum fáciat eum in
terra, * & non tradat eum in ánimam inimicórum ejus:

Dóminus opem ferat illi super lectum dolóris ejus . * univérsum stratum ejus versásti in infirmitáte ejus.

Ego dixi, Dómine, miserére mei :
* sana ánimam meam, quia peccávi
tibi.

Inimíci mei dixérunt mala mihi ; *
Quando moriétur, & períbit nomen ejus ?

Et si ingrediebátur ut vidéret, vana loquebátur ; * cor ejus congregávit iniquitátem sibi :

Egrediebátur foras, * & loquebátur in idípsum.

Advérsùm me susurrábant omnes

inimíci mei ; * advérsùm me cogitábant mala mihi :

Verbum iniquum constituérunt adversùm me ; * Numquid qui dormit non adjíciet ut resúrgat ?

Etenim homo pacis meæ in quo
sperávi, * qui edébat panes meos,
magnificávit super me supplanta-
tiónem.

Tu autem, Dómine, miserére mei,
& resúscita me ; * & retríbuam eis:

In hoc cognóvi quóniam voluísti
me, * quóniam non gaudébit inimícus meus super me.

Me autem propter innocéntiam
suscepísti, * & confirmásti me in
conspéctu tuo in ætérnum.

Benedíctus Dóminus Deus Israel
à século & usque in séculum. * Fiat,
fiat.

Ant. Sana, Dómine, ánimam
meam, quia peccávi tibi.

Ant. Sitívit.

Pseaume 41.

QUemádmodum desíderat cervus ad fontes aquárum , * ita
desíderat ánima mea ad te, Deus.

Sitívit ánima mea ad Deum fortem, vivum. * Quando véniam,
& apparébo ante fáciem Dei ?

Fuérunt mihi láchrymæ meæ panes die ac nocte, * dum dícitur
mihi quotídie, Ubi est Deus tuus ?

Hæc recordátus sum, & effúdi in
me ánimam meam, * quóniam trans-
íbo in locum tabernáculi admirábilis, usque ad domum Dei.

In voce exsultatiónis & confessiónis, * sonus epulántis.

Quare tristis es, ánima mea, * &
quare contúrbas me ?

Spera in Deo , quóniam adhuc confitébor illi : * falutáre vultûs mei & Deus meus.

Ad meípfum ánima mea conturbáta eft : * proptéreà memor ero tuî de terra Jordánis & Hermóniim à monte módico.

Abyffus abyffum ínvocat * in voce cataraƈtárum tuárum :

Omnia excélfa tua & fluƈtus tui * fuper me tranfiérunt.

In die mandávit Dóminus mifericórdiam fuam , * & noƈte cánticum ejus.

Apud me orátio Deo vitæ meæ : * dicam Deo, Sufcéptor meus es. Quare oblítus es meî ? & quare contriftátus incédo * dum affligit me inimícus ?

Dum confringúntur offa mea , * exprobravérunt mihi qui tríbulant me inimíci mei ;

Dum dicunt mihi per síngulos dies, Ubi eft Deus tuus ? * Quare triftis es, ánima mea, & quare contúrbas me ?

Spera in Deo , quóniam adhuc confitébor illi : * falutáre vultûs mei & Deus meus.

Ant. Sitívit ánima mea ad Deum vivum : quando véniam & apparébo ante fáciem Dómini ?

℣. Ne tradas béftiis ánimas confiténtes tibi ; ℟. Et ánimas páuperum tuórum ne obliviſcáris in finem.

Pater nofter tout bas.

Leçon vij. *Job* 17.

SPíritùs meus attenuábitur, dies mei breviabúntur , & folum mihi fúpereft fepúlchrum. Non peccávi, & in amaritúdinibus morátur óculus meus. Libera me, Dómine, & pone me juxta te, & cujúfvis manus pugnet contra me. Dies mei tranfiérunt, cogitatiónes meæ diffipátæ funt torquéntes cor meum. Noƈtem vertérunt in diem, & rursùm poft ténebras fpero lucem. Si fuftinúero, infernus domus mea eft, & in ténebris ftravi léƈtulum meum. Putrédini dixi , Pater meus es ; Mater mea, & foror mea, vérmibus. Ubi eft ergo nunc præftolátio mea ? & patiéntiam meam quis confíderat ?

℟. Peccántem me quotídie, & non me pœniténtem timor mortis contúrbat me, * quia in inférno nulla eft redémtio. Miferére meî, Deus, & falva me. ℣. Deus, in nómine tuo falvum me fac, & in virtúte tua líbera me, * Quia.

Leçon viij. *Job* 19.

PElli meæ confúmtis cárnibus, adhæfit os meum, & derelíƈta funt tantúmmodò lábia circa dentes meos. Miferémini meî, miferémini meî , faltem vos amíci mei, quia manus Dómini tétigit me. Quare perfequímini me ficut Deus, & cárnibus meis faturámini ? Quis mihi tríbuat ut fcribántur fermónes mei ? quis mihi det ut exaréntur in libro ftylo férreo , & plumbi láminâ vel celte fculpántur in filice ? Scio enim quòd Redémtor meus vivit, & in noviffimo die de terra furreƈtúrus fum : & rursùm circúmdabor pelle meâ, & in carne mea vidébo Deum meum ; quem vifúrus fum ego ipfe, & óculi mei

conſpecturi ſunt, & non álius. Re-
póſita eſt hæc ſpes mea in ſinu meo.

℟. Dómine, ſecúndùm actum
meum noli me judicáre : nihil dignum in conſpéctu tuo egi : ideò
déprecor majeſtátem tuam * Ut tu,
Deus, déleas iniquitátem meam.
℣. Ampliùs lava me, Dómine, ab
injuſtítia mea, & à delicto meo
munda me, * Ut tu, Deus.

Leçon ix.   Job 10.

QUare de vúlva eduxíſti me ?
qui útinam conſúmtus eſ-
ſem, ne óculus me vidéret. Fuíſſem
quaſi non eſſem, de útero tranſlátus
ad túmulum. Númquid non páucitas diérum meórum finiétur brevì ?
Dimítte ergo me ut plangam páululùm dolórem meum ; ántequam
vadam & non revértar ad terram
tenebróſam & opértam mortis calígine, terram miſériæ & tenebrárum, ubi umbra mortis & nullus
ordo, ſed ſempitérnus horror inhá-
bitat.

Lorſqu'on ne dit qu'un Nocturne, [℟. Líbera me, Dómine, de
viis inférni, qui portas æreas con-
fregíſti, & viſitáſti inférnum, &
dediſti eis lumen ut vidérent te *
Qui erant in pœnis tenebrárum.
℣. Clamántes & dicéntes, Adve-
níſti, Redémtor noſter ; Qui erant.
℣. Réquiem ætérnam &c. Qui
erant.]

A l'Office de neuf Leçons, [℟.
Líbera me, Dómine, de morte æ-
térna in die illa treménda, * Quando cœli movéndi ſunt & terra, **
Dum véneris judicáre ſéculum per
ignem. ℣. Tremens factus ſum ego

& tímeo, dum diſcúſſio vénerit atque ventúra ira, * Quando cœli.
℣. Dies illa dies iræ, calamitátis &
miſériæ, dies magna & amára valde, ** Dum véneris. ℣. Réquiem
ætérnam &c. On repete Líbera me
juſqu'au ℣. Tremens.

A LAUDES.

On commence tout de ſuite par
l'Ant. Exſultábunt Dómino.

out   Pſeaume 50.

MIſerére meî, Deus, * ſecúndùm magnam miſericórdiam
tuam.

Et ſecúndùm multitúdinem miſe-
ratiónum tuárum * dele iniquitátem meam.

Ampliùs lava me ab iniquitáte
mea : * & à peccáto meo munda
me ;

Quóniam iniquitátem meam ego
cognóſco, * & peccátum meum
contra me eſt ſemper.

Tibi ſoli peccávi & malum coram
te feci : * ut juſtificéris in ſermónibus tuis, & vincas cùm judicáris.

Ecce enim in iniquitátibus concéptus ſum, * & in peccátis concépit me mater mea.

Ecce enim veritátem dilexíſti ; *
incérta & occúlta ſapiéntiæ tuæ
manifeſtáſti mihi.

Aſpérges me hyſſópo, & mundábor ; * lavábis me, & ſuper nivem
dealbábor.

Audítui meo dabis gáudium & lætítia ; * & exſultábunt oſſa humiliáta.

Avérte fáciem tuá à peccátis meis,
* & omnes iniquitátes meas dele.

C or

Cor mundum crea in me, Deus, * & ſpíritum rectum ínnova in viſcéribus meis.

Ne projícias me à fácie tua, * & Spíritum ſanctum tuum ne áuferas à me.

Redde mihi lætítiam ſalutáris tui, * & ſpíritu principáli confirma me.

Docébo iníquos vias tuas; * & ímpii ad te converténtur.

Líbera me de ſanguínibus, Deus, Deus ſalútis meæ; * & exultábit lingua mea juſtítiam tuam.

Dómine, lábia mea apéries; * & os meum annuntiábit laudem tuam.

Quóniam ſi voluíſſes ſacrifícium, dedíſſem útique; * holocáuſtis non delectáberis.

Sacrifícium Deo ſpíritus contribulátus; * cor contrítum & humiliátum, Deus, non deſpícies.

Benígnè fac, Dómine, in bona voluntáte tua Sion, * ut ædificéntur muri Jerúſalem.

Tunc acceptábis ſacrifícium juſtítiæ, oblatiónes & holocáuſta; * tunc impónent ſuper altáre tuum vítulos.

Ant. Exſultábunt Dómino oſſa humiliáta.

Ant. Exáudi, Dómine.

Pſeaume 64.

TE decet hymnus, Deus, in Sion, * & tibi reddétur votum in Jerúſalem.

Exáudi oratiónem meam: * ad te omnis caro véniet.

Verba iniquórum prævaluérunt ſuper nos; * & impietátibus noſtris tu propitiáberis.

Beátus quem elegíſti & aſſumſi-

ſti; * inhabitábit in átriis tuis.

Replébimur in bonis domûs tuæ; * ſanctum eſt templum tuum, mirábile in æquitáte.

Exáudi nos, Deus ſalutáris noſter, * ſpes ómnium fínium terræ & in mari longè;

Præparans montes in virtúte tua, accínctus poténtiâ; * qui contúrbas profúndum maris, ſonum flúctuum ejus.

Turbabúntur gentes, & timébunt qui hábitant términos à ſignis tuis. * Exitus matutíni & véſperè delectábis.

Viſitáſti terram & inebriáſti eam; * multiplicáſti locupletáre eam.

Flumen Dei replétum eſt aquis; paráſti cibum illórum, * quóniam ita eſt præparátio ejus.

Rivos ejus inébria; multíplica genímina ejus: * in ſtillicídiis ejus lætábitur gérminans.

Benedíces corónæ anni benignitátis tuæ, * & campi tui replebúntur ubertáte:

Pinguéſcent ſpecióſa deſérti; * & exſultatióne colles accingéntur:

Indúti ſunt aríetes óvium, & valles abundábunt fruménto. * Clamábunt, étenim hymnum dicent.

Ant. Exáudi, Dómine, oratiónem meam; ad te omnis caro véniet.

Ant. Me ſuſcépit.

Pſeaume 62.

DEus, Deus meus, * ad te de luce vígilo.

Sitívit in te ánima mea: * quàm multiplíciter tibi caro mea!

In terra deſérta & ínvia & in-

aquófa, * fic in fanſto appárui tibi,
ut vidérem virtútem tuam & glóriam tuam.

Quóniam mélior eſt miſericórdia
tua ſuper vitas, * lábia mea laudábunt te.

Sic benedícam te in vita mea, * &
in nómine tuo levábo manus meas.

Sicut ádipe & pinguédine repleátur ánima mea, * & lábiis exſultatiónis laudábit os meum.

Si memor fui tuî ſuper ſtratum
meum, in matutínis meditábor in
te ; * quia fuíſti adjútor meus.

Et in velaménto alárum tuárum
exultábo : adhæſit ánima mea poſt
te : * me ſuſcépit déxtera tua.

Ipſi verò in vanum quæſiérunt á-
nimam meam : introíbunt in inferióra terræ : * tradéntur in manus
gládii : partes vúlpium erunt.

Rex verò lætábitur in Deo : laudabúntur omnes qui jurant in eo, *
quia obſtrúſtum eſt os loquéntium
iníqua.

On ne dit point ici Réquiem.
Pſeaume 66.

DEus miſereátur noſtrî, & benedícat nobis, * illúminet
vultum ſuum ſuper nos, & miſereátur noſtrî,

Ut cognoſcámus in terra viam
tuam, * in ómnibus géntibus ſalutáre tuum.

Confiteántur tibi pópuli, Deus ; *
confiteántur tibi pópuli omnes.

Læténtur & exſúltent gentes, *
quóniam júdicas pópulos in æquitáte & gentes in terra dírigis.

Confiteántur tibi pópuli, Deus,
confiteántur tibi pópuli omnes : *

terra dedit fruſtum ſuum.

Benedícat nos Deus, Deus noſter,
benedícat nos Deus : * & métuant
eum omnes fines terræ.

Ant. Me ſuſcépit déxtera tua,
Dómine.

Ant. A porta ínferi.
Cantique d'Ezechias. *Iſ.* 38.

EGo dixi, In dimídio diérum
meórum * vadam ad portas
ínferi.

Quæsívi resíduum annórum meórum : * dixi, Non vidébo Dóminum Deum in terra vivéntium.

Non adſpíciam hóminem ultrà * &
habitatórem quiétis.

Generátio mea abláta eſt & convolúta eſt à me * quaſi tabernáculum paſtórum.

Præcíſa eſt velut à texénte vita
mea : dum adhuc ordírer, ſuccídit
me : * de manè uſque ad véſperam
fínies me.

Sperábam uſque ad manè ; * quaſi
leo ſic contrívit ómnia oſſa mea.

De manè uſque ad véſperam fínies me : * ſicut pullus hirúndinis
ſic clamábo, meditábor ut colúmba.

Attenuáti ſunt óculi mei * ſuſpi-
ciéntes in excélſum.

Dómine, vim pátior ; reſpónde
pro me. * Quid dicam, aut quid
reſpondébit mihi, cùm ipſe fécerit ?

Recogitábo tibi omnes annos
meos * in amaritúdine ánimæ meæ.

Dómine, ſi ſic vívitur, & in tálibus vita ſpíritus mei, corrípies me,
& vivificábis me : * ecce in pace
amaritúdo mea amaríſſima.

Tu autem eruíſti ánimam meam

ut non períret : * projecísti poſt tergum tuum ómnia peccáta mea.

Quia non inférnus confitébitur tibi neque mors laudábit te ; * non exſpectábunt qui deſcéndunt in lacum veritátem tuam.

Vivens, vivens ipſe confitébitur tibi ſicut & ego hódie. * Pater fíliis notam fáciet veritátem tuam.

Dómine, ſalvum me fac ; * & pſalmos noſtros cantábimus cunctis diébus vitæ noſtræ in domo Dómini.

Ant. A porta ínferi érue, Dómine, ánimam meam.

Ant. Omnis ſpíritus.

Pſeaume 148.

Laudáte Dóminum de cœlis : * laudáte eum in excélſis.

Laudáte eum, omnes Angeli ejus. * Laudáte eum, omnes Virtútes ejus.

Laudáte eum, ſol & luna. * Laudáte eum, omnes ſtellæ & lumen.

Laudáte eum, cœli cœlórum : * & aquæ omnes quæ ſuper cœlos ſunt laudent nomen Dómini.

Quia ipſe dixit, & facta ſunt : * ipſe mandávit, & creáta ſunt.

Státuit ea in ætérnum & in ſéculum ſéculi : * præcéptum póſuit, & non præteríbit.

Laudáte Dóminum de terra, * dracónes & omnes abyſſi,

Ignis, grando, nix, glácies, ſpíritus procellárum * quæ fáciunt verbum ejus,

Montes & omnes colles, * ligna fructífera & omnes cedri,

Béſtiæ & univérſa pécora, * ſerpéntes & vólucres pennátæ,

Reges terræ & omnes pópuli, *

príncipes & omnes júdices terræ, Júvenes & vírgines, ſenes cum junióribus, laudent nomen Dómini, * quia exaltátum eſt nomen ejus ſolíus.

Conféſſio ejus ſuper cœlum & terram ; * & exaltávit cornu pópuli ſui.

Hymnus ómnibus ſanctis ejus, * fíliis Iſrael, pópulo appropinquánti ſibi.

On ne dit point ici Réquiem.

Pſeaume 149.

Cantáte Dómino cánticum novum : * laus ejus in Eccléſia Sanctórum.

Lætétur Iſrael in eo qui fecit eum, * & fílii Sion exſúltent in rege ſuo.

Laudent nomen ejus in choro ; * in tympano & pſaltério pſallant ei ;

Quia beneplácitum eſt Dómino in pópulo ſuo, * & exaltábit manſuétos in ſalútem.

Exſultábunt ſancti in glória : * lætabúntur in cubílibus ſuis.

Exaltatiónes Dei in gútture eórum, * & gládii ancípites in mánibus eórum,

Ad faciéndam vindíctam in natiónibus, * increpatiónes in pópulis ;

Ad alligándos reges eórum in compédibus, * & nóbiles eórum in mánicis férreis ;

Ut fáciant in eis judícium conſcríptum. * Glória hæc eſt ómnibus ſanctis ejus.

On ne dit point ici Réquiem.

Pſeaume 150.

Laudáte Dóminum in ſanctis ejus : * laudáte eum in firmaménto virtútis ejus.

Laudáte eum in virtútibus ejus : * laudáte eum secúndùm multitúdinem magnitúdinis ejus.

Laudáte eum in sono tubæ : * laudáte eum in psaltério & cíthara.

Laudáte eum in tympano & choro : * laudáte eum in chordis & órgano :.

Laudáte eum in cymbalis bene sonántibus ; laudáte eum in cymbalis jubilatiónis. * Omnis spíritus laudet Dóminum.

Ant. Omnis spíritus laudet Dóminum.

℣. Audívi vocem de cœlo dicéntem mihi, ℟. Beáti mórtui qui in Dómino moriúntur.

Ant. Ego sum resurréctio.

Cantique de Zacharie. *Luc. 1.*

Benedíctus Dóminus Deus Israel, * quia visitávit, & fecit redemtiónem plebis suæ,

Et eréxit cornu salútis nobis * in domo David púeri sui,

Sicut locútus est per os sanctórum * qui à século sunt, prophetárum ejus ;

Salútem ex inimícis nostris * & de manu ómnium qui odérunt nos :

Ad faciéndam misericórdiam cum pátribus nostris, * & memorári testaménti sui sancti :

Jusjurándum quod jurávit ad Abraham patrem nostrum, * datúrum se nobis

Ut sine timóre de manu inimicórum nostrórum liberáti * serviámus illi

In sanctitáte & justítia coràm ipso * ómnibus diébus nostris.

Et tu, puer, Prophéta Altíssimi

vocáberis ; * præíbis enim ante fáciem Dómini paráre vias ejus,

Ad dandam sciéntiam salútis plebi ejus * in remissiónem peccatórum eórum,

Per víscera misericórdiæ Dei nostri * in quibus visitávit nos Oriens ex alto,

Illumináre his qui in ténebris & in umbra mortis sedent, * ad dirigéndos pedes nostros in viam pacis.

Ant. Ego sum resurréctio & vita : qui credit in me, étiam si mórtuus fúerit, vivet ; & omnis qui vivit & credit in me, non moriétur in ætérnum.

Tout le reste se dit à genoux.

Pater noster tout bas jusqu'au ℣. Et ne nos indúcas in tentatiónem ; ℟. Sed líbera nos à malo.

Pseaume 129.

De profúndis clamávi ad te, Dómine ; * Dómine, exáudi vocem meam ;

Fiant aures tuæ intendéntes * in vocem deprecatiónis meæ.

Si iniquitátes observáveris, Dómine, * Dómine quis sustinébit ?

Quia apud te propitiátio est, * & propter legem tuam sustínui te, Dómine.

Sustínuit ánima mea in verbo ejus ; * sperávit ánima mea in Dómino

A custódia matutína usque ad noctem * speret Israel in Dómino.

Quia apud Dóminum misericórdia, * & copiósa apud eum redémtio ;

Et ipse rédimet Israel * ex ómnibus iniquitátibus ejus.

Réquiem ætérnam dona eis, Dómine ; * & lux perpétua lúceat éis.

℣. A porta ínferi ℟. Erue, Dómine, ánimas eórum.

℣. Requiéscant in pace. ℟. Amẽ.

℣. Dómine, exáudi oratiónem meam ; ℟. Et clamor meus ad te véniat.

℣. Dóminus vobíscum : ℟. Et cum spíritu tuo.

Pour l'Office des Morts du premier jour du mois.
[Oraison.

Eus qui inter Apostólicos Sacerdótes fámulos tuos Pontificáli seu Sacerdotáli fecísti dignitáte vigére, præsta, quæsumus, ut eórum quoque perpétuo aggregéntur consórtio.

Eus véniæ largítor & humánæ salútis amátor, quæsumus cleméntiam tuam ut nostræ Congregatiónis fratres, propínquos & benefactóres qui ex hoc féculo trásiérunt, beátâ Maríâ semper vírgine intercedénte cum ómnibus Sanctis tuis, ad perpétuæ beatitúdinis consórtium perveníre concédas.

Idélium Deus ómnium Cónditor & Redémtor, animábus famulórum famularúmque tuárum remissiónem cunctórum tríbue peccatórum ; ut indulgéntiam quam semper optavérunt, piis supplicatiónibus consequántur ; qui vivis & regnas in sécula seculórum. Amen.]

Le jour du decès d'un Mort, ou d'une Morte.
Oraison.

Bsólve, quæsumus, Dómine, ánimam [Pour un Mort fámuli tui N. ut defúnctus][Pour

une Morte fámulæ tuæ N. ut defúncta] féculo tibi vivat ; & quæ per fragilitátem carnis humánâ conversatióne commífit, tu véniâ misericordíffimæ pietátis abstérge ; per.

Au bout de l'an, pour plufieurs Morts.
Oraison.

Eus indulgentiárum Dómine, da animábus famulórum famularúmque tuárum quorum anniverfárium depofitiónis diem commemorámus, refrigérii sedem, quiétis beatitúdinem & lúminis claritátem ; per Dóminum nostrum.

Au bout de l'an, pour un Mort, ou une Morte.
Oraison.

Eus indulgentiárum Dómine, da ánimæ [Pour un Mort fámuli tui N.] [Pour une Morte fámulæ tuæ N.] cujus anniverfárium depofitiónis diem commemorámus, refrigérii sedem, quiétis beatitúdinem & lúminis claritátem ; per.

Pour un Evêque ou un Prêtre.
Oraison.

Eus qui inter Apostólicos fácerdótes fámulum tuum N. [Pour un Evêque Pontificáli] [Pour un Prêtre Sacerdotáli] fecísti dignitáte vigére, præsta, quæsumus, ut eórum quoque perpétuo aggregétur consórtio ; per Dñum.

Pour les Parens, Amis & Bienfaiteurs.
Oraison.

Eus véniæ largítor & humánæ salútis amátor, quæsumus cleméntiam tuam ut nostræ Congregatiónis fratres, propínquos &

benefactóres qui ex hoc século trãsiérunt , beátâ Maríâ semper vírgine intercedénte cum ómnibus Sanctis tuis , ad perpétuæ beatitúdinis consórtium perveníre concédas ; per Dóminum.

Pour
un Pere & une Mere ensemble.
Oraison.

Deus qui nos patrem & matrem honoráre præcepísti , miserére cleménter animábus Patris mei ac Matris meæ, eorúmque peccáta dimítte ; meque eos in ætérnæ claritátis gáudio fac vidére ; per.

Pour plusieurs Peres & Meres.
Oraison.

Deus qui nos patrem & matrem honoráre præcepísti, miserére cleménter animábus Paréntum nostrórum , eorúmque peccáta dimítte ; nosque eos in ætérnæ claritátis gáudio fac vidére ; per Dóminum.

Pour un Pere seulement ou une
Mere seulement.
Oraison.

Deus qui nos patrem & matrẽ honoráre præcepísti , miserére cleménter ánimæ [Pour un Pere Patris mei ejúsque peccáta dimítte ; meque eum] [Pour une Mere , Matris meæ ejúsque peccáta dimítte ; meque eam] in ætérnæ claritátis gáudio fac vidére ; per Dóminum.

Pour un Mort.
Oraison.

Inclína, Dómine , aurem tuam ad preces nostras quibus misericórdiam tuam súpplices deprecámur ut ánimam fámuli tui N. quam de hoc século migráre jussísti , in pacis ac lucis regióne constítuas , & Sanctórum tuórum júbeas esse consórtem ; per Dóminum.

Pour une Morte.
Oraison.

Quæsumus, Dómine, pro tua pietáte miserére ánimæ fámulæ tuæ N. & à contágiis mortalitátis exútam in ætérnæ salvatóris partem restítue; per Dóminum nostrum Jesum Christum.

℣. Réquiem ætérnam dona eis Dómine : ℟. Et lux perpétua lúceat eis.

℣. Requiéscant in pace, ℟. Amen.

PSEAUMES GRADUELS.

Pseaume 119.

AD Dóminum cùm tribulárer clamávi, * & exaudívit me.
Dómine , líbera ánimam meam à lábiis iníquis * & à lingua dolósa.
Quid détur tibi aut quid apponátur tibi * ad linguam dolósam?

Sagíttæ poténtis acútæ * cum carbónibus desolatóriis.
Heu mihi , quia incolátus meus prolongátus est, habitávi cum habitántibus Cedar , * multùm íncola fuit ánima mea !
Cum his qui odérunt pacem eram

pacíficus : * cùm loquébar illis, impugnábant me gratis.

On ne dit point Glória Patri à ces cinq premiers Pseaumes.

Pseaume 120.

LEvávi óculos meos in montes * unde véniet auxílium mihi.

Auxílium meum à Dómino * qui fecit cœlum & terram.

Non det in commotiónem pedem tuum, * neque dormítet qui custódit te.

Ecce non dormitábit neque dórmiet * qui custódit Israel.

Dóminus custódit te, Dóminus protéctio tua * super manum déxteram tuam.

Per diem sol non uret te, * neque luna per noctem.

Dóminus custódit te ab omni malo ; * custódiat ánimam tuam Dóminus ;

Dóminus custódiat introítum tuum & éxitum tuum * ex hoc nunc & usque in séculum.

Pseaume 121.

LÆtátus sum in his quæ dicta sunt mihi, * In domum Dómini íbimus.

Stantes erant pedes nostri * in átriis tuis, Jerúsalem ;

Jerúsalem quæ ædificátur ut cívitas * cujus participátio ejus in idípsum.

Illuc enim ascendérunt tribus, tribus Dómini, * testimónium Israel ad confiténdum nómini Dómini :

Quia illic sedérunt sedes in judício, * sedes super domum David.

Rogáte quæ ad pacem sunt Jerú-

salem : * & abundántia diligéntibus te.

Fiat pax in virtúte tua, * & abundántia in túrribus tuis.

Propter fratres meos & próximos meos * loquébar pacem de te.

Propter domum Dómini Dei nostri * quæsívi bona tibi.

Pseaume 122.

AD te levávi óculos meos, * qui hábitas in cœlis.

Ecce sicut óculi servórum * in mánibus dominórum suórum,

Sicut óculi ancíllæ in mánibus dóminæ suæ, * ita óculi nostri ad Dóminum Deum nostrum, donec misereátur nostri.

Miserére nostri, Dómine, miserére nostri, * quia multùm repléti sumus despectióne,

Quia multùm repléta est ánima nostra, * oppróbrium abundántibus & despéctio supérbis.

Pseaume 123.

NIsi quia Dóminus erat in nobis, dicat nunc Israel, * nisi quia Dóminus erat in nobis,

Cùm exsúrgerent hómines in nos ; * forté vivos deglutíssent nos ;

Cùm irascerétur furor eórum in nos, * fórsitan aqua absorbuísset nos.

Torréntem pertransívit ánima nostra ; * fórsitan pertransísset ánima nostra aquam intolerábilem.

Benedíctus Dñus, * qui non dedit nos in captiónem déntibus eórum.

Anima nostra sicut passer erépta est * de láqueo venántium.

Láqueus contrítus est, * & nos liberáti sumus.

Adjutórium noſtrum in nómine Dómini * qui fecit cœlum & terram.

Réquiem ætérnam dona eis, Dómine , * & lux perpétua lúceat eis.

On ſe met ici à genoux juſqu'après l'Oraiſon.

Pater noſter tout bas juſqu'au ✱ ℣. Et ne nos indúcas in tentatiónem ; ℞. Sed líbera nos à malo.

℣. A porta ínferi ℞. Erue, Dómine, ánimas eórum.

℣. Requiéſcant in pace. ℞. Amen.

℣. Dómine , exáudi oratiónem meam ; ℞. Et clamor meus ad te véniat.

℣. Dóminus vobíſcum. ℞. Et cum ſpíritu tuo.

Orémus.

ABſólve, quæſumus, Dómine , ánimas famulórum famularúmque tuárum & ómnium fidélium defunctórum, ut in reſurrectiónis glória inter ſanctos & eléctos tuos reſuſcitáti réſpirent ; per Chriſtum Dóminum noſtrum. ℞. Amen.

Pſeaume 124.

QUi confídunt in Dómino, ſicut mons Sion , non commovébitur in ætérnum , qui hábitat in Jerúſalem.

Montes in circúitu ejus , & Dóminus in circúitu pópuli ſui * ex hoc nunc & uſque in ſéculum :

Quia non relínquet Dóminus virgam peccatórum ſuper ſortem juſtórum , * ut non exténdant juſti ad iniquitátem manus ſuas.

Bénefac , Dómine , bonis * & rectis corde.

Declinántes autem in obligatiónes , addúcet Dóminus cum operántibus iniquitátem. * Pax ſuper Iſrael.

Glória Patri.

Pſeaume 125.

IN converténdo Dóminus captivitátem Sion , * facti ſumus ſicut conſoláti.

Tunc replétum eſt gáudio os noſtrum * & lingua noſtra exſultatióne.

Tunc dicent inter gentes , * Magnificávit Dóminus fácere cum eis.

Magnificávit Dóminus fácere nobíſcum ; * facti ſumus lætántes.

Convérte, Dómine, captivitátem noſtram * ſicut torrens in Auſtro.

Qui ſéminant in láchrymis * in exſultatióne metent.

Eúntes ibant & flebant * mitténtes ſemina ſua ;

Veniéntes autem vénient cum exſultatióne * portántes manípulos ſuos.

Glória Patri.

Pſeaume 123.

NIſi Dóminus ædificáverit Dómum, * in vanum laboravérunt qui ædíficant eam.

Niſi Dóminus cuſtodíerit civitátem , * fruſtra vígilat qui cuſtódit eam.

Vanum eſt vobis ante lucem ſúrgere ; * ſúrgite poſtquam ſedéritis , qui manducátis panem dolóris ;

Cùm déderit diléctis ſuis ſomnum. * Ecce hæréditas Dómini, fílii merces fructus ventris.

Sicut

Sicut ſagittæ in manu poténtis, * ita fílii excuſſórum.

Beátus vir qui implévit deſidérium ſuum ex ipſis; * non confundétur cùm loquétur inimícis ſuis in porta.
Glória Patri, &c.

Pſeaume 127.

BEáti omnes qui timent Dóminum, * qui ámbulant in viis ejus.

Labóres mánuũ tuárum quia manducábis; * beátus es, & bene tibi erit.

Uxor tua ſicut vitis abúndans * in latéribus domûs tuæ.

Fílii tui ſicut novéllæ olivárum * in circúitu menſæ tuæ.

Ecce ſic benedicétur homo * qui timet Dóminum;

Benedícat tibi Dóminus ex Sion, * & vídeas bona Jerúſalem ómnibus diébus vitæ tuæ,

Et vídeas filiórum tuórum, * pacem ſuper Iſrael.
Glória Patri, &c.

Pſeaume 128.

SÆpe expugnavérunt me à juventúte mea, * dicat nunc Iſrael,

Sæpe expugnavérunt me à juventúte mea, * étenim non potuérunt mihi.

Supra dorſum meum fabricavérunt peccatóres, * prolongavérunt iniquitátem ſuam.

Dóminus juſtus concídit cervíces peccatórum : * confundántur & convertántur retrórſum omnes qui odérunt Sion.

Fiant ſicut fœnum tectórum * quod priúſquam evellátur, exáruit,

De quo non implévit manum ſuam qui metit, * & ſinum ſuum qui manípulos cólligit;

Et non dixérunt qui præteríbant, Benedíctio Dómini ſuper vos, * benedíximus vobis in nómine Dñi.
Glória Patri, &c.

On ſe met ici à genoux juſqu'après l'Oraiſon.

Kyrie, eléiſon. Chriſte, eléiſon. Kyrie, eléiſon.

Pater noſter, tout bas juſqu'au ℣. Et ne nos indúcas in tentatiónem; ℟. Sed líbera nos à malo.

℣. Meménto Congregatiónis tuæ ℟. Quam poſſedíſti ab inítio.

℣. Dómine, exáudi oratiónem meam; ℟. Et clamor meus ad te véniat.

℣. Dóminus vobíſcum; ℟. Et cum ſpíritu tuo.

Orémus.

DEus cui próprium eſt miſeréri ſemper & párcere, ſúſcipe deprecatiónem noſtram, ut nos & omnes fámulos tuos quos delictórum caténa conſtríngit, miſerátio tuæ pietátis cleménter abſólvat; per Chriſtum Dóminum noſtrum, ℟. Amen.

Pſeaume 129.

DE profúndis clamávi ad te, Dómine; * Dómine, exáudi vocem meam;

Fiant aures tuæ intendéntes * in vocem deprecatiónis meæ.

Si iniquitátes obſerváveris Dómine, * Dómine, quis ſuſtinébit?

Quia apud te propitiátio eſt, * & propter legem tuam ſuſtínui te, Dómine;

S uſtinuit ánima mea in verbo ejus ;
* ſperávit ánima mea in Dómino.
A cuſtódia matutína uſque ad noctem * ſperet Iſrael in Dómino,
Q uia apud Dóminum miſericórdia,
* & copióſa apud eum redémtio ;
E t ipſe rédimet Iſrael * ex ómnibus
iniquitátibus ejus.
G lória Patri , &c.

Pſeaume 130.

D Omine , non eſt exaltátum
cor meum, * neque eláti ſunt
óculi mei,
N eque ambulávi in magnis * neque in mirabílibus ſuper me.
S i non humíliter ſentiébam , * ſed
exaltávi ánimam meam ;
S icut ablactátus eſt ſuper matre
ſua , * ita retribútio in ánima mea.
S peret Iſrael in Dómino * ex hoc
nunc & uſque in ſeculum.
G lória Patri , &c.

Pſeaume 131.

M Eménto , Dómine , David *
& omnis manſuetúdinis ejus;
S icut jurávit Dómino , * votum
vovit Deo Jacob :
S i introíero in tabernáculum domûs meæ , * ſi aſcéndero in lectum
ſtrati mei,
S i dédero ſomnum óculis meis * &
pálpebris meis dormitatiónem ,
E t réquiem tempóribus meis , donec invéniam locum Dómino , *
tabernáculum Deo Jacob.
E cce audívimus eam in Ephráta ; *
invénimus eam in campis ſilvæ.
I ntroíbimus in tabernáculum ejus ;
* adorábimus in loco ubi ſtetérunt
pedes ejus.
S urge, Dómine, in réquiem tuam,

* tui & arca ſanctificatiónis tuæ.
S acerdótes tui induántur juſtítiam;
* & Sancti tui exúltent.
P ropter David ſervum tuum * non
avértas fáciem Chriſti tui.
J urávit Dóminus David veritátem & non fruſtrábitur eam , * De
fructu ventris tui ponam ſuper ſedem tuam :
S i cuſtodiérint fílii tui teſtaméntum meum * & teſtimónia mea
hæc quæ docébo eos,
E t fílii eórum uſque in ſéculum, *
ſedébunt ſuper ſedem tuam,
Q uóniam elégit Dóminus Sion, *
elégit eam in habitatiónem ſibi :
H æc réquies mea in ſéculum ſéculi ; * hic habitábo, quóniam elégi
eam :
V íduam ejus benedícens benedícam : * páuperes ejus ſaturábo pánibus ;
S acerdótes ejus índuam ſalutári ; *
& Sancti ejus exſultatióne exſultábunt ;
I lluc prodúcam cornu David : *
parávi lucérnam Chriſto meo :
I nimícos ejus índuam confuſióne ;
* ſuper ipſum autem efflorébit ſan-
ctificátio mea.
G lória Patri , &c.

Pſeaume 132.

E Cce quàm bonum & quàm
jucúndum * habitáre fratres
in unum !
S icut unguéntum in cápite * quod
deſcéndit in barbam , barbam Aaron,
Q uod deſcéndit in oram veſtiménti ejus ; * ſicut ros Hermon qui deſcéndit in montem Sion :

Quóniam illic mandávit Dóminus benedictiónem * & vitam uſque in ſéculum.

Glória Patri, &c.

Pſeaume 133.

ECce nunc benedícite Dóminum, * omnes ſervi Dómini

Qui ſtatis in domo Dómini, * in átriis domûs Dei noſtri.

In nóctibus extóllite manus veſtras in ſancta, * & benedícite Dóminum.

Benedícat te Dóminus ex Sion * qui fecit cœlum & terram.

Glória Patri, &c.

On ſe met ici à genoux.

Kyrie, eléiſon. Chriſte, eléiſon. Kyrie, eléiſon.

Pater noſter, tout bas, juſqu'au ℣. Et ne nos indúcas in tentatiónem : ℟. Sed líbera nos à malo.

℣. Salvos fac ſervos tuos, ℟. Deus meus, ſperántes in te.

℣. Dómine, exáudi oratiónem meam ; ℟. Et clamor meus ad te véniat.

℣. Dóminus vobíſcum ; ℟. Et cum ſpíritu tuo.

Orémus.

PRæténde, Dómine, fámulis & famulábus tuis déxteram cœléſtis auxílii, ut te toto corde perquírant, & quæ dignè póſtulant cónſequi mereántur ; per Chriſtum Dóminum noſtrum. ℟. Amen.

PSEAUMES DE LA PENITENCE.

Ant. Ne reminiſcáris.

Pſeaume 6.

DOmine, ne in furóre tuo árguas me, * neque in ira tua corrípias me.

Miſerére meî, Dómine, quóniam infírmus ſum : * ſana me, Dómine, quóniam conturbáta ſunt oſſa mea.

Et ánima mea turbáta eſt valdè : * ſed tu, Dómine, úſquequò ?

Convértere, Dómine, & éripe ánimam meam : * ſalvum me fac propter miſericórdiam tuam ;

Quóniam non eſt in morte qui memor ſit tuî : * in inférno autem quis confitébitur tibi ?

Laborávi in gémitu meo ; lavábo per ſingulas noctes lectum meum ; * lácrymis meis ſtratú meum rigábo.

Turbátus eſt à furóre óculus meus ; * inveterávi inter omnes inimícos meos.

Diſcédite à me, omnes qui operámini iniquitátem ; * quóniam exaudívit Dóminus vocem fletûs mei.

Exaudívit Dóminus deprecatióné meam ; * Dóminus oratiónem meam ſuſcépit.

Erubéſcant & conturbéntur veheménter omnes inimíci mei ; * convertántur & erubéſcant valdè velóciter.

Glória Patri, &c.

Pſeaume 31.

BEáti quorum remiſſæ ſunt iniquitátes * & quorum tecta ſunt peccáta.

Beátus vir cui non imputávit Dóminus peccátum, * nec eſt in ſpíritu ejus dolus.

bb ij

Quóniam tácui, inveteravérunt
oſſa mea * dum clamárem totâ die.

Quóniam die ac noćte gravátá eſt
ſuper me manus tua : * convérſus
ſum in ærúmna mea, dum configitur ſpina.

Delićtum meum cógnitum tibi feci, * & injuſtítiam meam non abſ-
condi :

Dixi, Confitébor advérsùm me injuſtítiam meam Dómino ; * & tu
remisíſti impietátem peccáti mei.

Pro hac orábit ad te omnis ſanćtus
* in témpore opportúno.

Verúmtamen in dilúvio aquárum
multárum * ad eum non approximábunt.

Tu es refúgium meum à tribulatióne quæ circúmdedit me : * exſultátio
mea, érue me à circumdántibus me.

Intellećtum tibi dabo, & ínſtruam
te in via hac quâ gradiéris ; * firmábo ſuper te óculos meos.

Nolíte fíeri ſicut equus & mulus *
quibus non eſt intellećtus.

In camo & fræno maxíllas eórum
conſtrínge * qui non appróximant
ad te.

Multa flagélla peccatóris ; * ſpe-
rántem autem in Dómino miſericórdia circúmdabit.

Lætámini in Dño & exſultáte, juſti;
* & gloriámini, omnes rećti corde.
Glória Patri, &c.

Pſeaume 37.

Domine, ne in furóre tuo árguas me, * neque in ira tua
corrípias me :

Quóniam ſagíttæ tuæ infíxæ ſunt
mihi, * & confirmáſti ſuper me manum tuam.

Non eſt ſanitas in carne mea à fácie
iræ tuæ ; * non eſt pax óſſibus meis
à fácie peccatórum meórum.

Quóniam iniquitátes meæ ſuper-
gréſſæ ſunt caput meum, * & ſicut
onus grave gravátæ ſunt ſuper me.

Putruérunt & corrúptæ ſunt cicatríces meæ * à fácie inſipiéntiæ meæ.

Miſer factus ſum & curvátus ſum
uſque in finem ; * totâ die contriſtátus ingrediébar.

Quóniam lumbi mei impléti ſunt
illuſiónibus ; * & non eſt ſanitas in
carne mea.

Afflíćtus ſum & humiliátus ſum
nimis ; * rugiébam à gémitu cordis
mei.

Dómine, ante te omne deſidérium
meum ; * & gémitus meus à te non
eſt abſcónditus.

Cor meum conturbátum eſt ; derelíquit me virtus mea ; * & lumen
oculórum meórum, & ipſum non
eſt mecum.

Amíci mei & próximi mei * advérsùm me appropinquavérunt & ſtetérunt.

Et qui juxta me erant, de longè
ſtetérunt ; * & vim faciébant qui
quærébant ánimam meam.

Et qui inquirébant mala mihi, locúti ſunt vanitátes, * & dolos totâ
die meditabántur.

Ego autem tanquam ſurdus non
audiébam, * & ſicut mutus non a-
périens os ſuum :

Et factus ſum ſicut homo non áudiens * & non habens in ore ſuo
redargutiónes.

Quóniam in te, Dómine, ſperávi :
tu exáudies me, Dñe Deus meus.

Quia dixi , Nequando supergáudeant mihi inimíci mei : * & dum commovéntur pedes mei , super me magna locúti sunt.

Quóniam ego in flagélla parátus sum ; * & dolor meus in conspéctu meo semper.

Quóniam iniquitátem meam annuntiábo , * & cogitábo pro peccáto meo.

Inimíci autem mei vivunt, & confirmáti sunt super me ; * & multiplicáti sunt qui odérunt me iníquè.

Qui retríbuunt mala pro bonis, detrahébant mihi , * quóniam sequébar bonitátem.

Ne derelínquas me, Dómine Deus meus : * ne discésseris à me :

Inténde in adjutórium meum , * Dómine Deus salútis meæ.

Glória Patri , &c.

Pseaume 50.

Miserére mei, Deus, * secúndùm magnam misericórdiam tuam ;

Et secúndùm multitúdinem miseratiónum tuárum * dele iniquitátem meam.

Amplius lava me ab iniquitáte mea, * & à peccáto meo munda me ;

Quóniam iniquitátem meam ego cognósco , * & peccátum meum contra me est semper ;

Tibi soli peccávi & malum coram te feci : * ut justificéris in sermónibus tuis , & vincas cùm judicáris.

Ecce enim in iniquitátibus concéptus sum , * & in peccátis concépit me mater mea.

Ecce enim veritátem dilexísti : * incérta & occúlta sapiéntiæ tuæ manifestásti mihi.

Aspérges me hyssópo , & mundábor ; * lavábis me , & super nivem dealbábor.

Audítui meo dàbis gáudium & lætítiam ; * & exsultábunt ossa humiliáta.

Avérte fáciem tuam à peccátis meis , * & omnes iniquitátes meas dele.

Cor mundum crea in me, Deus , * & spíritum rectum innova in viscéribus meis.

Ne projícias me à fácie tua , * & Spíritum sanctum tuum ne áuferas à me.

Redde mihi lætítiam salutáris tui, * & spíritu principáli confirma me.

Docébo iníquos vias tuas ; * & ímpii ad te converténtur.

Libera me de sanguínibus, Deus, Deus salútis meæ ; * & exsultábit lingua mea justítiam tuam.

Dómine , lábia mea apéries ; * & os meum annuntiábit laudem tuam.

Quóniam si voluísses sacrifícium , dedíssem útique ; * holocáustis non delectáberis.

Sacrifícium Deo spíritus contribulátus ; * cor contrítum & humiliátum, Deus , non despícies.

Benígnè fac , Dómine , in bona voluntáte tua Sion , * ut ædificéntur muri Jerúsalem.

Tunc acceptábis sacrifícium justítiæ , oblatiónes & holocáusta ; * tunc impónent super altáre tuum vítulos.

Glória Patri , &c.

Pseaume 101.

DOmine , exáudi oratiónem meam , * & clamor meus ad te véniat.

Non avértas fáciem tuam à me ; * in quacúmque die tríbulor inclina ad me aurem tuam ;

In quacúmque die invocávéro te * velóciter exáudi me :

Quia defecérunt sicut fumus dies mei , * & ossa mea sicut crémium aruérunt.

Percússus sum ut fœnum & áruit cor meum , * quia oblítus sum comédere panem meum.

A voce gémitûs mei * adhæsit os meum carni meæ.

Símilis factus sum pellicáno solitúdinis , * factus sum sicut nycticorax in domicílio.

Vigilávi , * & factus sum sicut passer solitárius in tecto.

Totâ die exprobrábant mihi inimíci mei , * & qui laudábant me adversùm me jurábant ,

Quia cínerem tamquam pané manducábam * & potum meum cum fletu miscébam

A fácie iræ & indignatiónis tuæ , * quia élevans allisísti me.

Dies mei sicut umbra declinavérunt , * & ego sicut fœnum árui.

Tu autem , Dómine , in ætérnum pérmanes , * & memoriále tuum in generatiónem & generatiónem.

Tu exsúrgens miseréberis Sion , * quia tempus miseréndi ejus , quia venit tempus ;

Quóniam placuérunt servís tuis lápides ejus , * & terræ ejus miserebúntur.

Et timébunt gentes nomen tuum , Dómine , * & omnes reges terræ glóriam tuam ;

Quia ædificávit Dóminus Sion , * & vidébitur in glória sua.

Respéxit in oratiónem humílium , * & non sprevit precem eórum.

Scribántur hæc in generatióne áltera ; * & pópulus qui creábitur laudábit Dóminum ,

Quia prospéxit de excélso sancto suo , * Dóminus de cœlo in terram aspéxit ;

Ut audíret gémitus compeditórû , * ut sólveret fílios interemtórum ,

Ut annúntient in Sion nomen Dómini * & laudem ejus in Jerúsalem.

In conveniéndo pópulos in unum * & reges ut sérviant Dómino.

Respóndit ei in via virtútis suæ , * Paucitátem diérum meórum núntia mihi.

Ne révoces me in dimídio diérum meórum. * In generatiónem & generatiónem anni tui.

Inítio tu , Dómine , terram fundásti , * & ópera mánuum tuárum sunt cœli.

Ipsi períbunt , tu autem pérmanes ; * & omnes sicut vestiméntum veteráscent ;

Et sicut opertórium mutábis eos , & mutabúntur : * tu autem idem ipse es , & anni tui non defícient.

Fílii servórum tuórum habitábunt , * & semê eórum in séculû dirigétur.

Glória Patri , &c.

Pseaume 129.

DE profúndis clamávi ad te , Dómine ; * Dómine , exáudi vocem meam ;

Fiant aures tuæ intendéntes * in vocem deprecatiónis meæ.

Si iniquitátes obſerváveris Dómine, * Dómine, quis ſuſtinébit?

Quia apud te propitiátio eſt, * & propter legem tuam ſuſtinui te, Dómine.

Suſtinuit ánima mea in verbo ejus; * ſperávit ánima mea in Dómino.

A cuſtódia matutína uſque ad noctem * ſperet Iſrael in Dómino,

Quia apud Dóminum miſericórdia, * & copióſa apud eum redémtio;

Et ipſe rédimet Iſrael * ex ómnibus iniquitátibus ejus.

Glória Patri, &c.

Pſeaume 142.

DOmine, exáudi oratiónem meam; áuribus pércipe obſecratiónem meam in veritáte tua; * exáudi me in tua juſtitia;

Et non intres in judicium cum ſervo tuo, * quia non juſtificábitur in conſpéctu tuo omnis vivens;

Quia perſecútus eſt inimícus ánimam meam; * humiliávit in terra vitam meam;

Collocávit me in obſcúris ſicut mórtuos ſéculi; * & anxiátus eſt ſuper me ſpíritus meus, in me turbátum eſt cor meum.

Memor fui diérum antiquórum; meditátus ſum in ómnibus opéribus tuis, * in factis mánuum tuárum meditábar.

Expándi manus meas ad te; * ánima mea ſicut terra ſine aqua tibi.

Velóciter exáudi me, Dómine; * defécit ſpíritus meus.

Non avértas fáciem tuá à me, * &

ſimilis ero deſcendéntibus in lacum.

Auditam fac mihi manè miſericórdiam tuam, * quia in te ſperávi.

Notam fac mihi viam in qua ámbulem, * quia ad te levávi ánimam meam.

Eripe me de inimícis meis, Dómine; ad te confúgi. * Doce me fácere voluntátem tuam, quia Deus meus es tu.

Spíritus tuus bonus dedúcet me in terram rectam. * Propter nomen tuum, Dómine, vivificábis me in æquitáte tua.

Edúces de tribulatióne ánimam meam, * & in miſericórdia tua diſpérdes inimícos meos,

Et perdes omnes qui tríbulant ánimam meam, * quóniam ego ſervus tuus ſum.

Glória Patri, &c.

Ant. Ne reminiſcaris, Dómine, delicta noſtra vel paréntum noſtrórum, neque vindictam ſumas de peccátis noſtris.

LES LITANIES DES SAINTS.

KYrie, eléiſon. Chriſte, eléiſon.

Kyrie, eléiſon.

Chriſte, audi nos.

Chriſte, exáudi nos.

Pater de cœlis, Deus, miſerére nobis.

Fili Redémtor mundi, Deus, miſerére nobis.

Spíritus ſancte Deus, miſerére nobis.

Sancta Trínitas unus Deus, miſerére nobis.

S ancta María,   orá pro nobis.
S ancta Dei Génitrix,   ora.
S ancta Virgo vírginum,   ora.
S ancte Míchael,   ora.
S ancte Gábriel,   ora.
S ancte Ráphael,   ora.
O mnes sancti Angeli & Archánge-
    li,   oráte pro nobis.
O mnes sancti beatórum Spirítuum
    Ordines,   oráte.
S ancte Joánnes Baptísta,   ora.
S ancte Joseph,   ora.
O mnes sancti Patriárchæ & Pro-
    phétæ,   oráte.
S ancte Petre,   ora.
S ancte Paule,   ora.
S ancte Andréa,   ora.
S ancte Jacóbe,   ora.
S ancte Joánnes,   ora.
S ancte Thoma,   ora.
S ancte Jacóbe,   ora.
S ancte Philíppe,   ora.
S ancte Bartholomæe,   ora.
S ancte Matthæe,   ora.
S ancte Simon,   ora.
S ancte Thadæe,   ora.
S ancte Matthía,   ora.
S ancte Bárnaba,   orà.
S ancte Luca,   ora.
S ancte Marce,   ora.
O mnes sancti Apóstoli & Evan-
    gelístæ,   oráte pro nobis.
O mnes sancti Discípuli Dómi-
    ni,   oráte.
O mnes sancti Innocéntes,   oráte.
S ancte Stéphane,   ora.
S ancte Laurénti,   ora.
S ancte Vincénti,   ora.
S ancti Fabiáne & Sebastiáne, oráte.
S ancti Joánnes & Paule,   oráte.
S ancti Cosma & Damiáne, oráte.

S ancti Gervási & Protási,   oráte.
O mnes sancti Mártyres,   oráte.
S ancte Sylvester,   ora.
S ancte Gregóri,   ora.
S ancte Ambrósi,   ora.
S ancte Augustine,   ora.
S ancte Hierónyme,   ora.
S ancte Martíne,   ora.
S ancte Nicoláe,   ora.
O mnes sancti Pontífices & Con-
    fessóres,   oráte.
O mnes sancti Doctóres,   oráte.
S ancte Antóni,   ora.
S ancte Benedícte,   ora.
S ancte Bernárde,   ora.
S ancte Dominíce,   ora.
S ancte Francísce,   ora.
O mnes sancti Sacerdótes & Le-
    vítæ,   oráte.
O mnes sancti Mónachi & Ere-
    mítæ,   oráte.
S ancta María Magdaléna,   ora.
S ancta Agatha,   ora.
S ancta Lúcia,   ora.
S ancta Agnes,   ora.
S ancta Cæcília,   ora.
S ancta Catharína,   ora.
S ancta Anastásia,   ora.
O mnes sanctæ Vírgines & Víduæ,
      oráte.
O mnes Sancti & Sanctæ Dei, in-
    tercédite pro nobis.
P ropítius esto; Parce nobis, Dó-
    mine.
P ropítius esto; Exáudi nos, Dó-
    mine.
A b omni malo, líbera nos, Dó-
    mine.
A b omni peccáto, líbera nos, Dó-
    mine.
A b ira tua, líbera nos, Dómine.

                    A

A fubitánea & improvífa morte

Ab infídiis diáboli

Ab ira & ódio & omni mala voluntáte

A fpíritu fornicatiónis

A fúlgure & tempeftáte

A morte perpétua

Per myftérium fanctæ Incarnatiónis tuæ

Per Advéntum tuum

Per Nativitátem tuam

Per Baptifmum & fanctum Jejúnium tuum

Per Crucem & Paffiónem tuam

Per Mortem & Sepultúram tuam

Per fanctá Refurrectióné tuá

Per admirábilem Afcenfióné tuam

Per advéntum Spíritûs fancti Paracléti,

In die judícii

libera nos, Dómine.

Peccatóres te rogámus, audi nos.

Ut nobis parcas

Ut nobis indúlgeas

Ut ad veram pœniténtiá nos perdúcere dignéris

Ut Eccléfiam tuam fanctá régere & conferváre dignéris

Ut domnum Apoftólicum & omnes Ecclefiáfticos Ordines in fancta religióne conferváre dignéris

Ut inimícos fanctæ Eccléfiæ humiliáre dignéris

Ut Régibus & Princípibus Chriftiánis pacem & veram concórdiam donáre dignéris

te rogámus ; audi nos.

Ut cuncto pópulo Chriftiáno pacem & unitátem largíri dignéris

Ut nofmetípfos in tuo fancto fervítio confortáre & conferváre dignéris

Ut mentes noftras ad cœléftia defidéria érigas

Ut ómnibus benefactóribus noftris fempitérna bona retríbuas

Ut ánimas noftras, fratrum, propinquórum & benefactórum noftrórum ab ætérna damnatióne erípias

Ut fructus terræ dare & conferváre dignéris

Ut ómnibus fidélibus defúnctis réquiem ætérnam donáre dignéris

Ut nos exaudíre dignéris

Fili Dei,

te rogámus ; audi nos.

Agnus Dei qui tollis peccáta mundi, parce nobis, Dómine.

Agnus Dei qui tollis peccáta mundi, exáudi nos, Dómine.

Agnus Dei qui tollis peccáta mundi, miferére nobis.

Chrifte, audi nos. Chrifte, exáudi nos.

Kyrie, eléifon. Chrifte, eléifon. Kyrie, eléifon.

Pater nofter tout bas jufqu'au ℣. Et ne nos indúcas in tentatiónem ; ℟. Sed líbera nos à malo.

Pfeaume 69.

DEus, in adjutórium meum inténde ; * Dómine, ad adjuvándum me feftína.

Confundántur & revereántur * qui quærunt ánimam meam.

Avertántur retrórsùm & erubéscant * qui volunt mihi mala.

Avertántur statim erubescéntes * qui dicunt mihi, Euge, euge.

Exsúltent & læténtur in te omnes qui quærunt te ; * & dicant semper, Magnificétur Dóminus, qui díligunt salutáre tuum.

Ego verò egénus & pauper sum ; * Deus, ádjuva me.

Adjútor meus & liberátor meus es tu ; * Dómine, ne moréris.

Glória Patri &c.

℣. Salvos fac servos tuos, ℟. Deus meus, sperántes in te.

℣. Esto nobis, Dómine, turris fortitúdinis ℟. A fácie inimíci.

℣. Nihil profíciat inimícus in nobis ; ℟. Et fílius iniquitátis non appónat nocére nobis.

℣. Dómine, non secúndùm peccáta nostra fácias nobis, ℟. Neque secúndùm iniquitátes nostras retríbuas nobis.

℣. Orémus pro Pontífice nostro N. ℟. Dóminus consérvet eum & vivíficet eum & beátum fáciat eum in terra & non tradat eum in ánimam inimicórum ejus.

℣. Orémus pro benefactóribus nostris. ℟. Retribúere dignáre, Dómine, ómnibus nobis bona faciéntibus propter nomen tuum vitam ætérnam. Amen.

℣. Orémus pro fidélibus defúnctis. ℟. Réquiem ætérnam dona eis, Dómine ; & lux perpétua lúceat eis.

℣. Requiéscant in pace ℟. Amé

℣. Pro frátribus nostris abléntibus. ℟. Salvos fac servos tuos,

Deus meus, sperántes in te.

℣. Mitte eis, Dómine, auxílium de sancto, ℟. Et de Sion tuére eos.

℣. Dñe, exáudi oratiónem meam, ℟. Et clamor meus ad te véniat.

℣. Dóminus vobíscum, ℟. Et cum spíritu tuo.

Orémus.

DEus cui próprium est miseréri semper & párcere, súscipe deprecatiónem nostram, ut nos & omnes fámulos tuos quos delictórum caténa constríngit miserátio tuæ pietátis cleménter absólvat.

EXáudi, quæsumus, Dómine, súpplicum preces, & confiténtium tibi parce peccátis ; ut páriter nobis indulgéntiam tríbuas benígnus & pacem.

INeffábilem nobis, Dómine, misericórdiam tuam cleménter osténde ; ut simul nos & à peccátis ómnibus éxuas & à pœnis quas pro his merémur erípias.

DEus qui culpâ offénderis, pœniténtiâ placáris, preces pópuli tui súpplicántis propítius réspice, & flagélla tuæ iracúndiæ quæ pro peccátis nostris merémur, avérte.

OMnípotens sempitérne Deus, miserére fámulo tuo Pontífici nostro N., & dírige eum secúndùm tuam cleméntiam in viam salútis ætérnæ, ut, te donánte, tibi plácita cúpiat & totâ virtúte perfíciat.

DEus, à quo sancta desidéria, recta consília & justa sunt ópera, da servis tuis illam quam mundus dare non potest pacem ; ut

& corda nostra mandátis tuis dédita, &, hóstium sublátá formídine, témpora sint tuâ protectióne tranquilla.

URe igne sancti Spíritûs renes nostros & cor nostrum, Dómine, ut tibi casto córpore serviámus & mundo corde placeámus.

FIdélium, Deus, ómnium Cónditor & Redémtor, animábus famulórum famularúmque tuárum remissiónem cunctórum tríbue peccatórum, ut indulgéntiam quam semper optavérunt, piis supplicatiónibus consequántur.

ACtiónes nostras, quæsumus, Dómine, aspirándo præveni & adjuvándo proséquere, ut cuncta nostra orátio & operátio à te semper incípiat, & per te coepta finiátur.

OMnípotens sempitérne Deus qui vivórum domináris simul & mortuórum, omniúmque miseréris quos tuos fide & ópere futúros esse prænóscis; te súpplices exorámus ut pro quibus effúndere preces decrévimus, quósque vel præsens séculum adhuc in carne rétinet vel futúrum jam exútos córpore suscépit, intercedéntibus ómnibus Sanctis tuis, pietátis tuæ cleméntiâ ómnium delictórum suórum véniam consequántur; per Dóminum nostrum Jesum Christum Fílium tuum, qui tecum vivit & regnat in unitáte Spíritûs sancti Deus, per ómnia sécula seculórum. ℞. Amen.

℣. Dóminus vobíscum; ℞. Et cum spíritu tuo.

℣. Exaudiat nos omnípotens &

misericors Dóminus. ℞. Amen.

℣. Et fidélium ánimæ per misericórdiam Dei requiéscant in pace. ℞. Amen.

RECOMMANDATION
DE L'AME.

KYrie, eléison.
Christe, eléison.
Kyrie, eléison.
Sancta María, ora pro si c'est un homme eo, si c'est une femme ea; & ainsi par-tout.
Omnes sancti Angeli & Archángeli, oráte.
Sancte Abel, ora.
Omnis chorus justórum, ora.
Sancte Abraham, ora.
Sancte Joánnes Baptísta, ora.
Sancte Joseph, ora.
Omnes sancti Patriárchæ & Prophétæ, oráte.
Sancte Petre, ora.
Sancte Paule, ora.
Sancte Andréa, ora.
Sancte Joánnes, ora.
Omnes sancti Apóstoli & Evangelístæ, oráte.
Omnes sancti Discípuli Dómini, oráte.
Omnes sancti Innocéntes, oráte.
Sancte Stéphane, ora.
Sancte Laurénti, ora.
Omnes sancti Mártyres, oráte.
Sancte Sylvéster, ora.
Sancte Gregóri, ora.
Sancte Augustíne, ora.
Omnes sancti Pontífices & Conféssóres, oráte.

Sancte Benedicte,   ora.
Sancte Francifce,   ora.
Omnes fancti Mónachi & Eremítæ,   oráte.
Sancta María Magdaléna,   ora.
Sancta Lúcia,   ora.
Omnes fanctæ Vírgines & Víduæ,   oráte.
Omnes Sancti & Sanctæ Dei, intercédite pro eoou ea.
Propítius efto ; Parce ei, Dómine.
Propítius efto ; Líbera, fi c'eft un homme eum, fi c'eft une femme eam ; & ainfi par-tout.

A b ira tua
A perículo mortis
A mala morte
A pœnis inferni
A b omni malo
A poteftáte diáboli
Per Nativitátem tuam
Per Crucem & Paffiónem tuã
Per Mortem & Sepultúram tuam
Per gloriófam Refurrectiónem tuam
Per admirábilem Afcenfiónem tuam
Per grátiam Spíritûs Sancti Paracléti
In die judícii

libera eum ou eam, Dómine.

Peccatóres te rogámus ; audi nos.
Ut ei parcas te rogámus ; audi nos.
Kyrie, eléifon. Chrifte, eléifon.
Kyrie, eléifon.

Lorfque le malade eft à l'agonie & proche d'expirer, on dit les Oraifons fuivantes.

Oraifon.

Proficífcere, ánima Chriftiána, de hoc mundo in nómine Dei Patris omnipoténtis qui te creávit ; in nómine Jefu Chrifti Fílii Dei vivi qui pro te paffus eft ; in nómine Spíritûs fancti qui in te effúfus eft ; in nómine Angelórum & Archangelórum, in nómine Thronórum & Dominatiónum, in nómine Principátuum & Poteftátum, in nómine Chérubim & Séraphim ; in nómine Patriarchárum & Prophetárum, in nómine fanctórum Apoftolórum & Evangeliftárum, in nómine fanctórum Mártyrum & Confeffórum, in nómine fanctórum Monachórum & Eremitárum, in nómine fanctárum Vírginum & ómnium Sanctórum & Sanctárum Dei. Hódie fit in pace locus tuus, & habitátio tua in fancta Sion ; per eúmdem Chriftum Dóminum noftrum. R̷. Amen.

Orémus.

Deus miféricors, Deus clemens, Deus qui fecúndùm multitúdinem miferatiónum tuárũ peccáta pœniténtium deles, & præteritórum críminum culpas véniâ remiffiónis evácuas ; réfpice propítius fuper, fi c'eft un homme, hunc fámulũ tuum N., fi c'eft une femme, hanc fámulam tuam N., & remiffiónem ómnium peccatórum fuórum totâ cordis confeffióne pofcéntem deprecátus exaudi. Rénova in eo ou ea, piiffime Pater, quidquid terrénâ fragilitáte corrúptum, vel quidquid diabólicâ fraude violátum eft ; & unitáti córporis Eccléfiæ membrum Redemtiónis annécte. Miferére, Dómine, gemítuum, miferére lacrymárum ejus ;

& non habéntem fidúciam nifi in tua mifericórdia , ad tuæ facraméntum reconciliatiónis admitte ; per Chriftum Dóminum noftrum. R/. Amen.

COmméndo te omnipoténti Deo, [fi c'eft un homme charíffime frater , fi c'eft une femme charíffima foror ,] & ei cujus es creatúra committo , ut , cùm humanitátis débitum mórte interveniénte perfólveris , ad Auctórem tuum qui te de limo terræ formáverat , revertáris. Egrediénti ítaque ánimæ tuæ de córpore fpléndidus Angelórum cœtus occúrrat , judex Apoftolórum tibi fenátus advéniat , candidatórum tibi Mártyrum triumphátor exércitus óbviet , liliáta rutilántium te Confeffórum turma circúmdet , jubilántium te Vírginum chorus excípiat , & beátæ quiétis in finu Patriarchárum te compléxus adftríngat : mitis atque feftivus Chrifti Jefu tibi adfpéctus appáreat , qui te inter affifténtes fibi júgiter interéffe decérnat. Ignóres omne quod horret in ténebris , quod ftridet in flammis , quod crúciat in torméntis. Cedat tibi teterrimus Sátanas cum fatellítibus fuis : in advéntu tuo te comitántibus Angelis , contremífcat , atque in ætérnæ noctis chaos immáne diffúgiat. Exfúrgat Deus , & diffipéntur inimíci ejus ; & fúgiant qui odérunt eum à facie ejus. Sicut déficit fumus , deficiant ; ficut fluit cera à facie ignis , fic péreant peccatóres à facie Dei ; & jufti epuléntur & exfúltent in confpéctu Dei. Con-

fundántur ígitur & erubéfcant omnes tartáreæ legiónes , & miniftri Sátanæ iter tuum impedíre non áudeant. Líberet te à cruciátu Chriftus qui pro te ctucifíxus eft. Líberet te ab ætérna morte Chriftus qui pro te mori dignátus eft. Conftítuat te Chriftus Filius Dei vivi intra paradífi fui femper amœna viréntia , & inter oves fúas te verus ille Paftor agnófcat. Ille ab ómnibus peccátis tuis te abfólvat , atque ad déxteram fuam in electórum fuórum te forte conftítuat. Redemtórem tuum fácie ad fáciem vídeas , & præfens femper affíftens manifeftiffimam beátis óculis afpícias veritátem. [Conftitútus ou Conftitúta] ígitur inter ágmina beatórum , contemplatiónis divínæ dulcédine potiáris in fécula feculórum. R/. Amen.

O rémus.

SUfcipe, Dómine [fervum tuum ou ancíllam tuam] in locum fperándæ fibi falvatiónis à mifericórdia tua. R/. Amen.

Libera, Dómine, ánimam [fervi tui ou ancíllæ tuæ ,] ex ómnibus perículis inférni & de láqueis pœnárum & ex ómnibus tribulatiónibus. R/. Amen.

Libera, Dómine, ánimam [fervi tui ou ancíllæ tuæ ,] ficut liberáfti Enoch & Eliam de commúni morte mundi. R/. Amen.

Líbera, Dómine, ánimam [fervi tui ou ancíllæ tuæ ,] ficut liberáfti Noë de dilúvio. R/. Amen.

Líbera , Dómine, ánimam [fervi tui ou ancíllæ tuæ ,] ficut liberáfti

Abraham de Ur Chaldæórum. ℟. Amen.

L íbera, Dómine, ánimam [fervi tui ou ancíllæ tuæ,] ficut liberáfti Job de paffiónibus fuis. ℟. Amen.

L íbera, Dómine, ánimam [fervi tui ou ancíllæ tuæ,] ficut liberáfti Ifaac de hóftia & de manu patris fui Abrahæ. ℟. Amen.

L íbera, Dómine, ánimam [fervi tui ou ancíllæ tuæ,] ficut liberáfti Lot de Sódomis & de flamma ignis. ℟. Amen.

L íbera, Dómine, ánimam [fervi tui ou ancíllæ tuæ,] ficut liberáfti Móyfen de manu Pharaónis Regis Ægyptiórum. ℟. Amen.

L íbera, Dómine, ánimam [fervi tui ou ancíllæ tuæ,] ficut liberáfti Daniélem de lacu leónũ. ℟. Amen.

L íbera, Dómine, ánimam [fervi tui ou ancíllæ tuæ,] ficut liberáfti tres púeros de camíno ignis ardéntis, & de manu Regis iníqui. ℟. Amen.

I íbera, Dómine, ánimam [fervi tui ou ancíllæ tuæ] ficut liberáfti Sufánnam de falfo crímine. ℟. Amẽ.

L íbera, Dómine, ánimam [fervi tui ou ancíllæ tuæ,] ficut liberáfti David de manu Regis Saül & de manu Golíæ. ℟. Amen.

L íbera, Dómine, ánimam [fervi tui ou ancíllæ tuæ,] ficut liberáfti Petrum & Paulum de carcéribus. ℟. Amen.

E t ficut beatíffimam Theclam Vírginem & Mártyrem tuam de tríbus atrocíffimis torméntis liberáfti, fic liberáre dignéris ánimam hujus [fervi tui ou ancíllæ tuæ,] & te-cum fácias in bonis congaudére coeléftibus. ℟. Amen.

Orémus.

C Ommendámus tibi, Dómine, ánimã [fámuli tui N. , ou fámulæ tuæ N. ,] precamúrque te, Dómine Jefu Chrifte Salvátor mundi , ut propter quam ad terram mifericórditer defcendífti, Patriarchárum tuórum fínibus infinuáre non rénuas. Agnófce , Dómine , creatúram tuam , non à diis aliénis creatam, fed à te folo Deo vivo & vero; quia non eft álius Deus præter te , & non eft fecúndũ ópera tua. Lætífica , Dómine , ánimam ejus in confpéctu tuo , & ne memíneris iniquitátum ejus antiquárum & ebrietátum quas fufcitávit furor five fervor mali defidérii. Licèt enim peccáverit , tamen Patrem & Fílium & Spíritum fanctum non negávit , fed crédidit ; & zelum Dei in fe hábuit, & Deum qui fecit ómnia fidéliter adorávit.

O rémus.

D Elícta juventútis & ignorántias ejus , quæfumus, ne memíneris, Dómine ; fed fecúndùm magnam mifericórdiam tuam memor efto illíus in glória claritátis tuæ. Aperiántur ei coeli ; collæténtur illi Angeli. In regnum tuum, Dómine, [fervum tuum ou ancíllam tuam] fúfcipe. Sufcípiat eum ou eam fanctus Míchael Archángelus Dei, qui milítiæ coeléftis méruit principátum. Véniant illi obviam fancti Angeli Dei , & perdúcant eum ou eam in civitátem coeléftem Jerúfalem. Sufcípiat eum ou eam beátus Petrus Apóstolus, cui à Deo claves regni cœléstis tradítæ sunt. Adjuvet eum ou eam sanctus Paulus Apóstolus, qui dignus fuit esse vas electiónis. Intercédat pro eo ou ea sanctus Joánnes eléctus Dei Apóstolus, cui reveláta sunt secréta cœléstia. Orent pro eo ou ea omnes sancti Apóstoli, quibus à Dómino data est potéstas ligándi atque solvéndi. Intercédant pro eo ou ea omnes sancti & elécti Dei, qui pro Christi nómine torménta in hoc século sustinuérunt : ut vínculis carnis [exútus ou exúta,] perveníre mereátur ad glóriam regni cœléstis, præstánte Dómino nostro Jesu Christo, qui cum Patre & Spíritu sancto vivit & regnat in sécula seculórum. ℟. Amen.

Si le malade est encore à l'agonie, on dit le Pf. 117 Confitémini page 22, & le Pf. 118 Beáti immaculáti qui compose les heures de Prime, Tierce, Sexte & None.

Le malade étant expiré, on dit le ℟. Subveníte, Sancti Dei, occúrrite, Angeli Dómini, * Suscipiéntes ánimam ejus, * * Offeréntes eam in conspéctu Altíssimi. ℣. Suscípiat te Christus qui vocávit te, & in sinum Abrahæ Angeli dedúcant te, * Suscipiéntes. ℣. Réquiem ætérnam &c. * * Offeréntes.

Kyrie, eléison. Christe, eléison. Kyrie, eléison.

Pater noster tout bas jusqu'au ℣. Et ne nos indúcas in tentatiónem. ℟. Sed líbera nos à malo.

℣. Réquiem ætérnam dona ei, Dñe ; ℟. Et lux perpétua lúceat ei.

℣. A porta ínferi ℟. Erue, Dómine, ánimam ejus.

℣. Requiéscat in pace. ℟. Amen.

℣. Dñe, exáudi oratiónem meá, ℟. Et clamor meus ad te véniat.

℣. Dóminus vobíscum. ℟. Et cum spíritu tuo.

Orémus.

Tibi, Dómine, commendámus ánimam [fámuli tui N., ut defúnctus, ou fámulæ tuæ N., ut defúncta,] século tibi vivat, & quæ per fragilitátem humánæ conversatiónis peccáta commísit, tu véniâ misericordíssimæ pietátis abstérge ; per Christum Dóminum nostrum. ℟. Amen.

BENEDICTION DE LA TABLE.

Celui qui préside dit Benedícite. On répond Benedícite.

Ensuite [au DINER, excepté lorsqu'on ne doit faire qu'un repas, il dit Oculi ómnium, & on continue in te sperant, Dómine, & tu das escam illórum in témpore opportúno. Aperis tu manum tuam & imples omne ánimal benedictióne. Glória Patri &c.]

[Au SOUPER & lorsqu'on ne doit faire qu'un repas, il dit Edent páuperes & saturabúntur ; & on continue & laudábunt Dóminum qui requírunt eum ; vivent corda eórum in séculum sécùli. Glória Patri & Fílio , &c.]

Kyrie, eléïfon. Chrifte, eléïfon. Kyrie, eléïfon.

Pater noster tout bas jufqu'au ℣. Et ne nos indúcas in tentatiónem ; ℟. Sed líbera nos à malo.

Orémus.

BEnedic, Dómine, nos & hæc tua dona † quæ de tua largitáte fumus fumtúri ; per Chriftum Dóminum noftrum. ℟. Amen.

Le Lecteur dit ; Jube domne ; bene dicere.

[Au DINER, excepté lorfqu'on ne doit faire qu'un repas, Bened. Menfæ cœléftis partícipes fáciat nos Rex ætérnæ glóriæ. ℟. Amen.]

[Au SOUPER & lorfqu'on ne doit faire qu'un repas, Bened. Ad cœnam vitæ ætérnæ perdúcat nos Rex ætérnæ glóriæ. ℟. Amen.]

ACTION DE GRACES.

Le Lecteur finit la lecture par Tu autem, Dómine, miferére nobis. ℟. Deo grátias.

Tout le monde fe leve.

Enfuite [au DINER , excepté lorfqu'on ne doit faire qu'un repas, celui qui préfide dit ℣. Confiteántur tibi, Dómine , ómnia ópera tua ; on répond. ℟. Et Sancti tui benedícant tibi. Glória Patri &c.

Enfuite il dit

AGimus tibi grátias, omnípotens Deus, pro univérfis benefíciis tuis , qui vivis & regnas in fécula féculórum. ℟. Amen.]

[Au SOUPER & lorfqu'on ne doit faire qu'un repas, celui qui préfide dit ℣. Memóriam fecit mirabílium fuórum mifericors & miferátor Dóminus ; ℟. Efcam dedit timéntibus fe. Glória Patri &c.

Enfuite il dit

BEnedíctus Deus in donis fuis, & fanctus in ómnibus opéribus fuis ; qui vivit & regnat in fécula feculórum. ℟. Amen.]

Pf. 50 Miferére qu'on dit à deux chœurs avec le Glória Patri.

ou Pfeaume 116.

LAudáte Dóminum , omnes gentes ; * laudáte eum, omnes pópuli :

Quóniam confirmáta eft fuper nos mifericórdia ejus, * & véritas Dómini manet in æternum.

Glória Patri &c.

Kyrie , eléïfon , Chrifte , eléïfon, Kyrie, eléïfon.

Pater nofter, tout bas jufqu'au ℣. Et ne nos indúcas in tentatiónem. ℟. Sed líbera nos malo.

℣. Difpérfit, dedit paupéribus. ℟. Juftitia ejus manet in féculum féculi.

℣. Benedícam Dóminum in omni témpore ; ℟. Semper laus ejus in ore meo.

℣. In Dómino laudábitur ánima mea. ℟. Audiant manfuéti, & læténtur.

℣. Magnificáte Dóminum mecú ; ℟. Et exaltémus nomen ejus in idípfú.

℣.

℣. Sit nomen Dómini benedíctum ℟. Ex hoc nunc & usque in séculum.

Oraison sans Orémus.

Retribúere dignáre, Dómine, ómnibus nobis bona faciéntibus propter nomen tuum, vitam ætérnam. ℟. Amen.

℣. Benedicámus Dómino. ℟. Deo grátias.

℣. Fidélium ánimæ per misericórdiam Dei requiéscant in pace. ℟. Amen.

Pater noster tout bas.

℣. Deus det nobis suam pacem. ℟. Amen.

L'ITINERAIRE.

Ce qui dans ce qui suit est au pluriel, se dit au singulier lorsqu'on est seul.

Ant. In viam pacis.

Le Cantique Benedíctus à Laudes, avec le Glória Patri.

Ant. In viam pacis & prosperitátis dírigat nos omnípotens & miséricors Dóminus : & Angelus Ráphael comitétur nobíscum in via, ut cum pace, salúte & gáudio revertámur ad própria.

Kyrie, eléison. Christe, eléison. Kyrie, eléison.

Pater noster,

℣. Et ne nos indúcas in tentatiónem, ℟. Sed libera nos à malo.

℣. Salvos fac servos tuos, ℟. Deus meus, sperántes in te.

℣. Mitte nobis, Dómine, auxílium de Sancto, ℟. Et de Sion tuére nos.

℣. Esto nobis, Dómine, turris fortitúdinis ℟. A fácie inimíci.

℣. Nihil profíciat inimícus in nobis, ℟. Et filius iniquitátis non appónat nócere nobis.

℣. Benedíctus Dóminus die quotídie. ℟. Prósperum iter fáciat nobis Deus salutárium nostrórum.

℣. Vias tuas, Dómine, demónstra nobis, ℟. Et sémitas tuas edóce nos.

℣. Utinam dirigántur viæ nostræ ℟. Ad custodiéndas justificatiónes tuas.

℣. Erunt prava in dirécta, ℟. Et áspera in vias planas.

℣. Angelis suis Deus mandávit de te ℟. Ut custódiant te in ómnibus viis tuis.

℣. Dñe, exáudi oratiónem meá, ℟. Et clamor meus ad te véniat.

℣. Dóminus vobíscum ; ℟. Et cum spíritu tuo.

Orémus.

Deus qui fílios Israel per maris médium sicco vestígio ire fecísti, quique tribus Magis iter ad te stellâ duce pandísti ; tribue nobis, quæsumus, iter prósperum tempúsque tranquíllum, ut, Angelo tuo sancto cómite, ad eum quò pérgimus locum ac demùm ad ætérnæ salútis portum perveníre felíciter valeámus.

Deus qui Abraham púerum tuum de Ur Chaldæórum edúctum, per omnes suæ peregrina-

tiónis vias illæfum cuftodifti ; quæfumus ut nos fámulos tuos cuftodí-
re dignéris. Efto nobis, Dómine,
in procínctu fuffrágium, in via fo-
látium, in æftu umbráculum , in
plúvia & frigóre teguméntum, in
laffitúdine vehículum, in adverfitáte præfidium , in lúbrico báculus ,
in naufrágio portus, ut , te duce,
quò téndimus prófperè perveniá-
mus, & demùm incólumes ad própria redeámus.

A Défto, quæfumus, Dómine,
fupplicatiónibus noftris ; &
viam famulórum tuórum in falútis
tuæ profperitáte difpóne ; ut inter
omnes viæ & vitæ hujus varietá-
tes tuo femper protegámur auxílio.

P Ræfta , quæfumus , omnípotens Deus , ut família tua per
viam falútis incédat, & beáti Joánnis Præcurfóris hortaménta fectán-
do , ad eum quem prædíxit fecúra
pervéniat , Dóminum noftrum Jefum Chriftum Fílium tuum, qui tecum vivit & regnat in unitáte Spíritûs fancti Deus , per ómnia fæcula
feculórum. R/. Amen.

℣. Procedámus in pace R/. In
nómine Dómini. Amen.

LES LITANIES
en l'honneur
du Saint Nom de JESUS.

K Yrie , eléifon.
Chrifte , eléifon.
Kyrie , eléifon.
Jefu , audi nos.
Jefu , exáudi nos.
Pater de cœlis Deus, miferére nobis.

Fíli Redémtor mundi Deus,
Spíritus fancte Deus ,
Sancta Trínitas unus Deus,
Jefu Fíli Dei vivi ,
Jefu fplendor Patris ,
Jefu candor lucis ætérnæ ,
Jefu Rex glóriæ ,
Jefu fol juftítiæ ,
Jefu Fíli Maríæ Vírginis ,
Jefu admirábilis ,
Jefu Deus fortis ,
Jefu Pater futúri féculi ,
Jefu magni confílii Angele ,
Jefu potentíffime ,
Jefu patientíffime ,
Jefu obedientíffime
Jefu mitis & húmilis corde ,
Jefu amátor caftitátis ,
Jefu amátor nofter ,
Jefu Deus pacis ,
Jefu auctor vitæ ,
Jefu exémplar virtútum ,
Jefu zelátor animárum ,
Jefu Deus nofter ,
Jefu refúgium noftrum ,
Jefu pater páuperum ,
Jefu thefáurus fidélium ,
Jefu lux vera ,
Jefu fapiéntia ætérna ,
Jefu bónitas infínita ,
Jefu via & vita noftra ,
Jefu gáudium Angelórum ,
Jefu rex Patriarchárum ,
Jefu infpirátor Prophetárum ,
Jefu magífter Apoftolórum ,
Jefu doctor Evangeliftárum ,
Jefu fortitúdo Mártyrum ,
Jefu lumen Confefsórum ,
Jefu púritas Vírginum ,
Jefu coróna Sanctórum óm-
nium ,

miferére nobis.

Propítius esto; Parce nobis, Jesu.
Propítius esto; Exáudi nos, Jesu.
Ab omni peccáto, líbera nos, Jesu.
Ab ira tua,
Ab insídiis diáboli,
A spíritu fornicatiónis,
A morte perpétua,
A negléctu inspiratiónum tuárum,
Per mystérium sanctæ Incarnatiónis tuæ,
Per Nativitátem tuam,
Per Infántiam tuam,
Per diviníssimam vitam tuam,
Per labóres tuos,
Per agóniam & passiónem tuam,
Per crucem & derelictiónem tuam,
Per languóres tuos,
Per mortem & sepultúram tuam,
Per Resurrectiónem tuam,
Per Ascensiónem tuam,
Per gáudia tua,
Per glóriam tuam,

líbera nos, Jesu.

Agnus Dei qui tollis peccáta mundi, parce nobis, Jesu.
Agnus Dei qui tollis peccáta mundi, exáudi nos, Jesu.
Agnus Dei qui tollis peccáta mundi, miserére nobis, Jesu.
Jesu, audi nos.
Jesu, exáudi nos.

Orémus.

DOmine Jesu Christe qui dixísti, Pétite & accipiétis; quærite & inveniétis; pulsáte & aperiétur vobis; quæsumus, da nobis peténtibus diviníssimi tui amóris afféctum, ut te toto corde, ore &

ópere diligámus, & à tua nunquam laude cessémus.

HUmanitátis tuæ ipsa Divinitáte unctæ, Dómine Jesu Christe, timórem páriter & amórem fac nos habére perpétuum; quia nunquam tuâ gubernatióne destítuis quos in soliditáte tuæ dilectiónis instítuis; qui cum Patre & Spíritu sancto vivis & regnas Deus, per ómnia sécula seculórum. R/. Amen.

℣. Exáudiat nos Dóminus Jesus Christus R/. Nunc & semper. Amen.

LES LITANIES
en l'honneur
DE LA STE VIERGE.

KYrie, eléison.
Christe, eléison.
Kyrie, eléison.
Christe, audi nos.
Christe, exáudi nos.
Pater de cœlis Deus, miserére nobis.
Fili Redémtor mundi Deus, miserére nobis.
Spíritus sancte Deus, miserére nobis.
Sancta Trínitas unus Deus, miserére nobis.
Sancta María,
Sancta Dei génitrix,
Sancta Virgo vírginum,
Mater Christi,
Mater divínæ grátiæ,
Mater puríssima,
Mater castíssima,
Mater invioláta.

ora pro nobis.

Mater intemeráta,
Mater amábilis,
Mater admirábilis,
Mater Creatóris,
Mater Salvatóris,
Virgo prudentíssima,
Virgo veneránda,
Virgo prædicánda,
Virgo potens,
Virgo clemens,
Virgo fidélis,
Spéculum justítiæ,
Sedes sapiéntiæ,
Causa nostræ lætítiæ,
Vas spirituále,
Vas honorábile,
Vas insígne devotiónis,
Rosa mýstica,
Turris Davídica,
Turris ebúrnea,
Domus áurea,
Fœderis arca,
Jánua cœli,
Stella matutína,
Salus infirmórum,
Refugium peccatórum,
Consolátrix afflictórum,
Auxílium Christianórum,
Regina Angelórum,
Regina Patriarchárum,

ora pro nobis.

Regína Prophetárum,　ora.
Regína Apostolórum,　ora.
Regína Mártyrum,　ora.
Regína Confessórum,　ora.
Regína Vírginum,　ora.
Regína Sanctórum ómnium, ora.
Agnus Dei qui tollis peccáta mundi, parce nobis, Dómine.
Agnus Dei qui tollis peccáta mundi, exáudi nos, Dómine.
Agnus Dei qui tollis peccáta mundi, miserére nobis.

Ant. Sub tuum præsídium confúgimus, sancta Dei Génitrix; nostras deprecatiónes ne despícias in necessitátibus, sed à perículis cunctis líbera nos semper, Virgo gloriósa & benedícta.

℣. Ora pro nobis, sancta Dei Génitrix, ℟. Ut digni efficiámur promissiónibus Christi.

Orémus.

Efénde, quæsumus, Dómine, beátâ Maríâ semper Vírgine, beátis Angelis, & ómnibus Sanctis intercedéntibus, istam ab omni adversitáte famíliam; & tibi toto corde prostrátam ab ómnibus tuére cleménter insídiis; per Christum Dóminum. ℟. Amen.

F I N.

HYMNES NOUVELLES

indiquées dans ce Volume.

POUR LE PSEAUTIER.

TOUS LES JOURS, A SEXTE.

Hymne.

RECTOR potens, verax Deus
Qui témperas rerum vices,
Splendóre mane illúminas
Et ígnibus merídiem.

Exstíngue flammas lítium,
Aufer calórem nóxium,
Confer salútem córporum
Verámque pacem córdium.

Præsta, Pater piíssime,
Patríque compar Unice,
Cum Spíritu Parácleto
Regnans per omne séculum.
Amen.

LA II FERIE, A MATINES.

Hymne.

SOmno reféctis ártubus,
Spreto cubíli súrgimus :
Nobis, Pater, canéntibus
Adésse te depóscimus.

Te lingua primum cóncinat ;
Te mentis ardor ámbiat ;
Ut áctuum sequéntium
Tu, Sancte, sis exórdium,

Cedant ténebræ lúmini
Et nox diúrno síderi ;
Ut culpa quam nox íntulit,
Lucis labáscat múnere.

Precámur iídem súpplices
Noxas ut omnes ámputes,
Et ore te canéntium
Laudéris omni témpore.

Præsta, Pater piíssime,
Patríque compar Unice,
Cum Spíritu Parácleto
Regnans per omne séculum.
Amen.

LA V FERIE, A MATINES.

Hymne.

NOx & ténebræ & núbila
Confúsa mundi & túrbida,
(Lux intrat, albéscit polus,
Christus venit,) discédite.

Calígo terræ scínditur
Percússa solis spículo,
Rebúsque jam color redit
Vultu niténtis síderis.

Te, Christe, solum nóvimus ;
Te mente purâ & símplici
Flendo & canéndo quæsumus ;
Inténde nostris sénsibus.

Sunt multa fucis illíta,
Quæ luce purgéntur tuâ ;
Tu vera lux cœléstium,
Vultu seréno illúmina.

Deo Patri sit glória
Ejúsque soli Fílio,
Cum Spíritu Parácleto,
Nunc & per omne séculum.
Amen.

LA VI FERIE, A MATINES.

Hymne.

TU Trinitátis Unitas
Orbem poténter quæ regis,
Atténde laudum cánticum

Quód excubántes píssimus;
  Nam léctulo consúrgimus
Noctis quiéto témpore,
Ut flagitémus ómnium
A te medélam vúlnerum.

  Quo fraude quidquid dæmonum
In nóctibus delíquimus,
Abstérgat illud cœlitùs
Tuæ potéstas glóriæ,

  Ne corpus adstet sórdidum,
Nec torpor instet córdium,
Nec críminis contágio
Tepéscat ardor spíritûs.

  Ob hoc, Redémtor, quæsumus;
Reple tuo nós lúmine,
Per quod diérum círculis
Nullis ruámus áctibus.

  Præsta, Pater piíssime,
Patríque compar Unice,
Cum Spíritu Parácleto,
Regnans per omne séculum.
   Amen.

LE DIMANCHE, A VESPRES.

Hymne.

Lucis Creátor óptime
  Lucem diérum próferens;
Primórdiis lucis novæ
Mundi parans oríginem,

  Qui mane junctum véspere
Diem vocári præcipis;
Illábitur tetrum cahos,
Audi preces cum flétibus.

  Ne mens graváta crímine
Vitæ sit exul múnere,
Dum nil perénne cógitat
Seséque culpis ílligat.

  Coeléste pulset óstium,
Vitále tollat præmium;
Vitémus omne nóxium,
Purgémus omne péssimum.

  Præsta, Pater piíssime,
Patríque compar Unice
Cum Spíritu Parácleto
Regnans per omne séculum.
   Amen.

LA II FERIE, A VESPRES.

Hymne.

Imménse cœli Cónditor
  Qui, mixta ne confúnderent;
Aquæ fluénta dívidens
Cœlum dedísti límitem,

  Firmans locum cœléstibus
Simúlque terræ rívulis,
Ut unda flammas témperet,
Terræ solum ne díssipent;

  Infúnde nunc, Piíssime,
Donum perénnis grátiæ,
Fraudis novæ ne cástibus
Nos error átterat vetus.

  Lucem fides adáugeat;
Sic lúminis jubar férat,
Hæc vana cuncta próterat,
Hanc falsa nulla comprimant.

  Præsta, Pater piíssime,
Patríque compar Unice
Cum Spíritu Parácleto
Regnans per omne séculum. Amen.

LA III FERIE, A VESPRES.

Hymne.

Tellúris alme Cónditor
  Mundi solum qui séparans,
Pulsis aquæ moléstiis,
Terram dedísti immóbilem,

  Ut germen aptum próferens
Fulvis decóra flóribus,
Fœcúnda fructu sísteret,
Pastúmque gratum rédderet;

  Mentis perústæ vúlnera
Munda viróre grátiæ,
Ut facta fletu díluat,
Motúsque pravos átterat.

  Jussis tuis obtémperet,
Nullis malis appróximet,
Bonis repléri gáudeat,
Et mortis lethum nésciat.

  Præsta, Pater piíssime,
Patríque compar Unice
Cum Spíritu Parácleto
Regnans per omne séculum. Amen.

PROPRE DES SAINTS.

LA NATIVITE'
DE St JEAN-BAPTISTE.

A VESPRES.

Hymne.

UT queant laxis resonáre fibris
Mira gestórum fámuli tuórum,
Solve pollúti lábii reátum,
 Sancte Joánnes.
Núntius celso véniens olympo.
Te patri magnum fore nascitúrum,
Nomen & vitæ sériem geréndæ
 Ordine promit.
Ille promíssi dúbius supérni
Pérdidit promtæ módulos loquélæ;
Sed reformásti génitus perémtæ
 Organa vocis.
Ventris obstrúso récubans cubíli
Sénseras Regem thálamo manéntem
Hinc parens nati méritis utérque
 Abdita pandit.
Sit decus Patri, genitæque Proli,
Et tibi, compar utriúsque virtus
Spíritus semper, Deus unus, omni
 Témporis ævo. Amen.

A MATINES.

Hymne.

ANtra desérti téneris sub annis
Cívium turmas fúgiens petísti,
Ne levi possis maculáre vitam
 Crímine linguæ.
Præbuit durum tégumen camélus
Artúbus sacris, stróphium bidéntes;
Cui latex haustum, sociáta pastum
 Mella locústis.
Céteri tantum cecinére Vatum
Corde præságo jubar affutúrum;

Tu quidem mundi scelus auferéntem
 Indice prodis.
Non fuit vasti spátium per orbis
Sánctior quisquam génitus Joánne,
Qui nefas secli méruit lavántem
 Tíngere lymphis
Sit decus Patri, genitæque Proli,
Et tibi, compar utriúsque virtus
Spíritus semper, Deus unus, omni
 Témporis ævo. Amen.

A LAUDES.

Hymne.

O Nimis felix meritíque celsi,
Nésciens labem nívei pudóris,
Præpotens martyr, nemorúmque cul-
 tor,
 Máxime vatum.
Serta ter denis álios corónant
Aucta creméntis, duplicáta quosdam
Trina te fructu cumuláta centum
 Néxibus ornant.
Nunc potens nostri méritis opímis
Péctoris duros lápides revélle,
Asperum planans iter, & refléxos
 Dírige calles.
Ut pius mundi Sator & Redémtor
Méntibus culpæ sine labe puris
Ritè dignétur véniens beátos
 Pónere gressus.
Láudibus Cives célebrent supérni
Te, Deus simplex paritérque trine.
Súpplices & nos véniam precámur;
 Parce redémtis. Amen.

LES Sts JEAN & PAUL.
Hymne.

REx glorióse Mártyrum,
Coróna Confiténtium,

Qui refpuéntes térrea
Perdúcis ad cœléftia.
  Aurem benígnam prótinùs
Inténde noftris vócibus :
Trophæa facra pángimus ,
Ignófce quod delíquimus.
  Tu vincis in Mártyribus
Parcéfque Confeffóribus ;
Tu vince noftra crímina ,
Largítor indulgéntiæ.
  Deo Patri fit glória
Ejúfque foli Fílio
Cum Spíritu Parácleto,
Nunc & per omne féculum. Amen.

III Aoust.
L'INVENTION DE S. ÉTIENNE.

Hymne.

INvícte Martyr , únicum
Patris fecútus Fílium
Victis triúmphas hóftibus ;
Victor fruens cœléftibus.
  Tui precátûs múnere
Noftrum reátum dílue,
Arcens mali contágium ,
Vitæ rémovens tædium.
  Solúta funt jam víncula
Tui facráti córporis ;
Nos folve vinclis féculi
Dono fupérni Núminis.
  Deo Patri fit glória
Ejúfque foli Fílio,
Cum Spíritu Parácleto
Nunc & per omne féculum. Amen.

X Aoust.
SAINT LAURENT.

Hymne.

DEus tuórùm mílitum
Sors & coróna, præmium,
Laudes canéntes Mártyris
Abfólve nexu críminis.

Hic nempe mundi gáudia
Et blanda fraudum pábula
Imbúta felle députans,
Pervénit ad cœléftia.
  Pœnas cucúrrit fórtiter
Et fúftulit viríliter ;
Fundénfque pro te fánguinem ,
Ætérna dona póffidet.
  Ob hoc precátu fúpplici
Te pófcimus , Piíffime ,
In hoc triúmpho Mártyris
Dimítte noxam férvulis.
  Laus & perénnis glória
Patri fit atque Fílio ,
Sancto fimul Parácleto
In fempitérna fécula. Amen.
  Hymne. Invícte Martyr , ci-deffus au
3 *Aouft.*

XV Aoust.
L'ASSOMPTION
DE LA SAINTE VIERGE.

Hymne.

QUem terra , pontus, fídera
Colunt, adórant, prædicant
Trinam regéntem máchinam,
Clauftrum Maríæ bájulat.
  Cui luna , fol , & ómnia
Deférviunt per témpora ,
Perfúfa cœli grátiâ
Geftant puéllæ vífcera.
  Beáta Mater múnere ,
Cujus fupérnus Artifex
Mundum pugíllo cóntinens
Ventris fub arca claufus eft.
  Beáta cœli núntio ,
Fœcúnda fancto Spíritu ,
Defiderátus Géntibus
Cujus per alvum fufus eft.
  Jefu , tibi fit glória
Qui natus es de Vírgine ,
Cum Patre & almo Spíritu
In fempitérna fécula.
  Amen.

XIV SEPTEMBRE.

L'EXALTATION
DE LA SAINTE CROIX.

Hymne.

PAnge, lingua, gloriófi
Láuream certáminis,
Et fuper Crucis trophæo
Dic triúmphum nóbilem,
Quáliter Redémtor orbis
Immolátus vícerit.

De paréntis protoplásti
Fraude factor cóndolens,
Quando pomi noxiális
In necem morfu ruit,
Ipfe lignum tunc notávit,
Damna ligni ut fólveret.

Hoc opus noftræ salútis
Ordo depopófcerat,
Multifórmis prodicóris
Ars ut artem fálleret,
Et medélam ferret inde

Hoftis unde læferat.

Quando venit ergo facri
Plenitúdo témporis,
Miffus eft ab arce Patris
Natus orbis cónditor,
Atque ventre virgináli
Carne amíctus pródiit.

Vagit infans inter arcta
Cónditus præfépia,
Membra pannis involúta
Virgo mater álligat,
Et Dei manus pedéfque
Stricta cingit fáfcia.

Sempitérna fit beátæ
Trinitáti glória,
Æqua Patri Filióque,
Par decus Parácleto:
Uníus Trinífque nomen
Laudet univérfitas. Amen.

XXII NOVEMBRE.
SAINTE CECILE.
Hymne. Jefu, coróna, ci-deffous,
au Commun des Vierges.

COMMUN DES SAINTS.

COMMUN DES APOSTRES.

A MATINES.

Hymne.

ÆTérna Chrifti múnera,
Apoftolórum glóriam,
Pfalmos & hymnos débitos
Lætis canámus méntibus;

Ecclefiárum Príncipes,
Belli triumpháles Duces,
Coeleftis aulæ mílites,
Et vera mundi lúmina.

Devóta Sanctórum Fides,
Invícta Spes credéntium,
Perfécta Chrifti Cháritas
Mundi triúmphat príncipem.

In his Patérna glória,

In his volúntas Spíritus,
Exfúltat in his Fílius,
Coelum replétur gáudio.

Patri fimúlque Fílio,
Tibíque fancte Spíritus,
Sicut fuit, fit júgiter
Seclum per omne glória. Amen.

COMMUN D'UN MARTYR
hors le temps de Pafque.

AUX I VESPRES.

Hymne.

DEus tuórum mílitum
Sors & coróna, præmium,
Laudes canéntes Mártyris
Abfólve nexu críminis.

Hic nempe mundi gaudia
Et blanda fraudum pabula
Imbúta felle dépurans
Pervénit ad coeléstia.

Poenas cucúrrit fórtiter
Et súftulit viríliter;
Fundénsque pro te sánguinem
Ætérna dona póffidet.

Ob hoc precátu súpplici
Te póscimus, Piíffime,
In hoc triúmpho Mártyris
Dimítte noxam férvulis.

Laus & perénnis glória
Deo Patri & Fílio,
Sancto simul Parácleto
In sempitérna fécula. Amen.

A LAUDES.

Hymne.

INvícte Martyr, únicum
Patris secútus Fílium
Victis triúmphas hóftibus,
Victor fruens coeléftibus.

Tui precátus múnere
Noftrum reátum dílue,
Arcens mali contágium,
Vitæ rémovens tædium.

Solúta sunt jam víncula
Tui sacráti córporis;
Nos solve vinclis féculi
Dono supérni Núminis.

Deo Patri sit glória
Ejúfque soli Fílio,
Cum Spíritu Parácleto
Nunc & per omne féculum. Amen.

COMMUN DES MARTYRS.

A MATINES.

Hymne.

CHrifto profúfum fánguinem
Et Mártyrum victórias
Dignámque coelo láuream
Lætis sequámur vócibus.

Terróre victo féculi,
Pœnífque spretis córporis;

Mortis facræ compéndio
Vitam beátam póffident.

Tradúntur igni Mártyres
Et beftiárum déntibus;
Armáta fævit úngulis
Tórtóris Infáni manús;

Nudáta pendent vífcera;
Sanguis facrátus fúnditur;
Sed pérmanent immóbiles
Vitæ perénnis grátiá.

Te nunc, Redémtor, quæfumus
Ut Mártyrum confórtio
Jungas precántes férvulos
In sempitérna fécula. Amen.

A LAUDES.

Hymne.

REx gloriófe Mártyrum,
Coróna Confitántium,
Qui refpuéntes térrea,
Perdúcis ad coeléftia;

Aurem benígnam prótinus
Appóne noftris vócibus:
Trophæa facra pángimus;
Ignófce quod delíquimus.

Tu vincis inter Mártyres
Parcífque Confeffóribus;
Tu vince noftra crímina,
Largítor indulgéntiæ.

Deo Patri sit glória
Ejúfque soli Fílio,
Cum Spíritu Parácleto,
Nunc & per omne féculum. Amen.

COMMUN
DES CONFESSEURS PONTIFES.

A LAUDES.

Hymne.

JEfu Redémtor ómnium,
Perpes coróna Præfulum;
In hac die cleméntiús
Indulgéas precántibus.

Tui facri quâ nóminis
Conféffor almus cláruit,

Hujus celébrat ánnua
Devóta plebs solémnia.
  Qui rite mundi gáudia
Hujus cadúca réspuens,
Æternitátis præmio
Potítur inter Angelos.
  Hujus benígnus ánnue
Nobis sequi vestígia :
Hujus precátu servulis
Dimítte noxam críminis.
  Sit, Christe Rex piíssime ;
Tibi Patríque glória
Cum Spíritu Parácleto
Nunc & per omne séculum. Amen.

COMMUN DES VIERGES.

Hymne.

JEsu, coróna Vírginum,
  Quem mater illæ cóncipit
Quæ sola virgo párturit,
Hæc vota clemens áccipe ;
  Qui pergis inter lília
Septus choréis Vírginum ;
Sponsus decórus glóriâ
Sponsísque reddens præmia.
  Quocúmque tendis, Vírgines
Sequúntur atque láudibus
Post te canéntes cúrsitant
Hymnósque dulces pérsonant,
  Te deprecámur súpplices
Nostris ut addas sénsibus

Nescíre prorsus ómnia
Corruptiónis vúlnera.
  Virtus , honor , laus , glória
Deo Patri & Fílio ,
Sancto simul Parácleto
In seculórum sécula. Amen.

COMMUN DES NON-VIERGES.

Hymne.

FOrtem viríli péctore
  Laudémus omnes féminam
Quæ sanctitátis glóriâ
Ubíque fulget ínclyta.
  Hæc sancto amóre sáucia ,
Dum mundi amórem nóxium
Horréscit, ad cœléstia
Iter perégit árduum.
  Carnem domans jejúniis ,
Dulcíque mentem pábulo
Oratiónis nútriens,
Cœli potítur gáudiis.
  Rex Christe , virtus fórtium ,
Qui magna solus éfficis,
Hujus precátu, quæsumus ;
Audi benígnus súpplices,
  Deo Patri sit glória
Ejúsque soli Fílio,
Cum Spíritu Parácleto ;
Nunc & per omne séculum,
    Amen.

FIN.

TABLE DES PSEAUMES.

TABLE DES CANTIQUES.

Fin de la Table des Pseaumes & Cantiques.

Die XXXI. octobris.

in festo S. Wolffgangi Episcopi Ratisponensis.

Duplex.

Omnia de Communi Confessoris pontificis, præter ea,
quæ sequuntur. **Oratio.**

Deus, qui nobis æternæ Salutis beatum Wolffgangum
Episcopum ministrum tribuisti: præsta quæsumus; ut
quem Doctorem vitæ habuimus in terris, intercessorem
habere mereamur in Cœlis. per Dominum.

Lectiones primi nocturni de Scriptura occurrente.
in Secundo nocturno. Lectio **IV.**

Wolffangus nobili in Sueciâ genere prognatus, rerum extrearum
fuit & sui contemptor egregius, solùm ex animo Deum quærens
honores amplissimos ab henrico trevirenrium Episcopo sibi oblatos recu-
savit: illoque de moribus pollicitationibus aliorum Contemptis, mona-
sticam vitam, Cujus semper desiderio flagravit, est amplexus.
Sacris ordinibus a beato Udalrico initiatus, Cum in pannoniam præ-
dicandi Evangelii causâ se prius Contulisset, propter Conjunctam in
eo eximiâ Cum pietate prudentiam, Othonis Imperatoris studio
totiusque Cleri & populi acclamatione, Ecclesiâ Ratisponensi ritè
præficitur. ℟. inveni David.

Lectio V.

Suscepto Episcopalis munere, gregem Domini verbo pavit, & exemplo Sanctissimisque Ecclesiam temperavit institutis. Monasterio Sancti Em-
merani, quod jam diu Episcopi administraverant, res titulis proventibus
magno illius bono insignem virum Romualdum præposuit. Sanctimo-
nialium Coenobium quod ipse fundaverat, tam sancte instituit, ut
Collanxo in aliis disciplina eo exemplo & facilè restaurata, novo
pietatis odore Capta Brigida Bavariæ Ducis filia, Sponsum christu
secuta, ad sacras se virgines aggregavit. Bohemis, quò ampliora apud
illos fidei incrementa Cæsares, Contempto suæ Ecclesiæ detrimento,
rejectis aliorum Consiliis proprium dare Episcopum libentissimè
permisit. ℟. posui adjutorium.

Lectio VI.

Egregiam viri Sanctitatem Comprobarunt Energumeni, et variis languoribus oppressi, quos prædicatione Sanavit. Divino afflatus instinctu Sanctum henricum Imperatorem regnaturum, fratrem ipsius brunonem ad Episcopatum promotum iri, è Sororibus alteram Reginam, Abbatissam alteram fore prædixit. denique Cum viginti et amplius annis in Seduli pastoris munere peractis, extremum Sibi diem imminere intelligeret, quæ ex usitata liberalitate Supererant, per manûs pauperum præmisit, Sacraque Eucharistiæ viatico præmunitus in Sancti Othmari æde, ùti divinitùs antea futurum acceperat, Sanctissimam vitam pari morte Conclusit, Ratispona in templo Sancti Emerani Sepultus. ℞ iste est, quia...

in III. nocturno homilia S. hilarij Episcopi in Evangelium, Vigilate quia nescitis, de eodem Comuni. ℟.

CPSIA information can be obtained
at www.ICGtesting.com
Printed in the USA
BVHW01s2233160418
513501BV00021B/1324/P

9 781273 636479